NomosFormulare

Dr. Oliver Elzer | Rüdiger Fritsch | Thomas Meier [Hrsg.]

Wohnungs-eigentumsrecht

Mark Einsiedler, Richter am Kammergericht, Berlin | **Dr. Oliver Elzer,** Richter am Kammergericht, Berlin | **Rüdiger Fritsch,** Rechtsanwalt und Fachanwalt für Miet- und Wohnungseigentumsrecht, Solingen | **Prof. Ulrich Keller,** Hochschule für Wirtschaft und Recht, Berlin | **Dr. Arnold Lehmann-Richter,** Rechtsanwalt, Berlin | **Thomas Meier,** Diplombetriebswirt, Immobilienökonom (ebs), Nürnberg | **Hardy Scheffler,** Rechtsanwalt und Fachanwalt für Miet- und Wohnungseigentumsrecht, Berlin | **Peter Waßmann,** Kaufmann der Grundstücks- und Wohnungswirtschaft (IHK), Celle

 Nomos

Die Deutsche Nationalbibliothek verzeichnet diese Publikation in
der Deutschen Nationalbibliografie; detaillierte bibliografische
Daten sind im Internet über http://dnb.d-nb.de abrufbar.

ISBN 978-3-8329-3862-8

1. Auflage 2010

Vorwort

Die Entwicklung des Wohnungseigentumsrechts ist in letzter Zeit mehr als lebendig zu nennen. Wesentliche Impulse kamen und kommen nicht nur von einem fortschrittsgläubigen Schrifttum; geradezu revolutionäre Umbrüche leitete immer wieder die Rechtsprechung ein – unter Anführung des für das Wohnungseigentumsrecht innerhalb des Bundesgerichtshofes zuständigen V. Zivilsenats. Exemplarisch hierfür stehen vier bahnbrechende Entscheidungen aus Karlsruhe: zwei zu den Beschlusskompetenzen der Wohnungseigentümer, eine zur Frage des Zustandekommens von Beschlüssen und die wohl wichtigste zur Teil-Rechtsfähigkeit der Wohnungseigentümergemeinschaft.

Zu diesem Fluss und der darin sich zeigenden Beweglichkeit kommt, dass die im Sommer 2007 in Kraft getretene Reform des Wohnungseigentumsgesetzes in vielen Bereichen keinen Stein auf dem anderen gelassen hat. Durch die Kodifizierung des Verbandes der Wohnungseigentümer, durch die Einführung umfangreicher neuer Beschlusskompetenzen für die Wohnungseigentümer, durch die Erleichterung bei der Durchsetzung von Modernisierungsmaßnahmen, durch die neu bestimmten Kompetenzen und Pflichten des Verwalters und nicht zuletzt durch das neue Verfahrensrecht ist es häufig unmöglich, auf Bewährtes zurückzugreifen.

Die Herausforderung dieses Formularbuches bestand deshalb insbesondere darin, jeden Punkt rechtlich und praktisch neu zu durchdenken, neue Lösungen zu formulieren und auf die zahlreichen Veränderungen angemessen zu reagieren. An sämtlichen Stellen des „Lebens" einer Gemeinschaft von Wohnungseigentümern sollte nicht bloß der über viele Jahre erreichte Stand berichtet und tradiert werden. Dieses Buch unternimmt vielmehr gerade den Versuch, auf neue Herausforderungen mit neuen Antworten zu reagieren.

Die in dem geschilderten Diskurs und dem neuen WEG-Recht liegende Spannung machte es freilich nicht immer leicht, in jedem Fall rechtssichere Formulare für die verschiedenen, mit dem Wohnungseigentumsrecht befassten Professionen anzubieten. Während zwar manche Bereiche als „gesichert" betrachtet werden dürfen und es hier möglich ist, rechtlich zutreffende und praktisch auch durchführbare Vorschläge zu machen, gibt es in vielen anderen Bereichen im Schrifttum und in der Rechtsprechung noch eine große Offenheit gegenüber dem, was „richtig" ist. Eine weitere Schwierigkeit liegt darin, dass sich manches, was aus der Sicht des Volljuristen notwendig ist, in der Verwaltungspraxis nicht immer bewährt und zu Problemen führt. Oftmals ist den Wohnungseigentümern, für die das Wohnungseigentumsgesetz ja letztlich gemacht ist, die Einsicht in dessen rechtliche Zwänge und Notwendigkeiten nur schwer und manchmal wohl gar nicht vermittelbar. Im Einzelfall kann es daher sein, dass einige der hier vorgeschlagenen Vorgehensweisen – insbesondere zur Praxis des Verwalters in § 2 – im Einzelfall zur praktischen Durchführung anzupassen sind. Dieser Vorbehalt gilt indes für alle Formulare. Sie sind bei aller Sorgfalt ihrer Erstellung immer dahin zu überprüfen, ob sie zu ändern und den Bedürfnissen einer bestimmten Anlage anzupassen sind.

Inhaltlich orientiert sich der Band am „Leben" einer Wohnungseigentumsanlage:

- Am Anfang stehen daher in § 1 „Das Entstehen von Wohnungseigentum" die Fragen, die sich einem Berater stellen, wenn er darüber nachdenkt, was bei der Ausformulierung von Teilungserklärung (Teilungsvertrag) und Gemeinschaftsordnung zu bedenken ist und welche Fallstricke sich dort verbergen.

- § 2 „Die Wohnungseigentümergemeinschaft in der Verwaltung" erläutert und unterbreitet Formulierungsvorschläge für den Beginn und die Beendigung einer WEG-Verwaltung, zum

Verwaltervertrag nach neuem Recht, zur kaufmännischen und technischen Verwaltung, zu Versicherungsfragen, zu Verträgen über die Nutzung des Gemeinschaftseigentums, aber auch zum Personal eines WEG-Verwalters.

- § 3 „Die Wohnungseigentümergemeinschaft im Streit" stellt aus Sicht des Rechtsanwalts die einzelnen Mandatssituationen dar und bringt viele prozessuale Muster.

- § 4 „Die Wohnungseigentümergemeinschaft vor Gericht" schildert aus Sicht des Richters die verschiedenen richterlichen Entscheidungen.

- § 5 „Die Wohnungseigentümergemeinschaft in der Zwangsvollstreckung" zeigt die Grundlagen auf, behandelt das anwaltliche Mandat und führt in die Mobiliar- und Immobiliarzwangsvollstreckung ein.

Das Buch ist für Praktiker geschrieben. Diese sollen in ihrer täglichen Arbeit Anregungen bekommen, Lösungen finden und eigenes Formularwerk kritisch prüfen. Als Autoren sind daher bewusst solche Personen ausgesucht worden, die als Praktiker mit sämtlichen im Wohnungseigentumsrecht sich stellenden Fragen beschäftigt sind. Sämtliche Autoren hoffen auf eine wohlwollende Aufnahme.

Ein besonderer Dank der Herausgeber und Autoren gilt Herrn Dr. Miroslav Gwozdz, der das Werk als Lektor betreut hat und mit unermüdlichem Einsatz, Ausdauer und Geduld ein wichtiger Garant für das Erscheinen dieses Buches war.

Berlin, Solingen, Nürnberg im September 2009
Dr. Oliver Elzer
Rüdiger Fritsch
Thomas Meier

Inhaltsübersicht

Inhaltsverzeichnis

Bearbeiterverzeichnis

Mark Einsiedler
Richter am Kammergericht, Berlin

§ 4 Rn 1–59, 83–90, 111–113, 134–139

Dr. Oliver Elzer
Richter am Kammergericht, Berlin

§ 1 Rn 1–10, 48–75, 120–124, 211–225, 277–338, 405–495; § 4 Rn 60–82, 91–110, 114–133

Rüdiger Fritsch
Rechtsanwalt und Fachanwalt für Miet- und Wohnungseigentumsrecht, Solingen

§ 2 Rn 7, 36–63, 70–137, 168–204, 242–377, 465–494, 515–536; § 2 138–167, 205–241, 495–514 (jew. zs. mit Meier); § 5 Rn 1–50

Prof. Ulrich Keller
Professur für Zwangsvollstreckungsrecht (Mobiliar- und Immobiliarvollstreckung sowie Insolvenzrecht), Hochschule für Wirtschaft und Recht, Berlin

§ 5 Rn 51–363

Dr. Arnold Lehmann-Richter
Rechtsanwalt, Berlin; Lehrbeauftragter an der Freien Universität Berlin und der Hochschule für Wirtschaft und Recht Berlin

§ 3 Rn 1–16, 65–134, 144–150, 157–246

Thomas Meier
Diplombetriebswirt, Immobilienökonom (ebs), Geschäftsführer der Pfeuffer Immobilien Verwaltung & Management GmbH, Nürnberg; Präsident des Bundesfachverbandes Wohnungs- und Immobilienverwalter e.V., Berlin

§ 2 Rn 1–6, 8–35, 64–69, 435–464; § 2 Rn 138–167, 205–241, 495–514 (jew. zs. mit Fritsch)

Hardy Scheffler
Rechtsanwalt und Fachanwalt für Miet- und Wohnungseigentumsrecht, Berlin

§ 1 Rn 11–47, 76–119, 125–210, 226–276, 339–404, 496–510; § 3 Rn 17–64, 135–143, 151–156

Peter Waßmann
Kaufmann der Grundstücks- und Wohnungswirtschaft (IHK), Sachverständiger für Grundstücks- und Gebäudewerte, Geschäftsführer der Haus & Grund Celle Verwaltungsgesellschaft mbH, Celle

§ 2 Rn 378–434

Abkürzungsverzeichnis

aA	anderer Ansicht
aaO	am angegebenen Ort
abl.	ablehnend
Abs.	Absatz
Abschn.	Abschnitt
abw.	abweichend
aE	am Ende
aF	alte Fassung
AG	Amtsgericht
allg.	allgemein
allgA	allgemeine Ansicht
allgM	allgemeine Meinung
aM	anderer Meinung
AnfG	Anfechtungsgesetz
Anh.	Anhang
Anm.	Anmerkung
AnwBl.	Anwaltsblatt (Zeitschrift)
AnwZert MietR	AnwaltZertifikatOnline Miet- und Wohnungseigentumsrecht (Zeitschrift für die Anwaltsfortbildung)
AO	Abgabenordnung
Aufl.	Auflage
ausdr.	ausdrücklich
ausf.	ausführlich
Az	Aktenzeichen
BAnz.	Bundesanzeiger
BauGB	Baugesetzbuch
BauR	Zeitschrift für das gesamte öffentliche und private Baurecht
BauRB	Der Baurechts-Berater (Zeitschrift)
BayBO	Bayerische Bauordnung
BayObLG	Bayerisches Oberstes Landesgericht
BayObLGR	Rechtsprechungsreport des BayObLG
BayObLGZ	Sammlung der Entscheidungen des Bayerischen Obersten Landesgerichts in Zivilsachen (Jahresband, Seite)
BB	Der Betriebs-Berater (Zeitschrift)
Bd.	Band
Begr.	Begründung
Bek.	Bekanntmachung
ber.	berichtigt
bes.	besonders
Beschl.	Beschluss
bespr.	besprochen
bestr.	bestritten
BetrKV	Betriebskostenverordnung

BeurkG	Beurkundungsgesetz
BewG	Bewertungsgesetz
bez.	bezüglich
BGB	Bürgerliches Gesetzbuch
BGBl.	Bundesgesetzblatt
BGH	Bundesgerichtshof
BGHReport	(Zeitschrift)
BGHZ	Entscheidungen des Bundesgerichtshofs in Zivilsachen (Band, Seite)
Bl.	Blatt
BlGBW	Blätter für Grundstücks-, Bau und Wohnungsrecht (Zeitschrift)
BMF	Bundesministerium der Finanzen
bspw	beispielsweise
BT-Drucks.	Bundestags-Drucksache
BTR	Der Bauträger (Zeitschrift)
BVerfG	Bundesverfassungsgericht
BWNotZ	Zeitschrift für das Notariat in Baden-Württemberg
bzgl	bezüglich
bzw	beziehungsweise
d.A.	der Akte/n
DB	Der Betrieb (Zeitschrift)
ders.	derselbe
dh	das heißt
dies.	dieselbe
DNotZ	Deutsche Notar-Zeitschrift
Dok.	Dokument
DRsp	Deutsche Rechtsprechung (CD-ROM)
Drucks.	Drucksache
DüMSichG	Düngemittelsicherungsgesetz
DWE	Der Wohnungseigentümer (Zeitschrift)
E.	Entwurf
e.V.	eingetragener Verein
EB	Empfangsbescheinigung
ebd	ebenda
EG	Europäische Gemeinschaft; Einführungsgesetz
EGInsO	Einführungsgesetz zur Insolvenzordnung
EGStGB	Einführungsgesetz zum Strafgesetzbuch
EGV	EG-Vertrag
EGZPO	Einführungsgesetz zur Zivilprozessordnung
EHKV	Elektronischer Heizkostenverteiler
Einf.	Einführung
eingetr.	eingetragen
Einl.	Einleitung
einschl.	einschließlich
einschr.	einschränkend
EnergieEG	Energieeinsparungsgesetz

EnEV	Energieeinsparverordnung
Entsch.	Entscheidung
entspr.	entsprechend
Entw.	Entwurf
Erkl.	Erklärung
Erl.	Erlass; Erläuterung
EStG	Einkommensteuergesetz
ESW	Evangelisches Siedlungsverwerk e.V.
ET	Eigentümer
etc.	et cetera
ETV	Eigentümerversammlung
EU	Europäische Union
EuGVVO	Verordnung (EG) Nr. 44/2001 des Rates über die gerichtliche Zuständigkeit und die Anerkennung und Vollstreckung von Entscheidungen in Zivil- und Handelssachen vom 22.12.2000 - Brüssel I-VO
EUV	EU-Vertrag
evtl	eventuell
EWiR	Entscheidungen zum Wirtschaftsrecht (Zeitschrift)
f, ff	folgende, fortfolgende
FA-MietR-WEG	Harz/Kääb/Riecke/Schmid, Handbuch des Fachanwalts Miet- und Wohnungseigentumsrecht (siehe Lit.-Verz.)
FGG	Gesetz über die Angelegenheiten der freiwilligen Gerichtsbarkeit
FGPrax	Praxis der freiwilligen Gerichtsbarkeit (Zeitschrift)
Fn	Fußnote
GBO	Grundbuchordnung
GbR	Gesellschaft bürgerlichen Rechts
GE	Das Grundeigentum (Zeitschrift)
geänd.	geändert
gem.	gemäß
GemS OGB	Gemeinsamer Senat der obersten Gerichtshöfe des Bundes
GesR	Gesellschaftsrecht
ggf	gegebenenfalls
GKG	Gerichtskostengesetz
GKG-KV	Gerichtskostengesetz-Kostenverzeichnis
GoA	Geschäftsführung ohne Auftrag
GPS	Global Positioning System
grds.	grundsätzlich
GrdStG	Grundsteuergesetz
GVGA	Gerichtsvollzieher-Geschäftsanweisung
hA	herrschende Auffassung
Hdb	Handbuch
HeidKomm-InsO	Heidelberger Kommentar zur Insolvenzordnung
HeizkostenV	Heizkostenverordnung
hL	herrschende Lehre
hM	herrschende Meinung

HOAI	Honorarordnung für Architekten und Ingenieure
Hrsg.	Herausgeber
hrsg.	herausgegeben
Hs	Halbsatz
iA	im Auftrag
IBR	Immobilien- und Baurecht (Zeitschrift)
idF	in der Fassung
idR	in der Regel
idS	in diesem Sinne
iE	im Ergebnis
ieS	im engeren Sinne
iHv	in Höhe von
IMR	Immobilienverwaltung & Recht (Zeitschrift)
INFO *M* / InfoM	(offizielle Zeitschrift der Arbeitsgemeinschaft Mietrecht und Immobilien im Deutschen Anwaltverein)
inkl.	inklusive
insb.	insbesondere
insg.	insgesamt
InsO	Insolvenzordnung
iS	im Sinne
iSd	im Sinne des
iSv	im Sinne von
iÜ	im Übrigen
iVm	in Verbindung mit
iwS	im weiteren Sinne
JA	Jahresabrechnung
JurBüro	Das Juristische Büro (Zeitschrift)
JVEG	Justizvergütungs- und -entschädigungsgesetz
Kap.	Kapitel
KfW	Kreditanstalt für Wiederaufbau
Kfz	Kraftfahrzeug
KG	Kommanditgesellschaft; Kammergericht
KGReport	(Zeitschrift – Schnelldienst zur Zivilrechtsprechung des Kammergerichts Berlin)
KostO	Kostenordnung
krit.	kritisch
KV	Kostenverzeichnis
KV GKG	Kostenverzeichnis zum Gerichtskostengesetz
lfd.	laufend
LG	Landgericht
LImSchG	Landes-Immissionsschutzgesetz
lit.	littera
Lit.	Literatur
LS	Leitsatz
lt.	laut

m.Anm.	mit Anmerkung
MaBV	Makler- und Bauträgerverordnung
MDR	Monatsschrift für Deutsches Recht (Zeitschrift)
mE	meines Erachtens
MEA	Miteigentumsanteil
MietRB	Der Miet-Rechts-Berater (Zeitschrift)
mind.	mindestens
Mitt.	Mitteilung(en)
MittBayNot	Mitteilungen des Bayerischen Notarvereins, der Notarkasse und der Landesnotarkasse Bayern (Zeitschrift)
MittRhNotK	Mitteilungen der Rheinischen Notarkammer (Zeitschrift)
mN	mit Nachweisen
MünchKomm-BGB	Münchener Kommentar zum BGB
MünchKomm-InsO	Münchener Kommentar zur InsO
MünchKomm-ZPO	Münchener Kommentar zur ZPO
mwN	mit weiteren Nachweisen
MwSt.	Mehrwertsteuer
mWv	mit Wirkung von
mzN	mit zahlreichen Nachweisen
n.r.	nicht rechtskräftig
n.v.	nicht veröffentlicht
Nachw.	Nachweise
Neubearb.	Neubearbeitung
nF	neue Fassung
NJOZ	Neue Juristische Online-Zeitschrift
NJW	Neue Juristische Wochenschrift
NJW-RR	Neue Juristische Wochenschrift - Rechtsprechungsreport
NK-BGB	Nomos Kommentar Bürgerliches Gesetzbuch
NKVZ	Nebenkostenvorauszahlung
NotBZ	Zeitschrift für die notarielle Beratungs- und Beurkundungspraxis
Nov.	Novelle
Nr.	Nummer
NZBau	Neue Zeitschrift für Baurecht und Vergaberecht
NZI	Neue Zeitschrift für Insolvenz- und Sanierungsrecht
NZM	Neue Zeitschrift für Mietrecht
o.a.	oben angegeben, angeführt
o.Ä.	oder Ähnliches
o.g.	oben genannt
OG	Obergeschoss
OHG	Offene Handelsgesellschaft
OLG	Oberlandesgericht
OLGR	OLGReport: Zivilrechtsprechung der Oberlandesgerichte (CD-ROM)
OLGReport	(Zeitschrift – Schnelldienst zur Zivilrechtssprechung der Oberlandesgericht)

OLGZ	Entscheidungen der Oberlandesgerichte in Zivilsachen (Band, Seite)
p.a.	per annum
p.M.	pro Monat
PiG	Partner im Gespräch, Schriftenreihe des Evangelischen Siedlungswerkes in Deutschland e.V. (Band [Jahr], Seite)
PKH	Prozesskostenhilfe
Pkw	Personenkraftwagen
PLZ	Postleitzahl
pp.	per procura
RA	Rechtsanwalt
RAe	Rechtsanwälte
RDG	Rechtsdienstleistungsgesetz
resp.	respektive
RG	Reichsgericht
RGZ	Entscheidungen des Reichsgerichts in Zivilsachen (Band, Seite)
rkr.	rechtskräftig
Rn	Randnummer
RNotZ	Rheinische Notar-Zeitschrift (ab 2001, vorher: MittRhNotK)
Rpfleger	Der Deutsche Rechtspfleger (Zeitschrift)
RpflG	Rechtspflegergesetz
RpflJB	Rechtspfleger-Jahrbuch (Zeitschrift)
RpflStud	Rechtspfleger-Studienhefte (Zeitschrift)
Rspr	Rechtsprechung
RuS	Recht und Sport (Zeitschrift)
RVG	Rechtsanwaltsvergütungsgesetz
S.	Satz/Seite
s.	siehe
s.a.	siehe auch
s.o.	siehe oben
s.u.	siehe unten
SchfG	Gesetz über das Schornsteinfegerwesen (Schornsteinfegergesetz)
SGB (I-XII)	Sozialgesetzbuch
Slg	Sammlung
sog.	sogenannt
str.	streitig/strittig
TE	Teilungserklärung; Teileigentum
TOP	Tagesordnungspunkt
u.a.	unter anderem
u.a.m.	und anderes mehr
uä	und ähnlich
uÄ	und Ähnliches
uE	unseres Erachtens
umstr.	umstritten
unstr.	unstreitig
UR-Nr.	Urkundennummer

Urt.	Urteil
usw	und so weiter
uU	unter Umständen
uVm	und Vieles mehr
v.	von/vom
vgl	vergleiche
VO	Verordnung
VOB/A	Verdingungsordnung für Bauleistungen, Teil A
vorl.	vorläufig
VV RVG	Vergütungsverzeichnis zum Rechtsanwaltsvergütungsgesetz
VWB	Verwaltungsbeirat
WE	Wohnungseigentum
WEG	Wohnungseigentumsgesetz; Wohnungseigentümergemeinschaft
WGV	Wohnungsgrundbuchverfügung
wN	weitere Nachweise
WP	Wirtschaftsplan
WuM	Wohnungswirtschaft & Mietrecht (Zeitschrift)
WVL	Wiedervorlage
zB	zum Beispiel
ZfIR	Zeitschrift für Immobilienrecht
Ziff.	Ziffer
ZInsO	Zeitschrift für das gesamte Insolvenzrecht
ZIP	Zeitschrift für Wirtschaftsrecht
zit.	zitiert
ZMR	Zeitschrift für Miet- und Raumrecht
ZNotP	Zeitschrift für die Notarpraxis
ZPO	Zivilprozessordnung
zT	zum Teil
ZU	Zustellungsurkunde
zust.	zustimmend
zutr.	zutreffend
ZVG	Gesetz über die Zwangsversteigerung und die Zwangsverwaltung
ZVI	Zeitschrift für Verbraucher-Insolvenzrecht
zVv	zur Veröffentlichung vorgesehen
zw.	zweifelhaft
ZWE	Zeitschrift für Wohnungseigentum
ZwVwV	Zwangsverwalterverordnung
zzgl	zuzüglich

Allgemeines Literaturverzeichnis

Abramenko, Das neue WEG in der anwaltlichen Praxis, 2007

Bamberger/Roth, Kommentar zum Bürgerlichen Gesetzbuch, 3. Bde., 2. Auflage 2008 (zitiert: Bamberger/Roth/*Bearbeiter*)

Bärmann, Wohnungseigentumgesetz: WEG, Kommentar, 10. Auflage 2008 (zitiert: Bärmann/*Bearbeiter*)

Bärmann/Pick, Wohnungseigentumgesetz: WEG, Kommentar, 18. Auflage 2007 (zitiert: Bärmann/Pick/*Bearbeiter*)

Basty, Der Bauträgervertrag, 6. Auflage 2009

Baumbach/Lauterbach/Albers/Hartmann, ZPO, Kommentar, 67. Auflage 2009 (zitiert: Baumbach/Lauterbach/Albers/*Hartmann*)

Baur/Stürner/Bruns, Zwangsvollstreckungsrecht, 11. Auflage 2006

Beck`scher VOB- und Vergaberechtskommentar, hrsg. von Motzke/Pietzker/Prieß, 3. Bde., 2008/2009

Beck`sches Formularbuch Wohnungseigentumsrecht, hrsg. von Horst Müller, 2007

Beck`sches Notar-Handbuch, hrsg. von Brambring/Jerschke, 5. Auflage 2009

Berger (Hrsg.), Einstweiliger Rechtsschutz im Zivilrecht, 2006

Blank, Bauträgervertrag, 3. Auflage 2006

Blankenstein, WEG-Reform, 2007

Boeckh, Wohnungseigentumsrecht, 2007

Böttcher, ZVG: Gesetz über die Zwangsversteigerung und die Zwangsverwaltung, Kommentar, 4. Auflage 2005

Braun (Hrsg.), Insolvenzordnung, Kommentar, 3. Auflage 2007 (zitiert: Braun/*Bearbeiter*)

Brox/Walker, Zwangsvollstreckungsrecht, 8. Auflage 2008

Clemente, Recht der Sicherungsgrundschuld, 4. Auflage 2008

Dassler/Schiffhauer/Hintzen/Engels/Rellermeyer, ZVG: Gesetz über die Zwangsversteigerung und die Zwangsverwaltung, Kommentar, 13. Auflage 2008 (zitiert: Dassler/Schiffhauer/Hintzen/Engels/Rellermeyer/*Bearbeiter*)

Deckert, Die Eigentumswohnung, Kommentar (Losebl.), Stand: 03/2009 (zitiert: Deckert/*Bearbeiter*)

Demharter, Grundbuchordung: GBO, 26. Auflage 2008

Demharter, Grundbuchordung: GBO, Kommentar, 26. Auflage 2008

Depré/Mayer, Die Praxis der Zwangsverwaltung, 4. Auflage 2006

Dierck/Morvilius/Vollkommer, Handbuch des Zwangsvollstreckungsrechts, 2009

Eickmann, Zwangsversteigerungs- und Zwangsverwaltungsrecht, 2. Auflage 2004

Emmerich/Sonnenschein (Hrsg.), Miete – Handkommentar, 9. Auflage 2007 (zitiert: Emmerich/Sonnenschein/*Bearbeiter*)

Erman, BGB, Kommentar, hrsg. von Harm Peter Westermann, 12. Auflage 2008 (zitiert: Erman/*Bearbeiter*)

Fabis, Vertragskommentar Wohnungseigentum, 2005

Frege/Keller/Riedel, Insolvenzrecht, 7. Auflage 2008

Fritsch, Das neue Wohnungseigentumsrecht, 2007

Gottwald/Riedel (Hrsg.), Praxishandbuch Insolvenzrecht (Losebl.), Stand 2/2009

Graf-Schlicker (Hrsg.), Insolvenzordnung, Kommentar, 2007 (zitiert: Graf-Schlicker/*Bearbeiter*)

Greiner, Wohnungseigentumsrecht, 2007

Hamburger Kommentar zur Insolvenzordnung, hrsg. von A. Schmidt, 3. Auflage 2009 (zitiert: HambKomm-InsO/*Bearbeiter*)

Hartmann, Kostengesetze: KostG, Kommentar, 38. Auflage 2008

Harz/Kääb/Riecke/Schmid, Handbuch des Fachanwalts Miet- und Wohnungseigentumsrecht, 2. Auflage 2008 (zitiert: FA-MietR-WEG/*Bearbeiter*)

Heidelberger Kommentar zur Insolvenzordnung, hrsg. von Kreft, 5. Auflage 2008 (zitiert: HeidKomm-InsO/*Bearbeiter*)

Hock/Mayer/Hilbert/Deimann, Immobiliarvollstreckung, 4. Auflage 2008

Hügel/Elzer, Das neue WEG-Recht, 2007

Hügel/Scheel, Rechtshandbuch Wohnungseigentum, 2. Auflage 2007

Jaeger/Henckel/Gerhardt (Hrsg.), Insolvenzordnung, Großkommentar, 2004 ff (zitiert: Jaeger/Henckel/Gerhardt/*Bearbeiter*)

Jennißen, Wohnungseigentumgesetz: WEG, Kommentar, 2008 (zitiert: Jennißen/*Bearbeiter*)

Keller, Grundstücke in Vollstreckung und Insolvenz, 1998

Keller, Insolvenzrecht, 2006

Köhler, Das neue WEG, 2007

Köhler/Bassenge, Anwalts-Handbuch Wohnungseigentumsrecht, 2. Auflage 2009

Koller/Roth/Morck, Handelsgesetzbuch, Kommentar, 6. Auflage 2007 (zitiert: Koller/Roth/Morck/*Bearbeiter*)

Kübler/Prütting/Bork (Hrsg.), Insolvenzordnung, Kommentar (Losebl.), Stand 2/2009 (zitiert: Kübler/Prütting/Bork/*Bearbeiter*)

Lutter/Hommelhoff, GmbH-Gesetz, Kommentar, 16. Auflage 2004 (zitiert: Lutter/Hommelhoff/*Bearbeiter*)

Meikel, Grundbuchrecht, Kommentar, 10. Auflage 2009 (zitiert: Meikel/*Bearbeiter*)

Münchener Kommentar zum BGB, hrsg. von Säcker/Rixecker, Bd. 1 ff., 4. Auflage 2001 ff; 5. Auflage 2006 ff (zitiert: MünchKomm-BGB/*Bearbeiter*)

Münchener Kommentar zur InsO, hrsg. von Kirchhof/Lwowski/Stürner, 2. Auflage 2007, 2008 (zitiert: MünchKomm-InsO/*Bearbeiter*)

Münchener Kommentar zur ZPO, hrsg. von Rauscher/Wax/Wenzel, 3. Bde., 3. Auflage 2007 (zitiert: MünchKomm-ZPO/*Bearbeiter*)

Musielak, ZPO, Kommentar, 6. Auflage 2008 (zitiert: Musielak/*Bearbeiter*)

Niedenführ/Kümmel/Vandenhouten, WEG, Kommentar und Handbuch, 8. Auflage 2007 (zitiert: Niedenführ/Kümmel/Vandenhouten/*Bearbeiter*)

Nomos Kommentar Bürgerliches Gesetzbuch, hrsg. von Dauner-Lieb/Heidel/Ring, 2. Auflage 2008 ff. (zitiert: NK-BGB/*Bearbeiter*)

Palandt, Bürgerliches Gesetzbuch, Kommentar, 68. Auflage 2009 (zitiert: Palandt/*Bearbeiter*)

Pause, Bauträgerkauf und Baumodelle, 4. Auflage 2004

Prütting/Wegen/Weinreich, BGB, Kommentar, 4. Auflage 2009 (zitiert: Prütting/Wegen/Weinreich/*Bearbeiter*)

Riecke/Schmid, Fachanwaltskommentar Wohnungseigentumsrecht, 2. Auflage 2008 (zitiert: Riecke/Schmied/*Bearbeiter*)

Schmidt, K., Gesellschaftsrecht, 4. Auflage 2002

Schöner/Stöber, Grundbuchrecht, 14. Auflage 2008

Schuschke/Walker (Hrsg.), Vollstreckung und Vorläufiger Rechtsschutz, Kommentar, 4. Auflage 2008 (zitiert: Schuschke/Walker/*Bearbeiter*)

Staudinger, Kommentar zum Bürgerlichen Gesetzbuch, 12. Auflage 1978 ff; 13. Auflage 1993 ff.; danach bandweise neu bearbeitet (zitiert: Staudinger/*Bearbeiter*)

Stein/Jonas, Zivilprozessordnung, 22. Auflage 2002 ff (zitiert: Stein/Jonas/*Bearbeiter*)

Stöber, Forderungspfändung, 14. Auflage 2005 (zitiert: Stöber, Forderungspfändung)

Stöber, Zwangsversteigerungsgesetz, Kommentar, 19. Auflage 2009 (zitiert: Stöber/*Bearbeiter*)

Stöber, Zwangsvollstreckung in das unbewegliche Vermögen – ZVG-Handbuch, 8. Auflage 2007 (zitiert: Stöber, ZVG-Handbuch)

Storz/Kiderlen, Praxis des Zwangsversteigerungsverfahrens, 11. Auflage 2008

Thomas/Putzo, ZPO, Kommentar, 29. Auflage 2008 (zitiert: Thomas/Putzo/*Bearbeiter*)

Uhlenbruck (Hrsg.), Insolvenzordnung, Kommentar, 12. Auflage 2003 (zitiert: Uhlenbruck/*Bearbeiter*)

Weitnauer, Wohnungseigentumgesetz, Kommentar, 9. Auflage 2004 (zitiert: Weitnauer/*Bearbeiter*)

Winkler, BeurkG, Kommentar, 16. Auflage 2008

Würzburger Notarhandbuch, hrsg. von Limmer/Hertel/Frenz/Mayer, 2005

Zeuner, Die Anfechtung in der Insolvenz, 2. Auflage 2008

Zöller, Zivilprozessordnung, 27. Auflage 2009 (zitiert: Zöller/*Bearbeiter*)

§ 1 Das Entstehen von Wohnungseigentum

Literatur: *Armbrüster*, Änderungsvorbehalte und -vollmachten zugunsten des aufteilenden Bauträgers, ZMR 2005, 244; *Armbrüster*, Bauliche Veränderungen und Aufwendungen gemäß § 22 Abs. 1 und Verteilung der Kosten gemäß § 16 Abs. 4 und 6 WEG, ZWE 2008, 61; *Armbrüster*, E-Mail-Diskussion zum Beschlusserfordernis bei baulichen Veränderungen, ZWE 2007, 384; *Armbrüster*, Gesellschaft bürgerlichen Rechts kein Verwalter, ZWE 2006, 181; *Basty*, Vollmachten zur Änderung von Teilungserklärungen/Gemeinschaftsordnung, NotBZ 1999, 233; *Basty*, Zur Abnahme des Gemeinschaftseigentums, in: Merle u.a. (Hrsg.), Festschrift für Joachim Wenzel zum 65. Geburtstag, 2005, S. 103; *Bauriedl*, Die Haftung des WEG-Verwalters für verzögerte, unterlassene und mangelhafte Instandsetzungsmaßnahmen, ZMR 2006, 252; *Becker*, Beschlusskompetenz kraft Vereinbarung – sog. Öffnungsklausel, ZWE 2002, 341; *Becker*, Die Einpersonen-Eigentümergemeinschaft, in: Merle (Hrsg.), Festschrift für Hanns Seuß zum 80. Geburtstag, 2007, S. 19; *Becker*, Die Verteilung der Kosten des Betriebs und der Verwaltung (§ 16 Abs. 3 WEG), ZWE 2008, 217; *Becker*, Verwaltung der Einpersonen-Gemeinschaft, ZWE 2007, 119; *Becker/Kümmel*, Die Grenzen der Beschlusskompetenzen der Wohnungseigentümer, ZWE 2001, 128; *Bielefeld*, Die Hausordnung der Wohnungseigentümer, DWE 1994, 7; *Blank*, Die Hausordnung, in: Bärmann u.a. (Hrsg.), Festschrift für Hanns Seuß zum 60. Geburtstag, 1987, S. 53; *Böhringer*, Der WEG-Personenverband als Teilnehmer am Grundstücksverkehr, NotBZ 2008, 179; *Briesemeister*, Alte und neue Streitfragen nach der WEG-Reform, ZWE 2007, 421; *Briesemeister*, Gesamtschuldnerische Haftung der Wohnungseigentümer für Wassergebühren? – Anteilige Außenhaftung auch für frühere Schuldverhältnisse?, ZWE 2008, 230; *Brünger*, Eigentumswohnungen auf teilweise fremdem Grundstück, MittRhNotK 1987, 269; *Bub*, Aufteilungsplan und Abgeschlossenheitsbescheinigung, WE 1991, 124; *Bub*, Der Mehrheitsbeschluß im Überblick, ZWE 2000, 194; *Bub*, Der schwebend unwirksame Beschluss im Wohnungseigentumsrecht, in: Merle (Hrsg.), Festschrift für Hanns Seuß zum 80. Geburtstag, 2007, S. 53; *Bub*, Expertengespräch zur Reform des Wohnungseigentumsgesetzes, ZWE 2005, 131; *Bub*, Gestaltung der Teilungserklärung und Gemeinschaftsordnung, WE 1993, 185 und 212; *Bub*, Maßnahmen der Modernisierung und Anpassung an den Stand der Technik (§ 22 Abs. 2 WEG) und Verteilung der Kosten gem. § 16 Abs. 4 WEG, ZWE 2008, 205; *Buck*, Mehrheitsentscheidungen mit Vereinbarungsinhalt im Wohnungseigentumsrecht, 2001; *Casser*, Wichtige Verhaltenstipps zur „Zitterbeschluss"-Rechtsprechung des BGH für Verwalter und Wohnungseigentümergemeinschaften, NZM 2001, 514; *Deckert*, Bestellung des WEG-Erstverwalters durch den teilenden Grundstückseigentümer: Eine rechtskonforme Praxis?, in: Derleder u.a. (Hrsg.), Festschrift für Wolf-Rüdiger Bub zum 60. Geburtstag, 2007, S. 37; *Deckert*, Die Beschlusssammlung – Ein Danaergeschenk der WEG-Reformer für Wohnungseigentumsverwalter?, NZM 2005, 927; *Deckert*, Die Beschluss-Sammlung nach Diktat der WEG-Novelle 2007, WE 2007, 100 und 124; *Deckert*, Die korrekte Verkündung von Entscheidungsergebnissen der Eigentümer einer Wohnungseigentümergemeinschaft durch den Verwalter, ZMR 2008, 585; *Deckert*, Erweiterung der Befugnisse des Verwalters durch Verwaltervertrag, ZWE 2003, 247; *Deckert*, Formulierungsvorschlag für einer „Öffnungsklausel", NZM 2001, 613; *Deckert*, Hausordnung, PiG 15 [1984], 117; *Deckert*, Zur Führung der Konten einer Wohnungseigentümergemeinschaft (Wer ist Inhaber des Kontos? Bedarf es der Aushändigung von Eigentümerlisten?), ZMR 2007, 251; *Deckert/Kappus*, Das neue Verwalter(leid)bild: „Gejagter und Sammler", NZM 2007, 745; *Demharter*, Guter Glaube an Gemeinschaftsregelungen, DNotZ 1991, 28; *Demharter*, Neueste Entscheidungen des BayObLG zum Wohnungsgrundbuchrecht, ZNotP 1998, 306; *Demharter*, Zu den Anforderungen an eine Jahresabrechnung im Wohnungseigentumsrecht, ZWE 2008, 46; *Derleder*, Der Bauträgervertrag nach der Schuldrechtsmodernisierung – Die Auswirkungen auf die Sachmängelgewährleistung, NZBau 2004, 237; *Derleder*, Die neuen Mehrheitsbefugnisse der Wohnungseigentümer nach der WEG-Reform, ZWE 2008, 253; *Drasdo*, Die Aufhebung der Veräußerungsbeschränkung nach § 12 WEG, RNotZ 2007, 264; *Drasdo*, Die Beschluss-Sammlung in der Reform des WEG, ZMR 2007, 501; *Drasdo*, Die Bestellung des Verwalters in der Gemeinschaftsordnung, RNotZ 2008, 87; *Drasdo*, Zur Rechtsfrage der Führung der Beschluss-Sammlung, ZWE 2008, 169; *Dworok*, Abnahme nach Fertigstellung von Eigentumswohnungen, GE 2008, 38; *Eichhorn*, Der Verwalter und sein Nachfolger im Amt – Verwalterwechsel und Verwaltungsübergabe, WE 2004, 58; *Elzer*, Änderungen des ZVG durch die WEG-Novelle, ZAP 2007, 535 *Elzer*, Bestimmungen der Wohnungseigentümer zur Beschluss-Sammlung, WE 2007, 198; *Elzer*, Der abändernde Zweitbeschluss – Vom notwendigen Ausgleich zwischen Schutzbedürftigkeit und Flexibilität, ZMR 2007, 237; *Elzer*, Die Beschluss-Sammlung, MietRB 2007, 329; *Elzer*, Die fehlerhafte Verkündung eines positiven Beschlusses, ZWE 2007, 165; *Elzer*, Die Hausordnung einer Wohnungseigentumsanlage, ZMR 2006, 733; *Elzer*, Die Kostenverteilung bei Instandhaltungen und Instandsetzungen sowie bei modernisierenden Instandsetzungen, ZWE 2008, 153; *Elzer*, Kreditaufnahme durch den Verband Wohnungseigentümergemeinschaft, NZM 2009, 57; *Elzer*, Reichweite der Beschlusskompetenz der Wohnungseigentümergemeinschaft, ZMR 2007, 812; *Elzer*, Umwandlung von Gemeinschafts- in Sondereigentum, MietRB 2007, 78; *Elzer*, Verkehrspflichten im Wohnungseigentumsrecht, MietRB 2005, 219; *Elzer*, „Werdende Wohnungseigentümergemeinschaft" vor Auflassung, ZMR 2008, 808; *Ertl*, Alte und neue Probleme der Gemeinschaftsregelungen des WEG, DNotZ 1979, 267; *Ertl*, Isoliertes Miteigentum?, WE 1992, 219; *Fritsch*, Die Abnahme des Gemeinschaftseigentums vom Bauträger durch den Verwalter und sonstige Dritte, BauR 2004, 28; *Gaier*, Zustimmung dinglich Berechtigter zur Eintragung einer Öffnungsklausel im Grundbuch, ZWE 2005, 39; *Gleichmann*, Sondereigentumsfähigkeit von Doppelstockgaragen, Rpfleger 1988, 10; *Göken*, Die Mehrhausanlage im Wohnungseigentumsrecht, 1999; *Gottschalg*, Verkehrssicherungspflichten des Wohnungseigentumsverwalters, NZM 2002, 590; *Grebe*, Rechtsgeschäftliche Änderungsvorbehalte im Wohnungseigentumsrecht, DNotZ 1987, 5; *Greiner*, Abfallgebühren als Kosten des Sondereigentums – oder – das Recht auf die eigene Mülltonne, ZMR 2004, 319; *Greiner*, Wirtschaftsplan und Hausgeld – einige praktische Fragen, ZMR 2002, 647; *Hartmann*, Prozente und Prozentpunkte beim Klageantrag auf Verzugszinsen, NJW 2004, 1358; *Häublein*, Bauliche Veränderungen nach der WEG-Novelle – neue Fragen und alte Probleme in „neuem Gewand", NZM 2007, 752; *Häublein*, Bindung des Erwerbers an Vereinbarungen der Wohnungseigentümer durch notariellen Erwerbsvertrag, DNotZ 2005, 741; *Häublein*, Die Gestaltung der Abnahme gemeinschaftlichen Eigentums beim Erwerb neu errichteter Eigentumswohnungen, DNotZ 2002, 608; *Häublein*, Die Mehrhausanlage in der Verwalterpraxis, NZM 2003, 785; *Häublein*, Die Mehrhausanlage in der Verwalterpraxis, NZM 2003, 785; *Häublein*, Die Stärkung der Mehrheitsmacht durch zwingende Beschlusskompetenz – Überlegungen zu den Abänderungsverboten im novellierten WEG, in: Derleder u.a. (Hrsg.), Festschrift für Wolf-Rüdiger Bub zum 60. Geburtstag, 2007, S. 113; *Häublein*, Die Verteilung von Folgekosten bei Baumaßnahmen, ZWE 2008, 368; *Häublein*, Die Willensbildung in der Wohnungseigentümergemeinschaft nach der WEG-Novelle, ZMR 2007, 409; *Häublein*, Erstabnahme des gemeinschaftlichen Eigentums, PiG 66 [2003], 147; *Häublein*, Gestaltungsprobleme im Zusammenhang mit der abschnittsweisen Errichtung von Wohnungseigentumsanlagen, DNotZ 2000, 442; *Häublein*, Schutz der Gemeinschaft vor zahlungsunfähigen Miteigentümern ZWE 2004, 48; *Häublein*, Sondernutzungsrechte und ihre Begründung im Wohnungseigentumsrecht, 2003; *Häublein*, Verwalter und Verwaltungsbeirat – einige aktuelle Probleme dargestellt unter besonderer Berücksichtigung der Neuauflage des WEG-Kommentars von Niedenführ/Schulze, ZMR 2003, 233; *Häublein*, Zur Kostentragung bei Hebebühnen von Doppelstockgaragen in Wohnungseigentumsanlagen, MittBayNot 2000, 112; *Hauger*, Der vereinbarungswidrige Beschluß, PiG 39 [1993], 225; *Hogenschurz*, Das Sondernutzungsrecht nach dem Wohnungseigentumsgesetz: WEG, 2008; *Hügel*, Begründung von Wohnungseigentum mittels eines vorläufigen Aufteilungsplans, NotBZ 2003, 147; *Hügel*, Begründung von Wohnungseigentum mittels eines vorläufigen Aufteilungsplans, NotBZ 2003, 147; *Hügel*, Der „Eintritt" in schuldrechtliche Vereinbarungen, in: Merle u.a. (Hrsg.), Festschrift für Joachim Wenzel zum 65. Geburtstag, 2005, S. 219; *Hügel*, Der nachträgliche Ausbau von Dachgeschossen – Gestaltungsmöglichkeiten in der Gemeinschaftsordnung, RNotZ 2005, 149; *Hügel*, Die Gesellschaft bürgerlichen Rechts als Verwalter nach dem WEG, ZWE 2003, 323; *Hügel*, Die Gestaltung von Öffnungsklauseln, ZWE 2001, 578; *Hügel*, Die Gestaltung von Öffnungsklauseln, ZWE 2001, 578; *Hügel*, Die Mehrhausanlage nach der Reform des WEG, in: Aktuelle Fragen des Wohnungseigentumsrechts, 2009; *Hügel*, Die Mehrheitsvereinbarung im Wohnungseigentumsrecht, DNotZ 2001, 176; *Hügel*, Die Novelle des WEG und ihre Auswirkungen auf die Gestaltung notarieller Urkunden, NotBZ 2008, 169; *Hügel*, Die Teilrechtsfähigkeit der Wohnungseigentümergemeinschaft und ihre Folgen für die notarielle Praxis, DNotZ 2005, 753; *Hügel*, Die Umwandlung von Teileigentum zu Wohnungseigentum und umgekehrt, ZWE 2008, 120; *Hügel*, Die Umwandlung von Teileigentum zu Wohnungseigentum und umgekehrt, in: Derleder u.a. (Hrsg.), Festschrift für Wolf-Rüdiger Bub zum 60. Geburtstag, 2007, S. 37; *Hügel*, Die verbrauchsabhängige Verteilung der Kosten von Sonder- und Gemeinschaftseigentum, ZWE 2005, 204; *Hügel*, Die Verteilung der Kosten eines gerichtlichen Verfahrens und erhöhter Gebührensätze für Rechtsanwälte in der Jahresabrechnung, ZWE 2008, 265; *Hügel*, Sicherheit durch § 12 WEG bei der abschnittsweisen Errichtung von Mehrhausanlagen, DNotZ 2003, 517; *Hügel*, Vereinbarungen aufgrund so genannter Öffnungsklauseln, ZWE 2002, 503; *Jacoby*, Der Musterprozeßvertrag: die gewillkürte Bindung an gerichtliche Entscheidungen, 2000; *Jagenburg*, Die Entwicklung des Baubetreuungs-, Bauträger- und Wohnungseigentumsrecht seit 1989/90, NJW 1992, 282; *Janal*, Die Errichtung und der Zugang einer Erklärung im Textform gem. § 126 b BGB, MDR 2006, 368; *Jennißen*, Verfahrenskostenverteilung im Innenverhältnis der Wohnungseigentümer, NZM 2007, 510; *Jennißen/Schwermer*, Majorisierung in der Wohnungseigentümerversammlung, WuM 1988, 285; *Keuter*, Die Hausordnung – Ein Brennpunkt der Verwaltungspraxis, in: Drasdo/Müller/Riesenberger (Hrsg.), Festschrift für Wolf-

Dietrich Deckert zum 60. Geburtstag, 2002, S. 199; *Krause*, Die Änderung von Teilungserklärungen aufgrund von Vollmachten oder Änderungsvorbehalten – Teil I und Teil II, NotBZ 2001, 433 und NotBZ 2002, 211; *Kreuzer*, Änderung von Teilungserklärung und Gemeinschaftsordnung, PiG 63 [2002], 249; *Kreuzer*, Der verstorbene WE-Verband, ZMR 2006, 15; *Kreuzer*, Die Gemeinschaftsordnung nach dem WEG, 2005; *Kreuzer*, Sondernutzungsrechte, in: Bielefeld u.a. (Hrsg.), Festschrift für Werner Merle zum 60. Geburtstag, 2000, S. 203; *Kreuzer*, Zweierlei Beschlüsse nach dem WEG, in: Merle (Hrsg.), Festschrift für Hanns Seuß zum 80. Geburtstag, 2007, S. 155; *Kümmel*, Die Bindung der Wohnungseigentümer und deren Sondernachfolger an Vereinbarungen, Beschlüsse und Rechtshandlungen nach § 10 WEG, 2002; *Kümmel*, Die Genehmigung baulicher Veränderungen gemäß § 22 Abs 1 WEG (nF), ZMR 2007, 932; *Meffert*, Bauliche Veränderungen und Modernisierungen gemäß § 22 WEG nF, ZMR 2007, 758; *Merle*, Die Beschluss-Sammlung, GE 2007, 636; *Merle*, Die Mehrhausanlage – Bauträgervertrag und Gemeinschaftsordnung, PiG 69 [2004], 119; *Merle*, Neue Beschlusskompetenzen in Geldangelegenheiten gemäß § 21 Abs. 7 WEG, ZWE 2007, 321; *Merle*, Neues WEG – Die Beschluss-Sammlung, ZWE 2007, 272; *Merle*, Neues WEG: Beschluss und Zustimmung zu baulichen Veränderungen, ZWE 2007, 374; *Merle*, Zur Rechtslage nach der Entscheidung des BGH – Erwiderung, ZWE 2001, 196; *Merle*, Zur Vertretung der beklagten Wohnungseigentümer im Beschlussanfechtungsverfahren, GE 2007, 468; *Merle*, Zur Vertretung der beklagten Wohnungseigentümer im Beschlussanfechtungsverfahren, ZWE 2008, 109; *Müller, B.*, Neue Zitterbeschluss-Möglichkeiten nach § 21 Abs 7 WEG?, ZMR 2008, 177; *Müller*, Der Übergang von der Bauherrengemeinschaft zur Wohnungseigentümergemeinschaft, in: Bärmann u.a. (Hrsg.), Festschrift für Hanns Seuß zum 60. Geburtstag, 1987, S. 211; *Müller*, Die Prozessvertretung der Beklagten durch den Verwalter im Anfechtungsrechtsstreit, ZWE 2008, 226; *Müller*, Die Verteilung der Verwaltervergütung – Änderung des Kostenverteilungsschlüssels durch den Verwaltervertrag?, ZWE 2004, 333; *Ott*, Das Sondernutzungsrecht im Wohnungseigentum, 2000; *Ott*, Die Auswirkung der Schuldrechtsreform auf Bauträgerverträge und andere aktuelle Fragen des Bauträgerrechts, NZBau 2003, 233; *Ott*, Die zweckbestimmungswidrige Nutzung von Wohnungs- und Teileigentum, ZfIR 2005, 129; *Ott*, Zur Eintragung von Mehrheitsbeschlüssen im Grundbuch bei sogenannter Öffnungsklausel, ZWE 2001, 466; *Pause*, Die Geltendmachung von Gewährleistungsansprüchen der Wohnungseigentümer gegen den Bauträger, NJW 1993, 553; *Pause/Vogel*, Auswirkungen der WEG-Reform auf die Geltendmachung von Mängeln am Gemeinschaftseigentum, ZMR 2007, 577; *Rapp*, Unterteilungen und Neuaufteilungen von Wohnungseigentum, MittBayNot 1996, 344; *Rapp*, Verdinglichte Ermächtigungen in der Teilungserklärung, MittBayNot 1998, 77; *Reichert*, Rechtsfragen der Beschluss-Sammlung, ZWE 2007, 388; *Riesenberger*, Abnahme des gemeinschaftlichen Eigentums – „Was leicht scheint, misslingt oft deshalb", NZM 2004, 537; *Röll*, Das Eingangsflurproblem bei der Unterteilung von Eigentumswohnungen, DNotZ 1998, 345; *Röll*, Ermächtigung zur Begründung von Sondereigentum in der Gemeinschaftsordnung, ZWE 2000, 446; *Röll*, Teilungserklärung und Entstehung des Wohnungseigentums, 1975; *Sauren*, Die Werdende Wohnungseigentümergemeinschaft, ZWE 2008, 375; *Schäfer*, Kann die GbR Verwalter einer Wohnungseigentümergemeinschaft sein?, NJW 2006, 2160; *Schmid*, Die Heizung und ihre Peripherie – Sondereigentum – Gemeinschaftseigentum – Eigentum Dritter, ZMR 2008, 862; *Schmid*, Beschlusskompetenz der Wohnungseigentümer für die Verteilung von Betriebskosten, MDR 2007, 989; *Schmid*, Die Hausordnung in Wohnungseigentumsanlagen, BlGBW 1980, 96; *Schmid*, Die Kosten des im Beschlussanfechtungsprozess erfolgreichen Wohnungseigentümers, NZM 2008, 385; *Schmid*, Umlegung von Kosten eines Verfahrens nach § 43 WEG auf die Wohnungseigentümer, ZMR 1989, 362; *Schmidt, J.-H.*, Neue Möglichkeiten der Kostenverteilung bei baulichen Maßnahmen in Wohnungseigentumsanlagen, ZMR 2007, 913; *Schmidt, F.*, (Un)zeitgemäße Betrachtungen – § 8 WEG im Wandel der Zeiten, in: Derleder u.a. (Hrsg.), Festschrift für Wolf-Rüdiger Bub zum 60. Geburtstag, 2007, S. 221; *Schmidt, F.*, Bauträgervertrag und Abnahme nach der Schuldrechtsmodernisierung, in: Drasdo/Müller/Riesenberger (Hrsg.), Festschrift für Wolf-Dietrich Deckert zum 60. Geburtstag, 2002, S. 443; *Schmidt, F.*, Entscheidungsfolgen und Gesetzgeber im Wohnungseigentum, in: Merle (Hrsg.), Festschrift für Hanns Seuß zum 80. Geburtstag, 2007, S. 241; *Schmidt, F.*, Schriftliches Beschlußverfahren, PiG 59 [2000], 125 = ZWE 2000, 155; *Schmidt, F.*, Wohnungseigentum bei Mehrhausanlagen, BWNotZ 1989, 49; *Schmidt/Breiholdt/Riecke*, Zum Einbau von Rauchwarnmeldern in Wohnungseigentumsanlagen – Betrachtungen nach WEG- und Mietrecht, ZMR 2008, 341; *Schneider*, Zur Rechtsstellung von Pfandrechtsinhabern bei Eintragung einer Öffnungsklausel ins Grundbuch, ZMR 2004, 286; *Schulze-Hagen*, Aktuelle Probleme des Bauträgervertrages, BauR 1992, 320; *Tersteegen*, Der Überbau in der notariellen Praxis, RNotZ 2006, 433; *Tersteegen*, Gestaltung der Eigentumsverhältnisse unter der zentralen Tiefgarage unter großen Baugebieten, ZNotP 2008, 21; *Vandenhouten*, Der Gegenstand der Unterrichtungsverpflichtung des Verwalters gemäß § 27 Abs. 1 Nr. 7 WEG, AnwZert MietR 23/2008, Anm. 2; *Vogel*, Probleme der Änderung von Teilungserklärung und Gemeinschaftsordnung beim Erwerb vom Bauträger, ZMR 2008, 270; *Wagner*, Bauträgervertrag und Geschosswohnungsbau – kann die Wohnungseigentümergemeinschaft Abnahme und Gewährleistungsrechte gegenüber dem Bauträger geltend machen?, ZNotP 2004, 4; *Wenzel*, Beschluss oder Vereinbarung, in: Drasdo/Müller/Riesenberger (Hrsg.), Festschrift für Wolf-Dietrich Deckert zum 60. Geburtstag, 2002, S. 517; *Wenzel*, Beschlusskompetenz zur Aufhebung einer Veräußerungsbeschränkung gemäß § 12 Abs. 4 WEG, ZWE 2008, 69, 74; *Wenzel*, Die neuere Rechtsprechung des BGH zum Recht des Wohnungseigentums, ZWE 2005, 13; *Wenzel*, Die Wohnungseigentümergemeinschaft – ein janusköpfiges Gebilde aus Rechtssubjekt und Miteigentümergemeinschaft?, NZM 2006, 321; *Wenzel*, Öffnungsklauseln und Grundbuchpublizität im Wohnungseigentumsrecht, ZNotP 2004, 170; *Wenzel*, Öffnungsklauseln und Grundbuchpublizität, ZWE 2004, 130; *Wenzel*, Vereinbarung in Beschlussangelegenheiten? – Zur Rechtsnatur der Verwalterbestellung in der Gemeinschaftsordnung, in: Derleder u.a. (Hrsg.), Festschrift für Wolf-Rüdiger Bub zum 60. Geburtstag, 2007, S. 249; *Wolfsteiner*, Vollstreckbare Urkunden über Wohngeld, in: Merle u.a. (Hrsg.), Festschrift für Joachim Wenzel zum 65. Geburtstag, 2005, S. 59.

A. Teilungserklärung/Teilungsvertrag im engeren Sinne

I. Sondereigentumsfähigkeit

1. Einführung

1   In einer Wohnungseigentumsanlage stehen jeder Raum und jede Einrichtung, jede Anlage und jede Fläche (iSd Wohnungseigentumsgesetzes „Bestandteile") **grundsätzlich** im **Gemeinschaftseigentum**. Dies bedeutet, dass die Wohnungseigentümer gemeinsame Eigentümer sind. Wird bei der Begründung von Wohnungseigentum ein dem Grunde nach sondereigentumsfähiger Raum nicht mit einem Miteigentumsanteil verbunden, verbleibt der Raum im gemeinschaftlichen Eigentum, weil auch die Räume des Gebäudes, die Gegenstand des Sondereigentums werden könnten, gemeinschaftliches Eigentum sein können.[1] **Im Zweifel** liegt bei einem Raum **Gemeinschaftseigentum** vor.[2] Zwar muss mit jedem Miteigentumsanteil am Gemeinschaftseigentum ein Sondereigentum verbunden sein. Den Wohnungseigentümern ist es aber verwehrt, willentlich substanzloses Miteigentum herzustellen (**isolierte Miteigentumsanteile**).[3] Etwas, das stets im Sondereigentum stehen müsste, gibt es allerdings nicht.

2   **Hinweis:** Vorstellbar ist deshalb ohne Weiteres, dass in einer Anlage bestimmte Räume und damit ihre Bestandteile (Rn 5) dem Sondereigentum zugewiesen sind, in einer anderen Anlage aber nicht. In der Prüfung eines Falles sind daher zur Klärung stets die Teilungserklärung (ggf der Teilungsvertrag) und der Aufteilungsplan bei der Frage zu nutzen, was im Einzelnen gilt. **Pauschale Wertungen** verbieten sich grundsätzlich.

3   Gegenstand und Grenzen eines Sondereigentums sind danach grundsätzlich stets Folge der Willkür des oder der Bestimmenden (siehe auch die Checkliste Rn 48). Die bloße nachträgliche, aber nicht im Grundbuch vollzogene Erklärung, Übung oder bauliche Herstellung reichen für eine Bestimmung nicht. Sondereigentum entsteht erst, wenn eine **ausdrückliche und klare Bestimmung** erfolgt ist und das jeweilige Sondereigentum formgerecht (§§ 4, 7 WEG) im Wohnungsgrundbuch **eingetragen** worden ist.

2. Gegenstand des Sondereigentums: Sondereigentumsfähigkeit

4   Gegenstand des Sondereigentums sind die gem. §§ 8 Abs. 1, 3 Abs. 1 WEG im Teilungsvertrag/ in der Teilungserklärung bestimmten **Räume**. Eine Bestimmung, dass ein Raum Sondereigen-

---

1 OLG München OLGReport München 2007, 551 = Rpfleger 2007, 459.
2 OLG Frankfurt DNotZ 2007, 469, 470.
3 Siehe dazu Riecke/Schmid/*Elzer*, § 3 WEG Rn 98.

tum ist, ist allerdings **nicht in allen Fällen** möglich. Nach § 5 Abs. 2 WEG können die Teile des Gebäudes, die für dessen Bestand oder Sicherheit erforderlich sind, sowie Anlagen und Einrichtungen, die dem gemeinschaftlichen Gebrauch der Wohnungseigentümer dienen, sind nicht Gegenstand des Sondereigentums, selbst wenn sie sich im Bereich der im Sondereigentum stehenden Räume befinden. Erfolgt eine Zuweisung zum Sondereigentum unter Verstoß gegen § 5 Abs. 2 WEG, ist diese nach § 134 BGB **nichtig**. Dass „etwas anderes" im Teilungsvertrag oder in der Teilungserklärung bestimmt wurde, ist dann unerheblich. § 5 Abs. 2 WEG enthält eine absolute Grenze, die auch durch Billigkeitserwägungen nicht relativiert werden kann. Zu einem Sondereigentum, vor allem einem Wohnungseigentum, können **zusätzliche Räume außerhalb des Wohnungsabschlusses** gehören, die nicht zu Wohnzwecken im engeren Sinne dienen (Nebenräume). Hiermit gemeint sind etwa Keller- oder Bodenräume, Garagen, Nebengebäude, Lagerhallen, Werkstätten oder eine Abstellkammer.

Hinweis: Eine Bestimmung, dass die zu einem Sondereigentum und seinen Räumen gehörenden 5 Bestandteile des Gebäudes auch im Sondereigentum stehen, bedarf es nicht. Die zu einem Sondereigentum gehörenden Bestandteile des Gebäudes werden nach § 5 Abs. 1 WEG von Gesetzes wegen Sondereigentum. Dies gilt allerdings nicht für alle Bestandteile: Für die Sondereigentumsfähigkeit eines Bestandteils ist nach § 5 Abs. 1 WEG vielmehr zu prüfen, ob

- es verändert,
- beseitigt oder
- eingefügt werden kann,

ohne dass dadurch das gemeinschaftliche Eigentum oder ein auf Sondereigentum beruhendes Recht eines anderen Wohnungseigentümers über das nach § 14 WEG zulässige Maß hinaus beeinträchtigt oder die äußere Gestaltung des Gebäudes verändert wird (siehe auch die Checkliste Rn 49).

Zum Teil bezweckt die Zuweisung eines Raums oder eines Bestandteils zum Sondereigentum, 6 dem jeweiligen Eigentümer die **Kosten für die Instandhaltung und Instandsetzung zu überwälzen**. Dies kann freilich auch durch eine entsprechende, von § 16 Abs. 2 WEG abweichende Kostenregelung erreicht werden. Ist daher die Zuweisung eines Raums oder eines Bestandteils, zB der Fenster, zum Sondereigentum an § 5 Abs. 2 WEG „gescheitert", kann im Einzelfall im Wege der Auslegung ermittelt werden, dass wenigstens die Kosten auf diesen Eigentümer überwälzt worden sind.[4]

Hinweis: Die Möglichkeiten und Grenzen des § 5 Abs. 1 und Abs. 2 WEG für die Begründung 7 von Sondereigentum gelten auch bei Wohnungseigentumsanlagen, die sich aus mehreren Häusern zusammensetzen (**Mehrhausanlagen**; dazu Rn 405 ff.).[5]

3. Notwendigkeit einer Unterscheidung

Ob ein Raum oder ein Bestandteil zum Gegenstand des Sondereigentums bestimmt wurde, ist 8 von **großer Bedeutung**. Von der Zuordnung, ob es sich um Gemeinschafts- oder Sondereigentum handelt, sind abhängig:

---

4 KG ZMR 2006, 63, 65; BayObLG NZM 2004, 106; siehe dazu Riecke/Schmid/*Elzer*, § 16 WEG Rn 179.
5 BGH NJW-RR 2001, 800; BGHZ 50, 56, 57 = NJW 1968, 1230; KG KGReport 2004, 2, 3.

- der Umfang des nach §§ 13 bis 15 WEG zulässigen **Gebrauchs**,
- die Frage der **Kostentragung** und
- die Frage, wer über die **Verwaltung** bestimmt.

9   Ob ein Raum oder eine Fläche im Sondereigentum stehen, ist – wie ausgeführt (Rn 3) – stets eine **Frage des Einzelfalls**. Ein Überblick – auch die hier gebotene **Checkliste** (Rn 10) – darf nicht darüber hinwegtäuschen, dass die durch die Gerichte entschiedenen Fälle in der Regel nur Anhaltspunkte für die Lösung eines Problems sind. Ferner darf nicht übersehen werden, dass die **Praxis der Verwalter** in manchen Punkten **von der Rechtsprechung abweicht**. So ist es zB durchaus üblich und teilweise seit Jahrzehnten unangefochten, dass in der Praxis die Kosten für Fenster, Markisen, Rollläden, Terrassen, Türen (auch Wohnungseingangstüren) oder Ventilen auf die jeweiligen Wohnungseigentümer abgewälzt werden. Hintergrund hierfür ist ein **subjektives Gerechtigkeitsgefühl** der Nutzer, das mit dem geltenden Recht nicht immer übereinstimmt.

4. Sondereigentumsfähige Räume und Bestandteile: entschiedene Einzelfälle

10 - **Abdichtungen**: siehe → Balkon
- **Abgasrohre**: an der Außenmauer sichtbare sind Gemeinschaftseigentum; ansonsten sondereigentumsfähig.
- **Abluftanlage**: sichtbare ist Gemeinschaftseigentum; ansonsten sondereigentumsfähig.
- **Antennen**: Parabolantennen sind sondereigentumsfähig. Gemeinschaftsantennen sind Gemeinschaftseigentum. Antennensteckdosen sind sondereigentumsfähig.
- **Aufzüge**: in der Regel Gemeinschaftseigentum, im Einzelfall (zB Treppenlift) aber auch sondereigentumsfähig.
- **Bad**: Teile des Bades wie Fliesen, Waschbecken, Dusche, Kloschüssel oder Badewanne sind sondereigentumsfähig.
- **Balkon**: Die Bestandteile eines Balkons sind nach herrschender Meinung nur sehr eingeschränkt sondereigentumsfähig.[6] Etwa der Bodenbelag (zB ein Fliesenbelag) oder der Anstrich können wie die Balkontröge im Sondereigentum stehen.[7] Zwingend im Gemeinschaftseigentum stehen aber neben Abdichtungen,[8] Brüstungen (Balkongeländer),[9] Decken und Türen, die Bodenplatte, die Isolierschicht,[10] die Wärmedämmung[11] sowie die Abdichtungsanschlüsse zum Gebäude.[12]
- **Blitzableiter** (Schutzanlage): sind Gemeinschaftseigentum.
- **Bodenbeläge**: wie Teppiche, Laminat oder Kacheln sind sondereigentumsfähig; auch dann, wenn sie fest verklebt sind.
- **Bodenplatten**: siehe → Konstruktive Teile und → Balkon.
- **Brandmauer**: Gemeinschaftseigentum.
- **Brandmelder**: siehe → Rauchwarnmelder.
- **Dach**: siehe → Konstruktive Teile.

---

6 Siehe dazu J.-H. Schmidt, MietRB 2005, 83 ff; ferner LG Wuppertal RNotZ 2009, 48.
7 BayObLG ZWE 2004, 93 = WE 2004, 61.
8 OLG München DNotZ 2007, 690; BayObLG NZM 2000, 867.
9 BayObLG WuM 2004, 117.
10 OLG München DNotZ 2007, 690, 691; OLG Düsseldorf WE 1998, 228; OLG Hamm ZMR 1997, 193, 194; BayObLG NJW-RR 1987, 331, 332; vgl auch BGH NJW-RR 2001, 800, 801; BGH NJW 1985, 15511.
11 OLG Hamm ZMR 2007, 296, 298 mwN.
12 BayObLG NZM 2000, 867, 868.

- **Dachrinne:** Gemeinschaftseigentum.
- **Dachterrasse:** Eine Dachterrasse ist hinsichtlich ihrer Teile, die nicht konstruktiv für das Gebäude sind, sondereigentumsfähig.[13]
- **Decken:** siehe → Konstruktive Teile.
- **Deckenverkleidungen:** sondereigentumsfähig.
- **Doppelstockgaragen:** Ob Doppelgaragen sondereigentumsfähig sind, ist in Rechtsprechung und Schrifttum streitig. Ferner ist streitig, ob eine im Zusammenhang mit einer Doppelgarage stehende Hebebühne konstruktiver Bestandteil des Wohngebäudes ist.[14]
- **Elektroanlagen:** Elektroanlagen im weiteren Sinne (Kabel, Leitungen, Endverteiler etc. innerhalb eines Sondereigentums) sind sondereigentumsfähig.
- **Estrich:** ist nicht sondereigentumsfähig.[15]
- **Fallrohr:** ist Gemeinschaftseigentum
- **Fenster** (auch Innenfenster):[16] sind Teil des Gemeinschaftseigentums und nicht sondereigentumsfähig.[17] Innenbeschläge und der Innenrahmenfarbanstrich sind sondereigentumsfähig; Gleiches gilt für die Innenflügel bei Doppelfenstern älterer Bauart.
- **Fensterläden:** sind Teil des Gemeinschaftseigentums.
- **Fliesen:** sind sondereigentumsfähig.
- **Garagen** (auch Sammelgaragen): sind sondereigentumsfähig.
- **Gegensprechanlage:** ist Gemeinschaftseigentum. Die Sprechstellen in den Räumen des Sondereigentums sind sondereigentumsfähig.
- **Geschossdecken,** zB einer Tiefgarage: sind zwingend Teil des Gemeinschaftseigentums.[18] Dazu rechnet insbesondere auch die aus Brandschutzgründen erforderliche Betonüberdeckung über der Bewehrung.
- **Grundstücksflächen:** sind Gemeinschaftseigentum.
- **Hebeanlagen** (Schmutzwasser): Gemeinschaftseigentum. Dienen sie ausschließlich dem Sondereigentum, sind sie sondereigentumsfähig.
- **Hebeanlagen:** → Doppelstockgarage.
- **Heizung** (siehe auch Rn11 ff):[19] Eine Heizungsanlage steht im Gemeinschaftseigentum;[20] etwas anderes kann gelten, wenn die Anlage nicht nur die Wohnungseigentumsanlage versorgt.[21] Sind die Heizkörper und die Vor- und Rücklaufleitungen der Zentralheizung von der Anschlussstelle an die gemeinsame Steig- und Fallleitung dem Sondereigentum unterworfen, erfasst dies auch eine vorhandene Fußbodenheizung und die zu ihr gehörenden Einrichtungen.[22] Ob ein Kellerraum, in dem die zentrale Heizungsanlage des Objekts untergebracht ist, im Sondereigentum stehen kann, ist eine Frage des Einzelfalls. Maßgebend ist, ob

---

13 OLG München MDR 2007, 827.
14 Für Gemeinschaftseigentum: KG ZMR 2005, 569; OLG Celle NJW-RR 2005, 1682; OLG Düsseldorf NZM 1999, 571 = ZMR 1999, 500; AG Rosenheim ZMR 2008, 923; aA Häublein, MittBayNot 2000, 112.
15 OLG Hamm ZMR 2007, 296, 298; 1997, 193; BayObLG NJW-RR 1994, 598.
16 AG Hannover ZMR 2004, 383.
17 BayObLG ZMR 2004, 607 = MietRB 2004, 327.
18 OLG München OLGReport München 2007, 973 = WuM 2007, 591; OLG Hamm ZMR 1997, 193; BayObLG NJW-RR 1994, 82.
19 Siehe auch Schmid, ZMR 2008, 862.
20 KG ZMR 2003, 375.
21 BGHZ 73, 302; BGH ZMR 1975, 688 = NJW 1975, 688.
22 AG Mettmann ZMR 2006, 240.

der Raum nach seiner Art, Lage und Beschaffenheit, insbesondere auch seiner Größe, objektiv geeignet ist, neben der Unterbringung der Heizungsanlage noch andere, zumindest annähernd gleichwertige Nutzungszwecke zu erfüllen.[23] Sondereigentum kann vor allem dann in Betracht kommen, wenn der Raum nicht ausschließlich demselben Zweck wie die Anlage dient.[24] Steht der Kellerraum, in dem sich Heizungsanlage und Öltank einer Eigentumswohnanlage befinden, im Gemeinschaftseigentum, so sind auch die Räumlichkeiten, die den einzigen Zugang zum Heizungsraum bilden, gemeinschaftliches Eigentum.[25] Siehe auch → Thermostatventile.

- **Heizungsrohre**: siehe → Leitungen.
- **Isolierung**: siehe → Konstruktive Teile und → Balkon.
- **Jalousien**: siehe → Rollläden.
- **Kamine** (Kaminköpfe, Kaminabdeckungen): nicht sondereigentumsfähig.[26]
- **Keller**: sind sondereigentumsfähig. Trenngitter sind Gemeinschaftseigentum.
- **Klingelanlage**: siehe → Gegensprechanlage.
- **Konstruktive (tragende)Teile**: sind zwingend Gemeinschaftseigentum.[27] Für Bestand und Sicherheit des Bauwerks notwendige Bauteile sind nicht sondereigentumsfähig. Zu diesen Bauteilen gehören neben dem Dach[28] unter anderem auch Bodenplatten von Balkonen und die darauf angebrachte Isolierung[29] oder das Parkdeck.
- **Leitungen** (zB für Elektronik, Fernsehen, Heizung, Klingel, Radio, Sprechanlagen, Wasser etc.): sind ab dem Punkt, in dem sie in ein Sondereigentum eintreten, sondereigentumsfähig. Eine innerhalb eines Sondereigentums liegende Leitung ist im Zweifel Teil des Sondereigentums und steht im Sondereigentum. Heizungsrohre oder Wasserrohre, die durch ein Sondereigentum laufen, dieses aber nicht versorgen, sind nicht sondereigentumsfähig.[30]
- **Leuchtschriften**: siehe → Reklameschilder.
- **Loggia**: siehe → Balkon.
- **Lüftungsanlage**: Eine Lüftungsanlage einer im Teileigentum stehenden Gaststätte ist Gemeinschaftseigentum, wenn sie so innerhalb des Gemeinschaftseigentums verlegt ist, dass eine Veränderung ihres Verlaufs oder ihre Beseitigung ohne erhebliche Eingriffe in das Gemeinschaftseigentum (mehrere Mauerdurchbrüche) unmöglich ist.[31] Der Filter ist sondereigentumsfähig, eine Abdeckung über dem Dach nicht.
- **Markisen**: Die Frage, ob es sich bei Markisen grundsätzlich um Sonder- oder Gemeinschaftseigentum handelt, wird nicht einheitlich beurteilt. Während sie teilweise grundsätzlich als Sondereigentum oder aber als Gemeinschaftseigentum angesehen werden, da sie Zubehör des Gebäudes bzw. fassadengestaltende Elemente seien, wird teilweise dahin gehend differenziert, wer sie angebracht hat bzw. wem die Anbringung überlassen worden ist. Von anderen wird darauf abgestellt, wessen Sondereigentum sie dienen. Im Zweifel sollten Markisen

---

23 OLG Schleswig ZMR 2006, 886, 887.
24 BGHZ 73, 302, 311 = NJW 1979, 2391, 2393; BayObLG DNotZ 2004, 386, 387 = Rpfleger 2004, 214.
25 BayObLG MittBayNot 2004, 192 = DNotZ 2004, 386; OLG Düsseldorf OLGReport Düsseldorf 2000, 29, 30.
26 BayObLG ZMR 1999, 50.
27 OLG München ZMR 2008, 232, 233 = OLGReport München 2007, 973 = WuM 2007, 591.
28 OLG Düsseldorf ZMR 2004, 280.
29 BGH NJW-RR 2001, 800, 801; BGH NJW 1985, 1551 = BauR 1985, 314.
30 KG WuM 1989, 89.
31 OLG Köln BauR 2005, 1684; siehe auch OLG Hamburg ZMR 2003, 527.

als fassadengestaltendes Element zum Gemeinschaftseigentum gezählt werden, und zwar unabhängig davon, ob sie zum Zeitpunkt der Errichtung bauseitig errichtet oder erst später angebracht worden ist.[32]

- **Mehrhausanlagen** (siehe Rn 405 ff): Die Frage, welche Räume und Bestandteile in Mehrhausanlagen sondereigentumsfähig sind, ist nach den allgemeinen Regelungen zu beantworten. Besonderheiten bestehen nicht. Allerdings sind ggf Gruppensondernutzungsrechte vereinbart.

- **Mitsondereigentum:** Das Wohnungseigentumsgesetz lässt Mitsondereigentum nicht zu.[33] Sondereigentum muss immer einem einzigen Miteigentumsanteil zugeordnet werden. Dasselbe Sondereigentum kann nicht mehreren verschiedenen Miteigentumsanteilen zugeordnet werden. Etwas anderes gilt für → Nachbareigentum.

- **Müllschlucker (Müllschächte):** sind – soweit sie der gemeinsamen Entsorgung von Müll, der gemeinschaftlichen abgerechnet wird, dienen – nicht sondereigentumsfähig.[34]

- **Nachbareigentum:** ist gegeben, wenn eine nicht tragende Mauer, also eine solche, die nicht zwingend nach § 5 Abs. 2 WEG im Gemeinschaftseigentum steht, zwei Sondereigentumseinheiten voneinander oder eine Sondereigentumseinheit vom Gemeinschaftseigentum trennt. Liegt Nachbareigentum vor, ist Miteigentum und Mitbesitz der beiden Nachbarn im Sinne gemeinsamen Sondereigentums anzunehmen.[35]

- **Nebenräume** (etwa Keller-, Lager-, Hobby-, Wasch- und Trockenräume sowie Fahrrad-, Kinderwagen-, Schlitten- und Geräteabstellräume): sondereigentumsfähig.

- **Pkw-Stellplätze:** sind grundsätzlich nicht sondereigentumsfähig; an Pkw-Stellplätzen können aber Sondernutzungsrechte begründet werden (siehe Rn 18 ff).

- **Putz:** an Wänden und Decken ist sondereigentumsfähig und ist innerhalb eines Sondereigentums Teil des Sondereigentums.

- **Rauchwarnmelder:** sind sondereigentumsfähig; sie stehen im Gemeinschaftseigentum, wenn der Einbau gesetzlich vorgeschrieben ist oder von den Wohnungseigentümern beschlossen wird.[36]

- **Reklameschilder:** sind – wie und Leuchtschriften – Gemeinschaftseigentum.

- **Rollläden:** Rollläden – auch die Gurte und die Mechanik – sind als das optische Bild einer Hausfassade prägend nicht sondereigentumsfähig.[37]

- **Rückstausicherungen:** Rückstausicherungen für Wasser sind Gemeinschaftseigentum.[38]

- **Sanitäranlagen:** sind sondereigentumsfähig.

- **Schaukästen** (Außenwand): sind Gemeinschaftseigentum.

- **Schneefanggitter:** Gemeinschaftseigentum.

- **Schornstein:** siehe → Kamin

- **Sondernutzungsrechte:** werden nach herrschender Meinung am gemeinschaftlichen Eigentum begründet. Für diese Sichtweise spricht vor allem § 5 Abs. 4 S. 2 WEG. Die einem Son-

---

32 OLG Frankfurt DNotZ 2007, 469, 470; Eichhorn, WE 2004, 58, 63.
33 Commichau, DNotZ 2007, 622.
34 Riecke/Schmid/*Schneider*, § 5 WEG Rn 63.
35 OLG Schleswig MietRB 2007, 149 = DNotZ 2007, 620.
36 OLG Frankfurt DWE 2009, 63; AG Rendsburg ZMR 2009, 239; AG Ahrensburg ZMR 2009, 78; s.a. Schmidt/Breiholdt/ Riecke, ZMR 2008, 341, 344.
37 OLG Saarbrücken FGPrax 1997, 56; KG ZMR 1994, 169.
38 OLG Köln WuM 1998, 308; aA AG Hannover ZMR 2004, 786.

dernutzungsrecht unterliegenden Flächen und Bestandteile stehen daher nicht im Sondereigentum. Dies ist etwa wichtig für die Instandhaltung und Instandsetzung. Siehe im Einzelnen Rn 18 ff.

■ **Spitzboden:** sondereigentumsfähig.

■ **Stellplätze:** siehe → PKW-Stellplätze

■ **Terrassen:** sind grundsätzlich nicht sondereigentumsfähig. Etwas anderes gilt für Teile von Dachterrassen.

■ **Thermostatventile:** an den Heizungen sind Gemeinschaftseigentum.[39] Dasselbe gilt für die übrigen Regelungsteile, die entsprechend der EnEV zur selbsttätig wirkenden Verringerung und Abschaltung der Wärmezufuhr sowie zur Ein- und Ausschaltung elektrischer Antriebe in Abhängigkeit von Außentemperatur oder einer anderen geeigneten Größe und der Zeit dienen.

■ **Treppenhaus:** zwingend Gemeinschaftseigentum, es sei denn, es befindet sich im Bereich des Sondereigentums. In einem Reihenhaus ist das Treppenhaus zB sondereigentumsfähig.

■ **Trittschalldämmung** (Trittschallschutz): nicht sondereigentumsfähig.

■ **Türen:** Die Außentür (Hauseingangstür; Balkontür; Garage) und die Türen zu einem Sondereigentum sind Gemeinschaftseigentum.[40] Türen innerhalb eines Sondereigentums sind sondereigentumsfähig.[41] Eine innerhalb eines Sondereigentums liegende Tür ist im Zweifel Teil des Sondereigentums und steht im Sondereigentum.

■ **Verbrauchszähler:** Rechnet ein Wohnungseigentümer direkt mit einem Dritten ab, sind Verbrauchszähler sondereigentumsfähig. Erfolgt eine Abrechnung über den Verband Wohnungseigentümergemeinschaft, sind Verbrauchszähler zwingend Gemeinschaftseigentum.[42]

■ **Vorflur:** nicht sondereigentumsfähig. Siehe auch → Treppenhaus.

■ **Wände:** Bei Wänden sind Außenwände und Innenwände zu unterscheiden. Außenwände sind Gemeinschaftseigentum. Innenwände sind Gemeinschafseigentum, wenn sie zu den konstruktiven Bestandteilen gehören. Andere Innenwände sind sondereigentumsfähig.

■ **Wärmedämmung:** ist grds. Gemeinschaftseigentum, im Einzelfall aber sondereigentumsfähig.

■ **Wasserrohre:** sind ab dem Punkt, in dem sie in ein Sondereigentum eintreten sondereigentumsfähig. Ein innerhalb eines Sondereigentums liegendes Rohr ist im Zweifel Teil des Sondereigentums und steht im Sondereigentum.

■ **Wasserzähler** (Wasseruhren): siehe → Verbrauchszähler.

■ **Wohnungseingangstüren:** sind nicht sondereigentumsfähig.[43]

■ **Zugangsräume:** zu einem Gemeinschaftseigentum stehen grundsätzlich im Gemeinschaftseigentum. Etwas anderes kann nur für Bodenräume (Spitzboden), Balkone, Heizkeller, Versorgungsräume oder Räume mit „Zählern" gelten. Die anderen Wohnungseigentümer haben dann aber ein angemessenes Betretungsrecht. Zugangsräume zu einem Sondereigentum sind

---

39 OLG Stuttgart ZMR 2008, 243 = NJOZ 2008, 1075 = MietRB 2008, 44; OLG Hamm NJW-RR 2002,156 = ZWE 2001, 293; OLG Karlsruhe DWE 1990,106; Schmid, ZMR 2008, 862, 863.
40 OLG München ZMR 2007, 725; 2007, 369; OLG Düsseldorf NZM 2007, 528; aA OLG Düsseldorf ZMR 2002, 445.
41 OLG Düsseldorf OLGReport Düsseldorf 2005, 148; BayObLG ZMR 2000, 241.
42 OLG Hamburg ZMR 2004, 291.
43 OLG Stuttgart BauR 2005, 1490.

sondereigentumsfähig. Ein Zugangsraum zu zwei verschiedenen Sondereigentumseinheiten (Eingangsflurproblem) ist nicht sondereigentumsfähig.

- **Zwischendecken:** sind grds. sondereigentumsfähig.

II. Sondereigentumsfähigkeit eines Heizungsraums

1. Einführung

Regelmäßig stellt sich bei der Teilung die Frage, ob die Heizung nebst **Heizungsraum** im Eigentum des aufteilenden Eigentümers verbleiben, im Eigentum eines Dritten oder im Gemeinschaftseigentum stehen soll. Hintergrund für diese Überlegung sind wirtschaftliche Fragen, vor allem die verschiedenen **Wärmecontracting-Modelle.** Wird der aufteilende Eigentümer Wärmelieferant, kann er hierdurch künftig ggf. Vorteile haben und Gewinne machen. Liefert ein Dritter als Contractor die Wärme, kann der aufteilende Eigentümer seine Herstellungskosten senken, da der Contractor in diesem Falle für den Einbau der in seinem Eigentum stehenden Heizungsanlage aufkommt. Ein Vorteil für die Gemeinschaft der Wohnungseigentümer bzw. mittelbar für die Wohnungseigentümer besteht bei einer Fremdlösung darin, dass sie sich nicht um die Heizungsanlage kümmern müssen, insbesondere nicht um die Instandhaltung und Instandsetzung sowie zukünftig notwendig werdende Anpassungen, zB nach der EnEV. 11

Wenn der aufteilende Eigentümer oder ein Dritter (Allein-)Eigentum an der Heizungsanlage erhalten soll, setzt dies nach dem Wohnungseigentumsgesetz die Begründung von **Sondereigentum** an der Anlage voraus. Regelmäßig soll die Heizungsanlage hierbei eine eigenständige rechtliche Einheit darstellen und damit auch verkehrsfähig sein; an der Heizungsanlage soll also Sondereigentum begründet werden. Da Sondereigentum ohne die notwendige Verbindung mit einem Raum nicht existieren kann, muss Sondereigentum an einem Raum, also dem Heizungsraum begründet und mit einem Miteigentumsanteil verbunden werden; es muss also Teileigentum begründet werden. Die Heizungsanlage selbst ist dann Bestandteil dieses Teileigentums. 12

2. Sondereigentumsfähigkeit

Die Sondereigentumsfähigkeit eines Heizungsraums und damit die Beantwortung der Frage, ob hieran wirksam Teileigentum begründet werden kann, hängt davon ab, ob die Heizungsanlage lediglich die Wohnanlage mit Wärme versorgt oder auch weitere Grundstücke. Nur im letzteren Fall ist der Heizungsraum mit der darin enthaltenen Heizung sondereigentumsfähig. 13

Wenn nämlich die Heizungsanlage lediglich der Versorgung einer Anlage dient, ist sie nicht sondereigentumsfähig. § 5 Abs. 2 WEG bestimmt, dass Anlagen und Einrichtungen, die dem gemeinschaftlichen Gebrauch der Wohnungseigentümer dienen, nicht Gegenstand des Sondereigentums sein können. Das gilt auch für Räume, deren Zweck darin besteht, der Gesamtheit der Wohnungseigentümer einen ungestörten Gebrauch ihrer Wohnungen und der Gemeinschaftsräume zu ermöglichen. Dazu gehören diejenigen Räume, in denen sich die zentralen Zähl-, Schalt-, Sicherungs- oder Beschickungseinrichtungen der gemeinschaftlichen Wasser-, Wärme- und Energieversorgung befinden.[44] 14

---

44 BGH NJW 1991, 2909; OLG Schleswig ZMR 2006, 886, 887; zur Sondereigentumsfähigkeit, wenn die Heizungsanlage nicht alle Wohnungseigentümer versorgt: BayObLG ZMR 2000, 622, 623.

15   Versorgt die Heizungsanlage dagegen noch weitere, nicht zur Wohnanlage gehörende Gebäude oder ist sie zumindest dafür bestimmt, dann sollen die Heizung und der die Anlage beherbergende Heizungsraum sondereigentumsfähig sein.[45]

16   **Hinweis:** Bei der Gestaltung der Teilungserklärung kann ein Heizungsraum nebst Anlage auch dann zu Sondereigentum erklärt werden, wenn zum Zeitpunkt der Entstehung einer Gemeinschaft von Wohnungseigentümern noch keine Versorgung anderer, nicht auf dem gemeinschaftlichen Grundstück befindlicher Gebäude stattfindet, dies jedoch beabsichtigt ist. Hierbei ist darauf zu achten, dass sich die beabsichtigte Nutzung der Heizungsanlage objektiv manifestiert. Eine subjektive, allein am Nutzungswillen des betroffenen Sondereigentümers orientierte Sichtweise wird nämlich nicht als sachgerecht angesehen.[46] Die Heizungsanlage muss folglich eine genügende Kapazität aufweisen, um den Anschluss weiterer Abnehmer zuzulassen. Ferner sollten Leitungsrechte gesichert werden (zB durch eine Grunddienstbarkeit zugunsten des jeweiligen Teileigentümers des Heizungsraums) und die erweiterte Zweckbestimmung auch in der Teilungserklärung deklaratorisch (beschreibend) festgehalten werden.

17   ▶ **Muster: Teilungserklärung – Sondereigentum am Heizungsraum**

①   Gebildet werden:

[…] *[Begründung der anderen Sondereigentumseinheiten]*

X. ein Miteigentumsanteil von […]/1.000 verbunden mit dem Sondereigentum an den im Aufteilungsplan mit Nr. […] bezeichneten, nicht zu Wohnzwecken dienenden Raum (Heizungsraum), belegen im Kellergeschoss.

Die Heizungsanlage bis zur Abzweigung in die Wohnungen steht im Sondereigentum des jeweiligen Eigentümers der Teileigentumseinheit Nr. […] (Heizungsraum). Die Heizung dient neben der Versorgung der Wohnungseigentümer der Anlage mit Wärme auch der Versorgung des Nachbargrundstücks […]-Straße […] und ggf. weiterer Grundstücke. ◀

Hinweis: Unter „**Teilungserklärung**" versteht man im engeren Sinne die sachenrechtliche Begründung von Wohnungs- und Teileigentum, also die Bestimmung von Sonder- und Gemeinschaftseigentum sowie die Verbindung von Miteigentumsanteilen mit dem Sondereigentum. Der Begriff „**Gemeinschaftsordnung**" wird dagegen für die Gesamtheit der schuldrechtlichen Vereinbarungen der Wohnungseigentümer gemäß § 10 Abs. 2 S. 2 WEG verwendet. Da die Gemeinschaftsordnung gemäß § 10 Abs. 3 WEG als Inhalt des Sondereigentums im Grundbuch eingetragen werden muss, damit sie auch gegen den Sondernachfolger eines Wohnungseigentümers (Erwerber) wirkt, wird die Gemeinschaftsordnung zumeist zusammen mit der Teilungserklärung im engeren Sinne beurkundet. Diese einheitliche notarielle Urkunde wird in der Praxis häufig nach ihrem ersten Teil etwas verkürzt ebenfalls nur als „Teilungserklärung" (im weiteren Sinne) bezeichnet.

3. Sondernutzungsrechte

18   Kann an der Heizungsanlage kein Sondereigentum begründet werden, besteht die Möglichkeit, wenigstens ein wirtschaftlich angenähertes Ergebnis zu erreichen. An Räumen und Gegenständen, die zwingend Gemeinschaftseigentum sind, können nämlich Sondernutzungsrechte be-

---

45   BGH ZMR 1981, 123; BGH NJW 1975, 688 f; BayObLG ZMR 1980, 185, 186.
46   OLG Schleswig ZMR 2006, 886, 887.

gründet werden (siehe Rn 76 ff). Dem Sondernutzungsberechtigten stehen dann die jeweils vereinbarten Einwirkungs- und Nutzungsmöglichkeiten zu. Er ist regelmäßig vor allem zur **Fruchtziehung** berechtigt, kann also allein über die mit dem Sondernutzungsrecht erzielten Gewinne verfügen. Bei der Begründung sollte berücksichtigt werden, dass die Einräumung eines Sondernutzungsrechts allein nicht dazu führt, dass ausschließlich der Sondernutzungsberechtigte die von seinem Sondernutzungsrecht verursachten Kosten trägt oder ihm die Instandhaltung/Instandsetzung allein obliegt. Es bedarf hierzu vielmehr entsprechender, das Sondernutzungsrecht flankierender Regelungen in der Gemeinschaftsordnung.

Der **Nachteil** eines Sondernutzungsrechts ist, dass der Sondernutzungsberechtigte Wohnungs-   19
bzw. Teileigentümer sein muss. Einem nicht zur Gemeinschaft gehörenden Dritten kann kein Sondernutzungsrecht eingeräumt werden. Ein weiterer Nachteil folgt aus der eigentumsrechtlichen Zuordnung der der Sondernutzung unterliegenden Heizungsanlage, denn diese steht im Gemeinschaftseigentum. Klassische Finanzierungsmodelle tun sich hiermit schwer.

▶ **Muster: Gemeinschaftsordnung – Sondernutzungsrecht an der Heizungsanlage**   20

§ [...]

- Sondernutzungsrecht Heizung -

(1) Zur Wohnung Nr. [...] gehört das Sondernutzungsrecht an dem im Sondernutzungsplan mit „Heizungsraum" bezeichneten Kellerraum einschließlich der Heizungsanlage bis zur Abzweigung in die Wohnungen. Der Sondernutzungsplan, der während der Beurkundung zur Durchsicht vorlag und gebilligt wurde, ist Bestandteil dieser Urkunde.

(2) Dem Sondernutzungsberechtigten steht neben dem alleinigen Gebrauchs- und Nutzungsrecht iSd §§ 13 Abs. 2 S. 2, 16 Abs. 1 WEG das alleinige Verwaltungsrecht im Hinblick auf die dem Sondernutzungsrecht unterliegenden Gegenstände zu. Dies schließt auch das Recht zur Vornahme baulicher Veränderungen ein, sofern diese nicht das äußere Erscheinungsbild der Wohnanlage in für andere Eigentümer unzumutbarer Weise beeinträchtigen.

(3) Sofern an einem der Sondernutzung unterliegenden Gegenstand bauliche Veränderungen vorgenommen werden, erstreckt sich das Sondernutzungsrecht auf die dadurch geschaffenen Anlagen und Einrichtungen. Sämtliche Kosten der Unterhaltung, Instandsetzung- und Instandhaltung sowie etwaiger baulicher Veränderungen trägt der Berechtigte. Für das Verhältnis zum umliegenden Gemeinschaftseigentum gelten die selben Bestimmungen wie für das Verhältnis von Sonder- und Gemeinschaftseigentum. ◀

III. Änderungen der Aufteilung

Gründe, die einmal vorgenommene Aufteilung von Sonder- und Gemeinschaftseigentum später   21
zu ändern, gibt es viele. In der Praxis kommt es zB häufig vor, dass der Bauträger das Gebäude anders als ursprünglich vorgesehen errichtet hat. Dies ist häufig die Folge der Sonderwünsche der Erwerber. Vor allem die wirtschaftlich untergeordneten Kellerräume werden nicht selten anders als in Aufteilungsplan und Abgeschlossenheitsbescheinigung ausgewiesen errichtet. Aber auch dann, wenn sie räumlich so wie ausgewiesen bereits vorhanden sind, zB bei der Teilung eines Bestandsobjekts, wird unter Umständen nicht darauf geachtet, welchen Kellerraum die Mieter einer bestimmten Wohnung nutzen.

Neben diesen „Schlampigkeiten" des aufteilenden Eigentümers gibt es aber auch im Zeitpunkt   22
der Teilung bereits geplante, jedoch erst für die Zeit nach Vollzug der Teilung im Grundbuch

vorgesehene bzw. vorbehaltene Änderungen der zunächst vollzogenen Teilung. Hierzu gehört, dass einerseits im Zeitpunkt der Teilung die baurechtlichen Voraussetzungen für die Schaffung von Wohnraum, insbesondere bei unausgebautem Dachraum (zB zweiter Fluchtweg oder ausreichende Lichtöffnungen), noch nicht vorhanden sind und der aufteilende Eigentümer auch gar nicht beabsichtigt, Wohnraum hieran zu schaffen. Andererseits möchte er potenziellen Käufern einen Umbau und auch die Umwandlung der unausgebauten Dachräume in Wohnungen ermöglichen, ohne ein zu enges Konzept vorzugeben.

23   Daneben kommt es natürlich vor, dass Wohnungseigentümer einzelne im Sondereigentum stehende Räume anderen Wohnungen zuordnen wollen, zB beim Tausch oder Verkauf einzelner Räume, nicht jedoch des gesamten Wohnungseigentums.

1. Umwandlung von Gemeinschafts- in Sondereigentum bzw Sonder- in Gemeinschaftseigentum

24   Durch rein tatsächliche Handlungen kann der Gegenstand des Sondereigentums schon mangels Grundbucheintragung nicht geändert werden. Sondereigentum ist nur das, was als solches auch im Grundbuch bezeichnet ist. So wird durch eine bauliche Einbeziehung von gemeinschaftlichem Eigentum, zB eines Treppenabsatzes, in den Bereich des Sondereigentums das gemeinschaftliche Eigentum nicht zu Sondereigentum.[47] Mehrheitsbeschlüsse, die die bauliche Einbeziehung gestatten, führen ebenfalls nicht zur Entstehung von Sondereigentum. Sofern durch einen Eigentümerbeschluss beabsichtigt ist, an der einbezogenen Fläche Sondereigentum zu verschaffen, ist dieser nämlich nichtig und bedarf daher keiner Ungültigerklärung nach § 23 Abs. 4 WEG. Diese Grundsätze gelten im Übrigen auch, wenn hierdurch ein Sondernutzungsrecht begründet werden soll.

25   Die Umwandlung von Gemeinschafts- in Sondereigentum oder von Sonder- in Gemeinschaftseigentum bedarf der **Einigung aller Wohnungseigentümer** in der Form des § 925 Abs. 1 BGB (Auflassung). Daneben bedarf es auch der Zustimmung sämtlicher Grundbuchgläubiger (§§ 877, 876 BGB). Ausgenommen hiervon sind diejenigen Berechtigten, deren Recht auf allen Wohnungs- und Teileigentumen lastet, denn deren Haftungsgegenstand, das gesamte Grundstück, verändert sich durch eine Umwandlung von Gemeinschafts- in Sondereigentum oder von Sonder- in Gemeinschaftseigentum nicht.

26   Die in der Praxis vereinzelt immer noch verwendeten und in älteren Teilungserklärungen anzutreffenden **Vollmachten zur Umwandlung** von Gemeinschafts- in Sondereigentum bzw von Sonder- in Gemeinschaftseigentum können nicht zum „Inhalt des Sondereigentums" iSd § 10 Abs. 2 WEG gemacht werden. Durch einen insbesondere im notariellen Schrifttum viel beachteten Beschluss[48] hat das BayObLG am 24.7.1997 entschieden, dass eine Überführung von gemeinschaftlichem Eigentum in Sondereigentum nicht in den Regelungsbereich des § 10 Abs. 1 S. 2 WEG aF fällt.[49] Diese Ansicht wurde in der Folgezeit wiederholt bestätigt.[50] Auch der BGH hat sich dem im Grundsatz angeschlossen.[51] Die einzige Möglichkeit für eine Umwandlung ohne Mitwirkung der übrigen Wohnungseigentümer besteht daher in der Aufnahme

---

47   BayObLG ZMR 1993, 423; BayObLG NJW-RR 1994, 338; OLG Düsseldorf NJW-RR 1995, 528; BGHZ 95, 137 = NJW 1985, 2832.
48   Siehe hierzu nur Demharter, ZNotP 1998, 306, 310 f; Rapp, MittBayNot 1998, 77; Röll, DNotZ 1998, 345.
49   BayObLG DNotZ 1998, 379, 382.
50   BayObLG DNotZ 2000, 466; BayObLG ZMR 2000, 779; BayObLG DNotZ 2002, 149; KG ZMR 1998, 368; OLG Saarbrücken OLGReport Saarbrücken 2005, 282.
51   BGH DNotZ 2003, 536 = ZMR 2003, 748.

entsprechender Vollmachten in den **Erwerberverträgen**. Problematisch ist dies aber vor allem in den Fällen der Zwangsversteigerung. Denn der Ersteher kann nicht zur Abgabe einer Vollmacht oder zur Mitwirkung an der Umwandlung gezwungen werden. Aber auch die Fälle der Weiterveräußerung sind nicht unproblematisch, denn hier wird meist die Aufnahme der Vollmacht zugunsten des umwandlungsberechtigten Eigentümers schlicht vergessen. Die Unterbrechung der Vollmachtskette hat aber unter Umständen das Scheitern der Umwandlung von Gemeinschaftseigentum in Sondereigentum zur Folge. Regelmäßig muss dann die gewünschte Mitwirkung an der Umwandlung (Auflassung) teuer erkauft werden.

Die in den jeweiligen Kaufverträgen erteilte Vollmacht zur Änderung der Gemeinschaftsord- 27 nung betrifft im Übrigen nur das Verhältnis der Erwerber zum Verkäufer; sie macht die Bewilligung der dinglich Berechtigten nicht entbehrlich.[52]

▶ **Muster: Änderung Teilungserklärung – Umwandlung von Gemeinschafts- in Sondereigentum** 28
(Zuordnung von Kellerräumen)

[*Urkundeneingang*]

§ 1
- Grundbuchstand, Sachverhalt -

(1) Der Erschienene zu 1) ist eingetragener Eigentümer der im Wohnungsgrundbuch des Amtsgerichts […] von […], Blatt […], eingetragenen Wohnungseigentums an der im Aufteilungsplan mit Nr. 1 bezeichneten Wohnung.

Es sind folgende Belastungen und Beschränkungen eingetragen:

Abteilung II: keine Eintragungen
Abteilung III:
lfd. Nr. 1   300.000 € Grundschuld ohne Brief für die X-Bank AG.
lfd. Nr. 2   60.000 € Grundschuld für die Y-Bank AG

(2) Die Erschienene zu 2) ist eingetragene Eigentümerin des im Wohnungsgrundbuch des Amtsgerichts […] von […], Blatt […], eingetragenen Wohnungseigentums an der im Aufteilungsplan mit Nr. 2 bezeichneten Wohnung.

Es sind folgende Belastungen und Beschränkungen eingetragen: […]

(3) Der Notar hat die Wohnungsgrundbücher am […].[…].[…] eingesehen.

(4) Damit sind sämtliche Wohnungseigentümer der Wohnungseigentumsanlage […] [*Straße, Nummer, PLZ, Ort*], eingetragen in den Wohnungsgrundbüchern des Amtsgerichts […] von […], Blätter […] bis […], an dieser Urkunde beteiligt.

(5) Mit dieser Urkunde sollen die vorhandenen Kellerräume in Sondereigentum umgewandelt und den Wohnungen zugeordnet werden.

---

52 BayObLG DNotZ 1996, 297, 301; 2005, 390 = ZMR 2005, 300; Schöner/Stöber, Rn 2967 c.

§ 2
- Änderung der Teilung -

(1) Wir nehmen Bezug auf die bereits im Grundbuch vollzogene Teilungserklärung vom [...].[...]. [...] (UR-Nr. [...]/[...], Notar [...] in [...]), mit der das Grundstück [...] *[Straße, Nummer]* nach den Regelungen des Wohnungseigentumsgesetzes in Wohnungseigentum aufgeteilt wurde.[53]

(2) Die Teilungserklärung wird dahin gehend geändert, dass an den [...] *[Anzahl]* Kellerräumen Sondereigentum gebildet wird. Wegen der Aufteilung und der Lage der Kellerräume wird auf den „Aufteilungsplan Keller" verwiesen, der als Anlage dieser Urkunde beigefügt ist. Der „Aufteilungsplan Keller" lag den Beteiligten zur Durchsicht vor und wurde von ihnen gebilligt. Die Kellerräume sind im „Aufteilungsplan Keller" mit den Nrn. 1 bis [...] bezeichnet. Jeder Kellerraum wird in das Sondereigentum derjenigen Wohnung einbezogen, deren Nummerierung derjenigen des Kellerraums im „Aufteilungsplan Keller" entspricht. Die Abgeschlossenheitsbescheinigung wird auf der Grundlage des Aufteilungsplans (Anlage) vom Erschienenen zu [...]) bei der zuständigen Baubehörde / einem öffentlich bestellten Sachverständigen / einem anerkannten Sachverständigen[54] beantragt. Der Erschienene zu [...]) verpflichtet sich, dem Notar sofort nach Erteilung die Abgeschlossenheitsbescheinigung samt Plan zuzusenden.

§ 3
- Dingliche Einigung und Grundbuchantrag -

(1) Die Erschienenen als Eigentümer der in den Wohnungsgrundbüchern des Amtsgerichts [...] von [...], Blätter [...] bis [...], eingetragenen Wohnungseigentum sind sich über die vorstehend in § 2 dieser Urkunde beschriebene dingliche Änderung der Teilung (Umwandlung von Gemeinschaftseigentum in Sondereigentum und Zuordnung zu den Wohnungen) einig.

(2) Sie bewilligen und beantragen die Eintragung in den Wohnungsgrundbüchern im Wege der Vereinigung und Zuschreibung zu den Miteigentumsanteilen der jeweiligen Wohnungen gemäß § 2.

§ 4
- Zustimmung Dritter -

(1) Der Notar hat die Beteiligten darauf hingewiesen, dass es zum Vollzug dieser Änderung der Teilungserklärung im Grundbuch neben der Einigung sämtlicher Eigentümer auch der Zustimmung der in den einzelnen Wohnungsgrundbüchern eingetragenen dinglich Berechtigten bedarf.

(2) Die Zustimmungen der dinglich Berechtigten gegebenenfalls nebst Grundschuldbriefen[55] werden nachgereicht.

[Durchführungsvollmacht, Kosten etc.] ◄

2. Umwandlung von Teileigentum in Wohnungseigentum und umgekehrt

29 Grundsätzlich ist zur Umwandlung von Teileigentum und umgekehrt eine **Vereinbarung aller Wohnungseigentümer** nötig. Die Form des § 925 Abs. 1 BGB (Auflassung) ist nicht einzuhalten. Es genügt also zum Nachweis gegenüber dem Grundbuchamt die (notarielle) Beglaubigung der Vereinbarung.

---

53 Bei einer bereits im Grundbuch vollzogenen Teilungserklärung bedarf es keiner Bezugnahme nach § 13 a BeurkG. Es handelt sich insoweit um eine unechte Bezugnahme, es wird lediglich auf ein bereits bestehendes Rechtsverhältnis verwiesen; vgl auch Winkler, § 13 a BeurkG Rn 25.

54 Je nachdem, ob das Land, in dem das Grundbuchamt liegt, von der Verordnungsermächtigung des § 7 Abs. 4 S. 3 WEG Gebrauch gemacht hat.

55 Diese werden häufig übersehen und führen zu vermeidbaren Zwischenverfügungen des Grundbuchamtes.

Für die Umwandlung von Teileigentum in Sondereigentum oder umgekehrt ist ein neuer Auf-   30
teilungsplan rechtlich nicht zwingend erforderlich, da die Lage und Grenzen des Sondereigentums unverändert bleiben.[56] Allerdings bedarf es einer neuen **Abgeschlossenheitsbescheinigung**, da die Abgeschlossenheitsbescheinigung nicht nur die Abgrenzung des Sondereigentums gegenüber anderem Sondereigentum und dem Gemeinschaftseigentum sowie die Zugangsmöglichkeit bestätigt, sondern auch eine bestimmte Ausstattung. Die Ausstattung eines Teileigentums genügt nicht den Anforderungen eines Wohnungseigentums. Nach Nr. 5 a) der allgemeinen Verwaltungsvorschrift zu § 7 Abs. 4 Nr. 2 WEG[57] müssen Wasserversorgung, Ausguss und WC innerhalb der Wohnung liegen, während dies bei nicht Wohnzwecken dienenden Räumen (=Teileigentum) nicht erforderlich ist. In der Praxis ergibt sich aber die Ausstattung der Räume aus dem Aufteilungsplan, der Bestandteil der Abgeschlossenheitsbescheinigung ist, so dass regelmäßig auch ein neuer Aufteilungsplan erstellt wird.

Bei der Umwandlung von Teileigentum in Wohnungseigentum handelt es sich nach richtiger   31
Ansicht nicht um einen sachenrechtlichen Akt, sondern um eine **Inhaltsänderung** des Sondereigentums nach §§ 5 Abs. 4, 10 Abs. 2, 3 WEG.[58] Daher kann das Mitwirkungserfordernis der übrigen Wohnungseigentümer durch eine (vorweggenommene) Vereinbarung der Wohnungseigentümer iSd § 10 Abs. 2, 3 WEG zur Änderung der Nutzungsart abbedungen werden.[59] Eine derartige Vereinbarung kann auch als Inhalt des Sondereigentums im Grundbuch eingetragen werden und wirkt damit auch gegen Sondernachfolger der Wohnungseigentümer (verdinglichte Ermächtigung). Eine Mitwirkung der übrigen Wohnungseigentümer ist dann bei der Umwandlung von Teileigentum in Wohnungseigentum (oder umgekehrt) nicht nötig.

Eine Zustimmung durch Grundpfandrechts- und Reallastgläubiger ist nicht erforderlich. Auf   32
deren Zustimmung kommt es nach § 5 Abs. 2 S. 2 und 3 WEG nur an, wenn Gegenstand der Vereinbarung ein Sondernutzungsrecht ist. Die Zustimmung von Berechtigten anderer in den Wohnungsgrundbüchern eingetragener Rechte (zB Dienstbarkeiten oder Nießbrauch) ist nur dann erforderlich, wenn deren Rechte bei der Umwandlung rechtlich beeinträchtigt werden (§§ 876, 877 BGB).[60]

Ermächtigungen zur Umwandlung von Teileigentum in Wohnungseigentum finden sich in der   33
Praxis häufig im Zusammenhang mit sog. Dachgeschossrohlingen. Im Zeitpunkt der Teilung sind die baurechtlichen Voraussetzungen für die Schaffung von Wohnraum, zB zweiter Fluchtweg oder ausreichende Lichtöffnungen, oder die für die Abgeschlossenheit von Wohnraum erforderlichen Ausstattungsmerkmale, zB Wasserversorgung und WC, noch nicht vorhanden. Der aufteilende Eigentümer möchte meist auch gar keinen Wohnraum hieran schaffen, sondern die Gestaltung des Wohnraums der unausgebauten Dachräume dem potenziellen Käufer überlassen, ohne diesem ein zu enges Konzept vorzugeben. Damit der Käufer, ohne auf die Zustimmung der übrigen Wohnungseigentümer nach § 22 Abs. 1 WEG angewiesen zu sein, derartige Umbaumaßnahmen, zB den Einbau von Gauben und Dachterrassen, vornehmen kann, ist die die Ermächtigung zur Umwandlung häufig mit umfassenden Ausbaurechten verbunden.

---

56 OLG Bremen ZWE 2002, 184.
57 Vom 19.3.1974, BAnz. Nr. 58 v. 23.3.1974, abgedruckt bei Niedenführ/Kümmel/Vandenhouten, Teil III B V.
58 Überzeugend: Hügel, ZWE 2008, 120 ff, dort auch zum Streitstand.
59 BayObLGZ 1989, 28, 31 f; OLG Hamburg ZMR 2003, 697; BayObLG NJW-RR 1997, 586 f.
60 BGH NJW 1984, 2409.

34 ▶ **Muster: Ermächtigung zur Umwandlung von Teileigentum in Wohnungseigentum mit Ausbaurecht (Dachgeschossrohling)**

§ [...]

- Dachgeschossausbau, Anpassung der Teilungserklärung -

(1) Der jeweilige Teileigentümer der im Dachgeschoss gelegenen Teileigentumseinheit Nr. [...] ist berechtigt, bei Vorliegen behördlicher Genehmigungen durch entsprechende bauliche Maßnahmen das Teileigentum zu einer Wohnung auszubauen.

(2) Zu diesem Zweck ist der jeweilige Teileigentümer dieser Einheit – auch im Namen aller weiteren Wohnungs-/Teileigentümer – unwiderruflich unter Befreiung von den Beschränkungen des § 181 BGB befugt, alle für den Ausbau erforderlichen behördlichen Genehmigungen zu beantragen und entsprechende Verhandlungen mit allen Behörden und sonstigen Stellen zu führen. Er ist auch berechtigt, alle Erklärungen abzugeben und entgegenzunehmen, die für die Erteilung der dafür erforderlichen Baumaßnahmen zweckdienlich und erforderlich sind, Änderungen und Ergänzungen der Abgeschlossenheitsbescheinigung aller Art zu beantragen, Anträge gegenüber Versorgungsunternehmen zu stellen, Leitungsrechte zu begründen usw.

(3) Die Befugnis des jeweiligen Teileigentümers umfasst weiterhin das Recht, sämtliche gemäß den erteilten Baugenehmigungen erforderlichen Baumaßnahmen und damit verbundenen Veränderungen am Gemeinschaftseigentum und Sondereigentum anderer Wohnungen vorzunehmen. Dies betrifft insbesondere das Recht, die Treppenhäuser, Schornsteine und Dachkonstruktionen im oberen Bereich sowie die Be- und Entwässerungs- und Stromleitungen und sonstige Versorgungsleitungen ab-, um-, an- oder aufzubauen sowie Heizungsleitungen, ggf. die Heizungsanlagen (Heizkessel, Brenner, Warmwasserkessel, Tank) unter Berücksichtigung der bestehenden Verträge mit dem Wärmelieferungsunternehmen und sonstige bauliche Veränderungen im Zusammenhang mit dem Ausbau vorzunehmen, soweit das die jeweilige Teileigentumseinheit begrenzende gemeinschaftliche Eigentum und Sondereigentum betroffen wird. Insbesondere sind im Zuge der Ausbaumaßnahmen die Umgestaltung des Daches, der Einbau von Atelier- und sonstigen Fenstern und Dachterrassen (Loggien) gestattet und damit das Recht gegeben, das äußere Erscheinungsbild des Hauses zu verändern.

(4) Alle im Zusammenhang mit der Durchführung der Ausbaumaßnahmen entstehenden Kosten, Schäden und Folgeschäden, und zwar einschließlich derjenigen, die durch Inanspruchnahme des Gemeinschaftseigentums entstehen, gehen zulasten des den Ausbau veranlassenden Teileigentümers. Zu den zu ersetzenden Schäden und Folgeschäden gehören auch berechtigte Mietminderungen durch Mieter anderer Einheiten infolge des Ausbaus des Teileigentums.

(5) Mit den Ausbauarbeiten darf nur begonnen werden, wenn eine entsprechende behördliche Genehmigung, insbesondere Baugenehmigung vorliegt, eine Bauwesen- und Bauhaftpflichtversicherung dem Verwalter nachgewiesen ist und Baustrom- und Bauwasserzähler installiert und vom Verwalter abgenommen sind. Der Teileigentümer ist verpflichtet, dem Verwalter den Baubeginn anzuzeigen und die Gebrauchsabnahme der hergestellten Fläche nach Ablauf von zwölf Monaten durchführen zu lassen. Die Bauarbeiten sind auf die Werktage zu beschränken und tagsüber nach den anerkannten Regeln der Baukunst zügig auszuführen. Die Bauarbeiten sind vorab dem Verwalter mitzuteilen.

(6) Die jeweiligen Wohnungseigentümer der übrigen Eigentumseinheiten sind verpflichtet, die Ausbauarbeiten im Dachgeschoss, den Anschluss an Frischwasser-, Schmutzwasser- und Elektroleitungen sowie an die Klingelleitungen und Gegensprechanlagen, etwa vorhandene Heizungsanlagen und alle sonstigen Eingriffe in das Gemeinschafts- und Sondereigentum im Zusammenhang mit den für den

Ausbau erforderlichen Baumaßnahmen unentgeltlich zu dulden, insbesondere auch Arbeiten in ihren Wohnungen zu gestatten, die zur Verwirklichung der Baumaßnahmen erforderlich sind (zum Beispiel Anschlussarbeiten an bestehenden Leitungssystemen). Sie sind verpflichtet, dafür Sorge zu tragen, dass die dem Berechtigten eingeräumten Befugnisse in vollem Umfang auch von Mietern/Nutzern ihrer Wohnungen anerkannt werden.

(7) Der jeweilige Teileigentümer der im Dachgeschoss gelegenen Teileigentumseinheit Nr. [...] ist unwiderruflich ermächtigt, im eigenen Namen die Teilungserklärung dahin gehend zu ändern und zu ergänzen, dass an den dem Teileigentum unterliegenden Räumen nach Maßgabe der noch einzuholenden ergänzenden Aufteilungspläne nebst ergänzender Abgeschlossenheitsbescheinigung Wohnungseigentum begründet wird, und das Grundbuch entsprechend zu berichtigen. ◄

3. Unterteilung

Bei größeren Sondereigentumseinheiten ergibt sich zuweilen der Wunsch, diese zu unterteilen 35 und so kleinere, rechtlich selbstständige Sondereigentumseinheiten zu schaffen. Daneben kann vor allem auch bei unausgebauten Dachgeschossen eine spätere Unterteilung planmäßig vorgesehen sein. Auf diese Weise kann der aufteilende Eigentümer einem Interessenten nicht nur die Gestaltung einer konkreten Einheit im Dachgeschoss, sondern auch die Frage überlassen, wie viele Wohnungen es im Dachgeschoss geben soll.

Jeder Sondereigentümer ist berechtigt, sein Wohnungs- oder Teileigentum zu unterteilen;[61] eine 36 gleichzeitige Veräußerung (Eigentümerwechsel) einer neu gebildeten Einheit ist dabei nicht erforderlich.[62] Zur Unterteilung von Wohnungs- oder Teileigentum bedarf es eines **Aufteilungsplans** und der dazugehörigen **Abgeschlossenheitsbescheinigung**, wobei sich der Aufteilungsplan auf die zu unterteilende Einheit beschränken kann.[63] Die Mitwirkung der übrigen Wohnungseigentümer ist grundsätzlich nicht erforderlich,[64] soweit kein Gemeinschaftseigentum einbezogen oder Sondereigentum in Gemeinschaftseigentum umgewandelt werden muss, zB der gemeinsame Eingangsflur der neuen Einheiten. Wenn eine Umwandlung von Sonder- in Gemeinschaftseigentum erforderlich ist, gelten die oben aufgeführten Grundsätze (grundsätzlich Mitwirkung aller Eigentümer und der dinglich Berechtigten, vgl Rn 25).

Einer Zustimmung von **dinglich Berechtigten** bedarf es ebenfalls nicht. Die dinglich Berechtig- 37 ten an den übrigen Wohnungs- und Teileigentumsgrundbüchern sind ebenso wie die übrigen Sondereigentümer gar nicht betroffen. Die dinglich Berechtigten am zu unterteilenden Wohnungs- oder Teileigentum müssen ebenfalls nicht zustimmen, denn deren Rechte setzen sich an den neuen Sondereigentumseinheiten als Gesamtrechte (Grundpfandrechte, Reallasten) und teilweise als Einzelrechte (Vorkaufsrechte, Nießbrauch, Dienstbarkeiten) fort.[65] Wenn ein Ausübungsbereich bestimmt ist, kann eine der neuen Einheiten auch nach § 1026 BGB von einer Belastung kraft Gesetzes frei werden.

Neben der Realteilung der im Sondereigentum stehenden Räume bedarf es bei der Unterteilung 38 natürlich auch noch der Teilung des mit dem Sondereigentum verbundenen Miteigentumsanteils (**gemischte ideell-reale Teilung**), denn mit jedem Sondereigentum muss ein Miteigentums-

---

61 Vgl nur BGHZ 49, 250; 73, 150; BGH NJW 1998, 3711; BGH ZMR 2004, 834.
62 Staudinger/*Rapp*, § 6 WEG Rn 4.
63 Hügel in: Würzburger Notarhandbuch, Teil 2 Rn 1648; Staudinger/*Rapp*, § 6 WEG Rn 8.
64 BGHZ 49, 250; 73, 150; BGH NJW 1998, 3711.
65 Demharter, Anhang zu § 3 GBO Rn 74.

anteil verbunden sein.[66] Voraussetzung für eine wirksame Unterteilung ist die **Komplettauftei-lung** der Einheit, dh es darf kein Raum oder Miteigentumsanteil vergessen werden.[67]

39   **Hinweis:** Sofern der zu unterteilenden Einheit ein **Sondernutzungsrecht** zugeordnet ist, steht das Sondernutzungsrecht nach der Unterteilung den jeweiligen Eigentümern der neuen Einheiten gemeinschaftlich zu. Sollte dies nicht gewünscht sein, ist das Sondernutzungsrecht in der Unterteilungserklärung einer der neuen Einheiten zuzuordnen.

40   Noch nicht abschließend geklärt ist, wie sich die Unterteilung auf das Stimmrecht auswirkt und ob sich hieraus unter Umständen doch ein Zustimmungserfordernis der übrigen Wohnungseigentümer ableitet. Während sich beim **Wertstimmrecht**, also dem Stimmrecht nach Miteigentumsanteilen, die Stimmkraft nach der Unterteilung nach den geteilten Miteigentumsanteilen richtet und es hierdurch zu keinerlei Erschwerungen für die übrigen Wohnungseigentümer kommt, führt eine Unterteilung und die sich gegebenenfalls anschließende Veräußerung einer neuen Einheit beim Kopf- und Objektstimmrecht zu Problemen.

41   Beim **Kopfstimmrecht** hat jeder Wohnungseigentümer unabhängig von der Zahl der von ihm innegehaltenen Wohnungen nur eine Stimme. Wird nun eine Unterteilung vorgenommen und eine der neuen Einheiten veräußert, würde sich die Anzahl der Stimmen erhöhen und die Stimmkraft der übrigen Eigentümer sich entsprechend verringern. Daher wird teilweise die Auffassung vertreten, dass nach der Unterteilung den Eigentümern der neuen Einheiten nur ein gemeinschaftliches einheitliches Stimmrecht zusteht.[68] Da dieser Fall jedoch nicht anders liegt, als wenn ein Wohnungseigentümer, der mehrere Wohnungen innehält, eine Wohnung veräußert – auch dann kommt es zu einer Stimmenmehrung –, wird überwiegend davon ausgegangen, dass jedem der Eigentümer der neuen Einheiten eine volle Stimme zusteht.[69] Demzufolge bedarf es nach richtiger Auffassung auch keiner Zustimmung der übrigen Wohnungseigentümer zur Unterteilung mit anschließender Veräußerung, denn die Veränderung der Stimmverhältnisse ist notwendige Folge der Veräußerlichkeit der einzelnen Einheiten und des Kopfprinzips.[70]

42   Soweit das **Objektprinzip** vereinbart ist, wird dagegen überwiegend eine Aufteilung des Stimmrechts bejaht.[71] Die Eigentümer der neuen Einheiten müssen ihr Stimmrecht auch nicht einheitlich ausüben, denn das Gebot der einheitlichen Stimmrechtsausübung des § 25 Abs. 2 S. 2 WEG greift wegen der rechtlichen Selbstständigkeit der neuen Einheiten nicht.[72] Die hierdurch im Einzelfall auftretenden qualitativen Veränderungen im Abstimmungsverhalten sind daher hinzunehmen.[73] Etwas anderes kann freilich gelten, wenn in der Gemeinschaftsordnung bereits eine abweichende Vereinbarung zum Stimmrecht nach Unterteilung getroffen wurde.[74]

---

66   BayObLG WuM 1988, 89.
67   BayObLG ZMR 1996, 285; zu den Konsequenzen von Fehlern hierbei für den öffentlichen Glauben des Grundbuchs vgl Rapp, MittBayNot 1996, 344.
68   OLG Stuttgart ZMR 2005, 478 unter Berufung auf BGHZ 73, 150 = NJW 1979, 870, dort allerdings offengelassen.
69   KG ZMR 2000, 191; OLG Düsseldorf ZMR 2004, 696; Weitnauer/*Lüke*, § 25 WEG Rn 13; Bärmann/Pick/*Merle*, § 25 WEG Rn 39; Staudinger/*Bub*, § 25 WEG Rn 156; Niedenführ/Kümmel/Vandenhouten/*Kümmel*, § 25 WEG Rn 11.
70   KG ZMR 2000, 191; Weitnauer/*Lüke*, § 25 WEG Rn 13.
71   BGH ZMR 2004, 834; KG ZMR 1999, 426; OLG Düsseldorf NJW-RR 1990, 521; Staudinger/*Bub*, § 25 WEG Rn 158; Bärmann/*Merle*, § 25 WEG Rn 40; Weitnauer/*Lüke*, § 25 WEG Rn 13; Niedenführ/Kümmel/Vandenhouten/*Kümmel*, § 25 WEG Rn 11.
72   BGH ZMR 2004, 834; Bärmann/*Merle*, § 25 WEG Rn 40.
73   Wenzel, ZWE 2005, 13, 24.
74   BayObLG NJW-RR 1991, 910; OLG Hamm ZMR 2002, 859, auch zur Auslegung der Teilungserklärung.

▶ **Muster: Regelung in der Gemeinschaftsordnung zur Stimmrechtsvermehrung bei Unterteilung und Objektprinzip** 43

§ [...]

- Objektstimmrecht -

Jedes Wohnungs- oder Teileigentum gewährt eine Stimme. Dies gilt auch für rechtlich selbstständige Wohnungs- oder Teileigentume, die aufgrund einer späteren Unterteilung eines Wohnungs- oder Teileigentums entstanden sind. ◀

▶ **Muster: Unterteilung mit Verteilung bestehender Sondernutzungsrechte und Umwandlung von Teileigentum in Wohnungseigentum (Dachgeschossrohling)** 44

Im Grundbuch von [...], Blatt [...], ist eingetragen:

87,05/1.000 Miteigentumsanteil an dem Grundstück Gemarkung [...], Flur [...], Flurstück [...], Gebäude- und Freifläche [...]-Straße [...], [...] m², verbunden mit dem Sondereigentum an den im Aufteilungsplan mit Nr. 30 bezeichneten, nicht Wohnzwecken dienenden Räumen sowie dem Sondernutzungsrecht an den Kellerräumen Nr. 30, 31 und 32.

Der Eigentümer wird die Teileigentumseinheit Nr. 30 ohne Veränderung des räumlichen Umfangs derselben unterteilen in die Wohnungseigentumseinheiten Nr. 31 und Nr. 32. Wegen Ausstattung, Abgeschlossenheit und Lage der Wohnungen wird auf die Abgeschlossenheitsbescheinigung nebst Aufteilungsplan vom [...].[...].[...] [*der zuständigen Baubehörde / einem öffentlich bestellten Sachverständigen / einem anerkannten Sachverständigen*[75]] verwiesen.

Gemäß § [...] der bereits im Grundbuch vollzogene Teilungserklärung vom [...].[...].[...] (UR-Nr. [...]/[...], Notar [...] in [...]), mit der das Grundstück [...] [*Straße, Nummer*] nach den Regelungen des Wohnungseigentumsgesetzes in Wohnungseigentum aufgeteilt wurde, ist der jeweilige Eigentümer der Teileigentumseinheit Nr. 30 unwiderruflich ermächtigt, im eigenen Namen die Teilungserklärung dahin gehend zu ändern und zu ergänzen, dass an den dem Teileigentum unterliegenden Räumen Wohnungseigentum begründet wird, und das Grundbuch entsprechend zu berichtigen.

Der aufteilende Eigentümer unterteilt die bisherige Einheit Nr. 30 durch Erklärung gegenüber dem Grundbuchamt in entsprechender Anwendung des § 8 WEG und gleichzeitiger Grundbuchberichtigung wie folgt:

a) 54,91/1.000 Miteigentumsanteil verbunden mit Sondereigentum an der im Aufteilungsplan mit Nr. 31 bezeichneten Wohnung

b) 32,14/1.000 Miteigentumsanteil verbunden mit Sondereigentum an der im Aufteilungsplan mit Nr. 32 bezeichneten Wohnung

Die Sondernutzungsrechte an den Kellerräumen Nr. 30 bis 32 werden wie folgt zugeordnet:

- Keller Nr. 30 zur Wohnung Nr. 31,
- Keller Nr. 31 zur Wohnung Nr. 31,
- Keller Nr. 32 zur Wohnung Nr. 32.

Der aufteilende Eigentümer bewilligt und beantragt die Eintragung der vorstehenden Rechtsänderung im Grundbuch. ◀

---

75 Je nachdem, ob das Land, in dem das Grundbuchamt liegt, von der Verordnungsermächtigung des § 7 Abs. 4 S. 3 WEG Gebrauch gemacht hat.

4. Vereinigung

45   Zur (rechtlichen) Vereinigung von Wohnungseigentumseinheiten nach § 890 BGB bedarf es,
      wie bei der Unterteilung, weder der Zustimmung der übrigen Wohnungseigentümer[76] noch der
      dinglich Berechtigten, da deren Rechte nicht beeinträchtigt werden. Das neue Wohnungseigen-
      tum muss nicht insgesamt in sich abgeschlossen sein, es genügt, wenn die ursprünglichen Woh-
      nungseigentumseinheiten zum übrigen Sonder- und Gemeinschaftseigentum abgeschlossen
      sind; einer neuen Abgeschlossenheitsbescheinigung bedarf es folglich nicht.[77] Die zu vereini-
      genden Einheiten müssen auch nicht benachbart oder gar miteinander baulich verbunden
      sein.[78]

46   **Hinweis:** Bei einer Kostenverteilung nach Einheiten wird häufig versucht, durch die Vereini-
      gung von Sondereigentumseinheiten **Kosten** zu sparen. Richtigerweise wird aber der Kosten-
      verteilungsschlüssel „pro Einheit" so auszulegen sein, dass damit die Anzahl der Einheiten bei
      Begründung der Anlage zugrunde gelegt wird.[79] Es kommt daher zu keiner Verringerung der
      nach Einheiten zu verteilenden Kosten für den Eigentümer der vereinigten Einheiten. Auch für
      die Verwaltervergütung kann keine Ausnahme gemacht werden.[80] Der Verwalter bekommt
      seine Vergütung vom Verband Wohnungseigentümergemeinschaft und nicht von den einzelnen
      Wohnungseigentümern. Auch wenn die Vergütung im Verwaltervertrag (Außenverhältnis)
      häufig nach Einheiten kalkuliert ist, betrifft dies nicht den internen Verteilerschlüssel (vgl auch
      Rn 184). Die einmal vereinbarte Verwaltervergütung kann nicht einseitig durch einen Ver-
      tragspartner (Gemeinschaft der Wohnungseigentümer) reduziert werden. Reduziert der Ver-
      walter die Vergütung freiwillig oder passt die Gemeinschaft der Wohnungseigentümer, zB bei
      der Wiederbestellung, den Vertrag an, kommt ein Beschluss nach § 16 Abs. 3 WEG in Be-
      tracht.[81]

47   ▶ **Muster: Vereinigung bestehender Wohnungseigentumsrechte**

Wir sind Eigentümer – je zu 1/2 Anteil – folgender Wohnungseigentume, verzeichnet in den Grund-
büchern des Amtsgerichts [...] von [...]

a)   Blatt [...]
     34,99/10.000 Miteigentumsanteil an dem Grundstück Gemarkung [...], Flur [...], Flurstück [...],
     Gebäude- und Freifläche [...]-Straße [...], [...] m², verbunden mit dem Sondereigentum an der
     im Aufteilungsplan mit Nr. 102 bezeichneten Wohnung

b)   Blatt [...]
     24,35/10.000 Miteigentumsanteil an dem Grundstück Gemarkung [...], Flur [...], Flurstück [...],
     Gebäude- und Freifläche [...]-Straße [...], [...] m², verbunden mit dem Sondereigentum an der
     im Aufteilungsplan mit Nr. 139 bezeichneten Wohnung

Wir bewilligen und beantragen, die vorgenannten Wohnungseigentume zu einem Wohnungseigentum
gemäß § 890 Abs. 1 BGB zu vereinigen, so dass ein Miteigentumsanteil von 59,34/10.000 an dem

---

76 BGH ZMR 2005, 59, 60; BayObLG ZMR 1999, 266; 2000, 468.
77 OLG Hamburg ZMR 2004, 529; BayObLG aaO; Hügel, in: Würzburger Notarhandbuch, Teil 2 Rn 1648; Staudinger/
    Rapp, § 6 WEG Rn 13.
78 Staudinger/*Rapp*, § 6 WEG Rn 13.
79 Staudinger/*Rapp*, § 6 WEG Rn 13.
80 AA Hügel in: Würzburger Notarhandbuch, Teil 2 Rn 1657; Staudinger/*Rapp*, § 6 WEG Rn 13 – jeweils vor Anerkennung
    der Rechtsfähigkeit der Wohnungseigentümergemeinschaft und der Möglichkeit, nach § 16 Abs. 3 WEG nF den Vertei-
    lerschlüssel anzupassen.
81 Ggf. hat der Eigentümer der vereinigten Einheiten darauf einen Anspruch nach § 10 Abs. 2 S. 3 WEG.

Grundstück Gemarkung [...], Flur [...], Flurstück [...], Gebäude- und Freifläche [...]-Straße [...], [...] m², entsteht, der verbunden ist mit dem Sondereigentum an den im Aufteilungsplan mit Nr. 102 und Nr. 139 bezeichneten Wohnungen. ◄

IV. Prüfungsschema für die Zuweisung von Räumen

Ob ein Raum oder ein Bestandteil im Einzelfall im Sondereigentum steht, kann im Einzelfall   48
zweifelhaft sein. Fehlt eine Zuweisung zum Sondereigentum, liegt **stets Gemeinschaftseigentum** vor (Rn 1). Gibt es indes eine Zuweisung, kann diese nach § 5 Abs. 2 WEG nichtig sein.

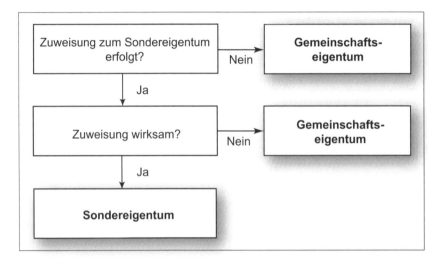

V. Prüfungsschema für die Zuweisung von Bestandteilen

49

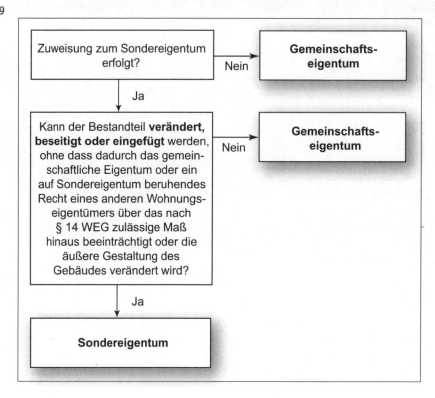

VI. Miteigentumsanteile

1. Einführung

Die Miteigentümer müssen nach § 3 WEG, der Bauträger nach § 8 WEG **Höhe und Anzahl der** 50 **Miteigentumsanteile** bestimmen. Diese Aufgabe ist **sehr wichtig.** Die gesetzliche Kosten- und Lastenverteilung zwischen den Wohnungseigentümern und der Anteil an den Nutzungen des gemeinschaftlichen Eigentums bemessen sich gem. § 16 Abs. 1 und 2 WEG grundsätzlich nach der Höhe der Miteigentumsanteile. Ferner kann sich das Stimmrecht an den Miteigentumsanteilen ausrichten (Wertstimmrecht). Die Beschlussfähigkeit einer Eigentümerversammlung misst sich an der Anzahl der vertretenen Miteigentumsanteile. Schließlich bestimmt sich gem. § 10 Abs. 8 S. 1 Hs 1 WEG auch die Außenhaftung der Wohnungseigentümer neben dem Verband Wohnungseigentümergemeinschaft nach den Miteigentumsanteilen.[82]

Bei großen Anlagen hat sich für die Anzahl der Miteigentumsanteile eine Aufteilung in 10.000s- 51 tel oder mehr Miteigentumsanteile durchgesetzt. In der Praxis wird vor allem eine Aufteilung in 1.000stel Miteigentumsanteile genutzt. Bei einer kleinen oder zweigliedrigen Eigentümergemeinschaft (Doppel- oder Zweifamilienhäusern) ist bei gleichem Nutzwert hingegen eine Aufteilung zu je ½ (bzw zu 100stel) üblich.

▶ **Muster: Größe und Anteil von 100 Miteigentumsanteilen (Tabelle)** 52

Miteigentumsanteile in Hundertstel	Wohnungs-eigentum Nr.	Beschrieb
20	1	Wohnung Erdgeschoss nebst einem Kellerraum. Die Wohnung ist im Aufteilungsplan mit Nummer 1 bezeichnet; ebenso der Kellerraum.
25	2	Wohnung im 1. Obergeschoss rechts nebst Balkon. Die Wohnung ist im Aufteilungsplan mit Nummer 2 bezeichnet; ebenso der Kellerraum.
25	3	Wohnung im 1. Obergeschoss links nebst Balkon. Die Wohnung ist im Aufteilungsplan mit Nummer 3 bezeichnet; ebenso der Kellerraum.
30	4	Wohnung im 2. Obergeschoss. Die Wohnung ist im Aufteilungsplan mit Nummer 4 bezeichnet; ebenso der Kellerraum.

Das Gesetz enthält **keine Bestimmung** darüber, welche Größe und Anzahl Miteigentumsanteile 53 haben müssen und ob und wie sie im Verhältnis zum Sondereigentum und zu etwaigen Sondernutzungsrechten stehen. Bei der stets gewillkürten Bestimmung der Miteigentumsanteile sollten allerdings auch ohne besondere gesetzliche Anordnung soweit wie möglich der unterschiedliche Verkehrswert, die Wohnfläche und der Nutzwert der jeweiligen Einheiten berücksichtigt werden. Für die Berechnung der Miteigentumsanteile sollten zur Vermeidung von Streit und späteren Klagen also **angemessene und objektive Maßstäbe** zugrunde gelegt werden.

---

82 Vgl auch Hügel, NotBZ 2008, 169.

54 ▶ **Checkliste: Bemessungsgrundlagen**

- Wohn- und Nutzflächen in m²
- Ausstattung der Räume und ihre innere Aufteilung
- Wohnungs- und Stockwerkslage im Gesamtgebäude (Himmelsrichtung, Höhe etc.)
- Aussicht
- Nähe zu einem Fahrstuhl oder anderen Gemeinschaftseinrichtungen (zB der Waschküche oder der Sauna)
- Umweltlärm
- Helligkeit
- Nutzungsberechtigungen (Sondernutzungsrechte)
- Baurechte
- Bausubstanzwerte ◀

2. Vollmachten

55 Will vor allem der ein Wohnungseigentum nach § 8 WEG begründende Bauträger sich die Möglichkeit schaffen, Höhe und Anzahl der Miteigentumsanteile auch nach Entstehung einer Gemeinschaft von Wohnungseigentümern noch zu verändern, kann er sich von den Erwerbern in den jeweiligen **Erwerberverträgen**[83] für eine spätere Veränderung eine (ausreichend bestimmte) **Vollmacht** einräumen lassen. Für diese Vollmacht sind die sachenrechtliche Ebene im Außenverhältnis und die schuldrechtliche Ebene im Innenverhältnis zu unterscheiden:[84]

- Im Außenverhältnis zum Grundbuchamt ist vor allem das **Gebot der Bestimmtheit** zu beachten.[85]
- Für das Innenverhältnis ist zu beachten, dass der Vollmachtnehmer mit Gebrauch der Vollmacht die von ihm **geschuldete Leistung verändert.** Die Vollmacht muss sich daher an § 308 Nr. 4 BGB messen lassen.[86] Danach ist eine Klausel, die dem Verwender das Recht einräumt, die versprochene Leistung zu ändern oder von ihr abzuweichen, unwirksam, wenn nicht die Vereinbarung der Änderung oder Abweichung unter Berücksichtigung der Interessen des Verwenders für den anderen Vertragsteil **zumutbar** ist. Um dieses Problems Herr zu werden, wird zT vorgeschlagen, in der Vollmacht im Wege der **Regelbeispielstechnik** zu beschreiben, welche Änderungen dem Erwerber gegenüber noch zumutbar sind.[87] Die Klausel soll außerdem so bestimmt gefasst werden, dass der künftige Wohnungseigentümer, wenn der Bauträger von der Änderungsmöglichkeit Gebrauch macht, nachprüfen kann, ob die Änderungsvoraussetzungen vorliegen und der Bauträger vorher vereinbarte **sachliche und zeitliche Grenzen** der Änderungsmöglichkeit überschritten hat.

56 Die Änderung von Miteigentumsanteilen macht – sofern die Vollmacht Teil sämtlicher Erwerberverträge ist und es zu keinem Weiterverkauf kam – ungeachtet der Vollmacht wenigstens die **Mitwirkung der dinglich Berechtigten** eines Wohnungseigentums erforderlich.[88] § 5 Abs. 4 S. 2 und 3 WEG schaffen hierfür keine Erleichterungen. Kam es zu einem Weiterverkauf, ist

---

83 Eine verdinglichte Ermächtigung in der Gemeinschaftsordnung zur späteren Umwandlung von Gemeinschafts- in Sondereigentum ist nicht möglich, BGH ZMR 2003, 748.
84 Vogel, ZMR 2008, 270.
85 Vogel, ZMR 2008, 270.
86 Vogel, ZMR 2008, 270, 272; Armbrüster, ZMR 2005, 244, 250.
87 Vogel, ZMR 2008, 270, 272.
88 BayObLG DNotZ 1996, 297; Erman/*Grziwotz*, § 8 WEG Rn 5; Riecke/Schmid/*Schneider*, § 1 WEG Rn 242.

außerdem ein nicht vom Bauträger erwerbender Wohnungseigentümer zu beteiligen (Zweiterwerber) – es sei denn, auch dieser später Erwerbende hätte dem Bauträger eine Vollmacht erteilt. Diese Mitwirkung des Zweiterwerbers wird zum Teil dadurch zu erreichen versucht, dass ein sein Wohnungseigentum veräußernder Wohnungseigentümer für eine Weiterveräußerung einer Zustimmung entsprechend § 12 WEG bedarf und diese nur erhält, wenn er für eine Vollmacht des Erwerbenden zugunsten des Bauträgers Sorge trägt.[89]

▶ **Muster: Regelungen zur Änderung u.a. der Miteigentumsanteile im Erwerbervertrag**   57

§ [...]

- Vollmacht -

(1) Der Erwerber bevollmächtigt den Veräußerer (Vollmachtnehmer) nach Maßgabe des Absatzes 2 unwiderruflich, die Teilungserklärung in der jeweils geltenden Fassung zu ändern. Hiervon erfasst sind die Änderung der Grenzen des Sonder- und des Gemeinschaftseigentum sowie die Höhe der jeweiligen Miteigentumsanteile. Der Veräußerer besitzt die unwiderrufliche Vollmacht, sämtliche im Zusammenhang mit der Änderung der Teilungserklärung notwendigen Erklärungen abzugeben und entgegenzunehmen. Der Vollmachtnehmer ist von den Beschränkungen des § 181 BGB befreit. Der Vollmachtnehmer ist berechtigt, Untervollmachten zu erteilen. Die Vollmachten gehen über den Tod hinaus. Die Vollmacht erlischt, wenn sämtliche Wohnungs- oder Teileigentumseinheiten der Wohnanlage [...] [*Name der Anlage*] abveräußert und umgeschrieben sind oder wenn der Vollmachtnehmer die Absicht, Wohnungs- oder Teileigentumseinheiten zu veräußern, erkennbar aufgibt.

(2) Der Vollmachtnehmer ist ohne Zustimmung des Erwerbers nicht berechtigt, Lage, Größe, Grundriss und Umfang des Sondereigentums, wie es in der Baubeschreibung beschrieben und im Aufteilungsplan und in der Teilungserklärung niedergelegt ist, zu verändern. Der Vollmachtnehmer ist nicht berechtigt, den Inhalt eines dem Erwerber etwaig eingeräumten Sondernutzungsrechts zu verändern. Eine nach Satz 1 und Satz 2 von Absatz 1 mögliche Änderung ist für den Erwerber insbesondere dann zumutbar, wenn nach der Verkehrsauffassung sowie nach dem Urteil eines durchschnittlichen Erwerbers der Gebrauch oder der Wert des Sondereigentums oder des Gemeinschaftseigentums nur unerheblich beeinträchtigt wird oder die Außenfassade und die sonst sichtbaren Gebäudeflächen ästhetisch nicht so verändert werden, dass dies nicht mehr die Billigung des Erwerbers finden kann. Der vereinbarte Erwerbspreis bleibt von den Änderungen unberührt, auch dann, wenn ein Sondereigentum im Wert steigt.

(3) Der dem Erwerber nach dem Gesetz zustehende Mitgebrauch des gemeinschaftlichen Eigentums darf vom Vollmachtnehmer nur in der Weise eingeschränkt werden, dass der Erwerber keine wirtschaftlichen Nachteile erleidet.

(4) Der Vollmachtnehmer trägt im Verhältnis zum Erwerber die Kosten sämtlicher von ihm abzugebenden Erklärungen oder von ihm veranlasster Erklärungen Dritter.

(5) Der Erwerber ist bis zu dem Zeitpunkt, in dem sämtliche Wohnungs- oder Teileigentumseinheiten der Wohnanlage [...] [*Name der Anlage*] abveräußert und umgeschrieben sind, oder wenn der Vollmachtnehmer die Absicht, Wohnungs- oder Teileigentumseinheiten zu veräußern, aufgibt, verpflichtet, dafür Sorge zu tragen, dass sein etwaiger Sonder- oder Rechtsnachfolger dem Vollmachtnehmer eine Vollmacht im Sinne der vorherigen Absätze erteilt. Der Erwerber ist ferner verpflichtet, dafür zu sorgen, dass auch der Sonder- oder Rechtsnachfolger des von ihm Erwerbenden dem Vollmachtnehmer eine entsprechende Vollmacht erteilt.

---

89 Siehe dazu Hügel, DNotZ 2003, 517, 526.

(6) Von der Vollmacht kann nur vor dem beurkundenden Notar oder seinem Vertreter im Amt Gebrauch gemacht werden. ◀

B. Gemeinschaftsordnung

I. Abdingbarkeit wohnungseigentumsrechtlicher Vorschriften

1. Einführung

58 Nach § 10 Abs. 2 S. 2 WEG können die Wohnungseigentümer von den Vorschriften des Wohnungseigentumsgesetzes **abweichende Vereinbarungen** treffen, soweit nicht etwas anderes ausdrücklich bestimmt ist. Nach Rechtsprechung und Schrifttum kann sich eine zwingende und damit nicht durch die Wohnungseigentümer abänderbare Bestimmung sowohl aus dem ausdrücklichen Wortlaut einer wohnungseigentumsrechtlichen Bestimmung als auch aus der Auslegung einer Bestimmung ergeben. Während über die ausdrücklich benannten Ausnahmen kein Streit herrscht, besteht bei den durch **Auslegung** als unabänderlich zu erkennenden Vorschriften im Einzelnen Unsicherheit.

59 **Hinweis:** Bei der Frage, von welchen Bestimmungen des Wohnungseigentumsgesetzes eine abweichende Regelung für eine konkrete Anlage getroffen wird, sollte sich der Verfasser einer Gemeinschaftsordnung dieses Problems bewusst sein. Im Zweifel sollten nur die Vorschriften abbedungen werden, deren Offenheit gegenüber einer Abänderung unstreitig ist. Kann oder soll dieser Weg nicht beschritten werden, kann eine **salvatorische Klausel** aufgenommen werden. Mit dieser wird dann bestimmt, dass an die Stelle der geplanten Abweichung das Gesetz treten soll; dies ist freilich bereits eine gesetzliche Folge.

2. Das Wohnungseigentumsgesetz im Einzelnen

a) Aufbau des WEG

60 Das Wohnungseigentumsgesetz ist in **vier Teile** aufgeteilt. Der erste Teil – die Bestimmungen der §§ 1 bis 30 WEG – ist anders als die anderen drei Teile wiederum in vier Abschnitte unterteilt. Die durch § 10 Abs. 2 S. 2 WEG benannte Möglichkeit, die Vorschriften des Wohnungseigentumsgesetzes zu ändern, findet sich im zweiten Abschnitt (§§ 10 bis 19 WEG) über die Gemeinschaft der Wohnungseigentümer. Das Gesetz räumt den Wohnungseigentümern damit eigentlich nur dort eine **Abänderungsbefugnis** ein, wo es um das **Verhältnis der Wohnungseigentümer** untereinander geht (im weitesten Sinne das Gemeinschaftsverhältnis der Wohnungseigentümer).

61 Die Vorschriften zum **Gemeinschaftsverhältnis der Wohnungseigentümer** finden sich im zweiten Abschnitt des ersten Teils. Nach Sinn und Zweck gehören zu diesem Verhältnis allerdings auch die Vorschriften des dritten Abschnitts (§§ 20 bis 29 WEG), also die zur Verwaltung des gemeinschaftlichen Eigentums. Dieses zeigt sich bereits daran, dass das Gesetz auch dort Abänderungsverbote geregelt hat, die offensichtlich auf § 10 Abs. 2 S. 2 WEG abzielen. Nicht nach dem Wohnungseigentumsgesetz, sondern allenfalls nach allgemeinen Vorstellungen und dem Grundsatz der Privatautonomie können hingegen die weiteren Abschnitte des zweiten Teils – der erste und der vierte Teil – sowie die Bestimmungen der Teile zwei bis vier als abdingbar angesehen werden.

b) Nach dem Wortlaut des WEG unabänderliche Vorschriften

62 Das Wohnungseigentumsgesetz nennt in seinem ersten Teil (Abschnitt zwei und drei) insgesamt **zehn Abänderungsverbote**. Diese Verbote dienen zwar keinem einheitlichen Zweck. Untersucht

man aber die gesetzlich geschützten Bestimmungen, lassen sich jedenfalls drei Bereiche ausmachen, die das Gesetz als besonders schutzbedürftig begreift. Im Einzelfall können in Anlehnung an diese Schutzzwecke ggf. auch andere Vorschriften als zwingend angesehen werden. Im Überblick:

- Der **Stellung und Arbeit des Verwalters** dienen die Verbote des § 20 Abs. 2 WEG, des § 26 Abs. 1 S. 5 WEG und des § 27 Abs. 4 WEG.
- Dem Schutz der **Beschlusskompetenzen** der Wohnungseigentümer gegenüber dem Vertragsprinzip dienen die §§ 12 Abs. 4 S. 2, 16 Abs. 5, 18 Abs. 4, 22 Abs. 2 S. 2 und 26 Abs. 1 S. 5 WEG.
- Dem **Schutz der Verkehrsfähigkeit** des Wohnungseigentums als echtes Eigentum[90] dienen die §§ 11 Abs. 1 S. 2 und 12 Abs. 2 S. 1 WEG.

Überblick zu den ausdrücklichen Abänderungsverboten des WEG: 63

Abänderungsverbot	Inhalt
§ 11 Abs. 1 S. 2 WEG	Die **Gemeinschaft der Wohnungseigentümer** ist dem Grunde nach unauflöslich. Die Wohnungseigentümer können allerdings Gründe vereinbaren, wann die Gemeinschaft aufzulösen ist. Nach § 11 Abs. 1 S. 2 WEG ist eine abweichende Vereinbarung aber nur für den Fall zulässig, dass das Gebäude ganz oder teilweise zerstört wird und eine Verpflichtung zum Wiederaufbau nicht besteht.
§ 12 Abs. 2 S. 1 WEG	Die Wohnungseigentümer können nach § 12 Abs. 1 WEG im Wege der Vereinbarung ein **Veräußerungsverbot**[91] einführen. Die Zustimmung zu einer Veräußerung darf nach § 12 Abs. 2 S. 1 WEG aber nur aus einem wichtigen Grunde versagt werden.
§ 12 Abs. 4 S. 2 WEG	Die Wohnungseigentümer können nach § 12 Abs. 4 S. 1 WEG ein **Veräußerungsverbot** durch einen Beschluss aufheben. Diese Möglichkeit wird durch § 12 Abs. 4 S. 2 WEG gegen abweichende Vereinbarungen geschützt. Die Befugnis einer Aufhebung einer Veräußerungsbeschränkung durch Beschluss kann danach auch durch Vereinbarung der Wohnungseigentümer nicht eingeschränkt oder ausgeschlossen werden.
§ 16 Abs. 5 WEG	Die Wohnungseigentümer können nach § 16 Abs. 3, Abs. 4 WEG **vom jeweils geltenden Kostenverteilungsschlüssel abweichende Schlüssel** beschließen. § 16 Abs. 5 WEG schützt diese Beschlusskompetenzen durch ein Abänderungsverbot. Die Beschlusskompetenzen können danach auch durch Vereinbarung der Wohnungseigentümer nicht eingeschränkt oder ausgeschlossen, wohl aber erleichtert werden.

---

90 Vgl Riecke/Schmid/Elzer, § 3 WEG Rn 2.
91 Entsprechend dieser Vorschrift, kann auch die Vermietung eines Sondereigentums an eine Zustimmung der anderen Wohnungseigentümer gebunden werden.

Abänderungsverbot	Inhalt
§ 18 Abs. 4 WEG	Die Wohnungseigentümer haben die Möglichkeit, einen Wohnungseigentümer unter bestimmten Voraussetzungen zu einer **Veräußerung seines Eigentums zu zwingen**. Dieser Anspruch kann gem. § 18 Abs. 4 WEG selbst durch Vereinbarung der Wohnungseigentümer nicht eingeschränkt oder ausgeschlossen werden.
§ 20 Abs. 2 WEG	Die Wohnungseigentümer können, sie müssen aber keinen **Verwalter** nach § 26 Abs. 1 WEG bestellen. Fehlt es (zunächst) an einem Verwalter, kann dieser **später bestellt** werden. Diese möglicherweise erfolgende Bestellung kann § 20 Abs. 2 WEG nicht ausgeschlossen werden.
§ 22 Abs. 2 S. 2 WEG	Die Wohnungseigentümer können nach § 22 Abs. 1 S. 1 WEG unter bestimmten Voraussetzungen über eine **bauliche Veränderung** bloß **mehrheitlich** beschließen. Diese Befugnis kann nach § 22 Abs. 2 S. 2 WEG auch durch Vereinbarung der Wohnungseigentümer nicht eingeschränkt oder ausgeschlossen werden.
§ 26 Abs. 1 S. 5 WEG	Die **Bestellung des Verwalters** kann **auf einen bestimmten Zeitraum beschränkt** werden. Die Bestellung darf auf höchstens fünf Jahre vorgenommen werden, im Falle der ersten Bestellung nach der Begründung von Wohnungseigentum sogar auf höchstens drei Jahre. Die Abberufung des Verwalters kann auf das Vorliegen eines wichtigen Grundes beschränkt werden. Andere als diese Beschränkungen der Bestellung oder Abberufung des Verwalters sind nach § 26 Abs. 1 S. 5 WEG allerdings unzulässig.
§ 26 Abs. 2 Hs 2 WEG	Die **Bestellung eines Verwalters** bedarf eines erneuten Beschlusses der Wohnungseigentümer. Nach § 26 Abs. 2 Hs 2 WEG kann diese Bestellung frühestens ein Jahr vor Ablauf der Bestellungszeit gefasst werden kann.
§ 27 Abs. 4 WEG	Dem **Verwalter** werden durch § 27 Abs. 1 bis 3 WEG **Pflichten** auferlegt und **Rechte** eingeräumt. Die dem Verwalter danach zustehenden Aufgaben und Befugnisse können durch Vereinbarung der Wohnungseigentümer nicht eingeschränkt oder ausgeschlossen werden.

c) Auslegung des WEG

64 Die Bestimmungen des ersten und vierten Abschnitts des ersten Teils sowie die des zweiten, dritten und des vierten Teils des Wohnungseigentumsgesetzes sind nach dem Aufbau des Gesetzes nicht abänderbar. Jedenfalls nach seinem Wortlaut und wohl auch seinem Sinn und Zweck öffnet § 10 Abs. 2 S. 2 WEG diese Bestimmungen nicht einer Abänderung durch Vereinbarung der Wohnungseigentümer. Soweit das Gesetz deshalb nicht an anderen Stellen eine Bestimmung der Wohnungseigentümer zulässt, ist eine Abänderbarkeit eigentlich zweifelhaft.

65 Ungeachtet dessen nimmt die ganz herrschende Meinung – mit teilweise unterschiedlichem Inhalt und verschieden verstandener Reichweite – auch für diese Bestimmungen eine **generelle Abänderbarkeit** an. Diese Abänderbarkeit ist dann allerdings nicht Folge der Befugnis aus § 10

Abs. 2 S. 2 WEG, sondern Ausfluss der grundrechtlich geschützten **Privatautonomie** der Wohnungseigentümer. Da manchen Vorschriften nach allgemeinen Überlegungen ein Schutz zukommen sollte, kann sich durch **Auslegung** allerdings ergeben, dass eine Bestimmung zwingend ist (*jus cogens*). Ein anzusinnender Schutz kann sich dabei ergeben, wenn sich der zwingende Charakter aus der Natur der Bestimmung, aus dem mit ihr verfolgten Zweck oder aus der Natur des Wohnungseigentums und der sich hieraus ergebenden Beziehungen der Wohnungseigentümer untereinander ergibt.[92]

aa) Abänderbare Bestimmungen des ersten Abschnitts des ersten Teils

Der erste Teil des Wohnungseigentumsgesetzes bestimmt mit §§ 1 bis 9 WEG, wie Wohnungseigentum begründet wird. Bei diesen Vorschriften handelt es sich der Sache nach um **Sachenrecht**, jedenfalls um dem Sachenrecht „zuzurechnende" Vorschriften. Die Bestimmungen des ersten Teils des Wohnungseigentumsgesetzes sind daher nach ihrem Sinn und Zweck und den allgemeinen Bestimmungen – soweit das Gesetz nicht ausdrücklich etwas anderes bestimmt – der Willkür der Wohnungseigentümer entzogen.[93]   66

Überblick zu den Bestimmungen des ersten Abschnitts des ersten Teils des WEG: 67

Vorschrift des WEG	Abänderbarkeit
§ 1	nicht abänderbar
§ 2	nicht abänderbar
§ 3	Abs. 1 und Abs. 2 WEG sind nicht abänderbar. Abs. 1 verpflichtet freilich die Parteien des Teilungsvertrags, **drei Bestimmungen** vertraglich zu treffen und zu willküren. Diese notwendigen Bestimmungen sind die Grenzen von Gemeinschafts- und Sondereigentum, die Höhe und Anzahl der Miteigentumsteile sowie die Frage, ob ein Sondereigentum Wohnungs- oder Teileigentum ist.
§ 4	nicht abänderbar
§ 5	§ 5 erlaubt den Miteigentümern bzw dem Alleineigentümer nach seinem Abs. 1 und 2 **sondereigentumsfähige Räume und Bestandteile** dem Sondereigentum zuzuweisen.
§ 6	nicht abänderbar
§ 7	nicht abänderbar
§ 8	Abs. 1 und 2 sind nicht abänderbar. Abs. 1 verpflichtet allerdings den aufteilenden Eigentümer (meist einen Bauträger), **drei Bestimmungen** vertraglich zu treffen: die Grenzen von Gemeinschafts- und Sondereigentum, die Höhe und Anzahl der Miteigentumsteile sowie die Frage, ob ein Sondereigentum Wohnungs- oder Teileigentum ist.
§ 9	nicht abänderbar

---

92 Riecke/Schmid/Elzer, § 10 WEG Rn 215.
93 Siehe dazu auch Staudinger/*Kreuzer*, § 10 WEG Rn 22; Deckert, ZWE 2003, 247, 255.

bb) Bestimmungen des zweiten und dritten Abschnitts des ersten Teils

68   Ob eine Vorschrift des zweiten und dritten Abschnitts des ersten Teils des Wohnungseigentumsgesetzes (§§ 10 bis 29 WEG) durch Auslegung als „zwingend" anzusehen ist, ist nach herrschender Meinung anhand von Sinn und Zweck der gesetzlichen Abänderungsverbote zu messen. Es ist u.a. zu fragen, ob eine gleiche Schutzbedürftigkeit auch bei anderen Vorschriften besteht. Im Einzelnen herrscht Streit.

69   Überblick zu den Bestimmungen des zweiten und dritten Abschnitts des ersten Teils des Wohnungseigentumsgesetzes:

Vorschrift des WEG	Abänderbarkeit
§ 10	Abs. 1 bis 8 sind nicht vollständig abdingbar. Dort wird jeweils keine Angelegenheiten der Wohnungseigentümer bestimmt. Vorstellbar ist nur, bestimmte, dem Verband Wohnungseigentümergemeinschaft zugeordnete Befugnisse zusätzlich den Wohnungseigentümern zu geben, zB in Anlagen ohne Verwalter und ohne „gelebten" Verband Wohnungseigentümergemeinschaft.
§ 11	nicht abdingbar, soweit Abs. 1 S. 3 nicht etwas anderes anordnet
§ 12	Abs. 1 ist abdingbar. Abs. 2 S. 1 ist zwingend; ebenso die weiteren Bestimmungen.
§ 13	ist abdingbar, soweit es um den Mitgebrauch des Gemeinschaftseigentums geht. Vorstellbar und üblich sind zB den Mitgebrauch ausschließende Sondernutzungsrechte oder Vorschriften zur Vermietung.[94]
§ 14	nicht abdingbar. Die Wohnungseigentümer sind allerdings befugt, ihre Pflichten *innerhalb* des durch § 14 gesteckten Rahmens auszugestalten.
§ 15	ist nicht abdingbar. Vorstellbar sind nur Vereinbarungen, die den Gebrauch *ausgestalten* oder *verbieten*.
§ 16	Die ersten zwei Absätze sind abdingbar. Die Abs. 3 und 4 schützt Abs. 5 in seinem Anwendungsbereich. Abs. 5 selbst ist nicht abdingbar. Abs. 6 ist abdingbar. Die Abs. 7 und 8 sind nach ihrem Sinn und Zweck (Schutz) wohl nicht abdingbar.[95]
§ 17	ist abdingbar
§ 18	Abs. 1 S. 1 ist nach Abs. 4 nicht abdingbar. Abs. 1 S. 2, Abs. 2, 3, 4 und 5 sind nicht abdingbar, aber zum Teil ausgestaltbar. Vor allem Erleichterungen sind vereinbar.[96] Insbesondere können bei Abs. 2 Nr. 2 schon geringere Rückstände als erheblich[97] oder weitere dem Abs. 2 vergleichbare Tatbestände, etwa verschärfte Verzugsbestimmungen für eine Entziehung, vereinbart werden.[98]

---

94   Zu Vermietungsbeschränkungen siehe *Elzer/Riecke*, in: Elzer/Riecke, Mietrechtskommentar Anahng A Rn. 51.
95   Zu § 16 Abs. 8 WEG vgl OLG Köln OLGReport Köln 2003, 241; aA KG DWE 1989, 3.
96   OLG Düsseldorf ZMR 2000, 549.
97   BayObLG NJW 2002, 1655, 1657.
98   BayObLG NJW 2002, 1655, 1657.

Vorschrift des WEG	Abänderbarkeit
§ 19	ist grundsätzlich nicht abdingbar. Allerdings können von Abs. 2 abweichende, erleichternde Bestimmungen getroffen werden.
§ 20	nicht abdingbar
§ 21	ist abdingbar, soweit er die Verwaltungsrechte der Wohnungseigentümer im Kern unberührt lässt. Die Verwaltung kann zB auf Dritte, einen Teil der Wohnungseigentümer oder den Beirat teilweise übertragen werden. Die Wohnungseigentümer können den Katalog des Abs. 5 auch beliebig abändern und erweitern. Nicht abdingbar sind nach Sinn und Zweck Abs. 7 (sehr str.)[99] und Abs. 8 als öffentliches Recht.
§ 22	ist abdingbar, soweit Abs. 2 S. 1 nicht etwas anderes anordnet.
§ 23	Abs. 1 ist abdingbar,[100] aber nicht mit dem Ziel, nur noch schriftliche Beschlüsse zu erlauben. Abs. 2 ist abdingbar.[101] Abs. 3 ist im Interesse des Minderheitenschutzes insoweit als zwingende Vorschrift anzusehen, als die Zustimmungen aller Wohnungseigentümer erforderlich sind.[102] Die Wohnungseigentümer können aber zB den Modus des Verfahrens abweichend vereinbaren. Abs. 4 ist nicht abdingbar.
§ 24	Abs. 1 ist nicht abdingbar. Auf eine Eigentümerversammlung kann ebenso wenig verzichtet werden, wie auch eine Anordnung, nur alle zehn Jahre zusammenzukommen, nichtig wäre. Das Minderheitenrecht des Abs. 2 Var. 2 ist – wie auch im Gesellschaftsrecht – nicht zum Nachteil der Wohnungseigentümer einschränkbar.[103] Wie das Minderheitenrecht ist auch das Einberufungsrecht des Verwaltungsbeirats nach Abs. 3 nicht zum Nachteil der Wohnungseigentümer einschränkbar.[104] Abs. 4 bis 6 sind abdingbar. Nach Sinn und Zweck der Beschluss-Sammlung ist davon auszugehen, dass ihre Führung nicht disponibel ist und also weder durch einen Beschluss noch durch eine Vereinbarung abdingbar ist.[105] Abs. 7 und 8 können aber natürlich ergänzt und modifiziert werden (siehe Rn 317 ff).
§ 25	ist weitgehend abdingbar. Für Abs. 5 folgen Grenzen aus §§ 134, 138, 315 BGB. Grob unbillige Regelungen sind unwirksam und damit unbeachtlich.[106]

99 Müller, ZMR 2008, 177, 179; aA Merle, GE 2007, 468, 469.
100 OLG Frankfurt OLGZ 1975, 100.
101 BGH WuM 1983, 1412; BayObLG WE 1991, 297; BayObLGZ 1970, 1, 4; OLG Hamm OLGZ 1979, 296, 300; KG OLGZ 1974, 401.
102 OLG Hamm WE 1993, 24, 25; BayObLG MDR 1981, 320, 321; zweifelnd: OLG Schleswig OLGReport Schleswig 2006, 619, 620 = NZM 2006, 822.
103 BayObLGZ 1972, 314, 319 = MDR 1973, 49 = NJW 1973, 151; Bub, FS Seuß, 2007, S. 53, 59; Häublein, ZMR 2003, 233, 235.
104 Häublein, ZMR 2003, 233, 235; aA OLG Frankfurt OLGReport Frankfurt 2005, 95, 96; OLG Köln OLGReport Köln 1996, 209, 210 = WE 1996, 311 = WuM 1996, 246.
105 Erman/Grziwotz, § 24 WEG Rn 9 mwN; aA Merle, GE 2007, 636.
106 KG OLGZ 1986, 179; OLG Hamm OLGZ 1975, 428, 431; BayObLG NJW 1973, 151.

Vorschrift des WEG	Abänderbarkeit
§ 26	Änderungen des Abs. 1 verhindert vor allem Abs. 1 S. 5. Abs. 2 ist nicht abdingbar. Abs. 3 ist abdingbar. Es können nicht mehrere Verwalter nebeneinander bestellt werden. Personenmehrheiten oder eine Gesellschaft bürgerlichen Rechts können nicht Verwalter sein.[107]
§ 27	ist abdingbar, soweit Abs. 4 nichts anderes anordnet
§ 28	ist abdingbar[108]
§ 29	ist insgesamt abdingbar.[109] Ein Verwalter kann aber nicht zugleich Beirat sein.
§ 30	ist nicht abdingbar.

cc) Bestimmungen des vierten Abschnitts des ersten Teils

70 Die Bestimmungen des vierten Abschnitts des ersten Teils sind nicht abdingbar. Sie erlauben es aber wie §§ 3, 8 WEG, dass gewillkürt die Grenzen eines Wohnungserbbaurechts oder Teilerbbaurechts und die sachenrechtliche Qualität bestimmt werden.

dd) Bestimmungen des zweiten Teils

71 Der zweite Teil des Wohnungseigentumsgesetzes regelt mit §§ 31 bis 42 WEG das **Dauerwohn- und** das **Dauernutzungsrecht.** Dauerwohn- und Dauernutzungsrecht haben durch das Wohnungseigentumsgesetz nur eine zurückhaltende eigene Ausgestaltung erfahren. Soweit möglich, sind keine Spezialvorschriften geschaffen worden. Anstelle dieser verweist das Gesetz auf die für das Wohnungs- und Teileigentum geschaffenen Vorschriften und erklärt diese (vor allem §§ 12 und 14 WEG) für entsprechend anwendbar. Ferner sind die Vorschriften des BGB über dingliche Rechte einschlägig.

72 Das Gesetz trifft in den §§ 31 bis 41 WEG für Dauerwohn- und Dauernutzungsrechte also nur dort Sondervorschriften, wo diese wegen der Besonderheiten dieser Institute für notwendig erachtet wurden.

73 Überblick zu den Bestimmungen des zweiten Teils des WEG:

Vorschrift des WEG	Abänderbarkeit
§ 31	Abs. 1 S. 1, Abs. 2 und 3 sind nicht abänderbar
§ 32	nicht abänderbar
§ 33	Abs. 1 ist nicht abänderbar
§ 34	nicht abänderbar
§ 35	abänderbar
§ 36	Abs. 2 und 3 sind nicht abänderbar

---

107 BGH ZMR 2006, 375 = DNotZ 2006, 523 = INFO M 2006, 91 m.Anm. Elzer; BGHZ 107, 268, 272 = NJW 1989, 2059 = MDR 1989, 897.
108 KG NZM 1998, 520; OLGZ 1990, 437, 439; BayObLGZ 1988, 287, 291; 1971, 317; OLG Frankfurt OLGZ 1986, 45; OLG Hamm OLGZ 1982, 20, 26.
109 BayObLG ZMR 1994, 69 BayObLG; NJW-RR 1992, 210; KG NJW-RR 1989, 460.

Vorschrift des WEG	Abänderbarkeit
§ 37	abänderbar
§ 38	abänderbar
§ 39	abänderbar
§ 40	abänderbar
§ 41	Abs. 3 ist nicht abänderbar
§ 42	abänderbar

ee) Bestimmungen des dritten und vierten Teils

Für das Verfahrensrecht, also die Bestimmungen der §§ 43 bis 50 WEG, sowie für die Vor-   74
schriften der §§ 59 bis 62 WEG, folgt ein **generelles Abänderungsverbot** aus der Überlegung,
dass es sich um Verfahrens-, Übergangs- oder technische Vorschriften und also um öffentliches
Recht handelt.

Allerdings ist es auch im Verfahrensrecht durchaus möglich, **Prozessverträge** zu schließen.[110]   75
Ferner erlaubt das Gesetz selbst in § 45 Abs. 2 S. 1 WEG (Bestellung eines **Ersatzzustellungsvertreters**) eine gewillkürte Bestimmung der Wohnungseigentümer. Man kann daher erwägen,
ob die Wohnungseigentümer jedenfalls für § 46 WEG eine Übernahme des kapitalgesellschafts-
rechtlichen Systems vereinbaren können mit der Folge, dass an ihrer Stelle der Verband Wohnungseigentümergemeinschaft Beklagter der Anfechtungsklage ist.[111]

II. Sondernutzungsrechte

Das Wohnungseigentumsgesetz ermöglicht die Begründung von Sondereigentum nur an (um-   76
bauten) Räumen und ihren Bestandteilen und auch nur insoweit, als diese verändert, beseitigt
oder eingefügt werden können, ohne dass dadurch das gemeinschaftliche Eigentum oder ein
auf Sondereigentum beruhendes Recht eines anderen Wohnungseigentümers über das nach
§ 14 WEG zulässige Maß hinaus beeinträchtigt oder die äußere Gestaltung des Gebäudes verändert wird (§ 5 Abs. 1 WEG; siehe Rn 5 und 10). Alles was für den Bestand oder die Sicherheit
des Gebäudes erforderlich ist oder dem gemeinschaftlichen Gebrauch der Wohnungseigentümer
dient, kann nicht Gegenstand des Sondereigentums sein.

Hiermit kollidiert zum einen der Wunsch des aufteilenden Eigentümers an einer möglichst voll-   77
ständigen Übertragung sämtlicher Grundstücks- und Gebäudeflächen an einzelne Erwerber, um
so deren Wert durch den Kaufpreis abzuschöpfen. Zum anderen haben die Eigentümer regelmäßig den Wunsch, einen eigenen Parkplatz oder einen eigenen Garten zu „erwerben". Zu
diesem Zweck kommen Sondernutzungsrechte ins Spiel.

1. Begriff

Sondernutzungsrechte sind aus dem Wohnungseigentumsrecht nicht wegzudenken. Dennoch   78
ist der Begriff im Wohnungseigentumsgesetz nicht definiert. Er wird vom Gesetz lediglich in
§ 5 Abs. 4 WEG vorausgesetzt. Unter einem **Sondernutzungsrecht** versteht man gemeinhin die

---

110   Siehe dazu allgemein Jacoby, Der Musterprozessvertrag.
111   So Elzer, in: Hügel/Elzer, § 13 Rn 128.

(verdinglichte) Rechtsstellung eines Wohnungseigentümers oder einer Gruppe von Wohnungseigentümern auf der Grundlage der §§ 5 Abs. 4, 10 Abs. 2 S. 2 WEG, die den/die Inhaber abweichend von § 13 Abs. 2 WEG zum alleinigen Gebrauch des gemeinschaftlichen Eigentums unter Ausschluss der übrigen Wohnungseigentümer berechtigt/berechtigen.

79 Ein Sondernutzungsrecht beinhaltet somit eine **negative Komponente** (Ausschluss der übrigen Wohnungseigentümer vom Gebrauch) sowie eine **positive Komponente** (Zuweisung des Gebrauchs an einzelne Wohnungseigentümer). Materiellrechtlich handelt es sich um eine Vereinbarung über das Verhältnis der Wohnungseigentümer untereinander, was die durch die WEG-Novelle eingeführten Sätze 2 und 3 des § 5 Abs. 4 WEG unterstreichen. Sondernutzungsrechte sind somit eintragungsfähig; der Eintragung in das Grundbuch bedürfen sie lediglich zur Erlangung der Erstreckungswirkung des § 10 Abs. 3 WEG. Ein dingliches Recht entsteht durch die Eintragung nicht;[112] Sondernutzungsrechte sind schuldrechtlicher Natur.

2. Eintragung im Grundbuch

80 Die Eintragung einer Vereinbarung in das Grundbuch ist keine Wirksamkeitsvoraussetzung. Die Eintragung ist allein Voraussetzung für die Bindung von Sondernachfolgern gemäß § 10 Abs. 3 WEG. Für eine Eintragung bedarf die Begründung von Sondernutzungsrechten allerdings der Form des § 29 GBO, also mindestens der Beglaubigung.

81 Die §§ 7 Abs. 3, 8 Abs. 2 WEG erlauben zur näheren Bezeichnung des Inhalts des Sondereigentums grundsätzlich eine **Bezugnahme auf die Eintragungsbewilligung**. Dies gilt auch für vereinbarte Sondernutzungsrechte.[113] Erfolgen nach Anlegung der Wohnungs- und Teileigentumsgrundbücher Veränderungen beim Inhalt des Sondereigentums, sind diese gemäß § 3 Abs. 5 WGV in den Spalten 5 bis 8 des Bestandsverzeichnisses einzutragen; wobei auch hier eine allgemeine Bezugnahme ausreicht.

82 Die Eintragung eines Sondernutzungsrechts in das Grundbuch lediglich unter Bezugnahme auf die Eintragungsbewilligung (Teilungserklärung mit Gemeinschaftsordnung) stellt im Rechtsverkehr eine Quelle von nicht zu unterschätzenden Schwierigkeiten, Gefahren und Schäden dar. Je mehr Veränderungen des Inhalts des Sondereigentums nur unter Bezugnahme auf die Bewilligung eingetragen werden, um so schwieriger wird – auch für den Fachmann – die Feststellung, ob, wem und woran ein Sondernutzungsrecht zusteht. Vor allem bei größeren Wohnungseigentumsanlagen und umfangreichen Gemeinschaftsordnungen sind **ausdrückliche Vermerke** zur besseren Übersicht äußerst hilfreich. Demgemäß wird für Sondernutzungsrechte nach heute ganz herrschender Meinung die Aufnahme ausdrücklicher Eintragungsvermerke nicht nur für zulässig gehalten, sondern zu Recht auch befürwortet.[114] Insbesondere dürfte die Abwicklung von Bauträgerprojekten mit aufschiebend bedingten Sondernutzungsrechten (siehe Rn 112) wegen der damit verbundenen Überwachungs- und Prüfungspflichten heutzutage kaum noch ohne ausdrückliche Vermerke durchführbar sein. Dabei wird die ausdrückliche Eintragung ei-

---

112 BGHZ 145, 158.
113 KG NJW-RR 1997, 205; OLG Hamm DNotZ 1985, 552.
114 KG ZMR 2007, 384; OLG Frankfurt OLGReport Frankfurt 1996, 172; BayObLG ZMR 1994, 231; Schöner/Stöber, Rn 2915 und 2961 mwN; aA wohl Staudinger/*Rapp*, § 7 WEG Rn 9, der jedoch nur den Eindruck eines eigenständigen, mit dem herrschenden Wohnungseigentum verbundenen dinglichen Rechts vermeiden will und auf zusätzliche Fehlerquellen bei der ausdrücklichen Eintragung verweist.

nes Sondernutzungsrechts nach dessen Zuordnung in das Grundbuch nicht nur als zweckmäßig,[115] sondern sogar als Wirksamkeitsvoraussetzung angesehen.[116]

Hinweis: Auch wenn § 7 Abs. 3 WEG eine Kann-Vorschrift ist und damit die Art der Eintra-   83
gung in das Ermessen des Grundbuchrechtspflegers stellt, ist die Tatsache der Vereinbarung
von Sondernutzungsrechten auf besonderen Antrag der Beteiligten ausdrücklich im Grundbuch
zu vermerken.[117]

3. Vormerkungsfähigkeit

Da die Eintragung eines vereinbarten Sondernutzungsrechts den Inhalt des Sondereigentums   84
ändert (vgl § 10 Abs. 3 WEG), kann die Begründung, Übertragung oder auch Aufhebung eines
Sondernutzungsrechts durch **Vormerkung** gesichert werden.[118]

4. Zustimmung dinglich Berechtigter

Soweit durch die Begründung von Sondernutzungsrechten in die Rechte dinglich Berechtigter   85
eingegriffen wird, was bei Grundpfandrechten regelmäßig der Fall ist, bedarf auch die Einräumung des Sondernutzungsrechts grundsätzlich der Zustimmung des betroffenen Rechtsinhabers
(§ 5 Abs. 4 WEG).

Andererseits bedarf es keiner Zustimmung der Gläubiger von **Globalrechten**, da deren Haf-   86
tungsgegenstand das gesamte Grundstück ist und sich der Gesamtwert nicht mindert. Daher
bedarf die Einräumung von Sondernutzungsrechten durch den aufteilenden Eigentümer ebenso
wie die Teilung selbst keiner Zustimmung der bislang im Grundstücksgrundbuch eingetragenen
dinglich Berechtigten.

Auf die Zustimmung dinglich Berechtigter kommt es also regelmäßig nur bei der nachträglichen   87
Begründung von Sondernutzungsrechten an. Mit dem durch die WEG-Novelle neu eingefügten
§ 5 Abs. 4 S. 3 WEG hat der Gesetzgeber jedoch insoweit eine **Erleichterung** geschaffen, als
es der Zustimmung von Grundpfandrechts- und Reallastgläubigern nicht bedarf, wenn gleichzeitig das zu seinen Gunsten belastete Wohnungseigentum mit einem Sondernutzungsrecht verbunden wird.

Dem liegt offenbar der Gedanke zugrunde, dass der Wert des Wohnungseigentums als Haf-   88
tungsgegenstand bei gleichzeitiger Einräumung eines Sondernutzungsrechts zugunsten des belasteten Wohnungseigentums nicht gemindert wird, da er ein gleichwertiges Recht erhält. Da
jedoch nach dem Gesetzeswortlaut jede Einräumung irgendeines Sondernutzungsrechts zugunsten des belasteten Wohnungseigentums genügt, den an sich bestehenden Zustimmungsvorbehalt der in Abteilung III eingetragenen Gläubiger entfallen zu lassen, könnte man auf den
Gedanken kommen, dass auch wirtschaftlich völlig unbedeutende oder geringwertige Sondernutzungsrechte die Zustimmungspflicht entfallen lassen. Beispielsweise könnte man bei nachträglicher Zuordnungen von Sondernutzungsrechten an Kfz-Stellplätzen in nicht ausreichend
vorhandener Zahl den an sich leer ausgehenden Wohnungseigentumseinheiten Sondernutzungsrechte an Fahrrad-Stellplätzen oder die in Grundbuchkreisen bereits kolportierten „Klin-

---

115 BayObLG NJW-RR 1986, 93.
116 KG ZMR 2007, 384; Häublein, Sondernutzungsrechte, S. 290 f.
117 OLG Hamm OLGZ 1985, 19.
118 Schöner/Stöber, Rn 2966; Staudinger/*Kreuzer*, § 10 WEG Rn 66.

gelknopf"-Sondernutzungsrechte[119] zuordnen wollen, um so in den Genuss der Privilegierung des § 5 Abs. 4 S. 3 WEG zu gelangen. Um derartiges zu vermeiden, wird der etwas zu weit geratene Ausnahmetatbestand insoweit einschränkend ausgelegt werden müssen, als die **Zustimmungsfreiheit** nur greift, wenn durch die Vereinbarung gleichzeitig ein **gleichwertiges Sondernutzungsrecht** zugunsten des belasteten Wohnungseigentums eingeräumt wird.[120] Denn wenn sich die Zuordnung ungleicher Sondernutzungsrechte offensichtlich als Umgehungsgeschäft zum Ausschluss der Zustimmung eines Verwertungsgläubigers darstellt, so muss auch die Zustimmung des Drittberechtigten vom Grundbuchamt gefordert werden können.[121] Das Grundbuchamt darf nicht offensichtlichen Umgehungsstrategien zum Erfolg verhelfen.[122] Daher kann prognostiziert werden, dass der Anwendungsbereich des § 5 Abs. 4 S. 3 WEG eher gering ist. Denn regelmäßig stehen bei nachträglicher Begründung von Sondernutzungsrechten nicht genügend gleichwertige Sondernutzungsgegenstände zur Verfügung. Aber selbst wenn beispielsweise genügend Kfz-Stellplätze vorhanden sein sollten, können diese nicht exakt gleichwertig sein. Lagebedingt werden sich regelmäßig Wertunterschiede ergeben (Stellplatz am Rand, am Lift, am Treppenhaus usw). Zudem ist das Grundbuchamt mit den ihm zur Verfügung stehenden verfahrensrechtlichen Mitteln nicht in der Lage, die vom Gesetz stillschweigend vorausgesetzte Gleichwertigkeit zu prüfen.

5. Gutgläubiger Erwerb

89   Auch die eingetragene Vereinbarung über ein Sondernutzungsrecht ist ein schuldrechtliches Geschäft. Ein Sondernutzungsrecht ist weder ein dingliches noch gar ein grundstücksgleiches Recht.[123] Ob daher eine nichtige, aber eingetragene Vereinbarung (etwa, weil ihr Dritte nicht zugestimmt haben, einer der Vertragsschließenden geisteskrank oder einer der Vertragsschließenden nicht Eigentümer war) Grundlage eines guten Glaubens sein kann, ist unsicher.[124]

90   Der öffentliche Glaube des Grundbuchs gilt nur für den Erwerb durch Rechtsgeschäft (Verkehrsgeschäft). Wenn Wohnungseigentum durch Zuschlag in der Zwangsversteigerung erworben wird, kommt ein gutgläubiger Erwerb nicht in Betracht.[125] Diskutiert wird aber ein gutgläubiger Erwerb des Sondernutzungsrechts, wenn ein Eigentümer rechtsgeschäftlich Wohnungseigentum erwirbt. Zu erwägen ist nämlich, ob er zB Inhaber eines Sondernutzungsrechts wird, wenn dieses zu Unrecht im Grundbuch eingetragen ist. Die wohl herrschende Meinung bejaht in diesem Falle einen gutgläubigen Erwerb.[126] Skeptisch stimmt, dass zwar der Erwerb des Wohnungseigentums ein Verkehrsgeschäft ist, die Vereinbarung selbst aber nicht „erworben" wird. Die Bindung eines Sondernachfolgers an eine Vereinbarung ist keine rechtsgeschäftliche Folge, sondern eine Anordnung kraft Gesetzes. Auch § 892 BGB ist wohl nicht anwendbar. Schuldrechtliche Vereinbarungen sind außerdem keine Rechte an einem Grundstück. Ferner ist

---

119 So Schäfer, Vermeidung von Beanstandungen in Grundbuchsachen, Fortbildungsveranstaltung der Notarkammer Berlin am 25.6.2008, S. 31 des Skripts – abrufbar unter <www.berliner-notarkammer.de>.
120 Vgl auch Niedenführ/Kümmel/Vandenhouten/*Vandenhouten*, § 5 WEG Rn 75, die sogar eine Gleichartigkeit fordert.
121 So auch: Riecke/Schmid/*Schneider*/*Förth*, § 5 WEG Rn 106.
122 *Hügel*, in: Hügel/Elzer, § 1 Rn 19.
123 BGH ZMR 2001, 119, 120.
124 Vgl auch Demharter, DNotZ 1991, 28; Hogenschurz, § 2 Rn 117 ff.
125 BayObLG ZMR 1994, 231, 233.
126 BayObLG ZMR 1991, 313; BayObLG WE 1990, 176; OLG Stuttgart NJW-RR 1986, 318; Häublein, in: Köhler/ Bassenge, Teil 12 Rn 151; Staudinger/*Rapp*, WEG Einl. Rn 91; offengelassen von BayObLG ZMR 1994, 231, 233; aA OLG Hamm NJW-RR 1993, 1295; Weitnauer/*Lüke*, § 15 WEG Rn 35.

§ 893 Var. 2 BGB nicht anwendbar. Der Ausschluss der anderen Eigentümer vom Gemeinschaftsgebrauch ist keine Verfügung im dortigen Sinne.

6. Fehlende Eintragung im Grundbuch – die „schuldrechtliche" Vereinbarung

Die *schuldrechtliche* Vereinbarung unterscheidet von einer *verdinglichten* Vereinbarung nur, 91
dass sie nicht die Sondernachfolger, wohl aber die Wohnungseigentümer verpflichtet, die sie geschlossen haben. Die Sondernachfolger können sich dieser Vereinbarung jedoch rechtsgeschäftlich unterwerfen, sie können der Vereinbarung beitreten.[127] Die Vertragsschließenden selbst werden durch „schuldrechtliche" ebenso wie „verdinglichte" Vereinbarungen gebunden. Bei einem Eigentumswechsel genießt aber nur die eingetragene Vereinbarung den Schutz des § 10 Abs. 3 WEG. Vor allem diese eingeschränkte Wirkung unterscheidet eine „schuldrechtliche" Vereinbarung von einer „verdinglichten" Vereinbarung und von einem Beschluss.

7. Erlöschen

Ein Sondernutzungsrecht kann nicht durch einseitigen **Verzicht**, sondern nur durch eine Vereinbarung aufgehoben werden.[128] 92

Ein durch eine schuldrechtliche Vereinbarung begründetes, aber nicht im Grundbuch eingetragenes Sondernutzungsrecht soll wegen § 10 Abs. 3 WEG erlöschen, wenn ein **Sondernachfolger** in die Gemeinschaft eintritt und der bisherigen schuldrechtlichen Vereinbarung nicht beitritt.[129] Nach der einhelligen Rechtsprechung sollen aber schuldrechtliche Vereinbarungen, die einem Sondernachfolger „günstig" sind (wobei ungeklärt ist, was hierunter im Einzelnen zu verstehen ist), gegenüber diesem ausnahmsweise auch ohne Eintragung entsprechend § 746 BGB wirken.[130] Ein Sondernachfolger kann sich folglich auf eine nicht im Grundbuch eingetragene Vereinbarung berufen, nach der der Wohnung seines Rechtsvorgängers ein Sondernutzungsrecht zugeordnet wurde.

Die **Aufhebung des Wohnungseigentums** gem. § 9 Abs. 1 Nr. 1 iVm § 4 WEG lässt eine gewöhnliche Bruchteilsgemeinschaft nach §§ 741 ff, 1008 BGB entstehen (siehe auch Rn 497 ff). Sämtliche Regelungen und Beschränkungen aus der vormaligen Wohnungseigentümergemeinschaft entfallen ersatzlos. Dies gilt auch für eventuell eingeräumte Sondernutzungsrechte, die sich nicht als Benutzungsregelungen gem. §§ 745, 1010 BGB fortsetzen.[131] 93

Ein zugeordnetes Sondernutzungsrecht erlischt ebenfalls durch den vollständigen **Wegfall** der 94
berechtigten Einheit, wenn diese rechtsgeschäftlich in Gemeinschaftseigentum umgewandelt wird. Wird dagegen das begünstigte Wohnungseigentum mit einem anderen Wohnungseigentum vereint, existiert das Sondernutzungsrecht fort.

---

127 OLG Köln ZMR 2002, 73, 75; eingehend hierzu Hügel, FS Wenzel, 2005, S. 219 ff; vgl auch Häublein, DNotZ 2005, 741.
128 BGH ZMR 2001, 119; OLG Düsseldorf DNotZ 1996, 674 m.Anm. Lüke/Becker, DNotZ 1996, 676.
129 OLG Köln ZMR 2002, 73, 75; KG NJW-RR 1991, 213, 214; Volmer, ZfIR 2000, 931, 940; Staudinger/*Kreuzer*, § 10 WEG Rn 40; aA Häublein, Sondernutzungsrechte, S. 270 ff und ders., DNotZ 2002, 227, 230, der eine Bindung eines Teils der Eigentümer durch die schuldrechtliche Vereinbarung bejaht.
130 BayObLG ZMR 1997, 427; BayObLG NJW-RR 1994, 781; OLG Düsseldorf ZMR 2001, 649; OLG Hamm ZMR 1998, 718; offengelassen von BayObLG ZMR 2002, 528, 529; aA Ott, Sondernutzungsrecht, S. 48 ff; Kümmel, Bindung der Wohnungseigentümer, S. 38 ff; Staudinger/*Kreuzer*, § 10 WEG Rn 40.
131 Staudinger/*Rapp*, § 9 WEG Rn 12.

8. Verfahrensrecht

95 Streitigkeiten über Sondernutzungsrechte, zB deren Existenz oder Umfang, gehören aufgrund ihrer Natur (Vereinbarungen über das Verhältnis der Wohnungseigentümer untereinander) als Binnenstreitigkeiten vor das WEG-Gericht (§ 43 Nr. 1 WEG).

III. Begründung von Sondernutzungsrechten

96 Sondernutzungsrechte werden regelmäßig durch **Vereinbarung** der Wohnungseigentümer begründet (zur Begründung durch Beschluss vgl Rn 119). Hierunter fallen vor allem die Begründung durch den oder die teilenden Eigentümer im Rahmen der Teilung des Grundstücks gem. § 8 WEG bzw § 3 WEG. Im Falle der Teilung nach § 8 WEG kann von einer Vereinbarung als mehrseitigem Rechtsgeschäft freilich erst ausgegangen werden, wenn zumindest ein weiterer Wohnungseigentümer im Wohnungsgrundbuch eingetragen worden ist und durch seinen Kauf konkludent den Vertragsregelungen zustimmt. Dieser Zeitpunkt wird aus Schutzgründen auf den Zeitpunkt der Eintragung einer Vormerkung für den ersten Erwerber vorverlegt (zur werdenden Wohnungseigentümergemeinschaft siehe Rn 351).

97 **Hinweis:** Sondernutzungsrechte gehören entgegen der (leider) immer noch recht häufig anzutreffenden notariellen Übung nicht in den dinglichen Teil der Teilungserklärung (Teilungserklärung im engeren Sinne), sondern in den Teil der Teilungserklärung, der sich mit dem Verhältnis der Wohnungseigentümer untereinander befasst (**Gemeinschaftsordnung**). Andernfalls entstünde der unzutreffende Eindruck, das Sondernutzungsrecht stehe dem Sondereigentum nahe. (zur Unterscheidung von Teilungserklärung ieS und Gemeinschaftsordnung vgl auch Hinweis Rn 17)

98 Die Ausweisung von Sondernutzungsrechten ist grundsätzlich nicht Zweck des Aufteilungsplans. Gleichwohl kann selbstverständlich auf den **Aufteilungsplan** Bezug genommen werden.[132] Denn der das Grundbuchverfahren allgemein beherrschende Bestimmtheitsgrundsatz verlangt klare und eindeutige Eintragungen und damit als Eintragungsgrundlage ebenso eindeutige Erklärungen hinsichtlich des betroffenen Grundstücks, des Berechtigten und des Umfangs sowie des Inhalts eines einzutragenden Rechts. Fehlt es an der **Bestimmtheit**, entsteht kein Sondernutzungsrecht.[133] Zu errichtende Kfz-Stellplätze müssen daher in der Gemeinschaftsordnung nach Lage und Größe beschrieben sein. An die Bezeichnung der dem Sondernutzungsrecht unterliegenden Grundstücksflächen sind keine anderen Anforderungen zu stellen als in sonstigen Fällen, bei denen es darum geht, dass Eintragungen in Bezug auf einen Grundstücksteil erfolgen sollen. Zur eindeutigen Bezeichnung eines Sondernutzungsrechts sollte daher gegebenenfalls auch ein separater **Sondernutzungsplan** als Bestandteil der Aufteilung beigefügt werden.[134] Dabei genügt jedoch eine Bestimmbarkeit der Sondernutzungsfläche.[135] Hier gelten dann die gleichen Grundsätze wie bei der Kennzeichnung von Sondereigentum.[136] Für eine hinreichende Bestimmbarkeit wird jedoch eine Skizze nur dann genügen, wenn im Streitfall durch Vermessung vor Ort die Grenzen in der Natur festgelegt werden können.[137] Auch eine eindeutige Beschreibung der Sondernutzungsrechte in Worten ist möglich, wobei auf Merkmale

---

132 KG ZWE 2007, 447; BayObLG ZMR 1994, 231.
133 KG ZWE 2007, 447; BayObLG ZMR 1994, 231.
134 BGHZ 150, 334 = ZMR 2002, 763; BayObLG ZWE 2005, 347.
135 BayObLG ZMR 1994, 231.
136 OLG Düsseldorf ZMR 2004, 611.
137 BayObLG MittBayNot 1992, 266 für ein nicht im Grundbuch vermerktes Sondernutzungsrecht.

Scheffler

in der Natur (wie zB Bäume, Hecken, Zäune, Pfähle, Pflöcke oder Gräben) verwiesen werden kann, wobei diese Anhaltspunkte in der Natur „unabänderlich" sein sollten. Ebenso kann auf Merkmale innerhalb eines Gebäudes Bezug genommen werden, sofern sie mit dem Gebäude dauerhaft verbunden sind.[138] Zulässig ist demnach der Verweis auf vorhandene Lattenverschläge zur Beschreibung von Kellerräumen und Bezeichnungen wie „das erste Drittel des hergestellten Kellerraums vom Abgang her gesehen". Zur näheren Bestimmung einer Sondernutzungsfläche kann auch eine Quadratmeterangabe genügen.[139] Auch wenn sämtliche auf einem Grundstück befindlichen Stellplätze dem Sondernutzungsrecht zugeordnet werden sollen, ist kein Plan erforderlich.[140]

1. Inhalte von Sondernutzungsrechten

Typisch, und in der Praxis weit verbreitet sind Sondernutzungsrechte an **Stellplätzen**. Der aufteilende Eigentümer/Bauträger wünscht eine möglichst umfassende Verwertung der Immobilie, und der Erwerber möchte gern „seinen" Stellplatz erwerben. Dem scheint jedoch § 3 Abs. 2 WEG entgegenzustehen: Im Freien befindliche Stellplätze können nicht in sich abgeschlossen sein. Da also kein Sondereigentum begründet werden kann, bietet sich als Lösung die Begründung eines Sondernutzungsrechts an. Dementsprechend sind Sondernutzungsrechte an **Terrassen** und **Gartenflächen** ebenfalls weit verbreitet. Aber auch Sondernutzungsrechte an **Dach- und Wandflächen**, zB zur Vermietung an Mobilfunkbetreiber (Sendestationen) oder zur Nutzung als Werbeflächen, sind gebräuchlich. **99**

Da es an einer gesetzlichen Regelung zum Inhalt von Sondernutzungsrechten fehlt, setzen ihnen allein die entsprechenden Vereinbarungen der Eigentümer Grenzen. Probleme ergeben sich zumeist dann, wenn nähere Festlegungen zum Inhalt des Sondernutzungsrechts nicht getroffen wurden. So stellt sich die Frage, wer die laufenden Kosten der Unterhaltung des Sondernutzungsgegenstands trägt. **100**

Zu berücksichtigen ist jedoch, dass das Sondernutzungsrecht nur Fragen der Nutzung und Verwaltung des Gemeinschaftseigentums betrifft. So enthält auch die Einräumung eines umfassenden Sondernutzungsrechts (zB bei Errichtung einer Anlage in mehreren Bauabschnitten) mit Bebauungsbefugnis an einer Grundstücksteilfläche des bereits in Wohnungseigentum aufgeteilten Gesamtgrundstücks nicht die vorweggenommene Einigung über die Einräumung von Sondereigentum zugunsten des Sondernutzungsberechtigten an den auf diese Weise entstehenden Räumlichkeiten.[141] Der teilende Bauträger kann sich oder dem Berechtigten die Befugnis zur späteren Umwandlung von Gemeinschafts- in Sondereigentum nur durch eine entsprechende Bevollmächtigung in allen Erwerberverträgen sichern.[142] **101**

Die Kostentragungspflicht des Sondernutzungsberechtigten birgt erfahrungsgemäß ein hohes Konfliktpotenzial. Die überwiegende Ansicht geht davon aus, dass infolge der fortbestehenden Zugehörigkeit der von dem Sondernutzungsrecht erfassten Gegenstände und Flächen zum gemeinschaftlichen Eigentum § 16 Abs. 2 WEG Anwendung findet. Das bedeutet, dass die **Lasten** und **Kosten** auch dann von allen Eigentümern zu tragen sind, wenn nur einer von ihnen das **102**

---

138 BayObLG MittRhNotK 1986, 77 unter ausdrücklichem Hinweis auf die zu Grunddienstbarkeiten ergangenen BGH-Entscheidungen BGHZ 59, 11; BGH NJW 1981, 1781; 1982, 1039.
139 BayObLG WuM 1989, 197.
140 KG NJW-RR 1997, 205.
141 BayObLG ZMR 2002, 283; 2000, 779; BayObLG MittBayNot 2000, 551.
142 BGH ZMR 2003, 748; BayObLG ZMR 2003, 518.

gemeinschaftliche Eigentum zu nutzen berechtigt ist.[143] Daher sollte die Kostentragungspflicht ausdrücklich geregelt werden. Entsprechendes gilt für die Instandsetzung/Instandhaltung sowie die Verkehrssicherungspflicht.

103 ▶ **Muster: Gemeinschaftsordnung – Allgemeine Verwaltungs- und Kostentragungsregel**

§ [...]

- Sondernutzungsrechte -

(1) Sondernutzungsrecht ist die Befugnis eines Eigentümers oder einer Gruppe von Eigentümern, Teile des Gemeinschaftseigentums unter Ausschluss der anderen Eigentümer zu nutzen, was neben dem Gebrauch auch die Nutzungen iSd. §§ 13 Abs. 2 S. 2, 16 Abs. 1 WEG einschließt. Für die Einräumung und den Bestand des Sondernutzungsrechts hat der Berechtigte bzw haben die Berechtigten weder ein einmaliges, noch ein laufendes Entgelt zu bezahlen. Dem bzw den Sondernutzungsberechtigten steht daneben auch das alleinige Verwaltungsrecht im Hinblick auf die dem Sondernutzungsrecht unterliegenden Gegenstände zu. Dies schließt auch das Recht zur Vornahme baulicher Veränderungen ein, sofern diese nicht das äußere Erscheinungsbild der Wohnanlage in für andere Eigentümer unzumutbarer Weise beeinträchtigen. Sofern an einem der Sondernutzung unterliegenden Gegenstand bauliche Veränderungen vorgenommen werden, erstreckt sich das Sondernutzungsrecht auf die dadurch geschaffenen Anlagen und Einrichtungen. Sämtliche Kosten der Unterhaltung, Instandsetzung- und Instandhaltung sowie etwaiger baulicher Veränderungen trägt der Berechtigte bzw tragen die Berechtigten je Sondernutzungsrecht. Für das Verhältnis zum umliegenden Gemeinschaftseigentum gelten dieselben Bestimmungen wie für das Verhältnis von Sonder- und Gemeinschaftseigentum.

(2) [...] *[Begründung der Sondernutzungsrechte]* ◀

104 ▶ **Muster: Gemeinschaftsordnung – Sondernutzungsrechte an Gartenflächen**

§ [...]

Sondernutzungsrechte

(1) [...] *[allgemeine Verwaltungs- und Kostentragungsregel, vgl Rn 103]*

(2) Es werden folgende individuelle Sondernutzungsrechte an Gartenflächen begründet:

a) Zur Wohnung Nr. 1 gehört das Sondernutzungsrecht an der im Sondernutzungsplan mit „Garten 1" bezeichneten Gartenfläche.

b) Zur Wohnung Nr. 2 gehört das Sondernutzungsrecht an der im Sondernutzungsplan mit „Garten 2" bezeichneten Gartenfläche.

c) [...].

Der Sondernutzungsplan der Anlage [...], der während der Beurkundung zur Durchsicht vorlag und gebilligt wurde, ist Bestandteil dieser Urkunde.

(3) Ergänzend zu Ziffer 1 gelten für die Sondernutzungsrechte an den Gartenflächen folgenden gemeinsamen Bestimmungen:

a) Die Sondernutzungsflächen können Dritten zur Nutzung überlassen werden. Nutzer dürfen jedoch nur Wohnungseigentümer oder Nutzer einer Wohnungseigentumseinheit sein.

b) Vorhandene Ver- und Entsorgungseinrichtungen (zum Beispiel Entwässerungsrinnen und -rohre, Leitungen, Revisionsschächte etc.) sind freizuhalten und haben in Art und Umfang Bestands-

---

143 Vgl hierzu Häublein, in: Köhler/Bassenge, Teil 12 Rn 103 mwN.

schutt. Die Zugänglichkeit für die Unterhaltungs- und Instandsetzungsarbeiten ist jederzeit zu gewährleisten.

c) Einzäunungen sind nicht gestattet, wohl aber die Abgrenzung mit Hecken. Die Errichtung von Baulichkeiten aller Art (Garten- oder Gerätehäuser, Pergolen, Spaliere, Wind- und Sichtschutz-blenden, das Aufstellen von Funk- und Satellitenanlagen) ist untersagt.

d) Es dürfen nur Bäume und Sträucher gepflanzt werden, die nicht höher als vier Meter wachsen und Anpflanzungen angrenzender Gartenflächen nicht beeinträchtigen. Alle Maßnahmen müssen sich in das Gesamtbild der Wohnanlage einfügen. Sämtliche Anpflanzungen (Bäume, Sträucher, Hecken, Rasen etc.) müssen vom Berechtigten gepflegt werden. Der Einsatz chemischer Mittel oder Gifte (Herbizide, Insektizide, Fungizide) zur Bekämpfung von Schädlingen oder Unkraut ist nicht zulässig. Für Gehölze bzw Bäume, die bei Begründung des Wohnungseigentums als Bestand der Grünanlagen vorhanden waren, gilt Bestandsschutz. Für die Beseitigung der Gartenabfälle ist der Sondernutzungsberechtigte verantwortlich. Sie dürfen nicht verbrannt und nicht über die Müllgefäße der Wohnanlage entsorgt werden. ◄

2. „Nachträgliche" Begründung von Sondernutzungsrechten – Gestaltungsspielräume

Nach Entstehung der Gemeinschaft (bzw der werdenden Gemeinschaft) können die Eigentümer Vereinbarungen grundsätzlich nur gemeinsam ändern. Der teilende Eigentümer hat aber häufig das Bedürfnis, Sondernutzungsrechte erst später zu begründen oder zumindest die Sondernutzungsrechte erst später bestimmten Wohnungen zuzuweisen. Grund hierfür ist die dadurch gewonnene größere **Flexibilität** bei Verkauf und Vermarktung der Wohnungen. In der Praxis haben sich im Wesentlichen drei Varianten herausgebildet, um dem aufteilenden Eigentümer den notwendigen Gestaltungsspielraum bereits in der Gemeinschaftsordnung zu erhalten:[144]   **105**

- das „Parken" von Sondernutzungsrechten (Rn 106),
- das persönliche Sondernutzungsrecht (Rn 109),
- das aufschiebend bedingte Sondernutzungsrecht (Rn 112).

a) Das „Parken" von Sondernutzungsrechten

Zunächst kann der aufteilende Eigentümer die Sondernutzungsrechte bei einer Einheit „parken". Er begründet also sämtliche Sondernutzungsrechte und weist sie einer Einheit zu. Die „geparkten" Sondernutzungsrechte lassen sich dann bei Erwerb auf eine andere Einheit **ohne Mitwirkung** anderer Eigentümer und deren Gläubiger übertragen.[145] Um eine nachträgliche Begründung von Sondernutzungsrechten handelt es ich hierbei jedoch nicht.   **106**

Nachteilig ist, dass der aufteilende Eigentümer wissen sollte, welche Einheit er zuletzt verkaufen will. Bei einer dennoch vorgenommenen vorzeitigen Veräußerung der „Parkeinheit" müssen sämtliche Sondernutzungsrechte gegebenenfalls auf eine andere Einheit übertragen werden; dies kostet Zeit und Geld. Außerdem können bei Veräußerung der Einheit leicht die geparkten Sondernutzungsrechte übersehen werden.   **107**

Ferner ist zu berücksichtigen, dass im Falle der Übertragung eines Sondernutzungsrechts an einen Erwerber die **Zustimmung der dinglich Berechtigten** des aufteilenden Eigentümers gem. §§ 876 f BGB erforderlich ist; denn bis zur Zuweisung war der aufteilende Eigentümer zum Gebrauch berechtigt. Mit der Zuweisung des Rechts an einen Erwerber erlischt diese Nut-   **108**

---

144   KG ZMR 2007, 384; Häublein, Sondernutzungsrechte, S. 276 ff.
145   BGH BGHZ 73, 145, 148.

zungsbefugnis, weshalb die Zustimmung der dinglich an den Einheiten des aufteilenden Eigentümers Berechtigten erforderlich ist.[146]

b) Persönliches Sondernutzungsrecht

109 Da die vom Gebrauch ausgeschlossenen Wohnungseigentümer bei der Übertragung des Sondernutzungsrechts nicht mitwirken müssen, ergibt sich auch die Möglichkeit, die übrigen Eigentümer bzw künftigen Erwerber von der Mitnutzung bestimmter Flächen oder Gegenstände des Gemeinschaftseigentums auszuschließen, so dass lediglich der aufteilende Eigentümer zur Nutzung berechtigt ist, ohne dass jedoch das Sondernutzungsrecht einer Wohnung zugeordnet wurde (persönliches Sondernutzungsrecht). Dementsprechend ist der aufteilende Eigentümer dann **ohne Mitwirkung** der übrigen Eigentümer und deren Gläubigern berechtigt, den Erwerbern oder vielmehr den von ihnen erworbenen Wohnungen Sondernutzungsrechte zuzuweisen.[147] Auch hier entsteht aber das Sondernutzungsrecht bereits in vollem Umfang von Anfang an. Bei der späteren Zuweisung handelt sich ebenfalls nur um die Übertragung eines bestehenden Sondernutzungsrechts.

110 Nachteilig ist, dass das Sondernutzungsrecht mit Ausscheiden des aufteilenden Eigentümers (Veräußerung der letzten Wohnung) untergeht. Denn eine solche Vereinbarung kann nicht mehr als Vereinbarung über das Verhältnis der Wohnungseigentümer untereinander (§ 10 Abs. 3 WEG) betrachtet werden.

Auch hier bedarf es im Falle der Zuweisung des Sondernutzungsrechts an einen Erwerber der **Zustimmung** der grundbuchlich gesicherten Finanzierungsgläubiger des aufteilenden Eigentümers gem. §§ 876 f BGB.[148]

111 ▶ **Muster: Gemeinschaftsordnung – Persönliche Sondernutzungsrechte an Kfz-Stellplätzen zugunsten des teilenden Eigentümers**

⬤13

§ [...]
- Sondernutzungsrechte -

(1) *[allgemeine Verwaltungs- und Kostentragungsregel, vgl Rn 103]*

(2) (a) Auf dem Grundstück werden [...] *[Anzahl]* oberirdische Kfz-Stellplätze vom teilenden Eigentümer angelegt. An diesen Kfz-Stellplätzen werden Sondernutzungsrechte begründet. In dem als Anlage [...] beigefügten Sondernutzungsplan sind diese Stellplätze mit „P [...]" bis „P [...]" gekennzeichnet.

(b) Der Sondernutzungsplan der Anlage [...], der während der Beurkundung zur Durchsicht vorlag und gebilligt wurde, ist Bestandteil dieser Urkunde.

(c) Von der Nutzung und dem Gebrauch der in der Anlage [...] mit Nrn. P [...] bis P [...] bezeichneten Kfz-Stellplätze, soweit diese noch nicht Wohnungseigentumseinheiten zugeordnet worden sind, sind alle übrigen Wohnungseigentümer ausgeschlossen, mit Ausnahme des teilenden Eigentümers, solange dieser noch Eigentümer einer Wohnungseinheit dieser Wohnanlage ist.

(d) Der teilende Eigentümer ist somit berechtigt festzulegen, ob und gegebenenfalls welcher Kfz-Stellplatz einem Erwerber bzw Eigentümer einer Sondereigentumseinheit zur alleinigen unentgeltlichen und ausschließlichen Nutzung zusteht. Der teilende Eigentümer kann eine solche Bestimmung durch notariell beglaubigte oder beurkundete Erklärung treffen, die gegenüber dem jeweiligen Ver-

---

146 Schöner/Stöber, Rn 2913 a.
147 BayObLG DNotZ 1986, 87.
148 OLG Köln Rpfleger 2001, 535 m. zust. Anm. Schneider.

walter der Wohnungseigentumsanlage abzugeben ist. Eine beglaubigte Fotokopie der Erklärung ist zu den Grundakten des Grundbuchamtes zu geben und die Zuweisung im jeweiligen Wohnungsgrundbuch zu vermerken.

(e) Sollten zu dem Zeitpunkt, zu dem der teilende Eigentümer nicht mehr Eigentümer einer Wohnungseinheit ist, nicht alle Kfz-Stellplätze als Sondernutzungsrecht einzelnen Wohnungseinheiten zugeordnet sein, so stehen diese noch nicht zugeordneten Kfz-Stellplätze der Eigentümergemeinschaft zur Nutzung zur Verfügung.

(f) Der teilende Eigentümer behält sich ferner das Recht vor, solange er noch Eigentümer einer Wohnungseigentumseinheit dieser Wohnanlage ist, bereits begründete Sondernutzungsrechte wieder aufzuheben und diese Bereiche der gemeinschaftlichen Nutzung zu widmen.

(g) Die Stellplätze können Dritten zur Nutzung überlassen werden. Nutzer können jedoch nur Miteigentümer der Wohnungseigentumsgemeinschaft oder Nutzer einer Wohnungseigentumseinheit sein. ◄

c) Aufschiebend bedingtes Sondernutzungsrecht

Als dritter Weg hat sich der aufschiebend bedingte Nutzungsausschluss bewährt und durchgesetzt. Die künftigen Erwerber von Wohnungseigentum werden in der Gemeinschaftsordnung unter der **aufschiebenden Bedingung** der Zuweisung eines Sondernutzungsrechts von der Mitnutzung bestimmter Teile des Gemeinschaftseigentums ausgeschlossen.[149]   112

Von Vorteil ist, dass es weder der Zustimmung der übrigen Eigentümer noch der dinglich Berechtigten bedarf, um das Sondernutzungsrecht wirksam zu begründen. Ferner ist von Vorteil, dass das Zuweisungsrecht nicht an die Stellung als Wohnungseigentümer gebunden ist.[150] Um dies zu verdeutlichen, sollte der Zuweisungsberechtigte mit Namen oder Firma genannt werden und nicht nur vom aufteilenden Eigentümer gesprochen werden.   113

▶ **Muster: Gemeinschaftsordnung – aufschiebend bedingte Sondernutzungsrechte[151] (Fahr-   114
radstellplätze)**

§ [...]
- Sondernutzungsrechte -

(1) [*allgemeine Verwaltungs- und Kostentragungsregel, vgl Rn 103*]

(2) (a) Auf dem Grundstück werden [...] [*Anzahl*] Fahrradstellplätze angelegt. In dem als Anlage [...] beigefügten Sondernutzungsplan sind diese Stellplätze mit „F 1" bis „F [...]" gekennzeichnet.

(b) Der Sondernutzungsplan der Anlage [...], der während der Beurkundung zur Durchsicht vorlag und gebilligt wurde, ist Bestandteil dieser Urkunde.

(c) Die [...] GmbH hat das Recht, das alleinige Sondernutzungsrecht an einzelnen oder sämtlichen der in der Anlage [...] mit „F 1" bis „F [...]" bezeichneten Fahrradstellplätzen durch einseitige, gegenüber dem Grundbuchamt in der Form des § 29 GBO abzugebende Erklärung bestimmten Sondereigentumseinheiten zuzuweisen; die Zuweisung ist im jeweiligen Wohnungsgrundbuch zu vermerken. Unter der aufschiebenden Bedingung der Abgabe einer solchen Zuweisungserklärung sind die Eigentümer der übrigen Wohnungseigentumseinheiten von der Nutzung des jeweils zugewiesenen Stellplatzes ausgeschlossen. ◄

149 KG ZMR 2007, 384; KG ZWE 2007, 447; BayObLG NJW-RR 1986, 93; Schöner/Stöber, Rn 2913 b.
150 Häublein, Sondernutzungsrechte, S. 283.
151 Vgl auch die Formulierung von Kreuzer, in: FS Merle, 2000, S. 203, 212.

115 **Hinweis:** Bei dieser Variante entsteht das Sondernutzungsrecht zwar erst mit der Zuweisung (aufschiebende Bedingung), dennoch ist der Inhalt des Rechts bereits in der Gemeinschaftsordnung fixiert. Häufig wünschen allerdings Erwerber bestimmte bauliche Veränderungen (zB einen Carport anstelle eines einfachen Stellplatzes), hierzu ist der aufteilende Eigentümer jedoch nur dann berechtigt, wenn er sich dies vorbehalten hat.

d) Nutzungen und Kosten

116 Sofern mit dem Sondernutzungsrecht eine entsprechende Kostentragung verbunden ist, müsste der aufteilende Eigentümer bei den unter Rn 106 und Rn 109 vorgestellten Varianten der Begründung von Sondernutzungsrechten von Anfang an die entsprechenden Kosten tragen, oder aber die Kostentragungsregel müsste bis zur Zuweisung auf einen Erwerber außer Kraft gesetzt werden. Letzteres hat bei genauer Betrachtung für die Erwerber zumindest einen „schalen Beigeschmack" und wirkt sicherlich nicht verkaufsfördernd. Dagegen greifen Kostentragungsregeln bei einer aufschiebend bedingten Begründung (vgl Rn 112) naturgemäß erst nach Eintritt der aufschiebenden Bedingung.

117 Nachteilig an einer aufschiebend bedingten Begründung (vgl Rn 112) ist dagegen, dass bei bereits bestehender Vermietung des Sondernutzungsgegenstands (zB eines Stellplatzes), die Erlöse aus der Vermietung seit Entstehung der werdenden Wohnungseigentümergemeinschaft bis zur Begründung des Sondernutzungsrechts durch Zuweisung (aufschiebende Bedingung) nicht dem aufteilenden Eigentümer allein zustehen, denn den übrigen Eigentümern steht bei dieser Variante bis zur Zuweisung ein Mitnutzungsrecht zu. In solchen Fällen sollte daher auf eine der unter Rn 106 und Rn 109 vorgestellten Varianten zurückgegriffen werden oder aber eine von § 16 Abs. 1 WEG abweichende Regelung wegen der Fruchtziehung zugunsten des aufteilenden Eigentümers in die Gemeinschaftsordnung aufgenommen werden (Achtung: Beigeschmack!).

3. Konkludente Begründung von Sondernutzungsrechten

118 Vereinbarungen der Wohnungseigentümer können auch durch schlüssiges (konkludentes) Verhalten geschlossen werden.[152] Folglich können Sondernutzungsrechte auch **stillschweigend** vereinbart werden. Ob eine konkludente Vereinbarung anzunehmen ist, ist eine Frage des Einzelfalls und durch Auslegung zu ermitteln. An das Zustandekommen einer schlüssigen Vereinbarung sind jedenfalls besondere Anforderungen zu stellen.[153] Nicht jede allseitige Übereinkunft der Wohnungseigentümer stellt eine schlüssige Vereinbarung dar. Den Wohnungseigentümern muss vielmehr bewusst sein, dass sie nicht nur für die Gegenwart eine Regelung treffen, sondern eine Regelung, die auch für die Zukunft gilt und grundsätzlich nicht mehr zu ändern ist.[154] Entscheidend ist, ob die Wohnungseigentümer bewusst eine dauerhafte Regelung schaffen bzw dauerhaft eine Änderung herbeiführen wollten. So wird eine Vereinbarung durch eine bloß jahrelange entgegengesetzte Praxis nur dann geändert, wenn feststeht, dass sämtliche Wohnungseigentümer in dem Bewusstsein handeln, die Vereinbarung zu ändern und durch eine neue zu ersetzen.[155] Eine zu ändernde Vereinbarung muss den Wohnungseigentümern also positiv bekannt sein.[156]

---

152 BayObLG ZMR 2001, 987; BayObLG WuM 1994, 222; 1993, 751; OLG Hamm ZMR 1998, 718; Weitnauer/*Lüke*, § 15 WEG Rn 29; Häublein, Sondernutzungsrechte, S. 75.
153 Häublein, Sondernutzungsrechte, S. 69.
154 BayObLG ZMR 2001, 987; KG ZMR 1989, 346.
155 BayObLG NZM 2001, 754, 756, BayObLG NJW 1986, 385, 386, OLG Zweibrücken ZMR 1999, 853, 854.
156 BayObLG ZMR 2005, 379, 380; BayObLG NZM 2004, 587; BayObLG ZMR 1994, 68, 70.

4. Begründung von Sondernutzungsrechten durch Beschluss

Grundsätzlich kann ein Beschluss kein Sondernutzungsrecht begründen; ein derartiger Beschluss wäre nichtig.[157] Ein Beschluss ist umgekehrt auch nichtig, wenn er ein Sondernutzungsrecht beschränkt.[158]

Es ist nach herrschender Meinung aber möglich, durch einen auf einer allgemeinen Öffnungsklausel beruhenden Beschluss ein Sondernutzungsrecht zu begründen (vgl auch Rn 224).[159] Denn die Minderheit wird durch eine allgemeine Öffnungsklausel nicht schutzlos gestellt: Für eine Änderung bedarf es immer eines sachlichen Grundes. Allerdings soll auch die Begründung des Sondernutzungsrechts durch Beschluss der Zustimmung Dritter iSd §§ 876, 877 BGB bedürfen.[160] Es bedarf jedoch keiner Eintragung des Beschlusses im Grundbuch (§ 10 Abs. 4 WEG). Im Übrigen wird auf die Ausführungen zu den Öffnungsklauseln unter Rn 211 ff verwiesen.

IV. Hausordnung

1. Einführung

Zu einer ordnungsmäßigen, dem Interesse der Gesamtheit der Wohnungseigentümer nach billigem Ermessen entsprechenden Verwaltung gehört nach § 21 Abs. 5 Nr. 1 WEG die Aufstellung einer „Hausordnung" (zu den Einzelheiten und Gegenständen einer Hausordnung vgl ausführlich § 2 Rn 364 ff). Als eine solche Hausordnung kann die Verkörperung der hausbezogenen Gebrauchs- und Verwaltungsregelungen für das gemeinschaftliche, aber auch das jeweilige Sondereigentum verstanden werden.[161]

Hinweis: Welchen Namen eine Zusammenfassung von Gebrauchs- und Verwaltungsregelungen oder ihre isolierte Darstellung hat, spielt keine Rolle. So finden sich u.a. auch die Begriffe „Gartenordnung",[162] „Benutzungsordnung"[163] (etwa für Grillplätze, Ballspielplätze, Stellplätze, Aufzüge, Waschküchen, Trockenböden, Schwimmbäder), „Saunaordnung" oder schlicht „Richtlinie".

Sinn und Zweck einer Hausordnung ist es vor allem, ein störungsfreies, geordnetes und harmonisches Zusammenleben der Eigentümer zu fördern,[164] Interessenkonflikte zu regeln[165] und die sich aus § 14 WEG abstrakt ergebenden Pflichten der Wohnungseigentümer im Hinblick auf die Instandhaltung des Sondereigentums und des gemeinschaftlichen Eigentums sowie deren Nutzung und Verwaltung auszuarbeiten und zu veranschaulichen.[166]

2. Konkrete Öffnungsklausel

Nicht selten wird eine Hausordnung gemeinsam mit der Teilungserklärung /dem Teilungsvertrag im Grundbuch beurkundet. Ob eine solche Regelung, wenn sie nicht nach § 15 Abs. 1 WEG

---

157 BGHZ 145, 158 = ZMR 2000, 771, 772; OLG Hamm ZMR 2005, 400; OLG Düsseldorf ZMR 2004, 931, 932; 2003, 955; OLG Hamburg ZMR 2003, 442; OLG Frankfurt WE 2001, 29; OLG Köln ZMR 2001, 572; kritisch: Becker/ Kümmel, ZWE 2001, 128, 136.
158 BayObLG ZMR 2005, 383, 384.
159 Gaier, ZWE 2005, 39, 40; Häublein, Sondernutzungsrechte, S. 215 ff; aA Ott, Sondernutzungsrecht, S. 102.
160 Gaier, ZWE 2005, 39, 44; Wenzel, ZWE 2004, 130, 134.
161 Elzer, ZMR 2006, 733. Die Hausordnung als Zusammenfassung der allgemeinen Verhaltensmaßregeln von Bewohnern eines Hauses in Angelegenheiten des täglichen Lebens zu verstehen, greift zu kurz – so Blank, FS Seuß, 1987, S. 53, 61.
162 BayObLG ZMR 2005, 132.
163 BayObLG ZMR 2004, 924; OLG Schleswig ZMR 2002, 865, 869; OLG Karlsruhe ZMR 1999, 281, 282.
164 Deckert, PiG 15, 117, 120.
165 Schmid, BlGBW 1980, 96.
166 Siehe dazu BayObLG ZMR 2005, 132.

ohnehin Vereinbarung ist, als Vereinbarung oder als Beschluss zu verstehen ist, ist umstritten.[167] Nahe liegt es, in der Gemeinschaftsordnung keine als Beschluss zu verstehenden Regelungen zu treffen. Um die Frage einer Änderbarkeit der im Grundbuch beurkundeten Regelungen **zweifelsfrei** zu klären, sollten die Wohnungseigentümer – soweit es nicht ausnahmsweise eine nach § 15 Abs. 1 WEG vereinbarte Hausordnung sein soll – für die beurkundeten Hausordnungsbestimmungen jedenfalls eine **konkrete Öffnungsklausel** (siehe auch Rn 218) aufnehmen.

124 ▶ **Muster: Gemeinschaftsordnung – Konkrete Öffnungsklausel zur Änderung der Hausordnung**

§ [...]

- Öffnungsklausel zur Hausordnung -

(1) Die Wohnungs- und Teileigentümer sind befugt, von den nachfolgenden Regelungen zur Hausordnung (§ [...]) durch einfachen Mehrheitsbeschluss abzuweichen oder sie (auch ersatzlos) aufzuheben. In diesem Falle soll der Verwalter gegenüber dem Grundbuch eine Berichtigung der unrichtig gewordenen Eintragung herbeiführen. Der Beschluss nach Satz 1 bedarf eines sachlichen Grundes und darf einzelne Wohnungseigentümer gegenüber dem früheren Rechtszustand nicht unbillig benachteiligen.

(2) Ist aufgrund eines Beschlusses nach Absatz 1 Satz 1 eine Eintragung im Grundbuch iSv § 5 Abs. 4 S. 1 WEG zu ändern oder soll erstmalig eine Vereinbarung zum Gegenstand des Sondereigentums gemacht werden, ist jeder Wohnungs- und Teileigentümer verpflichtet, die entsprechende Eintragung zu bewilligen. Die Wohnungs- und Teileigentümer ermächtigen den jeweiligen Verwalter unter Befreiung von den Beschränkungen des § 181 BGB, sie gegenüber einem Notar und/oder dem Grundbuchamt bei der Abgabe der für eine Eintragung nach Satz 1 zweckdienlichen und notwendigen Erklärungen zu vertreten. Gegenüber dem Grundbuchamt gilt die Vollmacht unbeschränkt. Soweit im Zusammenhang mit einer Eintragung gemäß Satz 1 gegenüber den Wohnungs- und Teileigentümern Erklärungen Dritter abzugeben sind, wird der Verwalter bevollmächtigt, diese mit Wirkung gegenüber den Wohnungs- und Teileigentümern anzunehmen. ◀

V. Begehungs- und Besichtigungsrecht

125 Die ordnungsmäßige Instandhaltung und Instandsetzung des gemeinschaftlichen Eigentums ist eine der Kernaufgaben der Verwaltung (§ 21 Abs. 5 Nr. 2 WEG). Daher ist der Verwalter auch nach § 27 Abs. 1 Nr. 2 WEG gegenüber den Wohnungseigentümern und gegenüber der Gemeinschaft der Wohnungseigentümer ausdrücklich berechtigt und verpflichtet, die für die ordnungsmäßige Instandhaltung und Instandsetzung des gemeinschaftlichen Eigentums erforderlichen Maßnahmen zu treffen. Der Verwalter hat hierbei den erforderlichen Instandhaltungs-/Instandsetzungsbedarf festzustellen und geeignete Maßnahmen der Eigentümerversammlung vorzuschlagen, da die Wohnungseigentümer über das „Ob" und „Wie" durch Mehrheitsbeschluss zu befinden haben.[168] Anlässlich der daraus resultierenden Besichtigungspflicht kann sich die Frage ergeben, wie oft und welche Bereiche der Verwalter besichtigen darf, denn ein nicht unbeachtlicher Teil des gemeinschaftlichen Eigentums befindet sich im räumlichen Bereich des Sondereigentums.

---

167 Vgl Riecke/Schmid/*Elzer*, § 10 WEG Rn 86; Staudinger/*Bub*, § 21 WEG Rn 123.
168 Riecke/Schmid/*Abramenko*, § 27 WEG Rn 22; Jennißen/*Heinemann*, § 27 WEG Rn 20 ff.

▶ **Muster: Begehungs-/Besichtigungsrecht des Verwalters in der Gemeinschaftsordnung**   126

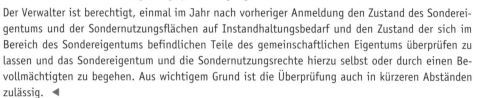

§ [...]

- Begehungs-/Besichtigungsrecht des Verwalters -

Der Verwalter ist berechtigt, einmal im Jahr nach vorheriger Anmeldung den Zustand des Sondereigentums und der Sondernutzungsflächen auf Instandhaltungsbedarf und den Zustand der sich im Bereich des Sondereigentums befindlichen Teile des gemeinschaftlichen Eigentums überprüfen zu lassen und das Sondereigentum und die Sondernutzungsrechte hierzu selbst oder durch einen Bevollmächtigten zu begehen. Aus wichtigem Grund ist die Überprüfung auch in kürzeren Abständen zulässig. ◀

VI. Veräußerung von Wohnungseigentum

Die Veräußerung von Wohnungseigentum wirft die Frage auf, welche Einflussmöglichkeiten   127
die übrigen Wohnungseigentümer auf die Person des Erwerbers haben, wie gewährleistet werden kann, dass sich der Erwerber problemlos in die Gemeinschaft einfügt, er also alle Pflichten übernimmt, und ob der Gemeinschaft der Wohnungseigentümer gegebenenfalls Mittel zur Verfügung stehen werden, ohne aufwendige Gerichtsverfahren die gemeinschaftlichen Interessen durchzusetzen.

1. Allgemeine Regelungen – Erwerberhaftung

Ab **Besitzübergang** besteht ein Bedürfnis, den Erwerber wie einen Wohnungseigentümer zu   128
behandeln. Zwar kann der noch nicht als Eigentümer im Grundbuch eingetragene Erwerber (noch) nicht durch die Gemeinschaftsordnung verpflichtet werden (Verbot des Vertrags zulasten Dritter), jedoch kann man dem Veräußerer als noch eingetragenem Wohnungseigentümer Pflichten im Zusammenhang mit der Veräußerung auferlegen. Daneben kann auch vereinbart werden, dass der Erwerber ab Besitzübergang als ermächtigt gilt, anstelle des Veräußerers an Eigentümerversammlungen teilzunehmen, hierzu Ladungen in Empfang zu nehmen und das Stimmrecht auszuüben, sofern der Veräußerer dem nicht ausdrücklich widerspricht. Dies empfiehlt sich, da der Veräußerer regelmäßig kein Interesse mehr an der Versammlungsteilnahme haben wird und in der Praxis erstaunlicherweise erhebliche Unsicherheiten im Umgang mit bevollmächtigten Erwerbern bestehen.

Die Gemeinschaft möchte natürlich auch den Veräußerer dazu anhalten, eventuell **rückständige**   129
Beitragsforderungen gegebenenfalls aus dem Kaufpreis zu erfüllen. Die Versagung bzw Zurückbehaltung einer Veräußerungszustimmung kann hierbei nicht als Druckmittel eingesetzt werden (vgl auch Rn 142). Da aber die übrigen Eigentümer bzw die Gemeinschaft der Wohnungseigentümer keinen direkten Einfluss auf die Gestaltung des jeweiligen Veräußerungsvertrags haben, ist eine vertragliche Einbeziehung des Ausgleichs der Beitragsrückstände allenfalls auf freiwilliger Basis zu erreichen. Hier bietet es sich an, den Erwerber durch die Gemeinschaftsordnung für die Beitragsrückstände des Veräußerers haften zu lassen. Hierbei handelt es sich nicht um einen Vertrag zulasten Dritter, denn der Erwerber ist ab Eigentumsumschreibung an die als Inhalt des Sondereigentums im Grundbuch eingetragenen Vereinbarungen gebunden.[169] Der Erwerber wird also entweder die Beitragsrückstände des Veräußerers in die Kaufpreisverhandlungen aufnehmen, oder es wird im Kaufvertrag vereinbart, dass die Beitragsrück-

---

169   BGH ZMR 1994, 271 = NJW 1994, 2950; BGH ZMR 1987, 273 = NJW 1987, 1638.

stände direkt aus dem Kaufpreis beglichen werden. Eine Haftung des Erwerbers ist dagegen im Falle des Erwerbs im Wege der Zwangsversteigerung wegen § 56 S. 2 ZVG ausgeschlossen,[170] dies sollte in der Gemeinschaftsordnung klargestellt werden.

130 **Hinweis:** Die jahrzehntelang üblichen Regelungen zum Eintritt des Erwerbers in die gemeinschaftlichen Verträge und die Abtretung des Anteils an der Instandhaltungsrücklage sind seit Anerkennung der Rechtsfähigkeit der Gemeinschaft im Jahr 2005 durch den BGH,[171] spätestens jedoch seit Inkrafttreten der WEG-Novelle, überflüssig und irreführend. Denn Vertragspartner ist die rechtsfähige Wohnungseigentümergemeinschaft, diese ist auch Inhaberin des Verwaltungsvermögens, zu dem die Instandhaltungsrücklage gehört. Demzufolge kann dem Erwerber gar kein Bruchteil an der Instandhaltungsrücklage abgetreten werden. Auch ein Eintritt in die Verträge neben der Wohnungseigentümergemeinschaft empfiehlt sich für den Erwerber nicht, da er hierdurch nur das Privileg der quotalen Haftung (§ 10 Abs. 8 WEG) verliert; er würde dann als Gesamtschuldner haften.

131 ▶ **Muster: Gemeinschaftsordnung – Regelungen zur Übertragung von Sondereigentum mit Erwerberhaftung**

(17)

§ [...]

- Übertragung des Sondereigentums -

(1) Der veräußernde Sondereigentümer hat dem Verwalter unverzüglich in Textform die Veräußerung anzuzeigen und den Erwerber mit Namen und Anschrift zu benennen. Sofern der Veräußerer dem Erwerber bereits vor Eigentumsumschreibung die Sondereigentumseinheit übergibt bzw sonst die Rechte eines Eigentümers einräumt (zB Erteilung einer Vollmacht zur Vertretung in der Eigentümerversammlung), hat er auch dies dem Verwalter in Textform anzuzeigen.

(2) Übergibt der Veräußerer dem Erwerber das Sondereigentum bereits vor der Eigentumsumschreibung, so ist er verpflichtet, in den Veräußerungsvertrag eine Erklärung zugunsten der übrigen Wohnungseigentümer gemäß § 328 BGB (echter Vertrag zugunsten Dritter) aufzunehmen, in der sich der Erwerber ab dem Besitzübergang der Gemeinschaftsordnung und den Beschlüssen der Wohnungseigentümer unterwirft und die sich daraus ergebenden Pflichten als für sich bindend anerkennt. Die somit begründeten eigenständigen Pflichten des Erwerbers treten neben die Pflichten des Veräußerers; im Zweifel besteht eine gesamtschuldnerische Haftung. Insbesondere hat der Veräußerer in den Veräußerungsvertrag die Zwangsvollstreckungsunterwerfung des Erwerbers im Hinblick auf die zu leistenden Beitragszahlungen (Hausgeld) gemäß § [...] dieser Gemeinschaftsordnung aufzunehmen.[172] Mit der Besitzüberlassung an den Erwerber gilt dieser – anstelle des Veräußerers – auch als zur Teilnahme an der Eigentümerversammlung und zur Ausübung des Stimmrechts ermächtigt, sofern der Veräußerer dem nicht ausdrücklich widerspricht. Soweit die Rechte im Hinblick auf die Eigentümerversammlung auf den Erwerber übertragen worden sind oder er insoweit als ermächtigt gilt, ist allein der Erwerber vom Verwalter zur Versammlung einzuladen.

(3) Der Erwerber hat den Verwalter unverzüglich vom Eigentumsübergang zu unterrichten. Er hat den Schaden, der durch nicht rechtzeitige Mitteilung des Eigentumswechsels entsteht, zu ersetzen. Bis zum Zeitpunkt des Zugangs der Anzeige bei dem Verwalter gilt der Veräußerer im Verhältnis der

---

170 BGH ZMR 1987, 273 = NJW 1987, 1638.
171 BGH BGHZ 163, 154 = ZMR 2005, 547 = NJW 2005, 2061.
172 Dieses Satzes bedarf es natürlich nur, wenn eine derartige Verpflichtung in der Gemeinschaftsordnung vereinbart wurde, vgl Rn 238 ff.

Wohnungseigentümer zueinander als befugt, für und gegen den Erwerber Erklärungen entgegenzunehmen und abzugeben.

(4) Der Erwerber haftet neben dem Veräußerer gesamtschuldnerisch für sämtliche Beitragspflichten des Veräußerers gegenüber der Gemeinschaft in Bezug auf die veräußerte Sondereigentumseinheit. Eine Haftung für rückständige Beiträge besteht nicht für Erwerber, die das Objekt im Wege der Zwangsversteigerung erworben haben. ◄

Hinweis: Da eine derart weitreichende Erwerberhaftung zum einen abschreckend ist und zum   132
anderen dazu verleiten kann, Beitragsrückstände nur gegen den Erwerber zu verfolgen, kann
es sich empfehlen die Erwerberhaftung zu modifizieren und zumindest für die Zeit vor Besitzübergang **bürgschaftsähnlich** auszugestalten.

▶ **Muster: Gemeinschaftsordnung – Modifizierte Erwerberhaftung**   133

§ [...]   ⬤ 18
- Übertragung des Sondereigentums -

[...]

(3) Der Erwerber haftet neben dem Veräußerer gesamtschuldnerisch für sämtliche ab Besitzübergang fällig werdenden Beiträge des Veräußerers gegenüber der Gemeinschaft in Bezug auf die veräußerte Sondereigentumseinheit. Der Erwerber haftet für vor Besitzübergang fällig gewordene Beiträge des Veräußerers der Gemeinschaft gegenüber nur dann, wenn die Gemeinschaft eine Zwangsvollstreckung gegen den Veräußerer ohne Erfolg versucht hat (Einrede der Vorausklage). Eine Haftung für rückständige Beiträge besteht nicht für Erwerber, die das Objekt im Wege der Zwangsversteigerung erworben haben. ◄

Hinweis: Eine vereinbarte Erwerberhaftung sollte im Kaufvertrag wie eine **dingliche Last** be-   134
handelt werden. Der Notar sollte also – wie bei der Ablösung einer Grundschuld aus dem
Kaufpreis – beim Gläubiger, also der durch den Verwalter vertretenen Wohnungseigentümergemeinschaft, den aktuellen Schuldbetrag erfragen, welchen der Käufer in Anrechnung auf den
Kaufpreis begleicht.
In diesem Zusammenhang führen **Verfall- oder Vorfälligkeitsklauseln** (vgl Rn 234 ff) zu einem
kleinen, aber lösbaren Problem: Im Innenverhältnis zum Verkäufer verpflichtet sich der Käufer
regelmäßig, die Beiträge, die auf die Zeit nach Besitzübergang entfallen, zu tragen. Zahlt nun
der Käufer in Anrechnung auf den Kaufpreis das aufgrund der Verfall- oder Vorfälligkeitsklausel unter Umständen bereits fällig gewordene restliche Jahreshausgeld, wäre der Verkäufer
auch mit den auf die Zeit nach Besitzübergang entfallenen Beiträgen belastet. Dies kann jedoch
durch die nachfolgende Regelung im Kaufvertrag gelöst werden.

▶ **Muster: Kaufvertragliche Regelung bei Erwerberhaftung unter Berücksichtigung einer even-** 135
tuellen Vorfälligkeit des Hausgeldes

Im Hinblick auf die in § [...] der Teilungserklärung/Gemeinschaftsordnung vereinbarte gesamtschuldnerische Haftung des Käufers für eventuell bestehende Verbindlichkeiten des Verkäufers gegenüber der Wohnungseigentümergemeinschaft vereinbaren die Parteien Folgendes:
Der Notar wird beauftragt, beim WEG-Verwalter offene Verbindlichkeiten des Verkäufers gegenüber
der Gemeinschaft zu erfragen. Der Käufer und der Notar brauchen nicht nachzuprüfen, ob die eventuell angeforderten Beträge berechtigt sind. Soweit offene Verbindlichkeiten bestehen, kann der
Kaufpreis nur durch deren Erfüllung bezahlt werden, nicht dagegen durch sonstige Leistung an den

Verkäufer oder an Dritte. Bei Fälligkeit hat der Käufer aus dem Kaufpreis also zunächst die offenen Verbindlichkeiten in der von dem WEG-Verwalter angeforderten Höhe auf das Konto der Wohnungseigentümergemeinschaft zu überweisen und den Restbetrag an den Verkäufer auf folgendes Konto: […]

Für die Verteilung bereits vor Besitzübergang aufgrund einer vereinbarten oder beschlossenen Verfall- oder Vorfälligkeitsklausel fällig gewordener Hausgeldbeträge gilt, dass der Käufer die auf die Zeit nach Besitzübergang entfallenden Beträge jeweils in gleich hohen Monatsraten an den Verkäufer zu zahlen hat. Die Fälligkeit der monatlich an den Verkäufer zu zahlenden Beträge richtet sich nach der Fälligkeit der monatlichen Hausgeldzahlungen. ◄

2. Veräußerungszustimmung

136   Gemäß § 12 Abs. 1 WEG kann als Inhalt des Sondereigentums vereinbart werden, dass ein Wohnungseigentümer zur Veräußerung seines Wohnungseigentums der Zustimmung anderer Wohnungseigentümer oder eines Dritten bedarf. Damit ist die Wohnungseigentümergemeinschaft bzw der Zustimmungsberechtigte in der Lage, Einfluss auf die Zusammensetzung der Wohnungseigentümergemeinschaft zu nehmen.

a) Veräußerungsfälle

137   Sofern eine Veräußerungsbeschränkung vereinbart ist, werden von ihr alle rechtsgeschäftlichen Veräußerungen des Wohnungs- oder Teileigentums sowie die diesen durch § 12 Abs. 3 S. 2 WEG gleichgestellten Veräußerungen im Wege der Zwangsversteigerung oder durch Insolvenzverwalter erfasst.

138   Überblick zur Erforderlichkeit der Veräußerungszustimmung:

Sachverhalt	Erforderlichkeit der Zustimmung
Übertragung eines Bruchteils an einem Sondereigentum	Ja
Übertragung eines im Sondereigentum stehenden Raumes auf eine andere Einheit eines anderen Eigentümers (ohne Miteigentumsanteil)	Nein (umstritten)[173]
Übertragung eines im Sondereigentum stehenden Raumes auf eine andere Einheit desselben Eigentümers	Nein
Übertragung eines Miteigentumsanteils auf eine andere Einheit eines anderen Eigentümers	Ja
Übertragung eines Miteigentumsanteils auf eine andere Einheit desselben Eigentümers	Nein
Übertragung einer Sondereigentumseinheit auf einen anderen Wohnungseigentümer	Ja

---

173 So auch OLG Celle NJW 1974, 1909; Schöner/Stöber, Rn 2905; Staudinger/*Kreuzer*, § 12 WEG Rn 19; Jennißen/*Baumann*, § 12 WEG Rn 17; aA: Palandt/*Bassenge*, § 12 WEG Rn 3; Niedenführ/Kümmel/Vandenhouten/*Kümmel*, § 12 WEG Rn 6; Riecke/Schmid/*Schneider*, § 12 WEG Rn 46.

Sachverhalt	Erforderlichkeit der Zustimmung
Übertragung einer Sondereigentumseinheit durch den aufteilenden Eigentümer (Erstveräußerung)	Ja, wenn dies nicht freigestellt ist (vgl zur Freistellung Rn 139)
Übertragung einer Sondereigentumseinheit durch den Erben des aufteilenden Eigentümers bei bestehender Freistellung der Erstveräußerung	Nein[174]
Übertragung einer Sondereigentumseinheit von einer Erbengemeinschaft auf einen Miterben	Ja
Grundbuchberichtigung wegen unwirksamer Eigentumsübertragung	Nein
Rückübereignung wegen Aufhebung oder Rückabwicklung (zB nach Anfechtung) des Veräußerungsvertrags	Ja
Erwerb durch vorkaufsberechtigten Mieter	Ja
Erwerb durch Zwangsversteigerung	Ja
Grundbuchberichtigung bei Erbschaft	Nein
Eintragung einer Vormerkung	Nein
Eintragung eines dinglichen Rechts (zB Grundschuld, Nießbrauch)	Nein
Veräußerung aller Sondereigentumseinheiten an einen Erwerber	Nein
Unterteilung einer Sondereigentumseinheit	Nein
Vereinigung von Sondereigentumseinheiten	Nein
Veräußerung eines Erbteils (Erbschaftskauf)	Nein
Gesellschafterwechsel	Nein

b) Vereinbarung von Ausnahmen

Da eine Veräußerungszustimmung nur erforderlich ist, soweit eine Vereinbarung der Woh-   139
nungseigentümer dies bestimmt, können folglich auch bestimmte Veräußerungsvorgänge hiervon ausgenommen werden. Typischerweise wird der aufteilende Eigentümer sich selbst nicht mit einer Veräußerungsbeschränkung belasten wollen und daher in der Gemeinschaftsordnung bestimmen, dass Erstveräußerungen durch den teilenden Eigentümer von der Veräußerungsbeschränkung ausgenommen sind. Weiterhin erscheint es regelmäßig sinnvoll, Veräußerungen im Wege der Zwangsversteigerung oder durch den Insolvenzverwalter von dem Zustimmungserfordernis auszunehmen. Hintergrund hierfür ist der Gedanke, dass der alte Wohnungseigentümer, also der Vollstreckungs- oder Insolvenzschuldner, regelmäßig nicht in der Lage ist, seinen Verpflichtungen gegenüber der Wohnungseigentümergemeinschaft, insbesondere der Pflicht zur Beitragszahlung, nachzukommen. Insoweit besteht in der Praxis das Bedürfnis, den Eintritt eines neuen, hoffentlich solventen, Wohnungseigentümers nicht unnötig zu erschweren. Ferner besteht bei kleineren, eher familiär geprägten Wohnungseigentumsanlagen der Wunsch, dass

---

174 LG Aachen MittRhNotK 1993, 31.

Veräußerungen an Verwandte in gerader Linie ebenfalls ohne Beschränkungen möglich sein sollen.

140   Hinweis: Die in der Praxis ebenfalls recht häufig anzutreffende Ausnahme für den Fall der Veräußerung an einen anderen Wohnungseigentümer sollte dagegen kritisch hinterfragt werden. Nicht selten kaufen „schwarze Schafe" Sondereigentumseinheiten auf, um diese zu vermieten, während sie jedoch der Wohnungseigentümergemeinschaft die fälligen Beiträge schuldig bleiben und sich auch sonst eher gemeinschaftswidrig verhalten. Auch in Anbetracht der Darlegungs- und Beweisschwierigkeiten des Zustimmungsberechtigten für das Vorliegen eines wichtigen Grundes (vgl auch Rn 151) erscheint es nicht sachgerecht, ausgerechnet Veräußerungen an Erwerber, die der Wohnungseigentümergemeinschaft bzw dem Zustimmungsberechtigten zum Teil aus leidvoller Erfahrung bekannt sind, von der Veräußerungsbeschränkung auszunehmen.[175]

c) Versagungsgrund

141   Die Einflussmöglichkeit ist jedoch insoweit begrenzt, als die Zustimmung nur aus wichtigem Grund versagt werden kann (§ 12 Abs. 2 S. 1 WEG). Ferner muss der wichtige Grund in der Person des Erwerbers liegen, denn derartige Veräußerungsbeschränkungen dienen dem Schutz der Gemeinschaft vor dem Eintritt von „gemeinschaftsschädlichen" Personen.[176] Als **wichtiger Grund** kommt also (nur) die persönliche oder wirtschaftliche Unzuverlässigkeit des Erwerbers in Betracht. Dies ist gilt auch dann, wenn es um den Zuerwerb durch unzuverlässige Mitglieder der Gemeinschaft geht.[177]

142   Hinweis: Auch wenn dies in der Praxis häufig anders gewünscht wird, kann die Versagung bzw Zurückbehaltung der Veräußerungszustimmung nicht als Druckmittel eingesetzt werden, um den Veräußerer zur Erfüllung seiner Pflichten gegenüber der Gemeinschaft der Wohnungseigentümer, zB zur Zahlung seiner rückständigen Beiträge, anzuhalten. **Probleme der Gemeinschaft mit dem Veräußerer** sind kein wichtiger Grund, die Veräußerungszustimmung zu versagen. Sie können auch nicht als solche vereinbart werden.[178] Allenfalls kann, wenn wegen der erforderlichen Zustimmung zum Vertrag bereits im Vorfeld der Beurkundung Kontakt aufgenommen wird, der Versuch unternommen werden, Einfluss auf die Vertragsgestaltung zu nehmen. Hierbei kann es sich insbesondere bei vereinbarter Haftung des rechtsgeschäftlichen Erwerbers für die Beitragsschuld des Veräußerers anbieten, die rückständigen Beiträge aus dem Kaufpreis zu begleichen (zur Erwerberhaftung vgl 128 ff ; wegen Muster zur Aufnahme in den Kaufvertrag vgl Rn 135).

143   Im Rahmen der Gemeinschaftsordnung können Fälle aufgeführt werden, bei deren Vorliegen regelmäßig von einem **wichtigen Grund zur Versagung der Zustimmung** auszugehen ist. Da aber die Beschränkung der Zustimmungsversagung auf den wichtigen Grund unabdingbar ist, kann auch durch Vereinbarung kein unwichtiger Grund zu einem wichtigen Grund im Sinne

---

175   Wie hilfreich eine Veräußerungsbeschränkung bei Erwerb durch einen Wohnungseigentümer sein kann, zeigt der Fall AG Siegburg/LG Köln ZMR 2009, 240 und 552.
176   Riecke/Schmid/*Schneider*, § 12 WEG Rn 108 mwN.
177   BayObLG ZMR 1977, 375; Riecke/Schmid/*Schneider*, § 12 WEG Rn 39; Hügel, in: Würzburger Notarhandbuch, Teil 2 Rn 1718.
178   Riecke/Schmid/*Schneider*, § 12 WEG Rn 128; BayObLG DWE 1984, 60; LG Frankfurt aM NJW-RR 1988, 598.

des § 12 Abs. 2 S. 1 WEG erhoben werden.[179] Damit kommt der Aufzählung von wichtigen Gründen in der Gemeinschaftsordnung nur eine beispielhafte, das Gesetz wiederholende Wirkung zu. Da die Möglichkeit der Vereinbarung einer Veräußerungszustimmung nach § 12 WEG eine Ausnahme von dem in § 137 BGB normierten Grundsatz darstellt, dass die Verfügungsbefugnis über ein veräußerliches Recht nicht eingeschränkt werden kann, ist eine Vereinbarung nach § 12 WEG eng auszulegen[180]

Beispiele zu den Versagungsgründen (Einzelfälle): 144

Sachverhalt	Versagungsgrund
Veränderung des architektonischen Gesamteindrucks der Wohnungseigentumsanlage im Sinne eines Nachteils gem. §§ 22 Abs. 1, 14 WEG durch Neuanstrich eines Gebäudeteils mit auffälliger, unüblicher Farbe durch die Erwerberin	Ja[181]
Ausländische Staatsangehörigkeit als solche	Nein[182]
Voraussichtliche Durchführung von Schreibarbeiten, die im Rahmen der Außendiensttätigkeit des Erwerbers anfallen, ohne jeden Kontakt mit Kunden, Lieferanten oder Besuchern in der Wohnung	Nein[183]
Erwerber ist bereits Wohnungseigentümer und hat in der Vergangenheit ohne Erlaubnis der übrigen Wohnungseigentümer bauliche Veränderungen vorgenommen sowie den auf ihn entfallenden Anteil gemeinschaftlicher Kosten und Lasten ungerechtfertigt zurückbehalten	Ja[184]
Bauordungsrechtliche Bedenken anderer Wohnungseigentümer hinsichtlich der Zulässigkeit der Veräußerung (Veräußerung führt zu Zweckentfremdung eines Stellplatzes nach Art. 55 Abs. 11 BayBO)	Nein[185]
Versuch des Erwerbers, mit Druckmitteln (Androhung von Anzeige bei Behörden) von der Gemeinschaft die Zustimmung zu einer Nutzungsänderung eines Teil der Wohnung zu erwirken	Ja[186]
Fehlendes eigenes Einkommen und Vermögen des Erwerbers, wobei das Einkommen der Ehefrau des Erwerbers nicht zu berücksichtigen ist, da diese gegenüber der Wohnungseigentümergemeinschaft nicht haftet	Ja[187]
Menschliche Enttäuschung eines anderen Wohnungseigentümers über die Entscheidung des Veräußerers, sich von seiner Wohnung zu trennen	Nein[188]

---

179 Bärmann/Pick/*Merle*, § 12 WEG Rn 35; Riecke/Schmid/*Schneider*, § 12 WEG Rn 106; Staudinger/*Kreuzer*, § 12 WEG Rn 41; vgl auch OLG Zweibrücken MittBayNot 1994, 44 zur Sittenwidrigkeit einer Veräußerungsbeschränkung bei Veräußerung an Ausländer, kinderreiche Familien oder Wohngemeinschaften.
180 BGHZ 37, 203; BayObLG WuM 1991, 612.
181 OLG Frankfurt v. 7.7.2003 – Az 20 W 172/02.
182 OLG Zweibrücken NJW-RR 1994, 1103 = ZMR 1994, 419 f.
183 LG Mannheim BB 1979, 319.
184 OLG Düsseldorf ZMR 1992, 68.
185 BayObLG WuM 1991, 612 ff = DWE 1991, 109.
186 OLG Düsseldorf NJW-RR 1997, 268 f = ZMR 1997, 88 f.
187 LG Köln ZMR 2000, 704 ff.
188 OLG Köln OLGReport Köln, 2005, 25 = NZM 2004, 879.

Sachverhalt	Versagungsgrund
Fortsetzung der bisherigen Nutzung eines Wohnungseigentums durch den Erwerber unter Beibehaltung einer vom Veräußerer vorgenommenen unzulässigen baulichen Veränderung	Nein[189]
Aus allgemeinen Erwägungen abgeleitete Skepsis eines Wohnungseigentümers gegenüber der Zuverlässigkeit der Erklärung der Erwerberin, sie werde lediglich einen Raum der Wohnung für eine freiberufliche Tätigkeit nutzen (Steuerberatung)	Nein[190]
Weigerung einer gerichtlichen Entscheidung nachzukommen, einen im Gartenbereich eigenmächtig errichteten zwei Meter hohen Metallgitterzaun und einen Hundezwinger zu entfernen der Erwerberin	Ja[191]
Allgemeine, mit dem Erwerb durch eine GmbH verbundene Gefahren und frühere schlechte Erfahrungen mit dem Erwerb durch eine GmbH	Nein[192]
Begründete Zweifel daran, dass der Erwerber die Hausgeldzahlungen ordnungsgemäß wird erfüllen können	Ja[193]
Nichtentrichtung des Hausgeldes durch den Erwerber trotz Übergangs der Nutzungen und Lasten auf ihn	Ja[194]
Hausgeldrückstand des Veräußerers	Nein[195]
Fortwährende Ruhestörungen und erhebliche Verstöße des die Wohnung bereits nutzenden künftigen Wohnungseigentümers gegen die Hausordnung über einen längeren Zeitraum trotz Abmahnung	Ja[196]
Beharrliche Weigerung des Erwerbers, die Hausordnung zu befolgen (indem er Haustiere hält)	Ja[197]
Konkurrenzschutzerwägungen / Beeinträchtigung wirtschaftlicher Interessen durch Wettbewerb	Nein[198]
Erwerb der Wohnung durch den Lebensgefährten des Veräußerers, welcher in der Vergangenheit durch provozierendes, beleidigendes und lärmendes Verhalten immer wieder für Streit mit anderen Wohnungseigentümern gesorgt hat	Ja[199]
Mehrfaches Auflaufenlassen von Mietrückständen durch den Erwerber in der Vergangenheit	Ja[200]

---

189 OLG Hamburg DWE 1995, 43; BayObLG NJW-RR 1990, 657 ff.
190 LG Frankfurt aM NJW-RR 1989, 15 f = ZMR 1989, 270 f.
191 OLG Frankfurt v. 7.7.2003 – Az 20 W 172/02.
192 BayObLG BB 1988, 1772 = DB 1988, 1944.
193 AG Hannover ZMR 2002, 873 ff = NZM 2002, 991 ff.
194 OLG Düsseldorf ZfIR 1997, 415 f = ZMR 1997, 430; OLG Hamburg OLGReport Hamburg 2004, 192 ff = ZMR 2003, 865 f.
195 BayObLG DWE 1984, 60 f; LG Frankfurt aM NJW-RR 1988, 598 f.
196 AG Soltau ZMR 2002, 476 f.
197 OLG Düsseldorf OLGReport Düsseldorf 1997, 251 f = ZMR 1998, 456 f.
198 OLG Frankfurt MietRB 2007, 234 f = ZWE 2007, 370.
199 BayObLG NJW-RR 2002, 659 f = BayObLGReport 2002, 37 f.
200 OLG Köln NJW-RR 1996, 1296 f = WE 1996, 434 ff.

Sachverhalt	Versagungsgrund
Absehbar unzulässige Nutzung des Objekts durch den Erwerber (Nutzung eines „Bade-/Sommerhauses zum dauerhaften Bewohnen)	Ja[201]
Überlassung der Wohnung an Obdachlose durch den Erwerber in der Vergangenheit, was zu einer erheblichen Störung des Gemeinschaftsfriedens führte	Ja[202]
Meinungsverschiedenheiten / Streit zwischen dem Erwerber und einem Wohnungseigentümer oder einem Dritten (Verwalter, Hausmeister)	Nein[203]
Verknüpfung der Frage über die Zustimmung nach § 12 Abs. 2 S. 1 WEG mit anderen, bereits in den bisherigen Verhältnissen der Wohnungseigentümergemeinschaft begründeten Streitfragen (hier: wohnungseigentumsrechtliche Zuordnung bestimmter Gebäudeflächen)	Nein[204]
Streitigkeiten zwischen den Erwerbern mit ihren bisherigen Vermietern	Nein[205]
Unfähigkeit des Erwerbers, sich in die Gemeinschaft einzugliedern, zB durch nachgewiesene Streitsucht	Ja[206]
Beabsichtigte Überbelegung	Ja[207]
Fehlende Übertragung von Verpflichtungen des Veräußerers aus einem Vergleich auf den Erwerber	Nein[208]
Unordnung im Außengelände der früheren Wohnung der vom Erwerber vorgesehenen Mieterin der Wohnung	Nein[209]
Unterschiedliche Rechtsauffassungen zwischen einem Wohnungseigentümer und dem Erwerber zur Frage des Innenausgleichs eines zwischen ihnen bestehenden Gesamtschuldverhältnisses	Nein[210]
Verbale Entgleisung im Anschluss an einen Gerichtstermin	Nein[211]
Einmalig begangene verbotene Eigenmacht eines Erwerbers zuungunsten eines Miteigentümers im Zusammenhang mit einem Rechtsstreit	Nein[212]
Fehlende Messeinrichtungen für die getrennte Erfassung von Verbrauchskosten	Nein[213]

---

201 BayObLG NJW-RR 2003, 950 f = NZM 2003, 481 f.
202 AG Karlsruhe MietRB 2004, 113 f m.Anm. Becker.
203 BayObLG BayOBLGReport 1995, 27 = WuM 1995, 328 f.
204 OLG Hamm NJW-RR 1992, 785 ff = DNotZ 1992, 429 ff = OLGReport Hamm 1992, 209 ff.
205 LG Mannheim BB 1979, 319.
206 OLG Frankfurt NZM 2006, 380 f.
207 Schmidt, DWE 1998, 5, 7.
208 OLG Düsseldorf NJW-RR 2005, 1254 ff.
209 BayObLG BayObLGReport 2004, 73 f = ZflR 2004, 378 ff.
210 BayObLGZ 1990, 24 ff.
211 OLG Zweibrücken OLGReport Zweibrücken 2006, 90, 91 = DNotZ 2006, 295 ff.
212 OLG Zweibrücken OLGReport Zweibrücken 2006, 90, 91 = DNotZ 2006, 295 ff.
213 BayObLG BayObLGReport 2004, 73 f = ZflR 2004, 378 ff.

Sachverhalt	Versagungsgrund
Demonstrativ gleichgültiges Verhalten der Erwerberin gegenüber den Belangen der Wohnungseigentümergemeinschaft durch Verweigerung jeder Kommunikation	Ja[214]
Erwerber will das Wohnungseigentum den wegen nachhaltiger Störungen des Gemeinschaftsfriedens zur Veräußerung verurteilten früheren Wohnungseigentümern zur weiteren Benutzung überlassen	Ja[215]
Streit hinsichtlich der wirksamen Vereinbarung und Ausübung eines Vorkaufsrechts zwischen dem Veräußerer und einem anderen Wohnungseigentümer	Nein[216]
Beabsichtigte Zweckentfremdung, wenn schutzwürdige Interessen der Gemeinschaft gefährdet werden	Ja[217]

d) Zustimmungsberechtigter

145   Als Zustimmungsberechtigte kommen nach dem Gesetzeswortlaut andere Wohnungseigentümer oder ein Dritter in Betracht. Sofern die Veräußerung von der Zustimmung „der Wohnungseigentümer" abhängig gemacht wird, ist zu beachten, dass hierunter im Zweifel die **Zustimmung sämtlicher Wohnungseigentümer** verstanden wird.[218] Gerade bei größeren Anlagen dürfte jedoch die Notwendigkeit, die Zustimmungserklärungen aller übrigen Wohnungseigentümer in grundbuchmäßiger Form beizubringen, ein erhebliches Veräußerungshemmnis darstellen. Wenn man jedoch lediglich eine (ggf qualifizierte) Mehrheitsentscheidung der Wohnungseigentümer wünscht, dann sollte dies auch deutlich zum Ausdruck gebracht werden. Ein derartiger Zustimmungsbeschluss der Eigentümerversammlung wird dem Grundbuchamt durch eine entsprechend § 26 Abs. 3 WEG beglaubigte Versammlungsniederschrift nachgewiesen.

146   Als **zustimmungsberechtigter Dritter** bietet sich der **Verwalter** an, was in der Praxis auch der Regelfall ist. Da die Berechtigung zur Zustimmung an das Verwalteramt gekoppelt ist, muss der Verwalter seine Amtsstellung dem Grundbuchamt nachweisen. Dies geschieht durch eine gem. § 26 Abs. 3 WEG beglaubigte Versammlungsniederschrift über seinen Bestellungsbeschluss. Im Zweifel wird der Verwalter als **Vertreter** der Wohnungseigentümer die Veräußerungszustimmung abgeben. Um derartige Zweifelsfälle erst gar nicht aufkommen zu lassen, empfiehlt es sich, die treuhänderische Stellung des Verwalters bereits in der Gemeinschaftsordnung zum Ausdruck zu bringen. Die Gemeinschaftsordnung kann vorsehen, dass die Wohnungseigentümer den Verwalter durch Mehrheitsbeschluss anweisen können, die Zustimmung zu erteilen, oder dass der Mehrheitsbeschluss der Wohnungseigentümer sogleich die Veräußerungszustimmung des Verwalters ersetzt.

---

214 OLG Frankfurt v. 7.7.2003 – Az 20 W 172/02.
215 BayObLG NJW-RR 1999, 452 f = NZM 1998, 868-870 = ZMR 1998, 790-792.
216 OLG Hamm NJW-RR 1989, 974 f = OLGZ 1989, 302 ff.
217 OLG Hamburg DWE 1995, 43.
218 Staudinger/*Kreuzer*, § 12 WEG Rn 20.

▶ **Muster: Gemeinschaftsordnung – Veräußerungszustimmung des Verwalters mit Ausnahmen** 147

§ [...] 20

- Veräußerungsbeschränkung -

(1) Die Veräußerung von Wohnungs- oder Teileigentum bedarf der Zustimmung des Verwalters. Dies gilt nicht bei Veräußerung an Ehegatten, den Lebenspartner, Eltern oder Abkömmlinge, Veräußerung im Wege der Zwangsvollstreckung oder durch den Insolvenzverwalter sowie beim Erstverkauf nach Aufteilung.

(2) Der Verwalter darf die Zustimmung nur aus einem wichtigen Grunde versagen. Ein wichtiger Grund liegt insbesondere dann vor, wenn durch Tatsachen begründete Zweifel daran bestehen, dass

a) der Erwerber die ihm gegenüber der Wohnungseigentümergemeinschaft obliegende finanzielle Verpflichtungen erfüllen wird, oder

b) der Erwerber oder eine zu seinem Hausstand gehörende Person sich in die Hausgemeinschaft einfügen wird.

(3) Die Zustimmung des Verwalters kann durch Mehrheitsbeschluss der Eigentümerversammlung ersetzt werden. ◀

e) Kosten der Veräußerungszustimmung

Die **Notarkosten** und eine eventuell im Verwaltervertrag vereinbarte Sondervergütung für den 148 Verwalter gehören zu den Kosten der gemeinschaftlichen Verwaltung. Entgegen einem weit verbreiteten Irrtum hat nicht der Verkäufer oder gar der Käufer diese Kosten zu tragen, sondern diese Kosten sind gem. § 16 Abs. 2 WEG nach Miteigentumsanteilen oder dem davon abweichend vereinbarten Kostenverteilungsschlüssel von allen Wohnungseigentümern zu tragen. Da dies nicht dem gefühlten und dem in der Praxis gelebten Ergebnis entspricht, sollte die Regelung zur Veräußerungszustimmung hinsichtlich der Kostentragungspflicht ergänzt werden. Zu beachten ist hierbei, dass zum Zeitpunkt der Abgabe der Veräußerungszustimmung der Erwerber noch nicht Wohnungseigentümer ist und somit nicht durch die Vereinbarung der Wohnungseigentümer gebunden werden kann.

▶ **Muster: Gemeinschaftsordnung – Kosten der Veräußerungszustimmung** 149

§ [...] 21

- Veräußerungsbeschränkung -

(1) bis (3) [...] [*wie Rn 147*]

(4) Die durch die Veräußerungszustimmung anfallenden Kosten trägt der jeweilige Eigentümer. Sie werden ihm in der entsprechenden Jahresabrechnung auferlegt. ◀

Hinweis: Die §§ 16 Abs. 3 und 21 Abs. 7 WEG eröffnen den Wohnungseigentümern die Be- 150 schlusskompetenz, zum einen eine Sondervergütung für den Verwalter (besonderer Verwaltungsaufwand) zu beschließen und zugleich diese Kosten dem „Verursacher" aufzuerlegen. In der Praxis kann daher wie bisher – allerdings nunmehr mit entsprechender Rechtsgrundlage – der jeweilige Wohnungseigentümer der betroffenen Wohnung in der Jahresabrechnung mit den Kosten belastet werden, sofern dies vereinbart oder beschlossen ist.

f) Aufhebung der Veräußerungsbeschränkung

Eine Veräußerungsbeschränkung gem. § 12 WEG soll theoretisch das Eindringen unerwünsch- 151 ter Personen in die Wohnungseigentümergemeinschaft verhindern. Dieser Zweck wird in der

Praxis oft aber nicht erreicht. Der Zustimmungsberechtigte ist häufig nicht in der Lage, mit den ihm vom Veräußerer erteilten Auskünften über den Erwerber sicher zu beurteilen, ob ein Versagungsgrund vorliegt. Eigene Nachforschungspflichten treffen den Zustimmungsberechtigten grundsätzlich nicht.[219] Er kann sich insoweit auf die ihm erteilten Auskünfte verlassen. Lediglich wenn diese Anlass zu weiteren Nachforschungen geben, wird er darüber hinaus eigenständig weitere Informationen einholen müssen. Sofern diese Nachforschungen Kosten verursachen, wird er einen besonderen Auftrag verlangen. Zu beachten ist hierbei jedoch, dass all dies in relativ kurzer Zeit geschehen muss, wenn er sich nicht schadensersatzpflichtig machen will. Da die erteilten Auskünfte regelmäßig wenig Anlass bieten, die Zustimmung zu verweigern, die Anforderungen an einen Versagungsgrund aufgrund des Ausnahmecharakters der Veräußerungsbeschränkung recht hoch sind und zudem die Zeit drängt, wird der Zustimmungsberechtigte seine Veräußerungszustimmung als bloße Formalie verstehen; er wird die Veräußerungen in der Praxis „durchwinken". Kurzum: In der Praxis ist die **Veräußerungsbeschränkung häufig ineffizient**, verlangsamt die Veräußerung durch unnötigen Verwaltungsaufwand und erhöht in der Regel die Verwaltungskosten. Insbesondere in mittleren und größeren Wohnanlagen kann der vom Gesetz erstrebte Zweck in der Praxis kaum erreicht werden, da insbesondere die Absicht einer für die Gemeinschaft unzumutbaren Nutzung und die finanzielle Situation eines Erwerbers nicht rechtzeitig erkennbar sind.[220]

152   Dies hat der Gesetzgeber erkannt[221] und den Wohnungseigentümern in § 12 Abs. 4 WEG die Beschlusskompetenz eingeräumt, die Veräußerungsbeschränkung durch **Mehrheitsbeschluss** aufzuheben. Von einer qualifizierten Mehrheit nahm der Gesetzgeber jedoch bewusst Abstand. Auch einer Beschränkung oder Abbedingung dieser Beschlusskompetenz durch Vereinbarungen der Wohnungseigentümer, also in der Gemeinschaftsordnung, erteilte er ausdrücklich eine Absage (§ 12 Abs. 4 S. 2 WEG). Denn die durchaus schützenswerten Belange der Wohnungseigentümer in „Familienanlagen" oder ähnlichen kleinen Gemeinschaften werden durch die Unabdingbarkeit der einfachen Mehrheitskompetenz auch künftig nach Ansicht des Gesetzgebers nicht eingeschränkt. Der Gesetzgeber verweist darauf, dass dem Anliegen der Miteigentümer, bestimmen zu können, wer im Haus wohnt, schon nach geltendem Recht üblicherweise dadurch Rechnung getragen wird, dass ein durch Vormerkung gesicherter Rückübertragungsanspruch für den Fall einer Veräußerung ohne die vorgesehene Zustimmung vereinbart oder dass ein gegenseitiges Vorkaufsrecht eingeräumt wird.[222] Die Möglichkeit der Einräumung von wechselseitigen Vorkaufsrechten haben die Wohnungseigentümer auch weiterhin, und sie können ihr erstrebtes Ziel damit auch wesentlich effizienter erreichen, weil es insoweit im Unterschied zur Veräußerungsbeschränkung gem. § 12 Abs. 1 WEG auf einen wichtigen Grund bei in der Person des Erwerbers nicht ankommt (vgl Rn 160).

153   **Hinweis:** Da die Veräußerungsbeschränkung insgesamt durch Mehrheitsbeschluss aufgehoben werden kann, ist auch eine teilweise Aufhebung im Beschlusswege möglich.[223] Dies ermöglicht es, bei Bestehen einer unbegrenzten Veräußerungsbeschränkung nachträglich durch Mehrheitsbeschluss Ausnahmen einzuführen.

---

219   Staudinger/*Kreuzer*, § 12 WEG Rn 52.
220   BT-Drucks. 16/887, S. 21.
221   BT-Drucks. 16/887, S. 21.
222   BT-Drucks. 16/887, S. 21 – allerdings wurde von derartigen Gestaltungsmöglichkeiten in der Praxis häufig kein Gebrauch gemacht, so dass das Problem des Vertrauensschutzes für die „Altanlagen" damit nicht aus der Welt ist.
223   Riecke/Schmid/*Schneider*, § 12 WEG Rn 68 i; Abramenko, Das neue WEG, § 3 Rn 15; Drasdo, RNotZ 2007, 264; Jennißen/*Baumann*, § 12 WEG Rn 60.

Da die Kompetenz, eine einmal vereinbarte Veräußerungsbeschränkung durch einfachen Mehr- **154**
heitsbeschluss aufzuheben, weder abdingbar noch einschränkbar ist, stellt sich die Frage, ob
die grundsätzliche Möglichkeit, die Stimmkraft abweichend von dem gesetzlichen Kopfprinzip
des § 25 Abs. 2 WEG, zB nach dem Objektprinzip (Anzahl der Wohnungen) oder nach dem
Verhältnis der Miteigentumsanteile (Wertprinzip), festzulegen, auch für § 12 Abs. 4 WEG gilt.
Denn es sind durchaus Fälle denkbar, in denen dies zu einer Erschwerung der vom Gesetzgeber
gewollten Beschlusskompetenz führt. So ist die Aufhebung der Veräußerungsbeschränkung gegen den Willen eines Eigentümers mit mehreren Wohnungseigentumseinheiten bzw vielen Miteigentumsanteilen bei Vereinbarung des Objekt- oder Wertprinzips im Gegensatz zum gesetzlichen Kopfprinzips erschwert. Es verwundert daher nicht, dass diese Frage derzeit stark umstritten ist.[224] Wenn sich die Meinung derjenigen durchsetzen sollte, die eine Abänderung des
gesetzlichen Kopfprinzips auch für einen Beschluss nach § 12 Abs. 4 S. 1 WEG als eine unzulässige Einschränkung nach § 12 Abs. 4 S. 2 WEG ansehen,[225] droht die Nichtigkeit der Stimm-
kraftvereinbarung.[226] Da Notare unwirksame Rechtsgeschäfte nicht beurkunden sollen und das
Grundbuchamt unwirksame Vereinbarungen nicht als Inhalt des Sondereigentums eintragen
darf, erscheint es durchaus empfehlenswert, einen Beschluss nach § 12 Abs. 4 WEG von einer
nach dem Objekt- oder Wertprinzip vereinbarten Stimmkraft auszunehmen, bis sich hier eine
herrschende Meinung durchsetzt.

Weiterer Regelungsbedarf hat der Gesetzgeber selbst in den § 12 Abs. 4 WEG eingebaut. Nach **155**
dessen Satz 3 *kann* die Veräußerungsbeschränkung **im Grundbuch gelöscht**[227] werden. Es besteht also keine Pflicht, das Grundbuch zu berichtigen, was jedoch uneingeschränkt empfehlenswert ist.[228] Da Einträge im Grundbuch mit Kosten verbunden sind, werden die Eigentümer
wissen wollen, warum eine Löschung für sie von Vorteil sein könnte. Den Grund wird man in
der Rechtssicherheit sehen müssen, die wegen § 12 Abs. 3 WEG besondere Bedeutung hat. Solange die Regelung im Grundbuch steht, laufen die Eigentümer Gefahr, den abweichenden Beschluss nachweisen zu müssen. Dies kann gegenüber dem Grundbuchamt nur durch Vorlage
der entsprechend § 26 Abs. 3 WEG formgerecht beglaubigten Versammlungsniederschrift erfolgen, die Beschluss-Sammlung genügt hierfür nicht. Die **beglaubigte Versammlungsniederschrift** muss also Jahre oder gar Jahrzehnte aufbewahrt werden, und sie muss bei jeder Veräußerung dem Grundbuchamt mit eingereicht werden, kurzum: Die Niederschrift droht verloren
zu gehen. Daher dürfte es mit zunehmendem Zeitablauf immer schwieriger werden, den Aufhebungsbeschluss dem Grundbuchamt mit der beglaubigten Versammlungsniederschrift nachzuweisen. Auch der jeweilige Verwalter kann dem veräußerungswilligen Eigentümer nicht helfen. Eine Zustimmung seinerseits ist nach einem Aufhebungsbeschluss materiellrechtlich nicht

---

224 Für zulässig halten die Abänderung des gesetzlichen Kopfprinzips (zum Teil ohne inhaltliche Begründung): *Hügel*, in:
 Hügel/Elzer, § 4 Rn 12; Riecke/Schmid/*Schneider*, § 12 Rn 68 c; Jennißen/*Baumann*, § 12 WEG Rn 61; das Kopfstimmrecht für zwingend halten: Drasdo, RNotZ 2007, 264, 265; Häublein, FS Bub, 2007, S. 113, 118; ders., ZMR 2007,
 409 mit beachtlichen Argumenten; vermittelnd: Wenzel, ZWE 2008, 69, 74, der vorschlägt, den Beschluss immer dann
 als zustande gekommen anzusehen, wenn er entweder nach dem gesetzlichen Kopfprinzip oder nach der vereinbarten
 Stimmkraft die erforderliche Mehrheit erreicht hat; der Versammlungsleiter müsste also nach zwei Prinzipien auszählen,
 dies wäre jedoch sehr unpraktisch; dem folgend: Merle, ZWE 2009, 15, 19 und 21; Bärmann/*Wenzel*, § 12 Rn 57;
 Becker, ZWE 2008, 217, 224; Bärmann/*Becker*, § 16 Rn. 102.
225 Vgl vorherige Fn.
226 Zumindest droht eine Teilnichtigkeit für den Bereich der uneinschränkbaren Beschlusskompetenzen.
227 Richtigerweise handelt es sich nicht um eine Löschung im Grundbuch, sondern um eine Berichtigung des Grundbuchs
 (vgl nur *Hügel*, in: Hügel/Elzer, § 4 Rn 20), gleichwohl soll nachstehend dem Gesetzeswortlaut folgend auch von Löschung die Rede sein.
228 Riecke/Schmid/*Schneider*, § 12 WEG Rn 68 g; Wenzel, ZWE 2008, 69, 75; Häublein, ZMR 2007, 409, 415.

mehr möglich; er ist nach der Aufhebung der Veräußerungsbeschränkung nicht mehr zustimmungsberechtigt. Diese sich mit Zeitablauf steigernden Schwierigkeiten können nur durch eine Berichtigung des Grundbuchs vermieden werden. Daher ist es sinnvoll, bei Vereinbarung einer Veräußerungsbeschränkung auch gleich zu regeln, dass diese nach einem Aufhebungsbeschluss gem. § 12 Abs. 4 S. 1 WEG im Grundbuch gelöscht werden muss.

156 Zudem sollte in diesem Zusammenhang auch geregelt werden, wer auf wessen Kosten die Löschung vorzunehmen hat. Der Verwalter, der diese Aufgabe typischerweise übernehmen wird, ist nach dem Gesetz jedenfalls nicht ohne Weiteres verpflichtet und bevollmächtigt, die Löschung im Grundbuch herbeizuführen.[229] Zwar ist er gem. § 27 Abs. 1 Nr. 1 WEG berechtigt und verpflichtet, Beschlüsse der Wohnungseigentümer durchzuführen, jedoch enthält der bloße Aufhebungsbeschluss noch nicht die den Wohnungseigentümern vom Gesetz ausdrücklich freigestellte Entscheidung zur Löschung im Grundbuch. Erst wenn sich aus dem Beschluss ergibt, dass die Veräußerungsbeschränkung im Grundbuch gelöscht werden soll, ist der Verwalter nach § 27 Abs. 1 Nr. 1 WEG in der Lage, das Grundbuch berichtigen zu lassen.

157 ▶ **Muster: Gemeinschaftsordnung – Aufhebung der Veräußerungsbeschränkung mit Klarstellung des Kopfstimmrechts und Löschung im Grundbuch**

22

§ [...]
- Veräußerungsbeschränkung -

(1) bis (3) [...] [*wie Rn 147*]

(4) Bei einem Beschluss über die Aufhebung der Veräußerungsbeschränkung richtet sich die Stimmkraft nach § 25 Abs. 2 WEG.

(5) Der Verwalter ist berechtigt und verpflichtet, den erforderlichen Antrag auf Grundbuchberichtigung unter Vorlage der entsprechend § 26 Abs. 3 WEG formgerecht beglaubigten Versammlungsniederschrift beim Grundbuchamt zu stellen. Die erforderlichen Kosten sind gemeinschaftliche Verwaltungskosten. ◀

158 ▶ **Muster: Beschluss über Aufhebung der Veräußerungsbeschränkung nebst Löschung im Grundbuch**

23

Die Wohnungseigentümerversammlung beschließt, die in § [...] der Teilungserklärung/Gemeinschaftsordnung vereinbarte und im Grundbuch eingetragene Veräußerungsbeschränkung gemäß § 12 WEG aufzuheben. Die [...] GmbH als derzeitige Verwalterin wird bevollmächtigt, den erforderlichen Antrag auf Grundbuchberichtigung unter Vorlage der entsprechend § 26 Abs. 3 WEG formgerecht beglaubigten Versammlungsniederschrift beim Grundbuchamt zu stellen. Die erforderlichen Kosten werden als Verwaltungskosten dem laufenden Haushalt entnommen. ◀

159 Hinweis: Eine aufgehobene Veräußerungsbeschränkung kann nicht durch einen Beschluss der Wohnungseigentümer wieder eingeführt werden. Wie bei der erstmaligen Begründung einer Veräußerungsbeschränkung bedarf es einer Vereinbarung.[230]

3. Dingliche Vorkaufsrechte

160 Da die von einem wichtigen, in der Person des Erwerbers liegenden Grund abhängige Veräußerungsbeschränkung im Ergebnis eine auf nur wenige Fälle beschränkte Kontrollmöglichkeit

---

229 Häublein, ZMR 2007, 409, 415; Riecke/Schmid/*Schneider*, § 12 WEG Rn 68 h.
230 Wenzel, ZWE 2008, 69, 73; Häublein, ZMR 2007, 409, 414; *Hügel*, in: Hügel/Elzer, § 4 Rn 14; Riecke/Schmid/*Schneider*, § 12 WEG Rn 68 j.

darstellt, kann damit die Zusammensetzung der Gemeinschaft nicht oder nur unzureichend gesteuert werden. Demgegenüber stellt die **Einräumung wechselseitiger Vorkaufsrechte** eine echte Steuerungsmöglichkeit dar. Denn im Unterschied zur Veräußerungsbeschränkung gem. § 12 Abs. 1 WEG kommt es auf einen wichtigen Grund nicht an. Die übrigen, vorkaufsberechtigten Wohnungseigentümer können, ohne einen Rechtfertigungsgrund haben zu müssen, von ihrem Vorkaufsrecht Gebrauch machen und damit einen aus ihrer Sicht unpassenden Erwerber von der Gemeinschaft fernhalten.

Ein dingliches, in Abteilung II des Grundbuchs eingetragenes Vorkaufsrecht hat Dritten, also **161** auch einem nicht vorkaufsberechtigten Erwerber gegenüber die **Wirkung einer Vormerkung** (§ 1098 Abs. 2 BGB). Gemäß § 1098 Abs. 1 S. 1 BGB richtet sich das schuldrechtliche Verhältnis zwischen dem Vorkaufsberechtigten und dem Vorkaufsverpflichteten auch beim dinglichen Vorkaufsrecht grundsätzlich nach den §§ 463 ff BGB. Das Vorkaufsrecht kann für eine natürliche oder juristische Person als sog. **subjektiv-persönliches Vorkaufsrecht** vereinbart werden (§ 1094 Abs. 1 BGB). Zur Steuerung der Zusammensetzung der Wohnungseigentümergemeinschaft bietet es sich jedoch an, ein **subjektiv-dingliches** Vorkaufsrecht nach § 1094 Abs. 2 BGB, also zugunsten des jeweiligen Eigentümers eines anderen Sondereigentums zu vereinbaren.

Ein Vorkaufsrecht kann auch **zugunsten mehrerer Berechtigter** vereinbart werden. Dann steht **162** diesen das Vorkaufsrecht gemeinschaftlich zu und kann nur im Ganzen ausgeübt werden (§§ 1098 Abs. 1, 472 S. 1 BGB). Ein Vorkaufsrecht kann nicht in Bruchteilsgemeinschaft bestellt werden.[231] Ist das Vorkaufsrecht für einen der Berechtigten erloschen oder übt einer von ihnen sein Recht nicht aus, so sind die übrigen berechtigt, das Vorkaufsrecht im Ganzen auszuüben (§§ 1098 Abs. 1 S. 1, 472 S. 1 BGB). Die Vorkaufsberechtigten müssen sich nicht darüber einigen, wer von ihnen das Vorkaufsrecht ausübt und somit die Wohnung erwirbt, sie können es aber dennoch völlig problem- und formlos tun. Übt nur einer von Ihnen das Vorkaufsrecht aus, erwirbt er allein. Wenn mehrere das Vorkaufsrecht ausüben, dann erwerben diese jedoch die gesamte Sondereigentumseinheit in Bruchteilsgemeinschaft.

Nach §§ 1098 Abs. 1 S. 1, 473 BGB ist ein Vorkaufsrecht weder übertragbar noch vererbbar, **163** jedoch kann etwas Abweichendes vereinbart werden. Bei einem subjektiv-dinglichen Vorkaufsrecht wird daher gewöhnlich die Vererbbarkeit vereinbart. Die Übertragbarkeit spielt dagegen bei einem subjektiv-dinglichen Vorkaufsrecht regelmäßig keine Rolle, denn das Vorkaufsrecht „hängt" an der Wohnung des Vorkaufsberechtigten und steht somit „automatisch" dem neuen Eigentümer zu.

Ein Vorkaufsrecht beschränkt sich grundsätzlich auf den ersten Verkaufsfall, kann jedoch auch **164** für mehrere oder alle Verkaufsfälle bestellt werden (§ 1097 BGB). Sofern wechselseitige Vorkaufsrechte als Steuerungsmittel für die personelle Zusammensetzung der Wohnungseigentümergemeinschaft gewählt werden, wird man diese für **sämtliche Verkaufsfälle** bestellen.

Anders als ein rein schuldrechtliches Vorkaufsrecht erfassen dingliche Vorkaufsrechte auch den **165** freihändigen **Verkauf durch den Insolvenzverwalter** (§ 1098 Abs. 1 S. 2 BGB). Dagegen ist die Ausübung eines Vorkaufsrechts beim Verkauf im Wege der Zwangsvollstreckung stets ausgeschlossen (§ 471 BGB iVm § 1098 Abs. 1 S. 2 BGB).

Die **Ausübung** des Vorkaufsrechts erfolgt durch formlose (!) Erklärung gegenüber dem Vor- **166** kaufsverpflichteten. Mit der Ausübung des Vorkaufsrechts kommt ein eigener Kaufvertrag

---

231 OLG Frankfurt NJW-RR 1999, 17. Eine Belastung eines Bruchteils kommt nach § 1095 BGB nur dann in Betracht, wenn ein Vorkaufsrecht an einem bereits bestehenden Anteil eines Miteigentümers bestellt werden soll.

zwischen dem Vorkaufsberechtigten und dem Verpflichteten mit dem Inhalt zustande, den der Verpflichtete mit dem Dritten (Erstkäufer) vereinbart hat. Sonderkonditionen werden dem Vorkaufsberechtigten also nicht gewährt, hierzu bedarf es eines gegebenenfalls durch Vormerkung gesicherten Ankaufsrechts.[232] Nach § 469 Abs. 2 BGB beträgt die Ausübungsfrist zwei Monate seit (vollständiger) Mitteilung über den Inhalt des mit dem Dritten geschlossenen Kaufvertrags. Bei dieser Frist, welche bei der Bestellung des Vorkaufsrechts auch abweichend bestimmt werden kann, handelt es sich um eine Ausschlussfrist, dh wenn der Vorkaufsberechtigte nicht innerhalb der Frist sein Vorkaufsrecht ausübt, erlischt sein Recht.

167 **Hinweis:** Die Vereinbarung wechselseitiger, dinglicher Vorkaufsrechte empfiehlt sich vor allem bei „Familienanlangen" oder kleineren Anlagen, bei denen es auf die persönliche Zusammensetzung der Gemeinschaft ankommt. Bei größeren und anonymeren Gemeinschaften stellt die Vereinbarung von dinglichen Vorkaufsrechten hingegen ein erhebliches Verkaufshemmnis dar, was unter Umständen bis zur Unveräußerbarkeit der Wohnung führen kann. Denn aufgrund seines Vormerkungscharakters ist für eine rechtssichere Veräußerung zwingend die Mitwirkung des Vorkaufsberechtigten (Verzicht auf Ausübung), zumindest jedoch die Kenntnis einer zustellungsfähigen Adresse sämtlicher Vorkaufsberechtigter erforderlich, damit durch die Mitteilung des Inhalts des mit dem Dritten geschlossenen, wirksamen Kaufvertrags die zweimonatige Ausschlussfrist für die Ausübung beginnen kann und das Vorkaufsrecht erlischt. Letzteres muss dem Grundbuchamt in der Form des § 19 GBO nachgewiesen werden, weshalb unter Umständen gegen den nicht mitwirkenden Vorkaufsberechtigten Klage eingereicht werden muss.

168 ▶ **Muster: Wechselseitige, dingliche Vorkaufsrechte**

§ [...]

- Vorkaufsrechte -

(1) Die Erschienene zu 1. erklärt:

Ich räume hiermit den jeweiligen Eigentümern der Wohnungseigentumseinheiten Nr. 2 und 3 ein dingliches Vorkaufsrecht an meinem Wohnungseigentum Nr. 1 lt. Aufteilungsplan ein. Das Vorkaufsrecht umfasst alle Verkaufsfälle und geht auf die Erben über.

Ich *bewillige* und *beantrage* die Eintragung des Vorkaufsrechts in dem für das Wohnungseigentum Nr. 1 anzulegenden Wohnungsgrundbuch.

(2) Die Erschienenen zu 2. und 3. erklären:

Wir räumen hiermit den jeweiligen Eigentümern der Wohnungseigentumseinheiten Nr. 1 und Nr. 3 ein dingliches Vorkaufsrecht an unserem Wohnungseigentum Nr. 2 laut Aufteilungsplan ein. Das Vorkaufsrecht umfasst alle Verkaufsfälle und geht auf die Erben über.

Wir *bewilligen* und *beantragen* die Eintragung des Vorkaufsrechts in dem für das Wohnungseigentum Nr. 2 anzulegenden Wohnungsgrundbuch.

(3) Der Erschienene zu 4. erklärte:

Ich räume hiermit den jeweiligen Eigentümern der Wohnungseigentumseinheiten Nr. 1 und 2 ein dingliches Vorkaufsrecht an meinem Wohnungseigentum Nr. 3 laut Aufteilungsplan ein. Das Vorkaufsrecht umfasst alle Verkaufsfälle und geht auf die Erben über.

Ich *bewillige* und *beantrage* die Eintragung des Vorkaufsrechts in dem für das Wohnungseigentum Nr. 3 anzulegende Wohnungsgrundbuch. ◀

---

232 Vgl Boeckh, Wohnungseigentumsrecht, Teil 2 § Rn 105 ff – mit Muster.

VII. Regelungen zur Kostentragung

Nach § 16 Abs. 2 WEG sind die Wohnungseigentümer verpflichtet, die Lasten des gemein-   **169**
schaftlichen Eigentums sowie die Kosten der Instandhaltung, Instandsetzung, sonstigen Verwaltung und eines gemeinschaftlichen Gebrauchs des gemeinschaftlichen Eigentums nach dem
Verhältnis ihrer Miteigentumsanteile zu tragen. Durch Vereinbarung kann jedoch etwas Abweichendes bestimmt werden. Zudem hat der Gesetzgeber mit den im Rahmen der WEG-Novelle eingefügten Absätzen 3 und 4 des § 16 WEG sowie dem neuen § 21 Abs. 7 WEG Möglichkeiten eröffnet, für bestimmte Kostenarten dauerhafte Änderungen des Verteilerschlüssels
bzw einmalige Abweichungen hiervon zu beschließen.

▶ **Muster: Gemeinschaftsordnung – Kostenverteilung (allgemein)**   **170**

§ [...]

- Kostenverteilung -

(1) (a) Jeder Eigentümer trägt die auf sein Sondereigentum entfallenden Lasten und Kosten – einschließlich der Instandhaltung und Instandsetzung – sowie die laufenden Betriebskosten allein,
soweit diese durch Messvorrichtungen oder sonst in einwandfreier Weise gesondert festgestellt werden können. Kosten, die der Gemeinschaft der Wohnungseigentümer von dritter Seite „je Sondereigentumseinheit" oder „je Anschluss" in Rechnung gestellt werden (zB Verwaltergebühr, Kosten für
Kabelanschlüsse, ggf Kosten der Entsorgungsunternehmen) sind vom jeweiligen Sondereigentümer
nach diesem Maßstab zu tragen.

(b) Sofern Anlagen und Einrichtungen ausschließlich einer oder mehreren Sondereigentumseinheiten
zu dienen bestimmt sind, ist der jeweilige Sondereigentümer bzw sind die jeweiligen Sondereigentümer auch verpflichtet, sämtliche hiermit in Zusammenhang stehenden Kosten und Lasten zu tragen.

(c) Soweit ein Sondereigentümer auf sein Sondereigentum entfallende Lasten und Kosten gegenüber
Dritten allein trägt (zB Müllkosten), ist er an einer darüber hinaus bestehenden gemeinschaftlichen
Kostentragung der übrigen Wohnungseigentümer nicht zu beteiligen, soweit diese nicht solche Kos-
ten und Lasten betrifft, die der Dritte allen Wohnungseigentümern gemeinsam berechnet.

(d) Die Regelungen dieses Absatzes 1 gelten entsprechend für Sondernutzungsberechtigte in Bezug
auf die Gegenstände, an denen ein Sondernutzungsrecht besteht.

(2) Die Beiträge zu den Kosten und Lasten (Hausgeld) bestehen insbesondere aus folgenden Positionen und sind wie folgt zu verteilen:

a) dem Entgelt für den Verwalter, das nach der Anzahl der Sondereigentumseinheiten zu verteilen
ist; bei grundbuchrechtlicher Zusammenlegung von Sondereigentumseinheiten gilt dies als ein Sondereigentum,

b) den Betriebskosten für die zentrale Heizungsanlage für Wärme- und Warmwasserversorgung, die
die Eigentümer des Wohnungs- oder Teileigentums, die an die jeweilige Anlage angeschlossen sind,
zu 30 % nach beheizbarer Fläche und zu 70 % nach Verbrauch tragen,

c) allen anderen Kosten und Lasten des gemeinschaftlichen Eigentums, insbesondere den sonstigen
Betriebs- und Bewirtschaftungskosten des gemeinschaftlichen Eigentums, den sonstigen Verwaltungskosten, den Kosten für die Instandhaltung und für die Bildung der Instandhaltungsrücklage,
die nach dem Verhältnis der Wohnflächen zueinander umzulegen sind. ◀

1. Verteilungsschlüssel

171 Der gesetzliche Verteilungsschlüssel, das **Verhältnis der Miteigentumsanteile**, korrespondiert zwar mit der quotalen Außenhaftung der Wohnungseigentümer gem. § 10 Abs. 8 WEG, ist in der Praxis jedoch häufig unerwünscht (vgl auch vorstehendes Muster, Rn 170). Da die Miteigentumsanteile willkürlich festgelegt werden können (vgl auch Rn 53), müssen sie nicht in irgendeinem Verhältnis zur Wohnfläche oder dem Nutzwert der Wohnung stehen. In der Praxis werden die Miteigentumsanteile durchaus auch nach dem Verkehrswert festgelegt, dies insbesondere dann, wenn dieser in der Wohnanlage für die einzelnen Einheiten bzw deren Wohnflächen stark variiert (zB Penthousewohnung mit großer Dachterrasse und Swimmingpool auf der einen Seite und eine eher als Lagerraum nutzbare Einheit im Souterrain des Hinterhauses). In diesen Fällen empfiehlt es sich, einen anderen Kostenverteilungsschlüssel als das Verhältnis der Miteigentumsanteile zu wählen.

172 In Betracht kommen als Verteilungsschlüssel neben dem Verhältnis der Miteigentumsanteile vor allem:

■ das **Verhältnis der Wohn-/Nutzflächen**,

■ die **Anzahl der Einheiten**,

■ die **Anzahl der Anschlüsse**, zB bei Kabelanschluss und

■ der **Verbrauch.**

Auch **Kombinationen** dieser Schlüssel sind möglich und bei der Abrechnung der Heizkosten nach der Heizkostenverordnung (Verbrauch/Fläche) sogar zwingend.

173 **Hinweis:** Die **Anzahl der Bewohner** wird zwar oft von den Eigentümern als Umlagemaßstab gewünscht, führt jedoch häufig zu Unfrieden und „Bespitzelung" in einer Anlage (wer ist zB nur Besucher – wer ist schon Bewohner?). Zudem kann sich dieser Schlüssel in einem Abrechnungszeitraum mehrfach ändern und führt daher zu unübersichtlichen Jahresabrechnungen und Fehlern. Dieser Verteilungsschlüssel kann daher nicht empfohlen werden.[233]

174 Zunehmend spielen auch abstrakte Verteilungsschlüssel eine Rolle, die nicht unmittelbar an objektiv zähl- oder messbare Umstände anknüpfen. Ein Beispiel hierfür ist die nach Etagenhöhe ansteigende Verteilung der Fahrstuhlkosten.

175 ▶ **Muster: Gemeinschaftsordnung – Verteilung von Fahrstuhlkosten nach Etagen**

Die Betriebskosten sowie die Kosten der Instandsetzung und Instandhaltung des Fahrstuhls (Fahrstuhlkosten) tragen die Eigentümer der Wohnungen des 1. OG zu 10 %, des 2. OG zu 20 %, des 3. OG zu 30 % und des 4. OG zu 40 %. Die Verteilung der Kosten auf einer Etage erfolgt nach Wohnungen.[234] Die Eigentümer der Wohnungen im Erdgeschoss sind von der Verteilung der Fahrstuhlkosten ausgenommen. ◀

176 Bei der Auswahl des Verteilerschlüssels sind neben dem Gerechtigkeitsgedanken auch immer die Praktikabilität und die Interessenlage der (potenziellen) Wohnungseigentümer im Auge zu behalten. Beispielsweise haben vermietende Wohnungseigentümer häufig ein Interesse daran, die auf die Mieter umlegbaren Betriebskosten nach dem im Mietrecht gebräuchlichen Verhältnis der Wohnflächen zu verteilen, um so einen Gleichklang zwischen der **Jahresabrechnung** und der **Betriebskostenabrechnung** zu erzielen. Zwar kann die Jahresabrechnung, jedenfalls der Teil

---

233 So auch: in: Jennißen/*Jennißen*, § 16 WEG Rn 19; Schmidt, ZMR 2007, 913, 929.
234 Alternativ: nach der Wohnfläche.

der auf den Mieter umlegbaren Betriebskosten, nicht ohne Weiteres als Betriebskostenabrechnung verwandt werden, denn die Jahresabrechnung nach WEG ist eine reine Einnahmen-Ausgaben-Rechnung, die nur die im Wirtschaftsjahr auch tatsächlich geflossenen Kosten berücksichtigt (Abflussprinzip).[235] Im Mietrecht ist dagegen das Zeitabgrenzungsprinzip vorherrschend, so dass nur diejenigen Kosten berücksichtigt werden, die für den jeweiligen Zeitraum angefallen sind, unabhängig davon, wann die Kosten beglichen wurden (auch Verbrauchsprinzip genannt). Jedoch führt ein Gleichklang beim Umlagemaßstab über einen mittelfristigen Zeitraum (zwei bis vier Jahre) regelmäßig zu einem wirtschaftlichen Ausgleich. Über einen mehrjährigen Zeitraum betrachtet kann der vermietende Wohnungseigentümer die auf ihn als Wohnungseigentümer entfallenden Betriebskosten vollständig auf den Mieter abwälzen, wenn der Umlagemaßstab der gleiche ist.

Hinweis: Es ist auch im Mietrecht grundsätzlich zulässig, das Abflussprinzip für die Betriebskostenabrechnung zu verwenden.[236] Allerdings führt das Zeitabgrenzungsprinzip zu einer größeren Einzelfallgerechtigkeit. Nur in Ausnahmefällen bei schlechthin untragbaren Ergebnissen soll eine Abrechnung nach dem Zeitabgrenzungsprinzip notwendig sein.[237] Daneben kann als Umlagemaßstab auch das Verhältnis der Miteigentumsanteile im Mietvertrag vereinbart werden, jedenfalls dann, wenn die Miteigentumsanteile nicht völlig außer Verhältnis zur Wohnfläche stehen.[238] Für den vermietenden Wohnungseigentümer kann es sich daher anbieten, gleich im Mietvertrag das Abflussprinzip sowie als Umlagemaßstab für die Betriebskosten das Verhältnis der Miteigentumsanteile zu vereinbaren. Dies geht regelmäßig nur beim Neuabschluss eines Mietvertrags. Bei der Teilung von vermieteten Bestandsbauten kann, was ebenfalls zulässig ist, in der Gemeinschaftsordnung eine Abrechnung nach dem Zeitabgrenzungsprinzip vereinbart werden.[239]

177

2. Kostenarten

Zu unterscheiden ist zunächst zwischen den Kosten des gemeinschaftlichen Gebrauchs des gemeinschaftlichen Eigentums (Gemeinschaftskosten) und den Kosten, die durch den Gebrauch des Sondereigentums entstehen, deren zugrunde liegenden Leistungen jedoch gemeinschaftlich bezogen werden.[240] Zu Letzteren gehören die Heiz- und Warmwasserkosten, für die die Heizkostenverordnung gilt (vgl Rn 194), aber auch die Kaltwasserkosten[241] oder die Müllkosten.[242] Die **Kosten des Sondereigentums** werden von § 16 Abs. 2 WEG primär nicht erfasst.[243] Hier bedarf es folglich einer Regelung, wie diese Kosten zu verteilen sind. Idealerweise werden diese individuellen Kostenarten nach Verbrauch bzw feststellbarem Aufwand abgerechnet, sofern dies möglich ist. Die individuellen Verbrauchskosten, die durch Verbrauchszähler erfassbar sind, wie die Kaltwasserkosten, für die in einigen Bundesländern sogar der Einbau von Zählern bauordnungsrechtlich vorgeschrieben ist, sollten nach Verbrauch abgerechnet werden. Die übrigen Kosten des Sondereigentums sollten, sofern sie eindeutig aus-

178

235 Zu Ausnahmen wegen der verbrauchsabhängigen Abrechnung von zB Heizungs- oder Wasserkosten vgl Rn 194.
236 BGH NZM 2008, 277 = ZMR 2008, 444.
237 BGH NZM 2008, 277 = ZMR 2008, 444; LG Berlin GE 1987, 829.
238 FA-MietR-WEG/*Riecke/Elzer*, 3. Kapitel Rn 217 ff.
239 BayObLG NJW-RR 2000, 1467 = NZM 2000, 873 – zur Jahresabrechnung in Form einer Bilanz.
240 BGHZ 156, 192 = ZMR 2003, 937.
241 BGHZ 156, 192 = ZMR 2003, 937.
242 Greiner, ZMR 2004, 319; Hügel, ZWE 2005, 204, 209.
243 Fehlt es an einer Regelung, findet aber § 16 Abs. 2 WEG analog Anwendung, BGH NJW 2007, 3492 = ZMR 2007, 975; so bereits Riecke/Schmid/*Elzer*, § 16 WEG Rn 29.

scheid- und zuordenbar sind, ebenfalls nach dem Verursacherprinzip abgerechnet werden. Kosten, die von dritter Seite, beispielsweise nach der Zahl der Anschlüsse, berechnet werden (zB Kabelanschlusskosten), sollten auch so verteilt werden.[244]

a) Lasten des gemeinschaftlichen Eigentums

179 An Gemeinschaftskosten benennt das Gesetz zunächst die Lasten des gemeinschaftlichen Eigentums. Lasten des gemeinschaftlichen Eigentums resultieren aus dem Grundstück selbst. Hierzu zählen privatrechtliche Lasten, wie Grundschuld- und Hypothekenzinsen, Reallasten oder Renten, sofern alle Wohnungseigentumseinheiten hiermit belastet sind. Zu denken ist hier neben einer Gesamterbbauzinsreallast im Falle der Aufteilung eines Erbbaurechts nach § 30 WEG auch an Überbaurenten.[245] Daneben fallen hierunter auch öffentlich-rechtliche Lasten, wie Erschließungsbeiträge und Kommunalabgaben, die zu Grundstückslasten erklärt wurden, oder die Kehr- und Überprüfungsgebühren des Schornsteinfegers gem. § 25 Abs. 4 SchfG.[246]

b) Kosten der Instandhaltung und Instandsetzung

180 In der Praxis bedeutsamer sind die Kosten der Instandhaltung und Instandsetzung des gemeinschaftlichen Eigentums. Hierzu zählen die Kosten für die Aufrechterhaltung eines ordnungsmäßigen Zustands und die Kosten für die Wiederherstellung. Hier finden sich in der Praxis deutlich differenzierte Kostentragungsregeln, welche vor allem auf die Gebrauchs- und Einflussnahmemöglichkeiten der Wohnungseigentümer abstellen. So werden die Kosten der Instandhaltung und Instandsetzung des Gemeinschaftseigentums für einzelne Gebäudeteile oder Bauteile häufig einzelnen Wohnungseigentümern bzw bestimmten Gruppen von Wohnungseigentümern auferlegt (vgl Rn 182, wenn diesen nicht ohnehin die komplette Instandhaltungs- und Instandsetzungslast hierfür auferlegt wird (vgl Rn 250).

181 Da (Außen-)Fenster zwingend im Gemeinschaftseigentum stehen, die Wohnungseigentümer jedoch regelmäßig annehmen, jeder sei für „seine" Fenster verantwortlich, ist die Vereinbarung der Kostentragungspflicht für die Instandhaltung und Instandsetzung von Fenstern im räumlichen Bereich des Sondereigentums ein regelmäßig wiederkehrendes Beispiel hierfür. Entsprechendes gilt für die Wohnungseingangstür.

182 ▶ **Muster: Gemeinschaftsordnung – Kostentragungsklausel Instandhaltung/Instandsetzung von Türen und Fenstern**

(27)

Die Kosten der Instandhaltung und Instandsetzung von Fenstern und Türen im räumlichen Bereich des Sondereigentums, insbesondere auch der Wohnungseingangstür, trägt der jeweilige Wohnungseigentümer. ◀

c) Kosten der sonstigen Verwaltung

183 Zu den Kosten der sonstigen Verwaltung gehören neben der Verwaltervergütung:

- Aufwandsentschädigungen des Verwaltungsbeirates,
- Bankgebühren,
- Kapitalkosten für durch den Verband Wohnungseigentümergemeinschaft aufgenommene Darlehen, die nicht durch Gesamtgrundpfandrechte gesichert sind (Abgrenzung zu den privatrechtlichen Lasten),

---

244 Elzer, ZMR 2007, 812, 813.
245 Zum Überbau und Wohnungseigentum vgl Tersteegen, RNotZ 2006, 433, 452 ff. Brünger, MittRhNotK 1987, 269 ff.
246 Sofern diese Gebühren die gemeinschaftliche Heizungsanlage betreffen, sind sie jedoch zwingend als Teil der Heiz- und Warmwasserkosten nach der Heizkostenverordnung zu verteilen.

- Versicherungsprämien,

- Ersatz der Kosten für Notmaßnahmen nach § 21 Abs. 2 WEG,

- Kosten gerichtlicher Verfahren gegen Dritte (nicht jedoch die Kosten eines Verfahrens nach § 43 WEG)

- Kosten einer Entziehungsklage (nicht jedoch die Verfahrenskosten der Anfechtung des Entziehungsbeschlusses); selbst wenn dieser nicht stattgegeben wird, sind die Kosten auf alle Wohnungseigentümer unter Einschluss des obsiegenden Beklagten zu verteilen,[247]

- Schadensersatz nach § 14 Nr. 4 WEG,

- Mehrkosten in einem Rechtsstreit nach § 43 WEG aufgrund einer Vereinbarung nach § 27 Abs. 2 Nr. 4, Abs. 3 Nr. 6 WEG.

Hinweis: Die Verwaltervergütung ist im Verhältnis der Wohnungseigentümer grundsätzlich nicht nach der häufig im Verwaltervertrag angegebenen Kalkulationsgrundlage,[248] zB monatlich 25 € netto je Wohnung und 9 € je Stellplatz, zu verteilen, sondern stets nach dem geltenden Verteilungsschlüssel, also – wenn nichts anderes bestimmt ist – nach Miteigentumsanteilen (§ 16 Abs. 2 WEG). Allerdings kann hier durch Vereinbarung oder durch Beschluss nach § 16 Abs. 3 WEG ein Gleichklang zwischen Kalkulation und Verteilung hergestellt werden. **184**

▶ **Muster: Gemeinschaftsordnung – Klausel zur Verteilung der Verwaltervergütung nach Kalkulationsgrundlage des Verwaltervertrags** **185**

28

Die Verwaltervergütung tragen die Sondereigentümer für ihre Einheiten, wie im Verwaltervertrag angegeben. Sofern dort keine Kalkulation angegeben ist, wird die dem Verwalter geschuldete Vergütung nach der Anzahl der Wohnungs- und Teileigentumseinheiten verteilt. ◀

d) Verfahrenskosten

Nach Sinn und Zweck des § 16 Abs. 8 WEG gehören auch die gerichtlichen und außergerichtlichen Kosten solcher Verfahren nach § 43 WEG zu den Kosten der gemeinschaftlichen Verwaltung, bei denen alle Wohnungseigentümer als Kläger oder Beklagte auf einer Seite stehen,[249] beispielsweise bei einer Anfechtungsklage des Verwalters. Nichts anderes gilt für Verfahren des Verbands Wohnungseigentümergemeinschaft gegen Dritte.[250] Hierzu gehören auch Klagen des Verbands Wohnungseigentümergemeinschaft auf Zahlung gemeinschaftlicher Beitrags- und Schadensersatzansprüche gegen einzelne Wohnungseigentümer.[251] Da die Gemeinschaft der Wohnungseigentümer in **Hausgeldverfahren** Anspruchsinhaberin und Klägerin ist, sind die hieraus resultierenden Verfahrenskosten als Verwaltungskosten unter allen Wohnungseigentümern zu verteilen.[252] Selbst wenn der beklagte Wohnungseigentümer (teilweise) **186**

---

247 OLG Stuttgart NJW-RR 1986, 379; OLG Düsseldorf ZMR 1996, 571.
248 Auch wenn Verwalterverträge die Kalkulationsgrundlage häufig angeben, schuldet nur die Wohnungseigentümergemeinschaft (Verband Wohnungseigentümergemeinschaft) die sich hieraus ergebende (Gesamt)Vergütung. Die Wohnungseigentümer haften daneben stets in Höhe ihrer Miteigentumsanteile (§ 10 Abs. 8 WEG).
249 Nach richtiger Ansicht ist der § 16 Abs. 8 WEG insoweit einschränkend auszulegen, vgl Hügel, ZWE 2008, 265, 267; Riecke/Schmid/*Elzer*, § 16 WEG Rn 314 f; BGH NJW 2007, 1869 = NZM 2007, 358 – noch zu § 16 Abs. 5 WEG aF.
250 Siehe dazu Riecke/Schmid/*Elzer*, § 16 WEG Rn 314 ff.
251 BGH NJW 2007, 1869 = NZM 2007, 358 – noch zu § 16 Abs. 5 WEG aF; Bärmann/*Becker*, § 16 WEG Rn 158 f; aA Hügel, ZWE 2008, 265, 267; Jennißen, NZM 2007, 510, 511.
252 OLG München NZM 2007, 251 = ZMR 2007, 140.

obsiegt hat, kann er bei der Verteilung der den Verband Wohnungseigentümergemeinschaft treffenden Verfahrenskosten nicht ausgenommen werden.[253]

187   Die in der Literatur weit verbreitete Gegenansicht, die den vom Verband Wohnungseigentümergemeinschaft beklagten Wohnungseigentümer bei der internen Kostenverteilung ausnehmen will,[254] zieht nur halbherzig Konsequenzen aus der Rechtsfähigkeit der Gemeinschaft der Wohnungseigentümer.[255] Die gerichtliche Kostenentscheidung betrifft nur den beklagten Wohnungseigentümer und den Verband Wohnungseigentümergemeinschaft. Die übrigen Wohnungseigentümer sind am Verfahren noch nicht einmal beteiligt. Die Kostenentscheidung betrifft also allein das Außenverhältnis und sagt nichts über die Kostenverteilung im Innenverhältnis. Im Außenverhältnis ist auch der Verband Wohnungseigentümergemeinschaft Schuldner der Gerichts- und Anwaltskosten. Nach § 10 Abs. 8 WEG haften im Außenverhältnis sämtliche (!) Wohnungseigentümer quotal für Verbindlichkeiten des Verbands Wohnungseigentümergemeinschaft. Der beauftragte Rechtsanwalt und das Gericht können ihre Kosten gegenüber jedem Wohnungseigentümer nach der Höhe des Miteigentumsanteils geltend machen, also auch gegenüber dem beklagten Wohnungseigentümer. Der Kostenfestsetzungsbeschluss gibt dem Verband Wohnungseigentümergemeinschaft gegenüber dem (teilweise) unterlegenen Wohnungseigentümer einen Kostenerstattungsanspruch. Wird dieser nicht realisiert, so ist anerkannt, dass es sich um Verwaltungskosten nach § 16 Abs. 2 WEG handelt, die entsprechend zu verteilen sind.[256] Wird der Kostenerstattungsanspruch realisiert, handelt es sich um eine Einnahme des Verbands Wohnungseigentümergemeinschaft, welche nach § 16 Abs. 1 WEG nach Miteigentumsanteilen auf alle Wohnungseigentümer zu verteilen ist. Genauso verhält es sich mit entrichteten Verzugszinsen; auch an der Verteilung dieser Einnahme des Verbands Wohnungseigentümergemeinschaft nimmt der zahlungssäumige Eigentümer teil.[257] Warum sollte nun aber der beklagte Wohnungseigentümer an der Verteilung der vom Verband Wohnungseigentümergemeinschaft zu tragenden Kosten nicht beteiligt werden, wenn er doch andererseits an der (teilweisen) Kostenerstattung und den von ihm entrichteten Verzugszinsen partizipiert?[258]

188   **Hinweis:** Da die Kostentragung für Klagen des Verbands Wohnungseigentümergemeinschaft gegen Wohnungseigentümer streitig ist, empfiehlt es sich, diese in der Gemeinschaftsordnung zu regeln.

189   ▶ **Muster: Gemeinschaftsordnung – Kostentragungsklausel bei Klagen des Verbands Wohnungseigentümergemeinschaft gegen Wohnungseigentümer**

29

Die Kosten eines gerichtlichen Verfahrens der Wohnungseigentümergemeinschaft gegen einen Wohnungseigentümer werden dem Verwaltungsvermögen entnommen und sind unter allen Wohnungsei-

---

253 BGH NJW 2007, 1869 = NZM 2007, 358 – noch zu § 16 Abs. 5 WEG aF; Becker, IMR 2007, 53; Staudinger/*Bub*, § 16 WEG Rn 182; BayObLG ZMR 2004, 763; OLG Düsseldorf ZMR 2003, 228, 229.
254 Hügel ZWE 2008, 265, 267; Riecke/Schmid/*Elzer*, § 16 WEG Rn 31; Greiner, Wohnungseigentumsrecht, Rn 928.
255 ZB Hügel ZWE 2008, 265, 267, der meint, der beklagte Eigentümer könne nicht deshalb an der Kostentragung beteiligt sein, weil er nunmehr dem rechtsfähigen Verband Wohnungseigentümergemeinschaft statt den übrigen Wohnungseigentümern gegenüberstehe. Der BGH hat jedoch schon in seiner Entscheidung zur Rechtsfähigkeit der Gemeinschaft (NJW 2005, 2061 = ZMR 2005, 547) deutlich gemacht, dass in den sog. Inkassoverfahren der säumige Wohnungseigentümer der Gemeinschaft wie ein Dritter gegenübersteht.
256 Zum alten Recht: Staudinger/*Bub*, § 16 WEG Rn 182; Bärmann/Pick/Merle/*Merle*, § 47 WEG Rn 9; OLG Düsseldorf ZMR 2003, 228.
257 Riecke/Schmid/*Elzer*, § 16 WEG Rn 142, 145.
258 Auch im Gesellschaftsrecht werden die der GmbH auferlegten Kosten eines Verfahrens der GmbH gegen einen Gesellschafter bei dessen Gewinnermittlung berücksichtigt.

gentümern einschließlich des beklagten Wohnungseigentümers nach dem Kostenverteilungsschlüssel für Verwaltungskosten zu verteilen. Dies gilt auch, soweit der beklagte Wohnungseigentümer obsiegt hat. ◄

Eindeutig nicht zu den Kosten der sonstigen Verwaltung gehören die gerichtlichen und außergerichtlichen Kosten in **Anfechtungsverfahren**.[259] Hier stellt sich aber die Frage, ob die Kosten für den Anwalt der den Beschluss verteidigenden Wohnungseigentümer aus dem Verwaltungsvermögen vorfinanziert werden können.[260] Ein Teil der Rechtsprechung und Literatur gestattet eine Begleichung dieser Kosten aus gemeinschaftlichen Mitteln mit der Begründung, § 16 Abs. 8 WEG betreffe nur die Kostenverteilung, nicht aber die Entnahme aus dem Verwaltungsvermögen.[261] Diese Ansicht ist aber im Zuge der Anerkennung der Rechtsfähigkeit der Gemeinschaft der Wohnungseigentümer in die Kritik geraten, denn wenn der Verband Wohnungseigentümergemeinschaft nicht am Anfechtungsverfahren beteiligt ist, warum sollten diese Kosten dann aus dem Verwaltungsvermögen, welches dem Verband Wohnungseigentümergemeinschaft zusteht, finanziert werden dürfen?[262] Das durchaus wünschenswerte und vor allem in der Praxis gelebte Ergebnis, nämlich dass der Verwalter nicht nur die im Anfechtungsprozess beklagten Wohnungseigentümer vertritt und hierzu einen Rechtsanwalt beauftragen darf, sondern hierzu sogleich die notwendigen Vorschüsse aus dem Verwaltungsvermögen entnehmen darf,[263] kann aber vereinbart werden, da § 16 Abs. 8 WEG abdingbar ist.[264]   190

Wenn Kosten eines Anfechtungsverfahrens aus dem Verwaltungsvermögen beglichen wurden, sind diese unter Berücksichtigung der **Parteistellung** zu verteilen, dh die Vorschüsse für den Anwalt der beklagten Wohnungseigentümer werden nur diesen in der Jahresabrechnung auferlegt.[265] Die Kostenverteilung innerhalb der Gruppe der belasteten Wohnungseigentümer erfolgt vorrangig nach einem für derartige Rechtsstreitigkeiten in der Gemeinschaftsordnung vereinbarten Verteilungsschlüssels oder nach dem Verhältnis der Miteigentumsanteile innerhalb dieser Gruppe.[266]   191

▶ **Muster: Gemeinschaftsordnung – Kosten eines Anfechtungsverfahrens**   192

Im Falle einer Anfechtungsklage dürfen die die beklagten Wohnungseigentümer treffenden Vorschüsse und Kosten dem Verwaltungsvermögen entnommen werden. Diese sind in der Jahresabrechnung vorbehaltlich einer abweichenden Kostenentscheidung des Gerichts nach dem Kostenverteilungsschlüssel für Verwaltungskosten unter den beklagten Wohnungseigentümern zu verteilen. ◄

---

259 BayObLG ZMR 2003, 763.
260 Vgl Hügel, ZWE 2008, 265, 269 ff – dort auch zum Streitstand.
261 Jennißen/*Jennißen*, § 16 WEG Rn 140; noch zu § 16 Abs. 5 WEG aF: OLG Köln ZfIR 2003, 683 f; Weitnauer/*Gottschalg*, § 16 WEG Rn 60.
262 OLG München NZM 2007, 251 = ZMR 2007, 140; Kuhla, ZWE 2009, 196, 198; Hügel, ZWE 2008, 265, 269 ff; *Schmid*, NZM 2008, 385, 386; Riecke/Schmid/*Elzer*, § 16 WEG Rn 324.
263 Auch der BGH scheint davon auszugehen, ohne jedoch zu dem Problem Stellung zu nehmen, vgl BGH NJW 2009, 2135 = ZWE 2009, 306 mit Anm. Briesemeister; BGH v. 16.7.2009 – V ZB 11/09.
264 Hügel, ZWE 2008, 265, 269; noch zu § 16 Abs. 5 WEG aF: Schmid, ZMR, 1989, 362; Staudinger/*Bub*, § 16 WEG Rn 60; Weitnauer/*Gottschalg*, § 16 WEG Rn 60; aA: Riecke/Schmid/*Elzer*, § 16 WEG Rn 333; OLG Köln OLGReport Köln 2003, 241.
265 OLG München NZM 2007, 251 = ZMR 2007, 140; KG ZMR 2006, 224; Hügel, ZWE 2008, 265, 272; Riecke/Schmid/*Elzer*, § 16 WEG Rn 325.
266 BGH NJW 2007, 1869 = NZM 2007, 358.

e) Kosten des gemeinschaftlichen Gebrauchs

193   Kosten des gemeinschaftlichen Gebrauchs sind beispielsweise die Kosten der Treppenhausbeleuchtung oder andere durch den gemeinschaftlichen Gebrauch bedingte Kosten, wie die Energie- und Reinigungskosten einer gemeinschaftlichen Sauna oder eines Schwimmbades.

f) Heiz- und Warmwasserkosten

194   § 3 HeizkostenV unterwirft auch Wohnungseigentümergemeinschaften dem Reglement der Heizkostenverordnung. Das bedeutet, dass von den Heiz- und Warmwasserkosten zurzeit **mindestens 50 %** und **höchstens 70 %** der Kosten des Betriebs der zentralen Heizungsanlage **nach Verbrauch** und der Rest entweder nach der Wohn- und Nutzfläche (oder dem umbauten Raum) oder nach der beheizten Fläche (oder dem beheizten Raum) umzulegen sind (§ 7 Abs. 1 HeizkostenV).[267] Entsprechendes gilt nach § 8 Abs. 1 HeizkostenV für die Kosten des Betriebs der zentralen Warmwasseranlage. Daneben folgt aus § 4 HeizkostenV auch eine Verpflichtung, Geräte zur Verbrauchserfassung einzubauen. Eine Vereinbarung, die höhere als die in § 7 Abs. 1 und § 8 Abs. 1 HeizkostenV genannten Höchstsätze vorsieht, ist aber nach § 10 HeizkostenV zulässig.

195   **Hinweis:** Da § 7 Abs. 1 HeizkostenV verschiedene Maßstäbe zur verbrauchsunabhängigen Verteilung der Heizkosten bereithält, sollte in der Gemeinschaftsordnung klar zum Ausdruck gebracht werden, ob die Beheizbarkeit der Räume/Flächen Kriterium der Anrechnung ist. Gerade bei Wohnanlagen mit deutlichen Unterschieden in der Größe der Balkone und Terrassen bzw der Ausstattung der Wohnungen mit derartigen Freisitzen, empfiehlt es sich, auf die Beheizbarkeit abzustellen.

3. Freistellung von Kosten

196   Grundsätzlich ist es denkbar und unter Umständen auch angezeigt, Eigentümer von der Umlage bestimmter Kostenarten auszunehmen, zB Eigentümer im Erdgeschoss von den Aufzugskosten, oder für eine bestimmte Zeit vollständig von der Verteilung der Ausgaben und Einnahmen, zB bei unausgebauten oder noch gar nicht errichteten Einheiten. Wenn eine vollständige Freistellung von den Kosten erfolgt, sollte auch darauf geachtet werden, dass der freigestellte Eigentümer nicht an den Einnahmen, zB Zinsen oder Mieteinnahmen, partizipiert.

197   ▶ **Muster: Gemeinschaftsordnung – Freistellung von der Verteilung der Einnahmen und Ausgaben bei noch auszubauendem Dachgeschossrohling**

(31)

§ [...]

- Dachgeschossausbau, Anpassung der Teilungserklärung -

(1) bis (7) [...] [*wie Rn 34*]

(8) Ab Gebrauchsabnahme, jedoch spätestens zwölf Monate nach Baubeginn, nimmt der jeweilige Eigentümer der Dachgeschosseinheit Nr. [...] an der Verteilung der Einnahmen und Ausgaben teil. Bis dahin nimmt der Eigentümer der Dachgeschosseinheit daran nicht teil. Auch bei einem nur anteiligen Ausbau der Dachgeschosseinheit nimmt der jeweilige Eigentümer an der Verteilung teil. Die

---

267   Diese Wahlmöglichkeit entfällt bei Gebäuden, die das Anforderungsniveau der Wärmeschutzverordnung vom 16.8.1994 (BGBl. I, S. 2121) nicht erfüllen, die mit einer Öl- oder Gasheizung versorgt werden und in denen die freiliegenden Leitungen der Wärmeverteilung überwiegend gedämmt sind. Dort sind von den Kosten des Betriebs der zentralen Heizungsanlage 70 vom Hundert nach dem erfassten Wärmeverbrauch der Nutzer zu verteilen (§ 7 Abs. 1 S. 2 HeizkostenV).

vorstehende Regelung gilt auch bei regelmäßiger Nutzung der Dachgeschosseinheit, beispielsweise als Hobbyraum oder Arbeitszimmer, auch wenn diese ohne behördliche Genehmigung erfolgt. Ferner gilt dies grundsätzlich auch dann, wenn das Dachgeschoss mit der darunterliegenden Wohnung durch eine innenliegende Treppe verbunden ist. Eventuell zusätzlich anfallende Verwaltungskosten für die Neuberechnung des Hausgeldes hat der jeweilige Eigentümer der Dachgeschosseinheit Nr. [...] zu tragen. ◀

4. Änderung der Kostenverteilungsschlüssel

Die Wohnungseigentümer können gem. § 16 Abs. 3 WEG mehrheitlich beschließen, dass die Betriebskosten des gemeinschaftlichen Eigentums oder des Sondereigentums, sofern sie nicht unmittelbar gegenüber Dritten abgerechnet werden, und die **Kosten der Verwaltung** nach Verbrauch oder Verursachung erfasst und nach diesem oder nach einem anderen Maßstab verteilt werden, soweit dies ordnungsmäßiger Verwaltung entspricht.   **198**

Mit § 16 Abs. 3 WEG hat der Gesetzgeber zum Zwecke der Vereinfachung der Rechtsanwendung und Rechtsvereinheitlichung[268] den mietrechtlichen Begriff der Betriebskosten im Wohnungseigentumsrecht eingeführt. Eine Deckungsgleichheit zwischen mietrechtlichem und wohnungseigentumsrechtlichem **Betriebskostenbegriff** kann aber nur bejaht werden, sofern dies Sinn und Zweck des § 16 Abs. 3 WEG entspricht.[269] Der Betriebskostenkanon in § 2 BetrKV, der auf § 556 Abs. 4 BGB beruht, dient der angemessenen Verteilung der Kosten zwischen Mieter und Vermieter. Darum geht es im Wohnungseigentumsrecht nicht. Die Kostentragungspflicht der Wohnungseigentümer steht für alle Kosten von vornherein fest, so dass etwa für Streit um die Reichweite „sonstiger Betriebskosten" kaum in der gleichen Weise wie im Mietrecht Platz sein dürfte.[270] Dagegen ist im Wohnungseigentumsrecht die Abgrenzung der Betriebskosten von den Kosten für Baumaßnahmen, insbesondere den Instandhaltungs- und Instandsetzungskosten wegen § 16 Abs. 4 WEG und der daraus folgenden Unterschiede in der Beschlusskompetenz, von größerer Bedeutung.[271] Daher bildet sich bereits jetzt ein eigenständiger wohnungseigentumsrechtlicher Betriebskostenbegriff aus, der sich trotz der Verweisung auf § 556 Abs. 1 BGB in Verbindung mit der Betriebskostenverordnung von dem des Mietrechts abgrenzt.[272]   **199**

Diese Beschlusskompetenz ist weder abdingbar noch einschränkbar (§ 16 Abs. 5 WEG). Wie bei § 12 Abs. 4 WEG ist derzeit umstritten, ob die grundsätzliche Möglichkeit, die Stimmkraft abweichend von dem gesetzlichen Kopfprinzip des § 25 Abs. 2 WEG, zB nach dem Objektprinzip (Anzahl der Wohnungen) oder nach dem Verhältnis der Miteigentumsanteile (Wert-   **200**

---

268   BT-Drucks. 16/887, S. 22 – ob dieses Ziel erreicht wird, mag zu Recht bezweifelt werden, so auch Becker, ZWE 2008, 217.
269   Schmidt, ZMR 2007, 913, 923.
270   Häublein, ZMR 2007, 409, 415.
271   Eine Erfassung der in die Betriebskosten einbezogenen Instandhaltungskosten (Reinigungs- und Wartungsarbeiten) durch § 16 Abs. 3 WEG bejahen: Abramenko, Das neue WEG, S. 113; Schmid, MDR 2007, 989; Schmidt, ZMR 2007, 913, 924 f; Becker, ZWE 2008, 217, 219; dagegen: Häublein, ZMR 2007, 409, 416; Riecke/Schmid/*Elzer*, § 16 WEG Rn 64.
272   Für einen eigenständigen Betriebskostenbegriff: Becker, ZWE 2008, 217; Häublein, ZMR 2007, 409, 415 f.; Abramenko, Das neue WEG, S. 113; Schmidt, ZMR 2007, 913, 924 f; Riecke/Schmid/*Elzer*, § 16 Rn 63; Elzer, ZWE 2008, 153; aA Schmid, MDR 2007, 989, der den gesetzgeberischen Verweis zwar für wenig sinnvoll hält, jedoch an dem Ziel des Gesetzgebers festhält, einen einheitlichen Betriebskostenbegriff zugrunde zu legen.

prinzip), festzulegen, auch für § 16 Abs. 3 WEG gilt.[273] Auch hier erscheint es durchaus empfehlenswert, einen Beschluss nach § 16 Abs. 3 WEG von einer nach dem Objekt- oder Wertprinzip vereinbarten Stimmkraft auszunehmen, bis sich eine herrschende Meinung durchsetzt (vgl auch Rn 154).

201 ▶ **Muster: Gemeinschaftsordnung – Klarstellung des Kopfstimmrechts für Beschlüsse nach § 16 Abs. 3 WEG**

32

§ [...]
- Stimmrecht nach Miteigentumsanteilen -

(1) Jedem Wohnungs- oder Teileigentümer stehen Stimmenanteile in Höhe seines Miteigentumsanteils zu.

(2) Bei einem Beschluss über die Änderung des Verteilungsschlüssels für Betriebs- und Verwaltungskosten (§ 16 Abs. 3 WEG) richtet sich die Stimmkraft abweichend von Absatz 1 nach § 25 Abs. 2 WEG. ◀

5. Abweichungen vom Kostenverteilungsschlüssel bei Instandhaltung und Instandsetzung sowie baulicher Veränderung

202 § 16 Abs. 4 WEG ermöglicht es den Wohnungseigentümern, *im Einzelfall* eine vom gesetzlichen oder vereinbarten Kostenverteilungsschlüssel abweichende Kostentragung für eine Instandhaltungs- oder Instandsetzungsmaßnahme, eine bauliche Veränderung oder eine Modernisierung zu beschließen. Das Einzelfallerfordernis ist nach dem Willen des Gesetzgebers Voraussetzung für das Bestehen der Beschlusskompetenz.[274] Generelle Regelungen sind daher – weil gesetzes- bzw vereinbarungsändernd – nichtig.[275] Beispielsweise kann nicht beschlossen werden, dass künftig alle Fensterreparaturen von den jeweiligen Sondereigentümern zu zahlen sind. Daher handelt es sich bei Beschlüssen nach § 16 Abs. 4 WEG auch nicht um eine Änderung des Kostenverteilerschlüssels, sondern vielmehr um eine (einmalige) Abweichung.

203 Hinweis: Die Praxis begegnet dem kompetenzbegründenden Einzelfallerfordernis des § 16 Abs. 4 WEG oft mit Unverständnis. Die Wohnungseigentümer möchten regelmäßig in einem Beschluss nach § 22 Abs. 2 WEG - beispielsweise über die nachträgliche Anbringung eines Fahrstuhls in einem Aufgang, und Verteilung der Kosten zulasten der profitierenden Eigentümer nach § 16 Abs. 4 WEG - zugleich auch festlegen, dass bei gleichartigen Maßnahmen, zB Anbringung von Fahrstühlen in den anderen Aufgängen, hinsichtlich der wiederum nur die hiervon profitierenden Eigentümer mit den Kosten belastet werden. Dies scheitert aber an dem Einzelfallerfordernis, so dass ein dennoch gefasster Beschluss nichtig wäre.[276] Hier kann jedoch im Sinne einer konkreten Öffnungsklausel (vgl auch Rn 218) das strenge Einzelfallerfordernis abbedungen werden (siehe nachfolgendes Muster Rn 205).

---

273 Für zulässig halten die Abänderung des gesetzlichen Kopfprinzips (zum Teil ohne inhaltliche Begründung): *Hügel*, in: Hügel/Elzer, § 4 Rn 12; Riecke/Schmid/*Elzer*, § 16 WEG Rn 81; Jennißen/*Baumann*, § 12 WEG Rn 61; das Kopfstimmrecht für zwingend halten: Drasdo, RNotZ 2007, 264, 265; Deckert, ZMR 2008, 585, 590; Häublein, FS Bub, 2007, S. 113, 118; ders., ZMR 2007, 409 mit beachtlichen Argumenten; vermittelnd (zu § 12 Abs. 4 WEG): Wenzel, ZWE 2008, 69, 74, der vorschlägt, den Beschluss immer dann als zustande gekommen anzusehen, wenn er entweder nach dem gesetzlichen Kopfprinzip oder nach der vereinbarten Stimmkraft die erforderliche Mehrheit erreicht hat; der Versammlungsleiter müsste also nach zwei Prinzipien auszählen, dies wäre jedoch sehr unpraktisch; dem folgend: Becker, ZWE 2008, 217, 224; Merle, ZWE 2009, 15, 19 und 21; Bärmann/*Wenzel*, § 12 Rn 57; Bärmann/*Becker*, § 16 Rn. 102.
274 BT-Drucks. 16/887, S. 24.
275 Häublein, ZMR 2007, 409, 422; Riecke/Schmid/*Elzer*, § 16 WEG Rn 99; Abramenko, Das neue WEG, S. 154.
276 Häublein, ZMR 2007, 409, 422; Riecke/Schmid/*Elzer*, § 16 WEG Rn 99; Abramenko, Das neue WEG, S. 154.

Uneinigkeit besteht bei der Frage, ob über die Verteilung von **Folgekosten** der einzelnen Bau- 204
maßnahme, zB künftige Reparaturen eines nach § 22 Abs. 2 WEG beschlossenen und errichteten Fahrstuhls, im Rahmen des § 16 Abs. 4 WEG beschlossen werden kann.[277] Hier kann es
sich anbieten, in der Gemeinschaftsordnung die Folgekosten ausdrücklich der Beschlusskompetenz nach § 16 Abs. 4 WEG zu unterstellen.

▶ **Muster: Gemeinschaftsordnung – Abbedingung des Einzelfallerfordernisses und Beschluss-** 205
kompetenz über Folgekosten im Rahmen des § 16 Abs. 4 WEG

§ [...]

- Verteilung der Kosten baulicher Maßnahmen -

(1) Auch über den Einzelfall hinaus kann die Verteilung von Kosten von Maßnahmen der Instandhaltung oder Instandsetzung im Sinne des § 21 Abs. 5 Nr. 2 WEG oder von baulichen Veränderungen
oder Aufwendungen im Sinne des § 22 Abs. 1 WEG und Modernisierungen im Sinne des § 22 Abs. 2
WEG abweichend von § [...] [*Kostenverteilungsschlüssel*] mit einer Mehrheit von drei Viertel aller
stimmberechtigten Wohnungseigentümer im Sinne des § 25 Abs. 2 WEG und mehr als der Hälfte aller
Miteigentumsanteile beschlossen werden.

(2) Absatz 1 gilt insbesondere auch für Beschlüsse über Folgekosten der dort beschriebenen Maßnahmen. ◀

Um einen Beschluss nach 16 Abs. 4 WEG zu fassen, bedarf es einer doppelt qualifizierten 206
Mehrheit von drei Viertel aller stimmberechtigten Wohnungseigentümer nach Köpfen und
mehr als der Hälfte aller Miteigentumsanteile. Hierbei kommt es auf sämtliche und nicht nur
die in der entsprechenden Eigentümerversammlung repräsentierten Wohnungseigentümer bzw
Miteigentumsanteile an. Nach § 16 Abs. 5 WEG kann die Beschlusskompetenz aus § 16
Abs. 4 WEG weder abbedungen noch eingeschränkt werden. Insoweit besteht jedoch die Möglichkeit, die erforderlichen Mehrheiten zu erleichtern.[278] So kann beispielsweise als Vergleichsgröße auf die in der entsprechenden Eigentümerversammlung repräsentierten Wohnungseigentümer bzw Miteigentumsanteile abgestellt werden (Versammlungsmehrheiten).

▶ **Muster: Gemeinschaftsordnung – Verringerung der Vergleichsgröße im Rahmen des § 16** 207
Abs. 4 WEG (Versammlungsmehrheiten)

§ [...]

- Verteilung der Kosten baulicher Maßnahmen -

Über die Verteilung von Kosten von Maßnahmen der Instandhaltung oder Instandsetzung im Sinne
des § 21 Abs. 5 Nr. 2 WEG oder von baulichen Veränderungen oder Aufwendungen im Sinne des § 22
Abs. 1 WEG und Modernisierungen im Sinne des § 22 Abs. 2 WEG kann abweichend von § [...] [*Kostenverteilungsschlüssel*] mit einer Mehrheit von drei Viertel der in einer Eigentümerversammlung repräsentierten, stimmberechtigten Wohnungseigentümer im Sinne des § 25 Abs. 2 WEG und mehr als
der Hälfte der dort repräsentierten Miteigentumsanteile beschlossen werden. ◀

Auch ist es denkbar, dass eine der beiden in § 16 Abs. 4 WEG genannten Mehrheiten abbe- 208
dungen wird und dass es für die Beschlussfassung beispielsweise nur auf eine gegenüber § 16

---

277 Bejahend: Bärmann/*Becker*, § 16 WEG Rn 120 f; Greiner, Wohnungseigentumsrecht, Rn 455; Häublein, ZMR 2007,
409, 422; ders., NZM 2007, 752, 761; ders., ZWE 2008, 368, 369; Armbrüster, ZWE 2008, 61, 67 f; Abramenko,
Das neue WEG, S. 159 f; Bub, ZWE 2008, 205, 215; verneinend: Schmidt, ZMR 2007, 913, 915; Riecke/Schmid/
Elzer, § 16 WEG Rn 99.
278 Riecke/Schmid/*Elzer*, § 16 WEG Rn 55.

Abs. 4 WEG verminderte Mehrheit von zwei Drittel aller Wohnungseigentümer im Sinne des § 25 Abs. 2 WEG ankommt.

209 ▶ **Muster: Gemeinschaftsordnung – Beschlussfassung nach § 16 Abs. 4 WEG mit zwei Drittel der Kopfstimmen und Abbedingung des Einzelfallerfordernisses sowie Beschlusskompetenz über Folgekosten**

35

§ [...]
- Verteilung der Kosten baulicher Maßnahmen -

(1) Auch über den Einzelfall hinaus kann die Verteilung von Kosten von Maßnahmen der Instandhaltung oder Instandsetzung im Sinne des § 21 Abs. 5 Nr. 2 WEG oder von baulichen Veränderungen oder Aufwendungen im Sinne des § 22 Abs. 1 WEG und Modernisierungen im Sinne des § 22 Abs. 2 WEG abweichend von § [...] [*Kostenverteilungsschlüssel*] mit einer Mehrheit von zwei Drittel aller stimmberechtigten Wohnungseigentümer im Sinne des § 25 Abs. 2 WEG beschlossen werden.

(2) Absatz 1 gilt insbesondere auch für Beschlüsse über Folgekosten der dort beschriebenen Maßnahmen. ◀

210 Hinweis: Auch wenn grundsätzlich die Möglichkeit besteht, dass Objektprinzip für Beschlüsse nach § 16 Abs. 4 WEG zu vereinbaren, ist hiervon abzuraten. Je nach Verteilung der Wohnungen auf die Wohnungseigentümer kann es im Einzelfall dazu kommen, dass sich das Objektprinzip als eine Erschwerung des gesetzlichen, doppelt qualifizierten Mehrheitserfordernisses darstellt. Dies ist beispielsweise dann der Fall, wenn ein Wohnungseigentümer eine größere Anzahl kleinerer Sondereigentumseinheiten auf sich vereinigt und damit nach dem Objektprinzip eine positive Beschlussfassung verhindern kann, während der Beschluss bei einer Abstimmung nach Köpfen und Miteigentumsanteilen zustande käme.

VIII. Öffnungsklauseln

1. Einführung

211 § 23 Abs. 1 WEG räumt den Wohnungseigentümern die Befugnis ein, eine Vereinbarung zu schließen, die es ihnen erlaubt, auch über den Inhalt solcher Angelegenheiten zu beschließen, die nach dem Gesetz eine Vereinbarung erfordern (**Öffnungsklausel**). Nach einigen Unsicherheiten wird es heute allgemein als zulässig angesehen, gestützt auf § 23 Abs. 1 WEG **Vereinbarungsgegenstände** gegenüber einer Mehrheitsmacht und also **dem Beschluss zu öffnen**.[279] Durch eine Öffnungsklausel werden die Kompetenzen der Wohnungseigentümer, Gegenstände im Wege des Beschlusses zu regeln, punktuell, thematisch oder allgemein erweitert.

212 Hinweis: Öffnungsklausel ist auch die Regelung, dass zB der Alleineigentümer nach Entstehung der Gemeinschaft der Wohnungseigentümer den Inhalt einer Vereinbarung allein bestimmen darf (Änderungsvorbehalt). Zum Beispiel gibt es Bestimmungen, dass der Verwalter oder der ehemalige Alleineigentümer die Vereinbarungen der Wohnungseigentümer ergänzen darf.[280] Ferner ist es in der Praxis sehr üblich, dass der Alleineigentümer auch nach Entstehung der Gemeinschaft der Wohnungseigentümer weitere Sondernutzungsrechte begründen darf (dazu Rn 211 ff). Keine Öffnungsklausel ist hingegen zB die Regelung, dass der (ehemalige) Alleinei-

---

279   BGHZ 145, 158, 168 = NJW 2000, 3500 = ZMR 2000, 771, 774; BGHZ 95, 137, 140 = ZMR 1986, 19 = MDR 1986, 138 = NJW 1985, 2832; OLG Düsseldorf ZMR 2004, 284.
280   BGH NJW 2002, 2247 = MDR 2002, 1001 = ZMR 2002, 763; BGH BGHZ 150, 334, 336 = NJW 1986, 845 = DNotZ 1986, 274 = MDR 1986, 303.

gentümer (Bauträger) nach Entstehung der Gemeinschaft der Wohnungseigentümer in die sachenrechtlichen Grundlagen eingreifen darf, etwa Gemeinschafts- in Sondereigentum umwidmen. Ein solcher Vertrag über die Eigentumsverhältnisse innerhalb der Wohnungseigentümer ist von der mit § 10 WEG angesprochenen inhaltlichen Ausgestaltung des Gemeinschaftsverhältnisses zwischen den Wohnungseigentümern zu unterscheiden und keine Vereinbarung im dortigen Sinne.[281] Eine Änderung dieser Gegenstände ist nur durch dem ehemaligen Alleineigentümer eingeräumte Vollmachten vorstellbar.

Die Wohnungseigentümer können neben der vertraglichen Begründung von Mehrheitsmacht   213
zugleich bestimmen, in welcher **Art und Weise** eine **Beschlussfassung** möglich sein soll (fehlt es an einer Regelung, gilt wohl das Gesetz). Neben dem einfachen Mehrheitsbeschluss, der erfordert, dass auf einen Beschlussantrag mehr Wohnungseigentümer mit Ja als mit Nein stimmen, sind **Beschlussqualifizierungen** denkbar. Es kann etwa vereinbart werden, dass ein Beschluss zu seiner Entstehung beurkundet werden oder notwendig in ein „Protokollbuch"[282] aufgenommen werden muss. Ferner kann bestimmt sein, dass einem auf der Öffnungsklausel beruhenden Verfahrensbeschluss ¾ sämtlicher Wohnungseigentümer oder der auf einer Eigentümerversammlung anwesenden Wohnungseigentümer zustimmen müssen.

Hinweis: Vereinbaren die Wohnungseigentümer Qualifizierungen, sind §§ 12 Abs. 4 S. 2, 16   214
Abs. 5, 22 Abs. 2 S. 2 WEG zu beachten. Die durch §§ 12 Abs. 4 S. 1, 16 Abs. 3, 16 Abs. 4, 22 Abs. 2 S. 1 WEG den Wohnungseigentümern eingeräumten besonderen Beschlusskompetenzen können danach auch durch Vereinbarung der Wohnungseigentümer nicht eingeschränkt oder ausgeschlossen werden. Das wird durch eine Qualifizierung zwar meist gar nicht gewollt sein, so dass ggf eine Auslegung möglich ist, dass die Qualifizierung diese Kompetenzen nicht ergreift. Zur Klarstellung bietet es sich aber jedenfalls an, in der Öffnungsklausel ausdrücklich herauszustreichen, dass die Beschlussqualifizierungen für auf diesen Vorschriften beruhende Beschlüsse nicht gelten.

Noch nicht vollständig geklärt ist, wie es sich auswirkt, wenn ein vereinbartes Quorum bei der   215
Abstimmung über einen bestimmten Beschlussantrag nicht erreicht wird, der Versammlungsleiter aber dennoch einen positiven „Beschluss" verkündet. Nach zurzeit **ganz herrschender Meinung** ist ein auf einer Öffnungsklausel beruhender Beschluss, der die gesetzliche oder vereinbarte Mehrheit nicht erreicht, aber dennoch vom Versammlungsleiter festgestellt und pflichtwidrig verkündet wird, jedenfalls nur anfechtbar, aber nicht nichtig. Die **unrichtige Feststellung des Abstimmungsergebnisses** stellt danach keinen Nichtigkeits-, sondern lediglich einen **Anfechtungsgrund** dar.[283]

Ein auf einer Öffnungsklausel beruhender Beschluss unterliegt – sofern nichts anderes vereinbart ist – den gleichen **allgemeinen Schranken** wie jeder andere Beschluss sowie dem Bestimmtheitsgebot. Nach der Rechtsprechung darf von einer Öffnungsklausel nur Gebrauch gemacht werden, wenn ein **sachlicher Grund** zur Änderung oder Ergänzung des Gesetzes oder einer Vereinbarung vorliegt und einzelne Wohnungseigentümer gegenüber dem früheren Rechtszu-   216

---

281 BGH ZfIR 2004, 1006, 1007 = ZMR 2005, 59 = NJW 2005, 10; BGH NZM 2003, 480 = NJW 2003, 2165, 2166; BayObLGZ 2001, 279, 283 = NZM 2002, 70; KG ZMR 1999, 204, 205; Hügel, NotBZ 2008, 169, 171; Häublein, DNotZ 2000, 442, 451.
282 OLG Köln OLGReport Köln 2007, 136 = FGPrax 2007, 19 = ZMR 2007, 388.
283 BGH NJW 2009, 2132 mit Anm. Elzer, NJW 2009, 2098; BGHZ 148, 335, 351 = ZMR 2001, 809 = NJW 2001, 3339 = MDR 2001, 1283; aA Elzer, ZWE 2007, 165, 171.

stand **nicht unbillig benachteiligt** werden.[284] Diese Rechtsprechung überzeugt zwar nicht. In der Formularpraxis sollten diese Einschränkungen aber bereits aus Gründen der Klarstellung wiederholt werden.

217 Eine Öffnungsklausel kann keine Beschlussmacht für eine Änderung der **sachenrechtlichen Grundlagen** einführen.[285] Ein auf einer Öffnungsvereinbarung beruhender Beschluss, der Gemeinschafts- in Sondereigentum überführen oder Sondereigentum anders zuordnen will, wäre nichtig. Solche Entscheidungen könnten auch durch eine Vereinbarung iSv § 10 Abs. 2 S. 2 WEG nicht getroffen werden. Ein auf einer Öffnungsklausel beruhender Beschluss ist ferner nichtig, wenn er gegen den **Kernbereich des Wohnungseigentums** verstößt.[286]

2. Konkrete Öffnungsklausel

218 Von einer konkreten Öffnungsklausel ist zu sprechen, wenn sich die auf ihr beruhende Beschlussmacht (Kompetenz) **auf bestimmte Bereiche beschränkt** (siehe bereits Rn 123; s.a. Rn 337).[287] Gegenstand einer konkreten Öffnungsklausel können jegliche Bestimmungen des Wohnungseigentumsgesetzes sein, soweit diese **abdingbar** sind. In der Regel werden Gegenstand einer konkreten Öffnungsklausel Bestimmungen zur Eigentümerversammlung, zu den Aufgaben des Verwalters, zu Nutzung und Gebrauch des Gemeinschafts- und des Sondereigentums oder Regelungen zu Sondernutzungsrechten sein. Die Wohnungseigentümer können aber auch etwa für die Instandsetzungs- und Instandhaltungskosten der Fenster eine Beschlusskompetenz einführen. Praktisch nicht selten sind ferner **punktuelle Öffnungsklauseln**, zB für Bestimmungen zur Eigentümerversammlung (siehe Rn 277 ff).[288]

219 Für die Frage, welche Reichweite eine konkrete und vor allem eine punktuelle Öffnungsklausel haben, ist anders als sonst (siehe Rn 223) der **sachenrechtliche Bestimmtheitsgrundsatz** zu beachten.[289] Wird hiergegen verstoßen, kann die Öffnungsklausel nichtig sein.

220 ▶ **Muster: Gemeinschaftsordnung – Konkrete Öffnungsklausel zu Instandsetzungen und Instandhaltungen**

§ [...]

- Kosten von Instandsetzungen und Instandhaltungen -

(1) Die Wohnungs- und Teileigentümer sind befugt, mit einfacher Mehrheit der in einer Versammlung vertretenen Stimmen[290] für die Kosten einer Instandsetzung oder Instandhaltung der im gemeinschaftlichen Eigentum stehenden Fenster eine vom geltenden Kostenverteilungsschlüssel abweichende Kostenbestimmung im Wege des Beschlusses zu treffen. Der Beschluss nach Satz 1 bedarf eines sachlichen Grundes und darf einzelne Wohnungseigentümer gegenüber dem früheren Rechtszustand nicht unbillig benachteiligen.

---

284 BGHZ 127, 99, 105 = NJW 1994, 3230 = ZMR 1995, 34; BGHZ 95, 137, 139 = ZMR 1986, 19 = MDR 1986, 138 = NJW 1985, 2832; OLG Hamm ZMR 2007, 293, 294; 2004, 852; OLG Düsseldorf ZMR 2006, 296, 297; BayObLGZ 2003, 310, 313 = ZMR 2004, 211, 212; 1990, 107, 109; OLG Köln ZMR 2002, 467; kritisch: Hügel, ZWE 2001, 578, 579; Buck, Mehrheitsentscheidungen, S. 63; ablehnend: Elzer, ZMR 2007, 237, 240, 241; Grebe, DNotZ 1987, 5, 15; Häublein, Sondernutzungsrechte, S. 21.
285 Ott, ZWE 2001, 466, 467.
286 OLG Köln ZMR 1998, 373 = WE 1998, 193, 194; Ott, ZWE 2001, 466, 467; Buck, WE 1995, 142, 144.
287 BayObLG WE 1988, 140; Boeckh, Wohnungseigentumsrecht, Teil 2 § 2 Rn 105.
288 Boeckh, Wohnungseigentumsrecht, Teil 2 § 2 Rn 107; Häublein, FS Bub, 2007, S. 113, 122; Kreuzer, FS Seuß, 2007, S. 155, 157; Müller, ZWE 2004, 333.
289 Schneider, ZMR 2004, 286; Wenzel, FS Deckert, 2002, S. 517, 527.
290 Hier bedarf es in einer Mehrhausanlage ggf einer Anpassung.

(2) Ist aufgrund eines Beschlusses nach Absatz 1 Satz 1 eine Eintragung im Grundbuch iSv § 5 Abs. 4 S. 1 WEG zu ändern oder soll erstmalig eine Vereinbarung zum Gegenstand des Sondereigentums gemacht werden, ist jeder Wohnungs- und Teileigentümer verpflichtet, die entsprechende Eintragung zu bewilligen. Die Wohnungs- und Teileigentümer ermächtigen den jeweiligen Verwalter unter Befreiung von den Beschränkungen des § 181 BGB, sie gegenüber einem Notar und/oder dem Grundbuchamt bei der Abgabe der für eine Eintragung nach Satz 1 zweckdienlichen und notwendigen Erklärungen zu vertreten. Gegenüber dem Grundbuchamt gilt die Vollmacht unbeschränkt. Soweit im Zusammenhang mit einer Eintragung gemäß Satz 1 gegenüber den Wohnungs- und Teileigentümern Erklärungen Dritter abzugeben sind, wird der Verwalter bevollmächtigt, diese mit Wirkung gegenüber den Wohnungs- und Teileigentümern anzunehmen. ◄

▶ **Muster: Gemeinschaftsordnung – Konkrete Öffnungklausel zu Modernisierungen und Kosten** 221

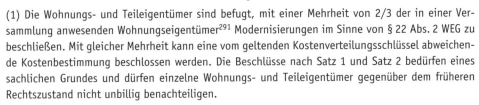

§ [...]

- Modernisierungen; Kosten -

(1) Die Wohnungs- und Teileigentümer sind befugt, mit einer Mehrheit von 2/3 der in einer Versammlung anwesenden Wohnungseigentümer[291] Modernisierungen im Sinne von § 22 Abs. 2 WEG zu beschließen. Mit gleicher Mehrheit kann eine vom geltenden Kostenverteilungsschlüssel abweichende Kostenbestimmung beschlossen werden. Die Beschlüsse nach Satz 1 und Satz 2 bedürfen eines sachlichen Grundes und dürfen einzelne Wohnungs- und Teileigentümer gegenüber dem früheren Rechtszustand nicht unbillig benachteiligen.

(2) Ist aufgrund eines Beschlusses nach Absatz 1 Satz 1 eine Eintragung im Grundbuch iSv § 5 Abs. 4 S. 1 WEG zu ändern oder soll erstmalig eine Vereinbarung zum Gegenstand des Sondereigentums gemacht werden, ist jeder Wohnungs- und Teileigentümer verpflichtet, die entsprechende Eintragung zu bewilligen. Die Wohnungs- und Teileigentümer ermächtigen den jeweiligen Verwalter unter Befreiung von den Beschränkungen des § 181 BGB, sie gegenüber einem Notar und/oder dem Grundbuchamt bei der Abgabe der für eine Eintragung nach Satz 1 zweckdienlichen und notwendigen Erklärungen zu vertreten. Gegenüber dem Grundbuchamt gilt die Vollmacht unbeschränkt. Soweit im Zusammenhang mit einer Eintragung gemäß Satz 1 gegenüber den Wohnungs- und Teileigentümern Erklärungen Dritter abzugeben sind, wird der Verwalter bevollmächtigt, diese mit Wirkung gegenüber den Wohnungs- und Teileigentümern anzunehmen. ◄

3. Allgemeine Öffnungsklausel

Nach herrschender Meinung können die Wohnungseigentümer gestützt auf §§ 10 Abs. 2 S. 2, 23 Abs. 1 WEG eine Beschlusskompetenz für **sämtliche Angelegenheiten** begründen, wo nach dem Gesetz nur eine Vereinbarung möglich ist. Eine solche allgemeine Öffnungsklausel erfasst alle Gegenstände, die im Übrigen zu vereinbaren wären.[292]   222

Bei der Formulierung einer allgemeinen Öffnungsklausel ist – anders als im Gesellschaftsrecht[293] und anders als bei konkreten und punktuellen Öffnungsklauseln (Rn 219) – der sachenrechtliche Bestimmtheitsgrundsatz **nicht zu beachten**. Eine Öffnungsklausel muss aus diesem Grunde keine „Fallgruppen" nennen, in denen eine Beschlussmacht möglich ist. Selbst eine   223

---

291 Hier bedarf es in einer Mehrhausanlage ggf einer Anpassung.
292 Häublein, FS Bub, 2007, S. 113, 122; Schneider, ZMR 2004, 286; Becker, ZWE 2002, 341, 342; Casser, NZM 2001, 514, 517.
293 BGH NJW 1978, 1382; BGHZ 8, 35, 41.

weit gefasste Öffnungsklausel berührt nicht die Frage der grundbuchrechtlichen Bestimmtheit.[294]

224 **Hinweis:** Eine allgemeine Öffnungsklausel erlaubt es nach herrschender Meinung, ein **Sondernutzungsrecht** zu begründen.[295] Da diese Rechtsmeinung indes zweifelhaft ist, wenn man – wie es die herrschende Meinung aber tut – eine auf einer Öffnungsklausel beruhende Entscheidung als Beschluss qualifiziert,[296] bietet es sich an, die Begründung eines Sondernutzungsrechts durch Beschluss ausdrücklich vom Anwendungsbreich der Öffnungsklausel auszunehmen.

225 ▶ **Muster: Gemeinschaftsordnung – Allgemeine Öffnungsklausel**

§ [...]

- Allgemeine Öffnungsklausel -

(1) Die Wohnungs- oder Teileigentümer sind befugt, das nicht zwingende Gesetz sowie sämtliche Vereinbarungen im Wege des Beschlusses aufheben oder zu ändern, sofern ein sachlicher Grund für die Änderung vorliegt und einzelne Wohnungseigentümer gegenüber dem früheren Rechtszustand nicht unbillig benachteiligt werden.

(2) Ein Beschluss nach Absatz 1 bedarf der Mehrheit der in einer Versammlung erschienenen oder vertretenen Stimmen,[297] soweit das Gesetz keine höheren Anforderungen stellt.

(3) Die Wohnungs- oder Teileigentümer sind nicht befugt, aufgrund von Absatz 1 ein Sondernutzungsrecht zu begründen, es aufzuheben oder inhaltlich zu verändern.

(4) Ist aufgrund eines Beschlusses nach Absatz 1 eine Eintragung im Grundbuch iSv § 5 Abs. 4 S. 1 WEG zu ändern oder soll erstmalig eine Vereinbarung zum Gegenstand des Sondereigentums gemacht werden, ist jeder Wohnungs- und Teileigentümer verpflichtet, die entsprechende Eintragung zu bewilligen. Die Wohnungs- und Teileigentümer ermächtigen den jeweiligen Verwalter unter Befreiung von den Beschränkungen des § 181 BGB, sie gegenüber einem Notar und/oder dem Grundbuchamt bei der Abgabe der für eine Eintragung nach Satz 1 zweckdienlichen und notwendigen Erklärungen zu vertreten. Gegenüber dem Grundbuchamt gilt die Vollmacht unbeschränkt. Soweit im Zusammenhang mit einer Eintragung gemäß Satz 1 gegenüber den Wohnungs- und Teileigentümern Erklärungen Dritter abzugeben sind, wird der Verwalter bevollmächtigt, diese mit Wirkung gegenüber den Wohnungs- und Teileigentümern anzunehmen. ◀

IX. Hausgeld und Wirtschaftsplan

226 Von zentraler Bedeutung für die Funktionsfähigkeit einer Wohnungseigentümergemeinschaft ist die Finanzverwaltung. Hierbei stehen Regelungen zu den Beitragszahlungen der Wohnungseigentümer (Hausgeld) im Mittelpunkt.

1. Fälligkeit und Verzug

227 Die **Fälligkeit** der Beitragszahlungen ist gesetzlich nur unzureichend geregelt. § 28 Abs. 2 WEG bestimmt, dass die Wohnungseigentümer nach Abruf durch den Verwalter entsprechende Wirt-

---

294 Schneider, ZMR 2004, 286.
295 Hügel, in: Hügel/Elzer, § 3 Rn 139; Gaier, ZWE 2005, 39, 40; Wenzel, ZNotP 2004, 170, 171; Häublein, Sondernutzungsrechte, S. 215 ff; aA OLG Köln ZMR 1998, 373 = WE 1998, 193, 194; Riecke/Schmid/*Elzer*, § 10 WEG Rn 280; Becker, ZWE 2002, 341, 345.
296 Hügel, NotBZ 2008, 169, 172.
297 Vorstellbar ist auch eine ¾-Mehrheit. Dann muss aber klargestellt werden, dass dieses Quorum nicht für Beschlüsse nach §§ 12 Abs. 4 S. 1 und 16 Abs. 3 WEG gilt. In einer Mehrhausanlage bedarf es ggf einer Anpassung.

schaftsplanvorschüsse (Hausgeld) zu leisten haben. Dies bedeutet, dass die jeweiligen Wirtschaftsplanvorschüsse gem. § 271 Abs. 1 BGB sofort nach Abruf fällig sind, da eine (konkrete) Leistungszeit gesetzlich nicht bestimmt ist. Gemäß § 286 BGB bedarf es nach der gesetzlichen Konzeption folglich stets einer Mahnung damit sich der Hausgeldschuldner in **Verzug** befindet.[298] Wenn dagegen ein kalendermäßig bestimmter Zahlungstermin bestimmt wird, befindet sich der säumige Wohnungseigentümer automatisch nach Ablauf des Termins in Verzug (§ 286 Abs. 2 Nr. 1 BGB). In der Praxis haben sich daher Regelungen[299] durchgesetzt, nach denen das Hausgeld in gleichen monatlichen Raten[300] jeweils zu Beginn des jeweiligen Monats, zB am dritten Werktag, zu zahlen ist.

Hinweis: Der dritte Werktag ist, obwohl beispielsweise in § 556 b Abs. 1 BGB auch für die   228
Miete als Fälligkeitstermin bestimmt, als Leistungszeit aus Verwaltersicht unpraktikabel, da er nicht auf den jeweils selben Kalendertag fällt. Je nach Lage der Sonn- und Feiertage kann es sich um den dritten bis sechsten[301] Kalendertag eines Monats handeln. Die Buchhaltung hat es mit derart flexiblen Terminen schwer, da die meisten Programme nur eine automatische Sollstellung zum jeweils gleichen Kalendertag ermöglichen. Praktischer, insbesondere auch im Hinblick auf eine gerichtliche Geltendmachung des Verzugszinses, ist es, einen **bestimmten Kalendertag** des jeweiligen Monats, beispielsweise den 5., als Fälligkeitstermin festzulegen.

▶ **Muster: Gemeinschaftsordnung – Fälligkeit des Hausgeldes**   229

§ [...]

- Beitragszahlungen (Hausgeld) -

(1) Die Wohnungseigentümer haben die aus dem beschlossenen Wirtschaftsplan folgenden monatlichen Beitragszahlungen (Hausgeld) im Voraus spätestens am 5. eines jeden Monats kostenfrei an die Gemeinschaft der Wohnungseigentümer zu leisten.

[...] ◀

2. Aufrechnung und Zurückbehaltungsrechte

Grundsätzlich ist die Aufrechnung mit Gegenforderungen nur zulässig, wenn diese unstreitig   230
oder rechtskräftig sind bzw einer Notgeschäftsführungsmaßnahme entstammen.[302] Es besteht also ein grundsätzliches **Aufrechnungsverbot** mit einigen wenigen und eng auszulegenden Ausnahmen.[303] Denn die Gemeinschaft ist zur Erhaltung ihrer Liquidität auf die Vorschüsse angewiesen. Die Gemeinschaftsordnung kann darüber hinaus ein Aufrechnungsverbot sogar für anerkannte und rechtskräftig titulierte Forderungen vorsehen.[304]

---

298 Riecke/Schmid/*Elzer*, § 16 WEG Rn 188 mwN.
299 Diese können sich in der Gemeinschaftsordnung befinden (vgl nachfolgend Rn 229) oder im Beschlusswege gem. § 21 Abs. 7 WEG bestimmt werden (vgl § 2 Rn 276 und Muster § 2 Rn 280).
300 Nach einer Ansicht soll sogar nur die monatlich gleich bleibende Höhe dem Grundsatz ordnungsmäßiger Verwaltung entsprechen, so Niedenführ/Kümmel/Vandenhouten/*Niedenführ*, § 28 WEG Rn 150.
301 ZB wenn Karfreitag auf den 1. April fällt, ist erst der 6. April der dritte Werktag des Monats April.
302 Riecke/Schmid/*Abramenko*, § 28 WEG Rn 41 mwN.
303 Staudinger/*Bub*, § 28 WEG Rn 228.
304 Riecke/Schmid/*Abramenko*, § 28 WEG Rn 41; Staudinger/*Bub*, § 28 WEG Rn 70; Bärmann/Pick/*Merle*, § 28 WEG Rn 149.

Zurückbehaltungsrechte stehen den Wohnungseigentümern ebenfalls nicht zu. Aufgrund des besonderen Treueverhältnisses der Wohnungseigentümer untereinander und zur Wohnungseigentümergemeinschaft sind Zurückbehaltungsrechte völlig **ausgeschlossen.**[305]

231 **Hinweis:** Auch wenn das grundsätzliche Aufrechnungsverbot und der Ausschluss von Zurückbehaltungsrechten absolut herrschende Meinung sind, empfiehlt es sich, dies noch einmal ausdrücklich in der Gemeinschaftsordnung festzuhalten, da dies den wenigsten Wohnungseigentümer bekannt ist.

232 ▶ **Muster: Gemeinschaftsordnung – Völliges Aufrechnungsverbot und Ausschluss von Zurückbehaltungsrechten**

🔵 **40**

§ [...]
- Beitragszahlungen (Hausgeld) -

(1) [...] [*wie Rn 229*]

(2) Hausgeldzahlungen auf ein Sperr- oder Hinterlegungskonto sind unzulässig. Die Geltendmachung von Zurückbehaltungsrechten und die Aufrechnung gegenüber Hausgeldforderungen sind vollständig ausgeschlossen. ◀

233 ▶ **Muster: Gemeinschaftsordnung – Aufrechnungsverbot und Ausschluss von Zurückbehaltungsrechten mit Ausnahmen**

🔵 **41**

§ [...]
- Beitragszahlungen (Hausgeld) -

(1) [...] [*wie Rn 229*]

(2) Hausgeldzahlungen auf ein Sperr- oder Hinterlegungskonto sind unzulässig. Die Geltendmachung von Zurückbehaltungsrechten und die Aufrechnung gegenüber Hausgeldforderungen sind grundsätzlich ausgeschlossen, außer es handelt sich um anerkannte oder rechtskräftig festgestellte Gegenforderungen oder solche aus einer Notgeschäftsführungsmaßnahme gemäß § 21 Abs. 2 WEG. ◀

3. Vorfälligkeitsklausel

234 In der Praxis häufig gewünscht sind sog. Vorfälligkeitsklauseln, nach denen ab einer bestimmten Säumnis des Wohnungseigentümers dessen gesamtes Jahreshausgeld fällig wird. Die Vorfälligkeit hat zum einen **Strafcharakter.** Zum anderen kann mit der Hausgeldklage bereits recht frühzeitig das gesamte Jahreshausgeld eingeklagt[306] oder aus einer entsprechenden Zwangsvollstreckungsunterwerfung in notarieller Urkunde vollstreckt werden. Eine Vorfälligkeitsklausel dient also auch der **Beschleunigung.**

235 Schon vor der Novellierung des Wohnungseigentumsgesetzes bestand eine entsprechende **Beschlusskompetenz,** allerdings nur für den Einzelfall, das heißt nur für einen konkreten Wirtschaftsplan.[307] Nunmehr hat der Gesetzgeber mit § 21 Abs. 7 WEG die Möglichkeit geschaffen, auch eine generelle Vorfälligkeit des Hausgeldes mit Stimmenmehrheit zu beschließen, so dass auch bei Fehlen einer derartigen Regelung in der Gemeinschaftsordnung durch Mehrheitsbe-

---

305 Niedenführ/Kümmel/Vandenhouten/*Niedenführ*, § 28 WEG Rn 179; Staudinger/*Bub*, § 28 WEG Rn 235 – je mwN.
306 Auch ohne eine Vorfälligkeitsklausel kann freilich Klage auf zukünftige Leistung nach §§ 257, 258 ZPO erhoben werden; Verzugszinsen gibt es ohne Vorfälligkeit aber erst ab dem jeweiligen Fälligkeitstermin.
307 BGH ZMR 2003, 943 – die Entscheidung erging zwar zu einer sog. Verfallklausel, die im Gegensatz zur Vorfälligkeitsklausel nur den Stundungsvorteil eines bereits am Jahresanfang fällig gestellten Jahreshausgeldes verfallen lässt, jedoch konnte für die Vorfälligkeitsklauseln nichts anderes gelten.

schluss die Vorfälligkeit unabhängig vom konkreten Wirtschaftsplan eingeführt werden kann.[308]

Hinweis: Einfache Vorfälligkeitsklauseln sind jedoch von **Nachteil,** wenn während des Jahres das Eigentum wechselt. Denn der Sondernachfolger muss nach der herrschenden Fälligkeitstheorie[309] die bereits gegenüber seinem Vorgänger fällig gewordenen Hausgeldbeiträge nicht leisten. Dies führt dazu, dass, wenn die Voraussetzungen der Vorfälligkeit vor Eigentumswechsel erfüllt sind, der Erwerber für das gesamte restliche Wirtschaftsjahr keine Hausgelder mehr leisten muss.[310] Daher wird häufig von einer generellen Einführung der Vorfälligkeit abgeraten.[311] Dem kann aber dadurch begegnet werden, dass im Sinne einer **Rückausnahme**[312] die Verfallsklausel mit der auflösenden Bedingung des Ausscheidens des säumigen Eigentümers versehen wird.[313] Dies kann und sollte insbesondere auch für den Fall der unterjährigen Beschlagnahme durch den Zwangs- oder Insolvenzverwalter vereinbart werden.[314] 236

▶ **Muster: Gemeinschaftsordnung – Vorfälligkeitsklausel mit Rückausnahme bei Eigentumswechsel und Beschlagnahme durch Zwangs- oder Insolvenzverwalter**[315] 237

§ […]
- Beitragszahlungen (Hausgeld) -

(1) und (2) […] [*wie Rn 229 und 232 bzw 233*]

(3) Gerät ein Wohnungs- oder Teileigentümer mit zwei Hausgeld-Monatsraten in Verzug, so wird die gesamte Jahressumme des betreffenden Wirtschaftsjahres sofort in einer Summe zur Zahlung fällig. Scheidet dieser Eigentümer während des Wirtschaftsjahres aus der Gemeinschaft aus, schuldet er das Hausgeld bis zum Monat seines Ausscheidens. Sein Rechtsnachfolger ist verpflichtet, die jeweiligen Monatsraten zu zahlen. Die monatliche Zahlungspflicht lebt auch dann wieder auf, wenn während des Wirtschaftsjahres das Zwangsverwaltungs- oder Insolvenzverfahren eröffnet wird. ◀

4. Zwangsvollstreckungsunterwerfung

Die gerichtliche Titulierung einer Hausgeldforderung ist recht langwierig, und zudem muss die Wohnungseigentümergemeinschaft hierfür auch die notwendigen Vorschüsse zur Verfügung stellen. Ob diese Verfahrenskosten schlussendlich auch im Rahmen der Vollstreckung beim Hausgeldschuldner liquidiert werden können, ist ebenfalls fraglich. Kurzum: Die gerichtliche Titulierung kostet Zeit und Geld. 238

Eine auch für den Schuldner preiswertere und zudem deutlich zügigere Durchsetzungsmöglichkeit stellt die Abgabe einer notariellen **Zwangsvollstreckungsunterwerfungserklärung** dar. In der Gemeinschaftsordnung sollte daher ein Anspruch auf Abgabe der Zwangsvollstreckungs-

---

308 Merle, ZWE 2007, 321, 322; Derleder, ZWE 2008, 253, 260; Häublein, ZMR 2007, 409, 418; Riecke/Schmid/*Drabek,* § 21 WEG Rn 292 ff; *Elzer,* in: Hügel/Elzer, § 8 Rn 59 f.
309 BGHZ 99, 358, 360 = NJW 1987, 1638; BGHZ 104, 197 = NJW 1988, 1910; BGHZ 131, 228 = NJW 1996, 72.
310 Häublein, ZWE 2004, 48, 51; BGH ZMR 2003, 943, 946; KG ZMR 2003, 778, 779; Greiner, ZMR 2002, 647.
311 ZB Köhler, Das neue WEG, Rn 307.
312 Die Vorfälligkeit ist die Ausnahme, deren Wegfall die Rückausnahme.
313 Zum Ganzen vgl Häublein, ZWE 2004, 48, 51 f.
314 Häublein, aaO.
315 Häublein, ZWE 2004, 48, 52.

unterwerfung vereinbart werden.[316] Regelmäßig wird die Unterwerfung nach § 794 Abs. 1 Nr. 5 ZPO gleich im Kaufvertrag geschehen, der ohnehin beurkundet werden muss.

239   **Hinweis:** Die Zwangsvollstreckungsunterwerfung muss dem Bestimmtheitsgrundsatz des Zwangsvollstreckungsverfahrens genügen, es muss also neben Schuldner und Gläubiger der Betrag der Hauptforderung und bei Zinsen deren Höhe[317] nebst Zinsbeginn[318] aus der Urkunde ersichtlich sein. Es genügt also nicht, wenn sich der Eigentümer wegen „des monatlichen Hausgeldes gemäß Wirtschaftsplan unterwirft". Ebenso sind Unterwerfungen wegen Höchstbeträgen („von bis zu 5.000 €") zu vermeiden.[319]

240   ▶ **Muster: Gemeinschaftsordnung – Verpflichtung zur Abgabe einer notariellen Zwangsvollstreckungsunterwerfung**

§ [...]
Beitragszahlungen (Hausgeld)

(1) bis (3) [...] [*wie Rn 229, 232 bzw 233 und 237*]

(4) Jeder Wohnungseigentümer hat sich wegen des Hausgeldes in Höhe von 8.000 € zuzüglich Zinsen in Höhe von 5 Prozentpunkten über dem Basiszins gemäß § 247 BGB ab dem Tage der Beurkundung gegenüber der Wohnungseigentümergemeinschaft, vertreten durch den jeweiligen Verwalter, der sofortigen Zwangsvollstreckung in sein gesamtes Vermögen zu unterwerfen. ◀

5. Fortgeltung des Wirtschaftsplans

241   Grundsätzlich gilt der Wirtschaftsplan für ein Wirtschaftsjahr. Wird der Wirtschaftsplan, was in der Praxis recht häufig der Fall ist, im laufenden Wirtschaftsjahr beschlossen, schulden die Wohnungseigentümer aus diesem Wirtschaftsplan nur bis zum Jahresende Beitragszahlungen. Damit auch im neuen Jahr weiterhin Hausgelder gefordert werden können, empfiehlt es sich, zu vereinbaren oder nach § 21 Abs. 7 WEG zu beschließen,[320] dass ein beschlossener Wirtschaftsplan so lange fortgilt, bis ein neuer beschlossen ist.

242   ▶ **Muster: Gemeinschaftsordnung – Fortgeltung des Wirtschaftsplans**

§ [...]
- Wirtschaftsplan -

Der beschlossene Wirtschaftsplan bleibt so lange wirksam, bis ein neuer Wirtschaftsplan beschlossen worden ist. ◀

X. Instandhaltung und Instandsetzung

243   Instandhaltung und Instandsetzung des Gemeinschaftseigentums sind gem. § 27 Abs. 5 Nr. 2 WEG eine der grundlegenden Aufgaben ordnungsmäßiger Verwaltung und unterliegen damit

---

316   Dagegen kann in der Teilungserklärung eine solche Erklärung für einen späteren Wohnungseigentümer nicht vorweggenommen werden. Vgl Wolfsteiner, FS Wenzel, 2005, S. 59, 64; Riecke/Schmid/*Elzer*, § 16 WEG Rn 253. Denkbar ist allenfalls, dass sich bei einer Teilung nach § 3 WEG die beteiligten Eigentümer sogleich in der notariellen Urkunde (Teilungsvertrag) der Zwangsvollstreckung unterwerfen.

317   Eine Bezugnahme auf den Basiszins, zB 5 Prozentpunkte über Basiszins, ist ausreichend –BGHZ 122, 16, 22; Zöller/*Stöber*, § 704 ZPO Rn 4. Zum Unterschied zwischen Prozent und Prozentpunkten vgl Hartmann, NJW 2004, 1358.

318   Zöller/*Stöber*, § 794 ZPO Rn 26 b.

319   BGH NJW 1983, 2262; Schuschke/Walker/*Walker*, § 794 ZPO Rn 35.

320   Bereits vor Einführung des § 21 Abs. 7 WEG war anerkannt, dass die Kompetenz besteht, die Fortgeltung des Wirtschaftsplans zu beschließen, allerdings war dies nur auf den konkreten Wirtschaftsplan (Einzelfall) beschränkt, vgl BayObLG ZMR 2003, 279; Staudinger/*Bub*, § 28 WEG Rn 53 mwN.

der Beschlusskompetenz der Wohnungseigentümer. Die begriffliche Unterscheidung zwischen Instandhaltung und Instandsetzung ist zwar grundsätzlich von geringer praktischer Bedeutung,[321] jedoch kann sie bei vom Gesetz abweichenden Vereinbarungen bedeutsam sein.

1. Begriffsbestimmungen

Instandhaltung ist die laufende Erhaltung des ursprünglich ordnungsmäßigen Zustands.[322]   244
Hierunter fallen alle pflegenden, erhaltenden und vorsorgenden Maßnahmen, wie Anstricharbeiten, Gartenpflege, Abschluss eines Wartungsvertrags oder auch die Hausreinigung.

Dagegen versteht man unter **Instandsetzung** die Wiederherstellung des ursprünglich ordnungs-   245
mäßigen Zustands durch Reparatur oder Ersatzbeschaffung.[323] Hierzu gehört auch die Beseitigung ursprünglich vorhandener Mängel bzw die erstmalige Herstellung eines ordnungsmäßigen Zustands.[324] Die Instandsetzung ist jedoch nicht darauf beschränkt, exakt den ursprünglichen Zustand wiederherzustellen. Auch eine im Rahmen einer Instandsetzung vorgenommene sinnvolle Modernisierung (**modernisierende Instandsetzung**) fällt hierunter.[325] Auch die Erfüllung neuer öffentlich-rechtlicher Anforderungen durch bauliche Änderungen, zB Einbau von Kaltwasserzählern oder andere Nachrüstpflichten, gehört zur Instandsetzung.[326]

2. Abgrenzung zu § 22 Abs. 1 und 2 WEG

Maßnahmen der Instandhaltung und Instandsetzung einschließlich der modernisierenden In-   246
standsetzung setzen regelmäßig die **Reparaturbedürftigkeit** des Gemeinschaftseigentums bzw die Erfüllung öffentlich-rechtlicher Anforderungen voraus. Damit lassen sie sich von den Maßnahmen nach § 22 Abs. 1 und 2 WEG abgrenzen. Die Abgrenzung zwischen Maßnahmen der Instandhaltung und solchen der Instandsetzung einschließlich der modernisierenden Instandsetzung zu den übrigen zwei in § 22 Abs. 1 und 2 WEG genannten baulichen Maßnahmen, der baulichen Veränderung und der Modernisierung,[327] ist insbesondere zur Bestimmung der notwendigen Mehrheiten der Beschlussfassung erforderlich. Während Instandhaltungs- und Instandsetzungsmaßnahmen einschließlich der modernisierenden Instandsetzung mit einfacher Mehrheit beschlossen werden können, kann eine Modernisierungsmaßnahme nach § 22 Abs. 2 WEG nur mit einer Mehrheit von mindestens 3/4 aller stimmberechtigten Wohnungseigentümer im Sinne des § 25 Abs. 2 WEG und mehr als der Hälfte aller Miteigentumsanteile beschlossen werden. Bei der Beschlussfassung über bauliche Veränderungen im Sinne des § 22

---

321 BGHZ 141, 224, 227 = ZMR 1999, 647.
322 Jennißen/*Heinemann*, § 21 WEG Rn 65.
323 Jennißen/*Heinemann*, § 21 WEG Rn 66; Niedenführ/Kümmel/Vandenhouten/*Niedenführ* § 21 WEG Rn 58; aA Riecke/Schmid/*Drabek*, § 21 WEG Rn 194,.
324 Riecke/Schmid/*Drabek*, § 21 WEG Rn 194; aA Niedenführ/Kümmel/Vandenhouten/*Niedenführ*, § 21 WEG Rn 57, der die erstmalige Herstellung als Instandhaltung ansieht; widersprüchlich: Jennißen/*Heinemann*, § 21 WEG Rn 66 (= Instandsetzung), Rn 67 (= Instandhaltung).
325 Riecke/Schmid/*Drabek*, § 21 WEG Rn 195. Die Klarstellung in § 22 Abs. 3 WEG, dass die modernisierende Instandsetzung eine Maßnahme ordnungsmäßiger Verwaltung nach § 21 Abs. 5 Nr. 2 WEG ist, wirkt daher in § 22 WEG deplatziert und überflüssig, vgl auch Bub, ZWE 2005, 142, 144.
326 Elzer, ZWE 2008, 153, 157; Jennißen/*Heinemann*, § 21 WEG Rn 68; Niedenführ/Kümmel/Vandenhouten/*Niedenführ*, § 21 WEG Rn 78.
327 Die Modernisierung ist ausweislich des Wortlauts des § 22 Abs. 2 WEG eine qualifizierte Form der baulichen Veränderung, vgl auch Häublein, NZM 2007, 752, 757 ff; *Hügel*, in: Hügel/Elzer, § 7 Rn 46.

Abs. 1 WEG bedarf es der Zustimmung aller Wohnungseigentümer, deren Rechte durch die Maßnahmen über das in § 14 Nr. 1 WEG bestimmte Maß hinaus beeinträchtigt werden.[328]

3. Verpflichtung zur Instandhaltung und Instandsetzung

247 Nach § 14 Nr. 1 WEG ist jeder Wohnungseigentümer verpflichtet, sein Sondereigentum so instand zu halten, dass keinem der anderen Wohnungseigentümer über das bei einem geordneten Zusammenleben unvermeidliche Maß hinaus ein Nachteil erwächst. Dagegen ist die Instandhaltung und Instandsetzung des gemeinschaftlichen Eigentums eine Aufgabe der gemeinschaftlichen Verwaltung (§ 21 Abs. 5 Nr. 2 WEG).

248 Einige Gegenstände des Gemeinschaftseigentums unterliegen regelmäßig dem alleinigen Gebrauch einzelner Wohnungseigentümer, ohne dass jedoch ein Sondernutzungsrecht vereinbart ist. Zu denken ist hier in erster Linie an die im räumlichen Bereich des Sondereigentums liegenden Fenster, Balkon- und Eingangstüren, Rollläden und Schlösser. Der erforderliche Reparaturbedarf dieser Gegenstände wird daher insbesondere durch den mehr oder weniger pfleglichen Umgang des einzelnen Wohnungseigentümers beziehungsweise der Nutzer der Wohnung bestimmt. Durch Vereinbarung kann die Verpflichtung zur Instandhaltung und Instandsetzung für Teile des Gemeinschaftseigentums einzelnen Wohnungseigentümern auferlegt werden.

249 **Hinweis:** Um eine einheitliche Gestaltung des Gemeinschaftseigentums beziehungsweise dessen Funktionsfähigkeit zu bewahren, kann es sich empfehlen, dass die Gemeinschaft weiterhin zur Durchführung der Instandhaltung und Instandsetzung verpflichtet ist, jedoch die Kosten der einzelnen Maßnahme vom jeweiligen Wohnungseigentümer zu tragen sind. Zu denken ist hier insbesondere an den Außenanstrich von Fenstern und Wohnungstüren und die Reparatur beziehungsweise den Austausch von Schließzylindern bei zentralen Schließanlagen.

250 ▶ **Muster: Gemeinschaftsordnung – Instandhaltung und Instandsetzung**

§ [...]

- Instandhaltung und Instandsetzung -

(1) Die Instandhaltung und Instandsetzung der zum gemeinschaftlichen Eigentum gehörenden Teile des oder der Gebäude obliegt der Wohnungseigentümergemeinschaft. Maßnahmen der ordnungsmäßigen Instandhaltung und Instandsetzung sowie der modernisierenden Instandsetzung des gemeinschaftlichen Eigentums können mit einfacher Mehrheit beschlossen werden. Die Kosten samt Folgekosten haben alle Wohnungseigentümer nach dem maßgeblichen Kostenverteilungsschlüssel zu tragen, auch diejenigen, die der Maßnahme nicht zugestimmt haben.

(2) Jeder Wohnungseigentümer ist verpflichtet, die seinem Sondereigentum oder seinem Sondernutzungsrecht unterliegenden Teile des Gebäudes so instand zu halten, dass dadurch keinem anderen Wohnungseigentümer über das bei einem geordneten Zusammenleben unvermeidbare Maß hinaus ein Nachteil erwächst.

(3) Der Innenanstrich der im räumlichen Bereich des Sondereigentums liegenden Fenster, Balkon- und Eingangstüren ebenso wie die Behebung von Glasschäden an Fenstern und Türen im räumlichen

---

328 Ein ohne die erforderliche Zustimmung gefasster Beschluss ist dennoch wirksam und wird nach Ablauf der Anfechtungsfrist bestandskräftig. Er ersetzt damit die erforderliche Zustimmung; vgl Jennißen/*Hogenschurz*, § 22 WEG Rn 16 f; Riecke/Schmid/*Drabek*, § 22 WEG Rn 24; Niedenführ/Kümmel/Vandenhouten/*Niedenführ*, § 22 WEG Rn 125; Häublein, NZM 2007, 752, 753; *Hügel*, in: Hügel/Elzer, § 7 Rn 17; vgl. aber auch den neuen Streit über das Zustimmungserfordernis zB Armbrüster, ZMR 2009, 252 einerseits und andererseits Abramenko, ZMR 2009, 97.

Bereich des Sondereigentums obliegt ohne Rücksicht auf die Ursache des Schadens dem jeweiligen Wohnungseigentümer. Den Außenanstrich darf nur die Gemeinschaft ausführen.

(4) Die Kosten der Instandhaltung und Instandsetzung der Rollläden, der Schließzylinder sowie Schließgarnituren der Wohnungseingangstür und der Fenster trägt der jeweilige Wohnungseigentümer. ◄

XI. Bauliche Veränderungen

1. Begriffsbestimmung

„Bauliche Veränderungen" sind Eingriffe in die Substanz des gemeinschaftlichen Eigentums, 251 die nicht mehr der Instandhaltung und Instandsetzung dienen, sondern einen neuen baulichen Zustand schaffen.[329] Hierunter fallen auch Änderungen des optischen Gesamteindrucks, zB eine vom bisherigen Zustand abweichende Farbgebung. Unerheblich ist, ob es sich dabei um Maßnahmen einzelner Wohnungseigentümer oder der Wohnungseigentümergemeinschaft handelt.[330]

Vergleichsmaßstab für die Frage, ob eine bauliche Veränderung vorliegt, ist der erstmalige 252 vollständige Errichtungs- und Ausstattungszustand bzw der Zustand, der aus einer zulässigen oder zu duldenden baulichen Veränderung hervorgegangen ist.[331] Hierbei kommt es stets auf die planmäßige Errichtung an. Daher ist die erstmalige Herstellung eines ordnungsmäßigen Zustands keine bauliche Veränderung im Sinne von § 22 Abs. 1 WEG.[332] Abzustellen ist hierbei jedoch nicht auf den kaufvertraglich geschuldeten Zustand, sondern auf den Zustand, wie er in der Teilungserklärung und den Aufteilungsplänen vorausgesetzt wird.[333]

Maßnahmen am Sondereigentum stellen dagegen keine bauliche Veränderung im Sinne des § 22 Abs. 1 WEG dar.[334] Denn diese können die bauliche Substanz des Gemeinschaftseigentums oder den optischen Gesamteindruck der Wohnanlage nicht ändern, andernfalls würde es sich zwangsläufig um bauliche Maßnahmen am Gemeinschaftseigentum handeln. Soweit bauliche Maßnahmen am Sondereigentum nicht unerhebliche Nachteile für die übrigen Wohnungseigentümer mit sich bringen, sind sie an §§ 13 ff WEG, insbesondere an § 14 Nr. 1 WEG zu messen.[335]

2. Legitimation von baulichen Veränderungen

Die Neufassung des § 22 Abs. 1 WEG sollte ausdrücklich keine Änderung der bisherigen 253 Rechtslage herbeiführen, sondern nur die bestehende Rechtslage klarer zum Ausdruck bringen.[336] Angesichts der vielfältigen Interpretationen[337] und Diskussionen[338] zum neuen § 22 Abs. 1 WEG darf das Erreichen dieses gesetzgeberischen Ziels wohl als gescheitert angesehen werden.[339]

---

329 Niedenführ/Kümmel/Vandenhouten/*Niedenführ*, § 22 WEG Rn 11; Jennißen/*Hogenschurz*, § 22 WEG Rn 3.
330 Jennißen/*Hogenschurz*, § 22 Rn 4.
331 Jennißen/*Hogenschurz*, § 22 Rn 5; *Hügel*, in: Hügel/Elzer, § 7 Rn 6; Bärmann/Pick/*Merle*, § 22 WEG Rn 6.
332 BayObLG NZM 1999, 1060; BayObLG NJW-RR 1989, 1293.
333 OLG Köln NZM 2000, 1019.
334 *Hügel*, in: Hügel/Elzer, § 7 Rn 7; Bärmann/Pick/*Merle*, § 22 WEG Rn 7; Greiner, Wohnungseigentumsrecht, Rn 359; Häublein, NZM 2007, 752, Fn 1.
335 BayObLG ZMR 1994, 167; Jennißen/*Hogenschurz*, § 22 WEG Rn 6.
336 BT-Drucks. 16/877, S. 28.
337 Vgl beispielhaft Häublein, NZM 2007, 752, 753 ff einerseits und Merle, ZWE 2007, 374 ff andererseits.
338 Vgl nur die ZWE 2007, 384 ff abgedruckte E-Mail-Diskussion zwischen Merle und Armbrüster.
339 Vgl auch Abramenko, Das neue WEG, § 4 Rn 2.

a) Zustimmung der beeinträchtigten Wohnungseigentümer

254 Sofern eine bauliche Veränderung vorliegt bzw beabsichtigt ist, ist für deren Zulässigkeit die **Zustimmung** derjenigen Wohnungseigentümer erforderlich, die über das bei einem geordneten Zusammenleben unvermeidliche Maß hinaus beeinträchtigt werden. Die Beeinträchtigungsschwelle ist auch aus verfassungsrechtlichen Gründen recht niedrig anzusetzen.[340] Die erforderliche Zustimmung kann durch einen Eigentümerbeschluss erfolgen.[341] Selbstverständlich kann die bauliche Veränderung auch durch eine Vereinbarung der Wohnungseigentümer legitimiert werden.[342]

255 Streitig ist dagegen, ob die Zustimmung der nachteilig beeinträchtigten Wohnungseigentümer außerhalb einer Eigentümerversammlung genügt[343] oder ob die Beschlussfassung nach § 22 Abs. 1 WEG notwendige Voraussetzung für eine zulässige bauliche Veränderung ist.[344] Selbst wenn die Gesetzesbegründung ausdrücklich ausführt, dass der umbauwillige Wohnungseigentümer die bauliche Veränderung ohne Weiteres vornehmen kann, wenn die erforderlichen Zustimmungen vorliegen,[345] und die besseren, praxisorientierten Argumente dafür sprechen, dass auch einfache, gegebenenfalls sogar konkludente[346] Zustimmungen außerhalb der Eigentümerversammlung genügen, empfiehlt es sich, dies in der Gemeinschaftsordnung ausdrücklich zu vereinbaren.

256 ▶ **Muster: Gemeinschaftsordnung – Legitimation von baulichen Veränderungen auch durch Zustimmung außerhalb der Versammlung**

🔴 46

§ [...]

- Bauliche Veränderungen -

Soweit die Vornahme baulicher Veränderungen am Gemeinschaftseigentum die Rechte der anderen Wohnungseigentümer nicht über das bei einem geordneten Zusammenleben unvermeidliche Maß hinaus beeinträchtigt, ist jeder Wohnungseigentümer hierzu ohne Weiteres befugt. Ansonsten dürfen bauliche Veränderungen am Gemeinschaftseigentum nur vorgenommen werden, wenn diejenigen Wohnungseigentümer, die über das bei einem geordneten Zusammenleben unvermeidliche Maß hinaus beeinträchtigt werden, entweder

a) außerhalb einer Eigentümerversammlung der Maßnahme zugestimmt haben oder

b) einem Mehrheitsbeschluss über die bauliche Veränderung zugestimmt haben. ◀

257 Allerdings kann die nach richtiger Ansicht bereits gesetzlich gegebene Möglichkeit der Legitimation durch Zustimmung außerhalb der Eigentümerversammlung abbedungen werden, so dass bauliche Veränderungen immer einer positiven Beschlussfassung bedürfen. Denn anders

---

340 BVerfG ZMR 2005, 634.
341 Insoweit besteht (noch) Einigkeit, vgl Häublein, NZM 2007, 752, 753; ders., ZMR 2007, 409, 419; Merle, ZWE 2007, 374 379; Armbrüster, ZWE 2007, 384, 386; ders., ZWE 2008, 61, 63; *Hügel*, in: Hügel/Elzer, § 7 Rn 15 und Rn 22 f; Jennißen/*Hogenschurz*, § 22 WEG Rn 12; Kümmel, ZMR 2007, 932, 933; Derleder, ZWE 2008, 253, 261.
342 *Hügel*, in: Hügel/Elzer, § 7 Rn 22 f; Merle, ZWE 2007, 374, 378; Niedenführ/Kümmel/Vandenhouten/*Niedenführ*, § 22 WEG Rn 118.
343 Häublein, NZM 2007, 752, 753 ff; ders., ZMR 2007, 409, 419; Jennißen/*Hogenschurz*, § 22 WEG Rn 29; Derleder, ZWE 2008, 253, 261; Abramenko, Das neue WEG, § 4 Rn 4; Briesemeister, ZWE 2007, 421, 425 f; Niedenführ/Kümmel/Vandenhouten/*Niedenführ*, § 22 WEG Rn 4 und Rn 111; Armbrüster, ZWE 2008, 61, 63; ders., ZWE 2007, 384, 386; unklar: Meffert, ZMR 2007, 758, 759.
344 Merle, ZWE 2007, 374, 375 ff; Kümmel, ZMR 2007, 932, 933; *Hügel*, in: Hügel/Elzer, § 7 Rn 15 und Rn 22 f; Riecke/Schmid/*Drabek*, § 22 WEG Rn 23.
345 BT-Drucks. 16/877, S. 29.
346 Niedenführ/Kümmel/Vandenhouten/*Niedenführ*, § 22 WEG Rn 112.

als beispielsweise § 22 Abs. 2 WEG oder § 16 Abs. 4 WEG kann § 22 Abs. 1 WEG eingeschränkt und sogar ausgeschlossen werden.[347]

▶ **Muster: Gemeinschaftsordnung – Legitimation von baulichen Veränderungen nur durch Be-**
schluss

258

§ [...]

- Bauliche Veränderungen -

Soweit die Vornahme baulicher Veränderungen am Gemeinschaftseigentum die Rechte der anderen
Wohnungseigentümer nicht über das bei einem geordneten Zusammenleben unvermeidliche Maß
hinaus beeinträchtigt, ist jeder Wohnungseigentümer hierzu ohne Weiteres befugt. Ansonsten dürfen
bauliche Veränderung am Gemeinschaftseigentum nur vorgenommen werden, wenn diejenigen Wohnungseigentümer, die über das bei einem geordneten Zusammenleben unvermeidliche Maß hinaus
beeinträchtigt werden, einem Mehrheitsbeschluss über die bauliche Veränderung zugestimmt haben. ◀

b) Zustimmung des Verwalters

Gern werden bauliche Veränderungen auch von der Zustimmung des Verwalters abhängig gemacht. Hierbei ist jedoch darauf zu achten, dass klar zum Ausdruck kommt, ob es sich um ein
zusätzliches Zustimmungserfordernis handelt oder ob die Zustimmung des Verwalters an die
Stelle der nach dem Gesetz erforderlichen Zustimmungen der beeinträchtigten Wohnungseigentümer tritt. Sofern nämlich in einer Vereinbarung bauliche Veränderungen von der Zustimmung des Verwalters abhängig gemacht werden (zB: *„Bauliche Veränderungen bedürfen der*
schriftlichen Einwilligung des Verwalters.“), ist im Zweifel davon auszugehen, dass die Zustimmung des Verwalters als zusätzliche Voraussetzung neben die Zustimmung der übrigen
Wohnungseigentümer tritt.[348]

259

▶ **Muster: Gemeinschaftsordnung – Legitimation von baulichen Veränderungen nur mit Zu-**
stimmung des Verwalters (Erleichterung des § 22 Abs. 1 WEG)

260

§ [...]

- Bauliche Veränderungen -

Soweit die Vornahme baulicher Veränderungen am Gemeinschaftseigentum die Rechte der anderen
Wohnungseigentümer nicht über das bei einem geordneten Zusammenleben unvermeidliche Maß
hinaus beeinträchtigt, ist jeder Wohnungseigentümer hierzu ohne Weiteres befugt. Ansonsten dürfen
bauliche Veränderung am Gemeinschaftseigentum nur vorgenommen werden, wenn der Verwalter der
Maßnahme schriftlich zugestimmt hat. Einer Beschlussfassung nach § 22 Abs. 1 WEG oder der Zustimmung derjenigen Wohnungseigentümer, die über das bei einem geordneten Zusammenleben unvermeidliche Maß hinaus beeinträchtigt werden, bedarf es nicht. Verweigert der Verwalter die Zustimmung oder erteilt er sie unter Auflagen, so kann seine Entscheidung durch Beschluss der Wohnungseigentümer ersetzt oder verändert werden. ◀

Grundsätzlich sollte dem Verwalter jedoch keine die Entscheidungsbefugnis der Wohnungseigentümer verdrängende Kompetenz eingeräumt werden. Der redliche Verwalter wird hierdurch
regelmäßig und ohne Not zum Spielball divergierender Interessen. Ein schwacher Verwalter

261

---

347   Vgl nur Bärmann/*Merle*, § 22 WEG Rn 321 mwN.
348   KG NZM 1998, 771; BayObLG ZWE 2000, 217.

wird seiner Bestellungsmehrheit jegliche bauliche Veränderung genehmigen, während er bauliche Veränderungen der Minderheit ablehnen wird. Anders als der die bauliche Veränderung
legitimierende Mehrheitsbeschluss kann jedoch die einen solchen Beschluss ersetzende Zustimmung des Verwalters nicht mittels Anfechtungsklage überprüft werden. Insbesondere Letzteres
lässt es geboten erscheinen, dass die ersetzende Zustimmung des Verwalters nur für ausgewählte
und untergeordnete bauliche Veränderungen vereinbart wird. In Betracht kommen wird dies
vor allem bei der Anbringung von Werbeschildern und ähnlichen kleineren baulichen Veränderungen.

262 ▶ **Muster: Gemeinschaftsordnung – Legitimation der Anbringung von Werbeschildern nur mit**
(49) **Zustimmung des Verwalters (Erleichterung des § 22 Abs. 1 WEG)**

§ [...]

- Bauliche Veränderungen -

(1) [...] *[allgemeine Regelung wie Rn 256 oder Rn 258]*

(2) Abweichend von Absatz 1 kann der Verwalter die Anbringung von Werbeschildern bis zu einer
Größe von [...] cm x [...] cm nach eigenem Ermessen genehmigen. Einer Beschlussfassung nach
§ 22 Abs. 1 WEG oder der Zustimmung der übrigen Wohnungseigentümer bedarf es nicht. Verweigert
der Verwalter die Zustimmung oder erteilt er sie unter Auflagen, so kann seine Entscheidung durch
Beschluss der Wohnungseigentümer ersetzt oder verändert werden. ◀

263 Häufig werden Zustimmungen zu baulichen Veränderungen in der Gemeinschaftsordnung mit
weiteren Vereinbarungen kombiniert. Insbesondere bei größeren Eingriffs- und Umgestaltungs-
möglichkeiten im Interesse einzelner Eigentümer, zum Beispiel bei nachträglichen Dachge-
schossausbauten oder dem Anbau von Balkonen, ist es angebracht, zugleich die Nutzung und
Kostentragung der durch die bauliche Veränderung geschaffenen Anlagen zu regeln.

264 ▶ **Muster: Gemeinschaftsordnung – Anbringung von Balkonen nebst Sondernutzungsrecht und**
(50) **Kostentragung**

§ [...]

- Balkone -

(1) Jeder Wohnungseigentümer ist berechtigt, auf dem Hof am Seitenflügel / auf der Straßenseite
an seine Wohnung einen Balkon mit einer maximalen Fläche von [...] m² ohne Zustimmung der
übrigen Wohnungseigentümer anzubringen. Soweit ein Wohnungseigentümer einen derartigen Balkon angebracht hat, ist er befugt, den Balkon unter Ausschluss der anderen Eigentümer zu nutzen,
was neben dem Gebrauch auch die sonstigen Nutzungen im Sinne der §§ 13 Abs. 2 S. 2, 16 Abs. 1
WEG einschließt (Sondernutzungsrecht). Für die Einräumung und den Bestand des Sondernutzungsrechts hat der Berechtigte weder ein einmaliges noch ein laufendes Entgelt zu zahlen. Dem Sondernutzungsberechtigten steht daneben auch das alleinige Verwaltungsrecht im Hinblick auf die dem
Sondernutzungsrecht unterliegenden Gegenstände zu. Dies schließt auch das Recht zur Vornahme
baulicher Veränderungen ein, sofern diese nicht das äußere Erscheinungsbild der Wohnanlage in für
andere Eigentümer unzumutbarer Weise beeinträchtigen, ausgenommen ist eine Vergrößerung des
Balkons über das in Satz 1 bestimmte Maß hinaus. Sofern an einem Balkon bauliche Veränderungen
vorgenommen werden, erstreckt sich das Sondernutzungsrecht auf die dadurch geschaffenen Bestandteile. Sämtliche Kosten der Unterhaltung, Instandsetzung und Instandhaltung sowie etwaiger
baulicher Veränderungen trägt der Berechtigte. Für das Verhältnis zum umliegenden Gemeinschafts-

eigentum gelten dieselben Bestimmungen wie für das Verhältnis von Sonder- und Gemeinschaftseigentum.

(2) Sollten mehrere Wohnungseigentümer gemeinsam eine Balkonanlage errichten, so steht ihnen an den gemeinsam genutzten Teilen der Balkonanlage (tragende Teile, Abdichtung etc.) ein gemeinsames Sondernutzungsrecht zu. Insoweit gelten die vorstehenden Regelungen entsprechend. Sämtliche Kosten der Unterhaltung, Instandsetzung und Instandhaltung sowie etwaiger baulicher Veränderungen der gemeinsam genutzten Teile der Balkonanlage tragen die Berechtigten je Sondereigentum. Für das Verhältnis der gemeinsam genutzten Teile der Balkonanlage zu den individuell genutzten Balkonräumen gelten dieselben Bestimmungen wie für das Verhältnis von Sonder- und Gemeinschaftseigentum. ◄

XII. Modernisierung

Bis zur Normierung der Beschlusskompetenz für Maßnahmen der Modernisierung oder der Anpassung an den Stand der Technik in § 22 Abs. 2 WEG war es den Gemeinschaften regelmäßig verwehrt, ihr Gebäude und die gemeinschaftlichen Anlagen an die modernen Standards anzupassen. Modernisierende Instandsetzungen, welche ebenfalls eine Anpassung an den aktuellen technischen Stand oder die Einführung wirtschaftlich sinnvoller Lösungen ermöglichen, haben den Nachteil, dass sie nur bei Reparaturbedürftigkeit des Gemeinschaftseigentums oder zur Erfüllung zwingender öffentlich-rechtlicher Anforderungen in Betracht kommen. Gerade im Bereich der Energieeinsparung, zum Beispiel durch Wärmedämmung der Fassade, mussten die Gemeinschaften entweder warten, bis das zu modernisierende Bauteil einen nicht unerheblichen Instandsetzungsbedarf hatte,[349] oder es blieb ihnen nur der Weg, die durchaus sinnvolle und wünschenswerte Wärmedämmung als bauliche Veränderung mit Mehrheit zu beschließen und bis zum Ablauf der Anfechtungsfrist zu „zittern".

1. Begriffsbestimmungen

Maßnahmen der Modernisierung oder der Anpassung an den Stand der Technik im Sinne des § 22 Abs. 2 WEG sind qualifizierte bauliche Veränderungen, sie gehen also über die ordnungsmäßige Instandhaltung und Instandsetzung hinaus. Es kann also zum einen auf die Rechtsprechung zu § 559 Abs. 1 BGB zurückgegriffen werden und zum anderen sind die Wohnungseigentümer nicht ausschließlich auf Modernisierungen im Sinne des § 559 Abs. 1 BGB beschränkt („Anpassung an den Stand der Technik").

a) „Modernisierung"

Der (mietrechtliche) Begriff der **Modernisierung** entsprechend § 559 Abs. 1 BGB umfasst Maßnahmen, die den Gebrauchswert nachhaltig erhöhen, die allgemeinen Wohnverhältnisse auf Dauer verbessern oder nachhaltig Einsparungen von Energie oder Wasser bewirken. Der Verweis auf das Mietrecht, so hilfreich er auf den ersten Blick auch erscheinen mag, führt zu Problemen. Im Mietrecht ist zum einen der vertragsgemäße Gebrauch maßgeblich, zum anderen geht es um die gesetzgeberische Entscheidung, welche Baukosten auf den Mieter umgelegt werden können. Dagegen kommt es im Wohnungseigentumsrecht auf den bestimmungsgemäßen Gebrauch an, wie er sich aus der Natur der Wohnanlage und gegebenenfalls aus der Gemein-

265

266

267

---

349 Nicht jede noch so kleine Instandhaltungsnotwendigkeit führt zur Bejahung einer modernisierenden Instandsetzung, vgl OLG ZMR 2007, 562.

schaftsordnung ergibt. Daneben geht es im Wohnungseigentumsrecht um die Frage, ob eine Maßnahme nach § 22 Abs. 2 WEG behandelt werden darf bzw muss.[350] Bei gemeinschaftlich durchgeführten Maßnahmen tragen ohnehin alle Wohnungseigentümer vorbehaltlich eines Beschlusses nach § 16 Abs. 4 WEG die Kosten. Maßnahmen, die sich im Wohnungseigentumsrecht als modernisierende Instandsetzungen darstellen und mit einfacher Mehrheit beschlossen werden können, können ebenso Modernisierungen im Sinne des § 559 Abs. 1 BGB sein. Auch hier sind also wohnungseigentumsspezifische Abweichungen vom mietrechtlichen Modernisierungsbegriff notwendig.[351]

268   Die beiden ersten Alternativen des § 559 Abs. 1 BGB, die nachhaltige Erhöhung des Gebrauchswerts und die dauerhafte Verbesserung der allgemeinen Wohnverhältnisse, weisen starke Parallelen auf. Im Einzelfall ist daher eine Unterscheidung für die Praxis weder sinnvoll noch notwendig. Hierunter fallen Maßnahmen der Verbesserung der Wohnanlage, zB Verbesserung des Schallschutzes, der Belichtung und Belüftung, der Energie- und Medienversorgung, der Sicherheit, der Funktionsfähigkeit und des Komforts, der Einbau eines Aufzugs, die Anlegung von Kinderspielplätzen, die Errichtung von Stellplätzen und anderen Verkehrsanlagen, das Aufstellen eines Fahrradständers usw.

269   Maßnahmen, die der **Einsparung von Energie und Wasser** dienen, erhöhen häufig ebenfalls den Gebrauchswert. Auch hier gibt es eine Vielzahl von Beispielen, die zu einer Schonung der Ressourcen führen, seien es Maßnahmen der Wärmedämmung, die Nutzung von Wärmepumpen und Solaranlagen, kontrollierte Be- und Entlüftungsanlagen mit Wärmerückgewinnung etc. Auch hier ist die Situation eine andere als im Mietrecht: Dem Wohnungseigentümer kommen auch Maßnahmen zugute, die dem Mieter nichts nützen.

270   Der mietrechtliche Modernisierungsbegriff geht andererseits auch zu weit, wenn er die Verbesserung einzelner Wohnungen mit umfasst. So kann nach § 22 Abs. 2 WEG nicht beschlossen werden, dass Wasser sparende Armaturen, Wassermengenbegrenzer oder Wasser sparende Toilettenspülkästen eingebaut werden. Hierbei würde es sich um Eingriffe in das Sondereigentum handeln, die der Beschlusskompetenz entzogen sind.[352]

b) „Anpassung an den Stand der Technik"

271   Das Merkmal der **Anpassung an den Stand der Technik** dient der Erweiterung des mietrechtlich geprägten Modernisierungsbegriffs. Gemeint ist das Niveau einer anerkannten und in der Praxis bewährten, fortschrittlichen technischen Entwicklung.[353] Der Begriff geht über die „anerkannten Regeln der Technik" hinaus, bleibt aber ganz bewusst hinter dem „Stand der Wissenschaft" zurück.[354] in der Praxis wird es häufig schwierig sein, Modernisierungen und Anpassungen an den Stand der Technik auseinanderzuhalten. Letztlich wird es auf derartige Differenzierungen nur selten ankommen.[355]

2. Doppelt qualifizierte Mehrheit

272   Ebenso wie bei Beschlüssen nach § 16 Abs. 4 WEG über die abweichende Kostenverteilung von baulichen Maßnahmen verlangt auch der Beschluss über die Durchführung einer Modernisie-

---

350 Abramenko, Das neue WEG, § 4 Rn 31; Riecke/Schmid/*Drabek*, § 22 WEG Rn 123.
351 Abramenko, Das neue WEG, § 4 Rn 33; Riecke/Schmid/*Drabek*, § 22 WEG Rn 142.
352 Abramenko, Das neue WEG, § 4 Rn 34.
353 BT-Drucks. 16/887, S. 30.
354 BT-Drucks. 16/887, S. 30.
355 Riecke/Schmid/*Drabek*, § 22 WEG Rn 146.

rungsmaßnahme nach § 22 Abs. 2 WEG eine doppelt qualifizierte Mehrheit von drei Viertel aller stimmberechtigten Wohnungseigentümer nach Köpfen und mehr als der Hälfte aller Miteigentumsanteile. Hierbei kommt es auf sämtliche und nicht nur auf die in der entsprechenden Eigentümerversammlung repräsentierten Wohnungseigentümer bzw Miteigentumsanteile an. Nach § 22 Abs. 2 S. 2 WEG kann die Beschlusskompetenz aus § 22 Abs. 2 S. 1 WEG weder abbedungen noch eingeschränkt werden. Insoweit besteht jedoch die Möglichkeit, die erforderlichen Mehrheiten zu erleichtern.[356]

Um die Beschlussfassung zu erleichtern, kann beispielsweise als Vergleichsgröße auf die in der entsprechenden Eigentümerversammlung repräsentierten Wohnungseigentümer bzw Miteigentumsanteile abgestellt werden (Versammlungsmehrheiten).

▶ **Muster: Gemeinschaftsordnung – Verringerung der Vergleichsgröße im Rahmen des § 22**   273
Abs. 2 WEG (Versammlungsmehrheiten)   51

§ [...]
- Modernisierung -

Über Maßnahmen der Modernisierung und Anpassung an den Stand der Technik im Sinne des § 22 Abs. 2 WEG kann mit einer Mehrheit von drei Viertel der in einer Eigentümerversammlung repräsentierten, stimmberechtigten Wohnungseigentümer im Sinne des § 25 Abs. 2 WEG und mehr als der Hälfte der dort repräsentierten Miteigentumsanteile beschlossen werden. ◀

Auch ist es denkbar, dass eine der beiden in § 22 Abs. 2 S. 1 WEG genannten Mehrheiten ab-   274
bedungen wird und dass für die Beschlussfassung beispielsweise nur eine gegenüber § 22 Abs. 2 S. 1 WEG verminderte Mehrheit von mehr als der Hälfte aller Miteigentumsanteile vereinbart wird.

▶ **Muster: Gemeinschaftsordnung – Beschlussfassung nach § 22 Abs. 2 WEG nur mit mehr als**   275
der Hälfte der Miteigentumsanteile   52

§ [...]
- Modernisierung -

Über Maßnahmen der Modernisierung und Anpassung an den Stand der Technik im Sinne des § 22 Abs. 2 WEG kann mit einer Mehrheit von mehr als der Hälfte der in einer Eigentümerversammlung repräsentierten Miteigentumsanteile beschlossen werden. ◀

Hinweis: Auch wenn grundsätzlich die Möglichkeit besteht, dass Objektprinzip für Beschlüsse   276
nach § 22 Abs. 2 WEG zu vereinbaren, ist hiervon abzuraten. Je nach Verteilung der Wohnungen auf die Wohnungseigentümer kann es im Einzelfall dazu kommen, dass sich das Objektprinzip als eine Erschwerung des gesetzlichen, doppelt qualifizierten Mehrheitserfordernisses darstellt. Dies ist beispielsweise dann der Fall, wenn ein Wohnungseigentümer eine größere Anzahl kleinerer Sondereigentumseinheiten auf sich vereinigt und damit nach dem Objektprinzip eine positive Beschlussfassung verhindern kann, während der Beschluss bei einer Abstimmung nach Köpfen und Miteigentumsanteilen zustande käme.

---

356 Riecke/Schmid/ *Drabek*, § 22 WEG Rn 155.

XIII. Versammlung der Wohnungseigentümer

1. Einführung

277 Die Versammlung der Wohnungseigentümer (Eigentümerversammlung) besitzt für die Wohnungseigentümer – und andere, die Wohnungseigentümer gesetzlich vertretende Stimmberechtigte – eine **große Bedeutung**. Eine Möglichkeit, auf die Geschicke der Gemeinschaft und des Verbands Wohnungseigentümergemeinschaft einzuwirken, haben die Wohnungseigentümer nur in und durch die Eigentümerversammlung. Eigentümerversammlungen sind mithin der zentrale Ort zur Umsetzung des Rechts der Wohnungseigentümer aus § 20 Abs. 1 WEG, an der **Verwaltung** des gemeinschaftlichen Eigentums **mitzuwirken**. Die Eigentümerversammlung ist der einzigartige Marktplatz und das Forum für einen Interessensaustausch und -ausgleich unter den Wohnungseigentümern und bietet dem Einzelnen die einzigartige Chance, auf die Meinungs- und Willensbildung der anderen Wohnungseigentümer Einfluss zu nehmen.

278 Die **gesetzlichen Reglungen** zum Inhalt und zum Ablauf der Eigentümerversammlung sind freilich **lückenhaft**, ergänzbar und ergänzungsbedürftig. Außerdem entsprechen die gesetzlichen Bestimmungen nur bedingt den Interessen der Wohnungseigentümer. Besonders bedenklich sind zB das gesetzlich vorgesehene Kopfstimmrecht, das **Eigentümer mehrerer Einheiten bewusst benachteiligt**, sowie die gesetzliche Ladungsfrist von nur zwei Wochen. Ferner nimmt das Gesetz nicht auf die Besonderheiten einer Mehrhausanlage Rücksicht (siehe im Zusammenhang Rn 405 ff). Von den Bestimmungen des Wohnungseigentumsgesetzes zur Eigentümerversammlung in §§ 23 bis 25 WEG sollte daher teilweise, soweit möglich, abgewichen werden.

279 **Hinweis:** Im Rahmen einer **Gemeinschaftsordnung** empfiehlt sich die (bloße) Wiederholung der gesetzlichen Bestimmungen zur Eigentümerversammlung nicht.[357] Werden in einer Gemeinschaftsordnung dennoch die Vorschriften des Wohnungseigentumsgesetzes wiederholt, muss klargestellt werden, ob in der Wiederholung eine eigenständige, konstitutive Regelung zu sehen ist oder ob es sich nur um einen deklaratorische Nennung handelt.

280 ▶ **Checkliste: Eigentümerversammlung**

- Zeitpunkt der Ladung
- Ladungsfrist
- Ladungsform
- Zugangsfiktion
- Adressenmitteilung
- Beschlussfähigkeit
- Eventualversammlung
- Stimmrechtsprinzipien
- Stimmrecht, vor allem Ruhen des Stimmrechts
- Regelungen zum Abstimmungsverfahren
- Vertreterklausel
- Niederschrift zur Eigentümerversammlung ◀

---

357 AA die Formulare von Kreuzer, Die Gemeinschaftsordnung nach dem WEG, Rn 157 ff und Fabis, Vertragskommentar Wohnungseigentum, Rn 72 ff.

2. Einzelfragen zur Eigentümerversammlung

a) Zeitpunkt der Einberufung der Versammlung; Ladungsfrist

Das Gesetz bestimmt in § 24 Abs. 1 WEG, dass die Versammlung der Wohnungseigentümer vom Verwalter mindestens einmal im Jahre einzuberufen ist. Wann dieser Zeitpunkt gekommen ist, steht – soweit kein Fall des § 24 Abs. 2 WEG vorliegt – im Ermessen des Verwalters. Um dieses Ermessen sinnvoll zu begrenzen, bietet es sich an, einen Zeitpunkt zu regeln, zu dem der Verwalter spätestens zur Versammlung zu laden hat. Dieser Zeitpunkt kann zwar früh im Jahr liegen; mit Blick auf die Abrechnungen der Versorger und ihre Prüfung sollte die Versammlung aber erst im **zweiten** Quartal stattfinden. 281

Nach § 24 Abs. 4 S. 2 WEG beträgt die **Frist der Einberufung**, sofern nicht ein Fall besonderer Dringlichkeit vorliegt, mindestens zwei Wochen. Diese Frist ist offensichtlich zu kurz bemessen. Damit sich ein Wohnungseigentümer anhand der Tagesordnung und etwaiger, bereits bekannter Beschlussanträge auf die Versammlung vorbereiten und sich mit dem Versammlungstermin überschneidende Termine aufheben kann, sollte die Frist auf mindestens vier Wochen verlängert werden. 282

▶ **Muster: Gemeinschaftsordnung – Klausel zur Einberufung der Eigentümerversammlung; Verlängerung der Ladungsfrist** 283

54

§ [...]
- Einberufung der Eigentümerversammlung -

Der Verwalter hat jeweils bis zum Ablauf des Monats Juni eines jeden Jahres zur Eigentümerversammlung zu laden. Die Ladungsfrist beträgt vier Wochen. ◀

b) Ladungsform

Nach § 24 Abs. 4 S. 1 WEG hat die Einberufung in **Textform** zu erfolgen. Neben der stets ausreichenden schriftlichen Verkörperung auf Papier sind damit auch digitalisierte Inhalte erlaubt, welche auf einem Speichermedium enthalten sind und sich in Schriftzeichen darstellen lassen.[358] Grundsätzlich zulässig ist ferner, die Eigentümerversammlung durch eine Fotokopie, durch ein Fax, ein Computerfax, ein Telegramm, eine E-Mail oder auf ähnliche Weise einzuberufen.[359] Es bietet sich an, in Anlagen, deren Bewohner (voraussichtlich) älter sind, alle diese Erleichterungen abzuschaffen und den Verwalter für eine ordnungsmäßige Ladung (wie früher auch das Gesetz) zur **Schriftform** zu verpflichten. Umgekehrt kann aus **Kostengründen**[360] die Angabe einer **E-Mail-Adresse** verpflichtend gemacht werden. Dies bietet sich an, wenn es üblich ist, Anlagen in großer Anzahl zu versenden. 284

▶ **Muster: Gemeinschaftsordnung – Klausel zur Form der Ladung** 285

§ [...]
- Ladungsform -

Der Verwalter hat schriftlich zur Eigentümerversammlung zu laden.

---

358 Janal, MDR 2006, 368, 369.
359 Jennißen/Elzer, § 24 WEG Rn 85.
360 Siehe auch BGH NJW 2009, 2135 = MietRB 2009, 231.

[Alternativ:

Der Verwalter hat die Wohnungseigentümer ausschließlich per E-Mail zu laden. Jeder Wohnungseigentümer ist verpflichtet, dem Verwalter stets eine E-Mailadresse mitzuteilen, unter der er geladen werden kann.] ◄

c) Zugangsfiktion

286 Die Ladung eines Wohnungs- oder Teileigentümers ist nur ordnungsmäßig – und vor allem nur wirksam –, wenn sie ihm auch iSv § 130 Abs. 1 S. 1 BGB **zugeht**.[361] Eine an die dem Ladenden zuletzt genannte Adresse (siehe auch Rn 289) abgesendete Ladung gilt indes dann als zugegangen (Zugangs- bzw Ladungsfiktion), wenn diese Wirkung vereinbart ist.[362]

287 **Hinweis:** Findet sich eine **Zugangsfiktion** in einem **Verwaltervertrag**, soll diese wegen § 308 Nr. 6 BGB unwirksam sein.[363] Dies ist indes kaum zutreffend. Die Regelung geht vielmehr ins Leere, wenn die ja allein unter den Wohnungseigentümer zu treffende Entscheidung einer Ladungsfiktion nicht zwischen den Wohnungseigentümern geregelt ist. Diese Regelung kann indes **vereinbart** werden. Wollte man eine Ladungsfiktion im Verwaltervertrag als „Beschluss" verstehen, wäre er mangels Kompetenz nichtig.[364]

288 ▶ **Muster: Gemeinschaftsordnung – Klausel zur Zugangsfiktion**

§ [...]

- Ladungsfiktion -

Eine Ladung gilt einem Wohnungs- oder Teileigentümer drei Tage nach Absendung an die letzte dem Verwalter mitgeteilte Anschrift als zugegangen. ◄

d) Adressenmitteilung

289 Die Wohnungseigentümer sind von Gesetzes wegen nicht verpflichtet, dem Verwalter eine **ladungsfähige Anschrift** mitzuteilen. Um dem Verwalter die Verwaltung zu erleichtern, kann aber vereinbart werden, dass jeder Wohnungseigentümer verpflichtet ist, dem Verwalter eine ladungsfähige Anschrift mitzuteilen.

290 ▶ **Muster: Gemeinschaftsordnung – Klausel zur Mitteilung einer ladungsfähigen Anschrift**

§ [...]

- Mitteilung einer ladungsfähigen Anschrift -

Jeder Wohnungs- oder Teileigentümer ist verpflichtet, dem Verwalter unverzüglich eine ladungsfähige Anschrift mitzuteilen. Die Verpflichtung gilt insbesondere bei einer Änderung der Adresse. ◄

e) Beschlussfähigkeit

291 In einer Eigentümerversammlung kann nach § 25 Abs. 3 WEG ein Beschluss grundsätzlich nur dann gefasst werden, wenn die Versammlung beschlussfähig ist. Eine Versammlung ist gem. § 25 Abs. 3 WEG beschlussfähig, wenn die erschienenen oder vertretenen stimmberechtigten Wohnungseigentümer mehr als die Hälfte der im Grundbuch eingetragenen Miteigentumsanteile repräsentieren.

---

361 OLG Hamburg ZMR 2006, 704, 705.
362 OLG Hamburg ZMR 2006, 704, 705; OLG Frankfurt OLGReport Frankfurt 2005, 423, 425; Jennißen/*Elzer*, § 24 WEG Rn 92.
363 KG ZMR 2008, 476, 477; BayObLG WuM 1991, 312, 313.
364 So richtig: Merle, ZWE 2001, 196 f.

aa) Veränderungen

Die Wohnungseigentümer können die **Voraussetzungen für die Beschlussfähigkeit** einer Eigen-   292
tümerversammlung abweichend von § 25 Abs. 3 WEG bestimmen. So kann etwa angeordnet
werden, dass eine Eigentümerversammlung bereits dann beschlussfähig ist, wenn mehr als die
Hälfte der Wohnungseigentümer anwesend sind. Umgekehrt können die Voraussetzungen für
die Beschlussfähigkeit auch erhöht werden.

bb) Eventualversammlung

Ist eine Versammlung **nicht beschlussfähig**, muss der Verwalter gem. § 25 Abs. 4 S. 1 WEG eine   293
neue Versammlung der Wohnungseigentümer (Zweitversammlung) mit gleichem Gegenstand
einberufen. Eine solche Zweitversammlung darf erst einberufen werden, wenn die Beschlussunfähigkeit der Erstversammlung konkret festgestellt ist.[365] Eine Zweitversammlung kann also
eigentlich nicht gleichzeitig auf einen späteren Termin für den Fall einberufen werden, dass die
zunächst einberufene Versammlung beschlussunfähig sein sollte.[366] Etwas anderes gilt aber,
wenn vereinbart ist, dass sogleich mit der Ersteinladung zur Eigentümerversammlung für den
Fall, dass die Erstversammlung beschlussunfähig sein sollte, zu einer zweiten Eigentümerversammlung am gleichen Tage – zB eine halbe Stunde nach dem Termin der Erstversammlung
– einzuladen ist (Eventualversammlung).[367]

Einwände gegen diese Vorgangsweise sind jedenfalls nicht zu erheben, wenn die Vereinbarung   294
zugleich vorsieht, dass die Wohnungseigentümer bei der Ladung zur (Eventual-)Einberufung
darauf hingewiesen werden, dass die Versammlung ohne Rücksicht auf die Zahl der Erschienenen und die Größe der vertretenen Anteile beschlussfähig ist.

▶ **Muster: Gemeinschaftsordnung – Klausel zur Eventualversammlung**   295

§ [...]

58

- Eventualversammlung -

Der Verwalter ist befugt, für den Fall, dass die einberufene Versammlung nicht beschlussfähig ist
(Erstversammlung), zugleich mit der Ladung zur Erstversammlung zu einer Versammlung mit dem
gleichen Gegenstand eine halbe Stunde später einzuberufen. Diese Versammlung ist ohne Rücksicht
auf die Zahl der Erschienenen und die Größe der vertretenen Anteile beschlussfähig; der Verwalter
hat in der Ladung auf diesen Umstand hinzuweisen. ◀

f) Stimmrechtsprinzipien

Das in § 25 Abs. 2 S. 1 WEG gesetzlich vorgesehene Stimmrechtsprinzip ist das **Kopfstimmrecht**   296
(„Jeder Wohnungseigentümer hat eine Stimme"). Danach besitzt jeder Wohnungseigentümer
ohne Rücksicht auf Größe und Wert seines Miteigentumsanteils – oder die Anzahl der von ihm
gehaltenen Wohnungs- oder Teileigentumsrechte – eine Stimme.[368] Nach der gesetzlichen Wertung ist die Stimmkraft der Wohnungseigentümer vollständig von dem wirtschaftlichen Gewicht ihrer Beteiligung gelöst.

Das Kopfstimmrecht ist allerdings vertraglich grundsätzlich abdingbar.[369] Verbreitet ist die   297
Vereinbarung eines **Objektstimmrechts** („Jede Einheit gewährt eine Stimme"). In diesem Falle

365 OLG Köln OLGReport Köln 1999, 120 = MDR 1999, 799; OLG Köln NJW-RR 1990, 26.
366 OLG Köln NJW-RR 1990, 26.
367 KG NZM 2001, 105, 107; OLG Köln OLGReport Köln 1999, 120 = MDR 1999, 799; Jennißen/*Elzer*, § 25 WEG Rn 80.
368 BGHZ 106, 113, 121; BayObLG ZMR 2002, 527, 528.
369 BGHZ 152, 46 = ZMR 2002, 930; BayObLG ZMR 2002, 527, 528.

bestimmt sich das Stimmrecht nicht nach Köpfen, sondern nach Anzahl der jeweiligen Wohnungseinheiten.[370]

298 Die Wohnungseigentümer können aber auch ein **Wertstimmrecht** vereinbaren („Das Stimmrecht bestimmt sich nach der Anzahl der Miteigentumsanteile").[371] In diesem Falle bestimmt sich das Stimmrecht entsprechend § 745 Abs. 1 S. 2 BGB und den allgemeinen, bürgerlich-rechtlichen Regelungen nach Größe oder Anzahl der im Grundbuch gem. § 47 GBO eingetragenen Miteigentumsanteile.[372] Dieses Stimmrechtsprinzip findet seine innere Rechtfertigung vor allem darin, dass ein Wohnungseigentümer mit größeren Miteigentumsanteilen jedenfalls nach dem gesetzlichen Kostenverteilungsschlüssel des § 16 Abs. 2 WEG – soweit dieser gilt – auch einen größeren Anteil der Lasten und Kosten zu tragen hat.[373]

299 Vor allem in kleinen, selbstbewohnten Gemeinschaften kann eine Regelung sinnvoll sein, wonach gegen die Stimme des (ehemaligen) Alleineigentümers kein Eigentümerbeschluss gefasst werden kann, solange ihm noch eine Wohnung gehört (**Vetorecht**).[374]

300 ▶ **Muster: Gemeinschaftsordnung – Klausel zum Stimmrecht nach Miteigentumsanteilen**

§ [...]

- Stimmrecht nach Miteigentumsanteilen -

Jedem Wohnungs- oder Teileigentümer stehen Stimmenanteile in Höhe seines Miteigentumsanteils zu. Bei einem Beschluss nach § 16 Abs. 4 WEG oder § 22 Abs. 2 WEG gilt dies nicht. Stattdessen findet das gesetzliche Stimmrecht Anwendung. ◀

301 Einem Wohnungs- oder Teileigentümer kann sein Stimmrecht nicht dauerhaft entzogen werden. Sinnvoll ist indes, sein **Stimmrecht** so lange **ruhen** zu lassen, wie er nicht an den Kosten und Lasten des Gemeinschaftseigentums teilnimmt.

302 ▶ **Muster: Gemeinschaftsordnung – Klausel zum Ruhen des Stimmrechts**

§ [...]

- Ruhen des Stimmrechts -

Das Stimmrecht eines Wohnungs- oder Teileigentümers ruht, wenn er mit seinen Beitragszahlungen mehr als einen Monat in Verzug ist. Das Stimmrecht lebt erst mit vollständiger Zahlung sämtlicher Rückstände spätestens zwei Wochen vor einer Eigentümerversammlung oder einer Initiative nach § 23 Abs. 3 WEG wieder auf. Eine Aufrechnung oder ein Zurückbehaltungsrecht sind nicht zulässig, soweit die Forderung, mit der aufgerechnet oder derentwegen zurückbehalten werden soll, nicht unstreitig, anerkannt oder rechtskräftig ausgeurteilt ist oder aus einer Notgeschäftsführung stammt. ◀

g) Regelungen zum Abstimmungsmodus

303 Das Gesetz enthält keine Vorschriften, **in welchem Verfahren** eine Stimmabgabe zu erfolgen hat. Die Art und Weise, wie das Stimmrecht auszuüben ist, können die Wohnungseigentümer daher vereinbaren, und wenn es hieran fehlt, auch beschließen.[375] Im Einzelfall kann es sinnvoll sein, die Abstimmungsmodalitäten zur Klarstellung zu vereinbaren. Bei Beschlüssen nach § 22

---

370 BGHZ 152, 46, 61 = ZMR 2002, 930; BGHZ 106, 113, 121.
371 Siehe dazu u.a. Jennißen/Schwermer, WuM 1988, 285.
372 OLG Düsseldorf OLGReport Düsseldorf 2004, 454, 456; BayObLG ZMR 2001, 366, 368.
373 BayObLG NJW-RR 1997, 1305.
374 BayObLG NJW-RR 1997, 1305; OLG Oldenburg NJW-RR 1997, 775, 776.
375 BGHZ 152, 63 = ZMR 2002, 936.

Abs. 1 WEG sollte wegen der Regelung des § 16 Abs. 6 WEG **stets offen** abgestimmt und die mit „Ja" Abstimmenden notiert werden.

▶ **Muster: Gemeinschaftsordnung – Klausel zum Abstimmungsmodus** 304

§ [...] 61

- Abstimmungsmodus -

Abstimmungen in der Eigentümerversammlung erfolgen mündlich und offen. Etwas anderes kann mit mehr als ¼ der Stimmenanteile bestimmt werden.[376] Abstimmungen nach § 22 Abs. 1 WEG erfolgen immer offen. Der Versammlungsleiter hat die mit „Ja" Stimmenden namentlich in der Niederschrift zu vermerken. ◀

h) Vertreterklausel
aa) Grundsatz

Anders als im Vereinsrecht, das in § 38 S. 2 BGB eine Ausübung der Mitgliedschaftsrechte durch 305 einen Dritten verbietet, ist im Wohnungseigentumsrecht eine **Stellvertretung** grundsätzlich möglich.[377] Ein Wohnungseigentümer kann daher – soweit er vom Stimmrecht nicht ausgeschlossen ist – einen Dritten zur Stimmabgabe bevollmächtigen.[378] Die Befugnis der Wohnungseigentümer, sich in den Versammlungen vertreten zu lassen, kann durch eine Vereinbarung allerdigs beschränkt werden.[379] In der Praxis werden dabei drei Arten von **Vertretungsbeschränkungen** bevorzugt:

- funktionsbezogene Vertretungsbeschränkungen (Verwalter, Beiratsmitglied);
- gemeinschaftsbezogene Vertretungsbeschränkungen (andere Wohnungseigentümer);
- personenbezogene Vertretungsbeschränkungen (Familienangehörige, Ehegatten).[380]

Eine Vertretungsbeschränkung gilt nicht für den oder die gesetzlichen Vertreter eines Woh- 306 nungseigentümers, wie zB die Eltern oder den Betreuer eines Wohnungseigentümers, und im Zweifel auch nicht für juristische Personen. Eine Vertreterklausel erfasst auch nicht den Fall, dass das Sondereigentum mehreren Personen gemeinschaftlich zusteht.

Ungeachtet einer dem Grunde nach wirksamen Vertretungsregelung kann es den Wohnungs- 307 eigentümern im Einzelfall aufgrund besonderer Umstände nach Treu und Glauben (§ 242 BGB) außerdem verwehrt sein, sich auf die Vertretungsregelung zu berufen.[381] Die anderen Wohnungseigentümer dürfen sich etwa nicht berufen auf eine Vereinbarung, dass sich ein Wohnungseigentümer nur durch seinen Ehegatten, den Verwalter oder einen anderen Wohnungseigentümer vertreten lassen kann, wenn der Ehegatte zur Vertretung aus gesundheitlichen Gründen nicht in der Lage, der Wohnungseigentümer mit den übrigen Mitgliedern der Gemeinschaft völlig zerstritten und erst unmittelbar vor der Versammlung ein neuer Verwalter bestellt worden ist, den der – verhinderte – Eigentümer (noch) nicht kennt.[382] Eine Vertreterklausel ist ferner nicht anzuwenden, wenn der durch sie beschränkte Wohnungseigentümer im

---

376 Diese Regelung ist eine konkrete, punktuelle Öffnungsklausel.
377 BGHZ 99, 90, 93 = NJW 1987, 650; OLG Köln NZM 2007, 219; OLG München ZMR 2006, 231, 232.
378 BGHZ 106, 113, 121.
379 BGHZ 121, 236, 238 = MDR 1993, 442 = ZMR 1993, 287 = NJW 1993, 1329; BGHZ 99, 90, 94 = MDR 1987, 485 = NJW 1987, 650; OLG Karlsruhe ZMR 2006, 795, 796 = MietRB 2007, 42; OLG Düsseldorf OLGReport Düsseldorf 1999, 196; OLG Zweibrücken OLGReport Zweibrücken 1998, 377, 379.
380 Elzer, MietRB 2006, 130.
381 BGHZ 99, 90, 95 = MDR 1987, 485 = NJW 1987, 650; OLG Hamburg ZMR 2007, 477, 478; OLG Hamm ZMR 2003, 51, 52.
382 OLG Düsseldorf OLGReport Düsseldorf 1999, 196, 197.

Ausland lebt, nicht verheiratet ist, es sich um eine kleine Anlage handelt, die anderen Wohnungseigentümer mit dem Verwalter identisch und die Eigentümer schließlich zerstritten sind.[383]

308 **Hinweis:** Eine Vereinbarung, wonach das Stimmrecht eines Wohnungs- und Teileigentümers, der nicht anwesend oder anderweitig vertreten ist, vom Verwalter ausgeübt wird (**automatisierte Vollmacht**), ist zulässig,[384] aber nicht sinnvoll und sollte nicht vereinbart werden.

bb) Formgebote für Vollmachten

309 Das Gesetz sieht für Stimmrechtsvollmachten **keine besondere Form** vor. Ausreichend ist auch eine mündlich erteilte Vollmacht oder eine durch Fax verfügte.[385] Es ist allerdings möglich, dass eine Vereinbarung besondere formelle Anforderungen an eine Stimmrechtsvollmacht stellt. Zulässig und für eine Prüfung sinnvoll ist es zB, für die Vollmachtsurkunde die **Text- oder Schriftform** zu verlangen.[386]

310 ▶ **Muster: Gemeinschaftsordnung – Vertreterklausel**

§ [...]

- Vertreterklausel -

(1) Eine Vertretung in der Versammlung ist zulässig. Vertreter eines Wohnungs- oder Teileigentümers kann aber nur ein Ehegatte, ein Lebenspartner, ein Angehöriger, ein anderer Wohnungs- oder Teileigentümer oder der Verwalter sein. Etwas anderes gilt bei einem gesetzlichen Vertreter oder wenn eine Vertretung durch die in Satz 2 benannten Personen nicht zumutbar ist.

(2) Der Vertreter hat in der Versammlung dem Versammlungsleiter unverlangt eine schriftliche Vollmacht vorzulegen. Ist er dazu nicht in der Lage, ist er vom Stimmrecht ausgeschlossen.[387] ◀

i) Niederschrift

311 Über die in jeder Eigentümerversammlung gefassten Beschlüsse ist gem. § 24 Abs. 6 S. 1 WEG eine Niederschrift (Protokoll) aufzunehmen. Die Niederschrift dient einerseits – wie die Beschluss-Sammlung – dazu, die Inhalte der Beschlüsse für die Zukunft zu „sichern". Andererseits soll sie die Wohnungseigentümer, die an der Versammlung nicht teilgenommen haben, über deren Inhalte unterrichten.[388]

aa) Inhalte

312 Das Gesetz regelt in § 24 Abs. 6 S. 1 WEG den **Muss-Inhalt** der Niederschrift **rückständig**. Nach dem Gesetzeswortlaut sind in der Niederschrift nämlich ausschließlich die Beschlüsse zu beurkunden. Ein über diesen Umfang weit hinausgehender Inhalt ist zwar aus § 21 Abs. 4 WEG herzuleiten.[389] Danach sind jedenfalls auch der Tag und Ort der Eigentümerversammlung, die Frage der Beschlussfähigkeit der Eigentümerversammlung, die Anzahl der auf einen Beschlussantrag abgegebenen Ja- und Nein-Stimmen (ggf auch die Enthaltungen) sowie die Beschlussfeststellung und die Beschlussverkündung zu beurkunden. Es bietet sich aber an, durch Ver-

383 OLG Karlsruhe ZMR 2006, 795, 796 = MietRB 2007, 42; AG Hamburg-Wandsbek ZMR 2006, 237.
384 OLG Düsseldorf ZMR 2003, 766, 767; OLG Frankfurt OLGZ 1986, 45.
385 OLG Hamm ZMR 2007, 63 = NJW-RR 2007, 161.
386 OLG Düsseldorf ZMR 2006, 56, 57.
387 Dies entspricht der Rechtsprechung, vgl OLG München NJW-RR 2008, 245, 246.
388 BayObLG BayObLGReport 2004, 75.
389 Jennißen/*Elzer*, § 24 WEG Rn 119.

einbarung – was zulässig ist[390] – weitere Inhalte der Niederschrift (Kann-Inhalt) zu bestimmen. Ferner bietet es sich an, aus Gründen der Beweissicherung und Transparenz die Sammlung der Beschluss-Anlagen, des Teilnehmerverzeichnisses, möglicher Kostenvoranschläge für geplante Baumaßnahmen oder schriftlicher Stimmrechtsvollmachten anzuordnen.

▶ **Checkliste: Kann-Inhalte der Niederschrift einer Eigentümerversammlung**   313

- Name der Eigentümergemeinschaft
- Name des Verbands Wohnungseigentümergemeinschaft
- Angaben zur Ladungsfrist
- Angaben zum Versammlungsort, zum Versammlungstag (Datum und Wochentag) und der Versammlungsstätte
- Angaben zur Versammlungszeit (Anfang, Dauer, Ende)
- Angaben zum Versammlungsleiter
- Angaben zu den Teilnehmern der Eigentümerversammlung, auch zu Vertretern und deren Berechtigung, das Stimmrecht auszuüben
- Angaben zu Geschäftsordnungsbeschlüssen
- Angaben zur Beschlussfähigkeit für jeden Beschlussgegenstand
- Angaben zum Beschlussantrag und zu den jeweils für oder gegen einen bestimmten Beschlussantrag abgegebenen Stimmen sowie zu den Enthaltungen
- Angaben zur Feststellung und Verkündung eines Abstimmungsergebnisses für einen Beschlussantrag
- Angaben zum Ablauf der Versammlung, zB zu Ordnungsmaßnahmen wie der Kürzung oder dem Entzug des Rederechts
- Angaben zu der Frage, warum ein eigentlich Stimmberechtigter vom Stimmrecht ausgeschlossen wurde ◀

bb) Erstellungsfrist

Das Gesetz gibt nicht vor, zu welchem Zeitpunkt eine Niederschrift zu erstellen ist. Nach der   314 Rechtsprechung ist eine Niederschrift jedenfalls spätestens eine Woche vor Ablauf der Anfechtungsfrist des § 46 Abs. 1 S. 2 WEG vorzulegen.[391] Dieser Zeitpunkt erscheint indes zu spät.[392] Denn die Wohnungseigentümer sollen die in der Versammlung gefassten Beschlüsse einsehen und sich auf eine etwa beabsichtigte Beschlussanfechtung vorbereiten können.[393] Es bietet sich daher an, für die Abfassung eine Zweiwochenfrist zu bestimmen.

cc) Versendung

Der Versammlungsleiter ist grundsätzlich nicht verpflichtet, eine vom ihm gefertigte Niederschrift zu versenden. Es ist daher sachgerecht, eine Versendung im Verwaltervertrag zu bestimmen oder – was vorzugswürdig ist, weil die Regelung dann für jeden Verwalter gilt – eine Versendung nach Erstelllung zu vereinbaren.   315

---

390 BayObLG ZMR 2004, 443, 444.
391 BayObLG ZMR 2001, 815, 818 = NZM 2001, 754; BayObLG NJW-RR 1989, 656; BayObLGZ 1972, 246, 249; OLG Frankfurt WuM 1990, 461.
392 Jennißen/*Elzer*, § 24 WEG Rn 129.
393 Diese Bedeutung geht durch die Beschluss-Sammlung nicht verloren. Viele Inhalte der Niederschrift, sind dort nicht zu beurkunden.

316 ▶ **Muster: Gemeinschaftsordnung – Bestimmungen zur Niederschrift**

§ [...]

- Niederschrift -

Inhalt der Niederschrift sollen über den gesetzlichen Inhalt hinaus mindestens folgende Punkte sein:

– Name der Eigentümergemeinschaft

– Name des Verbands Wohnungseigentümergemeinschaft

– Angaben zur Ladungsfrist

– Angaben zum Versammlungsort, zum Versammlungstag (Datum und Wochentag) und der Versammlungsstätte

– Angaben zur Versammlungszeit (Anfang, Dauer, Ende)

– Angaben zum Versammlungsleiter

– Angaben zu den Teilnehmern der Eigentümerversammlung, auch zu Vertretern und deren Berechtigung, die Stimme auszuüben

– Anzahl der auf einen Beschlussantrag abgegebenen Ja- und Nein-Stimmen

– Name der mit „Nein" stimmenden Wohnungseigentümer bei Beschlüssen nach § 22 Abs. 1 WEG[394]

– Angaben zu Geschäftsordnungsbeschlüssen

– Angaben zur Beschlussfähigkeit für jeden Beschlussgegenstand

– Angaben zum Beschlussantrag und den jeweils für oder gegen einen bestimmten Beschlussantrag abgegebenen Stimmen sowie die Enthaltungen

– Angaben zur Feststellung und Verkündung eines Abstimmungsergebnisses für einen Beschlussantrag

– Angaben zum Ablauf der Versammlung, zB zu Ordnungsmaßnahmen wie der Kürzung oder dem Entzug des Rederechts

– Angaben zu der Frage, warum ein eigentlich Stimmberechtigter vom Stimmrecht ausgeschlossen wurde

Der Verwalter ist verpflichtet, die Niederschrift unverzüglich zu erstellen und jedem Wohnungs- oder Teileigentümer nach Erstellung unverzüglich, spätestens aber nach zwei Wochen eine Kopie der Niederschrift zuzusenden; hierfür erhält er vom Verband Wohnungseigentümergemeinschaft für jeden Wohnungseigentümer pauschal 2,00 €. Die Wohnungseigentümer können etwas Abweichendes durch Beschluss mit einfacher Mehrheit beschließen. Die Niederschriften sind 30 Jahre aufzubewahren. Jeder Wohnungs- oder Teileigentümer oder eine von ihm ermächtigte Person besitzt das Recht, die Niederschriften zwei Tage nach vorheriger Ankündigung einzusehen. ◀

XIV. Beschluss-Sammlung

1. Einführung

317   Seit dem 1.7.2007 ist gem. § 24 Abs. 7 S. 1 und 2 WEG in jeder Wohnungseigentumsanlage eine Beschluss-Sammlung zu führen. Zur Frage, was in welcher Art und Weise zu sammeln ist, enthält § 24 Abs. 7 WEG einige Vorschriften. § 24 Abs. 8 WEG ergänzt diese, indem bestimmt wird, wer die Sammlung zu führen hat. Diese gesetzlichen Vorschriften zur Beschluss-Sammlung können und sollten daher im Sinne einer reibungslosen Verwaltung **durch Vereinbarun-**

---

394   Dies ist wegen der besonderen Kostenregelung des § 16 Abs. 6 WEG unabdingbar. Wegen etwaiger Folgenbeseitigungsansprüche der Wohnungseigentümer untereinander bietet sich diese Regelung freilich bei allen Abstimmungen an.

gen der Wohnungseigentümer nach § 10 Abs. 2 S. 1 WEG **ergänzt und klargestellt werden.** Die gesetzlichen Vorschriften sind nämlich rudimentär geblieben und regeln eine Reihe wichtiger Fragen nicht. Soweit erkennbar, erfolgen solche Regelungen in der Praxis noch viel zu selten und unvollkommen.

▶ **Checkliste: Beschluss-Sammlung**   318

– Form der Beschluss-Sammlung
– Art und Weise der Eintragungen
– zu beurkundende Gegenstände
– Zeitpunkt der Eintragungen
– Papierausdruck der Sammlung
– Art und Weise der Einsichtnahme in die Beschlussnahme
– Führer der Beschluss-Sammlung
– Form der Beschluss-Sammlung
– Öffnungsklausel für Veränderungen ◀

Nach einigen Stimmen im Schrifttum ist es zulässig, § 24 Abs. 7 und Abs. 8 WEG abzubedingen 319
und die **Führung einer Sammlung auszuschließen.**[395] Ob diesen Stimmen angesichts der sehr weit reichenden Beschlusskompetenzen der Wohnungseigentümer und des dadurch verstärkt zu Tage getretenen Informationsbedürfnisses sämtlicher an einer Wohnungseigentumslage Interessierter gefolgt werden kann, ist **unentschieden.** Jedenfalls gibt es in einer normalen Wohnungseigentumsanlage keinen Anlass, diesen Weg zu beschreiten. Er liegt grundsätzlich nicht im Interesse der Wohnungseigentümer.

2. Form der Beschluss-Sammlung

§ 24 Abs. 7 WEG schreibt das äußere Erscheinungsbild der Beschluss-Sammlung nicht vor. 320
Nach Ansicht des Gesetzgebers wäre der „Mehrwert" einer gesetzlichen Definition gering gewesen und von vielen Wohnungseigentümern als übertriebener Formalismus angesehen worden.[396] Die Beschluss-Sammlung kann danach in schriftlicher Form, etwa als Stehordner, aber auch in elektronischer Form angelegt werden.[397]

Da sich grundsätzlich eine **elektronische Form** empfiehlt, sollte sie jedenfalls in größeren An- 321
lagen auch **vereinbart** werden. Dabei ist sicherzustellen, dass die in die Beschluss-Sammlung aufgenommenen Daten im Falle eines Verwalterwechsels in ein **übliches Format** exportiert werden können.[398] Ferner sollte aus Gründen einer sichereren Archivierung und um die Daten zu schützen, vereinbart werden, die Beschluss-Sammlung einmal jährlich auszudrucken.

▶ **Muster: Gemeinschaftsordnung – Anordnung einer elektronischen Form**   322

§ [...]
- Elektronische Form der Beschluss-Sammlung -

(1) Die Beschluss-Sammlung ist elektronisch mit einer im Eigentum des Verwalters stehenden Software zu führen. Es ist sicherzustellen, dass die in die Beschluss-Sammlung aufgenommenen Daten im Falle eines Verwalterwechsels in ein übliches Format exportiert werden können.

---

395   Merle, ZWE 2007, 272; ders., GE 2007, 636.
396   BT-Drucks. 16/887, S. 33.
397   Elzer, in: Hügel/Elzer, § 8 Rn 36.
398   Elzer, MietRB 2007, 329, 332.

(2) Der Verwalter ist verpflichtet, die Beschluss-Sammlung jährlich einmal dokumentenecht auszu-drucken und zu archivieren. Hierfür erhält der Verwalter vom Verband Wohnungseigentümergemein-schaft pauschal jährlich 200,00 €. ◄

3. Art und Weise der Eintragungen

323   Nach § 24 Abs. 7 S. 3 WEG sind die zu beurkundenden Beschlüsse und gerichtlichen Entschei-dungen fortlaufend einzutragen und zu nummerieren. Vorstellbar ist darüber hinaus, anzuord-nen, in welcher Weise die Eintragungen zu erfolgen haben. Zum Beispiel kann es sich empfehlen, Beschlüsse, die auf einer Öffnungsklausel beruhen,[399] besonders zu kennzeichnen oder „Grup-pen" und Systematisierungen anzuordnen.

324   ▶ **Muster: Gemeinschaftsordnung – Klausel zu Art und Weise der Eintragungen**

§ [...]

- Art und Weise der Eintragungen in die Beschluss-Sammlung -

Die Beschlüsse der Wohnungs- und Teileigentümer und die gerichtlichen Entscheidungen sind fort-laufend einzutragen und zu nummerieren, aber nach Gegenständen zu systematisieren. Beschlüsse, die auf einer Öffnungsklausel beruhen, sind durch Unterstreichung, Fettdruck oder rote Farbe be-sonders zu kennzeichnen. ◄

4. Zu beurkundende Gegenstände

325   Nach § 24 Abs. 7 S. 2 WEG enthält die Beschluss-Sammlung den Wortlaut der in der Ver-sammlung der Wohnungseigentümer verkündeten Beschlüsse mit Angabe von Ort und Datum der Versammlung, den Wortlaut der schriftlichen Beschlüsse mit Angabe von Ort und Datum der Verkündung und den Wortlaut der Urteilsformeln der gerichtlichen Entscheidungen in ei-nem Rechtsstreit gem. § 43 WEG mit Angabe ihres Datums, des Gerichts und der Parteien. Sind in der Sammlung beurkundete Beschlüsse oder gerichtliche Entscheidungen angefochten oder aufgehoben worden, so ist dies nach § 24 Abs. 7 S. 4 WEG anzumerken. Was das Gesetz unter Beschlüssen und gerichtlichen Entscheidungen versteht, regelt es nicht. Es fehlen auch Anwei-sungen für die nach § 24 Abs. 7 S. 4 WEG geforderten Anmerkungen. Es sollten daher – we-nigstens zu Klarstellung – die Einzelheiten vereinbart werden. Ferner bietet sich eine Anordnung an, dass dann, wenn ein Beschluss auf Anlagen Bezug nimmt, auch diese zu sammeln sind; dies sollte auch für die beschlossenen Wirtschafts- und Einzelwirtschaftspläne sowie die Jahres- und die Einzeljahresabrechnungen gelten.

326   ▶ **Muster: Gemeinschaftsordnung – Vereinbarungen zum Inhalt der Beschluss-Sammlung**

§ [...]

- Inhalt der Beschluss-Sammlung -

(1) Beschlüsse sind nach ihrem verkündeten Inhalt, nicht durch Beschlussantrag und abgegebene Stimmenzahl zu beurkunden.

(2) In die Beschluss-Sammlung sind nicht aufzunehmen, es sei denn, etwas anderes ist bestimmt:

- Geschäftsordnungsbeschlüsse
- Nichtbeschlüsse

---

399   Wenn man – wie die hM – solche Entscheidungen als Beschluss versteht.

- Negativbeschlüsse
- Prozessvergleiche
- Entscheidungen nach § 43 Nr. 5 WEG
- Klageabweisungen
- Kostenbeschlüsse
- Entscheidungen der Gerichte zur vorläufigen Vollstreckbarkeit

(3) Eintragungen, Vermerke und Löschungen haben so kurz und prägnant wie möglich zu erfolgen. Überflüssige Eintragungen sind zu vermeiden.

(4) Nimmt ein Beschluss auf Anlagen Bezug, z.B. Pläne, Zeichnungen, Angebote und Gutachten, sind auch diese in der Beschluss-Sammlung zu sammeln.

(5) In der Beschluss-Sammlung zu sammeln sind auch die beschlossenen Wirtschafts- und Einzelwirtschaftspläne sowie die Jahres- und die Einzeljahresabrechnungen. ◄

5. Zeitpunkt der Eintragung

Eintragungen, Vermerke und Löschungen iSv § 27 Abs. 7 S. 3 bis 5 WEG sind nach § 27 **327** Abs. 7 S. 6 WEG **unverzüglich** – also gem. § 121 Abs. 1 S. 1 BGB „ohne schuldhaftes Zögern" – zu erledigen und mit einem Datum zu versehen. Verstößt der Verwalter hiergegen, liegt nach § 26 Abs. 1 S. 4 WEG ein wichtiger Grund für seine Abberufung vor. Welcher Zeitraum als „unverzüglich" zu verstehen ist, ist umstritten, lässt sich aber wohl **kaum allgemein** beschreiben.[400] Welcher Zeitraum angemessen ist, wird sich vielmehr an einigen Prüfsteinen messen lassen müssen (zB am Ablauf einer Eigentümerversammlung, der Anzahl der zu beurkundenden Beschlüsse und ihrem Umfang, dem Wochentag der Eigentümerversammlung, dem Schluss einer Eigentümerversammlung etc.). Eine Eintragung kann danach am Tag nach einer Beschlussfassung, aber auch nach einer Woche ordnungsmäßig iSv § 26 Abs. 1 S. 4 WEG sein.[401]

Um einerseits die Anforderungen an den Verwalter, vor allem den professionellen, nicht zu **328** überspannen, andererseits auch dem gesetzlich geschützten Informationsinteresse gerecht zu werden, sollten die Wohnungseigentümer bindend vereinbaren, dass Eintragungen, Vermerke und Löschungen im Zweifel und im Regelfall drei Werktage nach ihrem Anlass in der Beschluss-Sammlung umgesetzt sein müssen.

▶ **Muster: Gemeinschaftsordnung – Klausel zum Zeitpunkt von Eintragungen in die Beschluss-** **329** **Sammlung**

§ [...]
- Zeitpunkt von Eintragungen in die Beschluss-Sammlung -

Der Verwalter hat Eintragungen, Vermerke und Löschungen gemäß § 24 Abs. 7 S. 3 bis 6 WEG im Regelfall binnen drei Tagen zu erledigen und mit einem Datum zu versehen. In Ausnahmefällen, zB bei einer Häufung von Feiertagen, hat die Erledigung binnen einer Woche zu erfolgen. ◄

6. Einsicht in die Beschluss-Sammlung

Einem Wohnungseigentümer ist nach § 24 Abs. 7 S. 8 WEG auf sein mündlich, schriftlich oder **330** auf andere Weise vorgetragenes Verlangen Einsicht in die Beschluss-Sammlung zu geben. Wann,

---

400 LG München WuM 2008, 243 = NJW-Spezial 2008, 289 = MietRB 2008, 146: eine Woche ist zu lang; Elzer, MietRB 2007, 329, 331; Fritsch, Das neue Wohnungseigentumsrecht, Rn 567; aA Merle, GE 2007, 636: stets am nächsten Werktag; ähnlich: Drasdo, ZMR 2007, 501, 505.
401 Jennißen/Elzer, § 24 WEG Rn 129; Niedenführ/Kümmel/Vandenhouten/Kümmel, § 24 WEG Rn 70.

wie und wo diese Einsichtnahme zu erfolgen hat, ist gesetzlich nicht bestimmt. Es bietet sich daher an, diese Fragen wenigstens zur Klarstellung und zur Vermeidung unnötiger Belastungen des Verwalters eindeutig zu regeln.

331 Die Wohnungseigentümer besitzen nach dem Gesetz kein Recht auf Herausgabe der Beschluss-Sammlung.[402] Jedenfalls im Rahmen der Einsichtnahme, im Zweifel aber auch so hat ein Wohnungseigentümer aber einen Anspruch auf **Fertigung und Aushändigung von Fotokopien**,[403] da es ihm in der Regel nicht zugemutet werden kann, handschriftlich Abschriften zu fertigen.[404] Die Kosten der Ablichtungen sind dem Verwalter zu erstatten.[405] Das Gesetz bestimmt aber weder die Höhe der Kosten noch den Schuldner. Aus diesem Grunde empfiehlt es sich, die Höhe der Kosten und den Schuldner ausdrücklich zu vereinbaren.

332 ▶ **Muster: Gemeinschaftsordnung – Klausel zur Einsichtnahme in die Beschluss-Sammlung; Kopien**

(70)

§ [...]
- Einsichtnahme in die Beschluss-Sammlung -

(1) Wohnungs- oder Teileigentümer, von diesen benannte Dritte oder potenzielle Erwerber im Rahmen eines Zwangsversteigerungsverfahrens können jederzeit zu den üblichen Öffnungszeiten im Geschäftslokal des Verwalters Einsicht in die Beschluss-Sammlung nehmen. Der Wunsch auf eine Einsichtnahme muss dem Verwalter zwei Werktage vorher angekündigt werden. Der Einsichtnehmende muss für seinen Einsichtswunsch kein rechtliches oder wirtschaftliches Interesse nachweisen. Dem Einsichtnehmenden ist auf Verlangen ein geschützter PC-Arbeitsplatz zur Verfügung zu stellen. Eine Veränderung der Daten durch den Einsichtnehmenden ist unzulässig.

(2) Der Verwalter hat jedem Wohnungs- oder Teileigentümer auf Verlangen binnen einer Woche einen teilweisen oder vollständigen Ausdruck der Beschluss-Sammlung herzustellen. Der Verwalter darf dafür vom Antragsteller für jede angefangene Druckseite eine Vergütung von 0,50 € verlangen; ab der 51sten Seite reduzieren sich die Kosten auf 0,15 € pro Seite. ◀

7. Führer der Beschluss-Sammlung

333 Die Beschluss-Sammlung ist nach § 24 Abs. 8 S. 1 WEG vom **Verwalter** zu führen. Fehlt ein Verwalter, ist – sofern die Wohnungseigentümer keinen anderen für diese Aufgabe bestellt haben – nach § 24 Abs. 8 S. 2 WEG der **Vorsitzende der Wohnungseigentümerversammlung** verpflichtet, die Beschluss-Sammlung zu führen. Diese Regelung ist unvollständig, weil nach ihrem Wortlaut offen bleibt, wer die gerichtlichen Entscheidungen und etwaige schriftliche Beschlüsse zwischen zwei Versammlungen in die Sammlung einzutragen hat. Vorstellbar ist, dass auch diese Aufgabe Teil der Verpflichtungen des Vorsitzenden der Wohnungseigentümerversammlung ist. Um diese wichtige Frage klarzustellen, empfiehlt es sich, die Aufgaben des Vorsitzenden der Wohnungseigentümerversammlung zu verdeutlichen.

334 **Hinweis:** Ungeregelt geblieben ist ferner, welche Rechte und Möglichkeiten der Vorsitzende besitzt, eine ggf bereits geführte Sammlung zu erhalten und dann zu vervollständigen. Nahe liegt es, ihm insoweit einen Herausgabeanspruch einzuräumen. Dieser Herausgabeanspruch

---

402 LG München WuM 2008, 243 = NJW-Spezial 2008, 289 = MietRB 2008, 146; Jennißen/*Elzer*, § 24 WEG Rn 188.
403 LG München WuM 2008, 243 = NJW-Spezial 2008, 289 = MietRB 2008, 146.
404 Merle, GE 2007, 636, 638; Jennißen/*Elzer*, § 24 WEG Rn 189.
405 LG München WuM 2008, 243 = NJW-Spezial 2008, 289 = MietRB 2008, 146.

kann indes nicht Gegenstand der Gemeinschaftsordnung sein, denn die Gemeinschaftsordnung kann **Rechte gegenüber Dritten** nicht bestimmen.

Die Wohnungseigentümer müssen sich zur Führung der Beschluss-Sammlung nicht des Vorsit-   335
zenden der Eigentümerversammlung bedienen. Ihnen steht es frei, eine andere Person für die Führung der Beschluss-Sammlung zu bestellen. Die andere Person kann ein Wohnungseigentümer, aber auch **jeder Dritte** – zB ein Rechtsanwalt – sein. Im Einzelfall kann es sinnvoll sein, bereits in der Gemeinschaftsordnung zu bestimmen, dass im Falle einer Verhinderung des Verwalters stets ein Dritter die Sammlung zu führen hat.

▶ **Muster: Gemeinschaftsordnung – Führer der Beschluss-Sammlung**   336

§ [...]

- Führer der Beschluss-Sammlung -

(1) Fehlt ein Verwalter, ist die Beschluss-Sammlung von einem Rechtsanwalt zu führen.[2] Der Rechtsanwalt ist durch Beschluss in der ersten Eigentümerversammlung zu bestimmen, auch wenn kein Verwalter fehlt.

(2) Der Rechtsanwalt ist zur Wahrnehmung seiner Aufgabe, die Beschluss-Sammlung zu führen, durch den Beirat vom Termin einer Eigentümerversammlung oder einer Beschluss-Initiative nach § 23 Abs. 3 WEG zu benachrichtigen. Der Verwalter oder ein nach § 45 Abs. 2 S. 1 WEG bestellter Ersatzzustellungsvertreter oder Vertreter haben den Rechtsanwalt von einem Rechtsstreit zu benachrichtigen und diesem eine Abschrift der einzutragenden Entscheidungen zuzustellen. Sind nach § 45 Abs. 2 WEG keine Ersatzzustellungsvertreter bestellt, hat der Beirat dem Rechtsanwalt eine Abschrift der einzutragenden Entscheidungen zuzustellen.

(3) Der Rechtsanwalt hat die Beschluss-Sammlung wie der Verwalter nach § [...] zu führen.[406]

(4) Der Rechtsanwalt soll für das Führen der Beschluss-Sammlung jährlich pauschal 500,00 € erhalten. Die Sammlung ist nach den gesetzlichen Bestimmungen des § 24 Abs. 7 WEG zu führen, soweit nichts anderes durch die Wohnungseigentümer bestimmt ist. ◀

8. Konkrete Öffnungsklausel

Die Beschluss-Sammlung ist ein neues und noch nicht erprobtes Instrument im Wohnungsei-   337
gentumsrecht. Um den zu erwartenden Änderungen Rechnung zu tragen, sollten Vereinbarungen zur Beschluss-Sammlung jedenfalls zurzeit noch mit einer konkreten Öffnungsklausel (siehe auch Rn 123) verbunden werden.

▶ **Muster: Gemeinschaftsordnung – Öffnungsklausel für die Beschluss-Sammlung**   338

§ [...]

- Öffnungsklausel für die Beschluss-Sammlung -

(1) Die Wohnungs- und Teileigentümer sind berechtigt, von den gesetzlichen und vereinbarten Bestimmungen zur Beschluss-Sammlung, durch einen Beschluss abweichende Regelungen zu treffen.

(2) Der Änderungsbeschluss bedarf einer Mehrheit von mehr als der Hälfte der stimmberechtigten Wohnungseigentümer. ◀

---

406 Siehe dazu Rn 326.

XV. Verwalterbestellung

1. Allgemeines

339 Neben der Eigentümerversammlung ist der Verwalter wohl das wichtigste Organ der Gemeinschaft der Eigentümer. Während die Eigentümerversammlung überwiegend legislative Aufgaben wahrnimmt, ist der Verwalter das **Geschäftsführungsorgan** der Gemeinschaft. Gleichwohl hat der Gesetzgeber den Verwalter nicht mit umfassenden Geschäftsführungsbefugnissen ausgestattet (vgl Rn 366 ff). Trotz der Bedeutung des Verwalters hat der Gesetzgeber darauf verzichtet, eine Notwendigkeit der Verwalterbestellung gesetzlich zu verankern. Sofern es an einem Verwalter fehlt oder der Verwalter zur Vertretung nicht berechtigt ist, vertreten gem. § 27 Abs. 3 S. 2 WEG alle Wohnungseigentümer die Gemeinschaft. Allerdings kann die Bestellung eines Verwalters nach § 20 Abs. 2 WEG nicht durch Vereinbarung ausgeschlossen werden. Daher sind Beschlüsse und Vereinbarungen, nach denen für einen bestimmten Zeitraum kein Verwalter bestellt werden soll, nichtig. Nach § 21 Abs. 4 WEG hat jeder Wohnungseigentümer einen Anspruch auf Bestellung eines Verwalters. Demzufolge kann eine Gemeinschaft so lange ohne Verwalter bleiben, wie Einigkeit unter den Wohnungseigentümern besteht, dass ein Verwalter nicht bestellt werden soll. Dies wird jedoch regelmäßig nur in kleinen und Kleinstanlagen praktikabel sein.

2. Persönliche Anforderungen

340 Zu den persönlichen Anforderungen an den Verwalter schweigt das Wohnungseigentumsgesetz. Verwalter kann daher jede natürliche oder juristische Person sein. Ein Wohnungseigentümer kann daher Verwalter sein, solange er nicht auch noch dem Beirat angehört, dessen Prüfungspflicht andernfalls unterlaufen würde.[407] Nichtig ist dagegen nach Ansicht des BGH die Bestellung einer GbR zum Verwalter.[408] Zur Begründung wird angeführt, dass bei einer GbR mangels Registereintrag nicht offenkundig ist, wer zum Gesellschafterkreis gehört. Zudem könnten den Wohnungseigentümern unter dem Deckmantel der GbR ständig andere Personen als Verwalter aufgedrängt werden. Daneben bedarf es auch keines Nachweises einer Qualifikation. Erhöhungen der persönlichen Anforderungen an den Verwalter, zB der fachlichen Qualifikation, wirken sich regelmäßig als Einschränkungen der Bestellungsmöglichkeiten aus und sind daher weder durch Vereinbarung noch durch Beschluss zulässig (§ 26 Abs. 1 S. 5 WEG).[409]

3. Bestellung

341 Die Bestellung des Verwalters ist ein organschaftlicher Akt, der vom rechtsgeschäftlichen Abschluss des Verwaltervertrags zu unterscheiden ist (**Trennungstheorie**).[410] Dagegen ist der Abschluss des Verwaltervertrags nicht zur Erlangung der Verwalterstellung erforderlich.[411] Denn die §§ 24, 27 und 28 WEG knüpfen hinsichtlich der Rechte und Pflichten des Verwalters lediglich an dessen Bestellung an.

---

407 OLG Zweibrücken OLGZ 1983, 438.
408 BGH NJW 2006, 2189 = ZMR 2006, 375; Hügel ZWE 2003, 323; Riecke/Schmid/*Abramenko*, § 26 WEG Rn 2; aA Schäfer, NJW 2006, 2160; Armbrüster, ZWE 2006, 181; Greiner, Wohnungseigentumsrecht, Rn 1130; Jennißen/*Jennißen*, § 26 WEG Rn 5; Bärmann/Pick/*Merle*, § 26 WEG Rn 13; Staudinger/*Bub*, § 26 WEG Rn 91; Weitnauer/*Lüke*, § 26 WEG Rn 6.
409 Jennißen/*Jennißen*, § 26 WEG Rn 24.
410 BGH NJW 1997, 2106; BGH ZMR 2002, 766; BayObLG NJW-RR 1987, 1040; OLG Zweibrücken ZMR 2004, 66; OLG München ZMR 2006, 719; Riecke/Schmid/*Abramenko*, § 26 WEG Rn 5; Jennißen/*Jennißen*, § 26 WEG Rn 17.
411 AA BayObLGZ 1974, 305, 309; OLG Oldenburg Rpfleger 1979, 266; OLG Hamburg ZWE 2002, 133, 134 (Vertragstheorie).

Der **Verwaltervertrag** bildet vor allem die Grundlage für den Vergütungsanspruch des Verwal- 342
ters. Darüber hinaus werden im Verwaltervertrag regelmäßig die Rechte und Pflichten des Verwalters konkretisiert, erweitert oder auch abgeändert. Auch ohne ausdrücklichen Abschluss
eines Verwaltervertrags wird jedoch regelmäßig die Bestellung des Verwalters dahin gehend
ausgelegt, dass die Bestellung zugleich das Angebot eines Verwaltervertrags zu den in der Bestellung genannten Konditionen beinhaltet, welches der Verwalter durch die Annahme seiner
Bestellung ebenfalls annimmt.[412] Es wird in diesen Fällen gewissermaßen ein „Minimalvertrag"
konstruiert, dessen Regelungsgehalt durch den Bestellungsbeschluss und das Gesetz bestimmt
wird.[413] Soweit also das Verwalterentgelt nicht bestimmt ist, erhält der Verwalter als Beauftragter zumindest Aufwendungsersatz nach § 670 BGB.[414] Allerdings wird im Rahmen der
notwendigen Auslegung bei gewerbsmäßigen Verwaltern regelmäßig davon ausgegangen, dass
sie ihre Verwaltertätigkeit nicht unentgeltlich erbringen. Daher wird bei gewerbsmäßigen, professionellen Verwaltern vom Abschluss eines Geschäftsbesorgungsvertrags mit Dienstvertrag-
scharakter ausgegangen, so dass der Verwalter nach §§ 675, 612 Abs. 2 BGB einen Anspruch
auf die übliche Vergütung hat.[415]

Der Verwalter kann sowohl durch **Mehrheitsbeschluss** gem. § 26 Abs. 1 WEG als auch durch 343
Vereinbarung der Wohnungseigentümer bestellt werden. Daneben kann auch das **Gericht** einen
Verwalter bestellen, wenn die Wohnungseigentümer keinen entsprechenden Mehrheitsbeschluss fassen.[416] Einschränkungen der Bestellungsmöglichkeiten sind weder durch Vereinbarung noch durch Beschluss zulässig (§ 26 Abs. 1 S. 5 WEG).

Aufgrund der herrschenden Trennungstheorie ist als **Inhalt des Bestellungsbeschlusses** der er- 344
kennbare Wille, einen konkreten, namentlich genannten Verwalter zu bestellen, grundsätzlich
ausreichend. Soweit im Bestellungsbeschluss keine Bestellungsdauer angegeben ist, richtet sich
die Bestellungsdauer nach der in § 26 Abs. 1 S. 2 WEG genannten Höchstbestellungsdauer. Das
heißt, der Verwalter ist mangels anderweitiger Regelungen im Bestellungsbeschluss auf fünf
Jahre bestellt, es sei denn, es handelt sich um die erste Bestellung eines Verwalters nach der
Begründung von Wohnungseigentum, dann ist der Verwalter auf drei Jahre bestellt. Die vereinzelt vertretene Ansicht, dass es zwingend zur ordnungsmäßigen Verwalterwahl gehören soll,
im Beschluss die wichtigsten Vertragselemente des Verwaltervertrags wie Vertragslaufzeit und
Vergütung festzulegen,[417] ist mit der herrschenden Trennungstheorie abzulehnen.[418]

Für die Bestellung ist gem. § 26 Abs. 1 S. 1 WEG die **einfache Stimmenmehrheit** erforderlich. 345
Nicht ausreichend ist die relative Mehrheit, wenn etwa über mehrere Bewerber gleichzeitig
abgestimmt wird.[419] Es ist also nicht automatisch derjenige Kandidat, der die meisten Stimmen
auf sich vereinigt, zum Verwalter bestellt. Allerdings kann es sich empfehlen unter mehreren
Bewerbern im Sinne einer Probeabstimmung eine Vorauswahl zu treffen, um den aussichts-
reichsten Kandidaten zu ermitteln. Anschließend muss dieser jedoch noch mit der einfachen
Mehrheit der in der beschlussfähigen Eigentümerversammlung repräsentierten Stimmen zum

---

412 BGH NJW 1980, 2466, 2468; OLG Hamm ZMR 1997, 94; OLG Schleswig ZMR 2006, 804; Jennißen/*Jennißen*, § 26
      WEG Rn 19.
413 So auch Greiner, Wohnungseigentumsrecht, Rn 1132.
414 Niedenführ/Kümmel/Vandenhouten/*Niedenführ*, § 26 WEG Rn 29.
415 KG ZMR 2004, 460; Riecke/Schmid/*Abramenko*, § 26 WEG Rn 60.
416 Jennißen/*Suilmann*, § 21 WEG Rn 158.
417 So bspw OLG Hamm ZMR 2003, 50.
418 Jennißen/*Jennißen*, § 26 WEG Rn 32.
419 BayObLG ZMR 2004, 125, 126.

Verwalter bestellt werden, sofern er nicht bereits die erforderliche Mehrheit im ersten Wahlgang erhalten hat.[420]

346   **Stimmberechtigt** sind bei der Bestellung des Verwalters grundsätzlich sämtliche Wohnungseigentümer, selbst diejenigen, die sich selbst zur Wahl stellen; § 25 Abs. 5 WEG findet keine (analoge) Anwendung.[421] Auch wenn zugleich über den Abschluss des Verwaltervertrags bzw dessen Eckdaten abgestimmt wird – was trotz der Trennungstheorie grundsätzlich empfehlenswert ist –, ist der Bewerber nicht vom Stimmrecht ausgeschlossen. Grundsätzlich wäre der Bewerber zwar gem. § 25 Abs. 5 WEG vom Stimmrecht ausgeschlossen, denn der Abschluss des Verwaltervertrags mit ihm ist ein Rechtsgeschäft, jedoch überwiegt bei einem einheitlichen Beschluss der organschaftliche Akt der Bestellung, auf den § 25 Abs. 5 WEG keine Anwendung findet.[422] Für den Verwalter, dem Stimmrechtsvollmachten erteilt worden sind, gilt Entsprechendes.[423]

347   Regelmäßig wird der **Erstverwalter** – ungeachtet neuerer Stimmen, die das für unzulässig erachten[424] – von dem teilenden Eigentümer bzw den teilenden Eigentümern bereits in der im Grundbuch einzutragenden **Gemeinschaftsordnung** (Vereinbarung) bestellt. Dabei kann sich der teilende Eigentümer auch selbst zum Verwalter bestellen.

348   ▶ **Muster: Gemeinschaftsordnung – Verwalterbestellung in der Gemeinschaftsordnung**

§ [...]

- Verwalterbestellung -

(1) Zum ersten Verwalter wird die

[...] GmbH

bestellt.

(2) [...] ◀

349   **Hinweis:** Entgegen einer verbreiteten Praxis, die Erstverwalterbestellung zwar in die Urkunde (Teilungserklärung nebst Gemeinschaftsordnung) aufzunehmen, jedoch vom Eintragungsantrag nicht zu erfassen bzw explizit auszunehmen, sollte die Erstverwalterbestellung mit der restlichen Gemeinschaftsordnung zum Inhalt des Sondereigentum gemacht werden. Denn Vereinbarungen[425] entfalten gegenüber Sondernachfolgern gem. § 10 Abs. 3 WEG nur Wirkung, wenn sie als Inhalt des Sondereigentums im Grundbuch eingetragen sind. Andernfalls wäre die Amtsstellung des Erstverwalters – wie alle nicht verdinglichten Vereinbarungen – mit jeder Eigentumsumschreibung bedroht.

350   Zu beachten ist bei der Bestellung des ersten Verwalters die im Vergleich zur regelmäßigen **Bestellungshöchstdauer** verkürzte Obergrenze von drei Jahren (§ 26 Abs. 1 S. 2 Hs 2 WEG).

420   Vgl auch Greiner, Wohnungseigentumsrecht, Rn 1148, der eine Stichwahl zwischen den beiden aussichtsreichen Kandidaten empfiehlt.
421   BGH NJW 2002, 3704 = ZMR 2002, 931.
422   BGH aaO.
423   Greiner, Wohnungseigentumsrecht, Rn 1151.
424   Drasdo, RNotZ 2008, 87, 89; Deckert, FS Bub, 2007, S. 37, 52.
425   Auch wenn es sich bei der Bestellung des Verwalters in der Gemeinschaftsordnung um eine Vereinbarung in Beschlussangelegenheiten handelt, welche grundsätzlich einer Änderung durch Mehrheitsbeschluss zugänglich ist, wäre es verfehlt, von einem einseitigen, vorgezogenen einstimmigen Beschluss zu sprechen. Ein Beschluss scheidet schon deshalb aus, weil im Zeitpunkt der Beurkundung der Teilungserklärung nebst Gemeinschaftsordnung noch keine Wohnungseigentümergemeinschaft existiert, zudem sind Ein-Mann-Beschlusse des teilenden Eigentümers als sog. Nichtbeschlüsse ohne Weiteres unbeachtlich, vgl BGH ZMR 2002, 766, 769; OLG Düsseldorf ZMR 2006, 463, 464; Jennißen/*Elzer*, Vor §§ 23 bis 25 Rn 133 ff mwN.

Eine zeitlich darüber hinausgehende Bestellung ist nichtig. Regelmäßig wird jedoch hierbei von einer Teilnichtigkeit auszugehen sein, so dass der Verwalter für die gesetzliche Maximaldauer von drei Jahren bestellt ist.[426] Dies gilt unabhängig davon, ob der Erstverwalter durch Beschluss oder Vereinbarung bestellt wird.

Bei der Bestellung des Erstverwalters bereits in der Gemeinschaftsordnung beginnt die Bestellungszeit, sofern kein späterer Zeitpunkt angegeben ist, mit der Anwendbarkeit des Wohnungseigentumsgesetzes auf das zu verwaltende Objekt.[427] Dieser Zeitpunkt ist von der herrschenden Literatur und Rechtsprechung nach vorn verlagert worden, man spricht insoweit von der werdenden Wohnungseigentümergemeinschaft.[428] Die **werdende Wohnungseigentümergemeinschaft** entsteht, wenn eine Auflassungsvormerkung für einen Erwerber im Grundbuch eingetragen ist und dieser Erwerber Besitz an der erworbenen Wohnung hat. Die Anlegung der Wohnungsgrundbücher soll nach Ansicht des BGH nicht Voraussetzung für die Annahme einer werdenden Wohnungseigentümergemeinschaft sein, es genüge, wenn die Vormerkung des ungeteilten Grundstücks eingetragen sei.[429] Problematisch ist die Figur der werdenden Wohnungseigentümergemeinschaft in der Praxis jedoch deshalb, weil der Zeitpunkt der Übergabe des Besitzes – vor allem im Nachhinein – oder von nicht am Vertrag beteiligten Personen, wie dem Verwalter, häufig nicht zuverlässig feststellbar ist.[430]

351

Für die Gestaltung der Erstverwalterbestellung in der Gemeinschaftsordnung bedeutet dies, dass die dort angegebene Bestellungsdauer drei Jahre seit Entstehen der werdenden Wohnungseigentümergemeinschaft nicht überschreiten darf. Da der genaue Zeitpunkt der Entstehung der werdenden Wohnungseigentümergemeinschaft bei Beurkundung noch nicht feststeht, kann ein Enddatum nicht angegeben werden. Insoweit ist für die Berechnung des Dreijahreszeitraums auf einen objektiv gut nachprüfbaren Zeitpunkt abzustellen.[431] Hierfür bietet sich die **Eintragung der ersten Vormerkung** für einen Erwerber an.[432] Für den Fall, dass bereits vor Eintragung einer Vormerkung das Eigentum an einen Erwerber umgeschrieben wird, sollte jedoch vorgesehen werden, dass die Bestellung spätestens drei Jahre nach diesem Zeitpunkt (= Entstehung der Wohnungseigentümergemeinschaft) endet.

352

---

426 Riecke/Schmid/*Abramenko*, § 26 WEG Rn 88.
427 Bärmann/*Merle*, § 26 WEG Rn 91.
428 Vgl statt vieler BGH ZMR 2008, 805 m.Anm. Elzer (mit Darstellung des Sach- und Streitstands); aA Sauren, ZWE 2008, 375, der auch nach der Entscheidung des BGH die Rechtsfigur der werdenden Wohnungseigentümergemeinschaft ablehnt.
429 BGH ZMR 2008, 805, 807. In der Praxis wird es unter anderem wegen § 3 Abs. 1 Nr. 2 MaBV wohl kaum Fälle geben, in denen der Übereignungsanspruch schon vor Anlegung der Wohnungsgrundbücher durch Vormerkung gesichert ist, so dass in aller Regel auch die Wohnungsgrundbücher bereits angelegt sein werden; so auch Elzer, ZWE 2008, 808, 809.
430 Allerdings ist diese praktische Schwierigkeit entgegen *Sauren* (ZWE 2008, 375) angesichts des dringenden Bedürfnisses der Praxis für eine Vorverlagerung der Anwendbarkeit des Wohnungseigentumsgesetzes kein Grund, die Figur der werdenden Wohnungseigentümergemeinschaft abzulehnen.
431 Zu beachten ist jedoch, dass hierdurch nicht der Beginn der Verwalterstellung exakt bestimmt wird – dies kann immer nur der Fall sein, wenn die Voraussetzungen der werdenden Wohnungseigentümergemeinschaft erfüllt sind –, sondern hierdurch wird der frühest mögliche Zeitpunkt des Beginns der Verwalterstellung beschrieben, welcher im Wesentlichen nur der Errechenbarkeit des Bestellungsendes dient.
432 Der Zeitpunkt der Besitzübergabe ist wie vorstehend gezeigt (Rn 351), praktisch schwer bestimmbar.

353 ▶ **Muster: Gemeinschaftsordnung – Bestellungsende drei Jahre nach Eintragung der ersten Vormerkung**

§ [...]

- Verwalterbestellung -

(1) [...] [*wie Rn 348*]

(2) Die Bestellung endet drei Jahre nach Eintragung der ersten Vormerkung für einen Erwerber, spätestens jedoch drei Jahre nach Entstehung der Wohnungseigentümergemeinschaft. ◀

354 Auch das Abstellen auf den **Zeitpunkt der Anlegung der Wohnungsgrundbücher** ist geeignet. Für den Fall, dass die Anlegung der Wohnungsgrundbücher tatsächlich einmal erst nach Entstehung der werdenden Wohnungseigentümergemeinschaft erfolgt, könnte es bei ausnahmsloser Bestimmung des Bestellungsendes auf drei Jahre nach Anlegung der Wohnungsgrundbücher dazu kommen, dass auch hier die Bestellungshöchstdauer überschritten wird. Andererseits würde das bloße Abstellen auf den Zeitpunkt der Anlegung der Wohnungsgrundbücher als Beginn der Verwalterstellung in diesem Fall dazu führen, dass die werdende Wohnungseigentümergemeinschaft bis zur Anlegung der Wohnungsgrundbücher keinen bestellten Verwalter hat. Insoweit sollte in der Gemeinschaftsordnung, wenn man an die Anlegung der Wohnungsgrundbücher anknüpfen möchte, auch die Entstehung der werdenden Wohnungseigentümergemeinschaft beachtet werden. Anders als beim Abstellen auf die Eintragung der ersten Vormerkung (vgl Rn 352 f) muss hier jedoch die Entstehung der Wohnungseigentümergemeinschaft nicht zusätzlich berücksichtigt werden, da die Eigentumsumschreibung auf den ersten Erwerber stets erst nach Anlegung der Wohnungsgrundbücher erfolgen kann.

355 ▶ **Muster: Gemeinschaftsordnung – Bestellungsende drei Jahre nach Anlegung der Wohnungsrundbücher**

§ [...]

- Verwalterbestellung -

(1) [...] [*wie Rn 348*]

(2) Die Bestellung endet drei Jahre nach Anlegung der Wohnungsrundbücher, spätestens jedoch drei Jahre nach Entstehung der werdenden Wohnungseigentümergemeinschaft. ◀

4. Abschluss des Verwaltervertrags

356 Der Abschluss des Verwaltervertrags, der von der Bestellung zu unterscheiden ist (vgl Rn 341), kann der ersten Eigentümerversammlung vorbehalten werden.

357 ▶ **Muster: Gemeinschaftsordnung – Eigentümerversammlung entscheidet über Verwaltervertrag**

§ [...]

- Verwalterbestellung -

(1) [...] [*wie Rn 348*]

(2) [...] [*wie Rn 353 oder Rn 355*]

(3) Über den Abschluss und den Inhalt des Verwaltervertrags entscheidet die erste Eigentümerversammlung. ◀

In der Praxis ist jedoch häufig gewünscht, dass der Verwaltervertrag vom aufteilenden Eigen- 358
tümer bestimmt wird. Hierzu kann der Verwaltervertrag in die Gemeinschaftsordnung mit
aufgenommen werden.[433] Hierbei empfiehlt es sich regelmäßig, den Vertrag mit dem Erstverwalter als separate Anlage mit zu beurkunden und in der Gemeinschaftsordnung hierauf zu
verweisen.

▶ **Muster: Gemeinschaftsordnung – Mitbeurkundung des Verwaltervertrags** 359

§ [...]

- Verwalterbestellung -

(1) [...] [*wie Rn 348*]

(2) [...] [*wie Rn 353 oder Rn 355*]

(3) Mit der Aufnahme der Tätigkeit durch den in Absatz 1 bestellten Verwalter gilt der als Anlage
[...] dieser Urkunde beigefügte Verwaltervertrag. Die Anlage [...], die Bestandteil dieser Urkunde
ist, wurde verlesen. ◀

Wenn man den Verwaltervertrag nicht im vollständigen Wortlaut zum Gegenstand der Ge- 360
meinschaftsordnung machen möchte, bietet es sich an, in der Gemeinschaftsordnung zu vereinbaren, dass der aufteilende Eigentümer ermächtigt wird, den Verwaltervertrag mit Wirkung
für und gegen die Gemeinschaft der Wohnungseigentümer abzuschließen.[434] Eine derartige
Vereinbarung dürfte zulässig sein. Denn wenn durch Vereinbarung sogar einem Dritten die
Befugnis zum Aushandeln und Abschluss des Verwaltervertrags generell übertragen werden
kann,[435] muss die Übertragung einer derartigen Befugnis für den ersten (Einzel-)Fall in der
Gemeinschaftsordnung ebenfalls möglich sein[436]

▶ **Muster: Gemeinschaftsordnung – Ermächtigung des aufteilenden Eigentümers zum Ab-** 361
schluss des Verwaltervertrags

§ [...]

- Verwalterbestellung -

(1) [...] [*wie Rn 348*]

(2) [...] [*wie Rn 353 oder Rn 355*]

(3) Der erste Verwaltervertrag wird von dem teilenden Eigentümer mit Wirkung für und gegen die
Gemeinschaft der Wohnungseigentümer abgeschlossen. ◀

5. Abberufung

Grundsätzlich kann der Verwalter, wenn nichts anderes beschlossen oder vereinbart ist, jeder- 362
zeit und ohne Vorliegen eines besonderen Grundes durch Mehrheitsbeschluss abberufen werden. Gemäß § 26 Abs. 1 S. 3 WEG kann die Abberufung des Verwalters jedoch auf das Vorliegen eines wichtigen Grundes beschränkt werden. Ein wichtiger Grund zur Abberufung liegt

---

433 Hierbei handelt es sich um eine Vereinbarung in Beschlussangelegenheiten, vgl Greiner, Wohnungseigentumsrecht,
    Rn 1296.
434 Den Abschluss des Verwaltervertrags durch den aufteilenden Eigentümer in der Gemeinschaftsordnung bejaht auch
    Greiner, Wohnungseigentumsrecht, Rn 1297, allerdings mit anderer Begründung; vgl aber auch nachfolgend
    (Rn 483 ff) die Ausführungen *Elzers* zum Übergang von Verträgen vom aufteilenden Eigentümer auf die Gemeinschaft.
    Im Einzelnen dürfte hierzu noch vieles umstritten bzw ungeklärt sein.
435 *Bärmann/Merle*, § 26 WEG Rn 90.
436 Hierfür spricht auch § 27 Abs. 3 S. 3 WEG.

vor, wenn den Wohnungseigentümern unter Berücksichtigung aller, nicht notwendig vom Verwalter verschuldeter Umstände nach Treu und Glauben eine Fortsetzung der Zusammenarbeit mit dem Verwalter nicht mehr zugemutet werden kann und deshalb das erforderliche Vertrauensverhältnis zerstört ist.[437] Das Gesetz nennt in § 26 Abs. 1 S. 4 WEG nur die nicht ordnungsmäßige Führung der Beschluss-Sammlung als Regelbeispiel eines solchen wichtigen Grundes.[438] Eine Beschränkung der Abberufungsmöglichkeit auf das Vorliegen eines wichtigen Grundes kann sowohl durch Beschluss als auch durch Vereinbarung getroffen werden. Sofern eine solche Beschränkung in der Gemeinschaftsordnung vereinbart wird, ist darauf zu achten, dass deutlich zum Ausdruck kommt, ob diese Beschränkung generell für jeden Verwalter der betroffenen Gemeinschaft gelten soll oder die Beschränkung der Abberufung auf das Vorliegen eines wichtigen Grundes nur für den (in der Gemeinschaftsordnung) bestellten Erstverwalter gilt (vgl nachfolgendes Muster).

363 ▶ **Muster: Gemeinschaftsordnung – Beschränkung der Abberufungsmöglichkeit auf das Vorliegen eines wichtigen Grundes nur für den Erstverwalter**

79

§ [...]

- Verwalterbestellung -

(1) Zum ersten Verwalter wird die

[...] GmbH

bestellt.

(2) und (3) [...] [*wie Rn 353 oder Rn 355 sowie Rn 357, Rn 359 oder Rn 361*]

(4) Die vorzeitige Abberufung des in Absatz 1 bestellten Verwalters wird auf das Vorliegen eines wichtigen Grundes beschränkt. ◀

6. Weitere Vorgaben zur Verwalterbestellung und -abberufung

364   Weitere Vorgaben zur Person des Verwalters und anderer Modalitäten der Verwalterbestellung und -abberufung können in der Gemeinschaftsordnung kaum getroffen werden, da fast jede Erleichterung den Wohnungseigentümer beschränkt, der sich gegen die konkrete Bestellung wendet.[439] Wegen Verstoßes gegen § 26 Abs. 1 S. 5 WEG sind beispielsweise Regelungen in der Gemeinschaftsordnung nichtig,

- die bestimmte Qualifikationsanforderungen an den Verwalter stellen,
- nach denen nur Wohnungseigentümer das Verwalteramt ausüben dürfen,[440]
- nach denen der Verwalter nur ein in der Gemeinschaftsordnung festgelegtes Verwalterhonorar erhalten darf,[441]
- nach denen der Verwalter unentgeltlich tätig werden muss,[442]

---

437   BGH ZMR 2002, 766; BayObLG ZMR 2007, 22. Zu Einzelfällen eines wichtigen Grundes für die Abberufung vgl die zahlreichen Übersichten in der Literatur, zB Jennißen/*Jennißen*, § 26 WEG Rn 126; Bärmann/*Merle*, § 26 WEG Rn 191ff.; Riecke/Schmidt/*Abramenko*, § 26 WEG Rn 20 ff.
438   Vor dem Hintergrund, dass der Gesetzgeber Fehler bei der Führung der weder mit öffentlichem Glauben versehenen noch als Beweismittel taugenden Beschluss-Sammlung bereits als wichtigen Grund zur Abberufung ansieht, mag überlegt werden, ob die bisherigen Anforderungen an einen wichtigen Grund abzusenken sind.
439   Staudinger/*Bub*, § 26 WEG Rn 10; Bärmann/*Merle*, § 26 WEG Rn 82.
440   BayObLG NJW-RR 1995, 271.
441   KG NJW-RR 1994, 402.
442   Jennißen/*Jennißen*, § 26 WEG Rn 5.

- die eine grundsätzliche Höchstbestellungsdauer, zum Beispiel drei Jahre, vorsehen,[443]
- die die Bestellung von einer qualifizierten Mehrheit abhängig machen,[444]
- die die Bestellung von der Zustimmung eines Dritten abhängig machen.[445]

XVI. Aufgaben und Befugnisse des Verwalters

Das Wohnungseigentumsgesetz regelt die Rechte und Pflichten des Verwalters im Wesentlichen   365
in § 27 Abs. 1 bis 3 WEG. Darüber hinaus ergeben sich aus den §§ 24, 25 und 28 WEG weitere
Pflichten, vor allem in Bezug auf die Vorbereitung und Durchführung von Eigentümerversammlungen, die Protokollierung und Sammlung von Beschlüssen sowie das Finanzwesen.
Auch aus dem Auftragsrecht des BGB ergeben sich ergänzende Rechte und Pflichten des Verwalters, so insbesondere hinsichtlich Aufwendungsersatz sowie der Auskunfts- und Einsicht-
nahmerechte der Wohnungseigentümer.

1. Der Katalog des § 27 Abs. 1 bis 3 WEG

Die Aufgaben des Verwalters im Innenverhältnis richten sich vor allem nach § 27 Abs. 1 WEG.   366
Insoweit kann jedoch aus § 27 Abs. 1 WEG noch keine Vertretungsmacht abgeleitet werden.[446] Der Gesetzgeber hat den Verwalter nicht mit umfassenden Geschäftsführungsbefugnissen ausgestattet. Die notwendige Vertretungsmacht des Verwalters im Außenverhältnis wurde
vom Gesetzgeber in Abs. 2 (Vertreter der Wohnungseigentümer) und Abs. 3 (Vertreter des Verbands Wohnungseigentümergemeinschaft) des § 27 WEG nur punktuell geregelt. Genügt die
dort vorgesehene Vertretungsmacht nicht, kann er sich die Vertretungsmacht für den Verband
Wohnungseigentümergemeinschaft durch Beschlüsse der Wohnungseigentümergemeinschaft
gem. § 27 Abs. 3 S. 1 Nr. 7 WEG einräumen lassen. Dagegen besteht keine Beschlusskompetenz
für die Einräumung einer über § 27 Abs. 2 WEG hinausgehenden Vertretungsmacht für die
Wohnungseigentümer.[447]

Das Gesetz stellt in § 27 Abs. 1 WEG klar, dass der Verwalter die Erfüllung der Verpflichtungen   367
aus § 27 Abs. 1 WEG nicht nur dem Verband Wohnungseigentümergemeinschaft schuldet,
sondern auch jedem einzelnen Wohnungseigentümer selbst. Dies bezweckt, dass die Wohnungseigentümer im Falle der Schlechtleistung Schadensersatz direkt vom Verwalter verlangen
können, ohne erst die Wohnungseigentümergemeinschaft bemühen zu müssen.[448]

Die dem Verwalter in § 27 Abs. 1 bis 3 WEG übertragenen Aufgaben und Befugnisse können   368
gem. § 27 Abs. 4 WEG nicht eingeschränkt werden. Insoweit ist davon abzuraten, den Katalog
des § 27 Abs. 1 bis 3 WEG in der Gemeinschaftsordnung inhaltlich mit eigenen Worten wiederzugeben. Die wortwörtliche Wiedergabe der gesetzlichen Aufgaben und Befugnisse des Verwalters ist ohnehin überflüssig. Da regelmäßig davon ausgegangen wird, dass Vereinbarungen
ein eigenständiger, vom Gesetz abweichender Regelungswille zugrunde liegt, wird bei einer
inhaltlichen, jedoch nicht wortgleichen Wiedergabe des Gesetzes vermutet, dass durch Verein-

---

443 Staudinger/*Bub*, § 26 WEG Rn 20; Riecke/Schmid/*Abramenko*, § 26 WEG Rn 92; aA Niedenführ/Kümmel/Vanden-
     houten/*Niedenführ*, § 26 WEG Rn 27, der darauf abstellt, dass die Verwalterbestellung zugunsten der Wohnungsei-
     gentümer hierdurch erleichtert wird, jedoch dabei übersieht, dass damit die Möglichkeit der Wiederbestellung des alten
     Verwalters für einen längeren Zeitraum bis maximal fünf Jahre eingeschränkt wird.
444 BayObLG WuM 1994, 230; 1996, 497.
445 KG OLGZ 1978, 142; OLG Hamm OLGZ 1978, 184.
446 Elzer, in: Hügel/Elzer, § 11 Rn 21.
447 BGH ZMR 2005, 547, 554.
448 Elzer, in: Hügel/Elzer, § 11 Rn 25.

barung vom Gesetz abgewichen werden soll. Im Zweifel können sich solche (textlichen) Abweichungen als Einschränkung der gesetzlichen Aufgaben und Befugnisse darstellen. Sie wären nichtig und trügen lediglich zu einer rechtlichen Verunsicherung der Wohnungseigentümer bei.

369   Dagegen ist regelmäßig zu empfehlen, den Katalog des § 27 Abs. 1 bis 3 WEG in der Gemeinschaftsordnung zu erweitern, denn der enge gesetzliche Rahmen, insbesondere die unzureichende Geschäftsführungsbefugnis des Verwalters, zB in Bezug auf die gerichtliche Durchsetzung der Beitragsansprüche, erschwert die zügige und sinnvolle Verwaltung.

a) Durchführung von Beschlüssen und Einhaltung der Hausordnung

370   Nach § 27 Abs. 1 Nr. 1 WEG ist der Verwalter verpflichtet, die Beschlüsse der Wohnungseigentümer durchzuführen und für die Durchführung der Hausordnung zu sorgen. Soweit hierfür Vertretungsmacht nach außen erforderlich ist, folgt diese aus §§ 27 Abs. 2 und 3 WEG.[449] Ist zur Durchführung eines bestimmten Beschlusses Vertretungsmacht erforderlich, die über die gesetzliche hinausgeht, kann ggf von einer im Beschluss enthaltenen stillschweigenden Bevollmächtigung ausgegangen werden.[450]

371   Probleme ergeben sich für den Verwalter, wenn er einen fehlerhaften Beschluss durchführen soll. Hält der Verwalter einen Beschluss für nichtig, empfiehlt es sich, dass er nach § 43 Nr. 3 WEG seine Verpflichtung zur Durchführung des Beschlusses überprüfen lässt oder einen Antrag nach §§ 935 ff ZPO auf Aussetzung der Beschlussdurchführung stellt.[451] Wenn ein Beschluss angefochten wird, ist der Verwalter dennoch zur Durchführung des Beschlusses verpflichtet, er kann jedoch einen Antrag auf Aussetzung der Beschlussdurchführung nach §§ 935 ff ZPO stellen, um so nicht Fakten schaffen zu müssen, welche nach Aufhebung des Beschlusses möglicherweise wieder beseitigt werden müssen (Folgenbeseitigungsanspruch).

b) Instandhaltung und Instandsetzung

372   Die Verpflichtung des Verwalters, die für die ordnungsmäßige Instandhaltung und Instandsetzung des gemeinschaftlichen Eigentums erforderlichen Maßnahmen zu treffen, ergibt sich aus § 27 Abs. 1 Nr. 2 WEG. Hierbei ist zwischen den laufenden und den sonstigen Instandhaltungsmaßnahmen zu unterscheiden. Die Vertretungsmacht für die laufende Instandhaltung und Instandsetzung folgt aus § 27 Abs. 3 S. 1 Nr. 3 WEG. Die Verpflichtung des Verwalters, die für die sonstige Instandhaltung und Instandsetzung des gemeinschaftlichen Eigentums erforderlichen Maßnahmen zu treffen, beschränkt sich dagegen darauf, die Erforderlichkeit festzustellen, auf entsprechende Maßnahmen hinzuweisen und eine Beschlussfassung herbeizuführen.[452] Dem Verwalter obliegt nicht die Instandhaltung und Instandsetzung selbst, sondern lediglich die Sorge dafür.[453] Die Vertretungsmacht besteht bei sonstigen Instandhaltungsmaßnahmen allerdings erst, wenn die Wohnungseigentümer sich für eine Maßnahme entschieden haben (Beschlussfassung) und der Verwalter verpflichtet ist, diese nach § 27 Abs. 1 Nr. 1 WEG durchzuführen.[454] Im Einzelfall wird von einer im Beschluss enthaltenen stillschweigenden Bevollmächtigung ausgegangen.[455]

---

449   Zur gerichtlichen Durchsetzung (Aktivverfahren) bedarf es jedoch stets einer zusätzlichen Ermächtigung (§ 27 Abs. 2 Nr. 3 und Abs. 3 Nr. 7 WEG).
450   BGH NJW 1977, 44; OLG Hamm ZMR 1997, 377.
451   Riecke/Schmid/*Abramenko*, § 27 WEG Rn 12.
452   Elzer, in: Hügel/Elzer, § 11 Rn 31.
453   Elzer, ebenda.
454   Elzer, in: Hügel/Elzer, § 11 Rn 34.
455   BGH NJW 1977, 44; OLG Hamm ZMR 1997, 377.

c) Eilmaßnahmen

Der Verwalter ist nach § 27 Abs. 1 Nr. 3 WEG im Innenverhältnis verpflichtet, in dringenden 373
Fällen die zur Erhaltung des gemeinschaftlichen Eigentums erforderlichen Maßnahmen zu treffen (Eilmaßnahmen). Die Vertretungsmacht für die Eilmaßnahmen ergibt sich aus § 27 Abs. 3
S. 1 Nr. 4 WEG, allerdings nur für den Verband Wohnungseigentümergemeinschaft, nicht für
die Wohnungseigentümer.[456] Eilmaßnahmen liegen nur in ganz begrenzten Ausnahmefällen
vor, als Faustformel gilt: Ein Fall des § 27 Abs. 1 Nr. 3 WEG ist gegeben, wenn die vorherige
Durchführung einer Eigentümerversammlung auch unter Berücksichtigung der in solchen Fällen zulässigen Abkürzung der Ladungsfrist (vgl § 24 Abs. 4 S. 2 WEG) die Erhaltung des Gemeinschaftseigentums (zusätzlich) gefährdet.[457]

d) Finanzverwaltung

Soweit es sich um gemeinschaftliche Angelegenheiten der Wohnungseigentümer handelt, ist der 374
Verwalter nach § 27 Abs. 1 Nr. 4 WEG verpflichtet, Lasten- und Kostenbeiträge, Tilgungsbeträge und Hypothekenzinsen anzufordern, in Empfang zu nehmen und abzuführen. Nach § 27
Abs. 1 Nr. 5 WEG ist er verpflichtet, alle Zahlungen und Leistungen zu bewirken und entgegenzunehmen, die mit der laufenden Verwaltung des gemeinschaftlichen Eigentums zusammenhängen. Empfänger von Zahlungen nach § 27 Abs. 1 Nr. 3 und Nr. 4 WEG ist die Gemeinschaft der Wohnungseigentümer (§ 10 Abs. 7 WEG). Vertretungsmacht besteht daher nach
§ 27 Abs. 3 S. 1 Nr. 4 WEG nur für die Entgegennahme von Zahlungen an den Verband Wohnungseigentümergemeinschaft. Ebenso verhält es sich mit zu leistenden Zahlungen, denn Inhaber des Verwaltungsvermögens ist ebenfalls der Verband Wohnungseigentümergemeinschaft.

Eingenommene Gelder hat der Verwalter ordnungsgemäß zu verwalten (§ 27 Abs. 1 Nr. 6 375
WEG). § 10 Abs. 7 WEG stellt für die eingenommenen Gelder die vermögensrechtliche Zuordnung zum Verband Wohnungseigentümergemeinschaft klar. § 27 Abs. 3 S. 1 Nr. 5 WEG räumt
dem Verwalter die Vertretungsmacht zum Anlegen und Führen von Konten ein. Die Aufnahme
von Darlehen ist von dieser Vorschrift nicht gedeckt.[458] § 27 Abs. 5 S. 1 WEG verpflichtet den
Verwalter, die eingenommenen Gelder von seinem Vermögen gesondert zu halten.

Hinweis: Die noch verbreiteten „offenen Treuhandkonten" widersprechen seit Anerkennung 376
der Rechtsfähigkeit der Gemeinschaft der Wohnungseigentümer grundsätzlich ordnungsmäßiger Verwaltung.[459] Rechtlich ist Inhaber eines Treuhandkontos der Verwalter. Ein Treuhand-
konto unterliegt daher dem Zugriff der Gläubiger des Verwalters. Im Falle der der Vollstreckung durch Gläubiger des Verwalters in das Konto oder im Falle seiner Insolvenz muss das
Konto im Wege der Drittwiderspruchsklage bzw. der Aussonderung „zurückgeholt" werden,
was jedoch insbesondere bei eingeleiteten Zwangsvollstreckungsmaßnahmen ein zügiges Handeln des Verbands Wohnungseigentümergemeinschaft erfordert. Insoweit ist es durchaus empfehlenswert, die Verpflichtung zur Führung von Eigenkonten des Verbands Wohnungseigentümergemeinschaft und damit die Unzulässigkeit der „offenen Treuhandkonten" in der Gemeinschaftsordnung festzuschreiben.

---

456 Elzer, in: Hügel/Elzer, § 11 Rn 38.
457 BayObLG ZMR 2004, 605; Bärmann/*Merle*, § 27 WEG Rn 61; Riecke/Schmid/*Abramenko*, § 27 WEG Rn 24.
458 Zur Kreditaufnahme durch den Verband Elzer, NZM 2009, 57; vgl. auch die Ausführungen in § 2 Rn 470 ff.
459 Riecke/Schmid/*Abramenko*, § 27 WEG Rn30; Greiner, Wohnungseigentumsrecht, Rn 1365; Bärmann/*Merle*, § 27
     WEG Rn 84; Niederführ/Kümmel/Vandenhouten/*Niederführ*, § 27 WEG Rn 47; Jennißen/*Heinemann*, § 27 WEG
     Rn 104; Deckert, ZMR 2007, 251; Hügel, DNotZ 2005, 753, 761.

377 ▶ **Muster: Gemeinschaftsordnung – Verbot „offener Treuhandkonten"**

§ [...]

- Aufgaben und Befugnisse des Verwalters -

(x) Der Verwalter ist verpflichtet, eingenommene Gelder von seinem Vermögen gesondert auf Konten der Gemeinschaft der Wohnungseigentümer zu halten. Zur Führung von Treuhandkonten ist der Verwalter nicht berechtigt. ◀

e) Informationspflicht über Rechtsstreitigkeiten sowie Empfangs- bzw. Zustellungsvertreter

378 § 27 Abs. 1 Nr. 7 WEG ordnet an, dass der Verwalter die Wohnungseigentümer unverzüglich darüber zu unterrichten hat, dass ein Rechtsstreit gem. § 43 WEG anhängig ist. Vom Wortlaut des § 27 Abs. 1 Nr. 7 WEG werden ausnahmslos alle unter § 43 WEG fallenden Verfahren von der **Informationspflicht** des Verwalters erfasst. In Anbetracht der Tatsache, dass die (übrigen) Wohnungseigentümer beispielsweise bei Rechtsstreitigkeiten zweier Wohnungseigentümer untereinander nach § 43 Nr. 1 WEG, sofern sie nicht beigeladen werden, oder der Klage eines Dritten gegen einen Eigentümer bezüglich seines Sondereigentums nach § 43 Nr. 5 WEG kein Informationsbedürfnis haben, besteht Einigkeit, dass § 27 Abs. 1 Nr. 7 WEG nach Sinn und Zweck der Norm einschränkend auszulegen ist.[460] Entscheidend ist, ob die (zu unterrichtenden) Wohnungseigentümer auf das Verfahren Einfluss nehmen können. Da die Einflussnahme auf das Verfahren sowohl unmittelbar, zB als Beklagter oder als Nebenintervenient, als auch mittelbar, zB durch Weisung mittels Eigentümerbeschluss an den den Verband Wohnungseigentümergemeinschaft vertretenden Verwalter, erfolgen kann, griffe es zu kurz, wenn man eine Unterrichtungspflicht für Streitigkeiten zwischen der Gemeinschaft der Wohnungseigentümer und einzelnen Wohnungseigentümern verneinte.[461] Der Verwalter hat daher auch über Verfahren des Verbands Wohnungseigentümergemeinschaft gegen einzelne Wohnungseigentümer zu informieren.[462]

379 Der Verwalter ist berechtigt, **Willenserklärungen und Zustellungen** für die Wohnungseigentümer (§ 27 Abs. 2 Nr. 1 WEG) und für die Gemeinschaft der Wohnungseigentümer (§ 27 Abs. 3 S. 1 Nr.1 WEG) **entgegenzunehmen**. Auch über die im Rahmen seiner umfassenden Empfangsvollmacht erlangten Informationen hat der Verwalter die Wohnungseigentümer zu unterrichten.

380 Durch die im Rahmen der WEG-Novelle noch hervorgehobene Stellung des Verwalters als Zustellungs- und Wissensvertreter ergeben sich **erhöhte Informationspflichten**, die in der Vergangenheit häufig vernachlässigt wurden. Die Folgen sind klar: Der Verwalter hat mehr Aufwand/Kosten, die Verwalterentgelte müss(t)en erhöht werden. Zudem kann eine Pflichtverletzung in diesem Bereich schnell „den Kopf kosten". Denn wenn schon das nicht ordnungsgemäße Führen der Beschluss-Sammlung, die ja kaum rechtliche Auswirkungen hat, ein wichtiger Grund für die Abberufung darstellt, müssen Fehler bei der Erfüllung der Informationspflichten wohl mindestens ebenso hart „bestraft" werden.

---

460 Riecke/Schmid/*Abramenko*, § 27 WEG Rn 34; ders., Das neue WEG, § 5 Rn 31; Bärmann/*Merle*, § 27 WEG Rn 87 ff.

461 In diesem Sinne aber: Riecke/Schmid/*Abramenko*, § 27 WEG Rn 34; ders., Das neue WEG, § 5 Rn 31; Bärmann/*Merle*, § 27 WEG Rn 87 ff; zu Recht aA: Vandenhouten, AnwZert MietR 23/2008 Anm. 2; dies., ZWE 2009, 145, 148.

462 Insoweit übersieht Merle (aaO), dass im Regelfall gerade kein Einzelfallbeschluss zum Führen eines Aktivverfahrens vorliegt, sondern der Verwalter in der Praxis schon durch die Gemeinschaftsordnung oder durch den beschlossenen Verwaltervertrag zum Führen einer Vielzahl von Aktivprozessen des Verbands Wohnungseigentümergemeinschaft, insbesondere Inkassoverfahren, ermächtigt ist.

Derzeit kann also nur empfohlen werden, möglichst umfassend über alle Verfahren nach § 43 WEG zu informieren. Hinzu kommen die Informationspflichten als Zustellungsvertreter der Wohnungseigentümer außerhalb der Verfahren des § 43 WEG, zB im Rahmen der Zwangsversteigerung oder Zwangsverwaltung (dort ist jeder Wohnungseigentümer Beteiligter des Verfahrens).

Da die Unterrichtungspflicht den Zweck hat, den Wohnungseigentümern ein „Eingreifen" (direkt oder indirekt) zu ermöglichen, müssen alle wesentlichen Informationen mitgeteilt werden. Am einfachsten ist es natürlich, alle Schriftstücke zu kopieren und zu versenden (dann kann man nichts übersehen). Allerdings erhalten die Wohnungseigentümer so mehr Informationen – mehr „Papier", was bei großen Anlagen unerträglich werden kann. **381**

Hier kann unter Umständen das Internet fruchtbar gemacht werden (E-Mail, Internetseite mit **382** Login). Allerdings reicht ein nur „passives" Einstellen der Informationen auf einer zugangsbeschränkten Internetseite wohl nicht aus, um die Informationspflichten zu erfüllen, denn das Gesetz geht von einer „aktiven" Information aus. Über zugangsbeschränkte Internetseiten kann man aber über den Verlauf eines Verfahrens unterrichten, wenn zuvor bereits die Information über das Verfahren selbst erfolgte (E-Mail, Rundbrief o.Ä. mit Hinweis und Zugangsdaten). Einfacher zu handhaben ist eine Rundmail, der die eingescannten Dokumente beigefügt werden. Durch Beschluss kann aber kein Wohnungseigentümer gezwungen werden, seine E-Mail-Adresse bekannt zu geben oder sich überhaupt eine solche zuzulegen. Jedoch können entstehende (Zusatz-)Kosten wegen mangelnder Mitarbeit eines Wohnungseigentümers (Ablehnung des Informationsweges) auf den einzelnen gem. § 21 Abs. 7 WEG umgelegt werden.

▶ **Muster: Gemeinschaftsordnung – Notwendige Informationen per E-Mail[463]** **383**

§ [...]

81

- Aufgaben und Befugnisse des Verwalters -

(x) Der Verwalter soll notwendige Informationen – ausgenommen die Ladung zur Eigentümerversammlung – unverzüglich per E-Mail allen betroffenen Wohnungseigentümern übersenden. Wohnungseigentümer, die an diesem Verfahren teilnehmen möchten, geben dem Verwalter ihre E-Mail-Adresse bekannt.

(x) Sofern dem Verwalter keine E-Mail-Adresse mitgeteilt wurde, ist der Verwalter verpflichtet, den betreffenden Wohnungseigentümer anderweitig in Textform zu informieren. Für den daraus resultierenden Mehraufwand erhält der Verwalter eine Zusatzvergütung in angemessener Höhe, welche dem betreffenden Wohnungseigentümer im Rahmen der Jahresabrechnung aufzuerlegen ist. Die Höhe der Zusatzvergütung wird im Verwaltervertrag festgelegt. ◀

f) Abgabe von sog. Eigentümererklärungen

Nach § 27 Abs. 1 Nr. 8 WEG ist der Verwalter berechtigt und verpflichtet, im Namen der Ge- **384** meinschaft der Wohnungseigentümer die zur Herstellung von Fernsprechteilnehmereinrichtungen, Rundfunkempfangsanlagen, Energieversorgungsanschlüssen oder zur Durchführung ähn-

---

463 Hierüber kann auch beschlossen werden, dann sollte aber die Höhe der Zusatzvergütung je Informationsschreiben festgelegt werden. Derzeit dürften pauschal 2,50 € angemessen sein, wie ein Vergleich mit der Auslagenpauschale nach Nr. 7000 des Vergütungsverzeichnisses zum RVG für die Überlassung von elektronisch gespeicherten Dateien anstelle von Ablichtungen (dort Nr. 2) zeigt. Die Überlassung elektronisch gespeicherter Dateien und vor allem deren Versendung per E-Mail verursachen mit moderner Bürotechnik weniger Aufwand als die Übersendung von Fotokopien per Post.

licher Maßnahmen zugunsten eines Wohnungseigentümers erforderlichen Erklärungen abzugeben. Die hierfür notwendige Vertretungsmacht ergibt sich aus § 27 Abs. 3 S. 1 Nr. 4 WEG.

g) Vertretung in gerichtlichen Verfahren

385 Zur Einleitung gerichtlicher Verfahren im Namen der Wohnungseigentümer oder im Namen
der Gemeinschaft der Wohnungseigentümer besteht für den Verwalter nach dem Gesetz keine
Vertretungsmacht. Nach § 27 Abs. 2 Nr. 3 WEG kann er zur Vertretung der Wohnungseigentümer jedoch durch Beschluss (oder Vereinbarung) ermächtigt werden. Entsprechendes gilt
nach § 27 Abs. 3 S. 1 Nr. 7 WEG für die Vertretung der Gemeinschaft der Wohnungseigentümer
in Aktivverfahren. Zumindest für den Bereich der gerichtlichen Verfolgung von Beitragsansprüchen gegenüber der Gemeinschaft hat es sich als sinnvoll erwiesen, den Verwalter sogleich
zur Führung von „Hausgeldklagen" in der Gemeinschaftsordnung zu ermächtigen.

386 ▶ **Muster: Gemeinschaftsordnung – Ermächtigung zur gerichtlichen Geltendmachung von Beitragsansprüchen**

§ [...]
- Aufgaben und Befugnisse des Verwalters -

(x) Der Verwalter ist berechtigt und verpflichtet, die von den Wohnungseigentümern zu entrichtenden Beträge einzuziehen und diese gegenüber säumigen Wohnungseigentümern im Namen der Gemeinschaft der Wohnungseigentümer außergerichtlich und gerichtlich geltend zu machen. ◀

387 In **Passivprozessen** nach § 43 Nr. 1 WEG (Binnenstreitigkeiten), § 43 Nr. 4 WEG (Anfechtungsklagen) oder § 43 Nr. 5 WEG (Klagen Dritter) ist der Verwalter nach § 27 Abs. 2 Nr. 2
WEG zur Vertretung der Eigentümer befugt. Nach § 27 Abs. 3 S. 1 Nr. 2 WEG ist er zur Vertretung der Gemeinschaft in Passivprozessen gem. § 43 Nr. 2 oder Nr. 5 WEG ermächtigt.

In der Literatur wird die Ansicht vertreten, § 27 Abs. 2 Nr. 2 WEG sei dahin gehend zu verstehen, dass die Führung eines Passivprozesses nur beispielhaft in der Vorschrift aufgeführt sei.
Eine Prozessführungsbefugnis des Verwalters für Passivprozesse der Wohnungseigentümer ergebe sich daher nur ausnahmsweise. Jeder Wohnungseigentümer müsse die Wahrnehmung seiner rechtlichen Interessen selbst in die Hand nehmen.[464] Dagegen spricht indes bereits der
Wortlaut des § 27 Abs. 2 Nr. 2 WEG, der durch die Wahl des Wortes „insbesondere" bekräftigt,
dass gerade ein Passivprozess als Maßnahme zur Abwehr von Rechtsnachteilen anzusehen
ist.[465] Die Prozessführungsbefugnis des Verwalters gem. § 27 Abs. 2 Nr. 2 WEG ist ferner notwendige Konsequenz der Anwendung der ZPO auf das Wohnungseigentumsrecht. Die Einhaltung der Frist zur Verteidigungsanzeige macht ein schnelles Reagieren der Beklagten erforderlich, welches gewährleistet ist, wenn der Verwalter den Prozess führen darf.[466] Der Verwalter
verstößt auch nicht gegen seine Neutralitätspflicht, indem er bei Anfechtung eines Beschlusses
der Wohnungseigentümer für die beklagten Wohnungseigentümer einen Prozess führt. Denn
zur geschuldeten ordnungsgemäßen Durchführung des Beschlusses nach § 27 Abs. 1 Nr. 1 WEG
gehört auch die Verteidigung des fraglichen Beschlusses im Rechtsstreit.[467] Auch der BGH be-

464 Merle, ZWE 2008, 109.
465 Müller, ZWE 2008, 226, 227; BT-Drucks. 16/887, S. 70.
466 Müller, aaO.
467 Müller, ZWE 2008, 226, 228.

jaht die Vertretungsmacht des Verwalters für die beklagten Wohnungseigentümer im Anfechtungsprozess, ohne jedoch auf die Gegenmeinung einzugehen.[468]

Der Verwalter ist nach § 27 Abs. 2 Nr. 2 WEG auch berechtigt, im Namen und in Vollmacht **388** sämtlicher Wohnungseigentümer (bzw. der Beklagten im Anfechtungsverfahren) auch ohne entsprechenden Beschluss einen **Rechtsanwalt zu beauftragen.**[469] Argument hierfür ist § 27 Abs. 2 Nr. 4 WEG, der nur Sinn hat, wenn der Verwalter auch ohne besondere Ermächtigung zum Abschluss eines Rechtsanwaltsvertrags berechtigt ist.[470] Dies ist jedoch nicht unumstritten.[471] Insoweit kann jedoch die Vertretungsmacht zur Beauftragung eines Rechtsanwalts für Passivverfahren, insbesondere für die Beklagten im Anfechtungsverfahren in der Gemeinschaftsordnung klarstellend genannt werden.

▶ **Muster: Gemeinschaftsordnung – Beauftragung eines Rechtsanwalts**   **389**

§ [...]

\- Aufgaben und Befugnisse des Verwalters -

(x) In Verfahren nach dem Wohnungseigentumsgesetz kann der Verwalter zulasten der Gemeinschaft einen Rechtsanwalt mit der Vertretung der Gemeinschaft der Wohnungseigentümer beauftragen. Dies gilt für die Beauftragung eines Rechtsanwalts in Beschlussanfechtungsverfahren für die Beklagten entsprechend. ◀

Im Übrigen wird hinsichtlich der Vertretungsmacht des Verwalters im Rahmen gerichtlicher **390** Verfahren auf die Ausführungen unter § 3 zu den verschiedenen Fallkonstellationen verwiesen.

h) Streitwertvereinbarungen

§ 27 Abs. 2 Nr. 4 und Abs. 3 S. Nr. 6 WEG treffen Vorsorge für den Fall, dass der Verwalter **391** bei Berechnung der Rechtsanwaltskosten nach dem gesetzlichen Streitwert keinen geeigneten Rechtsanwalt zur Vertretung der Wohnungseigentümer bzw der Gemeinschaft findet. Der Verwalter ist berechtigt, mit dem beauftragten Rechtsanwalt eine Streitwertvereinbarung dahin gehend zu treffen, dass sich die Gebühren nach einem höheren als dem gesetzlichen Streitwert richten, höchstens jedoch bis zu dem nach § 49 a Abs. 1 S. 1 GKG zu bestimmenden Wert (Hälfte des Gesamtinteresses aller Beteiligten).

Hinweis: Um sich abzusichern, sollte der Verwalter dennoch auf jeden Fall die Zustimmung der Vertretenen zu einer Gebührenvereinbarung durch Beschluss einholen. Denn er macht sich schadensersatzpflichtig, wenn sich herausstellt, dass die vom Verwalter mit dem Rechtsanwalt getroffene Vereinbarung über den Gebührenstreitwert nicht im Interesse der Wohnungseigentümergemeinschaft ist;[472] auf jeden Fall wirkt sich eine derartige Streitwertvereinbarung, sofern sie dem mehrheitlichen Willen der Wohnungseigentümer widerspricht, ungünstig auf das Verhältnis zwischen der Mehrheit und dem Verwalter aus; der Verwalter sollte auch an seine Wiederbestellung denken.

2. Unabdingbarkeit (§ 27 Abs. 4 WEG)

Die dem Verwalter nach § 27 Abs. 1 bis 3 WEG zustehenden Aufgaben und Befugnisse können **392** weder durch Beschluss noch durch Vereinbarung eingeschränkt werden (§ 27 Abs. 4 WEG).

---

468   BGH NJW 2009, 2135 = ZWE 2009, 306 mit Anm. Briesemeister; BGH NZM 2009, 517.
469   Elzer, in: Hügel/Elzer, § 11 Rn 66; BGH NJW 2009, 2135 = ZWE 2009, 306 mit Anm. Briesemeister; BGH v. 16.07.2009 - V ZB 11/09..
470   Elzer, aaO; Müller, ZWE 2008, 226, 228.
471   Dagegen: Merle, ZWE 2008, 109.
472   Elzer, in: Hügel/Elzer, § 11 Rn 90, Rn 75 entgegen BT-Drucks. 16/887, S. 77.

Jedoch besteht eine Richtlinienkompetenz, wonach die Wohnungseigentümer durch Beschluss die konkrete Art und Weise bestimmen können, in der der Verwalter eine Aufgabe zu erledigen hat (Weisungsrecht im Einzelfall).[473]

393 **Hinweis:** In die Gemeinschaftsordnung sollten daher nur ausgewählte Erweiterungen der Aufgaben und Befugnisse des Verwalters aufgenommen werden. Insbesondere sollte vermieden werden, den Katalog des § 27 Abs. 1 bis 3 WEG mit eigenen Worten wiederzugeben, im Zweifel führt dies nur zu Auslegungsschwierigkeiten.

3. Originäre Verwalteraufgaben

394 Auch außerhalb des § 27 WEG sind weitere originäre, jedoch einschränkbare, sowie fakultative Aufgaben des Verwalters im Wohnungseigentumsgesetz erwähnt, zB:

- Der Verwalter muss die Wohnungseigentümerversammlungen nach §§ 24 Abs. 1, 2 und 4, 25 Abs. 4 WEG einberufen (vgl § 2 Rn 206 ff).
- Der Verwalter führt in den Wohnungseigentümerversammlungen den Vorsitz (§ 24 Abs. 5 WEG;).
- Als Versammlungsleiter muss der Verwalter die Unterschrift unter die Niederschrift über die Wohnungseigentümerversammlungen leisten (§ 24 Abs. 6 S. 2 WEG; vgl Rn 311 ff).
- Der Verwalter muss nach § 24 Abs. 8 S. 1 WEG die Beschluss-Sammlung führen (vgl Rn 317 ff und § 2 Rn 242 ff).
- Der Verwalter hat den Wirtschaftsplan aufzustellen (§ 28 Abs. 1 S. 1 WEG; vgl § 2 Rn 162 ff).
- Der Verwalter muss die Vorschüsse entsprechend dem Wirtschaftsplan von den Wohnungseigentümern abrufen (§ 28 Abs. 2 WEG; vgl Rn 227).
- Gemäß § 28 Abs. 3 WEG ist der Verwalter zum Aufstellen einer Abrechnung nach Ablauf eines Kalenderjahres verpflichtet (vgl § 2 Rn 138 ff).
- Vereinbart werden kann ein Zustimmungserfordernis des Verwalters nach § 12 Abs. 1 WEG bei Veräußerungen von Wohnungseigentum (vgl Rn 146)

XVII. Verwaltungsbeirat

395 Der Verwaltungsbeirat ist nach § 29 Abs. 1 WEG ein aus drei Wohnungseigentümern bestehendes **fakultatives Kollektivorgan**. Wird ein Verwaltungsbeirat gewählt, der aus einer anderen Anzahl von Personen oder aus Nichtwohnungseigentümern besteht, verstößt ein derartiger Beschluss gegen das Gesetz und ist anfechtbar. Daher kann es geboten sein, in der Gemeinschaftsordnung zu vereinbaren, dass die Zusammensetzung des Beirats auch abweichend von § 29 Abs. 1 WEG beschlossen werden kann.

396 ▶ **Muster: Gemeinschaftsordnung – Verwaltungsbeirat**

§ […]

- Verwaltungsbeirat -

(x) Die Wohnungseigentümer können mit Stimmenmehrheit einen Verwaltungsbeirat wählen, dessen Aufgaben sich aus den Vorschriften des § 29 WEG ergeben. Die Zahl der Verwaltungsbeiräte unterliegt der Beschlussfassung durch die jeweilige Versammlung; § 29 Abs. 1 S. 2 WEG wird insoweit abbedungen. Die Wahl von Nichtwohnungseigentümern ist zulässig. ◀

---

473 Bärmann/*Merle*, § 27 WEG Rn 264; Niedenführ/Kümmel/Vandenhouten/*Niedenführ*, § 27 WEG Rn 88.

Nach § 29 Abs. 2 WEG unterstützt der Beirat den Verwalter bei der Durchführung seiner Auf- 397
gaben. Er ist also kein Aufsichtsrat wie bei der Aktiengesellschaft. Er ist auch nicht verpflichtet,
die laufende Verwaltung zu überwachen, wohl aber berechtigt, die Ordnungsmäßigkeit einzelner Maßnahmen zu überprüfen. Er hat in diesem Aufgabenbereich keine Sonderrechte, die über
die eines „normalen" Wohnungseigentümers hinausgehen. Er ist gegenüber dem Verwalter
nicht weisungsbefugt.

Der Wirtschaftsplan, die Jahresabrechnung, Rechnungslegungen und Kostenanschläge sollen, 398
bevor über sie die Wohnungseigentümerversammlung beschließt, vom Verwaltungsbeirat geprüft und mit dessen Stellungnahme versehen werden (§ 29 Abs. 3 WEG). Eine unterbliebene
Prüfung der Jahresabrechnung führt jedoch nicht zu deren Anfechtbarkeit.[474] Auch hier hat der
Verwaltungsbeirat keine Sonderrechte; jeder Wohnungseigentümer kann, der Beirat aber muss
prüfen. Der Beirat hat die rechnerische Schlüssigkeit der Abrechnung (Faustregel: Einnahmen./.
Ausgabe = Jahresendbestand./. Anfangsbestand) und die angewandten Verteilungsschlüssel zu
prüfen.[475] Daneben hat er die sachliche Richtigkeit durch stichprobenartige Belegprüfung zu
kontrollieren.[476]

Wenn ein Verwalter fehlt oder er sich pflichtwidrig weigert, die Versammlung der Wohnungs- 399
eigentümer einzuberufen, kann die Versammlung auch, falls ein Verwaltungsbeirat bestellt ist,
von dessen Vorsitzenden oder seinem Vertreter einberufen werden (§ 24 Abs. 3 WEG).[477] Dieses
subsidiäre Einberufungsrecht ist das einzige Sonderrecht des Beirats. Hier handelt der Vorsitzende oder – gleichberechtigt[478] – sein Stellvertreter allein, sonst sind die Aufgaben stets durch
das kollektive Gremium wahrzunehmen. § 24 Abs. 3 WEG gilt auch für die Aufnahme von
Punkten auf die Tagesordnung.[479] Dies erfolgt direkt durch Schreiben an alle zu Ladenden.

Das **Versammlungsprotokoll** ist vom Versammlungsleiter und einem Wohnungseigentümer 400
und, falls ein Verwaltungsbeirat bestellt ist, auch von dessen Vorsitzenden oder seinem Vertreter
zu unterschreiben (§ 24 Abs. 6 S. 2 WEG). Unterschreiben kann natürlich nur, wer auch anwesend war, ansonsten entfällt die Unterschrift. Auch hier ist es egal, wer unterschreibt, der
Vorsitzende oder sein Vertreter, beide sind gleichberechtigt.

Die **Übertragung weiterer Aufgaben**, die dem Beirat nicht schon durch Gesetz zugewiesen wer- 401
den, ist grundsätzlich durch Vereinbarung der Eigentümer (Gemeinschaftsordnung) oder Beschluss möglich, soweit hierbei nicht die Aufgaben und Befugnisse des Verwalters aus § 27
Abs. 1 bis 3 WEG eingeschränkt werden.[480] Rechtlich unproblematisch ist eine Erweiterung
von Kompetenzen des Verwaltungsbeirats unter Berücksichtigung des § 27 Abs. 4 WEG in der
Gemeinschaftsordnung. Durch Beschluss können dem Beirat hingegen nur eingeschränkt Befugnisse zugewiesen werden. Insbesondere für Regelungen, die für alle künftigen Beiräte gelten
sollen, oder solche, die die Kompetenzverteilung ändern (zB Entscheidung über Instandsetzungsmaßnahmen), fehlt es an der Beschlusskompetenz, sofern keine Öffnungsklausel (vgl
Rn 211 ff) existiert.

---

474 KG NJW-RR 2003, 1596; BayObLG ZMR 2004, 358.
475 Bärmann/*Merle*, § 29 WEG Rn 61 ff.
476 Bärmann/*Merle*, § 29 WEG Rn 65.
477 Die 2. Alternative („weigert er sich pflichtwidrig, ... einzuberufen") führt in der Praxis häufig zu Problemen. Wenn
     sich aber der Verwalter gar nicht pflichtwidrig geweigert hat – was im Zweifel erst nachträglich ein Gericht feststellt
     – dann hat eine unzuständige Person einberufen. Folge: Sämtliche Beschlüsse sind anfechtbar. Es sollte also von dieser
     Kompetenz nur vorsichtig und nach rechtlicher Beratung Gebrauch gemacht werden.
478 Riecke/Schmid/*Abramenko*, § 29 WEG Rn 19.
479 Bärmann/*Merle*, § 29 WEG Rn 72.
480 Vgl die Beispiele bei Bärmann/*Merle*, § 29 WEG Rn 78 ff.

402 Der Beirat hat grundsätzlich einen Anspruch auf Erstattung von Aufwendungen. Aufgrund des zwischen Beirat und Verband Wohnungseigentümergemeinschaft bestehenden Auftragsverhältnisses hat nach § 670 BGB jedes Mitglied des Beirats einen **Anspruch auf Ersatz seiner Aufwendungen** (Telefonkosten, Porti etc.). Die Eigentümer können auch mehrheitlich beschließen, dem Beirat seine Aufwendungen in Form einer **Pauschale** zu ersetzen. Hinsichtlich der Höhe und des Umfangs der zu erstattenden Aufwendungen ist der Gemeinschaft ein gewisser Ermessensspielraum zuzubilligen. Aufgrund der stetigen Preissteigerungen ist es jedoch nicht angezeigt, eine konkrete Aufwandspauschale in der Gemeinschaftsordnung zu vereinbaren.

403 Auch der unentgeltlich tätige Beirat haftet grundsätzlich für jede schuldhafte **Pflichtverletzung**; einfache Fahrlässigkeit reicht.[481] Der Anspruch, der der rechtsfähigen Wohnungseigentümergemeinschaft zusteht, folgt aus einer Verletzung der Pflichten des Auftragsverhältnisses (§§ 280 ff BGB). Die Beiräte haften als Gesamtschuldner.[482] Diese auch bei einfacher Fahrlässigkeit nicht unbeachtliche Haftung,[483] kann grundsätzlich beschränkt werden.[484] Eine **Haftungsbeschränkung** kann jedoch nur für die konkreten Mitglieder eines Verwaltungsbeirats mehrheitlich beschlossen werden. Eine generelle Haftungsbeschränkung für alle Beiräte ist durch die Gemeinschaftsordnung (Vereinbarung der Wohnungseigentümer) möglich.[485] Darüber hinaus kann der Abschluss einer **Haftpflichtversicherung** für die konkreten Mitglieder eines Verwaltungsbeirats beschlossen werden oder generell der Abschluss einer solchen Versicherung durch die Gemeinschaftsordnung angeordnet werden.[486] Grundsätzlich ist es empfehlenswert, bereits in der Gemeinschaftsordnung eine Beschränkung der Haftung des Beirats auf Vorsatz und grobe Fahrlässigkeit sowie zusätzlich den Abschluss einer entsprechenden Beiratsversicherung vorzusehen. Im Falle der Kombination der Haftungsbeschränkung bei gleichzeitiger Verpflichtung zum Abschluss einer Versicherung sollte die Haftungsbeschränkung allerdings nur so weit gewährt werden, wie kein Versicherungsschutz besteht. Andernfalls würde die Versicherung entlastet werden. Auch sollten die Haftungsbeschränkung und die Versicherungspflicht auf den unentgeltlich tätigen Beirat beschränkt bleiben, denn der entgeltlich tätige Beirat, kann seine Haftungsrisiken aus dem Entgelt selbst versichern.

404 ▶ **Muster: Gemeinschaftsordnung – Verwaltungsbeirat: Haftungsbeschränkung und Versicherung**[487]
🔵 85

§ [...]

- Verwaltungsbeirat -

(x) Unentgeltlich tätige Mitglieder des Verwaltungsbeirats haften für die durch die Beiratstätigkeit entstehenden Schäden nur bei Vorsatz oder grober Fahrlässigkeit. Zugunsten der unentgeltlich tätigen Beiratsmitglieder ist eine Vermögensschadenshaftpflichtversicherung auf Kosten der Gemeinschaft abzuschließen. Besteht eine derartige Versicherung, findet die in Satz 1 geregelte Haftungsbegrenzung keine Anwendung, es sei denn, dass aus irgendeinem Grund kein Versicherungsschutz besteht. ◀

---

481 Riecke/Schmid/*Abramenko*, § 29 Rn 23.
482 Riecke/Schmid/*Abramenko*, § 29 Rn 23.
483 Vgl nur OLG Düsseldorf ZMR 1998, 104.
484 Zum Ganzen vgl auch Häublein, ZfIR 2001, 939.
485 Riecke/Schmid/*Abramenko*, § 29 Rn 26.
486 Häublein, ZfIR 2001, 939, 942; KG ZMR 2004, 780.
487 Muster nach Häublein, ZfIR 2001, 939, 942.

XVIII. Mehrhausanlagen

1. Einführung

Besteht eine Wohnungseigentumsanlage aus **mehreren separaten Baukörpern** (Mehrhausanlage) – ggf. mit jeweils mehreren Wohn- oder Gewerbeeinheiten oder auch Reihen- oder Einzelhäusern (siehe Rn 457) oder gemischten Anlagen –, sind nach dem Wohnungseigentumsgesetz **keine Besonderheiten zu beachten.** Eine Mehrhausanlage wird nämlich von Gesetzes wegen so behandelt, als beständen keine tatsächlichen oder rechtlichen Unterschiede gegenüber einem normalen einzelnen Haus. Diese Einschätzung ist aus Sicht der Eigentümer und Dritter in der Regel ebenso rechtlich wie wirtschaftlich betrachtet unzutreffend. Aus verschiedenen Gründen bietet es sich daher an, von der Möglichkeit des § 10 Abs. 2 S. 2 WEG Gebrauch zu machen und jedenfalls dort durch eine **Vereinbarung**[488] abweichende Bestimmungen zu treffen, wo und soweit das Gesetz eine solche Abweichung zulässt und billigt (siehe Rn 62 ff und Rn 409 ff).[489] Eine Veränderung der gesetzlichen Bestimmungen ist vor allem 405

bei den Bestimmungen zur **Eigentümerversammlung,**

bei den **Kosten**[490] und

zum **Gebrauch** vorstellbar und sinnvoll.

Daneben kann sich eine Anordnung zu einem **Energieausweis** anbieten.[491]

Hinweis: Zur Unterstützung abweichender Vereinbarungen kann sich eine **Präambel** mit dem Inhalt empfehlen, dass die Mehrhäuser im Ergebnis soweit wie möglich getrennt und unabhängig voneinander **behandelt** werden sollen. Eine solche Präambel stellt zwar regelmäßig keine Vereinbarung dar. Sie ist aber eine **Auslegungshilfe** und kann im Zweifel den Willen der Wohnungseigentümer verdeutlichen; auf sie sollte daher nicht verzichtet werden. 406

▶ **Muster: Gemeinschaftsordnung – Präambel Mehrhausanlage** 407

Präambel

(1) Die Wohnungseigentumsanlage [...] besteht aus drei Baukörpern: dem Haus [...] (im Aufteilungsplan: Haus [...] mit den Einheiten 1 bis 10), dem Haus [...] (im Aufteilungsplan: Haus [...] mit den Einheiten 11 bis 18) und dem Haus [...] (im Aufteilungsplan: Haus [...] mit den Einheiten 19 bis 25).

(2) Die Wohnungs- und Teileigentümer sind sich darüber einig, die Häuser soweit wie möglich wirtschaftlich und rechtlich getrennt und unabhängig voneinander und selbstständig zu behandeln. Die Wohnungseigentümer sollen so weit wie möglich so gestellt werden, als ob sie Alleineigentümer einer real vermessenen Grundstücksfläche wären.

(3) Im Zweifel sind die in der Gemeinschaftsordnung getroffenen Bestimmungen so auszulegen, dass sie dem in Absatz 2 bestimmten Willen entsprechen und das Ziel der Eigenständigkeit und Trennung der Häuser durchsetzen. ◀

Die Wohnungseigentümer eines Mehrhauses bilden auch dann, wenn durch Vereinbarung eine weitgehende Trennung der jeweiligen Häuser gelungen ist, weder eine **eine rechtsfähige Unter-** 408

---

488 Ein Beschluss ist in Bezug auf Änderungen – außer zB bei den Kosten – in der Regel nichtig.
489 Vgl allgemein OLG Zweibrücken FGPrax 2004, 273 = NZM 2005, 751; BayObLG NJOZ 2004, 636; BayObLG NZM 2001, 771; BayObLGZ 1994, 98, 101 = NJW-RR 1994, 1236 = WuM 1994, 105; Demharter, ZWE 2008, 46.
490 OLG Schleswig OLGReport Schleswig 2007, 883 = MietRB 2008, 51 = ZWE 2008, 42; Riecke/Schmid/*Elzer*, § 16 WEG Rn 136.
491 § 16 Abs. 2 EnEV ordnet an, dass der Verkäufer eines Wohnungs- oder Teileigentums einem potenziellen Käufer den Energieausweis des Gebäudes zugänglich machen muss.

gemeinschaft noch besteht neben den Bewohnern eines Mehrhauses und den anderen Wohnungseigentümern ein weiterer (teil-)rechtsfähiger Verband Wohnungseigentümergemeinschaft.[492] Die Gemeinschaft eines einzelnen Hauses einer Mehrhausanlage ist kein „selbstständiger Tochterverband", sondern **unselbstständiger Teil der Gesamtgemeinschaft**. Ein solcher Teil hat niemals originär-eigene, sondern stets nur von der Gesamtgemeinschaft **abgeleitete Satzungs- und Organisationsbefugnisse;**[493] dies gilt zB für Beschlusskompetenzen und Vereinbarungen. Besonderheiten sind bei solchen Mehrhausanlagen zu beachten, die von den Wohnungs- und Teileigentümern letztlich als Alleineigentum verstanden werden. Diese Anlagen wirken wie „Reihenhäuser". Zu den hier zu beachtenden Einzelheiten siehe Rn 409 ff.

2. Regelungen zur Eigentümerversammlung

a) Eigentümerversammlung

409   In einer Wohnungseigentumsanlage – auch einer Mehrhausanlage – gibt es grundsätzlich nur eine Eigentümerversammlung (siehe aber Rn 410). Fragen, die nur **einzelne Wohnungseigentümer** innerhalb einer Mehrhausanlage betreffen – meist die eines Mehrhauses –, sind von **sämtlichen Wohnungseigentümern** zu diskutieren und zu bestimmen (zur „Gruppenbetroffenheit" siehe Rn 410). Um eine Befassung sämtlicher Wohnungseigentümer zu umgehen, kann **vereinbart** werden, dass bestimmte Wohnungseigentümer über eine bestimmte Materie **allein stimmberechtigt** sind. Hierin ist – dogmatisch betrachtet – eine Öffnungsklausel iSv § 23 Abs. 1 WEG zu sehen. Ihr Inhalt ist, dass nur einige Wohnungseigentümer einen Gegenstand regeln, für dessen Regelung sämtliche Wohnungseigentümer berufen wären, die aber nur im Interesse einiger Wohnungseigentümer interessant sind. Eine Vereinbarungsgrenze ergibt sich daraus, dass eine eingeschränkte Entscheidungsmacht nur so weit gehen kann, wie die übrigen Wohnungseigentümer nicht von dieser Angelegenheit betroffen werden. Ansonsten enthielte eine solche Regelung einen (teilweisen) Ausschluss des Stimmrechts in eigenen Angelegenheiten der Wohnungseigentümer, der nach übereinstimmender Ansicht als Eingriff in den Kernbereich des Wohnungseigentums und damit als unwirksam angesehen wird.[494] In einem Fall beschränkten Stimmrechts bietet sich die **Vereinbarung** einer Teilversammlung (Gruppenversammlung) an (Rn 414).

410   **Hinweis:** Von der herrschenden Meinung wird vertreten, dass sich ein gegenständlich beschränktes Stimmrecht auch aus der Natur der Sache ergeben könne (zT Blockstimmrecht[495] genannt).[496] Das soll vorstellbar sein, wenn es sich um Angelegenheiten handelt, die ausschließlich die Wohnungseigentümer eines oder mehrerer Häuser einer Mehrhausanlage betreffen und durch die die Interessen der übrigen Wohnungseigentümer in keiner Weise berührt werden. In einer Mehrhausanlage könnten in diesem Falle auch getrennte Versammlungen von Wohnungseigentümern einzelner Häuser innerhalb der Gesamtanlage durchgeführt werden.[497] Dies

---

492   Hügel, NotBZ 2008, 169, 173; Wenzel, NZM 2006, 321, 324; Jennißen, NZM 2006, 203, 206; Hügel, in: Hügel/Elzer, Das neue WEG-Recht, § 3 Rn 26; Boeckh, Wohnungseigentumsrecht, Teil 2 § 3 Rn 49; Riecke/Schmid/*Elzer*, § 10 WEG Rn 16.

493   Wenzel, NZM 2006, 321, 324; Riecke/Schmid/*Elzer*, § 10 WEG Rn 16.

494   BayObLG ZMR 2004, 598.

495   OLG Schleswig NZM 2000, 385, 386.

496   BayObLG NJW-RR 1996, 1101, 1102; BayObLGZ 1994, 98, 101 = NJW-RR 1994, 1236; BayObLG WE 1992, 26; BayObLG DNotZ 1985, 414; BayObLGZ 1983, 320, 323; BayObLG NJW 1962, 492.

497   OLG München FGPrax 2007, 74, 76 = OLGReport München 2007, 73 = MietRB 2007, 40 = WuM 2007, 34.

soll zB gelten für den Einbau eines Treppenlifts,[498] für eine Gebrauchsregelung für die nur von den Wohnungseigentümern eines Hauses in einer Mehrhausanlage zu nutzende Waschküche oder für Verwaltungsregelungen in Bezug auf eine Tiefgarage.[499]

Dem ist nicht zu folgen. Dem Gesetz ist ein „Betroffenheitsstimmrecht" unbekannt. Jeder Wohnungseigentümer kann über jeden Gegenstand abstimmen – auch wenn er ihn nicht betrifft. Soll etwas anderes gelten, muss es vereinbart werden. Auch wenn man der herrschenden Meinung folgte, sollten – um Unklarheiten und Auslegungsfragen zu umgehen – die Gegenstände, bei denen ein gegenständlich beschränktes Stimmrecht herrschen soll, so weit wie möglich im Einzelnen und genau benannt und vereinbart sein.

Sind in einer Versammlung, zu der grundsätzlich sämtliche Wohnungseigentümer zu laden wären, **ausnahmsweise** nur solche Tagesordnungspunkte angesetzt, für die nach einer Vereinbarung ein **beschränktes Stimmrecht** gilt (das wird vor allem bei außerordentlichen Eigentümerversammlungen der Fall sein), ist vorstellbar zu vereinbaren, nur die Wohnungseigentümer zu der Versammlung zu laden, die dort auch ein Stimmrecht haben.[500] Diese Regelung führt nicht dazu, dass es sich um keine Eigentümerversammlung iSd Wohnungseigentumsgesetzes handelt.[501] Wirken sich die in dieser Versammlung angesprochen Fragen allerdings auch auf die anderen Wohnungseigentümer aus, sind diese ebenfalls zu laden. Ohne Ladung sind dennoch gefasste Beschlüsse jedenfalls anfechtbar, nach einer Mindermeinung sogar nicht entstanden.[502]   **411**

Da mit der Ladung im Regelfall nicht abgesehen werden kann, ob eine Gesamtbetroffenheit anzunehmen ist, sollte von einer **abgestuften Ladung** im Regelfall aber abgesehen werden. Das Problem, dass nur einige Wohnungseigentümer stimmberechtigt und ggf interessiert sind, lässt sich auch dadurch lösen, dass die Tagesordnungspunkte, mit denen nur wenige zu befassen sind, vorgezogen werden oder am Ende der Tagesordnung stehen.   **412**

▶ **Muster: Gemeinschaftsordnung – Beschränktes Stimmrecht über bestimmte Gegenstände**   **413**

§ [...]

- Beschränktes Stimmrecht -

(1) Betrifft eine geplante Maßnahme nur den Gebrauch, die Nutzung, die Verwaltung, die Instandhaltung oder Instandsetzung, Maßnahmen nach § 22 Abs. 2 WEG oder bauliche Veränderungen nach § 22 Abs. 1 WEG eines Mehrhauses oder die Kosten für einen dieser Gegenstände, sind nur die Wohnungs- und Teileigentümer stimmberechtigt, die Einheiten in diesem Haus halten. Etwas anderes gilt, soweit sich die Beschlüsse auf die Gesamtanlage auswirken können.

(2) Die Stimmberechtigten sind nur berechtigt, die Kosten für die in Absatz 1 Satz 1 genannten Maßnahmen unter sich zu verteilen. Das nach §§ 22 Abs. 2, 16 Abs. 4 WEG zu berechnende Quorum richtet sich an den Stimmberechtigten aus. Verträge für solche Maßnahmen sind vom Verband Wohnungseigentümergemeinschaft zu schließen.

(3) Der Verwalter darf eine Entscheidung der Stimmberechtigten erst dann iSv § 27 Abs. 1 Nr. 1 WEG durchführen, wenn sichergestellt ist, dass die dafür benötigen Mittel von den Stimmberechtigten aufgebracht und auf ein Verbandskonto eingezahlt worden sind.

---

498 BayObLG FGPrax 2003, 261.
499 BayObLG NZM 2001, 771.
500 BayObLG ZMR 1999, 418, 420; BayObLG DNotZ 1985, 414, 415.
501 BayObLG ZMR 1999, 418, 420.
502 Für die hM siehe nur BGH NJW 2009, 2132, 2134; für die Mindermeinung vgl Elzer, ZWE 2007, 165.

(4) Die anderen Wohnungs- und Teileigentümer erteilen ihre Zustimmung zu von den Sondernutzungsberechtigten[503] beschlossenen baulichen Veränderungen am Mehrhaus. Das äußere Erscheinungsbild der gesamten Wohnanlage darf durch eine bauliche Veränderung nicht ohne Zustimmung sämtlicher Wohnungs- und Teileigentümer beeinträchtigt werden. Etwas anderes gilt für Maßnahmen nach § 22 Abs. 2 WEG. ◄

b) Teilversammlungen (Gruppenversammlung)

414   Die Wohnungseigentümer einer Mehrhausanlage können – wie ausgeführt (Rn 409) – durch Vereinbarung bestimmte Gegenstände **bestimmten Wohnungseigentümern** zur Beschlussfassung überantworten. In einem solchen Fall bietet sich die Abhaltung einer Teilversammlung an. Ist eine Teilversammlung vereinbart, sind nur die Wohnungseigentümer zu laden, die in der Teilversammlung auch stimmberechtigt sind.[504] Ob die anderen Wohnungseigentümer wenigstens ein **Teilnahmerecht** haben, ist umstritten,[505] aber wohl zu bejahen.[506] Es empfiehlt sich eine wenigstens **klarstellende Regelung.** Ferner sollten von den Wohnungseigentümern Bestimmungen darüber getroffen werden, wann die Versammlung beschlussfähig ist und welche Mehrheiten für einen Beschluss zu erreichen sind.

415   Nach dem Gesetz besitzt der **Verwalter** für eine Teilversammlung der Wohnungseigentümer eines Mehrhauses keine Kompetenzen und keine Aufgaben. Es empfiehlt sich indes, das „Amt Verwalter" ebenso wie für die gesamte Gemeinschaft für die Einberufung und Durchführung einer Teilversammlung mit Aufgaben für eine Teilversammlung zu betrauen. Gegebenenfalls kann diese Vereinbarung durch eine Wiederholung im Verwaltervertrag flankiert werden.

416   **Hinweis:** Nach einigen Stimmen kommt eine Teilversammlung von Wohnungseigentümern einer Mehrhausanlage auch aufgrund ihrer **Gruppenbetroffenheit** für solche Angelegenheiten in Betracht, die sich ausschließlich auf einen eindeutig abgegrenzten oder abgrenzbaren Teil eines Hauses oder einer Mehrhausanlage beziehen. Dem ist nicht zu folgen (Rn 410), zur Klarheit sollte es jedenfalls vereinbart werden.

417   ▶ **Muster: Gemeinschaftsordnung – Regelungen zu einer Teilversammlung**

(88)

§ [...]

- Teilversammlung eines Mehrhauses -

(1) Die gemeinsamen Sondernutzungsberechtigten[507] eines Mehrhauses können auf Antrag eines Viertels von ihnen eine Versammlung der Sondernutzungsberechtigten zu den Gegenständen abhalten, für die die Sondernutzungsberechtigten allein stimmberechtigt sind (Teilversammlung). Die Teilversammlung ist vom Verwalter mit vierwöchiger Frist einzuberufen. Einzuladen sind nur die stimmberechtigten Wohnungs- und Teileigentümer; die anderen Wohnungs- und Teileigentümer besitzen ein Teilnahmerecht. Das Stimmrecht in der Teilversammlung richtet sich nach Miteigentumsanteilen. Die Teilversammlung ist beschlussfähig, wenn mehr als die Hälfte der Stimmberechtigten erschienen sind.

(2) Ist eine Versammlung nicht iSv Absatz 1 beschlussfähig, ist eine neue Versammlung mit dem gleichen Gegenstand einzuberufen. Diese Versammlung ist ohne Rücksicht auf die Anzahl der Woh-

---

503   Siehe zu dieser Begriffswahl Rn. 437 und Rn. 439.
504   BayObLG DNotZ 1985, 414, 415; Jennißen/*Elzer*, § 24 WEG Rn 47.
505   Ablehnend: Göken, Die Mehrhausanlage, S. 45.
506   Jennißen/*Elzer*, Vor §§ 23 bis 25 WEG Rn 157.
507   Siehe zu dieser Begriffswahl Rn 437 und Rn 439.

nungs- und Teileigentümer beschlussfähig; hierauf ist bei der Einberufung hinzuweisen. § 25 Abs. 5 WEG gilt entsprechend. ◄

c) „Stuttgarter Modell" (separate Eigentümerversammlungen)

Als Möglichkeit einer Beschlussfassung in einer Mehrhausanlage soll auch das sog. Stuttgarter 418 Modell vorstellbar sein.[508] Nach diesem Modell werden für jedes Haus einer Mehrhausanlage separate Eigentümerversammlungen mit gleicher Tagesordnung einberufen. Die Wohnungseigentümer üben dann ihr Stimmrecht im Wege einer „kombinierten Beschlussfassung" aus.[509] Darunter versteht man u.a., dass die in einer Teilversammlung abgegebenen Stimmen mit Stimmen, die in einer anderen Teilversammlung abgegeben werden, zusammengefasst werden.[510]

Hinweis: Dieses Vorgehen **empfiehlt sich nicht.** Es kommt nämlich zu Problemen, wenn die 419 erforderliche Beschlussmehrheit bereits in den vorhergehenden Versammlungen erreicht wurde. Ferner sind die Teilnahme-, Antrags- und Anfechtungsrechte unklar. Schließlich ist das „Stuttgarter Modell" ein Fallstrick für die Entstehung des Beschlusses und die Fragen, wann der Verwalter den Beschluss verkündet, wann er ihn in die Beschluss-Sammlung aufnimmt und ab wann die Anfechtungsfrist des § 46 Abs. 1 S. 2 WEG läuft.

3. Kostenregelungen

a) Allgemeines

Die **Kosten** und **Lasten** einer Wohnungseigentumsanlage sind – soweit nichts anderes vereinbart 420 oder beschlossen wird – nach § 16 Abs. 2 WEG in Höhe der Miteigentumsanlage auf sämtliche Wohnungseigentümer zu verteilen. Auch die Kosten, die nur auf eines von mehreren Häusern entfallen und nach einer entsprechenden Erfassung, Messung oder Zählung auf deren Wohnungseigentümer verteilt werden könnten, sind daher grundsätzlich von allen Wohnungseigentümern zu tragen.

Aus Gründen der **Kostengerechtigkeit** bietet es sich aus diesem Grunde an, die **absonderbaren** 421 und getrennt erfassbaren Betriebs-, Verwaltungs- und Instandsetzungs- und Instandhaltungskosten, die auf ein Mehrhaus entfallen, abweichend von § 16 Abs. 2 WEG durch Vereinbarung den Bewohnern des Mehrhauses aufzuerlegen.[511] Entsprechendes gilt für die Kosten für bauliche Veränderungen nach § 22 Abs. 1 und Abs. 2 WEG. Aufzugskosten etwa können als objektiv feststellbare trennbare Kosten einem Haus zugeordnet werden; dem steht nicht entgegen, dass auch die übrigen Wohnungseigentümer anderer Häuser den Aufzug nutzen könnten.[512] Ist angeordnet, dass die jeweils an einem Haus allein zur Nutzung berechtigten Wohnungseigentümer die auf sie entfallenden **ausscheidbaren und tatsächlich messbaren Kosten** allein zu tragen haben, so fallen darunter allerdings nur solche Kosten, die von vornherein auch wirklich absonderbar sind und ohne Weiteres bestimmten Wohnungseigentümern allein zugeordnet werden können.[513] Nicht darunter fallen also solche Kosten, die die Wohnungseigentümer gemeinsam

---

508 Bub, ZWE 2000, 194, 198; Scheel, in: Hügel/Scheel, Teil 12 Rn 23.
509 Dazu: KG OLGZ 1989, 43 = WE 1989, 135 = NJW-RR 1989, 329; Jennißen/*Elzer*, Vor §§ 23 bis 25 WEG Rn 53; allgemein: BGH BGHReport 2006, 907.
510 Vgl OLG Köln DWE 1994, 43; OLG Stuttgart DWE 1980, 62.
511 Riecke/Schmid/*Elzer*, § 10 WEG Rn 250.
512 OLG Köln ZMR 2002, 379, 380.
513 BayObLG ZMR 1993, 231 = WE 1994, 148.

treffen, im Innenverhältnis aber erst nachträglich nach einem festzulegenden Verteilungsschlüssel umgelegt werden müssten, um dadurch eine Trennung und Zuordnung zu ermöglichen.[514]

422 **Hinweis:** Soweit in Vollzug einer Entscheidung nach § 22 Abs. 1 und Abs. 2 WEG oder für eine Instandsetzung oder Instandhaltung Verträge zu schließen sind, werden diese **im Namen des Verbands Wohnungseigentümergemeinschaft** geschlossen. Nach außen haften daher sämtliche Wohnungseigentümer gem. § 10 Abs. 8 S. 1 WEG. Damit die Wohnungseigentümer der anderen Mehrhäuser nicht haften, kann eine Bestimmung getroffen werden, dass der Verwalter im Namen des Verbands Wohnungseigentümergemeinschaft, aber im alleinigen Interesse der Bewohner eines Mehrhauses, nur dann einen Vertrag schließt, wenn die Wohnungseigentümer dieses Hauses die aus dem Vertrag geschuldete Gegenleistung sowie etwaige Sekundäransprüche durch vorhandene Finanzmittel oder durch eine Sonderumlage „garantieren".[515]

423 Ist als Teil der Teilungserklärung oder des Teilungsvertrags in der Gemeinschaftsordnung vereinbart und zum Gegenstand der Sondereigentumsrechte nach § 5 Abs. 4 S. 1 WEG gemacht, die Kosten in dieser Weise abweichend von § 16 Abs. 2 WEG zu verteilen, darf nicht übersehen werden, dass die Wohnungseigentümer nach § 16 Abs. 3 WEG befugt sind, für die **Betriebs- und Verwaltungskosten** etwas Abweichendes auch durch Beschluss dauerhaft zu beschließen. Ein **abweichender Beschluss** dürfte allerdings in aller Regel nicht ordnungsmäßig sein.[516] Gründe dafür, in einer Mehrhausanlage eine Kostentrennung aufzuheben, sind nicht erkennbar. Vorstellbar ist allenfalls eine Anpassung an veränderte Verhältnisse. Sind (auch) die Kosten der Instandhaltung und Instandsetzung des Gemeinschaftseigentums auf die Bewohner eines Mehrhauses übertragen worden, können die Wohnungseigentümer wenigstens im **Einzelfall** etwas anderes nach § 16 Abs. 4 WEG bestimmen. Einen „Schutz" gegen einen solchen Beschluss gibt es – bis auf die Grenze der Ordnungsmäßigkeit – nicht. Eine diesen Kompetenzen entgegenstehende Vereinbarung wäre nach der Bestimmung des § 134 BGB mit Blick auf § 16 Abs. 5 WEG nichtig.

424 Bei der Kostenregelung für eine Mehrhausanlage ist darauf zu achten, dass diese häufig in **mehreren Bauabschnitten** hergestellt wird.[517] § 16 Abs. 2 WEG knüpft für die Tragung der Kosten und Lasten an den Begriff des „Wohnungseigentümers", nicht an den Begriff des (fertiggestellten) Sondereigentums an. Vor allem der Bauträger hat sich deshalb auch an den Lasten und Kosten des gemeinschaftlichen Eigentums zu beteiligen, wenn bestimmte Einheiten in seinem Eigentum noch nicht fertiggestellt worden sind.[518] Um eine Änderung der hierin ggf liegenden Unbilligkeit zu erreichen, muss etwas anderes vereinbart oder beschlossen werden. Es entspricht dabei der Billigkeit, dass sich die Wohnungs- und Teileigentümer der noch ungebauten Bauabschnitte dann an den Kosten zu beteiligen haben, wenn die **Einheiten im Wesentlichen hergestellt** sind.[519] Eine Herstellung liegt dabei nicht erst dann vor, wenn eine Einheit fertiggestellt oder bezugsfertig ist. Eine Herstellung ist bereits dann anzunehmen, wenn sich die ausstehenden Arbeiten auf den Bereich der typischen Sonderwünsche beziehen und die Bezugsfertigstellung im Hinblick auf die wirtschaftliche Verwertung hinausgezögert wird.

---

514 BayObLG ZMR 1993, 231 = WE 1994, 148; Riecke/Schmid/*Elzer*, § 16 WEG Rn 137.
515 Hügel, in: Hügel/Elzer, § 3 Rn 28.
516 Riecke/Schmid/*Elzer*, § 16 WEG Rn 137.
517 Vgl Pause, Bauträgerkauf und Baumodelle, Rn 116 ff.
518 BGHZ 130, 304, 313 = MDR 1995, 1112 = NJW 1995, 2791 = ZMR 1995, 483; BayObLGZ 1987, 13 = NJW-RR 1987, 714, 715; Riecke/Schmid/*Elzer*, § 16 WEG Rn 245.
519 KG ZMR 2002, 150 = WuM 2002, 40 = KGReport 2001, 392.

▶ **Muster: Gemeinschaftsordnung – Regelungen zu mehreren Bauabschnitten** 425

§ [...]

- Mehrere Bauabschnitte -

Die Wohnungseigentumsanlage [...] wird nach den Planungen in mehreren Bauabschnitten errichtet. Die Wohnungs- und Teileigentümer eines Bauabschnitts müssen sich an den Kosten und Lasten iSd § 16 Abs. 2 WEG beteiligen, wenn ihre Einheiten im Wesentlichen hergestellt sind. Eine Herstellung ist dann anzunehmen, wenn sich die ausstehenden Arbeiten auf den Bereich der typischen Sonderwünsche beziehen. ◀

b) Instandhaltungsrückstellung

Die Wohnungseigentümer eines Mehrhauses können vereinbaren, **Mittel anzusammeln**, die für 426 von ihnen zu tragende Maßnahmen der Instandhaltung oder Instandsetzung dienen sollen.[520] Vermögensrechtlich ist diese Rückstellung den Wohnungseigentümern des Hauses als Gemeinschaft nach §§ 741 ff BGB zugewiesen. Der Verwalter hat für die Verwaltung dieser Rückstellung – soweit nichts anderes bestimmt ist – nach dem Wohnungseigentumsgesetz keine Aufgaben. Der Verwalter darf nicht von sich aus – noch muss er es – eine getrennte Rücklagenbildung vornehmen. Dies gilt auch dann, wenn die Gemeinschaftsordnung eine Tragung der Instandhaltungskosten nach Häusern anordnet, eine getrennte Rücklagenbildung aber nicht vorgesehen ist.

Hinweis: Nach einer vereinzelt gebliebenen Entscheidung kann sich die **zwingende Bildung** 427 **einer separaten Instandhaltungsrückstellung** auch im Wege der Auslegung ergeben. Dies soll bereits der Fall sein, wenn vereinbart ist, im Zusammenhang mit der Instandhaltung des gemeinschaftlichen Eigentums jedes Gebäude so weit wie möglich als rechtlich selbstständige Anlage zu behandeln. Aus dieser Anordnung folge, dass für jedes Gebäude eine eigene Instandhaltungsrückstellung zu bilden sei.[521] Ob dies zutrifft, ist fraglich – schon mit Blick auf die Verwalteraufgaben. Jedenfalls machen solche vereinzelten Rückstellungen eine gemeinsame Rückstellung wohl nicht entbehrlich.

Soll – um die Verwaltung zu erleichtern und keine weiteren Vermögensmassen anzusammeln 428 – **keine separate Instandhaltungsrückstellung** gebildet werden, kann der Verwalter u.a. angewiesen werden, die Mittel, die die Bewohner eines Mehrhauses angesammelt haben, separat anzulegen, in der Abrechnung auszuweisen und zur Bezahlung der von diesen Bewohnern ausgelösten Verträge oder von diesen zu tragenden Instandsetzungen zu nutzen.

Hinweis: Auch nach einer solchen Absonderung ist es allerdings den Gläubigern des Verbands 429 Wohnungseigentümergemeinschaft möglich, auf diese Mittel der Bewohner eines Mehrhauses zurückzugreifen. Ein Schutz ist nur durch eine Gemeinschaft nach §§ 741 ff BGB möglich.

c) Wirtschaftsplan und Jahresabrechnung

In einer Mehrhausanlage muss der Verwalter – soweit nichts anderes vereinbart und § 28 WEG 430 abbedungen ist – einen *einzigen* Wirtschaftsplan und eine *einzige* Jahresabrechnung erstellen.[522] Dies folgt bereits daraus, dass die Jahresabrechnung iSv § 28 WEG häuserübergreifende

---

520 KG ZMR 2008, 67; BayObLG ZMR 2003, 213; 2000, 319, 320; Häublein, NZM 2003, 785, 788 mwN.
521 BayObLG NJW-RR 1988, 274.
522 KG ZMR 2008, 67; Scheel, in: Hügel/Scheel, Teil 11 Rn 51.

Kosten enthält, zB die Verwaltungskosten.[523] Die Wohnungseigentümer können allerdings vereinbaren, dass neben dem Wirtschaftsplan und der Jahresabrechnung nach § 28 WEG für die einzelnen Gebäude jeweils *getrennte* „Wirtschaftspläne" und „Jahresabrechnungen" aufgestellt werden sollen.[524] Dabei ist zu beachten, dass es sich nicht um Pläne und Abrechnungen iSv § 28 WEG handelt. Pläne für einzelne Häuser machen einen Gesamtwirtschaftsplan also – auch in einer „Addition" – nicht entbehrlich.

431 Auch eine Jahresabrechnung ist als **Gesamtabrechnung** zu erstellen. Möglich und üblich ist es allerdings, dass der Verwalter in einer Mehrhausanlage die Gesamtabrechnung nach einzelnen Häusern jedenfalls **untergliedert**.[525] Eine solche Darstellung kann auch vereinbart werden. Sie bewirkt eine Information der Wohnungseigentümer, über „ihr" Haus, hat aber rechtlich – soweit nichts anders vereinbart ist – keine Bedeutung.

432 ▶ **Muster: Gemeinschaftsordnung – Erstellung des Wirtschaftsplans und der Jahresabrechnung**

§ [...]

- Wirtschaftsplan und der Jahresabrechnung -

Der Verwalter hat bei Erstellung des Wirtschaftsplans und der Jahresabrechnung neben einer Gesamtdarstellung die einzelnen Häuser nach Kosten, Lasten und Einnahmen getrennt darzustellen. ◀

d) Stecken gebliebener Bau

433 Wird die **Wohnanlage** wegen Zahlungsunfähigkeit des teilenden Eigentümers als Bauträger **nicht vollständig fertiggestellt,** kann die mangelfreie Fertigstellung des Gemeinschaftseigentums als Maßnahme der ordnungsmäßigen Verwaltung beschlossen werden[526] – sofern nichts anderes vereinbart ist. Die Kosten der mangelfreien Fertigstellung des Gemeinschaftseigentums sind – soweit bereits eine Wohnungseigentümergemeinschaft, wenigstens eine werdende, entstanden ist – Kosten der Instandhaltung und Instandsetzung iSv § 16 Abs. 2 WEG und von allen Wohnungseigentümern zu tragen.[527]

434 Bei einer **Mehrhausanlage** kann diese Rechtslage nicht der Billigkeit entsprechen, da die Bewohner der anderen Baukörper ggf kein Interesse an der Errichtung des oder der letzten Baukörper haben. Für die Herstellung nicht errichteter Baukörper kann deshalb vereinbart werden, dass sich an den Kosten für die Errichtung eines weiteren Baukörpers nur die Eigentümer zu beteiligen haben, die ihr Sondereigentum in diesem Baukörper haben.

435 ▶ **Muster: Gemeinschaftsordnung – Stecken gebliebener Bau**

§ [...]

- Stecken gebliebener Bau -

(1) Die Mittel für die erstmalige Herstellung geplanter, aber nicht, nicht vollständig oder noch nicht errichteter Baukörper haben allein die Wohnungs- und Teileigentümer aufzubringen, die in diesem Baukörper ihr Sondereigentum haben sollen.

(2) Sind nach Absatz 1 Mittel aufzubringen, haben die Wohnungs- und Teileigentümer, die in diesem Baukörper ihr Sondereigentum haben sollen, diese Mittel im Verhältnis ihrer Miteigentumsanteile beizutragen.

---

523 KG NJW-RR 1997, 652, 653; BayObLG NJW-RR 1994, 1236, 1237.
524 Göken, Die Mehrhausanlage, S. 82.
525 KG ZMR 2008, 67; Scheel, in: Hügel/Scheel, Teil 11 Rn 51.
526 BayObLG ZWE 2000, 214, 215.
527 BayObLG ZWE 2000, 214, 215.

(3) Unerheblich ist, dass einer der Wohnungs- und Teileigentümer mehr an den Bauträger bezahlt hat als andere. Eine Überzahlung ist im Verhältnis zum Bauträger auszugleichen. Eine Anrechnung auf die anteiligen noch aufzuwendenden Fertigstellungskosten erfolgt nicht. ◀

4. Nutzungen des Gemeinschaftseigentums

Die Wohnungseigentümer können vereinbaren, dass die Nutzungen des Gemeinschaftseigentums, die in allen Gebäuden identisch vorhanden sind, ausschließlich den Wohnungseigentümern des jeweiligen Gebäudes zustehen.[528] Werden die Kosten und Lasten getrennt erfasst und verteilt, so ist dies idR sogar dahin gehend auszulegen, dass auch die Nutzungen entsprechend zu verteilen sind.[529]   436

5. Regelungen zum Gebrauch

Auch bei Mehrhausanlagen besteht an den konstruktiven Teilen der einzelnen Gebäude ein einheitliches gemeinschaftliches Eigentum.[530] Die Wohnungseigentümer können jedoch im Wege einer Vereinbarung nach § 10 Abs. 2 S. 2 WEG von § 13 Abs. 2 WEG abweichende Bestimmungen zum Gebrauch dieses Eigentums im weitesten Sinne treffen. § 15 Abs. 1 WEG streicht diese Möglichkeit nochmals heraus. In einer Mehrhausanlage bietet es sich vor allem an, den Wohnungseigentümern eines Gebäudes die Flächen des Gemeinschaftseigentums, an denen ein Sondernutzungsrecht begründet werden kann, als „Gruppensondernutzungsrecht"[531] (auch Gemeinschaftssondernutzungsrecht genannt)[532] zu gestalten. Treffen die Wohnungseigentümer eines Mehrhauses als gemeinsame Berechtigte an dem Gruppensondernutzungsrecht einen Beschluss, handelt es sich nicht um einen Beschluss nach dem WEG, sondern um einen der Berechtigten nach § 745 BGB.   437

Auch dann, wenn an einer Fläche des Gemeinschaftseigentums ein Sondernutzungsrecht begründet wurde, sind Träger der **Verkehrspflichten** (Verkehrssicherungspflichten) der Verband Wohnungseigentümergemeinschaft und daneben sämtliche Wohnungseigentümer (im Hinblick auf die Wohnungseigentümer ist das str.).[533] Etwas anderes gilt, wenn dem Sondernutzungsberechtigten an den ihm zugewiesenen Gemeinschaftsflächen ausdrücklich, wenigstens aber konkludent die Verkehrspflicht im Wege der Vereinbarung übertragen worden ist.[534] Hiervon ist im Zweifel auszugehen; etwa dann, wenn eine Regelung bestimmt, dass Sondernutzungsrechte hinsichtlich Instandhaltung und Verkehrspflicht wie Sondereigentum zu behandeln sind.[535] Zur Klarstellung empfiehlt sich eine ausdrückliche Regelung.   438

▶ **Muster: Gemeinschaftsordnung – Gruppensondernutzungsrecht**   439

§ [...]

- Gruppensondernutzungsrecht -

(1) Den Wohnungs- und Teileigentümern der Häuser [...], [...] und [...] stehen der Gebrauch und die Nutzung ihres Gebäudes als Sondernutzungsrecht in Bruchteilsgemeinschaft unter Ausschluss der

---

528 Riecke/Schmid/*Elzer*, § 16 WEG Rn 138.
529 Häublein, NZM 2003, 785.
530 Staudinger/*Rapp*, § 5 WEG Rn 30.
531 Häublein, NZM 2003, 785, 787.
532 Vgl Tersteegen, ZNotP 2008, 21, 22; Boeckh, Wohnungseigentumsrecht, Teil 2 § 3 Rn 44; Hügel, in: Hügel/Scheel, Teil 6 Rn 25.
533 Allgemein: Elzer, MietRB 2005, 219, 221; Gottschalg, NZM 2002, 590.
534 Vgl etwa BGH ZMR 2001, 119.
535 OLG Stuttgart ZMR 2001, 730.

Nutzung der Wohnungs- und Teileigentümer der anderen Häuser zu. Dem Sondernutzungsrecht unterliegt das gesamte gemeinschaftliche Eigentum des jeweiligen Hauses.

(2) Die anderen Wohnungs- und Teileigentümer sind berechtigt, das dem Sondernutzungsrecht unterliegende Gemeinschaftseigentum zu gebrauchen, wie es ein Mieter darf.

(3) Den Sondernutzungsberechtigen obliegt neben dem Verband Wohnungseigentümergemeinschaft für den von ihrem Sondernutzungsrecht umfassten Bereich die Verkehrspflicht. Die Sondernutzungsberechtigen stellen die anderen Wohnungseigentümer von eventuellen Ansprüchen Dritter aus der Verletzung von Verkehrspflichten im Innenverhältnis frei. ◀

6. Regelungen zum Verwalter

440   Der Verwalter einer Wohnungseigentumsanlage hat nach dem Gesetz, vor allem, aber nicht nur nach § 27 Abs. 1 bis 3 WEG nur Aufgaben und Kompetenzen für sämtliche Wohnungseigentümer. Die Bewohner eines Mehrhauses können keinen Verwalter iSd Wohnungseigentumsgesetzes nur für „ihr" Haus bestellen.[536] Vorstellbar ist allerdings, dass diese Wohnungseigentümer mit einer Person – die auch Verwalter sein kann – einen **separaten Vertrag** zur Vertretung ihrer Angelegenheiten schließen. Vertragspartner des Verwalters sind dann sämtliche Wohnungseigentümer des Mehrhauses und nicht ein „Unterverband". Die Wohnungseigentümer eines Mehrhauses bilden eben keine rechtsfähige Untergemeinschaft (siehe Rn 408).

7. Instandhaltungen und Instandsetzungen

441   Die Instandhaltung und Instandsetzung des gemeinschaftlichen Eigentums ist gem. § 21 WEG **Aufgabe und Last sämtlicher Wohnungseigentümer.** Dies gilt auch für das Gemeinschaftseigentum, das „örtlich" einem Mehrhaus zugeordnet ist. Etwas anderes kann aber vereinbart werden.

442   ▶ **Muster: Gemeinschaftsordnung – Instandhaltungen und Instandsetzungen**

§ [...]

- Instandhaltungen und Instandsetzungen -

Die jeweiligen Sondernutzungsberechtigen[537] sind als Gesamtschuldner verpflichtet, die dem Sondernutzungsrecht unterworfenen Räume, Teile, Anlagen und Bestandteile instand zu halten und instand zu setzen. ◀

443   Ferner kann den Bewohnern eines Mehrhauses im Wege der Vereinbarung die **Kompetenz** übertragen werden, über die für ihre Einheit anfallenden Instandsetzungs- und Instandhaltungsmaßnahmen am Gemeinschaftseigentum für sämtliche Wohnungseigentümer zu beschließen (siehe Rn 409). Ein solcher Beschluss muss dann nach Sinn und Zweck nicht die in § 16 Abs. 4 WEG bestimmten Mehrheiten erreichen.[538] Dies sollte in der Gemeinschaftsordnung wenigstens klargestellt werden (vgl das Muster 87, Rn 413). Zu den Kosten für Instandhaltungen und Instandsetzungen siehe im Zusammenhang Rn 420 ff.

8. Bauliche Veränderungen

444   Fallen in einer Mehrhausanlage in einem Mehrhaus bauliche Veränderungen nach § 22 Abs. 1 bis Abs. 3 WEG an oder sollen diese dort durchgeführt werden, kann durch eine Vereinbarung

---

536 Häublein, NZM 2003, 785, 790.
537 Siehe zu dieser Begriffswahl Rn 437 und Rn 439.
538 Elzer, in: Hügel/Elzer, § 8 Rn 76.

bestimmt werden, dass über die Maßnahmen nur die Bewohner eines Mehrhauses zu bestimmen haben (siehe Rn 409). Zu den Kosten für diese Maßnahmen siehe im Zusammenhang Rn 420.

9. Abnahme des Gemeinschaftseigentums

Bei einer Mehrhausanlage besteht das Gemeinschaftseigentum u.a. aus sämtlichen (ggf noch **445** geplanten) Gebäuden. Das bedeutet, dass eine endgültige Abnahme des Gemeinschaftseigentums (zur Abnahme allgemein vgl Rn 461 ff.) – jedenfalls bei einer „großen Aufteilung"[539] – grundsätzlich erst erfolgen kann, wenn sämtliche Gebäude abnahmefähig sind.[540] Das Problem besteht dann darin, dass bei einer Mehrhausanlage in der Regel das Wohnungseigentum **etappenweise errichtet** wird – die Abnahme wäre also erst mit Errichtung des letzten Gebäudes vorstellbar. Zum Teil wird empfohlen, größere Objekte aus diesem Grunde von vornherein in mehrere Wohnungseigentümergemeinschaften zu unterteilen.[541] Um diesen späten, für den Bauträger meist nicht hinnehmbaren Zeitpunkt vorzuziehen (vor allem, um eine teilweise Angleichung der Mängelverjährungsfristen herbeizuführen), bietet sich jedenfalls im Erwerbervertrag eine Vereinbarung zur **Teilabnahme** (s.a. Rn 465) dergestalt an, dass das Gemeinschaftseigentum für jedes einzelne Gebäude abgenommen werden soll und dass eine bereits erfolgte Abnahme des Gemeinschaftseigentums Wirkungen gegen den Erwerber entfaltet.[542] Diese Vereinbarung ist sowohl individualvertraglich als durch Allgemeine Geschäftsbedingungen des Bauträgers möglich.[543] Möglich erscheint ferner, dass der spätere Erwerber (der insofern „Nachzügler" ist) die bereits erfolgte Abnahme des übrigen Gemeinschaftseigentums durch eine Regelung in der Gemeinschaftsordnung gegen sich gelten lässt (siehe im Zusammenhang Rn 461 ff).

▶ **Muster: Gemeinschaftsordnung – Regelung zur Teilabnahme bei Mehrhausanlagen im Er-** **446** **werbervertrag**

§ [...]

- Teilabnahme -

Das Gemeinschaftseigentum der Häuser [...], [...] und [...] wird jeweils gesondert abgenommen (Teilabnahme). Der Erwerber, der sein Sondereigentum im Haus [...], [...] und [...] erwirbt, lässt eine bereits erfolgte Abnahme des Gemeinschaftseigentums in einem bereits errichteten Haus gegen sich gelten.

[Fortsetzen mit Muster 101 Rn 475] ◀

Zum Teil wird auch vertreten, dass „Untergemeinschaften" begründet und die Herstellungs- **447** pflichten des Bauträgers gegenüber den Erwerbern auf die ordnungsgemäße Herstellung des Gemeinschaftseigentums ihrer Untergemeinschaft beschränkt werden könnten.[544] Ob dieser Weg gangbar ist, ist zweifelhaft. Er könnte einen Erwerber unzulässig benachteiligen, weil er die Bindungen der Wohnungseigentümer untereinander nicht beachtet. Ein Erwerber hat als späterer „Wohnungseigentümer" und als Miteigentümer des Gemeinschaftseigentums sämtli-

---

539 Die noch zu errichtenden Sondereigentumseinheiten werden von Anfang an mit einem Miteigentumsanteil verbunden.
540 Pause, Bauträgerkauf und Baumodelle, Rn 612.
541 Pause, NJW 1993, 553, 556; Riecke/Schmid/*Riecke/Vogel*, Anhang zu § 8 WEG Rn 29.
542 Pause, NJW 1993, 553, 556; Basty, Der Bauträgervertrag, Rn 657; Hügel, in: Hügel/Scheel, Teil 3 Rn 24; Elzer, in: Deckert, Die Eigentumswohnung, Gruppe 3, Rn 519.
543 BGH BauR 1983, 573.
544 Riecke/Schmid/*Riecke/Vogel*, Anhang zu § 8 WEG Rn 29; Pause, Bauträgerkauf und Baumodelle, Rn 841; Basty, Der Bauträgervertrag, Rn 715.

cher Häuser nämlich ein Interesse an der **ordnungsmäßigen Errichtung der Gesamtanlage**. Aus der nicht ordnungsmäßigen Errichtung begründen sich gegen ihn im Innenverhältnis der Wohnungseigentümer Ansprüche aus § 21 Abs. 4 WEG. Unabhängig von seinen Rechten gegenüber einem Bauträger besitzt jeder Wohnungseigentümer – soweit bereits eine Gemeinschaft der Wohnungseigentümer entstanden ist – gegen die anderen Wohnungseigentümer gem. § 21 Abs. 4, Abs. 5 Nr. 2 WEG bei kleineren Arbeiten oder nur wenigen Mängeln im Prinzip einen Anspruch auf erstmalige Herstellung eines ordnungsmäßigen Zustands des gemeinschaftlichen Eigentums.[545] Die erstmalige Herstellung eines ordnungsmäßigen Zustands gehört zur Instandhaltungs-/Instandsetzungspflicht iSv §§ 21 Abs. 5 Nr. 2, 22 Abs. 3 WEG.[546] Betrachtet man diese Seite, scheint eine Herstellungsverpflichtung des Bauträgers auf die ordnungsgemäße Herstellung nur eines Teils des Gemeinschaftseigentums aber unbillig, überraschend und unangemessen. Dies gilt auch dann, wenn es durch eine Vereinbarung zu einer weitgehenden Kostentrennung der jeweiligen Häuser kommt (siehe Rn 420 ff).[547] Denn auch eine solche Vereinbarung hindert keine Außenhaftung nach § 10 Abs. 8 S. 1 WEG für die Maßnahmen an einem anderen Haus.

10. Beschluss-Sammlung

448   Fassen die Wohnungseigentümer einer Mehrhausanlage in einer Teilversammlung (siehe Rn 414 ff) aufgrund einer Vereinbarung Beschlüsse mit Wirkung und Bindung für die anderen Wohnungseigentümer nach § 10 Abs. 4 S. 1 WEG, sind diese Beschlüsse in **keine separate** Beschluss-Sammlung, sondern in die nach § 24 Abs. 8 S. 1 WEG vom Verwalter zu führende Sammlung aufzunehmen. Bereits aus diesem Grunde liegt es nahe, den Verwalter mit den Aufgaben der Teilversammlung zu betrauen (siehe Rn 415).

449   Etwas anderes gilt für solche Beschlüsse, die die Wohnungseigentümer des Mehrhauses nach der Bestimmung des § 745 BGB treffen. Solche Beschlüsse, zB über die Frage einer Mittelverwendung der berechtigten Wohnungseigentümer aus einer diesen allein zustehenden Instandhaltungsrückstellung (siehe Rn 426), sind nach dem Gesetz nicht zu beurkunden. Ist wegen § 746 BGB eine Beurkundung auch dieser Beschlüsse gewollt, kann die Beurkundung vereinbart werden.

450   **Hinweis:** Soweit das Führen der Sammlung dem Verwalter übertragen wird, wird hier davon ausgegangen, dass dieser Bestimmungen der Gemeinschaftsordnung **ohne Weiteres unterworfen** ist.[548] Zur Sicherheit kann sich dennoch empfehlen, solche und andere Regelungen – jedenfalls zur Klarstellung – auch zum Gegenstand des Verwaltervertrags zu machen. Das Problem besteht dabei allerdings darin, dass die Verwalterverträge zumeist vom Verwalter gestellt werden.

---

545 OLG München ZMR 2006, 714, 716; BayObLG NZM 2000, 515 = ZMR 1999, 846, 847; Elzer, in: Deckert, Die Eigentumswohnung, Gruppe 3, Rn 574.
546 Bauriedl, ZMR 2006, 252 ff.
547 AA Basty, Der Bauträgervertrag, Rn 716.
548 Siehe dazu Riecke/Schmid/Elzer, § 10 WEG Rn 62.

▶ **Muster: Gemeinschaftsordnung – Vereinbarung zur Sammlung von Beschlüssen**   451

§ [...]

- Sammlung von Beschlüssen -

Der Verwalter hat die Beschlüsse der Bewohner des Mehrhauses [...], sofern diese nicht in die von ihm nach § 24 Abs. 8 S. 1 WEG aufzunehmende Sammlung aufzunehmen sind, mit Angabe von Ort und Datum in eine von ihm zu führende Beschluss-Sammlung aufzunehmen. Die Bestimmungen der Teilungserklärung (Gemeinschaftsordnung) sowie § 24 Abs. 7 und Abs. 8 WEG gelten entsprechend. ◀

11. Wirtschaftseinheit

Für Wohnungseigentümer, die ihre Einheit vermieten, kann es sich als sinnvoll erweisen, für   452
die Erstellung der **Betriebskostenabrechnung** und als Grundlage der abzuschließenden Mietverträge anzuordnen, dass jeweils ein Haus einer Mehrhausanlage eine Wirtschaftseinheit bildet.

▶ **Muster: Gemeinschaftsordnung – Bestimmung einer Wirtschaftseinheit**   453

§ [...]

- Wirtschaftseinheit -

Die Häuser [...], [...] und [...] sowie die Tiefgarage bilden je eine Wirtschaftseinheit. ◀

12. Wiederaufbau

Ist ein in Wohnungseigentum aufgeteiltes Gebäude zu mehr als der Hälfte seines Wertes zerstört   454
und ist der Schaden nicht durch eine Versicherung oder in anderer Weise gedeckt, kann gem. § 24 Abs. 4 WEG der Wiederaufbau nicht nach § 21 Abs. 3 WEG beschlossen oder nach § 21 Abs. 4 WEG verlangt werden. Bei einer Mehrhausanlage gilt grundsätzlich nichts anderes.[549] Wird eines von mehreren Häusern zerstört, soll dieses Haus sogar allein der Maßstab für den Zerstörungsgrad sein, nicht der Wert der Gesamtanlage.[550]

Ob diese Meinung zutrifft, ist zweifelhaft. Dennoch sollte ein Wiederaufbau – wie bei einem   455
stecken gebliebenen Bau (siehe Rn 433 ff) – jedenfalls auf Kosten der Bewohner eines anderen Mehrhauses ausgeschlossen werden. Es sollte vielmehr vereinbart werden, dass sich an den Kosten des Wiederaufbaus des zerstörten Baukörpers nur die Eigentümer zu beteiligen haben, die ihr Sondereigentum in diesem Baukörper haben.

▶ **Muster: Gemeinschaftsordnung – Bestimmung zum Wiederaufbau**   456

§ [...]

- Wiederaufbau -

(1) Wird ein Mehrhaus ganz oder teilweise zerstört, so sind nur die Wohnungs- und Teileigentümer der zerstörten Einheit untereinander verpflichtet, den vor Eintritt des Schadens bestehenden Zustand wiederherzustellen. Decken die Versicherungssumme und sonstigen Forderungen den vollen Wiederherstellungsaufwand nicht, so sind nur die Wohnungs- und Teileigentümer des Mehrhauses verpflichtet, den nicht gedeckten Teil der Kosten in Höhe eines ihrem Miteigentumsanteil entsprechenden Bruchteils zu tragen.

---

549 Riecke/Schmid/*Drabek*, § 22 WEG Rn 163.
550 Riecke/Schmid/*Drabek*, § 22 WEG Rn 163.

(2) Steht dem Wiederaufbau oder der Wiederherstellung ein unüberwindliches Hindernis entgegen, scheiden die Wohnungs- und Teileigentümer der zerstörten Einheit aus der Gemeinschaft der Wohnungseigentümer aus. § 17 WEG ist entsprechend anzuwenden. Die Miteigentumsanteile der Wohnungs- und Teileigentümer der zerstörten Einheit werden auf die verbleibenden Wohnungs- und Teileigentümer entsprechend ihrer jeweiligen Miteigentumsanteile verteilt. ◄

13. Insbesondere: Reihenhausanlangen und Einzelhäuser

457   Handelt es sich bei einer Mehrhausanlage um Reihen- oder gar Einzelhäuser, ergeben sich aus Sicht der Wohnungseigentümer eine weitere bedeutende Anzahl von Besonderheiten.[551] Sachgerecht ist es vor allem, für jeden Wohnungseigentümer ein **Sondernutzungsrecht** am Gemeinschaftseigentum „seines" Reihenhauses und an den das Reihenhaus umgebenden Flächen zu vereinbaren. Teil der jeweiligen Sondernutzungsrechte sollte das Recht der Nutzung, aber auch die Verpflichtung sein, das dem Sondernutzungsrecht unterliegende Gemeinschaftseigentum auf eigene Kosten instand zu halten und instand zu setzen und die Verkehrspflichten einzuhalten. Für die andere Wohnungs- oder Teileigentümer nicht beeinträchtigenden baulichen Veränderungen nach § 22 Abs. 1 WEG oder Modernisierungen nach § 22 Abs. 2 WEG sollten diese vorab ihre Zustimmung erteilen; insoweit sollten § 22 Abs. 1 und Abs. 2 WEG – zulässigerweise – abbedungen werden.

458   Wird ein „Reihenhaus" zerstört, sollte dafür nur der Eigentümer der im Haus liegenden Sondereigentumseinheit einstehen müssen (siehe bereits Rn 454 f). Ein Verwalter sollte nicht bestellt werden, auch dann nicht, wenn seine Bestellung anders als die eines Beirats nicht nach § 20 Abs. 2 WEG abbedungen werden kann. Eine Instandhaltungsrückstellung sollte abbedungen werden. Versicherungen iSv § 21 Abs. 5 Nr. 3 WEG sollte jeder Wohnungseigentümer im eigenen Namen abschließen.

Für eine Eigentümerversammlung in einer Reihenhausanlage gibt es kein Bedürfnis, wenn die jeweiligen Wohnungseigentümer sämtliche Verträge mit Dritten schließen und wenn sämtliche Kosten und Lasten abgrenzbar sind sowie jeweils individuell getragen werden.

459   **Hinweis:** Ein Problem besteht darin, dass nach § 10 Abs. 6 S. 3 Var. 1 WEG bestimmte Gegenstände dem auch in einer Reihenhausanlage bestehenden, aber nutzlosen Verband Wohnungseigentümergemeinschaft zugeordnet sind. Soll daher den jeweiligen Wohnungseigentümern auch das Recht zustehen, zB wegen Schäden des Gemeinschaftseigentums gegen Dritte vorzugehen, müsste man § 10 Abs. 6 S. 3 Var. 1 WEG jedenfalls insoweit als abdingbar ansehen, als neben dem Verband Wohnungseigentümergemeinschaft auch ein insoweit ermächtigter Wohnungseigentümer handeln kann. Diese Vorstellung ist aber nicht völlig fremd und dürfte den Bedürfnissen der Praxis entsprechen.

460   ▶ **Checkliste: Gegenstände, die für eine Reihenhausanlage abbedungen oder geregelt werden könnten**

- Präambel (siehe Rn 406)
- Abwehr von Beeinträchtigungen des Gemeinschaftseigentums durch Wohnungseigentümer
- Schadensersatz für Schäden am Gemeinschaftseigentum

---

551   Siehe dazu auch die Formulare mit verschiedenem Schwerpunkt bei Fabis, Vertragskommentar Wohnungseigentum, Rn 223 ff; Kreuzer, Die Gemeinschaftsordnung nach dem WEG, Rn 272 ff; Müller, in: Beck'sches Formularbuch Wohnungseigentumsrecht, D. IV.

- Gebrauchsrechte (Sondernutzungsrechte)
- Nutzungen
- Kosten und Lasten
- Instandhaltungen und Instandsetzungen
- Instandhaltungsrückstellung
- Versicherungen
- Verwalter
- bauliche Veränderungen
- Wiederaufbau der einzelnen Baukörper
- Eigentümerversammlung
- Wirtschaftsplan und Jahresabrechnung ◄

XIX. Abnahme des Gemeinschaftseigentums

1. Einführung

Jeder (künftige) Wohnungseigentümer (Erwerber) ist aus seinem Vertrag mit dem Bauträger   461
heraus **verpflichtet**, sowohl das Gemeinschaftseigentum als auch das Sondereigentum abzunehmen. Er kann dazu mit dem Bauträger u.a. in seinem jeweiligen **Erwerbervertrag** Regelungen
zur Abnahme des Sondereigentums, des innerhalb des Sondereigentums liegenden Gemeinschaftseigentums, zum einem Sondernutzungsrecht unterliegenden Gemeinschaftseigentum und
zum übrigen Gemeinschaftseigentum treffen. Sondereigentum, Gemeinschaftseigentum und
Außenanlagen können getrennt voneinander abgenommen werden (Teilabnahmen).[552] Ein Anspruch des Bauträgers auf Abnahme fertiggestellter Teilleistungen besteht allerdings nur aufgrund besonderer Vereinbarung.[553]

Für die Parteien des Erwerbervertrags bietet es sich an, eine **förmliche gemeinschaftliche Ab-**   462
nahme zu vereinbaren.[554] Ferner bietet es sich an, die tatsächliche und ggf auch die rechtliche
Abnahme auf einen Dritten zu übertragen. Die Vertragsparteien können zB vereinbaren, dass
ein **öffentlich bestellter Bausachverständiger** die Abnahme erklären soll.[555] Ein bestimmter Bevollmächtigter sollte noch nicht bestimmt werden.[556] Es bietet sich eher an, dass der Sachverständige in der ersten Versammlung der Wohnungseigentümer im Wege des Beschlusses bestimmt wird.[557]

Hinweis: Eine Bestimmung, dass der Verwalter das Gemeinschaftseigentum abnimmt, ist be-   463
denklich und hält ggf einer Inhaltskontrolle nach § 307 Abs. 1 BGB nicht stand.[558] Die Bestimmung des Verwalters ist auch problematisch, da ihm regelmäßig die gebotene Sachkunde fehlen
wird. Jedenfalls dem noch vom Bauträger eingesetzten und/oder diesem verbundenen Verwalter
sollte keine Vollmacht erteilt werden. Eine Ermächtigung ist wegen einer Interessenskollision
zwar wohl nicht unwirksam.[559] Wegen Missbrauchs der Vertretungsmacht wäre eine Abnahme,

---

552 BGH BauR 1985, 314 = NJW 1985, 1551 = DNotZ 1985, 622 = MDR 1986, 45; BGH BauR 1983, 573, 575.
553 BGHZ 125, 111, 115 = MDR 1994, 480.
554 Riecke/Schmid/*Riecke/Vogel*, Anhang zu § 8 WEG Rn 29.
555 BayObLG ZMR 2000, 113, 115 = NZM 2000, 344; BayObLG NZM 1999, 862, 864 = NJW-RR 2000, 13; Dworok,
     GE 2008, 38; siehe aber Derleder, NZBau 2004, 237, 243.
556 Basty, FS Wenzel, 2005, S. 103, 117.
557 Pause, NJW 1993, 553, 555; Riecke/Schmid/*Riecke/Vogel*, Anhang zu § 8 WEG Rn 29.
558 OLG Stuttgart MDR 1980, 495; aA BayObLG NZM 2001, 739.
559 Basty, FS Wenzel, 2005, S. 103, 116; vgl auch OLG Hamm ZfIR 2004, 644.

die trotz einer Verflechtung vorgenommen wurde, aber unwirksam, jedenfalls dann, wenn sie nicht gewissenhaft vorgenommen wurde.[560] Hält man es für möglich, den Verwalter durch eine Vollmacht zur Abnahme zu bevollmächtigen, ist außerdem noch ungeklärt, ob dieser eine *rechtliche* Abnahme durchführen darf. Diese Frage bemisst sich auch an § 5 Abs. 1 RDG. Danach wäre eine Abnahme möglich, wenn sie eine Nebenleistung zum Berufs- oder Tätigkeitsbild des Verwalters wäre oder zur vollständigen Erfüllung seiner mit der Haupttätigkeit verbundenen gesetzlichen oder vertraglichen Pflichten gehörte. Dies ist jeweils wohl zu verneinen, jedenfalls aber noch ungeklärt.[561]

464   Geregelt werden sollte, wer die **Kosten** der so geregelten Abnahme zu tragen hat. Während zum Teil ohne eine Regelung von einer Kostentragungspflicht des Bauträgers ausgegangen wird,[562] wird von anderen das Gegenteil angenommen.[563]

465   ▶ **Muster: Regelungen zur Abnahme im Erwerbervertrag**

§ [...]

- Allgemeines -

(1) Der Erwerber ist verpflichtet, das vom Bauträger vertragsmäßig hergestellte Gemeinschafts- und Sondereigentum abzunehmen, sofern nicht nach der Beschaffenheit des Gemeinschafts- und Sondereigentums eine Abnahme ausgeschlossen ist.

(2) Der Erwerber hat das Sondereigentum, das Gemeinschaftseigentum sowie die Außenanlagen gesondert abzunehmen (Teilabnahme).

§ [...]

- Abnahme des Sondereigentums -

(1) Der Bauträger teilt nach Eintritt der Abnahmefähigkeit dem Erwerber den vorgesehenen Abnahmetermin für die Abnahme des Sondereigentums vierzehn Tage vorher durch eingeschriebenen Brief mit.

(2) Über die Abnahme des Sond ereigentums wird ein schriftliches Abnahmeprotokoll (förmliche Abnahme) erstellt, welches abschließend eventuelle Mängel oder fehlende Leistungen enthält. Können sich die Vertragsparteien über das Vorliegen von Mängeln oder ausstehenden Leistungen nicht einigen, ist dies zu vermerken. Das Abnahmeprotokoll ist von beiden Vertragsparteien zu unterzeichnen.

(3) [...] *[ggf. Regelung zu § 640 Abs. 1 S. 3 BGB]*

§ [...]

- Abnahme des Gemeinschaftseigentums -

(1) Mit der technischen Abnahme des Gemeinschaftseigentums – auch soweit es einem Sondernutzungsrecht unterliegt – wird auf Kosten des Bauträgers ein von einer Industrie- und Handelskammer bestellter und vereidigter Sachverständiger beauftragt. Die Abnahme erfolgt nach Eintritt der Abnahmefähigkeit an einem gemeinsamen (gemeinschaftlichen) Abnahmetermin durch Bestimmung des Veräußerers mit den anderen Erwerbern.

---

560   Basty, FS Wenzel, 2005, S. 103, 116; Häublein, DNotZ 2002, 608, 628.
561   Siehe Elzer, in: Deckert, Die Eigentumswohnung, Gruppe 3, Rn 573; aA, Riecke/Schmid/*Riecke/Vogel*, Anhang zu § 8 WEG Rn 29; für das alte Recht siehe u.a. Derleder, NZBau 2004, 237, 243; Basty, FS Wenzel, 2005, S. 103, 116; Basty/ Vogel, ZfIR 2002, 171, 175.
562   Basty, Der Bauträgervertrag, Rn 917.
563   Häublein, DNotZ 2000, 608, 617.

(2) Der Bauträger teilt dem Erwerber den vorgesehenen Abnahmetermin schriftlich mit eingeschriebenem Brief mit. Der Brief muss dem Erwerber mindestens vierzehn Tage vorher zugehen.

(3) Über die Abnahme wird ein schriftliches Abnahmeprotokoll (förmliche Abnahme) erstellt, welches abschließend eventuelle Mängel oder fehlende Leistungen enthält. Können sich die Vertragsparteien über das Vorliegen von Mängeln oder ausstehenden Leistungen nicht einigen, so ist dies entsprechend zu vermerken. Das Abnahmeprotokoll ist von beiden Vertragsparteien zu unterzeichnen. ◄

2. Regelungen zur Abnahme außerhalb des Erwerbervertrags

Durch eine zwischen den **Parteien des Bauträgervertrags** geschlossene Vereinbarung wird keine Koordinierung der Rechte sämtlicher künftiger Wohnungseigentümer wegen des Gemeinschaftseigentums erreicht. Diese **Koordinierung** erscheint indes aus Sicht der Vertragsparteien durchaus wünschenswert, nicht zuletzt deshalb, weil bestimmte Mängelrechte nicht von einem Erwerber, sondern jedenfalls nach Entstehung einer werdenden Gemeinschaft von Wohnungseigentümern nur noch vom Verband Wohnungseigentümergemeinschaft geltend gemacht werden können.   **466**

Hinweis: Der Verband Wohnungseigentümergemeinschaft ist nach § 10 Abs. 6 S. 3 Var. 1 WEG nämlich ausnahmslos und allein für die Geltendmachung und Durchsetzung solcher Rechte zuständig, die ihrer Natur nach **gemeinschaftsbezogen** sind und ein eigenständiges Vorgehen des einzelnen Wohnungseigentümers nicht zulassen.[564] Als gemeinschaftsbezogen in diesem Sinne werden zurzeit die **Minderung** und der **kleine Schadensersatz** angesehen.[565] Auch die Voraussetzungen für diese Rechte kann allein der Verband Wohnungseigentümergemeinschaft schaffen.[566]   **467**

Ob eine Koordinierung außerhalb der jeweiligen Erwerberverträge möglich ist, ist noch nicht gesichert. Als Koordinierungsmittel bieten sich wohnungseigentumsrechtlich betrachtet zwei Wege an:

- ein Beschluss (Rn 468)
- eine Vereinbarung (Rn 470)

a) Beschluss

Ob eine Koordinierung durch einen Beschluss möglich ist, richtet sich danach, ob für solche Entscheidungen eine Beschlusskompetenz besteht.[567] Nach hier vertretener Ansicht wäre es ein Widerspruch, die Möglichkeit der Wohnungseigentümer, entsprechend der Bestimmung des § 21 Abs. 5 Nr. 2 WEG dem Verband Wohnungseigentümergemeinschaft die Ausübung bestimmter Mängelrechten zuzuweisen, zu bejahen, diese Möglichkeit aber für die Abnahme zu verneinen. Hält man einen Beschluss für möglich, sollte die Abnahme „vergemeinschaftet", also als sonstiges Recht iSv § 10 Abs. 6 S. 3 WEG dem Verband Wohnungseigentümergemeinschaft zur Ausübung zugewiesen werden.[568] Soll so vorgegangen werden, ist darauf zu achten und es zu bestimmen, wer für den Verband handeln soll und wie der Verband vorgehen soll.   **468**

---

564 BGH ZMR 2007, 627, 629 = NJW 2007, 1952; Elzer, in: Deckert, Die Eigentumswohnung, Gruppe 3, Rn 556 ff.
565 BGH ZMR 2007, 627, 629 = NJW 2007, 1952.
566 BGH ZMR 2007, 627, 629 = NJW 2007, 1952; BGH NJW 2006, 2254 = NZM 2006, 542 = INFO M 2006, 302 m.Anm. Elzer.
567 So BayObLG NZM 1999, 862, 864 = NJW-RR 2000, 13; Bamberger/Roth/*Voit*, § 631 BGB Rn 99; Bärmann/*Wenzel*, Nach § 10 Rn 57; aA Pause/Vogel, ZMR 2007, 577, 581; Fritsch, BauR 2004, 28, 29; Riesenberger, NZM 2004, 537, 539; Ott, NZBau 2003, 233, 241; Riecke/Schmid/*Riecke/Vogel*, Anhang zu § 8 WEG Rn 29 mwN.
568 Eine Beauftragung des Verwalters oder des „Beirats" empfiehlt sich nicht. Siehe auch Pause, Bauträgerkauf und Baumodelle, Rn 603.

469 ▶ **Muster: Eigentümerversammlung – Beschlussantrag zur Abnahme des Gemeinschaftseigentums**

100

TOP [...] **Ermächtigung des Verbands Wohnungseigentümergemeinschaft zur Abnahme des Gemeinschaftseigentums und Ermächtigung des Verwalters**

1.

Der Verband Wohnungseigentümergemeinschaft soll für die im Wohnungsgrundbuch am [...] eingetragenen Wohnungs- und Teileigentümer das Gemeinschaftseigentum technisch und rechtlich abnehmen.

2.

Der Verband Wohnungseigentümergemeinschaft hat auf seine Kosten einen öffentlich bestellten und vereidigten Sachverständigen beizuziehen. Dem Verwalter wird zum Abschluss dieser Verträge nach § 27 Abs. 3 S. 1 Nr. 7 WEG eine Ermächtigung erteilt. Der Sachverständige muss haftpflichtversichert sein und eine Erlaubnis nach dem Rechtsdienstleitungsgesetz besitzen. Der Sachverständige soll die Abnahmebegehung begleiten und ein Begehungs-, Mängel- und Abnahmeprotokoll erstellen. Sobald dem Verband Wohnungseigentümergemeinschaft das Protokoll vorliegt, hat er dieses durch den Verwalter an alle Wohnungseigentümer zu versenden und das Ergebnis der Abnahme mitzuteilen.

3.

Jeder Wohnungs- und Teileigentümer ist berechtigt, am Abnahmetermin teilzunehmen.

4.

Die Abnahme hat ausschließlich durch ein schriftliches, vom Bauträger und für den Verband Wohnungseigentümergemeinschaft vom Verwalter – der insoweit iSv § 27 Abs. 3 S. 1 Nr. 7 WEG ermächtigt ist – zu unterschreibendes Abnahmeprotokoll zu erfolgen. In das Abnahmeprotokoll sind abschließend alle eventuell vorhandenen Mängel sowie noch nicht ausgeführten Leistungen aufzunehmen. Kommt eine Einigung über das Vorliegen von Mängeln oder von ausstehenden Leistungen nicht zustande, ist dies zu vermerken. ◀

b) Vereinbarung

470 Als Mittel einer **frühzeitigen Koordinierung** bietet sich neben dem Beschluss ein **Vertrag der Wohnungseigentümer** an. Systematisch zu unterscheiden sind dabei **schuldrechtliche** und **verdinglichte** Vereinbarungen. Schließen die Wohnungseigentümer über die Abnahme des Gemeinschaftseigentums einen Vertrag, wollen sie diesen aber nicht nach § 5 Abs. 4 S. 1 WEG zum Gegenstand eines Sondereigentums machen, ist dieser Vertrag – was häufig übersehen wird – nicht zu beanstanden.

471 Fraglich ist indes, ob die Wohnungseigentümer (oder der Bauträger nach §§ 8, 5 WEG) eine Vereinbarung zur Abnahme des Gemeinschaftseigentums in das **Grundbuch** als Inhalt des Sondereigentums nach § 5 Abs. 4 S. 1 WEG eintragen lassen können. Der Wortlaut des § 10 Abs. 2 S. 2 WEG, wonach die Wohnungseigentümer von den Vorschriften des WEG abweichende Vereinbarungen treffen und diese zum Gegenstand des Sondereigentums machen lassen können, spricht dafür, eine solche Vereinbarung nicht einzutragen.[569] Gegen die Eintragung spricht zudem, dass eine solche Vereinbarung dem bloßen Wortlaut des § 10 Abs. 2 S. 2 WEG wohl nicht entspricht. Jedenfalls nach Sinn und Zweck und Systematik des Gesetzes scheint es

---

569   Hügel, in: Hügel/Scheel, Teil 3 Rn 30; Hügel, in: Beck'sches Formularbuch Wohnungseigentumsrecht, O. I. Anm. 8; F. Schmidt, FS Deckert, 2002, S. 443, 462; siehe auch Riesenberger, NZM 2004, 537, 539.

indes richtiger, anzuerkennen, den Wohnungseigentümern auch zu erlauben, **andere Verträge als gerade solche nach Wortlaut des § 10 Abs. 2 S. 2 WEG eintragen zu lassen.**[570] Hierfür spricht zB § 27 Abs. 3 S. 1 Nr. 7 WEG, der eine Vereinbarung nennt, die nicht das Verhältnis der Wohnungseigentümer untereinander betrifft.

Hält man es für möglich, Regelungen zur Abnahme des Gemeinschaftseigentums in die Gemeinschaftsordnung aufzunehmen, sollte bestimmt werden, dass die Abnahme nach § 10 Abs. 6 S. 3 WEG durch den Verband Wohnungseigentümergemeinschaft erfolgen soll und dass dieser angewiesen wird, die Abnahme durch einen Bausachverständigen vorbereiten zu lassen (siehe dazu Rn 462).[571]   472

Hinweis: Neben einem Bausachverständigen kommt auch der Verwalter in den Blick (dazu Rn 462 f).   473

Ein vom Verband beauftragter **Sachverständiger**, tatsächlich jeder Dritte benötigt in der Regel sämtliche Vertragsunterlagen (Erwerberverträge, Teilungserklärung nebst Gemeinschaftsordnung und Baubeschreibung), sämtliche Baupläne und Baugenehmigungsunterlagen. Der Bauträger sollte sich daher gegenüber dem Verband Wohnungseigentümergemeinschaft insoweit verpflichten, dem Sachverständigen diese Unterlagen unverzüglich kostenfrei nach Anforderung zur Verfügung zu stellen. Es sollte mit dem Bauträger auch vereinbart werden, dass dieser sämtliche Kosten des Sachverständigen trägt.[572]   474

▶ **Muster: Abnahme in der Gemeinschaftsordnung**   475

§ [...]

- Abnahme des Gemeinschaftseigentums -

(1) Die Wohnungs- und Teileigentümer übertragen die technische und die rechtliche Abnahme des Gemeinschaftseigentums auf die Gemeinschaft der Wohnungseigentümer [...] [*Name des Verbands Wohnungseigentümergemeinschaft*]. Für den Verband Wohnungseigentümergemeinschaft hat die Abnahme vorzubereiten ein von einer Industrie- und Handelskammer öffentlich bestellter und vereidigter Sachverständiger.

(2) Den Sachverständigen bestimmen die Wohnungs- und Teileigentümer durch einfachen Beschluss in der ersten Eigentümerversammlung. Bestimmen die Wohnungseigentümer keinen Sachverständigen, bestimmt ein Schiedsgutachter den Sachverständigen. Der Sachverständige muss haftpflichtversichert sein und eine Erlaubnis nach dem Rechtsdienstleitungsgesetz besitzen. Der Gutachtenauftrag wird vom Verband Wohnungseigentümergemeinschaft erteilt; dieser trägt auch die Kosten des Auftrags.

(3) Der Verband Wohnungseigentümergemeinschaft teilt den Wohnungs- und Teileigentümern den vorgesehenen Abnahmetermin schriftlich mit. Die Mitteilung muss den Wohnungs- und Teileigentümern mindestens vierzehn Tage vor dem Abnahmetermin mitgeteilt werden.

(4) Die Abnahme erfolgt ausschließlich durch ein schriftliches, vom Sachverständigen, vom Bauträger und vom Verband Wohnungseigentümergemeinschaft zu unterschreibendes Abnahmeprotokoll. In das Abnahmeprotokoll sind abschließend alle eventuell vorhandenen Mängel sowie noch nicht ausgeführte Leistungen aufzunehmen. Kommt eine Einigung über das Vorliegen von Mängeln oder von

---

570 Häublein, DNotZ 2002, 608, 614; Pause, Bauträgerkauf und Baumodelle, Rn 604; Elzer, in Deckert, Die Eigentumswohnung, Gruppe 3, Rn 529 mwN.
571 Hügel, in: Beck'sches Formularbuch Wohnungseigentumsrecht O. I. Anm. 7.
572 Vgl auch Pause, Bauträgerkauf und Baumodelle, Rn 599 aE.

ausstehenden Leistungen nicht zustande, ist dies zu vermerken. Der Verband wird bei der Abnahme vom Verwalter vertreten, der dazu nach § 27 Abs. 3 S. 1 Nr. 7 WEG ermächtigt ist. Der Verwalter hat vor einer Erklärung für den Verband eine Versammlung der Wohnungseigentümer einzuberufen, bei der die Frage, ob die Abnahme erklärt werden soll, durch Beschluss bestimmt wird. ◀

3. Bausoll (Herstellungsverpflichtung)

476   Von der Rechtsprechung (noch) nicht entschieden ist, ob die Wohnungseigentümer ein unter ihnen geltendes geschuldetes (fiktives) Bausoll (gemeinsame Herstellungsverpflichtung) für das Gemeinschaftseigentum vereinbaren können. Das Problem liegt dabei darin, dass jeder Wohnungseigentümer mit einem Bauträger einen individuellen Erwerbervertrag schließt. Vorstellbar – und in der Praxis durch Absicht oder Versehen gar nicht selten – ist, dass das Bausoll des Gemeinschaftseigentums dabei in den jeweiligen Verträgen voneinander abweicht.[573]

477   Ob eine Regelung in der Gemeinschaftsordnung möglich ist, beurteilt sich danach, ob man Regelungen zur Abnahme und zum Bausoll als eintragungsfähig und als Vereinbarung iSv § 10 Abs. 2 S. 2 WEG ansieht (siehe Rn 471). Hält man eine Regelung für möglich, bietet sich eine Vereinbarung der Wohnungseigentümer andass ein bestimmtes Bausoll, zB das in dem ersten geschlossenen Erwerbervertrag, für den Zweck der Abnahme des Gemeinschaftseigentums das geschuldete Bausoll mit Verbindlichkeit für alle Wohnungseigentümer beschreiben soll.

478   ▶ **Muster: Bestimmung eines gemeinsamen Bausolls in Gemeinschaftsordnung**

§ [...]

- Gemeinsame Herstellungsverpflichtung -

(1) Die Wohnungs- und Teileigentümer bestimmen für den Zweck der Abnahme des Gemeinschaftseigentums ein unter ihnen geltendes gemeinsames fiktives Bausoll (gemeinsame Herstellungsverpflichtung). Ausschließlich für die Zwecke der Abnahme des Gemeinschaftseigentums gilt als das vertragsmäßig hergestellte Werk iSv § 640 Abs. 1 S. 1 BGB das Gemeinschaftseigentum, wie es zwischen dem Bauträger und dem ersten von ihm rechtlich oder/und wirtschaftlich nicht verbundenen Erwerber vereinbart wurde.

(2) Der Bauträger ist verpflichtet, die weiteren Erwerber auf dieses für die Zwecke der Abnahme geltende gemeinsame Bausoll hinzuweisen und jedem Erwerber die entsprechenden Regelungen zur Verfügung zu stellen. ◀

4. Nachzüglererwerb

479   Ein weiteres Problem der Abnahme des Gemeinschaftseigentums stellt der sog. Nachzüglererwerb dar. Von einem „Nachzügler" spricht man, wenn ein Wohnungseigentümer sein Eigentum sehr viel später – also nicht wenige Wochen, sondern einige Monate später – als die anderen Wohnungseigentümer erwirbt und eine Abnahme des Gemeinschaftseigentums durch die anderen Wohnungseigentümer bereits (ggf Jahre vorher) erfolgt ist.[574] Für den Nachzügler fragt sich, ob und ggf in welcher Reichweite er noch nach der Abnahme des Gemeinschaftseigentums durch die anderen Wohnungseigentümer Mängel des Gemeinschaftseigentums geltend machen

---

573   Siehe nur Basty, Der Bauträgervertrag, Rn 717; Blank, Bauträgervertrag, Rn 30 und 101.
574   Vgl dazu u.a. Pause, Bauträgerkauf und Baumodelle, Rn 606 ff; Basty, Der Bauträgervertrag, Rn 926; Hügel, in: Beck`sches Formularbuch Wohnungseigentumsrecht O. I. Anm. 6; Elzer, in Deckert, Die Eigentumswohnung, Gruppe 3, Rn 522.

kann. Im Zeitpunkt eines Erwerbs bereits erfolgte Abnahmen muss ein Erwerber nach herrschender Meinung ohne Vereinbarung jedenfalls nicht gegen sich gelten lassen.

Hinweis: Da der Erwerber Anspruch auf mangelfreie Herstellung des gesamten Gemeinschafts- 480 eigentums erwirbt, führt das nach herrschender Meinung zu einer faktisch verlängerten Haftung des Bauträgers.

Um dieses Problem zu umgehen, bietet es sich an, zur Fristenangleichung den Nachzügler wegen 481 Mängeln, die die die anderen Wohnungseigentümern bei der durch diese erfolgten Abnahme des Gemeinschaftseigentums nicht geltend gemacht haben, von seinen Mängelrechten als „Besteller" auszuschließen – soweit eine Abnahme nicht wider Treu und Glauben erfolgte oder der Nachzügler nur unwesentlich später erwirbt.[575] Eine diese Wirkung herbeiführende Klausel eines Erwerbervertrags könnte zwar nach § 309 Nr. 8 b) ff) BGB unwirksam sein.[576] Richtiger erscheint es hingegen, diese Klauseln zuzulassen,[577] da die **Verjährung** bereits von Gesetzes wegen beim Nachzügler verkürzt sein muss.[578] Für den Nachzügler ist es dem Grunde nach ausreichend, für seine Einheit insoweit **Kaufrecht** anzuwenden.[579] Eine Regelung zur Begrenzung des Nachzüglererwerbs sollte in der **Gemeinschaftsordnung und** im **Erwerbervertrag** getroffen werden.

▶ **Muster: Nachzüglererwerb und Abnahme in Gemeinschaftsordnung** 482

§ [...]

- Abnahme bei später Erwerbenden -

(1) Der Erwerber lässt gegen sich eine bereits zum Zeitpunkt des Erwerbs erfolgte Abnahme des Gemeinschaftseigentums gelten – auch soweit es innerhalb des Sondereigentums liegt und die Abnahme auch dort stattgefunden hat. Dem Erwerber stehen nur wegen von den Wohnungseigentümern bei der Abnahme iSv Satz 1 gerügter oder treuwidrig nicht gerügter Mängel Mängelrechte bis zum Ablauf der Verjährungsfrist des § 634 Abs. 1 Nr. 2 BGB – gerechnet von der Abnahme gemäß Satz 1 – zu. Ferner ist der Nachzügler an eine Abnahme nicht gebunden, wenn er nachweist oder unstreitig oder gerichtlich geklärt ist, dass das Gemeinschaftseigentum zum Zeitpunkt der Abnahme nicht im Wesentlichen fertiggestellt und frei von wesentlichen Mängeln war.

(2) Der Erwerber bestätigt zusätzlich die Mangelfreiheit des Gemeinschaftseigentums – soweit Mängel nicht bereits gerügt wurden – und nimmt das Gemeinschaftseigentum als geschuldete Leistung ab. Der Notar hat den Erwerber über die Abnahmewirkungen belehrt.

(3) Wenn das Wohnungseigentum abschnittsweise errichtet wird, gelten die vorstehenden Absätze nur für den jeweiligen Baukörper, sofern eine Teilabnahme für die jeweiligen Baukörper vereinbart ist. ◀

---

575 Rapp, in: Beck`sches Notar-Handbuch, A III Rn 165; ablehnend: Basty, Der Bauträgervertrag, Rn 929.

576 So Riecke/Schmid/*Riecke/Vogel*, Anhang zu § 8 WEG Rn 31; aA Pause, NJW 1993, 553, 556; Jagenburg, NJW 1992, 282, 290; Schulze-Hagen, BauR 1992, 320, 327; unklar: BGH BauR 1985, 314 = NJW 1985, 1551 = DNotZ 1985, 622 = MDR 1986, 45.

577 Derleder, NZBau 2004, 237, 243; Hügel, in: Würzburger Notarhandbuch, Teil 2 Rn 1438; Pause, Bauträgerkauf und Baumodelle, Rn 608 f; Jagenburg, in: Beck`scher VOB- und Vergaberechtskommentar, Vor § 12 VOB/B Rn 46; Jagenburg, NJW 1992, 282, 290; zweifelnd: Blank, Bauträgervertrag, Rn 478.

578 Elzer, in Deckert, Die Eigentumswohnung, Gruppe 3, Rn 522 und Rn 527.

579 So im Ergebnis auch Pause, Bauträgerkauf und Baumodelle, Rn 609.

XX. Übergang von Verträgen auf den Verband Wohnungseigentümergemeinschaft

1. Einführung

483   Nach Entstehung einer Gemeinschaft von Wohnungseigentümern werden Verträge mit Dritten, die sich auf das Gemeinschaftseigentum beziehen, grundsätzlich vom entsprechend zugehörigen Verband Wohnungseigentümergemeinschaft geschlossen. Die Wohnungseigentümer selbst sind nur dann und nur ausnahmsweise Vertragspartei, wenn sich die Wohnungseigentümer ausnahmsweise ausdrücklich selbst vertraglich anstelle oder neben dem Verband Wohnungseigentümergemeinschaft verpflichten oder wenn ein Gesetz etwas anderes anordnet.

Diese besondere Stellung des Verbands Wohnungseigentümergemeinschaft neben und anstelle der Wohnungseigentümer und sein Wirken in einem fremden Rechtskreis ist problematisch, wenn bereits vor Entstehung des Verbands Wohnungseigentümergemeinschaft von den ehemaligen Miteigentümern oder – das ist die Regel – vom Bauträger Verträge mit Bezug auf das spätere Wohnungseigentum geschlossen worden sind.

484   ▶ **Checkliste: Vor Entstehung des Verbands Wohnungseigentümergemeinschaft bereits geschlossene Verträge**

104

- Vertrag mit einem Verwalter
- Verträge mit Versorgern, zB über Gas, Wasser, Heizung, Strom oder wegen der Entsorgung des Mülls, soweit diese nicht unmittelbar mit den Wohnungseigentümern geschlossen werden sollen
- Mietverträge über Räume oder Flächen, die später (ggf auch) im Gemeinschaftseigentum stehen
- Dienstverträge, zB zur Reinigung des Treppenhauses oder zur Sicherung der Verkehrspflichten (Schneeräumen etc.)
- Bankverträge, zB für die Ansammlung eines Teils des Verwaltungsvermögens ◀

485   **Vor Entstehung** des Verbands Wohnungseigentümergemeinschaft können als Vertragspartei nur die das Wohnungseigentum nach § 3 WEG begründenden Miteigentümer oder der Alleineigentümer iSv § 8 WEG auftreten (in der Regel ist das ein Bauträger). **Nach Entstehung** des Verbands Wohnungseigentümergemeinschaft sollten von diesen Personen geschlossene Verträge – jedenfalls zur Vereinheitlichung – auf den Verband Wohnungseigentümergemeinschaft übergehen, soweit die Vertragsbeziehung nicht unmittelbar zwischen den späteren Wohnungseigentümern und dem Dritten entstehen soll. Eine unmittelbare Beziehung zwischen Wohnungseigentümern und Dritten kommt – wie § 16 Abs. 3 WEG verdeutlicht – zB bei Verträgen mit Stromversorgern, aber auch bei der Versorgung mit Wärme oder Gas in Betracht. Die Rechtsprechung hat etwa eine Klausel in einem Bauträgervertrag letztlich als zulässig betrachtet, wonach sich die Erwerber verpflichteten, in einen vom Bauträger für die späteren Erwerber geschlossenen Wärmeservice-Vertrag (Wärmebereitstellungsvertrag – Eigentümermodell) mit 15-jähriger Laufzeit einzutreten.[580]

486   Einen gesetzlichen Vertragsübergang ordnet das Wohnungseigentumsgesetz nicht an.[581] Um dennoch einen **Vertragsübergang** von den ursprünglichen Vertragsschließenden zum Verband Wohnungseigentümergemeinschaft zu ermöglichen, bedarf es daher einer Abrede der Vertragsparteien zum geplanten Vertragsübergang. Außerdem müssen die späteren Wohnungseigentümer an diese Vorstellungen gebunden werden. Im Überblick:

---

580   OLG Düsseldorf IBR 2008, 158.
581   AA Briesemeister, ZWE 2008, 230, 233. Sein von ihm als Beleg eines Übergangs („Umwandlung kraft Gesetzes") in Bezug genommenes Zitat (BGHZ 151, 164, 176) ist für diese Ansicht wenig hilfreich. Der BGH hat dort nämlich eine Vertragsstellung der Wohnungseigentümer gerade nur bei „späterem Vertragsbeitritt" (sic!) angenommen.

- Bei Vertragsschluss mit einem Dritten sollte – soweit dies möglich ist[582] – geregelt werden, dass es mit der Entstehung des Verbands Wohnungseigentümergemeinschaft zu einem **gewillkürten Vertragsübergang** kommt und eine diesem Ziel entsprechende Regelung getroffen werden. Eine Alternative besteht darin, dass der Vertragspartner des Dritten – meist der Bauträger –, mit Einverständnis des Dritten den Vertrag als vollmachtloser **Vertreter** für den noch nicht entstandenen Verband Wohnungseigentümergemeinschaft schließt.

- Die Bindung eines Erwerbers an den bereits geschlossenen Vertrag kann in seinem individuellen Erwerbervertrag mit dem Bauträger eine Regelung finden,[583] sofern der **Wohnungseigentümer** wirklich **Vertragspartei** werden soll.

- Soll der **Verband Wohnungseigentümergemeinschaft Vertragspartei** werden – das ist der Regelfall –, bedarf es nach Entstehung einer Gemeinschaft von Wohnungseigentümern einer entsprechenden Willensbildung der Wohnungseigentümer und eines Vertragsschlusses durch den Verwalter. Besitzt dieser für den Vertragsschluss keine Vertretungsmacht oder scheidet er nach § 181 BGB als Vertreter aus, zB bei Abschluss des Verwaltervertrags, müssen die Wohnungseigentümer nach § 27 Abs. 3 S. 2 WEG den Verband Wohnungseigentümergemeinschaft vertreten (oder nach § 27 Abs. 3 S. 3 WEG einige von ihnen). Eine Regelung in den Erwerberverträgen mit den künftigen Wohnungseigentümern kann – bis auf Absichtserklärungen – nicht getroffen werden.[584]

Hinweis: Der Verband Wohnungseigentümergemeinschaft entsteht nach herrschender Meinung im Falle des § 3 WEG mit Eintragung der Wohnungseigentümer im Wohnungsgrundbuch. Im Falle des § 8 WEG entsteht er hingegen als werdender Verband Wohnungseigentümergemeinschaft bereits dann, wenn die Voraussetzungen einer werdenden Gemeinschaft von Wohnungseigentümern anzunehmen sind.   487

2. Einzelheiten zu den verschiedenen Situationen

a) Verwaltervertrag

Nach noch herrschender Meinung ist ein Bauträger berechtigt, den ersten Verwalter in der Teilungserklärung zu bestimmen.[585] Macht der Bauträger von diesem Bestimmungsrecht Gebrauch, ist damit der Bestimmte **mit Entstehung** einer Gemeinschaft von Wohnungseigentümern als iSv § 26 Abs. 1 WEG bestellter Verwalter anzusehen.[586] Der künftige Verwalter wird indes häufig ein Interesse daran haben, dass bereits **von Beginn seiner Tätigkeit an** ein Vertrag seine Rechte und seine Pflichten für den Verband Wohnungseigentümergemeinschaft und die Wohnungseigentümer ausgestaltet. Hierzu bieten sich drei Wege an: 488

- Der Bauträger kann den Verwaltervertrag im eigenen Namen schließen. Der Verband Wohnungseigentümergemeinschaft kann dann – wenn es einen entsprechenden Verbandswillen gibt – den Vertrag mit Billigung der ehemaligen Vertragsparteien nach § 415 BGB übernehmen.

---

582 Eine Regelung versagt in den Fällen, in denen der Vertrag bereits auf den Alleineigentümer im Wege des Vertragsübergangs übergegangen ist. Dies betrifft vor allem Mietverträge, die nach § 566 BGB auf den Alleineigentümer ohne eine Möglichkeit der inhaltlichen Einwirkung übergegangen sind.
583 OLG Köln OLGZ 1986, 408, 410/412 = Rpfleger 1986, 298; OLG Köln OLGZ 1969, 389; BayObLGZ 1974, 305, 310 = NJW 1974, 2136.
584 Becker, FS Seuß, 2007, S. 19, 22; unklar: Riecke, ZfIR 2006, 334, 336.
585 BGHZ 151, 164, 173 = ZMR 2002, 766 = NJW 2002, 3240; OLG Düsseldorf ZWE 2001, 386, 387 = ZMR 2001, 650; Wenzel, FS Bub, 2007, S. 249, 266; aA Drasdo, RNotZ 2008, 87, 89; Deckert, FS Bub, 2007, S. 37, 52.
586 AA F. Schmidt, FS Bub, 2007, S. 221, 243: bereits mit Annahme seiner durch den Bauträger erfolgten Bestellung.

- Der Bauträger kann den Vertrag im eigenen Namen und (als vollmachtloser Vertreter) für den Verband Wohnungseigentümergemeinschaft schließen.[587] Der Verband Wohnungseigentümergemeinschaft kann dann später das für ihn getätigte Rechtsgeschäft – wenn es einen entsprechenden Verbandswillen gibt – genehmigen.

- Der Bauträger kann (als vollmachtloser Vertreter) den Vertrag nur im Namen des Verbands Wohnungseigentümergemeinschaft als (künftiger) Vertragspartner des Verwalters vertreten. Der Verband Wohnungseigentümergemeinschaft kann dann das für ihn getätigte Rechtsgeschäft später – wenn es einen entsprechenden Verbandswillen gibt – genehmigen.

Aus Sicht des Verwalters empfiehlt sich vor allem die zweite Variante. Für den Bauträger sind die Varianten eins und zwei mit den gleichen Chancen und Risiken verbunden.

489   ▶ **Muster: Übergangsklausel in einem vorläufigen Verwaltervertrag auf Basis einer Genehmigung**

105

§ [...]

- Übergangsklausel -

(1) [...] (der Alleineigentümer) und [...] (der Verwalter) sind sich darüber einig, dass der zwischen ihnen geschlossene vorläufige Verwaltervertrag mit Entstehen einer Gemeinschaft von Wohnungseigentümern ein Verwaltervertrag sein soll.[588]

(2) [...] (der Alleineigentümer) soll mit Entstehung einer Gemeinschaft von Wohnungseigentümern aus diesem Vertrag ausscheiden. An seine Stelle soll der Verband Wohnungseigentümergemeinschaft ([...][*Name nach § 10 Abs. 6 S. 4 WEG und Adresse der Anlage*]) treten.

(3) [...] (der Alleineigentümer) ist verpflichtet, dem Verwalter unverzüglich die Entstehung des Verbands Wohnungseigentümergemeinschaft ([...] [*Adresse der Anlage*]) mitzuteilen sowie eine Beschlussfassung der Wohnungseigentümer über eine Genehmigung des Vertrags herbeizuführen.

(4) Kommt es zu keiner Genehmigung des Vertrags, endet der vorläufige Verwaltervertrag mit Bestandskraft des ablehnenden Beschlusses.

(5) Kommt es zu einer Genehmigung, geht der vorläufige Verwaltervertrag mit Vertragsschluss durch den Verband Wohnungseigentümergemeinschaft auf diesen über. ◀

b) Versorgerverträge

490   Der Bauträger wird zur Versorgung der Anlage mit Wasser, Strom und Gas in der Regel bereits beim Bau der Wohnungseigentumsanlage und noch *vor* Begründung einer Gemeinschaft von Wohnungseigentümern **Verträge mit Versorgern** schließen. Dies ist auch sachgerecht und im Interesse der künftigen Wohnungseigentümer, da die Anlage auch in ihrem Interesse von Anfang an versorgt werden muss.

Mit Entstehung der Gemeinschaft sollten solche Verträge indes – soweit rechtlich möglich und von den Parteien gewünscht und soweit kein Vertrag mit einem einzelnen Wohnungseigentümer gewollt ist – **auf den Verband Wohnungseigentümergemeinschaft übergehen.** Es sind deshalb vergleichbare Verabredungen wie mit dem Verwalter zu treffen (siehe Rn 488).

---

587   Wenzel, FS Bub, 2007, S. 249, 262.
588   Dieses ist eine Art „Präambel", die auch ersatzlos entfallen kann.

▶ **Muster: Übergangsklausel in einem Versorgervertrag**   491

§ [...]

- Übergangsklausel -

(1) Die Vertragsparteien sind sich darüber einig, dass [...] (der Alleineigentümer) mit Entstehung des Verbands Wohnungseigentümergemeinschaft aus diesem Vertrag ausscheiden soll und dass an seine Stelle der Verband Wohnungseigentümergemeinschaft ([...] *[Adresse der Anlage]*) treten soll.

(2) [...] (der Alleineigentümer) ist verpflichtet, dem Verwalter unverzüglich die Entstehung des Verbands Wohnungseigentümergemeinschaft ([...] *[Adresse der Anlage]*) mitzuteilen sowie eine Beschlussfassung der Wohnungseigentümer über eine Genehmigung des Vertrags herbeizuführen.

(3) Kommt es zu keiner Genehmigung, soll der Vertrag mit Bestandskraft des Beschlusses enden. ◀

3. Keine Genehmigung

Haben die Wohnungseigentümer einen Vertragsübergang abgelehnt, nehmen sie aber Leistungen in Anspruch, zB die eines Versorgers, muss über einen **konkludenten Vertragsübergang** nachgedacht werden. Dieser kann regelmäßig etwa darin gesehen werden, dass die Wohnungseigentümer ein Realangebot – zB Wasser – angenommen haben. Dass in diesem Falle zwischen ihnen und dem Versorger ein Vertrag zustande kommt, liegt fern. Allein sachgerecht ist es, in diesem Falle einen Vertragsschluss zwischen dem Versorger und dem Verband Wohnungseigentümergemeinschaft anzunehmen.[589]   492

Aus Sicht der Versorger – die sich noch in ihren AGB spiegelt –, aber auch nach der Rechtsprechung richtete sich ein Versorgungsangebot bislang zwar typischerweise an den oder die Grundstückseigentümer, im Wohnungseigentumsrecht also an die dann für die Entgelte gesamtschuldnerisch haftenden Wohnungseigentümer.[590] Für einen **Vertragsschluss zwischen Versorger und Verband Wohnungseigentümergemeinschaft** spricht aber entscheidend, dass die Mittel, die dem Ausgleich der dem Versorger geschuldeten Entgelte dienen, nach § 10 Abs. 7 WEG vermögensrechtlich dem Verband Wohnungseigentümergemeinschaft zugeordnet sind. Ferner spricht für diese Sichtweise, dass der Versorger die einzelnen Wohnungseigentümer zumeist nicht kennt, diese häufig wechseln – wie wäre ein Ein- und Austritt aus dem Versorgervertrag zu konstruieren? – und der Versorger kein anzuerkennendes Bedürfnis hat, einzelne Wohnungseigentümer in eine gesamtschuldnerische Haftung zu nehmen. Die in § 10 Abs. 8 S. 1 Hs 1 WEG angeordnete Haftung nach Miteigentumsanteilen ist für seine Belange grundsätzlich ausreichend.   493

Hinweis: Für einen freilich ausdrücklich geschlossenen Gaslieferungsvertrag hat der BGH entschieden, dass Vertragspartner des Gaslieferanten der Verband Wohnungseigentümergemeinschaft ist.[591] Etwas anderes gilt nur dann, wenn ein **Gesetz anordnet**, dass die Wohnungseigentümer Vertragspartei werden. Streitig ist nur, ob dieses Gesetz ein Bundesgesetz sein muss. Etwas anderes gilt ferner, wenn die Wohnungseigentümer sich persönlich verpflichten wollten.   494

---

589 KG MietRB 2008, 141 = NJW-Spezial 2008, 322 = ZWE 2008, 234 m. Anm. Briesemeister; LG München MietRB 2007, 237; Wenzel, IMR 2008, 167; Elzer, MietRB 2007, 237; aA KG ZMR 2007, 67; Briesemeister, ZWE 2008, 230, 231.
590 BGH NJW 2003, 3131.
591 BGH NZM 2007, 363 = ZWE 2007, 242.

4. Keine Regelung

495 Haben die Vertragsparteien eine Regelung zum Vertragsübergang versäumt, muss im Übrigen im Wege der **Auslegung** geklärt werden, ob ggf schlüssig ein Vertragsübergang gewollt und vereinbart war.

C. Schließung der Wohnungsgrundbücher

496 Die Wohnungs- und Teileigentumsbücher werden nach § 9 Abs. 1 WEG in drei Fällen geschlossen:

- von Amts wegen bei Aufhebung der Sondereigentumsrechte,
- auf Antrag bei Gegenstandsloswerden der Sondereigentumsrechte und
- auf Antrag bei Vereinigung aller Sondereigentumsrechte in einer Hand.

Mit der Schließung der Wohnungsgrundbücher wird (wieder) ein Grundstücksgrundbuch angelegt, damit erlöschen (spätestens) die Sondereigentumsrechte (§ 9 Abs. 3 WEG).

I. Aufhebung der Sondereigentumsrechte

497 Wie die Begründung des Wohnungseigentums bedarf auch die Aufhebung der Wohnungseigentümergemeinschaft der **Einigung sämtlicher Wohnungseigentümer** (§ 4 Abs. 1 WEG) in der Form des § 4 Abs. 2 S. 1 WEG (Auflassungsform). Die Einigung ist gem. § 4 Abs. 2 S. 2 WEG bedingungs- und befristungsfeindlich.

498 Nach § 4 Abs. 1 Hs 2 WEG wird die Aufhebung des Sondereigentums erst mit **Eintragung im Grundbuch** wirksam. Mit der dabei von Amts wegen erfolgenden Schließung der Wohnungsgrundbücher wird (wieder) ein Grundstücksgrundbuch angelegt. Die Sondereigentumsrechte erlöschen jedoch bereits mit Eintragung der Aufhebung (§ 9 Abs. 3 WEG).[592] Auch aus Gründen der Grundbuchklarheit ist zunächst die Aufhebung einzutragen, bevor die Schließung erfolgt.[593] Die Eintragung der Aufhebung wirkt somit konstitutiv, die nachfolgende Anlegung des Grundstücksgrundbuchblattes hat hingegen lediglich deklaratorischen Charakter.[594]

499 Der schuldrechtliche, auf Aufhebung der Sondereigentumsrechte gerichtete **Verpflichtungsvertrag** bedarf der notariellen Beurkundung; § 311a Abs. 1 BGB gilt entsprechend (§ 4 Abs. 3 WEG). Allerdings bedarf es beim Grundbuchamt nicht der Vorlage des Verpflichtungsvertrags, da § 925a BGB nicht für entsprechend anwendbar erklärt worden ist.[595] Der Anspruch auf Aufhebung ist vormerkungsfähig.[596] Im Regelfall wird die Aufhebung jedoch sogleich beantragt/vollzogen, so dass dies nur selten interessant ist.

500 Daneben bedarf es der **Zustimmung sämtlicher Grundbuchgläubiger** (§§ 877, 876 BGB). Ausgenommen hiervon sind diejenigen Berechtigten, deren Recht auf allen Sondereigentumsrechten lastet, denn deren Haftungsgegenstand (das gesamte Grundstück) verändert sich durch die Aufhebung der Sondereigentumsrechte nicht.

501 Soweit die Rechte nicht an einem gewöhnlichen Miteigentumsanteil bestehen können, wie Dienstbarkeiten, gehen solche Rechte mit dem Wegfall des Sondereigentums unter und werden

---

592 Dies wird aber regelmäßig auch der Zeitpunkt der Schließung der Wohnungsgrundbücher sein.
593 Bärmann/*Armbrüster*, § 9 WEG Rn 9; Staudinger/*Rapp*, § 9 WEG Rn 2; Weitnauer/*Briesemeister*, § 9 WEG Rn 2; Riecke/Schmid/*Schneider*, § 9 WEG Rn 28.
594 Armbrüster, aaO.
595 Demharter, Anhang zu § 3 GBO Rn 100; Weitnauer/*Briesemeister*, § 9 WEG Rn 7; Riecke/Schmid/*Schneider*, § 9 WEG Rn 4; aA Bärmann/*Armbrüster*, § 4 WEG Rn 27.
596 Bärmann/*Armbrüster*, § 4 WEG Rn 49; Riecke/Schmid/*Schneider*, § 4 WEG Rn 25; BayObLG MittBayNot 1980, 20.

durch Nichtübertragung gemäß §§ 84 ff, 46 GBO gelöscht.[597] Die Zustimmung des dinglich Berechtigten zur Aufhebung des Sondereigentums bewirkt somit die Löschung seines Rechts.[598] Soll dagegen ein solches Recht, zum Beispiel ein Wohnungsrecht nach § 1093 BGB, fortbestehen, bedarf es zwar nicht der Zustimmung des Berechtigten zur Erstreckung, jedoch der entsprechenden Eintragungsbewilligungen der übrigen Miteigentümer sowie der Zustimmung der Inhaber dinglicher Rechte an deren Miteigentumsanteilen.[599]

Grundpfandrechte, Reallasten, Vorkaufsrechte und Nießbrauchsrechte können dagegen an einem gewöhnlichen Miteigentumsanteil bestehen und setzen sich daher am entsprechenden Bruchteil fort.[600] Sofern mehrere Einzelgrundpfandrechte auf verschiedenen Wohnungseigentumseinheiten desselben Eigentümers lasten, können diese jedoch nicht ohne Weiteres zu einem Einheitsgrundpfandrecht zusammengefasst werden. Es bedarf dazu Nachverpfändungs- und Rangerklärungen.[601]

502

▶ **Muster: Vertragliche Aufhebung der Sondereigentumsrechte**

503

107

[*Urkundeneingang*]

§ 1

- Grundbuchstand, Sachverhalt -

(1) Die Erschienenen sind die eingetragenen Eigentümer sämtlicher in den Wohnungs- und Teileigentumsgrundbüchern des Amtsgerichts [...] von [...], Blätter [...] bis [...], eingetragenen Sondereigentumsrechte.

a) Blatt [...]

[...]/10.000 Miteigentumsanteil an dem Grundstück Gemarkung [...], Flur [...], Flurstück [...], Gebäude- und Freifläche [...]-Straße [...], [...] m², verbunden mit dem Sondereigentum an den im Aufteilungsplan mit Nr. 1 bezeichneten, nicht zu Wohnzwecken dienenden Räumen

Eingetragener Eigentümer: der Erschienene zu 1.

Es sind folgende Belastungen und Beschränkungen eingetragen:

Abteilung II:	keine Eintragungen
Abteilung III:	
lfd. Nr. 1	300.000 € Grundschuld ohne Brief für die X-Bank AG
lfd. Nr. 2	60.000 € Grundschuld für die Y-Bank AG

b) Blatt [...]

[...]/10.000 Miteigentumsanteil an dem Grundstück Gemarkung [...], Flur [...], Flurstück [...], Gebäude- und Freifläche [...]-Straße [...], [...] m², verbunden mit dem Sondereigentum an der im Aufteilungsplan mit Nr. 2 bezeichneten Wohnung

Eingetragener Eigentümer: die Erschienene zu 2.

Es sind folgende Belastungen und Beschränkungen eingetragen:

[...]

---

597 Demharter, Anhang zu § 3 GBO Rn 102; Schöner/Stöber, Rn 2996; Riecke/Schmid/*Schneider*, § 9 WEG Rn 20; Bärmann/*Armbrüster*, § 9 WEG Rn 43; aA Weitnauer/*Briesemeister*, § 9 WEG Rn 6.
598 Schneider, aaO.
599 Riecke/Schmid/*Schneider*, § 9 WEG Rn 20; Bärmann/*Armbrüster*, § 9 WEG Rn 43.
600 Demharter, Anhang zu § 3 GBO Rn 102.
601 Riecke/Schmid/*Schneider*, § 9 WEG Rn 19; Bärmann/*Armbrüster*, § 9 WEG Rn 42.

c) Blatt [...]

[...]

(2) Der Notar hat die Wohnungs- und Teileigentumsgrundbücher am [...].[...].[...] eingesehen.

§ 2

- Aufhebung der Sondereigentumsrechte -

Durch Aufhebung der Sondereigentumsrechte soll ohne Veränderung der Miteigentumsanteile zwischen den Erschienenen eine Bruchteilsgemeinschaft nach §§ 1008 ff BGB an dem Grundstück Flur [...], Flurstück [...] (Gebäude- und Freifläche [...]) entstehen, und zwar wie folgt:[602]

a) der Erschienene zu 1. zu [...] Anteil

b) die Erschienene zu 2. zu [...] Anteil

[...].

§ 3

- Dingliche Einigung und Grundbuchantrag -

Die Erschienenen als Eigentümer der in den Wohnungsgrundbüchern des Amtsgerichts [...] von [...], Blätter [...] bis [...], eingetragenen Wohnungseigentumsrechte sind sich über die Aufhebung der Sondereigentumsrechte gemäß § 2 einig.

Die Erschienenen bewilligen und beantragen, die Wohnungs- und Teileigentumsgrundbücher zu schließen und im anzulegenden Grundbuchblatt für das Grundstück die Erschienenen als Eigentümer nach Bruchteilen einzutragen.

§ 4

- Zustimmung Dritter -

(1) Der Notar hat die Beteiligten darauf hingewiesen, dass es zum Vollzug dieser Änderung der Teilungserklärung im Grundbuch neben der Einigung sämtlicher Eigentümer auch der Zustimmung der in den einzelnen Wohnungsgrundbüchern eingetragenen dinglich Berechtigten bedarf.

(2) Die Zustimmungen der dinglich Berechtigten gegebenenfalls nebst Grundschuldbriefen[603] werden nachgereicht.

[*Durchführungsvollmacht, Kosten etc.*] ◄

II. Gegenstandsloswerden der Sondereigentumsrechte

504   Bei **völliger Zerstörung** der in Wohnungseigentum aufgeteilten Gebäude, werden die Sondereigentumsrechte gegenstandslos. Sie erlöschen jedoch nicht automatisch.[604] Durch Wiederaufbau können sie ihre Substanz zurückerhalten.[605] Auch die Gemeinschaft der Wohnungseigentümer erlischt nicht.[606] Die **Schließung der Wohnungsgrundbücher** erfolgt vielmehr erst auf Antrag aller Wohnungseigentümer.[607] Der Antrag ist in der Form des § 29 GBO zu stellen. Erst

---

602   Es ist zwar nicht notwendig die einzelnen Bruchteile vorzugeben (der Rechtspfleger muss diese ansonsten errechnen), jedoch dient die Angabe der sich nach Aufhebung ergebenden Bruchteile der Klarheit.
603   Diese werden häufig übersehen, was zu vermeidbaren Zwischenverfügungen des Grundbuchamts führt.
604   Riecke/Schmid/*Schneider*, § 9 WEG Rn 6; Bärmann/*Armbrüster*, § 9 WEG Rn 12.
605   Zum Wiederaufbau besteht bei einer völligen Zerstörung nach § 22 Abs. 4 WEG jedoch keine Pflicht. Nach § 11 Abs. 1 S. 3 WEG kann für diesen Fall sogar ein Anspruch auf Aufhebung der Gemeinschaft in der Gemeinschaftsordnung vereinbart werden. Vorbehaltlich einer solchen Vereinbarung sind die Wohnungseigentümer jedoch frei, über den Wiederaufbau zu entscheiden. Vgl auch Bärmann/*Armbrüster*, § 9 WEG Rn 12.
606   Niedenführ/Kümmel/Vandenhouten/Vandenhouten, § 9 WEG Rn 3.
607   Genau genommen handelt es sich grundbuchrechtlich um eine Bewilligung.

mit der Schließung der Wohnungsgrundbücher erlöschen die Sondereigentumsrechte (§ 9 Abs. 3 Hs 2 WEG).

Gegenüber dem Grundbuchamt ist der Nachweis der „völligen Zerstörung" durch eine **Be-** 505 **scheinigung der Baubehörde** zu erbringen. Im Gesetz offen bleibt, wann eine völlige Zerstörung anzunehmen ist. Hierbei dürfte eine wirtschaftliche Betrachtungsweise maßgebend sein, so dass eine völlige Zerstörung dann anzunehmen ist, wenn eine Wiederherstellung kostspieliger wäre als ein Abriss mit anschließender Neuerrichtung.[608]

Von § 9 Abs. 1 Nr. 2 WEG sind die Fälle **anfänglicher Errichtungsfehler** abzugrenzen. Wenn 506 also ein Gebäude nie errichtet wurde oder eine vom Aufteilungsplan abweichende Bauausführung vorliegt, liegt kein Fall des Gegenstandsloswerdens der Sondereigentumsrechte vor.[609] § 9 Abs. 1 Nr. 2 WEG knüpft daran an, dass den Sondereigentumsrechten *nachträglich* die Substanz entzogen wurde. Sofern in derartigen Fällen die Sondereigentumsrechte entfallen sollen, bedarf es einer Einigung aller Wohnungseigentümer über die Aufhebung der Sondereigentumsrechte gem. §§ 4, 9 Abs. 1 Nr. 1 WEG.

Hinsichtlich der Zustimmung der dinglich Berechtigten kann auf die Ausführungen unter Rn 500 verwiesen werden.

III. Vereinigung aller Sondereigentumsrechte in einer Hand

Auch wenn sich alle Sondereigentumseinheiten in einer Hand vereinigen, es also nur noch einen 507 Sondereigentümer gibt, existieren die Sondereigentumsrechte als selbstständige Rechte weiter. Auch der **Alleineigentümer** muss erst die Schließung der Wohnungsgrundbücher beantragen (§ 9 Abs. 1 Nr. 3 WEG). Eine Vereinigung sämtlicher Sondereigentumsrechte in einer „Person" liegt auch vor, wenn eine Personenmehrheit (zB GbR, Erbengemeinschaft, Bruchteilsgemeinschaft) als Eigentümer aller Sondereigentumsrechte eingetragen ist.

Hinweis: Für die Aufhebung der Wohnungseigentümergemeinschaft genügt regelmäßig die 508 notarielle Unterschriftsbeglaubigung. Denn anders als bei der Begründung von Wohnungseigentum (Teilungserklärung) besteht häufig kein Bedürfnis, bei späteren Rechtsgeschäften auf die entsprechende Urkunde nach § 13 a BeurkG zu verweisen oder Ausfertigungen bzw beglaubigte Abschriften zu erstellen. Wenn der Notar den Entwurf nicht fertigt bzw auftragsgemäß überprüft, fällt für die Unterschriftsbeglaubigung nur eine ¼-Gebühr nach § 45 KostO an, die im Höchstfall 130 € beträgt.

Lediglich das **Verwaltungsvermögen** geht bereits mit der Vereinigung aller Sondereigentums- 509 rechte auf den alleinigen Eigentümer über (§ 10 Abs. 7 S. 4 WEG).[610] Damit „stirbt" die Gemeinschaft der Wohnungseigentümer,[611] sie verliert ihre Rechtsfähigkeit.

---

608 So auch Bärmann/*Armbrüster*, § 9 WEG Rn 13.
609 Niedenführ/Kümmel/Vandenhouten/Vandenhouten, § 9 WEG Rn 4 f; Bärmann/*Armbrüster*, § 9 WEG Rn 17 f; Riecke/Schmid/*Schneider*, § 9 WEG Rn 9 f.
610 Das Wohnungseigentumsgesetz spricht insoweit etwas undeutlich davon, dass das Verwaltungsvermögen auf den „Eigentümer des Grundstücks" übergeht. Genau genommen ist dieser jedoch Eigentümer sämtlicher, rechtlich selbständiger Sondereigentumsrechte.
611 Kreuzer, ZMR 2006, 15 ff.

Umstritten ist, ob das Verwaltungsvermögen als vom Vermögen des einzigen Sondereigentü-mers zu trennendes **Sondervermögen** behandelt wird.[612] Gläubiger des Alleineigentümers könn-ten dann nicht auf das Verwaltungsvermögen zugreifen, das Verwaltungsvermögen als Son-dervermögen des Alleineigentümers bliebe den Gemeinschaftsgläubigern erhalten. Begründet wird die Auffassung, welche die Trennung von Verwaltungsvermögen und sonstigem Vermögen bejaht, vor allem mit der Gesetzesbegründung. Danach soll das Verwaltungsvermögen bei Wie-derveräußerung eines Sondereigentumsrechts der neuen Wohnungseigentümergemeinschaft ge-mäß den Sätzen 1 und 2 des § 10 Abs. 7 WEG wieder zustehen.[613] Hierbei dürfte es sich aber um einen Irrtum des Gesetzgebers handeln, denn weder hat der Gesetzgeber geregelt, dass der Alleineigentümer wie ein Vorerbe Verfügungsbeschränkungen unterworfen ist oder wie der Erbe eine Haftungsbegrenzung auf das übergegangene Vermögen erreichen kann, noch hat er – und dies dürfte entscheidend sein – eine (Teil-)Rechtsnachfolge der nach Veräußerung eines Sondereigentums entstehenden neuen Gemeinschaft der Wohnungseigentümer im Hinblick auf das dem Alleineigentümer zustehende Verwaltungsvermögen angeordnet. Folglich geht die rechtliche Selbstständigkeit des Verwaltungsvermögens mit der Vereinigung sämtlicher Son-dereigentumsrecht in einer Hand unter und lebt auch nach Veräußerung eines Sondereigentums nicht wieder auf.[614]

Hinsichtlich der Zustimmung der dinglich Berechtigten wird auf die Ausführungen unter Rn 500 verwiesen.

510 ▶ **Muster: Grundbuchantrag des Alleineigentümers auf Schließung der Wohnungsgrundbücher**

108

Antrag auf Schließung der Wohnungsgrundbücher

Ich bin eingetragener Eigentümer sämtlicher in den Wohnungs- und Teileigentumsgrundbüchern des Amtsgerichts [...] von [...], Blätter [...] bis [...], eingetragener Sondereigentumsrechte. In Abtei-lung III der Wohnungs- und Teileigentumsgrundbücher ist jeweils zur lfd. Nr. 1 eine Gesamtgrund-schuld ohne Brief über 1.500.000 € für die [...]-Bank AG eingetragen. Weitere Rechte sind in den Wohnungs- und Teileigentumsgrundbüchern nicht eingetragen.

Ich bewillige und beantrage die Schließung sämtlicher Wohnungs- und Teileigentumsgrundbücher des Grundstücks Gemarkung [...], Flur [...], Flurstück [...], Gebäude- und Freifläche [...]-Straße [...].

[Beglaubigungsvermerk] ◀

---

612 Dafür: Bärmann/*Wenzel*, § 10 WEG Rn 295; Köhler, Das neue WEG, Rn 117; dagegen: Abramenko, Das neue WEG, § 6 Rn 8; Becker, ZWE 2007, 119, 123, der daher für die Anerkennung einer Ein-Personen-Gemeinschaft plädiert und den § 10 Abs. 7 S. 4 WEG auf den Fall der Aufhebung der Sondereigentume/Schließung der Wohnungsgrundbücher beschränken will; so auch in seiner Kritik Riecke/Schmid/*Elzer*, § 10 WEG Rn 451.
613 BT-Drucks. 16/887, S. 63.
614 So wohl auch Niedenführ/Kümmel/Vandenhouten/Kümmel, § 10 WEG Rn 78.

§ 2 Die Wohnungseigentümergemeinschaft in der Verwaltung

Literatur: *Armbrüster*, Bestellung der Mitglieder des Verwaltungsbeirats, ZWE 2001, 355; *Bub*, Verwalter und Verwaltungsbeirat im Überblick, ZWE 2002, 7; *Deckert*, Die Beschluss-Sammlung nach Diktat der WEG-Novelle 2007, WE 2007, 100; *Deckert/Kappus*, Das neue Verwalter(leid)bild: „Gejagter und Sammler", NZM 2007, 745; *Deckert/Müller/Schmidt*, Darf der Verwalter einen gesetzeswidrigen Mehrheitsbeschluss verkünden?, DWE 2005, 7; *Derleder*, Die Einführung des Lastschriftverfahrens für die Wohnungseigentümer nach dem neuen WEG, ZMR 2008, 10; *Drasdo*, Umsetzung von WEG-Beschlüssen im Mietverhältnis nach der WEG-Reform, ZMR 2008, 421; *Elzer*, Kreditaufnahme durch den Verband Wohnungseigentümergemeinschaft, NZM 2009, 57; *Elzer*, Die Hausordnung einer Wohnungseigentumsanlage, ZMR 2006, 733; *Gottschalg*, Haftung des Verwaltungsbeirats, ZWE 2001, 185; *Gottschalg*, Rechtliche Möglichkeiten und Grenzen der Vergütungsgestaltung des WEG-Verwalters, ZWE 2002, 200; *Häublein*, Beschlussanfechtungsbefugnis bei zwangsverwaltetem Wohnungseigentum, ZfIR 2005, 337; *Häublein*, „Drittwirkung" der Verwalterpflichten, ZWE 2008, 1; *Hogenschurz*, Die Entwicklung der Rechtsprechung zur Errichtung von Parabolantennen durch einzelne Wohnungseigentümer, DWE 2005, 63; *Hügel*, Der Verwalter als Organ des Verbands Wohnungseigentümergemeinschaft und als Vertreter der Wohnungseigentümer, ZMR 2008, 1; *Jennißen*, Verfahrenskostenverteilung im Innenverhältnis der Wohnungseigentümer, NZM 2007, 510; *Köhler*, Die Herausgabe von WEG-Verwaltungsunterlagen, ZWE 2002, 255; *Kümmel*, Voraussetzungen für die Verkündung positiver Beschlüsse durch den Versammlungsleiter, ZWE 2006, 278; *Merle*, Zur Vertretung der beklagten Wohnungseigentümer im Beschlussanfechtungsverfahren, ZWE 2008, 109; *Müller*, Neue Zitterbeschluss-Möglichkeiten nach § 21 Abs. 7 WEG?, ZMR 2008, 177; *Müller*, Beschlüsse in Geldangelegenheiten gemäß § 21 Abs. 7 WEG, ZWE 2008, 278; *Nußbaum*, Haftung der Wohnungseigentümer für Leitungswasserschäden, NZM 2003, 617; *Schmidt*, Der Abschluss des Verwaltervertrags, WE 1998, 253; *Schmidt/Breiholt/Riecke*, Zum Einbau von Rauchwarnmeldern in Wohnungseigentumsanlagen – Betrachtungen nach WEG- und Mietrecht, ZMR 2008, 341; *Schneider*, Gläubigers Vorschusspflicht wegen Hausgeldansprüchen in der Zwangsverwaltung von Wohnungseigentum?, NZM 2008, 919; *Stein/Schröder*, Rechnungsprüfung durch den Verwaltungsbeirat, WE 1994, 321; *Weise/Löffler/Osterloh*, Die erweiterte Beschlusskompetenz zu Zahlungsmodalitäten, Kostenverteilung und Modernisierung, MietRB 2008, 28; *Wenzel*, Die neuere Rechtsprechung des BGH zum Recht des Wohnungseigentums, ZWE 2005, 13.

A. Beginn und Beendigung der Verwaltung

I. Beginn eines Verwaltungsmandats

1. Allgemeines

Eine Eigentümergemeinschaft entsteht idR dann, wenn nach § 8 WEG der aufteilende Alleineigentümer (zB Bauträger) eine Einheit an einen Erwerber veräußert oder zwei Miteigentümer bei der vertraglichen Begründung von Wohn- oder Teileigentum als Eigentümer im Grundbuch eingetragen sind. Die Praxis kennt allerdings auch die Rechtsfigur der sog. **werdenden oder faktischen Eigentümergemeinschaft**, nämlich dann, wenn bereits vor der Eintragung im Grundbuch die Wohnungs- und/oder Teileigentumsgrundbücher angelegt sind, ein Kaufvertrag wirksam abgeschlossen worden ist, eine Auflassungsvormerkung zugunsten des Erwerbers eingetragen wurde und eine Übergabe des Eigentums stattgefunden hat. 1

Zu diesem Zeitpunkt dürfte auch, zumindest für das sachenrechtliche Gemeinschaftseigentum, das von jedem einzelnen Eigentümer beim Kauf von Sondereigentum miterworben wird, die Bestellung eines Verwalters notwendig sein. Regelmäßig gilt, dass eine Eigentümergemeinschaft organisiert und kompetent in allen kaufmännischen, rechtlichen und technischen Angelegenheiten rund um die Immobilie von einem professionellen Verwalter betreut werden sollte. 2

Mit der Teilrechtsfähigkeit der Eigentümergemeinschaft erlangt der bestellte Verwalter damit die Stellung eines **Ausführungsorgans für die Gemeinschaft**. Allerdings ist die Organstellung des Verwalters wie auch in der Vergangenheit, trotz der Novellierung des WEG, auf Einzel- 3 aufgaben beschränkt. Die Willensbildung und Entscheidungsbefugnis bleibt im Wesentlichen bei der Eigentümergemeinschaft, so dass auch künftig der Verwalter und die Gemeinschaft gut beraten sind, die Kompetenzen für den Verwalter durch wirksame Beschlüsse und Vereinbarungen zu regeln.

4   Die **erstmalige Bestellung** eines Verwalters wird oftmals durch die Entscheidung des Bauträgers oder Alleineigentümers über die Gemeinschaftsordnung vorgenommen. Grundsätzlich ist zwar nach § 26 Abs. 1 WEG zwingend zur Bestellung des Verwalters ein einfacher Mehrheitsbeschluss der Eigentümergemeinschaft erforderlich. Oftmals besteht aber zu diesem Zeitpunkt noch gar keine beschlusskompetente (faktische) Eigentümergemeinschaft, so dass diese Alleinentscheidung zwar keine konstitutive Wirkung hat, aber durchaus als gesetzeskonform angesehen werden kann. Die Bestellung des Verwalters über die Teilungserklärung endet im Übrigen mit dem Entstehen der faktischen Gemeinschaft.[1]

5   Nach der WEG-Novelle wird die erstmalige Bestellung eines Verwalters nach der Begründung von Wohneigentum **auf höchstens drei Jahre begrenzt**. Der Gesetzgeber hat bei dieser Regelung auf die durchaus gängige Praxis von Bauträgern reagiert, sich selbst gerne für die üblicherweise fünfjährige Verjährungsfrist von Gewährleistungsansprüchen zum Verwalter zu bestellen. Oftmals waren hierdurch Interessenkollisionen zum Nachteil der Eigentümer entstanden. Diese Regelung gilt für alle Erstbestellungen ab dem 1.7.2007.

6   Gerade bei neu errichteten oder übernommenen Wohnungseigentumsanlagen empfiehlt es sich, den Wohnungseigentümern ein Merkblatt bzw. eine **Broschüre über die Grundbegriffe des Wohnungseigentums** und die Grundzüge des Verwaltungsablaufs auszuhändigen. Auf diese Weise werden im Vorfeld die häufigsten Verständnisfragen geklärt, und es wird Missverständnissen und überzogenen Erwartungshaltungen vorgebeugt. Der wirtschaftlich handelnde Verwalter setzt solche Informationsbroschüren auch zielgerichtet als Mittel der Akquise und Darstellung seiner Sachkompetenz ein.

7   ▶ **Muster: Broschüre „Grundbegriffe des Wohnungseigentums"**

1. Die Struktur des Wohnungseigentums

Das Wohnungseigentum setzt sich aus zwei Bestandteilen zusammen: zum einen dem Sondereigentum an bestimmten Räumen des Gebäudes und zum anderen dem Miteigentumsanteil am gemeinschaftlichen Eigentum, dem Grund und Boden sowie dem Gebäudekörper. Beides ist durch das Wohnungseigentumsrecht untrennbar miteinander verbunden. Der Wohnungseigentümer soll also hinsichtlich seines Sondereigentums frei wie ein Alleineigentümer handeln können, allerdings wird er durch den ihm zugeordneten Anteil am gemeinschaftlichen Eigentum zum Mitglied der Wohnungseigentümergemeinschaft und ist deren Regeln unterworfen. Was die Nutzung und Zweckbestimmung des jeweiligen Sondereigentums anbetrifft, so wird zwischen dem Wohnungseigentum, also dem Sondereigentum an einer Wohnung, und dem Teileigentum an nicht zu Wohnzwecken dienenden Räumen (zum Beispiel Garagen, Büros, Läden, Lager und sonstigen Geschäftsräumen) unterschieden.

2. Die Entstehung von Wohnungseigentum

Wohnungseigentum wird bei dessen Neuerrichtung, heute regelmäßig durch den Bauträger, durch die sogenannte Aufteilung, bei bereits errichteten Gebäuden durch den Eigentümer und späteren Verkäufer durch sogenannten Teilungsvertrag begründet.

---

1 BayObLG v. 3.3.1994 – 2Z BR 142/93, WE 1995, 90.

Dabei enthält die sogenannte Teilungserklärung die sachenrechtlichen Bestimmungen des Wohnungseigentums, also die Aufteilung des Gesamtobjekts in Sonder- und Gemeinschaftseigentum als Grundlage der Eintragung im Grundbuch. Die regelmäßig mit der Teilungserklärung verbundene sogenannte Gemeinschaftsordnung enthält dann die Bestimmungen, die die Verwaltung der Wohnungseigentumsanlage und die Rechte und Pflichten der Eigentümer im Einzelnen regeln. Dabei können die gesetzlichen Rechte und Pflichten der einzelnen Eigentümer und der Gemeinschaft weitgehend abgeändert und/oder ergänzt werden. Lasten- und Kostentragung, Regelungen zur Abstimmung in der Eigentümerversammlung, die Einräumung von Sondernutzungsrechten an Teilen des gemeinschaftlichen Eigentums, die Ausstattung des Verwalters mit besonderen Vollmachten, und vieles andere mehr können so besonders geregelt werden. Daher reicht regelmäßig der Blick in das Wohnungseigentumsgesetz nicht aus, um sicher bestimmen zu können, welche Regelung im Einzelfall die zutreffende ist. Die Teilungserklärung beziehungsweise Gemeinschaftsordnung stellt also „das kleine Gesetzbuch" der Wohnungseigentümergemeinschaft dar.

3. Sonder- und Gemeinschaftseigentum

Der Abgrenzung von Sonder- und Gemeinschaftseigentum kommt bei der Verwaltung von Wohnungseigentumsanlagen eine erhebliche Bedeutung zu. Wichtige und wirtschaftlich bedeutsame Rechte und Pflichten wie Instandhaltung und Instandsetzung, Kostentragung und Gebrauchsrechte richten sich nach der Abgrenzung des Sondereigentums vom Gemeinschaftseigentum.

Hier einige Grundregeln:

a) Die Grundstücksfläche selbst kann kein Sondereigentum sein. Ein Sondereigentum an Gartenanteilen, Terrassen- oder Stellplatzflächen kann es demnach nicht geben. Allerdings werden in der Praxis sogenannte Sondernutzungsrechte zugunsten einzelner Wohnungseigentümer begründet, die Nutzungsrechte unter Ausschluss der übrigen Wohnungseigentümer verbriefen.

b) Die Teile des Gebäudes, die für dessen Bestand oder Sicherheit erforderlich sind, nicht beseitigt, verändert oder eingefügt werden können, ohne das übrige Gemeinschaftseigentum oder Sondereigentum zu beeinträchtigen oder das äußere Erscheinungsbild des Gebäudes zu verändern, sind ebenfalls nicht sondereigentumsfähig. Also können Dächer, tragende Wänden und Decken, Kelleraußenwände, Hauseingänge, Wegeflächen und Verbindungsflure nur Gemeinschaftseigentum sein. Gleiches gilt für Anlagen und Einrichtungen des Gebäudes im vorbeschriebenen Sinne. Die zentrale Heizungsanlage des Objekts ist ebenso Gemeinschaftseigentum wie die Hauptleitungen zur Versorgung mit Heizenergie, Strom, Kalt- und Warmwasser sowie die entsprechenden Entsorgungsleitungen. Nicht sondereigentumsfähig sind ebenfalls zum Beispiel gemeinschaftliche Fernsehempfangsanlagen, Tiefgaragenrolltore, Hebeanlagen, Lüftungen und vieles andere mehr.

c) Bedeutsam wird die Abgrenzung zwischen Sonder- und Gemeinschaftseigentum dann, wenn dem Gemeinschaftseigentum zuzuordnende Anlagen und Einrichtungen in das Sondereigentum hineinreichen. Grundsätzlich kann man sagen, dass die ab der Abzweigung vom Hauptversorgungsstrang innerhalb des Sondereigentums verlaufenden Rohrleitungen (Kalt- und Warmwasser, Abwasser, Heizung inklusive Heizkörpern) sowie Elektroleitungen dem Sondereigentum zuzuordnen sind. Die im Sondereigentum vorhandenen Einrichtungen der Verbrauchsregulierung und Verbrauchserfassung, die der Abrechnung und Verwaltung der Gemeinschaft dienen, werden indes einhellig als Gemeinschaftseigentum angesehen. Dies betrifft insbesondere Thermostatventile, Kalt- und Warmwasserzähler, Heizkostenerfassungsgeräte und Wärmemengenzähler.

d) Bei den sonstigen Einrichtungs- und Ausstattungsgegenständen, die sich im Bereich der betreffenden Sondereigentumseinheit befinden, handelt es sich dann regelmäßig um Sondereigentum (sanitäre Anlagen, Bodenbeläge, Wand- und Deckenputz, Tapeten und Anstriche, Wand- und Bodenfliesen, Oberbeläge von Balkonen, Dachterrassen und Loggien, Heizkörperverkleidungen, Innentüren, nicht tragende Innenwände und vieles andere mehr).

4. Die Wohnungseigentümergemeinschaft

Soweit die Verwaltung des gemeinschaftlichen Eigentums betroffen ist, bilden die einzelnen Wohnungseigentümer eine Gemeinschaft, die rechtsfähige Wohnungseigentümergemeinschaft, die vom jeweiligen Verwalter vertreten wird. Insbesondere gemeinschaftsfremden Dritten (Lieferanten, Handwerkern etc.), aber auch gegenüber dem einzelnen Wohnungseigentümer (wenn es um die Zahlungspflichten geht), tritt somit die Wohnungseigentümergemeinschaft als selbständige juristische Person gegenüber.

Zum Verwaltungsvermögen der Gemeinschaft gehören alle sich aus dem Innen- und dem Außenverhältnis ergebenden Vermögensrechte der Wohnungseigentümer im Rahmen des Finanz- und Rechnungswesens der Gemeinschaft. Diese können aus Forderungen und Verbindlichkeiten (Geldkontenvermögen, Wertpapiere, Beitragsforderungen, Gewährleistungsansprüchen, Forderungen aus Mietverträgen etc.), aber ebenso aus Gegenständen (Handwerkszeug, Rasenmäher etc.) bestehen.

5. Die Eigentümerversammlung

Grundsätzlich werden alle Maßnahmen, für die dies gesetzlich vorgesehen oder vereinbart ist, anlässlich der Eigentümerversammlung diskutiert und einer Beschlussfassung zugeführt.

a)   Die Einberufung der mindestens einmal jährlich abzuhaltenden Eigentümerversammlung obliegt grundsätzlich dem Verwalter, wobei eine Regel-Einberufungsfrist von zwei Wochen eingehalten werden soll. Es ist darauf hinzuweisen, dass es sich hierbei um eine Soll-Bestimmung handelt, von welcher der Verwalter aus gegebenem Anlass abweichen darf (zum Beispiel in Fällen besonderer Dringlichkeit). Den Vorsitz in der Versammlung führt grundsätzlich der Verwalter, auch ohne dass dies beschlossen werden müsste.

b)   Über die in der Versammlung gefassten Beschlüsse ist ein Protokoll zu fertigen, welches zu reinen Beweiszwecken vom Versammlungsvorsitzenden, dem bestellten Vorsitzenden des Verwaltungsbeirats oder dessen Vertreter sowie einem weiteren Wohnungseigentümer zu unterzeichnen ist. Hervorzuheben ist, dass das Protokoll grundsätzlich nur als sogenanntes Beschlussprotokoll geführt werden sollte, welches die protokollarischen Feststellungen sowie Beschlussanträge, die Abstimmungsergebnisse sowie die verkündeten Beschlüsse enthält.

Die sogenannte Beschluss-Sammlung ist neben dem Protokoll grundsätzlich vom Verwalter zu führen. Die Beschluss-Sammlung soll eine für jeden Eigentümer oder Erwerbsinteressenten (Einsichtnahmerecht mit Vollmacht) und auch spätere Verwalter nutzbare Informationsquelle über den aktuellen Stand der beschlossenen Regelungen der Wohnungseigentümergemeinschaft schaffen.

c)   Das Stimmrecht des einzelnen Wohnungseigentümers bemisst sich gem. § 25 Abs. 2 WEG grundsätzlich nach dem sogenannten Kopfprinzip, wobei jedem Wohnungseigentümer nur eine Stimme, unabhängig von der Anzahl der gehaltenen Sondereigentumseinheiten, zukommt. Personenmehrheiten wie zum Beispiel Ehegatten, Erbengemeinschaften etc. steht dabei nur eine gemeinschaftlich auszuübende Stimme zu. Viele Gemeinschaftsordnungen enthalten abweichende Regelungen, wie etwa das sogenannte Wertprinzip, welches das Stimmrecht an der Größe der Miteigentumsanteile bemisst. Oftmals ist auch das sogenannte Objektprinzip vereinbart, was bedeutet, dass sich das Stimmrecht nach der Anzahl der gehaltenen Sondereigentumseinheiten bemisst.

d) Jeder Eigentümer kann sich durch einen Bevollmächtigten vertreten lassen. Hierbei sollte wegen des Prinzips der Nicht-Öffentlichkeit der Versammlung auf den Nachweis des tatsächlichen Bestehens der Vollmacht geachtet werden. Oftmals enthalten Gemeinschaftsordnungen auch Vertretungseinschränkungen. Typisch ist zum Beispiel die Regelung, dass sich ein Wohnungseigentümer in der Versammlung nur durch seinen Ehegatten, einen anderen Wohnungseigentümer oder den Verwalter vertreten lassen darf. In diesen Fällen ist die Bevollmächtigung anderer Personen nicht zulässig.

6. Der Verwalter

Die vielfältigen Anforderungen, die die Verwaltung von Wohnungseigentum heute stellt, können von Nicht-Fachleuten auf dem Gebiet der Immobilienverwaltung, zumal durch die Wohnungseigentümer selbst, realistischerweise nicht erfüllt werden. Daher wird in aller Regel ein Verwalter gewählt, mit dem ein entsprechender Verwaltungsvertrag (nicht länger als jeweils fünf Jahre, bei neu begründeten Gemeinschaften drei Jahre) abgeschlossen wird. Der Verwalter vertritt die Wohnungseigentümergemeinschaft nach außen und führt die Beschlüsse der Eigentümerversammlung durch. Besondere Bedeutung kommt dem Finanz- und Abrechnungswesen zu, für das der Verwalter ebenfalls zuständig ist.

7. Der Beirat

Der Verwaltungsbeirat besteht grundsätzlich aus drei Mitgliedern. Zum Beirat können nur Wohnungseigentümer gewählt werden. Die Aufgaben des Beirats sind trotz der eher knapp gehaltenen gesetzlichen Bestimmung vielfältig. Neben den gesetzlichen Befugnissen der Kontrolle von Wirtschaftsplan und Abrechnung sowie der Prüfung von Kostenvoranschlägen dürfte die Unterstützung des Verwalters bei der Erfüllung seiner Aufgaben den weitaus größten Teil der Beiratsarbeit ausmachen. Der Beirat erfüllt in dieser Funktion als Bindeglied zwischen Verwalter und Gemeinschaft eine nicht zu unterschätzende Rolle auf vielfältigen Gebieten. Insbesondere Sozialkompetenz und psychologisches Einfühlungsvermögen sind gefragt, um Streitigkeiten zwischen Wohnungseigentümern oder Mietern erkennen und schlichten zu können. Auch die Vermittlung der manchem Wohnungseigentümer und Mieter fehlenden Einsicht, im Rahmen einer Eigentümergemeinschaft Kompromisse schließen und Mehrheitsentscheidungen akzeptieren zu müssen, gehört dazu.

8. Wirtschaftsplan und Abrechnung

Die Wohnungseigentümer beschließen den vom Verwalter zu erstellenden Wirtschaftsplan als „Haushaltsplan". Er dient als Grundlage der laufenden Zahlungsverpflichtungen. Es ist darauf hinzuweisen, dass die oftmals von Wohnungseigentümern zur Ermäßigung der laufenden Belastungen gewünschte allzu knappe Kalkulation des Wirtschaftsplans nicht sinnvoll erscheint. Ansonsten droht bei unvorhergesehenen Ausgaben die Erhebung einer sogenannten Sonderumlagen als Ergänzung des Wirtschaftsplans.

Die vom Verwalter nach Ende des Wirtschaftsjahres zu erstellende Jahresabrechnung stellt eine reine sogenannte Einnahmen- und Ausgabenabrechnung dar, in welche grundsätzlich nur die Beträge aufzunehmen sind, die im Abrechnungszeitraum tatsächlich geflossen sind.

Eine nachvollziehbare Abrechnung enthält die Angabe der insgesamt angefallenen Einnahmen und Ausgaben unter Bezeichnung der entsprechenden Kosten- und Einnahmearten. Ferner sind die Kostenverteilungsschlüssel und der hiernach auf den jeweiligen Eigentümer entfallende Kostenanteil beziehungsweise Einnahmeanteil auszuweisen. Unter Berücksichtigung der geleisteten Vorauszahlungen auf den Wirtschaftsplan ist der Saldo darzustellen. Weiterhin sind die Entwicklung der Instandhaltungsrücklage mit Anfangs- und Endbestand sowie Geldbewegungen nebst Ermittlung des (rechnerischen) Anteils des Eigentümers an der Instandhaltungsrücklage auszuweisen. Hinzu kommt eine Darstellung der Entwicklung der gemeinschaftlichen Konten unter Angabe der Anfangs- und Endbestände sowie der Zu- und Abgänge.

9. Kostenverteilung

Als grundlegender Schlüssel für die Beteiligung an den Kosten und Lasten des Gemeinschaftseigentums dient das Verhältnis der Größe der Miteigentumsanteile. Zu beachten ist, dass kein zwingender Zusammenhang zwischen zum Beispiel dem Wert und der Größe einer Wohnungseigentumseinheit und der dieser Sondereigentumseinheit zugeordneten Anzahl von Miteigentumsanteilen besteht. Da abweichende Vereinbarungen zulässig sind, enthalten viele Gemeinschaftsordnungen umfangreiche Regelungen zur Kostenverteilung, insbesondere abweichende Kostenverteilungsschlüssel oder Regelungen zur beschlussweisen Änderung der Kostenverteilung. Häufig sind auch umfassende Vereinbarungen zur kostenmäßigen Trennung einer aus mehreren (autarken) Gebäuden bestehenden Wohnungseigentümergemeinschaft (sogenannte Wirtschaftseinheiten). Zu beachten ist indes, dass durch derartige rein interne Kostenverteilungsregelungen nicht etwa rechtlich selbständige sogenannte Untergemeinschaften gebildet werden, sondern dass nach wie vor gemeinschaftliche Verwaltungsmaßnahmen gemeinschaftlich zu beschließen und auszuführen sind.

10. Bauliche Maßnahmen

Maßnahmen der Instandhaltung und Instandsetzung des gemeinschaftlichen Eigentums gehören zu den Grundpflichten der Wohnungseigentümer. Darüber wird mit einfacher Mehrheit beschlossen. Maßnahmen, die über Instandhaltung oder Instandsetzung hinausgehen, dabei aber eine Maßnahme der Anpassung an heutige technische Anforderungen bedeuten, insbesondere der Energie- und Wassereinsparung dienen, dürfen ebenfalls mehrheitlich beschlossen werden, sofern die hierfür aufzuwendenden zusätzlichen Kosten sich in absehbarer Zeit amortisieren (sogenannte modernisierende Instandsetzung).

Maßnahmen, die ohne konkret vorhandenen Instandsetzungsbedarf eine Anpassung an den Stand der Technik, eine Erhöhung des Gebrauchswerts, eine Verbesserung der allgemeinen Wohnverhältnisse oder eine Einsparung von Wasser oder Energie bewirken, dürfen mit sogenannter doppelt qualifizierter Mehrheit (Mehrheit von mindestens 75 % aller Stimmrechte, zusätzlich mehr als der Hälfte der Miteigentumsanteile) ebenfalls beschlossen werden, sofern die Eigenart der Wohnanlage nicht verändert oder ein Wohnungseigentümer nicht unbillig benachteiligt wird. Solche baulichen Maßnahmen, die die vorgenannten Voraussetzungen nicht erfüllen, dürfen nur beschlossen oder verlangt werden, sofern jeder Wohnungseigentümer zustimmt, der durch die Maßnahme einen Nachteil erleidet, den er nicht gemäß § 14 Nr. 1 WEG hinnehmen müsste. Diese sogenannten baulichen Veränderungen bedürfen also nicht, wie vielfach angenommen, der Zustimmung sämtlicher Eigentümer, sondern nur derer, die nachteilig betroffen werden. ◄

2. Erstverwaltung

8   Das Verwaltungsmandat beginnt entweder als Erstverwaltung, wenn es sich um ein neu erstelltes bzw ein bereits bestehendes Gebäude handelt, das nach den Vorschriften des WEG aufgeteilt wird, oder aber als Folgeverwaltung, wenn bei einer bestehenden Eigentümergemeinschaft ein Verwalterwechsel vollzogen wird. Bei der Erstverwaltung eines Objekts ergeben sich ein paar Besonderheiten, auf die nachfolgend eingegangen werden soll.

9   Betrachtet man die Lebensdauer einer Immobilie, so kann man unschwer feststellen, dass der Lebenszyklus der Bewirtschaftung einen sehr langen Zeitraum einnimmt. Es wäre daher wün-

schenswert, wenn ein kompetenter Verwalter bereits bei der Erstellung der Teilungserklärung und Gemeinschaftsordnung mit einbezogen würde. Der Verwalter könnte mit seiner Erfahrung hinsichtlich der Bewirtschaftung, aber auch der einzelnen Probleme, die immer wieder in Eigentümergemeinschaften auftauchen, bei der Gestaltung der Gemeinschaftsordnung von Anfang an für mehr Transparenz und Rechtssicherheit sorgen. Die Praxis zeigt, dass diese einmalige Chance leider kaum genutzt wird. Und deshalb kommt es nicht selten vor, dass in Gemeinschaftsordnungen oft Dinge geregelt oder eben nicht geregelt sind, die das Tagesgeschäft und damit die Aufgabenstellung des Verwalters nicht gerade einfacher machen.

a) Datenübernahme in den Bestand

Bei der Übernahme eines neuen Objekts in den Bestand des Verwalters geht es in erster Linie   10
darum, das Objekt bzw die Eigentümergemeinschaft „zum Laufen" zu bringen. Zunächst sind die dinglichen und schuldrechtlichen Regelungen aus der Teilungserklärung/Gemeinschaftsordnung in den Datenbestand des Verwalters einzupflegen. Dabei geht es im Besonderen um folgende Punkte:

- Erfassung aller rechtlich relevanten Besonderheiten (zB Sondernutzungsrechte, Gemeinschaftseinrichtungen, die von unterschiedlichen Gemeinschaften genutzt werden, Hausmeisterwohnung, die im Gemeinschaftseigentum steht);
- Erfassung sämtlicher Raumeinheiten (Wohnungen, Gewerbeeinheiten, Stellplätze, Keller, Hobbyräume usw);
- Erfassung und Eingabe der jeweiligen Kostenverteilungsschlüssel;
- Aufteilung notwendiger Gebäudeteile (zB Mehrhausanlagen, Tiefgaragen usw) für die Kostenzuordnung oder Rückstellungsaufteilung.

Die Erfahrung zeigt, dass gerade die Einarbeitung in ein neues Objekt für die künftig reibungslose Verwaltung und damit die Abwicklung des Tagesgeschäfts von nicht zu unterschätzender Bedeutung ist. Ein ordentlich aufgebautes und organisiertes Objekt lässt sich wesentlich angenehmer für alle Beteiligten verwalten. Dies führt in der Folge zu mehr Effektivität und Effizienz.

b) Sicherstellung des Zahlungsverkehrs

Gerade bei der Erstverwaltung von Objekten ist die Sicherstellung des Zahlungsverkehrs eine   11
nicht zu unterschätzende Aufgabe mit höchster Priorität für den Verwalter. Zur ordnungsgemäßen Verwaltung des Objekts gehört es, dass jederzeit ausreichende Liquidität auf dem Konto der Gemeinschaft vorhanden ist, um die Bewirtschaftung des Objekts zu garantieren. Der Verwalter ist deshalb verpflichtet (§ 28 Abs. 1 WEG), einen Wirtschaftsplan aufzustellen, der die voraussichtlichen Einnahmen und Ausgaben für das Wirtschaftsjahr enthält.

c) Genehmigung des Wirtschaftsplans /Sonderumlagen

Damit der vom Verwalter aufgestellte Wirtschaftsplan auch rechtswirksam wird und damit die   12
Fälligkeitsvoraussetzungen zur Erhebung der Hausgeldvorauszahlungen von den einzelnen Eigentümern erfüllt sind, muss der Wirtschaftsplan mit einfachem Mehrheitsbeschuss durch die Gemeinschaft genehmigt werden (§ 28 Abs. 2 WEG). Erst dann ist der Verwalter auch rechtlich in der Lage von den Eigentümern Zahlungen zur Sicherstellung der Zahlungsfähigkeit der Gemeinschaft zu verlangen. Gerade in der Anfangsphase einer Gemeinschaft ist es durchaus auch möglich, dass eine sog. Anschubfinanzierung, zB wegen des Einkaufs von Heizöl, notwendig wird. Dies muss dann entsprechend im Wirtschaftsplan Berücksichtigung finden oder durch eine Sonderumlage beschlossen werden.

d) Einberufung der ersten Eigentümerversammlung

13 Eine der ersten Amtshandlungen des Erstverwalters wird wohl die Einberufung der ersten Eigentümerversammlung sein. Diese ist notwendig, um über Beschlüsse die Verwaltung in Gang zu setzen. Dies gilt auch für die Verwalterbestellung. Nach der herrschenden Meinung „endet" die Erstbestellung des Verwalters durch den Bauträger mit Entstehen der faktischen Eigentümergemeinschaft. Jedenfalls sollte der Verwalter durch Beschluss in der Versammlung im Amt bestätigt werden. In der Praxis dürfte dies meist unproblematisch sein. Weiterhin sind folgende Beschlüsse zu fassen, um die Gemeinschaft und damit den Verwalter handlungsfähig zu machen:

- Genehmigung des vorgelegten Wirtschaftsplans
- Abschluss des Verwaltervertrags mit Verwaltervollmacht
- Ermächtigung zum Abschluss von Verträgen im Namen für die Gemeinschaft (zB Versicherungen, Hausmeister, Hausreinigung, Wartungsverträge)

Im Laufe der Nutzungsphase einer Immobilie sammelt sich bei der Verwaltung eine Menge Papier an. Der Verwalter ist deshalb gut beraten, sich von Anfang an einen sinnvollen Aufbau für das Ablage- und Wiedervorlagesystem zu überlegen. Damit ist leicht erkennbar, wo die jeweiligen Unterlagen zu finden sind. Gleichzeitig kann eine so einmal aufgebaute Organisation problemlos in ein EDV-System übertragen werden.

14 Eine Möglichkeit ist es, nach folgender Systematik vorzugehen:

- Grundordner 1 = Objektunterlagen
- Grundordner 2 = Eigentümerdaten
- Grundordner 3 = Buchhaltungsunterlagen
- Grundordner 4 = Instandhaltung / Instandsetzung / Sanierung
- Grundordner 5 = Rechtsordner

Die Verwaltung von Immobilien und damit auch die Gestaltung der Aufbauorganisation und in der Folge die Arbeitsabläufe lassen sich zu einem Großteil standardisieren. Die vorgestellte Struktur hat sich in der Praxis bewährt und lässt sich deshalb auch problemlos auf andere Unternehmen, und zwar unabhängig von deren Größe, übertragen. Auch im Hinblick auf die unterschiedlichen Unternehmensstrukturen, also je nachdem, ob ein Verwalter eines Objekts von der Buchhaltung über die Technik und die Durchführung der Versammlung alles macht oder eben die Aufgaben sachbezogen aufgeteilt sind, ist diese Systematik durchführbar.

15 Bei der Erstverwaltung geht es in erster Linie darum, das neue Objekt erstmals anzulegen und aufzubauen. Den Schwerpunkt bildet dabei sicher die Ausstattung mit den notwendigen Verträgen, um die Bewirtschaftung und die Verkehrssicherheit zu gewährleisten. Sofern Verträge noch nicht vom Bauträger oder Alleineigentümer abgeschlossen und ggf vom Verwalter übernommen werden können, hat der Verwalter für die Eigentümergemeinschaft entsprechende Versorgungs-, Versicherungs- und Wartungsverträgen abzuschließen.

e) Muster

16 ▶ **Checkliste: Übernahme und Erstverwaltung**

(110) **1   Verwalter**

Vertrag und Vollmacht:	☐ angefragt	☐ erhalten	☐ geprüft	☐ erledigt am
Verwalterbestellung:	☐ angefragt	☐ erhalten	☐ geprüft	☐ erledigt am
Grundbuchunterlagen:	☐ angefragt	☐ erhalten	☐ geprüft	☐ erledigt am

2 Bank

Kontoeröffnung:	☐ angefragt	☐ erhalten	☐ geprüft	☐ erledigt am
Daueraufträge:	☐ angelegt	☐ erhalten	☐ geprüft	☐ erledigt am
Kreditvereinbarungen:	☐ angefragt	☐ erhalten	☐ geprüft	☐ erledigt am

3 Teilungserklärung

Grundbuchauszüge:	☐ angefragt	☐ erhalten	☐ geprüft	☐ in Ordnung
Katasterunterlagen:	☐ angefragt	☐ erhalten	☐ geprüft	☐ in Ordnung
Teilungserklärung:	☐ angefragt	☐ erhalten	☐ geprüft	☐ in Ordnung
Gemeinschaftsordnung:	☐ angefragt	☐ erhalten	☐ geprüft	☐ in Ordnung
Nachträge:	☐ angefragt	☐ erhalten	☐ geprüft	☐ in Ordnung

4 Hausordnung

Reinigungsordnung:	☐ vorhanden	☐ zu erstellen	☐ geprüft	☐ erledigt am
Hausordnung:	☐ vorhanden	☐ zu erstellen	☐ geprüft	☐ erledigt am
Tiefgaragenordnung:	☐ vorhanden	☐ zu erstellen	☐ geprüft	☐ erledigt am

5 Versicherungen

Feuerversicherung:	☐ angefragt	☐ erhalten	☐ geprüft	☐ erledigt am
Leitungswasser:	☐ angefragt	☐ erhalten	☐ geprüft	☐ erledigt am
Sturm- und Hagel:	☐ angefragt	☐ erhalten	☐ geprüft	☐ erledigt am
Eigentümerhaftpflicht:	☐ angefragt	☐ erhalten	☐ geprüft	☐ erledigt am
Glas:	☐ angefragt	☐ erhalten	☐ geprüft	☐ erledigt am
Gewässerschaden:	☐ angefragt	☐ erhalten	☐ geprüft	☐ erledigt am

6 Versorgungsverträge

Wasser:	☐ angefragt	☐ erhalten	☐ geprüft	☐ erledigt am
Kanal:	☐ angefragt	☐ erhalten	☐ geprüft	☐ erledigt am
Gas:	☐ angefragt	☐ erhalten	☐ geprüft	☐ erledigt am
Strom:	☐ angefragt	☐ erhalten	☐ geprüft	☐ erledigt am
Abfallentsorgung:	☐ angefragt	☐ erhalten	☐ geprüft	☐ erledigt am

7 Rundfunk- und Fernsehversorgung

Telekom:	☐ angefragt	☐ erhalten	☐ geprüft	☐ erledigt am
SAT-Anlage:	☐ angefragt	☐ erhalten	☐ geprüft	☐ erledigt am
Sonstige:	☐ angefragt	☐ erhalten	☐ geprüft	☐ erledigt am

8 Heizungsanlage

Wartung:	☐ angefragt	☐ erhalten	☐ geprüft	☐ erledigt am
Kaminkehrer:	☐ angefragt	☐ erhalten	☐ geprüft	☐ erledigt am
Betriebsanleitung:	☐ angefragt	☐ erhalten	☐ geprüft	☐ erledigt am
Druckerhöhung:	☐ angefragt	☐ erhalten	☐ geprüft	☐ erledigt am

9 Wartungsverträge

Feuerlöscher:	☐ angefragt	☐ erhalten	☐ geprüft	☐ erledigt am
Pumpensumpf:	☐ angefragt	☐ erhalten	☐ geprüft	☐ erledigt am
Toranlagen:	☐ angefragt	☐ erhalten	☐ geprüft	☐ erledigt am
Aufzug:	☐ angefragt	☐ erhalten	☐ geprüft	☐ erledigt am
Doppelparker:	☐ angefragt	☐ erhalten	☐ geprüft	☐ erledigt am
Notstromaggregat:	☐ angefragt	☐ erhalten	☐ geprüft	☐ erledigt am
Brandschutz:	☐ angefragt	☐ erhalten	☐ geprüft	☐ erledigt am

10   Hausmeister / Reinigung / Winterdienst / Pflege Außenanlagen

Hausmeister	☐ angefragt	☐ erhalten	☐ geprüft	☐ erledigt am
Hausreinigung:	☐ angefragt	☐ erhalten	☐ geprüft	☐ erledigt am
Außenanlagenpflege	☐ angefragt	☐ erhalten	☐ geprüft	☐ erledigt am
Winterdienst:	☐ angefragt	☐ erhalten	☐ geprüft	☐ erledigt am

11   EDV Eingaben

Eigentümerdaten:	☐ angelegt	☐ geprüft	☐ in Ordnung
Objektdaten:	☐ angelegt	☐ geprüft	☐ in Ordnung
Umlageschlüssel:	☐ angelegt	☐ geprüft	☐ in Ordnung
Beschluss-Sammlung:	☐ angelegt	☐ geprüft	☐ in Ordnung

12   Gewährleistung

Mängelprotokolle:	☐ angefragt	☐ erhalten	☐ geprüft	☐ in Ordnung
Verjährungsfristen:	☐ angefragt	☐ erhalten	☐ geprüft	☐ in Ordnung
Gewährleistungsansprüche:	☐ angefragt	☐ erhalten	☐ geprüft	☐ in Ordnung
Schriftwechsel:	☐ angefragt	☐ erhalten	☐ geprüft	☐ in Ordnung
Nachbegehung:	☐ angefragt	☐ erhalten	☐ geprüft	☐ in Ordnung

13   Schriftwechsel /   ☐ angefragt   ☐ erhalten   ☐ geprüft   ☐ in Ordnung
      Sonstiges

14   Handwerkerliste   ☐ angefragt   ☐ erhalten   ☐ geprüft   ☐ in Ordnung

15   Verkaufsunterlagen

Exposé:	☐ angefragt	☐ erhalten	☐ geprüft	☐ in Ordnung
Preise:	☐ angefragt	☐ erhalten	☐ geprüft	☐ in Ordnung

16   Objektunterlagen

Schließplan:	☐ angefragt	☐ erhalten	☐ geprüft	☐ in Ordnung
Flächenberechnungen:	☐ angefragt	☐ erhalten	☐ geprüft	☐ in Ordnung
Eingabe- und Werkpläne:	☐ angefragt	☐ erhalten	☐ geprüft	☐ in Ordnung

17   Technische Unterlagen

Bestandsdokumentationen:	☐ angefragt	☐ erhalten	☐ geprüft	☐ in Ordnung

18   Kaufverträge   ☐ angefragt   ☐ erhalten   ☐ geprüft   ☐ in Ordnung

19   Abrechnungsdienste

Abrechnungsfirma:	☐ Techem	☐ Ista	☐ Brunata	☐ Sonstige
				_____
Bestandsaufnahme:	☐ angefragt	☐ erhalten	☐ geprüft	☐ in Ordnung
Abrechnungsdaten:	☐ angefragt	☐ erhalten	☐ geprüft	☐ in Ordnung
Datenträgeraustausch:	☐ angefragt	☐ erhalten	☐ geprüft	☐ erledigt am
Kaltwasserzähler:	☐ ja	☐ nein	☐ Funk	☐ WVL
				_____
Warmwasserzähler:	☐ ja	☐ nein	☐ Funk	☐ WVL
				_____
Heizkostenverteiler:	☐ EHKV	☐ Verdunster	☐ Funk	☐ WVL
				_____

Meier

▶ **Muster: Schreiben wegen Erstverwaltung an Eigentümer**   17

Verwaltungsübernahme

Eigentümergemeinschaft [...]

Sehr geehrte Frau [...],

Sehr geehrter Herr [...],

gemäß Vereinbarung in der Gemeinschaftsordnung unter Punkt [...] sind wir vom Bauträger zum ersten Verwalter nach den Vorschriften des Wohnungseigentumsgesetzes bestellt worden.

Auf der Grundlage des Wohnungseigentumsgesetzes ist der Verwalter für die ordnungsgemäße Verwaltung des gemeinschaftlichen Eigentums zuständig. Im Einzelnen bedeutet das, dass wir die kaufmännische, technische und rechtliche Betreuung der Immobilie im Rahmen der geltenden Teilungserklärung/Gemeinschaftsordnung, den Beschlüssen der Eigentümergemeinschaft, den vertraglichen Regelungen und der gesetzlichen Vorschriften durchführen.

Damit Sie sich einen ersten Überblick über Ihren Verwalter sowie das Wesen und die Bedeutung des Wohnungseigentumsgesetzes machen können, haben wir diesem Schreiben folgende Unterlagen beigefügt:[2]

- Broschüre „Wir über uns" – Vorstellung des Verwalters
- Broschüre „Das Wohnungseigentumsgesetz (WEG)"
- Begriffe und Wesen des Wohnungseigentums
- Formular Einzugsermächtigung
- Hausordnung
- Formular Namensschilder

Zur Sicherstellung der Liquidität und um die Bewirtschaftung des Objekts zu gewährleisten, sind wir als Verwalter verpflichtet, einen Wirtschaftsplan aufzustellen. In der Anlage erhalten Sie den von uns erstellten Plan über die zu erwartenden Ausgaben und Einnahmen. Der sich für sie ergebende Anteil, auf der Grundlage der geltenden Kostenverteilungsschlüssel in der Gemeinschaftsordnung, ist dem beigefügten Einzelwirtschaftsplan zu entnehmen.

Damit der Wirtschaftsplan und die sich daraus ergebenden Zahlungen rechtswirksam sind, muss hierzu ein Beschluss der Gemeinschaft in der nächsten Eigentümerversammlung herbeigeführt werden. Eine Einladung dazu erhalten sie in Kürze.

Auf der Grundlage der Bestimmungen in der Gemeinschaftsordnung ist dem Verwalter zur Abwicklung des Zahlungsverkehrs für den Einzug der monatlich fälligen Hausgeldvorauszahlungen eine entsprechende Ermächtigung zu erteilen. Wir bitten Sie deshalb, das beigefügte Formular bis zum [...] unterschrieben an uns zurückzusenden.

Nachstehend erhalten Sie von uns weitere Informationen, die eine partnerschaftliche Zusammenarbeit erleichtern:

- Es werden grundsätzlich gleiche Namensschilder an der Anläuteplatte, am Briefkasten und an der Wohnungstür angebracht. Senden Sie das beiliegende Bestellformular entsprechend ausgefüllt an uns zurück.
- Bei Vermietung Ihrer Eigentumswohnung empfehlen wir Ihnen, einen Mietvertrag so abzuschließen, dass klar und deutlich zu ersehen ist, welche Betriebs- und Heizkosten, nach Erstellung der jährlichen Abrechnung durch die Verwaltung, mit dem Mieter abgerechnet werden können.

---

2 Siehe dazu die Muster Rn 7 und Rn 377 und 431.

– Außerdem sollten Sie Ihre Mieter verpflichten, sich der Beschlüsse der Eigentümergemeinschaft, vor allen Dingen bezüglich der Hausordnung zu unterwerfen. Eine Kopie der derzeit geltenden Hausordnung ist diesem Schreiben beigefügt.

– Grundsätzlich dürfen die Instandhaltungsrücklage, die Verwaltervergütung und eventuelle Reparaturkosten nicht auf die Mieter umgelegt werden.

– Wir bitten Sie, uns Adressenänderungen und Mieterwechsel schriftlich mitzuteilen.

Sie erreichen uns in der Zeit von Montag bis Freitag von 8.00 Uhr bis 12.00 Uhr und von 13.00 Uhr bis 17.00 Uhr.

Ihr zuständiger Ansprechpartner in allen Fragen um Ihre Immobilie ist Herr/Frau [...].

Wir wünschen Ihnen viel Freude mit Ihrer Eigentumswohnung und hoffen auf eine gute und dauerhafte Zusammenarbeit.

Freundliche Grüße

Anlagen ◄

18 ▶ **Muster: Aufbau der Aktenstruktur für den Immobilienverwalter**

Grundordner 1 = Objektunterlagen

Grundordner 2 = Eigentümerunterlagen

Grundordner 3 = Buchhaltungsunterlagen

Grundordner 4 = Instandhaltung / Instandsetzung / Sanierung

Grundordner 5 = Rechtsangelegenheiten

Grundordner 1: Objektunterlagen

1   **Verwalter**

    Vertrag / Verwalterbestellung / Leistungen / Preise

2   **Bank**

    Kontoeröffnung / Daueraufträge / Kreditvereinbarungen / Unterschriftenregelung

3   **Teilungserklärung**

    Gemeinschaftsordnung/ Nachträge zur TE / Grundbuchauszüge / Katasterunterlagen / Eigentümerlisten

4   **Hausordnung**

    Hausordnung / Reinigungsordnung / Tiefgaragenordnung / Schwimmbadordnung / Saunaordnung /Informationsschreiben

5   **Versicherungen**

    Verträge / Policen / Schadensabwicklung

6   **Versorgungsverträge**

    Wasser, Kanal / Energie / Strom / Abfallentsorgung

7   **Kabelfernsehen**

    Telekom / SAT-Anlagen / Kabel Deutschland

8   **Heizungsanlage**

    Wartung / Kaminkehrer / Betriebsanleitung / Energieversorgung / Pumpen

9   **Wartungsverträge**

    Feuerschutzeinrichtungen / Pumpensumpf / Toranlagen / Aufzug / Doppelparker

10   **Hausmeister / Reinigung/ Winterdienst**

Verträge / Leistungsverzeichnisse / Sonstiges

11   **Eigentümerversammlung**

Einladung / Protokolle / Themen / Beschluss-Sammlung

12   **Verwaltungsbeirat**

Adressen / Beiratssitzung / Protokolle

13   **Objektbegehungen**

Termine / Aktennotizen / Protokolle

14   **Gewährleistung**

Mängelprotokolle / Verjährungsfristen / Gewährleistungsansprüche / Schriftwechsel / Nachschau

15   **Rückstellung**

Anlageform / Entwicklung / Zinsbescheinigung / Unterschriftenregelung

16   **Instandhaltung und Instandsetzung**

Zustandsbericht / Planung / Umsetzung / Gutachten / Sachverständige / Kostenvoranschläge

17   **Schriftwechsel**

Sonstiges

18   **Handwerkerliste**

nach Gewerken

19   **Verkaufsunterlagen**

Exposé / Preise

20   **Pläne**

Schließplan / Eingabe- und Werkpläne / Energieausweis / Schlüsselbestellungen

Grundordner 2: Eigentümerunterlagen

1   **Eigentümer alphabetisch sortiert**
2   **Kaufverträge**
3   **Einzugsermächtigung**
4   **Schlüsselbestellungen**
5   **Schriftwechsel**
6   **Sonstiges**

Grundordner 3: Buchhaltungsunterlagen

1   **Laufende Buchhaltung**

Kontoauszüge / Belege / Preisabfragen Heizöl

2   **Mahnwesen**

Mahnungen / Ratenzahlungsvereinbarungen / Offene Posten-Liste

3   **Anlage der Rückstellungen**

Kontoauszüge / Jahressteuerbescheinigung / Übersicht „Konditionenabfrage" für Termineinlagen

4   Jahresabrechnung

Regelungen zur Kostenverteilung / Besonderheiten für die Jahrensabrechnung / Abrechnung Heizkosten / Besondere Einnahmen der WEG / Vermögensstatus / Kostenvergleiche Vorjahre / Prüfbericht VWB / JA Vorjahr / Unterlagen für den Versand an Eigentümer

5   Wirtschaftsplan

Kostensteigerungen / Rückstellungen / Planung Instandsetzung- und Instandhaltung / WP Vorjahr

6   Sonstiges

Altunterlagen

Grundordner 4: Instandhaltung / Instandsetzung / Sanierungen

1   Laufende Instandhaltung und Instandsetzung

Kostenangebote / Auftragsvergabe / Abnahme / Gewährleistung

2   Sanierung

Beschlüsse / Sanierungsplan / Architekt / Leistungsverzeichnis / Ausschreibung / Preisspiegel / Vergabe / Bautagebuch / Abnahme / Gewährleistung

3   Kostenblatt

Sondervergütung für Verwalter

4   Sonstiges

Grundordner 5: Rechtsordner

1   Hausgeldklagen

Beschluss / Schriftwechsel / Abgabe an RA / Mahnbescheid / Klage / Urteil

2   Anfechtungsklagen

Beschluss / Schriftwechsel / Abgabe an RA / Mahnbescheid / Klage / Urteil

3   Vereinbarung Rechtsanwälte

4   Kostenblatt

Kostenregelung bei Rechtsfällen / Weiterbelastung an die WEG

5   Sonstiges ◄

3. Folgeverwaltung

a) Verwalterbestellung

19   Die Amtszeit des neuen Verwalters beginnt nach entsprechender Bestellung in einer Versammlung mittels einfachen Mehrheitsbeschlusses (§ 26 Abs. 1 WEG) zu einem bestimmten Zeitpunkt. In Ausnahmefällen kann auch im Rahmen ordnungsgemäßer Verwaltung (§ 21 Abs. 4 WEG) ein Antrag zur vorübergehenden Bestellung eines Verwalters durch das Gericht gestellt werden. Die Bestellung eines Notverwalters, so wie vor der Novellierung des WEG vorgesehen, ist seit dem 1.7.2007 nicht mehr möglich.

b) Datenübernahme in den Bestand

20   Im Gegensatz zur Erstverwaltung hat bei einer Folgeverwaltung die Eigentümergemeinschaft schon eine Geschichte. Die Vergangenheit einer solchen Gemeinschaft wird im Wesentlichen geprägt durch den bisherigen Verwalter, die Eigentümerstruktur und die Art und Weise, wie die Verwaltung bisher abgewickelt worden ist. Je nachdem, welcher Anlass zu einem Wechsel des Verwalters geführt hat, sind auch bei der Übernahme bestimmte Punkte zu beachten.

Bei der Übernahme einer neuen Eigentümergemeinschaft ist der bisherige Verwalter verpflich- 21
tet, sämtliche Unterlagen und Gegenstände, die zur ordnungsgemäßen Führung der Verwaltung
notwendig sind, herauszugeben. Dem bisherigen Verwalter steht kein Zurückbehaltungsrecht
etwa wegen der laufenden oder geplanten Anfechtung des Bestellungsbeschlusses über den neu-
en Verwalter zu.

Mit Beginn der Amtszeit des neuen Verwalters sollte man sich möglichst zeitnah einen möglichst 22
umfassenden Ein- und Überblick über das Objekt an sich, die Aktenlage und die vorhandenen
Unterlagen verschaffen. Die Erfahrung zeigt immer wieder, dass der Aufwand, sich intensiv mit
dem Objekt zu beschäftigen, die tägliche Arbeit erheblich erleichtert. Das hilft dem neuen Verwalter, Arbeit und damit Zeit und nicht zuletzt auch Unannehmlichkeiten zu sparen. Gerade
wenn es zu Übernahmen von Liegenschaften kommt, die vorher nicht unbedingt im Sinne einer
ordnungsgemäßen Verwaltung betreut wurden, empfiehlt sich dies, um mögliche Haftungsrisiken für den Verwalter auszuschließen, die sich mit der Übernahme des Verwalteramtes stellen.

Aus der Verwalterpraxis lassen sich die unterschiedlichen Aufgaben des Verwalters in drei 23
Hauptbereiche unterteilen, die dann auch im Interesse des Verwalters systematisch geprüft
werden sollten, und zwar unter Einbindung der jeweiligen Unterlagen zu den einzelnen Bereichen in den Organisationsablauf des Verwalters. Eine Umsortierung bei Sichtung der Unterlagen in die für den Verwalter sinnvolle Aktenstruktur wird dabei empfohlen. Aus den drei Kern-
bereichen des Verwalterhandelns:

- kaufmännische Verwaltung,
- rechtliche Verwaltung,
- technische Verwaltung,

ergeben sich unterschiedliche Betrachtungsweisen, auf die nachfolgend eingegangen wird.

c) Kaufmännische Bestandsaufnahme

Bei der kaufmännischen Übernahme eines neuen Objekts geht es darum, sämtliche Verwal- 24
tungsunterlagen des Objekts, also alles, was in Papierform vorliegen muss, zu übernehmen und
auf Vollständigkeit hin zu prüfen. Sofern es bei der Übernahme der Verwaltungsunterlagen, die
zur ordnungsgemäßen Fortführung notwendig sind, zu Problemen bzw einer nicht zeitnahen
Übergabe kommt, ist der Herausgabeanspruch gegenüber dem bisherigen Verwalter durch den
neuen Verwalter im Klagewege durchzusetzen. Dies setzt eine entsprechende Ermächtigung des
Verwalters durch die Gemeinschaft idR im Beschlusswege voraus.

Die Übernahme eines Verwaltungsmandats bedeutet häufig auch, dass die Verpflichtung zur 25
Erstellung der Jahresabrechnung (bei Übernahme des Verwalteramtes zum 1. Januar des neuen
Jahres für das abgelaufene Wirtschaftsjahr) in den Zuständigkeitsbereich des neuen Verwalters
fällt. Dies führt zu einem wesentlichen Aufwand für den neuen Verwalter, für die der bisherige
Verwalter bezahlt worden ist. Es bietet sich deshalb an, entweder mit der Gemeinschaft ein
Sonderhonorar für diese Leistung zu vereinbaren oder aber, sofern das möglich ist, mit dem
bisherigen Verwalter zu regeln, dass er gegen ein entsprechendes Entgelt die Erstellung der
Abrechnung noch vornimmt. Wenn eine solche Regelung nicht umgesetzt werden kann, emp-
fiehlt es sich, mit der Gemeinschaft zu vereinbaren, dass nur die Einbuchung der Salden zum
Abrechnungsstichtag der jeweiligen Debitoren- und Kreditorenkonten sowie der Eigentümer-
konten zur Erstellung der Abrechnung erforderlich ist. Eine Haftungsfreistellung für den neuen
Verwalter, was die sachliche und rechnerische Richtigkeit anbelangt, sollte angestrebt werden.
Ob eine Durchsetzbarkeit tatsächlich möglich ist, dürfte im Einzelfall zu bewerten sein.

26 Es geht aber zum anderen auch darum, und das sollte in der Praxis nicht unterschätzt werden, die für den Verband abgeschlossenen Verträge nach folgenden Fragen zu untersuchen:

- Ist der abgeschlossene Vertrag notwendig (zB Vollwartungsvertrag für Aufzug)?
- Sind mögliche Risiken für die Gemeinschaft in dem Vertrag ausreichend abgedeckt (zB Unterdeckung oder Überdeckung bei Versicherungsverträgen)?
- Sind abgeschlossene Verträge und die damit verbundenen Leistungen durch Vertragsumstellung preiswerter zu erhalten (zB Versorgungsverträge, Wartungsverträge, Versicherungsverträge)?
- Gibt es Risiken die möglicherweise noch nicht abgedeckt sind?

d) Rechtliche Bestandsaufnahme

27 Mit Beginn des Verwalteramtes übernimmt der Verwalter neben den gesetzlichen Pflichen aus dem Wohnungseigentumsgesetz, aus der Verpflichtung des Vertragsverhältnisses des Geschäftsbesorgungsvertrags zwischen dem Verwalter und dem Verband, auch die Pflicht zur sorgfältigen Wahrung der Interessen des Verbandes und der Wohnungseigentümer. Mögliche Haftungsfolgen können sich für den Verwalter aus dem Innenverhältnis (§§ 24, 27 und 28 WEG) und aus dem Außenverhältnis ergeben. Weitere Anspruchsgrundlagen ergeben sich aus der Gemeinschaftsordnung, dem Verwaltervertrag und den Beschlüssen der Gemeinschaft.

28 Anspruchsgrundlagen im Innenverhältnis können aus dem Vertragsrecht oder dem Deliktsrecht abgeleitet werden. So ist bei schuldhaftem Verzug ein Schadenersatzanspruch gegen den Verwalter denkbar; insbesondere dann, wenn dringende Instandsetzungsarbeiten am Gemeinschaftseigentum notwendig sind und ggf Folgeschäden für das Sondereigentum drohen. Der Verwalter ist also gut beraten, möglichst unverzüglich eine technische Bestandsaufnahme des Objekts durchzuführen.

29 Ein Anspruch aus unerlaubter Handlung (Deliktsrecht) kann auch aus der Nichtbeachtung der Verkehrssicherungspflicht abgeleitet werden. Das bedeutet, dass der Verwalter sämtliche Mängel oder Gefahrenquellen im Bereich des Gemeinschaftseigentums eigenverantwortlich beseitigen lassen muss. In diesem Zusammenhang wird auch auf die Einhaltung weiterer Vorschriften, wie etwa die Aufzugs-, die Heizkosten- oder die Spielplatzverordnung hingewiesen.

30 Weitere Ansprüche können sich aus dem nicht rechtzeitigen Hausgeldinkasso ergeben. Deshalb ist bei Übernahme der Verwaltung immer zu prüfen, ob es einen bestandskräftigen Beschluss über den Wirtschaftsplan gibt, damit die Fälligkeitsvoraussetzungen für das zu zahlende Hausgeld vorliegen.

e) Technische Bestandsaufnahme

31 Neben dem kaufmännischen und rechtlichen Bereich, den es als Verwalter ordnungsgemäß zu führen gilt, sollte bei der Übernahme eines neuen Objekts unbedingt auch der Gebäudezustand aufgenommen und kritisch hinterfragt werden. Es empfiehlt sich, sämtliche Außenanlagen und Gebäudeteile nach Möglichkeit gemeinsam mit dem Beirat zu begehen und den Zustand der technischen Einrichtungen und des Gebäudes schriftlich und mit entsprechenden Fotos zu dokumentieren. Dazu eignen sich entsprechende Checklisten in Papierform oder aber Softwaremodule, wie etwa „EPIKUR" oder vergleichbare Programme anderer Anbieter. Die durchzuführende Bestandsaufnahme zum Zustand des Gebäudes hat für den Verwalter folgende Vorteile:

- Der Verwalter kann das Objekt mit all seinen Besonderheiten und technischen Einrichtungen kennenlernen, aufnehmen und den Zustand bewerten. Dies hilft insbesondere bei der künftigen Instandhaltungs- und Instandsetzungsplanung sowie deren Finanzierung – eine Aufgabe, die der professionelle Verwalter beherrschen sollte.
- Es können bei der Bestandsaufnahme des Objekts Risiken erkannt werden. Dabei geht es vor allen Dingen um Verkehrssicherungspflichten, die dem neuen Verwalter mit der Übernahme des Amtes obliegen und für deren Nichtbeachtung er ggf zur Haftung herangezogen werden kann.
- Die Dokumentation eines Objekts in dieser ausführlichen Form hat weiterhin den Vorteil, dass auch alle anderen Mitarbeiter des Verwalters, also nicht nur der zuständige Objektbetreuer, zumindest auf dem Papier und anhand von Bilddokumentationen sich einen Überblick über das Objekt verschaffen können. Immer häufiger beschäftigen sich Verwalter mit ganzheitlicher Gebäudebewirtschaftung, die von geeigneter Software unterstützt wird und damit in der Zukunft Arbeitsabläufe effektiver und effizienter gestalten lässt. Die technische Bestandsaufnahme vor Ort ist dafür die Voraussetzung.

f) Muster

▶ **Checkliste: Übernahme Vorverwaltung**   32

113

1	**Objektunterlagen**			
	Anzahl der Ordner gesamt: □ _____	□ erhalten	□ geprüft	□ in Ordnung
1.1	**Verwaltervollmacht im Original**			
		□ erhalten	□ geprüft	□ in Ordnung
1.2	**Bank**			
	Kontoeröffnung	□ erhalten	□ geprüft	□ in Ordnung
	Daueraufträge	□ erhalten	□ geprüft	□ in Ordnung
	Kreditvereinbarungen	□ erhalten	□ geprüft	□ in Ordnung
	Unterschriftenregelung	□ erhalten	□ geprüft	□ in Ordnung
1.3	**Teilungserklärung**			
	Gemeinschaftsordnung	□ erhalten	□ geprüft	□ in Ordnung
	Nachträge zur TE	□ erhalten	□ geprüft	□ in Ordnung
	Grundbuchauszüge	□ erhalten	□ geprüft	□ in Ordnung
	Katasterunterlagen	□ erhalten	□ geprüft	□ in Ordnung
	Aufteilungspläne	□ erhalten	□ geprüft	□ in Ordnung
1.4	**Hausordnung**			
	Hausordnung	□ erhalten	□ geprüft	□ in Ordnung
	Reinigungsordnung	□ erhalten	□ geprüft	□ in Ordnung
	Tiefgaragenordnung	□ erhalten	□ geprüft	□ in Ordnung
	Schwimmbadordnung	□ erhalten	□ geprüft	□ in Ordnung
	Saunaordnung	□ erhalten	□ geprüft	□ in Ordnung
1.5	**Versicherungen**			
	Verträge	□ erhalten	□ geprüft	□ in Ordnung
	Policen	□ erhalten	□ geprüft	□ in Ordnung
	Brandversicherung	□ erhalten	□ geprüft	□ in Ordnung
	Leitungswasser	□ erhalten	□ geprüft	□ in Ordnung
	Eigentümerhaftpflicht	□ erhalten	□ geprüft	□ in Ordnung

Gewässerschaden	☐ erhalten	☐ geprüft	☐ in Ordnung
Glas	☐ erhalten	☐ geprüft	☐ in Ordnung
1.6 Versorgungsverträge			
Wasser, Kanal	☐ erhalten	☐ geprüft	☐ in Ordnung
Energie	☐ erhalten	☐ geprüft	☐ in Ordnung
Strom	☐ erhalten	☐ geprüft	☐ in Ordnung
Abfallentsorgung	☐ erhalten	☐ geprüft	☐ in Ordnung
Kabelfernsehen	☐ erhalten	☐ geprüft	☐ in Ordnung
1.7 Wartungsverträge			
Heizung	☐ erhalten	☐ geprüft	☐ in Ordnung
Feuerschutzeinrichtungen	☐ erhalten	☐ geprüft	☐ in Ordnung
Hebeanlage	☐ erhalten	☐ geprüft	☐ in Ordnung
Toranlagen	☐ erhalten	☐ geprüft	☐ in Ordnung
Aufzug	☐ erhalten	☐ geprüft	☐ in Ordnung
Doppelparker	☐ erhalten	☐ geprüft	☐ in Ordnung
Schranken	☐ erhalten	☐ geprüft	☐ in Ordnung
1.8 Hausmeister / Reinigung/ Winter-dienst			
Verträge	☐ erhalten	☐ geprüft	☐ in Ordnung
Leistungsverzeichnisse	☐ erhalten	☐ geprüft	☐ in Ordnung
Sozialversicherungsunterlagen	☐ erhalten	☐ geprüft	☐ in Ordnung
1.9 Eigentümerversammlung			
Protokolle	☐ erhalten	☐ geprüft	☐ in Ordnung
Beschluss-Sammlung	☐ erhalten	☐ geprüft	☐ in Ordnung
Anwesenheitslisten	☐ erhalten	☐ geprüft	☐ in Ordnung
Vollmachten	☐ erhalten	☐ geprüft	☐ in Ordnung
1.10 Verwaltungsbeirat			
Adressen	☐ erhalten	☐ geprüft	☐ in Ordnung
Beiratssitzung	☐ erhalten	☐ geprüft	☐ in Ordnung
Protokolle	☐ erhalten	☐ geprüft	☐ in Ordnung
1.11 Objektbegehungen			
Aktennotizen	☐ erhalten	☐ geprüft	☐ in Ordnung
Protokolle	☐ erhalten	☐ geprüft	☐ in Ordnung
1.12 Gewährleistung			
Mängelprotokolle	☐ erhalten	☐ geprüft	☐ in Ordnung
Verjährungsfristen	☐ erhalten	☐ geprüft	☐ in Ordnung
Gewährleistungsansprüche	☐ erhalten	☐ geprüft	☐ in Ordnung
1.13 Schriftwechsel			
Sonstiges	☐ erhalten	☐ geprüft	☐ in Ordnung
1.14 Verkaufsunterlagen			
Expose / Preise	☐ erhalten	☐ geprüft	☐ in Ordnung
1.15 Bestandsunterlagen			
Schließplan	☐ erhalten	☐ geprüft	☐ in Ordnung
Sicherungsschein Schließanlage	☐ erhalten	☐ geprüft	☐ in Ordnung
Eingabe- und Werkpläne	☐ erhalten	☐ geprüft	☐ in Ordnung

	Statikpläne	☐ erhalten	☐ geprüft	☐ in Ordnung
	Energieausweis	☐ erhalten	☐ geprüft	☐ in Ordnung
	Handwerkerlisten	☐ erhalten	☐ geprüft	☐ in Ordnung
2	**Eigentümerunterlagen**			
	Anzahl der Ordner gesamt: ☐ _____	☐ erhalten	☐ geprüft	☐ in Ordnung
2.1	**Eigentümerlisten**	☐ erhalten	☐ geprüft	☐ in Ordnung
2.2	**Kaufverträge**	☐ erhalten	☐ geprüft	☐ in Ordnung
2.3	**Einzugsermächtigung**	☐ erhalten	☐ geprüft	☐ in Ordnung
2.4	**Schriftwechsel**	☐ erhalten	☐ geprüft	☐ in Ordnung
2.5	**Schlüsselbestellungen**	☐ erhalten	☐ geprüft	☐ in Ordnung
2.6	**Sonstiges**			
	Altunterlagen	☐ erhalten	☐ geprüft	☐ in Ordnung
3	**Buchhaltung**			
	Anzahl der Ordner gesamt: ☐ _____	☐ erhalten	☐ geprüft	☐ in Ordnung
3.1	**Laufende Buchhaltung**			
	Kontoauszüge	☐ erhalten	☐ geprüft	☐ in Ordnung
	Belege/Rechnungen	☐ erhalten	☐ geprüft	☐ in Ordnung
	Sachkonten	☐ erhalten	☐ geprüft	☐ in Ordnung
	Buchungsjournale	☐ erhalten	☐ geprüft	☐ in Ordnung
	Stichtagsstatus	☐ erhalten	☐ geprüft	☐ in Ordnung
	Liste Hausgeldvorauszahlung	☐ erhalten	☐ geprüft	☐ in Ordnung
3.2	**Mahnwesen**			
	Mahnungen	☐ erhalten	☐ geprüft	☐ in Ordnung
	Ratenzahlungsvereinbarungen	☐ erhalten	☐ geprüft	☐ in Ordnung
	Offene Posten-Liste	☐ erhalten	☐ geprüft	☐ in Ordnung
	Gerichtsurteile	☐ erhalten	☐ geprüft	☐ in Ordnung
3.3	**Anlage der Rückstellungen**			
	Kontoauszüge	☐ erhalten	☐ geprüft	☐ in Ordnung
	Jahressteuerbescheinigung	☐ erhalten	☐ geprüft	☐ in Ordnung
	Sparkonten	☐ erhalten	☐ geprüft	☐ in Ordnung
3.4	**Jahresabrechnung**			
	Gesamtabrechnungen	☐ erhalten	☐ geprüft	☐ in Ordnung
	Einzelabrechnungen	☐ erhalten	☐ geprüft	☐ in Ordnung
	Heizkostenabrechnungen	☐ erhalten	☐ geprüft	☐ in Ordnung
	Warmwasserkostenabrechnungen	☐ erhalten	☐ geprüft	☐ in Ordnung
3.5	**Wirtschaftsplan**			
	Gesamtwirtschaftspläne	☐ erhalten	☐ geprüft	☐ in Ordnung
	Einzelwirtschaftspläne	☐ erhalten	☐ geprüft	☐ in Ordnung
3.6	**Sonstiges**			
	Altunterlagen	☐ erhalten	☐ geprüft	☐ in Ordnung
4	**Instandhaltung /Instandsetzung / Sanierung**			
	Anzahl der Ordner gesamt: ☐ _____	☐ erhalten	☐ geprüft	☐ in Ordnung

4.1 Laufende Instandhaltung und Instandsetzung

Kostenangebote	☐ erhalten	☐ geprüft	☐ in Ordnung
Auftragsvergabe	☐ erhalten	☐ geprüft	☐ in Ordnung
Abnahme	☐ erhalten	☐ geprüft	☐ in Ordnung
Gewährleistung	☐ erhalten	☐ geprüft	☐ in Ordnung

4.2 Sanierung

Beschlüsse	☐ erhalten	☐ geprüft	☐ in Ordnung
Sanierungsplan	☐ erhalten	☐ geprüft	☐ in Ordnung
Architekt	☐ erhalten	☐ geprüft	☐ in Ordnung
Leistungsverzeichnis	☐ erhalten	☐ geprüft	☐ in Ordnung
Ausschreibung	☐ erhalten	☐ geprüft	☐ in Ordnung
Preisspiegel	☐ erhalten	☐ geprüft	☐ in Ordnung
Vergabe	☐ erhalten	☐ geprüft	☐ in Ordnung
Bautagebuch	☐ erhalten	☐ geprüft	☐ in Ordnung
Abnahme	☐ erhalten	☐ geprüft	☐ in Ordnung
Gewährleistung	☐ erhalten	☐ geprüft	☐ in Ordnung

4.3 Sonstiges

Altunterlagen	☐ erhalten	☐ geprüft	☐ in Ordnung

5 Rechtsangelegenheiten

Anzahl der Ordner: ☐ _____	☐ erhalten	☐ geprüft	☐ in Ordnung

5.1 Hausgeldklagen

Mahnbescheid	☐ erhalten	☐ geprüft	☐ in Ordnung
Klage	☐ erhalten	☐ geprüft	☐ in Ordnung
Urteil	☐ erhalten	☐ geprüft	☐ in Ordnung
Schriftwechsel	☐ erhalten	☐ geprüft	☐ in Ordnung
Vereinbarung Rechtsanwalt	☐ erhalten	☐ geprüft	☐ in Ordnung
Klagebefugnis Verwalter	☐ erhalten	☐ geprüft	☐ in Ordnung

5.2 Anfechtungsklagen

Klage	☐ erhalten	☐ geprüft	☐ in Ordnung
Urteil	☐ erhalten	☐ geprüft	☐ in Ordnung
Schriftwechsel	☐ erhalten	☐ geprüft	☐ in Ordnung
Vereinbarung Rechtsanwalt	☐ erhalten	☐ geprüft	☐ in Ordnung
Klagebefugnis Verwalter	☐ erhalten	☐ geprüft	☐ in Ordnung

6 Sonstiges

_____:	☐ erhalten	☐ geprüft	☐ in Ordnung
_____:	☐ erhalten	☐ geprüft	☐ in Ordnung
_____:	☐ erhalten	☐ geprüft	☐ in Ordnung

Bemerkungen:

Ort, Datum

_____

Unterlagen wie vorstehend ordnungsgemäß ausgehändigt / erhalten

_____

Bisheriger Verwalter

Neuer Verwalter

Beirat ◄

▶ **Muster: Schreiben Folgeverwalter an Eigentümer**   33

Verwaltungsübernahme

Eigentümergemeinschaft [...]

Sehr geehrte Frau [...],

Sehr geehrter Herr [...],

in der Eigentümerversammlung vom [...] sind wir unter dem TOP [...] als neuer Verwalter nach den Vorschriften des Wohnungseigentumsgesetzes mit Wirkung zum [...] bestellt worden.

Für das damit unserem Unternehmen entgegengebrachte Vertrauen bedanken wir uns bei Ihnen.

Damit Sie sich einen ersten Überblick über Ihren Verwalter sowie das Wesen und die Bedeutung des Wohnungseigentumsgesetzes machen können, haben wir diesem Schreiben folgende Unterlagen beigefügt:

– Broschüre „Wir über uns" – Vorstellung des Verwalters

– Broschüre „Das Wohnungseigentumsgesetz (WEG)"

– Begriffe und Wesen des Wohnungseigentums[3]

– Formular Einzugsermächtigung

– Formular Namensschilder

Damit ein möglichst reibungsloser Übergang der Verwaltung gewährleistet ist, bitten wir um Ihre Unterstützung und Mithilfe.

Zur Sicherstellung der Liquidität und des Zahlungsverkehrs ist dem Verwalter zur Bezahlung der monatlichen Hausgeldvorauszahlungen eine Einzugsermächtigung zu erteilen. Wir bitten Sie deshalb, das beigefügte Formular bis zum [...] unterzeichnet an uns zurückzusenden.

Damit wir unsere Daten vervollständigen können, wäre es schön, wenn Sie uns diverse Informationen in diesem Formular (zB E-Mail-Adresse) mitteilen könnten.

Nachstehend erhalten Sie weitere Informationen, die eine angenehme Zusammenarbeit erleichtern:

– Es werden grundsätzlich gleiche Namensschilder an der Anläuteplatte, am Briefkasten und an der Wohnungstüre angebracht. Senden Sie bitte das beiliegende Bestellformular entsprechend ausgefüllt an uns zurück.

– Bei Vermietung Ihrer Eigentumswohnung empfehlen wir Ihnen, einen Mietvertrag so abzuschließen, dass klar und deutlich zu ersehen ist, welche Betriebs- und Heizkosten, nach Erstellung der jährlichen Abrechnung durch die Verwaltung, mit dem Mieter abgerechnet werden können.

– Außerdem sollten Sie Ihre Mieter verpflichten, sich der Beschlüsse der Eigentümergemeinschaft, vor allen Dingen bezüglich der Hausordnung, zu unterwerfen. Eine Kopie der derzeit geltenden Hausordnung ist diesem Schreiben beigefügt.

– Grundsätzlich dürfen die Instandhaltungsrücklage, die Verwaltervergütung und eventuelle Reparaturkosten nicht auf die Mieter umgelegt werden.

– Wir bitten Sie, uns Adressenänderungen und Mieterwechsel schriftlich mitzuteilen.

---

3 Siehe Muster Rn 7.

Sie erreichen uns in der Zeit von Montag bis Freitag von 8.00 Uhr bis 12.00 Uhr und von 13.00 Uhr bis 17.00 Uhr.

Ihr Zuständiger Ansprechpartner in allen Fragen um Ihre Immobilie ist Herr/Frau [...].

Wir wünschen Ihnen viel Freude mit Ihrer Eigentumswohnung und hoffen auf eine gute und dauerhafte Zusammenarbeit.

Freundliche Grüße

Anlagen ◄

34 ▶ **Checkliste: Zustand Gebäude bei Übernahme – Begehungsprotokoll**

115

Datum/Uhrzeit: [...]

Objekt: [...]

Verantwortlicher: [...]

Anwesende: [...]

Bereich	OK	Feststellungen	Zu erledigen durch	Frist	Erledigt am
Außenanlagen					
Grünanlagen					
Geh- und Zufahrtswege					
Pflanzanlagen					
Außenfassade					
Winterdienst					
Dach					
Eindeckung					
Bekiesung					
Fallrohre					
Dachrinnen					
Kamin					
Antennenanlagen					
Imprägnierung					
Fenster					
Äußeres Erscheinungsbild					
Bauliche Veränderung					
Technische Anlagen					

Bereich	OK	Feststellungen	Zu erle-digen durch	Frist	Erledigt am
Hebeanlagen					
Wasserfilter					
Feuerlöscher					
Brandschutz					
Treppenhaus					
Treppenfassade					
Beleuchtung					
Bodenbelag					
Treppengeländer					
Fluchtwege					
Reinigung					
Tiefgarage					
Lüftung					
Doppelparker					
Aufzugsanlagen					
Beschriftung					
Aufzugswärter					
Notrufsystem					
Notschlüssel					
Elektrische Anlage					
Betriebsanwei-sung					
Reinigung					

Bereich	OK	Feststellungen	Zu erle-digen durch	Frist	Erledigt am
Heizungsanlage					
Wartung					
Entlüftung					
Öltank					
Einstellungen					
Sommer/Winter					
Nachtabsen-kung					
Vorlauftempe-ratur					
Heizung / Brauchwasser					
Zirkulations-pumpen					
Kelleranlagen					
Sonstiges					

35 ▶ **Checkliste: Übergabe an Folgeverwalter**

116

1	**Grundordner 1: Objektunterlagen**			
	Anzahl der Ordner gesamt: ☐ _____	☐ erhalten	☐ geprüft	☐ in Ordnung
1.1	**Verwalter**			
	Vertrag / Verwalterbestellung / Leistungen / Preise	☐ erhalten	☐ geprüft	☐ in Ordnung
1.2	**Bank**			
	Kontoeröffnung / Daueraufträge / Kreditvereinbarungen / Unterschriftenregelung	☐ erhalten	☐ geprüft	☐ in Ordnung

1.3 Teilungserklärung

Gemeinschaftsordnung/ Nachträge zur
TE / Grundbuchauszüge / Katasterunterla-
gen /
Eigentümerlisten   □ erhalten   □ geprüft   □ in Ordnung

1.4 Hausordnung

Reinigungsordnung / Tiefgaragenord-   □ erhalten   □ geprüft   □ in Ordnung
nung / Schwimmbadordnung / Saunaord-
nung / Informationsschreiben

1.5 Versicherungen

Verträge / Policen / Schadensabwicklung   □ erhalten   □ geprüft   □ in Ordnung

1.6 Versorgungsverträge

Wasser, Kanal / Energie / Strom / Abfall-   □ erhalten   □ geprüft   □ in Ordnung
entsorgung

1.7 Kabelfernsehen

Telekom / SAT-Anlagen / Kabel Deutsch-   □ erhalten   □ geprüft   □ in Ordnung
land

1.8 Heizungsanlage

Wartung /Kaminkehrer / Betriebsanlei-   □ erhalten   □ geprüft   □ in Ordnung
tung / Energieversorgung / Pumpen

1.9 Wartungsverträge

Feuerschutzeinrichtungen / Pumpen-   □ erhalten   □ geprüft   □ in Ordnung
sumpf / Toranlagen / Aufzug / Doppelpar-
ker

1.10 Hausmeister / Reinigung/ Winterdienst

Verträge / Leistungsverzeichnisse / Sons-   □ erhalten   □ geprüft   □ in Ordnung
tiges

1.11 Eigentümerversammlung

Einladung / Protokolle / Themen /Be-   □ erhalten   □ geprüft   □ in Ordnung
schluss-Sammlung

1.12 Verwaltungsbeirat

Adressen / Beiratssitzung / Protokolle   □ erhalten   □ geprüft   □ in Ordnung

1.13 Objektbegehungen

Termine / Aktennotizen / Protokolle   □ erhalten   □ geprüft   □ in Ordnung

1.14 Gewährleistung

Mängelprotokolle / Verjährungsfristen / G-   □ erhalten   □ geprüft   □ in Ordnung
Ansprüche / Schriftwechsel / Nachschau

1.15 Rückstellung

Anlageform / Entwicklung / Zinsbeschei-   □ erhalten   □ geprüft   □ in Ordnung
nigung /Unterschriftenregelung

1.16 Instandhaltung und Instandsetzung

Zustandsbericht/Planung / Umsetzung /   □ erhalten   □ geprüft   □ in Ordnung
Gutachten / Sachverständige / Kostenvor-
anschläge

1.17   Schriftwechsel

Sonstiges   ☐ erhalten   ☐ geprüft   ☐ in Ordnung

1.18   Handwerkerliste

nach Gewerken   ☐ erhalten   ☐ geprüft   ☐ in Ordnung

1.19   Verkaufsunterlagen

Exposé/ Preise   ☐ erhalten   ☐ geprüft   ☐ in Ordnung

1.20   Pläne

Schließplan / Eingabe- und Werkpläne /   ☐ erhalten   ☐ geprüft   ☐ in Ordnung
Energieausweis / Schlüsselbestellungen

2   Grundordner 2: Eigentümerunterlagen

Anzahl der Ordner gesamt: ☐ _____   ☐ erhalten   ☐ geprüft   ☐ in Ordnung

2.1   Eigentümer alphabetisch sortiert   ☐ erhalten   ☐ geprüft   ☐ in Ordnung

2.2   Kaufverträge   ☐ erhalten   ☐ geprüft   ☐ in Ordnung

2.3   Einzugsermächtigung   ☐ erhalten   ☐ geprüft   ☐ in Ordnung

2.4   Schlüsselbestellungen   ☐ erhalten   ☐ geprüft   ☐ in Ordnung

2.5   Schriftwechsel   ☐ erhalten   ☐ geprüft   ☐ in Ordnung

2.6   Sonstiges

Altunterlagen   ☐ erhalten   ☐ geprüft   ☐ in Ordnung

3   Grundordner 3: Buchhaltungsordner

Anzahl der Ordner gesamt: ☐ _____   ☐ erhalten   ☐ geprüft   ☐ in Ordnung

3.1   Laufende Buchhaltung

Kontoauszüge / Belege / Preisabfragen
Heizöl

Anzahl der Ordner gesamt: ☐ _____   ☐ erhalten   ☐ geprüft   ☐ in Ordnung

3.2   Mahnwesen

Mahnungen / Ratenzahlungsvereinbarungen / Offene Posten-Liste

Anzahl der Ordner gesamt: ☐ _____   ☐ erhalten   ☐ geprüft   ☐ in Ordnung

3.3   Anlage der Rückstellungen

Kontoauszüge / Jahressteuerbescheinigung / Übersicht Konditionenabfrage für
Termineinlagen

Anzahl der Ordner gesamt: ☐ _____   ☐ erhalten   ☐ geprüft   ☐ in Ordnung

3.4   Anlage der Rückstellungen

Kontoauszüge / Jahressteuerbescheinigung / Übersicht „Konditionenabfrage" für
Termineinlagen

Anzahl der Ordner gesamt: ☐ _____   ☐ erhalten   ☐ geprüft   ☐ in Ordnung

3.5	**Jahresabrechnung**			
	Regelungen zur Kostenverteilung / Besonderheiten für die JA / Abrechnung Heizkosten / Besondere Einnahmen der WEG / Vermögensstatus / Kostenvergleiche Vorjahre / Prüfbericht VWB / JA Vorjahr / Unterlagen für den Versand an ET			
	Anzahl der Ordner gesamt: ☐ _____	☐ erhalten	☐ geprüft	☐ in Ordnung
3.6	**Wirtschaftsplan**			
	Kostensteigerungen / Rückstellungen / Planung Instandsetzung- und Instandhaltung / WP Vorjahr			
	Anzahl der Ordner gesamt: ☐ _____	☐ erhalten	☐ geprüft	☐ in Ordnung
3.7	**Sonstiges**			
	Altunterlagen			
	Anzahl der Ordner gesamt: ☐ _____	☐ erhalten	☐ geprüft	☐ in Ordnung
4	**Grundordner 4: Instandhaltung /Instandsetzung / Sanierung**			
	Anzahl der Ordner gesamt: ☐ _____	☐ erhalten	☐ geprüft	☐ in Ordnung
4.1	**Laufende Instandhaltung und Instandsetzung**			
	Kostenangebote / Auftragsvergabe / Abnahme / Gewährleistung			
	Anzahl der Ordner gesamt: ☐ _____	☐ erhalten	☐ geprüft	☐ in Ordnung
4.2	**Sanierung**			
	Beschlüsse / Sanierungsplan / Architekt / Leistungsverzeichnis / Ausschreibung / Preisspiegel / Vergabe / Bautagebuch / Abnahme / Gewährleistung			
	Anzahl der Ordner: ☐ _____	☐ erhalten	☐ geprüft	☐ in Ordnung
4.3	**Kostenblatt**			
	Sondervergütung für Verwalter			
	Anzahl der Ordner: ☐ _____	☐ erhalten	☐ geprüft	☐ in Ordnung
4.4	**Sonstiges**			
	Altunterlagen			
	Anzahl der Ordner: ☐ _____	☐ erhalten	☐ geprüft	☐ in Ordnung
5	**Grundordner 5: Rechtsordner**			
	Anzahl der Ordner: ☐ _____	☐ erhalten	☐ geprüft	☐ in Ordnung
	Hausgeldklagen			
	Beschluss / Schriftwechsel / Abgabe an RA / Mahnbescheid / Klage / Urteil	☐ erhalten	☐ geprüft	☐ in Ordnung
	Anfechtungsklagen			
	Beschluss / Schriftwechsel / Abgabe an RA / Mahnbescheid / Klage / Urteil	☐ erhalten	☐ geprüft	☐ in Ordnung
	Vereinbarung Rechtsanwälte	☐ erhalten	☐ geprüft	☐ in Ordnung

Kostenblatt

Kostenregelung bei Rechtsfällen / Weiter-   ☐ erhalten   ☐ geprüft   ☐ in Ordnung
belastung an die WEG

6   Sonstiges

_____: ☐ erhalten   ☐ geprüft   ☐ in Ordnung

_____: ☐ erhalten   ☐ geprüft   ☐ in Ordnung

_____: ☐ erhalten   ☐ geprüft   ☐ in Ordnung

Bemerkungen:

Ort, Datum

_____

Unterlagen wie vorstehend ordnungsgemäß ausgehändigt / erhalten

_____

Bisheriger Verwalter

_____

Neuer Verwalter

_____

Beirat ◄

4. Übernahme einer Zwangsverwaltung

a) Besonderheiten der Zwangsverwaltung

36   Die Zwangsverwaltung im Wohnungseigentum erlangt gegenwärtig besondere Bedeutung (siehe ausführlich zur Zwangsverwaltung § 5 Rn 218 ff). Zum einen sind Gläubiger (regelmäßig Kreditinstitute und Wohnungseigentümergemeinschaften) mit der Durchführung von Zwangsversteigerungsverfahren in Anbetracht sinkender Immobilienpreise teilweise zurückhaltend, zum anderen kann zwischen der Anordnung der Zwangsversteigerung und der Verwertung der Immobilie erhebliche Zeit vergehen.

37   Die Übernahme von Zwangsverwaltungen kann dem Verwalter von Wohnungseigentum zusätzliche Einnahmequellen erschließen, da der für die faktische Verwaltung erforderliche Apparat bereits vorhanden ist. Hinzu kommen muss allerdings das rechtliche Know-how, dh das Wissen um die Besonderheiten dieser Vollstreckungsform und die Rechte und Pflichten des Zwangsverwalters.

38   Die Anordnung der Zwangsverwaltung gemäß Zwangsversteigerungsgesetz (ZVG) iVm den Bestimmungen der Zwangsverwalterverordnung (ZwVwV) dient nicht der Verwertung des Objekts, sondern dessen Nutzbarmachung für den Gläubiger durch die Erträgnisse einer Vermietung, wobei der Zwangsverwalter in der Art eines amtlich bestellten Treuhänders tätig wird. Anstelle des oftmals unfähigen oder unwilligen Schuldners sollen durch den Zwangsverwalter die laufenden Lasten und Kosten des Objekts gedeckt und für die erforderliche Instandhaltung und Instandsetzung gesorgt werden.[4] Etwa erzielte Überschüsse aus einer ordnungsgemäßen Bewirtschaftung dienen der Befriedigung der Ansprüche des Gläubigers (vgl § 5 Rn 220 f).

39   Für den Gläubiger vorteilhaft ist, dass etwaige zwischen Schuldner, Mieter und Dritten getätigte Vorausverfügungen über die Miete (Abtretung, Pfändung etc.) gegenüber dem Zwangsverwalter gem. § 8 ZwVwV, §§ 146, 148, 20 ff ZVG, 1123 ff BGB unwirksam sind (vgl § 5 Rn 263 ff).

---

4 BayObLG v. 14.2.1991 – BReg. 2Z 4/91 = NJW-RR 1991, 723.

Scheiden Beweggründe zur Anordnung der Zwangsverwaltung wie drohender Wertverfall des Objekts mangels ordnungsgemäßer Verwaltung bzw Instandhaltung aus, ist das Verfahren aber regelmäßig nur im Falle vermieteter, verpachteter oder entsprechend nutzbar zu machender Immobilien lohnend.

b) Verfahren

Die Anordnung der Zwangsverwaltung kann jeder, der Inhaber eines vollstreckbaren Titels **40** gegen den Grundstückseigentümer ist, bei dem Amtsgericht beantragen, in dessen Grundbuch das Grundstück verzeichnet ist (§§ 869 ZPO, §§ 1 Abs. 1, 15 ff ZVG). Mit der Anordnung der Zwangsverwaltung durch Gerichtsbeschluss erfolgt die Beschlagnahme des Grundstücks (§§ 146 Abs. 1, 20 ZVG), welche die Wirkung eines Veräußerungsverbots iSd § 135 BGB hat und sich gem. §§ 146 Abs. 1, 148 Abs. 1, 20 Abs. 2 ZVG, §§ 1123, 1124 BGB auch auf Miet- und Pachtforderungen bezieht. Gleichzeitig wird dem Schuldner die Benutzungs- und Verwaltungsbefugnis über das Grundstück und den hypothekarischen Haftungsverband entzogen (§ 148 Abs. 2 ZVG); an seine Stelle tritt insoweit der Zwangsverwalter (§§ 150, 152 ZVG), der sein Amt insbesondere nach den Bestimmungen der ZwVwV ausübt. Das Vollstreckungsgericht trägt einen entsprechenden Vermerk in das Grundbuch ein (§§ 146 Abs. 1, 19 ZVG). Wegen der Einzelheiten des Verfahrensablaufs vgl § 5 Rn 246 ff.

Bei der Zwangsverwaltung ist zu beachten, dass die **Beschlagnahmewirkungen in den nachfol- 41 genden Fällen wirksam** werden kann:

- Inbesitznahme des Objekts durch den Zwangsverwalter (§§ 151 Abs. 1, 150 Abs. 2 ZVG),
- Zustellung des Anordnungsbeschlusses an den Schuldner (§§ 146 Abs. 1, 22 ZVG),
- Zugang des Ersuchens um Eintragung des Zwangsverwaltungsvermerks beim Grundbuchamt (§§ 146 Abs. 1, 22 Abs. 1 ZVG).

Von Bedeutung ist dies auch wegen der Beschlagnahmewirkung hinsichtlich Miet- und Pachtzinsforderungen, da diese der Beschlagnahme auch für Rückstände bis zu einem Jahr unterliegen (§ 1123 BGB) sowie Vorausverfügungen unwirksam werden können (§§ 1124, 1125 BGB), was der Zwangsverwalter zu beachten hat (§ 8 ZwVwV).

Der Zwangsverwalter erhält regelmäßig mit dem Anordnungs- und Bestellungsbeschluss eine **42** Bestallungsurkunde (§ 2 ZwVwV) zum Nachweis seiner Stellung. Er ist verpflichtet, das der Zwangsverwaltung unterliegende Objekt umgehend in Besitz zu nehmen (wozu er regelmäßig im Bestellungsbeschluss ermächtigt wird, § 150 Abs. 2 ZVG) und hierüber einen Bericht zu fertigen (§ 3 ZwVwV). Ferner sind alle Nutzungsberechtigten am Grundstück (Mieter, Pächter etc.) sowie alle sonst betroffenen Dritten über die Zwangsverwaltung zu informieren (§ 4 ZwVwV).

Gemäß § 152 ZVG iVm §§ 5 bis 8 ZwVwV setzt der Zwangsverwalter bestehende Nutzungs- **43** verhältnisse fort und hat für den zeitnahen Einzug der der Beschlagnahme unterliegenden fälligen oder rückständigen Forderungen zu sorgen. Ansonsten hat er das Zwangsverwaltungsobjekt ordnungsgemäß instand zu halten und instand zu setzen und dieses, sofern nicht entgeltlich überlassen oder eigengenutzt, insbesondere durch Vermietung oder Verpachtung nutzbar zu machen (§ 152 Abs. 1 ZVG iVm § 5 ZwVwV; vgl insb. § 5 Rn 285 ff).

Dabei hat der Zwangsverwalter durch entsprechende Klauseln im Überlassungsvertrag iVm § 6 ZwVwV mit dem Nutzer besondere Haftungsfreistellungen insbesondere für den Fall der späteren Versteigerung des Objekts zu vereinbaren.

Fritsch 237

44   Bei der Übernahme der Zwangsverwaltung kommt es also darauf an, möglichst umgehend für eine Inbesitznahme des Objekts zu sorgen, um sich dabei über die tatsächlichen, rechtlichen und finanziellen Verhältnisse zeitnah zu unterrichten (vgl § 5 Rn 253 ff). Da der Anordnung der Zwangsverwaltung oftmals eine Phase der Vernachlässigung des Objekts durch den Schuldner vorausgeht, kommt der unverzüglichen Beschaffung der notwendigen Informationen und Unterlagen besondere Bedeutung zu. Hervorzuheben ist dabei, dass der Zwangsverwalter bemüht sein muss, sich möglichst umgehend insbesondere über den Versicherungsschutz der Immobilie Klarheit zu verschaffen, da dieser oftmals durch Beitragsrückstände gefährdet ist, und für umgehende Deckung zu sorgen ist (§ 9 Abs. 3 ZwVwV). Entsprechendes gilt für regelmäßig bestehende Mängel der Bausubstanz sowie für vielfach bestehende Miet-/Pachtrückstände.

Sinnvollerweise sollte daher die Unterrichtung der von der Zwangsverwaltung Betroffenen (Gläubiger, Schuldner, Mieter und Pächter, Verwalter etc.) sowie der Inbesitznahmetermin dazu genutzt werden, die entsprechenden Informationen und Unterlagen einzufordern.

c) Zwangsverwaltung von Wohnungseigentum

45   Ist der Schuldner Eigennutzer zu Wohnzwecken, so ist ihm gem. § 149 ZVG, § 5 Abs. 2 ZwVwV regelmäßig der notwendige Wohnraum unentgeltlich zu überlassen; lediglich ein Kostenbeitrag zu den Verbrauchskosten ist zu entrichten. Bei Wohnungseigentum ist dies zunächst das gemäß Wirtschaftsplan zu entrichtende Hausgeld, wobei allerdings nur die reinen Betriebskosten zu berechnen sind (so zB ohne Beitrag zur Ansammlung der Instandhaltungsrücklage, Verwaltungskosten, Instandhaltung etc.).

46   Im Verhältnis zur Wohnungseigentümergemeinschaft tritt der Zwangsverwalter nur *neben* den Eigentümer, weshalb dieser die Ausübungsberechtigung hinsichtlich seiner Rechte und Pflichten nur insoweit dem Zwangsverwalter zu überlassen hat, als dies die Zwangsverwaltung erfordert.[5] Hieraus folgt, dass das Stimmrecht in der Eigentümerversammlung nur im Rahmen der Erfordernisse der Zwangsverwaltung vom Zwangsverwalter auszuüben ist, während es im Übrigen beim Schuldner verbleibt. Dieser bleibt somit in jedem Fall anlässlich der Eigentümerversammlung anwesenheits- und redeberechtigt. Hieraus folgt auch, dass der Eigentümer, ggf neben dem Zwangsverwalter, anfechtungsberechtigt bleibt.[6] Die Folge ist, dass im Zweifel immer Eigentümer und Zwangsverwalter zur Eigentümerversammlung einzuladen sind,[7] Stimmrecht haben können (für mehrere Zwangsverwaltungen im Objekt auch mehrere Kopfstimmen)[8] und Beteiligte im Verfahren gem. §§ 43 ff WEG sind.[9]

47   Aus dem oben (Rn 46) Gesagten folgt, dass der Eigentümer nach wie vor persönlich neben dem Zwangsverwalter auf **Beitragszahlungen** in Anspruch genommen werden kann.[10] Der Eigentümer wird nur insoweit frei, wie tatsächlich Leistungen des Zwangsverwalters erbracht werden.[11] Nach den bis zum 30.6.2007 geltenden Regelungen über die Zwangsverwaltung war der Zwangsverwalter die Hausgeldzahlungen gem. § 155 Abs. 1 ZVG aF verpflichtet, die nach dem

---

5   OLG München v. 12.10.2006 – 32 Wx 124/06 = ZMR 2007, 216.
6   Häublein, ZfIR 2005, 337.
7   AG Neukölln v. 23.5.2005 – 70 II 222/04 = ZMR 2005, 659, 660, 661; aA Vandenhouten, in: Köhler/Bassenge, Teil 4 Rn 78.
8   KG v. 19.7.2004 – 24 W 322/02 = WuM 2004, 625.
9   KG v. 28.4.2004 – 24 W 313/01 = ZWE 2004, 283; BayObLG v. 5.11.1998 – 2Z BR 131/98 = ZMR 1999, 121.
10   OLG Zweibrücken v. 27.7.2005 – 3 W 167/04 = NZM 2005, 949.
11   LG Dresden v. 30.8.2005 – 2 T 0068/05 = ZMR 2006, 77.

Zeitpunkt der Beschlagnahme fällig werdenden Beitragsforderungen der Gemeinschaft zu bedienen, worunter auch Sonderumlagen und die sog. Abrechnungsspitze fielen.[12]

Entscheidend für die Frage, ob (schon) der **Zwangsverwalter (auch) für Beitragsforderungen**   48
aufzukommen hat, war der Zeitpunkt der Beschlagnahme der Wohnungseigentumseinheit da nur nach diesem Zeitpunkt fällige Beitragsansprüche vom Zwangsverwalter überhaupt zu entrichten sind. Demnach zahlte der Zwangsverwalter Beträge

- auf der Grundlage des aktuellen Wirtschaftsplans, sofern nach Beschlagnahme fällig,
- auf der Grundlage eines nach Beschlagnahme beschlossenen Wirtschaftsplans,
- (auch für gegebenenfalls rückwirkend fällig gestellte Beträge),[13]
- auf der Grundlage der Abrechnungsspitze der folgenden Jahresabrechnung,[14]
- auf der Grundlage einer Sonderumlage, auch einer solchen, die einen Hausgeldausfall ausgleichen soll, nicht aber einer solchen, die unmittelbar die Rückstände des Schuldners ausgleichen soll.[15]

Ein etwa nach Beschlagnahme fällig gestelltes Abrechnungsguthaben steht dem Zwangsver-   49
walter zu, gleich, ob das Guthaben auf eigenen Vorschüssen oder auf denen des Zwangsverwaltungsschuldners vor Beschlagnahme beruht. Nach der neuen Rechtslage ist allerdings umstritten, ob dies nun nur noch auf das laufende Hausgeld gemäß Wirtschaftsplan zutrifft. Nach einer vielfach vertretenen Meinung haben die Beitragsforderungen der Gemeinschaft ihre Qualität als „Ausgaben der Verwaltung" iSd § 155 Abs. 1 ZVG durch die neue Rangklasse verloren, soweit es sich um Sonderumlagen und Abrechnungsspitzen handelt, die nunmehr „rangklassengebundene Ansprüche" darstellen, die nicht mehr als laufende wiederkehrende Leistungen anzusehen und daher nicht zu bedienen sind.[16]

Ausdrücklich anders sieht dies teilweise die Instanzrechtsprechung mit Verweis darauf, dass der   50
Gesetzgeber durch die Neuregelungen die Wohnungseigentümer nicht schlechter als bisher stellen wollte, sowie unter Verweis darauf, dass gem. § 156 Abs. 1 ZVG Zahlung auch ohne Aufstellung eines Tilgungsplans zu leisten sei,[17] teilweise unter Berufung auf § 161 ZVG.[18]

▶ **Muster: Erstes Schreiben an den Schuldner**   51

Sehr geehrte(r) Frau/Herr [...],

ausweislich der in Kopie beigefügten Bestallungsurkunde bin ich zum Zwangsverwalter der in Ihrem Eigentum stehenden Liegenschaft, [...], in [...], bestellt.

Ich bin unter anderem ermächtigt, mir selbst den Besitz des oben genannten Objekts zu verschaffen.

Ich werde daher

am [...], den [...], um [...] Uhr am Objekt

anwesend sein, um die Liegenschaft in Besitz zu nehmen.

Sie werden hiermit aufgefordert, zum oben bezeichneten Termin am Objekt anwesend zu sein. Anlässlich dieses Ortstermins haben Sie sämtliche Schlüssel zum Objekt sowie sämtliche relevanten

---

12 OLG Hamm v. 24.11.2003 – 15 W 342/03 = ZMR 2004, 456.
13 Abzulehnen: KG v. 15.3.2000 – 24 W 6527/98 = WE 2001, 9.
14 BayObLG v. 30.4.1999 – 2Z BR 33/99 = ZMR 1999, 577, 649, 650.
15 OLG Düsseldorf v. 10.8.1990 – 3 Wx 210/90 = NJW-RR 1991, 724.
16 AG Duisburg v. 29.7.2008 – 76 a C 24/08 = NZM 2008, 937; Schneider, NZM 2008, 919 mwN.
17 LG Köln v. 16.10.2008 – 6 T 437/08 = NZM 2008, 936; AG Lampertheim v. 8.4.2008 – 4 C 1/08 (09) = ZMR 2008, 746.
18 AG Leipzig v. 21.4.2008 – 470 L 147/08 = NZM 2008, 937.

Unterlagen, die für die Unterhaltung und Bewirtschaftung des vorbezeichneten Objekts wichtig sind, im Original mitzubringen und mir auszuhändigen.

Dies betrifft insbesondere:

– sämtliche Miet-/Pachtverträge nebst Anlagen und Nachträgen sowie etwaige Mieterhöhungsverlangen nebst Angaben zu gegebenenfalls erfolgten Kautionszahlungen,

– die Policen der bestehenden Versicherungen, insbesondere Grundbesitzerhaftpflicht- und Gebäudefeuerversicherung nebst Zahlungsnachweisen,

– Grundabgabenbescheide (Grundsteuer und Benutzungsgebühren),

– Baupläne,

– alle sonstigen für die Bewirtschaftung erforderlichen Unterlagen, insbesondere Wartungsverträge etc.

– Rechnungen und Verträge mit Versorgungsträgern und sonstigen Dritten.

Handelt es sich bei dem/den der Zwangsverwaltung unterliegenden Objekt/en um Sonder- oder Teileigentum im Rahmen einer Wohnungseigentümer-/Erbbaurechtsgemeinschaft, so sind des Weiteren auszuhändigen:

– Teilungserklärung nebst Gemeinschaftsordnung und Aufteilungsplan,

– Beschlussprotokolle,

– aktueller Wirtschaftsplan und die letzte Jahresabrechnung,

– Verwaltervertrag.

Des Weiteren wollen Sie bitte unverzüglich Namen und ladungsfähigen Anschriften derjenigen Personen mitteilen, welchen Sie gegebenenfalls ein Besitzrecht an den Räumlichkeiten eingeräumt haben (Mieter, Pächter etc.).

Sollten Sie an der Wahrnehmung des oben bezeichneten Termins verhindert sein, so bitte ich um entsprechende telefonische oder Fax-Nachricht. Die oben bezeichneten Unterlagen und Gegenstände sind alsdann an meine Kanzleianschrift unverzüglich im Original zu übermitteln.

Die Verwaltung der Objekte ist Ihnen entzogen und auf mich übertragen worden. Dies mit sofortiger Wirkung.

Ich weise ausdrücklich darauf hin, dass mit Anordnung der Zwangsverwaltung und Wirksamwerden der Beschlagnahme weder Sie als Eigentümer noch Besitzer oder sonstige Dritte in Ansehung der Verwaltung und Bewirtschaftung der Objekte wirksam verfügen können.

Dies betrifft Kosten, Lasten und insbesondere die Nutzungen der oben erwähnten Objekte wie Mieten, Pacht und sonstige Zahlungen; insbesondere Miet- und Pachtzahlungen können nur mit befreiender Wirkung an mich als Zwangsverwalter geleistet werden.

Sie werden hiermit aufgefordert, sich insbesondere der Einziehung jeglicher Forderungen im Zusammenhang mit den der Zwangsverwaltung unterliegenden Objekte zu enthalten und auch sonst keinerlei Verfügungen vorzunehmen.

Alle mit dem oben stehenden Objekt im Zusammenhang stehenden Zahlungen sind ausschließlich auf mein Zwangsverwaltungsanderkonto, welches ich zum Zwecke der Zwangsverwaltung eingerichtet habe (Kontonummer: [...], Kreditinstitut: [...], Bankleitzahl: [...]), zu leisten.

Soweit Sie das der Zwangsverwaltung unterliegende Anwesen zu eigenen Wohnzwecken oder zu eigenen gewerblichen Zwecken nutzen, weise ich auf Folgendes hin:

Gemäß § 149 ZVG in Verbindung mit § 5 Abs. 2 S. 2 Ziffer 2 ZwVwV bin ich gehalten, Ihnen nur die für Ihren Hausstand unentbehrlichen Räume zu eigenen Wohnzwecken unentgeltlich (jedoch unter

Tragung der anfallenden Nebenkosten) zu überlassen, gewerblich genutzte Räume nur gegen Zahlung eines angemessenen Entgelts. Hierauf komme ich gegebenenfalls anlässlich des oben genannten Termins zurück.

Soweit das der Zwangsverwaltung unterliegende Anwesen nicht landwirtschaftlich beziehungsweise forstwirtschaftlich iSd § 150 b ZVG oder zu eigenen Wohn- oder Gewerbezwecken oder auf sonstige Weise genutzt wird, weise ich auf Folgendes hin:

Gemäß § 5 Abs. 2 S. 1 ZwVwV bin ich gehalten, das Grundstück durch Vermietung oder Verpachtung nutzbar zu machen.

Ferner weise ich darauf hin, dass ich gemäß § 9 Abs. 3 ZwVwV verpflichtet bin, das oben genannte Objekt unverzüglich gegen Feuer-, Sturm-, Leitungswasserschäden und Haftpflichtgefahren, die vom Grundstück und Gebäude ausgehen, zu versichern, sofern nicht Sie oder der Gläubiger mir

binnen einer Frist von 14 Tagen

nach Zugang des die Zwangsverwaltung anordnenden Beschlusses das Bestehen ausreichenden Versicherungsschutzes schriftlich nachweisen.

Ich fordere Sie auf, den oben genannten Nachweis im eigenen Interesse umgehend zu erbringen.

Im Falle fruchtlosen Fristablaufs werde ich unbeschadet etwa anderweitig bestehender, mir jedoch nicht nachgewiesener Versicherungen die mir zur ordnungsgemäßen Verwaltung geboten erscheinenden Versicherungen anderweitig abschließen.

Ich weise ferner darauf hin, dass meine Ermittlungen zu den rechtlichen und tatsächlichen Gegebenheiten betreffend die der Zwangsverwaltung unterliegenden Objekte fristgebunden und daher eilbedürftig sind. Sollten Sie in den oben angesprochenen Punkten nicht kooperieren, so weise ich darauf hin, dass ich in Anbetracht der oben genannten Anordnungen des Gerichts berechtigt bin, gegebenenfalls unter Zuhilfenahme des Gerichtsvollziehers meine Anordnungen durchzusetzen.

Mit freundlichen Grüßen

Zwangsverwalter ◄

▶ **Muster: Erstes Schreiben an den Gläubiger**   52

Sehr geehrte Damen und Herren,

in obiger Angelegenheit zeige ich unter Überreichung der entsprechenden Bestallungsurkunde in Kopie an, dass ich zum Zwangsverwalter der Liegenschaft [...] in [...], Eigentümer: [...], bestellt bin. Ich werde daher

am [...], den [...], um [...] Uhr am Objekt

anwesend sein, um die Liegenschaft in Besitz zu nehmen. Ihnen ist freigestellt, zum oben bezeichneten Termin am Objekt anwesend zu sein.

Ich bitte höflich darum, mir mitzuteilen, ob Ihnen Informationen über die Mieter/Pächter des oben bezeichneten Objekts vorliegen beziehungsweise ob Ihnen geeignete Unterlagen, die für die Verwaltung des Objekts relevant sind, vorliegen, und mir gegebenenfalls die entsprechenden Unterlagen zukommen zu lassen. Für den Fall, dass der Schuldner nicht kooperiert, erleichtert dies die Zwangsverwaltung erheblich.

Ferner weise ich darauf hin, dass ich gemäß § 9 Abs. 3 ZwVwV verpflichtet bin, das oben genannte Objekt unverzüglich gegen Feuer-, Sturm-, Leitungswasserschäden und Haftpflichtgefahren, die vom Grundstück und Gebäude ausgehen, zu versichern, sofern nicht Sie oder der Schuldner mir

binnen einer Frist von 14 Tagen

nach Zugang des die Zwangsverwaltung anordnenden Beschlusses einen bestehenden Versicherungs-schutz schriftlich nachweisen oder aber die unbedingte Kostendeckung erklären.

Ich bitte Sie, den oben genannten Nachweis im eigenen Interesse umgehend zu erbringen. Im Falle fruchtlosen Fristablaufs bin ich ansonsten unbeschadet etwa anderweitig bestehender, mir jedoch nicht nachgewiesener Versicherungen gezwungen, die mir zur ordnungsgemäßen Verwaltung geboten erscheinenden Versicherungen anderweitig abschließen.

Für Fragen oder Anregungen stehe ich selbstverständlich gerne zur Verfügung.

Mit freundlichen Grüßen

Zwangsverwalter ◄

53 ▶ **Muster: Erstes Schreiben an den Mieter**

Sehr geehrte Dame, sehr geehrter Herr,

in obiger Angelegenheit überreiche ich eine Kopie der Bestallungsurkunde, ausweislich deren ich zum Zwangsverwalter der Liegenschaft [...] in [...], Eigentümer: [...], bestellt bin.

Nach meiner Kenntnis sind Sie Mieter/Pächter/sonstiger Nutzungsberechtiger in obiger Liegenschaft.

Ich zeige hiermit an, dass mit Anordnung der Zwangsverwaltung und Wirksamwerden der Beschlag-nahme der oben bezeichneten Objekte weder der Eigentümer noch Besitzer oder sonstige Dritte in Ansehung der Verwaltung und Bewirtschaftung der Objekte wirksame Verfügungen treffen können. Die Bewirtschaftung des Objekts ist mit Anordnung der Zwangsverwaltung den Eigentümern und gegebenenfalls von diesen bestellten Verwaltern entzogen und auf mich übertragen worden.

Dies betrifft insbesondere die Nutzungen der oben erwähnten Objekte wie Mieten, Pacht und sonstige Zahlungen; insbesondere Miet- oder Pachtzahlungen können mit befreiender Wirkung nur noch an mich als Zwangsverwalter geleistet werden. Etwaige Vorausverfügungen in Ansehung der von Ihnen geschuldeten Miete/Pacht oder sonstigen Entgelte, wie insbesondere Vorauszahlungen, Pfändungen oder Abtretungen, verlieren Ihre Wirksamkeit mit Ablauf des laufenden Kalendermonats, in dem die Beschlagnahme des Grundstücks erfolgt. Geht Ihnen diese die Beschlagnahme bewirkende Benach-richtigung erst nach dem 15. des Monats zu, verlieren etwaige Vorausverfügungen ihre Wirksamkeit mit Ablauf des nächstfolgenden Kalendermonats. Sie laufen im Falle abweichenden Zahlungsverhal-tens gegebenenfalls Gefahr, bei Zahlungen an den Eigentümer oder Dritte doppelt zahlen zu müssen!

Ich habe Sie daher aufzufordern, ab sofort keinerlei Zahlungen mehr an Dritte oder den Eigentümer zu leisten. Ich weise darauf hin, dass Zahlungen mit schuldbefreiender Wirkung in Bezug auf das oben stehende Objekt ab sofort nur noch auf das von mir eingerichtete nachbenannte Zwangsver-waltungsanderkonto geleistet werden dürfen:

Kontonummer: [...], Kreditinstitut: [...], Bankleitzahl: [...].

Des Weiteren bitte ich darum, mir sämtliche das bestehende Miet-/Pachtverhältnis betreffenden Un-terlagen (Verträge, Anlagen, Mieterhöhungsverlangen etc.) schnellstmöglich in Kopie zukommen zu lassen oder anlässlich des unten aufgeführten Ortstermins vorzulegen beziehungsweise auszuhändi-gen. Dazu darf ich Sie weiter bitten, den beigefügten Fragebogen ausgefüllt bereitzuhalten.

Ich beabsichtige, am

[...], den [...], ab [...] Uhr

die von Ihnen innegehaltenen Räumlichkeiten einer Besichtigung zu unterziehen.

Ich bin gehalten, mich vom Zustand des Objekts, insbesondere auch vom Zustand Ihrer Räumlichkeiten, zu überzeugen. Bitte haben Sie dafür Verständnis, dass aufgrund einer Vielzahl der von mir in Augenschein zu nehmenden Räumlichkeiten ich gegebenenfalls in Ihren Räumlichkeiten erst nach dem oben angegebenen Zeitpunkt erscheinen kann.

Mit freundlichen Grüßen

Zwangsverwalter ◄

▶ **Muster: Fragebogen Mieter**   54

Zwangsverwaltungsverfahren

zurück an:

[...]

Bank ./. [...] [*Schuldner*]

Amtsgericht [...], Az: [...]

Objekt: [...]

Mein Zeichen / Objektnummer: [...]

Fragebogen für Nutzer

Mieter: _____

(Vorname, Name)

Einheit: _____

Größe: _____ qm Personenzahl: ____ (Lage der Räume, zB: II. OG rechts)

Haustiere: _____ (Art und Anzahl)

Art und Anzahl der Räume: ___ Zimmer, ___ Küche, ___ Diele/Flur, ___ Bad/Dusche, (bitte ausfüllen)

___ sep. WC, ___ Bad/Dusche außerhalb der Wohnung,

___ WC außerhalb der Wohnung, ___ Kellerraum,

___ Dachboden, ___ Stellplatz, ___ Garage,

___ sonstige Räume: _____.

Ausstattung:

(bitte ankreuzen)

Warmwasserversorgung: ___ zentral, ___ Durchlauferhitzer, ___ Gasboiler

TV-Empfang: ___ Gemeinschaftsantenne, ___ Kabelanschluss, ___ Gemeinschaftssatellitenanlage, ___ Eigenversorgung

Heizung: ___ Ölzentralheizung, ___ Gaszentralheizung, ___ Gasetagenheizung, ___ (Nacht-)Strom, ___ Kohleofen

Vermieterseits gestellte weitere Ausstattungen/Einrichtungen:

_____

Sind in den von Ihnen genutzten Räumen Mängel / Schäden vorhanden?

_____

_____

_____

_____

Sind Ihnen am Gebäude / sonstigen Einrichtungen Mängel oder Schäden bekannt?

_____

_____

_____

_____

Raum für weitere Mitteilungen / Bemerkungen:

_____

_____

_____

_____

_____   _____
(Ort, Datum) (Unterschrift) ◀

55 ▶ Muster: Erstes Schreiben an den Verwalter

Sehr geehrte Damen und Herren,

in obiger Angelegenheit überreiche ich eine Kopie der Bestallungsurkunde, ausweislich deren ich zum Zwangsverwalter der Sonder-/Teileigentumseinheit(en) Nr. [...],[...]-Geschoss, in der Liegenschaft [...] in [...], Eigentümer: [...], bestellt bin. Sie sind mir als Verwalter(in) nach WEG und/oder Mietverwalter(in) des oben genannten Objekts benannt worden. Ich bitte diesbezüglich um Bestätigung.

Ich weise darauf hin, dass mit Anordnung der Zwangsverwaltung und Wirksamwerden der Beschlagnahme der oben genannten Liegenschaft weder der Eigentümer, Besitzer noch sonstige Dritte in Ansehung der Bewirtschaftung und Verwaltung wirksam Verfügungen vornehmen können.

Dies betrifft insbesondere auch die Nutzungen der oben genannten Objekte wie Mieten, Pacht und sonstige Entgelte; insbesondere Mietzahlungen können mit befreiender Wirkung nur an mich als Zwangsverwalter auf das noch bekannt zu gebende Zwangsverwaltungsanderkonto geleistet werden.

Handelt es sich bei dem/den der Zwangsverwaltung unterliegenden Objekt/en um Sonder- und/oder Teileigentum im Rahmen einer Wohnungseigentümer-/Erbbaurechtsgemeinschaft, die Sie nach WEG verwalten, so sind mir bitte kurzfristig auszuhändigen oder zu übermitteln:

– die Teilungserklärung nebst Gemeinschaftsordnung und Aufteilungsplan,
– die drei letzten Beschlussprotokolle,
– der aktuelle Wirtschaftsplan und die letzte Jahresabrechnung,
– der Verwaltervertrag sowie der Nachweis der Verwalterbestellung,
– beschlossene und nicht abgerechnete Maßnahmen der Instandhaltung/Instandsetzung,
– die Höhe der Instandhaltungsrücklage (gesamt/anteilig),
– Termine geplanter oder einberufener Wohnungseigentümerversammlungen.

Sollten Sie auch die Sonder-/Teileigentumsverwaltung innehalten, so werden Sie aufgefordert, sich ab sofort jeder Verfügung beziehungsweise Einziehung jeglicher Forderungen in Ansehung der oben genannten Objekte zu enthalten. In diesem Falle sind mir zusätzlich, sofern nicht bei dem/den Schuldner/n verblieben, sämtliche Schlüssel zum Objekt sowie sämtliche relevanten Unterlagen, die für die Unterhaltung und Bewirtschaftung des vorbezeichneten Objekts wichtig sind, im Original aushändigen.

Dies betrifft insbesondere:

- sämtliche Miet-/Pachtverträge nebst Anlagen und Nachträgen sowie etwaige Mieterhöhungsverlangen, ferner Angaben zu gegebenenfalls erfolgten Kautionszahlungen,
- die Policen der bestehenden Versicherungen, insbesondere Grundbesitzerhaftpflicht- und Hausfeuerversicherung,
- aktuelle Grundabgabenbescheide,
- Baupläne,
- alle sonstigen für die Bewirtschaftung erforderlichen Unterlagen, insbesondere Policen, Rechnungen und Verträge mit Versorgungsträgern und sonstigen Dritten.

Gerne können wir zur Klärung der anstehenden Fragen kurzfristig einen Besprechungstermin, der Einfachheit halber in Ihren Geschäftsräumen, vereinbaren. Ich bitte diesbezüglich um telefonische Kontaktaufnahme.

Ich weise darauf hin, dass meine Ermittlungen zu den rechtlichen und tatsächlichen Gegebenheiten betreffend die der Zwangsverwaltung unterliegenden Objekte fristgebunden und daher eilbedürftig sind.

Mit freundlichen Grüßen

Zwangsverwalter ◀

▶ **Muster: Schreiben an Bank wegen Eröffnung eines Anderkontos**   56

Sehr geehrte Damen und Herren,

in obiger Angelegenheit überreiche ich eine beglaubigte Kopie der Bestallungsurkunde, wonach ich zum Zwangsverwalter der Liegenschaft [...] in [...], Eigentümer: [...], bestellt bin.

Ich bin gehalten, zum Zwecke der Zwangsverwaltung ein Anderkonto einzurichten.

Ich bitte daher höflich darum, für mich ein entsprechendes Zwangsverwaltungsanderkonto einzurichten, mir die entsprechenden Kontoführungsunterlagen alsbald zu übersenden und mir bitte möglichst umgehend die entsprechende Kontonummer mitzuteilen, damit ich in der Lage bin, den Mietern bzw Pächtern des Objekts eine entsprechende Bankverbindung anzugeben.

Bitte berücksichtigen Sie bei der Bezeichnung des Anderkontos folgende Angaben:

[...] [*Objektbezeichnung, Aktenzeichen Gericht, Objektnummer, [...]*].

Sollten in diesem Zusammenhang Fragen auftreten, so stehe ich gerne telefonisch zur Verfügung.

Mit freundlichen Grüßen

Zwangsverwalter ◀

▶ **Muster: Erstes Schreiben an Kommune**   57

Sehr geehrte Damen und Herren,

in obiger Angelegenheit überreiche ich eine Kopie der Bestallungsurkunde, ausweislich deren ich zum Zwangsverwalter der Liegenschaft [...] in [...], Eigentümer: [...], bestellt bin.

Ich bitte darum, mir vorsorglich eine Ablichtung des gültigen Heranziehungsbescheids über Grundsteuer sowie Grundabgaben betreffend das oben genannte Anwesen zuzuleiten und etwa bestehende Beitragsrückstände bekannt zu geben.

Mit freundlichen Grüßen

Zwangsverwalter ◀

58 ▶ **Muster: Erstes Schreiben an Strom-, Gas- und Wasserversorger**

Sehr geehrte Damen und Herren,

in obiger Angelegenheit überreiche ich eine Kopie der Bestallungsurkunde, ausweislich deren ich zum Zwangsverwalter der Liegenschaft [...] in [...], Eigentümer: [...], bestellt bin.

Ich werde

am [...], den [...] um [...] Uhr am Objekt

anwesend sein, um die Liegenschaft in Besitz zu nehmen. Ich bitte daher darum, dass ein Mitarbeiter Ihres Hauses zum oben genannten Termin anwesend ist und eine Ablesung der Verbrauchserfassungsgeräte/Zählerstände (Strom/Gas/Wasser) zum Stichtag vornimmt. Sollte dies nicht möglich sein, so bitte ich um umgehende Abstimmung eines zeitnahen Ersatztermins. Ich bitte ferner darum, mir mit Wirkung ab Beschlagnahme-/Ablesungsstichtag neue Bescheide über gegebenenfalls festzusetzende Vorauszahlungen zuzuleiten.

Mit freundlichen Grüßen

Zwangsverwalter ◀

59 ▶ **Muster: Erstes Schreiben an das Gericht**

An das Amtsgericht [...]

In der Zwangsverwaltungssache

[...] ./. [...]

Liegenschaft: [...]

Meine Objektnummer: [...]

Az: [...]

überreiche ich anliegend den ersten Bericht[19] sowie eine Niederschrift über die Inbesitznahme [*vgl Muster Rn 61*] des Zwangsverwaltungsobjekts.[20] Ferner teile ich Folgendes mit / bitte ich darum, Folgendes zu veranlassen: [...].

[...] beglaubigte Abschriften liegen an.

Zwangsverwalter ◀

60 ▶ **Muster: Erster Bericht gegenüber dem Gericht**

Erster Bericht – Übernahmebericht –

in der Zwangsverwaltungssache [...] ./. [...]

Az: [...]

1. Allgemeine Angaben
    a) Liegenschaft: [...]
    b) Anordnungsbeschluss vom [...]
    c) Zwangsverwalter: [...]
    d) Schuldner: [...]
    e) Gläubiger: [...]
    f) Zwangsverwalter: [...]

---

19 Vgl das folgende Muster „Erster Bericht gegenüber dem Gericht".
20 Vgl das übernächste Muster „Niederschrift über die Inbesitznahme".

g) Mieter/Pächter/sonstige Nutzungsberechtigte: [...]

h) Sonstige Besitzer: [...]

2. Angaben zum Objekt

    a) Örtliche Verhältnisse: [...]

    b) Zustand/erforderliche Instandhaltung/Instandsetzungsmaßnahmen: [...]

3. Besitzverschaffung und bisherige Nutzung

    Es wird auf den Inhalt der als Anlage beigefügten Niederschrift nebst Übernahmeprotokoll(en) verwiesen.

4. Rentabilitätsberechnung

    a) Zu erwartende Einnahmen

        Es ergeben sich folgende zu erwartende Einnahmen: [...]

    b) Zu erwartende Lasten- und Kostenbeträge

        Es ergeben sich folgende zu erwartende Ausgaben: [...]

5. Besondere Ausgaben der Verwaltung: [...].

6. Versicherungen

    Es wurde festgestellt, dass das Objekt ausreichend versichert ist.

    [*Alternativ*: Es wurde festgestellt, dass das Objekt nicht ausreichend versichert ist, da kein Nachweis / keine Kostendeckungszusage gem. § 9 Abs. 3 ZwVwV erfolgte. Der Unterzeichner hat daher folgende Versicherungen abgeschlossen: [...].]

7. Anderkonto

    Das erforderliche Zwangsverwaltungsanderkonto ist bei der [...]-Bank, BLZ: [...], Konto-Nr.: [...], eingerichtet worden.

(Ort, Datum)

Zwangsverwalter ◀

▶ **Muster: Niederschrift über die Inbesitznahme** 61

Niederschrift über die Inbesitznahme

in dem Zwangsverwaltungsverfahren

[...] ./. [...]

Az: [...]

1. Allgemeine Angaben

    Liegenschaft: [...]

    Anordnungsbeschluss vom: [...]

    Zwangsverwalter: [...]

    Schuldner: [...]

    Gläubiger: [...]

2. Feststellungen zur Inbesitznahme

    Der oben genannte Beschluss des Amtsgerichts [...] vom [...] ging dem Unterzeichner am [...] zu.

    Am [...] gingen den in Kenntnis zu setzenden Beteiligten schriftliche Bekanntmachungen der Zwangsverwaltung nebst üblicher Belehrungen des Drittschuldners gem. § 4 ZwVwV zu.

Am [...] führte der Unterzeichner eine erste Ortsbesichtigung durch und traf hierbei folgende Personen persönlich an, machte diese mit der Tatsache der Zwangsverwaltung sowie den sich hieraus ergebenden rechtlichen und tatsächlichen Folgen bekannt: [...].
Die weiteren Einzelheiten ergeben sich aus dem beigefügten Übernahmeprotokoll.[21]

3. Weitere Maßnahmen
Der Unterzeichner wird, da die aus den beigefügten Übernahmeprotokollen ersichtlichen Einheiten [...] nicht in Besitz genommen werden konnten, einen weiteren Inbesitznahmetermin am [...] um [...] Uhr an Ort und Stelle vornehmen.
Der Unterzeichner hat [...] [*Erläuterung weiterer Maßnahmen*].

(Ort, Datum)

Zwangsverwalter ◄

62　▶ **Muster: Übernahmeprotokoll**

Zwangsverwaltungsübernahmeprotokoll vom [...], von [...] Uhr bis [...] Uhr

In Sachen

Objekt: [...]

Gläubiger: [...]

Schuldner: [...]

Tel.: [...]

Fax: [...]

Aktenzeichen Gericht: [...]

Objektnummer: [...]

1. Objekt / Lage

Baujahr: [...] / Umbau/Sanierung: [...]

Etagen inkl. EG: [...]

Nutzungseinheiten: [...]

Qm-Wohnfläche/Nutzfläche: [...] qm

Grundstücksfläche: [...] qm

Keller: [...]

Garagen im Gebäude [...] / freistehende Garagen: [...]

Sonstige Aufbauten / besondere Einrichtungen: [...]

Garten: [...] (Nutzung: [...])

Besonderheiten: [...]

2. Zustand

[...]

3. Heizungsanlage

Zentralheizung [...] / Etagenheizungen [...]

Öl: [...] / Gas [...] / Sonstiges [...]

Baujahr [...]

21　Vgl das folgende Muster „Übernahmeprotokoll" Rn 62.

Letzte Emissionsschutzmessung [...]

Letzte Wartung: [...]

Größe Öltank [...] Liter

Vorrat Öl: [...] Liter

Besonderheiten: [...]

4. Mietverhältnis / Nutzung

a)

Einheit / Lage: [...]

Mieter: [...]

Kaltmiete / NKVZ / MwSt. / Bruttomiete: [...] / [...] / [...] / [...] €.

Kaution: [...] Höhe: [...] gezahlt/Nachweis: [...] Anlage als [...]

Wohn-/Nutzfläche: [...] qm

Mietvertrag liegt vor: [...]

Dauer Mietvertrag: unbefristet: [...] / Laufzeit bis: [...] / gekündigt zum: [...]

Mietrückstände / Kündigung / Vorausverfügungen: [...]

b)

Einheit / Lage: [...]

Mieter: [...]

Kaltmiete / NKVZ / MwSt. / Bruttomiete: [...] / [...] / [...] / [...] €.

Kaution: [...] Höhe: [...] gezahlt/Nachweis: [...] Anlage als [...]

Wohn-/Nutzfläche: [...] qm

Mietvertrag liegt vor: [...]

Dauer Mietvertrag: unbefristet: [...] / Laufzeit bis: [...] / gekündigt zum: [...]

Mietrückstände / Kündigung / Vorausverfügungen: [...]

5. Objektunterlagen

Baupläne: [...]

Installationspläne: [...]

Unterlagen zur Heizung: [...]

Unterlagen zu sonstigen Einrichtungen: [...]

Wartungsverträge: [...]

Grundabgabenbescheide / Rückstände: [...]

Verträge Versorger /(Abschlags-)Rechnungen / Rückstände: [...]

6. Wohnungseigentum

Verwalter nach WEG: [...]

Teilungserklärung / Gemeinschaftsordnung [...]

Drei letzte Protokolle: [...]

Aktueller Wirtschaftsplan: [...]

Letzte Jahresabrechnung: [...]

Beitragsrückstände: [...]

Beschlossene / geplante Instandsetzungen: [...]

Nächste Eigentümerversammlung: [...]

7. Versicherungen

Gebäudeversicherung (Feuer/Leitungswasser/Sturm) [...]

Haftpflichtversicherung: [...]

Ölschadens-/Umweltversicherung: [...]

Elementarschadensversicherung: [...]

Sonstige Versicherungen: [...]

Policen [...] / Fälligkeit: [...] / Rückstände: [...]

Laufende Versicherungsfälle: [...]

8. Ausgehändigte Schlüssel zum Objekt: [...]

(Ort, Datum)

Zwangsverwalter ◄

63   ▶ **Muster: Zwangsverwalterklausel im Miet-/Pachtvertrag**

Der Mieter oder Pächter ist nicht berechtigt, Ansprüche aus diesem Vertrag zu erheben, wenn das Grundstück vor der Überlassung an den Mieter oder Pächter im Wege der Zwangsversteigerung veräußert wird.

Für den Fall der Veräußerung des Grundstücks im Wege der Zwangsversteigerung nach der Überlassung an den Mieter oder Pächter und der Nichterfüllung der Verpflichtungen, die sich aus dem Nutzungsvertrag für den an die Stelle des Vermieters oder Verpächters tretenden Ersteher ergeben, wird die gesetzliche Haftung des Vermieters oder Verpächters für den daraus vom Ersteher zu ersetzenden Schaden ausgeschlossen.

Der Vermieter oder Verpächter ist von einem Schadensersatzanspruch freigestellt, der sich möglicherweise aufgrund oder infolge der Ausübung des Sonderkündigungsrechts des Erstehers nach § 57a S. 1 ZVG oder § 111 InsO ergibt. ◄

II. Beendigung des Verwaltungsmandats

1. Allgemeines

64   Die Beendigung des Verwaltungsmandats kann auf unterschiedliche Art und Weise erfolgen. In der Praxis sind dabei folgende drei Konstellationen wohl am häufigsten anzutreffen:

■ Der Bestellungszeitraum endet und es kommt zu keiner erneuten Bestellung des bisherigen Verwalters.

■ Der Verwalter wird mit einfacher Beschlussmehrheit abberufen. In den meisten Verwalterverträgen ist die Abberufung des Verwalters auf das Vorliegen eines wichtigen Grundes beschränkt. Die Regelungen über die Abberufung des Verwalters sind in § 26 Abs. 1 WEG geregelt.

■ Es kommt zu einer einvernehmlichen Amtsbeendigung zwischen dem Verwalter und der Gemeinschaft.

Hinweise:

Nach der Trennungstheorie entspricht die Trennung von Beschluss und Kündigung eines bestehenden Vertrags nach wie vor der herrschenden Rechtsmeinung. Es handelt sich also um zwei unterschiedliche Rechtsakte. Bei der Beendigung des Verwaltungsmandats sollte darauf also unbedingt geachtet werden.

Aus welchem Anlass ein Verwaltermandat auch endet, es ist dem professionellen Verwalter in jedem Fall zu empfehlen, auch hier für einen ordnungsgemäßen und reibungslosen Übergang an einen möglichen neuen Verwalter zu sorgen. Es wird häufig nicht bedacht, dass durch eine nicht ordnungsgemäße Übergabe ein daraus entstehender Imageschaden sehr nachhaltig wirken kann.

2. Übergabe der Verwaltungsunterlagen

Bei der Beendigung eines Verwaltungsmandats sind sämtliche Verwaltungsunterlagen ordnungsgemäß und vollständig an die Gemeinschaft, entweder an den neuen Verwalter oder, wenn ein solcher nicht existiert, an den Beirat zu übergeben. Nach den Vorschriften des § 28 Abs. 5 WEG hat der Verwalter auch die Rechnungslegung zum Zeitpunkt der Beendigung der Verwalterstellung durchzuführen. Endet das Verwaltermandat zum Zeitpunkt der Fälligkeit der Erstellung der Jahresabrechnung, so hat der ausscheidende Verwalter auch die Jahresabrechnung zu erstellen. 65

Der professionelle Verwalter wird die Aushändigung der Verwaltungsunterlagen gemeinsam mit dem neuen Verwalter und dem Beirat oder zumindest einem Vertreter der Gemeinschaft vornehmen, um damit auch sicherzustellen, dass in der Folge fehlende oder angeblich nicht ausgehändigte Unterlagen, kein schlechtes Licht auf den bisherigen Verwalter werfen. Eine systematische Übergabe der Verwaltungsunterlagen lässt sich ganz gut mit einer entsprechenden Checkliste sicherstellen (siehe Muster Rn 35). Diese Vorgehensweise erleichtert dabei allen Beteiligten einen reibungslosen Verwalterwechsel und wird im Besonderen den guten Willen den „alten Verwalters" unter Beweis stellen. 66

Sollte tatsächlich im Einzelfall keine einvernehmliche Herausgabe sämtlicher Verwaltungsunterlagen und Gegenstände der Gemeinschaft erfolgen können, so ist ein Herausgabeanspruch ggf gerichtlich durch den neuen Verwalter durchzusetzen.

3. Mitteilung zum Verwalterwechsel an Lieferanten, Versorger und Banken

Jeder Verwalterwechsel macht es erforderlich, alle Lieferanten und Kunden der Eigentümergemeinschaft darüber zu informieren. Natürlich liegt es nahe, diese Aufgabe über den bevorstehenden Verwalterwechsel auf den neuen Verwalter zu übertragen. Die Erfahrung zeigt jedoch, dass gerade bei häufig sehr kurzfristig angesetzten Übernahmen oft Wochen und Monate vergehen, bis auch der letzte Kunde der Gemeinschaft über die Änderung informiert worden ist. Auch auf den neuen Verwalter ist eben nicht immer Verlass. Mit einem entsprechenden Anschreiben für Banken, Kunden und Lieferanten können sie als noch amtierender Verwalter rechtzeitig über den in Kürze anstehenden Wechsel informieren (vgl die Muster Rn 22 und 23 ff). Der ausscheidende Verwalter erspart sich somit die Zeit für die nach dem Ende der Verwaltertätigkeit noch eingehende Post und Anfragen. 67

▶ **Muster: Schreiben an Bank wegen Beendigung des Verwaltermandats** 68

Verwalterwechsel

Eigentümergemeinschaft [...]

Kontonummer: [...]

Sehr geehrte Damen und Herren,

wir sind bis zum 31.12.[...] nach den Vorschriften des Wohnungseigentumsgesetzes als Verwalter für die oben genannte Eigentümergemeinschaft bestellt. Nach diesem Datum endet unsere Aufgabenstellung.

Ab dem 1.1. [...] ist die Firma [...] neuer Verwalter der oben genannten Eigentümergemeinschaft.

Wir bitten Sie deshalb, diesen Verwalterwechsel in Ihren Unterlagen zu vermerken und künftige Korrespondenz nicht mehr über uns zu führen.

Bitte senden Sie uns über die vermerkte Änderung eine kurze Bestätigung zu.

Wegen der neuen Verfügungsberechtigung über das Konto/die Konten der Eigentümergemeinschaft wird sich der neue Verwalter rechtzeitig mit Ihnen in Verbindung setzen.

Für die bisherige Zusammenarbeit bedanken wir uns. Für Fragen stehen wir jederzeit gern zur Verfügung.

Freundliche Grüße

Kopie Beirat ◄

69   ▶ **Muster: Schreiben an Kunden/Lieferanten wegen Beendigung des Verwaltermandats**

 Verwalterwechsel

Eigentümergemeinschaft [...]

Kundennummer: [...]

Sehr geehrte Damen und Herren,

wir sind bis zum 31.12.[...] nach den Vorschriften des Wohnungseigentumsgesetzes als Verwalter für die oben genannte Eigentümergemeinschaft bestellt. Nach diesem Datum endet unsere Aufgabenstellung.

Ab dem 1.1.[...] ist die Firma [...] neuer Verwalter der oben genannten Eigentümergemeinschaft.

Wir bitten Sie deshalb, diesen Verwalterwechsel in Ihren Unterlagen zu vermerken und künftige Korrespondenz nicht mehr über uns zu führen. Bitte senden Sie uns über die vermerkte Änderung eine kurze Bestätigung zu.

Für die bisherige Zusammenarbeit bedanken wir uns. Für Fragen stehen wir jederzeit gern zur Verfügung.

Freundliche Grüße

Kopie Beirat ◄

B. Der Verwaltungsvertrag

70   Geht es um den Abschluss des Verwaltungsvertrags, so werden nicht nur die vitalen Interessen des Verwalters berührt. Auch die Wohnungseigentümergemeinschaft hat ein besonderes Interesse an einer tragfähigen und ausgewogenen Gestaltung des Verwaltungsvertrags, denn die Ungültigerklärung angefochtener Eigentümerbeschlüsse über den Verwaltungsvertrag oder die Unwirksamkeit verwaltungsvertraglicher Klauseln zieht empfindliche Nachteile bei der Verwaltung des Wohnungseigentums für alle Vertragsparteien nach sich.

I. Einführung

71   Zu den bekannten Problemen des Abschlusses des Verwaltungsvertrags hat die Feststellung der Teilrechtsfähigkeit durch den BGH und deren Umsetzung im Rahmen der Novelle des Woh-

nungseigentumsgesetzes weitere Risiken hinzugefügt. Zusätzlich ist festzustellen, dass die Rechtsprechung aktuell eine sehr strikte, den Verbraucherschutz betonende Entwicklung genommen hat. Auf dem Prüfstand der Obergerichte halten bisher allgemein gebräuchliche Vertragsbestimmungen einer Inhaltskontrolle unter dem Gesichtspunkt des Grundsatzes der ordnungsmäßigen Verwaltung (§ 21 Abs. 3 WEG) sowie nach dem Recht der Allgemeinen Geschäftsbedingungen (§§ 305 ff BGB) immer weniger stand.

Damit sind die wichtigsten „Stolpersteine", die auf dem Weg zu einem ausgewogenen und tragfähigen Verwaltervertrag besonders zu beachten sind, benannt: 72

- die Folgen der Teilrechtsfähigkeit der Wohnungseigentümergemeinschaft (dazu Rn 73 ff),
- das Konkurrenzverhältnis zwischen Vereinbarung und Beschluss (dazu Rn 79 ff),
- die doppelte Inhaltskontrolle der Vertragsklauseln (dazu Rn 84 ff).

Oftmals spielen mehrere dieser „Risikofaktoren" gemeinschaftlich eine Rolle.

Der nachfolgende Überblick soll anhand praxistypischer Fallkonstellationen die grundlegenden Probleme des formell und inhaltlich ordnungsmäßigen Vertragsschlusses verdeutlichen und die vorgeschlagenen Formulierungen für die Vertrags- und Beschlussgestaltung erläutern.

II. Die Auswirkungen der Teil-Rechtsfähigkeit

Der nach der heute herrschenden **Trennungstheorie**[22] vom wohnungseigentumsrechtlichen Bestellungsakt („Wahl") zu differenzierende entgeltliche Verwaltungsvertrag ist ein Geschäftsbesorgungsvertrag iSd § 675 BGB.[23] Vertragspartner des Verwalters ist dabei (entgegen der früheren Rechtslage) nicht der einzelne Wohnungseigentümer, sondern der **insoweit rechtsfähige Verband der Wohnungseigentümer** („Wohnungseigentümergemeinschaft", vgl § 10 Abs. 6 S. 4 WEG).[24] Hieraus folgt, dass der Verwalter nicht nur beim Neuabschluss des Verwaltungsvertrags, sondern auch bei der Verlängerung bestehender Verwaltungsverhältnisse darauf zu achten hat, den Vertragsinhalt der neuen Rechtslage anzupassen.   73

1. Die Rechtsstellung des einzelnen Eigentümers

Da der einzelne Wohnungseigentümer nicht Partei des Verwaltungsvertrags ist, sich bei der Verwaltung des Gemeinschaftseigentums aber gleichwohl auf der Grundlage des wohnungseigentumsrechtlichen Bestellungsrechtsverhältnisses (vgl § 27 WEG) Rechte und Pflichten im Verhältnis zwischen Verwalter und Wohnungseigentümer ergeben, stellt sich die (dogmatisch heftig umstrittene) Frage nach dessen Einbindung in die Regelungen des Verwaltungsvertrags.[25]   74

Soweit es um **Ansprüche gegenüber dem Verwalter** geht, soll deren Geltendmachung auf der Grundlage des Verwaltungsvertrags möglich sein, soweit die eigene Rechtsstellung und originäre individuelle Rechte des einzelnen Wohnungseigentümers betroffen sind. Dies betrifft insbesondere Ansprüche auf Belegeinsicht, Erteilung von Kopien aus den Verwaltungsunterlagen sowie Auskunftsrechte. Ob dieses zutreffende Ergebnis durch ergänzende Vertragsauslegung, die Annahme eines Vertrags zugunsten Dritter bzw mit Schutzwirkung für Dritte oder durch die Reflexwirkung des Bestellungsrechtsverhältnisses begründet wird, kann hier dahinstehen.   75

---

22 BGH v. 20.6.2002 – V ZB 39/01 = NZM 2002, 788, 789.
23 OLG Hamm v. 4.3.1993 – 15 W 295/92 = NJW-RR 1993, 845.
24 OLG Düsseldorf v. 29.9.2006 – 3 Wx 281/05 = ZWE 2007, 92.
25 Bärmann/*Merle*, § 26 WEG Rn 112 f; Häublein, ZWE 2008, 1 ff.

Im Textvorschlag für den Verwaltungsvertrag wird vorsorglich der Anspruch des einzelnen Wohnungseigentümers auf Belegeinsicht ausdrücklich niedergelegt (vgl Muster Rn 137).

76   Solche Regelungen, die hingegen eine Verpflichtung des einzelnen Wohnungseigentümers gegenüber der Verwaltung begründen sollen (und die in nach alter Rechtslage geschlossenen Verträgen oftmals noch enthalten sind), können nach hier vertretener Auffassung als Vertrag zulasten Dritter nicht wirksam sein.[26] Dies betrifft insbesondere Handlungspflichten (zB Teilnahme am Lastschrifteinzugsverfahren, Mitteilungspflichten) und Zahlungspflichten (Sonderentgelte wie Mahngebühren, Kopierkosten etc.). Umgekehrt fallen hierunter auch Vereinbarungen, wonach der Verwalter Rechte namens und in Vollmacht des einzelnen Wohnungseigentümers ausüben kann. Dies betrifft insbesondere die Ausgestaltung der aktiven oder passiven Vertretung des einzelnen Wohnungseigentümers in Rechtsangelegenheiten.

77   Der Gegenauffassung, wonach die Auferlegung von Pflichten, insbesondere als Auswirkung der aus § 21 Abs. 7 WEG folgenden Regelungskompetenz, im Verwaltervertrag als „Annexregelungen" für zulässig gehalten wird, begegnen erhebliche Bedenken.[27]

2. Regelung durch „Synchronisationsbeschlüsse"

78   Zur Vermeidung sich hieraus etwa ergebender Probleme berücksichtigt der hier vorgeschlagene Vertragstext (Muster Rn 137), dass solche Regelungen, die entweder dem Verwalter Befugnisse in Bezug auf den einzelnen Wohnungseigentümer einräumen oder diesem Pflichten auferlegen, nicht im Verwaltungsvertrag enthalten sind, sondern im Rahmen flankierend zu fassender sog. Synchronisationsbeschlüsse im Verhältnis der Wohnungseigentümer untereinander geregelt werden.

Besondere praktische Bedeutung kommt dabei der aus § 21 Abs. 7 WEG folgenden Kompetenz der Eigentümerversammlung zu, durch Beschluss besondere Kostentragungsregelungen zu begründen, durch welche dem Verwalter im Rahmen des Verwaltungsvertrags gegenüber dem rechtsfähigen Verband zugebilligte (Sonder-)Vergütungen verursachungsabhängig dem einzelnen Wohnungseigentümer belastet werden können.

Entsprechendes gilt für die Ausgestaltung der aktiven oder passiven Vertretung der einzelnen Wohnungseigentümer in Rechtsangelegenheiten (vgl § 27 Abs. 2 Nr. 2 und 4 WEG).

III. Das Konkurrenzverhältnis von Vereinbarung und Beschluss

79   Nach der Rechtsprechung des BGH zur Beschlusskompetenz der Wohnungseigentümer können (typischerweise in der Gemeinschaftsordnung) vereinbarte Regelungen nur durch eine neue Vereinbarung geändert werden, weshalb einer Vereinbarung widersprechende Beschlüsse generell nichtig, dh rechtsunwirksam sind.[28] Zwar ist es möglich, dass lediglich im Einzelfall gegen eine Vereinbarung verstoßende Beschlüsse als bloß rechtswidrige sog. Zitterbeschlüsse mangels Anfechtung in Bestandskraft erwachsen. Dies ist indes, wenn es um Regelungen des Verwaltungsvertrags geht, regelmäßig die Ausnahme, da dessen Bestimmungen gerade eine generelle Regelung bezwecken.

---

26   Jennißen/*Jennißen*, § 26 WEG Rn 63.
27   Greiner, in: Köhler/Bassenge, Teil 11 Rn 204 mwN.
28   BGH v. 20.9.2000 – V ZB 58/99 = ZWE 2000, 569 ff = NJW 2000, 3500 ff.

1. Abstimmung des Vertragsinhalts auf die Gemeinschaftsordnung

Bei der Gestaltung des Verwaltungsvertrags sind somit die in der Gemeinschaftsordnung der 80 jeweiligen Wohnungseigentumsanlage enthaltenen oder später von den Wohnungseigentümern getroffenen und als Inhalt des Sondereigentums im Grundbuch eingetragenen Vereinbarungen (vgl § 10 Abs. 2 S. 2, Abs. 3 WEG) als grundsätzlich vorrangig zu berücksichtigen. Regelungsgegenstände, die dem Vereinbarungsvorbehalt unterliegen, können im Verwaltungsvertrag nicht abweichend geregelt werden (Nichtigkeit). Die ungeprüfte Übernahme vorformulierter Textvorschläge oder die standardisierte Verwendung eines Textmusters birgt daher immer erhebliche Risiken. Solche Regelungen des Verwaltungsvertrags, die mit Blick auf die in der Gemeinschaftsordnung enthaltenen Regelungen überflüssig sind und/oder zu Missständnissen führen, widersprechen den Grundsätzen ordnungsmäßiger Verwaltung.

Zu prüfen ist auch, ob nicht ggf Öffnungsklauseln in der jeweiligen Gemeinschaftsordnung 81 gleichwohl eine (unter Umständen mit einem Quorum versehene) Beschlusskompetenz vorsehen.

Ferner ist zu beachten, dass im Zuge der WEG-Novelle gesetzliche Beschlusskompetenzen eingeführt worden sind, die die ursprünglichen Vereinbarungen in der Gemeinschaftsordnung überspielen oder Abweichungen von den ansonsten zwingenden Regelungen des sonstigen Rechts (BGB) erlauben.

Insbesondere für die praktisch wichtige Beschlusskompetenz aus § 21 Abs. 7 WEG wird nach herrschender Meinung angenommen (insbesondere aus dem Umkehrschluss mit Blick auf die Regelung des § 21 Abs. 3 WEG), dass diese keinem Vereinbarungsvorbehalt unterliegt.[29]

2. Scheinvereinbarungen

Problematisch wird die Frage des Vereinbarungsvorbehalts, wenn die Gemeinschaftsordnung 82 einer Wohnungseigentumsanlage konkrete Regelungen enthält, hinsichtlich deren fraglich ist, ob diese ihrer Zweckbestimmung nach tatsächlich zwingend sind oder ob davon durch Mehrheitsbeschluss abgewichen werden kann.

Beispiel: Vertragsklausel:

„Der Verwalter erhält je schriftliche Mahnung eines zahlungssäumigen Eigentümers ein Sonderentgelt in Höhe von 7,50 €."

Gemeinschaftsordnung:

„Der Verwalter erhält je schriftliche Mahnung eines zahlungssäumigen Eigentümers ein Sonderentgelt in Höhe von 0,50 DM."

So sieht (wenngleich ohne differenzierende Betrachtung) das OLG München abweichende Beschlüsse über in der Gemeinschaftsordnung genannte Honorarbeträge als nichtig an.[30]

Zu berücksichtigen ist jedoch, dass nicht alles, was in der Gemeinschaftsordnung geregelt ist, Vereinbarungscharakter besitzt. Eine materiellrechtliche Vereinbarungswirkung ist nur anzunehmen, wenn sich aus Gestaltung und Inhalt der Gemeinschaftsordnung der ausdrückliche Wille ergibt, eine getroffene Regelung mit Dauerbindungswirkung auszustatten, sie also bewusst der Regelungskompetenz durch Beschluss auf Dauer zu entziehen.

---

29 Bärmann/*Merle*, § 21 WEG Rn 142; Müller, ZMR 2008 177, 179.
30 OLG München v. 20.3.2008 – 34 Wx 046/07 = NJW-RR 2008, 1182.

83 Dies wird zwar in aller Regel anzunehmen sein (Vereinbarung von Sondernutzungsrechten, Wirtschaftseinheiten etc.), trifft jedoch nach hier vertretener Auffassung insbesondere im Falle ausformulierten Betragsangaben nicht zu, da die dort getroffenen Regelungen nach Sinn und Zweck einer Änderung der tatsächlichen und vor allem wirtschaftlichen Verhältnisse unterliegen, so dass eine „Zementierung" in Form einer materiellrechtlichen Vereinbarung regelmäßig nicht gewollt ist. Dies ist im Einzelfall durch Auslegung der Bestimmung zu prüfen.[31]

IV. Die doppelte Inhaltskontrolle der Vertragsklauseln

84 Besondere Schwierigkeiten bereitet die Tatsache, dass in formeller und vor allem inhaltlicher Hinsicht die Bestimmungen des Verwaltungsvertrags einer doppelten Kontrolle unterliegen: zum einen im Rahmen der sog. Klauselkontrolle nach den Regelungen des BGB zu den sog. Allgemeinen Geschäftsbedingungen (§§ 305 ff BGB) und zum anderen unter dem Gesichtspunkt des Grundsatzes der ordnungsmäßigen Verwaltung (§ 21 Abs. 3 WEG).

85 Während ein bloß rechtswidriger, also den Grundsätzen ordnungsmäßiger Verwaltung widersprechender Beschluss mangels Anfechtung in Bestandskraft erwachsen kann, erweist sich die von den Gerichten zunehmend flankierend vorgenommene Überprüfung verwaltungsvertraglicher Klauseln als besonders folgenschwer. Ungeachtet der rein wohnungseigentumsrechtlich zu betrachtenden Bestandskraft des Beschlusses kann jeder Wohnungseigentümer die Nichtigkeit einer Vertragsklausel fristungebunden ohne ermächtigenden Beschluss der Eigentümerversammlung im gerichtlichen Verfahren gem. § 43 Nr. 3 WEG feststellen lassen.[32]

1. Die Inhaltskontrolle nach AGB-Recht

86 Da der Verwalter regelmäßig sog. Formularverträge verwendet, ist das Recht der Allgemeinen Geschäftsbedingungen (AGB) grundsätzlich anwendbar. Bei Verbraucherverträgen, also Verträgen zwischen einem Unternehmer iSd § 14 BGB (dem Verwalter) und einem Verbraucher iSd § 13 BGB gelten zu dessen Gunsten Erleichterungen bei der Qualifikation einer Vertragsbestimmung als AGB. Diese erschwerenden Voraussetzungen sind beim Abschluss von Verwaltungsverträgen regelmäßig erfüllt,[33] da die Wohnungseigentümergemeinschaft nach zutreffender Auffassung als Verbraucherin iSd § 13 BGB anzusehen ist, soweit sich die Wohnungseigentümergemeinschaft nicht überwiegend aus Unternehmern iSd § 14 BGB zusammensetzt.[34] Dabei gilt die dauerhafte Vermietung des Sondereigentums grundsätzlich nicht als unternehmerische Tätigkeit, sondern als Verwaltung des eigenen Vermögens.

a) Grundlagen

87 Die in den Verwaltungsvertrag einbezogenen Klauseln unterliegen einer sog. Inhaltskontrolle, die sich auf vier Ebenen abspielt:

■ Unklarheitenregelung (§ 305 c BGB)

■ Klauselverbot ohne Wertungsmöglichkeit (§ 309 BGB)

■ Klauselverbot mit Wertungsmöglichkeit (§ 308 BGB)

■ Generalklausel (§ 307 BGB)

---

31 Riecke/Schmid/*Elzer*, § 10 WEG Rn 83, 86.
32 BayObLG v. 26.9.2003 – 2 Z BR 25/03 = WuM 2004, 736.
33 Schmidt, WE 1998, 253, 254.
34 OLG München v. 25.9.2008 – 32 Wx 118/08 = ZMR 2009, 137.

Unklarheiten auslegungsbedürftiger und auslegungsfähiger Klauseln gehen zulasten des Verwenders, es wird also stets die dem Verwender nachteilige Auslegung (also die für den Vertragspartner im Falle der Wirksamkeit nachteiligste) anzunehmen sein.[35] Ist die Klausel eindeutig, so ist zu prüfen, ob sie ein Klauselverbot ohne Wertungsmöglichkeit verwirklicht, also in jedem Falle unzulässig ist. Liegt dieser Fall nicht vor, bleibt zu fragen, ob die Klausel ein Verbot mit Wertungsmöglichkeit enthält, also grundsätzlich unzulässig ist, jedoch unter bestimmten Umständen erlaubt sein kann. In der Mehrzahl der Fälle wird jedoch auf die Generalklausel des § 307 BGB zurückgegriffen, wonach eine Bestimmung unzulässig ist, die den Vertragspartner unangemessen benachteiligt.

Eine unangemessene Benachteiligung liegt regelmäßig vor, wenn die Bestimmung   88

■ nicht klar und verständlich ist,

■ mit dem Grundgedanken der abgeänderten gesetzlichen Regelung unvereinbar ist,

■ wesentliche Rechte und Pflichten eingeschränkt werden.

Die Rechtsfolgen eines Verstoßes sind für den Verwender gravierend, da die Klausel entweder

■ als überhaupt nicht in Vertrag einbezogen gilt (§ 306 Abs. 1 BGB),

■ als von Anfang an unwirksam angesehen wird (§ 306 Abs. 1 BGB),

■ anstelle der nicht einbezogenen oder unwirksamen Klausel das Gesetz gilt (§ 306 Abs. 2 BGB),

■ unter Umständen der gesamte Vertrag als unwirksam angesehen werden kann (§ 306 Abs. 3 BGB).

Nicht möglich ist eine sog. geltungserhaltende Reduktion, also die Aufrechterhaltung einer durch eventuell nur einen begrenzten Regelungsteil als unzulässig anzusehenden Klausel als zulässig unter Weglassen des unzulässigen Teils (mit der Folge der Wirksamkeit der Klausel im Übrigen).[36]

b) Typische Klauseln auf dem Prüfstand

Der nachfolgende Textvorschlag für einen Verwaltungsvertrag (Muster Rn 137) berücksichtigt,   89
dass eine Vielzahl bislang gebräuchlicher Klauseln als durch die aktuelle Rechtsprechung überholt bezeichnet werden kann. Soweit möglich, sind alternative Formulierungen eingearbeitet worden, die versuchen, den Bedenken der Rechtsprechung Rechnung zu tragen. Für einige Klauseln kann, auch wenn dies insbesondere unter dem Aspekt der Vereinfachung der Verwaltungstätigkeit als nachteilig empfunden werden mag, allerdings kein oder nur ein eingeschränkter Ersatz angeboten werden, da grundsätzliche Bedenken gegen die Wirksamkeit der Regelungen nicht auszuräumen sind. Zum besseren Verständnis der im Textvorschlag enthaltenen Klauseln wird an dieser Stelle auf die Wirksamkeitsprobleme hingewiesen, die sich bei besonders praxisrelevanten Regelungskomplexen ergeben.

aa) Befreiung vom Verbot des Selbstkontrahierens

Die oftmals verwendete Klausel, wonach der Verwalter von den Beschränkungen des § 181   90
BGB (sog. Selbstkontrahierungsverbot), soweit zulässig, befreit sei, also Rechtsgeschäfte für den Verband der Wohnungseigentümer auch mit sich selbst (In-sich-Geschäft) abzuschließen, ist als

---

35 BGH NJW 2003, 1237.
36 Prütting/Wengen/Weinreich/*Berger*, § 306 Rn 4.

generelle formularmäßige Klausel gem. § 307 Abs. 1 S. 1, Abs. 2 S. 2 BGB unwirksam.[37] Eine Befreiung von den Beschränkungen des § 181 BGB kann nur im Einzelfall beschlossen werden.

Beispiel einer unwirksamen Klausel: *Der Verwalter ist, soweit gesetzlich zulässig, von den Beschränkungen des § 181 BGB befreit.*

bb) Delegation von Entscheidungskompetenzen

91 Die Rechtsprechung steht Regelungen sehr zurückhaltend gegenüber, durch welche der Verwalter aus Gründen der Zweckmäßigkeit ermächtigt werden soll, in Einzelfällen eigenständig (also ohne ermächtigende Beschlussfassung der Wohnungseigentümer, ggf mit Zustimmung des Verwaltungsbeirats) Entscheidungen über Verwaltungsmaßnahmen zu treffen.

Die Verwaltung des gemeinschaftlichen Eigentums, insbesondere dessen Instandhaltung und Instandsetzung, obliegt nämlich gem. § 21 Abs. 1 WEG iVm §§ 21 Abs. 3, Abs. 5, 23 Abs. 1, 25 Abs. 1 WEG ausdrücklich der Wohnungseigentümergemeinschaft, die hierüber grundsätzlich durch Beschluss in der Eigentümerversammlung entscheidet.[38] Beschlüsse über eine generelle Kompetenzverschiebung sind hiernach mangels Beschlusskompetenz nicht nur rechtswidrig, sondern nichtig.[39]

92 Problematisch ist aber auch der Versuch, im Rahmen des Verwaltungsvertrags Teilkompetenzen auf den Verwalter (ggf unter dem Vorbehalt der Zustimmung der Mitglieder des Verwaltungsbeirats) zu übertragen. Von derartigen Klauseln wird häufig Gebrauch gemacht, um eine Vereinfachung der Entscheidungsabläufe bei Verträgen für die Wohnungseigentümergemeinschaft zu erreichen, die entweder im Rahmen der ordnungsmäßigen laufenden Verwaltung (Wartungs-, Versicherungs-, Versorgungs-, Dienst- und Arbeitsverträge) oder für die Durchführung von Instandsetzungsmaßnahmen (Bau- und Architektenverträge) abzuschließen sind.

93 Solche **teilkompetenzübertragenden Klauseln** sind nach zutreffender Auffassung nichtig, wenn sie, insbesondere unter Berücksichtigung der §§ 305 ff BGB, eine nicht unerhebliche Beschneidung der Regelungskompetenz der Gemeinschaft vorsehen, unklare bzw unbestimmte Begriffe enthalten und die Wohnungseigentümergemeinschaft entgegen Treu und Glauben unangemessen benachteiligen. Mangels Regelung eindeutiger Voraussetzungen sowie möglichst konkreter Vorgaben über betragsmäßige Beschränkungen (Budgetierung) stellen nach der Rechtsprechung derartige Klauseln eine unzulässige „Carte blanche" für den Verwalter dar, unter Umgehung der Gemeinschaft über ggf erhebliche Vermögenswerte bzw langfristige Vertragsbindungen zu entscheiden.[40]

94 Hervorzuheben ist auch die Tatsache, dass der Verwalter im Falle der Unwirksamkeit solcher Klauseln in der Gefahr schwebt, mangels bevollmächtigenden Beschlusses als Vertreter ohne Vertretungsmacht gehandelt zu haben und dem Vertragspartner gem. § 179 BGB zu haften.

Beispiel 1 einer unwirksamen Vertragsklausel: *Der Verwalter ist berechtigt, im Rahmen der laufenden Verwaltung des Gemeinschaftseigentums nach pflichtgemäßem Ermessen die notwendigen Verträge (u.a. Wartungs-, Versicherungs-, Hausmeister-, Reinigungs-, Lieferungs- und Reparaturverträge) abzuschließen und sonstige Rechtsgeschäfte vorzunehmen, insbesondere auch etwaige Kündigungen*

---

37 OLG München v. 20.3.2008 – 34 Wx 046/07 = NJW-RR 2008, 1182; OLG Düsseldorf v. 30.5.2006 – I-3 Wx 51/06 = ZMR 2006, 870.
38 OLG Hamm v. 17.12.1996 – 15 W 212/96 = NJW-RR 1997, 908; Bärmann/*Merle*, § 27 WEG Rn 36.
39 BGH v. 29.9.2000 – V ZB 58/99 = NJW 2000, 3500.
40 OLG München v. 20.3.2008 – 34 Wx 46/07 = NJW-RR 2008, 1182; s. auch OLG Düsseldorf v. 30.7.1997 – 3 Wx 61/97 = ZMR 1997, 605.

auszusprechen, sowie gegebenenfalls erforderliche Lohnsteuer-/ Sozialversicherungsbuchhaltungsarbeiten und entsprechende Abrechnungsarbeiten durch einen Steuerberater auf Kosten der Eigentümergemeinschaft vornehmen zu lassen.

Beispiel 2 einer unwirksamen Vertragsklausel: *Der Verwalter ist berechtigt, notwendige Instandhaltungs- und Instandsetzungsmaßnahmen am gemeinschaftlichen Eigentum zu beauftragen, wobei jede Maßnahme mit einem Auftragswert von mehr als 5.000 € mit dem Verwaltungsbeirat abzustimmen ist, bei Maßnahmen mit einem Auftragswert von mehr als 15.000 € ist ein Eigentümerbeschluss erforderlich; dies unbeschadet der Befugnis des Verwalters, in dringenden Fällen sonstige zur Erhaltung des gemeinschaftlichen Eigentums erforderlichen Maßnahmen zu treffen.*

Es kann daher nur versucht werden, möglichst eindeutige Regelungen zu verwenden, die eine   95
genaue Budgetierung vorsehen und die Delegation der Entscheidungskompetenzen auf klar definierte Einzelfälle begrenzen. Zuzugeben ist, dass solche Regelungen unter rein praktischer Betrachtungsweise die laufende Verwaltungstätigkeit erschweren mögen, indes dürfte es auch im wohlverstandenen Eigeninteresse des Verwalters und des Verwaltungsbeirats liegen, alle substanziellen Entscheidungen der Eigentümerversammlung zur Beschlussfassung vorzulegen.

cc) Fiktionsklauseln

Oftmals wird zu Vereinfachungszwecken versucht, an eine Handlung oder an ein Unterlassen   96
die (unzulässige) Fiktion einer Rechtswirkung zu knüpfen. Solche Klauseln sind wegen Verstoßes gegen das Verbot fingierter Erklärungen bzw fingierten Zugangs von Erklärungen gem. § 308 Nr. 5, Nr. 6 BGB regelmäßig unwirksam.[41]

Beispiel einer unwirksamen Fiktionsklausel: *Die Ladung zur Eigentümerversammlung gilt als zugegangen, wenn sie an die dem Verwalter letztbenannte Anschrift versandt wird.*

dd) Haftungsbeschränkungen

Der Wert von Haftungsbeschränkungs- bzw Haftungsbegrenzungsklauseln sowie Klauseln zur   97
Abkürzung des Laufs der Verjährung ist zweifelhaft, da Ansprüche der einzelnen Eigentümer gegen den Verwalter ohnehin nicht erfasst werden können. Ferner kann eine Haftung für die Verletzung von Kardinalpflichten nicht wirksam ausgeschlossen werden. Gerade im Falle der WEG-Verwaltung dürfte jedoch die Mehrzahl der vom Verwalter zu bewältigenden Aufgaben zum Kreis der vertragswesentlichen Pflichten gehören. Zudem steht die Rechtsprechung mit Blick auf die Bestimmungen der §§ 307, 309 Nr. 7 BGB jeglichen Begrenzungen oder Ausschlüssen der Haftung mit großen Vorbehalten gegenüber. Es kann daher auch überlegt werden, auf solch zweifelhafte Regelungen im Verwaltungsvertrag ganz zu verzichten.

ee) Salvatorische Klauseln

Die Vereinbarung einer sog. salvatorischen Klausel ist zwar üblich, verstößt aber gegen das   98
Transparenzgebot gem. § 307 Abs. 1 BGB, soweit vereinbart ist, dass an die Stelle einer unwirksamen Bestimmung eine solche treten soll, die dem entspricht, was die Parteien wirtschaftlich gewollt haben und interessengerecht ist. Nach § 306 Abs. 2 BGB tritt nämlich an die Stelle einer unwirksamen AGB-Klausel die gesetzliche Regelung, die nicht durch eine solche Sonder-

---

41   OLG München v. 20.3.2008 – 34 Wx 46/07 = NJW-RR 2008, 1182: als Vereinbarung wirksam!.

vereinbarung umgangen werden kann. Überdies fehlt der Klausel die hinreichende Bestimmbarkeit, was zu nicht tolerierbaren Unsicherheiten führt.[42]

99   Da sich indes die Gemeinschaft auf die Unwirksamkeit der Klausel berufen kann, aber nicht muss, erscheint es, allerdings nur mit Blick auf eine durch die Klausel möglicherweise bewirkte Tendenz der Vertragsparteien, in solchen Fällen einvernehmlich nach einer interessengerechten Lösung zu suchen, angebracht, die Klausel insgesamt zu belassen.

Beispiel: *Eine unwirksame Vertragsbestimmung ist durch eine Regelung zu ersetzen, die in zulässiger Weise dem von den Vertragsschließenden beabsichtigten wirtschaftlichen Zweck am nächsten kommt.*

100   Zulässig ist indes die Regelung, dass eine etwaige Teilunwirksamkeit die Gültigkeit der übrigen Bestimmungen unberührt lassen soll.

Beispiel: *Wird ein Teil dieses Vertrags unwirksam, so bleibt der übrige Vertragsinhalt voll wirksam.*

ff) Vergütungsklauseln

101   Vorsicht ist geboten bei der Formulierung von Klauseln über Sondervergütungen des Verwalters. Diese müssen insbesondere dem Transparenzgebot des § 307 Abs. 1 S. 2 BGB entsprechen, also klar und verständlich sein. Auch müssen die dem Verwalter gesetzlich obliegenden (und nicht gesondert zu vergütenden Tätigkeiten (vgl Rn 121) wegen einer ansonsten anzunehmenden unangemessenen Benachteiligung der Wohnungseigentümergemeinschaft von sondervergütungspflichtigen Tätigkeiten deutlich abgegrenzt sein.

Beispiel für eine unwirksame Vergütungsklausel: *Für die jährlich vorgeschriebene Eigentümerversammlung erhält der Verwalter keine gesonderte Vergütung. Für jede weitere Versammlung erhält der Verwalter eine besondere Vergütung in Höhe von 200 € zzgl jeweils gültiger gesetzlicher Mehrwertsteuer.*

102   So fehlt der oben wiedergegebenen Vertragsklausel die Bestimmung, dass der Verwalter keine Sondervergütung für die Abhaltung einer außerordentlichen Eigentümerversammlung beanspruchen darf, die nicht eigentümerseits veranlasst oder objektiv erforderlich war, sondern insbesondere infolge einer dem Verwalter schuldhaft zurechenbaren Pflichtverletzung notwendig wurde.[43]

2. Die Grundsätze ordnungsmäßiger Verwaltung

103   Ferner unterliegt die Beschlussfassung über den Abschluss des Verwaltervertrags im Falle der Anfechtung der gerichtlichen Kontrolle unter dem wohnungseigentumsrechtlichen Gesichtspunkt des Grundsatzes der ordnungsmäßigen Verwaltung (§ 21 Abs. 3 WEG).

Hinweis: Die Frage, ob die Beschlussfassung über die Modalitäten der Abwicklung des Vertragsschlusses ordnungsmäßiger Verwaltung entspricht, ist davon zu trennen, ob auch der Inhalt des beschlossenen Vertrags ordnungsmäßiger Verwaltung entspricht.[44]

a) Die Formalien der Beschlussfassung

104   Zudem ist tunlichst darauf zu achten, dass der Inhalt des Verwaltervertrags sämtlichen Wohnungseigentümern zumindest durch Vorlage zu Händen sämtlicher Eigentümer in der Ver-

---

42   KG v. 5.2.2008 – 24 W 106/07 = ZMR 2008, 476.
43   OLG München v. 20.3.2008 – 34 Wx 46/07 = NJW-RR 2008, 1182.
44   OLG Düsseldorf v. 30.5.2006 – I-3 Wx 51/06 = ZMR 2006, 870.

sammlung zur Kenntnis gebracht wird, da das Aushandeln des Inhalts des Verwaltervertrags zur Kernkompetenz der Eigentümerversammlung zu zählen ist.[45]

Ist dies nicht möglich gewesen bzw unterblieben, so ist vor einer beschlussweisen Ermächtigung **105** einzelner Wohnungseigentümer (typischerweise des Beirats) zum Aushandeln und zum unmittelbar folgenden Abschluss des Verwaltervertrags zu warnen. Zwar kann ein solcher Beschluss bestandskräftig werden,[46] im Falle der Anfechtung führt jedoch regelmäßig allein schon die darin enthaltene rechtswidrige Beschneidung der Kompetenzen der Gemeinschaft zur Ungültigerklärung.

Ob es zulässig ist, den Verwaltungsbeirat zu beauftragen, den Verwaltervertrag abzuschließen, **106** wenn die Eigentümer vorher über die Bestellung, den maßgeblichen Inhalt und den Abschluss des Verwaltervertrags beschlossen und den Verwaltungsbeirat zum Abschluss bevollmächtigt haben, ist zweifelhaft.[47] Anzuraten ist daher in solchen Fällen, dem Verwaltungsbeirat beschlussweise lediglich ein Mandat zum Aushandeln des Vertragsinhalts mit der Maßgabe eines nachfolgenden Genehmigungsbeschlusses der Eigentümerversammlung zu erteilen.

Ist der Vertragsinhalt im Vorfeld oder in der Versammlung ausgehandelt worden und daher **107** den Eigentümern bekannt, so kann der Beirat unproblematisch zum Abschluss des Vertrags ermächtigt werden.[48] Dabei ist fraglich, ob der Inhalt des Verwaltervertrags (etwa durch vorherige Übersendung des Textes mit der Einladung zur Versammlung) den Eigentümern mit ausreichender Frist vor der Versammlung zur Verfügung zu stellen und in der Eigentümerversammlung auch ausdrücklich zur Diskussion zu stellen ist. Das OLG München geht davon aus, dass eine vorherige Übersendung nicht erforderlich ist, wenn der Vertragstext zu Händen sämtlicher Eigentümer in der Versammlung vorliegt.[49]

Auch ein ausdrückliches Aushandeln des vorliegenden Vertrags ist nicht erforderlich; es reicht sogar die bloße Bestellung des Verwalters aus, um damit den (stillschweigenden) Abschluss des vorliegenden Vertrags annehmen zu können.[50]

b) Grundsatz der inhaltlichen Bestimmtheit

Der Regelungsgegenstand einer jeden Beschlussfassung, also auch der über den Verwaltungs- **108** vertrag, muss hinreichend klar und bestimmt zum Ausdruck kommen, da anderenfalls der Beschluss mangels ausreichender Bestimmtheit rechtswidrig und für ungültig zu erklären ist.[51] Unter Umständen, wenn ein Mindestmaß an inhaltlicher Bestimmtheit fehlt, wird der Beschluss sogar nichtig sein.[52] Entscheidend ist nach der neueren Rechtsprechung des BGH der Beschlussinhalt, wie ihn der Versammlungsleiter verkündet hat.[53]

---

45 OLG München v. 20.3.2008 – 34 Wx 046/07 = NJW-RR 2008, 1182; OLG Düsseldorf v. 30.5.2006 – I-3 Wx 51/06 = ZMR 2006, 870.
46 OLG Köln v. 20.9.2002 – 16 Wx 135/02 = ZMR 2003, 604.
47 Dafür: OLG Düsseldorf v. 24.9.1997 – 3 Wx 221/97 = ZMR 1998, 104; offen gelassen in KG v. 5.2.2008 – 24 W 106/07 = ZMR 2008, 476.
48 OLG Düsseldorf v. 30.5.2006 – I-3 Wx 51/06 = ZMR 2006, 870.
49 OLG München v. 20.3.2008 – 34 Wx 046/07 = NJW-RR 2008, 1182.
50 KG v. 5.2.2008 – 24 W 106/07 = ZMR 2008, 476; BayObLG v. 15.3.1990 – BReg. 2 Z 8/90 = WuM 1990, 236.
51 OLG Köln v. 12.11.2004 – 16 Wx 151/04 = NZM 2005, 261 (262); BayObLG v. 10.12.1998 – 2Z BR 99/98 = ZMR 1999, 271.
52 OLG Frankfurt v. 17.4.2008 – 20 W 13/07 = ZMR 2009, 56; HansOLG Hamburg v. 27.3.2001 – 2 Wx 149/00 = ZMR 2001, 725; BayObLG v. 10.3.2004 – 2Z BR 16/04 = ZMR 2004, 762; AG Hamburg v. 20.9.2004 – 102 c II 133/04 = ZMR 2005, 824.
53 BGH v. 23.8.2001 – V ZB 10/01 = NJW 2001, 3339 = ZMR 2001, 809.

Beispiel für einen inhaltlich unbestimmten Beschluss:[54] „In der Eigentümerversammlung sollte über die Wiederbestellung des Verwalters und die Verlängerung des Verwaltervertrags abgestimmt werden. In der Einladung war das Thema wie folgt bezeichnet: „Wiederwahl des Verwalters ab dem 1.7.2004 bis zum 30.6.2009 zu den Konditionen des am 1.7.1996 abgeschlossenen Verwaltervertrags." Nach längerer Diskussion verkündete der Verwalter folgenden Beschluss: „Der Verwalter wird für den Zeitraum vom 1.7.2004 bis zum 30.6.2009 auf der Grundlage der derzeitigen Konditionen wieder gewählt." Der Beschluss wurde angefochten. Vom OLG Düsseldorf wurde eine fehlende inhaltliche Bestimmtheit wegen der unspezifizierten Bezugnahme auf die „derzeitigen Konditionen" ohne konkrete (datierte) Inbezugnahme auf den Verwaltungsvertrag angenommen."

c) Ordnungsmäßige Verwaltung

109   Zum besseren Verständnis der im Textvorschlag (Muster Rn 137) enthaltenen Regelungen wird an dieser Stelle auf die Rechtmäßigkeitsprobleme hingewiesen, die sich als besonders praxisrelevant erwiesen haben.

aa) Delegation der Verwaltungstätigkeit

110   Die Rechtsprechung sieht die Übertragung von Aufgaben auf Dritte nebst Erteilung von Untervollmachten durch den Verwalter sehr kritisch. Die Erbringung der Verwaltungstätigkeit soll den Charakter einer höchstpersönlichen Leistung haben, da die Wohnungseigentümer dem Verwalter mit Blick auf dessen persönliche Kompetenz (im Falle juristischer Personen: deren besonderer Organisation und Erfahrung) ein besonderes Vertrauen entgegenbringen, das letztlich für die Bestellung gerade des konkreten Verwalters ausschlaggebend war.

Daher kann die Möglichkeit der Delegation von Verwaltungsaufgaben nur beschränkt beschlossen werden[55] und sollte, sofern Derartiges bei der Verwaltungsübernahme ersichtlich oder geplant ist, ausdrücklich angesprochen und geregelt werden.

Beispiel einer unwirksamen Vertragsklausel: *Der Verwalter ist berechtigt, Verwaltungstätigkeiten auf Gehilfen und sonstige Dritte nebst entsprechender (Unter-)Vollmacht zu übertragen.*

bb) Laufzeit

111   Für die erste Verwalterbestellung nach der Begründung des Wohnungseigentums ist zu beachten, dass gem. § 26 Abs. 1 S. 2 Hs 2 WEG die Höchstdauer der Bestellung drei Jahre nicht überschreiten darf.

cc) Rechtsvertretung

112   Wie bereits beschrieben (vgl Rn 74 ff), ist zwischen der durch Verwaltungsvertrag regelbaren Rechtsvertretung der Wohnungseigentümergemeinschaft und der ebenfalls durch den Verwalter mittels Beschluss (vgl Rn 78) der Eigentümerversammlung zu regelnden Rechtsvertretung des einzelnen Wohnungseigentümers vor allem im Beschlussanfechtungsprozess zu unterscheiden.

(1) Aktive Rechtsvertretung

113   Eine aktive außergerichtliche und gerichtliche Vertretung der Wohnungseigentümergemeinschaft (des rechtsfähigen Verbands), auch zur Durchsetzung von Beitragsforderungen, kann der Verwalter nur vornehmen, soweit er hierzu durch Vereinbarung oder Beschluss der Wohnungseigentümer ermächtigt ist (§ 27 Abs. 3 S. 1 Nr. 7 WEG).

---

54 OLG Düsseldorf v. 29.6.2006 – 3 Wx 70/06.
55 OLG München v. 20.3.2008 – 34 Wx 046/07 = NJW-RR 2008, 1182.

Darüber hinaus kann der Verwalter ohne ausdrückliche Bevollmächtigung durch Beschluss   114
gem. § 27 Abs. 3 S. 1 Nr. 2 WEG unter anderem nur solche Maßnahmen treffen oder veranlassen, die zur Wahrung einer Frist oder zur Abwendung eines sonstigen Rechtsnachteils von
der Wohnungseigentümergemeinschaft erforderlich sind. Dies trifft insbesondere bei drohender
Verjährung von Beitragsansprüchen, Einhaltung von Rechtsmittelfristen oder beim drohenden
Fortfall lohnender Vollstreckungsmöglichkeiten zu.

Daher sollte zumindest die außergerichtliche und gerichtliche **Durchsetzung von Beitragsfor-**   115
derungen der Wohnungseigentümergemeinschaft durch den Verwalter, soweit die Vereinbarungen der Wohnungseigentümer hierzu keine oder keine ausreichenden Bestimmungen vorsehen, im Rahmen des Verwaltungsvertrags geregelt werden. Über die außergerichtliche und
gerichtliche Durchsetzung sonstiger Ansprüche der Wohnungseigentümergemeinschaft oder
solcher Ansprüche, die diese zur Ausübung durch Beschluss gem. § 10 Abs. 6 S. 3 WEG an sich
gezogen hat, ist im Einzelfall durch Beschluss zu entscheiden.

Da gerade in größeren oder problematischen Wohnungseigentümergemeinschaften eine an-   116
waltliche außergerichtliche Betreuung angeraten ist, sollte zusätzlich daran gedacht werden,
durch entsprechende Regelung im Verwaltungsvertrag die **anwaltliche Beratung der Woh-**
nungseigentümer bzw die Erstattung von **Rechtsgutachten** über strittige Fragen zu regeln. Dabei
sollte auch die Frage der anwaltlichen Vergütungsvereinbarung geregelt werden, da insbesondere die Bestimmung des § 34 RVG seit dem 1.7.2006[56] ausdrücklich vorsieht, dass für Rechts-
beratung oder Rechtsgutachten, die nicht im Zusammenhang mit einer außergerichtlichen Tätigkeit nach außen oder einer gerichtlichen Tätigkeit stehen, eine Vergütungsvereinbarung geschlossen werden soll.

(2) Passive Rechtsvertretung

Aus der Regelung des § 27 Abs. 3 Nr. 2 WEG ergibt sich die gesetzliche Vertretungsmacht des   117
Verwalters in gerichtlichen Passivverfahren gem. § 43 Nr. 2 und Nr. 5 WEG sowie (inzidenter)
eine Vertretungsmacht des Verwalters zur Anwaltsbeauftragung.[57] Gleichwohl empfehlen sich
auch hier ergänzende Regelungen im Verwaltungsvertrag.

Zwar ist der Verwalter zum Abschluss von über die gesetzliche Vergütung des Rechtsanwalts   118
hinausgehenden Honorarvereinbarungen als Streitwertvereinbarungen (begrenzt auf den
Höchststreitwert gem. § 49 a GKG) mit Wirkung für die Wohnungseigentümergemeinschaft
ermächtigt worden (§ 27 Abs. 3 S. 1 Nr. 2 und Nr. 6 WEG), allerdings begrenzt auf die Vergütung des Rechtsanwalts für die gerichtliche Tätigkeit im Passivverfahren. Zu einer „echten"
Vergütungsvereinbarung (Zeithonorar etc.) fehlt dem Verwalter die Vertretungsmacht, was einen nicht zu unterschätzenden Nachteil hinsichtlich der fehlenden Flexibilität ausmacht.[58]

Hinzu kommt, dass der Verwalter, auch soweit er gesetzlich zum Abschluss einer Streitwert-   119
vereinbarung ermächtigt ist, im Innenverhältnis zu den Wohnungseigentümern Gefahr läuft,
dass ihm der Vorwurf gemacht wird, gegen die Grundsätze ordnungsmäßiger Verwaltung verstoßen zu haben. So können (und werden) im Zweifel die Wohnungseigentümer entweder die
Notwendigkeit des Abschlusses der Vergütungsvereinbarung als solche bestreiten oder zumin-

---

56 Eingefügt durch Art. 5 Abs. 1 KostRModG v. 5.5.2004 (BGBl. I 2004, 718).
57 Elzer, in: Hügel/Elzer, § 11 Rn 66 und 77; Hügel, ZMR 2008, 1, 7.
58 Jennißen/*Heinemann*, § 27 WEG Rn 80.

dest deren Höhe als unangemessen angesehen und Schadensersatzansprüche geltend machen.[59]

(3) Finanzierung

120 Die Regelung soll in Anbetracht des herrschenden Streits, ob die anlässlich der WEG-Novelle unterlassene Klarstellung des missverständlichen Wortlauts des § 16 Abs. 5 WEG aF, der in § 16 Abs. 8 WEG übernommen wurde (wonach die Kosten eines Rechtsstreits iSd § 43 WEG mit Ausnahme der Sondervergütung des Rechtsanwalts gem. § 27 Abs. 3 S. 1 Nr. 6 WEG nicht zu den Kosten der Verwaltung iSd. § 16 Abs. 2 WEG gehören sollen), für Klarheit dahin gehend sorgen, dass Rechtsverfolgungskosten aus den Gemeinschaftsmitteln (vor-)finanziert werden dürfen.

dd) Vergütungsregelungen

121 Sofern der Verwalter sich nicht ausdrücklich für bestimmte Tätigkeiten eine Sondervergütung bzw einen Anspruch auf Aufwendungsersatz vorbehält, sind mit der Grundvergütung die gesamte gesetzliche und vertragliche Tätigkeit des Verwalters sowie dessen typische Aufwendungen abgegolten. Anzuraten ist daher die Vereinbarung einer Grundvergütung für die gemäß mitzuvereinbarendem Leistungsverzeichnis abgegoltene Regeltätigkeit des Verwalters sowie die Vereinbarung von gesonderten Vergütungen für arbeitsintensive, in ihrem Anfall und Ausmaß aber kaum zu kalkulierende besondere Verwalterleistungen. Die von vornherein vereinbarte besondere Vergütung für die Nicht-Teilnahme am Lastschrifteinzugsverfahren kann spätere Misshelligkeiten, etwa bei Beschlussfassungen gem. § 21 Abs. 7 WEG über Nichtteilnahmegebühren, verhindern. Zu berücksichtigen ist indes, dass die Höhe der Sondervergütung nicht in einem Missverhältnis zur Höhe der ursprünglichen Vergütung stehen darf.

(1) Haushaltsnahe Dienstleistungen

122 Hinsichtlich der seit dem Bekanntwerden des BMF-Schreibens vom 3.11.2006 zur Handhabung des § 35 a EStG abzuschließenden Verwaltungsverträge wird vertreten, dass der Verwalter mangels besonderer vertraglicher Regelung zum nicht gesondert zu vergütenden gesonderten Ausweis oder einer differenzierten Darstellung steuerlich begünstigter Aufwendungen iSd § 35 a EStG im Rahmen der Abrechnung verpflichtet ist, da die Erstellung der Bescheinigungen nach der Verkehrssitte zur Verwaltertätigkeit gerechnet werden kann. Daher ist die Aufnahme einer entsprechenden Regelung in der Verwaltungsvertrag zu empfehlen.

123 Nach zutreffender Auffassung besteht eine Beschlusskompetenz für die Gewährung einer angemessenen Vergütung, die unter Berücksichtigung der einschlägigen BGH-Rechtsprechung aus der Gemeinschaftsbezogenheit des Regelungsgegenstands gem. § 10 Abs. 6 S. 3 Var. 2 WEG folgt.[60] Nach anderer Auffassung soll keine Beschlusskompetenz bestehen, da die nur auf das Sondereigentum bezogene Einkommensteuerpflicht betroffen sei[61] bzw der Beschluss anfechtbar sei, da auch diejenigen Wohnungseigentümer unter anteiliger Kostenbelastung eine Bescheinigung erhielten, die keine Steuererklärung abgeben.[62] Diese Auffassung ist abzulehnen,

59 Elzer, in: Hügel/Elzer, § 11 Rn 75.
60 LG Bremen v. 19.5.2008 – 4 T 438/07 = InfoM 2008, 387 = WuM 2008, 425; LG Düsseldorf v. 8.2.2008 – 19 T 489/07 = ZMR 2008, 484 = NZM 2008, 453; AG Hannover v. 29.6.2007 – 73 II 382/07 = InfoM 2007, 277; AG Bremen v. 3.6.2007 – 111 a II 89/2007 WEG = ZMR 2007, 819; AG Langenfeld v. 1.10.07 – 35 II 74/07 WEG – n.v.
61 LG Berlin v. 28.3.2008 – 55 T 208/07.
62 AG Remscheid v. 14.11.2008 – 7 b C 25/08 – n.v., n.r.; AG Hannover v. 1.8.2008 – 480 C 6298/08 – n.v.; AG Düsseldorf v. 31.10.2007 – 291 II 85/07 WEG – n.v.

da sie dazu führt, dass die Anwendbarkeit des § 35 a EStG im Wohnungseigentumsrecht komplett unterlaufen wird.

(2) Anpassungsklauseln

Eine einmal fest vereinbarte Vergütung kann grundsätzlich nur durch zu beschließende Vertragsänderung erhöht werden:[63]   **124**

- Die Vereinbarung eines **Anpassungsanspruchs wegen außerordentlicher Mehraufwendungen** soll den Verwalter vor Mehraufwendungen aufgrund nicht vorhersehbarer Ausweitungen des Pflichtenkreises des Verwalters schützen [vgl Muster Rn 137, Variante 1].

- Alternativ kann auch eine **feste regelmäßige Erhöhung der Vergütung** angedacht werden (Staffelvergütung; vgl Muster Rn 137, Variante 2).

- Möglich ist auch, mit Blick auf den kaum kalkulierbaren Aufwand aufgrund der neu geschaffenen Unterrichtungspflichten des Verwalters (§§ 27 Abs. 1 Nr. 7, 45 Abs. 1 WEG), die Vereinbarung einer **gesonderten Vergütung des Porto-, Kopier- und Telefonaufwands** (vgl Muster Rn 137, Variante 3).

Die Vereinbarung sog. **Wertsicherungsklauseln** (Index- oder Gleitklauseln), die eine quasi „automatische" Erhöhung der Verwaltervergütung vorsehen, ist regelmäßig mangels Genehmigung gem. § 2 Preisangaben- und Preisklauselgesetz (PaPkG) unwirksam. Ebenso Klauseln, die ein einseitiges Erhöhungsrecht des Verwalters vorsehen.[64]

Die Vereinbarung sog. **Spannungsklauseln**, durch die die Höhe der Vergütung vom zukünftigen   **125** Preis anderer vergleichbarer Leistungen abhängig gemacht wird, ist zwar grundsätzlich zulässig und genehmigungsfrei,[65] aber nicht zu empfehlen, da die Rechtsprechung solchen Klauseln mit Blick auf das Transparenzgebot sowie die Grundsätze ordnungsmäßiger Verwaltung ablehnend gegenübersteht. Die Variante 4 des Musters Rn 137 versucht, diese Bedenken mit der Vereinbarung einer **Leistungsvorbehaltsklausel** zu umgehen, die keine unmittelbare Erhöhung, sondern einen von der Wohnungseigentümergemeinschaft zu genehmigenden Anspruch auf Vertragsanpassung vorsieht.[66]

V. Die Verwaltungsvollmacht

Da der Verwalter im Rechtsverkehr für die Wohnungseigentümergemeinschaft sowie für die   **126** Wohnungseigentümer auftritt, bedarf er eines Nachweises seiner Verwalterstellung. Gemäß § 27 Abs. 6 WEG kann der Verwalter von den Wohnungseigentümern die Ausstellung einer **Vollmachts- und Ermächtigungsurkunde** verlangen. Daher ist die Wohnungseigentümerversammlung berechtigt und verpflichtet, einen Beschluss über die Erteilung der entsprechenden Urkunde zu fassen und einen Wohnungseigentümer zu ermächtigen, diese für die Wohnungseigentümergemeinschaft und die einzelnen Wohnungseigentümer zu unterzeichnen.[67]

Was den Inhalt der Urkunde betrifft, so bezieht sich die Formulierung der „Ermächtigung" auf die Wiedergabe der dem Verwalter gem. § 27 Abs. 2 und 3 WEG gesetzlich zustehenden Handlungskompetenzen. Insofern kann die bloße Wiedergabe der gesetzlichen Bestimmungen ausreichen.

---

63 Bärmann/*Merle*, § 26 WEG Rn 133 und 136.
64 OLG Düsseldorf v. 25.1.2005 – 3 Wx 326/04 = ZMR 2005, 468.
65 OLG München v. 20.3.2008 – 34 Wx 046/07 = NJW-RR 2008, 1182; Gottschalg, ZWE 2002, 200.
66 Bärmann/*Merle*, § 26 WEG Rn 138.
67 Riecke/Schmid/*Abramenko*, § 27 Rn 87.

127   Was die dem Verwalter durch Vereinbarung oder durch Beschluss zusätzlich zu den gesetzlichen Ermächtigungen gewährten **allgemeinen Vertretungsbefugnisse** betrifft, so sollten diese in Übereinstimmung mit der Gemeinschaftsordnung bzw dem Verwaltungsvertrag zusätzlich wiedergegeben werden. Von der zugegebenermaßen einfacheren und im Rechtsverkehr sicherlich besser handhabbaren Erteilung einer „Blankovollmacht", die über die im Innenverhältnis bestehenden Handlungseinschränkungen hinausgeht, wie Sie in einer Vielzahl von Vollmachtsurkunden zu finden ist, muss dabei abgeraten werden.

128   Im Einzelfall kann die jeweilige Vollmacht durch Vorlage der Verwaltungsvollmacht unter gleichzeitiger Vorlage des jeweiligen Beschlussprotokolls nachgewiesen werden. Der hiesige Textvorschlag (Muster Rn 137) orientiert sich daher am Inhalt des Verwaltungsvertrags und am vorgeschlagenen Synchronisationsbeschluss.

VI. Synchronisationsbeschlüsse

129   Wie vorstehend ausgeführt (vgl Rn 74 ff), sind die Regelungen des Verwaltungsvertrags nach hier vertretener Auffassung mit Blick auf die Rechtsbeziehung des Verwalters zum einzelnen Wohnungseigentümer, insbesondere hinsichtlich der Rechtsvertretung und Fragen der Kostenverteilung für besondere Verwaltungsleistungen, zu flankieren.

1. Rechtsvertretung

130   Aus den Regelungen der §§ 27 Abs. 2 Nr. 2 und 4 WEG ergibt sich nach zutreffender Ansicht eine gesetzliche Vertretungsmacht des Verwalters für den einzelnen Wohnungseigentümer im (Passiv-)Rechtsstreit nach § 43 Nr. 1, Nr. 4 und Nr. 5 WEG sowie zur Beauftragung einer anwaltlichen Vertretung.

131   Die gesetzliche Regelung erlaubt auch den Abschluss einer durch § 49 a GKG „gedeckelten" Streitwertvereinbarung. Zu einer „echten" Vergütungsvereinbarung (Zeithonorar etc.) fehlt dem Verwalter die Vertretungsmacht, was einen nicht zu unterschätzenden Nachteil hinsichtlich der fehlenden Flexibilität ausmacht.[68] Obgleich der Verwalter somit gesetzlich ermächtigt ist, läuft der Verwalter im Innenverhältnis Gefahr, dass ihm der Vorwurf gemacht wird, gegen die Grundsätze ordnungsmäßiger Verwaltung verstoßen zu haben, weshalb eine beschlussweise Regelung hier analog der für den Verwaltungsvertrag vorgeschlagenen Bestimmungen angeraten ist.

2. Kostenverteilung

132   Aus der Tatsache, dass Vertragspartner des Verwalters die Wohnungseigentümergemeinschaft (der rechtsfähige Verband) ist (vgl Rn 74), ergibt sich, dass insbesondere die dem Verwalter gewährten zusätzlichen Vergütungen von der Wohnungseigentümergemeinschaft geschuldet werden und aus dem Verwaltungsvermögen (§ 10 Abs. 7 WEG) zu zahlen sind.

133   Für die unmittelbare Inanspruchnahme desjenigen Wohnungseigentümers, der den Anfall der Sondervergütung durch eine entsprechende besondere Verwaltungstätigkeit verursacht bzw verschuldet hat, scheidet der Verwaltungsvertrag demnach aus. Dabei handelt es sich typischerweise um Sondervergütungen, die aufgrund der Tätigkeit des Verwalters im Zusammenhang mit der Beitreibung von Beitragsrückständen entstehen oder die aufgrund besonderer

---

68   Jennißen/*Heinemann*, § 27 WEG Rn 80.

Verwaltungsleistungen entstehen, die ein einzelner Wohnungseigentümer verursacht hat (Veräußerungszustimmung gem. § 12 WEG, Anforderung von Belegkopien etc.).

Da indes zum einen die Wohnungseigentümergemeinschaft regelmäßig von derartigen Belas-   **134**
tungen freigestellt werden will und zum anderen gem. § 21 Abs. 7 WEG eine ausdrückliche
Beschlusskompetenz für diese Regelungsgegenstände besteht, empfiehlt sich eine auf die Son-
dervergütungsregelungen im Verwaltungsvertrag abgestimmte Beschlussfassung.

3. Obliegenheiten

Die Beschlussfassung über Obliegenheiten wie Anzeige- und Mitwirkungspflichten ist zur Er-   **135**
leichterung der Verwaltungstätigkeit ebenfalls ratsam.

VII. Muster

Die hier unterbreiteten Gestaltungsvorschläge gliedern sich in vier zusammengehörige Teile: **136**

- den Verwaltungsvertrag
- nebst dem Vergütungsverzeichnis,
- die Verwaltungsvollmacht sowie
- die Synchronisationsbeschlüsse.

▶ **Muster: Verwaltungsvertrag, Vergütungsverzeichnis, Verwaltungsvollmacht und Synchroni-**   **137**
sationsbeschlüsse

132

a) Verwaltungsvertrag

§ 1 Vertragspartner und Verwaltungsobjekt

Zwischen

1. der Wohnungseigentümergemeinschaft des Objekts [...]

(im Folgenden „Eigentümergemeinschaft" genannt),

bestehend aus:

[...] Wohnungseigentumseinheiten,

[...] Teileigentumseinheiten als gewerblichen Sondereigentumseinheiten,

[...] Teileigentumseinheiten als Garagen- bzw Tiefgaragenstellplatzsondereigentumseinheiten,

[...] Sondernutzungsrechten als Garagen-, Tiefgaragen- bzw Außenstellplätze,

eingetragen in den Wohnungsgrundbüchern des Amtsgerichts [...]

von [...], Grundbuchblätter: [...] bis [...],

Gemarkung [...], Flur [...], Flurstücke [...],

vertreten durch: [...],

wobei sich die Vertretungsmacht ergibt aus [...],

und

2. der Firma [...],

vertreten durch [...],

(im folgenden „Verwalter" genannt),

wird folgender Vertrag über die Verwaltung des Gemeinschaftseigentums der vorbezeichneten Wohnungseigentumsanlage geschlossen:

§ 2 Bestellung des Verwalters

Die Bestellung des Verwalters als Verwalter der Eigentümergemeinschaft nach WEG erfolgte *[nicht Zutreffendes bitte streichen]*:

– durch die Teilungserklärung/Gemeinschaftsordnung des Notars [...] mit Amtssitz in [...], vom [...] *[Datum]*, Urkunden-Nr.: [...],

– durch Beschluss der Eigentümerversammlung vom [...].[...].[...],

und zwar mit Wirkung vom [...] *[Datum]* bis zum Ablaufe des [...] *[Datum]*.

Der Verwalter nimmt diese Bestellung nach Maßgabe der Bestimmungen dieses Vertrags hiermit an.

§ 3 Vertragsdauer und Beendigung

1.

Der Verwaltervertrag ist für die Dauer des unter § 2 angegebenen Zeitraums fest abgeschlossen, er endet somit mit Ablauf des Bestellungszeitraums oder gemäß den nachfolgenden Bestimmungen unter Nr. 2. durch eine Kündigung.

2.

Eigentümergemeinschaft und Verwalter können diesen Vertrag aus wichtigem Grund jederzeit fristlos kündigen bzw aus wichtigem Grund die Verwalterstellung beenden.

Seitens der Eigentümergemeinschaft bedarf dies eines vorherigen Beschlusses über die Abberufung des Verwalters und der schriftlichen Kündigung des Vertrags. Im Falle der verwalterseitigen Kündigung bzw Amtsniederlegung gelten diese Erklärungen der Eigentümergemeinschaft als wirksam zugegangen, wenn sie der Eigentümergemeinschaft gegenüber in einer Eigentümerversammlung erklärt werden; ansonsten, wenn die Kündigungs- bzw Amtsniederlegungserklärungen dem Bevollmächtigten der Eigentümergemeinschaft zugehen. Mangels anderweitiger beschlussweiser Regelung bevollmächtigt die Eigentümergemeinschaft den Vorsitzenden des Verwaltungsbeirats hiermit entsprechend. Für den Fall, dass kein Verwaltungsbeirat bzw Beiratsvorsitzender gewählt ist oder wird, ist durch Eigentümerbeschluss ein Bevollmächtigter zu bestimmen.

3.

Kommt es zu einer erneuten Bestellung des Verwalters, verlängert sich dieser Vertrag um die erneute Bestellungszeit, sofern mit der Weiterbestellung nicht der Abschluss eines anderen Verwaltervertrags beschlossen wird.

§ 4 Rechte und Pflichten des Verwalters

1.

Die Aufgaben und Befugnisse des Verwalters ergeben sich aus den Vorschriften des WEG, aus den Bestimmungen der Gemeinschaftsordnung, den sonstigen Vereinbarungen und den Beschlüssen der Eigentümergemeinschaft, aus den allgemeinen Bestimmungen über den entgeltliche Dienstleistungs-/Geschäftsbesorgungsvertrag sowie ergänzend aus den Bestimmungen dieses Vertrags.

2.

Die Rechte aus diesem Vertrag gegenüber dem Verwalter können vorbehaltlich abweichender Beschlussfassung nur durch die Wohnungseigentümergemeinschaft als teil-rechtsfähigen Verband, nicht durch den einzelnen Wohnungseigentümer ausgeübt werden.

3.

Der jeweilige Wohnungseigentümer kann vom Verwalter die Überlassung einer Eigentümerliste sowie die Einsichtnahme in die Verwaltungsunterlagen der Eigentümergemeinschaft nach vorheriger Anmeldung zu den üblichen Bürozeiten (werktags 09.00 – 16.00 Uhr, Freitags: 09.00 – 12.00 Uhr) und die Fertigung von Ablichtungen hieraus verlangen. Ein Anspruch auf das Scannen von Verwaltungsunterlagen besteht nicht.

Ist ein Ersatzzustellungsvertreter oder dessen Vertreter bestimmt, haben auch diese einen direkten Anspruch gegen den Verwalter auf Überlassung einer Eigentümerliste.

4.

Der Verwalter handelt grundsätzlich namens und in Vollmacht sowie für Rechnung der Eigentümergemeinschaft.

5.

Der Verwalter ist berechtigt, die Besorgung einzelner Verwaltungsangelegenheiten auf Gehilfen und sonstige Dritte nebst entsprechender (Unter-)Vollmacht zu übertragen. Für ein etwaiges Verschulden bei der Auswahl und/oder der Überwachung der Gehilfen oder Dritten haftet der Verwalter nur im Falle von Vorsatz oder grober Fahrlässigkeit. Diese Haftungsbegrenzung gilt nicht für Schäden, die auf einer Verletzung des Lebens, des Körpers, der Freiheit oder der Gesundheit durch eine fahrlässige oder vorsätzliche Pflichtverletzung eines Erfüllungsgehilfen oder gesetzlichen Vertreters des Verwalters beruhen.

6.

Der Verwalter ist berechtigt und verpflichtet, ihm bekannt gewordene Verstöße gegen eine bestehende Hausordnung oder gegen gesetzliche, vereinbarte oder beschlossene Pflichten der Wohnungseigentümer dergestalt zu verfolgen, dass der betreffende Wohnungseigentümer bzw dessen Nutzungsberechtigter zur Unterlassung störenden Verhaltens aufgefordert wird. Darüber hinausgehende Maßnahmen der außergerichtlichen oder gerichtlichen Störungsbeseitigung bzw Wiederherstellung des vorherigen Zustands mit Ausnahme von Not- oder Eilmaßnahmen bedürfen der Beschlussfassung der Wohnungseigentümergemeinschaft.

7.

Der Verwalter ist ferner berechtigt,

- nach pflichtgemäßem Ermessen, sofern im laufenden Wirtschaftsjahr die Notwendigkeit entsteht, ohne dass die Eigentümergemeinschaft anlässlich der jährlichen ordentlichen Eigentümerversammlung eine Beschlussfassung herbeiführen kann, zur Erfüllung der Aufgaben der laufenden Verwaltung notwendige Verträge abzuschließen, zu ändern oder zu kündigen oder sonstige Rechtsgeschäfte vorzunehmen (u.a. Prüfungs-, Wartungs-, Kontroll-, Reinigungs-, Pflege-, Reparatur-, Hausmeister-, Lieferungs-, oder Dienstleistungsverträge, Verträge über die Vornahme von Lohnabrechnungen sowie sonstige steuer- und/oder sozialversicherungsrechtliche Arbeiten), sofern die Verträge für einen Zeitraum von nicht mehr als einem Jahr abgeschlossen werden, im Einzelfall keine Kosten von mehr als [...] € und insgesamt im Wirtschaftsjahr nicht mehr als [...] € an Kosten verursachen;

- nach pflichtgemäßem Ermessen, sofern im laufenden Wirtschaftsjahr die Notwendigkeit entsteht, ohne dass die Eigentümergemeinschaft anlässlich der jährlichen ordentlichen Eigentümerversammlung eine Beschlussfassung herbeiführen kann, zum Zwecke der Erfüllung der Verkehrssicherungspflicht oder öffentlich-rechtlicher Vorschriften notwendige Verträge abzuschließen, zu ändern oder zu kündigen oder sonstige Rechtsgeschäfte vorzunehmen (u.a. Prüfungs-, Wartungs-, Kontroll-, Schnee- und Eisbeseitigungs-, Reinigungs-, Pflege- und Reparatur-, Hausmeister-, Lieferungs-, oder Dienstleistungsverträge), sofern die Verträge für einen Zeitraum von nicht mehr als einem Jahr abgeschlossen werden, im Einzelfall keine Kosten von mehr als [...] € und insgesamt im Wirtschaftsjahr nicht mehr als [...] € an Kosten verursachen;

– aufgrund entsprechenden Beschlusses der Eigentümergemeinschaft Instandhaltungs- und Instandsetzungsmaßnahmen am gemeinschaftlichen Eigentum einzuleiten, die entsprechenden Aufträge zu vergeben, kaufmännisch zu überwachen und abzunehmen, wobei im Falle von Maßnahmen mit einem Auftragswert von weniger als [...] € im Einzelfall, bei mehreren Aufträgen pro Wirtschaftsjahr begrenzt auf ein Gesamtvolumen iHv [...] €, die Zustimmung der Mehrheit der Mitglieder des Verwaltungsbeirats ausreichend ist; dies unbeschadet der Befugnis des Verwalters, in dringenden Fällen sonstige zur Erhaltung des gemeinschaftlichen Eigentums erforderliche Maßnahmen zu treffen (§ 27 Abs. 1 Nr. 3, § 27 Abs. 3 Nr. 4 WEG);

– sich mit Zustimmung der Mehrheit der Mitglieder des Verwaltungsbeirats zur Durchführung von größeren Instandhaltungs- und Instandsetzungsmaßnahmen, Maßnahmen der modernisierenden Instandsetzung bzw Modernisierung oder baulichen Änderungen (d.h. über einem Auftragswert iHv [...] € netto im Einzelfall bei Gebäudeleistungen, [...] € netto im Einzelfall bei haustechnischen Anlagen), namens und für Rechnung der Eigentümergemeinschaft sachkundiger Dritter (Architekten, Ingenieure, Gutachter, Rechtsanwälte, Steuerberater u.a.) zu bedienen, wobei der Verwalter auf die gegebenenfalls bestehende Notwendigkeit der Begleitung einer solchen Maßnahme durch einen sachkundigen Dritten hinzuweisen hat. Das Gleiche gilt bei geringeren Auftragswerten mit besonderer technischer oder rechtlicher Schwierigkeit;

– die Grundbücher der Eigentümer im Rahmen der Wahrnehmung der Verwaltungsaufgaben jederzeit auf Kosten der Eigentümergemeinschaft einzusehen und erforderlichenfalls Auszüge zu beschaffen;

– über die Art und Weise der Nutzung des gemeinschaftlichen Eigentums zu entscheiden, falls ein Beschluss durch die Eigentümerversammlung nicht zustande kommt;

– wenn nicht ein Fall besonderer Dringlichkeit vorliegt, eine mindestens zweiwöchige Einladungsfrist zu Eigentümerversammlungen einzuhalten;

– Versammlungen der Eigentümer einzuberufen, zu leiten, zu protokollieren und die Beschluss-Sammlung gem. § 24 Abs. 7 und Abs. 8 WEG, insbesondere mittels einer eigenen Computersoftware eigener Wahl, zu führen.

§ 5 Versicherungen

Der Verwalter ist berechtigt und verpflichtet, die in § 21 Abs. 5 Nr. 3 WEG bzw durch Vereinbarung oder Beschluss vorgesehenen Versicherungen so aufrechtzuerhalten, zu kündigen, neu abzuschließen oder zu ändern, dass ein ausreichender Versicherungsschutz gewährleistet ist. Eine Änderung hinsichtlich des Versicherers bzw des Vertragsinhalts bedarf grundsätzlich der Beschlussfassung der Eigentümergemeinschaft. Entsteht im laufenden Wirtschaftsjahr, ohne dass die Eigentümergemeinschaft anlässlich der jährlichen ordentlichen Eigentümerversammlung eine Beschlussfassung herbeiführen kann, die Notwendigkeit (zB durch Kündigung seitens des Versicherers) und/oder die Möglichkeit zu einer Änderung hinsichtlich des Versicherers bzw des Vertragsinhalts, so kann der Verwalter die entsprechenden Rechtsgeschäfte mit der Zustimmung der Mehrheit der Mitglieder des Verwaltungsbeirats vornehmen, sofern die wirtschaftlichen und versicherungsvertraglichen Konditionen gleich bleiben oder sich verbessern.

§ 6 Wirtschafts- und Vermögensverwaltung

1.

Das Kreditinstitut, bei dem die Kontoverbindung der Gemeinschaft unterhalten wird, bestimmt der Verwalter. Die Instandhaltungsrücklage kann von dem Verwalter in Ausnahmefällen zur Abdeckung kurzfristiger Liquiditätsengpässe in Anspruch genommen werden, der Höhe nach auf maximal drei gesamte Monatshausgeldvorauszahlungen und zeitlich begrenzt auf drei Monate Dauer. Das Konto lautet auf die Wohnungseigentümergemeinschaft.

2.

Der Verwalter ist verpflichtet, zeitgerecht nach Ablauf eines jeden Wirtschaftsjahres im Rahmen einer Gesamt- und Einzelabrechnung der Eigentümergemeinschaft eine Abrechnung über die Verwaltung des gemeinschaftlichen Gelder vorzulegen.

3.

Abrechnungszeitraum ist das Kalenderjahr, soweit die Gemeinschaftsordnung, Vereinbarungen oder Beschlüsse aufgrund von Öffnungsklauseln nicht Abweichendes vorsehen.

4.

Die Eigentümergemeinschaft beauftragt den Verwalter, auf Kosten der Eigentümergemeinschaft für jeden Wohnungseigentümer die im Rahmen der Verwaltung des Gemeinschaftseigentums getätigten Aufwendungen iSd § 35a EStG (Aufwendungen für haushaltsnahe Beschäftigungsverhältnisse, Dienstleistungen sowie Handwerkerleistungen) sowie den jeweils auf den einzelnen Wohnungseigentümer entfallenden Anteil im Rahmen der Jahresgesamt- und Einzelabrechnung oder durch gesonderte Bescheinigung auszuweisen.

5.

Über eine eventuelle Vernichtung von Verwaltungsunterlagen entscheidet die Eigentümergemeinschaft durch Mehrheitsbeschluss.

§ 7 Vergütung des Verwalters

1.

Die Vergütung des Verwalters beträgt bei Teilnahme am Lastschrifteinzugsverfahren des jeweiligen Wohnungseigentümers zzgl der jeweils geltenden gesetzlichen Mehrwertsteuer:

für die Verwaltung je Wohnungseigentum p.M.:	[…] €,
für die Verwaltung je Teileigentum p.M.:	[…] €,
für die Verwaltung je Garage / Stellplatz p.M.:	[…] €.

Bei Nicht-Teilnahme am Lastschrifteinzugsverfahren durch den jeweiligen Wohnungseigentümer beträgt die Vergütung des Verwalters:

für die Verwaltung je Wohnungseigentum p.M.:	[…] €,
für die Verwaltung je Teileigentum p.M.:	[…] €,
für die Verwaltung je Garage / Stellplatz p.M.:	[…] €.

2.

Die oben genannte Vergütung ist im Voraus bis zum dritten Werktag eines jeden Monats fällig und zahlbar auf das laufende Bewirtschaftungskonto der Eigentümergemeinschaft gem. § 6 Abs. 1. Der Verwalter ist berechtigt, den monatlichen Vergütungsbetrag insgesamt bei Fälligkeit dem Bewirtschaftungskonto zu entnehmen.

3.

Mit der oben genannten Vergütung sind alle geschäftsüblichen Sachaufwendungen des Verwalters und seines Bürobetriebs im Rahmen der Geschäfte der laufenden üblichen Verwaltung abgegolten. Nicht abgegolten und insofern gesondert zu bezahlen sind die sich aus der als Anlage zu diesem Vertrag beigefügten Leistungsbeschreibung ergebenden Entgelte für besondere Verwalterleistungen nach Maßgabe der ergänzenden Beschlüsse der Eigentümergemeinschaft.

4. *[Variante 1]*

Soweit während der Laufzeit des Vertrags aufgrund einer Änderung der Rechtsprechung, aufgrund gesetzlicher Bestimmungen oder aufgrund von Beschlüssen bzw Vereinbarungen der Eigentümergemeinschaft nicht nur unerhebliche Mehraufwendungen des Verwalters verursacht werden, die bei Vertragsschluss nicht bekannt waren, so ist der Verwalter berechtigt, eine angemessene Erhöhung seiner Vergütung zu verlangen.

5. *[Variante 2]*

Die Verwaltervergütung erhöht sich jeweils zum Ersten des auf den Vertragsschluss folgenden Jahres sowie der Folgejahre der Vertragsdauer um [...] % der jeweils gültigen Vergütung zzgl jeweiliger gesetzlicher Mehrwertsteuer.

6. *[Variante 3]*

Mit der oben genannten Vergütung sind alle geschäftsüblichen Sachaufwendungen des Verwalters und seines Bürobetriebs im Rahmen der Geschäfte der laufenden üblichen Verwaltung abgegolten. Nicht abgegolten und insofern gesondert zu bezahlen sind:

– eine Pauschale iHv 4,5 % der regulären vereinbarten Verwaltervergütung für die Abgeltung der im üblichen Geschäftsbetrieb anfallenden Porto- und Telefonauslagen,

oder

– die Erstattung der angefallenen Porto-, Kopier- und Telefonauslagen nach Nachweis,

sowie

– die sich aus der als Anlage zu diesem Vertrag beigefügten Leistungsbeschreibung ergebenden Entgelte für besondere Verwalterleistungen nach Maßgabe der ergänzenden Beschlüsse der Eigentümergemeinschaft.

7. *[Variante 4]*

Der Verwalter kann eine Anpassung der Vergütung für seine Grundleistungen (§ 7 Abs. 3 S. 1 dieses Vertrags) hinsichtlich deren Lohnanteils in dem Verhältnis verlangen, wie sich die Tariflöhne der Wohnungswirtschaft gegenüber dem Zeitpunkt des Vertragsschlusses bzw dem Zeitpunkt der letzten Vergütungsanpassung gemäß dieser Regelung erhöhen, sofern die Steigerung jeweils 3 % überschreitet. Die Erhöhung tritt ab dem Zeitpunkt der Tariflohnerhöhung in Kraft und wird von den Wohnungseigentümern im Rahmen der Beschlussfassung über Abrechnung und/oder Wirtschaftsplan genehmigt. Der Lohnanteil der Vergütung des Verwalters wird auf 75 % der Gesamtvergütung festgelegt. Der Verwalter hat der Eigentümergemeinschaft die Tariflohnerhöhung durch Vorlage einer entsprechenden Tarifänderungsmitteilung nachzuweisen.

§ 8 Rechtsvertretung

1.

Der Verwalter ist ermächtigt, den termingerechten Eingang der auf die einzelnen Wohnungseigentümer entfallenden Beitragsforderungen (gem. Wirtschaftsplan, Jahresabrechnung, Sonderumlage) der Wohnungseigentümergemeinschaft zu überwachen, Säumige zu mahnen und rückständige Zahlungen zugunsten der Wohnungseigentümergemeinschaft in deren Namen außergerichtlich und gerichtlich auf Kosten der Wohnungseigentümergemeinschaft beizutreiben und einen Rechtsanwalt zu beauftragen, wobei die Erklärung von Anspruchsverzichten, Vergleichen, Anerkenntnissen sowie die Rücknahme von Anträgen oder Rechtsmitteln grundsätzlich eines Eigentümerbeschlusses bedarf. Selbst Vergleiche mit Widerrufsvorbehalt müssen mit einer Klausel versehen sein, die bei gerichtlicher rechtskräftiger Ungültigkerklärung des den Vergleich genehmigenden Beschlusses der Wohnungseigentümergemeinschaft auch den Vergleich in Wegfall bringt.

2.

Bei anhängigen gerichtlichen oder behördlichen Verfahren gegen die Eigentümergemeinschaft (Passivverfahren), insbesondere auch gerichtlichen Verfahren nach § 43 WEG, besitzt der Verwalter die Befugnis zur Vertretung der Wohnungseigentümergemeinschaft sowie zur Beauftragung eines Rechtsanwalts. Die Eigentümer sind von ihm über den Verfahrensstand in geeigneter Weise zu informieren. Im Falle eines Interessenkonflikts des Verwalters ist dessen Vertretungsmacht sowie Zustellungsbevollmächtigung ausgeschlossen.

3.

Zur Anstrengung von Aktivprozessen [mit Ausnahme von Verfahren zur Beitreibung von Beitragsforderungen gem. Abs. 1] sowie zur endgültigen (nicht nur vorsorglich fristwahrenden) Einlegung von Rechtsmitteln, ebenfalls unter Beauftragung eines Rechtsanwalts, bedarf der Verwalter grundsätzlich eines mehrheitlichen Beschlusses der Eigentümerversammlung. Dies gilt nicht, sofern deren Abhaltung aus Termin- oder Fristgründen nicht rechtzeitig durchführbar ist. Die Erklärung von Anerkenntnissen/Vergleichen/Anspruchsverzichten, die Rücknahme von Anträgen sowie Rechtsmitteln bedarf grundsätzlich der Beschlussfassung der Eigentümerversammlung.

4.

Der Verwalter ist ferner bevollmächtigt, namens und in Vollmacht sowie auf Kosten der Eigentümergemeinschaft nach pflichtgemäßem Ermessen zur Klärung von Rechtsfragen, die mit der Verwaltung des gemeinschaftlichen Eigentums zusammenhängen, einen Rechtsanwalt mit der Beratung der Wohnungseigentümergemeinschaft, der Erstattung von Rechtsgutachten sowie deren außergerichtlicher Vertretung zu beauftragen.

5.

Der Verwalter ist im Rahmen seiner Vollmachten zur Anwaltsbeauftragung ermächtigt, mit dem Rechtsanwalt eine Vergütungsvereinbarung abzuschließen, durch welche diesem eine besondere Vergütung gewährt wird, sei es durch die Vereinbarung eines höheren als des gesetzlichen Gegenstandswertes, durch die Vereinbarung eines zusätzlichen Honorars oder durch die Vereinbarung eines Zeithonorars neben, anstelle oder über die Bestimmungen des Rechtsanwaltsvergütungsgesetzes (RVG) zur Höhe der gesetzlichen Vergütung des Rechtsanwalts hinaus.
Bei gerichtlichen Verfahren gem. § 43 Nr. 2 oder Nr. 5 WEG muss in der Vergütungsvereinbarung festgelegt sein, dass die Vergütung des Rechtsanwalts nicht mehr betragen darf, als sich nach einer Vergütungsberechnung nach RVG unter Zugrundelegung eines Streitwertes von 50 % des Interesses aller Parteien und Beigeladenen ergäbe (§ 27 Abs. 3 Nr. 6 WEG).
Bei behördlichen oder gerichtlichen Verfahren, die keine Verfahren nach § 43 Nr. 2 oder Nr. 5 WEG sind, sowie bei der außergerichtlichen Beratung und Vertretung bedarf eine dem Rechtsanwalt gewährte besondere Vergütung über die Bestimmungen des Rechtsanwaltsvergütungsgesetzes (RVG) zur Höhe der gesetzlichen Vergütung des Rechtsanwalts hinaus, die mehr als [...] € im Einzelfall beträgt, bei mehreren Fällen mehr als [...] € pro Wirtschaftsjahr, der vorherigen Zustimmung der

Mehrheit der Mitglieder des Verwaltungsbeirats; werden die vorgenannten Beträge überschritten, ist der Beschluss der Eigentümerversammlung einzuholen. Die vorstehenden Regelungen gelten nicht im Falle des § 8 Abs. 1 dieses Vertrags.

6.

Die in Ausübung der vorstehenden sowie der gesetzlichen Vollmachten des Verwalters entstandenen Kosten einer außergerichtlichen Vertretung oder Beratung sowie die Kosten einer gerichtlichen Rechtsverfolgung sind vom Verwalter vorbehaltlich der Frage der Kostenverteilung im Innenverhältnis der Wohnungseigentümergemeinschaft aus den Mitteln des Verwaltungsvermögens (§ 10 Abs. 7 WEG) zu bestreiten.

§ 9 Haftung des Verwalters

1.

Der Verwalter versichert, eine Vermögensschadenshaftpflichtversicherung über eine Deckungssumme von [...] € im Einzelfall / [...] € Jahressumme abgeschlossen zu haben und verpflichtet sich, diese weiterhin laufend zu unterhalten.

2.

Die Haftung des Verwalters und die für seine Erfüllungsgehilfen wird der Höhe nach auf die Deckungssumme der Vermögensschadenshaftpflichtversicherung begrenzt, d.h. auf [...] € im Einzelfall / [...] € Jahressumme.

3.

Schadensersatzansprüche der Eigentümergemeinschaft gegen den Verwalter verjähren nach den gesetzlichen Bestimmungen mit der Maßgabe, dass sie ohne Rücksicht auf die Kenntnis oder grob fahrlässige Unkenntnis in fünf Jahren von ihrer Entstehung an verjähren.

4.

Von den vorstehenden Regelungen (Abs. 2 und 3) zur Haftungsbeschränkung und Erleichterung der Verjährung sind ausdrücklich nicht erfasst:

– Ansprüche, die auf einer Verletzung des Lebens, des Körpers, der Freiheit oder der Gesundheit beruhen,
– Ansprüche, die auf einer grob fahrlässigen oder vorsätzlichen Pflichtverletzung des Verwalters oder eines der Erfüllungsgehilfen des Verwalters beruhen,
– Ansprüche, die auf einer Verletzung vertragswesentlicher Pflichten (Kardinalpflichten) beruhen.

5.

Ist der Verwalter mit der Ausweisung von Aufwendungen iSd § 35 a EStG (haushaltsnahe Beschäftigungsverhältnisse, Dienstleistungen und Handwerkerleistungen) im Rahmen der Jahresgesamt- und Einzelabrechnung bzw durch gesonderte Bescheinigung beauftragt, so haftet der Verwalter nicht für die Gewährung eines Steuervorteils dem Grunde und der Höhe nach.

§ 10 Datenschutz

Der Verwalter ist berechtigt, für alle im Zusammenhang mit der Verwaltung stehenden Angelegenheiten elektronische Datenverarbeitung einzusetzen. Zu diesen und gegebenenfalls eigenen betrieblichen Zwecken ist der Verwalter berechtigt, die Erfassung, Speicherung, Übermittlung sowie das Verändern oder die sonstige Nutzung von Daten iSd Bundesdatenschutzgesetzes bzw im Sinne der jeweiligen landesrechtlichen Datenschutzregelungen durchzuführen.

§ 11 Vertragsabwicklung

Die Eigentümergemeinschaft ist verpflichtet, für die Vornahme der nach Beendigung des Verwalteramts bzw des Verwaltervertrags erforderlichen Abwicklungsgeschäfte (Herausgabe von Verwaltungsunterlagen, Rechnungslegung, Aushändigung sonstigen Verwaltungsvermögens, Auszahlung von Bankguthaben etc.) einen Bevollmächtigten zu benennen. Für den Fall des Fehlens eines neuen Verwalters gilt der Vorsitzende des Verwaltungsbeirats und/oder dessen Stellvertreter und/oder ein vom Verwaltungsbeirat benannter Dritter als zur Vornahme der Abwicklungsgeschäfte im Namen und Auftrag der Eigentümergemeinschaft bevollmächtigt, insbesondere zur Inempfangnahme von Urkunden und Gemeinschaftsvermögen. Ist ein derart Bevollmächtigter nicht vorhanden oder nach angemessener Aufforderung nebst Fristsetzung nicht benannt bzw zur Vornahme der Abwicklungsgeschäfte nicht bereit, so ist der Verwalter zur weiteren Aufbewahrung von Verwaltungsvermögen in geordneter, jederzeit abholbereiter Form gegen Entrichtung eines monatlichen Entgelts iHv [...] € sowie gegen Zahlung der Auslagen (Bankspesen etc.) oder wahlweise zur Hinterlegung auf Kosten der Eigentümergemeinschaft befugt.

§ 12 Vertragsänderungen / Salvatorische Klausel

1.

Wird ein Teil dieses Vertrags unwirksam, so bleibt der übrige Vertragsinhalt voll wirksam. Eine unwirksame Vertragsbestimmung ist durch eine Regelung zu ersetzen, die in zulässiger Weise dem von den Vertragsschließenden beabsichtigten wirtschaftlichen Zweck am nächsten kommt [*Hinweis: nach AGB-rechtlicher Rechtsprechung unwirksam*].

2.

Änderungen und Ergänzungen zu diesem Vertrag bedürfen des Mehrheitsbeschlusses der Wohnungseigentümergemeinschaft und der Einwilligung des Verwalters.

[...]

(Ort, Datum)

[Unterschrift]

(Verwalter)

[Unterschrift]

(für die Wohnungseigentümergemeinschaft)

b) Vergütungsverzeichnis als Anlage zum Verwaltungsvertrag

Anlage zum Verwaltervertrag vom [...]

zwischen der Wohnungseigentümergemeinschaft

[...]

und

[...]

Leistungsverzeichnis

A. Umfang der regulären Verwaltungstätigkeit

Mit der im Verwaltervertrag vereinbarten Vergütung sind alle geschäftsüblichen Sachaufwendungen des Verwalters und seines Bürobetriebs im Rahmen der laufenden üblichen Verwaltungsgeschäfte abgegolten, dies sind im Besonderen:

I. Regelleistungen zur kaufmännischen Verwaltung des Objekts:

- Einberufung einer ordentlichen Eigentümerversammlung pro Wirtschaftsjahr
- Formulierung von Tagesordnungspunkten und Beschlussvorschlägen für die Eigentümerversammlung
- Leitung und Protokollierung einer ordentlichen Eigentümerversammlung pro Wirtschaftsjahr
- Führung der Beschluss-Sammlung gemäß den gesetzlichen Vorgaben des § 27 Abs. 7 und 8 WEG
- Bereitstellung von Kopien der Versammlungsprotokolle für die Eigentümer
- Durchführung und Überwachung der Beschlüsse der Eigentümerversammlung
- Aufstellung einer Hausordnung
- Durchführung der Hausordnung gem. § 4 Abs. 6 des Verwaltervertrags
- Überwachung der Einhaltung der Bestimmungen der Teilungserklärung bzw Gemeinschaftsordnung gem. § 4 Abs. 6 des Verwaltervertrags
- Erstellung des Gesamtwirtschaftsplans inkl. der Einzelwirtschaftspläne
- Erstellung der Gesamtjahresabrechnung inkl. der Einzeljahresabrechnungen
- Berechnung und Vorschlag der Beschlussfassung über etwa notwendige Sonderumlagen
- Kontenführung für die Gemeinschaft
- Abschluss von Verträgen zur Verwaltung des Gemeinschaftseigentums
- Pflege und Weiterführung der Verwaltungsunterlagen
- Information über Belange des Gemeinschaftseigentums
- Durchführung der Rechnungs- und Belegprüfung mit dem Beirat
- kaufmännische Beratung bei der Vergabe von Instandhaltungs- und Instandsetzungsmaßnahmen sowie sonstigen Vertragsschlüssen inkl. Preisverhandlungen
- kaufmännische Prüfung von Lieferanten-, Dienstleistungs- und Werkunternehmerrechnungen, Hauswart- und Waschmünzkassen
- kaufmännische Prüfung von Einsparungsmöglichkeiten durch Inanspruchnahme von Rahmenverträgen

II. Regelleistungen zur technischen Verwaltung des Objekts

- Durchführung regelmäßiger Objektbegehungen
- Überwachung des Hausmeisters und der Reinigungskräfte
- Überwachung der Schnee- und Glatteisbeseitigung sowie Säuberung des Außenbereichs durch die hiermit Beauftragten
- Überwachung der gärtnerischen Betreuung der Grünanlagen durch die hiermit Beauftragten
- Überwachung der Instandhaltungs- bzw Instandsetzungsnotwendigkeit an gefahrgeneigten Anlagen, Bau- und Einrichtungsteilen des Gemeinschaftseigentums
- Überwachung der technischen Anlagen durch Abschluss und Überwachung von Voll- bzw Teilwartungsverträgen
- Einholung von Angeboten zur Instandhaltung und Instandsetzung des Gemeinschaftseigentums
- kaufmännische Überwachung der Instandsetzungs- und Instandhaltungsarbeiten

B. Umfang der besonderen Verwaltungsleistungen

Nicht mit der vereinbarten Verwaltervergütung abgegolten und insofern gesondert zu zahlen sind die Entgelte für die nachfolgend beschriebenen besonderen Verwaltungsleistungen bzw die Erstattung besonderer Aufwendungen:

- Aufwendungsersatz für Saalmiete und sonstige Kosten zur ordnungsgemäßen Durchführung von Eigentümerversammlungen.
- Sonderentgelt für die Mahnung zahlungssäumiger Eigentümer iHv [...] € zzgl jeweiliger gesetzlicher Mehrwertsteuer je Mahnung, nicht jedoch für ein erst verzugsbegründendes Aufforderungsschreiben, sowie erst ab einem Rückstand von mehr als 50,00 € sowie für mehrere in einem Mahnlauf gemahnte Beiträge nur einmal.
- Aufwendungsersatz für eigentümerseits gewünschte oder zur gesetzlichen Unterrichtung über außergerichtliche oder gerichtliche Streitigkeiten erforderliche Anfertigung von Kopien sowie Erstattung darüber hinaus anfallender Schreib- und Portoauslagen. Dies gilt auch für den Mehraufwand, der dadurch entsteht, dass im Falle einer Mehrheit von Eigentümern einer Sondereigentumseinheit diese die Zustellung von Schriftstücken an jeden einzelnen Eigentümer anstelle der Zustellung an einen benannten Empfangsbevollmächtigten verlangen.
- Sonderentgelt für die Zuarbeit, Unterlagenzusammenstellung, Führung von Schriftverkehr, Anfertigung von Kopien, Wahrnehmung von Besprechungen und/oder gerichtlichen Terminen bei der über einen Rechtsanwalt abgewickelten gerichtlichen Beitreibung rückständiger Beitragsforderungen sowie sonstiger aktiver oder passiver gerichtlicher Verfahren im Zusammenhang mit der Verwaltung des gemeinschaftlichen Eigentums nach Zeitaufwand, mindestens [...] €, zzgl Schreib-, Kopier- und Portoauslagen.
- Sonderentgelt für verwalterseits eigenständig (d.h. ohne Beauftragung eines Rechtsanwalts) geführte außergerichtliche Verfahren zur Beitreibung von Beitragsforderungen gegen einzelne Wohnungseigentümer bzw sonstige gerichtliche Aktiv- und Passivverfahren im Zusammenhang mit der Verwaltung des gemeinschaftlichen Eigentums in Anwendung der Bestimmungen des Rechtsanwaltsvergütungsgesetzes (RVG).
- Sonderentgelt des Verwalters für die Abwicklung jeder Sondereigentumsübertragung, mit einem pauschalierten Entgelt iHv [...] € zuzüglich jeweils gültiger gesetzlicher Mehrwertsteuer im Falle einer vom Verwalter zu erteilenden Veräußerungszustimmung; im Falle des Eigentümerwechsels ohne Veräußerungszustimmung des Verwalters [...] € zuzüglich jeweils gültiger gesetzlicher Mehrwertsteuer.
- Sonderentgelt für jede zusätzlich einzuberufende Eigentümerversammlung iHv [...] €, zzgl jeweiliger gesetzlicher Mehrwertsteuer, zzgl Schreib-, Kopier- und Portoauslagen, wobei dies nur für eigentümerseits veranlasste und objektiv erforderliche Eigentümerversammlungen gilt, die nicht infolge einer dem Verwalter schuldhaft zurechenbaren Pflichtverletzung erforderlich wurden.
- Sonderentgelt für die Teilnahme an Beiratssitzungen außerhalb der üblichen Bürozeiten, ansonsten bei mehr als zwei Terminen jährlich, nach Zeitaufwand, mindestens [...] € [*alternativ*: pauschaliertes Entgelt pro Sitzung iHv [...] €], zzgl jeweiliger gesetzlicher Mehrwertsteuer, zzgl Schreib-, Kopier- und Portoauslagen, wobei dies nur für eigentümerseits veranlasste oder objektiv erforderliche außerordentliche Beiratssitzungen gilt, die nicht infolge einer dem Verwalter schuldhaft zurechenbaren Pflichtverletzung erforderlich wurden.
- Sonderentgelt für Verhandlungen mit Behörden und zur Erfüllung behördlicher Auflagen nach Zeitaufwand, mindestens [...] € zzgl jeweiliger gesetzlicher Mehrwertsteuer, zzgl Schreib-, Kopier- und Portoauslagen.
- Sonderentgelt für die Betreuung von größeren Instandhaltungs- und Instandsetzungsmaßnahmen, Maßnahmen der modernisierenden Instandsetzung, Modernisierung oder baulichen Änderungen (d.h. über einem Auftragswert iHv [...] € netto im Einzelfall bei Gebäudeleistungen,

[...] € netto im Einzelfall bei haustechnischen Anlagen), nicht bei Einschaltung von Architekten, Ingenieuren oder sonstigen Sonderfachleuten iHv 2,5 % der auf die Maßnahme entfallenden Bruttokosten, zzgl jeweiliger gesetzlicher Mehrwertsteuer, zzgl Schreib-, Kopier- und Portoauslagen.

– Sonderentgelt für die Erstellung/Wiederherstellung fehlender Verwaltungsunterlagen inkl. Beschluss-Sammlung und/oder einer ordnungsgemäßen Buchhaltung oder Abrechnungen/Wirtschaftsplänen, falls nicht bei Amtsübernahme vorhanden und erforderlich, nach Zeitaufwand, zzgl Schreib-, Kopier- und Portoauslagen.

– Sonderentgelt für die Beschaffung, Prüfung und Verwaltung von Freistellungsbescheinigungen gem. § 48 EStG sowie die Abwicklung einer gegebenenfalls erforderlichen Steuerabführung im Einzelfall mit einem pauschalen Entgelt iHv [...] €, zzgl jeweiliger gesetzlicher Mehrwertsteuer, zzgl Schreib-, Kopier- und Portoauslagen.

– Sonderentgelt nach Zeitaufwand, mindestens [...] €, zzgl jeweiliger gesetzlicher Mehrwertsteuer, zzgl Schreib-, Kopier- und Portoauslagen für den Sonderaufwand zur Ermittlung der Grundlagen sowie fortlaufenden Überprüfung eines durch Vereinbarung oder Beschluss der Eigentümer oder gerichtliche Entscheidung festgelegten ganz oder teilweise personengebundenen Abrechnungsschlüssels, soweit keine schuldhafte Pflichtverletzung der Verwaltung ursächlich ist.

– Auslagenersatz für die Bewirkung der Zustellung von Schriftstücken im Ausland.

– Für die Ausweisung von Aufwendungen iSd § 35 a EStG (Aufwendungen für haushaltsnahe Beschäftigungsverhältnisse, Dienstleistungen sowie Handwerkerleistungen) sowie des jeweils auf den einzelnen Wohnungseigentümer entfallenden Anteils im Rahmen der Jahresgesamt- und Einzelabrechnung bzw gesonderter Bescheinigung erhält der Verwalter ein pauschales jährliches Entgelt pro Abrechnungseinheit (ohne Stellplätze oder Garagen) iHv [...] € zzgl jeweiliger gesetzlicher Mehrwertsteuer.

– Sofern der Verwalter gemäß den Bestimmungen der Gemeinschaftsordnung oder aufgrund entsprechender Vollmacht in den jeweiligen Erwerbsverträgen berechtigt bzw verpflichtet ist, selbst oder als Organ der Wohnungseigentümergemeinschaft bei der Abnahme des gemeinschaftlichen Eigentums vom Aufteiler/Bauträger mitzuwirken, erhält der Verwalter eine pauschale Vergütung nach Zeitaufwand. Dies gilt ebenso bei der Mitwirkung an der Verfolgung anfänglicher Baumängelsowie Restfertigstellungsansprüche.

– Für die im Zusammenhang mit neuen/geänderten gesetzlichen Bestimmungen vom Verwalter zusätzlich zu übernehmenden Verwaltungsaufgaben wird ein pauschaliertes Entgelt nach Zeitaufwand zzgl jeweiliger gesetzlicher Mehrwertsteuer, zzgl Schreib-, Kopier- und Portoauslagen für den Sonderaufwand des Verwalters vereinbart.

Soweit vorstehend die Abrechnung von Sonderentgelten nach Zeitaufwand vereinbart ist, gilt folgender Vergütungssatz: je angefangene Zeitstunde [...] €.

Bei einer Tätigkeit außerhalb des Büros des Verwalters beginnt die Zeitberechnung mit dem Verlassen des Büros und endet mit der Rückkehr in das Büro; Vorbereitungs- und Wartezeiten wie zB bei Behörden oder Gerichten sind eingeschlossen.

Für die Anfertigung von Fotokopien werden 0,50 € für ersten fünfzig Kopien sowie je weitere Kopie 0,15 € nebst der Mehrwertsteuer in der jeweils gültigen Höhe berechnet.

Alle Auslagen für Post- und Telekommunikationsdienstleistungen, Schreibauslagen, Reisekosten und dergleichen sowie die Mehrwertsteuer in der jeweils gültigen gesetzlichen Höhe werden gesondert berechnet.

c) Verwaltungsvollmacht

Herr/Frau/Firma

[...],

vertreten durch: [...],

(im folgenden „Verwalter" genannt),

wird als **Verwalter/in** gemäß Wohnungseigentumsgesetz der Wohnungseigentümergemeinschaft des Objekts

[...] in [...]

(im folgenden „Eigentümergemeinschaft" genannt),

bevollmächtigt, die Wohnungseigentümergemeinschaft im Rahmen der sich aus dem Wohnungseigentumsgesetz, den Vereinbarungen und Beschlüssen der Wohnungseigentümer sowie den Bestimmungen des unter dem [...] [*Datum*] abgeschlossenen Verwaltungsvertrags ergebenden Befugnisse zu vertreten.

I. Umfang der gesetzlichen Ermächtigungen (§ 27 WEG)

1. Der Verwalter ist gegenüber den Wohnungseigentümern und gegenüber der Gemeinschaft der Wohnungseigentümer berechtigt und verpflichtet,

- Beschlüsse der Wohnungseigentümer durchzuführen und für die Durchführung der Hausordnung zu sorgen;
- die für die ordnungsmäßige Instandhaltung und Instandsetzung des gemeinschaftlichen Eigentums erforderlichen Maßnahmen zu treffen;
- in dringenden Fällen sonstige zur Erhaltung des gemeinschaftlichen Eigentums erforderliche Maßnahmen zu treffen;
- Lasten- und Kostenbeiträge, Tilgungsbeträge und Hypothekenzinsen anzufordern, in Empfang zu nehmen und abzuführen, soweit es sich um gemeinschaftliche Angelegenheiten der Wohnungseigentümer handelt;
- alle Zahlungen und Leistungen zu bewirken und entgegenzunehmen, die mit der laufenden Verwaltung des gemeinschaftlichen Eigentums zusammenhängen;
- eingenommene Gelder zu verwalten;
- die Wohnungseigentümer unverzüglich darüber zu unterrichten, dass ein Rechtsstreit gemäß § 43 WEG anhängig ist;
- die Erklärungen abzugeben, die zur Vornahme der in § 21 Abs. 5 Nr. 6 WEG bezeichneten Maßnahmen erforderlich sind.

2. Der Verwalter ist berechtigt, im Namen aller Wohnungseigentümer und mit Wirkung für und gegen sie

- Willenserklärungen und Zustellungen entgegenzunehmen, soweit sie an alle Wohnungseigentümer in dieser Eigenschaft gerichtet sind;
- Maßnahmen zu treffen, die zur Wahrung einer Frist oder zur Abwendung eines sonstigen Rechtsnachteils erforderlich sind, insbesondere einen gegen die Wohnungseigentümer gerichteten Rechtsstreit gemäß § 43 Nr. 1, Nr. 4 oder Nr. 5 WEG im Erkenntnis- und Vollstreckungsverfahren zu führen;
- Ansprüche gerichtlich und außergerichtlich geltend zu machen, sofern er hierzu durch Vereinbarung oder Beschluss mit Stimmenmehrheit der Wohnungseigentümer ermächtigt ist;

– mit einem Rechtsanwalt wegen eines Rechtsstreits gemäß § 43 Nr. 1, Nr. 4 oder Nr. 5 WEG zu vereinbaren, dass sich die Gebühren nach einem höheren als dem gesetzlichen Streitwert, höchstens nach einem gemäß § 49 a Abs. 1 Satz 1 des Gerichtskostengesetzes bestimmten Streitwert bemessen.

3. Der Verwalter ist berechtigt, im Namen der Gemeinschaft der Wohnungseigentümer und mit Wirkung für und gegen sie

– Willenserklärungen und Zustellungen entgegenzunehmen;

– Maßnahmen zu treffen, die zur Wahrung einer Frist oder zur Abwendung eines sonstigen Rechtsnachteils erforderlich sind, insbesondere einen gegen die Gemeinschaft gerichteten Rechtsstreit gemäß § 43 Nr. 2 oder Nr. 5 WEG im Erkenntnis- und Vollstreckungsverfahren zu führen;

– die laufenden Maßnahmen der erforderlichen ordnungsmäßigen Instandhaltung und Instandsetzung gemäß § 27 Abs. 1 Nr. 2 WEG zu treffen;

– die Maßnahmen gemäß § 27 Abs. 1 Nr. 3 bis 5 und 8 WEG zu treffen;

– im Rahmen der Verwaltung der eingenommenen Gelder gemäß § 27 Abs. 1 Nr. 6 WEG Konten zu führen;

– mit einem Rechtsanwalt wegen eines Rechtsstreits gemäß § 43 Nr. 2 oder Nr. 5 WEG eine Vergütung gemäß § 27 Abs. 2 Nr. 4 WEG zu vereinbaren;

– sonstige Rechtsgeschäfte und Rechtshandlungen vorzunehmen, soweit er hierzu durch Vereinbarung oder Beschluss der Wohnungseigentümer mit Stimmenmehrheit ermächtigt ist.

II. Zusätzliche Vollmachten für die Wohnungseigentümergemeinschaft

1. Maßnahmen der laufenden Verwaltung des Gemeinschaftseigentums

Der Verwalter ist ferner berechtigt, namens und in Vollmacht der Wohnungseigentümergemeinschaft:

– nach pflichtgemäßem Ermessen, sofern im laufenden Wirtschaftsjahr die Notwendigkeit entsteht, ohne dass die Eigentümergemeinschaft anlässlich der jährlichen ordentlichen Eigentümerversammlung eine Beschlussfassung herbeiführen kann, zur Erfüllung der Aufgaben der laufenden Verwaltung notwendige Verträge abzuschließen, zu ändern oder zu kündigen oder sonstige Rechtsgeschäfte vorzunehmen (u.a. Prüfungs-, Wartungs-, Kontroll-, Reinigungs-, Pflege-, Reparatur-, Hausmeister-, Lieferungs-, oder Dienstleistungsverträge, Verträge über die Vornahme von Lohnabrechnungen sowie sonstige steuer- und/oder sozialversicherungsrechtliche Arbeiten), sofern die Verträge für einen Zeitraum von nicht mehr als einem Jahr abgeschlossen werden, im Einzelfall keine Kosten von mehr als [...] € und insgesamt im Wirtschaftsjahr nicht mehr als [...] € an Kosten verursachen;

– nach pflichtgemäßem Ermessen, sofern im laufenden Wirtschaftsjahr die Notwendigkeit entsteht, ohne dass die Eigentümergemeinschaft anlässlich der jährlichen ordentlichen Eigentümerversammlung eine Beschlussfassung herbeiführen kann, zum Zwecke der Erfüllung der Verkehrssicherungspflicht oder öffentlich-rechtlicher Vorschriften notwendige Verträge abzuschließen, zu ändern oder zu kündigen oder sonstige Rechtsgeschäfte vorzunehmen (u.a. Prüfungs-, Wartungs-, Kontroll-, Schnee- und Eisbeseitigungs-, Reinigungs-, Pflege- und Reparatur-, Hausmeister-, Lieferungs-, oder Dienstleistungsverträge), sofern die Verträge für einen Zeitraum von nicht mehr als einem Jahr abgeschlossen werden, im Einzelfall keine Kosten von mehr als [...] € und insgesamt im Wirtschaftsjahr nicht mehr als [...] € an Kosten verursachen;

– aufgrund entsprechenden Beschlusses der Eigentümergemeinschaft Instandhaltungs- und Instandsetzungsmaßnahmen am gemeinschaftlichen Eigentum einzuleiten, die entsprechenden Aufträge zu vergeben, kaufmännisch zu überwachen und abzunehmen, wobei im Falle von Maßnahmen mit einem Auftragswert von weniger als [...] € im Einzelfall, bei mehreren Aufträgen pro Wirtschaftsjahr begrenzt auf ein Gesamtvolumen iHv [...] €, die Zustimmung der Mehrheit der Mitglieder des Verwaltungsbeirats ausreichend ist; dies unbeschadet der Befugnis des Verwalters in dringenden Fällen sonstige zur Erhaltung des gemeinschaftlichen Eigentums erforderlichen Maßnahmen zu treffen (§ 27 Abs. 1 Nr. 3, § 27 Abs. 3 Nr. 4 WEG);

– sich mit Zustimmung der Mehrheit der Mitglieder des Verwaltungsbeirats zur Durchführung von größeren Instandhaltungs- und Instandsetzungsmaßnahmen, Maßnahmen der modernisierenden Instandsetzung bzw Modernisierung oder baulichen Änderungen (d.h. über einem Auftragswert iHv [...] € netto im Einzelfall bei Gebäudeleistungen, [...] € netto im Einzelfall bei haustechnischen Anlagen), namens und für Rechnung der Eigentümergemeinschaft sachkundiger Dritter (Architekten, Ingenieure, Gutachter, Rechtsanwälte, Steuerberater u.a.) zu bedienen, wobei der Verwalter auf die gegebenenfalls bestehende Notwendigkeit der Begleitung einer solchen Maßnahme durch einen sachkundigen Dritten hinzuweisen hat. Das Gleiche gilt bei geringeren Auftragswerten mit besonderer technischer oder rechtlicher Schwierigkeit;

– die Grundbücher der Eigentümer im Rahmen der Wahrnehmung der Verwaltungsaufgaben jederzeit auf Kosten der Eigentümergemeinschaft einzusehen und erforderlichenfalls Auszüge zu beschaffen;

– ihm bekannt gewordene Verstöße gegen eine bestehende Hausordnung oder gegen gesetzliche, vereinbarte oder beschlossene Pflichten der Wohnungseigentümer dergestalt zu verfolgen, dass der betreffende Wohnungseigentümer bzw dessen Nutzungsberechtigter zur Unterlassung störenden Verhaltens aufgefordert wird. Darüber hinausgehende Maßnahmen der außergerichtlichen oder gerichtlichen Störungsbeseitigung bzw Wiederherstellung des vorherigen Zustands mit Ausnahme von Not- oder Eilmaßnahmen bedürfen der Beschlussfassung der Wohnungseigentümergemeinschaft.

2. Versicherungen

Der Verwalter ist berechtigt und verpflichtet, die in § 21 Abs. 5 Nr. 3 WEG bzw durch Vereinbarung oder Beschluss vorgesehenen Versicherungen so aufrechtzuerhalten, zu kündigen, neu abzuschließen oder zu ändern, dass ein ausreichender Versicherungsschutz gewährleistet ist. Eine Änderung hinsichtlich des Versicherers bzw des Vertragsinhalts bedarf grundsätzlich der Beschlussfassung der Eigentümergemeinschaft. Entsteht im laufenden Wirtschaftsjahr, ohne dass die Eigentümergemeinschaft anlässlich der jährlichen ordentlichen Eigentümerversammlung eine Beschlussfassung herbeiführen kann, die Notwendigkeit (zB durch Kündigung seitens des Versicherers) und/oder die Möglichkeit zu einer Änderung hinsichtlich des Versicherers bzw des Vertragsinhalts, so kann der Verwalter die entsprechenden Rechtsgeschäfte mit der Zustimmung der Mehrheit der Mitglieder des Verwaltungsbeirats vornehmen, sofern die wirtschaftlichen und versicherungsvertraglichen Konditionen gleich bleiben oder sich verbessern.

3. Wirtschafts- und Vermögensverwaltung

Das Kreditinstitut, bei dem die Kontoverbindung der Gemeinschaft unterhalten wird, bestimmt der Verwalter. Die Instandhaltungsrücklage kann von dem Verwalter in Ausnahmefällen zur Abdeckung kurzfristiger Liquiditätsengpässe in Anspruch genommen werden, der Höhe nach auf maximal drei gesamte Monatshausgeldvorauszahlungen und zeitlich begrenzt auf drei Monate Dauer. Das Konto lautet auf die Wohnungseigentümergemeinschaft.

4. Rechtsvertretung

a) Der Verwalter ist ermächtigt, den termingerechten Eingang der auf die einzelnen Wohnungseigentümer entfallenden Beitragsforderungen (gem. Wirtschaftsplan, Jahresabrechnung, Sonderumlage) der Wohnungseigentümergemeinschaft zu überwachen, Säumige zu mahnen und rückständige Zahlungen zugunsten der Wohnungseigentümergemeinschaft in deren Namen außergerichtlich und gerichtlich auf Kosten der Wohnungseigentümergemeinschaft beizutreiben und einen Rechtsanwalt zu beauftragen, wobei die Erklärung von Anspruchsverzichten, Vergleichen, Anerkenntnissen sowie die Rücknahme von Anträgen oder Rechtsmitteln grundsätzlich eines Eigentümerbeschlusses bedarf. Selbst Vergleiche mit Widerrufsvorbehalt müssen mit einer Klausel versehen sein, die bei gerichtlicher rechtskräftiger Ungültigkerklärung des den Vergleich genehmigenden Beschlusses der Wohnungseigentümergemeinschaft auch den Vergleich in Wegfall bringt.

b) Bei anhängigen gerichtlichen oder behördlichen Verfahren gegen die Eigentümergemeinschaft (Passivverfahren), insbesondere auch gerichtlichen Verfahren nach § 43 WEG, besitzt der Verwalter die Befugnis zur Vertretung der Wohnungseigentümergemeinschaft sowie zur Beauftragung eines Rechtsanwalts. Die Eigentümer sind von ihm über den Verfahrensstand in geeigneter Weise zu informieren. Im Falle eines Interessenkonflikts des Verwalters ist dessen Vertretungsmacht sowie Zustellungsbevollmächtigung ausgeschlossen.

c) Zur Anstrengung von Aktivprozessen [mit Ausnahme von Verfahren zur Beitreibung von Beitragsforderungen gem. Buchst. a)] sowie zur endgültigen (nicht nur vorsorglich fristwahrenden) Einlegung von Rechtsmitteln, ebenfalls unter Beauftragung eines Rechtsanwalts, bedarf der Verwalter grundsätzlich eines mehrheitlichen Beschlusses der Eigentümerversammlung. Dies gilt nicht, sofern deren Abhaltung aus Termin- oder Fristgründen nicht rechtzeitig durchführbar ist. Die Erklärung von Anerkenntnissen/Vergleichen/Anspruchsverzichten, die Rücknahme von Anträgen sowie Rechtsmitteln bedarf grundsätzlich der Beschlussfassung der Eigentümerversammlung.

d) Der Verwalter ist ferner bevollmächtigt, namens und in Vollmacht sowie auf Kosten der Eigentümergemeinschaft nach pflichtgemäßem Ermessen zur Klärung von Rechtsfragen, die mit der Verwaltung des gemeinschaftlichen Eigentums zusammenhängen, einen Rechtsanwalt mit der Beratung der Wohnungseigentümergemeinschaft, der Erstattung von Rechtsgutachten sowie deren außergerichtlicher Vertretung zu beauftragen.

e) Der Verwalter ist im Rahmen seiner Vollmachten zur Anwaltsbeauftragung ermächtigt, mit dem Rechtsanwalt eine Vergütungsvereinbarung abzuschließen, durch welche diesem eine besondere Vergütung gewährt wird, sei es durch die Vereinbarung eines höheren als des gesetzlichen Gegenstandswertes, durch die Vereinbarung eines zusätzlichen Honorars oder durch die Vereinbarung eines Zeithonorars neben, anstelle oder über die Bestimmungen des Rechtsanwaltsvergütungsgesetzes (RVG) zur Höhe der gesetzlichen Vergütung des Rechtsanwalts hinaus.

f) Bei gerichtlichen Verfahren gem. § 43 Nr. 2 oder Nr. 5 WEG muss in der Vergütungsvereinbarung festgelegt sein, dass die Vergütung des Rechtsanwalts nicht mehr betragen darf, als sich nach einer Vergütungsberechnung nach dem RVG unter Zugrundelegung eines Streitwertes von 50 % des Interesses aller Parteien und Beigeladenen ergäbe (§ 27 Abs. 3 Nr. 6 WEG).

g) Bei behördlichen oder gerichtlichen Verfahren, die keine Verfahren nach § 43 Nr. 2 oder Nr. 5 WEG sind, sowie bei der außergerichtlichen Beratung und Vertretung bedarf eine dem Rechtsanwalt gewährte besondere Vergütung über die Bestimmungen des Rechtsanwaltsvergütungsgesetzes (RVG) zur Höhe der gesetzlichen Vergütung des Rechtsanwalts hinaus, die mehr als [...] € im

Einzelfall beträgt, bei mehreren Fällen mehr als [...] € pro Wirtschaftsjahr, der vorherigen Zustimmung der Mehrheit der Mitglieder des Verwaltungsbeirats; werden die vorgenannten Beträge überschritten, ist der Beschluss der Eigentümerversammlung einzuholen. Die vorstehenden Regelungen gelten nicht im Falle des Buchst. a).

III. Zusätzliche Vollmachten für die Wohnungseigentümer

- Bei anhängigen gerichtlichen oder behördlichen Verfahren gegen die Wohnungseigentümer (Passivverfahren), insbesondere auch gerichtlichen Verfahren nach § 43 WEG, besitzt der Verwalter Vertretungsbefugnis der beklagten sowie beteiligten restlichen Wohnungseigentümer einschließlich der Berechtigung zur Beauftragung eines Rechtsanwalts. Die vom Verwalter vertretenen Eigentümer sind von ihm über den Verfahrensstand in geeigneter Weise zu informieren. Im Falle eines Interessenkonflikts des Verwalters ist dessen Vertretungsmacht sowie Zustellungsbevollmächtigung ausgeschlossen.
- Der Verwalter ist im Rahmen seiner Vollmacht zur Beauftragung eines Rechtsanwalts ermächtigt, mit dem Rechtsanwalt eine Vergütungsvereinbarung abzuschließen, durch welche diesem eine besondere Vergütung gewährt wird, sei es durch die Vereinbarung eines höheren als des gesetzlichen Gegenstandswertes, durch die Vereinbarung eines zusätzlichen Honorars oder durch die Vereinbarung eines Zeithonorars neben, anstelle oder über die Bestimmungen des Rechtsanwaltsvergütungsgesetzes (RVG) zur Höhe der gesetzlichen Vergütung des Rechtsanwalts hinaus.
- Bei gerichtlichen Verfahren gem. § 43 Nr. 1, 4 oder 5 WEG muss in der Vergütungsvereinbarung festgelegt sein, dass die Vergütung des Rechtsanwalts nicht mehr betragen darf, als sich nach einer Vergütungsberechnung nach dem RVG unter Zugrundelegung eines Streitwertes von 50 % des Interesses aller Parteien und Beigeladenen ergäbe (§ 27 Abs. 2 Nr. 4 WEG).
- Soweit außerhalb gerichtlicher Verfahren nach § 43 Nr. 1, 4 oder 5 WEG die dem Rechtsanwalt gewährte besondere Vergütung gegenüber den Bestimmungen des Rechtsanwaltsvergütungsgesetzes (RVG) zur Höhe der gesetzlichen Vergütung des Rechtsanwalts mehr als [...] € im Einzelfall / bei mehreren Fällen mehr als [...] € pro Wirtschaftsjahr beträgt, bedarf der Abschluss der Vergütungsvereinbarung der vorherigen Zustimmung der Mehrheit der Mitglieder des Verwaltungsbeirats; werden die vorgenannten Beträge überschritten, so ist der Beschluss der Eigentümerversammlung einzuholen.

IV. Weitere Bestimmungen

Untervollmachten kann der Verwalter/die Verwalterin ausschließlich für einzelne Verwaltungsangelegenheiten erteilen, nicht jedoch die ihm als höchstpersönlich erteilte Vollmacht im Ganzen übertragen.

Erlischt die Vertretungsmacht des Verwalters/der Verwalterin, so ist die Vollmacht der Wohnungseigentümergemeinschaft, d.h. dem/der Vorsitzenden des Verwaltungsbeirats oder einem nachgewiesen legitimierten, neu bestellten Verwalter unverzüglich zurückzugeben; ein Zurückbehaltungsrecht an dieser Vollmachtsurkunde steht dem Verwalter nicht zu.

[...], den [...]

[Unterschriften]

[Für den Fall der in der Gemeinschaftsordnung vorgesehenen Veräußerungszustimmung durch den Verwalter ist Unterschriftsbeglaubigung erforderlich]

d) Synchronisationsbeschlüsse

aa) Beschluss zur Rechtsvertretung und Vergütung

Bei anhängigen gerichtlichen oder behördlichen Verfahren gegen die Wohnungseigentümer (Passiv-verfahren), insbesondere auch gerichtlichen Verfahren nach § 43 WEG, besitzt der Verwalter eine Vertretungsbefugnis der beklagten sowie beteiligten restlichen Wohnungseigentümer einschließlich der Berechtigung zur Beauftragung eines Rechtsanwalts. Die vom Verwalter vertretenen Eigentümer sind von ihm über den Verfahrensstand in geeigneter Weise zu informieren. Im Falle eines Interes-senkonflikts des Verwalters sind dessen Vertretungsmacht sowie Zustellungsbevollmächtigung aus-geschlossen.

Der Verwalter ist im Rahmen seiner Vollmacht zur Beauftragung eines Rechtsanwalts ermächtigt, mit dem Rechtsanwalt eine Vergütungsvereinbarung abzuschließen, durch welche diesem eine besondere Vergütung gewährt wird, sei es durch die Vereinbarung eines höheren als des gesetzlichen Gegen-standswertes, durch die Vereinbarung eines zusätzlichen Honorars oder durch die Vereinbarung eines Zeithonorars neben, anstelle oder über die Bestimmungen des Rechtsanwaltsvergütungsgesetzes (RVG) zur Höhe der gesetzlichen Vergütung des Rechtsanwalts hinaus.

Bei gerichtlichen Verfahren gem. § 43 Nr. 1, 4 oder 5 WEG muss in der Vergütungsvereinbarung fest-gelegt sein, dass die Vergütung des Rechtsanwalts nicht mehr betragen darf, als sich nach einer Vergütungsberechnung nach RVG unter Zugrundelegung eines Streitwertes von 50 % des Interesses aller Parteien und Beigeladenen ergäbe (§ 27 Abs. 2 Nr. 4 WEG).

Soweit außerhalb gerichtlicher Verfahren nach § 43 Nr. 1, 4 oder 5 WEG die dem Rechtsanwalt ge-währte besondere Vergütung gegenüber den Bestimmungen des Rechtsanwaltsvergütungsgesetzes (RVG) zur Höhe der gesetzlichen Vergütung des Rechtsanwalts mehr als [...] € im Einzelfall / bei mehreren Fällen mehr als [...] € pro Wirtschaftsjahr beträgt, bedarf der Abschluss der Vergütungs-vereinbarung der vorherigen Zustimmung der Mehrheit der Mitglieder des Verwaltungsbeirats; werden die vorgenannten Beträge überschritten, so ist der Beschluss der Eigentümerversammlung einzuho-len.

bb) Beschluss über die Kostenverteilung bei Sonderleistungen des Verwalters

Soweit in dem mit dem Verwalter am [...] abgeschlossenen Verwaltungsvertrag besondere Vergü-tungen für Tätigkeiten vereinbart sind, die gegenüber einem oder mehreren Wohnungseigentümern erbracht werden bzw von diesem/diesen veranlasst bzw zurechenbar verursacht werden, so wird be-schlossen, dass der Verwalter berechtigt ist, die jeweilige Vergütung wahlweise entweder dem Ver-waltungsvermögen der Gemeinschaft zu entnehmen, wobei die entstehenden Kosten dem jeweiligen Wohnungseigentümer im Rahmen der Jahresgesamt- und Einzelabrechnung im Wege der Direktbe-lastung zu belasten sind, oder die entstehenden Kosten dem jeweiligen Wohnungseigentümer un-mittelbar in Rechnung zu stellen. Es handelt sich dabei insbesondere um folgende Sonderentgelte: [...] [*Aufzählung gem. konkretem Vertragsinhalt hier einsetzen*].

cc) Beschluss über Obliegenheiten

Steht ein Sondereigentum mehreren Personen zu, so sind diese auf Anforderung des Verwalters ver-pflichtet, einen mit einer schriftlichen Vollmacht versehenen Bevollmächtigten zu bestellen und dem Verwalter namhaft zu machen. Dies gilt nicht für Ehegatten und Lebenspartnerschaften nach dem Lebenspartnerschaftsgesetz.

Die Wohnungseigentümer sind verpflichtet, den Verwalter über die Gebrauchsüberlassung ihres Son-dereigentums an Dritte (Vermietung, Verpachtung etc.) sowie, sofern eine Verwalterzustimmung gem. § 12 Abs. 1 WEG nicht vereinbart ist, über die Veräußerung ihres Sondereigentums schriftlich zu unterrichten.

Über werterhöhende Maßnahmen im Bereich des Sondereigentums hat der jeweilige Wohnungseigentümer den Verwalter schriftlich zur Weiterleitung an den Gebäudeversicherer zu unterrichten. ◄

C. Kaufmännische Verwaltung

I. Jahresabrechnung

1. Einführung

Pflichtaufgabe des Verwalters ist die Erstellung der sog. Jahresabrechnung nach Ablauf eines jeden Wirtschaftsjahres, welches mangels abweichender Vereinbarung das Kalenderjahr ist (§ 28 Abs. 3 WEG).   138

Das Abrechnungswerk sollte mangels besonderer Hinderungsgründe innerhalb der ersten Monate des Folgewirtschaftsjahres vorgelegt werden. Bei kleineren Gemeinschaften, deren Abrechnung ohne besondere Schwierigkeiten herzustellen ist, wird von einer Fälligkeit der Vorlage (unterstellt, das Wirtschaftsjahr ist das Kalenderjahr) bis ca. Ende März des Folgejahres ausgegangen; bei schwierigeren oder umfangreichen Abrechnungen sollte diese bis spätestens Ende Mai des Folgejahres vorliegen, damit bis Ende Juni Beschluss gefasst werden kann.[69]

Im Falle des Verwalterwechsels ist zu beachten, dass die Jahresabrechnung stets von dem Verwalter zu erstellen ist, der im Zeitpunkt der Fälligkeit der Erstellungspflicht im Amt ist. Scheidet der bisherige Verwalter zum Jahreswechsel aus, obliegt somit die Erstellung der Jahresabrechnung des Vorjahres dessen Nachfolger.[70]   139

Über die Genehmigung der Jahresabrechnung des Verwalters entscheidet die Eigentümerversammlung durch einfachen Mehrheitsbeschluss gem. § 28 Abs. 5 WEG. Die Jahresabrechnung soll gem. § 29 Abs. 3 WEG, bevor die Eigentümerversammlung Beschluss fasst, von den Mitgliedern des Verwaltungsbeirats geprüft und mit einer Stellungnahme versehen werden.

2. Die Struktur der Jahresabrechnung

Problematisch ist, dass sich das Gesetz über Form und Inhalt des Abrechnungswerks ansonsten ausschweigt. Die zu der Frage ergangene Rechtsprechung, wie eine ordnungsmäßiger Verwaltung entsprechende Jahresabrechnung auszusehen hat, ist Legion.   140

Zunächst muss das Abrechnungswerk den Ersteller der Abrechnung, das Erstellungsdatum, den Abrechnungszeitraum sowie das Bezugsobjekt (mit Blick auf die Einzelabrechnung auch die betreffende Sondereigentumseinheit) ausweisen.[71] Die in der Abrechnung enthaltenen Angaben müssen schon ihrem Formbild nach so geordnet und klar dargestellt werden, dass sie aus sich heraus verständlich und nachvollziehbar sind.[72]

Nach der Rechtsprechung und herrschenden Meinung hat die Jahresabrechnung der Wohnungseigentümergemeinschaft aus der Gesamt- und Einzelabrechnung, der Darstellung der Entwicklung der Instandhaltungsrücklage und der Darstellung der Kontenentwicklung zu be-   141

---

69   Riecke/Schmid/*Abramenko*, § 28 WEG Rn 61.
70   OLG Celle v. 8.6.2005 – 4 W 107/05 = ZMR 2005, 718.
71   Köhler, in: Köhler/Bassenge, Teil 6 Rn 8 ff.
72   OLG Hamm v. 22.2.2007 – 15 W 322/06 = ZMR 2008, 60, 61; BayObLG v. 8.12.2004 – 2 Z BR 151/04 = NZM 2005, 750.

stehen.[73] Hier vertretener Auffassung nach ist zusätzlich ein sog. Vermögensstatus vorzulegen, da ansonsten eine Prüfung der Abrechnung nicht ausgeführt werden kann.

Die vereinzelt vertretene Auffassung, wonach eine sämtliche Einzelabrechnungsergebnisse ausweisende sog. Saldenliste als notwendiger Bestandteil der Abrechnung anzusehen ist, hat sich (zu Recht) nicht durchsetzen können.[74] Im Bezirk des Oberlandesgerichts Köln wird die Saldenliste aber nach wie vor als Bestandteil der Jahresabrechnung angesehen.[75]

a) Die Jahresgesamt- und Einzelabrechnung

142   Nach herrschender Meinung hat die Jahresgesamt- und Einzelabrechnung eine nach Sachpositionen gegliederte Darstellung der im betreffenden Abrechnungszeitraum zu berücksichtigenden Einnahmen und Ausgaben der Wohnungseigentümergemeinschaft, die auf das jeweilige Sondereigentum entfallenden Einzelbeträge unter Darstellung der angewendeten Verteilerschlüssel sowie das sich jeweils ergebende Soll- bzw Haben-Saldo als Abrechnungsergebnis auszuweisen.[76] Dabei müssen auch im Falle einer Abrechnung nach Wirtschaftseinheiten die Einnahmen und Ausgaben der gesamten Wohnungseigentümergemeinschaft in jeder (Einzel-)Abrechnung dargestellt sein.[77]

143   Zu Missverständnissen führt dabei vielfach die von der Terminologie der Rechtsprechung suggerierte Trennung von Gesamt- und Einzelabrechnung,[78] die indes praktisch kaum durchführbar ist. Die Rechtsprechung will hierdurch lediglich klargestellt wissen, dass die für die Wohnungseigentümergemeinschaft als solche angefallenen Einnahmen und Ausgaben insgesamt darzustellen und abzurechnen sind (Gesamtabrechnung), während die Einzelabrechnung die auf das jeweilige Sondereigentum zu verteilenden Einzelbeträge und die sich durch deren Saldierung individuell ergebende Beitragsschuld (oder das Beitragsguthaben) des jeweiligen Wohnungseigentümers ausweist. Da die Einzelabrechnung somit nur aus der Gesamtabrechnung entwickelt werden kann, bilden beide Abrechnungsteile ein einheitliches Ganzes, weshalb es in der Praxis üblich und zulässig ist, Gesamt- und Einzelabrechnung in einer einheitlichen Darstellung zu vereinen.[79]

aa) Grundsatz der Einnahmen-/Ausgabenrechnung

144   Nach Auffassung der Rechtsprechung ist die Jahresabrechnung indes keine Bilanz nebst Gewinn- und Verlustrechnung im Sinne einer kaufmännischen Buchhaltung. Vielmehr soll die Jahresabrechnung eine „einfache" Einnahmen-/Ausgabenabrechnung sein. Dies bedeutet, dass zum einen der Darstellung von Forderungen und Verbindlichkeiten, zum anderen der Möglichkeit von Rechnungsabgrenzungen grundsätzlich eine Absage erteilt wird.

145   Die Abrechnung soll daher grundsätzlich nur die im betreffenden Abrechnungszeitraum tatsächlich geflossenen Einnahmen und Ausgaben der Wohnungseigentümergemeinschaft ausweisen. Demnach sind auch die Zu- und Abflüsse betreffend frühere Jahresabrechnungen nicht in der nächstfolgenden Abrechnung darzustellen, ebenso wenig wie etwaige Rückstände. Dies führt auch dazu, dass es für die Richtigkeit der Abrechnung insbesondere nicht darauf an-

---

73 OLG Hamburg v. 11.4.2007 – 2 Wx 2/07 = ZMR 2007, 550, 552; KG v. 26.9.2005 – 24 W 123/04 = ZMR 2006, 63, 64.
74 Jennißen/*Jennißen*, § 28 WEG Rn 115; Deckert/*Sütterlin*, Grp 4 Rn 271.
75 OLG Köln v. 24.8.2005 – 16 Wx 18/05 = NZM 2006, 66; Köhler, in: Köhler/Bassenge, Teil 6 Rn 127 ff mwN.
76 BayObLG v. 10.3.1994 – 2 Z BR 11/94 = WE 1995, 91.
77 KG v. 1.11.2004 – 24 W 221/03 = ZMR 2005, 568; Jennißen/*Jennißen*, § 28 WEG Rn 85 a, 97.
78 KG v. 7.1.1985 – 24 W 4964/84 = DWE 1986, 27.
79 Riecke/Schmid/*Abramenko*, § 28 Rn 76; Jennißen/*Jennißen*, § 28 WEG Rn 91, 95.

kommt, ob ein Betrag zu Recht oder zu Unrecht geflossen ist, sondern nur darauf, ob ein tatsächlicher Mittelabfluss erfolgte.[80]

bb) Rechnungsabgrenzungen

Das Dogma der Rechtsprechung von der „reinen" Einnahmen-/Ausgabenrechnung unterliegt   146
indes Durchbrechungen, die als notwendig anerkannt wurden. So sind Rechnungsabgrenzungen, die aus der Pflicht zur verbrauchsabhängigen Erfassung und Abrechnung der Heiz- und Warmwasserkosten gem. Heizkostenverordnung folgen, ausdrücklich zulässig.[81] Dies gilt auch für die verbrauchsabhängige Erfassung und Abrechnung der Kosten der Wasserversorgung und der Entwässerung.[82]

cc) Prozesskosten in Verfahren nach § 43 WEG

Während die Vertretungsmacht zum Abschluss des Anwaltsvertrags im gegen die Wohnungs-   147
eigentümergemeinschaft selbst gerichteten gerichtlichen Passivverfahren unbestritten ist, wird mit Blick auf § 27 Abs. 2 Nr. 2 WEG iVm § 16 Abs. 8 WEG vertreten, dass der Verwalter im Falle eines gegen die einzelnen Wohnungseigentümer gerichteten Verfahrens (typischer Fall: Anfechtungsklage) wegen eines damit verbundenen Eingriffs in die Rechte des Sondereigentümers keine Vertretungsmacht zur Anwaltsbeauftragung besitze bzw aufgrund der Tatsache, dass die gesetzliche Vergütung des Rechtsanwalts für die Tätigkeit in einem Verfahren nach § 43 WEG nicht zu den Verwaltungskosten zähle, eine Finanzierung und Abrechnung dieser Kosten im Rahmen der Wohnungseigentümergemeinschaft nicht möglich sei.[83]

Ausgehend von der oben (Rn 147) genannten Auffassung, wonach die Führung von Anfech-   148
tungsverfahren auf Beklagtenseite nicht zum Tätigkeitskreis der Wohnungseigentümergemeinschaft gehört, wird vertreten, dass die Kosten anwaltlicher Tätigkeit im Rahmen eines gerichtlichen Verfahrens gem. § 43 WEG aufgrund der Bestimmung des § 16 Abs. 8 WEG auch nicht aus dem Verwaltungsvermögen finanziert werden könnten.[84] Diese fehlgehende und zur faktischen Unverwaltbarkeit von Wohnungseigentum führende universitär-richterlich geprägte Rechtsmeinung, wonach die Ausnahme der gesetzlichen Vergütung des Rechtsanwalts in einem Verfahren nach § 43 WEG dazu führe, dass eine Finanzierung aus dem Gemeinschaftsvermögen unzulässig sei, ist strikt abzulehnen.[85]

Die Regelung des § 16 Abs. 8 WEG besagt nur, dass der allgemeine Kostenverteilungsschlüssel   149
des § 16 Abs. 2 WEG zugunsten des Vorrangs der gerichtlichen Kostenentscheidung keine Anwendung finden soll.[86] Damit ist aber nicht geklärt, welcher Kostenverteilungsschlüssel für die Abrechnung der Wohnungseigentümer im Innenverhältnis gelten soll. Der Entscheidung des BGH vom 15.3.2007 kann aber entnommen werden, dass der allgemeine vereinbarte Kostenverteilungsschlüssel gelten soll, mangels Vereinbarung eines Verteilerschlüssels der gesetzliche gem. § 16 Abs. 2 WEG.

---

80 OLG Hamm v. 22.2.2007 – 15 W 322/06 = ZMR 2008, 60; Riecke/Schmid/*Abramenko*, § 29 Rn 18.
81 OLG Hamm v. 3.5.2001 – 15 W 7/01 = ZMR 2001, 1001.
82 OLG Köln v. 20.12.2004 – MietRB 2005, 209.
83 Merle, ZWE 2008, 109 ff.
84 OLG München v. 16.11.2006 – 32 Wx 125/06 = ZMR 2007, 140; Elzer, in: Hügel/Elzer, § 11 Rn 66.
85 So Deckert, Vortrag zum 34. Fachgespräch des ESW, Fischen 2008; Jennißen, NZM 2007, 510, 512.
86 Offengelassen in BGH v. 15.3.2007 – V ZB 1/06 = ZMR 2007, 623 ff.

b) Die Darstellung der Instandhaltungsrückstellung

150 Die Rechtsprechung sieht eine gesonderte Darstellung der Entwicklung der Instandhaltungs-rücklage als notwendigen Bestandteil der Abrechnung an,[87] weshalb analog der Gesamtab-rechnung der Anfangsbestand, die Zu- und Abgänge im Abrechnungszeitraum und der End-bestand auszuweisen sind. Ferner ist analog der Einzelabrechnung der jeweilige rechnerische Anteil des jeweiligen Sondereigentums nach dem gültigen Kostenverteilungsschlüssel anzuge-ben.[88] Bei Mehrhausanlagen ist zu berücksichtigen, dass die Bildung mehrerer separater In-standhaltungsrückstellungen erforderlich sein kann.[89]

aa) Zuführung und Entnahme in der Abrechnung

151 Bei der Darstellung der Zuführung und der Entnahmen aus der Instandhaltungsrückstellung im Rahmen der Jahresabrechnung kann eine dreifache Buchung erforderlich sein:

- die Darstellung der Zuführung zur Rücklage als (künstliche) Ausgabenposition (um die Aus-schüttung der Zuführung als Guthaben mangels entgegenstehender Ausgaben zu verhin-dern),
- die Entnahme verwendeter Beträge aus der Rücklage als Einnahme sowie
- deren tatsächliche Verwendung als weitere Ausgabenposition.[90]

Dies entsprach zumindest bislang herrschender Meinung. Neuerdings wird die Richtigkeit der hier empfohlenen Darstellung allerdings angezweifelt, dies allerdings zu Unrecht.[91] Da es sich bei der Zuführung zur Instandhaltungsrücklage nicht um „echte" Ausgaben im Sinne eines Abflusses von Liquidität handele, sondern vielmehr nur um eine interne Umbuchung, dürften diese Beträge nicht in der Kostenverteilung erscheinen. Die Erhebung der Rücklage sei dem Wirtschaftsplan vorbehalten.[92]

152 Die Abrechnung und nicht der Wirtschaftsplan dient der Feststellung, ob die veranschlagten Einnahmen gemäß Wirtschaftsplan tatsächlich erbracht wurden. Dabei gehören zu den veran-schlagten Kosten nicht nur die tatsächlichen Ausgaben, sondern auch die für die Ansparung der Rücklage erforderlichen Mittel. Ohne Darstellung der Rücklage als Ausgabenposition gibt die Abrechnung keinen Aufschluss darüber, ob die veranschlagten Mittel auch tatsächlich geflossen sind und ob Nachzahlungen erforderlich sind oder die Ausschüttung von Guthaben erfolgen kann.

153 Da die Rücklage nicht tatsächlich abgeflossen ist (soweit also keine Entnahmen getätigt wur-den), ist in der Bankkontenentwicklung dieser Zuführungsbetrag zu „neutralisieren" (Begriff von *Jennißen*), also als nicht kontenwirksamer Betrag auszuweisen. Insofern ist in der Abrech-nung zwischen sog. abrechnungswirksamen und sog. kontenwirksamen Bewegungen zu unter-scheiden.

bb) Zinsen

154 Zinsen aus einem Rückstellungsvermögen sollten mangels anderweitiger Beschlussfassung stets der Instandhaltungsrückstellung selbst gutgeschrieben werden. Dies hat auch bei Hausgeld-

---

87 KG v. 7.1.2004 – 24 W 326/01 = ZMR 2005, 222.
88 Köhler, in: Köhler/Bassenge, Teil 6 Rn 204.
89 BayObLG v. 10.9.1987 – 2 Z 52/87 = NJW-RR 1988, 274; Jennißen/*Jennißen*, § 28 WEG Rn 109.
90 LG München I v. 9.11.2006 – 1 T 6490/06 = ZMR 2007, 567.
91 Vgl Jennißen, Die Verwalterabrechnung nach dem Wohnungseigentumsgesetz, 6. Aufl. 2009.
92 Riecke/Schmid/*Abramenko*, § 28 WEG Rn 74; Bärmann/Pick/*Merle*, § 28 WEG Rn 69; Niedenführ/Kümmel/Vanden-houten/*Niedenführ*, § 28 WEG Rn 53.

zahlungssäumnis einzelner Eigentümer die Folge, dass hier im Verrechnungsweg in Einzelabrechnungen dem säumigen Eigentümer nicht Gutschriften zufließen, was dann der Fall wäre, würden auch diese Zinseinnahmen auf die Einnahmenseite einer Gesamtabrechnung erscheinen (mit anteiliger Gutschrift in Einzelabrechnungen).

Anders kann es sein, wenn Zinseinkünfte in erheblichem Umfang zu erwarten sind. In einem **155** solchen Fall können es die Grundsätze ordnungsgemäßer Verwaltung gebieten, diese Einnahmen bereits im Wirtschaftsplan zu erfassen, um überhöhte Hausgeldzahlungen zu vermeiden.[93]

cc) Sonderumlagen

Probleme ergeben sich bei der Darstellung gezahlter, aber nicht im gleichen Jahr (komplett) **156** verbrauchter Sonderumlagen. Analog der Darstellung der Zuführung zur Rücklage ist hier eine (künstliche) Ausgabenposition sowie für den Fall der Entnahme aus der Rücklage eine (künstliche) Einnahmenposition zu bilden, um die Ausschüttung eines ansonsten rechnerisch entstehenden Guthabens zu vermeiden. Das Kammergericht hat hierzu die nicht zutreffende Auffassung vertreten, dass die Verhütung der Ausschüttung nicht verbrauchter Beträge nicht dadurch erreicht werden könne, dass den entsprechenden Zahlungseingängen die tatsächlichen Ausgaben sowie eine Sollstellung analog der Zuführung zur Instandhaltungsrücklage gegenübergestellt werde.[94]

Nach einer Entscheidung des OLG München widerspricht es ordnungsmäßiger Verwaltung, eine gezahlte und verbrauchte Sonderumlage ausschließlich im Rahmen der Zuführung und der Entnahme aus der Rücklage darzustellen, selbst dann, wenn die Sonderumlage tatsächlich der Instandhaltungsrückstellung zugeführt wurde.[95]

c) Kontenentwicklung

Leider ist oftmals zu beobachten, dass der Darstellung der Kontenentwicklung keine Aufmerk- **157** samkeit geschenkt wird bzw diese vollständig fehlt. Erforderlich ist nämlich eine separate Darstellung der Entwicklung des liquiden Anlagevermögens der Wohnungseigentümergemeinschaft.[96] Dabei sind sämtliche von der Wohnungseigentümergemeinschaft unterhaltenen Konten, Depots, Kassenbestände etc. anzugeben und konkret zu bezeichnen (zB Kreditinstitut, Anlageform, Konto-/Depotnummer).[97] Auszuweisen sind der jeweilige Anfangsbestand, die Zu- und Abflüsse sowie der Endbestand. Es handelt sich somit um einen zentralen Bestandteil der Abrechnung, da nur durch die im Rahmen der Kontenentwicklung erfolgenden Angaben die rechnerische Schlüssigkeits- sowie die sachliche Belegprüfung durchgeführt werden kann.[98]

Ferner ist die sog. Kontenentwicklung der Ort, an dem die Liquiditätsflüsse darzustellen sind, die aufgrund der Doktrin der Rechtsprechung, wonach die WEG-Abrechnung keine Bilanz im Sinne einer kaufmännischen Buchhaltung, sondern eine reine Einnahmen-/Ausgabenrechnung darstellt, als Abgrenzungspositionen bzw periodenfremde Beträge aus dem sonstigen Abrechnungswerk nicht ersichtlich sind, aber gleichwohl die Vermögenslage der Wohnungseigentümergemeinschaft beeinflusst haben.[99]

---

93 OLG Köln v. 5.5.2008 – 16 Wx 47/08 = NZM 2008, 652.
94 KG v. 26.9.2007 – 55 T 174/07 = MietRB 2008, 307.
95 OLG München v. 21.5.2007 – 34 Wx 148/06 = ZMR 2007, 723.
96 OLG Düsseldorf v. 24.11.2003 – I-3 Wx 123/03 = ZMR 2004, 282.
97 Köhler, in: Köhler/Bassenge, Teil 6 Rn 205.
98 KG v. 26.9.2007 – 24 W 183/06 = ZMR 2008, 67.
99 Jennißen/*Jennißen*, § 28 WEG Rn 112.

d) Vermögensstatus

158 Nach zutreffender Auffassung gehört (auch ohne entsprechenden Beschluss der Wohnungseigentümer) die Vorlage eines sog. Vermögensstatus, also eine Aufstellung der das Verwaltungsvermögen betreffenden Forderungen und Verbindlichkeiten (insbesondere rückständiger Hausgelder) zum Ende des Abrechnungszeitraums, zur ordnungsmäßigen Rechnungslegung des Verwalters.[100] Dies folgt nach hiesiger Meinung schon aus der Tatsache, dass gem. § 10 Abs. 7 WEG zum Verwaltungsvermögen ausdrücklich auch Forderungen und Verbindlichkeiten gehören.[101]

159 ▶ **Musterbeispiel: Jahresgesamt- und Einzelabrechnung**

133

Herrn/Frau/Firma	Fa.
Mustereigentümer	Muster Hausverwaltungen GmbH
Musterstr. 100	Musterstr. 13
00000 Musterstadt	00000 Musterstadt

Jahresgesamt- und Einzelabrechnung für den Wirtschaftszeitraum [...]

der Wohnungseigentümergemeinschaft Musterstr. 100 in 00000 Musterstadt

Objekt: Sonder-/Teileigentumseinheit Nr.: [...],

Wohnung im [...]-Geschoss, links/rechts/mitte

A. Einnahmen-/Ausgabenabrechnung und Ermittlung des Abrechnungssaldos

I. Ausgaben

Konto	Bezeichnung	Gesamtbetrag in €	Schlüssel	Ihr Anteil in €
3011	Straßenreinigung	100,00	1	10,00
3012	Müllabfuhr	600,00	1	60,00
3023	Frischwasserversorgung	500,00	2	25,00
3013	Schmutzwassergebühren	600,00	2	35,00
3021	Heizkosten	6.500,00	3	435,00
3022	Allgemeinstrom	100,00	1	10,00
3030	Versicherungen	1.000,00	1	100,00
3050	Hausreinigung	400,00	1	40,00
3060	Gartenpflege	650,00	1	65,00
3080	Kabelfernsehen	450,00	4	45,00
3090	Verwalterhonorar	3.000,00	4	300,00
3100	Allg. Instandhaltung	1.000,00	1	100,00
3101	Instandsetzung Dach	10.000,00	1	1.000,00
3102	Instandsetzung Heizung	20.000,00	1	2.000,00

---

100 OLG München v. 20.7.2007 – 32 Wx 03/07 = ZMR 2007, 814; AG Mettmann v. 26.5.2008 – 7 a II 96/06 WEG = ZMR 2008, 848 (rkr.).
101 Deckert/*Fritsch*, Grp. 4 Rn 201, 203, 403.

3200	Rechtskosten	500,00	1	50,00
3300	Kosten des Geldverkehrs	150,00	1	15,00
3401	Steuern auf Zinsen Rücklage	25,00	1	2,50
	Zwischensumme:	**45.575,00**		**4.292,50**

(Kontowirksame Ausgaben)

3500	Zuführg. zur Rücklage	20.000,00	1	2.000,00
3501	Zuführg. Zinsen Rücklage	75,00	1	7,50
3600	Zuführg. Sonderumlage	10.000,00	1	1.000,00
	Zwischensumme:	**30.075,00**		**3.007,50**

(nicht kontowirksame Ausgaben)

	Gesamtsumme:	**75.650,00**		**7.300,00**

(abrechnungswirksame Ausgaben)

II. Einnahmen

Konto	Bezeichnung	Gesamtbetrag in €	Schlüssel	Ihr Anteil in €
2000	Hausgeldeinnahmen	33.000,00	5	3.100,00
2001	Zinseinnahmen Rücklage	100,00	1	10,00
2100	Gezahlte Sonderumlage	10.000,00	5	1.000,00
2200	Mieteinnahmen Werbung	500,00	1	50,00
	Zwischensumme:	**43.600,00**		**4.160,00**

(Kontowirksame Einnahmen)

2500	Entnahme Rücklage	20.000,00	1	2.000,00
2600	Entnahme Sonderumlage	10.000,00	1	1.000,00
	Zwischensumme:	**30.000,00**		**3.000,00**

(nicht kontowirksame Einnahmen)

	Gesamtsumme:	**73.600,00**		**7.160,00**

(abrechnungswirksame Einnahmen)

III. Ihr anteiliges Abrechnungsguthaben / Ihre Abrechnungsnachzahlung

1	Ihr Anteil an den abrechnungswirksamen Ausgaben (vgl Summe I.):	- 7.300,00
2	Ihr Anteil an den abrechnungswirksamen Einnahmen (vgl Summe II.):	+ 7.160,00
3	**Ihr Guthaben (+) / Ihr Nachzahlungsbetrag (-):**	**- 140,00**

IV. Erläuterung der Verteilerschlüssel

Schlüssel	Bezeichnung	Gesamtanteile	Ihr Anteil
1	Miteigentumsanteile	10.000	1.000
2	Verbrauch gem. Wasserzähler	500	20
3	Heizkostenabrechnung	6.500	435
4	Anzahl der Einheiten	10	1
5	tatsächlich gezahlte Beträge	-	-

B. Abrechnung der Instandhaltungsrücklage (Soll-Rücklage)

Konto	Bezeichnung	Gesamtbetrag in €	Schlüssel	Ihr Anteil in €
Anfangsbestand zum [...]				
1020	Festgeld	40.000,00	1	4.000,00
Zuführungen				
3500	Zuführung zur Rücklage	20.000,00	1	2.000,00
2001	Zinseinnahmen Rücklage	100,00	1	10,00
Entnahmen				
2500	Entnahme Rücklage	20.000,00	1	2.000,00
3401	Steuern auf Zinsen Rücklage	25,00	1	2,50
Endbestand zum [...]				
1020	Festgeld	40.075,00	1	4.007,50

Hinweis:

Die obige Darstellung der Soll-Rücklage beruht auf der Berücksichtigung der im Wirtschaftsplan vorgesehenen Soll-Zuführung zur Rücklage und dem Ausgleich der in den jeweiligen Jahresabrechnungen ausgewiesenen Abrechnungsnachzahlungen.

Der tatsächliche Bestand der Rücklage kann also zum Zeitpunkt der Abrechnung gegenüber dem ausgewiesenen Soll-Bestand zurückbleiben und wird durch den Ausgleich der Abrechnungsnachzahlungen wieder aufgefüllt.

C. Kontenentwicklung

I. Anfangsbestände der Konten per 01.01.[...].

Konto	Bezeichnung	Gesamtbetrag
1010	Konto B-Bank, Kto.-Nr.: 00010	+ 10.000,00
1020	Festgeld B-Bank, Kto.-Nr.: 00011	+ 40.000,00
	Anfangssaldo:	**+ 50.000,00**

II. Zu- und Abflüsse gem. Abrechnung

Bezeichnung	Gesamtbetrag
Kontowirksame Ausgaben gem. Abrechnung:	- 45.575,00
Kontowirksame Einnahmen gem. Abrechnung:	+ 43.600,00

III. Abgrenzungen

Bezeichnung	Gesamtbetrag
Abgrenzung Frischwasser- und Entwässerungskosten	- 435,00
Abgrenzung Heizkosten gem. HeizkostenV:	+ 534,00

IV. Aperiodische Umsätze

Bezeichnung	Gesamtbetrag
Erstattungen auf Abrechnungsguthaben des Vorjahres:	- 1.200,00
Nachzahlungen auf Abrechnungs-Sollsalden des Vorjahres:	+ 1.300,00

V. Endbestände der Konten per 31.12.[...].

Konto	Bezeichnung	Gesamtbetrag
1010	Konto B-Bank, Kto.-Nr.: 00010	+ 8.149,00
1020	Festgeld B-Bank, Kto.-Nr.: 00011	+ 40.075,00
	Endsaldo:	+ 48.224,00

D. Vermögensstatus zum 31.12.[...].
I. Forderungen

Konto	Bezeichnung	Gesamtbetrag
1010	Konto B-Bank Kto.-Nr.: 00010	+ 8.149,00
1020	Festgeld B-Bank Kto.-Nr.: 00011	+ 40.075,00
6000	Nachzahlungen aus dieser Abrechnung	+ 2.250,00
7000	Nachzahlungen aus Vorjahresabr. Müller (in Beitreibung)	+ 851,00
8000	Abgrenzung Heizkosten gem. HeizkostenV:	+ 534,00
	Summe Forderungen:	+ 51.859,00

II. Verbindlichkeiten

Konto	Bezeichnung	Gesamtbetrag
6001	Guthabenansprüche aus dieser Abrechnung	- 200,00
8001	Abgrenzung Wasserkosten gem. HeizkostenV:	- 435,00
	Summe Verbindlichkeiten:	- 635,00

160

134

▶ **Musterbeispiel: Bescheinigung über haushaltsnahe Dienstleistungen**

Fa.

Musterverwaltungs GmbH

Musterstr. 13

00000 Musterstadt

Anlage zur Jahresabrechnung der WEG [...]-Str., in [...]

für Wirtschaftsjahr: [...]

WE-/TE-Einheit Nr.: [...]

Eigentümer: [...]

Ausweis der in der oben genannten Jahresabrechnung enthaltenen Aufwendungen für haushaltsnahe Beschäftigungsverhältnisse, haushaltsnahe Dienstleistungen sowie Handwerkerleistungen

Kostenart	Aufwendungen gesamt in €***	Verteilerschlüssel	Anteil in €
1. Sozialversicherungspflichtige Beschäftigungsverhältnisse			
Hausmeister	10.000,00	MEA 240/10.000	240,00
Summe zu 1.:	**10.000,00**		**240,00**
2. Dienstleistungen			
a) Haushaltsnahe Beschäftigungsverhältnisse als Minijob			
Putzfrau (Minijob)	5.000,00	MEA 240/10.000	120,00
b) Sonstige Dienstleistungen			
Gartenpflege Fa. Meier	5.000,00	MEA 240/10.000	120,00
Summe zu 2.:	**10.000,00**		**240,00**
3. Handwerkerleistungen			
a) Renovierungs-, Erhaltungs- und Modernisierungsmaßnahmen			
Malerfirma Müller	20.000,00	MEA 240/10.000	480,00
Maurer Schmitz	10.000,00	MEA 240/10.000	240,00
b) Wartungsverträge			
Aufzugswartung	500,00	MEA 240/10.000	12,00
Wartung TG-Toranlage	500,00	MEA 240/10.000	12,00
Summe zu 3.:	**31.000,00**		**744,00**

Erläuterung zu ***:

Gesamtaufwendungen zu 1. und 2.a):	Bruttoarbeitslohn zzgl Sozialversicherungsbeiträge
Gesamtaufwendungen zu 2. b):	Arbeitskosten zzgl Maschinen- und Fahrtkosten, Verbrauchsmaterialien und MwSt.
Gesamtaufwendungen zu 3.:	Arbeitskosten zzgl Maschinen- und Fahrtkosten, MwSt.

Hinweis:

In der vorstehenden Aufstellung sind gegebenenfalls iSd § 35 a EStG steuerbegünstigte Aufwendungen für etwa angefallene Heizungswartungen, Immissionsschutzmessungen, Schornsteinfegergebühren etc. nicht enthalten. Solche Aufwendungen sind der einen Bestandteil dieser Jahresabrechnung bildenden jeweiligen Heizkostenabrechnung zu entnehmen und gegebenenfalls anteilig hinzuzusetzen. ◄

Die in vorstehender Aufstellung enthaltenen Angaben sind von der Verwaltung im Rahmen ordnungsmäßiger Verwaltung nach bestem Wissen ermittelt worden. Für die tatsächliche Gewährung einer Steuerbegünstigung durch das zuständige Finanzamt dem Grunde und der Höhe nach wird indes keine Haftung übernommen. ◄

▶ **Muster: Status und Vermögensübersicht**

161

Eigentümergemeinschaft

Musterstraße 1, 23456 Überall

Einnahmen:	Hausgeld 2008	125.451,65 €
	Miete Kellerraum (nur zur Info, da Rücklage zugeführt)	122,72 €
	Nachzahlungen aus Abr. 2007	2.711,32 €
	Rückstand Eigentümer aus Vorjahr	0,00 €
	Guthaben Energieversorger aus Vorjahr	122,53 €
	Forderungen aus Vorjahr	0,00 €
	Zinsen Girokonto 2008	140,96 €
		128.426,46 €
Ausgaben:	Kosten gemäß Abrechnung	132.702,80 €
	Guthaben aus Abrechnung 2007	6.245,65 €
	Nachzahlungen an Energieversorger aus Vorjahr	2.747,92 €
	Guthaben Eigentümer aus Vorjahr	0,00 €
	Verbindlichkeiten aus Vorjahr	5.624,30 €
		147.320,67 €

Haben		**Soll**	
Girokonto Endbestand	13.387,84 €	Girokonto Anfangsbestand	40.496,66 €
Festgeld Endbestand	120.000,00 €	Festgeld Anfangsbestand	85.000,00 €
Heiz.l Endbestand	23.439,08 €	Heiz.l Anfangsbestand	18.487,70 €
Handgeld HM Endbestand	437,88 €	Handgeld HM Anfangsbestand	490,74 €
Ausgaben (s.o.)	147.320,67 €	Einnahmen (s.o.)	128.426,46 €
Forderungen an:		Verbindlichkeiten an:	
1. Energieversorger	363,63 €	1. Energieversorger	2.463,33 €
2. Eigentümer	885,45 €	2. Eigentümer	552,00 €
3. Sonstige	1.555,94 €	3. Sonstige	7.353,56 €
Sollbestand der Rücklage am 1.1.	120.562,90 €	Sollbestand der Rücklage am 31.12.	144.682,94 €
	427.953,39 €		**427.953,39 €**

Reparaturrücklage

Anfangsbestand

Soll	120.562,90 €		
Zuführung Kellermiete	122,72 €		
Zuführung gem.			
Abrechnung	30.000,00 €		
Zinsen lfd. Jahr	2.551,53 €	Soll per 31.12.	144.682,94 €
Entnahme für Reparaturen	– 8.554,21 €	Ist per 31.12.	– 120.000,00 €
Endbestand Soll 31.12.	**144.682,94 €** *		**24.682,94 €**

* = muss auf Spar-/Festgeldkonto umgebucht werden

Ort, Datum [...]

für die Verwaltung [...]

für die Eigentümergemeinschaft [...] ◀

II. Wirtschaftsplan

1. Einführung

162 Als weitere Pflichtaufgabe des Verwalters sieht § 28 Abs. 1 WEG die Aufstellung des sog. Wirtschaftsplans vor. Mangels abweichender Vereinbarung zum Wirtschaftsjahr der Gemeinschaft
ist dieser für das Kalenderjahr zu erstellen. Der Wirtschaftsplan sollte mangels besonderer Hinderungsgründe innerhalb der ersten Monate des Wirtschaftsjahres vorgelegt und beschlossen
werden.[102] Über die Genehmigung des Wirtschaftsplans entscheidet die Eigentümerversammlung durch einfachen Mehrheitsbeschluss gem. § 28 Abs. 5 WEG. Der Wirtschaftsplan soll gem.
§ 29 Abs. 3 WEG von den Mitgliedern des Verwaltungsbeirats geprüft und mit einer Stellungnahme versehen werden, bevor die Eigentümerversammlung Beschluss fasst.

2. Struktur des Wirtschaftsplans

163 Der Wirtschaftsplan hat als „Haushaltsplan" der Wohnungseigentümergemeinschaft im Rahmen des „Gesamtwirtschaftsplans" einen Überblick auf die voraussichtlichen Gesamteinnahmen und die Gesamtausgaben des betreffenden Wirtschaftszeitraums zu enthalten und muss im
Rahmen der jeweiligen „Einzelwirtschaftspläne" Auskunft über die daraus folgenden Leis-
tungspflichten (Hausgeld) unter Ausweis der angewendeten Kostenverteilerschlüssel für den
einzelnen Wohnungseigentümer geben.[103]
Das Formbild des Wirtschaftsplan entspricht damit weitgehend dem der Abrechnung im Rahmen der Jahresabrechnung. Zunächst muss der Wirtschaftsplan den Ersteller, das Erstellungsdatum, den Wirtschaftszeitraum sowie das Bezugsobjekt (mit Blick auf die Einzelberechnung
für die betreffende Sondereigentumseinheit) ausweisen. Die Angaben müssen schon ihrem
Formbild nach so geordnet und klar dargestellt werden, dass sie aus sich heraus verständlich
und nachvollziehbar sind. Die gebildeten Einnahme- und Ausgabepositionen haben denen der
Jahresabrechnung zu entsprechen. Der Verwalter sollte daher den Wirtschaftsplan so aufbauen
und gestalten, dass er dem Formbild der Jahresabrechnung entspricht. Dies dürfte aber durch
den Einsatz entsprechender Programme auch der gängigen Praxis entsprechen.

---

102 Riecke/Schmid/*Abramenko*, § 28 WEG Rn 6.
103 KG v. 27.5.1987 – 24 W 5694/86 = ZMR 1987, 386.

a) Darstellung der zu erwartenden Einnahmen und Ausgaben

Für die Praxis ist besonders zu beachten, dass nicht nur die zu erwartenden Ausgaben ausge-   **164**
wiesen werden, sondern dass ebenso die zu erwartenden Einnahmen der Wohnungseigentümergemeinschaft dargestellt werden.[104] Zu den Gesamteinnahmen zählen insbesondere die
Hausgeldvorauszahlungen gem. § 16 Abs. 2 WEG und weitere Einnahmen wie zB Mieteinnahmen, Zinseinnahmen, Waschmünzenerlöse, Erstattungen aus Versicherungsleistungen, Eingän-
ge auf ausstehende Forderungen (aber nur, wenn unstreitig).

b) Liquiditätssicherung

Ein ordnungsgemäß aufgestellter Wirtschaftsplan sollte die jederzeitige Liquidität der Gemein-   **165**
schaft sicherstellen. Der Verwalter ist also gut beraten, wenn er sich tatsächlich vor Aufstellung
des Wirtschaftsplans Klarheit über die möglichen Ausgaben verschafft, dies beinhaltet insbesondere die zu erwartenden Kostensteigerungen etwa bei verbrauchsabhängigen Kosten wie
Heizung, Wasser, Strom. Aperiodische Aufwendungen wie besondere Instandsetzungsmaßnahmen sind vorausschauend zu planen und einzubeziehen. Sollte sich während des Wirtschaftsjahres trotz entsprechender Planung ein Liquiditätsengpass ergeben, wird der professionelle Verwalter eine außerordentliche Versammlung einberufen, in der dann eine Sonderumlage
oder ggf auch ein Nachtragswirtschaftsplan beschlossen werden kann.

c) Ermessensspielraum

Ein Wirtschaftsplan, der die unter Beachtung der Grundsätze einer ordentlichen kaufmänni-   **166**
schen Verwaltung die zu erwartenden Ausgaben und Einnahmen nicht oder nicht hinreichend
berücksichtigt, entspricht nicht den Grundsätzen ordnungsgemäßer Verwaltung, sofern er zu
erheblichen Nachzahlungen in der Jahresabrechnung führen kann.

Da es sich bei der Kalkulation der Ansätze des Wirtschaftsplans aber um eine Prognoseentscheidung handelt, besteht hier ein weiter und richterlich nur eingeschränkt kontrollierbarer
Ermessensspielraum der Wohnungseigentümergemeinschaft.[105]

▶ **Muster: Wirtschaftsplan**   **167**

Herrn/Frau/Firma	Fa.
Mustereigentümer	Muster Hausverwaltungen GmbH
Musterstr. 100	Musterstr. 13
00000 Musterstadt	00000 Musterstadt

Gesamt- und Einzelwirtschaftsplan für den Wirtschaftszeitraum [...]
der Wohnungseigentümergemeinschaft Musterstr. 100 in 00000 Musterstadt
Objekt: Sonder-/Teileigentumseinheit Nr. [...],
Wohnung im [...]-Geschoss, links/rechts/mitte

---

104   OLG Köln v. 5.5.2008 – 16 Wx 47/08 = NZM 2008, 652.
105   Riecke/Schmid/*Abramenko*, § 28 WEG Rn 15 mwN.

I. Ausgaben

Konto	Bezeichnung	Gesamtbetrag in €	Schlüssel	Ihr Anteil in €
3011	Straßenreinigung	100,00	1	10,00
3012	Müllabfuhr	600,00	1	60,00
3023	Frischwasserversorgung	500,00	2	25,00
3013	Schmutzwassergebühren	600,00	2	35,00
3021	Heizkosten	6.500,00	3	650,00
3022	Allgemeinstrom	100,00	1	10,00
3030	Versicherungen	1.000,00	1	100,00
3050	Hausreinigung	400,00	1	40,00
3060	Gartenpflege	650,00	1	65,00
3080	Kabelfernsehen	450,00	4	45,00
3090	Verwalterhonorar	3.000,00	4	300,00
3100	Allg. Instandhaltung	1.000,00	1	100,00
3200	Rechtskosten	500,00	1	50,00
3300	Kosten des Geldverkehrs	150,00	1	15,00
3401	Steuern auf Zinsen Rücklage	25,00	1	2,50
3500	Zuführg. zur Rücklage	20.000,00	1	2.000,00
	Gesamtsumme:	**35.575,00**		**3.557,50**

II. Einnahmen

Konto	Bezeichnung	Gesamtbetrag in €	Schlüssel	Ihr Anteil in €
2000	Hausgeldeinnahmen	30.575,00	1	3.057,50
2200	Mieteinnahmen Werbung	5.000,00	1	500,00
	Gesamtsumme:	**35.575,00**		**3.557,50**

III. Ihr zukünftiges monatliches Hausgeld in €

Ihr Anteil an den erforderlichen Hausgeldeinnahmen:	3.057,70
Ihr neues monatliches Hausgeld (3.057,70 : 12 = 254,79) gerundet:	**255,00**

III. Rechnungsprüfung

1. Grundlagen

168 Mangels abweichender Regelungen durch Vereinbarung sollen die Mitglieder eines bestellten Verwaltungsbeirats, bevor die Wohnungseigentümerversammlung einen entsprechenden Beschluss fasst, gem. § 29 Abs. 3 WEG unter anderem die vom Verwalter zu fertigenden Entwürfe über den Wirtschaftsplan und die Jahresabrechnung prüfen sowie mit einer eigenen Stellungnahme versehen.

Diese Aufgaben kann der Verwaltungsbeirat, da er das Recht besitzt, seine Tätigkeit autonom   169
zu strukturieren, auch auf einzelne seiner Mitglieder delegieren.[106] Durch Eigentümerbeschluss
können auch Nicht-Beiratsmitglieder mit dieser Tätigkeit betraut werden („Kassenprüfer"),
ohne dass dadurch eine Beiratsbestellung erfolgt.[107] Entsprechendes gilt bei größeren Gemeinschaften für die Beauftragung sachkundiger Dritter (Wirtschaftsprüfer etc.). Schließlich besitzt
jeder Wohnungseigentümer ohnehin das Recht, im Rahmen seines Anspruchs auf Einsichtnahme in die Verwaltungsunterlagen selbständig eine Rechnungsprüfung vorzunehmen.[108]

Wie schon der Wortlaut des § 29 Abs. 3 WEG nahelegt und sich auch aus der jederzeitigen   170
Möglichkeit der Amtsniederlegung ergibt, ist die Wahrnehmung der Prüfungs- und Berichtstä-
tigkeit durch den Beirat nicht erzwingbar.[109] Gleichwohl handelt es sich um eine zentrale Tä-
tigkeitspflicht des Beirats, deren schuldhafte Nicht- oder Schlechterfüllung zur Abwahl aus
wichtigem Grunde bzw zur Verpflichtung zum Ersatz eines hierdurch entstehenden Schadens
führt.[110] Hieraus folgt auch, dass der Beschluss über einen Wirtschaftsplan oder eine Jahresabrechnung nicht wegen einer unterlassenen Prüfung angefochten werden kann.[111] Umgekehrt
muss sich die Wohnungseigentümergemeinschaft eine unterlassene oder unzureichende Prüfung
durch den Beirat im Verhältnis zum Verwalter zurechnen lassen.[112]

2. Anleitung zur Prüfung der Jahresabrechnung

Die Prüfung der Jahresabrechnung erfolgt in drei ineinandergreifenden Schritten (formelle,   171
rechnerische und sachliche Prüfung) anhand der vom Verwalter bereitzustellenden Unterlagen.

a) Prüfungsgegenstand

Gegenstand der Prüfung sind sämtliche über die Einnahmen und Ausgaben der Wohnungsei-   172
gentümergemeinschaft sowie deren Vermögen (§ 10 Abs. 7 WEG) im betreffenden Abrechnungszeitraum Auskunft gebenden Unterlagen, die der Verwalter grundsätzlich im Original
bereitzustellen hat. Dabei handelt es sich um das Abrechnungswerk selbst (Gesamtabrechnung
und sämtliche Einzelabrechnungen), die zugrunde liegenden Belege (Rechnungen, Quittungen,
Kontoauszüge, Heizkostenabrechnung, Buchungsbelege, Schriftverkehr) und die weiteren
Buchhaltungsunterlagen der Verwaltung (Buchungskonten, Buchungslisten, Saldenaufstellun-
gen). Hier vertretener Auffassung nach gehört zu den Prüfungsunterlagen auch ein sog. Vermögensstatus (vgl Rn 159).

Dem Verwalter obliegt es, die Tätigkeit des Beirats zu unterstützen. Neben der Vorlage sämt-   173
licher prüfungsrelevanter Unterlagen ist dafür Sorge zu tragen, dass auftretende Fragen beantwortet und zusätzliche Auskünfte erteilt werden.[113] Der Verwalter sollte die Prüfungsunterlagen indes nicht zum Zwecke der Prüfung außer Haus geben. Geraten Originale der Verwaltungsunterlagen in Verlust, so trägt der Verwalter neben dem Risiko, beweisen zu müssen, dass
die Unterlagen bei Übergabe vollständig waren, auch das Risiko deren Nachbeschaffung.[114]

---

106 OLG München v. 6.9.2005 – 32 Wx 60/05 = ZMR 2005, 980.
107 BayObLG v. 21.10.1993 – 2 Z BR 103/93 = ZMR 1994, 69, 70.
108 OLG München v. 29.5.2006 – 34 Wx 027/06 = ZMR 2006, 881.
109 KG v. 8.1.1997 – 24 W 7947/95 = ZMR 1997, 544; aA Bärmann/*Merle*, § 29 WEG Rn 50, 58.
110 OLG Düsseldorf v. 24.9.1997 – 3 Wx 221/97 = ZMR 1998, 104; Niedenführ/Kümmel/Vandenhouten/*Niedenführ*,
     § 29 WEG Rn 17.
111 BayObLG v. 23.12.2003 – 2 Z BR 189/03 = ZMR 2004, 358.
112 OLG Düsseldorf v. 9.11.2001 – 3 Wx 13/01 = NZM 2002, 264; Köhler, in: Köhler/Bassenge, Teil 6 Rn 223 mwN.
113 Deckert/*Fritsch*, Teil 4, Rn 403.
114 Köhler, ZWE 2002, 255, 256.

174   Die Rechnungsprüfung findet grundsätzlich am Geschäftssitz der Verwaltung, dem Leistungs-
ort gem. § 269 BGB, statt.[115] Die Frage, ob wegen großer räumlicher Entfernung zum Sitz der
Verwaltung, gerade bei überörtlich arbeitenden Verwaltungsunternehmen, nicht ausnahmsweise ein Anspruch auf Durchführung der Prüfung am Ort der Anlage besteht, ist streitig.[116]
Mit Blick hierauf empfiehlt sich eine beschlussweise Regelung.[117]

b) Sorgfaltsmaßstab

175   Der mit der Rechnungsprüfung betraute Beirat oder Wohnungseigentümer haftet der Wohnungseigentümergemeinschaft, ggf auch dem einzelnen Wohnungseigentümer, grundsätzlich
für jede schuldhafte Pflichtverletzung, also bereits bei einfacher Fahrlässigkeit.[118]

Da der ehrenamtlich tätige Wohnungseigentümern aber regelmäßig über keine besonderen
Fachkenntnisse verfügt, ist der anzulegende Sorgfaltsmaßstab umstritten. Teilweise wird ohne
Differenzierung auf die Sorgfalt eines ordentlichen und gewissenhaften Kaufmanns abgestellt,[119] teilweise wird der Sorgfaltsmaßstab je nach individueller Befähigung angehoben oder
gesenkt.[120] Das Abstellen auf einen nach Lage des Einzelfalls subjektiv zu bestimmenden Sorgfaltsmaßstab scheint bedenklich. Indes hat die Rechtsprechung einen „Prüfungskanon" entwickelt, an dessen Vorgaben eine objektive Orientierung erfolgen kann. Die nachfolgend beschriebenen Prüfungstätigkeiten stellen daher den einzuhaltenden Mindeststandard dar, bei
dessen Unterschreitung regelmäßig von einer grob fahrlässigen Pflichtverletzung auszugehen
ist.[121] Entdeckt der Rechnungsprüfer Unregelmäßigkeiten, so ist er allerdings zu weitergehenden Nachforschungen verpflichtet.[122]

176   Wie sich aus den nachfolgend dargestellten Prüfungsschritten ergibt, benötigt der Rechnungsprüfer gleichwohl nicht unbeachtliche wohnungseigentumsrechtliche und buchhalterische
Kenntnisse. Der Abschluss einer Haftpflichtversicherung zugunsten des Beirats/des Rechnungsprüfers ist daher geraten und als Maßnahme ordnungsmäßiger Verwaltung zulässig.[123]

c) Formelle Prüfung

177   Zunächst ist zu prüfen, ob das vorgelegte Abrechnungswerk den von der Rechtsprechung entwickelten formellen Anforderungen genügt. Zusätzlich sind die sich aus den Vereinbarungen
und Beschlüssen der Wohnungseigentümer für das jeweilige Objekt ergebenden spezifischen
Besonderheiten zu beachten:

- So muss das Abrechnungswerk den Ersteller der Abrechnung, das Erstellungsdatum, den
  Abrechnungszeitraum sowie das Bezugsobjekt (mit Blick auf die Einzelabrechnung auch die
  betreffende Sondereigentumseinheit) ausweisen.[124]

---

115 OLG Köln v. 7.6.2006 – 16 Wx 241/05 = NZM 2006, 702.
116 OLG Köln v. 28.2.2001 – 16 Wx 10/01 = NZM 2002, 221; Jennißen/*Jennißen*, § 28 WEG Rn 50.
117 Bärmann/*Merle*, § 28 WEG Rn 104.
118 KG v. 28.1.2004 – 24 W 3/02 = ZMR 2004, 458.
119 OLG Zweibrücken v. 10.6.1987 – 3 W 53/87 = NJW-RR 1987, 1366 f; Bärmann/*Merle*, § 29 WEG Rn 110.
120 Jennißen/*Hogenschurz*, § 29 WEG Rn 28; Gottschalg, ZWE 2001, 185, 187.
121 Riecke/Schmid/*Abramenko*, § 29 WEG Rn 18, 23.
122 Jennißen/*Hogenschurz*, § 29 WEG Rn 20.
123 KG v. 19.7.2004 – 24 W 203/02 = NZM 2004, 743.
124 Köhler, in: Köhler/Bassenge, Teil 6, Rn 8 ff.

■ Die in der Abrechnung enthaltenen Angaben müssen schon ihrem Formbild nach so geordnet und klar dargestellt werden, dass sie aus sich heraus verständlich und nachvollziehbar sind.[125]

■ Weiter ist zu prüfen, ob das Abrechnungswerk die erforderlichen Mindestbestandteile aufweist, denn nur aus einer vollständigen, alle relevanten Angaben enthaltenen Abrechnung können die nachfolgenden Prüfungsschritte entwickelt werden.

■ Nach der Rechtsprechung und herrschenden Meinung hat die Jahresabrechnung der Wohnungseigentümergemeinschaft aus der Gesamt- und Einzelabrechnung, der Darstellung der Entwicklung der Instandhaltungsrücklage und der Darstellung der Kontenentwicklung zu bestehen.[126]

■ Hier vertretener Auffassung nach ist zusätzlich ein sog. Vermögensstatus vorzulegen, da ansonsten wichtige Prüfungen nicht ausgeführt werden können (vgl Rn 159).

aa) Jahresgesamt- und Einzelabrechnung

Als zentraler Bestandteil des Abrechnungswerks hat die Jahresgesamt- und Einzelabrechnung eine nach Sachpositionen gegliederte Darstellung sämtlicher im betreffenden Abrechnungszeitraum tatsächlich geflossener Einnahmen und Ausgaben der Wohnungseigentümergemeinschaft, die auf das jeweilige Sondereigentum entfallenden Einzelbeträge unter Darstellung der angewendeten Verteilerschlüssel sowie den Ausweis des sich jeweils ergebenden Soll- bzw Haben-Saldos als Abrechnungsergebnis zu enthalten.[127]   **178**

Dabei müssen auch im Falle einer Abrechnung nach Wirtschaftseinheiten die Einnahmen und Ausgaben der gesamten Wohnungseigentümergemeinschaft in jeder (Einzel-)Abrechnung dargestellt sein.[128]

Zu Missverständnissen führt dabei vielfach die von der Terminologie der Rechtsprechung suggerierte Trennung von Gesamt- und Einzelabrechnung,[129] die indes praktisch kaum durchführbar ist. Mit dieser Unterscheidung soll lediglich klargestellt werden, dass für die Wohnungseigentümergemeinschaft als solche sämtliche Einnahmen und Ausgaben insgesamt darzustellen und abzurechnen sind (Gesamtabrechnung), während es Aufgabe der Einzelabrechnung ist, die auf die jeweilige Sondereigentumseinheit zu verteilenden Einzelbeträge und die sich durch deren Saldierung individuell ergebende Beitragsschuld (oder das Beitragsguthaben) des jeweiligen Wohnungseigentümers auszuweisen. Da die Einzelabrechnung somit nur aus der Gesamtabrechnung entwickelt werden kann, bilden beide Abrechnungsteile ein einheitliches Ganzes, weshalb es in der Praxis üblich und zulässig ist, Gesamt- und Einzelabrechnung in einer einheitlichen Darstellung zu vereinen.[130]   **179**

Die vereinzelt vertretene Auffassung, wonach eine sämtliche Einzelabrechnungsergebnisse ausweisende sog. Saldenliste als notwendiger Bestandteil der Abrechnung anzusehen ist, hat sich (zu Recht) nicht durchsetzen können.[131]

---

125   OLG Hamm v. 22.2.2007 – 15 W 322/06 = ZMR 2008, 60, 61; BayObLG v. 8.12.2004 – 2 Z BR 151/04 = NZM 2005, 750.
126   OLG Hamburg v. 11.4.2007 – 2 Wx 2/07 = ZMR 2007, 550, 552; KG v. 26.9.2005 – 24 W 123/04 = ZMR 2006, 63, 64.
127   BayObLG v. 10.3.1994 – 2 Z BR 11/94 = WE 1995, 91.
128   KG v. 1.11.2004 – 24 W 221/03 = ZMR 2005, 568; Jennißen/*Jennißen*, § 28 WEG Rn 85 a, 97.
129   KG v. 7.1.1985 – 24 W 4964/84 = DWE 1986, 27.
130   Riecke/Schmid/*Abramenko*, § 28 Rn 76; Jennißen/*Jennißen*, § 28 WEG Rn 91, 95;.
131   Jennißen/*Jennißen*, § 28 WEG Rn 115; Deckert/*Sütterlin*, Grp 4 Rn 271; dafür aber: OLG Köln v. 24.8.2005 – 16 Wx 18/05 = NZM 2006, 66; *Köhler*, in: Köhler/Bassenge, Teil 6 Rn 127 ff mwN.

bb) Entwicklung der Instandhaltungsrückstellung

180   Die Rechtsprechung sieht eine gesonderte Darstellung der Entwicklung der Instandhaltungs-rücklage als notwendigen Bestandteil der Abrechnung an,[132] weshalb analog der Gesamtab-rechnung der Anfangsbestand, die Zu- und Abgänge im Abrechnungszeitraum und der End-bestand auszuweisen sind. Ferner ist analog der Einzelabrechnung der jeweilige rechnerische Anteil des jeweiligen Sondereigentums nach dem gültigen Kostenverteilungsschlüssel anzuge-ben.[133] Bei Mehrhausanlagen ist zu berücksichtigen, dass die Bildung mehrerer separater In-standhaltungsrückstellungen erforderlich sein kann.[134]

Zu beachten ist weiter, dass, je nachdem, welcher der vertretenen Auffassungen zur Behandlung der Instandhaltungsrückstellung gefolgt wird, zwischen der Darstellung der sog. Soll- und der Ist-Rücklage zu unterscheiden ist (vgl Rn 150 f).[135] Erforderlich ist die Darstellung sowohl der Soll-Rücklage (buchhalterische Entwicklung) als auch der Ist-Rücklage (tatsächliche Liquidi-tät).

cc) Kontenentwicklung

181   Erforderlich ist weiter eine separate Darstellung der Entwicklung des liquiden Anlagevermögens der Wohnungseigentümergemeinschaft.[136] Dabei sind sämtliche von der Wohnungseigentü-mergemeinschaft unterhaltenen Konten, Depots, Kassenbestände etc. anzugeben und konkret zu bezeichnen (zB Kreditinstitut, Anlageform, Konto-/Depotnummer).[137] Auszuweisen sind der jeweilige Anfangsbestand, die Zu- und Abflüsse sowie der Endbestand.

Es handelt sich somit um einen zentralen Bestandteil der Abrechnung, da nur durch die im Rahmen der Kontoentwicklung erfolgenden Angaben die rechnerische Schlüssigkeits- sowie die sachliche Belegprüfung durchgeführt werden kann.[138]

182   Ferner ist die sog. Kontenentwicklung der Ort, an dem die Liquiditätsflüsse darzustellen sind, die aufgrund der Doktrin der Rechtsprechung, wonach die WEG-Abrechnung keine Bilanz im Sinne einer kaufmännischen Buchhaltung, sondern eine reine Einnahmen-/Ausgabenrechnung darstellt, als Abgrenzungspositionen bzw periodenfremde Beträge aus dem sonstigen Abrech-nungswerk nicht ersichtlich sind, aber gleichwohl die Vermögenslage der Wohnungseigentü-mergemeinschaft beeinflusst haben (vgl Rn 158).[139]

dd) Vermögensstatus

183   Nach zutreffender Auffassung gehört (auch ohne entsprechenden Beschluss der Wohnungsei-gentümer) die Vorlage eines sog. Vermögensstatus, also eine Aufstellung der das Verwaltungs-vermögen betreffenden Forderungen und Verbindlichkeiten zum Ende des Abrechnungszeit-raums, zur ordnungsmäßigen Rechnungslegung des Verwalters.[140] Hier vertretener Meinung nach gilt dies umso mehr für die Jahresabrechnung des Verwalters, insbesondere mit Blick auf die Tatsache, dass gem. § 10 Abs. 7 WEG zum Verwaltungsvermögen ausdrücklich auch For-

132   KG v. 7.1.2004 – 24 W 326/01 = ZMR 2005, 222.
133   Köhler, in: Köhler/Bassenge, Teil 6 Rn 204.
134   BayObLG v. 10.9.1987 – 2 Z 52/87 = NJW-RR 1988, 274; Jennißen/*Jennißen*, § 28 WEG Rn 109.
135   OLG München v. 21.5.2007 – 34 Wx 148/06 = ZMR 2006, 552; LG Köln v. 7.5.2007 – 29 T 55/06 = ZMR 2007, 652; Jennißen/*Jennißen*, § 29 WEG Rn 102.
136   OLG Düsseldorf v. 24.11.2003 – I-3 Wx 123/03 = ZMR 2004, 282.
137   Köhler, in: Köhler/Bassenge, Teil 6 Rn 205.
138   KG v. 26.9.2007 – 24 W 183/06 = ZMR 2008, 67.
139   Jennißen/*Jennißen*, § 28 WEG Rn 112.
140   OLG München v. 20.7.2007 – 32 Wx 03/07 = ZMR 2007, 814; AG Mettmann v. 26.5.2008 – 7 a II 96/06 WEG = ZMR 2008, 848 (rkr.).

derungen und Verbindlichkeiten gehören.[141] Es kann hier dahinstehen, ob es sich dabei um einen (mit zu beschließenden) Abrechnungsbestandteil handelt oder nicht.[142] In jedem Falle handelt es sich um eine vom Verwalter vorzulegende Prüfungsunterlage, die eine umfassende Kontrolle erst ermöglicht (vgl Rn 159, 177).[143]

d) Rechnerische Prüfung

Die mathematische und buchhalterische Richtigkeit der Abrechnung ist nach herrschender **184** Meinung im Rahmen einer sog. Schlüssigkeitsprüfung zu kontrollieren.[144] Es handelt sich dabei um eine Plausibilitätskontrolle, bei der die Konsistenz des Abrechnungswerks durch einen schlichten Vergleich der angegebenen Abrechnungsbeträge geprüft wird.[145]

Im ersten Schritt ist der betragsmäßig korrekte Anschluss der angegebenen Werte an die Beträge **185** der Vorjahresabrechnung zu prüfen. Im zweiten Schritt sind zunächst gesondert für jeden Abrechnungsteil (Gesamt- und Einzelabrechnung, Instandhaltungsrücklagendarstellung sowie Kontendarstellung) zum angegebenen Anfangsbestand die Zugänge zu addieren und die Abgänge zu subtrahieren, was den jeweils ausgewiesenen Endbestand ergeben muss. Für die Gesamt- und Einzelabrechnung ist zu beachten, dass in beiden Teilen nur identische Kostenpositionen mit identischen Beträgen erscheinen dürfen.[146]

Im dritten (und entscheidenden) Schritt ist zu prüfen, ob die in der Gesamt- und Einzelabrech- **186** nung enthaltenen Werte mit den Angaben in der Darstellung der Entwicklung der Instandhaltungsrücklage sowie der Kontendarstellung übereinstimmen. Da die letztgenannten Abrechnungsteile letztlich nur Ausschnitte aus dem umfassenden Abrechnungswerk der Gesamt- und Einzelabrechnung darstellen, sich die jeweiligen Angaben also in allen drei Abrechnungsteilen gleichen müssen, ist die Abrechnung ordnungsgemäß, wenn Übereinstimmung ermittelt wird.[147] Anderenfalls ist die Abrechnung als unschlüssig anzusehen.[148]

Ausgehend von der Ansicht der Rechtsprechung, wonach die Abrechnung eine reine Einnahme-/ **187** Ausgabenabrechnung darstellt, scheint dies ein leichtes Unterfangen zu sein. Die Praxis sieht indes anders aus. Zu berücksichtigen ist, dass das Abrechnungsmodell der Rechtsprechung eine Vielzahl von Durchbrechungen zulassen muss, weshalb in aller Regel die einzelnen Abrechnungsteile nur durch zusätzliche Angaben zu Abgrenzungspositionen und periodenfremden Geldflüssen miteinander in Einklang zu bringen sind.[149]

Dies betrifft insbesondere das Verhältnis der Gesamt- und Einzelabrechnung zur Kontendar- **188** stellung, da – zulässigerweise – „abgegrenzte" (zB Heizkosten) bzw als „periodenfremde" (zB Zahlungen auf Vorjahresabrechnungssalden) Einnahmen und Ausgaben im Rahmen der Abrechnung nicht dargestellt werden,[150] aber gleichwohl zu einer im Rahmen der Kontoentwicklung nachzuvollziehenden Liquiditätsänderung geführt haben. Dabei ist die Kontenentwicklung

141 Deckert/*Fritsch*, Grp. 4 Rn 201, 203, 403.
142 Riecke/Schmid/*Abramenko*, § 28 WEG Rn 72, 75 mwN.
143 Jennißen/*Jennißen*, § 28 WEG Rn 112.
144 OLG Hamm v. 3.5.2001 – 15 W 7/01 = ZMR 2001, 1001.
145 BayObLG v. 21.12.1999 – 2Z BR 79/99 = ZMR 2000, 238, 240.
146 OLG Düsseldorf v. 26.9.2006 – I-3 Wx 120/06 = ZMR 2007, 128, 129.
147 Riecke/Schmid/*Abramenko*, § 28 WEG Rn 79.
148 OLG Hamm v. 3.5.2001 – 15 W 7/01 = ZMR 2001, 1001.
149 Niedenführ/Kümmel/Vandenhouten/*Niedenführ*, § 28 WEG Rn 52; Riecke/Schmid/*Abramenko*, § 28 WEG Rn 73 ff; Köhler, in: Köhler/Bassenge, Teil 6 Rn 21 ff, 38 ff, jeweils mwN.
150 Wobei die Einzelheiten heftig umstritten sind, vgl vorherige Fn.

der Ort, an dem diese Liquiditätsflüsse richtigerweise gesondert darzustellen sind.[151] Hier ist eine besonders intensive Nachschau nötig.

189 Besondere Probleme wirft die – umstrittene – Behandlung der Instandhaltungsrücklage in Abrechnung und Entwicklungsdarstellung auf.[152] So ist in der Praxis vielfach zu beobachten, dass eine im Rahmen der Gesamt- und Einzelabrechnung auf der Grundlage der Sollbeträge gemäß beschlossenem Wirtschaftsplan abgerechnete Zuführung zur Instandhaltungsrücklage schlicht in die Darstellung der Entwicklung der Instandhaltungsrücklage übernommen wird. Dies führt zur – zumindest ohne ergänzende Angaben – unzulässigen Darstellung einer Soll-Rücklage, die einen ggf nicht vorhandenen Rücklagenbestand vortäuscht und zur Unschlüssigkeit der Abrechnung führt. Hier ist besonders darauf zu achten, dass im Rahmen der Darstellung der Instandhaltungsrücklage auch prüfbare Angaben zur Ist-Rücklage enthalten sind, indem zumindest der tatsächliche Bestand der Mittel der Instandhaltungsrücklage (zu überprüfen anhand der Kontenaufstellung) angegeben und etwa fehlende Liquidität gegenüber dem Soll-Bestand nachgewiesen wird (etwa durch Angabe des ausstehenden Betrags an Nachzahlungen auf die Abrechnung).[153]

e) Sachliche Prüfung

190 Neben die Kontrolle der rechnerischen Schlüssigkeit der Abrechnung tritt die Prüfung der sachlichen Richtigkeit.

aa) Kostenverteilungsschlüssel

191 Zunächst ist zu überprüfen, ob die angegebenen Verteilerschlüssel den Vereinbarungen und Beschlüssen der Wohnungseigentümer, hilfsweise dem gesetzlichen Verteilungsschlüssel gem. § 16 Abs. 2 WEG entsprechen.[154] Dies ist bei der Bildung sog. Wirtschaftseinheiten besonders zu beachten, da hier eine Zuordnung zur jeweiligen Wirtschaftseinheit vorzunehmen ist, bevor die eigentliche Verteilung der Einnahmen und Ausgaben erfolgen kann.

bb) Belegprüfung

192 Schließlich ist die sachliche Richtigkeit der einzelnen Positionen des Abrechnungswerks durch Beiziehung der zugrunde liegenden Belege im Original gegenzuprüfen.[155]
Wird ein konkreter Buchungsvorfall untersucht, so sind anhand des im Original beizuziehenden Buchungsbelegs die rechnerische Übereinstimmung des Belegs mit der betreffenden Buchung, deren korrekte Zuordnung zur jeweiligen Kostengruppe und die zeitliche Übereinstimmung des Geldflusses mit dem Abrechnungszeitraum zu prüfen.

193 Weiter ist zu kontrollieren, ob die Buchung berechtigterweise Eingang in die Abrechnung der Wohnungseigentümergemeinschaft gefunden hat. Dazu gehört es, anhand des Belegadressaten und des Sachverhalts zu ermitteln, ob tatsächlich die konkrete Wohnungseigentümergemeinschaft betroffen ist (zB Fehlüberweisung zugunsten einer anderen Wohnungseigentümergemeinschaft) und ob es sich wirklich um eine Angelegenheit der Verwaltung des Gemeinschaftseigentums handelt (zB irrtümliche Bezahlung einer Handwerkerrechnung für Arbeiten am Son-

---

151 Jennißen/*Jennißen*, § 28 Rn 71, 76, 112.
152 Niedenführ/Kümmel/Vandenhouten/*Niedenführ*, § 28 WEG Rn 53; Riecke/Schmid/*Abramenko*, § 28 WEG Rn 74; Köhler, in: Köhler/Bassenge, Teil 6 Rn 21 ff, 39 f, 207.
153 Jennißen/*Jennißen*, § 28 WEG Rn 102.
154 Riecke/Schmid/*Abramenko*, § 29 WEG Rn 18.
155 OLG München v. 7.2.2007 – 34 Wx 147/06 = ZMR 2007, 988; OLG Düsseldorf v. 24.9.1997 – 3 Wx 221/97 = ZMR 1998, 104, 107.

dereigentum aus dem Verwaltungsvermögen). Auch ist die Übereinstimmung des geflossenen Betrags mit den Regelungen des zugrunde liegenden Vertrags zu prüfen.[156]

Zwar berühren dabei etwa aufzudeckende Mängel nicht die Richtigkeit der Abrechnung, die   **194** unabhängig von der materiellen Rechtslage die rein tatsächlichen Geldflüsse nachzuweisen hat; indes sind derartige Feststellungen für die Wohnungseigentümergemeinschaft und den erstattenden Bericht des Beirats oder sonstigen Rechnungsprüfers von Bedeutung (vgl hierzu auch Rn 201].[157]

Dabei steht die Rechtsprechung zutreffenderweise auf dem Standpunkt, dass eine vollständige körperliche Prüfung eines jeden Belegs, gerade bei größeren Wohnungseigentümergemeinschaften und umfangreichen Abrechnungen, den Rahmen dessen sprengt, was von einem Rechnungsprüfer geleistet werden kann, und verlangt eine zumindest stichprobenartige Belegprüfung.[158]

Die Gegenprüfung der Abrechnungsangaben anhand „vitaler" Belege im Original, zu denen   **195** ausdrücklich Konto- und Depotauszüge sowie Kassenbücher gehören, ist allerdings unabdingbar, da ansonsten die rechnerische Schlüssigkeitsprüfung jeglicher tragfähigen Grundlage entbehrt.[159] Es ist daher ratsam, die Belegprüfung auf sog. neuralgische Punkte auszudehnen.[160] Hierzu zählen insbesondere abgrenzungsrelevante Abrechnungspositionen (zB Heizkostenabrechnung, Wasser- und Abwasserkostenkosten bei verbrauchsabhängiger Abrechnung),[161] die Darstellung der Instandhaltungsrücklage (vgl Rn 150 f) sowie außergewöhnliche und mit besonderen Abrechnungsproblemen behaftete Geschäftsvorfälle wie größere Maßnahmen der Instandhaltung und Instandsetzung, die Erhebung von Sonderumlagen, die Abwicklung von Versicherungsfällen oder die Bestreitung von Prozesskosten.[162]

Sofern für das Objekt eine Abrechnung der Heiz- und Warmwasserkosten nach der HeizkostenV erstellt wird, sind die Prüfungspflichten wegen der anerkannten Kompliziertheit der enthaltenen Berechnungen allerdings eingeschränkt.[163]

cc) Wichtige Annexprüfungen

In Teilbereichen muss die Prüftätigkeit über die Kontrolle der sachlichen Richtigkeit des Ab-   **196** rechnungswerks des Verwalters hinausgehen und sich auch auf die Prüfung der Rechtmäßigkeit sonstigen Verwalterhandelns sowie auf die Prüfung der tatsächlichen wirtschaftlichen Verhältnisse der Wohnungseigentümergemeinschaft erstrecken.

Diese Kontrollen betreffen zwar nicht unmittelbar die Rechtmäßigkeit der Abrechnung, sind aber regelmäßig sinnvollerweise nur gelegentlich der Abrechnungs- und Belegprüfung mit Aussicht auf Stichhaltigkeit vorzunehmen und für die Wohnungseigentümergemeinschaft sowie den Bericht des Beirats von besonderer Bedeutung. So sollte anlässlich der Belegkontrolle eine Prüfung der Einhaltung etwa beschlossener „Sicherheitsvorkehrungen" bei Verfügungen des Verwalters über die Mittel der Wohnungseigentümergemeinschaft (generelle oder betragsmäßig

---

156 Bärmann/*Merle*, § 29 WEG Rn 65 mwN.
157 Riecke/Schmid/*Abramenko*, § 29 WEG Rn 18.
158 OLG Köln v. 27.6.2001 – 16 Wx 87/01 = ZMR 2001, 913, 914.
159 OLG Düsseldorf v. 24.9.1997 – 3 Wx 221/97 = ZMR 1998, 104, 107; Niedenführ/Kümmel/Vandenhouten/*Niedenführ*, § 29 WEG Rn 16.
160 Stein/Schröder, WE 1994, 321, 323.
161 OLG Köln v. 20.12.2004 – 16 Wx 110/04 = MietRB 2005, 209; BayObLG v. 7.3.2002 – 2 Z BR 77/02 = WuM 2002, 333.
162 Riecke/Schmid/*Abramenko*, § 28 WEG Rn 69.
163 Lammel, HeizkostenV, 2. Aufl. 2004, § 6 Rn 35.

konkretisierte Kontoverfügungsbeschränkungen bzw die Einhaltung von Mitwirkungsvoraussetzungen – Beiratszustimmung –) stattfinden.

197 Auf der **Ausgabenseite** sind anhand des Vermögensstatus Anlass, Bestand und Fälligkeit etwaiger Verbindlichkeiten der Wohnungseigentümergemeinschaft zu prüfen, damit die Ansätze des nächstfolgenden Wirtschaftsplans korrekt ermittelt werden können. Entsprechende Hinweise ergeben sich durch Sollzinsen aus Kontoüberziehungen, die auf eine Liquiditätsunterdeckung der Gemeinschaft schließen lassen.

Auf der **Einnahmenseite** können regelmäßig nur dem Vermögensstatus die Behandlung von Forderungen durch den Verwalter, insbesondere dessen Tätigkeit bei der Verfolgung von Forderungen (Beitreibung rückständiger Beitragsforderungen gegenüber Wohnungseigentümern), entnommen und die notwendigen Konsequenzen gezogen werden.[164]

3. Anleitung zur Prüfung des Wirtschaftsplans

198 Da der Wirtschaftsplan auf einer Annahme der im kommenden Wirtschaftsjahr voraussichtlich anfallenden Einnahmen und Ausgaben der Wohnungseigentümergemeinschaft beruht, sind die Prüfungsanforderungen neben der Beachtung der formellen und rechnerischen Richtigkeit sachlich auf eine Plausibilitätskontrolle reduziert.[165]

a) Formelle und rechnerische Prüfung

199 Die formelle Prüfung des Gesamt- und Einzelwirtschaftsplans entspricht derjenigen der Gesamt- und Einzelabrechnung. Besonders zu beachten ist, dass nicht nur die zu erwartenden Ausgaben der Wohnungseigentümergemeinschaft nach Positionen gegliedert nebst des jeweiligen Anteils ausgewiesen werden, sondern dass ebenso die zu erwartenden Einnahmen der Wohnungseigentümergemeinschaft dargestellt werden.[166] Die gebildeten Positionen haben denen der Jahresabrechnung zu entsprechen.

b) Sachliche Prüfung

200 Zum Zweck der Sachprüfung sind die Angaben der letzten Jahresgesamt- und Einzelabrechnung beizuziehen, da zu untersuchen ist, ob die korrekten Verteilerschlüssel angewendet wurden und ob die im Wirtschaftsplan veranschlagten Beträge der Höhe nach gerechtfertigt sind. Da es sich bei der Kalkulation der Ansätze des Wirtschaftsplans um eine Prognoseentscheidung handelt, besteht hier ein weiter Ermessensspielraum. Da ein korrekt kalkulierter Wirtschaftsplan aber die jederzeitige Liquidität der Gemeinschaft für Ausgaben zur Verwaltung und Werterhaltung der gesamten Anlage sicherstellen soll, müssen wesentlich überhöht oder untersetzt erscheinende Beträge, die erkennbar zu massiven Abrechnungsguthaben oder Nachschusspflichten führen können, hinterfragt werden. Als besonders wertvoll erweisen sich hier eine vom Verwalter vorzunehmende Planung von Maßnahmen der Instandhaltung und Instandsetzung sowie die Beiziehung des Vermögensstatus zur letzten Jahresabrechnung, dem die für das kommende Wirtschaftsjahr zu berücksichtigenden Forderungen und Verbindlichkeiten entnommen werden können (vgl Rn 159).

4. Abgabe des Stellungnahme

201 Die mit der Prüfungspflicht gem. § 28 Abs. 3 WEG verbundene Abgabe einer Stellungnahme durch den Verwaltungsbeirat ist weder erzwingbar, noch an eine Form oder Frist gebunden,

---

164 AG Mettmann v. 26.5.2008 – 7 a II 96/06 WEG = ZMR 2008, 848 (rkr.).
165 Bärmann/*Merle*, § 29 WEG Rn 62.
166 OLG Köln v. 5.5.2008 – 16 Wx 47/08 = NZM 2008, 652.

weshalb sie auch mündlich vor der Beschlussfassung über den Wirtschaftsplan bzw die Abrechnung in der Eigentümerversammlung vorgetragen werden kann.[167] Für den Fall der Abgabe einer Stellungnahme sind indes Art und Umfang der Prüfungstätigkeit konkret anzugeben.[168]

Da es sich bei den Feststellungen eines Prüfberichts um ggf haftungsrelevante Sachverhalte   202
handelt, ist im Falle der mündlichen Berichterstattung eine Protokollierung des wesentlichen Inhalts, im Falle des Vorliegens eines schriftlichen Prüfberichts dessen Beifügung als Anlage zum Protokoll anzuraten.

Wenn unter Verzicht auf einen ausführlichen schriftlichen Prüfbericht eine Stellungnahme abgegeben werden soll, so kann auf das hiesige Muster eines Prüfungsprotokolls zurückgegriffen werden, welches gleichzeitig als „Checkliste" für die Durchführung der Abrechnungsprüfung dienen kann.

▶ **Muster: Protokoll einer Abrechnungsprüfung**   203

Prüfungsprotokoll

betreffend den von [...] unter dem [...] erstellten Entwurf

der Jahresgesamt- und Einzelabrechnung für den Wirtschaftszeitraum von [...] bis [...]

der Wohnungseigentümergemeinschaft [...] in [...].

Prüfungstermin: [...]

Prüfungsort: [...]

Teilnehmer:

Beiratsmitglieder / Rechnungsprüfer: [...], [...] und [...].

Verwalter / Mitarbeiter der Verwaltung: [...].

A. Verwalterseits vorgelegte Prüfungsunterlagen

☐ Jahresabrechnung   ☐ Rechnungsbelege   ☐ Quittungen
☐ Kontoauszüge   ☐ Buchungsbelege   ☐ Schriftverkehr
☐ Buchungskonten   ☐ Buchungslisten   ☐ Saldenlisten

☐ Anmerkungen: [...]

B. Formelle Prüfung

I. Bezugsangaben der Abrechnung

Zutreffend ausgewiesen sind:

☐ Abrechnungsersteller   ☐ Erstellungsdatum   ☐ Abrechnungszeitraum
☐ Abrechnungsobjekt   ☐ Sondereigentumseinheiten   ☐ Eigentümer

☐ Anmerkungen: [...]

II. Formbild der Abrechnung

☐ Die Angaben in der Abrechnung waren aus sich heraus verständlich und nachvollziehbar

☐ Die Angaben in der Abrechnung waren nach Erläuterung durch die Verwaltung verständlich und nachvollziehbar

☐ Anmerkungen: [...]

---

167 Bärmann/*Merle*, § 29 WEG Rn 67.
168 Riecke/Schmid/*Abramenko*, § 29 WEG Rn 18.

III. Vollständigkeit der Abrechnungsangaben

1. Jahresgesamt- und Einzelabrechnung

☐ Gesamtabrechnung separat – Einzelabrechnungen komplett

☐ kombinierte Gesamt- und Einzelabrechnung für alle Einheiten

☐ Gesamteinnahmen nebst Summe

☐ Gesamtausgaben nebst Summe

☐ Untergliederung der Einnahmen und Ausgaben in Kostenpositionen

☐ Heiz- und Warmwasserkostenabrechnung(en)

☐ Angabe und Erläuterung der Verteilerschlüssel

☐ Angabe des jeweiligen Einzelanteils in der Einzelabrechnung

☐ Ausweis des Saldos der Gesamteinnahmen und -ausgaben

☐ Ausweis des jeweiligen Saldos in der Einzelabrechnung

☐ Anmerkungen: [...]

2. Darstellung der Entwicklung der Instandhaltungsrücklage

☐ Gesamtdarstellung separat – Einzeldarstellung komplett

☐ kombinierte Gesamt- und Einzeldarstellung für alle Einheiten

☐ Anfangsbestand

☐ Gesamtzugänge

☐ Gesamtabgänge

☐ Endbestand

☐ Untergliederung der Zu- und Abgänge in Einzelpositionen

☐ Angabe und Erläuterung der Verteilerschlüssel

☐ Angabe der jeweiligen Einzelanteile in der Einzeldarstellung

☐ Angaben zum Soll- und zum Ist-Bestand

☐ Anmerkungen: [...]

3. Kontenentwicklung

☐ Angabe sämtlicher Konten, Depots und Barkassen

☐ Angaben zu Kreditinstitut, Konto-/Depotnummer, Anlageform

☐ Anfangsbestand

☐ Gesamtzugänge

☐ Gesamtabgänge

☐ Endbestand

☐ Untergliederung der Zu- und Abgänge in Einzelpositionen

☐ Angabe und Erläuterung von Abgrenzungspositionen

☐ Angabe und Erläuterung von periodenfremden Umsätzen

☐ Anmerkungen: [...]

4. Vermögensstatus (Zusatz)

☐ Angaben zu Verbindlichkeiten (Betrag, Fälligkeit, Gläubiger)

☐ Angaben zu Forderungen (Betrag, Fälligkeit, Schuldner)

☐ Anmerkungen: [...]

C. Rechnerische Prüfung

Das Abrechnungswerk wurde nach den Vorgaben der Rechtsprechung im Rahmen einer Schlüssigkeitsprüfung durch Kontrolle und Vergleich der einzelnen Abrechnungssummen geprüft.

Eine konkrete Nachberechnung sämtlicher ausgewiesener Einzelbeträge sowie der zur Kostenverteilung durchgeführten Rechenschritte wurde nicht vorgenommen.

I. Summen- und Saldenanschluss an die Vorjahresabrechnung

☐ Die als Anfangsbestände angegebenen Summen und Salden schließen an die Vorjahresabrechnung an

☐ Anmerkungen: [...]

II. Übereinstimmung der Summen, Salden und Abrechnungspositionen in Gesamt- und Einzelabrechnung

☐ Die in Gesamt- und Einzelabrechnung angegebenen Summen und Salden stimmen betraglich überein

☐ Die in Gesamt- und Einzelabrechnung angegebenen Abrechnungspositionen stimmen sachlich und betraglich überein

☐ Anmerkungen: [...]

III. Rechnerische Schlüssigkeitsprüfung der ermittelten Summen und Salden

1. Gesamt- und Einzelabrechnung

a) Gesamteinnahmen

aa) tatsächliche Hausgeldzahlungen	[...] €
bb) Entnahmen aus der Rücklage	[...] €
cc) Sonstige Einnahmen	[...] €
dd) Abrechnungswirksame Einnahmen	+ [...] €
b) Gesamtausgaben	[...] €
aa) Bewirtschaftungsausgaben	[...] €
bb) Zuführung zur Rücklage	[...] €
cc) Sonstige Ausgaben	[...] €
dd) Abrechnungswirksame Ausgaben	− [...] €
c) Abrechnungswirksamer Saldo	**[...] €**
2. Kontenentwicklung	**[...] €**
a) Anfangsbestände	**[...] €**
aa) laufendes Konto	[...] €
bb) Instandhaltungsrücklage	[...] €
Ist-Anfangsbestand	[...] €
b) tatsächliche Zugänge	**[...] €**
c) tatsächliche Abgänge	**[...] €**
d) Endbestände	**[...] €**
aa) laufendes Konto	[...] €
bb) Instandhaltungsrücklage	[...] €
Ist-Endbestand	[...] €

e) Angaben zu Abgrenzungen und aperiodischen Umsätzen, enthalten in den Zugängen gem. 2. b): [...] €

aa) Rechnungsabgrenzungen (Heiz-/Wasserkosten etc.) [...] €

bb) Zahlungseingänge auf Vorjahresabrechnungssollsalden [...] €

cc) Summe [...] €

f) Angaben zu Abgrenzungen und aperiodischen Umsätzen, enthalten in den Abgängen gem. 2. c): [...] €

aa) Rechnungsabgrenzungen (Heiz-/Wasserkosten etc.) [...] €

bb) Ausschüttung von Vorjahresabrechnungsguthaben [...] €

cc) Summe [...] €

3. Schlüssigkeitsprüfung Abrechnung / Kontenentwicklung [...] €

a) Einnahmenseite [...] €

aa) Summe der abrechnungswirksamen Einnahmen gem. Ziff. 1. a) dd) + [...] €

bb) zuzüglich Summe der abgegrenzten Einnahmen gem. Ziff. 2. e) cc) + [...] €

cc) Summe identisch mit Summe gem. Ziff. 2. b) [...] €

☐ Die Summe der nachgewiesenen tatsächlichen Zugänge gemäß Kontenentwicklung entspricht der Summe der abrechnungswirksamen Einnahmen der Gesamt- und Einzelabrechnung zuzüglich der nachgewiesenen abgegrenzten bzw aperiodischen Einnahmen

b) Ausgabenseite [...] €

aa) Summe der abrechnungswirksamen Ausgaben gem. Ziff. 1. b) dd) + [...] €

bb) zuzüglich Summe der abgegrenzten Ausgaben gem. Ziff. 2. f) cc) + [...] €

cc) Bereinigung um die Sollzuführung zur Rücklage gem. Ziff. 1. b) bb) – [...] €

dd) Summe identisch mit Summe gem. Ziff. 2. c) [...] €

☐ Die Summe der nachgewiesenen tatsächlichen Abgänge gemäß Kontenentwicklung entspricht der Summe der abrechnungswirksamen Ausgaben der Gesamt- und Einzelabrechnung zuzüglich der nachgewiesenen abgegrenzten bzw aperiodischen Einnahmen abzüglich Bereinigung um die als Soll-Betrag eingestellte Zuführung zur Instandhaltungsrücklage

4. Darstellung der Instandhaltungsrücklage (Soll-Rücklage) [...] €

a) Anfangsbestand [...] €

b) Zugänge

aa) Sollzuführung + [...] €

bb) Zinseinnahmen + [...] €

c) Entnahmen – [...] €

d) Soll-Endbestand [...] €

☐ Die in der Gesamt- und Einzelabrechnung angegebenen Beträge betreffend die Instandhaltungsrückstellung stimmen mit den Beträgen der Darstellung der Entwicklung der Instandhaltungsrücklage überein

5. Schlüssigkeitsprüfung der Instandhaltungsrücklage (Soll-/Ist-Kontrolle)

aa) Soll-Bestand Rücklage gem. Ziff. 4. d) + [...] €

bb) abzüglich Ist-Bestand lt. Kontoentwicklung gem. Ziff. 2. d) bb) – [...] €

cc) Saldo

☐ Der sich aus der Subtraktion des Rücklagen-Istbestandes vom ausgewiesenen Sollbetrag ergebende Überschuss entspricht dem positiven Abrechnungssaldo der Gesamt- und Einzelabrechnung gem. Ziff. 1. c) [Abrechnungsguthaben]

oder

☐ Der sich aus der Subtraktion des Rücklagen-Istbestandes vom ausgewiesenen Sollbetrag ergebende negative Saldo entspricht dem Abrechnungssoll der Gesamt- und Einzelabrechnung gem. Ziff. 1. c) [Abrechnungsnachzahlungen]

D. Sachliche Prüfung

Die sachliche Kontrolle des Abrechnungswerks wurde nach den Vorgaben der Rechtsprechung anhand einer Prüfung der nachfolgend ausgewiesenen Originalbelege, ansonsten im Rahmen einer stichprobenhaften Belegkontrolle durchgeführt. Eine Kontrolle sämtlicher den Abrechnungsbuchungen zugrundeliegender Geschäftsvorfälle anhand der Originalbelege wurde demnach nicht vorgenommen.

I. Prüfung der Verteilungsschlüssel

☐ Die in der Gesamt- und Einzelabrechnung verwendeten Verteilungsschlüssel entsprechen den Vereinbarungen bzw Beschlüssen der Eigentümerversammlung; ansonsten erfolgte eine Verteilung nach Miteigentumsanteilen gem. § 16 Abs. 2 WEG

☐ Anmerkungen: [...]

II. Belegprüfung Kontenentwicklung

☐ Die in der Darstellung der Kontenentwicklung sowie der Instandhaltungsrücklage wiedergegebenen Anfangs- und Endbestände sowie Soll- und Habenumsätze wurden anhand der Originalkonto-/ Depotauszüge bzw Kassenbücher des Abrechnungszeitraums als zutreffend nachvollzogen

☐ Anmerkungen: [...]

III. Belegprüfung Gesamt- und Einzelabrechnung

Folgende Geschäftsvorfälle wurden im Rahmen der stichprobenartigen Belegkontrolle anhand der Originalunterlagen nachvollzogen:

☐ Heiz-/Warmwasserkosten	☐ Instandsetzung	☐ Versicherungsfall
☐ Prozesskosten	☐ [...]	☐ [...]

Dabei sind, soweit erforderlich, folgende Prüfungen vollzogen worden:

☐ Belegadressat	☐ Betroffenheit der Verwaltung des Gemeinschaftseigentums	☐ Richtige Kostengruppe
☐ Richtiger Betrag	☐ Zeitliche Übereinstimmung mit Abrechnungszeitraum	☐ Vertragsgrundlage

☐ Anmerkungen: [...]

IV. Weitere Feststellungen

Die anhand des vorgelegten / erbetenen Vermögensstatus der Gemeinschaft getroffenen weiteren Feststellungen betreffen die Ordnungsmäßigkeit des geprüften Abrechnungswerks nicht unmittelbar, sind indes für die Beurteilung der Ordnungsmäßigkeit der Tätigkeit der Verwaltung im Zusammenhang mit der Verwaltung des Verwaltungsvermögens von Bedeutung.

1. Verbindlichkeiten

Aus dem vorgelegten Vermögensstatus ergibt sich, dass

☐ Verbindlichkeiten der Wohnungseigentümergemeinschaft zeitnah reguliert werden

☐ Verbindlichkeiten nur im verwaltungsüblichen Rahmen bestehen

☐ folgende Verbindlichkeiten trotz Fälligkeit grundlos nicht reguliert sind: [...]

☐ mangels Liquidität Kontoüberziehungen mit einem Zinsaufwand iHv [...] vorgekommen sind

☐ [...]

2. Forderungen

Aus dem vorgelegten Vermögensstatus ergibt sich, dass

☐ die Beitragsforderungen der Wohnungseigentümergemeinschaft zeitnah beglichen werden

☐ Beitragsforderungen nur im verwaltungsüblichen Rahmen ausstehen

☐ folgende Forderungen trotz Fälligkeit nicht beigetrieben wurden: [...] [*Name, Betrag, Grund, Fälligkeit, Zinsen, Kosten*]

☐ [...]

3. Sonstiges

Ferner ergab sich aus der Belegprüfung, dass die durch Verwaltervertrag bzw Beschluss getroffenen besonderen Regelungen [...] beachtet wurden.

☐ Anmerkungen: [...]

E. Stellungnahme

Aufgrund obiger Feststellungen zur Abrechnungsprüfung empfehlen der/die Rechnungsprüfer,

☐ die vorgelegte Jahresgesamt- und Einzelabrechnung zu genehmigen

☐ die vorgelegte Jahresgesamt- und Einzelabrechnung unter dem Vorbehalt folgender Änderungen bzw Ergänzungen zu genehmigen: [...]

☐ die Genehmigung der vorgelegten Jahresgesamt- und Einzelabrechnung abzulehnen

[...]

(Ort, Datum)

[...]

(Unterschriften) ◄

204 ▶ **Muster: Protokoll einer Wirtschaftsplanprüfung**

Prüfungsprotokoll

betreffend den von [...] unter dem [...] erstellten Entwurf

des Gesamt- und Einzelwirtschaftsplans für den Wirtschaftszeitraum von [...] bis [...]

der Wohnungseigentümergemeinschaft [...] in [...].

Prüfungstermin: [...]

Prüfungsort: [...]

Teilnehmer:

Beiratsmitglieder / Rechnungsprüfer: [...], [...] und [...].

Verwalter / Mitarbeiter der Verwaltung: [...].

A. Verwalterseits vorgelegte Prüfungsunterlagen

☐ Vorjahresabrechnung   ☐ Gesamtwirtschaftsplan   ☐ Einzelwirtschaftsplan

☐ Anmerkungen: [...]

B. Formelle und rechnerische Prüfung

I. Bezugsangaben des Wirtschaftsplans

Zutreffend ausgewiesen sind:

☐ Planersteller   ☐ Erstellungsdatum   ☐ Wirtschaftszeitraum
☐ WEG-Anlage   ☐ Sondereigentumseinheiten ☐ Eigentümer

☐ Anmerkungen: [...]

II. Formbild des Wirtschaftsplans

☐ Die Angaben im Wirtschaftsplan waren aus sich heraus verständlich und nachvollziehbar

☐ Die Angaben im Wirtschaftsplan waren nach Erläuterung durch die Verwaltung verständlich und nachvollziehbar

☐ Anmerkungen: [...]

III. Vollständigkeit der Angaben im Wirtschaftsplan

☐ Gesamtwirtschaftsplan separat – Einzelwirtschaftspläne komplett

☐ kombinierter Gesamt- und Einzelwirtschaftsplan für alle Einheiten

☐ voraussichtliche Gesamtausgaben nebst Summe angegeben

☐ voraussichtliche Gesamteinnahmen nebst Summe angegeben

☐ Untergliederung der voraussichtlichen Einnahmen und Ausgaben in Kostenpositionen

☐ Angabe und Erläuterung der Verteilerschlüssel

☐ Angabe des jeweiligen Einzelanteils im Einzelwirtschaftsplan

☐ Ausweis der (gerundeten) jeweiligen monatlichen Beitragsforderung

☐ Anmerkungen: [...]

IV. Rechnerische Prüfung

☐ Der Wirtschaftsplan wurde bei einer rechnerischen Schlüssigkeitsprüfung hinsichtlich der ausgewiesenen Summen als zutreffend geprüft. Eine konkrete Nachberechnung sämtlicher ausgewiesener Einzelbeträge sowie der zur Kostenverteilung durchgeführten Rechenschritte wurde nicht vorgenommen.

☐ Anmerkungen: [...]

C. Sachliche Prüfung

Die sachliche Kontrolle des Wirtschaftsplans wurde anhand der Vorjahresabrechnung sowie den von der Verwaltung bereitgestellten Unterlagen vorgenommen.

I. Prüfung der Verteilungsschlüssel und Kostenpositionen

☐ Die im Gesamt- und Einzelwirtschaftsplan verwendeten Verteilungsschlüssel entsprechen den Vereinbarungen bzw Beschlüssen der Eigentümerversammlung; ansonsten erfolgte eine Verteilung nach Miteigentumsanteilen gem. § 16 Abs. 2 WEG

☐ Die im Gesamt- und Einzelwirtschaftsplan gebildeten Kostenpositionen entsprechen den in der Jahresabrechnung gebildeten

☐ Anmerkungen: [...]

II. Angemessenheit der angesetzten Beträge

☐ Die im Gesamt- und Einzelwirtschaftsplan angesetzten Einnahmen und Ausgaben entsprechen, soweit nicht anders angegeben, den Angaben der Vorjahresabrechnung unter Berücksichtigung der einzukalkulierenden Teuerung sowie vorzunehmenden Aufrundung

☐ Erhebliche Über- bzw Unterschreitungen der Ansätze der Vorjahresabrechnung ergeben sich aus folgenden Überlegungen: [...]

☐ Anmerkungen: [...]

D. Stellungnahme

Aufgrund obiger Feststellungen empfehlen der/die Rechnungsprüfer,

☐ den vorgelegten Gesamt- und Einzelwirtschaftsplan zu genehmigen

☐ den vorgelegten Gesamt- und Einzelwirtschaftsplan unter dem Vorbehalt folgender Änderungen bzw Ergänzungen zu genehmigen: [...]

☐ die Genehmigung des vorgelegten Gesamt- und Einzelwirtschaftsplans abzulehnen

[...]

(Ort, Datum)

[...]

(Unterschriften) ◄

IV. Eigentümerversammlung

1. Grundlagen

205   Für viele Eigentümer ist die jährlich stattfindende Versammlung der einzige Kontakt, der mit dem Verwalter hergestellt wird, und somit die „Visitenkarte" des Verwalters. Der unternehmerisch denkende Verwalter nutzt daher den Rahmen der Eigentümerversammlung zur positiven Darstellung seiner Fachkompetenz und Leistungsfähigkeit. Dies setzt natürlich voraus, dass die Vorbereitung der Versammlung gewissenhaft erfolgt. Eine formal einwandfreie Einladung, eine geschickt aufgebaute Tagesordnung und die Einhaltung eines strikten Versammlungs- und Protokollierungskonzepts sind die Grundlagen einer erfolgreichen Eigentümerversammlung.

a) Einberufung durch den Verwalter

206   Das Recht zur Einberufung der Eigentümerversammlung steht grundsätzlich nur dem Verwalter gem. § 24 Abs. 1 WEG zu. Bei Versammlungen, die weder vom Verwalter, noch unter den Voraussetzungen des § 24 Abs. 3 WEG vom Vorsitzenden des Beirats oder im Falle dessen Verhinderung von dessen Vertreter bzw von allen Beiräten einberufen werden, handelt es sich aber sehr wohl um Eigentümerversammlungen im Rechtssinne, da die Zielrichtung der Versammlung über deren rechtlichen Charakter entscheidet und nicht die Person des Einladenden.[169] Beschlüsse, die in einer von „Nichtberechtigten" einberufenen Versammlung gefasst werden, sind daher wirksam und müssen zur Vermeidung des Eintritts der Bestandskraft fristgerecht als rechtswidrig angefochten werden.

207   Der Verwalter hat gem. § 24 Abs. 1 WEG mindestens einmal im Jahr eine „ordentliche" Eigentümerversammlung einzuberufen, die nach herrschender Meinung spätestens sechs Monate nach Ablauf des jeweiligen Wirtschaftsjahres stattfinden soll. Die Pflicht zur Einberufung weiterer „außerordentlicher" Eigentümerversammlungen ergibt sich allerdings nicht nur aus besonderen Vereinbarungen der Wohnungseigentümer bzw aus einem Einberufungsverlangen gem. § 24 Abs. 2 WEG, sondern allgemein aus der Verpflichtung des Verwalters zur ordnungs-

---

169   BayObLG v. 13.12.2001 – 2 Z BR 93/01 = ZWE 2002, 360, 361; aA Vandenhouten, in: Köhler/Bassenge, Teil 4 Rn 2.

mäßigen Verwaltung, zu der es gehört, bei Vorliegen eines sachlichen Grundes nach pflichtgemäßem Ermessen erforderlichenfalls eine Eigentümerversammlung einzuberufen.[170]

Weigert sich der Verwalter pflichtwidrig, zur Versammlung einzuladen, und fehlt ein Beirat, so   **208**
kann der Verwalter gem. § 43 Nr. 3 WEG gerichtlich zur Einberufung verpflichtet werden. Der einzelne Wohnungseigentümer kann sich aber auch gerichtlich zur Einberufung und Abhaltung einer Versammlung ermächtigen lassen.[171]

b) Zeit und Ort der Versammlung

Den Zeitpunkt der Versammlung bestimmt zwar der Verwalter nach pflichtgemäßem Ermes   **209**
sen,[172] indes tut der Verwalter gut daran, wenn er auf die Belange der Eigentümer Rücksicht nimmt. Bei der Terminwahl, die tunlichst mit dem Beirat abgestimmt sein sollte, ist darauf zu achten, dass eine zur „Unzeit" einberufene Versammlung nicht ordnungsmäßiger Verwaltung entspricht und sich der Verwalter damit einem unnötigen Anfechtungs- und Haftungsrisiko (§ 49 Abs. 2 WEG) aussetzt. Unproblematisch ist ein Versammlungsbeginn an Wochentagen in der Zeit von 16.00 bis 18.00 Uhr.[173] Versammlungen an den Wochenenden sollten die Ausnahme sein und dürften sich in der Regel nur für Ferienwohnanlagen oder reine Kapitalanlegermodelle eignen. Ansonsten muss auf Schulferien, Urlaubsabwesenheiten, nationale oder internationale Sportereignisse und sonstige Veranstaltungen von allgemeinem Interesse grundsätzlich nicht Rücksicht genommen werden.[174]

Für die Bestimmung des Versammlungsortes gibt es keine gesetzlichen Vorgaben und in aller   **210**
Regel auch keine Vereinbarungen der Wohnungseigentümer. Die wohl herrschende Meinung in Rechtsprechung und Literatur ist, dass der Verwalter nach pflichtgemäßem Ermessen berechtigt sei, den Versammlungsort festzulegen, wobei der Verwalter aber berücksichtigen müsse, dass der Versammlungsort den Wohnungseigentümern die Teilnahme nicht erschwert oder sonst unzumutbar macht.[175] Es empfiehlt sich daher aus der Praxis, die Versammlung in der Nähe des Verwaltungsobjekts durchzuführen, um der Mehrheit der Eigentümer eine zumutbare Teilnahme an der Versammlung zu gewährleisten.[176] Lediglich für Sonderfälle wie die schon erwähnten Ferienwohnanlagen oder aber Kapitalanlegermodelle sind andere Regelungen vorstellbar und auch praktikabel. Eine entsprechende Regelung zur Örtlichkeit für die Durchführung der Versammlung durch eine antizipierende Beschlussfassung schafft für alle Beteiligten Rechts- und Planungssicherheit.

Aus der Einberufungskompetenz des Verwalters folgt, dass dieser bei Vorliegen eines sachlichen Grundes eine Versammlung auch verlegen und absagen kann.[177] Dabei kommt es für die Wirksamkeit der Absage oder Verlegung nicht auf die Rechtmäßigkeit der Maßnahme an.[178]

c) Die Einladung

Die Einladung muss mindestens enthalten: **211**

■ die genaue postalische Bezeichnung der Eigentümergemeinschaft

■ die Person des Einladenden (Verwalter und Anschrift)

---

170   OLG Köln v. 15.3.2004 – 16 Wx 245/03 = NZM 2004, 305.
171   OLG Frankfurt v. 27.9.2004 – 20 W 513/01.
172   Riecke/Schmidt/Elzer, Die erfolgreiche Eigentümerversammlung, 4. Aufl. 2006, Rn 401.
173   OLG Köln v. 13.9.2004 – 16 Wx 168/04 = ZMR 2005, 77 = NZM 2005, 20; Bärmann/*Merle*, § 24 WEG Rn 51 mwN.
174   BayObLG v. 17.4.2002 – 2 Z BR 14/02 = NZM 2002, 794.
175   Bärmann/*Merle*, § 24 WEG Rn 48 ff.
176   AG Neuss v. 8.3.2001 – 27 a II 291/00 WEG (n.v.).
177   Bärmann/*Merle*, § 24 WEG Rn 4 mwN.
178   OLG Hamm v. 4.7.1980 – 15 W 177/79 = MDR 1980, 1022.

- den Einzuladenden

- Ort, Datum und Uhrzeit der Versammlung

- die Tagesordnung

Für die Einladung zur Versammlung genügt die Textform (§ 24 Abs. 4 S. 1 WEG), weshalb das Einladungsschreiben nicht unterzeichnet werden muss. Der Verwalter muss also die Einladung auch nicht postalisch übermitteln, Telefax, E-Mail oder sogar SMS reichen aus. Zu beachten ist, dass sich der Empfänger aber zuvor mit dieser besonderen Art der Übermittlung einverstanden erklärt hat (u.a. durch Angabe der Mail-Adresse, Fax-Nr. etc.), da er ansonsten, insbesondere mit Blick auf eine abweichende frühere Handhabung, nicht mit einer Übermittlung in dieser Form rechnen muss. Für die Praxis dürfte dies aber (noch) keine große Bedeutung haben.

212   Die Einladung besteht regelmäßig aus dem sog. **Einladungsschreiben** (vgl Muster Rn 232 f), welches den Ausspruch der Einladung selbst enthält, und der sog. **Tagesordnung** (vgl Musterbeispiel Rn 235), welche die zur Diskussion und Beschlussfassung vorgesehenen Themen gem. § 23 Abs. 2 WEG beschreibt. Je nach den vorgesehenen Beschlussgegenständen sind zur Vorbereitung und rechtzeitigen Information der Wohnungseigentümer Anlagen wie Jahresabrechnung, Wirtschaftsplan, Verwalterangebote und -verträge sowie Kostenvoranschläge und gutachterliche Äußerungen beizufügen. Der versierte Verwalter gibt zudem Hinweise zur Möglichkeit der Vertretung in der Versammlung (Beifügung eines Vollmachtsformulars), zu den Voraussetzungen der Beschlussfähigkeit und zu den Folgen der Beschlussunfähigkeit (Zweitversammlungshinweis).

213   Es ist immer der **zum Zeitpunkt der Einladung im Grundbuch eingetragene** Wohnungs- bzw Teileigentümer einzuladen, wobei bei Personengemeinschaften bzw -mehrheiten die Einladung grundsätzlich allen Mitgliedern zuzugehen hat. Hier empfehlen sich, sofern keine entsprechende Vereinbarung vorliegt, Beschlüsse über die Verpflichtung zur Benennung eines gemeinsamen Zustellungsbevollmächtigten. Zu beachten ist bei neu gegründeten Gemeinschaften, dass diejenigen Erwerber, die durch eine Auflassungsvormerkung gesichert und im Besitz ihres Sondereigentums sind, die sog. werdende Wohnungseigentümergemeinschaft bilden, auf die (zumindest im Innenverhältnis) die Regelungen des WEG entsprechend Anwendung finden.[179] Einzuladen sind ferner anstelle des Eigentümers Personen, denen ein gesetzliches Verfügungsrecht über das Wohnungseigentum zusteht, wie Insolvenzverwalter, Nachlasspfleger, Nachlassverwalter und Testamentsvollstrecker. *Nicht einzuladen* sind noch nicht grundbuchlich eingetragene (Zweit-)Erwerber, Nießbraucher,[180] Wohnungsberechtigte, Mieter und sonstige bloß schuldrechtlich Nutzungsberechtigte. Der **Zwangsverwalter** tritt nach neuerer Auffassung nur neben den Eigentümer,[181] weshalb dieser ebenfalls einzuladen ist. Bei angeordneter Zwangsversteigerung bleibt der Eigentümer bis zum Zuschlagsbeschluss in seiner Stellung als Eigentümer und ist somit auch der Adressat der Einladung.

214   Sofern dem Verwalter entsprechende Informationen zwangsläufig bekannt werden (zB bei einer sog. Veräußerungszustimmung nach § 12 WEG), dürfte die Bestimmung des richtigen Einladungsadressaten unproblematisch sein. Ansonsten empfiehlt es sich, zumindest einmal jährlich eine aktuelle Eigentümerliste beim zuständigen Grundbuchamt anzufordern, bei „Verdachts-

---

179   BGH v. 6.6.2008 – V ZB 85/07 = ZMR 2008, 805.
180   BGH v. 7.3.2002 – V ZB 24/01 = NJW 2002, 1647.
181   OLG München v. 12.10.2006 – 32 Wx 124/06 = ZMR 2007, 216; Häublein, ZfIR 2005, 337.

fällen" muss indes vor der Versammlung das Grundbuch eingesehen werden. Beschlussfassungen über eine Unterrichtungspflicht des Veräußerers sind daher ratsam.

Die **Ladungsfrist** zur Eigentümerversammlung soll, sofern kein Fall von besonderer Dringlich-   215
keit vorliegt, mindestens zwei Wochen betragen (§ 24 Abs. 4 S. 2 WEG), wobei je nach Dringlichkeit Ausnahmen ausdrücklich möglich sind. Zu dieser Bestimmung können abweichende
Vereinbarung getroffen werden. Im Rahmen ordnungsgemäßer Verwaltung entspricht es
durchaus üblicher Verwalterpraxis, Einladungsfristen von zwei bis vier Wochen einzuhalten.
Entscheidend für die Wahrung der Ladungsfrist ist der Zugang beim Empfänger. Es sollte also
in jedem Fall darauf geachtet werden, die Disposition für den Versammlungstermin und die
rechtzeitige Einladung so zu bemessen, dass Unwägbarkeiten (zB Zuverlässigkeit von Zustel-
lungsdiensten usw) mit berücksichtigt werden. Zu beachten ist, dass gem. § 187 Abs. 1 BGB
der Tag des Zugangs des Einladungsschreibens beim betreffenden Wohnungseigentümer als in
den Lauf dieses Tages fallendes fristauslösendes Ereignis bei der Berechnung der Frist nicht
eingerechnet werden darf und dass gem. § 188 Abs. 2 BGB der Fristablauf erst mit dem Ablauf
des letzten Fristtages erfolgt.[182] Da § 193 BGB nicht anzuwenden ist, kann der Fristablauf indes
auch an einem Samstag, Sonntag oder einem Feiertag eintreten.[183]

d) Die Tagesordnung

Wenn in der Praxis von „Tagesordnung" gesprochen wird, dann ist damit gemeint, dass gem.   216
§ 23 Abs. 2 WEG der Gegenstand der Beschlussfassung bei der Einberufung zu bezeichnen ist
(vgl dazu Musterbeispiel Rn 235). Die Aufnahme von Tagesordnungspunkten liegt, wie das
Einberufungsrecht, grundsätzlich im pflichtgemäßen Ermessen des Verwalters. Analog § 24
Abs. 2 WEG kann indes die Aufnahme auch einzelner Tagesordnungspunkts erzwungen werden. Aber auch ohne Vorliegen dieser Voraussetzungen der Bestimmung des § 24 Abs. 2 WEG
(analog) besteht ein durchsetzbarer Anspruch darauf, dass anlässlich einer vom Verwalter einberufenen Eigentümerversammlung vom Verwalter nicht berücksichtigte Tagesordnungspunkte behandelt werden, sofern dies dem Erfordernis der ordnungsmäßigen Verwaltung entspricht,
es also einen sachlichen Grund für die Behandlung des Tagesordnungspunktes gibt.

Der Entwurf der Tagesordnung sollte daher sinnvollerweise rechtzeitig vor der Erstellung der   217
Einladung mit den Mitgliedern des Verwaltungsbeirats abgestimmt werden. Weniger sinnvoll
erscheinen Empfehlungen, den Eigentümern bereits eine gewisse Zeit vor der eigentlichen Versammlung die Versammlung als solche anzukündigen, damit diese entsprechende Tagesordnungspunkte benennen. Sofern allerdings Anträge einzelner Eigentümer gestellt werden, sollte
der Verwalter selektiv prüfen, ob tatsächlich die Notwendigkeit zur Aufnahme in die Tagesordnung besteht. Im Zweifel empfiehlt es sich, dem Wunsch des Eigentümers nachzukommen
und auch Themen in der Versammlung zu behandeln, die auf den ersten Blick nicht als zur
Diskussion in der Versammlung geeignet angesehen werden. Der gute Verwalter wird auf die
Selbstheilungskräfte in der Versammlung vertrauen können.

Zur **ordnungsgemäßen Bezeichnung des Tagesordnungspunktes** reicht die schlagwortartige   218
Angabe des Lebenssachverhalts aus, über den Beschluss gefasst werden soll. Der Eigentümer
muss aber in die Lage versetzt werden, sich auf einen zu erwartenden konkreten Beschlussantrag
vorzubereiten sowie zu entscheiden, ob er teilnehmen möchte oder nicht.[184] Für den professio-

---

182 Jennißen/*Elzer*, § 24 WEG Rn 88.
183 Vandenhouten, in: Köhler/Bassenge, Teil 4 Rn 67 mwN.
184 BayObLG v. 12.7.2001 – 2Z BR 139/00 = ZWE 2001, 539; Vandenhouten, in: Köhler/Bassenge, Teil 4 Rn 43 mwN.

nellen Verwalter empfiehlt es sich also, die zu beschließenden Sachverhalte in der Einladung eindeutig zu formulieren und eine kurze Erläuterung zum Sachverhalt anzufügen, damit sich jeder Eigentümer auf die bevorstehende Versammlung ausreichend vorbereiten und im Falle der Vertretung klare Weisung für das Abstimmungsverhalten geben kann. Gerade im Hinblick auf die Neuregelungen der §§ 16, 21 und 22 WEG ist hierauf besonderes Augenmerk zu legen.

e) Vertretung in der Eigentümerversammlung

219   Einen nie versiegenden Quell gerichtlicher Auseinandersetzungen stellt die Frage der Zulassung oder Ablehnung von Vertretern zur Versammlung dar, da die Eigentümerversammlung dem Grundsatz der Nichtöffentlichkeit unterliegt. Wer einen anderen in der Eigentümerversammlung vertreten will, benötigt dessen Vollmacht (§§ 164 ff BGB; vgl Muster Rn 234). Zu beachten ist auch die zulässige Vereinbarung der Begrenzung der Vertretungsmöglichkeit auf einen begrenzten Personenkreis (typischerweise: Verwalter, anderer Wohnungseigentümer oder Ehegatte).

220   Ist durch Vereinbarung geregelt, dass eine Vertretung durch einen schriftlich Bevollmächtigten zulässig ist, und wird auf Verlangen die Vollmachtsurkunde nicht vorgelegt, so ist vom Nichtbestehen der Vollmacht auszugehen. Ist die Vertretung in der Versammlung durch einen Dritten ohne ausdrücklichen Hinweis auf das Erfordernis der Vorlage einer Vollmachtsurkunde zulässig, so ist die Vollmacht gleichwohl auf Aufforderung schriftlich nachzuweisen. Hierzu ist der Verwalter ausdrücklich von Gesetzes wegen befugt (§ 174 Abs. 1 BGB) und nach hier vertretener Auffassung auch verpflichtet, um die Teilnahme nicht befugter Dritter auszuschließen. Der Vollmachtsnachweis ist in Schriftform zu erbringen, Faxe oder E-Mail-Ausdrucke reichen nicht aus. Eine Ausnahme macht allerdings die Rechtsprechung, indem Sie eine stillschweigende Vertretungsbefugnis des einen Ehegatten für den anderen annimmt.[185] Für juristische Personen, die im Grundbuch eingetragene Eigentümer von Wohnungseigentum sind, gilt, dass zur Teilnahme an der Eigentümerversammlung sowie zur Stimmabgabe anstelle der handels- und gesellschaftsrechtlich vertretungsbefugten Organe (Geschäftsführer, Vorstand etc.) nach zutreffender Auffassung auch Prokuristen[186] und Handlungsbevollmächtigte berechtigt sind.[187] Der Versammlungsleiter ist verpflichtet, Einsichtnahme in die vorliegenden Vollmachten zu gewähren.[188]

221   Es empfiehlt sich daher dringend, bereits im Einladungsschreiben entsprechende Hinweise auf die gesetzlichen oder vereinbarten Voraussetzungen der Vertretung zu geben und zur Vermeidung von Unklarheiten den Eigentümern mit dem Einladungsschreiben ein standardisiertes Vollmachtsmuster an die Hand zu geben. Insbesondere bei Gemeinschaften, die dies bislang nicht korrekt gehandhabt haben, ist jedoch eine Ablehnung nur im Falle einer in der Einladung enthaltenen vorherigen Belehrung und Ankündigung, dass eine Vollmacht vonnöten ist, sowie unter entsprechendem Hinweis auf die Folgen des Fehlens zulässig.[189]

f) Das Versammlungsprotokoll

222   Über die in der Eigentümerversammlung verkündeten Beschlüsse, das gilt sowohl für positive als auch für negative Beschlüsse, ist eine Niederschrift anzufertigen (§ 24 Abs. 6 WEG). Die

---

185 OLG Düsseldorf v. 19.4.2005 – I-3 Wx 317/04.
186 BayObLG v. 7.7.1981 – BReg 2 Z 54/80 = MDR 1982, 58; Bärmann/*Merle*, § 24 WEG Rn 64.
187 BayObLG v. 7.7.1981 – BReg 2 Z 54/80 = MDR 1982, 56; OLG Frankfurt v. 12.12.1798 – 20 W 692/78 = OLGZ 1979, 134.
188 OLG München v. 11.12.2007 – 34 Wx 91/07 = NZM 2008, 92 f; OLG München v. 31.10.2007 – 34 Wx 60/07 = ZWE 2008, 58 = MietRB 2008, 45.
189 AA KG v. 14.11.1988 – 24 W 4304/88 = WE 1989, 135; Vandenhouten, in: Köhler/Bassenge, Teil 4 Rn 159.

Niederschrift ist zwar nur eine Privaturkunde, besitzt aber gleichwohl einen erheblichen Beweiswert.[190]

Die Niederschrift soll spätestens eine Woche vor Ablauf der Anfechtungsfrist gem. § 46 Abs. 1 S. 1 WEG erstellt sein. Mit der Einführung der Beschluss-Sammlung gem. § 24 Abs. 7, 8 WEG hat diese Frist wohl kaum mehr große Bedeutung. Die Verpflichtung des Verwalters zur unverzüglichen Erstellung der Beschluss-Sammlung versetzt jeden Berechtigten rechtzeitig in die Lage, sich über die verkündeten Beschlüsse der Gemeinschaft Kenntnis zu verschaffen.[191]

Die Rechtsprechung und herrschende Meinung verlangt mangels ergänzender Vereinbarungen   **223** die Führung eines Beschlussprotokolls, welches die Wiedergabe der Formalien und Organisationsregelungen sowie des Inhalts der Beschlussanträge, das Abstimmungsergebnis und den verkündeten Beschlussinhalt enthält.[192] Ein ordnungsgemäßes Beschlussprotokoll muss daher folgenden **Mindestinhalt** ausweisen:

- Bezeichnung der Eigentümergemeinschaft
- Ort, Datum und Uhrzeit (Beginn und Ende) der Versammlung
- Versammlungsleiter und Protokollführer
- Feststellung der ordnungsgemäßen Einberufung zur Versammlung und der Beschlussfähigkeit
- Tagesordnungspunkte und Beschlussgegenstände
- Abstimmungsergebnis und Beschlussverkündung
- Unterschrift im Original durch den Versammlungsleiter, den Verwaltungsbeiratsvorsitzenden (sofern vorhanden) oder seinen Vertreter (sofern vorhanden) und einen weiteren Eigentümer

Im Beschlussprotokoll soll das dokumentiert sein, was dem tatsächlichen Verlauf der Ver-   **224** sammlung entspricht (vgl das Musterbeispiel Rn 236). Entscheidend ist demnach das, was der Versammlungsleiter mit konstitutiver Wirkung verkündet hat, und nicht das, was einzelne Eigentümer gerne gehört hätten. Ein Berichtigungsanspruch besteht nur dann, wenn die Verkündung nicht im Einklang mit dem protokollierten Sachverhalt steht. Grundsätzlich sollte das Protokoll daher ein Ergebnis- und kein Erlebnisprotokoll sein. Es kann aber durchaus sinnvoll sein, zu bestimmten Tagesordnungspunkten erläuternde Hinweise zur Verdeutlichung eines Sachverhalts zu machen. Gerade wenn Eigentümergemeinschaften vom Verwalter die Verkündung von rechtlich bedenklichen Beschlüssen verlangen oder aus anderen Gründen die latente Gefahr einer Anfechtungsklage besteht, ist der Verwalter mit Blick auf eine mögliche Kostenhaftung gut beraten, seine Würdigung dieser Situation und die erfolgte Aufklärung zu einem Anfechtungsrisiko im Protokoll zu dokumentieren.

g) Organisation der Versammlung

Für die Vorbereitung und Durchführung der Versammlung gilt, dass geordnete, standardisierte   **225** und eingespielte Verfahrensabläufe die Kreativität schaffen, die zur Bewältigung krisenhafter Situationen benötigt wird. Eine Checkliste für die Vorbereitung und die Durchführung der Versammlung ist daher unerlässlich (vgl Muster Rn 241).

---

190 BayObLG v. 2.1.1984 – BReg 2 Z 15/83; BayObLG v. 5.12.1982 – BReg 2 Z 39/82.
191 LG München I v. 6.2.2008 – 1 T 22613/07 = NZM 2008, 410.
192 OLG Hamm v. 25.4.1989 – 15 W 353/87 = OLGZ 1989, 314.

226   Was das Vorhalten von Verwaltungsunterlagen in der Versammlung anbetrifft, so ist aufgrund praktischer Erfahrung davon abzuraten, mit den kompletten Objektakten am Versammlungsort zu erscheinen. Zum einen reizt diese offensichtliche Möglichkeit in der Regel Wohnungseigentümer nur zu wenig zielführenden Detailfragen, die den Lauf der Versammlung stören und deren Klärung ohnehin vor Ort nicht möglich ist. Beschlüsse (auch über Jahresabrechnungen oder Wirtschaftspläne) sind zutreffenderweise nicht allein deshalb anfechtbar, wenn anlässlich der Versammlung nicht Einsicht in die sämtlichen Buchhaltungs- und Abrechnungsunterlagen gewährt wurde.[193] Dabei empfiehlt es sich, bereits in der Einladung ausdrücklich anzubieten, etwaige Fragen oder Probleme im Vorfeld der Versammlung zu klären und die Einsichtnahme in sämtliche Buchhaltungsunterlagen anzubieten.

Hinweis: Dies gilt allerdings nicht im Bezirk des für seine verwalterfeindliche Rechtsprechung berüchtigten OLG Köln.[194]

227   Die erforderliche Ausstattung sollte mindestens umfassen: eine Anwesenheitsliste, Kontroll- und Abstimmungsformulare betreffend die Beschlussfähigkeit und das Abstimmverhalten (besonders wichtig bei Abstimmungen, die die doppelt-qualifizierte Mehrheit erfordern), eventuell erforderliche Stimmkarten (für den Fall einer als geheim gewünschten Abstimmung), die Tagesordnung nebst sämtlichen Anlagen (besser noch ein vorbereitetes Protokoll in Konzeptform), die Teilungserklärung/Gemeinschaftsordnung nebst Beschluss-Sammlung sowie ein Diktiergerät und einen Taschenrechner. Ein Lärm erzeugendes Gerät zur Herstellung der Versammlungsordnung sollte nicht fehlen.

Bewährt hat sich die Kennzeichnung der üblichen Beschlussvorlagen durch Verwendung farbigen Papiers, um lang anhaltendes Blättern und Probleme der Eigentümer bei der Auffindung der betreffenden Unterlagen zu vermeiden (zB Jahresabrechnung grün, Wirtschaftsplan rot etc.).

228   Auch bei mittleren Gemeinschaften ist die Begleitung der Versammlung durch eine mittels Notebook und Beamer erzeugte Präsentation empfehlenswert. So besitzt eine kurze Bildfolge über den Fortschritt einer Sanierungsmaßnahme einen ungleich stärkeren Informationsgehalt und eine positivere Wirkung als ein mündlicher Bericht. Auch kann über den Beamer die Protokollerstellung transparent gestaltet werden. Ist ausreichend geschultes Personal verfügbar, so kann, sofern ein portabler Drucker mitgeführt wird, das Versammlungsprotokoll an Ort und Stelle gefertigt und gegengezeichnet werden. Das Mitführen einer sog. Kabeltrommel mit Mehrfachanschlussmöglichkeiten ist ebenso zu empfehlen wie ein wieder ablösbares Klebeband zur Abdeckung von Kabeln (Verkehrssicherung). Ein Laserpointer bzw eine Fernbedienung für Notebook/Beamer hat sich auch bewährt. Mit dem Tagungslokal sollte rechtzeitig die Möglichkeit oder Erforderlichkeit des Einsatzes einer Beschallungsanlage geklärt werden. Neben einem Stand- oder portablen Mikrofon für den Hauptredner ist ein Mikrofon für den Beirat und eines für Wortbeiträge der Teilnehmer vorzuhalten.

229   Es ist bei größeren Gemeinschaften oder Tagungsörtlichkeiten dringend zu empfehlen, im Eingangsbereich eine „Beschilderung" in der Art von Wegweisern zum Versammlungsraum zu organisieren. Ferner ist im Eingangsbereich zum Versammlungsraum selbst für eine persönliche Begrüßung der Teilnehmer zu sorgen. Bei dieser Gelegenheit können die Anwesenheit und Teil-

---

193   Jennißen/*Jennißen*, § 28 WEG Rn 148.
194   OLG Köln v. 11.12.2006 – 16 Wx 200/06 = NZM 2007, 366.

nahmeberechtigung geklärt, Plätze zugewiesen und Stimmkarten ausgehändigt werden. Je nach Bedeutung und Zuschnitt des Objekts ist für Schreibmaterial zu sorgen.

Die Möglichkeit zur Ablage der Garderobe sollte im Versammlungsraum durch einen mobilen Kleiderständer geschaffen werden, da viele Teilnehmer einer außerhalb des Versammlungsraums gelegenen Garderobe Vorbehalte entgegenbringen.

Wenn möglich, sollte aus psychologischen Gründen darauf verzichtet werden, ein gegenüber dem Auditorium erhöhtes Podium als Standort der Versammlungsleitung zu benutzen. Der Verwaltungsbeirat sollte zwingend auf gleicher Höhe neben der Verwaltung platziert werden, um bereits optisch die Unterstützung der Verwaltung zu signalisieren.

Die geordnete Versorgung mit Getränken ist durch (rechtzeitige) konkrete Absprachen sicher   230
zustellen und auch zu kanalisieren. So ist Wert darauf zu legen, dass Bestellungen zu vereinbarten Zeiten entgegengenommen und erledigt werden. Was die Verabfolgung von Mahlzeiten anbetrifft, so ist äußerste Zurückhaltung geboten, wenngleich auch Rücksichtnahmen gegenüber der Gastronomie erforderlich sein können. Speisen sollten, sofern überhaupt, nur innerhalb einer gegebenenfalls einzulegenden Pause zugelassen werden.

Entsprechendes gilt, sofern nicht ohnehin ein gesetzliches Rauchverbot herrscht, für Raucherpausen. Auch sollte mit der Gastronomie bei bekannten Problemfällen eine Einschränkung des Angebots an Spirituosen vereinbart oder ein entsprechender Organisationsbeschluss gefasst werden.

2. Muster

▶ **Muster: Einladungsschreiben zur Eigentümerversammlung**   231

Wohnungseigentümergemeinschaft [...]-Straße in [...]

Einladung zur Eigentümerversammlung

Sehr geehrte Frau [...],

sehr geehrter Herr [...],

als Ihr Verwalter lade ich Sie hiermit herzlich zu Ihrer diesjährigen ordentlichen [*alternativ*: zu Ihrer außerordentlichen]

Eigentümerversammlung

ein.

Die Eigentümerversammlung findet statt

am [...], den [...], um [...] Uhr,

in [...].

Die zur Behandlung vorgesehenen Tagesordnungspunkte entnehmen Sie bitte der diesem Schreiben als Anlage beigefügten Tagesordnung. Bitte beachten Sie die dort aufgeführten Anmerkungen, Beschlussvorschläge sowie die dazugehörigen Anlagen.

Ich weise darauf hin, dass die Eigentümerversammlung nur dann beschlussfähig ist, wenn die erschienenen stimmberechtigten Wohnungseigentümer mehr als die Hälfte der Miteigentumsanteile, berechnet nach der im Grundbuch eingetragenen Größe dieser Anteile, vertreten.

Sollten Sie an einer persönlichen Teilnahme verhindert sein, so bitte ich darum, sich vertreten zu lassen. Dadurch gewährleisten Sie, dass die Versammlung beschlussfähig ist und Ihre Meinung Berücksichtigung finden kann. Zu diesem Zweck darf ich Ihnen als Anlage ein entsprechendes Vollmachtsformular überreichen, das Sie mir bitte für den Fall Ihrer Verhinderung rechtzeitig vor Versammlungsbeginn ausgefüllt und im Original unterzeichnet aushändigen lassen wollen. Ich möchte darauf hinweisen, dass ich gehalten bin, im Vertretungsfalle das tatsächliche Vorliegen einer Vollmacht zu prüfen.

Ich weise ferner darauf hin, dass ich im Falle der Nicht-Beschlussfähigkeit der Versammlung dazu berechtigt bin, eine zweite Eigentümerversammlung einzuberufen, die dann ohne Rücksicht auf die Höhe der anwesenden oder vertretenen Miteigentumsanteile bzw Stimmrechte beschlussfähig ist.

Ich freue mich, Sie zur Versammlung begrüßen zu dürfen, und verbleibe

mit freundlichen Grüßen

Verwalter ◄

232 ► **Muster: Textvarianten bei besonderen Vereinbarungen**

 [*Variante 1*]

Ich weise darauf hin, dass gemäß den in Ihrer Gemeinschaftsordnung enthaltenen Vereinbarungen die Eigentümerversammlung unabhängig von der Anzahl der erschienenen oder vertretenen Wohnungseigentümer bzw Miteigentumsanteile in jedem Falle beschlussfähig ist.

[*Variante 2*]

Sollten Sie an einer persönlichen Teilnahme verhindert sein, so bitte ich darum, sich vertreten zu lassen. Dadurch gewährleisten Sie, dass die Versammlung beschlussfähig ist und Ihre Meinung Berücksichtigung finden kann. Zu diesem Zweck darf ich Ihnen als Anlage ein entsprechendes Vollmachtsformular überreichen, das Sie mir bitte für den Fall Ihrer Verhinderung rechtzeitig vor Versammlungsbeginn ausgefüllt und im Original unterzeichnet aushändigen lassen wollen. Ich weise darauf hin, dass gemäß den in Ihrer Gemeinschaftsordnung enthaltenen Vereinbarungen eine Vertretung in der Eigentümerversammlung nur zulässig ist, wenn Ihr Vertreter seine Bevollmächtigung durch Vorlage einer schriftlichen Vollmacht im Original nachweist.

[*Variante 3*]

Ich weise darauf hin, dass gemäß den in Ihrer Gemeinschaftsordnung enthaltenen Vereinbarungen eine Vertretung in der Eigentümerversammlung nur zulässig ist, wenn Ihr Vertreter seine Bevollmächtigung durch Vorlage einer öffentlich beglaubigten Vollmachtsurkunde nachweist.

[*Variante 4*]

Ich mache Sie vorsorglich darauf aufmerksam, dass Sie sich nach den Bestimmungen der Gemeinschaftsordnung in der Eigentümerversammlung nur durch den Verwalter, Ihren Ehegatten oder einen anderen Wohnungseigentümer vertreten lassen können. Dies gilt entsprechend für Lebenspartnerschaften nach dem Lebenspartnerschaftsgesetz. ◄

233 ► **Muster: Einladungsschreiben Zweitversammlung**

 Wohnungseigentümergemeinschaft [...]-Straße in [...]

Einladung zur Eigentümerzweitversammlung

Sehr geehrte Frau [...],

sehr geehrter Herr [...],

als Ihr Verwalter lade ich Sie hiermit herzlich zu Ihrer

Eigentümerzweitversammlung

ein, da die am [...] abgehaltene ordentliche/außerordentliche Eigentümerversammlung nicht beschlussfähig war.

Die Eigentümerzweitversammlung findet statt

am [...], den [...], um [...] Uhr,

in [...].

Die zur Behandlung vorgesehenen Tagesordnungspunkte entnehmen Sie bitte der diesem Schreiben als Anlage beigefügten Tagesordnung.

Bitte beachten Sie die dort aufgeführten Anmerkungen, Beschlussvorschläge sowie die jeweiligen dazugehörigen Anlagen.

Ich weise darauf hin, dass die Eigentümerversammlung als Zweitversammlung unabhängig von der Anzahl der erschienenen oder vertretenen Wohnungseigentümer bzw Miteigentumsanteile in jedem Falle beschlussfähig ist.

Sollten Sie an einer persönlichen Teilnahme verhindert sein, so bitte ich darum, sich vertreten zu lassen. Dadurch gewährleisten Sie, dass die Versammlung beschlussfähig ist und Ihre Meinung Berücksichtigung finden kann. Zu diesem Zweck darf ich Ihnen als Anlage ein entsprechendes Vollmachtsformular überreichen, das Sie mir bitte für den Fall Ihrer Verhinderung rechtzeitig vor Versammlungsbeginn ausgefüllt und im Original unterzeichnet aushändigen lassen wollen. Ich möchte darauf hinweisen, dass ich gehalten bin, im Vertretungsfalle das tatsächliche Vorliegen einer Vollmacht zu prüfen.

Ich freue mich, Sie zur Versammlung begrüßen zu dürfen, und verbleibe

mit freundlichen Grüßen

Verwalter ◄

▶ **Muster: Vollmacht für Eigentümerversammlung**   234

Vollmacht

für die Eigentümerversammlung der

Wohnungseigentümergemeinschaft [...]-Straße in [...]

am [...]

Ich/wir,

Herr/Frau/Eheleute/Firma _____

_____

(Vorname, Name/Firma, Adresse)

bin/sind Eigentümer/werdende Eigentümer der im Aufteilungsplan der oben genannten Wohnungseigentümergemeinschaft mit der/den Ziffer/n [...] bezeichneten Sondereigentumseinheit/en.

Ich/wir bevollmächtige/n hiermit Herrn/Frau

_____

_____,

(Vorname, Name, Adresse)

mich/uns in der oben genannten Eigentümerversammlung zu vertreten, wobei ich/wir

(Zutreffendes bitte unbedingt ankreuzen!)

☐ sämtliche Abstimmungen und Entscheidungen in das Ermessen des oben genannten Vertreters stelle/n

☐ den oben genannten Vertreter wie umseitig angegeben anweise/n, zu einzelnen Tagesordnungspunkten abzustimmen.

Diese Vollmacht ist übertragbar, eine Unterbevollmächtigung daher zulässig. Der Bevollmächtigte, ebenso wie mögliche Unterbevollmächtigte, sind von den Beschränkungen des § 181 BGB befreit.

Ort, Datum   (Unterschrift/en)

235 ▶ **Musterbeispiel: Tagesordnung**

Tagesordnung der Eigentümerversammlung

der Wohnungseigentümergemeinschaft [...]-Straße [...] in [...]

am [...]

TOP 1

Begrüßung / Feststellung der ordnungsgemäßen Ladung sowie Beschlussfähigkeit

Der Verwalter begrüßt die Erschienenen, eröffnet Ihre Eigentümerversammlung, stellt die Ordnungsmäßigkeit der Einladung sowie die Beschlussfähigkeit der Eigentümerversammlung fest. Da die Beschlussfähigkeit der Eigentümerversammlung zum Zeitpunkt der jeweiligen Beschlussfassungen gegeben sein muss, möge ein stimmberechtigter Wohnungseigentümer oder Vertreter, der die Versammlung vorübergehend oder auf Dauer zu verlassen wünscht, dies dem Versammlungsleiter anzeigen. Nur so ist die Beschlussfähigkeit der Versammlung zu jedem Zeitpunkt gewährleistet.

TOP 2

Bestimmung des Versammlungsvorsitzenden / Protokollführers

Den Vorsitz in der Eigentümerversammlung sowie das Versammlungsprotokoll führt, sofern die Gemeinschaftsordnung nichts anderes vorsieht bzw die Eigentümerversammlung nichts anderes beschließt, der Verwalter. Zur Vereinfachung wird das Versammlungsprotokoll unverzüglich im Beisein der Erschienenen auf Tonträger diktiert, wobei vorbehaltlich abweichender mehrheitlicher Entscheidung im Einzelfall auf nochmaliges Vorspielen des Diktats sowie Aufbewahrung des Tonträgers verzichtet wird.

Zur Vereinfachung des Versammlungsablaufs wird der Verwalter, sofern nichts Abweichendes vereinbart oder beschlossen ist bzw sich aus der Art des Abstimmungsgegenstands ergibt, die Abstimmungsergebnisse im Wege des sog. Subtraktionsverfahrens ermitteln. Das heißt, dass nach Abfrage der Nein-Stimmen bzw Enthaltungen zu einem bestimmten Beschlussantrag mangels gegenteiliger Äußerung der Versammlungsteilnehmer im Übrigen deren Zustimmung zum jeweiligen Beschlussantrag festgestellt wird.

TOP 3

Beschlussfassung über die Jahresgesamt- und Einzelabrechnung des Jahres [...]

Die bereits durch Ihren Verwaltungsbeirat überprüfte und zur Beschlussfassung vorgesehene Jahresgesamtabrechnung sowie die jeweiligen Einzelabrechnungen für das abgelaufene Wirtschaftsjahr, eine Übersicht über die Entwicklung Ihrer Instandhaltungsrücklage sowie eine Darstellung der Entwicklung der Bankkonten ist als Anlage zu dieser Tagesordnung beigefügt. Ferner überreichen wir zusätzlich einen aktuellen Vermögensstatus der Wohnungseigentümergemeinschaft.

Den Rechnungsprüfungsbericht Ihres Beirats / Ihrer Rechnungsprüfer fügen wir bei.

[*Alternativ*: Ihr Verwaltungsbeirat / Ihre Rechnungsprüfer werden zum Ergebnis der Rechnungsprüfung in der Eigentümerversammlung mündlich vortragen.]

Ergeben sich eventuell Fragen oder Anregungen zur vorgelegten Abrechnung, werden Sie höflich gebeten, sich telefonisch vorab mit der Verwaltung in Verbindung zu setzen. Gerne können Sie bei Bedarf nach vorheriger Terminvereinbarung auch Einsicht die in kompletten Abrechnungsunterlagen nehmen. So stellen Sie bereits im Vorfeld der Eigentümerversammlung sicher, dass auftretende Fragen gegebenenfalls schon vorab zu Ihrer Zufriedenheit geklärt bzw Ihre Anregungen noch rechtzeitig aufgegriffen werden können.

TOP 4

Entlastung des Verwalters für das Wirtschaftsjahr [...]

Die Verwaltung hat sich im abgelaufenen Wirtschaftsjahr bemüht, die Beschlüsse der Eigentümerversammlung zu Ihrer Zufriedenheit durchzuführen und im Übrigen für eine sorgfältige kaufmännische und technische Verwaltung Ihres Objekts zu sorgen. Ferner hat die Verwaltung sich um die Erstellung einer ordnungsgemäßen Abrechnung für das abgelaufene Wirtschaftsjahr bemüht. Für jede Anregung zur besseren Gestaltung der künftigen Tätigkeit ist die Verwaltung dankbar. Gleichzeitig bittet die Verwaltung der guten Ordnung halber um die Erteilung der Entlastung für das abgelaufene Wirtschaftsjahr.

TOP 5

Entlastung des Beirats bzw der Rechnungsprüfer für das Wirtschaftsjahr [...]

Auch in diesem Jahr möchten wir Ihren Verwaltungsbeiräten bzw Ihren Rechnungsprüfern für Ihre Tätigkeit und die angenehme Zusammenarbeit danken, insbesondere dafür, dass sie diese Arbeit mit so viel persönlichem Engagement erfüllt haben.

TOP 6

Beschlussfassung über den Gesamt- und Einzelwirtschaftsplan des Jahres [...]

Der bereits durch Ihren Verwaltungsbeirat überprüfte und zur Beschlussfassung vorgesehene Gesamtwirtschaftsplan sowie die jeweiligen Einzelwirtschaftspläne sind als Anlagen zu dieser Tagesordnung beigefügt.

Der Wirtschaftsplan ist der „Haushaltsplan" der Wohnungseigentümergemeinschaft für die Zukunft. Die darin enthaltenen Kosten- und Beitragsansätze stellen naturgemäß eine Prognose dar und sind von der Verwaltung auf der Grundlage der in der letzten Jahresabrechnung enthaltenen Einnahmen und Ausgaben unter angemessener Berücksichtigung etwa zusätzlich zu erwartender Ausgaben sowie Preis- und Gebührenerhöhungen ermittelt worden.

Ergeben sich eventuell Fragen oder Anregungen zum Wirtschaftsplan, werden Sie höflich gebeten, sich telefonisch vorab mit der Verwaltung in Verbindung zu setzen. Gerne können Sie bei Bedarf nach vorheriger Terminvereinbarung auch Einsicht die in kompletten Abrechnungsunterlagen nehmen. So stellen Sie bereits im Vorfeld der Eigentümerversammlung sicher, dass auftretende Fragen gegebenenfalls schon vorab zu Ihrer Zufriedenheit geklärt bzw Ihre Anregungen noch rechtzeitig aufgegriffen werden können.

TOP 7

Verwalterwahl und Abschluss eines Verwaltungsvertrags

Die Neuwahl des Verwalters sowie der Abschluss eines Verwaltungsvertrags ab dem [...] ist notwendig, da unser Bestellungs-/Vertragszeitraum per [...] endet.

Wir erlauben uns, uns erneut zur Wahl zu stellen, und würden es sehr begrüßen, weiter für Sie tätig sein zu dürfen. Die Konditionen unserer Tätigkeit entnehmen Sie bitte dem als Anlage beigefügten und aufgrund der Rechtsänderungen durch die WEG-Novelle aktualisierten Verwaltervertrag.

TOP 8

Neuwahl des Verwaltungsbeirats

Nach dem Wohnungseigentumsgesetz können die Wohnungseigentümer durch Stimmenmehrheit über die Bestellung eines Verwaltungsbeirats beschließen. Der Verwaltungsbeirat besteht aus einem Wohnungseigentümer als Vorsitzendem und zwei weiteren Wohnungseigentümern als Beisitzern.

Der Verwaltungsbeirat soll den Verwalter bei der Durchführung seiner Aufgaben unterstützen. Dem Beirat obliegt insbesondere die Prüfung der vom Verwalter erstellten Wirtschaftspläne, Jahresabrechnungen und Rechnungslegungen des Verwalters sowie von Kostenanschlägen und die Abgabe entsprechender Stellungnahmen. Die Wahrnehmung der Aufgaben des Verwaltungsbeirats erfolgt ehrenamtlich; sie hat für die Gemeinschaft als unbürokratisches Bindeglied zwischen Verwaltung und Eigentümer besondere Bedeutung.

TOP 9

Verschiedenes

Bitte beachten Sie, dass unter diesem Tagesordnungspunkt keine rechtswirksamen Beschlüsse gefasst werden können. Es bietet sich hier Gelegenheit, Ideen und Anregungen auszutauschen sowie weitere Beschlussfassungen vorzubereiten.

Anlagen:

- Jahresgesamt- und Einzelabrechnung für [...]
- Gesamt- und Einzelwirtschaftsplan für [...]
- Rechnungsprüfungsbericht Beirat / Rechnungsprüfer
- Verwaltungsvertrag ◀

236 ▶ **Musterbeispiel: Versammlungsprotokoll**

Versammlungsprotokoll

Eigentümergemeinschaft:	Musterstraße in Musterstadt
Datum:	15.4.2009
Versammlungsnummer:	1/2009
Ort der Versammlung:	Gaststätte
Versammlungsbeginn:	17.30 Uhr
Versammlungsende:	20.20 Uhr
Versammlungsleiter:	Mustermann
Protokollführer:	Mustermann
Beschlussfähigkeit mit insgesamt:	722,19 / 1.000 Miteigentumsanteilen
Stimmberechtigte Personen:	46 / 68 Eigentümer
Stimmrecht:	nach Miteigentumsanteilen
Abstimmungsmodus:	Durch Handzeichen

TOP 1

Begrüßung / Feststellung der ordnungsgemäßen Ladung sowie Beschlussfähigkeit

Der Verwalter begrüßt die Erschienenen, eröffnet die Eigentümerversammlung und stellt die Ordnungsmäßigkeit der Einladung sowie die Beschlussfähigkeit der Eigentümerversammlung fest. Die

Beschlussfähigkeit der Eigentümerversammlung war zu jedem abgehandelten Tagesordnungspunkt gegeben.

Feststellungen:

a) Die Ordnungsmäßigkeit der Einladung wird festgestellt.

b) Die Beschlussfähigkeit der Eigentümerversammlung wird festgestellt.

Stimmanteile/MEA insgesamt zu Beginn der Versammlung:

persönlich erschienen: [...]

vertreten: [...]

nicht erschienen/vertreten: [...]

Stimmanteile/MEA insgesamt ab TOP 3 [Eheleute [...] verlassen die Versammlung]: [...]

persönlich erschienen: [...]

vertreten: [...]

nicht erschienen/vertreten: [...]

TOP 2

Bestimmung des Versammlungsvorsitzenden / Protokollführers

Den Vorsitz in der Eigentümerversammlung sowie das Versammlungsprotokoll führt, da die Eigentümerversammlung nichts anderes beschließt, der Verwalter.

Feststellungen:

Die Eigentümerversammlung bestimmt mangels abweichenden Beschlusses den Verwalter zum Versammlungsvorsitzenden sowie Protokollführer unter Zuhilfenahme eines Tonträgers, wobei vorbehaltlich abweichender mehrheitlicher Entscheidung im Einzelfall auf nochmaliges Vorspielen des Diktats sowie Aufbewahrung verzichtet wird.

TOP 3

Beschlussfassung über die Jahresgesamt- und Einzelabrechnung des Jahres [...]

Der Vorsitzende des Verwaltungsbeirats / der Rechnungsprüfer trug der Versammlung zum Ergebnis der Rechnungsprüfung vor / erläuterte den mit der Einladung versandten Rechnungsprüfungsbericht vom [...]. Hiernach wurde die vorgelegte Jahresgesamt- und Einzelabrechnung als zutreffend befunden und deren Genehmigung empfohlen.

Beschlussantrag:

Die Eigentümerversammlung beschließt die von der Verwaltung mit der Einladung vorgelegte Jahresgesamtabrechnung sowie die jeweiligen Jahreseinzelabrechnungen vom [...] für den Wirtschaftszeitraum vom [...] bis [...]. Die sich aus den jeweiligen Einzelabrechnungen ergebenden Guthaben- bzw Nachzahlungsbeträge sind fällig und zahlbar auf das Konto der Wohnungseigentümergemeinschaft zum Ablaufe des [...] [*Datum*].

Liegt eine Einzugsermächtigung vor, wird die Hausverwaltung zum angegebenen Termin von der Einzugsermächtigung Gebrauch machen bzw Guthaben an das bekannt gegebene Konto des jeweiligen Eigentümers anweisen.

Abstimmungsergebnis:

Ja-Stimmen: [...]

Nein-Stimmen: [...]

Enthaltungen: [...]

Verkündung:

Der Versammlungsleiter verkündete den Beschluss als mit obigem Wortlaut zustande gekommen.

TOP 4

Entlastung des Verwalters für das Wirtschaftsjahr [...]

Beschlussantrag:

Die Eigentümerversammlung erteilt dem Verwalter Entlastung für das Wirtschaftsjahr [...].

Abstimmungsergebnis:

Ja-Stimmen: [...]

Nein-Stimmen: [...]

Enthaltungen: [...]

Verkündung:

Der Versammlungsleiter verkündete den Beschluss als mit obigem Wortlaut zustande gekommen.

TOP 5

Entlastung des Beirats bzw der Rechnungsprüfer für das Wirtschaftsjahr [...]

Beschlussantrag:

Die Eigentümerversammlung erteilt den Mitgliedern des Verwaltungsbeirats (Frau [...], Herrn [...] und Herrn [...]) Entlastung für das Wirtschaftsjahr [...].

Abstimmungsergebnis:

Ja-Stimmen: [...]

Nein-Stimmen: [...]

Enthaltungen: [...]

Verkündung:

Der Versammlungsleiter verkündete den Beschluss als mit obigem Wortlaut zustande gekommen.

TOP 6

Beschlussfassung über den Gesamt- und Einzelwirtschaftsplan des Jahres [...]

Beschlussantrag:

Die Eigentümerversammlung beschließt den von der Verwaltung als Anlage zur Einladung vorgelegten Gesamtwirtschaftsplan nebst Einzelwirtschaftsplänen vom [...] für den Zeitraum von [...] bis [...].

Abstimmungsergebnis:

Ja-Stimmen: [...]

Nein-Stimmen: [...]

Enthaltungen: [...]

Verkündung:

Der Versammlungsleiter verkündete den Beschluss als mit obigem Wortlaut zustande gekommen.

TOP 7

Verwalterwahl und Abschluss eines Verwaltungsvertrags

Beschlussantrag:

Die Eigentümerversammlung beschließt, die Fa. [...], vertreten durch [...], zum Verwalter nach WEG für den Zeitraum von [...] bis [...] zu bestellen, wobei das monatliche regelmäßige Verwaltungsentgelt [...] € pro Sondereigentumseinheit pro Monat zzgl jeweils gültiger gesetzlicher Mehrwertsteuer beträgt. Der Abschluss des der Einladung zur Eigentümerversammlung beigefügten [anlässlich der Eigentümerversammlung vorliegenden] Verwaltervertrags vom [...] mit dem Verwalter wurde [mit folgenden Änderungen / Ergänzungen gem. dem Protokoll beigefügter Anlage] beschlossen. Der Vorsitzende des Verwaltungsbeirats, Herr [...], wird bevollmächtigt, den Vertrag namens und in Vollmacht der Wohnungseigentümergemeinschaft zu Beweiszwecken gegenzuzeichnen.

Abstimmungsergebnis:

Ja-Stimmen: [...]

Nein-Stimmen: [...]

Enthaltungen: [...]

Verkündung:

Der Versammlungsleiter verkündete den Beschluss als mit obigem Wortlaut zustande gekommen.

Feststellungen:

Der Verwalter nimmt die Bestellung und den Antrag auf Abschluss des Verwaltervertrags an.

TOP 8

Neuwahl des Verwaltungsbeirats

Beschlussantrag:

Die Eigentümerversammlung bestellt in jeweils separater Wahl zu Verwaltungsbeiräten: Frau/Herrn A, Frau/Herrn B und Frau/Herrn C. Frau/Herr [...] wird zur/zum Beiratsvorsitzenden bestellt [*alternativ*: Die Mitglieder des Beirats bestimmen den Vorsitzenden des Verwaltungsbeirats selbst und teilen das Ergebnis der Wahl dem Verwalter gemeinsam schriftlich mit].

Abstimmungsergebnis A:

Ja-Stimmen: [...]

Nein-Stimmen: [...]

Enthaltungen: [...]

Abstimmungsergebnis B:

Ja-Stimmen: [...]

Nein-Stimmen: [...]

Enthaltungen: [...]

Abstimmungsergebnis C:

Ja-Stimmen: [...]

Nein-Stimmen: [...]

Enthaltungen: [...]

Verkündung:

Der Versammlungsleiter verkündete den Beschluss als mit obigem Wortlaut zustande gekommen.

Feststellungen:

Die Vorgenannten nehmen die Bestellung jeweils an.

TOP 9

Verschiedenes

Nach Abhandlung der Tagesordnungspunkte und mangels weiterer Wortmeldungen stellte der Versammlungsleiter im Einvernehmen mit den Anwesenden die Beendigung der Versammlung fest.

[...]

Ort, Datum

[...]

(Unterschrift Versammlungsleiter)

[...]

(Unterschrift Vors. des Beirats)

[...]

(Unterschrift Wohnungseigentümer/in) ◄

237   ▶ **Muster: Stimmzettel**

Wohnungseigentümergemeinschaft [...]

Stimmzettel für die Eigentümerversammlung am [...]

Wohnungs-/Teileigentum Nr. [...] [bitte einsetzen]

Eigentümer/Vertreter: [...]/[...] [bitte einsetzen]

Stimmwert: [...] (Kopfstimme) – [...] (MEA) – [...] (Einheiten) [bitte einsetzen]

Stimmabgabe zum Beschlussantrag zu Tagesordnungspunkt [...]

☐ JA

☐ NEIN

☐ ENTHALTUNG

[...]

(Unterschrift Eigentümer/Vertreter) ◄

238   ▶ **Muster: Anschreiben Umlaufbeschluss**

Wohnungseigentümergemeinschaft [...]-Straße in [...]

Sehr geehrte Frau [...],

sehr geehrter Herr [...],

als Ihr Verwalter bitte ich im Einvernehmen mit Ihrem Verwaltungsbeirat um Ihre Stimmabgabe zum dem nachfolgend wiedergegebenen Beschlussantrag im Wege des schriftlichen Beschlussverfahrens gem. § 23 Abs. 3 WEG. Ich erlaube mir, darauf hinzuweisen, dass der beantragte Beschluss nur zustande kommt, sofern sämtliche Wohnungseigentümer ihre Zustimmung mir gegenüber schriftlich durch Unterzeichnung und Rücksendung des zu diesem Zweck beigefügten Antwortschreibens im Original, eingehend bis zum [...], erklären.

Ich werde Sie umgehend über das Ergebnis der schriftlichen Abstimmung unterrichten.

Beschlussantrag zur Abstimmung im Wege des sog. Umlaufbeschlusses gem. § 23 Abs. 3 WEG der Wohnungseigentümergemeinschaft des Objekts [...], in [...]:

„Die Wohnungseigentümer beschließen, dass [...]."

Mit freundlichen Grüßen

Verwalter ◄

▶ **Muster: Antwortschreiben Umlaufbeschluss**   239

An [...] [*Verwalter*]   147

Wichtig: Rücksendung bis zum [...], eingehend bei der Verwaltung!

Wohnungseigentümergemeinschaft [...]-Straße in [...]

hier: Abstimmung im schriftlichen Umlaufverfahren gem. § 23 Abs. 3 WEG

Sehr geehrte Damen und Herren [...],

dem mit Schreiben der Verwaltung vom [...] beantragten Beschluss [Zutreffendes bitte ankreuzen]:

„Die Wohnungseigentümer beschließen, dass [...]."

☐ stimme ich zu.

☐ stimme ich nicht zu.

[...]

Ort, Datum

[...]

(Unterschrift/en) ◀

▶ **Muster: Verkündung Umlaufbeschluss**   240

Wohnungseigentümergemeinschaft [...]-Straße in [...]   148

hier: Abstimmung im schriftlichen Umlaufverfahren gem. § 23 Abs. 3 WEG

Sehr geehrte Frau [...],

sehr geehrter Herr [...],

ich nehme Bezug auf die im Einvernehmen mit Ihrem Verwaltungsbeirat mit Schreiben vom [...] durchgeführte Abstimmung im Wege des schriftlichen Beschlussverfahrens gem. § 23 Abs. 3 WEG über den Beschlussantrag:

„Die Wohnungseigentümer beschließen, dass [...]."

und erlaube mir mitteilen, dass

☐ sämtliche Wohnungseigentümer fristgerecht ihre schriftliche Zustimmung erklärt haben, weshalb der obige Beschluss als zustande gekommen verkündet wird

☐ sämtliche Wohnungseigentümer nicht fristgerecht ihre schriftliche Zustimmung erklärt haben, weshalb der obige Beschluss als nicht zustande gekommen verkündet wird

Mit freundlichen Grüßen

Verwalter ◀

▶ **Checkliste: Eigentümerversammlung**   241

1.   Vorbereitende Maßnahmen   149
    a)   Rechnungswesen
        ☐ Prüfung finanzieller Status der Gemeinschaft
        ☐ Prüfung Stand rückständige Beitragsforderungen
        ☐ Prüfung/Fertigstellung der Heizkostenabrechnung
        ☐ Prüfung/Fertigstellung der Jahresgesamt- und Einzelabrechnung
        ☐ Prüfung/Fertigstellung des Gesamt- und Einzelwirtschaftsplans
        ☐ Prüfung/Fertigstellung etwa zu erhebender Sonderumlagen

b) Verwaltungstätigkeit
   ☐ Prüfung Versammlungsprotokolle auf Beschlussumsetzung
   ☐ Prüfung Protokolle Beiratsbesprechungen
   ☐ Prüfung Protokolle Objektbegehungen
   ☐ Prüfung/Aktualisierung Instandhaltungsplanung
   ☐ Prüfung Sachstand laufender baulicher Maßnahmen
   ☐ Prüfung Sachstand Verfolgung von Baumängeln
   ☐ Prüfung Hausmeistertätigkeit
   ☐ Prüfung Notwendigkeit Neuabschluss / Verlängerung von Verträgen
   ☐ Prüfung Maßnahmen/Vorschläge zur Kostenoptimierung
   ☐ Vorbereitung des Berichts der Verwaltung
   ☐ Prüfung, ob Wiederwahl/Vertragsverlängerung angezeigt/notwendig
   ☐ Prüfung, ob wegen WEG-Novelle aktualisierter Verwaltungsvertrag notwendig
   ☐ Prüfung, ob wegen WEG-Novelle Synchronisations-/Vorratsbeschlüsse notwendig
c) Gerichtliche Verfahren
   ☐ Prüfung Sachstand Hausgeldbeitreibungs-/Vollstreckungsverfahren
   ☐ Prüfung Sachstand sonstiger gerichtlicher Verfahren
   ☐ Prüfung vorliegender gerichtlicher Entscheidungen
   ☐ Einholung etwa notwendiger Stellungnahmen durch Rechtsanwalt
d) Vorläufige Tagesordnung
   ☐ Prüfung vorliegender Anträge zur Tagesordnung
   ☐ Prüfung Notwendigkeit Neu-/Ergänzungswahlen Beirat
   ☐ Vorlage/Prüfung einzuholender Gutachten/Stellungnahmen
   ☐ Vorlage/Prüfung einzuholender Angebote/Ausschreibungsergebnisse
   ☐ Aufstellung der vorläufigen Tagesordnung
   ☐ Erstellung von Beschlussvorschlägen
e) Organisatorisches
   ☐ Datum, Beginn und Ort der Versammlung
   ☐ Prüfung Verfügbarkeit Versammlungslokal
   ☐ Prüfung Verfügbarkeit der Mitarbeiter
   ☐ Prüfung Teilnahmenotwendigkeit Dritter (Sachverständiger/Rechtsanwalt)
2. Einbindung des Verwaltungsbeirats
   ☐ Durchführung der Rechnungsprüfung (Jahresabrechnung/Wirtschaftsplan)
   ☐ Durchführung vorbereitender Beiratsbesprechung
   ☐ Abstimmung über Datum, Beginn und Ort der Versammlung
   ☐ Abstimmung über Aufbau und Inhalt Tagesordnung
   ☐ Abstimmung über Bericht der Verwaltung / des Verwaltungsbeirats
   ☐ Abstimmung über Beschlussempfehlungen
   ☐ Abstimmung über Teilnahme Dritter (Sachverständiger/Rechtsanwalt)
3. Einladung zur Versammlung
   ☐ Prüfung der Regelungen der Gemeinschaftsordnung
   ☐ Prüfung der Aktualität der Adressen-/Eigentümerliste/Grundbucheinsicht
   ☐ Erstellung des Einladungsschreibens
   ☐ Erstellung der Tagesordnung nebst Beschlussvorschlägen
   ☐ Beifügung Vollmachtsformular

☐ Beifügung des Berichts der Verwaltung / Berichts des Beirats
☐ Beifügung Jahresgesamt- und Einzelabrechnung
☐ Beifügung Gesamt- und Einzelwirtschaftsplan
☐ Beifügung Berechnung Sonderumlage
☐ Beifügung Angebote und Ausschreibungsergebnisse
☐ Beifügung sonstiger Anlagen zur Einladung
☐ Kontrolle vollständiger Versendung
☐ Sicherstellung fristgerechter Versendung (Fristkontrolle)
☐ Bei Problemfällen: Sicherstellung nachweisbaren Zugangs

4. Organisation der Versammlung
☐ Verbindliche Reservierung Versammlungslokal
☐ Abstimmung mit Gastronomie (Speisen, Getränke etc.)
☐ Planung Sitzordnung
☐ Verbindliche Planung Mitarbeitereinsatz
☐ Teilnahmezusage Dritter (Sachverständiger/Rechtsanwalt) einholen
☐ Vorbereitung Hinweisschilder/Wegweiser
☐ Planung/Sicherstellung Teilnehmerbegrüßung
☐ Planung/Sicherstellung Kontrolle Teilnahmeberechtigung
☐ Sicherstellung Kontrolle Beschlussfähigkeit in der Versammlung
☐ Vorbereitung Anwesenheitsliste
☐ Vorbereitung Kontrollliste Vollmachten
☐ Vorbereitung Kontrollliste für Regelabstimmungen
☐ Vorbereitung Kontrollliste für Abstimmung doppelt qual. Mehrheit
☐ Vorbereitung Stimmzettel für geheime Abstimmungen
☐ Vorbereitung Konzept/Unterlagen für Versammlungsleiter
☐ Vorbereitung Konzept/Unterlagen für Protokollführer/Hilfskräfte
☐ Vorbereitung/Kopieren etwa zu verteilender Unterlagen
☐ Planung/Sicherstellung Vorhaltung relevanter Objektunterlagen

5. Technische Ausstattung
☐ Rednerpult
☐ Diktiergerät
☐ Taschenrechner
☐ Glocke für Versammlungsleiter
☐ Lautsprecheranlage/Mikrofone
☐ Computer/Drucker/Beamer/Leinwand
☐ Kabeltrommel/Klebeband
☐ Laserpointer/Zeigestock
☐ Mobiltelefon
☐ Schreibmaterial für Teilnehmer
☐ Dekoration Versammlungsraum mit Bannern/Firmenlogo/Stand
☐ Vorhalten von Werbematerial/Informationsbroschüren

6. Nachbereitung der Versammlung
☐ Fertigung Protokoll
☐ Fristgerechte Vornahme der Eintragungen in die Beschluss-Sammlung
☐ Übersendung Protokoll zwecks Unterzeichnung durch Beirat/Eigentümer

☐ Sicherstellung fristgerechten Protokollversands an Wohnungseigentümer
☐ Erstellung Checkliste/Mitarbeiterweisungen zur Beschlussumsetzung
☐ Fristenkontrolle Beschlussumsetzung ◀

V. Die Beschluss-Sammlung

1. Einführung

242   Seit dem Inkrafttreten der WEG-Novelle mit dem 1.7.2007 trifft den Verwalter die Pflicht zur Führung der sog. Beschluss-Sammlung gem. § 24 Abs. 7 und 8 WEG. Auf die ordnungsgemäße Führung der Beschluss-Sammlung ist besonderer Wert zu legen, da § 26 Abs. 1 S. 3 WEG ausdrücklich bestimmt, dass regelmäßig ein wichtiger Grund zur Abwahl des Verwalters (und damit auch zur Kündigung des Verwaltervertrags) im Falle der nicht ordnungsgemäßen Führung der Beschluss-Sammlung gegeben ist. Die Verpflichtung zur Führung einer Beschluss-Sammlung beruht auf der Überlegung, dass Wohnungseigentümergemeinschaften nunmehr befugt sind, Änderungen von Vereinbarungen sowie Abweichungen von gesetzlichen Vorgaben in etlichen Fällen durch Beschluss zu regeln (vgl zB §§ 12 Abs. 4 S. 1, 16 Abs. 3, 16 Abs. 4, 21 Abs. 7 WEG). Infolge des Umstands, dass gem. § 10 Abs. 3 WEG Beschlüsse der Wohnungseigentümer sowie gerichtliche Entscheidungen gem. §§ 43 ff WEG gegenüber einem Rechtsnachfolger Bindungswirkung auch ohne Eintragung in das Grundbuch entfalten, ergibt sich das Problem, dass neu eintretende Eigentümer, aber auch neu gewählte Verwalter sich aus dem Inhalt der Gemeinschaftsordnung sowie den grundbuchlichen Eintragungen kaum einen verlässlichen Überblick über den derzeitigen Regelungsstand der Wohnungseigentümergemeinschaft verschaffen können. Insofern soll die Beschluss-Sammlung dem Schutz des Rechtsverkehrs dienen.

2. Inhaltliche Anforderungen

243   Gemäß § 24 Abs. 7 S. 2 WEG hat die Beschluss-Sammlung zu enthalten:

- den Wortlaut der in der Versammlung der Wohnungseigentümer verkündeten Beschlüsse,
- den Wortlaut der schriftlichen Beschlüsse,
- die Urteilsformeln der gerichtlichen Entscheidungen in einem Rechtsstreit gem. § 43 WEG.

a) Beschlüsse

244   § 24 Abs. 7 S. 2 Nr. 1 WEG stellt klar, dass es nur auf die verkündeten Beschlüsse ankommt, da die Verkündung des Beschlussergebnisses konstitutive Wirksamkeitsvoraussetzung des Beschusses ist.[195] Damit ist auch klargestellt, dass jeder verkündete Beschluss aufzunehmen ist, wobei der Anlass der Beschlussfassung (ordentliche oder außerordentliche Versammlung) ebenso wenig von Bedeutung ist wie die Frage, unter welchen Umständen der Beschluss zustande gekommen ist (rechtswidrige Beschlüsse, insbesondere unangekündigte Beschlüsse, mangelnde Beschlussfähigkeit etc.). Ferner ist die Art und Weise des Zustandekommens des Beschlusses, insbesondere die Formalien der Abstimmung und das Abstimmungsergebnis selbst, nicht aufzunehmen. Aufgrund der Formulierung des Gesetzestextes, die nur auf den Tatbestand der Verkündung selbst und nicht auf die rechtliche Qualität abstellt, sind nach hier vertretener Auffassung auch **nichtige Beschlüsse** aufzunehmen, obgleich diese von Anfang an rechtlich unwirksam sind. Insbesondere sind auch sog. **Negativ-Beschlüsse** aufzunehmen, da Ihnen mit der

---

195   BGH v. 23.8.2001 – V ZB 10/01 = NJW-RR 2002, 732 ff.

Verkündung ebenfalls Beschlussqualität zukommt und derartige Beschlüsse gegebenenfalls anzufechten sind.[196] Sog. **Nicht-Beschlüsse** (zB fehlende Verkündung, bloße Absichtserklärungen etc.) sind indes nicht aufzunehmen, da es Ihnen an der Beschlussqualität von vornherein mangelt. Auch wenn ein sog. Nicht-Beschluss Anlass für die Einleitung eines gerichtlichen Verfahrens (Verpflichtungsklage) bieten mag, wenn zB die Weigerung der Eigentümerversammlung, über einen Beschlussantrag überhaupt zu beschließen, ordnungsmäßiger Verwaltung widerspricht, so steht der eindeutige Gesetzeswortlaut gegen eine Aufnahme in die Beschluss-Sammlung.

Nach nunmehr herrschender Meinung sind allerdings ferner Beschlüsse, deren Wirkungen sich mit der Beendigung der Eigentümerversammlung erschöpfen (sog. **Organisationsbeschlüsse**) nicht aufzunehmen.[197]   245

Hervorzuheben ist, dass nach der Rechtsprechung des BGH[198] und der neueren oberlandesgerichtlichen Rechtsprechung[199] im Falle sog. **Umlaufbeschlüsse** mehr als früher darauf zu achten ist, dass auch solche Beschlüsse eines Verkündungsaktes bedürfen, um als verkündet und damit wirksam gelten zu können. Als Verkündungsakt kann in der Regel nur der (nachweisbare) Zugang einer Erklärung des Verwalters gegenüber sämtlichen Wohnungseigentümern gelten, wonach der Umlaufbeschluss zustande gekommen ist.

b) Gerichtliche Entscheidungen in einem Verfahren gem. § 43 WEG

Aufzunehmen sind nach § 24 Abs. 7 S. 2 Nr. 3 WEG nicht nur die Urteilsformeln der in einem   246
Anfechtungsverfahren gem. § 43 Nr. 4 WEG ergangenen gerichtlichen Entscheidungen, sondern alle Urteilsformeln von Entscheidungen, die in einem Verfahren nach den §§ 43 ff WEG ergehen, also auch solche, die im Grunde genommen mit der Beschluss- und Regelungslage der Wohnungseigentümergemeinschaft nichts zu tun haben:

- § 43 Nr. 1 WEG: Streitigkeiten der Wohnungseigentümer untereinander,
- § 43 Nr. 2 WEG: Streitigkeiten der Gemeinschaft mit Wohnungseigentümern,
- § 43 Nr. 3 WEG: Streitigkeiten über die Rechte und Pflichten des Verwalters,
- § 43 Nr. 5. WEG: Prozess eines Dritten gegen die Gemeinschaft oder einzelne Wohnungseigentümer.

Die Verwendung des Begriffs „Urteilsformel" weist darauf hin, dass nur der Tenor eines Urteils iSd § 313 Abs. 1 Nr. 4 ZPO gemeint ist. Gleichwohl erscheint die Aufnahme von **Beschlüssen mit eigenem Regelungsgehalt** (etwa Kostenentscheidungen nach Erledigung) geboten. Hinzu kommen die gerichtlichen Entscheidungen betreffend den Erlass von Vollstreckungsbescheiden im gerichtlichen WEG-Mahnverfahren.

Gerichtliche Beschlüsse nach der ZPO bzw verfahrensleitende Entscheidungen, die mangels   247
Hauptsacheentscheidung keinen gesteigerten Informationswert haben, sollten zutreffender Ansicht nach ebenfalls nicht eingetragen werden müssen.[200] Entsprechendes gilt für weitere Entscheidungen im **Zwangsvollstreckungsverfahren** (zB §§ 887, 888, 890 ZPO), da der Gesetzgeber mit „Rechtsstreit nach § 43 WEG" das wohnungseigentumsrechtliche Erkenntnisverfahren meinte.

---

196 BGH v. 19.9.2002 – V ZB 30/02 = MDR 2002, 1424 ff.
197 Deckert, WE 2007, 100 f.
198 BGH v. 23.8.2001 – V ZB 10/01 = NJW-RR 2002, 732 ff.
199 OLG Celle v. 8.6.2006 – 4 W 82/06 = NZM 2006, 784.
200 Deckert/Kappus, NZM 2007, 745, 749.

248   **Kostenfestsetzungsbeschlüsse** sind nach hier vertretener Ansicht „Nebenentscheidungen", die nicht eintragungspflichtig sind, zumal aus dem Tenor der Hauptsacheentscheidung die Kostentragung als solche hervorgeht und der interessierte Eigentümer oder Dritte durch Einsichtnahme in die Verfahrensunterlagen Aufschluss über die konkrete Höhe der Beträge erlangen kann.

249   Oftmals werden gerichtliche Streitigkeiten durch einen vor Gericht protokollierten Vergleich beigelegt. Aufgrund der tatsächlichen Regelungswirkung eines Prozessvergleichs stellt sich die Frage, ob nicht auch **gerichtliche Vergleiche** in der Beschluss-Sammlung wiederzugeben sind. Allerdings ist zu beachten, dass das Gericht den Vergleich der Parteien lediglich protokolliert, also keine streitige Entscheidung ergeht, es insbesondere keine Urteilsformel gibt.

250   Auch in den Fällen des § 278 Abs. 6 ZPO stellt das Gericht einen Vergleichsschluss der Streitparteien lediglich durch Beschluss fest. Ferner ist zu beachten, dass ein Vergleich nur die an ihm beteiligten Parteien bindet[201] und es wohnungseigentumsrechtlich regelmäßig entweder einer Vereinbarung oder eines Beschlusses bedarf, um die übrigen Wohnungseigentümer und insbesondere Rechtsnachfolger zu binden. Dies spricht dafür, dass gerichtliche Vergleiche nicht in die Beschluss-Sammlung aufzunehmen sind.

c) Angabe von Ort, Datum, Gericht und Parteien

251   Zum Wortlaut der gem. § 24 Abs. 7 S. 2 Nr. 1–3 WEG aufzunehmenden Regelungen gehören zwingend folgende zusätzliche Angaben:

- bei Versammlungsbeschlüssen: Ort der Versammlung und das Datum der Versammlung,
- bei Umlaufbeschlüssen: der Ort und das Datum der Verkündung,
- bei Urteilen: das Datum der Entscheidung, das Gericht und die Parteien.

Gemäß § 24 Abs. 7 S. 4 – 6 WEG können die Eintragungen (dh die aufgenommenen Wortlaute der Beschlüsse und gerichtlichen Entscheidungen) mit Vermerken zu versehen sein.

d) Anfechtungs- und Aufhebungsvermerke

252   Gemäß § 24 Abs. 7 S. 4 WEG nF müssen die Eintragungen für den Fall der Anfechtung oder Aufhebung mit einem entsprechenden Vermerk versehen werden.

Im Falle eines angefochtenen Versammlungs- oder Umlaufbeschlusses ist gem. § 24 Abs. 7 S. 4 WEG nF die Tatsache der **Anfechtung** als Vermerk zur jeweiligen Eintragung hinzuzusetzen. Dabei empfiehlt es sich, obgleich im Gesetzestext nicht ausdrücklich vorgegeben, aus Gründen der Sicherstellung der Informationsfunktion der Beschluss-Sammlung, folgende Basisinformationen anzugeben: Kläger, Gericht, gerichtliches Aktenzeichen sowie Datum der Zustellung der Klageschrift.

253   Im Falle der **Aufhebung** eines Beschlusses, sei es durch neuerlichen Beschluss, Vereinbarung oder durch gerichtliche Entscheidung, ist gem. § 24 Abs. 7 S. 4 WEG nF diese Tatsache als Vermerk zur jeweiligen Eintragung hinzuzusetzen. Problematisch für den Fall der Aufhebung eines Beschlusses durch neuerlichen Beschluss ist die Tatsache, dass die Aufhebung des Erst-Beschlusses durch erfolgreiche Anfechtung des Zweitbeschlusses rückwirkend wieder vernichtet werden kann. Insofern ist bei der Anbringung des Aufhebungsvermerks Vorsicht walten zu lassen.

---

201   BayObLG v. 29.1.1990 – BReg. 1 b Z 4/89 = NJW-RR 1990, 594.

Hier wird empfohlen, zunächst die Aufhebung zu vermerken und einen Zusatz „Aufhebung   254
noch nicht bestandskräftig" zu machen. Erwächst der Aufhebungsbeschluss sodann in Bestandskraft, so ist der Vermerk in „bestandskräftig" zu ändern. Entsprechendes gilt für die
Anbringung eines Aufhebungsvermerks durch gerichtliche Entscheidung. Solange der im Prozess Unterlegene das Rechtsmittel der Berufung einlegen kann, ist die Aufhebung als „noch
nicht rechtskräftig" zu vermerken. Im Falle des fruchtlosen Verstreichens der Berufungsfrist
kann der Vermerk dann gestrichen werden. Für den Fall der Berufungseinlegung ist der Vermerk
um das Gericht II. Instanz, das gerichtliche Aktenzeichen sowie das Datum der Zustellung der
Berufungsschrift zu ergänzen.

§ 24 Abs. 7 S. 5 und S. 6 WEG sehen die Löschung der Eintragung vor. Vor Löschungen (gerade   255
im Falle der elektronischen Führung der Beschluss-Sammlung) ist indes zu warnen, dies aus den
oben (Rn 254) genannten Gründen zur gegebenenfalls fehlenden Bestandskraft oder Rechtskraft einer Aufhebung. Zudem sieht das Gesetz die Löschung nur als fakultatives Mittel an.

3. Formalien der Beschluss-Sammlung

§ 24 Abs. 7 S. 7 regelt formale Anforderungen an die Führung der Beschluss-Sammlung. Dabei   256
fällt auf, dass der Gesetzgeber keine näheren Angaben über die Art und Weise der Führung der
Beschluss-Sammlung macht. Nach Auffassung des Gesetzgebers besteht hierzu kein Anlass, da
es sich hierbei um auf den Einzelfall bezogene Details handelt, die im Sinne des Regelungszwecks
jeweils im Einzelfall zu entscheiden sind. Dabei ist der Gesetzgeber der Auffassung, dass eine
Führung der Beschluss-Sammlung auch elektronisch und gegebenenfalls nach nicht unbedingt
historischen Ordnungskriterien erfolgen kann.[202]

a) Fortlaufende Nummerierung

Gemäß § 24 Abs. 7 S. 3 WEG sind die Beschlüsse und Entscheidungen fortlaufend zu numme-   257
rieren, um die Prüfbarkeit der Beschluss-Sammlung sicherzustellen. Dies bedeutet, dass die
Vergabe der Nummerierung in der historischen Reihenfolge der Verkündung der Beschlüsse
oder gerichtlichen Entscheidungen zu erfolgen hat.

b) Kennzeichnung aller Eintragungen, Vermerke und Löschungen mit dem Datum

Alle Eintragungen, Vermerke und Löschungen sind gem. § 24 Abs. 7 S. 7 WEG mit dem Datum   258
der Vornahme zu versehen. Es empfiehlt sich dringend, zur besseren Überprüfbarkeit der Beschluss-Sammlung zusätzlich den Namen desjenigen zu vermerken, der die Eintragung oder den
Vermerk verantwortlich vorgenommen hat.

c) Unverzüglichkeit der Vornahme von Eintragungen und Vermerken

Bewusst hat der Gesetzgeber auf die Bestimmung einer Frist zur Vornahme der erforderlichen   259
Eintragungen und Vermerke in der Beschluss-Sammlung verzichtet. Durch die Verwendung des
Rechtsbegriffs der Unverzüglichkeit hat der Gesetzgeber dokumentiert, dass er der Schnelligkeit
und damit der Aktualität der Beschluss-Sammlung besondere Priorität einräumt.

„Unverzüglich" bedeutet nämlich die Vornahme der erforderlichen Eintragungen und Vermerke „ohne schuldhaftes Zögern" (vgl § 121 Abs. 1 S. 1 BGB). Wie dieser unbestimmte Rechts-
begriff im Falle der Beschluss-Sammlung auszulegen ist, ist noch umstritten. Eine erste Orientierung dürfte eine Entscheidung des LG München bieten, wonach eine Eintragung, die nicht

---

202   BT-Drucks. 16/887, S. 83.

binnen einer Woche ab dem Tag der Versammlung bzw Zustellung eine gerichtlichen Entscheidung erfolgt, in jedem Falle als verspätet anzusehen sein soll.[203]

4. Pflichten bei der Führung der Beschluss-Sammlung

260   Gemäß § 24 Abs. 8 S. 1 WEG obliegt dem Verwalter nach dem WEG die Pflicht zur Führung der Beschluss-Sammlung. Hiesiger Auffassung nach handelt es sich um eine Bestimmung, die der Beschlusskompetenz der Eigentümer entzogen ist. Fehlt ein Verwalter, so obliegt die Führung der Beschluss-Sammlung dem jeweiligen Versammlungsleiter. Dabei bleibt ungeklärt, wie lange und in welchem Umfang der Versammlungsleiter zur Führung verpflichtet sein soll. Obgleich der Wortlaut der Regelung eher auf Versammlungsbeschlüsse hindeutet, ist hier vertretener Auffassung nach der Vorsitzende einer Eigentümerversammlung inhaltlich uneingeschränkt und zeitlich bis zur Wahl eines anderen Vorsitzenden einer späteren Eigentümerversammlung zur Führung der Beschluss-Sammlung verpflichtet. Ausdrücklich sieht § 24 Abs. 8 S. 2 WEG indes die Beschlusskompetenz zur Übertragung der Aufgabe auf einen anderen vor, der hier vertretener Auffassung nach aus dem Kreise der Wohnungseigentümer kommen muss. Die Wahl eines gemeinschaftsfremden Dritten als „Führer der Beschluss-Sammlung" scheidet aus.

261   Der zur Führung der Beschluss-Sammlung Verpflichtete hat gem. § 24 Abs. 7 S. 8 WEG jedem Wohnungseigentümer oder einem entsprechend Bevollmächtigten Einsicht in die Beschluss-Sammlung zu gewähren. Es gelten hier vertretener Auffassung nach (insbesondere für den Verwalter) die von der Rechtsprechung für die Gewährung der Einsichtnahme in die Verwaltungsunterlagen entwickelten Grundsätze gleichermaßen. Insbesondere gewährt das Recht auf Einsichtnahme auch einen Rechtsanspruch auf Fertigung und Übersendung von Kopien.[204]

262   ▶ **Musterbeispiel: Beschluss-Sammlung**

Beschluss-Sammlung

Wohnungseigentümergemeinschaft [...] in [...]

lfd. Nr.	Wortlaut	Versammlungsbeschluss	Umlaufbeschluss	Gerichtliche Entscheidung	Eintragungsvermerke
1	Die Fa. Muster GmbH wird für den Zeitraum vom 1.5.2009 bis zum 31.12.2011 zur Verwalterin nach WEG bestellt.	ETV vom 4.5.09 in Musterstadt zu TOP 2			eingetragen am 5.5.09 durch M. Muster
	Vermerke				

---

203   LG München I v. 6.2.2008 – 1 T 22613/07 = NZM 2008, 410.
204   OLG München v. 29.5.2006 – 34 Wx 27/06 = ZMR 2006, 881.

2	Die Jahresgesamt- und Einzelabrechnung für das Wirtschaftsjahr 2008 in der Fassung vom 4.5.09 wird genehmigt.	ETV vom 4.5.09 in Musterstadt zu TOP 3			eingetragen am 5.5.09 durch M. Muster
	Vermerke				
zu 2	angefochten durch Klage v. 5.5.09, Kläger: Eigt. Q., AG Musterstadt, 15 C 3/09				eingetragen am 15.5.09 durch M. Muster
zu 2, 5	für ungültig erklärt durch Urteil des AG Musterstadt, 15 C 3/09 v. 15.6.09				eingetragen am 25.6.09 durch M. Muster
zu 2, 5	Einlegung der Berufung durch Beklagte mit SS v. 30.6.09 LG Musterstadt, 2 S 7/09				eingetragen am 2.7.09 durch M. Muster
zu 2, 5 u. 7	Bestandskräftig aufgrund Urteils des LG Musterstadt 2 S 7/09 v. 22.10.09				eingetragen am 3.11.09 durch M. Muster
3	Die Verwalterin wird bevollmächtigt, namens und in Vollmacht der WEG die Fa. X GmbH zu Kosten iHv 4.000,00 € gem. deren Angebot v. 2.3.10 mit dem Anstrich des Treppengeländers zu beauftragen. Die Kosten werden aus der Instandhaltungsrücklage finanziert.		verkündet am 3.5.10, Musterstadt		eingetragen am 5.5.10 durch M. Muster
	Vermerke				

4	Die Verwalterin wird bevollmächtigt, namens und in Vollmacht der WEG die Fa. Y GmbH zu Kosten iHv 500,00 € gem. deren Angebot v. 10.3.10 mit der Reparatur des Garagenrolltors zu beauftragen. Die Kosten werden aus der Instandhaltungsrücklage finanziert.		verkündet am 3.5.10, Musterstadt		eingetragen am 5.5.10 durch M. Muster
	Vermerke				
zu 4, 6	aufgehoben durch Beschluss zu lfd. Nr. 6 (siehe dort)				eingetragen am 2.7.09 durch M. Muster
5	1. Der Beschluss der Eigentümerversammlung der WEG Musterstr. 13, Musterstadt, vom 4.5.09 zu TOP 3 wird für ungültig erklärt. 2. Die Kosten des Rechtsstreits tragen die Beklagten als Gesamtschuldner. 3. Das Urteil ist vorläufig vollstreckbar.			Urt. v. 15.6.09 15 C 3/09 AG Musterstadt Q. ./. sämtliche übrigen Eigt.	eingetragen am 25.6.09 durch M. Muster
	Vermerke				
zu 2, 5	Einlegung der Berufung durch Beklagte mit SS v. 30.6.09, LG Musterstadt, 2 S 7/09				eingetragen am 2.7.09 durch M. Muster
zu 2, 5 u. 7	Urteil AG aufgehoben durch Urteil des LG Musterstadt, 2 S 7/09 v. 22.10.09				eingetragen am 3.11.09 durch M. Muster

6	Der Umlaufbeschluss vom 3.5.2010 betreffend die Beauftragung der Fa. Y mit der Rolltorreparatur wird aufgehoben.	ETV v. 30.6.09, in Musterstadt zu TOP 1			eingetragen am 2.7.09 durch M. Muster
zu 4, 6	**Vermerke** Aufhebung des Beschlusses lfd. Nr. 4 (siehe dort)				eingetragen am 2.7.09 durch M. Muster
7	1. Das Urteil des AG Musterstadt v. 15.6.09 zu Az 15 C 3/09 wird aufgehoben und die Klage wird abgewiesen. 2. Die Kosten des Rechtsstreits trägt der Kläger. 3. Das Urteil ist vollstreckbar.			Urt. v. 22.10.09, 2 S 7/09, LG Musterstadt Q. ./. sämtliche übrigen Eigt.	eingetragen am 3.11.09 durch M. Muster
Zu 2, 5	**Vermerke** vergleiche dort				eingetragen am 3.11.09 durch M. Muster

VI. Musterbeschlüsse

1. Einführung

Nach Auffassung der Rechtsprechung obliegt dem Verwalter bereits im Vorfeld von Beschluss- 263 fassungen der Wohnungseigentümergemeinschaft eine **umfassende Organisationspflicht**, ohne dass es hierzu besonderer verwaltervertraglicher Bestimmungen oder beschlussweiser Regelungen bedürfte. So hat der Verwalter durch eigenständige Feststellungen, rechtzeitige Information der Eigentümer und zweckentsprechende Organisation der Beschlussfassung die ordnungsmäßige Verwaltung des Gemeinschaftseigentums vorzubereiten und zu unterstützen.[205] Dabei hat der Verwalter insbesondere auf eine sachgerechte Beschlussfassung der Eigentümerversammlung hinzuwirken. Dazu gehört es, dass der professionelle Verwalter in der Lage ist, für die

---

205 OLG Düsseldorf v. 29.9.2006 – 3 Wx 281/05 = NJW 2007, 161.

üblicherweise vorkommenden Beschlussgegenstände entsprechende Beschlussvorschläge zu formulieren.[206]

264   Nachfolgend werden daher Musterformulierungen für die in der Praxis regelmäßig vorkommenden Eigentümerbeschlüsse, nach Regelungsgegenständen gruppenweise zusammengefasst, dargestellt. Dabei ist zu unterscheiden zwischen sog. **Einzelbeschlüssen**, also Bestimmungen, die in jedem Fall an die Besonderheiten des zu regelnden jeweiligen Einzelfalls angepasst werden müssen, und sog. **Organisations- oder Vorratsbeschlüssen**, die eine Vielzahl gleichartiger Vorfälle abstrakt-generell regeln und die, sofern nicht ausdrücklich eine gesetzliche Beschlusskompetenz besteht (zB § 21 Abs. 7 WEG), stets auf etwaige abweichende Regelungen durch Vereinbarung oder Gesetz (sonst fehlende Beschlusskompetenz!) zu prüfen sind.

265   Mit den sog. Orga-Beschlüssen sollen bestimmte immer wiederkehrende tatsächliche Abläufe bzw rechtliche Sachverhalte innerhalb der jeweiligen Gemeinschaft vorsorglich geregelt werden, ohne zu immer wiederkehrenden Beschlussgegenständen erneut eine gemeinsame Willensbildung herbeiführen zu müssen und um im Einzelfall die Durchführung von außerordentlichen Wohnungseigentümerversammlungen nach Möglichkeit vermeiden zu können.

2. Geschäftsordnungsbeschlüsse in der Eigentümerversammlung

266   Zu beachten ist, dass die Eigentümer durch Beschlussfassung insbesondere Inhalt, Ablauf und formellen Rahmen der Eigentümerversammlung gestalten können (sog. Geschäftsordnungsbeschlüsse).[207] Derartige Beschlüsse sind nicht isoliert anfechtbar, da sie sich mit dem Ablauf der Versammlung, für die sie gefasst wurden, von selbst erledigen und keine Wirkung über das Versammlungsende hinaus haben.[208] Zu bedenken ist allerdings, dass Beschlüsse, deren Zustandekommen von rechtswidrigen Geschäftsordnungsbeschlüssen berührt wurde, gleichwohl aus diesem Grund der Anfechtung unterliegen können. Der kluge Verwalter sollte, obgleich regelmäßig Versammlungsleiter, bei organisatorischen Fragen und Anträgen zur Geschäftsordnung immer einen Versammlungsbeschluss herbeiführen.

267   ▶ Muster: Geschäftsordnungsbeschlüsse zum Rahmen der Versammlung

Die Eigentümerversammlung beschließt, dass [...]

– in der Versammlung ein Rauchverbot gilt, hierfür dient die von [...] Uhr bis [...] Uhr einzulegende / noch zu beschließende Versammlungspause,

– in der Versammlung keine Speisen verzehrt werden sollen, hierfür dient die von [...] Uhr bis [...] Uhr einzulegende / noch zu beschließende Versammlungspause,

– in der Versammlung keine alkoholischen Getränke verzehrt werden sollen,

– die Versammlung für eine Pause von [...] Minuten unterbrochen werden soll,

– die Redezeit zu TOP [...] je Wohnungseigentümer auf [...] Minuten begrenzt wird. ◀

---

206   Drabek, in: Köhler/Bassenge, Teil 8 Rn 171 ff.
207   Die Diktion ist nicht ganz einheitlich: Obgleich sog. Vorratsbeschlüsse als „Orga-Beschlüsse" bezeichnet werden, kann mit „Organisationsbeschluss" auch ein sog. Geschäftsordnungsbeschluss gemeint sein.
208   BayObLG v. 10.7.1987 – BReg 2 Z 47/87 = NJW-RR 1987, 1363.

▶ **Muster: Geschäftsordnungsbeschlüsse zur Teilnahmeberechtigung** 268

Die Eigentümerversammlung beschließt, dass [...]

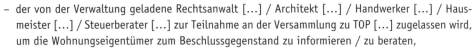

- der von der Verwaltung geladene Rechtsanwalt [...] / Architekt [...] / Handwerker [...] / Hausmeister [...] / Steuerberater [...] zur Teilnahme an der Versammlung zu TOP [...] zugelassen wird, um die Wohnungseigentümer zum Beschlussgegenstand zu informieren / zu beraten,
- Frau/Herr [...] nicht zur Teilnahme an der heutigen Versammlung zugelassen wird, da die/der Betreffende gemäß der Bestimmung zu [...] der Gemeinschaftsordnung nicht zum Kreis der zur Vertretung eines Wohnungseigentümers zugelassenen Personen (Verwalter anderer Wohnungseigentümer bzw Ehegatte) zählt,
- Frau/Herr [...] nicht zur Teilnahme an der heutigen Versammlung zugelassen wird, da die/der Betreffende den gemäß der Bestimmung zu [...] der Gemeinschaftsordnung zu erbringenden Nachweis der Bevollmächtigung in Schriftform / öffentlich beglaubigter Form nicht erbracht hat und die Tatsache der Bevollmächtigung auch nicht sonst offenkundig ist. ◄

▶ **Muster: Geschäftsordnungsbeschlüsse zur Tagesordnung** 269

Die Eigentümerversammlung beschließt, dass [...]

- der TOP [...] vorgezogen und vor dem TOP [...] behandelt wird,
- die Wohnungseigentümer keine Behandlung des TOP [...] wünschen und dieser TOP ohne Diskussion und Beschlussfassung von der Tagesordnung abgesetzt wird,
- die Eigentümerversammlung wegen der fortgeschrittenen Zeit nach Behandlung des TOP um [...] Uhr abgebrochen und vertagt wird. Die Verwaltung lädt zu einer Fortsetzungsversammlung zur Behandlung der restlichen TOP [...] bis TOP [...] ein. ◄

▶ **Muster: Geschäftsordnungsbeschlüsse zur Versammlungsleitung** 270

Die Eigentümerversammlung beschließt, dass [...]

- anstelle des Verwalters der/die Wohnungseigentümer(in) [...] die Versammlungsleitung und Protokollführung übernimmt,
- der Wortlaut der verkündeten Beschlüsse im Beisein der Erschienenen vom Versammlungsleiter auf Tonträger diktiert wird, wobei vorbehaltlich abweichender mehrheitlicher Entscheidung im Einzelfall auf das nochmalige Vorspielen des Diktats sowie die Aufbewahrung des Tonträgers verzichtet wird,
- das Versammlungsprotokoll neben dem Vorsitzenden des Verwaltungsbeirats von dem/der Wohnungseigentümer/in [...] unterzeichnet werden soll. ◄

▶ **Muster: Geschäftsordnungsbeschluss zur geheimen Abstimmung** 271

Die Eigentümerversammlung beschließt, dass zu TOP [...] die Abstimmung in geheimer Wahl unter Verwendung der von der Verwaltung zur Verfügung gestellten Stimmzettel erfolgen soll. Das Austeilen und Einsammeln der Stimmzettel sowie die Stimmenauszählung erfolgen neben dem Versammlungsleiter / den Mitarbeitern der Verwaltung durch [...]. Die Stimmzettel sind bei der Auszählung zu entwerten und mit den Verwaltungsunterlagen aufzubewahren. ◄

272   ▶ **Muster: Ordnungsbeschlüsse**

Die Eigentümerversammlung beschließt, dass [...]

– dem Wohnungseigentümer [...] nach Überschreitung der beschlossenen Redezeit / nach Wortentzug durch den Versammlungsleiter / nach mehrfacher Störung eines geordneten Ablaufs der Versammlung durch [...] das Wort entzogen bzw er zur Unterlassung weiterer entsprechenden Verhaltens aufgefordert wird sowie ihm für den Fall der Zuwiderhandlung angedroht wird, ihn von der Versammlung auszuschließen,

– der Wohnungseigentümer [...] nach mehrfacher Abmahnung durch den Versammlungsleiter und entsprechender Androhung des Versammlungsausschlusses wegen [...] von der weiteren Teilnahme an der Eigentümerversammlung ausgeschlossen und er aufgefordert wird, den Versammlungsraum unverzüglich zu verlassen. ◀

3. Beschlüsse über Beitragsforderungen

273   Regelmäßiger Bestandteil von Eigentümerversammlungen sind Beschlüsse über die Erhebung von Beitragsforderungen aus Wirtschaftsplan, Jahresabrechnung oder Sonderumlage. Neben der hinreichend bestimmten Formulierung des konkreten Beschlusstextes im Einzelfall sorgt der professionelle Verwalter für die Fassung sog. **Vorrats- oder Organisationsbeschlüsse**, die im Rahmen ordnungsmäßiger Verwaltung sinnvolle Regelungen über den Einzelfall hinaus schaffen und sämtliche Zahlungsmodalitäten sowie die Voraussetzungen für eine etwa notwendig werdende schnelle und erfolgreiche Realisierung der Beitragsforderungen schaffen. Dadurch wird das oftmals zu beobachtende „Aufblähen" von eigentlich simplen Standardbeschlüssen durch gebetsmühlenartiges Wiederholen von „Neben- und Zusatzbeschlüssen" ebenso verhindert wie die Abhaltung außerordentlicher Eigentümerversammlungen.

274   Die Beschlusskompetenzen für derartige Vorrats- bzw Organisationsbeschlüsse folgen aus den §§ 21 Abs. 3 und Abs. 7, 23, 25, 27 Abs. 3 S. 1 Nr. 7, 28 WEG. Im Rahmen des § 28 WEG ist für generelle Regelungen ein Gesetzes- und Vereinbarungsvorbehalt zu beachten ist, weshalb Vorratsbeschlüsse – mangels abweichender Vereinbarungen – idR nur Bedeutung bei Beschlüssen über die (Fort-)Geltung des Wirtschaftsplans haben.

Bei Beschlussfassung etwa im 2. Jahresquartal für das laufende Wirtschaftsjahr tritt idR (im Zweifel/willentlich) eine „Rückwirkung" auf den Geschäftsjahresbeginn (also auf den 1.1. bei Identität zwischen Kalender- und Wirtschaftsjahr) ein, was zu entsprechenden „Vorauszahlungsnachzahlungen" führen kann, wenn nicht ausdrücklich anderes beschlossen sein sollte. Es empfiehlt sich eine ausdrückliche Regelung.

275   Da ein Wirtschaftsplan grds. nur das betreffende Wirtschaftsjahr erfasst, sollte mangels entsprechender „Fortgeltungsvereinbarung" in der Gemeinschaftsordnung die Fortgeltung auch über das Ende des Wirtschaftsjahres hinaus mitbeschlossen werden. Damit ist eine Anspruchsgrundlage für Wohngeldvorauszahlungen auch über das Ende des Wirtschaftsjahres hinaus sichergestellt. Der Mehrheitsbeschluss der Wohnungseigentümer über die Fortgeltung des Wirtschaftsplans bis zur Beschlussfassung über den nächsten Wirtschaftsplan übersteigt nicht die Beschlusskompetenz der Eigentümergemeinschaft. Dagegen ist ein Beschluss, der unabhängig von einem konkreten Wirtschaftsplan generell die Fortgeltung eines jeden Wirtschaftsplans –

bis zur „Verabschiedung" eines neuen – zum Gegenstand hat, mangels Beschlusskompetenz der Wohnungseigentümer nichtig.[209]

Aus der (keinem Vereinbarungs- oder Gesetzesvorbehalt unterliegenden)[210] Beschlusskompe- **276** tenz aus § 21 Abs. 7 WEG zu Art, Weise und Fälligkeit von Zahlungen und den Folgen des Verzugs sind weitergehende sinnvolle Orga-Beschlüsse möglich:

- Zur Erleichterung der Zahlungsanforderung und -überwachung empfiehlt sich für den wirtschaftlich denkenden Verwalter (wie bisher schon herrschender Meinung entsprechend) die Verpflichtung der Wohnungseigentümer zur Teilnahme am **Lastschrifteinzugsverfahren**:[211]
  - Umstritten ist derzeit noch, ob die Teilnahme am Lastschrifteinzugsverfahren nur für die zu leistenden Hausgelder auf der Grundlage des Wirtschaftsplans rechtmäßig beschlossen werden kann oder für sämtliche Beitragsforderungen (also auch Salden aus Jahresabrechnung bzw Erhebung von Sonderumlagen).[212] Richtigerweise gilt dies für sämtliche Beitragsforderungen, da ein schutzwürdiges Interesse des Wohnungseigentümers daran, dass sein Konto nur wegen gleichbleibender, regelmäßig zu leistender Beträge (typischerweise nur aus Wirtschaftsplan) belastet wird, nicht erkennbar ist.[213]
  - Umstritten ist derzeit weiter, ob dem am Lastschrifteinzugsverfahren nicht teilnehmenden Eigentümer eine Sondergebühr auferlegt werden kann.[214] Dies ist wird allerdings von der ganz herrschenden Meinung zu Recht bejaht; dieses Sonderentgelt muss indes angemessen sein.[215]

- Bestimmt werden kann demnach auch der **Zeitpunkt des Erfüllungseintritts**, da es sich bei Geldschulden um sog. Schickschulden handelt, wobei die Erfüllungswirkung gem. §§ 269, 270, 286 BGB bereits mit dem Bewirken der Zahlungshandlung eintritt (Aufgabe der Überweisung).

- Zur Vermeidung der sich aus einer auf Leistung zukünftiger Beitragsforderungen analog den §§ 257 bis 259 ZPO gerichteten Klage ergebenden Probleme können nunmehr zulässigerweise insbesondere **Fälligkeitsregelungen für das sog. Hausgeld** beschlossen werden, um das Erfordernis erst verzugsauslösender Mahnungen zu vermeiden.

Die in der Literatur diskutierte Frage, ob eine Beschlusskompetenz der Eigentümer für sog. **277** **Verfallsklauselregelungen** oder **Vorfälligkeitsregelungen** besteht, dürfte damit grundsätzlich geklärt sein.[216] Ob eine solche Regelung empfehlenswert ist, bedarf aber im Hinblick darauf, dass für die Eigentümergemeinschaft empfindliche Beitragsverluste dadurch entstehen können, dass die durch die Verfallsklausel fällig gestellten Beitragsforderungen nicht gegen Insolvenzverwalter, Zwangsverwalter oder Sondernachfolger des säumigen Wohnungseigentümers durchgesetzt werden können, sorgfältiger Prüfung im Einzelfall:[217]

- Bei der sog. Verfallsklauselregelung wird der gesamte Jahresbetrag des Wirtschaftsplans zur sofortigen Zahlung nach Beschlussverkündung fällig gestellt und dem Wohnungseigentümer

---

209 OLG Düsseldorf v. 11.7.2003, 3 Wx 77/03 = NZM 2003, 810.
210 Bärmann/*Merle*, § 21 WEG Rn 142; Müller, ZMR 2008 177, 179.
211 BayObLG v. 28.6.2002 – 2Z BR 41/02 = ZWE 2002, 581, 583 = NZM 2002, 1665, 1666.
212 Bärmann/*Merle*, § 21 WEG Rn 146; Derleder, ZMR 2008, 10, 12.
213 Jennißen/*Heinemann*, § 21 WEG Rn 113; Niedenführ/Kümmel/Vandenhouten/*Niedenführ*, § 21 WEG Rn 114 und § 28 Rn 142; Müller, ZWE 2008, 278, 282.
214 Bärmann/*Merle*, § 21 WEG Rn 146.
215 Weise/Löffler/Osterloh, MietRB 2008, 28, 29.
216 BGH v. 2.10.2003 – V ZB 34/03 = NJW 2003, 3550; KG v. 28.4.2002 – 24 W 326/01 = NZM 2003, 557, 558.
217 OLG Köln v. 15.11.2007 – 16 Wx 100/07 = ZMR 2008, 988.

nachgelassen, hierauf monatlich kalendermäßig bestimmte Ratenzahlungen zu leisten. Tritt Verzug mit mehreren Raten ein (üblicherweise zwei), so entfällt das Recht der Ratenzahlung und der gesamte ausstehende Betrag wird wieder fällig.

■ Bei der sog. Vorfälligkeitsregelung werden im Rahmen des Beschlusses über den Wirtschaftsplan unmittelbar monatlich kalendermäßig bestimmte Ratenzahlungen beschlossen. Tritt Verzug mit mehreren Raten ein (üblicherweise zwei), so werden die bis dato noch ausstehenden Raten zur sofortigen Zahlung fällig gestellt.

Nach § 21 Abs. 7 WEG können unzweifelhaft auch **Mahngebühren** und **Verzugszinsen** abweichend von gesetzlichen oder vereinbarten Bestimmungen beschlossen werden. Ein Verzugszinssatz von 20 % p.a. dürfte wohl ordnungsmäßiger Verwaltung widersprechen.[218]

278   Zu bedenken ist schließlich auch, dass der mangels einer entsprechenden Vereinbarung oder eines entsprechenden Beschlusses nur im Notfalle (etwa drohende Verjährung) handlungsfähige Verwalter gem. § 21 Abs. 3 S. 1 Nr. 7 WEG generell in die Lage versetzt werden muss, Rückstände zeitnah auch gerichtlich zugunsten der Gemeinschaft beizutreiben.

279 ▶ **Muster: Standardbeschluss Jahresabrechnung**

157

Die Eigentümerversammlung beschließt die von der Verwaltung vorgelegte Jahresgesamtabrechnung sowie die jeweiligen Jahreseinzelabrechnungen vom [...] für den Wirtschaftszeitraum vom [...] bis [...]. Die sich aus den jeweiligen Einzelabrechnungen ergebenden Soll- bzw Habensalden sind fällig und zahlbar bis zum Ablauf des [...] [*Datum*]. Liegt eine Lastschrifteinzugsermächtigung vor, wird die Verwaltung zum Fälligkeitstermin von der Einzugsermächtigung Gebrauch machen. Guthaben werden von der Verwaltung zum Fälligkeitstermin an das bekannt gegebene Konto des jeweiligen Eigentümers überwiesen. ◀

280 ▶ **Muster: Standardbeschluss Wirtschaftsplan**

158

Die Eigentümerversammlung beschließt den von der Verwaltung vorgelegten Gesamtwirtschaftsplan nebst Einzelwirtschaftsplänen vom [...] mit Wirkung für den Zeitraum von [...] bis [...]. Die sich aus den jeweiligen Einzelwirtschaftsplänen ergebenden Vorauszahlungsbeträge (Hausgeldbeiträge) sind jeweils fällig und zahlbar bis zum Ablauf des dritten Werktags eines jeden Monats, beginnend ab dem Monat [...]. Für den bereits abgelaufenen Wirtschaftszeitraum aufgelaufene Minderzahlungen bzw Überzahlungen, die auf einer Differenz zur Beitragsbemessung des bislang geltenden Wirtschaftsplans basieren, werden zum nächstfolgenden Zahlungstermin fällig bzw verrechnet. Sofern der jeweilige Wohnungseigentümer am Lastschrifteinzugsverfahren teilnimmt, wird Entsprechendes vom Verwalter zum nächstfolgenden Zahlungstermin veranlasst. Der beschlossene Gesamtwirtschaftsplan sowie die beschlossenen Einzelwirtschaftspläne gelten als Anspruchsgrundlage auch über das angegebene Wirtschaftsjahr hinaus bis zur Beschlussfassung über einen neuen Wirtschaftsplan, längstens jedoch bis zum Ablauf des folgenden Wirtschaftsjahres. ◀

281 ▶ **Muster: Verfallsklausel zum Wirtschaftsplan**

159

Der sich aus dem jeweiligen Einzelwirtschaftsplan für den jeweiligen Wohnungseigentümer ergebende anteilige Jahreshausgeldvorauszahlungsbetrag ist fällig und zahlbar mit dem Zeitpunkt der Beschlussfassung. Dem jeweiligen Wohnungseigentümer wird nachgelassen, den Jahreshausgeldvorauszahlungsbetrag in monatlich gleichen Raten jeweils im Voraus bis zum Ablauf des dritten Werktags

---

218   Weise/Löffler/Osterloh, MietRB 2008, 28, 31.

eines jeden Monats auf das vom Verwalter angegebene Konto zu leisten. Für die Rechtzeitigkeit der Zahlung kommt es auf den Zeitpunkt der Gutschrift auf dem Verwaltungskonto an. Liegt eine Einzugsermächtigung vor, wird die Hausverwaltung zum angegebenen Termin von dieser Gebrauch machen.

Gerät ein Eigentümer mit den Hausgeldvorauszahlungen ganz oder teilweise in Höhe des Betrags zweier monatlicher Hausgeldraten in Verzug, so entfällt die Möglichkeit der Ratenzahlung und der gesamte dann noch ausstehende Jahreshausgeldvorauszahlungsbetrag ist wieder zur sofortigen Zahlung fällig.

Dies gilt nicht für den Fall der Veräußerung des jeweiligen Sondereigentums, der Anordnung der Zwangsverwaltung über das jeweilige Sondereigentum, der Anordnung der Zwangsversteigerung oder Zwangsverwaltung über das jeweilige Sondereigentum sowie für die Eröffnung des Insolvenzverfahrens über das Vermögen des jeweiligen Sondereigentümers. ◄

▶ **Muster: Vorfälligkeitsklausel zum Wirtschaftsplan** 282

Der sich aus dem jeweiligen Einzelwirtschaftsplan für den jeweiligen Wohnungseigentümer ergebende anteilige Zahlungsbetrag ist fällig und zahlbar in monatlich gleichen Raten jeweils im Voraus bis zum Ablauf des dritten Werktags eines jeden Monats auf das vom Verwalter angegebene Konto. Für die Rechtzeitigkeit der Zahlung kommt es auf den Zeitpunkt der Gutschrift auf dem Verwaltungskonto an. Liegt eine Einzugsermächtigung vor, wird die Hausverwaltung zum angegebenen Termin von dieser Gebrauch machen.

Gerät ein Eigentümer mit den Hausgeldvorauszahlungen ganz oder teilweise in einer Höhe von zwei monatlichen Raten in Verzug, so sind sämtliche dann noch ausstehende Hausgeldzahlungsraten zur sofortigen Zahlung fällig.

Dies gilt unter der auflösenden Bedingung der Veräußerung des Sondereigentums, der Anordnung der Zwangsverwaltung über das jeweilige Sondereigentum, der Anordnung der Zwangsversteigerung oder Zwangsverwaltung über das jeweilige Sondereigentum sowie für die Eröffnung des Insolvenzverfahrens über das Vermögen des jeweiligen Sondereigentümers. ◄

▶ **Muster: Standardbeschluss Sonderumlage** 283

Die Eigentümerversammlung beschließt zur Finanzierung von [...] die Erhebung einer zum Ablauf des [...] fälligen Sonderumlage iHv insgesamt [...] €, wobei sich der jeweilige Anteil des einzelnen Wohnungseigentümers an der Sonderumlage nach dem Verhältnis der Größe der Miteigentumsanteile [oder anderer Verteilerschlüssel] bemisst.

Der auf den einzelnen Wohnungseigentümer entfallende Zahlungsbetrag ergibt sich aus der der Einladung beigefügten Übersicht vom [...] [*Datum*], die dem Versammlungsprotokoll beigefügt wird.

[*Alternativ*:]

Der auf den einzelnen Wohnungseigentümer entfallende Zahlungsbetrag wurde in der Versammlung auf Anfrage konkret für [...] / beispielhaft für [...] berechnet und bekannt gegeben. Die Wohnungseigentümer erklärten, dadurch über die Höhe des auf sie entfallenden Zahlungsbetrags orientiert zu sein, und verzichteten auf eine Berechnung und Bekanntgabe für jeden Einzelfall. Die jeweiligen Zahlungsbeträge gem. Einzelberechnung ergeben sich aus der vom Verwalter dem Protokoll beizufügenden Übersicht. ◄

284   ▶ **Muster: Organisationsbeschlüsse zu Beitragsforderungen**

1. Die sich aus den jeweils beschlossenen Gesamt- und Einzelwirtschaftsplänen ergebenden Hausgeldvorauszahlungen (Hausgeld) sind mangels abweichender Beschlussfassung als Monatsbeträge fällig und zahlbar jeweils zum dritten Werktag eines jeden Monats im Voraus auf das von der Verwaltung bekannt gegebene Konto der Wohnungseigentümergemeinschaft. Soweit sich für die bereits abgelaufene Geltungsdauer eines neu beschlossenen Wirtschaftsplans nachträglich Änderungen in der Höhe der monatlichen Hausgeldvorauszahlungen gegenüber dem bislang geltenden Wirtschaftsplan ergeben, so werden sich hieraus ergebende Guthaben mit der nächstfälligen Hausgeldvorauszahlung verrechnet bzw sich hieraus ergebende Nachzahlungen mit der nächstfälligen Hausgeldvorauszahlung erhoben. Liegt eine Lastschrifteinzugsermächtigung vor, wird die Verwaltung zum jeweiligen Fälligkeitstermin von dieser Gebrauch machen bzw zum Fälligkeitstermin etwaige Guthaben an das vom jeweiligen Wohnungseigentümer bekannt gegebene Konto überweisen.

2. Die sich aus den jeweils beschlossenen Jahresgesamt- und Einzelabrechnungen sowie beschlossenen Sonderumlagen ergebenden Beitragsforderungen sind mangels gesonderten Beschlusses jeweils fällig und zahlbar binnen einer Frist von [...] Tagen, gerechnet ab dem Tage der Beschlussfassung. Für den Anspruch auf Auszahlung etwaiger Guthaben gilt Entsprechendes. Liegt eine Lastschrifteinzugsermächtigung vor, wird die Verwaltung zum jeweiligen Fälligkeitstermin von dieser Gebrauch machen bzw zum Fälligkeitstermin etwaige Guthaben an das vom jeweiligen Wohnungseigentümer bekannt gegebene Konto überweisen.

3. Für die Rechtzeitigkeit von Zahlungen der Wohnungseigentümer auf Beitragsforderungen der Gemeinschaft (Abrechnungssalden, Hausgeld, Sonderumlagen) kommt es auf den Zahlungseingang auf dem von der Verwaltung bekannt gegebenen Verwaltungskonto der Wohnungseigentümergemeinschaft an.

4. Jeder Eigentümer hat für den Einzug beschlossener Beitragsforderungen der Gemeinschaft (Abrechnungssalden, Hausgeld, Sonderumlagen) am sog. Lastschrifteinzugsverfahren teilzunehmen und der Verwaltung eine schriftliche Lastschrifteinzugsermächtigung unter Bekanntgabe von Kontonummer, Bankverbindung, Bankleitzahl und Kontoinhaber zu erteilen. Für den Fall der Nichterteilung der Lastschrifteinzugsermächtigung, für den Fall deren Widerrufs bzw für den Fall der zweimaligen Lastschriftrückgabe mangels Deckung oder Widerrufs wird das Lastschrifteinzugsverfahren nicht weiter durchgeführt und dem betreffenden Wohnungseigentümer wird unmittelbar ein Zuschlag auf die vertraglich vereinbarte reguläre monatliche Vergütung der Verwaltung iHv 5,00 € p.M. zzgl jeweils gültiger gesetzlicher Mehrwertsteuer berechnet.

5. Beschlossene Gesamtwirtschaftspläne sowie die beschlossenen Einzelwirtschaftspläne gelten als Anspruchsgrundlage auch über das angegebene Wirtschaftsjahr hinaus bis zur Beschlussfassung über einen neuen Wirtschaftsplan, längstens jedoch bis zum Ablauf des folgenden Wirtschaftsjahres.

6. Im Falle des Verzugs des Wohnungseigentümers mit der Bezahlung von Beitragsverpflichtungen werden Zinsen in Höhe des gesetzlichen Verzugszinssatzes, mindestens jedoch Zinsen iHv 15 % p.a. [*alternativ*: Zinsen iHv zehn Prozentpunkten über dem jeweiligen Basiszins] fällig.

7. Ferner schuldet der hinsichtlich Beitragsforderungen der Wohnungseigentümergemeinschaft zahlungssäumige Wohnungseigentümer das mit dem Verwalter vereinbarte Sonderentgelt für die verwalterseitige Mahnung iHv 5,00 € zzgl jeweiliger gesetzlicher Mehrwertsteuer je Mahnung.

Entstehende Mahnkosten werden vom jeweils zahlungssäumigen Wohnungseigentümer daher unmittelbar selbst getragen.

8. Der Verwalter ist ermächtigt, den termingerechten Eingang der auf die einzelnen Wohnungseigentümer entfallenden Beitragsforderungen (gem. Wirtschaftsplan, Jahresabrechnung, Sonderumlage) der Wohnungseigentümergemeinschaft zu überwachen, Säumige zu mahnen und rückständige Zahlungen zugunsten der Wohnungseigentümergemeinschaft in deren Namen außergerichtlich und gerichtlich auf Kosten der Wohnungseigentümergemeinschaft beizutreiben, dies unter Beauftragung eines Rechtsanwalts seines Vertrauens, wobei die Erklärung von Anspruchsverzichten, Vergleichen, Anerkenntnissen sowie die Rücknahme von Anträgen oder Rechtsmitteln grundsätzlich eines Eigentümerbeschlusses bedarf. Selbst Vergleiche mit Widerrufsvorbehalt müssen mit einer Klausel versehen sein, die bei gerichtlicher rechtskräftiger Ungültigkerklärung des den Vergleich genehmigenden Beschlusses der Wohnungseigentümergemeinschaft auch den Vergleich in Wegfall bringt.

9. Für den Fall, dass sich der in diesem Wirtschaftsplan vorgesehene Betrag zur Deckung der Kosten der laufenden Instandhaltung und Instandsetzung als zu niedrig erweist, wird der Verwalter zur Vermeidung der Abhaltung einer außerordentlichen Eigentümerversammlung zum Zwecke der Erhebung einer Sonderumlage vorsorglich ermächtigt, [*alternativ*: mit Zustimmung der Mehrheit der Mitglieder des Verwaltungsbeirats] zum Ausgleich der mehr angefallenen Kosten bis zu einem Jahresbetrag in Höhe von höchstens [...] € auf die Instandhaltungsrücklage zurückzugreifen. ◄

4. Beschlüsse zum Verwaltungsbeirat

Oftmals wird eine sog. **Blockwahl**, also die gleichzeitige Wahl sämtlicher Beiratsmitglieder vorgenommen. Nach herrschender, aber nicht unbestrittener Meinung widerspricht ein solches Wahlverfahren den Grundsätzen ordnungsmäßiger Verwaltung, da es dem einzelnen Eigentümer die Möglichkeit verwehrt, gegen bzw für einzelne potenzielle Beiratsmitglieder zu stimmen.[219] Auch wenn man eine solche Wahl für zulässig hält, wenn kein Wohnungseigentümer eine gesonderte Wahl verlangt,[220] stellt sich regelmäßig das praktische Problem der korrekten Feststellung des Zustandekommens des Beschlusses. Im Falle einer Blockwahl kann es nämlich durchaus geschehen, dass die für das Zustandekommen eines Beschlusses erforderliche absolute Mehrheit der abgegebenen Stimmen Ja-Stimmen nicht gegeben ist.[221]

285

Bei der Abstimmung über die **eigene Wahl** zum Beirat ist der Betroffene mangels Beschlusses über die Gewährung einer besonderen Vergütung nicht vom Stimmrecht gem. § 25 Abs. 5 WEG ausgeschlossen, da es sich bei der Wahl zum Beirat um einen organschaftlichen Akt, also weder um ein Rechtsgeschäft noch um die Einleitung eines Rechtsstreits handelt.

286

Problematisch wird die Frage des Stimmrechtsausschlusses gem. § 25 Abs. 5 WEG allerdings, wenn mit der Beiratswahl **zugleich** über den **Abschluss schuldrechtlicher Vertragsverhältnisse**, etwa die Gewährung von Beiratsvergütungen, Aufwendungsersatz oder Haftungsbegrenzungen abgestimmt wird.[222] Die Mitglieder des Verwaltungsbeirats haben keinen einklagbaren Anspruch auf Abschluss einer gesonderten Beiratsversicherung; wird deren Abschluss beschlossen,

219 LG Düsseldorf v. 6.5.2004 – 19 T 42/04; Armbrüster, ZWE 2001, 355, 358.
220 KG v. 31.3.2004 – 24 W 194/02 = ZMR 2004, 775.
221 BayObLG v. 28.3.2002 – 2 Z BR 4/02 = ZWE 2002, 294.
222 OLG Zweibrücken v. 14.5.1998 – 3 W 40/98 = NZM 1998, 671.

so entspricht dies aber regelmäßig ordnungsmäßiger Verwaltung.[223] In analoger Anwendung der hierzu für den WEG-Verwalter ergangenen Rechtsprechung ist der Beirat nicht von der Stimmabgabe ausgeschlossen, wenn gleichzeitig mit der Beiratsbestellung auch über eine schuldrechtliche Ausgestaltung seines Rechtsverhältnisses abgestimmt wird.[224]

Voraussetzung für das Erlangen des Beiratsamtes ist über die bloße Wahl hinaus die Erklärung des Betroffenen, dass er die Wahl annehme, da niemand gegen seinen Willen zur Übernahme von Tätigkeiten für die WEG gezwungen werden kann.[225]

287   Das **Ausscheiden eines Beiratsmitglieds** führt nicht zur Auflösung des Beirats. Scheidet ein Beiratsmitglied aus, so besteht der Beirat als Organ mit herabgesetzter Mitgliederzahl als sog. Rumpf- bzw Schrumpfbeirat fort, die Beiratsstellung der übrigen Mitglieder bleibt also unberührt.[226] Jedem Wohnungseigentümer steht sodann allerdings ein Anspruch auf Durchführung einer Ergänzungswahl zur Neubesetzung des Beiratsamts zu.[227] Daher wird es allgemein für zulässig gehalten, für solche Fälle vorsorglich (aufschiebend bedingt iSd § 158 BGB) sog. **Nachrücker** zu bestellen; werden mehrere Nachrücker gewählt, so ist über die Reihenfolge des Nachrückens zu beschließen.

288   Ebenso wenig wie der Verwalter hat der Beirat einen Anspruch auf eine Beschlussfassung über seine Entlastung; ergeben sich allerdings keine Hinweise auf eine schuldhafte Pflichtverletzung des Beirats bei der Erfüllung seiner Aufgaben, so entspricht die Entlastung regelmäßig den Grundsätzen ordnungsmäßiger Verwaltung.[228] Im Falle der Beschlussfassung über die Entlastung des Beirats sind dessen Mitglieder indes gem. § 25 Abs. 5 WEG vom Stimmrecht ausgeschlossen.

289   ▶ **Muster: Beschluss über die Bestellung des Verwaltungsbeirats**

Die Eigentümerversammlung bestellt in jeweils separater Wahl zu Verwaltungsbeiräten: Frau/Herrn [...], Frau/Herrn [...] und Frau/Herrn [...]; Frau/Herr [...] wird zur/zum Beiratsvorsitzenden bestellt [*alternativ*: die Mitglieder des Beirats bestimmen den Vorsitzenden des Verwaltungsbeirats selbst und teilen das Ergebnis der Wahl dem Verwalter gemeinsam schriftlich mit]. Den Mitgliedern des Verwaltungsbeirats wird eine vom Verwalter aus den laufenden Mitteln des Verwaltungsvermögens zu zahlende pauschale Aufwandsentschädigung iHv monatlich [...] € pro Person gewährt. Zugunsten der Mitglieder des Verwaltungsbeirats schließt der Verwalter namens und im Auftrage der Wohnungseigentümergemeinschaft und auf deren Kosten eine Beiratshaftpflichtversicherung mit einer Deckungssumme von [...] € ab.

Zusatz: Die Vorgenannten nehmen die Bestellung jeweils an. ◀

290   ▶ **Muster: Nachrückerbeschluss**

Die Eigentümerversammlung bestellt in jeweils separater Wahl für den Fall des Ausscheidens eines der zu vorstehendem TOP gewählten Mitglieder des Verwaltungsbeirats aus dem Beiratsamt gemäß der hier angegebenen Reihenfolge zu Ersatzmitgliedern des Verwaltungsbeirats (Nachrücker): Frau/Herrn [...], Frau/Herrn [...] und Frau/Herrn [...].

Zusatz: Die Vorgenannten nehmen die Bestellung jeweils an. ◀

---

223   KG v. 19.7.2004 – 24 W 203/02.
224   BGH v. 19.9.2002 – V ZR 30/02 = ZMR 2002, 930.
225   Bub, ZWE 2002, 7.
226   Bub ZWE 2002, 7, 11.
227   OLG Düsseldorf v. 31.8.1990 – 3 Wx 257/90 = ZMR 1991, 32.
228   BayObLG v. 17.9.2003 – 2 Z BR 150/03.

▶ **Muster: Ergänzungswahl** 291

Die Eigentümerversammlung bestellt nach dem Ausscheiden der Frau / des Herrn [...] aus dem Beiratsamt ergänzend zu den verbleibenden Mitgliedern des Verwaltungsbeirats Frau / Herrn [...] zum Mitglied des Verwaltungsbeirats.

Zusatz: Der/die Vorgenannte nimmt die Bestellung jeweils an. ◀

▶ **Muster: Beschluss über die Entlastung des Beirats** 292

Die Eigentümerversammlung erteilt den Mitgliedern des Verwaltungsbeirats (Frau [...], Herrn [...] und Herrn [...]) Entlastung für das Wirtschaftsjahr [...]. ◀

5. Beschlüsse zur Verwalterbestellung und zum Verwaltungsvertrag

Nach der Trennungstheorie des BGH (siehe dazu Rn 64, 73) und der herrschenden Meinung 293 ist die Bestellung des Verwalters als organschaftlicher Akt vom Abschluss des Verwaltervertrags zu unterscheiden.[229]

a) Stimmrechtsverbot für den Verwalter?

Hinsichtlich der Wahl bzw der Abwahl des Verwalters bestehen keine Bedenken, diesen sowohl 294 als Wohnungseigentümer als auch als Vertreter eines Wohnungseigentümers das Stimmrecht auszuüben zu lassen. Bei der Beschlussfassung über den Abschluss oder die Kündigung des Verwaltervertrags geht es indes sehr wohl um den Abschluss eines Rechtsgeschäfts mit dem Verwalter, so dass sich hier die Frage nach einem Verbot der Stimmrechtsausübung bzw Vollmachtsausübung stellt.

Die Rechtsprechung steht hierzu allgemein auf dem Standpunkt, dass für den Fall, dass der 295 Verwalter selbst Miteigentümer ist, dieser von der Stimmabgabe gem. § 25 Abs. 5 WEG ausgeschlossen ist, sofern es um den Abschluss eines Rechtsgeschäfts mit ihm selbst geht. Weitergehend folgt hieraus die Rechtsprechung, dass dies auch hinsichtlich der Ausübung einer dem Verwalter, der selbst nicht Wohnungseigentümer ist, übertragenen Vollmacht eines Wohnungseigentümers analog § 25 Abs. 5 WEG gilt.

Da nach der sog. Trennungstheorie des BGH aber Verwalteramt und Verwaltervertrag zu tren- 296 nen sind,[230] würde die oben (Rn 295) dargestellte Rechtsauffassung dazu führen, dass der Verwalter zwar über seine Bestellung sowohl als Wohnungseigentümer in eigener Person als auch als Bevollmächtigter abstimmen könnte, bei dem Abschluss oder der Kündigung des Vertrags aber nicht. Da jedoch (wie hier, vgl Rn 301 f) regelmäßig in ein- und demselben Beschluss gleichzeitig über das Amt und den Vertrag beschlossen wird, ist eine Trennung unmöglich bzw liefe das Stimmrecht des Verwalter leer. Daher geht der BGH in einer Folgeentscheidung davon aus, dass ausschließlich im Falle der außerordentlichen Beendigung des Verwaltungsverhältnisses nicht nur der Kündigungsbeschluss ein zum Stimmrechtsausschluss führendes Geschäft gem. § 25 Abs. 5 WEG ist, sondern auch der die Kündigung nach herrschender Meinung beinhaltende Abwahlbeschluss, weshalb in beiden Fällen der Verwalter, auch in seiner Funktion als Bevollmächtigter, von der Stimmabgabe ausgeschlossen ist.[231] Hieraus folgt zu Recht die nun herrschende Rechtsmeinung, dass das Stimmrecht des Verwalters im Falle der Beschluss-

229 BGH v. 20.6.2002 – V ZB 39/01 = NJW 2002, 3240.
230 BGH v. 20.6.2002 – V ZB 39/01 = NJW 2002, 3240.
231 BGH v. 19.9.2002 – V ZB 30/02 = NJW 2002, 2704 = ZMR 2002, 930; OLG Köln v. 8.11.2007 – 16 Wx 165/06 = ZMR 2007, 715; OLG Düsseldorf v. 20.7.2001 – 3 Wx 174/01 = ZMR 2002, 143.

fassung im Rahmen einer ordentlichen Beendigung des Verwaltungsverhältnisses, sowohl hinsichtlich der Abwahl als auch hinsichtlich der Kündigung, von § 25 Abs. 5 WEG nicht berührt wird, der Verwalter also auch als Bevollmächtigter eines Wohnungseigentümers abstimmen darf.[232]

297   Nach neuerer Auffassung kann der Verwalter auch wirksam einem anderen Wohnungseigentümer **Untervollmacht** erteilen. Erste Voraussetzung ist dabei aber, dass nach Art, Inhalt und den Umständen der Erteilung der Vollmacht an den Verwalter die Erteilung einer Untervollmacht nicht ausgeschlossen ist (was regelmäßig anzunehmen sein dürfte). Zweite Voraussetzung ist, dass der Verwalter die Untervollmacht weisungsfrei erteilt, also keine bestimmte Vorgabe hinsichtlich des Abstimmungsverhaltens macht. Dies ist aber in der Literatur und Rechtsprechung nicht unbestritten, da es im Endeffekt letztlich doch auf ein „Unterlaufen" des Stimmverbots hinausläuft.[233]

298   In jedem Falle ausgeschlossen ist der Verwalter sowohl in eigener Person als auch als Vertreter bei der Abstimmung über die **Entlastung** des Verwalters gem. § 25 Abs. 5 WEG. Ist der Entlastungsbeschluss in einem anderen Beschluss „verpackt", so gilt das Stimmrechtsverbot für den gesamten Beschlussinhalt (zB Genehmigung der Jahresabrechnung mit gleichzeitiger Verwalterentlastung).[234]

b) Formalien der Beschlussfassung

299   Bei der Beschlussfassung über den Verwaltervertrag ist darauf zu achten, dass der Inhalt des Verwaltervertrags sämtlichen Wohnungseigentümern zur Kenntnis zu bringen ist, da das Aushandeln des Inhalts des Verwaltervertrags zur Kernkompetenz der Eigentümerversammlung zu zählen ist.[235] Ist dies nicht möglich gewesen bzw unterblieben, so ist vor einer beschlussweisen Ermächtigung einzelner Wohnungseigentümer (typischerweise des Beirats) zum Aushandeln und zum unmittelbar folgenden Abschluss des Verwaltervertrags zu warnen. Zwar kann ein solcher Beschluss bestandskräftig werden,[236] im Falle der Anfechtung führt regelmäßig allein schon die darin enthaltene rechtswidrige Beschneidung der Kompetenzen der Gemeinschaft zur Ungültigerklärung.

300   Ob es zulässig ist, den Verwaltungsbeirat zu beauftragen, den Verwaltervertrag abzuschließen, wenn die Eigentümer vorher über die Bestellung, den maßgeblichen Inhalt und den Abschluss des Verwaltervertrags beschlossen und den Verwaltungsbeirat zum Abschluss bevollmächtigt haben, ist zweifelhaft.[237] Anzuraten ist daher in solchen Fällen das nachfolgend vorgeschlagene abgestufte Beschlussverfahren, dass zwar die Abhaltung einer weiteren Versammlung nötig macht, aber zumindest insoweit Anfechtungssicherheit bietet. Im Übrigen ist an dieser Stelle auf die mehr ins Detail gehenden Ausführungen unter Rn 70 ff zu Inhalt und Abschluss des Verwaltungsvertrags zu verweisen.

---

232   Greiner, in: Köhler/Bassenge, Teil 14 Rn 63 und 101.
233   AG Neuss v. 28.1.2008 – 101 C 442/07 = ZMR 2008, 498.
234   OLG Köln v. 8.11.2007 – 16 Wx 165/06 = ZMR 2007, 715.
235   OLG München v. 20.3.2008 – 34 Wx 046/07 = NJW-RR 2008, 1182; OLG Düsseldorf v. 30.5.2006 – I-3 Wx 51/06 = ZMR 2006, 870.
236   OLG Köln v. 20.9.2002 – 16 Wx 135/02 = ZMR 2003, 604.
237   Dafür: OLG Düsseldorf v. 24.9.1997 – 3 Wx 221/97 = ZMR 1998, 104; offengelassen in KG v. 5.2.2008 – 24 W 106/07 = ZMR 2008, 476.

▶ **Muster: Verwalterneubestellung bei vorliegendem Verwaltungsvertrag** 301

Die Eigentümerversammlung beschließt, die Fa. [...], vertreten durch [...], zum Verwalter nach WEG
für den Zeitraum von [...] bis [...] zu bestellen, wobei das monatliche regelmäßige Verwaltungsentgelt [...] € pro Sondereigentumseinheit pro Monat zzgl jeweils gültiger gesetzlicher Mehrwertsteuer beträgt. Der Abschluss des der Einladung zur Eigentümerversammlung beigefügten [anlässlich
der Eigentümerversammlung vorliegenden] Verwaltervertrags vom [...] mit dem Verwalter wurde [mit
folgenden Änderungen / Ergänzungen gem. dem Protokoll beigefügter Anlage] beschlossen. Frau/
Herr [...] wird bevollmächtigt, den Vertrag namens und in Vollmacht der Wohnungseigentümergemeinschaft zu Beweiszwecken gegenzuzeichnen.

Zusatz: Der Verwalter nimmt die Bestellung und den Antrag auf Abschluss des Verwaltervertrags
an. ◀

▶ **Muster: Verwalterneubestellung ohne vorliegenden Vertrag** 302

Die Eigentümerversammlung beschließt, die Fa. [...], vertreten durch [...], zum Verwalter nach WEG
für den Zeitraum von [...] bis [...] zu bestellen, wobei das monatliche regelmäßige Verwaltungsentgelt [...] € pro Sondereigentumseinheit pro Monat zzgl jeweils gültiger gesetzlicher Mehrwertsteuer beträgt. Der Verwalter wird den Mitgliedern des Verwaltungsbeirats den Entwurf des abzuschließenden Verwaltungsvertrags vorlegen. Die Mitglieder des Verwaltungsbeirats werden namens
und in Vollmacht der Wohnungseigentümergemeinschaft mit dem Verwalter über die Konditionen des
Verwaltungsvertrag verhandeln. Das Verhandlungsergebnis wird als Vertragsentwurf anlässlich einer
einzuberufenden Eigentümerversammlung zur Beschlussfassung vorgelegt. ◀

▶ **Muster: Verlängerung eines bestehenden Verwaltungsverhältnisses** 303

Die Eigentümerversammlung bestellt den bisherigen Verwalter, Fa. [...], vertreten durch [...], erneut
zum Verwalter für den Zeitraum von [...] bis [...], wobei die Bestimmungen des bislang geltenden
Verwaltervertrags vom [...] für den oben genannten Bestellungs-/Vertragszeitraum weiter gelten,
mit der Maßgabe, dass sich das monatliche Verwalterentgelt iHv derzeit [...] € monatlich um
[...] € auf monatlich [...] € zzgl jeweils gültiger gesetzlicher Mehrwertsteuer ändert. Frau/Herr [...]
wird ermächtigt, den obigen Vertrag mit dem Verwalter namens und in Vollmacht der Wohnungseigentümergemeinschaft zu Beweiszwecken gegenzuzeichnen.

Zusatz: Der Verwalter nimmt die Bestellung und den Antrag auf Abschluss des Verwaltervertrags
an. ◀

▶ **Muster: Beschluss über die Entlastung des Verwalters** 304

Die Eigentümerversammlung erteilt dem Verwalter Entlastung für das Wirtschaftsjahr [...]. ◀

6. Beschlüsse über die Beendigung des Verwaltungsverhältnisses

Den Regelfall bildet die Beendigung des Verwaltungsverhältnisses durch die Wohnungseigen- 305
tümergemeinschaft. Dabei ist ausgehend von der Trennungstheorie klarzustellen, dass für die
von der Eigentümergemeinschaft betriebene einseitige Beendigung des Verwaltungsverhältnisses zwei einseitige Rechtsgeschäfte notwendig sind, zum einen die Beendigung der Verwalterstellung und zum anderen die Vertragsbeendigung.[238]

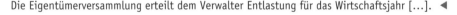

238 BGH v. 20.6.2002 – V ZB 39/01 = ZMR 2002, 766; BayObLG NJW-RR 1987, 78 = NZM 2003, 243.

Die Abberufung vom Verwalteramt erfolgt gem. § 26 Abs. 1 S. 1 WEG durch Mehrheitsbe-schluss der Eigentümerversammlung nach den §§ 23 bis 25 WEG und ist grundsätzlich jederzeit ohne Vorliegen eines besonderen Grundes möglich.

306 Gemäß § 26 Abs. 1 S. 3 WEG kann allerdings die Abberufung des Verwalters (dh die Zuläs-sigkeit dessen Abwahl) durch Vereinbarung oder Mehrheitsbeschluss auf das Vorliegen eines wichtigen Grundes beschränkt werden. Dies ist auch die Regel, da nach herrschender Meinung aus einer Befristung der Verwalterbestellung, die sich, wenn nicht ausdrücklich Beschlussinhalt geworden, durch Auslegung der Umstände des Beschlusses, insbesondere durch eine im Rahmen des beschlossenen Verwaltervertrags vereinbarte feste Vertragslaufzeit ergeben kann. Hieraus folgt nach herrschender Meinung eine Beschränkung der Beendigung der Verwalterstellung auf das Vorliegen eines wichtigen Grundes.[239]

307 Obgleich nicht ausdrücklich vorgesehen, sind die einvernehmliche Beendigung der Verwalter-stellung sowie die Aufhebung des Vertragsverhältnisses in gegenseitigem Einvernehmen jeder-zeit möglich (und bei wechselseitiger „Vertragsmüdigkeit" zu empfehlen), auf Seiten der Ge-meinschaft im Wege des Mehrheitsbeschlusses.[240] Es empfiehlt sich in jedem Fall, die sich aus der Aufhebung des Verwaltungsverhältnisses ergebenden Folgen und wechselseitigen Abwick-lungsansprüche (Vergütungsansprüche des Verwalters, Abrechnungs- und Herausgabepflich-ten, Geldtransfer, Information Dritter, Neubestellung, Interimslösungen etc.) genau zu regeln, um den Zweck der Vereinbarung, nämlich Streitvermeidung, auch tatsächlich zu erreichen.

308 ▶ **Muster: Abwahl des Verwalters und Vertragskündigung**

Die Eigentümerversammlung beschließt, die Fa. [...] GmbH mit sofortiger Wirkung aus wichtigem Grund / mit Wirkung zum Ablauf des [...] vom Verwalteramt abzuwählen sowie den mit der Fa. [...] GmbH bestehenden Verwaltungsvertrag mit sofortiger Wirkung aus wichtigem Grund fristlos, hilfs-weise fristgerecht / mit Wirkung zum Ablaufe des [...] zu kündigen.

[Für den Fall fehlenden Zugangs der Erklärungen in der Versammlung:]

Frau/Herr [...] wird bevollmächtigt, die Abwahl-/Kündigungserklärung namens und in Vollmacht der Wohnungseigentümergemeinschaft der Fa. [...] GmbH gegenüber zu erklären. ◀

309 ▶ **Muster: Einvernehmliche Aufhebung des Verwaltungsverhältnisses**

Die Eigentümerversammlung beschließt, das mit der Fa. [...] GmbH bestehende Verwaltungsverhält-nis mit sofortiger Wirkung / mit Wirkung zum Ablauf des [...] einvernehmlich gemäß den in dem Entwurf der Aufhebungsvereinbarung der Verwaltung vom [...] angegebenen Konditionen aufzuhe-ben; dh dass zum genannten Zeitpunkt die Fa. [...] GmbH vom Verwalteramt abberufen und der bestehende Verwaltervertrag vom [...] zum genannten Zeitpunkt beendet ist.

Herr/Frau [...] werden bevollmächtigt, namens und in Vollmacht der Wohnungseigentümergemein-schaft die oben genannte Aufhebungsvereinbarung zu unterzeichnen. ◀

---

239 OLG Hamm v. 4.3.1993 – 15 W 295/92 = NJW-RR 1993, 845.
240 BayObLG v. 31.1.1985 – BReg 2Z 98/84 = DWE 1985, 60.

▶ **Muster: Aufhebungsvereinbarung** 310

Aufhebungsvereinbarung

zwischen

der Wohnungseigentümergemeinschaft [...] in [...] (rechtsfähiger Verband), vertreten durch Frau/Herrn [...],

– im Weiteren: Gemeinschaft –,

und

der Fa. [...] GmbH, vertreten durch den Geschäftsführer, Herrn [...], ebenda,

– im Weiteren: Verwalterin –.

1.

Gemeinschaft und Verwalterin kommen überein, das zwischen ihnen bestehende Verwaltungsverhältnis (Verwalterstellung und Verwaltervertrag) mit sofortiger Wirkung / mit Wirkung zum Ablauf des [...] einvernehmlich aufzuheben.

2.

Zur Abgeltung aller wechselseitigen Forderungen aus dem Verwaltungsverhältnis, gleich, aus welchem Rechtsgrunde, und gleich, ob bekannt oder unbekannt, zahlt die Gemeinschaft an die Verwalterin Zug um Zug gegen vollständige Erfüllung der nachfolgenden Verpflichtungen des Verwalters einen Betrag iHv [...] € inkl. MwSt. zum Ablaufe des [...].

3.

Die Verwalterin verpflichtet sich, umgehend, spätestens bis zum Ablauf von fünf Werktagen nach dem Eintritt des unter Ziff. 1. genannten Zeitpunkts,

– Rechnung zu legen und sämtliche Verwaltungsunterlagen in geordneter Form zur Abholung durch die unter Ziff. 4. benannten Personen bereitzuhalten,

– bei der Auflösung der Konten der Gemeinschaft und Übertragung der Guthaben auf die neu einzurichtende und zu benennende Bankverbindung mitzuwirken,

– Versorgungsträger und sonstige Dritte von der Beendigung des Verwaltungsverhältnisses zu informieren,

– eine Eigentümerversammlung zum Zwecke der Neubestellung eines Verwalters sowie zum Abschluss eines Verwaltervertrags mit diesem bis spätestens [...] zum [...] einzuberufen.

4.

Empfangs- bzw weisungsberechtigt berechtigt für die Gemeinschaft Herr/Frau [...], im Verhinderungsfalle dessen/deren Vertreterin, Frau [...]. ◀

7. Synchronisationsbeschlüsse zum Verwaltungsvertrag

Da der Verwaltungsvertrag mit dem rechtsfähigen Verband der Wohnungseigentümer abgeschlossen wird und daher Regelungen nicht möglich sind, die einzelnen Wohnungseigentümern besondere Pflichten auferlegen, empfehlen sich flankierende „Synchronisationsbeschlüsse": 311

▶ **Muster: Kostenverteilung bei Sonderleistungen des Verwalters** 312

Soweit in dem mit dem Verwalter am [...] abgeschlossenen Verwaltungsvertrag besondere Vergütungen für Tätigkeiten vereinbart sind, die gegenüber nur einem oder mehreren Wohnungseigentümern erbracht werden bzw von diesem/diesen veranlasst bzw zurechenbar verursacht werden, so wird

beschlossen, dass der jeweilige/die jeweiligen Wohnungseigentümer zur Freistellung der Wohnungseigentümergemeinschaft die besonderen Vergütungen allein zu tragen hat/haben. Dabei ist der Verwalter nach billigem Ermessen berechtigt, die jeweilige Vergütung wahlweise entweder dem Verwaltungsvermögen der Gemeinschaft zu entnehmen, wobei die entstehenden Kosten dem jeweiligen
Wohnungseigentümer im Rahmen der Jahresgesamt- und Einzelabrechnung im Wege der Direktbe-
lastung zu belasten sind, oder aber die entstehenden Kosten dem jeweiligen Wohnungseigentümer
unmittelbar in Rechnung zu stellen. Es handelt sich dabei insbesondere um folgende Sonderentgelte:

[...] *[Aufzählung gem. konkretem Vertragsinhalt einsetzen].* ◄

313   ▶ **Muster: Obliegenheiten des einzelnen Eigentümers**

Steht ein Sondereigentum mehreren Personen zu, so sind diese auf Anforderung des Verwalters ver-
pflichtet, einen mit einer schriftlichen Vollmacht versehenen Bevollmächtigten zu bestellen und dem
Verwalter namhaft zu machen. Dies gilt nicht für Ehegatten und Lebenspartnerschaften nach dem
Lebenspartnerschaftsgesetz.

Die Wohnungseigentümer sind verpflichtet, den Verwalter über die Gebrauchsüberlassung ihres Sondereigentums an Dritte (Vermietung, Verpachtung etc.) unter Mitteilung von Vornamen, Namen und
letzter Anschrift des Nutzungsberechtigten sowie des Zeitpunkts der Überlassung [sowie im Falle
etwa vereinbarter Personenverteilerschlüssel unter Angabe der Anzahl der insgesamt nutzenden Per-
sonen] schriftlich zu benachrichtigen.

Die Wohnungseigentümer sind verpflichtet, den Verwalter, sofern eine Verwalterzustimmung zur
Veräußerung gem. § 12 Abs. 1 WEG nicht vereinbart/nicht einschlägig ist, unverzüglich über die
Veräußerung ihres Sondereigentums unter Mitteilung des Zeitpunkts des grundbuchlichen Eigentü-
merwechsels schriftlich zu unterrichten.

Über werterhöhende Maßnahmen im Bereich des Sondereigentums hat der jeweilige Wohnungseigentümer den Verwalter schriftlich zur Weiterleitung an den Gebäudeversicherer zu unterrichten. ◄

8. Beschlüsse über bauliche Maßnahmen

314   Maßnahmen der **Instandhaltung und Instandsetzung**, also die bloße Erhaltung oder die Wiederherstellung eines gemäß Aufteilungsplan und Baubeschreibung vorgesehenen oder gegebenen baulichen Zustands können als Maßnahme der ordnungsmäßigen Verwaltung gem. § 21
Abs. 3, Abs. 4 und Abs. 5 Nr. 2. WEG mit einfacher Mehrheit beschlossen werden. Hierzu zählt
auch die erstmalige ordnungsgemäße und vollständige Herstellung des Gemeinschaftseigentums
(zB Fertigstellung oder Mängelbehebung an baulichen Maßnahmen, die der Bauträger nicht
oder nicht ordnungsgemäß hergestellt hat). Insoweit ergeben sich keine Abweichungen zur bisherigen Rechtslage.

315   Bauliche Maßnahmen, die anlässlich konkret vorhandenen Instandsetzungsbedarfs über die
bloße Instandsetzung im Sinne einer Reproduktion des bestehenden Zustands hinausgehen,
können als sog. **modernisierende Instandsetzung** noch unter den Begriff der Instandhaltung und
Instandsetzung subsummiert werden, wie dies die Rechtsprechung bislang angenommen hat.
Der Gesetzgeber hat insoweit ohne Abweichung von den Grundsätzen der hierzu entwickelten
Rechtsprechung Anlass zur Kodifizierung dieser Regelungsmöglichkeit gesehen und durch § 22
Abs. 3 iVm § 21 Abs. 3 und Abs. 4 WEG die mehrheitliche Beschlussfassung angeordnet. Dass
dabei die Rechte der mit einfacher Mehrheit überstimmten Wohnungseigentümer gewahrt wer-
den, soll der sog. Amortisationsgedanke sicherstellen.

Bauliche Maßnahmen, die **ohne konkret vorhandenen Instandsetzungsbedarf** eine Anpassung 316
des Gemeinschaftseigentums an den Stand der Technik, eine Erhöhung des Gebrauchswerts,
eine Verbesserung der allgemeinen Wohnverhältnisse oder eine Einsparung von Wasser oder
Energie bewirken, sollen gem. § 22 Abs. 2 WEG mit sog. doppelt qualifizierter Mehrheit beschlossen werden können, sofern die Eigenart der Wohnanlage nicht verändert oder ein Wohnungseigentümer nicht unbillig benachteiligt wird. Dem Schutz der überstimmten Minderheit
dient die Bestimmung einer doppelten Qualifizierung für das rechtmäßige Zustandekommen
einer Beschlussmehrheit. Der entsprechende Beschlussantrag muss mindestens 75 % Ja-Stimmen, bezogen auf alle in der Wohnungseigentümergemeinschaft vorhandenen Stimmen (nicht
nur der in der Versammlung anwesenden oder vertretenen Stimmrechte) sowie mehr als 50 %
Zustimmung bezogen auf die Miteigentumsanteile auf sich vereinen.

Bauliche Maßnahmen, die die Voraussetzungen der Instandhaltung und Instandsetzung gem. 317
§ 21 Abs. 4, Abs. 5 Nr. 2 WEG, der modernisierenden Instandsetzung gem. § 22 Abs. 3 WEG
bzw der Modernisierung gem. § 22 Abs. 2 WEG nicht erfüllen, unterfallen der Bestimmung des
§ 22 Abs. 1 WEG.

Die Rechtsprechung steht Beschlüssen, durch welche der Verwalter aus Gründen der Zweck- 318
mäßigkeit ermächtigt werden soll, in Einzelfällen eigenständig (also ohne konkrete ermächtigende Beschlussfassung der Wohnungseigentümer, ggf mit Zustimmung des Verwaltungsbeirats) Entscheidungen über bauliche Maßnahmen zu treffen, sehr zurückhaltend gegenüber. Die
Verwaltung des gemeinschaftlichen Eigentums, insbesondere dessen Instandhaltung und Instandsetzung, obliegt gem. §§ 21 Abs. 1 WEG iVm § 21 Abs. 3, Abs. 5, 23 Abs. 1, 25 Abs. 1
WEG der Wohnungseigentümergemeinschaft, die hierüber grundsätzlich durch Beschluss in der
Eigentümerversammlung entscheidet.[241]

Paradebeispiel hierfür ist der Fall, dass für eine Instandsetzungsmaßnahme im Zeitpunkt der 319
Versammlung **(noch) keine oder keine ausreichenden Ausschreibungsergebnisse bzw Vergleichsangebote** vorliegen, die Maßnahme aber zur Vermeidung der Abhaltung einer weiteren
Eigentümerversammlung und der damit eintretenden zeitlichen Verzögerung gleichwohl beschlossen werden soll. So wird in der Verwaltungspraxis dann oftmals beschlossen, dass die
Maßnahme durchgeführt werden soll, der Verwalter aber noch weitere Angebote einholen möge und nach deren Vorliegen (ggf im Einvernehmen mit dem Beirat) den Auftrag alsdann an
den „geeignetsten" Anbieter vergeben dürfe. Derartige Beschlüsse werden regelmäßig als rechtswidrig für ungültig erklärt und sind daher zu vermeiden. Umgangen werden kann die Problematik allerdings hier vertretener Auffassung nach dadurch, dass der durch Beschluss übertra-
gene Ermessens- und Entscheidungsspielraum so klar begrenzt wird, dass die Kernkompetenz
der Gemeinschaft nicht angetastet wird. Notfalls ist das zwar schwerfällige, aber sichere Verfahren einer „gestuften" Beschlussfassung (Grundsatzbeschluss, Angebotseinholung, Beauftragung eines Fachmanns mit der Entwicklung eines Sanierungskonzepts und Ausschreibung, Beschlussfassung über die konkrete Auftragsvergabe nebst Beauftragung eines Fachmanns mit der
Bauüberwachung, Abnahme) vorzuziehen.

Sicherlich muss sich der Verwalter ein bautechnisches Grundlagenwissen erarbeiten, um mit 320
geschultem Auge Instandsetzungsnotwendigkeiten üblicher Art an einem Baukörper erkennen
zu können. Technische Detailkenntnisse, die eine eigene Ausbildung voraussetzen, können Eigentümer aber nicht von einem Verwalter verlangen. Bei bautechnisch komplizierten Sanie-

---

241 OLG Hamm v. 17.12.1996 – 15 W 212/96 = NJW-RR 1997, 908; Bärmann/*Merle*, § 27 WEG Rn 36.

rungen sollten Fachleuten, wie zB Architekten, Dipl.-Ingenieure, Bauingenieure, Projektanten usw durch Beschlussfassung beauftragt werden, was der Verwalter tunlichst frühzeitig anzuregen hat. Ein Verwalter tut sich hier selbst keinen Gefallen, wenn er aus falsch verstandener Leistungsbereitschaft schwierige Aufträge eigenständig vorbereitet, vergibt, überwacht und abnimmt und dabei ggf Fehler begeht, die ihn einer Haftungsgefahr aussetzen.

321 ▶ **Muster: Beschlussfassung über einfache Instandsetzung**

Die Eigentümerversammlung beschließt, den Verwalter zu ermächtigen, namens und im Auftrag sowie auf Kosten der Wohnungseigentümergemeinschaft die Fa. [...] auf der Grundlage deren Angebots vom [...] zu Kosten iHv [...] € brutto (Festpreis) mit der Ausführung der im oben genannten Angebot näher beschriebenen Arbeiten zur Abdichtung des Balkons der Sondereigentumseinheit Nr. 13 zu beauftragen. ◀

322 ▶ **Muster: Beschlussfassung über Sanierungsmaßnahme im gestuften Verfahren**

1.

Die Eigentümerversammlung beschließt, die Fassade des Hausteils [...] (möglichst durch Aufbringung eines Wärmedämmverbundsystems) energetisch zu sanieren. Zur Vorbereitung der grundsätzlich beschlossenen Maßnahme wird der Verwalter beauftragt, namens und in Vollmacht der Wohnungseigentümergemeinschaft Angebote von Fachingenieuren und sonstigen geeigneten Baufachleuten über die Entwicklung eines Sanierungskonzepts (Feststellung der erforderlichen Arbeiten und Kostenermittlung) nebst Ausschreibung der erforderlichen Arbeiten sowie vorsorglich entsprechende Angebote über eine Begleitung der Baumaßnahme (Bauüberwachung und Abnahme) einzuholen und nach deren Vorliegen anlässlich einer einzuberufenden weiteren Eigentümerversammlung zur weiteren Beschlussfassung vorzulegen.

2.

Die Eigentümerversammlung beschließt, die Verwaltung zu ermächtigen, namens und in Vollmacht sowie auf Kosten der Wohnungseigentümergemeinschaft der Fa. Ingenieurbüro [...] auf der Grundlage deren Angebots vom [...] zu Kosten iHv [...] € brutto (Festpreis) den Auftrag zur Entwicklung eines Sanierungskonzepts (Feststellung der erforderlichen Arbeiten und Kostenermittlung nebst Ausschreibung der erforderlichen Arbeiten) zur energetischen Sanierung der Fassade des Hausteils [...] durch Aufbringung eines Wärmedämmverbundsystems zu erteilen. Das Sanierungskonzept nebst Kostenermittlung und Ausschreibungsergebnissen ist nach dessen Vorliegen anlässlich einer einzuberufenden weiteren Eigentümerversammlung zur weiteren Beschlussfassung vorzulegen.

3.

Die Eigentümerversammlung beschließt, die Verwaltung zu ermächtigen, namens und in Vollmacht sowie auf Kosten der Wohnungseigentümergemeinschaft auf der Grundlage des Sanierungskonzept nebst Kostenermittlung und Ausschreibungsergebnissen der Fa. Ingenieurbüro [...] vom [...] folgende Aufträge zur Ausstattung der Fassade des Hausteils [...] mit einem Wärmedämmverbundsystem an folgende Handwerker/Bauunternehmen zu vergeben:

Gerüsterstellung durch Fa. [...] auf der Grundlage deren Angebots vom [...] zu Kosten iHv [...] € brutto.

Ferner wird der Verwalter ermächtigt, namens und in Vollmacht sowie auf Kosten der Wohnungseigentümergemeinschaft die Fa. Ingenieurbüro [...] auf der Grundlage deren Angebots vom [...] zu Kosten iHv [...] € brutto (Festpreis) mit der Begleitung der Baumaßnahme (Koordination, Bauüberwachung, Abnahme) zu beauftragen. ◀

▶ **Muster: Beschlussfassung über die Zustimmung zu einer baulichen Veränderung**   323

1.

Die Eigentümerversammlung beschließt, dem jeweiligen Sondereigentümer der Wohnungs-/Teileigentumseinheit Nr. [...] gemäß Aufteilungsplan (im Weiteren: Berechtigter) die Vornahme folgender baulicher Veränderung im Bereich des gemeinschaftlichen Eigentums vorbehaltlich folgender Auflagen zu genehmigen: [...] [es folgt die genaue Beschreibung von Ort, Lage und Art der baulichen Veränderung, ggf unter Beifügung vorgelegter Pläne, Zeichnungen, Angebote].

2.

Die Ausübung dieser Genehmigung erfolgt ausschließlich auf eigene Kosten und Gefahr des Berechtigten. Der Berechtigte leistet Gewähr für die Einhaltung etwa zu beachtender Verkehrssicherungspflichten, öffentlich-rechtlicher Vorschriften und Auflagen auf eigene Kosten. Machen Mieter oder sonstige Nutzungsberechtigte von Wohnungseigentümern in Ansehung der oben genannten baulichen Veränderung Eigentümern gegenüber Ansprüche geltend, so ist der Berechtigte zu deren Freistellung verpflichtet. Der Berechtigte hat bis zum [...] geeignete schriftliche Nachweise vorzulegen, dass die oben genannte bauliche Veränderung von einem Fachunternehmen sowie unter Beachtung sämtlicher technischer und baulicher Vorschriften installiert wurde. Soweit Durchdringungen des Dachaufbaus vorgenommen wurden, sind entsprechende Bescheinigungen eines Fachunternehmens vorzulegen. Soweit eine Baugenehmigung erforderlich ist, ist diese vorzulegen. Ist eine Baugenehmigung nicht erforderlich, ist hierüber eine Bescheinigung der zuständigen Behörde vorzulegen.

3.

Der Berechtigte verpflichtet sich unter Freistellung der übrigen Wohnungseigentümer zur Tragung der Kosten der Instandhaltung und Instandsetzung sowie etwaiger damit im Zusammenhang stehender Zusatzkosten in Ansehung der oben genannten baulichen Veränderung. Für den Fall der Nichtigkeit dieser Regelung erfolgt die Zustimmung zur Vornahme der oben genannten baulichen Veränderung unter der auflösenden Bedingung der Geltendmachung des Anspruchs auf Vornahme von Maßnahmen der Instandhaltung und Instandsetzung in Ansehung der oben genannten baulichen Veränderung auf Kosten der Wohnungseigentümergemeinschaft durch den Berechtigten. ◀

9. Beschlüsse über Änderungen der Kostenverteilung

Der neu eingefügte § 16 Abs. 3 WEG nF begründet eine neue, etwa bestehende Vereinbarungen   324
der Wohnungseigentümer und die gesetzlich vorgesehene grundlegende Kostenverteilungsregelung des § 16 Abs. 2 WEG in weiten Bereichen aushebelnde Beschlusskompetenz.
Hiernach soll es den Wohnungseigentümern möglich sein, über eine abweichende generelle Regelung der Erfassung und Verteilung der Mehrzahl der anfallenden Lasten und Kosten des Wohnungseigentums durch Mehrheitsbeschluss zu entscheiden, soweit es sich um Betriebskosten iSd § 2 BetrKV sowie um Verwaltungskosten handelt. Soweit eine vereinbarte Öffnungsklausel geringere Anforderungen an die beschlussweise Änderung von Gesetz oder Vereinbarung zur Kostenverteilung enthält, geht diese den neuen gesetzlichen Öffnungsklauseln vor. Soweit eine in der Gemeinschaftsordnung enthaltene Öffnungsklausel höhere Anforderungen an die beschlussweise Änderung von Gesetz oder Vereinbarung zur Kostenverteilung enthält, gehen die neuen gesetzlichen Kompetenzregelungen der Öffnungsklausel vor.

Die Beschlussfassung unterliegt der ausdrücklichen gesetzlichen Einschränkung des Grundsat-   325
zes ordnungsmäßiger Verwaltung und des Verbots einer unbilligen Benachteiligung. Voraussetzung einer rechtmäßigen Änderung des Kostenverteilerschlüssels sind somit das Vorliegen

eines sachlichen Grundes sowie das Fehlen einer entsprechenden Benachteiligung. Dabei ist zu beachten, dass zutreffender Auffassung nach eine rückwirkende Änderung von Kostenverteilungsschlüsseln den Vertrauensgrundsatz verletzt und rechtswidrig ist.

326 Soweit die Art und Weise der Erfassung und Verteilung bestimmter Kosten bundes- bzw landesgesetzlich zwingend geregelt ist, gehen diese Bestimmungen etwa vereinbarten Beschlusskompetenzen sowie dem § 16 Abs. 3 WEG vor (HeizkostenV, Verpflichtung zur verbrauchsabhängigen Erfassung und Abrechnung des Kaltwassers etc.).

327 Während § 16 Abs. 3 WEG die Befugnis zur Verteilung bestehender Kostenpositionen enthält, beschäftigt sich § 21 Abs. 7 WEG, soweit Kosten der Verwaltung oder eines besonderen Gebrauchs des Gemeinschaftseigentums in Rede stehen, bereits mit der Begründung von Kostenarten im Sinne der Beschlussfassung über die Kreation derartiger Kosten, weshalb insoweit § 16 Abs. 3 WEG als nachrangig anzusehen ist. Hierzu wird teilweise vertreten, dass im Rahmen des § 21 Abs. 7 WEG nach bisheriger Rechtslage nichtige Beschlüsse über die Erhebung einer „Umzugskostenpauschale" gefasst werden können, da eine besondere Nutzung des Gemeinschaftseigentums vorliege.

328 Gemäß § 16 Abs. 4 WEG sollen die Wohnungseigentümer befugt sein, zu beschlossenen Maßnahmen iSd §§ 21 Abs. 5 Nr. 2, 22 Abs. 1 und 2 WEG im Einzelfall eine abweichende Regelung der Kostenverteilung der jeweiligen Maßnahme mit doppelt qualifizierter Mehrheit zu beschließen. Das Stimmrecht bemisst sich ausdrücklich nicht nach einem etwa abweichend vereinbarten Stimmgewicht (etwa MEA), sondern nach § 25 Abs. 2 WEG, demnach nach dem gesetzlichen Stimmrecht, wonach jeder Wohnungseigentümer, unabhängig von der Anzahl der Wohnungen und der Miteigentumsanteile nur eine Stimme besitzt. Es ist darauf hinzuweisen, dass hier nur eine Regelung im konkreten Einzelfall getroffen werden kann, eine generelle vom Gesetz oder der Gemeinschaftsordnung abweichende Regelung wäre gemäß der bisherigen Rechtslage nichtig.

329 Soweit eine in der Gemeinschaftsordnung enthaltene Vereinbarung oder Öffnungsklausel geringere Anforderungen an die beschlussweise Änderung von Gesetz oder Vereinbarung enthält, geht diese den neuen gesetzlichen Öffnungsklauseln vor. Soweit die in der Gemeinschaftsordnung enthaltene Öffnungsklausel höhere Anforderungen an die beschlussweise Änderung von Gesetz oder Vereinbarung enthält, gehen die neuen gesetzlichen Öffnungsklauseln vor.

330 Die Rechtmäßigkeit des Beschlusses, und nicht die Beschlusskompetenz, richtet sich danach, ob die beschlossene Kostenverteilung dem unterschiedlichen Gebrauch bzw der unterschiedlichen Möglichkeit des Gebrauchs durch die einzelnen Wohnungseigentümer Rechnung trägt. Ein dies gehörig berücksichtigender Beschluss ist daher nicht etwa nichtig, sondern bloß rechtswidrig und anfechtbar, erwächst mangels Anfechtung aber in Bestandskraft.

331 ▶ **Muster: Beschluss über Änderung der Kostenverteilung gem. § 16 Abs. 3 WEG**

(179) Die Eigentümerversammlung beschließt, den bislang geltenden Kostenverteilungsschlüssel [zB MEA] für die Kostenposition [...] [Betriebskosten] mit Wirkung ab Beginn des nächstfolgenden Wirtschaftszeitraums, das heißt ab dem [...], wie folgt zu ändern: [...]. ◀

332 ▶ **Muster: Beschluss über Änderung der Kostenverteilung gem. § 16 Abs. 4 WEG**

(180) Die Eigentümerversammlung beschließt, dass die Kosten der zu TOP [...] beschlossenen baulichen Maßnahme, nämlich die Durchführung der Betonsanierung an den Balkonen der Rückseite des Objekts im Bereich der Sondereigentumseinheiten 2, 3 und 4 gelegen, gemäß Angebot der Fa. [...] vom [...]

zu Kosten von [...] € nur von den Sondereigentümern der Sondereigentumseinheiten 2, 3 und 4 unter Freistellung der übrigen Sondereigentümer, im Innenverhältnis zu gleichen Teilen, getragen werden. ◄

▶ **Muster: Beschluss über die Erhebung einer „Umzugskostenpauschale"** 333

Die Eigentümerversammlung beschließt, dass bei jedem Einzug sowie bei jedem Auszug eines Woh- 181 nungseigentümers oder dessen Mieters bzw sonstiger Nutzungsberechtigter der jeweilige Wohnungseigentümer verpflichtet ist, zwecks pauschaler Abgeltung einer etwa eintretenden Beeinträchtigung und/oder eintretenden besonderen Abnutzung des gemeinschaftlichen Eigentums zur Zahlung eines Betrags iHv jeweils [...] € verpflichtet ist. Dieser Betrag ist vom Verwalter einzuziehen und ist spätestens bis zum Ablauf von drei Tagen nach dem Ein- oder Auszug auf das Konto der Wohnungseigentümergemeinschaft einzuzahlen. Der Verwalter hat die so vereinnahmten Beträge der Instandhaltungsrückstellung nach dem gesetzlichen oder vereinbarten Zuführungsschlüssel zugunsten sämtlicher Wohnungseigentümer zuzuführen. ◄

10. Beschlüsse in Rechtsangelegenheiten

Obgleich der Verwalter gesetzlich zur gerichtlichen Passivvertretung der einzelnen Wohnungs- 334 eigentümer in Verfahren gem. § 43 Nr. 1, 4 und 5 WEG unter Einschaltung eines Rechtsanwalts sowie zum Abschluss von Vergütungsvereinbarungen auf Streitwertbasis berechtigt ist (§ 27 Abs. 2 Nr. 2 und 4 WEG), empfiehlt sich eine Regelung durch Beschlussfassung, die die entsprechenden Modalitäten regelt. Für die Rechtsvertretung der Wohnungseigentümergemeinschaft sei auf die Musterformulierungen im Verwaltervertrag (vgl Rn 137) verwiesen.

Oftmals sind in Eigentümerversammlungen aber auch Beschlüsse über die aktive Einleitung von 335 Maßnahmen zur Rechtsverfolgung zu fassen. Dies betrifft vor allem die Beitreibung von Beitragsforderungen der Gemeinschaft (soweit keine entsprechende Regelung durch Vereinbarung bzw kein Vorratsbeschluss, zB im Rahmen des Verwaltervertrags, vorhanden ist), die Abwehr von Störungen durch Wohnungseigentümer oder Dritte (insbesondere Mieter und sonstige Nutzer), die Geltendmachung sonstiger Ansprüche gegen Dritte und insbesondere die Verfolgung von Mängelrechten aus Werkverträgen im Zusammenhang mit der Instandhaltung und Instandsetzung des Gemeinschaftseigentums. Besonderen Raum nimmt die Verfolgung von Ansprüchen (Mängelrechten) aus Bauträgervertrag bei neu errichteten WEG-Objekten ein.

Nicht zu vergessen ist, dass bei der Übernahme von vormals nicht professionell bzw nicht ord- 336 nungsgemäß verwalteten Wohnungseigentümergemeinschaften regelmäßig Probleme bei der Übergabe der Verwaltungsunterlagen, der Rechnungslegung, Abrechnung, Auskehrung des Verwaltungsvermögens sowie sonstigen Mitwirkungshandlungen seitens des Vor-Verwalters entstehen. Zur zweckentsprechenden Rechtsverfolgung sind auch hier die notwendigen Beschlüsse zu fassen.

▶ **Muster: Beschluss über Passiv-Rechtsvertretung und Vergütung** 337

Bei anhängigen gerichtlichen oder behördlichen Verfahren gegen die Wohnungseigentümer (Passiv- 182 verfahren), insbesondere auch gerichtlichen Verfahren nach § 43 WEG, besitzt der Verwalter die Vertretungsbefugnis der beklagten sowie beteiligten restlichen Wohnungseigentümer einschließlich der Berechtigung zur Beauftragung eines Rechtsanwalts. Die vom Verwalter vertretenen Eigentümer sind von ihm über den Verfahrensstand in geeigneter Weise zu informieren. Im Falle eines Interessenkonflikts des Verwalters ist dessen Vertretungsmacht sowie Zustellungsbevollmächtigung ausgeschlossen. Die Erklärung von Anspruchsverzichten, Vergleichen, Anerkenntnissen sowie die Rücknahme von Anträgen oder Rechtsmitteln bedarf grundsätzlich eines Eigentümerbeschlusses. Selbst Vergleiche mit Widerrufsvorbehalt müssen mit einer Klausel versehen sein, die bei gerichtlicher rechtskräftiger Ungültigkerklärung des den Vergleich genehmigenden Beschlusses der Wohnungseigentümergemeinschaft auch den Vergleich in Wegfall bringt.

Der Verwalter ist im Rahmen seiner Vollmacht zur Beauftragung eines Rechtsanwalts ermächtigt, mit dem Rechtsanwalt eine Vergütungsvereinbarung abzuschließen, durch welche diesem eine besondere Vergütung gewährt wird, sei es durch die Vereinbarung eines höheren als des gesetzlichen Gegenstandswerts, durch die Vereinbarung eines zusätzlichen Honorars oder durch die Vereinbarung eines Zeithonorars neben, anstelle oder über die Bestimmungen des Rechtsanwaltsvergütungsgesetzes (RVG) zur Höhe der gesetzlichen Vergütung des Rechtsanwalts hinaus.

Bei gerichtlichen Verfahren gemäß § 43 Nr. 1, 4 oder 5 WEG muss in der Vergütungsvereinbarung festgelegt sein, dass die Vergütung des Rechtsanwalts nicht mehr betragen darf, als sich nach einer Vergütungsberechnung nach dem RVG unter Zugrundelegung eines Streitwerts von 50 % des Interesses aller Parteien und Beigeladenen ergäbe (§ 27 Abs. 2 Nr. 4 WEG).

Soweit außerhalb gerichtlicher Verfahren nach § 43 Nr. 1, 4 oder 5 WEG die dem Rechtsanwalt gewährte besondere Vergütung gegenüber den Bestimmungen des Rechtsanwaltsvergütungsgesetzes (RVG) zur Höhe der gesetzlichen Vergütung des Rechtsanwalts mehr als [...] € im Einzelfall / bei mehreren Fällen mehr als [...] € pro Wirtschaftsjahr beträgt, bedarf der Abschluss der Vergütungsvereinbarung der vorherigen Zustimmung der Mehrheit der Mitglieder des Verwaltungsbeirats; werden die vorgenannten Beträge überschritten, so ist der Beschluss der Eigentümerversammlung einzuholen. ◄

338   ▶ **Muster: Beschluss über Aktiv-Rechtsvertretung in Beitragsangelegenheiten**

Der Verwalter ist ermächtigt, den termingerechten Eingang der auf die einzelnen Wohnungseigentümer entfallenden Beitragsforderungen (gemäß Wirtschaftsplan, Jahresabrechnung, Sonderumlage) der Wohnungseigentümergemeinschaft zu überwachen, Säumige zu mahnen und rückständige Zahlungen zugunsten der Wohnungseigentümergemeinschaft in deren Namen außergerichtlich und gerichtlich auf Kosten der Wohnungseigentümergemeinschaft beizutreiben, dies unter Beauftragung eines Rechtsanwalts seines Vertrauens, wobei die Erklärung von Anspruchsverzichten, Vergleichen, Anerkenntnissen sowie die Rücknahme von Anträgen oder Rechtsmitteln grundsätzlich eines Eigentümerbeschlusses bedarf. Selbst Vergleiche mit Widerrufsvorbehalt müssen mit einer Klausel versehen sein, die bei gerichtlicher rechtskräftiger Ungültigkerklärung des den Vergleich genehmigenden Beschlusses der Wohnungseigentümergemeinschaft auch den Vergleich in Wegfall bringt. ◄

339   ▶ **Muster: Beschluss über Verfolgung von Abwehr- und Beseitigungsansprüchen**

Die Eigentümerversammlung beschließt, dass die Wohnungseigentümergemeinschaft, vertreten durch den Verwalter, ermächtigt wird, die jeweiligen Ansprüche der einzelnen Wohnungseigentümer auf Unterlassung bzw Beseitigung folgender Störung [...] gegen [...] außergerichtlich und gerichtlich durchzusetzen.

Der Verwalter wird ermächtigt, einen Rechtsanwalt namens und in Vollmacht sowie auf Kosten der Wohnungseigentümergemeinschaft mit der Anspruchsdurchsetzung zu beauftragen. ◄

▶ **Muster: Beschluss über die Entziehung des Wohnungseigentums** 340

Die Wohnungseigentümergemeinschaft beschließt:

1.

von dem Wohnungseigentümer [...], Eigentümer der Sondereigentumseinheit im Hause [...], in [...], Einheit Nr. [...] gemäß Aufteilungsplan als Anlage zur Teilungserklärung, eingetragen im Grundbuch von [...], Grundbuch-Blatt-Nr.: [...], die Veräußerung dessen Wohnungseigentums zu verlangen,

2.

den Verwalter zu ermächtigen und zu beauftragen, namens und in Vollmacht sowie auf Kosten der Wohnungseigentümergemeinschaft unter Beauftragung eines Rechtsanwalts gegen den oben genannten Sondereigentümer die Entziehungsklage gemäß §§ 18, 19 WEG zu erheben,

3.

den Verwalter bereits jetzt für den Fall des Vorliegens einer entsprechenden gerichtlichen Entscheidung zu ermächtigten, namens und im Auftrage sowie auf Kosten der Wohnungseigentümergemeinschaft das Verfahren über die Versteigerung des Wohnungseigentums des oben genannten Sondereigentümers unter Beauftragung eines Rechtsanwalts durchzuführen. ◀

▶ **Muster: Ausfrierbeschluss** 341

Die Eigentümerversammlung beschließt:

1.

Aufgrund des Zahlungsverzugs des Sondereigentümers [...] hinsichtlich der folgenden Beitragsforderungen der Wohnungseigentümergemeinschaft [...] (rechtskräftig tituliert und fruchtlos vollstreckt) iHv derzeit [...] €, bezogen auf die Sondereigentumseinheit gemäß Aufteilungsplan zur Teilungserklärung bezeichnet mit der Nr. [...], wird die Verwaltung beauftragt, im Falle des fruchtlosen Verstreichens einer zu setzenden letzten Frist von [...] Tagen unter Androhung dieser Maßnahme das vorgenannte Sondereigentum unverzüglich von der Heiz-, Warmwasser- und Kaltwasserversorgung sowie Allgemeinstromversorgung und Radio- und TV-Empfang (soweit von der Wohnungseigentümergemeinschaft zur Verfügung gestellt) durch Einbau entsprechend verplombter und wieder entfernbarer Sperrvorrichtungen durch ein Fachunternehmen, befristet bis zum Ausgleich von mindestens 70 % der Rückstände inkl. Kosten und Zinsen, abzutrennen.

2.

Die unter Ziff. 1 beschlossene Maßnahme wird jedoch längstens bis zum Eigentumswechsel auf einen Nachfolger, im Falle der Zwangsversteigerung bis zur Erteilung des Zuschlags aufrechterhalten.

3.

Die Kosten für die erforderlichen Sperreinrichtungen werden aus [...] iHv [...] vorfinanziert und nachfolgend auf dem Schadensersatzwege ebenfalls gegen den Schuldner, notfalls gerichtlich, unter Zuhilfenahme eines Rechtsanwalts eingefordert.

4.

Sollten die gem. Ziff. 1 erforderlichen Sperreinrichtungen nur unter Inanspruchnahme des Sondereigentums des oben genannten Schuldners herzustellen sein und sollte der oben genannte Schuldner oder ein Dritter der Fachfirma und/oder dem Verwalter das Betreten der Sondereigentumseinheit zum Zwecke der Herstellung der Absperreinrichtungen verweigern, beauftragt die Gemeinschaft die Verwaltung bereits jetzt damit, unverzüglich das Betretungsrecht gerichtlich unter anwaltlicher Hilfe zu erzwingen. ◀

342 ▶ **Muster: Beschluss zur Verfolgung von Mängelansprüchen aus Werkvertrag**

Die Eigentümerversammlung beschließt:

1.

die Verwaltung zu ermächtigen, namens und in Vollmacht sowie auf Kosten der Wohnungseigentümergemeinschaft die Restherstellungs- bzw Mängelansprüche der Wohnungseigentümergemeinschaft betreffend die von Fa. [...] gemäß Auftrag/Rechnung vom [...] ausgeführten Werkleistungen im Bereich des Gemeinschaftseigentums an [...] außergerichtlich und gerichtlich durchzusetzen. Insbesondere handelt es sich hierbei um [...].

2.

die Verwaltung weiter zu ermächtigen, namens und in Vollmacht sowie auf Kosten der Wohnungseigentümergemeinschaft einen geeigneten (Bau-)Sachverständigen mit der Erstattung eines Privatgutachtens zu beauftragen, das Stellung zu folgenden Fragen nehmen soll:

– welche Mängel/(Rest-)Herstellungsarbeiten sind festzustellen,

– welche Mangelursachen sind festzustellen,

– welche Maßnahmen sind zur Mangelbeseitigung durchzuführen,

– welche Kosten werden die Mangelbeseitigungsarbeiten verursachen.

3.

die Verwaltung insbesondere zu ermächtigen, namens und in Vollmacht sowie auf Kosten der Wohnungseigentümergemeinschaft einen Rechtsanwalt ihrer Wahl mit der außergerichtlichen und gerichtlichen Durchsetzung der Mängelansprüche der Gemeinschaft auf der Grundlage des zu Ziff. 2 zu erstattenden Gutachtens zu beauftragen, nach eigenem Ermessen zur Durchsetzung der Ansprüche Fristen zur Nacherfüllung zu setzen und für den Fall fruchtlosen Fristablaufs die Ablehnung der Annahme weiterer Leistungen, insbesondere von (Rest-)Herstellungs- bzw Nacherfüllungsarbeiten zu erklären sowie die sich ergebenden weiteren Mängelrechte außergerichtlich und gerichtlich geltend zu machen.

Hierzu soll alsdann [*alternativ*] der Anspruch auf Vorschusszahlung zur Ersatzvornahme / der Anspruch auf Leistung von Schadensersatz / der Anspruch auf Minderung durchgesetzt werden. [*Optional*]: Im Falle fruchtlosen Fristablaufs entscheidet eine dann einzuberufende Eigentümerversammlung über die weitere Vorgehensweise.

4.

dass die Verwaltung ermächtigt ist, Zurückbehaltungs- und Aufrechnungsrechte auszuüben.

5.

dass die Kosten der vorstehenden Maßnahmen (insbesondere Gutachter-, Gerichts- und Rechtsanwaltskosten) von den einzelnen Wohnungseigentümern untereinander nach dem Verhältnis der Miteigentumsanteile getragen werden.

6.

dass, sollten Tätigkeiten/Maßnahmen/Erklärungen der vorbezeichneten Art bereits durch die Verwaltung oder von dieser Beauftragten durchgeführt/eingeleitet/abgegeben worden sein, die Wohnungseigentümer hiermit ihre ausdrückliche Genehmigung erklären. ◀

▶ **Muster: Beschluss zur Verfolgung von Mängelansprüchen gegen Bauträger** 343

Die Eigentümerversammlung beschließt:

1.

die Wohnungseigentümergemeinschaft (rechtsfähiger Verband), vertreten durch den Verwalter, zu ermächtigen, namens und in Vollmacht sowie auf Kosten der Wohnungseigentümergemeinschaft die Restherstellungs- bzw Mängelansprüche der jeweiligen Erwerber/Wohnungseigentümer in Ansehung des Gemeinschaftseigentums gegenüber dem Bauträger, Fa. [...], sowie sonstigen etwa gewährleistungspflichtigen Dritten außergerichtlich und gerichtlich durchzusetzen. Insbesondere handelt es sich hierbei um [...].

2.

die Verwaltung weiter zu ermächtigen, namens und in Vollmacht sowie auf Kosten der Wohnungseigentümergemeinschaft einen geeigneten (Bau-)Sachverständigen mit der Erstattung eines Privatgutachtens zu beauftragen, das Stellung zu folgenden Fragen nehmen soll:

– welche Mängel/(Rest-)Herstellungsarbeiten sind festzustellen,
– welche Mangelursachen sind festzustellen,
– welche Maßnahmen sind zur Mangelbeseitigung durchzuführen,
– welche Kosten werden die Mangelbeseitigungsarbeiten verursachen.

3.

die Verwaltung insbesondere zu ermächtigen, namens und in Vollmacht sowie auf Kosten der Wohnungseigentümergemeinschaft einen Rechtsanwalt ihrer Wahl mit der außergerichtlichen und gerichtlichen Durchsetzung der Mängelansprüche der Gemeinschaft auf der Grundlage des zu Ziff. 2 zu erstattenden Gutachtens zu beauftragen, nach eigenem Ermessen zur Durchsetzung der Ansprüche Fristen zur Nacherfüllung zu setzen und für den Fall fruchtlosen Fristablaufs die Ablehnung der Annahme weiterer Leistungen, insbesondere von (Rest-)Herstellungs- bzw Nacherfüllungsarbeiten zu erklären sowie die sich ergebenden weiteren Mängelrechte außergerichtlich und gerichtlich geltend zu machen.

Hierzu soll alsdann [*alternativ*] der Anspruch auf Vorschusszahlung zur Ersatzvornahme / der Anspruch auf Leistung von Schadensersatz / der Anspruch auf Minderung durchgesetzt werden. [*Optional*]: Im Falle fruchtlosen Fristablaufs entscheidet eine dann einzuberufende Eigentümerversammlung über die weitere Vorgehensweise.

4.

dass die Verwaltung ermächtigt ist, Zurückbehaltungs- und Aufrechnungsrechte auszuüben.

5.

dass die Kosten der vorstehenden Maßnahmen (insbesondere Gutachter-, Gerichts- und Rechtsanwaltskosten) von den einzelnen Wohnungseigentümern untereinander nach dem Verhältnis der Miteigentumsanteile getragen werden.

6.

dass, sollten Tätigkeiten/Maßnahmen/Erklärungen der vorbezeichneten Art bereits durch die Verwaltung oder von dieser Beauftragten durchgeführt/eingeleitet/abgegeben worden sein, die Wohnungseigentümer hiermit ihre ausdrückliche Genehmigung erklären. ◀

344 ▶ **Muster: Beschluss zur Anspruchsdurchsetzung gegen den Vor-Verwalter**

 1.

Die Eigentümerversammlung beschließt, den Verwalter zu ermächtigen, die Ansprüche der Wohnungseigentümergemeinschaft gegenüber dem vormaligen Verwalter nach WEG, Fa. [...], unter Beauftragung eines Rechtsanwalts außergerichtlich und gerichtlich durchzusetzen.

2.

Dies bezieht sich insbesondere auf die

– Herausgabe folgender Verwaltungsunterlagen: [...],

– Herausgabe folgender weiterer Gegenstände des Verwaltungsvermögens: [...],

– Fertigung und Vorlage der Rechnungslegung für den Zeitraum von [...] bis [...],

– Fertigung und Vorlage der Jahresgesamt- und Einzelabrechnung für [...],

– Fertigung und Vorlage eines Vermögensstatus für [...],

– Auskehrung des Verwaltungsvermögens, insbesondere die Mitwirkung bei der Übertragung folgender Konten-/Depotguthaben: [...],

– Auskunftserteilung über folgende Vorgänge: [...].

3.

Vor der Einleitung eines gerichtlichen Verfahrens soll dem oben genannten ehemaligen Verwalter eine letzte Frist unter Klageandrohung zur Vornahme der oben genannten Handlungen gesetzt werden.

4.

Für den Fall des fruchtlosen Fristablaufs sollen die oben genannten Ansprüche klageweise durchgesetzt werden [*alternativ*: [...] und wegen folgender Sachverhalte Strafanzeige erstattet / Strafantrag gestellt werden].

5. [*alternativ*]

Für den Fall fruchtlosen Fristablaufs wird die jetzige Verwaltung nach WEG, Fa. [...], auf der Grundlage deren Angebots vom [...] zu Kosten iHv [...] € mit der Ersatzvornahme folgender Handlungen beauftragt werden: [*zB* Nachbuchung / Nachfertigung der Buchhaltung der Gemeinschaft von [...] bis [...], Fertigung der Jahresgesamt- und Einzelabrechnung für [...], Ermittlung des Vermögensstatus für [...]. Der Anspruch auf Vorschusszahlung für die Ersatzvornahme sowie etwaige Nachforderungsansprüche nach durchgeführter Ersatzvornahme werden klageweise gegen den ehemaligen Verwalter, Fa. [...], durchgesetzt.

6.

Die Eigentümerversammlung beschließt, dass die Kosten der vorstehenden Maßnahmen von den einzelnen Wohnungseigentümern untereinander nach dem Verhältnis der Größe der Miteigentumsanteile getragen werden. Die Kosten der oben beschlossenen Maßnahmen werden wie folgt beziffert (ausgehend von einem angenommenen Gegenstandswert iHv 50.000,00 €): Anwaltskosten außergerichtliche Vertretung: ca. [...] €, Gerichtskosten für Klageverfahren: ca. [...] €, Anwaltskosten Klageverfahren: ca. [...] €, Ersatzvornahmekosten: ca. [...] €, insgesamt ca. [...] €. ◀

11. Beschlüsse zur Unterrichtung der Eigentümer über gerichtliche Verfahren

345 Gemäß §§ 27 Abs. 1 Nr. 7, 45 Abs. 1 WEG ist der Verwalter der Zustellungsvertreter für die Wohnungseigentümergemeinschaft und die jeweiligen einzelnen Wohnungseigentümer, wenn

diese Beklagte oder Beizuladende eines Rechtsstreits sind. Dabei muss der Verwalter die Wohnungseigentümer unverzüglich über anhängige (richtig dürfte sein: rechtshängige) Rechtsstreitigkeiten gem. § 43 WEG informieren. Da das Gesetz über Art und Ausmaß der Unterrichtung schweigt, empfiehlt es sich, auch mit Blick auf die im Falle einer umfassenden Unterrichtung über jeden Verfahrensschritt, Schriftsatz oder gerichtlichen Beschluss anfallenden immensen Kosten, für den Verwalter Rechtssicherheit durch eine die Unterrichtungspflicht konkretisierende Vorrats-Beschlussfassung herbeizuführen.

Zudem haben die Wohnungseigentümer gem. § 45 Abs. 2 WEG für den Fall, dass der Verwalter   346
(aufgrund Interessenkollision) gem. § 45 Abs. 1 Hs 2 WEG als Zustellungsvertreter ausgeschlossen ist, durch Beschluss mit Stimmenmehrheit einen Ersatzzustellungsvertreter sowie dessen Vertreter zu bestellen, auch wenn ein Rechtsstreit nicht anhängig ist.

Es entspricht daher ordnungsmäßiger Verwaltung, vorsorglich einen Ersatzzustellungsvertreter sowie dessen Vertreter durch Beschluss zu bestimmen, da ansonsten das Gericht gehalten ist, dies gem. § 45 Abs. 3 WEG durch Beschluss zu regeln.

▶ **Muster: Vorratsbeschluss über die Unterrichtung gem. § 27 Abs. 1 Nr. 7 WEG**   347

Die Eigentümerversammlung beschließt, den Verwalter in Bezug auf seine Unterrichtungspflicht gem. § 27 Abs. 1 Nr. 7 WEG wie folgt anzuweisen:

Der Verwalter hat die einzelnen Wohnungseigentümer über ein ihm durch Zustellung gem. § 45 Abs. 1 WEG bekannt werdendes Verfahren gem. § 43 WEG in Textform binnen einer Woche nach Zustellung durch Übersendung von Ablichtungen des Antrags- bzw Klageschriftsatzes (ohne Anlagen) und der Verfügungen des Gerichts sowie darüber zu unterrichten, ob der Verwalter bereits (ggf. fristwahrend) einen Rechtsanwalt mit der Vertretung der antragsgegnerischen bzw beklagten Partei(en) beauftragt hat. Spätere Zustellungen oder übermittelte Schreiben sind nur dann weiterzuleiten, wenn es sich um neue Hauptsacheanträge (Klageerweiterungen), etwa mit der ersten Zustellung nicht übermittelte Antrags- bzw Klagebegründungen, Terminladungen des Gerichts oder um Entscheidungen in der Hauptsache handelt. Der Verwalter hat jeweils darauf hinzuweisen, dass es jedem Wohnungseigentümer freisteht, zu verlangen, gegen Erstattung einer etwa anfallenden besonderen Verwaltervergütung bzw gegen Auslagenersatz über die sonstige gerichtliche Korrespondenz in Kopie unterrichtet zu werden oder nach vorheriger Terminankündigung die Verfahrensunterlagen beim Verwalter einzusehen. ◀

▶ **Muster: Bestimmung eines Ersatz-Zustellungsvertreters und dessen Vertreters**   348

1.

Die Eigentümerversammlung beschließt, Herrn/Frau [...] zum/zur Ersatzzustellungsvertreter/in gem. § 45 Abs. 2 WEG zu bestellen.

Zusatz: Herr/Frau [...] nimmt die Bestellung an.

2.

Die Eigentümerversammlung beschließt, Herrn/Frau [...] zum/zur Vertreter/in des/der Ersatzzustellungsvertreters/in gem. § 45 Abs. 2 WEG zu bestellen.

Zusatz: Herr/Frau [...] nimmt die Bestellung an. ◀

12. Vernichtung von Verwaltungsunterlagen

349   Die Beschlussfassung über die Vernichtung oder anderweitige Aufbewahrung nicht mehr benötigter Verwaltungsunterlagen ist in Anbetracht unmäßig anwachsender Aktenbestände und
nicht beliebig ausweitbarer Archivräumlichkeiten ein dringendes Bedürfnis vieler Verwalter.

Hier vertretener Auffassung nach ist es nicht angeraten bzw oftmals vergeblich, einen generellen
Orga-Beschluss über die Vernichtung nicht mehr benötigter Verwaltungsunterlagen fassen zu
lassen. Dies zum einen wegen der sich in Zukunft möglicherweise ändernden kaufmännischen
bzw steuerrechtlichen Aufbewahrungsfristen (§ 257 HGB, derzeit sechs Jahre, bzw §§ 140, 147
AO, derzeit zehn Jahre), die nach der Rechtsprechung auf die meisten Unterlagen der Wohnungseigentümergemeinschaft analog anwendbar sind, und zum anderen wegen der nach hier
vertretener Meinung erforderlichen datensicheren Vernichtung, was in der Regel nur durch
Einschaltung eines entsprechenden Unternehmens zu gewährleisten und mit entsprechenden
Kosten verbunden ist. Diese können allerdings in einem generellen Beschluss oftmals mangels
Vorlage von Angeboten im Einzelfall nicht hinreichend bestimmbar dargestellt werden. Zwar
kann dem durch Vorlage entsprechender (Vergleichs-)Angebote entsprechender Fachunternehmen über die Aktenvernichtung für einen längeren Zeitraum abgeholfen werden, indes dürften
viele Wohnungseigentümergemeinschaften dann wegen der Höhe der mit einer datensicheren
Vernichtung verbundenen Kosten von einem solchen Beschluss Abstand nehmen. Zudem ist
darauf zu achten, die zu vernichtenden Unterlagen möglichst konkret zu bezeichnen.

Indes besteht die Möglichkeit, anstelle einer Aktenvernichtung deren Aufbewahrung durch eine
andere Person als den Verwalter zu beschließen (Übergabe und Lagerung durch Eigentümer,
Beiräte oder durch die Gemeinschaft in entsprechenden Räumlichkeiten).

350   ▶ **Muster: Einzelbeschluss Aktenvernichtung**

Die Eigentümerversammlung beschließt, den Verwalter anzuweisen, nicht mehr benötigte Verwaltungsunterlagen wie folgt datensicher auf Kosten der Wohnungseigentümergemeinschaft zu vernichten:

1.

Die nachfolgend im einzelnen bezeichneten Verwaltungsunterlagen, hinsichtlich deren die Aufbewahrungsfrist von derzeit zehn Jahren analog den handels- bzw steuerrechtlichen Bestimmungen
abgelaufen ist, das heißt bis einschließlich zum Ende des Wirtschaftsjahres [...] [*Jahr einsetzen*]:
Jahresgesamt- und Einzelabrechnungen, Jahresgesamt- und Einzelwirtschaftspläne nebst den dazugehörigen Abrechnungsunterlagen, Buchungslisten, Journale, Rechnungen, Lieferscheine, Gutschriften, Quittungen, Bankkontoauszüge, sonstige Bankbelege, Kassenbücher nebst Kassenbelegen, und
sonstige Buchungshaltungsbelege/-unterlagen, (Sozial-)Versicherungsunterlagen und -belege, Vertragsurkunden erledigter Rechtsverhältnisse und erledigte Prozessakten (mit Ausnahme der Originalausfertigungen gerichtlicher Entscheidungen in der Hauptsache oder in Kostensachen sowie Vollstreckungsunterlagen und Vergleiche), Steuer- und Abgabenerklärungen sowie Steuer- und Abgabenbescheide.

2.

Die nachfolgend im einzelnen bezeichneten Verwaltungsunterlagen, hinsichtlich deren die Aufbewahrungsfrist von derzeit sechs Jahren analog den handels- bzw steuerrechtlichen Bestimmungen
abgelaufen ist, das heißt bis einschließlich zum Ende des Wirtschaftsjahres [...] [*Jahr einsetzen*]:
Schriftverkehr mit Eigentümern und/oder Dritten, Aktenvermerke, Angebote, Ausschreibungsunter-

lagen, Kalkulationsunterlagen, Gutachten, Betriebsprüfungsberichte, Grundbuch- und Handelsregisterauszüge, Mahnbescheide, Protokolle von Beiratssitzungen.

3.

Dieser Beschluss bezieht sich ausdrücklich nur auf die unter obigen Ziffern 1 und 2 ausdrücklich genannten Verwaltungsunterlagen.

4.

Mit der Vernichtung wird die Fa. [...] auf der Grundlage deren Angebots vom [...] zu Kosten von [...] € von der Verwaltung namens und für Rechnung der Wohnungseigentümergemeinschaft beauftragt. ◄

▶ **Muster: Vorratsbeschluss Aktenvernichtung**   351

Die Eigentümerversammlung beschließt, den Verwalter anzuweisen, nicht mehr benötigte Verwaltungsunterlagen wie folgt sowie jeweils jährlich nach Ablauf der genannten Fristen datensicher auf Kosten der Wohnungseigentümergemeinschaft zu vernichten:

1.

Sämtliche nachfolgend im Einzelnen bezeichneten Verwaltungsunterlagen, hinsichtlich deren die Aufbewahrungsfrist von derzeit zehn Jahren analog den handels- bzw steuerrechtlichen Bestimmungen bereits abgelaufen ist, [...] [*Jahr einsetzen*], bzw im jeweiligen Folgejahr abläuft: Jahresgesamt- und Einzelabrechnungen, Jahresgesamt- und Einzelwirtschaftspläne nebst den dazugehörigen Abrechnungsunterlagen, Buchungslisten, Journale, Rechnungen, Lieferscheine, Gutschriften, Quittungen, Bankkontoauszüge, sonstige Bankbelege, Kassenbücher nebst Kassenbelegen, und sonstige Buchhaltungsbelege/-unterlagen, (Sozial-)Versicherungsunterlagen und -belege, Vertragsurkunden erledigter Rechtsverhältnisse und erledigte Prozessakten (mit Ausnahme der Originalausfertigungen gerichtlicher Entscheidungen in der Hauptsache oder in Kostensachen sowie Vollstreckungsunterlagen und Vergleiche), Steuer- und Abgabenerklärungen sowie Steuer- und Abgabenbescheide.

2.

Sämtliche nachfolgend im Einzelnen bezeichneten Verwaltungsunterlagen, hinsichtlich deren die Aufbewahrungsfrist von derzeit sechs Jahren analog den handels- bzw steuerrechtlichen Bestimmungen derzeit abgelaufen ist, [...] [*Jahr einsetzen*], bzw im jeweiligen Folgejahr abläuft: Schriftverkehr mit Eigentümern und/oder Dritten, Aktenvermerke, Angebote, Ausschreibungsunterlagen, Kalkulationsunterlagen, Gutachten, Betriebsprüfungsberichte, Grundbuch- und Handelsregisterauszüge, Mahnbescheide, Protokolle von Beiratssitzungen.

3.

Dieser Beschluss bezieht sich ausdrücklich nur auf die unter obigen Ziffern 1 und 2 ausdrücklich genannten Verwaltungsunterlagen.

4.

Mit der Vernichtung wird die Fa. [...] auf der Grundlage deren Angebots vom [...] zu Kosten von [...] € von der Verwaltung namens und für Rechnung der Wohnungseigentümergemeinschaft beauftragt. ◄

▶ **Muster: Beschluss wegen Übergabe von Verwaltungsunterlagen an Eigentümer**   352

Die Eigentümerversammlung beschließt, den Verwalter anzuweisen, nicht mehr benötigte Verwaltungsunterlagen wie folgt sowie jeweils jährlich nach Ablauf der genannten Fristen nicht weiter für die Wohnungseigentümergemeinschaft aufzubewahren, sondern zur weiteren Aufbewahrung an den die Wohnungseigentümerin/den Wohnungseigentümer Frau/Herrn [...] herauszugeben:

1.

Sämtliche nachfolgend im Einzelnen bezeichneten Verwaltungsunterlagen, hinsichtlich deren die Aufbewahrungsfrist von derzeit zehn Jahren analog den handels- bzw steuerrechtlichen Bestimmungen derzeit abgelaufen ist bzw im jeweiligen Folgejahr abläuft: Jahresgesamt- und Einzelabrechnungen, Jahresgesamt- und Einzelwirtschaftspläne nebst den dazugehörigen Abrechnungsunterlagen, Buchungslisten, Journale, Rechnungen, Lieferscheine, Gutschriften, Quittungen, Bankkontoauszüge, sonstige Bankbelege, Kassenbücher nebst Kassenbelegen, und sonstige Buchhaltungsbelege/-unterlagen, (Sozial-)Versicherungsunterlagen und -belege, Vertragsurkunden erledigter Rechtsverhältnisse und erledigte Prozessakten (mit Ausnahme der Originalausfertigungen gerichtlicher Entscheidungen in der Hauptsache oder in Kostensachen sowie Vollstreckungsunterlagen und Vergleiche), Steuer- und Abgabenerklärungen sowie Steuer- und Abgabenbescheide.

2.

Sämtliche nachfolgend im Einzelnen bezeichneten Verwaltungsunterlagen, hinsichtlich deren die Aufbewahrungsfrist von derzeit sechs Jahren analog den handels- bzw steuerrechtlichen Bestimmungen derzeit abgelaufen ist bzw im jeweiligen Folgejahr abläuft: Schriftverkehr mit Eigentümern und/oder Dritten, Aktenvermerke, Angebote, Ausschreibungsunterlagen, Kalkulationsunterlagen, Gutachten, Betriebsprüfungsberichte, Grundbuch- und Handelsregisterauszüge, Mahnbescheide, Protokolle von Beiratssitzungen.

3.

Dieser Beschluss bezieht sich ausdrücklich nur auf die unter obigen Ziffern 1 und 2 ausdrücklich genannten Verwaltungsunterlagen.

4.

Mit der Vernichtung wird die Fa. [...] auf der Grundlage deren Angebots vom [...] zu Kosten von [...] € von der Verwaltung namens und für Rechnung der Wohnungseigentümergemeinschaft beauftragt. ◄

13. Umlaufbeschluss

353   Besondere Vorsicht ist insbesondere bei der Durchführung schriftlicher Beschlüsse im sog. Umlaufverfahren gem. § 23 Abs. 3 WEG angezeigt. Hier ist besonders zu beachten, dass auch solche Beschlüsse zu verkünden sind, dh deren Zustande- oder Nichtzustandekommen den Wohnungseigentümern mitzuteilen ist. Um zu verhindern, dass mangels konkreter zeitlicher Vorgaben und Regelungen zum Ablauf des Beschlussverfahrens die Frage des Zustandekommens des schriftlichen Beschlusses nicht zu einer „Hängepartie" wird, ist ein entsprechender Vorratsbeschluss anzuraten. Zu beachten ist dabei, dass im sog. schriftlichen Verfahren die Zustimmung sämtlicher Wohnungseigentümer vorliegen muss, also auch die Zustimmung derer, die im Rahmen einer Abstimmung in einer körperlichen Versammlung gem. § 25 Abs. 5 WEG vom Stimmrecht ausgeschlossen wären.[242]

354   ▶ **Muster: Orga-Beschluss Umlaufverfahren**

Die Eigentümerversammlung beschließt für die Durchführung sog. Umlaufbeschlüsse, dass der Verwalter ermächtigt ist, für den Rücklauf der mit der Zustimmungserklärung sämtlicher Wohnungsei-

---

242   HM: Riecke/Schmid/*Drabek*, § 23 WEG Rn 57; aA Niedenführ/Kümmel/Vandenhouten/*Kümmel*, § 23 WEG Rn 54.

gentümer versehenen Beschlussurkunde beim Verwalter eine angemessene Zugangsfrist, deren Dauer drei Wochen nicht überschreiten soll, mit der Maßgabe zu setzen, dass für den Fall des fruchtlosen Fristablaufs das Nichtzustandekommen verkündet wird. ◀

Zur Umlaufbeschlussfassung vergleiche die Muster Rn 238 f.

14. Zweitbeschluss

Nach herrschender Auffassung folgt aus der allgemeinen Regelungskompetenz der Wohnungs-   **355** eigentümergemeinschaft, dass es dieser grundsätzlich gestattet ist, nach eigenem freien Ermessen eine erneute Beschlussfassung über einen bereits – auch bestandskräftig – geregelten Gegenstand herbeizuführen.[243] Eine neuerliche Beschlussfassung zu einem bereits beschlussweise geregelten Gegenstand der Verwaltung des gemeinschaftlichen Eigentums wird einhellig als „Zweitbeschluss" bezeichnet. Der dem Zweitbeschluss vorhergehende Beschluss wird allgemein „Erstbeschluss" genannt.

Das Zustandekommen eines Zweitbeschlusses ist an keine anderen Voraussetzungen geknüpft   **356** als jede sonstige Beschlussfassung der Wohnungseigentümer. Ist für einen bestimmten Beschlussgegenstand gemäß Gesetz oder Vereinbarung ein bestimmtes Stimmenquorum erforderlich, gelten diese Maßgaben auch für das Zustandekommen des Zweitbeschlusses.[244] Reicht eine Beschlussfassung mit einfacher Mehrheit aus, so kann der Zweitbeschluss mit Mehrheit auch dann gefasst werden, wenn der Erstbeschluss einstimmig oder gar allstimmig gefasst wurde.[245]

Je nach dem Regelungsgehalt von Zweitbeschlüssen ist zu unterscheiden zwischen   **357**

- Wiederholungsbeschlüssen,
- Ergänzungsbeschlüssen und
- Abänderungsbeschlüssen.

Während der Wiederholungsbeschluss auf eine inhaltsgleiche Bestätigung des Erstbeschlusses hinausläuft, betrifft der Ergänzungsbeschluss den eigentlichen Inhalt des Erstbeschlusses nicht, sondern enthält eine neue, lediglich auf dem Regelungsgegenstand des Erstbeschlusses aufbauende ergänzende Regelung. Der abändernde Beschluss hingegen greift in den Regelungsgegenstand des Erstbeschlusses abändernd oder aufhebend ein.

Den „klassischen" Anwendungsfall des Zweitbeschlusses stellt der Fall dar, dass der Erstbe-   **358** schluss angefochten und nach Anhängigkeit der Anfechtungsklage gem. §§ 43 Nr. 4, 46 Abs. 1 WEG ein inhaltsgleicher, wiederholender Zweitbeschluss (sog. **Rettungs- oder Heilungsbeschluss**) gefasst wird. Diese Vorgehensweise empfiehlt sich dem professionellen Verwalter immer dann, wenn Bedenken gegen die Rechtmäßigkeit des Erstbeschlusses bestehen. Vor allem rein formale Angriffe gegen einen inhaltlich ordnungsmäßiger Verwaltung entsprechenden Beschluss können so erfolgreich abgewehrt werden.

Nach herrschender Meinung entfällt nämlich das weitere Rechtsschutzinteresse an der Anfech-   **359** tung des Erstbeschlusses, da eine Ungültigerklärung des Erstbeschlusses aufgrund der Bindungswirkung eines mangels Anfechtung gem. § 23 Abs. 4 WEG in Bestandskraft erwachsenen Zweitbeschlusses keinerlei Rechtswirkungen mehr zu erzeugen vermag. Hier wird deutlich, dass

---

243   BGH v. 23.8.2001 – V ZB 10/01 = ZMR 2001, 809, 814; BGH v. 20.12.1990 – V ZB 8/90 = ZMR 1991, 146; BayObLG v. 13.12.2001 – 2 Z BR 93/01 = ZWE 2002, 360, 361.
244   OLG Köln v. 24.1.2000 – 16 Wx 185/99 = ZWE 2000, 429.
245   Bärmann/*Merle*, § 23 WEG Rn 57 f.

der der Anfechtung des Erstbeschlusses nachfolgende bestandskräftige Zweitbeschluss in der Lage ist, einen an formellen Mängeln leidenden Erstbeschluss zu „heilen", indem mittels der Bestandskraft des Zweitbeschlusses auch die Bestandskraft des Erstbeschlusses *ex nunc* eintritt.

360   Zwar entfällt nach herrschender Meinung das weitere Rechtsschutzinteresse an der Anfechtung des Erstbeschlusses im Falle auch der Anfechtung des Zweitbeschlusses zwar zunächst nicht, da das zweite Anfechtungsverfahren betreffend den Zweitbeschluss ja zu einer Ungültigerklärung des Zweitbeschlusses und damit zu einer Verhinderung dessen Heilungswirkung führen kann, weshalb es dann einer Entscheidung über die Unwirksamkeit des Erstbeschlusses immer noch bedürfte, indes wird nach herrschender Meinung in diesem Fall die Entscheidung über die zweite Anfechtung zu Recht als vorgreiflich angesehen, und das Verfahren über die Anfechtung des Erstbeschlusses ist daher richtigerweise bis zur rechtskräftigen Entscheidung über die Ungültigkeit des Zweitbeschlusses auszusetzen

Zu beachten ist aber, dass im jeweiligen Zweitbeschluss deutlich wird, dass der Erstbeschluss nicht nur gleichsam bekräftigt, sondern aufgehoben und durch einen neuen (wenngleich inhaltsgleichen) Beschluss ersetzt werden soll.[246]

361   ▶ **Muster: Wiederholungsbeschluss**

   Die Eigentümerversammlung beschließt, den Beschluss zu TOP [...] der Eigentümerversammlung vom [...] aufzuheben und durch folgenden Beschluss zu ersetzen: [...] [*Wiederholung des Beschlusswortlauts des Erstbeschlusses*]. ◀

362   ▶ **Muster: Ergänzungsbeschluss**

   Die Eigentümerversammlung beschließt, den Beschluss zu TOP [...] der Eigentümerversammlung vom [...] [*Wortlaut einsetzen*] unter Aufrechterhaltung im Übrigen um folgende Regelung zu ergänzen: [...]. ◀

363   ▶ **Muster: Änderungsbeschluss**

   Die Eigentümerversammlung beschließt, den Beschluss zu TOP [...] der Eigentümerversammlung vom [...] [*Wortlaut einsetzen*] unter Aufrechterhaltung im Übrigen wie folgt abzuändern: [...]. ◀

VII. Hausordnung

1. Grundlagen

364   Eine Definition der Hausordnung fehlt im Wohnungseigentumsgesetz. § 21 Abs. 5 Nr. 1 WEG bestimmt in Zusammenhang mit § 21 Abs. 3 und 4 WEG lediglich, dass die Aufstellung einer Hausordnung durch Mehrheitsbeschluss der Wohnungseigentümer zu den Maßnahmen ordnungsmäßiger Verwaltung des Gemeinschaftseigentums gehört, auf deren Durchführung der der einzelne Wohnungseigentümer einen rechtlichen Anspruch hat. § 27 Abs. 1 Nr. 1 WEG regelt, ebenfalls ohne den Begriff der Hausordnung näher zu definieren, dass der Verwalter u.a. für die Durchsetzung der Hausordnung zu sorgen habe.

365   Dabei ist zu berücksichtigen, dass, anders als die Erwähnung in § 21 und § 27 WEG suggeriert, die Aufstellung einer Hausordnung nicht nur die Verwaltung des gemeinschaftlichen Eigentums betrifft, sondern auch den jeweiligen Sondereigentümer in der Nutzung seines Sondereigentums und der ihm etwa eingeräumten Sondernutzungsrechte tangiert, da sinnvollerweise nicht nur

---

246   Bärmann/*Merle*, § 23 WEG Rn 63 ff.

die Benutzung des Gemeinschaftseigentums, sondern auch die Benutzung des jeweiligen Sondereigentums geregelt wird. Hieraus ergeben sich vielfältige Detailprobleme, da hinsichtlich der Eingriffsintensität jeder einzelnen Regelung zwischen dem Interesse der Wohnungseigentümergemeinschaft an einem störungsfreien Zusammenleben aller Bewohner der Anlage und dem rechtlich geschützten Interesse des einzelnen Sondereigentümers an einer selbstbestimmten Nutzung des Sonder- und Gemeinschaftseigentums abzuwägen ist.

2. Regelungskompetenz der Wohnungseigentümergemeinschaft

Die Hausordnung stellt mit Blick auf die Bestimmungen der §§ 13, 14 und 15 WEG, welche **366** die gegenseitigen Rechte und Pflichten der Wohnungseigentümer bei der Nutzung des Sonder- und Gemeinschaftseigentums betreffen, eine Gebrauchs- und Benutzungsregelung dar.[247]

§ 13 Abs. 1 WEG schränkt die grundsätzliche Nutzungsfreiheit des einzelnen Wohnungseigentümers dahin gehend ein, dass diese ihre Grenze findet, wo die Rechte des anderen Wohnungseigentümers beginnen. § 14 Nr. 1 und Nr. 2 WEG konkretisiert dies dahin gehend, dass durch den vom einzelnen ausgeübten Gebrauch des Sonder- und Gemeinschaftseigentums keinem anderen Wohnungseigentümer ein Nachteil erwachsen darf, der über die Beeinträchtigungen hinausgeht, die bei einem geordneten Zusammenleben unvermeidlich sind. Und um den Widerspruch zwischen Nutzungsfreiheit und Gemeinschaftsbindung aufzulösen, bestimmt § 15 WEG, dass der Wohnungseigentümergemeinschaft die Regelungskompetenz hinsichtlich der konkreten Ausgestaltung der Gebrauchs- und Nutzungsfragen zusteht.

Gemäß § 15 Abs. 1 WEG kann bereits in der Gemeinschaftsordnung der Wohnungseigentü- **367** mergemeinschaft gem. § 10 Abs. 2 S. 2, Abs. 3 WEG durch Vereinbarung der Gebrauch und die Nutzung des Sonder- und Gemeinschaftseigentums geregelt werden. Gemäß § 15 Abs. 2 WEG können die Wohnungseigentümer aber auch durch Mehrheitsbeschluss in der Eigentümerversammlung gem. §§ 21 Abs. 3, 23, 25 WEG Gebrauchs- und Nutzungsregelungen beschließen.

Probleme wirft die Beschlussfassung über Hausordnungsregelungen auf, wenn die Gemein- **368** schaftsordnung einer Wohnungseigentumsanlage bereits konkrete Regelungen (also etwa eine ausformulierte Hausordnung) enthält, von denen **durch Mehrheitsbeschluss abgewichen** werden soll, da § 15 Abs. 2 WEG ausdrücklich bestimmt, dass eine Beschlusskompetenz nur insoweit besteht, als keine Vereinbarung entgegensteht. Nach der Rechtsprechung des BGH zur Beschlusskompetenz der Wohnungseigentümer können vereinbarte Regelungen nur durch neue Vereinbarung, dh Zustimmung sämtlicher Wohnungseigentümer und Eintragung im Grundbuch, geändert werden, weshalb einer Vereinbarung widersprechende Beschlüsse, soweit diese über Einzelfallregelungen hinausgehen, generell nichtig, dh rechtsunwirksam sind.[248]

Fraglich ist indes, ob die in einer Gemeinschaftsordnung bereits enthaltenen Regelungen einer **369** Hausordnung ihrer Zweckbestimmung nach tatsächlich zwingend sind. Nicht alles, was in der Gemeinschaftsordnung geregelt ist, besitzt nämlich Vereinbarungscharakter. Eine materiellrechtliche Vereinbarungswirkung ist nur anzunehmen, wenn sich aus Gestaltung und Inhalt der Gemeinschaftsordnung der ausdrückliche Wille ergibt, eine getroffene Regelung mit Dauerbindungswirkung auszustatten, sie also bewusst der Regelungskompetenz durch Beschluss auf Dauer zu entziehen. Dies wird zwar in aller Regel anzunehmen sein (Vereinbarung von Sondernutzungsrechten etc.), trifft jedoch nach hier vertretener Auffassung im Falle der Hausord-

---

247 Jennißen/*Weise*, § 15 WEG Rn 18.
248 BGH v. 20.9.2000 – V ZB 58/99 = ZWE 2000, 569 ff = NJW 2000, 3500 ff.

nung nicht zu, da die dort getroffenen Regelungen nach Sinn und Zweck einer Änderung der tatsächlichen, sozialen und rechtlichen Verhältnisse unterliegen, so dass eine „Zementierung" in Form einer materiellrechtlichen Vereinbarung regelmäßig nicht gewollt ist. Dies ist im Einzelfall durch Auslegung der Bestimmung zu prüfen.[249] Nach herrschender Meinung können die Wohnungseigentümer grundsätzlich also auch in der Gemeinschaftsordnung gegebenenfalls bereits enthaltene Hausordnungsbestimmungen durch Beschluss aufheben oder ändern; eine Ergänzung erlaubt § 15 Abs. 2 WEG ohnehin.[250]

3. Verwalterermächtigung zur Aufstellung der Hausordnung

370   Einen Sonderfall stellt die in vielen Gemeinschaftsordnungen zu findende Regelung dar, dass der Verwalter mit Wirkung für die Wohnungseigentümer die Hausordnung aufstelle. Damit ist indes die Regelungskompetenz der Wohnungseigentümer nicht ausgehebelt, da deren Selbstverwaltungsrecht unentziehbar ist.[251] Nur soweit die Wohnungseigentümer von ihrer Beschlusskompetenz keinen Gebrauch machen, ist der Verwalter zur Aufstellung der Hausordnung ermächtigt.[252] Aus Gründen der höheren Akzeptanz einer eigenverantwortlich errichteten Hausordnung durch die Wohnungseigentümer ist ohnehin der Beschlussweg anzuraten.

4. Bindungswirkung der Hausordnung

371   Es ist ein unter Wohnungseigentümern weit verbreiteter Irrtum, dass auch Mieter oder sonstige Dritte, denen Sonder- oder Gemeinschaftseigentum zum eigenen Gebrauch überlassen wurde, an die Regelungen der Hausordnung gebunden wären. Grundsätzlich gelten die Regelungen der beschlossenen (oder vereinbarten) Hausordnung nur im Verhältnis der Wohnungseigentümer untereinander.

372   Dem vermietenden Wohnungseigentümer ist daher dringend anzuraten, die Regelungen der wohnungseigentumsrechtlichen Hausordnung ausdrücklich zum Gegenstand der Regelungen des jeweiligen Nutzungsüberlassungsvertrags zu machen, zumal die in Mustermietverträgen enthaltenen Hausordnungen regelmäßig nicht identisch mit der Hausordnung der Gemeinschaft sind und zudem der vermietende Eigentümer den übrigen Eigentümern gegenüber wegen Verstößen seines Mieters gegen die Hausordnung gleichwohl wie für eigenes Handeln gem. § 14 Nr. 2 WEG haftet.[253] Dessen ungeachtet verbleiben dem jeweiligen Wohnungseigentümer die sich aus gesetzlich geregelten Ansprüchen ergebenden Rechte auf Unterlassung bzw Störungsbeseitigung (§ 1004 BGB). Eine Berufung auf einen Verstoß gegen die Hausordnung, die nicht mit dem Mieter vereinbart ist, führt jedoch, sofern sich nicht aus dem Verhalten des Nutzers eine aus allgemeinen Rechtsgrundsätzen folgende rechtswidrige Störung ergibt, nicht zu Ansprüchen des rechtsfähigen Verbandes der Wohnungseigentümer, da es sich bei aus dem Eigentum folgenden Ansprüchen um Individualansprüche der Wohnungseigentümer handelt.

5. Durchsetzung der Hausordnung

373   Ein weiterer Fehleinschätzung besteht in der weit verbreiteten Auffassung, dass der Verwalter berufen sei, Verstöße gegen die Regelungen der Hausordnung aus eigener Kompetenz zu ahn-

249 Riecke/Schmid/Elzer, § 10 WEG Rn 83, 86.
250 BayObLG v. 16.6.2004 – 2Z BR 049/04 = ZMR 2004, 924; 96; Elzer, ZMR 2006, 733.
251 BayObLG v. 23.8.2001 – 2Z BR 96/01 = ZMR 2002, 64.
252 Deckert/Drabek, Grp. 5, Rn 316.
253 Deckert/Drabek, Grp. 5, Rn 438 ff.

den. Zwar bestimmt § 27 Abs. 1 Nr. 2 WEG, dass der Verwalter für die Durchführung der Hausordnung zu sorgen habe, dies bezieht sich nach dem Wortlaut aber zunächst einmal darauf, dass der Verwalter durch organisatorische Maßnahmen die Einhaltung der Regelungen der Hausordnung sicherzustellen hat (durch Aufstellung, Aushang oder Bekanntgabe von Plänen, Aufstellung von Hinweisschildern uÄ).[254] Ferner ist von der Kompetenz des Verwalters die Abmahnung eines Wohnungseigentümers wegen Verstößen gegen die Hausordnung gedeckt (was erfahrungsgemäß Störungen nur in den wenigsten Fällen beseitigt). Die Vornahme von Sanktionshandlungen oder die gerichtliche Durchsetzung von Unterlassungs- und/oder Störungsbeseitigungsansprüchen obliegt den einzelnen Wohnungseigentümern bzw durch Beschlussfassung gem. § 10 Abs. 6 S. 3 WEG der Wohnungseigentümergemeinschaft.[255] Auch ist zu berücksichtigen, dass der Verwalter als Vertreter der Wohnungseigentümergemeinschaft dem Mieter oder sonstigen Nutzungsberechtigten von Wohnungseigentum gegenüber keinerlei Weisungs-, Abmahnungs- oder sonstige Befugnisse besitzt.

6. Die Regelungsinhalte

Aus der Verwaltungsautonomie der Wohnungseigentümergemeinschaft und der entsprechenden Beschlusskompetenz folgt, dass die Bestimmungen der Hausordnung grundsätzlich nach billigem Ermessen, orientiert an der Notwendigkeit und Zweckmäßigkeit einer Regelung, aufzustellen sind. Unbillige und willkürliche Regelungen sind ebenso zu vermeiden wie eine den einzelnen Wohnungseigentümer über die Maßen einengende „Regelungsdichte", die eine Vielzahl von Einschränkungen und Verboten beinhaltet. Derartige Regelungen sind rechtswidrig und werden auf Anfechtung hin für ungültig erklärt.   374

Schwer wiegende Eingriffe in die Rechtsstellung des Wohnungseigentümers (Eingriff in den Kernbereich des Wohnungseigentums) sind darüber hinaus nichtig, dh mangels Beschlusskompetenz rechtlich unwirksam.[256] Von Bedeutung ist ferner, dass solche Regelungen, denen es an inhaltlicher Bestimmtheit und Klarheit mangelt, ebenfalls nichtig sind.[257]   375

Dies bedeutet für die Praxis, dass regelmäßig eine Vielzahl von Bestimmungen der Hausordnung mangels der Möglichkeit einer konkreten Bezeichnung der Schwelle störenden Verhaltens ohnehin eher als Appell denn als rechtlich zwingende Regelung zu betrachten sind. Daher sind im beigefügten Entwurf diejenigen Passagen weggelassen, die mangels hinreichender Bestimmtheit bzw aufgrund ihres bloßen Appellcharakters ohnehin keine rechtliche Bindungswirkung erzeugen. Problematisch ist auch, dass die teilweise Unwirksamkeit einer Regelung zur Gesamtunwirksamkeit des gesamten Regelungsbereichs führt.[258] Zu berücksichtigen ist auch, dass die Regelungen der Hausordnung dem höherrangigen sonstigen Recht, insbesondere bürgerlichrechtlichen sowie öffentlich-rechtlichen Bestimmungen nicht widersprechen dürfen (zB Abschließen der Hauseingangstür, wenn diese als Ausgang des Rettungswegs Treppenhaus dient – Verstoß gegen Brandschutz). Allerdings geht das Kammergericht davon aus, dass private Ruhezeitenregelungen auch über öffentlich-rechtliche Lärmbekämpfungsvorschriften hinausgehen dürfen.[259] Dies dürfte aber unzutreffend sein, da die Wohnungseigentümer keine Beschlusskompetenz besitzen, öffentlich-rechtliche Regelungen einzuschränken.   376

---

254 BGH v. 21.12.1995 – V ZB 4/94 = ZMR 1996, 276; Riecke/Schmid/*Elzer*, § 27 WEG Rn 16.
255 Riecke/Schmid/*Elzer*, § 27 WEG Rn 17.
256 Deckert/*Drabek*, Grp. 5, Rn 309.
257 BGH v. 10.9.1998 – V ZB 11/98 = ZMR 1999, 41.
258 Deckert/*Drabek*, Grp. 5, Rn 346.
259 KG v. 18.11.1991 – 24 W 3791/91 = ZMR 1992, 68.

377 ▶ **Muster: Hausordnung**

Hausordnung
der Wohnungseigentümergemeinschaft [...]
in [...]

Derzeit gültige Fassung vom [...] aufgrund des Beschlusses zu Tagesordnungspunkt [...] der Eigentümerversammlung vom [...].

Präambel

Die Hausordnung soll unter den Bewohnern ein allseitig gutes Einvernehmen sowie zufriedenstellende Verhältnisse in den Wohnungseigentumsanlagen sicherstellen. Sie ergänzt die Bestimmungen des Wohnungseigentumsgesetzes und der Gemeinschaftsordnung.

Sie ist getragen von der Einsicht in die Regeln, die für ein geordnetes Zusammenleben in einem Mehrfamilienhaus notwendig sind, vom Gebot der gegenseitigen Rücksichtnahme und dem Verständnis für den Nachbarn. Jeder Mitbewohner muss wissen, dass seine Rechte an dem Punkt enden, an dem die Rechte des Nachbarn eingeschränkt werden. Alle Bewohner sollen sich verpflichtet fühlen, auf die Einhaltung dieser Hausordnung zu achten.

1. Häusliche Ruhe

Die Ruhe in einem Mehrfamilienhaus ist auch bei guter Schalldämmung vom rücksichtsvollen Verhalten der Bewohner abhängig.

1.1 Ruhezeiten

Grundsätzliche Ruhezeiten[260]

– an Werktagen:	22 bis 7 Uhr und 12 bis 14 Uhr
– an Sonn- und Feiertagen:	20 bis 8 Uhr und 12 bis 15 Uhr

Von dieser Regelung ausgenommen sind allein Geschäftsbetriebe in vorhandenem Sondereigentum/Teileigentum (einschließlich in zulässiger Weise beruflich genutzten Wohnungseigentums) mit berechtigterweise weitergehenden Geschäftszeiten (Ladenschlusszeiten), wobei auch hier unübliche und übermäßige Lärmstörungen zu vermeiden sind.

1.2 Einsatz technischer Geräte sowie Gebrauch von Musikinstrumenten und Tonträgern

Vorrangig sind die Bestimmungen der Hausarbeits- und Musiklärmverordnung der [zB Landeshauptstadt München] in der jeweils gültigen Fassung zu beachten, die dieser Hausordnung in der zum Beschlusszeitpunkt geltenden Fassung in Kopie beigefügt ist.

Grundsätzlich sind alle notwendigen Vorkehrungen zu treffen, um Belästigungen von Mitbewohnern durch den Einsatz von Musikinstrumenten, Haushalts- und sonstigen technischen Geräten sowie durch die Vornahme von Arbeiten zu vermeiden. Technische Geräte wie Näh-, Strick-, Wasch- und Schreibmaschinen sind bei Gebrauch auf schalldämpfende Unterlagen zu stellen. Sind Musikinstrumente im Einsatz, ist nach Möglichkeit ein Schalldämpfer zu benutzen.

1.3 Sonstiger Lärmschutz

Auf Balkonen und Terrassen sowie bei geöffneten Fenstern ist Lärm möglichst zu vermeiden.

Es ist auch darauf zu achten, dass generell und insbesondere während der Ruhezeiten Haus- und Wohnungstüren leise geschlossen werden und bei Zu- und Abfahrten zur oder von der Garage jeglicher unnötige Lärm vermieden wird. Besucher/Gäste sind zur Nachtzeit leise zu verabschieden.

---

260   Angelehnt an BGH v. 10.9.1998 – V ZB 11/98 = ZMR 1999, 41.

1.4 Kinderlärm

Auf das Spielbedürfnis von Kindern ist in besonderer Weise Rücksicht zu nehmen.

Eltern und Erziehungsberechtigte haben jedoch dafür Sorge zu tragen, dass unübliche Ruhestörungen durch Kinder insbesondere in den vereinbarten Ruhezeiten – in und außer Haus – vermieden werden. Das Spielen ist nur auf den hierfür vorgesehenen Kinderspielplätzen und -flächen zulässig, also insbesondere nicht in Kellerräumen, Hausgängen, Liften, Fluren und Treppenhäusern.

2. Reinlichkeits-, Rücksichtnahme-, Sicherungs-, Sorgfalts- und sonstige Verhaltenspflichten

2.1

Teppiche, Polster, Betten, Matratzen, Kleidungsstücke, Schuhe etc. dürfen nur auf/in hierfür vorgesehen gemeinschaftlichen Plätzen/Räumen oder innerhalb des Wohnungseigentums unter Beachtung der Ruhezeiten gereinigt werden; eine Reinigung auf Terrassen und Balkonen ist nicht gestattet. Bettzeug darf auch nicht aus offenen Fenstern oder – von außen sichtbar – über Balkonbrüstungen zum Lüften gehängt werden.

2.2

Müll, Kehricht, Küchenabfälle und Ähnliches dürfen nur in die hierfür bestimmten Abfallbehälter/ Mülltonnen/Biotonnen (Container) entleert werden; gegebenenfalls ist der Müll zu trennen. Zerkleinerbares Sperrgut (Schachteln, Verpackungsmaterial, Holz und dergleichen) ist vor der Einlagerung in die Mülltonnen zu zerkleinern, größeres Sperrgut selbstständig zu entsorgen. Zeitungen und Zeitschriften sowie Pappe und Kartonverpackungen sind zu bündeln und für den gesonderten Abtransport an Abholtagen neben die Mülltonnen beziehungsweise in dafür bestimmte Papiertonnen zu legen.

Die Hinweise zur Mülltrennung in [zB der Landeshauptstadt München] sind Bestandteil dieser Hausordnung in der jeweils gültigen Fassung.

2.3

Flüssigkeiten und andere Abfälle (wie Zigarettenkippen, Brot- und Kuchenkrümel etc.) dürfen nicht aus Fenstern oder über Balkone geschüttet werden.

In Ausgussbecken, Bade- sowie Duschwannen und WCs dürfen keine sperrigen Abfälle und schädlichen Flüssigkeiten gegeben werden. Es ist speziell verboten, über das WC Blechdosen, Watte, Textilien, Hygieneartikel, Windeln, Zeitungen, Zigarettenschachteln, Rasierklingen, Bauabfälle, Farbreste, Fette, Öle oder Ähnliches zu entsorgen.

Schuldhaft herbeigeführte Verunreinigungen gemeinschaftlicher Räume, Flächen und Einrichtungsteile sowie anderen Sondereigentums hat der Störer selbstverantwortlich beziehungsweise auf Weisung des Verwalters unverzüglich zu beseitigen, gegebenenfalls entstandenen Schaden zu ersetzen.

2.4

Das Auftreten von Ungeziefer in Wohnungen ist dem Verwalter unverzüglich mitzuteilen (zum Beispiel Befall von Schaben/Kakerlaken/Silberfischchen usw.).

2.5

In Treppenhäusern, Kellergängen, Fluren und auf gemeinschaftlichen Loggien oder Laubengängen dürfen zur Vermeidung von Stürzen im Dunkeln und zur Freihaltung von Fluchtwegen keine Gegenstände (zum Beispiel Schuhe, Schränke, Pflanzen, Schirmständer, Blumentöpfe) abgestellt werden.

2.6

Fahrräder, Kinderwagen, Schlitten und dergleichen sind grundsätzlich nur im Kellergeschoss auf den hierfür vorgesehenen Plätzen (beziehungsweise – bezogen auf Fahrräder – auf einer entsprechend bestimmten Fläche auf dem Grundstück) oder innerhalb des Sondereigentums (des eigenen Kellers) zu deponieren. Sie sind über Flure und Treppen zu tragen. Etwa verursachte Verschmutzungen gemeinschaftlicher Flächen sind sofort zu beseitigen.

2.7

Zur Vermeidung von Brandgefahr dürfen insbesondere gemeinschaftliche Keller- und Speicherräume nicht mit offenem Licht betreten werden. Das Einstellen oder Lagern leicht brennbarer, explosiver, giftiger, ätzender oder geruchsintensiver Materialien und Flüssigkeiten in Keller- und Speicherabteilen, Kellergängen oder Balkonen/Loggien ist verboten.

2.8

Bei Frostwetter sind die Räumlichkeiten, insbesondere Bad, Toilette und Küche vor allzu starker Auskühlung zu schützen (insbesondere bei längerfristigem Leerstand von Sondereigentumsräumen in Wintermonaten). Im Winter ist dafür zu sorgen (auch bei längerer Abwesenheit), dass alle wasserführenden Leitungen (Be- und Entwässerung, Heizung) vor Frost geschützt werden. Weiterhin besteht grundsätzlich die Verpflichtung, Balkone von Schnee und Eis (ohne salzen zu dürfen) möglichst freizuhalten. Unter Druck stehende Wasseranschlüsse (insbesondere von Geschirrspül- und Waschmaschinen) sind zumindest bei mehr als eintägiger Abwesenheit zu sichern/abzudrehen; Gleiches gilt für etwaige Gashähne. Vor dem Verlassen einer Wohnung sollte auch stets kontrolliert werden, dass alle Wasserauslässe abgedreht sind.

Im Keller sind die Fenstergitter grundsätzlich geschlossen zu halten. Bei Regen, Sturm und Schnee sind darüber hinaus die Fenster in Kellerabteilen zu schließen.

Treppenhausfenster dürfen zum Lüften von Anfang April bis Ende September täglich maximal 1/2 Stunde, von Oktober bis Ende März maximal 1/4 Stunde geöffnet werden.

Für eine ausreichende Beheizung und Belüftung des Sondereigentums ist Sorge zu tragen.

2.9

Zum Schutze der Hausbewohner sind die Hauseingangs- und sonstigen Zugangstüren stets geschlossen (nicht verschlossen) zu halten.

2.10

Schäden am Sonder- oder Gemeinschaftseigentum sind unverzüglich der Verwaltung zu melden. Dies gilt insbesondere für Gasgeruch, Glasbruch sowie auftretende Feuchtigkeit beziehungsweise Schimmelbefall. Schlüsselverluste (bei bestehender Zentralschließanlage mit der Möglichkeit der Öffnung gemeinschaftlicher Räume) sind unverzüglich dem Verwalter zu melden.

3. Tierhaltung

3.1

Das Halten von Hunden, Katzen und sonstigen Haustieren bedarf der vorherigen schriftlichen Erlaubnis der Hausverwaltung. Erlaubnisfrei ist die Haltung üblicher Kleintiere (wie Zierfische, Ziervögel, Hamster, Meerschweinchen und Ähnliches). Die Hunde- und Katzenhaltung wird auf ein Tier je Haushalt begrenzt.

3.2

Das Halten von Reptilien aller Art, landes- oder haustierunüblichen Tieren, insbesondere Ratten, Mardern, Affen, Wildkatzen oder Ähnlichem sowie insbesondere als beängstigend oder als giftig beziehungsweise sonst wie gefährlich zu bezeichnenden sonstigen Tieren (Insekten etc.) ist untersagt. Gleiches gilt für die Zucht oder den Handel von/mit solchen „gefahrgeneigten" Tieren. Insbesondere nicht gestattet sind das Halten, Mitführen und der Besuch von Hunden, deren Zucht und/oder Haltung nach öffentlichem Recht verboten ist oder einer Beschränkung unterliegt. Dies gilt insbesondere für Hunde solcher Rassen und Mischungen, die als Individuum nach allgemein vertretener Fachmeinung ein gesteigertes Aggressionspotenzial zeigen (können).

3.3

Jegliche Hunde sind im Bereich des Gemeinschaftseigentums an kurzer Leine zu führen [mit Maulkorb]. Das Halten und Mitführen eines Hundes im Bereich des Gemeinschaftseigentums wird auf strafmündige Personen begrenzt, die überdies auf Verlangen des Verwalters oder anderer Miteigentümer den Nachweis einer abgeschlossenen und aufrechterhaltenen Haftpflichtversicherung zu erbringen haben.

3.4

Vorstehende Einschränkungen beziehen sich nicht auf Blinden- und Behindertenhunde oder auf nachweisbar erfolgreich dressierte Rettungs-, Schutz-, Polizei- und Lawinenhunde sowie sonstige aus medizinischen oder sonstigen wichtigen Gründen indizierte Tierhaltungen.

3.5

Der betreffende Tierhalter muss stets dafür sorgen, dass durch die Tiere weder Schmutz noch anderweitige Belästigungen oder auch Gefährdungen verursacht werden. Der Wohnungsinhaber ist verpflichtet, Haustiere so zu halten, dass sie in den Außenanlagen und im Haus nicht frei herumlaufen und die Wohnungen beziehungsweise Gartenteile anderer Wohnungseigentümer nicht betreten können. Verunreinigungen gemeinschaftlicher Gebäudeteile und Flächen sind sofort vom Tierhalter zu beseitigen.

3.6

Bei Nichtbeachtung dieser Regelungen kann eine bereits erteilte Erlaubnis nach zweimaliger erfolgloser Abmahnung widerrufen werden. Die Tierhaltung auf Balkonen oder Loggien ist untersagt.

4. Gebrauchs- und Nutzungsregeln

4.1

Fußballspielen und andere Haus und Grundstück gefährdende Spielarten auf gemeinschaftlichem Grundstück (Hof/Garten) sind untersagt. Das Auslegen von Futter für Tiere (Tauben, Krähen, Mäuse etc.) ist untersagt.

4.2

Eigentümer, die ihre Wohnungen vermieten, sind verpflichtet, die Hausverwaltung von Ein- und Auszügen schriftlich in Kenntnis zu setzen und die Namen der Mieter bekannt zu geben.

4.3

Für das Klingel-Tableau dürfen nur einheitliche Namensschilder verwendet werden, die der Hausmeister/Verwalter nach Anforderung zulasten des Eigentümers bestellt und anbringen lässt; Entsprechendes gilt für sonstige notwendige Schilder oder Kennzeichen („Bitte keine Werbung" oder Ähnliches).

4.4

Das Rauchen in gemeinschaftlichen Räumen des Hauses (insbesondere Aufzügen, Fluren, Treppenhäusern, Kellergängen, Wasch-, Trocken- und Abstellräumen, der Tiefgarage usw.) ist nicht gestattet.

4.5

Motorfahrzeuge dürfen grundsätzlich nicht in Kellern abgestellt werden.

4.6

Balkone und Terrassen dürfen nicht – optisch nachteilig und einsehbar – als Abstell- oder Lagerflächen benutzt werden (Ausnahme: übliche Tische, Stühle, Liegen, Sonnenschirme, Pflanzen). Blumenkästen sind grundsätzlich balkoninnenseitig [*alternativ*: absturzsicher und bauordnungsrechtlich zulässig] anzubringen. Pflanztröge und -beete auf Dachterrassen dürfen nur so aufgestellt werden, dass genügend Arbeitsraum für etwaige Sanierungen an gemeinschaftlichen Bauteilen (zum Beispiel Brüstung oder Fassade) verbleibt; das Gewicht etwaiger Schalen, Tröge und Beete (einschließlich Bepflanzung) darf zu keinen statischen Gefährdungen führen und kein Risiko für die Terrassenunterbodenkonstruktion darstellen; konstruktive Schutzschichten sind gegen aggressives Wurzelwerk zu schützen.

Für eine kontinuierliche Gullyreinigung und eventuelle Balkon- beziehungsweise Terrassenregenrinnenreinigung ist der jeweilige Eigentümer allein verantwortlich.

Auch beim Gießen von absturzsicher und bauordnungsrechtlich korrekt angebrachten Blumenkästen ist darauf zu achten, dass Gießwasser nicht auf darunterliegende Flächen und/oder Gebäudeteile läuft. Gleiches gilt für Wischwasser auf Balkonen oder Terrassen. Kletterpflanzen an Außenwänden sind im Übrigen nicht gestattet.

4.7

Das Anbringen von fest verankerten Markisen, Sonnenblenden, Wintergärten und dergleichen auf Balkonen und Terrassen bedarf einer genehmigenden Beschlussfassung in der Eigentümerversammlung. Das Grillen mit Kohle auf Balkonen und Terrassen ist nicht gestattet.

4.8

Das Anbringen von gesonderten Außenantennen (Parabolantennen, Funkamateurantennen und Ähnlichem) ist ohne bestandskräftige Beschlussgenehmigung der Eigentümer nicht gestattet. Im Falle der Geltendmachung grundrechtlich geschützter Interessen des jeweiligen Wohnungsnutzers sind jedoch die Grundsätze der aktuellen höchstrichterlichen Rechtsprechung der Fachgerichte und insbesondere des BVerfG miteigentümerseits angemessen zu berücksichtigen.

5. Aufzug

5.1

Ein Lift/Aufzug dient grundsätzlich nur für die Personenbeförderung, nicht für den Transport von größeren Möbeln oder sonstigen sperrigen und schweren Gegenständen.

5.2

Jegliche Verunreinigungen sind zu vermeiden beziehungsweise unverzüglich zu beseitigen, Sachschäden sind sofort dem Verwalter zu melden.

6. Waschordnung

Waschen innerhalb der Wohnung ist nur für Kleinwäsche gestattet, sofern Wohnungen nicht mit eigenen, modernen Haushaltswaschmaschinen ausgestattet sind.

Grundsätzlich können die gemeinschaftlichen Wasch- und Trockenräume beziehungsweise Einrichtungen benutzt werden (Turnus- und Zeitregelungen eventuell gemäß gesonderter angemessener Beschlussregelung). Das Wäschetrocknen auf Loggien, Terrassen und gemeinschaftlichen Gartenflächen hat zu unterbleiben; auf Balkonen ist das Trocknen nur gestattet, wenn Trockenständer (unter Brüstungshöhe) nicht von außen sichtbar sind.

Die Einteilung zur Benutzung der [gemeinschaftlichen] Waschküche (einschließlich etwaiger Waschmünzenausgabe) erfolgt im Zweifelsfall durch den Hausmeister/Verwalter. Es ist darauf zu achten, nach Beendigung des Waschvorgangs die Waschküche einschließlich der Maschinen in sauberem Zustand zu übergeben. Das Gleiche gilt für den etwaigen Trockenraum nach Abtrocknen der Wäsche. Die Bedienung von Wasch- und Trockenmaschinen ist Kindern grundsätzlich nicht gestattet.

Bei Benutzung der Waschmaschinen ist dem Waschwasser zur Schonung der Heizstäbe ein Entkalkungsmittel beizusetzen. Stark schäumende Waschmittel dürfen nicht verwendet werden. Nach Beendigung des Waschvorgangs sind der Wasserhahn abzudrehen und der Trommelverschluss geöffnet zu lassen.

Die Waschraumbenutzer haften für eine vorsätzliche oder fahrlässige Beschädigung der Waschraumeinrichtungen. Auftretende Störungen sind dem Hausmeister/Verwalter unverzüglich zu melden.

7. Garagen-, Park- und Stellplatzordnung

7.1

Alle bestehenden sicherheitsrechtlichen, behördlichen Vorschriften und etwaigen Auflageverfügungen sind strengstens zu beachten. Es gelten zudem die Vorschriften der StVO (Straßenverkehrsordnung) und der StVZO (Straßenverkehrszulassungsordnung) analog.

7.2

Verboten ist in Garagen unter anderem (ohne Gewähr für Vollständigkeit):

a) das Rauchen und die Verwendung von Feuer;

b) die Lagerung von Betriebsstoffen und feuergefährlichen Gegenständen auf/in den Stellplatzflächen/Räumen;

c) des Weiteren das Lagern entleerter Betriebsstoffbehälter;

d) das Laufenlassen und Ausprobieren der Motoren in/auf geschlossenen oder nicht ausreichend entlüfteten Einstellräumen/Stellplätzen;

e) die lose Aufbewahrung gebrauchter Putzmittel (die Aufbewahrung darf lediglich in dicht schließenden Blechgefäßen geschehen);

f) das Hupen und die Belästigung der Nachbarschaft durch Rauch/Abgase und Geräusch;

g) es darf im Übrigen vor und in der Garage nur im Schritttempo gefahren werden;

h) das Einstellen von Fahrzeugen mit undichtem Tank, Ölbehälter und Vergaser usw.;

i) das Aufladen von Akkumulatoren-Batterien in den Einstellräumen.

7.3

Das Abstellen von Fahr- oder Motorrädern sowie das Parken in der Ein- und Ausfahrtszone zu den Stellplätzen, Garagen beziehungsweise der Tiefgarage sind nicht gestattet. Das Garagentor ist nach jeder Ein- beziehungsweise Ausfahrt zu schließen.

7.4

Wagenwaschen und ähnliche Arbeiten dürfen nur vorgenommen werden, sofern die hierfür vorgeschriebenen Einrichtungen und Plätze vorhanden sind. Waschplätze sind sauber zu hinterlassen.

7.5

Die Vornahme von Reparaturen ist nicht gestattet. Jegliche Lackierarbeiten in offener Tiefgarage sind stets untersagt.

7.6

Eine Änderung der elektrischen Einrichtungen (einschließlich Entlüftung) in der Garage darf nicht eigenmächtig vorgenommen werden.

7.7

Mopeds, Roller und Motorräder dürfen auf dem Hof grundsätzlich nur mit ausgeschaltetem Motor bewegt werden.

7.8

Ausdrücklich allein zweckbestimmte Pkw-Stellplätze dürfen auch nur zum Abstellen/Parken von Pkws und/oder Krafträdern benutzt werden (nicht also zum Beispiel zum Abstellen von Wohnmobilen und Lkws). Offene Stellplätze in einer Tiefgarage dürfen ohne gestattenden, bestandskräftigen Eigentümerbeschluss nicht umzäunt oder durch Trennwände/Mauern mit eigenen Toren abgegrenzt/verändert werden.

7.9

Dass Abstellen von Fahrzeugen jeder Art ist auf den Objektzuwegungen untersagt.

8. Sonstiges

Jeder Wohnungs- beziehungsweise Teileigentümer haftet für seine Familienangehörigen, sein Dienstpersonal oder für Besucher, sowie für seine Mieter hinsichtlich der Beachtung dieser Hausordnung, auch wenn bei Zuwiderhandlungen kein Verschulden des Eigentümers selbst vorliegen sollte. ◀

D. Technische Verwaltung (Instandhaltung und Instandsetzung)

I. Vorbemerkung

378   Der Instandhaltung der Gebäude kommt eine besondere Bedeutung zu. Es ist daher ausgesprochen wichtig, sich Gedanken darüber zu machen, wer für die Instandhaltung und Instandsetzung des Gebäudes und der wesentlichen Bestandteile verantwortlich ist, wer sie durchzuführen hat und ob ein Eigentümer möglicherweise Einschränkungen seiner Rechte hinzunehmen hat.

II. Pflichten der Wohnungseigentümer

379   Gemäß § 14 Nr. 1 WEG ist jeder Wohnungseigentümer verpflichtet, die im **Sondereigentum** stehenden Gebäudeteile so instand zu halten und von diesen sowie dem gemeinschaftlichen Eigentum nur in solcher Weise Gebrauch zu machen, dass dadurch keinem der anderen Wohnungseigentümer über das bei einem geordneten Zusammenleben unvermeidliche Maß hinaus ein Nachteil erwächst. Durch diese gesetzliche Regelung ist eindeutig festgelegt, dass innerhalb des Sondereigentums gem. § 5 WEG und eventuell ergänzender Bestimmungen der Teilungserklärung bzw der Gemeinschaftsordnung jeder Eigentümer auch die Instandhaltung und Instandsetzung zu veranlassen hat.

III. Duldungspflicht des Eigentümers

380   Gleichzeitig ist er verpflichtet, das **Betreten** und die Benutzung der im Sondereigentum stehenden Gebäudeteile **zu gestatten,** soweit dies zur Instandhaltung und Instandsetzung des gemeinschaftlichen Eigentums erforderlich ist. Eventuell dabei verursachte Schäden sind dem Eigentümer zu ersetzen. Diese Pflicht der Wohnungseigentümer wird besonders wichtig zum Beispiel in der Abwicklung von Versicherungsschäden, da sehr häufig bei der Beseitigung von Versicherungsschäden auch das Sondereigentum betroffen ist.[261]

---

261   Vgl Rn 495 ff; siehe auch Rn 26, 44, 62, 92 sowie § 5 Rn 137.

Die Wohnungseigentümergemeinschaft oder/und auch der Verwalter dürfen demnach zwar das **381** Sondereigentum betreten und ggf auch zur Beseitigung des Schadens am gemeinschaftlichen Eigentum öffnen und dadurch Teile des Sondereigentums zerstören, aber die Folgearbeiten selber müssen durch den Wohnungseigentümer veranlasst werden. Er hat dann lediglich einen Anspruch auf **Erstattung der Kosten**, die ihm dadurch entstanden sind.

Beispiel: Im Falle der Meldung eines Feuchtigkeitsschadens ist die Wohnungseigentümergemeinschaft, vertreten durch den Verwalter, verpflichtet, die Ursache dafür zu suchen und zu beseitigen. Sehr häufig ist die Ursache eine Wasserleitung innerhalb des Sondereigentums eines Eigentümers, natürlich in der Wand und optimalerweise hinter den Fliesen. Um die Ursache zu beseitigen, muss das Sondereigentum in der Wohnung zerstört werden. Nach Beseitigung der Ursache ist der Wohnungseigentümer selbst verpflichtet, alle weiteren Instandsetzungsmaßnahmen durchzuführen oder durchführen zu lassen. Da die Wohnungseigentümergemeinschaft den Schaden am Sondereigentum verursacht hat, hat der betroffene Wohnungseigentümer einen Anspruch auf Ersatz seines ihm entstandenen Schadens, der üblicherweise von der Wohngebäudeversicherung bezahlt wird. Problematisch wird es dann, wenn im Zusammenhang mit der Instandsetzung auch eine Verbesserung des Sondereigentums erfolgt. Insoweit hat er keine Ansprüche gegen die Wohnungseigentümergemeinschaft.

In der Praxis lässt der Verwalter sehr häufig nicht nur die Ursache beseitigen, sondern erteilt **382** auch die Aufträge für die Beseitigung der Folgeschäden.

Hinweis: Wenn die Wohngebäudeversicherung nicht die kompletten Kosten für die Beseitigung der Folgeschäden übernimmt, hat der Verwalter nicht das Recht, diese Mehrkosten vom Konto der Wohnungseigentümergemeinschaft zu bezahlen! Wenn also der Verwalter innerhalb des Sondereigentums Arbeiten veranlasst, so muss er sich zum einen von dem Eigentümer eine entsprechende Vollmacht geben lassen und gleichzeitig die Zusicherung, dass dieser Eigentümer der Wohnungseigentümergemeinschaft gegenüber für eventuell entstehenden Mehrkosten haftet und sich verpflichtet, diese Beträge zu zahlen. Sinnvollerweise sollte sich der Verwalter auch vorher von der Wohnungseigentümergemeinschaft die Erlaubnis geben lassen, den Betrag vom Konto der Wohnungseigentümergemeinschaft zu verauslagen, wenn er unter dem Servicegesichtspunkt innerhalb der Wohnungen unterstützend eingreifen möchte.

IV. Haftung des Eigentümers

Die **unterlassene Instandhaltungsverpflichtung** eines Wohnungseigentümers kann Schadenser- **383** satzansprüche der Wohnungseigentümergemeinschaft oder anderer Wohnungseigentümer auslösen, wenn durch die unterlassene Instandhaltung oder Instandsetzung Schäden am gemeinschaftlichen Eigentum oder in einer anderen Wohnung entstehen.

Beispiel: Wenn die WC-Spülung defekt ist oder ein Wasserhahn tropft, der Eigentümer dieses weiß und den Schaden nicht beseitigen lässt, so hat die Wohnungseigentümergemeinschaft einen Schadensersatzanspruch wegen der nachweisbar durch diese unterlassene Instandhaltung verursachten Mehrkosten für Wasser und Abwasser.

Das gilt auch, wenn ein Wohnungseigentümer Instandsetzungsmaßnahmen an seinem Sonder- **384** eigentum oder gar am gemeinschaftlichen Eigentum hat vornehmen lassen. Er haftet für Schäden, die durch mangelhafte Ausführung der Maßnahmen am Gemeinschaftseigentum oder Sondereigentum anderer Eigentümer entstanden sind (Haftung für Verschulden des Erfüllungsgehilfen).

Beispiel: Wenn ein Eigentümer in seiner Wohnung zB neue Leitungen für Fernsehanschlüsse von einem Zimmer in das benachbarte Zimmer verlegen lässt und der Handwerker beim Durchbohren der Wand die Wasserleitung zerstört, so haftet der Wohnungseigentümer (neben dem Handwerker) für die Kosten, die dadurch am gemeinschaftlichen Eigentum oder auch am Sondereigentum eines anderen Miteigentümers entstehen (wenn nicht durch eine Versicherung der WEG gedeckt).

V. Pflichten der Wohnungseigentümergemeinschaft

385   Die Pflichten der Wohnungseigentümergemeinschaft (genau: des Verbandes der Wohnungseigentümer) sind in § 21 WEG geregelt. Zu einer ordnungsmäßigen, dem Interesse der Gesamtheit der Wohnungseigentümer entsprechenden Verwaltung gehört insbesondere die **ordnungsmäßige Instandhaltung und Instandsetzung** des gemeinschaftlichen Eigentums.

386   Daraus ist aber nicht zu schließen, dass jeder Wohnungseigentümer nach eigenem Ermessen die Instandhaltung des gemeinschaftlichen Eigentums veranlassen kann, denn durch die Formulierung „Gesamtheit der Wohnungseigentümer" in § 21 Abs. 5 WEG wird deutlich, dass es der Gemeinschaft der Wohnungseigentümer obliegt, die entsprechenden Maßnahmen durchzuführen oder durchführen zu lassen. Die Entscheidung über Art, Umfang, Finanzierung und Zeitpunkt der durchzuführenden Maßnahmen fällt ebenfalls ausschließlich in die Entscheidungskompetenz der Wohnungseigentümergemeinschaft.

VI. Pflichten des Verwalters

387   Entgegen der weitläufigen Meinung steht die Instandhaltung und Instandsetzung nicht dem Verwalter zu, auch wenn er nach § 27 WEG berechtigt und verpflichtet ist, die für die ordnungsmäßige Instandhaltung und Instandsetzung des gemeinschaftlichen Eigentums erforderlichen Maßnahmen zu treffen.

388   Nach inzwischen herrschender Meinung bezieht sich diese Pflicht bzw dieses Recht lediglich darauf,

- Mängel und Schäden am gemeinschaftlichen Eigentum festzustellen,
- technische Lösungsvorschläge zu unterbreiten und entsprechende Angebote von Fachfirmen zur Beseitigung der Mängel und Schäden einzuholen,
- Kostenvoranschläge zu prüfen (ggf mit Unterstützung durch den Verwaltungsbeirat),
- die zur Durchführung der erforderlichen Maßnahmen notwendigen Beschlüsse vorzubereiten und herbeizuführen und
- nach erfolgter Beschlussfassung die Aufträge zur Durchführung der Maßnahmen als gesetzlicher Vertreter der Wohnungseigentümergemeinschaft zu erteilen.
  Hinweis:
  Wenn der Verwalter selbst nicht in der Lage ist, technische Lösungsvorschläge zu unterbreiten oder Vorschläge zur Beseitigung der Mängel und Schäden einzuholen, steht dem Verwalter nicht das Recht zu, ohne vorherige Beschlussfassung einen Sachverständigen zu beauftragen!

VII. Notmaßnahme auch ohne Beschluss

389   Ist eine Beschlussfassung bei der Beseitigung von Schäden oder Mängeln aus Zeitgründen oder wegen der Dringlichkeit einer Maßnahme nicht möglich, so ist der Verwalter nur berechtigt,

diejenigen Maßnahmen einzuleiten, die jeder andere Wohnungseigentümer als Notmaßnahme ebenfalls ohne Beschlussfassung veranlassen könnte. Er ist dann verpflichtet, die Wohnungseigentümer zu unterrichten und die entsprechenden Beschlüsse für die Wohnungseigentümergemeinschaft vorzubereiten, um diese anschließend umzusetzen bzw durchzuführen.

VIII. Unterstützung der Gemeinschaft als Pflicht des Verwalters

Damit die Wohnungseigentümergemeinschaft, vertreten durch den Verwalter, ihre Pflichten 390
erfüllen kann, hat der Verwalter (auch wenn das in der Rechtsprechung noch strittig ist) **regelmäßige Begehungen** der Wohnanlage vorzunehmen, um Mängel oder Schäden im gemeinschaftlichen Eigentum festzustellen.

▶ **Checkliste: Begehung der Wohnanlage:**[262] 391

lfd. Nr.		Beschreibung	Zustandsbeschreibung					
			Anteil in Prozent	einwandfrei / ohne Mängel	geringe Mängel	Mängel / instandsetzungsbedürftig	zerstört / sanierungsbedürftig EILT	Sachverständiger erforderlich!
0		Honorare und Nebenkosten						
	○	Honorare und Nebenkosten für Leistungen nach HOAI						
	○	Baustelleneinrichtung (Schilder, WC etc.)						
1	○	Umgebung – Außenfläche						
	○	Grün- und Hartflächen						
	○	Grünflächen						
	○	Hartflächen, Fahr- und Gehwege						
	○	Hecken und Sträucher						
2		Tragkonstruktion						
	○	Mauerwerk mit Holzbalkendecken						

---

262 Checkliste aus der Praxis (entnommen dem Programm EPIQR der Fa. Calcon) für eine Begehung (und ggf spätere Kostenermittlung).

lfd. Nr.	Beschreibung	Anteil in Prozent	Zustandsbeschreibung				
			einwandfrei / ohne Mängel	geringe Mängel	Mängel / instandsetzungsbedürftig	zerstört / sanierungsbedürftig EILT	Sachverständiger erforderlich!
	o Mauerwerk mit Massivdecken						
	o Betonwände mit Betondecken						
	o Betonstützen mit Mauerwerks-ausfachung und Betondecken						
	o Fachwerk mit Holzbalkende-cken						
	o Naturstein-Mauerwerkswände mit Holzbalkendecken						
3	Fassade Außenfläche						
	o Verputzt						
	o Sichtmauerwerk (Naturstein, Ziegel)						
	o Vorgehängte Betonplatten						
	o Leichte vorgehängte Verklei-dung						
	o Holzverkleidung						
	o Betonplatten						
4	Fassade Dekorationen						
	o aufwendige Dekorationen (zB Gründerzeit)						
	o Einfache Dekorationen (zB 20. Jahrhundert)						
5	Balkone, Loggien						
	o Massivbalkon mit gemauerter oder betonierter Brüstung						
	o Massivbalkon mit Brüstung in Leichtbauweise						

lfd. Nr.		Beschreibung	Anteil in Prozent	Zustandsbeschreibung					
				einwandfrei / ohne Mängel	geringe Mängel	Mängel / instandsetzungsbedürftig	zerstört / sanierungsbedürftig EILT	Sachverständiger erforderlich!	
	o	Stahlbalkon mit Brüstung in Leichtbauweise							
	o	Holzbalkon							
	o	Zu installierender Balkon							
6		Fassade Wärmedämmung							
	o	Wärmedämmung der *nicht* erhaltenswerten Fassade							
	o	Wärmedämmung der erhaltenswerten Fassade							
7	o	Kellerräume privat							
8		Kellerräume allgemein							
9		Keller-Wärmedämmung							
	o	Ungeheizter Keller – Wärmedämmung							
	o	Geheizter Keller (Souterrainwohnung) – Wärmedämmung							
10		Lagerung Heizöl							
	o	Tank im Keller							
	o	Tank in Erde							
11		Wärmeerzeugung							
	o	Öl/Gas ohne Warmwasserbereitung							
	o	Öl/Gas mit Warmwasserbereitung							
	o	Fernwärme ohne Warmwasserbereitung							

				Zustandsbeschreibung				
lfd. Nr.		Beschreibung	Anteil in Prozent	einwandfrei / ohne Mängel	geringe Mängel	Mängel / instandsetzungsbedürftig	zerstört / sanierungsbedürftig EILT	Sachverständiger erforderlich!
	o	Dezentrale Wärmeerzeugung in den Wohnungen						
	o	Fernwärme mit Warmwasserbereitung						
12	o	Wärmeverteilung						
13		Hausanschluss						
	o	Wasser						
	o	Gas						
14		Entsorgung Wasser						
	o	Entsorgungsleitungen ab Kellerdecke bis zur Grundstücksgrenze						
	o	Entsorgungsleitungen ab Kellerdecke über Hebeanlage bis Grundstücksgrenze						
15		Außentüren						
	o	Außentüren und (Garagen-)Tore						
	o	Nur Außentüren über Geländeoberkante						
	o	Nur Außentüren unter Geländeoberkante						
16		Kellerfenster						
	o	Kellerfenster über Geländeoberkante						
	o	Kellerfenster unter Geländeoberkante						

lfd. Nr.		Beschreibung	Anteil in Prozent	Zustandsbeschreibung				
				einwandfrei / ohne Mängel	geringe Mängel	Mängel / instandsetzungsbedürftig	zerstört / sanierungsbedürftig EILT	Sachverständiger erforderlich!
17		Treppenhaus: Wände, Fenster						
	○	Innenliegendes Treppenhaus						
	○	Treppenhaus mit mindestens einer Außenwand						
	○	Treppenhaus mit Laubengängen						
18		Treppen und Podeste						
	○	Massivtreppen						
	○	Holz- oder Stahltreppen						
	○	Treppen und Laubengänge						
19		Hauseingangstür						
	○	Treppenhaus: Eingangstür allgemein						
	○	Treppenhaus: Eingangstür Metall						
	○	Treppenhaus: Eingangstür Holz						
	○	Treppenhaus: Eingangstür Kunststoff						
20		Wohnungstüren						
	○	Wohnungseingangstüren im Treppenhaus (Holz)						
	○	Wohnungseingangstüren auf dem Laubengang (Holz)						
	○	Wohnungseingangstüren im Treppenhaus (beschichtet)						
	○	Wohnungseingangstüren auf dem Laubengang (beschichtet)						

lfd. Nr.		Beschreibung	Anteil in Prozent	Zustandsbeschreibung				
				einwandfrei / ohne Mängel	geringe Mängel	Mängel / instandsetzungsbedürftig	zerstört / sanierungsbedürftig EILT	Sachverständiger erforderlich!
21		Strom: Wohnungen						
	o	Hauszuleitung						
	o	Verteilerkasten						
	o	Steigleitungen						
22	o	Strom: Gemeinschaftlich genutzte Anlagen (Keller, Treppenhaus etc.)						
23		Schwachstrom						
	o	Klingelanlage						
	o	Fernsehempfangsanlage						
24	o	Aufzug						
	o	Zu installierender Aufzug						
25		Tragwerk Dach						
	o	Holztragwerk						
	o	Stahlkonstruktion						
26		Dachdeckung						
	o	Steildach Ziegeldeckung						
	o	Flachdach Bitumendeckung						
	o	Steildach Blecheindeckung						
	o	Flachdach Blecheindeckung						
	o	Steildach Bitumenschindeldeckung						
	o	Steildach Faserzementplattendeckung						
27		Dachaufbauten: Schornsteine						

lfd. Nr.		Beschreibung	Zustandsbeschreibung					
			Anteil in Prozent	einwandfrei / ohne Mängel	geringe Mängel	Mängel / instandsetzungsbedürftig	zerstört / sanierungsbedürftig EILT	Sachverständiger erforderlich!
	o	Schornsteine Sichtmauerwerk/ verputzt						
	o	Schornsteine Blech- oder Schindelverkleidung						
28		Dachaufbauten Glas (ohne Gauben)						
	o	Steildach Dachluken						
	o	Flachdach Lichtkuppeln und Dachausstiege						
	o	Steildach Dachflächenfenster						
29	o	Dachgauben						
30		Dach Wärmedämmung						
	o	Steildach, Dachgeschoss ausgebaut						
	o	Steildach nicht ausgebaut						
	o	Flachdach (Kaltdach)						
	o	Flachdach (Warmdach)						
31		Dachabschlüsse						
	o	Steildach						
	o	Flachdach						
32	o	Dachraum						
33	o	Elektroinstallationen Wohnung						
34		Wärmeabgabe						
	o	Heizkörper/Radiatoren						
	o	Fußboden- oder Deckenheizung						

lfd. Nr.		Beschreibung	Zustandsbeschreibung					
			Anteil in Prozent	einwandfrei / ohne Mängel	geringe Mängel	Mängel / instandsetzungsbedürftig	zerstört / sanierungsbedürftig EILT	Sachverständiger erforderlich!
35	o	Kaltwasserverteilung						
36	o	Warmwasserverteilung						
	o	Zentrale Warmwasserbereitung						
	o	Einzelgeräte zur Wassererwärmung						
	o	Sonnenkollektoren						
37	o	Gasverteilung						
38	o	Entsorgungsleitung bis Kellerdecke						
39		Fenster und Fenstertüren						
	o	Fenster und Fenstertüren allgemein						
	o	Fenster und Fenstertüren Holz						
40		Wetterschutz						
	o	Klapp- oder Schiebeläden						
	o	Rollläden oder Lamellenstoren						
41	o	Sonnenschutz						
42	o	Türen, Innenausbauten						
43		Bodenbeläge						
	o	Holzfußboden (Parkett und Dielenböden)						
	o	Kunststoff und textile Beläge						
	o	Keramik						
44		Wandverkleidungen						
	o	Anstriche auf Putz						
	o	Tapeten						

lfd. Nr.		Beschreibung	Anteil in Prozent	Zustandsbeschreibung				
				einwandfrei / ohne Mängel	geringe Mängel	Mängel / instandsetzungsbedürftig	zerstört / sanierungsbedürftig EILT	Sachverständiger erforderlich!
	o	Holzvertäfelung						
45		Deckenverkleidungen						
	o	Gipsdecken						
	o	Vertäfelung, Verkleidung						
46	o	Küche (Raum und Geräte)						
47		Bad-WC						
48		Abluftanlagen						
	o	Mechanische Belüftung						
	o	Elektrische Belüftung						
49		Sonstige Räume und Flächen						
	o	Gewerberäume						
	o	Tiefgarage						
	o	Außengaragen/n						
	o	Außenstellplätze						
	o	Schwimmbad						
	o	Freizeitbereich						
50	o	Gerüste und Baustelleneinrichtung						

IX. Verwalter kein Bausachverständiger

Da der Verwalter im Normalfall aber kein Sachverständiger für Gebäudeschäden ist, dürfen 392
die Anforderungen an sein Fachwissen nicht überspannt werden. Deshalb ist auch jeder Wohnungseigentümer verpflichtet, Schäden am gemeinschaftlichen Eigentum, die er festgestellt hat, an den Verwalter zu melden, damit die Wohnungseigentümergemeinschaft die notwendigen Entscheidungen durch Beschlüsse dazu treffen kann.

Bei Schäden oder Mängeln, die ggf eine Gefahr für Leib und Leben (Sicherheit) darstellen, ist der Verwalter sicherlich auch berechtigt (und verpflichtet), ohne Rücksprache mit der Wohnungseigentümergemeinschaft die notwendigen Maßnahmen einzuleiten. Aber auch hier sei wieder darauf hingewiesen, dass er zunächst nur die „Notmaßnahmen" ohne Beschlussfassung veranlassen darf.

X. Angebote oder Ausschreibungen, Wirtschaftlichkeit

393   Zu den Pflichten bei der Instandhaltung und Instandsetzung des gemeinschaftlichen Eigentums gehört auch – entweder durch die Wohnungseigentümergemeinschaft oder den bestellten Verwalter – entsprechende Angebote einzuholen. Allerdings hat der Verwalter sicherlich nicht die Pflicht, eine Ausschreibung nach den Regeln der VOB/A vorzunehmen. Dennoch bedeutet das nicht, dass auf die Einholung entsprechender Vergleichsangebote verzichtet werden kann. Zwar liegt es im Ermessen der Wohnungseigentümergemeinschaft, auch zu entscheiden, an wen der Auftrag gegebenenfalls erteilt wird, aber jeder einzelne Wohnungseigentümer hat Anspruch darauf, dass vor der Auftragsvergabe durch Konkurrenzangebote oder durch anderweitige Preisvergleiche eine Überteuerung vermieden wird.

394   Es empfiehlt sich daher, bei umfangreichen Maßnahmen spätestens zu diesem Zeitpunkt zu klären, ob ein Architekt zur Ausschreibung, Bauüberwachung und Abnahme eingeschaltet werden soll.

Hinweis: Wiederholt sei an dieser Stelle, dass auch diese Entscheidung, ob ein externer Fachmann hinzugezogen werden sollte, durch eine entsprechende Beschlussfassung von der Wohnungseigentümergemeinschaft entschieden wird und nicht vom Verwalter!

XI. Auftragserteilung

395   Die Auftragserteilung erfolgt grundsätzlich und ausschließlich durch den bestellten Verwalter auf Grundlage des gefassten Beschlusses namens und im Auftrage der Wohnungseigentümergemeinschaft. Zur Sicherheit für den Verwalter und für die Eigentümergemeinschaft sollte jeder Auftrag schriftlich erteilt werden.

Dieser Auftrag muss mindestens den richtigen Auftraggeber, also die Wohnungseigentümergemeinschaft, vertreten durch den Verwalter (mit genauer Adresse), sowie den Umfang der Arbeiten enthalten. Empfehlenswert ist es auch, festzuhalten, zu welchem Preis die Arbeiten ausgeführt werden. Selbstverständlich ist, dass alle besonderen Vereinbarungen über Zahlungsmodalitäten, Vertragsstrafen bei Terminüberschreitungen (sofern genaue Termine vereinbart wurden) schriftlich vereinbart werden.

Hinweis: Falls mehrere Gewerke bzw unterschiedliche Handwerker gleichzeitig auf der Baustelle arbeiten, ist auch ein Sicherheitskoordinator (umgangssprachlich: Sigeko) durch Beschlussfassung zu beauftragen oder einer der Handwerker als Sigeko zu bestellen.

396   ▶ **Muster: Bauwerkvertrag**

Bauvertrag/Werkvertrag

zwischen

der Wohnungseigentümergemeinschaft [...]

vertreten durch [...] [*Name, Anschrift und Telefonnummer des Verwalters*]

– im Folgenden: **Auftraggeber** –

und dem **Auftragnehmer**

[…]

[…]

[…]

I. Bauvorhaben:

[...]	Objektnummer: [...]
Ort: [...]	Straße: [...]
Wohnung: [...]	Gewerk: [...]

II. Gegenstand des Vertrags

Die Arbeiten sind vom Auftragnehmer auszuführen gemäß

☐ Angebot vom [...]

☐ Leistungsverzeichnis des Auftraggebers vom [...]

☐ Änderungen gemäß Anschreiben vom [...]

Vertragsbestandteil sind die „Allgemeinen Vertragsbedingungen" (siehe Anlage)

III. Vergütung

☐ nach Aufmaß und den vertraglichen Einheitspreisen des Angebotes vom [...]

☐ Festpreis [...] € (Euro) zzgl. MwSt.

☐ zum Lohn- und Materialnachweis

☐ Pauschal für sämtliche Leistungen [...] € (Euro) zzgl. MwSt.

IV. Verbindliche Ausführungsfristen

Beginn der Arbeiten: [...]

Ende der Arbeiten: [...]

Bitte setzen Sie sich wegen des Zugangs zum Haus in Verbindung mit dem Eigentümer

Herrn [...]

Telefon: [...]

Straße: [...]

Ort: [...]

Die Rechnungen stellen Sie bitte in doppelter Ausfertigung mit Angabe des Grundstücks, der Objekt-Nr., der Wohnung oder des Arbeitsortes an oben genannte Adresse. Im Falle von Arbeiten zum Lohn- und Materialnachweis ist der *unterschriebene* Arbeits-/Rapportbericht beizufügen!

V. Zusätzliche Vereinbarungen

[…]

[…]

[…]

keine

[...], den [...]

(Unterschriften)

[...] Auftragnehmer (Stempel und rechtsverbindliche Unterschrift)

[...] – als Verwalter –(bitte den Vertrag unterschreiben und sofort zurücksenden!) ◄

397 Falls es sich um größere Bauvorhaben handelt, kann es durchaus sinnvoll sein, abweichend von der VOB oder den gesetzlichen Bestimmungen zusätzlich „Allgemeine Bedingungen für die Vergabe und Ausführungen von Bauleistungen" zu vereinbaren.

398 ▶ **Muster: Allgemeine Bedingungen für die Vergabe und Ausführungen von Bauleistungen**

1. Grundlagen der Bewerbung
   a) das vorliegende, ausgefüllte Angebot
   b) die Bauzeichnungen und Zeichnungen/Rechnungen der Architekten/Ingenieure
   c) das Zuschlags- bzw. Auftragsschreiben
   d) die Allgemeinen Vertragsbedingungen
   e) die neuesten zugelassenen DIN-Vorschriften, VDE- und VDI-Richtlinien, die Vorschriften der zuständigen Behörden (zB Bauaufsicht, Gewerbeaufsicht, Brandpolizei, Berufsgenossenschaft, Versorgungsbetriebe, usw)
   f) die Verdingungsordnung für die Bauleistung (VOB, neuester Stand, jedoch nur, soweit sie nicht den besonderen Vereinbarungen nach a), b), c) und d) widersprechen. Sollte einzelnen Punkten der VOB widersprochen werden, werden die übrigen Punkte der VOB nicht außer Kraft gesetzt.
   g) Das Angebot ist für den Auftraggeber kostenlos.

2. Gewährleistung
   a) Es wird ausdrücklich eine Gewährleistungsfrist von fünf Jahren für alle Arbeiten vereinbart. Die Gewährleistungsfrist beginnt mit der Abnahme der gesamten Leistungen oder mit kommentarloser Zahlung der Schlussrechnung.
   b) Zur Unterbrechung der Verjährung ist die schriftliche Mangelanzeige seitens des Auftraggebers ausreichend.
   c) Der Auftragnehmer verpflichtet sich, alle bis zur Verjährung hervortretenden Mängel seiner Leistung auf seine Kosten zu beseitigen und die hierdurch erforderlich werdenden übrigen Leistungen ebenfalls auf seine Kosten vorzunehmen oder vornehmen zu lassen. Andernfalls kann die Beseitigung nach einmaliger fruchtloser Aufforderung durch den Auftraggeber ohne Weiteres auf Kosten des betreffenden Auftragnehmers erfolgen.
   d) Der Auftraggeber ist berechtigt, bei Mangelerscheinungen des Materials oder Mängeln der Arbeiten erforderliche Prüfungen auf Kosten des Auftragnehmers durchführen zu lassen. Die mit der Mängelbeseitigung verbundenen Kosten für Architekten-/Ingenieurleistungen gehen ebenfalls zulasten des Auftragnehmers.

3. Haftung
   Der Auftragnehmer hat alle zur Sicherung der Baustelle erforderlichen Maßnahmen unter voller eigener Verantwortung zu treffen. Er haftet für sämtliche aus der Unterlassung solcher Maßnahmen dem Auftraggeber erwachsenen mittelbaren und unmittelbaren Schäden. Der Auftragnehmer verpflichtet sich, den Auftraggeber von allen gegen ihn erhobenen Ansprüchen in vollem Umfang freizustellen, die auf ungenügende Sicherung der Baustelle zurückzuführen sind. Der Auftragnehmer hat keinen Anspruch auf Überwachung seiner Leistungen. Ein voll verantwortlicher Bauleiter des Auftragnehmers für das Bauwesen ist namentlich bei der Auftragserteilung schriftlich zu benennen.

4. Ausführung

   a) Für Unterkunfts- und Materiallagerräume hat der Auftragnehmer selbst zu sorgen. Räume im Gebäude können nur mit Genehmigung der Bauleitung benutzt werden.

   b) Proben und Muster sind auf Anforderung des Auftraggebers vom Auftragnehmer ohne Vergütung zu fertigen.

   c) Die Reihenfolge der Arbeiten wird vom Auftraggeber festgelegt.

   d) Für die Güte und einwandfreie Beschaffenheit der zur Verwendung kommenden Baustoffe, einschließlich der von Subunternehmern verwendeten, haftet allein der Auftragnehmer. Vom Auftraggeber beanstandete Baustoffe sind von der Baustelle zu entfernen. Vom Auftraggeber für erforderlich gehaltene Baustoffprüfungen sind vom Auftragnehmer kostenlos durchzuführen, wenn er die Baustoffen beschafft hat.

   e) Zur Weitergabe von Leistungen an Dritte ist der Auftragnehmer nur mit Zustimmung des Auftraggebers berechtigt.

5. Baustrom, Bauwasser, Baureinigung

   a) Die Kosten für den Baustrom, Bauwasser und die sonstigen vom Auftragnehmer benutzten Gemeinschaftseinrichtungen und Leistungen, die in der vereinbarten Vergütung enthalten sind, stellt der Auftraggeber dem Auftragnehmer in Rechnung oder – bei mehreren Gewerken – legt er die Kosten anteilig auf die Auftragnehmer um.

   b) Der Anteil wird durch das Verhältnis der Brutto-Auftragssumme zu den gesamten Bruttokosten des Bauwerks (ohne Baunebenkosten) bestimmt.

   c) Dasselbe gilt für die Baureinigung, wenn diese hinsichtlich der eigenen Leistungen des Auftragnehmers nicht vorgenommen worden ist. Hierzu braucht der Auftraggeber nach Beendigung der Leistungen und nach Abzug von der Baustelle weder eine Frist zur Vornahme der Baureinigung zu setzen noch den Auftraggeber zur Vornahme dieser Arbeiten aufzufordern.

6. Abnahme
   Der Auftragnehmer hat die Abnahme oder Teilabnahme seiner Leistungen schriftlich zu beantragen. Bis zur Abnahme haftet der Auftragnehmer selbst für die Schäden, die an seinen Arbeiten auftreten, die ihnen zugefügt oder von ihm verursacht werden.
   Die Abnahme wird durch eine frühere Benutzung oder Inbetriebnahme nicht ersetzt.

7. Aufmaß und Abrechnung

   a) Die Abrechnung erfolgt, soweit keine Pauschalübertragung vereinbart wurde, unter Zugrundelegung der Einheitspreise des Angebots nach gültiger Bauzeichnung bzw nach Aufmaß unter Hinzuziehung des Auftraggebers nach vorher zu vereinbarenden Terminen.

   b) In allen Rechnungen sind sämtliche Positionen des Leistungsverzeichnisses in entsprechender Reihenfolge und Kennzeichnung aufzunehmen.

   c) Bei Aufträgen bis 5.000 € sind Abschlagzahlungen ausgeschlossen.

8. Vertragsergänzungen und -änderungen
   Vertragsergänzungen, Nebenabreden und Veränderungen bedürfen der Schriftform.

9. Sonstige Bestimmungen
   Falls Bestimmungen dieses Vertrags unwirksam oder nichtig sind, wird davon die Gültigkeit der anderen Bestimmungen nicht berührt. Anstelle der nichtigen oder unwirksamen Bestimmungen soll gelten, was dem gewollten Zweck in gesetzlich erlaubtem Sinne am nächsten kommt. Die Geschäftsbedingungen des Auftragnehmers werden nicht Bestandteil des Ausführungsvertrags. ◄

XII. Abnahme vor Bezahlung der Rechnung!

399 Selbstverständlich sollte vor der Bezahlung von Handwerksleistungen auch eine Abnahme erfolgen (in der Praxis ab ca. 1.500 € Rechnungsbetrag).

400 ▶ **Muster: Abnahmeprotokoll**

Auftrag Nr.: [...]

Datum: [...]

Ausführung: [...]

Beginn: [...]

Ende: [...]

Gewährleistung: [...]

Beginn: [...]

Ende: [...]

ABNAHME

Baumaßnahme: [...]

Bauleistung: [...]

Auftragnehmer: [...]

☐ vollständige Leistungsabnahme (§ 12 Nr. 4 VOB/B)

☐ Abnahme von in sich abgeschlossenen, funktionsfähigen Teilen der Leistung (§ 12 Nr. 2 VOB/B)

Folgende Leistungen wurden abgenommen:

☐ die gesamte Leistung

☐ folgende Teilleistungen: [...]

☐ siehe Anlage

☐ Der mit der Objektüberwachung beauftragte freiberuflich Tätige hat am Abnahmetermin teilgenommen: [...] (Name und Anschrift)

Der Auftragnehmer hat die Leistung(en) beendet am [...]

Es sind

☐ keine Mängel

☐ folgende Mängel: [...]

☐ folgende Mängel laut Anlage(n)

festgestellt worden.

Diese Mängel sind unverzüglich, spätestens bis [...] vollständig und endgültig zu beseitigen.

Wenn dies nicht geschieht, ist der Auftraggeber berechtigt, auf Kosten des Auftragnehmers die Mängel beseitigen zu lassen.

Alle Ansprüche des Auftraggebers auf Gewährleistung und Schadenersatz bleiben unberührt.

Der Auftraggeber behält sich vor, die vereinbarte Vertragsstrafe geltend zu machen.

[Ort, Datum, Unterschriften]

(Auftragnehmer)

(Auftraggeber) ◀

XIII. Finanzierung von Bauleistungen

Wenn der Verwalter die Kostenvoranschläge selbst eingeholt hat, muss er diese prüfen. Die **401** Preise sollten zweckmäßigerweise als Festpreise kalkuliert und angeboten werden, wobei auch Risikozuschläge mit berücksichtigt werden sollten. Darauf sollte die Eigentümergemeinschaft auch hingewiesen werden.

Nur unter diesen Voraussetzungen kann der Verwalter auch die Frage der Finanzierung klären und vorschlagen, ob die Maßnahmen durch entsprechende Entnahme aus der Instandhaltungsrückstellung, durch Sonderumlage oder – seit der Novellierung des WEG – durch Kreditfinanzierung erfolgen kann.

XIV. Rechte des Verwalters aus dem Verwaltervertrag – Instandhaltung ohne Beschlussfassung möglich?

In der Praxis wird sehr häufig versucht, notwendige Entscheidungen über die Instandhaltungs- **402** und Instandsetzungsmaßnahmen in die nächste ordentliche Wohnungseigentümerversammlung zu verschieben, um den Aufwand einer außerordentlichen Eigentümerversammlung sowohl für die Wohnungseigentümergemeinschaft als auch für den Verwalter zu vermeiden.

Auch wenn der Aufwand relativ hoch ist, sollte der Verwalter – wenn es nicht gerade um Klei- **403** nigkeiten geht – in jedem Fall eine außerordentliche Eigentümerversammlung einberufen und der Wohnungseigentümergemeinschaft die entsprechende Beschlussfassung vorbereiten. Erfolgt dies nicht, so ist der Verwalter ggf schadensersatzpflichtig für Folgeschäden, die aufgrund der Zeitverzögerung durch eine nicht ordnungsgemäße Information der Wohnungseigentümergemeinschaft und damit rechtzeitige Durchführung von Maßnahmen der Gemeinschaft entstanden sind.

Hinweis: In der Praxis steht allerdings diese Instandhaltungsverpflichtung der Eigentümergemeinschaft im krassen Widerspruch zu der Auffassung der meisten Wohnungseigentümer, dass der Verwalter verpflichtet ist, die Instandhaltung und Instandsetzung zu betreiben.
Daher ist es in der Praxis durchaus üblich, sich über den Verwaltervertrag eine Ermächtigung, insbesondere bei kleineren Maßnahmen, einräumen zu lassen. Der Verwalter lässt sich durch eine solche vertragliche Regelung die Möglichkeit einräumen, bis zu einer bestimmten Kostengröße eigenständig oder in Abstimmung mit dem Verwaltungsbeirat zu handeln. Bei strittigen Instandhaltungs- oder Instandsetzungsmaßnahmen sollte trotzdem die Wohnungseigentümergemeinschaft per Beschluss entscheiden, um Haftungsrisiken des Verwalters zu verringern.[263]
Auszug aus dem BFW-Verwaltervertrag mit Kommentaren:[264] **404**

Im Rahmen der Rechte und Pflichten des Verwalters, die für die ordnungsmäßige Instandhaltung und Instandsetzung gemeinschaftlichen Eigentums erforderlichen Maßnahmen zu treffen, wird ergänzend zum WEG Folgendes vereinbart:

Sind Instandhaltungs- und Instandsetzungsmaßnahmen nicht im Wirtschaftsplan kalkuliert, darf der Verwalter solche Maßnahmen durchführen, die in dringenden Fällen zur Erhaltung des gemeinschaftlichen Eigentums erforderlich sind. Der Beirat ist in diesen Fällen – wenn möglich – zu informieren. Ansonsten kann der Verwalter Aufträge vergeben, wenn die Kosten

---

263 Vgl Kommentar zu § 4 zum BFW-Verwaltervertrag von Professor Dr. Florian Jacoby (Universität Bielefeld)/Thorsten Woldenga, hrsg. vom Bundesfachverband Wohnungs- und Immobilienverwalter e.V. (BFW), Schiffbauerdamm 8, 10117 Berlin (www.wohnungsverwalter.de).
264 Siehe vorherige Fn.

zur Durchführung der Maßnahmen den Betrag von ... Euro nicht übersteigen. Aufträge bis ... Euro können mit Zustimmung des Beirates auch ohne Beschluss der Wohnungseigentümergemeinschaft vergeben werden. Besteht in diesen Fällen durch Gesetz oder Verordnung die Notwendigkeit, einen Sicherheits- und Gesundheitsschutzkoordinator einzusetzen, ist der Verwalter berechtigt, diesen auf Kosten der Wohnungseigentümergemeinschaft zu beauftragen.

XV. Informationspflichten des Verwalters zur ordnungsgemäßen Beschlussfassung

405   Selbstverständlich ist auch im Rahmen dieser Informationspflichten des Verwalters in Vorbereitung auf eine ordnungsgemäße Beschlussfassung zwingend notwendig, dass vorher geprüft wird, ob für die vorgesehenen Instandhaltungsmaßnahmen im Rahmen ordnungsmäßiger Instandhaltung oder Instandsetzung eine mehrheitliche Beschlussfassung ausreichend ist oder ob eventuell die Zustimmung aller Wohnungseigentümer erforderlich ist, weil es sich um eine bauliche Veränderung handelt. In diesem Zusammenhang hat der Verwalter intensiv unter Berücksichtigung der Vorschriften der §§ 21 und 22 WEG schon vor der Beschlussfassung die Wohnungseigentümer darauf hinzuweisen, welche **Mehrheiten** für den zu fassenden Beschluss notwendig sind.

406   Die Wohnungseigentümer und/oder der Verwalter müssen sich also immer wieder die Frage stellen, ob es sich um eine Instandhaltungs- oder Instandsetzungsmaßnahme, um eine modernisierende Instandsetzungsmaßnahme, eine „echte Modernisierung" oder eine bauliche Veränderung handelt.

XVI. Definition der Instandhaltung

407   Zur Instandhaltung gehören alle Maßnahmen, die notwendig sind, um normale, auch aus dem Gebrauch resultierende Abnutzungserscheinungen zu beseitigen. Das sind vor allem Wartungs- und Reinigungsmaßnahmen zum Beispiel einer Heizungs- und Warmwasseranlagen sowie kleine Reparaturen an Elektrik- und Sanitärinstallationen. Auch Schönheitsreparaturen in den gemeinschaftlichen Anlagen gehören zur Instandhaltung. Das Ziel ist es, den ursprünglichen Zustand durch vorsorgende, erhaltende oder pflegende Maßnahmen aufrechtzuerhalten.

Hinweis 1: Durch die Formulierung wird aber auch deutlich, dass selbst der Abschluss von Wartungsverträgen grundsätzlich der Beschlussfassung durch die Wohnungseigentümergemeinschaft unterliegt!

Hinweis 2: Auch die Ermächtigung zum Abschluss notwendiger **Wartungsverträge** kann über den Verwaltervertrag geregelt werden. Trotzdem sollte der Verwalter die Wohnungseigentümergemeinschaft über die sinnvollen Wartungsverträge informieren, entsprechende Kostenvoranschläge einholen und den Abschluss dieser Wartungsverträge zur Beschlussfassung vorlegen:

- Insbesondere für die technischen Gebäudeteile und deren Ausstattung sind Wartungsverträge sinnvoll und zweckmäßig. Dies betrifft insbesondere die Heizungsanlage, Schmutzwasserhebeanlage, Aufzugsanlage, Schwimmbadtechnik und Spielgeräte.

- Darüber hinaus sind Wartungsverträge für das Dach auch im Hinblick auf die Wohngebäudeversicherung sinnvoll.

- Bei älteren Gebäuden empfiehlt sich auch eine regelmäßige Untersuchung und Reinigung der Abwasserleitungen, da diese in den älteren Gebäuden nicht auf das Wassersparen ausgelegt sind.

■ In jedem Fall sollte der Verwalter abhängig vom Gebäude auch mit Fachleuten darüber sprechen, was sinnvoll und empfehlenswert ist.

XVII. Definition Instandsetzung

Die Instandsetzung umfasst alle die zur Beseitigung von Schäden und Mängeln erforderlichen Maßnahmen, die durch eine unterlassene laufende Instandhaltung, durch Abnutzung, Alterung oder auch durch Einwirkung von Dritten entstanden sind. Dies betrifft alle Maßnahmen innerhalb des Gebäudes sowie alle Maßnahmen auf dem Grundstück außerhalb des Gebäudes. Die Instandsetzung kann sich aber auch auf Maßnahmen innerhalb der Wohnung beziehen. Die Instandsetzung innerhalb der Wohnung kann – sofern das Recht eines anderen Wohnungseigentümers oder das Gemeinschaftseigentum in Gefahr ist – von der Wohnungseigentümergemeinschaft verlangt werden. 408

Der Vollständigkeit halber sei auch noch die **Sanierung** erwähnt. Die Sanierung wird notwendig, wenn auch die Instandsetzung unterlassen worden ist. 409

Hinweis: Im Falle einer Sanierung oder Instandsetzung von mehr als 20 % eines Bauteils sind zwingend die Vorschriften der Energieeinsparverordnung einzuhalten!

Betrifft also eine Instandsetzungs- oder Instandhaltungsmaßnahme einen der vorgenannten Sachverhalte, so ist eine **Mehrheitsentscheidung** in der Wohnungseigentümerversammlung ausreichend.

XVIII. Unterschied zwischen modernisierender Instandsetzung und Modernisierung

Wird aufgrund eines Defekts ein Beschluss zur Instandsetzung gefasst und dabei statt der Wiederherstellung des ursprünglichen Zustands durch Verwendung der ursprüngliche Materialien etwas Modernes, den geänderten technischen Anforderungen Entsprechendes vorgesehen, so ist dies eine **modernisierende Instandsetzung**, die ebenfalls durch Mehrheitsbeschluss veranlasst werden kann. 410

Beispiel: Die bisherige Klingelanlage ist ausgefallen und nicht mehr durch eine kleine Reparatur wieder in Betrieb zu nehmen. Die Wohnungseigentümergemeinschaft wünscht statt der bisherigen Klingelanlage eine Klingelanlage mit Gegensprechanlage. Diese Anpassung an den Stand der Technik dürfte als modernisierende Instandsetzung problemlos mit einem Mehrheitsbeschluss durchzusetzen sein.

Ob auch die Anschaffung einer modernen Farb-Video-Gegensprechanlage noch unter den Begriff der modernisierenden Instandsetzung fällt, ist zumindest zum heutigen Zeitpunkt noch strittig. Diese Entscheidung ist sicherlich vom Einzelfall abhängig und muss mit der übrigen Ausstattung in Zusammenhang gebracht werden. Bei einer extrem hochwertigen Wohnanlage in einer guten Wohngegend kann auch eine solche Anschaffung unter dem Blickwinkel modernisierender Instandsetzung betrachtet werden. 411

Die „echte" **Modernisierung** ist die Anpassung des gemeinschaftlichen Eigentums an den Stand der Technik, ohne dass ein Defekt vorausgegangen ist. Bauliche Maßnahmen, die den Gebrauchswert (der Mietsache) nachhaltig erhöhen, die allgemeinen Wohnverhältnisse auf Dauer verbessern oder nachhaltig Einsparungen von Energie oder Wasser bewirken, oder Maßnahmen, die nicht von der Eigentümergemeinschaft zu vertreten sind, gehören ebenfalls zu den „echten" Modernisierungsmaßnahmen (§ 559 Abs. 1 BGB). Beschlüsse zu diesen Maßnahmen 412 bedürfen zu ihrer Wirksamkeit entsprechend § 22 Abs. 2 WEG einer Mehrheit von drei Viertel aller stimmberechtigten Wohnungseigentümer iSd § 25 Abs. 2 und mehr als der Hälfte aller Miteigentumsanteile.

Beispiel: Die normale Klingelanlage ist funktionstüchtig und ein Teil der Eigentümer wünscht eine Gegensprechanlage. Da keine Instandsetzung notwendig ist, handelt es sich um eine echte Modernisierung. Erst wenn die Gegensprechanlage defekt ist, kann über eine modernisierende Instandsetzung nachgedacht werden. Fraglich ist allerdings, ob nur ein kleiner Defekt, der mit minimalem Aufwand zu beseitigen wäre, schon die modernisierende Instandsetzung zulässt. Dies ist sicherlich abhängig vom Alter.

Hinweise: Unabhängig von einer Vereinbarung in der Teilungserklärung zum Stimmrecht hat bei einer solchen Entscheidung jeder Wohnungseigentümer nur eine Stimme!
Ist die sog. doppelte qualifizierte Mehrheit nicht erreicht, darf der Beschluss nicht als zustande gekommen verkündet werden. Ein solcher Beschluss ist nichtig!

XIX. Definition der baulichen Veränderung

413   Die bauliche Veränderung, also eine Maßnahmen, die über eine ordnungsgemäße Instandsetzung oder Instandhaltung hinausgeht, kann beschlossen oder verlangt werden, wenn derjenige/diejenigen Wohnungseigentümer zustimmt/zustimmen, dessen/deren Rechte durch die Maßnahmen beeinträchtigt werden (können).

414   Im Falle der baulichen Veränderung ist also vom Verwalter in Vorbereitung der Wohnungseigentümerversammlung auch zu klären, wessen Rechte beeinträchtigt sein können. Er muss sich zwar nicht im Vorwege über alle Alternativen Gedanken machen, aber muss sehr wohl prüfen, ob nur einige wenige oder ob die Interessen einer Vielzahl von Wohnungseigentümer betroffen sein können.

Beispiel: Ein Wohnungseigentümer beabsichtigt, einen Balkon mit einer Verglasung zu verkleiden. Dieser Balkon ist direkt neben dem Eingangsbereich der Wohnanlage.
In einem solchen Fall könnte sicherlich jeder der übrigen Wohnungseigentümer beeinträchtigt sein. Möchte allerdings der Eigentümer der Penthouse-Wohnung einen kleinen Wintergarten anbauen, der von keinem Punkt des Grundstücks aus zu sehen ist und auch Fremden nicht zugänglich ist, so könnte sogar die Frage auftauchen, ob dieses überhaupt eine zustimmungspflichtig Maßnahme ist, da niemand der Wohnungseigentümer beeinträchtigt sein kann. Dass das Gemeinschaftseigentum durch eine solche Maßnahme keinen Schaden nehmen darf, wird als selbstverständlich vorausgesetzt.

415   In der Praxis wird es sehr häufig schwierig sein, die genaue Unterscheidung richtig und vollständig vorzubereiten. In diesen Fällen sollte der Verwalter in jedem Fall die Wohnungseigentümergemeinschaft auch über das Problem informieren und gegebenenfalls im Rahmen seiner Informationspflichten sogar empfehlen, vor der Beschlussfassung entsprechenden Rechtsrat oder gar ein Rechtsgutachten darüber einzuholen.

416   Es kann zum Beispiel sein, dass im Rahmen einer ordnungsgemäßen Instandhaltungsmaßnahme auch eine bauliche Veränderung durchgeführt werden muss. Hier ist im Zweifel nicht ohne Weiteres zu entscheiden, ob die Zustimmung aller betroffenen Eigentümer erforderlich oder eine Mehrheitsentscheidung ausreichend ist.
Hinweise: In allen Fällen steht das Gebot der Wirtschaftlichkeit im Interesse der Wohnungseigentümergemeinschaft im Vordergrund! Das muss nicht bedeuten, dass zum Zeitpunkt der

Instandhaltungs- oder Instanzsetzungsmaßnahme der preiswerteste Weg gewählt wird, sondern das, was dauerhaft die Wohnungseigentümergemeinschaft sinnvoll ist

In der Praxis dürfte wohl die qualifizierte Mehrheit nach § 22 WEG am schwierigsten zu erreichen sein und stellt möglicherweise auch für den Verwalter das größte Risiko dar. Daher kann darüber nachgedacht werden, ob statt einer „echten" Modernisierung nur ein Beschluss über eine bauliche Veränderung gefasst werden kann. Ein solcher Beschluss wäre lediglich anfechtbar (und nicht gleich nichtig). Es empfiehlt sich aber in jedem Fall, die Wohnungseigentümergemeinschaft in der Wohnungseigentümerversammlung darüber umfassend zu informieren und auf die Risiken, insbesondere auch unter dem Gesichtspunkt der Kostenbeteiligung, hinzuweisen.

Aber: Wenn in der Einladung zur Wohnungseigentümerversammlung ein Beschluss zur Modernisierung angekündigt worden ist, darf während der Wohnungseigentümerversammlung davon nicht abgewichen werden!

Gerade bei den Beschlüssen zur Instandhaltung, Instandsetzung, zu baulichen Veränderungen oder Modernisierungen sollte zwar der Beschlussgegenstand hinreichend bestimmt sein, aber noch nicht zu sehr einengend mit einer ausdrücklichen Beschlussvorlage versehen werden, von der während der Wohnungseigentümerversammlung nicht mehr abgewichen werden kann.

XX. Kostenverteilung

Unter der Voraussetzung, dass die Beschlüsse zur Instandhaltung oder Instandsetzung und ggf 417 Modernisierung richtig gefasst worden sind, ist auch die Frage der Kostenverteilung an sich unproblematisch. Nach § 16 Abs. 2 WEG sind die Kosten für die Durchführung von Instandhaltungs- und Instandsetzungsmaßnahmen grundsätzlich von allen Eigentümern anteilig im Verhältnis der für sie im Grundbuch eingetragenen Miteigentumsanteile zu tragen.

Das gilt auch, wenn eine solche Maßnahme durch eine Sonderumlage finanziert werden muss. Es ist zwar empfehlenswert, aber nicht zwingend erforderlich, dass zum Zeitpunkt der Beschlussfassung über eine Sonderumlage der Anteil eines jeden einzelnen bereits erkennbar ist.

Bei der **baulichen Veränderung** muss nur derjenige die Kosten tragen, der einer solchen Maß- 418 nahme zugestimmt hat. Insofern ist es ausgesprochen wichtig, schon bei der Beschlussfassung zu klären, ob es sich um eine Maßnahme ordnungsmäßiger Verwaltung handelt (dann müssen alle die Kosten tragen) oder eben nicht. Davon ist auch abhängig, ob anlässlich der Wohnungseigentümerversammlung die Mehrheit zustimmt, sich enthält oder sogar gegen eine Maßnahme stimmt. Diese Vorgehensweise stellt auch sicher, dass es innerhalb der Wohnungseigentümergemeinschaft keinen unnötigen Streit gibt.

Besonders kompliziert wird für den Verwalter eine solche Entscheidung, wenn die Teilungserklärung besondere Vereinbarungen enthält, die an sich mit den gesetzlichen Bestimmungen nicht in Einklang zu bringen sind.

Entgegen der an sich eindeutigen Bestimmungen über Gegenstand und Inhalt des Sondereigen- 419 tums gem. § 5 WEG ist **häufig die Gemeinschaftsordnung nicht eindeutig**. So sind in vielen Gemeinschaftsordnungen zB die Fenster oder Heizkörper dem Sondereigentum zugeordnet. Bei diesen beiden Beispielen wird aber deutlich, dass diese nicht beseitigt werden können, ohne dass das gemeinschaftliche Eigentum oder ein auf Sondereigentum beruhendes Recht eines anderen Miteigentümers über das nach § 14 WEG zulässige Maß hinaus beeinträchtigt oder die äußere Gestaltung des Gebäudes verändert wird.

Hinweis: In der Praxis sollte deshalb die Instandhaltung zum Beispiel der Fenster durch die Wohnungseigentümergemeinschaft beschlossen und durchgeführt werden und erst anschließend bei der Frage der Finanzierung unter Berücksichtigung der Gemeinschaftsordnung die Kostentragungspflicht deutlich hervorgehoben werden. Auch beim Heizkörper oder allen anderen Teilen der Heizungsanlage wie zB Thermostaten, Ventilen gilt das Vorgenannte entsprechend. Ein nicht funktionierendes Heizkörperventil beeinträchtigt auch die Funktion der gesamten Heizanlage und damit auch das Recht der übrigen Miteigentümer auf eine wirtschaftlich funktionierende Heizungsanlage.

XXI. Instandhaltungsrückstellung

420   Ein weiterer ganz wesentlicher Punkt für die Wohnungseigentümergemeinschaft und den Verwalter ist die Bildung einer Instandhaltungsrückstellung. Sehr häufig gibt es zu diesem Thema sehr gegensätzliche Auffassungen innerhalb der Wohnungseigentümergemeinschaft als auch zwischen den Wohnungseigentümern und dem Verwalter. Wenn sich die Wohnungseigentümer noch davon überzeugen lassen, überhaupt eine Instandhaltungsrücklage zu bilden, so gibt es spätestens bei der Definition über die Höhe und die Notwendigkeit einer Instandhaltungsrückstellung zumindest erhebliche Diskussionen.

Auch bei Neubauten, die ggf sogar noch innerhalb der Gewährleistungsfristen sind, ist die Bildung einer Instandhaltungsrückstellung aus Sicht der Wohnungseigentümer im Normalfall überflüssig.

Hinweis: Der Verfall des Gebäudes beginnt allerdings mit der Grundsteinlegung. Daher ist meines Erachtens auch für einen Neubau eine Instandhaltungsrückstellung zu bilden.

421   Nach § 21 Abs. 4 Nr. 4 WEG gehört es zu einer ordnungsmäßigen, dem Interesse der Gesamtheit der Wohnungseigentümer entsprechenden Verwaltung, dass eine *angemessene* Instandhaltungsrückstellung angesammelt wird. Was im Einzelnen „angemessen" bedeutet, wird nicht definiert. Es ist Aufgabe des Verwalters, den Eigentümern nachvollziehbar zu erläutern, wie die **Angemessenheit** (speziell) für jede einzelne Wohnanlage zu definieren ist.

422   Dazu stehen den Eigentümern und dem Verwalter mehrere Hilfsmittel zur Verfügung:

- Die sicherste Möglichkeit ist, einen entsprechenden Beschluss für die Wohnungseigentümerversammlung vorzubereiten, mit dem ein externer Baufachmann beauftragt wird, eine Bestandsaufnahme durchzuführen, und basierend auf diesem Ergebnis eine mittelfristige und langfristige Instandhaltungsplanung mit den zu erwartenden Kosten zu erstellen.

- Aufgrund dieser (zeitlich begrenzten) Instandhaltungskostenplanung kann die Eigentümergemeinschaft sogar selbst errechnen, wie hoch der jährliche Instandsetzungsbedarf ist, und die „richtigen" Beschlüsse dazu fassen.

- Die Beschlüsse über die Höhe der Instandhaltungsrücklage sind unter Berücksichtigung des § 28 WEG im Rahmen des Wirtschaftsplans und/oder der Rechnungslegung zu fassen.

- Wenn die Wohnungseigentümergemeinschaft (aus Kostengründen) keinen Beschluss zur Beauftragung eines externen Baufachmanns fassen will, so kann auch auf die Instandhaltungskostenansätze nach § 28 Abs. 2 und Abs. 5 der Zweiten Berechnungsverordnung (II BV) zurückgegriffen werden.

- Instandhaltungskosten nach § 28 Abs. 2 und Abs. 5 II. BV (Stand 1.1.2008):
  - bis 7,87 €/m² Wohnfläche je Jahr für Wohnungen, deren Bezugsfertigkeit am Ende des Kalenderjahres weniger als 22 Jahre zurückliegt;

– bis 9,97 €/m² Wohnfläche je Jahr für Wohnungen, deren Bezugsfertigkeit am Ende des Kalenderjahres mindestens 22 Jahre zurückliegt;

– bis 12,74 €/m² Wohnfläche je Jahr für Wohnungen, deren Bezugsfertigkeit am Ende des Kalenderjahres mindestens 32 Jahre zurückliegt.

Im Falle einer Modernisierung der baulichen Anlage, die zu einer Verlängerung der Restnutzungsdauer geführt hat, ist im Rahmen der Verkehrswertermittlung (Anmerkung: und Instandhaltung) von einem fiktiven Baujahr (Bezugsfertigkeit) auszugehen.

Zu- und Abschläge:

abzüglich 0,22 €	jährlich je m² Wohnung, bei eigenständig gewerblicher Leistung von Wärme iSd § 1 Abs. 2 Nr. 2 der HeizkostenV
abzüglich 1,17 €	jährlich je m² Wohnung, wenn der Mieter die Kosten der kleinen Instandhaltung iSd § 28 Abs. 3 S. 2 II. BV trägt
zuzüglich 1,11 €	jährlich je m² Wohnung, wenn ein maschinell betriebener Aufzug vorhanden ist
zuzüglich bis 9,41 €	jährlich je m² Wohnung, wenn der Vermieter die Kosten für die Instandhaltungskosten, einschließlich Schönheitsreparaturen, trägt
bis 75,33 €	je Garagen oder Einstellplatz im Jahr (§ 28 Abs. 5 II. BV)

■ Der Verwalter kann die Wohnungseigentümergemeinschaft auch aufgrund seiner eigenen Erfahrungen und Vergleichswerte und seinem Wissen über die Lebensdauer von bestimmten Bauteilen und Baumaterialien ebenfalls relativ genau Auskunft über die mittelfristige Instandhaltung und damit über die zu erwartenden Kosten selbst informieren.

Hinweis:

Dazu sollte das Gebäude systematisch vom Dach bis zum Keller untersucht werden (ggf unter Berücksichtigung der Checkliste unter Rn 391). Dabei ist zu berücksichtigen, ob bereits baujahrestypische Abnutzungserscheinungen oder sonstige Mängel feststellbar sind. Um das beurteilen zu können, muss auch an Hand einer Checkliste für jedes Bauteil die durchschnittliche (mittlere) bzw spezifische Nutzungsdauer geprüft werden. Solche Checklisten sind im Internet aktuell abrufbar.[265]

Die folgende Checkliste enthält beispielhaft die **Nutzungsdauer für die vermutlich wichtigsten**   423
Gebäudeteile.

▶ **Checkliste: Nutzungsdauer von Gebäudeteilen**   424

		Bauteil /Bauschicht	Nutzungsdauer in Jahren von/bis		
Tragkonstruktion	1.	Fundament Beton	80	-	150
	2.	Außenwände/-stützen			
		Beton, bewehrt, bewittert	60	-	80
		Naturstein, bewittert	60	-	250

265 <http://www.steuerbuch.lu.ch/index/lustb_b4_inhalt/lustb_b4_anhangtabellen_inhalt/lustb_b4_anhangtabellen_wertminderung_lebensdauer.htm>

Bauteil /Bauschicht	Nutzungsdauer in Jahren von/bis		
Ziegel, Klinker, bewittert	80	-	150
Beton, Betonstein, Ziegel, Kalksandstein, bekleidet	100	-	150
Leichtbeton, bekleidet	80	-	120
Verfugung, Sichtmauerwerk	30	-	40
Stahl	60	-	100
Weichholz, bewittert	40	-	80
Weichholz, bekleidet; Hartholz, bewittert	80	-	100
Hartholz, bekleidet	90	-	120

3. **Innenwände, Innenstützen**

Beton, Naturstein, Ziegel, Klinker, Kalksandstein, Leichtbeton, Stahl	100	-	150
Weichholz	80	-	100
Hartholz	80	-	120

4. **Decken, Treppen, Balkone**

Beton, frei bewittert, Beton, außen bekleidet oder innen	80	-	150
Gewölbe und Kappen aus Ziegel, Klinker	80	-	150
Stahl innen	80	-	100
Tragwerkkonstruktion Holztreppen ihnen, Weichholz oder Hartholz	60	-	80
Tragkonstruktion Holztreppen außen, Weichholz oder Hartholz	80	-	150

5. **Treppenstufen**

Naturstein, hart, außen/innen	80	-	150
Natursteinweich, Betonwerkstein, außen	30	-	50
Naturstein weich, Betonwerkstein innen	50	-	80
Stufen, Hartholz, innen	50	-	80
Stufen, Hartholz, außen	50	-	80

6. **Dächer, Dachstühle**

Beton	30	-	100
Stahl	50	-	100
Holzdachstühle	30	-	50
Leimbinder	20	-	40
Nagelbinder	20	-	40

		Bauteil /Bauschicht	Nutzungsdauer in Jahren von/bis		
	7.	**Dacheindeckungen**			
		Schiefer	50	-	80
		Tonziegel	40	-	50
		Betondachsteine	30	-	50
		Teer- und Bitumendachpappe	20	-	30
		Trapezblech, verzinkt	20	-	25
		Kupfer	60	-	80
Nicht tragende Konstruktion außen	8.	**Außenwände, Verbindung, Ausfachung**			
		Beton			
		– bewittert	60	-	
		– bekleidet		-	80
		Naturstein, bewittert	60	-	80
		Ziegel, Klinker, Kalksandstein			
		– bewittert	60	-	
		– bekleidet		-	120
		Leichtbeton, bekleidet		-	120
		Verfugung	50	-	80
		Weichholz, bewittert	100	-	
		Hartholz, bewittert		-	150
	9.	**Luftschichtanker, Abfangkonstruktionen**			
		Stahl, verkleidet	40	-	50
		Edelstahl etwa	60	-	80
	10.	**Schächte**			
		Beton, Betonfertigteil, Ziegel, Klinker	30	-	50
		Kalksandstein	80	-	120
		Kunststoff		-	80
	11.	**Mauer-, Attikaabdeckungen, Fensterbänke, außen**			
		Naturstein	50	-	60
		Klinker	50	-	60
		Beton-, Betonfertigteilen, Keramik, Fliesen, Kunststein		-	80
		Kupferblech, Alu, Stahl verzinkt, Fasergehalt		-	90

	Bauteil /Bauschicht	Nutzungsdauer in Jahren von/bis		
	Kunststoff	60	-	80
	Zinkblech, Zementputz	60	-	150
12.	**Abdichtung gegen nicht drückendes Wasser**		-	20
13.	**Außenanstriche**			
	Kalkfarbe	30	-	50
	Kunststoffdispersionsfarben	15	-	30
	Mineralfarbe	20	-	30
	Öl- und Kunstharz	30	-	60
	Imprägnierung auf Mauerwerk		-	7
	Imprägnierung auf Holz		-	20
	Kunststoffbeschichtungen auf Beton		-	15
14.	**Außenputze**			
	Zementputz, Kalkzementputz	15	-	25
	Kunststoffputz	5	-	20
	Wärmedämmverbundsystem	15	-	25
15.	**Bekleidungen auf Unterkonstruktion**			
	Naturstein, Schiefer-, Kunststoffplatten		-	30
	Kupferblech		-	30
	Faserzementplatten, Bleiblech	20	-	50
	Aluminium	25	-	35
	Zinkblech, Stahlblech verzinkt	25	-	45
	Kunststoff		-	80
	Glas		-	55
	Unterkonstruktion Edelstahl	60	-	100
	Unterkonstruktion Stahl	70	-	100
	Unterkonstruktion Holz	40	-	60
16.	**Wärmedämmung, belüftet**	30	-	60
17.	**Geländer, Gitter, Leitern, Roste, außen**			
	Edelstahl	80	-	120
	Aluminium, Stahl, Hartholz	30	-	60
	Weichholz, Holzwerkstoff beschichtet	25	-	35
Außentüren/-fenster 18.	**Rahmen/Flügel**			

Bauteil /Bauschicht	Nutzungsdauer in Jahren von/bis		
Hartholz, Aluminium	40	-	60
Weichholz	30	-	50
Stahl, verzinkt	40	-	60
Kunststoff		-	50
19. Verglasung, Abdichtung	20	-	30
Einfachverglasung	8	-	15
Mehrscheiben-Isolierglas	15	-	25
Glas Abdichtung durch Dichtprofile	10	-	25
Glas Abdichtung durch Dichtstoffe (Silikon oder ähnlichem)	15	-	25
20. Beschläge			
Einfahre Beschläge	30	-	50
Drehkipp-, Schwingflügel-, Schiebebeschläge	20	-	30
Türschlösser	20	-	30
Türschließer	15	-	20
21. Trennwände			
Klinker, Ziegel, Kalksandstein, Leichtbeton, Porenbeton mit Putz	35	-	60
Gipskarton auf Unterkonstruktion:			
– Leichtmetall	10	-	20
– Holz	10	-	25
22. Innenanstriche			
Kalkfarbanstrich	10	-	20
Leim- und Kunststoffdispersionsfarben	10	-	25
Mineralfarbe	15	-	25
Öl- und Lackfarbanstriche, Latex	20	-	25
Lasuren, Beizen	10	-	15
23. Innentüren			
Stahl, Weichholz, Feuerschutztür T 30, T 90, Ganzglas, Sperrholz, Leichtmetall	55	-	70
Panikverschlüsse, Türschließer, Schiebe- und Falttürbeschläge	30	-	40

Nicht tragende Konstruktion

Bauteil /Bauschicht	Nutzungsdauer in Jahren von/bis		
24. Geländer, Gitter, Leitern, Roste, innen			
Stahl, Aluminium, Holz, Holzwerkstoff	80	-	150
25. Fensterbänke innen			
Naturstein, Keramik, Hartholz, Weich-holz, Aluminium, Stahl, Kunststoff	60	-	120
26. Bodenaufbauten			
Böden unter Oberböden (Verbundestrich und Estrich auf Trennschicht)	60	-	100
Estrich als endgültiger Verschleißboden (Zement-, Hartstoff- und Gussasphalt-estrich)	40	-	60
schwimmender Estrich	25	-	50
Schwingboden Holz	40	-	50
27. Bodenbeläge			
Naturstein hart	80	-	150
Naturstein weich, Betonwerkstein, Kunststein, Hartholz, Keramik	50	-	70
Weichholz, PVC, Linoleum	30	-	50
Textil (je nach Qualität)	8	-	10
Versiegelung, Lack	8	-	20
Imprägnierungen, Öl, Wachs	3	-	5
28. Deckenbekleidungen, abgehängte Decken			
Holz, Holzwerkstoff, die Ausstattung, Mineralfaserplatten, Kunststoff, Aluminium und			
Unterkonstruktion			
– Metall	60	-	80
– Holz	30	-	60
29. Installationen			
Elektro		-	60
Heizung und Warmwasser	20	-	35
Wasser		-	70
Gas		-	40
Sanitär (Bad, Dusche, WC)		-	20
Zentralheizungskessel, Gusseisen	20	-	30

Bauteil / Bauschicht	Nutzungsdauer in Jahren von/bis		
Kombikessel, Stahl	12	-	20
Ölbrenner	10	-	25
Umwälzpumpen	18	-	25
Elektroboiler	15	-	35
Elektro-Ofen	50	-	80
Radiatoren, Gusseisen	50	-	80
Radiatoren, Stahl	noch	unbekannt	
Kachelöfen	100	-	300
Öltanks, Stahl	15	-	30
Öltanks, Kunststoff	noch	unbekannt	
Fäkalienpumpen	15	-	25
Liftanlagen	20	-	35
Klimaanlagen, maschineller Teil	20	-	35
Rollläden	25	-	35

Die Instandhaltungsrückstellung dient meines Erachtens nicht dazu, die laufende Unterhaltung   425
ohne ausdrückliche Beschlussfassung darüber zu finanzieren. Wie die Formulierung „Rückstellung" bereits definiert, ist die Instandhaltungsrückstellung für die **planbaren, in die Zukunft gerichteten Instandhaltungsmaßnahmen oder Instandsetzungsmaßnahmen** gedacht. Laufende Instandhaltungs- und Instanzsetzungsmaßnahmen sind im Wirtschaftsplan zu kalkulieren. Über die Verwendung der Gelder aus der Instandhaltungsrückstellung verfügt also allein die Wohnungseigentümergemeinschaft ausdrücklich durch Beschluss! Die Instandhaltungsrückstellung ist und bleibt Gemeinschaftsvermögen.

Hinweis: Es wird immer ein Teil der Wohnungseigentümer darauf bestehen, dass die Rücklage so niedrig wie möglich zu halten sei mit dem Hinweis, dass im Bedarfsfall notwendige Instandhaltungsmaßnahmen oder Instandsetzungsmaßnahmen durch eine Sonderumlage zu finanzieren seien. Die Erfahrung zeigt allerdings, dass gerade diejenigen, die diese Ansicht vertreten, im Falle der Sonderumlage gegen eine notwendige Instandsetzungsmaßnahme stimmen werden.

Da die Instandhaltungsrückstellung sicher und ohne Risiko angelegt werden muss, argumentieren einige Eigentümer auch, dass die Zinserträge zugunsten der Wohnungseigentümergemeinschaft zu niedrig seien.

Ein weiteres Argument für viele Wohnungseigentümer, die Instandhaltungsrückstellung niedrig zu halten, ist, dass im Falle des Verkaufs die eingezahlten Gelder von der Eigentümergemeinschaft nicht an den Eigentümer zurückgezahlt werden müssen.

Diesen Einwänden sind folgende **Argumente für eine Instandhaltungsrückstellung** entgegenzu-   426
setzen:

■ Die Höhe der Instandhaltungsrückstellung definiert die Risikobereitschaft eines jeden Wohnungseigentümers. Im Falle von notwendigen Instandsetzungsmaßnahmen, die durch eine Sonderumlage finanziert werden müssen, ist das Risiko des Ausfalls von Zahlungen gerade in der heutigen Zeit ausgesprochen hoch. Trotz der durch das neue Wohnungseigentumsgesetz beschränkten Haftung gegenüber Handwerkern oder anderen Gläubigern bis zur Höhe des eigenen Miteigentumsanteils, ist die gemeinschaftliche Finanzierung im Innenverhältnis damit nicht aufgehoben.

■ Bevor also ein Verwalter den Auftrag erteilt, muss er dafür Sorge tragen, dass die Wohnungseigentümergemeinschaft die notwendigen Finanzierungsmittel zur Verfügung stellt. Bevor nicht sicher gestellt ist, dass der erteilte Auftrag im Falle der Abwicklung auch bezahlt werden kann, darf bzw sollte der Verwalter (zum eigenen Schutz vor Schadensersatzansprüchen) keinerlei Aufträge erteilen. Da aber im Innenverhältnis die Wohnungseigentümer für die Instandsetzung des gemeinschaftlichen Eigentums gemeinschaftlich haften, tragen Sie auch gemeinschaftlich das Risiko des wirtschaftlichen Ausfalls eines einzelnen oder mehrerer Miteigentümer.

■ Wenn daher die Instandhaltungsrückstellung im Verhältnis zum Baujahr und Zustand des Gebäudes angemessen ist, ist dieses Risiko, für andere mit bezahlen zu müssen, gering.

■ Im Falle eines Verkaufs ist die Höhe der Instandhaltungsrückstellung sehr häufig für einen neuen Wohnungseigentümer eine Entscheidung für die Immobilie, weil er in absehbarer Zeit sicher vor Sonderzahlungen ist, die er beim Kauf der Wohnung nicht kalkulieren kann.

■ Wenn also eine angemessene Instandhaltungsrückstellung vorhanden ist, erhöht das eher den Wert einer Immobilie und gibt dem veräußernden Eigentümer damit gewissermaßen die Chance, seine eingezahlte Instandhaltungsrückstellung über den Verkaufserlös wieder zurückzubekommen.

■ Im Falle einer angemessenen Instandhaltungsrückstellung ist jede Wohnungseigentümergemeinschaft eher bereit, die erforderlichen Beschlüsse für notwendige Instandsetzungsmaßnahmen zu fassen.

■ Dies ist nicht nur eine Verpflichtung, sondern erhält und erhöht den Wert der gesamten Immobilie und damit das Vermögen jedes einzelnen Wohnungseigentümers.

XXII. Weitere Muster

427　▶ **Muster: Abnahmeprotokoll Handwerkerleistung**

Objekt: [...]

Auftragnehmer: [...]

Auftrag vom: [...]

Leistung: [...]

Tag der Abnahme: [...]

Gewährleistung bis: [...]

(in EDV zur WVL eintragen)

Anwesend:

Auftragnehmer: [...]

Verwaltung: [...]

☐　Es sind keine Mängel und keine offenen Leistungen vorhanden.

☐　Kleinere Mängel wurden sofort beseitigt.

☐　Folgende Mängel wurden festgestellt : [...]

Die Abnahme erfolgt gemäß den Vereinbarungen des oben genannten Auftrags nach § 12 VOB.

Die übrigen Vereinbarungen des Auftrags werden hiermit bestätigt.

Der Auftragnehmer verpflichtet sich hiermit, Mängel und offene Leistungen innerhalb von vier Wochen ab heute zu beseitigen bzw fertigzustellen.

☐ Die ausgeführte Leistung gilt ab heute als teilabgenommen / abgenommen.

☐ Die Abnahme wird wegen wesentlicher Mängel verweigert.

☐ Die Baustelle ist   ☐ aufgeräumt.   ☐ nicht aufgeräumt.

(Unterschrift)   (Unterschrift)   (Unterschrift)

Für den Auftraggeber   Für den Auftragnehmer   Bauleitung ◄

▶ **Muster: Aushang wegen Fassadensanierung**   428

Sanierung der Fassade   206

Eigentümergemeinschaft [...]

Sehr geehrte Bewohnerin,

sehr geehrter Bewohner,

gemäß Beschluss in der letzten Eigentümerversammlung vom [...] wird die Fassade mit einem Wärmeverbundsystem verkleidet. Die Sanierungsmaßnahmen werden von der Firma [...] ausgeführt. Ansprechpartner vor Ort ist für diese Firma Herr/Frau [...].

Arbeitsbeginn

Ab dem [...] wird das Gerüst am Haus [...] aufgebaut.

Nach Fertigstellung dieser Fläche wird das Gerüst zum [...] Seitengiebel [...] Haus [...] umgestellt.

Arbeitsumfang

– Aufstellen des Gerüstes
– Entfernung der Eternitplatten
– Aufbringen eines Wärmeverbundsystems
– Aufbringen eines Außenputzes

Ausführungszeit

Die gesamte Ausführung wird voraussichtlich [...] Wochen je nach Wetterlage dauern.

Bauleitung

Mit der Bauleitung ist der Architekt Herr [...] / die Architektin Frau [...] beauftragt.

Versicherungsschutz

Wegen des erhöhten Einbruchsrisikos durch das Gerüst melden Sie bitte den Zeitraum der Sanierung gemäß den Bedingungen Ihrer Hausratversicherung.

Wir bitten um Ihre Unterstützung und Ihr Verständnis für eventuell entstehende kurzfristige Belästigungen während der Sanierung, die sich leider nicht immer vermeiden lassen.

Herzlichen Dank und freundliche Grüße

Verwaltung ◄

▶ **Muster: Mängelanzeige**   429

Mängelanzeige   207

über

Eigentümergemeinschaft

Frist zur Mängelbeseitigung bis max. [...]

Sehr geehrte Damen und Herren,

an der von Ihnen ausgeführten Leistung wurden nachfolgende Mängel festgestellt:

[...] [*Beschreibung des Mangels*]

[...] [*Beschreibung des Mangels*]

[...] [*Beschreibung des Mangels*]

Die Mängelbeseitigung soll erfolgen durch:

☐ Nachbesserung der mangelhaften Leistung

☐ Auswechseln der schadhaften Teile

☐ Beseitigung der Folgeschäden

Bitte beseitigen Sie diese Beanstandungen umgehend auf Ihre Kosten im Rahmen der vereinbarten Gewährleistung, zumal Sie auch für die Folgeschäden einzutreten haben.

Hierzu vereinbaren Sie bitte mit [...] [*Ansprechpartner benennen*] einen Termin.

Ihre schriftliche Bestätigung über die vollständige und ordnungsgemäße Beseitigung des Mangels, quittiert durch [...], erwarten wir innerhalb der im Betreff gesetzten Frist.

Mit freundlichen Grüßen ◄

430 ▶ **Muster: Mängelanzeige – Anschreiben**

Musterbrief

Objekt: [...]

Mängelanzeige

Sehr geehrte Damen und Herren,

in unserer Eigenschaft als Verwalter nach den Vorschriften des Wohnungseigentumsgesetzes, ordnungsgemäße Vollmacht versichernd, vertreten wir die Interessen der Eigentümergemeinschaft des oben genannten Objekts.

Wir zeigen Ihnen die nachfolgend beschriebenen Mängel an:

Nr. 29.09.00/001: Im Treppenabgang zur Tiefgarage (Gebäudeanbau auf der Rückseite des Hauptgebäudes) steht Wasser, das nicht ordnungsgemäß abläuft.

Nr. 29.09.00/002: Der Plattenbelag nach der Tür vom Hauptgebäude zum Anbau ist teilweise lose.

Wir fordern Sie auf, die Mängel im Rahmen Ihrer Gewährleistungsverpflichtung unverzüglich zu beseitigen. Als Termin haben wir uns hierfür den [...], [...] Uhr, vorgemerkt.

Weiterhin weisen wir darauf hin, dass Sie für sämtliche Folgeschäden und Kosten im Zusammenhang mit diesen Mängeln aufzukommen haben.

Den Eingang dieser Mängelanzeige und die ordnungsgemäße Erledigung bitten wir Sie uns umgehend schriftlich zu bestätigen.

Für Fragen und weitere Informationen stehen wir Ihnen gern zur Verfügung.

Freundliche Grüße ◄

431 ▶ **Muster: Bestellung von Namensschildern**

Wohnungsnummer: [...]

Objekt: [...]

Einzug am: [...]

Personenzahl: [...]

Telefon: [...]

Eigentümer: [...]

Anruf/Schreiben vom: [...]

Namensschilder für Mieter

Anwesen: [...]

(Bitte unbedingt *Straße, Hausnummer und Stockwerk* angeben)

[...] Stck.	**Schild** für Wohnungstür 6,00 € je Stck. inkl. MwSt.	[...] (Druckbuchstaben)
[...] Stck.	**Schild** für Wohnungstür 6,00 € je Stck. inkl. MwSt.	[...] (Druckbuchstaben)
[...] Stck.	**Schild** für Wohnungstür 6,00 € je Stck. inkl. MwSt.	[...] (Druckbuchstaben)
[...] Stck.	**Schild** für Wohnungstür 6,00 € je Stck. inkl. MwSt.	[...] (Druckbuchstaben)
[...] Stck.	**Schild** für Briefkasten-Innen-seite 6,00 € je Stck. inkl. MwSt.	Falls benötigt (Druckbuchstaben)

Der Gesamtbetrag ist bei **Auslieferung** zu entrichten

Ort/Datum

(Unterschrift)

Angaben Sachbearbeiter

EDV eingetragen: [...]

Hausmeisterliste eingetragen: [...]

Sonstiges: [...]

Datum, Zeichen: [...] ◄

▶ **Muster: Aushang Schlussabnahme**

Aushang

Schlussabnahme

432

Art der Arbeiten: [...]

Eigentümergemeinschaft [...]

Sehr geehrte Bewohnerin,

sehr geehrter Bewohner,

nach Angaben des ausführenden Handwerkers sind die Arbeiten fertiggestellt.

Wir werden eine Schlussabnahme durchführen, und zwar am

[...].

Bitte sorgen Sie (gegebenenfalls durch Hinterlegen eines Schlüssels bei einer Person Ihres Vertrauens und Information durch Zettel an der Tür, wo sich dieser Schlüssel befindet) für eine Zutrittsmög-lichkeit zu Ihrer Wohnung.

Um bei der Abnahme möglichst alle Fehler und Mängel erfassen zu können, bitten wir um Ihre Unterstützung.

Sofern es in Ihrer Wohnung noch nicht erledigte oder zu beanstandende Arbeiten gibt, die Sie festgestellt haben, teilen sie uns das bitte bis zum

[...]

unter Angabe Ihres Namens und der Hausnummer schriftlich mit.

Wir werden uns dann zusammen mit dem Beirat / der Bauleitung um die von Ihnen genannten Beanstandungen kümmern.

Für Ihre Mitarbeit danken wir Ihnen im Voraus und verbleiben

mit freundlichen Grüßen ◄

433 ► **Muster: Kleinauftrag**

Auftrag

über Eigentümergemeinschaft [...]

Hiermit bestellen wir in Vollmacht und für Rechnung der oben genannten Gemeinschaft an unsere Adresse folgende Leistung: [...] [*Bezeichnung der Leistung unter Bezugnahme auf ein vorliegendes Angebot*]

Die Arbeiten sind sach- und fachgerecht auszuführen.

Die Angebotssumme in Höhe von [...] darf ohne vorherige Absprache mit der Verwaltung nicht überschritten werden.

Die Ausführung der Leistung hat in der 10. Kalenderwoche und in Abstimmung mit dem Hausmeister zu erfolgen.

Die Zahlung erfolgt nach unbeanstandeter Leistung und Vorliegen der ordnungsgemäßen Rechnung (zweifach) auf den Namen der oben genannten Gemeinschaft an unsere Adresse einschließlich des vom Hausmeister/Beirat unterschriebenen Montagescheins. Auf den Ausweis nach § 35 a EStG weisen wir ausdrücklich hin.

Wir weisen zudem darauf hin, dass Rechnungen ohne quittierten Arbeitsschein nicht bezahlt werden. Sofern der Hausmeister/Beirat nicht erreichbar ist, hinterlegen Sie bitte den Montageschein zur Unterschrift und Weiterleitung an uns in seinen Briefkasten.

Für handwerkliche Leistungen gilt die VOB, Teil B, Gewährleistung zwei Jahre ab Abnahme, spätestens bei Zahlung der Rechnung [*alternativ*: Gemäß VOB einschließlich Anpflanzgarantie nur für Gartenarbeiten] [*alternativ*: Für landschaftsgärtnerische Leistungen gilt die VOB]

Freundliche Grüße

(Unterschrift Verwalter)

ø Hausmeister

ø Beirat ◄

▶ **Muster: Schadensmeldung**

Schadensmeldung / Auftrag	
Schaden wurde ◦ telefonisch ◦ persönlich gemeldet oder ◦ anlässlich einer Besichtigung festgestellt	
Name, Adresse des Betroffenen	Lage / WE-Nr.
	Telefon / Fax / E-Mail
!!! Bitte vollständig und detailliert ausfüllen!!!	
Was für ein Schaden bzw Mangel liegt vor?	
Wo ist der Schaden aufgetreten? (genaue Beschreibung)	
Wie sieht der Schaden genau aus?	
Wann wurde der Schaden bzw Mangel erstmalig festgestellt?	
Wodurch ist der Schaden entstanden?	
Datum und Unterschrift:	
Vom Hausmeister auszufüllen	
Besichtigung des Schadens ◦ nein ◦ ja am	
Datum und Uhrzeit (von bis)	

Reparatur des Schadens erledigt	○ nein	○ ja am
		Datum und Uhrzeit (von bis)
Wenn nein, Begründung:		
Auftrag an Handwerker erteilt: Firma:	○ nein	○ ja am Datum und Uhrzeit (von bis)
Bemerkungen / Auftragstext / Besonderheiten:		
Datum und Unterschrift		
Von Verwaltung auszufüllen		
○ Auftrag an Hausmeister		Termin:
○ bitte ansehen und Bericht ○ bitte Schaden / Mangel beseitigen		
○ Auftrag an Firma im Namen der WEG		Termin:
Bemerkungen / Auftragstext / Besonderheiten / Rechnungsanschrift:		
Datum und Unterschrift		

E. Personalführung

I. Einführung

435 Wenn von erfolgreicher Unternehmensführung gesprochen wird, dann stehen immer auch die beiden Begriffe „Führung" und „Management" im Vordergrund. Es sind zwei Begriffe, die häufig synonym verwendet werden, die allerdings eine völlig unterschiedliche Bedeutung haben. Gerade in Zeiten der Krise spricht man häufig von Managementfehlern, obwohl es doch meist um Menschen geht die ihre Führungsaufgaben nicht richtig wahrgenommen haben. Oder aber

ein häufig zu beobachtendes Phänomen: Unternehmen der gleichen Branche und damit gleicher wirtschaftlicher Rahmenbedingungen sind mehr oder weniger erfolgreich. Dieses Phänomen lässt sich nur damit vernünftig erklären, dass in Unternehmen der gleichen Branche bei gleichen Rahmenbedingungen andere, also motivierte Mitarbeiter beschäftigt sein müssen.

Das Thema **Führung** hat mit Kompetenzen zu tun, die sich in zwei Bereiche aufschlüsseln lassen. 436 Es geht dabei um die Fähigkeiten (Befähigung) und die Befugnis von Menschen, also zB fachliche und methodische Kompetenz, und die Vertretung eines Unternehmens nach außen. Für die Führung in Unternehmen ist es wichtig, die unterschiedlichen Kompetenzen sauber zu strukturieren, um die unterschiedlichen Anforderungen an die Mitarbeiter und damit die Herausforderungen für das Unternehmen und die Führungskraft deutlich zu machen. Denn nur so können die richtigen Menschen für das Unternehmen gefunden werden.

Management ist Handwerkzeug. Es geht dabei um Ziele, Wege und Methoden sowie Rahmen- 437 bedingungen innerhalb einer Organisation. Das Management kann in zwei Kompetenzebenen aufgeteilt werden: Fach- und Methodenkompetenz. Alle die modernen Managementinstrumente, die dann auch den Namen Management in sich tragen, wie etwa Qualitätsmanagement, Zeitmanagement oder Projektmanagement sind immer nur so gut wie die Menschen, die damit arbeiten und das Ganze auch leben. Ähnlich ist es mit der Unternehmensphilosophie (das, was man als Werte im Unternehmen gerne hätte) und der Unternehmenskultur (das, was die Summe der gelebten Werte tatsächlich ausmacht). Es nützten also das Hochglanzprospekt oder die Urkunde, welche die Zertifizierung dokumentiert, nichts, wenn die Menschen sich anders verhalten.

Führung dagegen beschäftigt sich mit dem Menschen an sich und den Fragen nach dem, was 438 ökonomisch sinnvoll und was für die Menschen in einem Unternehmen gut ist. Die im Bereich der Führung anzusetzenden Kompetenzebenen sind die soziale und die persönliche (wertorientierte) Kompetenz. Gerade die Ebenen der Führung werden in der Zukunft an Bedeutung gewinnen. Ein gesundes Unternehmen braucht gesunde Mitarbeiter. Viel zu selten werden Menschen nicht nach ihren Stärken eingesetzt, Teams einfach planlos zusammengewürfelt oder sind Menschen einfach nicht motiviert, weil niemand sie sinnvoll einsetzt. Viele Krankheitstage ließen sich verhindern, wenn Mitarbeiter Freude an dem hätten, was sie tun, und einen Sinn darin sehen könnten. Wer Leistung von motivierten Mitarbeitern verlangt, muss Sinn stiften und nicht nur einen Arbeitsplatz bieten, an den der Mitarbeiter morgens kommt und abends wieder geht.

Es ist wichtig eine klare **Abgrenzung** zwischen den Begriffen „Management" und „Führung" 439 zu finden. Abgrenzung heißt dabei nicht ausschließen. Und wenn von Ganzheitlichkeit gesprochen wird, ist damit keine Vollständigkeit im Sinne von „Das ist die ideale Führung oder der perfekte Führungsstil" gemeint. Den gibt es nämlich nicht. Bei der Führung – egal, ob privat oder im Beruf – geht es immer um Menschen und deren Individualität. Und es geht um unterschiedlichste Situationen, Bedürfnisse und Motive, die Menschen bewegen. Was aber ist nun gute oder besser wirksame Führung?

Es geht darum, anderen Menschen Werte vorzuleben und Charakterarbeit zu leisten. Führung 440 ist die Kunst, mit Menschen richtig umzugehen und vor allem – bei ganz unterschiedlichen Talenten und Situationen – die Ziele des Unternehmens gemeinsam zu erreichen. Führung ist deshalb auch die Herausforderung, die richtigen Menschen zu finden, sie nach Ihren Talenten (Stärken und Herausforderungen) einzubinden, sie zu fordern und zu fördern. Dabei ist die Personalführung ein ganzheitlicher und dynamischer Prozess. Der Immobilienverwalter, der sich angenehm von den anderen unterscheiden will, benötigt eben kompetente Mitarbeiter.

II. Führung im 21. Jahrhundert

441 Führung ist eines der wichtigsten Themen, wenn es um Menschen, Unternehmen und um das Lösen von Krisen geht. Besonders in kleinen und mittelständischen Unternehmen, und dazu gehören auch die Immobilienwirtschaft und der klassische Immobilienverwalter, wird dem Erfolgsfaktor Mensch noch viel zu wenig Bedeutung beigemessen und damit auch die Führung von Menschen viel zu sehr unterschätzt. Dabei liegt die große Herausforderung darin, Menschen und damit Unternehmen dauerhaft erfolgreich zu machen. Die Probleme lassen sich mit den klassischen Managementwerkzeugen allein nicht lösen. Es reicht nicht mehr aus, Qualität in angemessener Zeit zu liefern und zufriedene Kunden zu haben.

442 Wenn wir einen Blick zurück in die Geschichte werfen, dann waren im letzten Jahrhundert Maschinen Investitionen, und Investitionen in Menschen waren Kosten. In der Zukunft werden Investitionen in Menschen den höchsten Ertrag bringen. Es wird häufig davon gesprochen, dass Managementfehler die Ursache für Krisen oder Insolvenzen sind. Tatsächlich waren Führungsfehler in der Vergangenheit die Ursache für den Misserfolg. Wer gut führt, wird die Herausforderungen der Zukunft besser lösen als die anderen.

443 Es wird künftig nicht mehr ausreichen, gute Produkte und Dienstleistungen anzubieten, ein ausgewogenes Preisleistungsverhältnis zu haben und die Kunden zufriedenzustellen. Es wird viel wichtiger sein, den Standpunkt zu wechseln und damit die Blickrichtung zu ändern. Kreativität, Innovation, Einsatzwille, Zuverlässigkeit, Lebensfreude und damit Begeisterung werden nachhaltige Wettbewerbsvorteile schaffen. Erfolgreich werden Unternehmen sein, in denen begeisterte Menschen arbeiten.

III. Elemente erfolgreicher Führung im Unternehmen

444 Bei der Führung von Personal oder besser: Menschen, geht es nicht um gut oder schlecht, richtig oder falsch, sondern lediglich darum, wie wirksam oder weniger wirksam Führung ist. Immer dann, wenn es um Führung und natürlich auch Motivation geht, also darum, Menschen zu einem gemeinsamen Ziel zu bewegen und erfolgreich zu sein, dann bewegen wir uns in der Regel auf sehr dünnem Eis. Viele der bekannten Führungs- und Motivationsliteraturen oder aber auch die Handwerkszeuge dazu halten in der Praxis oft nicht das, was sie in der Theorie versprechen. Wirksame Führung heißt mit Disziplin und Konsequenz wirtschaftlich und wertebewusst handeln. Sind diese Voraussetzungen nicht gegeben, dann kommt es irgendwann zur Krise. Und wenn ein Unternehmen in eine schwierige Situation gerät, sind die Verantwortlichen oft um keine Ausrede verlegen. Schuld haben dann immer die anderen: die Mitarbeiter, die nicht motiviert sind, die unliebsamen Kunden, die unangenehme Eigentümerversammlung oder aber die Politik und die schlechte Konjunktur. Immer dann, wenn solche Einstellungen vorzufinden sind, handelt es sich nicht um wirksame Führung.

1. Leistung

445 Ein wesentlicher Aspekt der Führung ist das Thema Leistung. Wirksame Führung bedeutet, ein Team von Menschen anzuleiten, eine bestimmte Leistung zu erbringen. Diese Leistung ist an der Vision (langfristiges Unternehmensziel) und den Zielen (kurz- und mittelfristiger Planungshorizont) des Unternehmens auszurichten und hat zu klaren Ergebnissen zu führen. Leistung als Zielerfüllung heißt, den größtmöglichen Nutzen von Menschen (Mitarbeiter) für Menschen (Kunden) mit möglichst geringem Aufwand (Kosten) zu erbringen.

Wer Leistung fordert muss die richtigen Mitarbeiter für die zu erfüllenden Aufgaben aussuchen.   446
Oftmals wissen wir aber nicht, welche Anforderungen innerhalb des Unternehmens zu erfüllen
sind, und deshalb ist es auch schwer, die richtigen Mitarbeiter zu finden. Je nach Aufgabenstellung sind unterschiedliche Kenntnisse und Fertigkeiten und damit Kompetenzen der Mitarbeiter erforderlich. Der Mitarbeiter der Eigentümerversammlungen leitet soll, braucht andere
Kompetenzen als derjenige, der in der Buchhaltung für die Erstellung der Jahresabrechnungen
zuständig ist. Bei einer Fußballmannschaft mit elf Spielern braucht man ja auch neben den
Spielern, die Tore verhindern, auch diejenigen, die Tore schießen können. „Nur wer etwas
leistet, kann sich auch etwas leisten" ist ein richtig verstandenes und gelebtes Leistungsprinzip.

2. Motivation

Wie können Menschen (Führungskräfte) dazu bewegen, dass Menschen (Mitarbeiter) etwas   447
bewegen? Diese Frage ist immer auch ein zentrales Thema, wenn es um Führung geht. Wie alles
im Leben hat auch die Medaille der Motivation zwei Seiten. Manchmal motivieren Führungskräfte ihre Mitarbeiter so, dass diese einfach nur das tun, was die Führungskraft will. Das aber
ist dann nicht Motivation, sondern Manipulation. Das ganze Leben sind wir Menschen mit
dem Phänomen Motivation oder Manipulation umgeben. Die eigentlichen Fragen, die wir uns
deshalb stellen müssen, sind: Wie motiviert bin ich als Führungskraft? Wie motiviert sind die
Menschen, mit denen ich zusammenarbeite? Ist es überhaupt möglich, Menschen zu motivieren
und, wenn ja, wie geht das? Wer künftig besser sein will als die Vielzahl der Mitwettbewerber,
braucht nicht nur zufriedene Mitarbeiter, sondern solche, die begeistert sind.

Wir Menschen sind bei den Bedürfnissen, die wir haben, ganz unterschiedlich motivierbar. Je   448
nachdem, welche Erwartungen, Hoffnungen, Sehnsüchte, aber auch Ängste wir in uns tragen,
haben wir auch unterschiedliche Motive, die uns zum Handeln bewegen. Viele Führungskräfte
und damit die Unternehmer selbst unterschätzen häufig die **Bedürfnisse Ihrer Mitarbeiter** oder
kennen Sie auch nicht. So steht zum Beispiel Lob und die Anerkennung für geleistete Arbeit bei
den Mitarbeitern in der Motivationsliste ganz oben, während Führungskräfte und Chefs davon
ausgehen, dass Mitarbeiter am ehesten mit gutem Gehalt zufriedenzustellen sind. Dabei ist es
wie mit After Shave oder Parfüm: Die einen brauchen ein bisschen mehr, die anderen ein bis-
chen weniger. Jede gute Führungskraft muss sich also sehr intensiv mit den Bedürfnissen und
Motiven seiner Mitarbeiter auseinandersetzen, wenn etwas bewegt werden soll.

Menschen und damit auch Unternehmen, in denen Menschen führen und geführt werden, sind   449
immer aus zwei Gründen bereit, etwas zu verändern. Immer dann, wenn der **Leidensdruck** groß
genug ist, besteht die Notwendigkeit, etwas zu ändern, um aus der Krise zu kommen. Das, was
wir dann dabei erleben, ist meist nicht sehr angenehm. Die viel angenehmere Art ist es, eine
Vision zu haben, die man lustvoll mitgestalten kann. Es ist wie mit den beiden Bauarbeitern,
die von einem Spaziergänger gefragt werden, warum sie denn hier Steine klopfen würden? Der
eine antwortet: „Ich arbeite hier, um mein täglich Brot zu verdienen", während der andere mit
strahlenden Augen sagt: „Ich helfe mit, einen Dom zu bauen."

3. Kommunikation

Die meisten Konflikte zwischen Menschen haben etwas mit Kommunikation zu tun. Menschen   450
reden häufiger übereinander als miteinander. Dabei ist mit Kommunikation nicht nur die ge-
sprochene Sprache, sondern vor allen Dingen die Körpersprache, also Mimik und Gestik, aber
auch die Modulation und Tonalität, die Art und Weise, wie ich etwas sage, gemeint. Immer

dann, wenn es Konflikte in einem Unternehmen gibt, entstehen Reibungsverluste, die sich demotivierend und leistungshemmend auswirken. In der Konsequenz führt das zu höheren Kosten und Qualitätsverlusten in vielen mittelständischen Unternehmen. Für den Verwalter im Besonderen ist die Fähigkeit der Kommunikation gerade auch im Hinblick auf die unterschiedlichen Situationen und Menschen, mit denen er tagtäglich konfrontiert wird, ein entscheidendes Erfolgskriterium. Nicht die Produkte oder Dienstleistungen, die wir anbieten, machen uns besser als die anderen, sondern der Umgang miteinander ist der Schlüssel zum Erfolg. Konfliktfähigkeit setzt deshalb Kommunikationsfähigkeit voraus. Und die Kunst der Kommunikation ist die Kunst der Führung.

451   Wenn Menschen miteinander zu tun haben, entstehen häufig Missverständnisse, weil der Sender etwas anderes meint, als der Empfänger versteht. Gesagt ist nicht verstanden, verstanden ist nicht einverstanden, einverstanden ist nicht angewendet, und angewendet ist nicht beibehalten. Mit diesem Satz von *Konrad Lorenz* wird deutlich, dass die Kommunikation für das Gelingen von zwischenmenschlichen Beziehungen oft eine ganz wichtige Rolle spielt. Die Kompetenz der Kommunikation ist demnach ein wichtiges Element der Führung und kann als wesentlicher Erfolgsfaktor im zwischenmenschlichen und damit partnerschaftlichen Miteinander gesehen werden.

452   Der Mensch wirkt immer, man kann also nicht *nicht* kommunizieren wie *Paul Watzlawick* sagt. Und dieser dauernden Wirkung der Kommunikation, also der Sprache im Allgemeinen, sollten wir Menschen uns bewusst werden. In der Schulung dieser Fähigkeit für Mitarbeiter und Führungskräfte liegt eine große Herausforderung für die Zukunft. Für den Immobilienverwalter werden diese Fähigkeiten zur Schlüsselqualifikation in einem zunehmenden Verdrängungswettbewerb und in der Entwicklung vom Hausverwalter zum Beziehungsmanager.

IV. Die richtigen Mitarbeiter suchen, finden und halten

1. Die richtigen Mitarbeiter suchen

453   Menschen stellen wir wegen ihrer fachlichen Kompetenz ein und häufig wegen ihrer persönlichen Verhaltensmuster wieder aus. Neben der fachlichen und methodischen Kompetenz wird künftig gerade beim Immobilienverwalter die soziale und persönliche Kompetenz eine immer größere Rolle spielen. Auf dem Weg vom Hausverwalter zum Beziehungsmanager sind Konfliktfähigkeit, Kommunikations- und Führungsfähigkeit gefragt. Die nachstehende Matrix veranschaulicht die Kompetenzfelder des Verwalters:

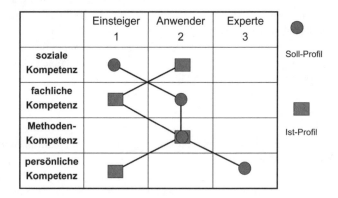

Die richtigen Mitarbeiter suchen setzt voraus, das ich mir als Unternehmer Gedanken über   454
folgende Fragen mache:

- Welche Position oder Aufgabenbereiche soll der neue Mitarbeiter begleiten oder ausführen?
- Gibt es dazu eine detaillierte Stellenbeschreibung bzw Aufgabenliste?
- Welche Kompetenzen muss der neue Mitarbeiter für die Ausführung seines künftigen Aufgabengebiets mitbringen?
- Kenne ich meine Schwächen als Unternehmer und/oder Führungskraft, und welche Stärken muss ein neuer Mitarbeiter haben, damit er das vorhandene Team ergänzt?
- Welche Schulungsmaßnahmen ergeben sich ggf für eine/n potenzielle/n Bewerber/in nach Abgleich des Soll-/Istprofils?

2. Die richtigen Mitarbeiter finden

Bei den meisten Unternehmen hat eine klare Vorgehensweise bei der Auswahl geeigneter Mit-   455
arbeiter leider keinen besonders hohen Stellenwert. Meist wird bei einer Tasse Kaffee und einer
halben Stunde Zeitaufwand ein Mensch ausgewählt, von dem man nicht wirklich viel weiß –
und umgekehrt natürlich auch der potenzielle Mitarbeiter nicht besonders viel über das Unternehmen weiß. Mit dem „Einstellungstrichter" (Checkliste Rn 461) soll eine Methode vorgestellt
werden, wie Unternehmern die Auswahl geeigneter Menschen für das Unternehmen verbessern
können. Der Einstellungstrichter setzt dann an, wenn bereits anhand der Bewerbungsunterlagen
(Bewerbungsschreiben, Foto, Zeugnisse, Lebenslauf und Attraktivität der Bewerbung insgesamt) eine Vorauswahl getroffen worden ist.

Der Immobilienverwalter investiert eine Menge Zeit für die Auswahl der für ihn richtigen Soft-   456
ware. Bei der Einstellung nehmen wir uns diese Zeit häufig leider nicht. Wenn wir nur annähernd mit der gleichen Sensibilität die Personalführung behandeln würden, hätten wir nicht nur
Mitarbeiter, sondern Menschen, die sich in unseren Unternehmen wohlfühlen und motiviert
sind.

Es ist schwierig, die richtigen Mitarbeiter zu finden, aber es ist noch schwieriger, mit einem
schlechten Mitarbeiter arbeiten zu müssen. Sich die Zeit nehmen für die Auswahl der richtigen
Mitarbeiter sollte zum Selbstverständnis werden. Oder sind Sie gern von Menschen umgeben,
die Ihnen und damit dem Unternehmen nicht gut tun?

3. Einarbeitung von neuen Mitarbeitern

Die Phase der Einarbeitung ist eine ganze besondere Situation, sowohl für das Unternehmen als   457
auch für den neuen Mitarbeiter. Oftmals wird das unterschätzt und der neue Mitarbeiter gleich
in den Tagesablauf mit eingebunden, ohne tatsächlich die Chance einer echten Einarbeitung zu
bekommen. Und das, obwohl der neue Mitarbeiter gerade am Anfang und in einem neuen
Unternehmen die größte Motivation mitbringt. Der neue Mitarbeiter ist noch unverbraucht und
hat die Fähigkeit, das Unternehmen und die Arbeitsabläufe neutral zu sehen. Verkrustete Strukturen, Denk- und Handlungsweisen nach der Devise „Das haben wir schon immer so gemacht,
also machen wir es auch weiterhin so" können aufgebrochen werden, wenn man dieses Poten-
zial nutzt oder besser nutzen will. Je nach Größe des Unternehmens und des Anforderungspro-
fils der zu besetzenden Stelle sind die Einarbeitung und die dabei einzusetzenden Instrumente
unterschiedlich.

458 Ein neuer Mitarbeiter sollte an seinem ersten Arbeitstag herzlich von allen Mitarbeitern, Führungskräften und der Unternehmensführung selbst begrüßt werden. Der Arbeitsplatz sollte eingerichtet sein und alle notwendigen Arbeitsunterlagen sollten zur Verfügung stehen. Einen guten Eindruck hinterlässt man beim neuen Mitarbeiter, wenn alle Zugangsberechtigungen zur EDV zur Verfügung stehen und bereits Visitenkarten auf dem Schreibtisch liegen. Angenehm für alle Beteiligten ist es, den ersten Tag nach einem ersten Rundgang mit einem Glas Sekt zu beginnen. Ein kleines Begrüßungsgeschenk oder ein Blumenstrauß runden diesen ersten Tag harmonisch ab.

4. Die richtigen Mitarbeiter halten

459 Wenn wir heute mit dem Auto von A nach B fahren, setzen wir häufig GPS, also ein Navigationsgerät ein. Wenn es um das Führen von Menschen, das Erreichen von Zielen und damit den Unternehmenserfolg geht, gehen wir häufig plan- und ziellos vor. Ein dauerhaftes und wirksames Werkzeug, wenn regelmäßig verwendet, ist das Standort- und Zielbestimmungsgespräch, in der Regel einmal jährlich. Nur über das Gespräch kann eine aktive Führung und damit Einflussnahme auf den Menschen erfolgen. Man kann dieses Instrument auch als Navigationssystem der Personalführung bezeichnen. Die strukturierte Form dieses besonderen Mitarbeitergesprächs dient der Standortbestimmung, der Bewertung bisheriger Leistungen, der Zielsetzung und damit auch der Weiterentwicklung. Wenn dieses Gespräch als Dialog geführt wird, werden sich beide Partner weiterentwickeln und bekommen einen klaren Orientierungsrahmen. Ein Orientierungsrahmen schafft Sicherheit und Freiraum innerhalb klar abgesteckter Grenzen und ist damit verbindlich und messbar. Hieraus ergeben sich Entwicklungschancen für den Mitarbeiter, aber eben auch für das Unternehmen. Wenn Unternehmen und Menschen nicht miteinander im Team und an gemeinsamen Zielen arbeiten, ist es eben nur ein wenig motiviertes Nebeneinander. Oder: Wer allein arbeitet, addiert, und wer im und mit dem richtigen Team arbeitet, multipliziert.

460 Bleiben Sie also mit den Mitarbeitern im Dialog. Bieten Sie eine Unternehmenskultur, die auf Werte wie Glaubwürdigkeit, Zuverlässigkeit, Einsatzwille, Partnerschaft, Kompetenz und Lebensfreude setzt, und sie werden einsatzwillige, leistungsorientierte und motivierte Mitarbeiter haben. Eine Vertrauenskultur gibt Orientierung, und das ist das, was Menschen beruflich wie privat antreibt.

461 ▶ **Checkliste: Einstellungstrichter**

 1. Bewerbungsanalyse

– Äußere Form

Bewerbung ist

– vollständig
  – persönliches Anschreiben
  – Lebenslauf (lückenlos)
  – Zeugnisse (Informationen über früherer Arbeitgeber)
  – Foto
– übersichtlich geordnet
– sauber/lesbar

- Bewerbungsschreiben
  - Bezugnahme zur Ausschreibung/Stellenprofil
  - Grund der Bewerbung
  - Hinweise auf besondere Fertigkeiten
  - möglicher Eintrittstermin
  - Gehaltsvorstellung
  - vollständige Anschrift privat und bisheriger Arbeitgeber
- Lebenslauf
  - vollständige persönlichen Angaben
  - Schulbildung
  - Berufsausbildung
  - berufliche Stationen
  - Weiterbildungen
  - besondere Kenntnisse
  - Datum Unterschrift
- Zeugnisse
  - vollständig
  - stimmen mit dem Daten im Lebenslauf überein
  - lassen Wechselgrund erkennen
  - Leistungsbeurteilung
- Sonstiges
  - Positiver Eindruck vom Bewerber?
  - Übereinstimmung Personen- /Qualifikationsprofil mit Anforderungsprofil
  - Übereinstimmung Gehaltsvorstellung mit Gehaltsbandbreite

2. Vorstellungsgespräch

- Selbstdarstellung des Unternehmens
  - Unternehmensfilm /Unternehmensbroschüre/ Unternehmenspräsentation
  - Organigramm
- Information über Bewerber
  - Fragen zu Lebenslauf
- Ausbildung und Berufsweg
  - Fragen zu Lebenslauf und Zeugnissen
- Gründe für Bewerbung und Stellenwechsel
  - Fragen zum Arbeitgeber, zur letzten Tätigkeit
- Information über Sozialverhalten
  - Familie, Freizeit
- Information über berufliche Ziele und Erwartungen
  - Fragen zu Berufszielen mittelfristig
- Information über angebotene Stelle
- Information zu vertraglichen Vorstellungen
  - Jetziges Gehalt, Erläuterung Gehaltsangebot

- Information zu Sozialleistungen
- Fragen beantworten

3. Betriebsführung

- Einzelne Abteilungen
- Vorstellung Arbeitszeitmodelle
- Besuch spätere Abteilung
- Eventuelle Vorstellung Kollegen

4. Ausführliches Einstellungsgespräch

- Fachwissen
  - Verstehen und Beherrschen der theoretischen Voraussetzungen des Aufgabengebietes und der Arbeitsvorgänge des Arbeitsplatzes.
- Berufliches Können
  - Sichere und zuverlässige Umsetzung von Erfahrungen und theoretischem Wissen auf konkrete Aufgaben.
- Ausdauer und Belastbarkeit
  - Der Wille, ein bestimmtes Arbeitsziel auch unter erschwerten Arbeitsverhältnissen (auftretende Schwierigkeiten/erhöhter Arbeitsanfall) zu erreichen.
- Selbständigkeit
  - Unabhängigkeit von unangemessener Hilfestellung bzw Unterstützung bei der Bewältigung der Aufgaben des Arbeitsplatzes.
- Zuverlässigkeit
  - Die Sorgfalt und Beständigkeit, mit der Aufgaben erledigt, Fehler vermieden und mit Arbeitsmitteln rationell umgegangen wird.
- Flexibilität
  - Bewegliches und angemessenes, zeitlich sowie inhaltliches Reagieren auf neue oder unerwartete Anforderungen
- Einsatzbereitschaft
  - Die Bereitschaft, sich für Qualität und Quantität der Arbeitsergebnisse einzusetzen. Der Wille, mit kurzfristigen zusätzlichen Belastungen fertig zu werden.
- Zielstrebigkeit
  - Identifizierung mit den Zielen der Arbeit und die Beharrlichkeit bei Ihrer Verfolgung.
- Verantwortungsbereitschaft
  - Der Wille, Verantwortung zu übernehmen und die Ergebnisse des eigenen Handelns zu vertreten.
- Kooperationsbereitschaft
  - Mitwirken an der Lösung der Aufgaben, indem die eigenen sachlichen und sozialen Fähigkeiten produktiv eingebracht werden. Förderung des Zusammenhalts der Gruppe.
- Ideenfindung/Kreativität
  - Problemlösung im Aufgabengebiet durch eigene Ideen.
- Planungs- und Organisationsfähigkeit
  - Zielgerichtetes und eignungsgerechtes Einsetzen von Personen, Zeit- und Sachmitteln bei angemessenen Kosten.

- Überzeugungsfähigkeit/Verhandlungsgeschick
  - Akzeptanz von Maßnahmen und Entscheidungen durch angemessene Mittel.
- Ausdrucksvermögen
  - Sprachliches Vermögen, einen Sachverhalt überzeugend und verständlich darzustellen.
- Mitarbeiterführung

5. Stärken-/Schwächenprofil (nicht alle Punkte für jede Stellenausschreibung abfragbar)

Fachwissen	A	B	C	D	E
Berufliches Können	A	B	C	D	E
Ausdauer/Belastbarkeit	A	B	C	D	E
Selbständigkeit	A	B	C	D	E
Zuverlässigkeit	A	B	C	D	E
Flexibilität	A	B	C	D	E
Einsatzbereitschaft	A	B	C	D	E
Zielstrebigkeit	A	B	C	D	E
Verantwortungsbereitschaft	A	B	C	D	E
Kooperationsbereitschaft	A	B	C	D	E
Ideenfindung/Kreativität	A	B	C	D	E
Planungs- und Organisationsfähigkeit	A	B	C	D	E
Überzeugungsfähigkeit/Verhandlungsgeschick	A	B	C	D	E
Ausdrucksvermögen	A	B	C	D	E
Mitarbeiterführung	A	B	C	D	E

Bewertungsskala

A: Die Anforderungen werden im besonderen Umfang übertroffen.

B: Die Anforderungen werden übertroffen.

C: Die Anforderungen werden in vollem Umfang

D: Die Anforderungen werden meistens erfüllt

E: Die Anforderungen werden mit deutlichen Einschränkungen erfüllt.

6. Kompetenzmatrix

Was suchen wir? – Abfrage Ist-/Sollprofil:

- Wie ist der Ist-/Soll-Stand in den Mitarbeiter-Kompetenzen?
  - Abgleich der einzelnen oben angeführten Kompetenzen
- Gezielte Kompetenzentwicklung
  - Kompetenzprofil
    - Analyse des Ist-Profils
    - Analyse des Soll-Profils
  - Kompetenzlücke
    - Die Abweichung vom Ist- vom Soll-Profil bildet die Kompetenz-Lücke

– Lerninhalte
  – Basierend auf dieser Kompetenzlücke werden qualifizierte Lerninhalte empfohlen
– Umsetzung
  – Das größere Mitarbeiterwissen führt zu einem höheren Unternehmenswert

Mitarbeiter:		Einsteiger	Anwender	Experte
soziale Kompetenz	Kundenorientierung			
	Kommunikationsfähigkeit			
	Teamfähigkeit			
fachliche Kompetenz	Recht / WEG / MV			
	technische Fertigkeiten			
	kaufmännisches Wissen			
Methoden-kompetenz	Moderation			
	Präsentation			
	Führungsqualitäten			
persönliche Kompetenz	Planungsfähigkeit			
	Konfliktfähigkeit			
	Innovationsfähigkeit			

7. Probearbeiten

– Vereinbarung über einen Zeitraum zum Probearbeiten, um das Unternehmen/neuen Mitarbeiter besser kennenzulernen

8. Probezeit

– Gesetzliche Vorgaben (sechs Monate) oder individuelle Abmachungen ◄

462 ▶ **Checkliste: Einarbeitung neuer Mitarbeiter**

1. Standort- und Zielbestimmung

– Erstes Mitarbeitergespräch
– Zielvereinbarung für das erste Jahr
– Entwicklungsperspektiven aufzeigen
– Siehe auch Checkliste: Mitarbeitergespräch

2. Einführungsmappe für neue Mitarbeiter

– Unternehmensinformationen/Unternehmensbroschüre
– Organigramm
– Arbeitszeit

3. Einführungsseminar (bei größeren Unternehmen)

– Vorstellung der Firma
– Fachliches Einarbeitungsseminar für Grundwissen

4. Arbeitsabläufe

- Unternehmensbesichtigung am ersten Arbeitstag
- Wo bekomme ich Büromaterial?
- Erklärung der Telefonanlage
- Wie funktioniert der Kopierer?
- Unterschriftenregelungen
- Urlaubsregelungen
- Betriebsvereinbarungen
- Pausenregelung
- Zeiterfassung

5. Einarbeitungsplan (sachlich und zeitlich)

- Aufstellung eines gezielt auf die Aufgabe ausgerichteten Einarbeitungsplans
- Durchlauf aller fachlicher Abteilungen
- Kennenlernen aller wichtigen Kollegen/Vorgesetzten
- Einarbeitung in fachliches Wissen

6. Aufgabenplan

- Definition des Zuständigkeitsbereichs (Job Description)
- Übermittlung aller Kompetenzen in diesem Aufgabenbereich
- Schnittstellen zu anderen Abteilungen

7. Paten-/Mentorensystem

- Paten/Mentoren sind erfahrene Startbegleiter für den Einstieg in ein neues Unternehmen und sowohl für die fachliche als auch die soziale Einführung der neuen Mitarbeiter zuständig.
- Auswahl des geeigneten Paten/Mentors
- Festlegung der Aufgaben des Paten/Mentors
- Intensive Betreuung während der gesamten Einarbeitungszeit
- Ansprechpartner für fachliche und organisatorische Abläufe/Netzwerke
- Regelmäßige Gespräche zur Karriereförderung

8. Feedback

- Mitarbeitergespräch nach der Einarbeitungszeit
- Abfrage Ist-Stand
- Festlegung weiterer Entwicklungsperspektiven ◀

463 ▶ **Checkliste: Mitarbeitergespräch, Standort- und Zielbestimmung**

215 **1. Persönliche Standortanalyse**

– Darstellung Mitarbeitersituation
  – Wo haben sich seine Stärken und Schwächen entwickelt?
  – Wobei wünscht sich der Mitarbeiter Unterstützung?

2. Jahresanalyse der Leistungen

– Welche Leistung biete ich dem Kunden?
– Welcher besondere Beitrag dazu macht mich einzigartig?
– Welche besondere Leistung biete ich meinen Kollegen/Mitarbeitern an?
– Welche Leistungen biete ich meinem Unternehmen?
– Was hat sich im vergangenen Jahr an meinen Aufgaben geändert?

3. Persönlicher Jahreszielplan

– Was will ich persönlich in diesem Jahr erreichen?
– Was will ich mit meinen Mitarbeitern erreichen?
– Wie muss ich sie dazu unterstützen?
– Welche Unterstützung benötige ich von der Geschäftsführung?
– Was erwarte ich von der Geschäftsführung?
– Was erwarte ich von meinen Kollegen?
– Welche Erwartungen habe ich von meinen Mitarbeitern für das kommende Jahr?

4. Entwicklung

Flexibilität	1	2	3	4	5	6
Vision/ Sinn	1	2	3	4	5	6
Kreativität	1	2	3	4	5	6
Äußere Erscheinung	1	2	3	4	5	6
Pünktlichkeit	1	2	3	4	5	6
Kritikfähigkeit	1	2	3	4	5	6
Zeitmanagement	1	2	3	4	5	6
Kundenorientierung	1	2	3	4	5	6
Einsatzbereitschaft	1	2	3	4	5	6
Loyalität	1	2	3	4	5	6
Ertrags und Kostenbewusstsein	1	2	3	4	5	6
Konsequente Umsetzung von Aufgaben	1	2	3	4	5	6
Mitarbeiterentwicklung	1	2	3	4	5	6
Mitarbeiterorientierung	1	2	3	4	5	6
Teamentwicklung	1	2	3	4	5	6
Einfühlungsvermögen	1	2	3	4	5	6
Belastbarkeit	1	2	3	4	5	6

Erkennen von Chancen/Risiken	1	2	3	4	5	6
Erkennen wirtschaftlicher Zusammenhänge	1	2	3	4	5	6
Fachkenntnisse	1	2	3	4	5	6
Unternehmerisches Denken	1	2	3	4	5	6
Effektivität	1	2	3	4	5	6
Zielorientierung	1	2	3	4	5	6

Bewertungsskala nach Schulnoten:

1: sehr gut; 2: gut; 3: befriedigend; 4: ausreichend; 5: mangelhaft; 6: ungenügend

- Auszufüllen von Mitarbeiter und Geschäftsführer
- Daraus ergibt sich die Gesamtnote
- Ableitung von Entwicklungsmöglichkeiten sowie unterstützenden Maßnahmen

5. Maßnahmen

- Schulungs- und Entwicklungsmaßnahmen
- Festlegung qualitativer und quantitativer Ziele
- Bei welchen Mitarbeitern aus dem Führungsbereich besteht Karrierepotenzial und sollte wie weiter gefördert werden?
- Bemerkungen ◄

▶ **Checkliste: Standort- und Zielbestimmung für Mitarbeiter/Mitunternehmer mit Führungs-** 464 **verantwortung**

Standort- und Zielbestimmung für

Mitarbeiter/Mitunternehmer mit Führungsverantwortung

für den Zeitraum

von [...] bis [...]

Vorgesetzter: [...]

Geschäftsführung: [...]

Datum des Gesprächs: [...]

A. Das Standort- und Zielorientierungsgespräch für Mitarbeiter/Mitunternehmer mit Führungsverantwortung

Die Führung und Entwicklung von Menschen im Unternehmen setzt den begleitenden und unterstützenden Einsatz eines geeigneten Führungsinstruments durch die Unternehmensführung oder vorgesetzte Führungskräfte voraus. Zumindest ein Mal im Jahr sollte neben den in regelmäßigen Gesprächen stattfindenden Orientierungen und Unterstützungen für jede Führungskraft ein „formales" Standort- und Zielentwicklungsgespräch stattfinden. Dabei ist es wichtig, dass sich beide Seiten ausreichend Zeit für die Vorbereitung des Gesprächs nehmen, um einen hochqualitativen und effizienten Gesprächsverlauf zu ermöglichen.

Das Gespräch wird seitens des Unternehmens von der Geschäftsführung oder von der vorgesetzten Führungskraft geführt, die die Personalverantwortung für die zu orientierende Führungskraft trägt. Sollte im Einzelfall die Personalverantwortung von der fachlichen Verantwortung getrennt sein, wie es beispielsweise in Matrixorganisationen der Fall sein kann, ist hierzu im Vorfeld eine Abstimmung mit dem fachlich Verantwortlichen vorzunehmen, um die fachlichen Entwicklungskriterien einschätzen zu können.

Ausgehend von der Entwicklung der Führungskraft im Beurteilungszeitraum schließt sich eine Orientierung für den nächsten Zeitraum an, auf die dann wieder im nächsten Gespräch Bezug genommen werden kann.

B. Die Erst-Orientierung

Führungskräfte, die neu in das Unternehmen eintreten – sollten je nach Umfang und Gestaltung der Einführungs- und Einarbeitungsphase – innerhalb der ersten Monate eine Erst-Orientierung erhalten. Im Rahmen dieses Gesprächs wird das Orientierungs- und Entwicklungsgespräch als Instrument vorgestellt. Die verschiedenen Entwicklungskriterien werden dabei inhaltlich erläutert, um ein gemeinsames Verständnis zu erreichen und der Führungskraft auch die mit jedem Kriterium verbundene Erwartung aus Sicht des Unternehmens aufzuzeigen. Wir wollen an dieser Stelle bewusst auf Bezeichnungen wie „Beurteilungskriterien" oder „Bewertungskriterien" verzichten, denn bei diesen Gesprächen soll eindeutig die Entwicklung der Führungskraft im Vordergrund stehen. „Beurteilungen" und „Bewertungen" haben eher ein negatives Image, welches dem Charakter der Gespräche für die Menschenführung und -entwicklung nicht ausreichend gerecht wird, zumindest jedoch eine falsche Betonung setzt.

In der Erst-Orientierung werden zwar die im Unternehmen verwendeten Kriterien der „Entwicklungsspinne" erläutert, es wird jedoch noch keine solche Spinne von den beiden Gesprächsteilnehmern ausgefüllt.

I. Standortanalyse des Mitarbeiters/Mitunternehmers

Im Rahmen der Standortanalyse gibt (nur) die Führungskraft zu Beginn des Gesprächs eine persönliche Analyse ihrer Situation wieder und erläutert diese.

1. Persönliche Standortanalyse

– Wie haben sich meine Stärken und Schwächen entwickelt?
– Wobei wünsche ich mir Unterstützung? – (zB persönlicher Weiterbildungsbedarf)

2. Jährliche Analyse meiner Leistungen

– Welche Leistungen biete ich meinen Kunden an?
– Welcher besondere Beitrag von mir macht diese Leistung einzigartig?
– Welche Leistungen biete ich meinen Kollegen und Mitarbeitern/Mitunternehmern an?
– Mit welchem persönlichen Beitrag bin ich für diese wertvoll?
– Welche Leistungen biete ich meinem Unternehmen?
– Was hat sich im Rahmen der Überarbeitung meiner Aufgabenplanung an meinen Aufgaben geändert?

3. Betrachtung des persönlichen Jahreszielplans

– Was will ich persönlich in diesem Jahr erreichen?
– Was will ich mit meinem Team in diesem Jahr erreichen?
– Wie muss ich dazu meine Mitarbeiter/Mitunternehmer unterstützen?
– Welche Unterstützung (persönlich, materiell, organisatorisch, personell) benötige ich dafür von der Unternehmensleitung?
– Was erwarte ich persönlich von der Unternehmensführung?
– Was erwarte ich von meinen Führungskräfte-Kollegen?

– Welche Erwartungen habe ich an meine Mitarbeiter/Mitunternehmer für das nächste Jahr?

II. Spielregeln für das Ausfüllen der „Entwicklungsspinne"

Nach der persönlichen Standortanalyse wird das Gespräch anhand der von beiden Seiten bereits in der Vorbereitung auf das Gespräch erstellten Entwicklungsspinne (Teil C) fortgesetzt. In jedem Unternehmen können für jeden Bereich, für jede Funktion oder sogar für jeden Mitarbeiter sehr individuell und sehr flexibel die Kriterien für die Entwicklungsspinne zusammengestellt werden, dh, es können auch unterschiedlich starke Gewichtungen zwischen den Kriterienbereichen I bis IV (siehe nachfolgende Seiten) vorgenommen. So kann es in einem Fall wichtiger sein, die Persönlichkeit und die persönliche Leistungsfähigkeit stärker zu differenzieren, in einem anderen Fall müssen vielleicht eher fachliches Wissen oder Können eingeschätzt werden.

Der Mitarbeiter/Mitunternehmer füllt nach seiner eigenen Einschätzung die Entwicklungsspinne aus (möglichst bereits in der Vorbereitung auf das Gespräch geschehen).

– Die Bewertung erfolgt nach dem Schulnotensystem, dh 1 = sehr gut, 2 = gut, 3 = befriedigend, 4 = ausreichend, 5 = mangelhaft, 6 = ungenügend

– Von der Geschäftsführung wird diese Beurteilung ebenfalls parallel ausgefüllt, ohne die Selbstbeurteilung der Führungskraft zu kennen.

– Gemeinsam werden die beiden Beurteilungen im Gespräch in einer Grafik zusammengefasst und die Abweichungen besprochen.

– Es kann auch eine Gesamtnote für das Jahr gemeinsam ermittelt werden, wobei die einzelnen Kriterien auch unterschiedlich gewichtet werden könnten.

– Daraus ergeben sich Entwicklungsmöglichkeiten und Unterstützungsmaßnahmen für das kommende Jahr. Es können gemeinsam qualitative und quantitative Jahresziele für die Führungskraft festgelegt werden, die gegebenenfalls auch für die Bemessung von variablen Gehaltsbestandteilen oder Bonifikationen etc. herangezogen werden können.

Die auf den nächsten Seiten aufgeführten Entwicklungskriterien stellen Beispiele dar. Jedes Unternehmen kann nach seinen Vorstellungen die Entwicklungsspinne mit mehr oder weniger Kriterien erstellen.

C. Das Ausfüllen der Entwicklungsspinne
I. Von der Führungskraft auszufüllende Entwicklungsspinne

Benotungen: Von 1–6 in Noten; Blau: Führungskraft

Schulungsmaßnahmen: [...]   Ziele: [...]   Bemerkungen: [...]

II. Vom Gesprächsführer auszufüllende Entwicklungsspinne

Benotungen: Von 1–6 in Noten; Grün: Gesprächsführer

Schulungsmaßnahmen: [...]   Ziele: [...]   Bemerkungen: [...]

III. Zusammenführen der Einzelergebnisse Führungskraft und Gesprächsführer

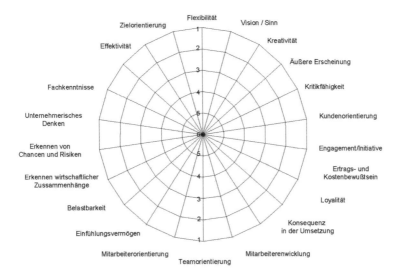

Benotungen: Von 1–6 in Noten; Blau: Mitarbeiter, Grün: Gesprächsführer

Schulungsmaßnahmen: [...]   Ziele: [...]   Bemerkungen: [...]

IV. Zusammenfassung und Maßnahmen

1. Beabsichtigte Schulungs- und Entwicklungsmaßnahmen:

[...]

2. Festlegung von quantitativen und qualitativen Zielen für die Führungskraft:

[...]

3. Festlegung von quantitativen und qualitativen Zielen für den Führungsbereich:

[...]

4. Bei welchen Mitarbeitern aus dem Führungsbereich besteht weiteres Karrierepotenzial, und wie soll der Mitarbeiter gezielt gefördert und entwickelt werden?

[...]

Bemerkungen: [...]

(Datum/Unterschrift Mitarbeiter)

Datum/Unterschrift Gesprächsführer)

D. Standort- und Zielbestimmung für Mitarbeiter/Mitunternehmer

Mitarbeiter: [...]
Gesprächsführer: [...]
Datum: [...]

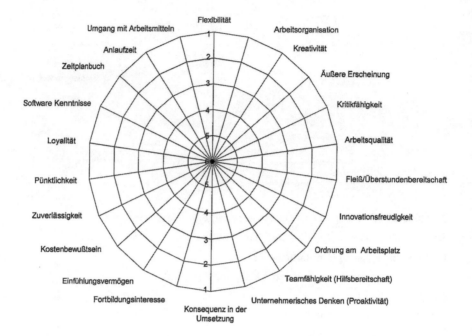

Schulungsmaßnahmen: [...]
Ziele: [...]
Bemerkungen: [...]

                  Meier

E. Standort- und Zielbestimmung für Mitarbeiter/Mitunternehmer

Mitarbeiter: [...]

Gesprächsführer: [...]

Datum: [...]

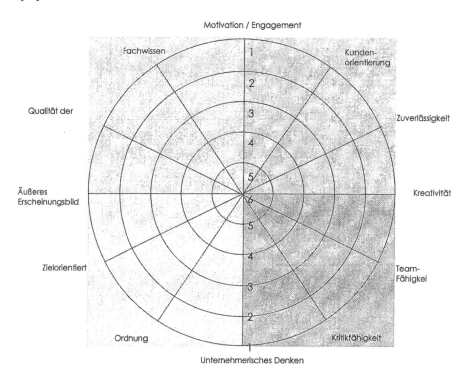

Benotungen: Von 1–6 in Noten; Blau: Mitarbeiter, Grün: Gesprächsführer

Schulungsmaßnahmen: [...]

Ziele: [...]

Bemerkungen: [...] ◄

F. Finanzierung

Zu jeder beschlossenen Maßnahme, die der Wohnungseigentümergemeinschaft Ausgaben ver- 465
ursacht und deren Finanzierung nicht bereits durch eine entsprechende Beschlussfassung im
Rahmen des Wirtschaftsplans gesichert ist, ist ein die Mittelaufbringung regelnder Beschluss zu
fassen, sei es durch die Angabe, aus welchem Teil des Verwaltungsvermögens (laufende Mittel
oder Instandhaltungsrücklage) die Finanzierung erfolgt, oder darüber, ob eine besondere Beitragszahlung erfolgen soll (Sonderumlage).

Neben die Eigenfinanzierung der Wohnungseigentümergemeinschaft durch entsprechende Bei- 466
tragszahlungen der Wohnungseigentümer (§ 16 Abs. 2 WEG) tritt nach der „Entdeckung" der
Rechtsfähigkeit der Wohnungseigentümergemeinschaft eine alternative Finanzierungsmöglich-

keit für die Wohnungseigentümergemeinschaften, nämlich die Beschaffung von Geldmitteln im Wege der Fremdfinanzierung.

I. Eigenfinanzierung

467   Häufig werden in Eigentümerversammlungen Beschlüsse gefasst, deren Finanzierung nicht vorausschauend im Rahmen des Wirtschaftsplans berücksichtigt werden konnte, sei es dass außerplanmäßige bauliche Maßnahmen erforderlich werden oder Rechtsstreitigkeiten abgewickelt werden müssen. Diese Beschlüsse sind regelmäßig mit einer zusätzlichen Regelung über die Mittelaufbringung zu versehen. Im Falle von Liquiditätsengpässen (etwa wegen Beitragsrückständen) ist über die Erhebung von Sonderumlagen sowie im Rahmen der Beschlussfassung über die Genehmigung der Jahresabrechnung zu entscheiden, ob ausgewiesene Guthaben tatsächlich ausgezahlt werden (können).

Hinweis: Der professionelle Verwalter sollte sich dabei nach Möglichkeit dem in der Praxis häufig zu beobachtenden Versuch der Wohnungseigentümer widersetzen, sich zur Vermeidung direkter finanzieller Belastungen freizügig aus den Mitteln der Instandhaltungsrückstellung zu bedienen. Die Instandhaltungsrückstellung dient der wirtschaftlichen Absicherung künftig anfallender baulicher Maßnahmen im Bereich des gemeinschaftlichen Eigentums und ist daher grundsätzlich als zweckgebundenes Sondervermögen des rechtsfähigen Verbandes der Wohnungseigentümer (§ 10 Abs. 6 und 7 WEG) anzusehen. Insofern sind grundsätzlich sämtliche langfristigen oder endgültigen Entnahmen aus der Rückstellung als rechtswidrig anzusehen, soweit sie nicht primär der Finanzierung von Maßnahmen der Instandhaltung und Instandsetzung dienen.[266]

468   ▶ **Muster: Allgemeiner Finanzierungsbeschluss**

1. Die Eigentümerversammlung beschließt, den Verwalter zu ermächtigen, namens und in Vollmacht sowie auf Kosten der Wohnungseigentümergemeinschaft die Fa. [...] gemäß deren Angebots vom [...] zu Kosten iHv [...] € brutto (Festpreis) mit der umgehend auszuführenden Reparatur des Garagenrolltors zu beauftragen.
2. Die Finanzierung der vorbeschlossenen Maßnahme erfolgt [...]
   a) sofern bereits im Wirtschaftsplan unter „Reparaturen" berücksichtigt, aus den laufenden Mitteln der Gemeinschaft.
   b) durch Entnahme aus den Mitteln der Instandhaltungsrückstellung.
   c) als außerplanmäßige Ausgabe durch Erhebung einer zum Ablauf des [...] fälligen Sonderumlage iHv insgesamt [...] €. Die auf die einzelnen Wohnungseigentümer entfallenden Teilbeträge werden nach Miteigentumsanteilen berechnet. Die jeweilige Höhe der Zahlbeträge ergibt sich aus der vorgelegten Liste vom [...], die dem Protokoll beigefügt wird. ◀

469   ▶ **Muster: Beschluss zur Liquiditätssicherung**

Da die Gemeinschaft der Wohnungseigentümer nicht in ausreichendem Maße über liquide Mittel verfügt, da Beitragsrückstände iHv derzeit [...] € bestehen, deren Realisierung nach derzeitigem Stand unsicher bzw zeitlich nicht abschätzbar ist, wird ergänzend zum Beschluss über den Wirtschaftsplan für [...] / ergänzend zur Gesamt- und Einzeljahresabrechnung für [...] Folgendes beschlossen:

---

266   OLG Düsseldorf v. 25.1.2005 – I-3 Wx 326/04 = ZMR 2005, 468.

1. Zum Ausgleich für den Ausfall von Beitragszahlungen iHv [...] € wird als Nachtrag zum Wirtschaftsplan für [...] eine zum Ablauf des [...] fällige Sonderumlage iHv insgesamt [...] € beschlossen. Die auf die einzelnen Wohnungseigentümer entfallenden Teilbeträge werden nach Miteigentumsanteilen berechnet. Die jeweilige Höhe der Zahlbeträge ergibt sich aus der vorgelegten Liste vom [...], die dem Protokoll beigefügt wird.

2. Steht einem Wohnungseigentümer nach dem Beschluss über die Gesamt- und Einzeljahresabrechnung für [...] ein Guthaben zu, wird dieses nicht ausgekehrt, sondern mit dem aus der Sonderumlage geschuldeten Betrag verrechnet. Übersteigt das Guthaben den geschuldeten Betrag, ist dieses auszukehren, nachdem sämtliche nach Ziff. 1 geschuldeten Beträge bezahlt sind. Bleibt das Guthaben hinter dem geschuldeten Betrag zurück, ist der offene Betrag nach Ziff. 1 zu entrichten. ◄

II. Fremdfinanzierung

Bereits nach früherer Rechtslage[267] entsprach es schon allgemeiner Rechtsauffassung, dass   470
Wohnungseigentümergemeinschaften kreditfähig waren, da die Beschlussfassung zur Bevollmächtigung des Verwalters zur Aufnahme zeitlich und betraglich begrenzten Kredits zB durch Überziehung des Verwaltungskontos zur Behebung kurzfristiger Liquiditätsengpässe innerhalb klar definierter Grenzen als zulässig, dh als innerhalb der Beschlusskompetenz der Eigentümerversammlung liegend und rechtmäßig angesehen wurde.[268]

Insbesondere mit Bekanntwerden der sog. Zweiten Jahrhundertentscheidung des BGH sowie   471
mit Inkrafttreten der neuen gesetzlichen Bestimmungen zur Teilrechtsfähigkeit der Wohnungseigentümergemeinschaft (gem. § 10 Abs. 6 WEG nF „Gemeinschaft der Wohnungseigentümer") mit Wirkung ab dem 1.7.2007 im Rahmen der Novellierung des Wohnungseigentumsrechts dürfte unstreitig sein, dass die Wohnungseigentümergemeinschaft als rechtsfähiger Verband im Rahmen der Wahrnehmung der Geschäfte zur Verwaltung des gemeinschaftlichen Eigentums zum einen kreditfähig ist und zum anderen eine entsprechende Beschlusskompetenz der Eigentümerversammlung besteht.[269]

Dies ergibt sich hier vertretener Auffassung nach insbesondere aus § 10 Abs. 6 WEG, wonach   472
die Wohnungseigentümergemeinschaft insoweit rechtsfähig ist, also in eigener Rechtsperson zur Eröffnung und Führung von Bankkonten berechtigt (und verpflichtet) ist, sowie aus § 10 Abs. 7 WEG, wonach dem rechtsfähigen Verband der Wohnungseigentümer als selbständige Vermögensmasse das sog. Verwaltungsvermögen zugeordnet ist, welches aus den gesetzlich und rechtsgeschäftlich im Rahmen der Verwaltung des Gemeinschaftseigentums begründeten Forderungen und Verbindlichkeiten besteht.

Anzuführen sind insoweit auch die Bestimmungen des § 27 Abs. 1 Nr. 4, 5 und 6 WEG, § 27 Abs. 3 Nr. 4 und 5 WEG sowie § 27 Abs. 5 WEG, die dem Verwalter als gesetzlichem Vertreter der Wohnungseigentümergemeinschaft entsprechende Rechte und Pflichten bei der Geld- und Kontenverwaltung der Wohnungseigentümergemeinschaft zuordnen.

Zusammenfassend ist somit festzuhalten, dass der Eigentümerversammlung als zentralem Or-   473
gan der Wohnungseigentümergemeinschaft hier vertretener Auffassung nach grundsätzlich die Kompetenz zusteht, durch Mehrheitsbeschluss iSd § 21 Abs. 3 und 5 WEG iVm §§ 23, 25 WEG

---

267 Vor der Entscheidung des BGH v. 2.6.2005 – V ZB 32/05 = BGHZ 2006, 1156.
268 Bärmann/*Merle*, § 27 WEG Rn 205.
269 Elzer, NZM 2009, 57 ff; Jennißen/*Jennißen*, § 16 WEG Rn 9, § 10 Rn 91.

über eine Kredit- bzw Darlehensaufnahme durch den rechtsfähigen Verband der Wohnungseigentümer zu entscheiden.

1. Umsetzungsprobleme

474 Zu berücksichtigen ist indes, dass sich in rechtlicher und tatsächlicher Hinsicht Schwierigkeiten bei der Beschlussfassung und -durchführung bei einer nicht nur kurzfristigen bzw betraglich geringfügigen Darlehensaufnahme der Wohnungseigentümergemeinschaft ergeben.

a) Beschlussfassung nur im Rahmen der Verwaltungskompetenz

475 Zu beachten ist, dass die Eigentümerversammlung bei der Beschlussfassung über eine Darlehensmaßnahme nicht die Grenzen ihrer Beschlusskompetenz überschreiten darf. Solche Beschlüsse, die in die Rechte des einzelnen Sondereigentümers, dessen Sondereigentum bzw in den Kernbereich des Wohnungseigentums selbst eingreifen, sind nichtig, dh rechtsunwirksam, ohne dass es einer gerichtlichen Beschlussanfechtung iSd § 46 WEG bedürfte. Die Nichtigkeit eines Beschlusses kann ohne Fristbeschränkung gerichtlich festgestellt werden, was im Falle einer bereits durchgeführten Maßnahme zu nicht unerheblichen Rückabwicklungsproblemen führen kann.

476 Im Rahmen einer Darlehensaufnahme ist daher strikt zu beachten, dass in die oben (Rn 475) genannten Rechte des Sondereigentümers nicht eingegriffen wird. Wie später noch erläutert wird (vgl Rn 482), betreffen indes Fragen der Darlehensbesicherung in erheblichem Maße das Sondereigentum, sobald dieses (auf Wunsch des Darlehensgebers/Kreditinstituts) als Sicherungsmittel eingesetzt werden soll. Das Wohnungseigentums als solches steht nämlich nicht der Gemeinschaft der Wohnungseigentümer zu, sondern steht im (Mit-)Eigentum eines jeden einzelnen Eigentümers. Beschlüsse über die Darlehensbesicherung durch Gestellung von Grundpfandrechten sind daher nichtig.

b) Beschlussfassung nur im Rahmen ordnungsmäßiger Verwaltung

477 Sämtliche Beschlussfassungen der Wohnungseigentümergemeinschaft stehen zumindest unter dem allgemeinen Rechtmäßigkeitsvorbehalt, dass die beschlossene Maßnahme den Grundsätzen ordnungsmäßiger Verwaltung zu entsprechen hat. Ein diesen Grundsätzen nicht entsprechender Beschluss kann von jedem Wohnungseigentümer mit der Beschlussanfechtungsklage gem. § 46 WEG gerichtlich angegriffen werden, wobei das angerufene Gericht im Falle der Feststellung der Rechtswidrigkeit den Beschluss für ungültig erklärt. Allerdings erwächst ein nicht binnen der Notfrist des § 46 Abs. 1 S. 2 WEG (Monatsfrist) gerichtlich angefochtener Beschluss in Bestandskraft, dh er bleibt wirksam (§ 23 Abs. 4 S. 2 WEG).

aa) Widerspruch gegen den Grundsatz der Eigenfinanzierung?

478 Fraglich ist, ob die Aufnahme langfristiger Fremdmittel durch die Wohnungseigentümergemeinschaft den Grundsätzen ordnungsmäßiger Verwaltung entspricht. Hiergegen wandte sich das BayObLG in einer allerdings noch vor der Entscheidung des BGH v. 2.6.2005 ergangenen Entscheidung,[270] in der das BayObLG die Auffassung vertrat, dass die Wohnungseigentümergemeinschaft sich grundsätzlich durch die Beiträge der Wohnungseigentümer und nicht durch Kreditaufnahmen zu finanzieren habe. Es sei nicht Aufgabe der Wohnungseigentümergemeinschaft, sich durch Darlehensaufnahmen quasi selbst zu finanzieren.

---

270 BayObLG v. 17.8.2005 – 2Z BR 229/94.

Ob diese Auffassung in Anbetracht der Rechtsfähigkeit der Wohnungseigentümergemeinschaft   479
aufrechterhalten werden kann, ist fraglich. Rechtsprechung zur neuen Rechtslage fehlt aufgrund der Kürze der Zeit vollständig. Allerdings steht die Literatur wohl überwiegend auf dem
Standpunkt, dass Darlehensaufnahmen unter Beachtung bestimmter Grundsätze rechtmäßiger
Verwaltung entsprechen können. Hierfür spricht zum einen die Tatsache der Rechtsfähigkeit
der Wohnungseigentümergemeinschaft gem. § 10 Abs. 6 WEG sowie die Existenz eines vom
jeweiligen Vermögen der einzelnen Eigentümer gesonderten Verwaltungsvermögens gem. § 10
Abs. 7 WEG. Zudem ist in § 10 Abs. 7 S. 2 WEG ausdrücklich bestimmt, dass zum Verwaltungsvermögen auch Verbindlichkeiten gehören können.

Zu berücksichtigen ist dabei, dass in Anbetracht des allgemein vorherrschenden **Sanierungs-**   480
staus sowie der neuen Anforderungen, die durch das EnergieEG sowie die EnEV an die ener-
getische Qualität der Bausubstanz gestellt werden, umfangreiche Sanierungs- und Modernisierungsmaßnahmen von den Wohnungseigentümergemeinschaften durchzuführen sind. Nicht
umsonst hat der Gesetzgeber im Rahmen der WEG-Novelle durch die Bestimmungen der
§§ 22 Abs. 2, 22 Abs. 3 und 16 Abs. 4 WEG ausdrücklich entsprechende Beschlusskompetenzen eingeräumt. Dabei dürfte es in Anbetracht der bekannt geringen Kapitalausstattung der
Wohnungseigentümergemeinschaften (zu gering bemessene Instandhaltungsrücklagen) sowie
aufgrund der mangelnden finanziellen Leistungsfähigkeit einer Vielzahl von Wohnungseigentümern einleuchten, dass der für die kurz- bis mittelfristig zu finanzierenden Maßnahmen der
Instandhaltung und Instandsetzung und vor allem Modernisierung erforderliche Kapitalbedarf
kaum von der Mehrzahl der einzelnen Wohnungseigentümern selbst aufzubringen sein dürfte.

Unter Berücksichtigung der von der öffentlichen Hand angebotenen **Finanzierungs- und Zu-**   481
schussförderungen für Modernisierungsmaßnahmen (Landes- und vor allem KfW-Mittel) dürfte es naheliegen, den im Falle einer Fördermittelbeantragung durch den einzelnen Wohnungseigentümer entstehenden Mehraufwand durch eine Bündelung im Rahmen der Wohnungseigentümergemeinschaft zu vermeiden. Zu berücksichtigen ist dabei die Grundsatzentscheidung
des § 10 Abs. 2 S. 3 WEG, wonach die Gemeinschaft die Kompetenz besitzt, gemeinschaftsbezogene Pflichten und Rechte durch Beschlussfassung an sich zu ziehen.

Gleichwohl ist den Wohnungseigentümergemeinschaften zu empfehlen, im Falle gefasster Fi-
nanzierungsbeschlüsse vor der Einleitung von Umsetzungsmaßnahmen die Bestandskraft des
Beschlusses abzuwarten.

bb) Benachteiligung der Rechtsposition einzelner Eigentümer

Zu berücksichtigen ist weiter, dass der einzelne Eigentümer im Falle der Darlehensaufnahme   482
durch die Gemeinschaft einem zusätzlichen Haftungsrisiko ausgesetzt sein kann, dem er im
Falle der Finanzierung der Maßnahme im Wege der Erhebung von Beitragszahlungen von den
einzelnen Eigentümern (Wirtschaftsplan, Sonderumlage) entgehen könnte. Gemäß § 10 Abs. 8
WEG haftet der einzelne Wohnungseigentümer Gläubigern der Gemeinschaft nämlich bürgenähnlich als Teilschuldner in Höhe seines Miteigentumsanteils und kann im Falle mangelnder
Solvenz der Gemeinschaft zum anteiligen Forderungsausgleich herangezogen werden.

Ferner kann der einzelne Wohnungseigentümer einwenden, dass die im Zusammenhang mit
der Darlehensaufnahme entstehenden Kosten vermeidbar gewesen wären, da im Einzelfall ausreichend eigene liquide Mittel zum Ausgleich einer Beitragsforderung der Gemeinschaft zur
Verfügung stehen.

483   Diesen Einwänden kann indes hier vertretener Auffassung nach durch **geeignete Beschlussfassung** entgegengewirkt werden. So sollte die Finanzierung der abzuwickelnden baulichen Maßnahme primär durch Erhebung einer entsprechenden Beitragsforderung der Gemeinschaft (Sonderumlage) anteilig zulasten der jeweiligen Wohnungseigentümer beschlossen werden, um dem einzelnen Wohnungseigentümer, der über ausreichende liquide Mittel verfügt, die Gelegenheit zu geben, seinen Finanzierungsanteil zu erbringen. Gleichzeitig wird indes die (sekundäre) Finanzierung der Maßnahme durch Darlehensaufnahme der Wohnungseigentümergemeinschaft hinsichtlich der nicht gezahlten Sonderumlagenbeiträge beschlossen und dabei die Darlehenssumme anteilig um gezahlte Beiträge gemindert (Abwendungsbefugnis des Einzelnen durch Zahlung der Sonderumlage).

484   Zur Vermeidung einer Benachteiligung des die Sonderumlage entrichtenden Eigentümers ist zu weiter beschließen, dass die Darlehensaufnahme nur dergestalt erfolgen darf, dass der Darlehensnehmer auf die Geltendmachung der Eigenhaftung des jeweiligen Eigentümers aus § 10 Abs. 8 WEG sowie auf die Geltendmachung von Haftungsansprüchen aus dem Innenverhältnis der Wohnungseigentümer verzichtet.

Ferner ist gem. § 16 Abs. 4 WEG zu beschließen, dass die Zins- und Tilgungsleistungen sowie etwaige Nebenleistungen im Rahmen der Erstellung des Wirtschaftsplanes sowie der Jahresabrechnung nur anteilig von den Eigentümern getragen werden, deren Sonderumlagezahlung durch Darlehensaufnahme ersetzt wurde.

485   Dem Einwand, dass damit eine über die Außenhaftung des § 10 Abs. 8 WEG hinausgehende faktische Ausfallhaftung im Innenverhältnis (für Sonderumlagen zur Liquiditätssicherung) im Falle der Zahlungsunfähigkeit einzelner vom Darlehen profitierender Wohnungseigentümer nicht behoben sei, kann durch folgende Alternativüberlegung begegnet werden: Für den Fall, dass die Sonderumlagebeiträge der übrigen Eigentümer nicht darlehensfinanziert würden, trüge der liquide Eigentümer ohnehin deren finanzielles Ausfallrisiko im Innen- wie im Außenverhältnis, da ansonsten die Zahlungsausfälle ohnehin vom liquiden Eigentümer aufgrund der beschlossenen Maßnahme finanziert werden müssten. Insofern erleidet der liquide Eigentümer keinen echten Nachteil. Zudem kann durch den Abschluss einer sog. **Hausgeldausfallversicherung** dieses Risiko minimiert werden.

cc) Mangelnde Kreditwürdigkeit der Wohnungseigentümergemeinschaft?

486   Praktische Probleme bereitet indes die vom Kreditgeber (idR Kreditinstitut) zu berücksichtigende Bonität des Darlehensnehmers (Wohnungseigentümergemeinschaft). Hier dürften sich Schwierigkeiten durch die seitens des Kreditwesensgesetzes (KWG), der Bundesanstalt für Finanzdienstleistungsaufsicht sowie der internen Kreditvergaberichtlinien der Kreditinstitute geltenden Grundsätze für die Ausreichung und Besicherung von Darlehen ergeben. Zu berücksichtigen ist, dass die Banken über kaum nachhaltige Erfahrungen mit dem Kreditnehmer „Wohnungseigentümergemeinschaft" verfügen und (erstaunlicherweise) kaum nachhaltige rechtliche Erfahrung im Wohnungseigentumsrecht besitzen.

487   Die zentrale Frage der Bonität ist gerade bei langfristigen Investitionen in Grundstücke die Darlehensbesicherung durch **Grundpfandrechte**, die bei größeren Kreditsummen und längeren Laufzeiten regelmäßig gefordert werden dürften. Auf das die Ausführungen zur fehlenden Beschlusskompetenz der Wohnungseigentümergemeinschaft hinsichtlich der Verpflichtung des einzelnen Wohnungseigentümers zur Besicherung des Darlehens durch die Eintragung eines Grundpfandrechts ist Bezug zu nehmen (siehe Rn 475, 482).

Dieses Manko könnte durch eine Beschlussfassung dergestalt behoben werden, dass der einzelne   488
Wohnungseigentümer von der Verpflichtung zur Zahlung der Sonderumlage nur befreit wird,
wenn die finanzierende Bank bestätigt, vom jeweiligen Wohnungseigentümer eine grundpfandrechtliche (anteilige) Sicherung erlangt zu haben.

Hinweis: Hierzu ist anzumerken, dass das Verlangen der Bank nach Eintragung eines Global-
grundpfandrechts (idR Globalgrundschuld) auszuschließen sein dürfte, um keine weitergehende Haftung als die Teilschuldnerhaftung iSd § 10 Abs. 8 WEG zu begründen.

Die Bonität der Wohnungseigentümergemeinschaft kann gegenüber dem Kreditnehmer noch   489
dadurch unterstrichen werden, dass die im Innenverhältnis an der Darlehensaufnahme durch
den Verband partizipierenden Eigentümer zum einen als Teilschuldner bürgenähnlich gesetzlich
gem. § 10 Abs. 8 WEG haften, zum anderen im Innenverhältnis bei einer Liquiditätskrise der
Gemeinschaft zur Beschlussfassung über eine Sonderumlage zur Liquiditätssicherung verpflichtet sind. Auch ist auf die abzuschließende Hausgeldausfallversicherung hinzuweisen, sowie auf
die Tatsache der Insolvenzunfähigkeit der Gemeinschaft gem. § 11 Abs. 1 WEG.

Weiter ist zu berücksichtigen, dass durch ggf öffentlich geförderte Maßnahmen der Verbesse-   490
rung der energetischen Qualität des gemeinschaftlichen Eigentums die Bewirtschaftungskosten
(Energiekosten) dauerhaft gesenkt und die frei werdenden Mittel zur Darlehensrückführung
verwendet werden können. Auch ist auf die durch die Durchführung dieser sowie sonstiger
Sanierungsmaßnahmen gesteigerte Werthaltigkeit des Wohnungseigentums hinzuweisen.

Eine gesonderte **Abtretung oder Verpfändung der Instandhaltungsrücklage** der Gemeinschaft   491
scheidet indes aus, da dies den Grundsätzen ordnungsmäßiger Verwaltung widerspricht.

Hinweis: Sollten die Konten der Gemeinschaft (wie regelmäßig der Fall) beim darlehensgeben-
den Kreditinstitut geführt werden, so ist zu bedenken, dass nach den Allgemeinen Geschäftsbedingungen der Banken an diesen Geldern ein allgemeines Pfandrecht geltend gemacht wird.
Hier wäre eine entsprechende Abrede zu treffen.

2. Alternative Formen

Weiter ist darauf hinzuweisen, dass alternative Finanzierungsformen wie **Contracting** oder   492
Leasing bzw eine **Hersteller- bzw Auftragnehmerfinanzierung**, neuerdings auch Bausparmo-
delle für Wohnungseigentümergemeinschaften, diese Probleme teilweise umgehen, wenn auch
nicht vollständig lösen dürften.

3. Hinweispflicht

Der Verwalter ist nach einer sich in der Rechtsprechung bildenden Meinung verpflichtet, die   493
Eigentümergemeinschaft im Falle der Beschlussfassung über bauliche Maßnahmen auf öffentliche Fördermöglichkeiten hinzuweisen.[271]

---

271   LG Mönchengladbach v. 29.9.2006 – 5 T 51/06 = NZM 2007, 416.

494 ▶ **Muster: Beschlussvorschlag Darlehensaufnahme durch den Verband**

TOP 1

1.1

Die Eigentümerversammlung beschließt,

folgende bauliche Maßnahmen zur Instandhaltung und Instandsetzung, modernisierenden Instandsetzung bzw Modernisierung, gegebenenfalls auch baulicher Veränderung des gemeinschaftlichen
Eigentums durchzuführen: [...],

1.2

die Verwaltung zu bevollmächtigen, namens und in Vollmacht der Wohnungseigentümergemeinschaft
sowie auf deren Kosten die erforderlichen Aufträge zu erteilen und die entsprechenden Verträge
abzuschließen: [...],

1.3

*[für den Fall, dass die bauliche Maßnahme unter dem Vorbehalt der Gewährung von Darlehensmitteln /
öffentlichen Fördermitteln steht und ansonsten nicht durchgeführt werden soll]*

dass die vorstehend gefassten Beschlüsse zu TOP 1.1 und 1.2 unter der auflösenden Bedingung des
Nichteintritts der unter TOP 3 beschlossenen weiteren Voraussetzungen bis zum Ablaufe des [...]
stehen,

1.4

der Verwaltung für den über-obligationsmäßigen Arbeitsaufwand im Zusammenhang mit der Umsetzung der gefassten sowie nachfolgend gefassten Beschlüsse eine Sondervergütung iHv [...] zu gewähren [gesonderte Vergütungen für die einzelnen beschlossenen Maßnahmen sind auszuweisen –
siehe nachfolgend –], fällig und zahlbar [...], [wobei die Vergütung sich um [...] ermäßigt, sofern
die unter TOP [...] beschlossenen auflösenden Bedingungen eintreten].

TOP 2

2.1

Die Eigentümerversammlung beschließt zur Finanzierung der zu TOP 1 beschlossenen Maßnahmen,
wobei die Gesamtkosten mit ca. [...] € angenommen werden,

2.1.1

in Höhe eines Teilbetrags von [...] € auf die Instandhaltungsrücklage zurückzugreifen, wobei sich
der Anteil des jeweiligen Wohnungseigentümers aus dem vereinbarten Kostenverteilungsschlüssel
der Gemeinschaftsordnung [...] ergibt.

Über den jeweiligen Einzelanteil des jeweiligen Wohnungseigentümers gibt die dem Protokoll beigefügte und in der Versammlung vorgelegte Aufstellung Auskunft.

2.1.2

in Höhe eines Teilbetrags von [...] € von den jeweiligen Wohnungseigentümern eine Sonderumlage
zu erheben, wobei sich der Anteil des jeweiligen Wohnungseigentümers aus dem vereinbarten Kostenverteilungsschlüssel der Gemeinschaftsordnung [...] ergibt. Über den Einzelanteil des jeweiligen
Wohnungseigentümers gibt die dem Protokoll beigefügte und in der Versammlung vorgelegte Aufstellung Auskunft. Die Sonderumlage ist fällig und zahlbar bis zum Ablauf des [...], wobei es für die
Rechtzeitigkeit der Zahlung auf den Zeitpunkt des Eingangs auf dem Konto der Wohnungseigentümergemeinschaft ankommt.

Im Falle des Verzugs des Wohnungseigentümers mit der Zahlung der Sonderumlage werden Zinsen in Höhe des gesetzlichen Verzugszinssatzes, mindestens jedoch Zinsen iHv 15 % p.a. fällig. Die Verwaltung wird ermächtigt, den termingerechten Eingang der auf die einzelnen Wohnungseigentümer entfallenden Sonderumlagebeträge zu überwachen, Säumige zu mahnen und rückständige Zahlungen zugunsten der Wohnungseigentümergemeinschaft in deren Namen außergerichtlich und gerichtlich auf Kosten der Wohnungseigentümergemeinschaft beizutreiben, dies unter Beauftragung eines Rechtsanwalts seines Vertrauens.

TOP 3

Die Eigentümerversammlung beschließt,

3.1

die unter TOP 2.1.2 beschlossenen auf die einzelnen Wohnungseigentümer entfallenden Sonderumlagebeiträge hinsichtlich eines erstrangigen Teilbetrags durch die Inanspruchnahme öffentlicher Fördermittel in Form von Zuschüssen [...] [*konkretes Fördermittel einsetzen*] zu ersetzen. Die Verwaltung wird beauftragt, die hierfür notwendigen Anträge für die Wohnungseigentümergemeinschaft zu stellen. Soweit zur Inanspruchnahme der öffentlichen Förderung besondere Voraussetzungen zu erfüllen sind, wird die Verwaltung bevollmächtigt, namens und im Auftrage sowie auf Kosten der Wohnungseigentümergemeinschaft die entsprechenden Maßnahmen durchzuführen. Es handelt sich nach heutigem Kenntnisstand um folgende Voraussetzungen: [...] [*konkrete Angaben*]. Soweit entsprechende Fördermittel vor Fälligkeit der zu TOP 2.1.2 beschlossenen Sonderumlage gewährt und an die Wohnungseigentümergemeinschaft gezahlt werden, ermäßigt sich der auf den einzelnen Wohnungseigentümer entfallende Sonderumlagebetrag um den Betrag der anteilig gezahlten Zuschussförderung. Sollten entsprechende Fördermittel nach Fälligkeit und Leistung der zu TOP 2.1.2 beschlossenen Sonderumlage an die Wohnungseigentümergemeinschaft gezahlt werden, so stehen diese Beträge anteilig den jeweiligen Wohnungseigentümern zu und sind an diese auszuzahlen.

3.2

die unter TOP 2.1.2 beschlossenen auf die einzelnen Wohnungseigentümer entfallenden Sonderumlagebeiträge hinsichtlich des verbleibenden Restbetrags durch die Inanspruchnahme eines von der Wohnungseigentümergemeinschaft als rechtsfähigem Verband aufzunehmenden Bankdarlehens, vorzugsweise verbilligter öffentlicher oder privater Förderdarlehen, zu ersetzen. Die Verwaltung wird beauftragt, die hierfür notwendigen Verhandlungen zu führen und die notwendigen Anträge für die Wohnungseigentümergemeinschaft zu stellen. Soweit zur Inanspruchnahme eines solchen Darlehens wegen dessen öffentlicher oder privater Förderung besondere Voraussetzungen zu erfüllen sind, wird die Verwaltung bevollmächtigt, namens und im Auftrage sowie auf Kosten der Wohnungseigentümergemeinschaft die entsprechenden Maßnahmen durchzuführen. Es handelt sich nach heutigem Kenntnisstand im Einzelnen um folgende Voraussetzungen: [...] [*konkrete Angaben*]. Soweit entsprechende Darlehensmittel vor Fälligkeit der zu TOP 3.2.2 beschlossenen Sonderumlage gewährt und an die Wohnungseigentümergemeinschaft ausgezahlt werden, ermäßigt sich der auf den einzelnen Wohnungseigentümer entfallende Sonderumlagebetrag um den Betrag des anteilig gewährten Darlehens. Ergänzend wird klargestellt, dass, soweit der Darlehensgeber die Gewährung des beantragten Darlehens von dessen Besicherung durch die einzelnen im Innenverhältnis an der Darlehensaufnahme beteiligten Wohnungseigentümer, insbesondere von der Bewilligung der Eintragung von Grundpfandrechten, abhängig macht, keine diesbezügliche rechtliche Verpflichtung der einzelnen Wohnungseigentümer hierzu mangels Beschlusskompetenz im Verhältnis zur Wohnungseigentümergemeinschaft besteht. Die Verwaltung ist indes bevollmächtigt, im Rahmen der Vertragsverhandlungen für die Wohnungseigentümergemeinschaft darauf hinzuwirken, dass sich eine etwa vom jeweiligen Wohnungseigentümer verlangte Sicherheit, insbesondere eine grundpfandrechtliche Besicherung, höchstbetraglich am Haftungsbetrag des einzelnen Wohnungseigentümers gem. § 10 Abs. 8 WEG zu orientieren hat, also insbesondere die Eintragung von Globalgrundpfandrechten unterbleiben soll. Ferner soll die Verwaltung darauf hinwirken, dass der Darlehensgeber von einem Pfandrecht an etwa gleichzeitig bei ihm unterhaltenen Guthaben (insbesondere Instandhaltungsrücklage) absieht.

3.3

dass im Falle der Mitteilung des (potenziellen) Darlehensgebers, dass der jeweilige Wohnungseigentümer die Stellung einer etwa verlangten Sicherheit verweigert oder die Stellung einer etwa verlangten Sicherheit nicht innerhalb einer vom Darlehensgeber bestimmten Frist erfolgt, der betreffende Wohnungseigentümer an der Darlehensaufnahme der Wohnungseigentümergemeinschaft im Innenverhältnis nicht teilnimmt und die zu TOP 2.1.2 beschlossene jeweilige Sonderumlage beschlussgemäß fällig und zahlbar ist.

3.4

dass über den konkreten Abschluss des Darlehensvertrags, insbesondere dessen konkrete Konditionen, eine zu einem späteren Zeitpunkt einzuberufende Eigentümerversammlung entscheidet.

3.5

dass es jedem Sondereigentümer nachgelassen ist, seine Teilnahme an der Beantragung/Inanspruchnahme der unter TOP 3 genannten Mittel im Rahmen der Wohnungseigentümergemeinschaft im Innenverhältnis sowie seine Teilnahme im Innenverhältnis sowie seine Haftung im Außenverhältnis gem. § 10 Abs. 8 WEG im Rahmen der Beantragung/Inanspruchnahme der genannten Darlehensmittel durch die Wohnungseigentümergemeinschaft mittels Zahlung des vollständigen anteiligen Sonderumlagebetrags auf das Konto der Eigentümergemeinschaft bis zum Ablaufe des [...] abzuwenden.

3.6

dass im Rahmen des abzuschließenden Darlehensvertrags zu vereinbaren ist, dass der Darlehensgeber bezüglich des betreffenden Wohnungseigentümers auf dessen Inanspruchnahme gem. § 10 Abs. 8 WEG verzichtet. Die etwaige Beantragung/Inanspruchnahme öffentlicher oder privater Fördermittel durch den einzelnen Wohnungseigentümer, welche zu einer Kollision mit der Beantragung/Inanspruchnahme solcher Mittel durch die Wohnungseigentümergemeinschaft führt, ist vom jeweiligen Wohnungseigentümer der Verwaltung unverzüglich schriftlich anzuzeigen.

TOP 4

Die Eigentümerversammlung beschließt,

4.1

dass die im Zusammenhang mit der Beantragung des gegebenenfalls aufzunehmenden Darlehens der Wohnungseigentümergemeinschaft entstehenden Kosten sowie die durch die Gewährung des gegebenenfalls aufzunehmenden Darlehens entstehenden einmaligen und laufenden Kosten (insbesondere Zins- und Tilgungsleistungen sowie Nebenleistungen) von den im Innenverhältnis daran teilnehmenden Wohnungseigentümern, deren anteilige Zahlungspflicht zur beschlossenen Sonderumlage hierdurch ersetzt wurde, untereinander nach dem Verhältnis der Größe der jeweiligen Miteigentumsanteile unter Freistellung der übrigen Wohnungseigentümer im Innenverhältnis zu tragen sind.

4.2

dass die Verwaltung berechtigt ist, die gem. TOP 4.1 anteilig auf die betreffenden Wohnungseigentümer entfallenden Beträge im Rahmen der Erstellung des Wirtschaftsplanes sowie im Rahmen der

Erstellung der Jahresgesamt- und Einzelabrechnung, ferner für den Fall etwa notwendiger Sonderumlagen, den jeweiligen zahlungspflichtigen Wohnungseigentümern direkt zu belasten. ◄

G. Versicherungsschäden

Die Abwicklung von Versicherungsschäden im Wohnungseigentum bereitet in der Praxis oft-   495
mals Probleme. An den Verwalter werden seitens der Wohnungseigentümer oftmals Anforderungen gestellt, denen dieser oft nicht gerecht werden kann, vielfach auch gar nicht gerecht werden darf. So ist zwischen Schadensverursachung und -eintritt im Bereich des Gemeinschaftseigentums oder des Sondereigentums ebenso zu trennen wie hinsichtlich der Frage, wer den Schaden verursacht hat, sowie, ob und gegebenenfalls wen ein Verschulden am Schadenseintritt trifft. Ferner sind wichtige rein versicherungsrechtliche Fragen zu beachten.

I. Einführung

Durch das Verwaltungsobjekt selbst verursachte Schäden können viele Ursachen haben. Bei-   496
spielsweise können herabfallende Gebäudeteile Personen oder Sachen beschädigen. Ein Fußgänger kann auf vereistem Weg zu Fall kommen und sich verletzen. Ein auslaufender Öltank kann das Grundwasser verunreinigen. Eine ungesicherte Baustelle kann zu Verletzungen führen. Solche Risiken werden durch Haftpflichtversicherungen gedeckt. Angeboten werden insbesondere Versicherungen zur Abdeckung der Risiken aus der Haftpflicht des Grundstückseigentümers, des Bauherrn sowie zur Haftung für Umwelt-/Gewässerschäden.

Das Grundstück nebst Gebäude ist ebenso vielfältigen Risiken ausgesetzt. Die wichtigsten sind   497
Feuer, Wasserleitungsbruch, Sturm und Hagel, Erdsenkung, Schneedruck, Überschwemmung, sonstige Elementarschäden und Glasbruch. Gegen die vorgenannten Risiken können Sachversicherungen abgeschlossen werden.

Daneben birgt auch die WEG-Verwaltung selbst Risiken für die Wohnungseigentümer, den   498
Verwalter und die Verwaltungsbeiräte. Den Wohnungseigentümern können durch fehlerhafte Verwalterleistung finanzielle Nachteile entstehen. Im schlimmsten Falle können Verwaltungsmitarbeiter Gelder des Verwaltungsvermögens veruntreuen. Im Gegenzug können dem Verwalter wegen Verwalterfehler erhebliche Schadenersatzforderungen der Gemeinschaften ins Haus stehen. Auch Verwaltungsbeiräte sind einem Haftungsrisiko gegenüber der Wohnungseigentümergemeinschaft ausgesetzt. Die Risiken in diesen Bereichen werden durch die Bürohaftpflichtversicherung des Verwalters, die Vermögensschaden- und die Vertrauensschadenhaftpflichtversicherung des Verwalters sowie durch die Vermögensschadenhaftpflichtversicherung der Beiräte gedeckt.

II. Besonderheiten des Wohnungseigentumsrechts

Nach der „Zweiten Jahrhundertentscheidung des BGH" vom 2.6.2005 sowie dem Inkrafttreten   499
der WEG-Novelle ist die Teil-Rechtsfähigkeit der Wohnungseigentümergemeinschaft anerkannt.[272] Hieraus sowie aus der strukturellen Unterscheidung zwischen Sonder- und Gemeinschaftseigentums entstehen Divergenzen im Bereich der versicherungsrechtlichen Schadensabwicklung.

---

272 BGH 2.6.2005 – V ZB 32/05 = ZMR 2005, 547 ff.

500   Bei den grundstücksbezogenen **Sachversicherungen** ist nämlich einerseits eine Mitversicherung des Sondereigentums im Zuge der Versicherung des Gemeinschaftseigentums eingeschlossen.[273] Damit tritt als Versicherungsnehmerin und damit als Berechtigte aus dem Versicherungsvertrag gem. § 10 Abs. 6 S. 2, Abs. 7 WEG die Gemeinschaft der Wohnungseigentümer auf. Andererseits ergibt sich aus der Tatsache, dass das Miteigentum am Grundstück und das Sondereigentum nicht zum Verwaltungsvermögen gehören, sondern ausschließlich dem jeweiligen Miteigentümer zugeordnet sind, dass der jeweilige Sondereigentümer Anspruchsinhaber der sich hierauf beziehenden Rechte ist.

501   Hieraus folgt nun zum einen, dass wegen eines Schadenseintritts am Sondereigentum der jeweilige einzelne Eigentümer zwar als Geschädigter anzusehen ist, er jedoch nicht unmittelbarer Inhaber der Rechte aus dem Versicherungsvertrag ist. Gemäß der bisherigen Rechtsprechung zur Beschluss- und Ausübungskompetenz der Gemeinschaft hinsichtlich der sog. gemeinschaftsbezogenen Rechte[274] ist nun gem. § 10 Abs. 6 S. 3 WEG die Gemeinschaft der Wohnungseigentümer berechtigt, die Abwicklung solcher Schadensfälle durch Beschlussfassung an sich zu ziehen. Dabei entsteht ein gesetzliches Treuhandverhältnis, welches die Gemeinschaft dazu zwingt, dafür Sorge zu tragen, dass dem jeweiligen Eigentümer die angemessene Entschädigung auch zufließt.[275]

III. Aufgaben des Verwalters

502   Die Gemeinschaft der Wohnungseigentümer als rechtsfähiger Verband im Rahmen der ordnungsmäßigen Verwaltung des gemeinschaftlichen Eigentums ist gem. § 21 Abs. 3, Abs. 5 Nr. 3 WEG verpflichtet und berechtigt, das gemeinschaftliche Eigentum zu versichern. **Pflichtversicherungen** sind dabei die Feuerversicherung zum Neuwert sowie die Grundbesitzerhaftpflichtversicherung. Regelmäßig ist der Abschluss weiterer Versicherungen in der Gemeinschaftsordnung vereinbart oder sinnvollerweise zu beschließen (Sturm-, Leitungswasser-, Glasbruchversicherung, Gewässerhaftpflichtversicherung etc.). Dem Verwalter kommt dabei die Aufgabe zu, auf entsprechende Beschlüsse der Versammlung hinzuwirken und diese umzusetzen.

1. Die Abschlusskompetenz des Verwalters

503   Da, wie zunehmend zu beobachten ist, sich Versicherungsunternehmen nach der Regulierung von Schadensfällen von risikobehafteten Objekten im Wege der Vertragskündigung trennen und Versicherungsschutz für solche Objekte vielfach nur noch gegen Vereinbarung von Selbstbehalten zu erhalten ist,[276] stellt sich in solchen Fällen zum einen die Frage nach der Vertragsabschlusskompetenz des Verwalters. Zwar entspricht der Abschluss der **verbundenen Gebäude- und Haftpflichtversicherung** ordnungsgemäßer Verwaltung gem. § 21 Abs. 5 Nr. 3 WEG, indes ist der Verwalter durch WEG (insb. § 27 WEG) nicht gesetzlich bevollmächtigt. Er kann daher Versicherungsverträge namens und in Vollmacht der Wohnungseigentümer nur abschließen oder kündigen, wenn ein entsprechender Beschluss vorliegt; es sein denn, es liegt ein Notfall iSd § 27 Abs. 2 Nr. 4 WEG vor.[277]

---

273 Riecke/Schmid/*Drabek*, Kompaktkommentar WEG, 1. Aufl. 2006, § 21 WEG Rn 179.
274 Riecke/Schmid/*Abramenko*, Kompaktkommentar WEG, 1. Aufl. 2006, § 13 WEG Rn 26.
275 OLG Hamm v. 3.1.2008 – 15 W 420/06 = DWE 2008, 66.
276 Nußbaum, NZM 2003, 617, 618.
277 Umstritten, vgl Deckert/*Köhler*, Grp. 9 II Rn. 55 ff. m.w.N. ; Jennißen/*Heinemann*, § 27 Rn. 22, 26, 29.

Die Vereinbarung einer nicht unerheblichen **Selbstbeteiligung** entspricht daher hier vertretener 504
Auffassung nach nicht ordnungsgemäßer Verwaltung, sondern bedarf der ausdrücklichen beschlussweisen Genehmigung. Ansonsten macht sich der Verwalter schadensersatzpflichtig.

Eine Alternative stellt eine Beschlussfassung zur Sanierung des Rohr- bzw Leitungsnetzes dar,
da derart sanierte Objekte als neuwertig eingestuft werden und von höheren Prämien bzw
Selbstbeteiligungen verschont bleiben.

2. Pflichten im Versicherungsfall

Treten Versicherungsfälle im Bereich des Gemeinschaftseigentums auf, so hat sich der Verwalter 505
der Versicherungs- und Schadensabwicklung anzunehmen. Als Aufgabe der ordnungsgemäßen
Verwaltung des gemeinschaftlichen Eigentums obliegt es dem Verwalter ohne Weiteres, umgehend eine Regulierung herbeizuführen und zu überwachen. Probleme ergeben sich aber dann,
wenn auch Teile des Sondereigentums betroffen sind.

Ist (überwiegend) das Sondereigentum betroffen, so sind die Pflichten des Verwalters begrenzt, 506
sofern ihm nicht auch die Sondereigentumsverwaltung übertragen wurde. Abgesehen von Notmaßnahmen, der zügigen Meldung des Schadensfalls und der Unterstützung des Sondereigentümers durch Information sowie Bereitstellung erforderlicher Unterlagen trifft ihn keine gesteigerte Pflicht zur Durchführung der Schadensabwicklung.[278]

Nach der hier vertretenen Auffassung ist der Verwalter auch nicht berechtigt, die zur Scha- 507
densbeseitigung am Sondereigentum erforderlichen Kosten, auch wenn es sich um solche handelt, die über die Versicherung abgerechnet werden sollen, aus gemeinschaftlichen Mitteln zu
bevorschussen. Der Verwalter haftet, wenn die Gemeinschaft einen Ausfall dadurch erleidet,
dass bestimmte Beträge eben nicht erstattet werden (Luxusreparatur durch den Sondereigentümer, nicht versicherte Schäden wie Armaturen etc.).[279] Zuzugestehen ist allerdings, dass die
Erwartungshaltung der Praxis, insbesondere der Wohnungseigentümer und Beiräte, eine ganz
andere ist.

IV. Praktische Abwicklung

Sofern die Abwicklung von Versicherungsschäden direkt über die jeweilige Versicherung er- 508
folgt, ist dies in der Regel unproblematisch, weil dann alle technischen und finanziellen Angelegenheiten direkt vom Versicherer erledigt werden. Erfolgt die Abwicklung direkt und ausschließlich vom Verwalter aus, kann dieser nach den obigen Ausführungen (Rn 507) folglich
auch die Bezahlung von Rechnungen im Rahmen der Abwicklung von Versicherungsschäden
über das Konto der Gemeinschaft vornehmen. Wichtig ist allerdings, eine Deckungszusage der
Versicherung vorliegen zu haben und auch aus Gründen der Transparenz separate Sachkonten
für die Abrechnung anzulegen und zu bebuchen. Sofern die Versicherung eine komplette Bezahlung des Schadens nicht vornimmt und für die Schadensbeseitigung nicht die Gemeinschaft
zuständig ist, muss eine Weiterbelastung an den betroffenen Eigentümer erfolgen.

Nicht übersehen werden darf indes, dass der einzelne Sondereigentümer im Falle einer etwa 509
notwendigen Auseinandersetzung mit dem Versicherer der Unterstützung durch die Wohnungseigentümer bedarf. Da Versicherungsnehmer die Gemeinschaft der Wohnungseigentümer

---

278 BayObLG v. 3.4.1996 – 2 Z BR 5/96 = NJW-RR 1996, 1298; KG v. 9.10.1991 – 24 W 1484/91 = NJW-RR 1992, 150.
279 BayObLG v. 29.1.1998 – 2 Z BR 53/97 = NJW-RR 1999, 305.

ist, haben entweder alle Eigentümer zu klagen, oder sie müssen den einzelnen Eigentümer entsprechend ermächtigen.[280]

510 ▶ **Checkliste: Obliegenheiten des Verwalters im Versicherungsfall**

Damit ein eingetretener Schaden auch tatsächlich vom Versicherer gedeckt wird, hat der Verwalter zahlreiche Obliegenheiten zu erfüllen:

1. Obliegenheiten in der *Haftpflichtversicherung*:

– Regelmäßige Kontrolle des Objekts in Bezug auf Schadensquellen

– Schadensfälle dem Versicherer unverzüglich melden

– Schriftverkehr zu Schäden unverzüglich weiterleiten

– keine Anerkenntnisse oder Zahlungsversprechungen abgeben

2. Obliegenheiten in der *Sachversicherung*:

– Schaden dem Versicherer unverzüglich melden

– Notmaßnahmen ergreifen, um Schadenshöhe so gering wie möglich zu halten

– Schadenshöhe zuverlässig schätzen und/oder Kostenvoranschläge zur Beseitigung einholen und an den Versicherer geben

– Freigabe des Versicherers zur Handwerkerbeauftragung abwarten

– Nachweise/Dokumentation zur Schadensursache führen, wie beispielsweise ein Stück durchgerostete Wasserleitung bis zum Abschluss des Schadensfalls aufheben; ggf Bilder von der Schadensstelle und während der Schadensbeseitigung machen.

3. Obliegenheiten in der *Vermögensschaden- und Vertrauensschadenversicherung*:

– unverzügliche Meldung an den Versicherer, sobald Forderungen gestellt werden

– keine Anerkenntnisse oder Zahlungsversprechen abgeben ◀

511 ▶ **Muster: Schadensaufnahme und Meldung an Versicherung**

Meldung Versicherungsschaden vom [...] – Vorgangs-Nr. [...]

WEG/Anwesen	[...] [*Anschrift*]
Versicherung	[...] [*Name*], per E-Mail an: [...] [*E-Mail-Adresse*]
Versicherungsnummer	[...]
Schadensnummer int/ext	[...] (interne Nummer bitte immer angeben)
Schadenstag	[...]
Schadensort 1	Wohnung [...] [*Name*], 1.OG, rechts
Schadensort 2	Wohnung [...] [*Name*], EG, rechts
Schadensart	[...] [*zB Wasserschaden*]
Anrufer Name	[...]
Anrufer Telefon-Nr. privat	[...]
Namen Beteiligte/Geschädigte	[...] [*Name*], EG rechts, Tel./mobil [...]

---

280   OLG Hamm v. 3.3.1995 – 20 U 335/94 = NJW-RR 1995, 1419.

beauftragte Handwerker	1. Fa. [...]
	2. Fa. [...]
Hausmeister informiert	**[...]** [*Name*]

Hinweise/Bemerkungen:

In Bad und WC im EG treten Feuchtigkeitsflecken auf, eventuell Rohrleitung im 1.OG durchgerostet. Leckortung durch Fa. [...], beauftragt am [...].

Feststellung, dass Rohr in Wohnung 1. OG undicht – Reparaturen durchzuführen durch Fa. [...]. Trocknung laut Angebot der Fa. [...] ist dann zu veranlassen.

Schadensmeldung erfolgt am [...] durch [...]. ◄

▶ **Muster: Benachrichtigungsschreiben an Wohnungseigentümer wegen Schadensabwicklung**   512
durch Verwalter

Sehr geehrte/r [...] [*Eigentümer/in*],

in Ihrer Eigentumswohnung ist uns von Ihrem Mieter ein Wasserschaden gemeldet worden.

Die Gemeinschaft hat uns gemäß Beschluss vom [...] dazu ermächtigt, solche Versicherungsschäden über die für das Gebäude bestehenden Versicherungsverträge abzuwickeln.

Wir werden alles Notwendige veranlassen und Sie nach Abschluss der kompletten Schadensabwicklung hierüber informieren.

In diesem Zusammenhang möchten wir Sie auf Ihre Mitwirkungs- und Meldepflicht bei der Schadensaufnahme und der Beseitigung sowie der Abwicklung von Schäden als betroffene/r Eigentümer/in hinweisen.

Sofern der Versicherer den Schaden nicht komplett reguliert und etwaige Kosten auf Ihr Sondereigentum entfallen, weisen wir bereits jetzt darauf hin, dass wir eine Weiterbelastung an Sie vornehmen werden.

Vielen Dank für Ihr Verständnis und Ihre Unterstützung.

Für Fragen stehen wir gern zur Verfügung.

Verwalter ◄

▶ **Muster: Regulierungsschreiben an Versicherung**   513

WEG Anwesen: [...]

Schadensnummer intern/extern: [...]

Schaden vom [...] zur Versicherung [...]

Sehr geehrte Damen und Herren,

anbei erhalten Sie eine Rechnung zu oben genanntem Schaden der Firma [...] über [...] € sowie eine Rechnung der Firma [...] über [...] € mit der Bitte um Regulierung auf das nachgenannte Konto der WEG, da wir die Rechnungen als Auftraggeber bereits vorab beglichen haben. Wir bitten um Überweisung ohne Abzug der Mehrwertsteuer, da die WEG nicht steuerabzugsberechtigt ist.

WEG [...]

Vertreten durch [...]

Bank: [...]

BLZ: [...]

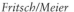

Konto: [...]

Vielen Dank im Voraus für Ihre Bemühungen.

Für Fragen stehen wir Ihnen gern unter der Telefon-Nr. [...] zur Verfügung.

Verwalter ◄

514 ▶ **Muster: Kostenblatt Versicherungsschaden für Abrechnung**

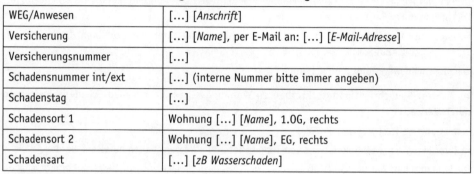

WEG/Anwesen	[...] [*Anschrift*]
Versicherung	[...] [*Name*], per E-Mail an: [...] [*E-Mail-Adresse*]
Versicherungsnummer	[...]
Schadensnummer int/ext	[...] (interne Nummer bitte immer angeben)
Schadenstag	[...]
Schadensort 1	Wohnung [...] [*Name*], 1.OG, rechts
Schadensort 2	Wohnung [...] [*Name*], EG, rechts
Schadensart	[...] [*zB Wasserschaden*]

Firma / Hand- werker	Rechnung vom	In Höhe von ... Euro	Erstattet wurden ... Euro	Noch zu erstat- ten: ... Euro
[...]	[...]	[...]	[...]	[...]
[...]	[...]	[...]	[...]	[...]
[...]	[...]	[...]	[...]	[...]
[...]	[...]	[...]	[...]	[...]
[...]	[...]	[...]	[...]	[...]
Abzüglich Selbst- beteiligung	[...]	[...]	[...]	[...]
Abzüglich Arma- turen zulasten Gemeinschaft	[...]	[...]	[...]	[...]

Summe der Rechnung [...]Erstattung gesamt: [...]

10 % für Verwalter wg Abwicklung Schaden: [...]

Rechnungsnummer an Versicherung: [...]

Buchhaltung Betrag Versicherung erhalten: [...]

Vorfall erledigt ☐   ◄

H. Muster zur sonstigen Verwaltung

I. Besondere Gebrauchs- und Nutzungsregelungen

515 Oftmals ist der Verwalter gefordert, Vorschläge für besondere Regelungsgegenstände zu unterbreiten.

1. Genehmigung von Parabolantennen

Häufig kann das Anbringung von Parabolantennen im Bereich des Gemeinschaftseigentums 516 durch die Wohnungseigentümer aufgrund entsprechender Beachtung eines grundrechtlich geschützten Interesses des jeweiligen Nutzers einer Sondereigentumseinheit zu dulden sein. Obgleich jedoch die Installation einer Satellitenempfangsanlage gegebenenfalls zu dulden ist, verbleibt in jedem Fall das sog. **Direktionsrecht** hinsichtlich der Details der Anbringung der individuellen Empfangsanlage in der Kompetenz der Wohnungseigentümergemeinschaft.[281]

Hierbei sind vom jeweiligen Nutzer Mehrkosten hinzunehmen, sofern diese nicht unzumutbar hoch sind.[282] So können mehrere Nutzer, die eine Einzelanlage wünschen, per Mehrheitsbeschluss auch auf die Errichtung einer gemeinsamen Anlage verwiesen werden.[283] Die Errichtung einer dem Grunde nach zu duldenden Anlage ohne Beachtung der gemachten Vorgaben und Auflagen führt zum Beseitigungsanspruch.[284]

▶ **Muster: Nutzervereinbarung Parabolantenne** 517

Die Eigentümerversammlung vom [...] hat zu TOP [...] beschlossen, Herrn/Frau [...] (im Weiteren „Nutzer") die Errichtung und den Betrieb einer Satellitenempfangsanlage unter folgenden Maßgaben zu gestatten.

Der Nutzer willigt in die folgende Vereinbarung ein:

1.

Die zur Empfangsanlage gehörende Parabolantenne wird auf dem Dach aufgestellt. Die zur Errichtung vorgesehene Stelle liegt [...]. Die Details der Positionierung sowie der Leitungsführungen und ggf notwendig werdender Kabelverkleidungen werden vor Ort durch den Verwalter vorgegeben.

2.

Anfallende Arbeiten sind durch ein konzessioniertes Fachunternehmen entsprechend den DIN-Normen und den anerkannten Regeln der Technik auszuführen. Die Anlage ist gegen Blitzschlag zu erden. Etwa entstehende Substanzbeeinträchtigungen sind fachgerecht zu beseitigen. Vom Nutzer ist durch schriftliche Bestätigung des ausführenden Unternehmens der Nachweis beizubringen, dass alle Arbeiten den einschlägigen Vorschriften entsprechend ausgeführt worden sind.

Die Parabolantenne darf nur den erforderlichen Umfang aufweisen und muss unauffällig montiert sein. Der Durchmesser des Spiegels darf grundsätzlich 85 cm nicht überschreiten. Darüber hinausgehende Beschränkungen sind aus technischen und rechtlichen Gründen möglich.

Im Bedarfsfall ist die Antenne dem baulichen oder sonstigen Hintergrund entsprechend einzufärben, so dass sie sich farblich möglichst wenig abhebt. Entsprechende Weisungen ergehen durch den Verwalter.

3.

Sofern durch die Installation und den Betrieb der Anlage Schäden am Eigentum der Gemeinschaft entstehen, ist der Nutzer zum Schadensersatz verpflichtet.

---

281 OLG Frankfurt v. 2.12.2004 – 20 W 186/03 = NZM 2005, 427; OLG Schleswig v. 12.2.2003 – 2 W 217/02 = ZMR 2004, 148; AG Neukölln v. 12.11.2002 – 70 II 100/02 WEG = ZMR 2004, 949; vgl auch Hogenschurz, DWE 2005, 63, 64.
282 Bis 2.600 €, vgl OLG Frankfurt v. 2.12.2004 – 20 W 186/03 = NZM 2005, 427.
283 Wenzel, ZWE 2005, 13, 22.
284 OLG Köln v. 31.8.2004 – 16 Wx 166/04 = ZMR 2005, 226; OLG Celle v. 31.7.2001 – 4 W 194/01 = WE 2002, 8; AG Hannover v. 8.12.2003 – 70 II 131/03 = ZMR 2004, 786.

Der Nutzer hat die bauliche Maßnahme auf eigene Kosten laufend und ordnungsgemäß instand zu halten und instand zu setzen. Erforderlichenfalls kann die Gemeinschaft die Wartung oder Instandsetzung durch einen konzessionierten Fachmann verlangen. Bei Zuwiderhandlung kann die Gemeinschaft die Beseitigung der baulichen Anlage auf dessen Kosten entschädigungslos verlangen. Sofern der Nutzer einer entsprechenden Aufforderung unter Fristsetzung nicht nachkommt, ist die Gemeinschaft auf Kosten des Nutzers zur Selbstvornahme oder Vornahme durch Dritte berechtigt.

4.

Jede beabsichtigte Änderung der baulichen Maßnahme ist zuvor bei der Gemeinschaft schriftlich zu beantragen und von dieser schriftlich zu genehmigen. Im Fall von Bau- oder Reparaturarbeiten kann die Gemeinschaft erforderlichenfalls für die Dauer der Arbeiten vom Nutzer verlangen, dass dieser die Parabolantenne auf eigene Kosten durch einen konzessionierten Fachmann demontieren und ggf wieder montieren lässt.

5.

Der Nutzer trägt die alleinige Haftung für die bauliche Maßnahme und für die Erfüllung genehmigungs- und betriebsrechtlicher Anforderungen an die Anlage und ebenso das Risiko des zufälligen Untergangs oder der zufälligen Verschlechterung. Die Gemeinschaft wird von jedweden Ersatzansprüchen freigestellt. Entsprechend hat der Nutzer gegenüber der Gemeinschaft vor Durchführung der baulichen Maßnahme das Vorhandensein einer das Haftungsrisiko deckende Versicherung (Deckungssumme mindestens [...] €) nachzuweisen.

Für Schäden, die bei der Gemeinschaft oder bei Dritten durch die bauliche Maßnahme, auch infolge höherer Gewalt, entstehen, haftet der Nutzer.

6.

Der Nutzer ist verpflichtet, bei Veräußerung des Wohnungseigentums die bauliche Maßnahme auf seine Kosten durch ein konzessioniertes Fachunternehmen beseitigen zu lassen und den ursprünglichen Zustand wieder herzustellen. In gleicher Form ist er berechtigt, während seiner Nutzungszeit die bauliche Maßnahme auch ohne Zustimmung der Gemeinschaft demontieren zu lassen.

7.

Der Nutzer erkennt an, dass eine Übergabe der baulichen Maßnahme an den Rechtsnachfolger oder sonstige Dritte nicht vorgesehen ist und er auch insoweit keinen Anspruch auf Entschädigung hat. Ein Anspruch auf Entschädigung besteht ebenfalls nicht, sofern die Gemeinschaft auf die Beseitigung gemäß Ziffer 6 verzichtet.

8.

Sofern sich zu einem späteren Zeitpunkt die rechtlichen und technischen Voraussetzungen, unter denen diese Genehmigung erteilt worden ist, ändern, ist die Gemeinschaft nach billigem Ermessen berechtigt, die Beseitigung der baulichen Maßnahme und die Wiederherstellung des ursprünglichen Zustands durch den Nutzer auf dessen Kosten entschädigungslos zu verlangen.

Eine Veränderung in diesem Sinne ist insbesondere dann gegeben, wenn die Gemeinschaft über eine Gemeinschaftssatellitenantenne oder das Breitbandkabelnetz oder auf sonstige Weise ein Programmangebot zur Verfügung stellt, das der rechtlich vorgegebenen Meinungsvielfalt entspricht.

9.

Zur Sicherung der Erfüllung der vorstehenden Verpflichtungen wird vor Beginn der baulichen Maßnahme vom Nutzer ein Betrag in Höhe von [...] € als Kaution hinterlegt. Dieser Betrag wird zu einem für Spareinlagen mit dreimonatiger Kündigungsfrist üblichen Satz verzinslich bei der Gemeinschaft angelegt. Die Hinterlegung eines entsprechenden Fremdsparbuchs bei der Gemeinschaft ist ebenfalls möglich. Die Kaution kann über eine Ratenzahlung wie folgt angespart werden: [...]. Sollte die Ratenzahlung nicht eingehalten werden, so kann eine Entfernung der baulichen Anlage nach Ziffer 3 dieser Vereinbarung verlangt werden. ◄

2. Gebrauchs- und Nutzungsregelung über Kraftfahrzeugstellplätze

Vielfach ist gerade bei älteren Wohnungseigentumsanlagen zu beobachten, dass die Kapazität der seinerzeit errichteten und im Gemeinschaftseigentum stehenden Kraftfahrzeugabstellplätze/ Garagen nicht mit dem Motorisierungsstand der Bewohner Schritt gehalten hat. In Anbetracht eines zudem kaum noch vorhandenen öffentlichen Parkraums kommt es zu regelrechten Verteilungskämpfen zwischen den jeweiligen Nutzern. | 518

Stehen mehrere Kraftfahrzeugabstellplätze im gemeinschaftlichen Eigentum und übersteigt die Anzahl der nutzungswilligen Wohnungseigentümer die Anzahl der zur Verfügung stehenden Abstellplätze und bestehenden besonderen Vereinbarungen nicht, so können die Wohnungseigentümer gem. § 15 Abs. 2 WEG eine entsprechende **Gebrauchs- und Benutzungsregelung** mit einfacher Mehrheit beschließen. | 519

▶ **Muster: Gebrauchsregelung Gemeinschaftsstellplätze**   520

Zur Herstellung einer Gleichbehandlung sämtlicher nutzungswilligen Wohnungseigentümer und sonstigen Objektnutzer fasst die Eigentümerversammlung folgenden Beschluss über die Art und Weise der Nutzung der im gemeinschaftlichen Eigentum stehenden Kraftfahrzeugabstellplätze:

1.

Die Art und Weise der Nutzung der im gemeinschaftlichen Eigentum stehenden Kraftfahrzeugabstellplätze [...] [*ggf Lage, Anzahl und Bezeichnung (Nummerierung oder sonstige Kennzeichnung) darstellen*] wird mit Wirkung ab dem [...] wie nachfolgend dargestellt geregelt. Dies bedeutet, dass mit Wirkung ab dem [...] die Nutzung der Stellplätze nur durch die nach den Bestimmungen dieses Beschlusses Nutzungsberechtigten erfolgen darf und bisherige Nutzungen bis spätestens zum [...] einzustellen sind.

2.

Die Kraftfahrzeugabstellplätze (im Weiteren „Stellplätze") werden, soweit eine unterscheidbare nähere Bezeichnung im Aufteilungsplan der Gemeinschaft nicht vorhanden ist, von der Straßenseite aus gesehen von links beginnend mit den Ziffern 1 und so fort bezeichnet, ansonsten gelten die Bezeichnungen des Aufteilungsplans der Gemeinschaftsordnung.

3.

Sofern eine besondere Kennzeichnung und Markierung der Ausdehnung der einzelnen Stellplätze bislang nicht erfolgt ist, wird die Verwaltung ermächtigt, namens und im Auftrag sowie auf Rechnung der Wohnungseigentümergemeinschaft mit einem maximalen Kostenaufwand iHv [...] €, unter Beauftragung eines Fachunternehmens, für eine Kennzeichnung sowie eine Markierung der Stellplätze zu sorgen. Im Zweifel orientiert sich die Ausdehnung des jeweiligen Stellplatzes an den folgenden Maßen: 2,50 Meter Breite und 5 Meter Länge.

Die entstehenden Kosten werden von der Gemeinschaft, im Innenverhältnis von den einzelnen Wohnungseigentümern nach dem Verhältnis der Miteigentumsanteile, getragen.

4.

Die im gemeinschaftlichen Eigentum stehenden Stellplätze dürfen nur von den nach den Bestimmungen dieses Beschlusses nutzungsberechtigten Wohnungseigentümern der Anlage sowie denje-

nigen, denen Wohnungseigentümer nach den Bestimmungen dieses Beschlusses die Nutzung zuläs-
sigerweise übertragen haben (im Weiteren „Nutzungsberechtigte"), zum Abstellen betriebstauglicher
und angemeldeter Personenkraftwagen und/oder Krafträder benutzt werden. Die Ausführung von
Wartungs- oder Reparaturarbeiten ist nicht gestattet. Zulässig ist das vorübergehende Abstellen der
Fahrzeuge von Besuchern, Haushalts- oder Familienmitgliedern, Lieferanten oder Handwerkern der
Nutzungsberechtigten.

5.

Die Nutzung der oben genannten Stellplätze erfolgt in der Reihenfolge der nach den nachfolgenden
Bestimmungen aufzustellenden Nutzerliste, wobei der Eigentümer der ersten in der Liste genannten
Wohnungs- oder Teileigentumseinheit die Nutzung des in der Gemeinschaftsordnung oder gemäß
beschlossener Kennzeichnung erstgenannten Stellplatzes zugewiesen erhält. Die Eigentümer der in
der Reihenfolge der Nutzerliste nachfolgenden Einheiten erhalten die Nutzung der nachfolgenden
Stellplätze in der Reihefolge deren Kennzeichnung zugewiesen, soweit und solange noch nicht mit
einem Nutzungsrecht belegte Stellplätze vorhanden sind. Endet die Nutzungsberechtigung der hiernach ermittelten Nutzungsberechtigten, so tritt an deren Stelle der Eigentümer der in der Nutzerliste
jeweils an rangnächster Stelle aufgeführten Einheit. Endet die Nutzungsberechtigung der letzten in
der Nutzerliste aufgeführten Einheit, so beginnt die Nutzungsvergabe wieder an erster Stelle der
Nutzerliste (revolvierende Nutzungsvergabe). Im Falle des Eigentumsübergangs tritt der jeweilige
Rechtsnachfolger an die Stelle der in der Nutzerliste genannten derzeitigen Einheit.

6.

Die Nutzung der Stellplätze wird dem jeweiligen Nutzungsberechtigten für eine Dauer von jeweils
[...] Monaten, erstmalig ab dem [...] unentgeltlich [*optional*: gegen eine der Wohnungseigentümergemeinschaft geschuldete Nutzungsgebühr iHv [...] € monatlich, fällig und zahlbar zusammen
mit dem Hausgeld] übertragen. Der jeweilige Nutzungsberechtigte ist befugt, die Nutzung des ihm
zugewiesenen Stellplatzes an den Mieter oder sonstigen Besitzberechtigten des in seinem Eigentum
stehenden Wohnungs- oder Teileigentums in dieser Anlage zu übertragen. Dabei ist der Nutzungsberechtigte vom jeweiligen Eigentümer auf die Einhaltung der Bestimmungen dieser Gebrauchs- und
Nutzungsregelung zu verpflichten.

7.

Die Zusammensetzung und Reihenfolge der Nutzerliste wird wie folgt ermittelt: Sämtliche Wohnungs-
und Teileigentumseinheiten nehmen an einer Verlosung teil, wobei die erste gezogene Einheit auf
Platz 1 der Liste gesetzt wird und so fort. ◄

II. Geschäftsordnung des Verwaltungsbeirats

521   Oftmals wird an den Verwalter die Bitte herangetragen, den Mitgliedern des Verwaltungsbeirats eine sog. Beiratsordnung zur Verfügung zu stellen. Für die Organisation und Willensbildung des Beirats sind gesetzlich keine Regelungen getroffen, weshalb es den Mitgliedern des
Beirats freisteht, ihre Tätigkeit grundsätzlich **autonom zu organisieren**. Hieraus folgt aber die
Befugnis des Beirats, sich selbst eine „Geschäftsordnung" zu geben, die aber auch durch Versammlungsbeschluss errichtet werden kann.

▶ **Muster: Geschäftsordnung des Beirats** 522

Geschäftsordnung des Verwaltungsbeirats der Wohnungseigentümergemeinschaft [...] in [...]

1.

Soweit der Verwaltungsbeirat Entscheidungen zu treffen hat, erfolgen diese durch Beschlussfassung in einer Beiratssitzung. Jedes Beiratsmitglied besitzt eine Stimme. Die Beiratssitzung ist beschlussfähig, wenn mehr als die Hälfte der Beiratsmitglieder anwesend sind. Im Falle der Beschlussunfähigkeit ist eine erneute Beiratssitzung mit gleicher Tagesordnung an einem folgenden Tag einzuberufen und unabhängig von der Anzahl der erschienenen Beiratsmitglieder beschlussfähig. Ein Beschluss kommt aufgrund Abstimmung durch Handzeichen mit der Mehrheit der abgegebenen Stimmen zustande, Enthaltungen werden nicht mitgezählt. Auch ohne Abhaltung einer Beiratssitzung können Beschlüsse dadurch gefasst werden, dass sämtliche Beiratsmitglieder ihre Zustimmung zum Beschluss schriftlich erklären.

2.

Mangels abweichender Vereinbarung in der Gemeinschaftsordnung ist eine Vertretung in der Beiratssitzung nicht möglich. Ein Beiratsmitglied ist nicht stimmberechtigt, sofern die Voraussetzungen des analog anzuwendenden § 25 Abs. 5 WEG vorliegen.

3.

Sofern keine Beschlussfassung der Eigentümerversammlung erfolgt, wählen die Mitglieder des Verwaltungsbeirats ihren Vorsitzenden sowie dessen Stellvertreter in einer vom Verwalter einzuberufenden Beiratssitzung nach obigen Bestimmungen.

4.

Der Vorsitzende des Verwaltungsbeirats beruft die weiteren Sitzungen des Verwaltungsbeirats, sofern keine abweichende Vereinbarung oder Beschlussfassung vorliegt, mindestens einmal im Wirtschaftsjahr ein, ansonsten nach pflichtgemäßem Ermessen bei Bedarf. Verweigert der Beiratsvorsitzende die Einberufung pflichtwidrig, so ist jedes Mitglied des Verwaltungsbeirats zur Einberufung berechtigt. Die Einladung zur Beiratssitzung hat in Textform unter Angabe der Tagesordnung und unter Einhaltung einer zweiwöchigen Ladungsfrist, die in Fällen besonderer Dringlichkeit abgekürzt werden kann, zu erfolgen.

5.

Der Vorsitzende des Verwaltungsbeirats, im Falle seiner Verhinderung dessen Stellvertreter, führt den Vorsitz in der Beiratssitzung, über die der Vorsitzende ein Beschlussprotokoll anzufertigen hat. Jeder Wohnungseigentümer ist berechtigt, Einsicht in die Sitzungsprotokolle zu nehmen.

6.

Änderungen der Geschäftsordnung des Beirats können nur durch Mehrheitsbeschlussfassung in der Eigentümerversammlung vorgenommen werden. ◀

III. Vorgehensweise bei obstruktivem Beschlussverhalten

Dem Verwalter als Versammlungsleiter steht die mit konstitutiver Wirkung ausgestattete Kompetenz zur Beschlussverkündung zu. Dabei stellt sich die Frage, ob der Verwalter als Versammlungsleiter befugt ist, nichtige oder rechtswidrige Beschlüsse, die aber gleichwohl gefasst werden sollen, nicht als zustande gekommen zu verkünden bzw eine Verkündung abzulehnen. 523

524 Etliche Stimmen in der Literatur halten den Verwalter für berechtigt und auch für verpflichtet, die **Verkündung nichtiger und rechtswidriger Beschlüsse** zu verweigern.[285] Zutreffend daran ist, dass der Verwalter von ihm als nichtig erkannte Beschlüsse nicht verkünden darf. Dem Verwalter und Versammlungsleiter kommt aber nach richtiger Auffassung eine Prüfungskompetenz hinsichtlich der Rechtmäßigkeit des von ihm als Ausdruck des Willens der abstimmenden Wohnungseigentümer zu verkündenden Beschlussergebnisses grundsätzlich nicht zu. Der Versammlungsleiter ist nicht befugt, durch selbstherrliche Entscheidungen seinen Willen an die Stelle des Willens der Wohnungseigentümer zu setzen (und damit den Wohnungseigentümern die Möglichkeit zu nehmen, rechtswidrige Beschlüsse mangels Anfechtung in Bestandskraft erwachsen zu lassen) bzw dem Wohnungseigentümer die Möglichkeit der gerichtlichen Überprüfung von Beschlüssen abzuschneiden.[286]

Wird somit auch ein rechtswidriger Beschluss zu verkünden sein, so trifft den Verwalter das aus der Regelung des § 49 Abs. 2 WEG resultierende, nicht unerhebliche Risiko, dass ihm im Falle der erfolgreichen Beschlussanfechtung das Gericht die Prozesskosten auferlegt.

525 In der Verwaltungspraxis gewinnt diese Problematik zusätzliche Brisanz, da Wohnungseigentümer regelmäßig von ihrem Verwalter/Versammlungsleiter die Verkündigung rechtswidriger und mit einem erheblichen Anfechtungsrisiko behafteter Beschlüsse verlangen, sei es aus Unkenntnis, Ignoranz gegenüber den Regeln ordnungsmäßiger Verwaltung oder aus rein finanziellen Erwägungen. Dies betrifft insbesondere (oftmals kostenträchtige) Beschlüsse über die Erfüllung gesetzlicher Aufgaben (Verkehrssicherung, Eichpflichten, Wartungspflichten etc.) oder Beschlüsse über bauliche Maßnahmen (Verzicht auf Begleitung der Baumaßnahme durch Fachleute oder Verfehlen erforderlicher Mehrheiten).

526 Dem Verwalter ist in solchen Fällen dringend anzuraten, durch eine ausdrückliche Aufklärung der Wohnungseigentümer, die Formulierung der eigenen Bedenken sowie einen ausdrücklichen Hinweis auf das Anfechtungs- und damit einhergehende Prozess- und Kostenrisiko die eigenen Haftungsgefahren zu minimieren. Dies ist im Versammlungsprotokoll ausdrücklich niederzulegen.

527 ▶ **Musterbeispiel: Risikohinweis des Verwalters zum Beschluss der Eigentümerversammlung wegen Rechtswidrigkeit**

(228)

Der Verwalter wies in Anbetracht des gestellten Beschlussantrags auf folgende Bedenken hin:

Bei der Genehmigung einer baulichen Veränderung im Bereich des Gemeinschaftseigentums (hier: Errichtung eines größeren Gartenhauses/Wintergartens) ist zu beachten, dass hierzu die Zustimmung sämtlicher Wohnungseigentümer, deren Rechte über das in § 14 Nr. 1 WEG bestimmte Maß hinaus beeinträchtigt werden, erforderlich ist. Da in der Eigentümerversammlung nicht sämtliche Wohnungseigentümer anwesend bzw vertreten und/oder ablehnende Stimmabgaben denkbar sind und es dem Verwalter nicht möglich ist, abschließend zu beurteilen, ob und inwieweit eine Rechtsbeeinträchtigung bei den einzelnen Wohnungseigentümern vorliegt, ist von einer Mehrheitsbeschlussfassung abzuraten. Zwar kann auch ein nur mehrheitlich gefasster und gegebenenfalls rechtswidriger Beschluss in Bestandskraft erwachsen, für den Fall der gerichtlichen Beschlussanfechtung ergibt sich jedoch für die Wohnungseigentümer ein nicht unerhebliches Prozess- und Kostenrisiko. ◀

---

285 Kümmel, ZWE 2006, 278 ff.
286 Deckert/Müller/Schmidt, DWE 2005, 7 ff.

▶ **Musterbeispiel: Risikohinweis des Verwalters zum Beschluss der Eigentümerversammlung** 528
wegen Verzicht auf Fachleute

Der Verwalter wies in Anbetracht des gestellten Beschlussantrags auf folgende Bedenken hin:

Bei der Durchführung umfangreicher, aufwendiger und technisch anspruchsvoller baulicher Maßnahmen (hier: Flachdachsanierung) ist die Beauftragung geeigneter Fachleute (zB Architekt, Bauingenieur) mit der Entwicklung eines Sanierungskonzepts, der Kostenschätzung, Ausschreibung der erforderlichen Maßnahmen, Bauüberwachung und Abnahme zur Vermeidung erheblicher Nachteile dringend angezeigt. Die Planung, Ausschreibung, Überwachung und Abnahme einer solchen Maßnahme kann mangels Fachkompetenz weder vom Verwalter noch vom Verwaltungsbeirat durchgeführt werden.

Soweit die Wohnungseigentümergemeinschaft auf die Einschaltung von Fachleuten zur Durchführung der zu beschließenden baulichen Maßnahme verzichtet, dürfte der Beschluss den Grundsätzen ordnungsmäßiger Verwaltung widersprechen, weshalb von einer solchen Beschlussfassung abzuraten ist. Zwar kann auch ein gegebenenfalls rechtswidriger Beschluss in Bestandskraft erwachsen, für den Fall der gerichtlichen Beschlussanfechtung ergibt sich jedoch für die Wohnungseigentümer ein nicht unerhebliches Prozess- und Kostenrisiko. ◀

▶ **Musterbeispiel: Risikohinweis des Verwalters zum Beschluss der Eigentümerversammlung** 529
wegen Beschlusskompetenz

Der Verwalter wies in Anbetracht des gestellten Beschlussantrags auf folgende Bedenken hin:

Für die Durchführung einer Maßnahme der Modernisierung iSd § 22 Abs. 2 WEG (hier: Ausstattung des Objekts mit einer Türöffnungs-/Gegensprechanlage) ist eine Beschlussfassung mit sog. doppeltqualifizierter Beschlussmehrheit vorgesehen, die nach den Feststellungen zur Beschlussfähigkeit / nach erfolgter Probeabstimmung in der heutigen Versammlung nicht erreicht werden kann. Zwar kann auch ein rechtswidriger Beschluss in Bestandskraft erwachsen, für den Fall der gerichtlichen Beschlussanfechtung ergibt sich jedoch für die Wohnungseigentümer ein erhebliches Prozess- und Kostenrisiko.

Zwar ist es möglich, den vorliegenden Beschlussantrag als Antrag auf Durchführung einer baulichen Veränderung iSd § 22 Abs. 1 WEG mit der Folge der Möglichkeit einer Beschlussfassung mit einfacher Mehrheit zu behandeln,[287] indes ist zu beachten, dass hierzu die Zustimmung sämtlicher Wohnungseigentümer, deren Rechte über das in § 14 Nr. 1 WEG bestimmte Maß hinaus beeinträchtigt werden, erforderlich ist.

Da in der Eigentümerversammlung nicht sämtliche Wohnungseigentümer anwesend bzw vertreten und/oder ablehnende Stimmabgaben denkbar sind und es dem Verwalter nicht möglich ist, abschließend zu beurteilen, ob und inwieweit eine Rechtsbeeinträchtigung bei den einzelnen Wohnungseigentümern vorliegt, ist von einer Mehrheitsbeschlussfassung ebenso abzuraten. ◀

---

287 Sogenanntes Umswitchen, vgl Schmidt/Breiholt/Riecke, ZMR 2008, 341, 347 mwN; Bärmann/*Merle*, § 22 WEG Rn 345 f mwN.

IV. Vermietetes Wohnungseigentum

530   Ein erheblicher Teil des Wohnungseigentums ist fremd vermietet. Dabei wird in der Vermietungspraxis den Wechselwirkungen zwischen dem Wohnungseigentums- und dem Mietrecht oftmals nicht die gebotene Aufmerksamkeit zuteil.[288]

1. Gebrauchs- und Nutzungsregelungen

531   So ist zunächst zu beachten, dass der vermietende Wohnungseigentümer an die verdinglichten oder beschlossenen Gebrauchs- und Nutzungsregelungen der Wohnungseigentümergemeinschaft gebunden ist, der Mieter mangels ausdrücklicher vertraglicher Vereinbarung aber nicht. Also muss der Mieter an die Gebrauchs- und Nutzungsregelungen der Gemeinschaft gebunden werden, da dem Mieter ansonsten ein Gebrauch bzw eine Nutzung vertraglich ermöglicht wird, auf die der Vermieter selbst keinen Anspruch hat. Dies führt oft zu für den vermietenden Wohnungseigentümer unlösbaren Problemen.

2. Kostenverteilungsschlüssel

532   Nach der bislang geltenden Rechtsprechung und herrschenden Rechtslehre bestehen gravierende <ABSATZ>Die erheblichen UNterscheideDabei sind die zu beachtenden gravierenden Unterschiede zwischen den mietrechtlichen Bestimmungen zur Tragung der Betriebskosten und dem Abrechnungssystem des Wohnungseigentumsrechts. Dies bezieht sich sowohl auf die Frage, welche Kosten überhaupt vom Mieter neben der Miete zu tragen sind, als auch auf die Frage nach der Abrechnung der vom Mieter zu tragenden Betriebskosten. Dabei ist zu beachten, dass der vermietende Wohnungseigentümer an das Abrechnungswesen der Gemeinschaft gebunden ist, während der Mieter grundsätzlich einen Anspruch auf eine den mietrechtlichen Bestimmungen folgende Kostentragung hat.

3. Abhilfemöglichkeiten

533   Widersprüche zwischen dem Inhalt des Mietvertrags und den Vereinbarungen und Beschlüssen der Wohnungseigentümer müssen aus oben (Rn 531) genannten Gründen tunlichst bei Vertragsschluss vermieden werden. Dem vermietenden Wohnungseigentümer ist daher dringend anzuraten, die Vereinbarungen und Beschlüsse der Gemeinschaft zum Gegenstand der Regelungen des jeweiligen Nutzungsüberlassungsvertrags zu machen. Eine **Anpassungs- oder Verweisungsklausel im Mietvertrag**, durch welche der Mieter die Regelungen der Vereinbarungen der Wohnungseigentümer und deren Beschlüsse zu Gebrauchsbeschränkungen anerkennt, ist liegt daher im eigenen Interesse des Vermieters.

534   Dann allerdings muss ihm Gelegenheit gegeben werden, sich mit deren Inhalt vertraut zu machen. „Dynamische Verweisungen", durch die sich der Mieter mit zukünftigen Änderungen einverstanden erklärt, dürften, zumal als Formularklausel, mangels inhaltlicher Bestimmtheit bzw wegen des Überraschungsverbots unwirksam sein. Als Individualvereinbarung mag Derartiges denkbar, aber die absolute Ausnahme sein.

535   Ein Änderungsvorbehalt, wonach der Vermieter nur unter der Voraussetzung billigen Ermessens eine Änderung herbeiführen darf, erscheint in Anbetracht der Bindung des Vermieters an eben auch nicht billige Beschlüsse bedenklich.[289] Auch bedarf die Möglichkeit einer Änderung

---

288   Riecke/Schmid/*Abramenko*, § 13 WEG Rn 3.
289   Riecke/Schmid/*Abramenko*, § 13 WEG Rn 49 ff.

des Abrechnungsschlüssels einer ausdrücklichen Bestimmung, die regelt, wann ein sachlicher Grund für eine Änderung gegebenen ist bzw müssen diese Gründe aufgezählt werden.[290]

▶ **Muster: Mietvertragszusatz bei vermietetem Wohneigentum** 536

Da es sich bei dem Mietobjekt um eine Eigentumswohnung handelt, vereinbaren Mieter und Vermieter Folgendes:

1.

Da es sich bei dem Mietobjekt um eine Eigentumswohnung handelt, ist der Vermieter an die Vereinbarungen und/oder Beschlüsse der Wohnungseigentümergemeinschaft gebunden.

Dies betrifft insbesondere:

– das auf dem Zufluss-/Abflussprinzip basierende Abrechnungssystem,
– die Kostenverteilungsschlüssel der umlagefähigen Betriebskosten,
– den Verteilerschlüssel (verbrauchs- bzw flächenabhänigig) nach der Heizkostenverordnung,
– die Bildung von Wirtschaftseinheiten/Abrechnungskreisen,
– Gebrauchs- und Nutzungsregelungen sowie Hausordnungsregelungen.

2.

Dem Mieter ist mit Blick auf die zwischen Mieter und Vermieter vereinbarte Regelung zur Tragung der Betriebskosten bekannt, dass der Vermieter als Mitglied der Wohnungseigentümergemeinschaft an die in der Gemeinschaftsordnung enthaltenen Regelungen zur Lasten- und Kostentragung und Abrechnung, die weiteren diesbezüglichen Vereinbarungen und Beschlüsse der Wohnungseigentümergemeinschaft sowie insbesondere beschlossene Wirtschaftspläne und Jahresabrechnungen gebunden ist. Dem Mieter ist bekannt, dass das Mietobjekt Teil einer sog. Mehrhausanlage ist, was über die Bildung von sog. Wirtschaftseinheiten bzw Abrechnungskreisen dazu führt, dass gegebenenfalls mehrere Gebäude(komplexe) kostenmäßig zusammengefasst abgerechnet werden.

3.

Dem Mieter ist ferner bekannt, dass die wohnungseigentumsrechtliche Abrechnung nicht nach dem Verbrauchsprinzip, sondern nach dem sog. Zufluss-/Abfluss-Prinzip erstellt wird, das heißt, dass unabhängig von der tatsächlichen Inanspruchnahme einer Leistung bzw unabhängig von einem tatsächlichen Verbrauch die im Abrechnungszeitraum getätigten Ausgaben abgerechnet werden.

4.

Dem Mieter ist weiter bekannt, dass für die Betriebskosten mit Ausnahme der Kosten der zentralen Heizungsanlage und der zentralen Warmwasserversorgung, über die nach den Vorschriften der Heizkostenverordnung abgerechtet wird, in der Abrechnung der Wohnungseigentümergemeinschaft derzeit folgende Kostenverteilungsschlüssel verwendet werden: [...].

Für die Abrechnung der Heiz- und Warmwasserkosten gem. Heizkostenverordnung gilt derzeit folgender Abrechnungsmaßstab: [...].

5.

Der Mieter erklärt sich damit einverstanden, dass die Abrechnung der Wohnungseigentümergemeinschaft als Grundlage der ihm zu erteilenden Betriebskostenabrechnung dient, insbesondere was die gebildeten Abrechnungskreise, die Ermittlung der im Abrechnungszeitraum angefallenen Betriebskosten sowie die verwendeten Kostenverteilungsschlüssel anbetrifft.

---

290 Drasdo, ZMR 2008, 421, 431.

6.

In der Abrechnung der Wohnungseigentümergemeinschaft ist die Grundsteuer nicht enthalten. Für die Grundsteuer wird folgender Abrechnungsmaßstab vereinbart: [...].

7.

Sämtliche Verpflichtungen des Vermieters als Sondereigentümer gegenüber der Wohnungseigentümergemeinschaft, die sich aus den in der Teilungserklärung/Gemeinschaftsordnung enthaltenen Gebrauchs- und Nutzungsregelungen sowie aus der beschlossenen Hausordnung sowie weiteren beschlossenen Gebrauchs- und Nutzungsregelungen der Wohnungseigentümergemeinschaft ergeben, gelten ausdrücklich mit Wirkung für und gegen den Mieter als vereinbart, soweit dessen Rechte und Pflichten aus dem Mietvertrag betroffen sind bzw im Laufe des Mietverhältnisses betroffen werden, sofern nicht zwingende gesetzliche Bestimmungen entgegenstehen.

8.

Die Gemeinschaftsordnung der Wohnungseigentümergemeinschaft und die weiteren die hier getroffenen Regelungen betreffenden Vereinbarungen und/oder Beschlüsse der Wohnungseigentümergemeinschaft sind dem Mieter in der gültigen Fassung anlässlich des Abschlusses dieses Mietvertrags ausgehändigt worden. Insbesondere sind dem Mieter der aktuelle Wirtschaftsplan sowie die letztbeschlossene Jahresabrechnung und die beschlossene Hausordnung ausgehändigt worden.

9.

Dem Mieter ist bekannt, dass die Wohnungseigentümer durch Vereinbarung sowie insbesondere durch mehrheitlichen Beschluss den Vermieter bindende Änderungen und/oder Ergänzungen der oben in Bezug genommenen Regelungen vornehmen können.

Der Vermieter wird Änderungen von Vereinbarungen und/oder Beschlüssen der Wohnungseigentümergemeinschaft dem Mieter unverzüglich zur Kenntnis bringen.

Dabei wird vereinbart, dass der Mieter verpflichtet ist, solchen Änderungen zuzustimmen, die rechtlich notwendig oder sachlich begründet sind und durch die der Mieter nicht unbillig benachteiligt wird. ◄

§ 3 Die Wohnungseigentümergemeinschaft im Streit

Abramenko, Die unterbliebene Beschlussfeststellung, ZMR 2004, 789; *Armbrüster*, Der Verwalter als Organ der Gemeinschaft und Vertreter der Wohnungseigentümer, ZWE 2006, 470; *Armbrüster*, Die Rechtsfähigkeit der Eigentümergemeinschaft, GE 2007, 420; *Baer*, Gemeinschaftsbezogenheit von Mängelrechten beim Erwerb vom Bauträger, BTR 2006, 113; *Becker*, Die Ausübung von Rechten durch die Eigentümergemeinschaft, ZWE 2007, 432; *Becker*, Die Haftung der Wohnungseigentümer für Schäden am Sondereigentum infolge mangelhafter Instandsetzung des gemeinschaftlichen Eigentums, ZWE 2000, 56; *Becker*, Folgen fehlerhafter Beschlussverkündung durch den Versammlungsleiter, ZWE 2006, 157; *Becker*, Notgeschäftsführung: Kein Aufwendungsersatzanspruch gegen Miteigentümer, MietRB 2008, 143; *Bergerhoff*, Die wohnungseigentumsrechtliche Anfechtungsklage im ZPO-Verfahren, NZM 2007, 425; *Bergerhoff*, Übergangsrechtliche Probleme in wohnungseigentumsrechtlichen Altverfahren, NZM 2007, 553; *Blackert*, Die Wohnungseigentümergemeinschaft im Zivilprozess, 1999; *Böhringer*, Zur Grundbuchfähigkeit der Wohnungseigentümergemeinschaft, Rpfleger 2006, 53; *Bonifacio*, Die neue Anfechtungsklage im Wohnungseigentumsrecht, ZMR 2007, 592; *Briesemeister*, Das Nachschieben von Anfechtungsgründen nach Ablauf der Begründungsfrist des § 46 Abs 1 Satz 2 WEG im Beschlussanfechtungsprozess des Wohnungseigentümers, ZMR 2008, 253; *Briesemeister*, Die Begründungsfrist nach § 46 Abs. 1 S. 2 WEG n.F., AnwZert MietR 5/2008 Anm. 1; *Bub*, Das Finanz- und Rechnungswesen der Wohnungseigentümergemeinschaft, 2. Auflage 1996; *Bub*, Der schwebend unwirksame Beschluss im Wohnungseigentumsrecht, in: Merle (Hrsg.), Festschrift für Hanns Seuß zum 80. Geburtstag, 2007, S. 53; *Deckert*, Konsequenzen der BGH-Entscheidung vom 23-8-2001 in der Wohnungseigentumspraxis, ZMR 2003, 153; *Derleder/Fauser*, Die Haftungsverfassung der Wohnungseigentümergemeinschaft nach neuem Recht ZWE 2007, 2; *Dötsch*, Anfechtungsbegründungsfrist iSd § 46 Abs 1 Satz 2 WEG - Gebot einschränkender Auslegung?, ZMR 2008, 433; *Dötsch*, Wasserschadenhaftung im Mehrfamilienhaus analog § 906 II 2 BGB?, NZM 2004, 177; *Drabek*, Beschlusskompetenz zur Aufhebung einer Veräußerungsbeschränkung gemäß § 12 Abs. 4 WEG ZWE 2008, 69; *Drabek*, Die Ermächtigung eines Wohnungseigentümers zum Vertreter der Gemeinschaft - § 27 Abs. 3 Satz 3 WEG, ZWE 2008, 75; *Einsiedler*, Der Gebührenstreitwert in Wohnungseigentumssachen, ZMR 2008, 765; *Elzer*, Die Hausordnung einer Wohnungseigentumsanlage, ZMR 2006, 733, ZMR 2006, 733; *Elzer*, Das neue Verfahrensrecht in WEG-Sachen, ZAP 2007, 325; *Elzer*, Die Zuständigkeit für Rechtsmittel in Wohnungseigentumssachen, MietRB 2008, 156; *Elzer*, Welche Auswirkungen hat die Reform des § 79 ZPO auf Wohnungseigentumsverwalter?, GE 2008, 964, 966; *Elzer*, Welche Auswirkungen hat die Reform des § 79 ZPO auf Wohnungseigentumsverwalter?, ZMR 2008, 772; *Fritsch*, Die Verkehrssicherungspflicht im Wohnungseigentum, ZWE 2005, 384; *Häublein*, Beschlussanfechtungsbefugnis bei zwangsverwaltetem Wohnungseigentum, ZfIR 2005, 337; *Häublein*, Drittwirkung der Verwalterpflichten – Teil 1, ZWE 2008, 1; *Häublein*, Drittwirkung der Verwalterpflichten – Teil 2, ZWE 2008, 80; *Häublein*, Parallelen zwischen Wohnungseigentumsrecht und Gesellschaftsrecht, in: Merle u.a. (Hrsg.), Festschrift für Joachim Wenzel zum 65. Geburtstag, 2005, S. 175; *Hauger*, Die Eigentumswohnung in der Zwangsverwaltung, in: Bub u.a., Festschrift für Johannes Bärmann und Hermann Weitnauer, 1990, S. 353; *Hogenschurz*, Trittschallschutz - Besonderheiten nach Bodenbelagswechsel in Eigentumswohnungen MDR 2003, 201; *Hogenschurz*, Zuständigkeit bei gemeinsamen Klagen gegen Wohnungseigentümer und dessen Mieter, AnwZertMietR 15/2008, Anm. 3; *Jacoby*, Der Abschluss des Verwaltervertrags, AnwZertMietR 2008, Anm. 1; *Kümmel*, Abwehransprüche der Wohnungseigentümer gemäß § 1004 BGB gegen Mieter und sonstige Nutzer des Sonder- und Gemeinschaftseigentums, ZWE 2008, 273; *Lehmann-Richter*, Rechtsmittel des Verwalters gegen Kostenentscheidungen nach § 49 Abs. 2 WEG, ZWE 2009, 74; *Lehmann-Richter*, Zu den Ersatzansprüchen des Mieters bei Renovierung aufgrund unwirksamer Schönheitsreparatur- oder Abgeltungsklausel, WuM 2005, 747; *Lehmann-Richter*, Zum Schadensersatz wegen Beschädigung des Gemeinschafts- und Sondereigentums unter besonderer Berücksichtigung der Ansprüche des Rechtsnachfolgers, ZWE 2006, 413; *Merle*, Zur Vertretung der beklagten Wohnungseigentümer im Beschlussanfechtungsverfahren, ZWE 2008, 109; *Müller*, Die Prozessvertretung der Beklagten durch den Verwalter im Anfechtungsrechtsstreit, ZWE 2008, 226; *Müller, H.*, Der Vertragspartner des Verwalters, in: Merle (Hrsg.), Festschrift für Hanns Seuß zum 80. Geburtstag, 2007, S. 211; *Raiser*, Rechtsfähigkeit der Wohnungseigentümergemeinschaft, ZWE 2001, 173; *Reichert*, Der Wohnungseigentümer als Zustellungsvertreter nach dem RegE-WEG, ZWE 2006, 477; *Scheffler*, Einstweilige Verfügung im Rahmen der Anfechtung der Verwalterbestellung, AnwZert MietR 1/2008, Anm. 4; *Schmidt, K.*, Quotenhaftung von BGB-Gesellschaftern, NJW 1997, 2201; *Schultzky*, Das Verhältnis von Wirtschaftsplan, Sonderumlage und Jahresabrechnung, ZMR 2008, 757; *Schulze-Hagen*, Die Ansprüche des Erwerbers gegen den Bauträger wegen Mängel am Gemeinschaftseigentum, ZWE 2007, 113; *Skrobek*, Die Kostenentscheidung in wohnungseigentumsrechtlichen Verfahren nach der WEG-Reform, ZMR 2008, 173; *Stackmann*, Richterliche Anordnungen versus Parteiherrschaft im Zivilprozess, NJW 2007, 3521; *Suilmann*, Die Ermächtigung des Verwalters nach § 27 Abs. 3 Satz 1 Nr. 7 WEG, ZWE 2008, 113; *Wenzel*, Der Bereich der Rechtsfähigkeit der Gemeinschaft , ZWE 2006, 462; *Wenzel*, Der Negativbeschluss und seine rechtlichen Folgen, ZMR 2005, 413; *Wenzel*, Rechte der Erwerber bei Mängeln am Gemeinschaftseigentum – eine systematische Betrachtung, ZWE 2006, 109.

A. Einführung in das Verfahrensrecht

I. Grundprinzipien der ZPO: Verfahrensarten, Prozessgrundsätze

1   Klageverfahren in WEG-Sachen unterliegen seit dem 1.7.2007 den Regeln der ZPO. Es handelt sich um eine Stichtagsregelung: Alle ab diesem Tag anhängigen Verfahren regeln sich nach der ZPO, während für vorher anhängig gewordene „Altverfahren" weiterhin das FGG gilt (§ 62 Abs. 1 WEG).[1]

Die Überführung des WEG-Verfahrens in die ZPO hat die Anforderungen an die Prozessführung maßgeblich erhöht. Im Gegensatz zum Verfahren der freiwilligen Gerichtsbarkeit, dem früheren Verfahrensregime in WEG-Sachen, gilt in der ZPO nicht der Amtsermittlungs- sondern der Beibringungsgrundsatz.[2] Danach obliegt die Beschaffung des Prozessstoffes nicht dem Gericht, sondern den Parteien. Die Parteien müssen dem Gericht die für sie günstigen Tatsachen vollständig und detailliert (sog. Substantiierung) vortragen. Die in Altverfahren in der Praxis häufig anzutreffende Vorgehensweise, die Sachverhaltsaufklärung entweder dem Gericht zu überlassen oder in zweiter Instanz umfangreich neue Tatsachen vorzutragen, ist nicht mehr möglich. Die ZPO verlangt von den Parteien umfassenden und frühzeitigen Sachvortrag schon in erster Instanz (vgl § 296 ZPO).[3] Die zweite Instanz ist grundsätzlich reine Rechtsinstanz (vgl § 529 ZPO), neuer Sachvortrag ist hier also regelmäßig nicht mehr möglich. Die Parteien und ihre Vertreter müssen daher peinlich auf einen sorgfältigen Sachvortrag vor der Eingangsinstanz achten, um den Prozess nicht wegen bloßer Verspätung von Argumenten zu verlieren.

2   Der Verwalter kann bei entsprechender Vollmacht grds. vor dem Amtsgericht als Vertreter ein Gerichtsverfahren führen (§ 78 ZPO). Allerdings ist § 79 Abs. 2 S. 2 ZPO zu beachten, der die Vertretung durch Bevollmächtigte, die nicht Rechtsanwälte sind, einschränkt. Vertritt der Verwalter den Verband Wohnungseigentümergemeinschaft, ist § 79 Abs. 2 S. 2 ZPO nicht einschlägig, weil der Verwalter nicht als bevollmächtigter, sondern organschaftlicher Vertreter auftritt. Problematisch ist hingegen die Vertretung der Eigentümer persönlich; hier könnte es sich um eine unter § 79 Abs. 2 ZPO fallende „Bevollmächtigung" handeln. Die Literatur plädiert indes zutreffend dafür, eine Vertretung auch in diesen Fällen zuzulassen.[4] Denn § 27 WEG geht von der Zulässigkeit einer prozessualen Vertretung aus, weshalb der Vorschrift ein Anwendungsvorrang gebührt.

3   Wenn der Verwalter im Prozess als Vertreter des Verbands Wohnungseigentümergemeinschaft oder einzelner Eigentümer auftritt, stellt sich die Frage, ob dem Gericht eine Vollmacht in Schriftform nachgewiesen werden muss (§ 80 Abs. 1 ZPO).[5] § 80 ZPO ordnet keine Sanktion an, falls die Vorlage unterbleibt. Praktische Bedeutung erlangt die Regel aber, weil das Gericht

---

1 Ausführlich zum Übergangsrecht etwa Bergerhoff, NZM 2007, 553.
2 Hierzu Stackmann, NJW 2007, 3521; zu den Maximen der ZPO vgl etwa Zöller/*Greger*, Vor § 128 ZPO Rn 2 ff.
3 Zu den Hinweispflichten des Gerichts und den sich daraus ergebenden Folgen siehe Rn 235 (Gehörsrüge).
4 Elzer, GE 2008, 964, 966 f; ders., ZMR 2008, 772.
5 Ausführlich: Lehmann-Richter, ZWE 2009, 298.

nach § 88 ZPO einen Mangel der Vollmacht von Amts wegen zu prüfen hat, falls der Vertreter kein Rechtsanwalt ist, § 88 Abs. 2 ZPO. Um einen Mangel der Vollmacht handelt es sich auch, wenn die Vollmacht nicht nach § 80 ZPO vorgelegt wird.[6] Die Norm ist auch auf den Verwalter anwendbar, und zwar unabhängig davon, ob er den Verband Wohnungseigentümergemeinschaft oder die Eigentümer vertritt. Denn nach wohl allg. Ansicht[7] müssen auch organschaftliche Vertreter ihre Position gemäß § 80 Abs. 1 ZPO schriftlich nachweisen,. Diese aus Gründen der Rechtssicherheit zutreffende Ansicht führt dazu, Gleiches vom Verwalter zu fordern. Möglich ist der Nachweis der Vertretungsmacht durch Vorlage einer Vollmacht nach § 27 Abs. 6 WEG oder durch Vorlage der Niederschrift des Bestellungsbeschlusses (vgl. § 24 Abs. 6 WEG). Ob der Verwalter für den konkreten Fall Vertretungsmacht besitzt, ist eine andere Frage. Ein schriftlicher Nachweis ist entbehrlich, wenn die Vertretungsmacht aus dem Gesetz folgt (etwa § 27 Abs. 2 Nr. 2 WEG). Andernfalls ist der Nachweis der Vertretungsmacht des Verwalters durch die Niederschrift des Ermächtigungsbeschlusses oder – falls die Ermächtigung aus der Gemeinschaftsordnung folgt – durch diese zu führen.[8]

Hinweis: Der Verwalter sollte wohl überlegen, ob er ein Verfahren in erster Instanz persönlich für die Eigentümer oder den Verband Wohnungseigentümergemeinschaft führt. Etwaige prozessuale Versäumnisse können zu Schadensersatzansprüchen führen. In zweiter Instanz ist nach § 78 Abs. 1 S. 1 ZPO zwingend ein Rechtsanwalt mit der Vertretung zu beauftragen.

Eine weitere Schwierigkeit grundsätzlicher Art besteht in der Unterscheidung zwischen dem rechtsfähigen Verband Wohnungseigentümergemeinschaft und den einzelnen Eigentümern. Beide sind nach dem WEG mit Rechten und Pflichten ausgestattet (§ 10 Abs. 1 und 6 WEG). Es muss also vor Klageeinreichung immer geprüft werden, wem der geltend gemachte Anspruch zusteht. Hier kommt es oft auf den Sachverhalt an: Abwehransprüche wegen Beeinträchtigung des Gemeinschaftseigentums etwa stehen den Wohnungseigentümern zu, können aber jedenfalls bei entsprechendem Beschluss vom Verband Wohnungseigentümergemeinschaft geltend gemacht werden (§ 10 Abs. 6 S. 3 WEG; vgl Rn 144 ff). 4

Hinweis: Eine der größten Haftungsfallen für den Berater ist, dass Klagen im Namen einer falschen Partei oder gegen die falschen Personen eingereicht werden (etwa: Beschlussanfechtungsklage gegen den Verband Wohnungseigentümergemeinschaft anstatt gegen die Eigentümer).[9] Hier ist besondere Sorgfalt geboten; insbesondere muss geklärt werden, ob der Verband Wohnungseigentümergemeinschaft Beschlüsse gefasst hat, mit denen er individuelle Ansprüche einzelner Eigentümer an sich gezogen hat.

II. Verfahrensablauf, Schlichtungsverfahren, Instanzenzug in WEG-Sachen

1. Verfahrensablauf

Streitigkeiten nach dem WEG werden, wie alle ZPO-Sachen, regelmäßig durch den Austausch von Schriftsätzen gegenüber dem Gericht geführt und nach mündlicher Verhandlung entschieden (vgl §§ 272 ff ZPO). Besonderheiten ergeben sich in WEG-Sachen aus dem Umstand, dass 5

---

6 BGH, Urt. v. 20.04.1977 - IV ZR 68/76 - MDR 1977, 1006; Hartmann in: Baumbach/Lauterbach/Albers/Hartmann, ZPO, § 88 Rn 1.
7 Vgl Musielak/*Weh*, § 80 Rn 10; *Hartmann* in: Baumbach/Lauterbach/Albers/Hartmann, § 80 Rn 8, 12; Zöller/Vollkommer, § 80 Rn 9.
8 Vgl RG, Urt. v. 19.2.1904 – III 346/03, RGZ 57, 90 (für den Vorstand eines nicht rechtsfähigen Vereins); Bork in: Stein/Jonas, ZPO, § 80 Rn 23.
9 Dazu einerseits AG Konstanz ZMR 2008, 494 (Auslegung kann ergeben, dass trotz anders lautenden Rubrums die Eigentümer verklagt sind) und andererseits AG Dresden ZMR 2008, 248 (Auslegung nicht möglich, verklagt ist der Verband).

Klagen meist nicht nur Kläger und Beklagten, sondern alle Eigentümer und auch den Verwalter berühren. Dem tragen die §§ 47 f WEG Rechnung. Danach sind etwa Anfechtungsprozesse gegen Beschlüsse miteinander zu verbinden (§ 47 WEG); die Kläger werden notwendige Streitgenossen (§ 62 Abs. 1 ZPO).[10] Nach § 48 WEG sind nicht verklagte Eigentümer und der Verwalter einem Rechtsstreit zwischen Eigentümern beizuladen, wenn ihre rechtlichen Interessen berührt werden. Ein Urteil wirkt dann für und gegen die Beigeladenen und ihre Rechtsnachfolger (§ 48 Abs. 3 WEG). Beide Vorschriften verfolgen das Ziel, die Rechtseinheit in der Gemeinschaft zu sichern.

6   Die Vertretung sowohl der Eigentümer als auch des Verbands Wohnungseigentümergemeinschaft erfolgt regelmäßig durch den Verwalter (§§ 27 Abs. 2 Nr. 1 und Nr. 3, 27 Abs. 3 Nr. 1 und Nr. 7 WEG). Fehlt ein Verwalter oder ist er (etwa wegen Interessenkollision)[11] von der Vertretung ausgeschlossen, vertreten sich die Wohnungseigentümer jeweils selbst. Die Vertretung des Verbands Wohnungseigentümergemeinschaft richtet sich nach § 27 Abs. 3 S. 2 und 3 WEG. Der Verband Wohnungseigentümergemeinschaft wird entweder durch alle Eigentümer (Gesamtvertretung) oder durch einen per Beschluss ermächtigten Eigentümer (Einzelvertretung) vertreten.[12]

Nach § 45 Abs. 2 WEG haben die Eigentümer für den Fall, dass der Verwalter von der Vertretung *der Wohnungseigentümer* ausgeschlossen ist, einen Ersatzzustellungsvertreter zu bestimmen. Die Regel betrifft nur die Vertretung der Eigentümer,[13] nicht des Verbands Wohnungseigentümergemeinschaft. Und sie betrifft nur die Vertretung bei der Zustellung, nicht hingegen die sonstige Prozessführung. Wird kein Ersatzzustellungsvertreter benannt, kann das Gericht die Bestimmung ersetzen (§ 45 Abs. 3 WEG). Sind die Wohnungseigentümer Beklagte, ist der Ersatzzustellungsvertreter dem Gericht nach § 44 Abs. 1 S. 1 WEG mitzuteilen.

2. Schlichtungsverfahren

7   § 15 a Abs. 1 EGZPO gibt den Landesgesetzgebern die Möglichkeit, die Zulässigkeit einer Klage in bestimmten Fällen von der erfolglosen Durchführung eines Schlichtungsverfahrens abhängig zu machen. Diese Fälle sind: vermögensrechtliche Streitigkeiten bis 750 € (Nr. 1); nachbarrechtliche Streitigkeiten iSd. § 906 ff BGB (Nr. 2) sowie Ansprüche nach dem AGG oder wegen Ehrverletzung (Nr. 3). Lediglich § 15 a Abs. 1 Nr. 1 EGZPO hat in WEG-Sachen besondere praktische Bedeutung, insbesondere im Bereich der Wohngeldklagen.

8   Für den Praktiker entscheidend ist die Frage, welche Bundesländer von der Ermächtigung in § 15 a Abs. 1 Nr. 1 EGZPO Gebrauch gemacht haben.[14] Dies sind nur Baden-Württemberg und Bayern (derzeit befristet bis 31.12.2011). Die Schlichtungsgesetze der Länder Brandenburg, Hessen, Nordrhein-Westfalen, Sachsen-Anhalt, Schleswig-Holstein und des Saarlandes kennen keine streitwertabhängigen Schlichtungsverfahren.

9   Die Schlichtungsgesetze unterscheiden sich sowohl in ihrem sachlichen als auch ihrem örtlichen Anwendungsbereich. Ein streitwertbezogenes Schlichtungsverfahren in vermögensrechtlichen Streitigkeiten ist wie folgt erforderlich:

---

10   AG Wiesbaden ZMR 2008, 165.
11   Vgl BGH NJW 2007, 2776.
12   Dazu Drabek, ZWE 2008, 75.
13   Vgl Riecke/Schmid/*Abramenko*, § 45 WEG Rn 4; Reichert, ZWE 2006, 477.
14   Die Schlichtungsgesetze der Länder sind abgedruckt in Schönfelder, Deutsche Gesetze, Ergänzungsband, Nr. 104 ff.

- Baden-Württemberg: Streitigkeiten bis 750 €, falls die Parteien Wohnsitz, Sitz oder Niederlassung im selben oder benachbarten LG-Bezirk in Baden-Württemberg haben.
- Bayern: Streitigkeiten bis 750 €, falls die Parteien Wohnsitz, Sitz oder Niederlassung im selben LG-Bezirk haben (LG München I und II gelten als ein Bezirk).

Hinweis:
Insbesondere bei Zahlungsklagen unter 750 € muss stets geprüft werden, ob ein Schlichtungsverfahren vorzuschalten ist. Versäumnisse führen zur Abweisung der Klage als unzulässig; das Schlichtungsverfahren kann nicht nachgeholt werden.[15] Wer bei Hausgeldklagen das Schlichtungsverfahren vermeiden will, sollte abwarten, bis ein Rückstand besteht, der die betragsmäßige Grenze überschreitet.

3. Instanzenzug im WEG-Verfahren

a) Internationale Zuständigkeit

Eine internationale Zuständigkeit deutscher Gerichte für Klagen gegen Wohngeldschuldner mit   10
Wohnsitz im EU-Ausland nach Art. 22 Nr. 1 EuGVVO (Klage aus dinglichem Recht) besteht
nach herrschender Meinung nicht.[16] Diese spricht sich aber für eine Zuständigkeit am Ort der
Wohnanlage nach dem Grundsatz des Erfüllungsortes (Art. 5 Nr. 1 a EuGVVO) aus.[17] Für Klagen gegen Wohngeldschuldner außerhalb der EU bestimmt sich die internationale Zuständigkeit zunächst nach völkerrechtlichen Verträgen. Sind solche nicht vorhanden, gelten die allgemeinen Grundsätze des deutschen Internationalen Zivilprozessrechts. Danach wird die internationale Zuständigkeit eines deutschen Gerichts regelmäßig durch dessen örtliche Zuständigkeit indiziert.[18] Die Zuständigkeit deutscher Gerichte ergibt sich danach aus § 43 WEG. Im Übrigen weisen die gerichtlichen Zuständigkeiten in Streitigkeiten nach § 43 WEG erhebliche Besonderheiten auf:

b) Eingangsinstanz, örtliche und sachliche Zuständigkeit

§ 43 WEG bestimmt für die dort genannten Verfahren das Gericht als ausschließlich örtlich   11
zuständig, in dessen Bezirk das Grundstück der Wohnungseigentumsanlage liegt. Von der örtlichen ist die sachliche Zuständigkeit zu unterscheiden, also die Frage nach der Zuständigkeit von Amts- oder Landgericht. Sie ergibt sich aus § 23 Nr. 2 Buchst. c) GVG. Danach ist für alle Streitigkeiten innerhalb der Wohnungseigentümergemeinschaft einschließlich Verwalter (§ 43 Nr. 1 bis 4 und Nr. 6 WEG) unabhängig vom Streitwert das Amtsgericht örtlich zuständig. Bei Klagen Dritter nach § 43 Nr. 5 WEG bestimmt sich die sachliche Zuständigkeit hingegen nach den allgemeinen Vorschriften, regelmäßig dem Streitwert (bis 5.000 € Amtsgericht, ansonsten Landgericht, §§ 23 Nr. 1, 71 Abs. 1 GVG). Wird eine Klage gegen mehrere Personen erhoben und fällt einer der Ansprüche unter § 43 WEG (Beispiel: Klage eines Eigentümers gegen den Verband Wohnungseigentümergemeinschaft und den Handwerker wegen der Verursachung von Mängeln am Sondereigentum), so folgt aus § 43 WEG kein gemeinschaftlicher Gerichts-

---

15 BGHZ 161, 145.
16 BayObLG ZMR 2004, 129.
17 OLG Stuttgart NZM 2005, 430; Wolicki, in: Köhler/Bassenge, Teil 16 Rn 201.
18 BGH NJW 1999, 1395.

stand vor dem WEG-Gericht.[19] Das zuständige Gericht kann aber auf Antrag entsprechend § 36 Abs. 1 Nr. 3 ZPO durch das im Rechtszug zunächst höhere Gericht bestimmt werden.[20]

c) Berufungs- und Beschwerdeinstanz

12   Besonderheiten ergeben sich auch bei den Rechtsmittelverfahren.[21] Klagen Dritter unterliegen den herkömmlichen Regeln der ZPO und des GVG. Etwas anderes gilt hingegen für die Streitigkeiten innerhalb der Wohnungseigentümergemeinschaft (§ 43 Nr. 1 bis 4 und Nr. 6 WEG). Hier ist die Zuständigkeit für Berufungen und sofortige Beschwerden bei bestimmten Landgerichten konzentriert (§ 72 Abs. 1 S. 2 GVG). Danach ist das für den Sitz des Oberlandesgerichts zuständige Landgericht gemeinsames Berufungs- und Beschwerdegericht für den Bezirk des Oberlandesgerichts, in dem das Amtsgericht seinen Sitz hat. In den überwiegenden Fällen entspricht die Ortsbezeichnung des für die Berufung zuständigen Landgerichts dabei der Ortsbezeichnung des OLG-Bezirks, in dem das Amtsgericht liegt, dessen Entscheidung angefochten wird (Beispiel: OLG Bamberg – LG Bamberg; OLG Braunschweig – LG Braunschweig). Folgende Ausnahmen bestehen von diesem Grundsatz:[22]

Amtsgericht befindet sich im Bezirk des	Berufungsinstanz ist das
OLG München	LG München I
OLG Nürnberg	LG Nürnberg-Fürth
Kammergerichts	LG Berlin
OLG Brandenburg	LG Frankfurt/Oder
OLG Celle	LG Lüneburg
OLG Zweibrücken	LG Landau
OLG Naumburg	LG Dessau-Roßlau
OLG Schleswig	LG Itzehoe
OLG Jena	LG Gera

Hinweis: Werden durch die Einlegung von Berufung oder sofortiger Beschwerde beim falschen Gericht die Rechtsmittelfristen versäumt, so wird das Rechtsmittel als unzulässig verworfen (§§ 522 Abs. 1 S. 2, 572 Abs. 2 S. 2 ZPO). Eine fristwahrende Verweisung ist nicht möglich.[23] Bei der sofortigen Beschwerde kann diese Gefahr durch Einlegung des Rechtsmittels beim Amtsgericht umgangen werden (§ 569 Abs. 1 S. 1 ZPO). Für die Berufung besteht diese Möglichkeit nicht (§ 519 Abs. 1 ZPO).

d) Revision und Rechtsbeschwerde

13   Nach § 62 Abs. 2 WEG ist bei vor dem 1.7.2012 verkündeten Entscheidungen in den Verfahren nach § 43 Nr. 1 bis 4 WEG die Nichtzulassungsbeschwerde (§§ 543 Abs. 1 Nr. 2, 544 ZPO) ausgeschlossen. Dies bedeutet, dass Urteile des Landgerichts nur dann mit der Revision ange-

---

19   Vgl OLG Frankfurt NJW-RR 1995, 319 zur Klage eines Arbeitgebers gegen seinen Arbeitnehmer und einen Dritten wegen gemeinschaftlicher unerlaubter Handlung.
20   OLG München NZM 2008, 777, 778; Hogenschurz, AnwZert MietR 15/2008, Anm. 3.
21   Näher zum Folgenden: Elzer, MietRB 2008, 156, auch zu Zuständigkeiten in vor dem 1.7.2007 anhängigen Altverfahren.
22   Nach Elzer, MietRB 2008, 156, 157.
23   BGHZ 155, 46, 50.

fochten werden können, wenn das Gericht zweiter Instanz diese Möglichkeit eröffnet hat. Rechtsbeschwerden zum BGH, also Rechtsmittel gegen Nebenentscheidungen, sind hingegen in Fällen eröffnet, in denen dies im Gesetz ausdrücklich bestimmt ist oder von einem der in § 574 Abs. 1 Nr. 2 ZPO genannten Gerichte zugelassen wurde. In Verfahren nach § 43 Nr. 5 WEG (Klagen Dritter) ist die Nichtzulassungsbeschwerde nach § 26 Nr. 8 EGZPO nur bei einer Beschwer von über 20.000 € zulässig, falls die Berufung nicht verworfen wurde.

e) Kosten des Gerichtsverfahrens

Das Kostenrecht in WEG-Verfahren weist gewisse Besonderheiten auf. Zum einen gilt für den   14
Gebührenstreitwert § 49 a GKG. Danach ist der Streitwert grds. auf 50 % des Interesses der
Parteien und Beigeladenen festzusetzen. Der Streitwert darf aber das Interesse des Klägers und
der auf seiner Seite Beigetretenen nicht unterschreiten, das Fünffache dieses Interesse oder aber
den Wert ihres Wohnungseigentums nicht überschreiten. Bei Klagen gegen einzelne Wohnungseigentümer ist der Streitwert auf das Fünffache ihres Interesses sowie der ihnen Beigetretenen
beschränkt; auch hier gilt die Wertgrenze des Verkehrswertes ihres Wohnungseigentums. Diese
Vorschrift wirft in der Praxis Anwendungsprobleme auf, die noch nicht abschließend geklärt
sind.[24] Ausführungen zum Streitwert finden sich ggf bei den jeweiligen Klagemustern. Die Kostenerstattung beschränkt § 50 WEG, wenn mehrere Wohnungseigentümer Partei sind, regelmäßig auf die Kosten eines Rechtsanwalts. Nach § 49 Abs. 2 WEG können auch dem nicht am
Prozess beteiligten Verwalter Kosten auferlegt werden, wenn die Tätigkeit des Gerichts durch
sein grob schuldhaftes Verhalten veranlasst wurde. Die Vorschrift ist insbesondere bei Anfechtungsklagen bedeutsam, wenn die fehlerhafter Beschlussfassung vom Verwalter durch schweres
Verschulden verursacht wurde.[25] Gegen die ihn beschwerende Kostenentscheidung kann der
Verwalter analog §§ 91 a Abs. 2, 99 Abs. 2 ZPO sofortige Beschwerde einlegen.[26]

B. Das Mandat für den Wohnungseigentümer

I. Einführung

Die folgenden Ausführungen betreffen das Mandat für den einzelnen Wohnungseigentümer.   15
Hier geht es also nicht (dazu später Rn 157 ff) um die Wahrnehmung kollektiver Verbandsin-
teressen, sondern um die Durchsetzung individueller Ansprüche. Am Anfang jeder rechtlichen
Beratung muss hier die Prüfung der Berechtigung des Mandanten stehen, den geltend gemachten
Anspruch zu verfolgen. Dieser scheinbaren Selbstverständlichkeit kommt im Wohnungseigentumsrecht wegen der Koexistenz von rechtsfähigem Verband Wohnungseigentümergemeinschaft auf der einen und Eigentümern auf der anderen Seite besondere Bedeutung zu. Häufig
kann es nämlich zweifelhaft sein, ob der Mandant individuell berechtigt ist oder sein Recht
kollektiv – dh durch den Verband Wohnungseigentümergemeinschaft oder mit dessen Zustimmung – wahrnehmen muss. Als Beispiel seien Ansprüche gegen den Verwalter auf Auskunft
oder Beseitigungsansprüche wegen baulicher Veränderungen genannt (dazu Rn 65 und 112).
Von Relevanz ist in diesem Zusammenhang auch die Rechtsprechung des BGH, wonach Ansprüche wegen Beschädigung des Gemeinschaftseigentums von einzelnen Eigentümern nur ver-

---

24 Siehe aber Abramenko, Das neue WEG, S. 283 ff; Einsiedler, ZMR 2008, 765; Jennißen/*Suilmann*, § 49 a GKG; Skrobek,
    ZMR 2008, 173.
25 AG Neuss ZMR 2008, 498; Jennißen/*Suilmann*, § 49 GKG Rn 21 ff.
26 LG Frankfurt a.M. NJW 2009, 924; Lehmann-Richter, ZWE 2009, 74.

folgt werden können, wenn sie hierzu von der Gemeinschaft ermächtigt wurden (näher dazu unten Rn 121).[27]

Hinweis: Insbesondere der nur gelegentlich im Wohnungseigentumsrecht tätige Berater sollte die Frage der Berechtigung nicht unterschätzen. Die Zuordnung von Ansprüchen hat sich im Wohnungseigentumsrecht zu einer Spezialmaterie entwickelt, die stets besonderer Beachtung bedarf.

16   Die Darstellung zum Mandat für den Wohnungseigentümer gliedert sich auf in Streitigkeiten aus dem Innenverhältnis auf der einen und Streitigkeiten im Außenverhältnis auf der anderen Seite. Unter Innenverhältnis werden dabei – angelehnt an § 43 Nr. 1 bis Nr. 4 WEG – die Beziehungen des Mandanten zu den Miteigentümern (Rn 17), dem Verband Wohnungseigentümergemeinschaft (Rn 89) sowie zum Verwalter (Rn 108) verstanden.[28] Das Außenverhältnis hingegen betrifft die übrigen Rechtsbeziehungen des Mandanten zu Dritten, insbesondere Bewohnern der Anlage, die nicht Eigentümer sind (Rn 117 ff).

II. Mandat für den Wohnungseigentümer gegen die anderen Eigentümer

17   Im Vordergrund der anwaltlichen Betreuung von Wohnungseigentümern stehen Mandate im Zusammenhang mit der Willensbildung und ihrer Verwirklichung (Rn 18 ff). Daneben spielt die Durchsetzung von Beseitigungs- und Unterlassungsansprüchen eine große Rolle (Rn 65 ff).

1. Klagen im Bereich der Willensbildung

18   Der im Wohnungseigentumsrecht tätige Anwalt wird von Wohnungseigentümern am häufigsten deshalb aufgesucht, weil sich die übrigen Eigentümer nicht so verhalten, wie der Mandant es für richtig hält. Kurzum: Es geht um gefasste oder nicht gefasste/zu fassende Beschlüsse, also um die Willensbildung der Wohnungseigentümer.

Hinweis: Häufig richtet sich der Unmut des Mandanten vordergründig gegen den Verwalter, zum Beispiel weil er mit der Jahresabrechnung nicht einverstanden ist. Gleichwohl handelt es sich auch hier regelmäßig um ein Mandat gegen die übrigen Wohnungseigentümer, nämlich dann, wenn die Jahresabrechnung bereits beschlossen wurde. Es obliegt dem Anwalt, seinen Mandanten darauf hinzuweisen bzw davon zu überzeugen, dass (prozessuale) Gegner die übrigen Wohnungseigentümer sind.

a) Anfechtungsklage

19   Wohnungseigentümer haben nach § 21 Abs. 4 WEG einen Anspruch auf ordnungsgemäße Verwaltung des gemeinschaftlichen Eigentums. Sie können diesen Anspruch nicht einfach dadurch verwirklichen, dass sie mit einer gewöhnlichen Klage bei Gericht das Unterlassen beschlossener Maßnahmen erwirken, die einer ordnungsgemäßen Verwaltung nicht entsprechen. Stattdessen müssen sie mit der vorrangigen Anfechtungsklage gegen Beschlüsse vorgehen, die ihrem Anspruch zuwiderlaufen.

aa) Abgrenzung

20   Es gibt Beschlüsse, die bereits gem. § 23 Abs. 4 S. 1 WEG nichtig sind, da sie gegen Rechtsvorschriften verstoßen, auf deren Einhaltung nicht verzichtet werden kann, oder weil gar keine

---

27 BGHZ 121, 22.
28 Nach "klassischem" Verbandsrecht wären die Rechtsbeziehungen zum Verwalter eigentlich dem Außenverhältnis zuzuordnen, weil er selbst nicht Mitglied des Verbands ist.

Scheffler

Beschlusskompetenz besteht.[29] Ein Nichtigkeitsgrund liegt beispielsweise vor, wenn der Kostenverteilungsschlüssel für Instandhaltungsmaßnahmen nicht nur für den Einzelfall, sondern auf Dauer abgeändert werden soll.[30] Die bereits *ipso jure* wirkende Nichtigkeit des Beschlusses wird durch Feststellungsurteil im Verhältnis der Prozessbeteiligten zueinander lediglich deklaratorisch festgestellt (zur Nichtigkeitsklage vgl Rn 46).

Auch gegen „Nichtbeschlüsse" oder „Scheinbeschlüsse", bei denen der rechtsgeschäftliche Entstehungstatbestand nicht vervollständigt ist, muss rechtlich nicht vorgegangen werden. Allerdings kann die unterbliebene Feststellung und Verkündung eines Beschlussergebnisses durch gerichtliche Beschlussfeststellung nach § 43 Nr. 4 WEG nachgeholt werden. Mit der Rechtskraft der gerichtlichen Entscheidung wird der Beschluss endgültig wirksam.

Dagegen bleiben Beschlüsse, die auf andere Weise fehlerhaft sind, weil sie an formellen oder materiellen Beschlussmängeln leiden (Anfechtungsgründe), gem. § 23 Abs. 4 S. 2 WEG so lange wirksam, bis sie durch ein rechtskräftiges (Gestaltungs-)Urteil für ungültig erklärt worden sind. Das richtige Rechtsschutzmittel hiergegen ist die fristgebundene Anfechtungsklage.

bb) Gerichtszuständigkeit

Für die Anfechtungsklage ist gem. § 23 Nr. 2 Buchst. c) GVG, § 43 WEG unabhängig vom Streitwert ausschließlich zuständig das Amtsgericht, in dessen Bezirk das Grundstück liegt. Ein Vorverfahren nach § 15 a EGZPO (Einigungsversuch vor einer Gütestelle) ist nicht erforderlich, da die Anfechtungsklage binnen einer gesetzlichen Frist zu erheben ist (§ 15 a Abs. 2 Nr. 1 EGZPO).   21

cc) Anfechtungsfrist

Die einmonatige Anfechtungsfrist soll sowohl den Wohnungseigentümern als auch den nach § 27 Abs. 1 Nr. 1 WEG zur Ausführung von Beschlüssen berufenen Verwaltern alsbald Klarheit über die Bestandskraft eines Beschlusses verschaffen.[31] Die Frist gilt nur für die Anfechtungsklage. Eine Feststellungsklage mit dem Ziel, die Nichtigkeit eines Beschlusses feststellen zu lassen, kann noch nach Ablauf der Frist erhoben werden.[32]   22

Als materiellrechtliche Frist[33] hat ihre Versäumung den Verlust der Beschlussanfechtungsbefugnis zur Folge.[34] Ist der Anfechtungsantrag also verspätet gestellt, wird er als unbegründet, nicht als unzulässig abgewiesen.[35] Die Fristversäumung führt jedoch nicht zwingend zu einem endgültigen Rechtsverlust: Durch Gewährung von Wiedereinsetzung in den vorigen Stand kann die Anfechtung auch nach Fristablauf noch möglich sein. Die Anfechtungsfrist ist insofern also keine Ausschlussfrist.[36]

Das Gericht kann die Frist auch auf Antrag hin nicht verlängern, § 224 ZPO ist nicht anwendbar.[37] Im Interesse der Rechtssicherheit gilt ferner, dass die Frist selbst durch Vereinbarung der   23

---

29 Vgl hierzu die umfangreichen Darstellungen und Übersichten in der Kommentarliteratur, zB Riecke/Schmid/*Drabek*, § 23 WEG Rn 62 a; Bärmann/*Merle*, § 23 WEG Rn 122 ff.
30 Anders liegt der Fall, wenn eine entsprechende Öffnungsklausel vereinbart ist oder das Einzelfallerfordernis abbedungen ist (vgl § 1 Rn 205).
31 Jennißen/*Suilmann*, § 46 WEG Rn 70.
32 Jennißen/*Suilmann*, § 46 WEG Rn 72; Elzer, in: Hügel/Elzer, § 13 Rn 130.
33 BGH NJW 2009, 999; 2009, 2132; Bergerhoff, NZM 2007, 425, 426.
34 So schon zum alten Recht: BGH NJW 1998, 3648.
35 BGH NJW 2009, 999; 2009, 2132; BayObLG ZMR 2001, 292, 293; NJW-RR 1990, 210, 211; Elzer, in: Hügel/Elzer, § 13 Rn 131.
36 Jennißen/*Suilmann*, § 46 WEG Rn 71.
37 Bergerhoff, NZM 2007, 425, 427.

Wohnungseigentümer nicht abgeändert werden kann, da es sich um eine zwingende Regelung handelt.[38]

Die Frist ist auch durch Klageerhebung bei einem örtlich unzuständigen Gericht gewahrt.[39] Das unzuständige Gericht muss gem. § 281 ZPO an das zuständige Gericht verweisen.

24   Ein Prozesskostenhilfeantrag wahrt die Frist nicht, da ein solcher Antrag, soweit sich aus dem Gesetz nichts anderes ergibt, einer Klage grundsätzlich nicht gleichgestellt ist.[40] Gleichwohl kommt hier eine Wiedereinsetzung in den vorherigen Stand in Betracht, wenn der Antrag auf Wiedereinsetzung innerhalb von zwei Wochen nach Mitteilung des Bewilligungsbeschlusses gestellt wird.[41]

25   Die Frist beginnt am Tag der Beschlussfassung.[42] Bei schriftlichen Beschlüssen ist deren Verkündung maßgeblich.[43] Es gelten die allgemeinen Vorschriften nach §§ 186 ff BGB.[44] Die Frist endet grundsätzlich an dem Tag des auf die Beschlussfassung folgenden Monats, welcher durch seine Zahl dem Tag der Beschlussfassung entspricht. Endet die Frist an einem Sonnabend, Sonntag oder Feiertag, so tritt an die Stelle eines solchen Tages der nächste Werktag. Geht eine Versammlung über Mitternacht hinaus, so laufen für die verschiedenen Beschlüsse gegebenenfalls unterschiedliche Anfechtungsfristen.[45]

26   Für die Wahrung der Frist ist gem. § 253 iVm § 261 Abs. 1 ZPO die Rechtshängigkeit maßgeblich, wobei § 167 ZPO anwendbar ist. Die Klage muss durch Zustellung an die beklagten Wohnungseigentümer nach § 253 Abs. 1 ZPO erhoben worden sein.[46] Sofern die Zustellung „demnächst" im Sinne des § 167 ZPO erfolgt, tritt die Zustellungswirkung bereits mit Eingang des Antrags bei dem zuständigen Gericht ein.[47] Ein Fall des § 167 ZPO liegt nicht vor, wenn der Kläger den Gerichtskostenvorschuss des § 12 Abs. 1 S. 1 GKG nicht innerhalb von zwei Wochen nach Anforderung eingezahlt hat.[48]

Hinweis: Erste Erfahrungen zeigen, dass die rechtzeitige Einzahlung des Gerichtskostenvorschusses eine nicht zu unterschätzende Fehlerquelle ist. Auch wenn die Gerichte von Amts wegen die Einhaltung der Anfechtungsfrist prüfen müssen, empfiehlt es sich für die Beklagtenseite, regelmäßig anhand der Gerichtsakte oder durch eine Nachfrage bei der Geschäftsstelle die Rechtzeitigkeit der Einzahlung des Gerichtskostenvorschusses zu überprüfen und gegebenenfalls auf in der Sphäre der Klägerseite liegende Verzögerungen hinzuweisen. Für die Klägerseite droht bei derartigen Nachlässigkeiten eine teure Niederlage und der Beklagtenseite winkt ein leichter Sieg.

27   Damit der Gerichtskostenvorschuss in der richtigen Höhe angefordert werden kann, sollte der vorläufige Streitwert bereits in der Klageschrift angegeben werden. Dies fordert im Übrigen auch § 253 Abs. 3 ZPO. Andernfalls droht auch hier eine Zustellung „demnächst" und damit eine fristgerechte Klagerhebung zu scheitern. Das Gericht ist nicht verpflichtet, Ermittlungen zum Streitwert anzustellen. Bleibt daher eine Vorschussanforderung bzw eine Nachfrage des

38 Bergerhoff, NZM 2007, 425, 427.
39 BGH NJW 1998, 3648.
40 Bonifacio, ZMR 2007, 592, 593; Bärmann/*Wenzel*, § 46 WEG Rn 46; aA Jennißen/*Suilmann*, § 46 WEG Rn 98 ff.
41 Bärmann/*Wenzel*, § 46 WEG Rn 46.
42 BayObLG NJW-RR 1989, 656; OLG Hamm OLGZ 1985, 147; LG Bonn ZMR 2003, 784.
43 Riecke/Schmid/*Abramenko*, § 46 WEG Rn 6.
44 Elzer, in: Hügel/Elzer, § 13 Rn 134.
45 Riecke/Schmid/*Abramenko*, § 46 WEG Rn 133.
46 Jennißen/*Suilmann*, § 46 WEG Rn 83.
47 Jennißen/*Suilmann*, § 46 WEG Rn 83.
48 BGH NJW 1986, 1347; KG KGReport 2000, 233; Riecke/Schmid/*Abramenko*, § 46 WEG Rn 7.

Gerichts wegen des vorläufigen Streitwertes aus, muss der Kläger oder Prozessbevollmächtigte nach angemessener Frist nachfragen und so auf eine größtmögliche Beschleunigung der Zustellung hinwirken.[49] Auch dies wird gern übersehen.

Eine weitere Verzögerung, die dem Kläger zur Last fällt, kann sich ergeben, wenn der Kläger 28 die erforderlichen Abschriften für die Zustellung der Klage nicht beifügt. Auch der Verstoß gegen die §§ 253 Abs. 5, 133 ZPO kann zu einer unnötigen Verzögerung und im Ergebnis zur Versäumung der Anfechtungsfrist führen.

dd) Klagebefugnis (Aktivlegitimation)

Klagebefugt sind vor allem die Wohnungseigentümer. Ein Zusammenhang zwischen Klagebe- 29 fugnis und Stimmrecht besteht nicht,[50] so dass auch klagebefugt ist, wer zum Beispiel wegen bestimmter Gegenstände nach § 25 Abs. 5 WEG oder § 242 BGB nicht stimmberechtigt ist.[51] Nicht erforderlich ist, dass der Kläger geltend macht, in eigenen Rechten verletzt und von dem Beschluss selbst nachteilig betroffen zu sein. Insofern ist die Anfechtungsklage nach § 46 WEG altruistisch.[52] Insbesondere verliert ein Wohnungseigentümer seine Anfechtungsbefugnis nicht bereits deshalb, weil er in der Versammlung selbst für den später von ihm angefochtenen Beschluss gestimmt hat.[53] Klagebefugt ist auch der „werdende Wohnungseigentümer", also der durch Vormerkung gesicherte Ersterwerber, der bereits Besitz an dem Wohnungs- oder Teileigentum erlangt hat.[54]

Im Falle der rechtsgeschäftlichen Veräußerung eines Wohnungseigentums kann sich der Er- 30 werber vom Veräußerer zur Prozessführung ermächtigen lassen und das Verfahren in Prozessstandschaft betreiben. Ein durch Vormerkung gesicherter Erwerber, dem das Wohnungseigentum bereits aufgelassen ist, wird regelmäßig als ermächtigt angesehen, das mit seinem Wohnungseigentum verbundene Anfechtungsrecht bereits vor seiner Eintragung als Wohnungseigentümer im Grundbuch auszuüben.[55] Zur Wahrung der Anfechtungsfrist ist es allerdings erforderlich, dass sich der Kläger auf die Prozessstandschaft beruft und diese offenlegt.[56] Noch ungeklärt ist, ob es genügt, die Prozessstandschaft innerhalb der zweimonatigen Begründungsfrist offenzulegen[57] oder ob dies innerhalb der einmonatigen Anfechtungsfrist erfolgen muss.[58] In jedem Fall besteht aber Einigkeit darin, dass die Voraussetzungen der Prozessstandschaft innerhalb der Anfechtungsfrist objektiv vorliegen müssen. Auch die Eigentumsumschreibung nach Ablauf der Anfechtungsfrist heilt die zunächst fehlende Prozessführungsbefugnis nicht.[59] Insoweit kann nur empfohlen werden, die Prozessstandschaft innerhalb der Anfechtungsfrist offenzulegen.

Der ausgeschiedene Wohnungseigentümer bleibt auch nach Eigentumswechsel berechtigt, Be- 31 schlüsse anzufechten, die vor seinem Ausscheiden aus der Gemeinschaft gefasst wurden. Dies

---

49 BGH NJW 2006, 3206, 3207.
50 OLG Frankfurt ZMR 1992, 311, 312.
51 BayObLG NJW 1993, 603, 604; OLG Frankfurt OLGZ 1992, 439, 440; Jennißen/*Suilmann*, § 46 WEG Rn 21.
52 Jennißen/*Suilmann*, § 46 WEG Rn 22.
53 Jennißen/*Suilmann*, § 46 WEG Rn 23.
54 KG NJW-RR 2004, 878; Riecke/Schmid/*Abramenko*, § 46 WEG Rn 2; zur werdenden Wohnungseigentümergemeinschaft vgl auch BGH ZMR 2008, 805 ff.
55 KG ZMR 1994, 524 = NJW-RR 1995, 147.
56 Bärmann/*Wenzel*, § 46 WEG Rn 26; Jennißen/*Suilmann*, § 46 WEG Rn 95; Riecke/Schmid/*Abramenko*, § 46 WEG Rn 5; KG ZMR 2004, 460, 462; OLG Celle ZWE 2001, 34.
57 So Jennißen/*Suilmann*, § 46 WEG Rn 95 – hierfür spricht die Funktion der Begründungsfrist.
58 Hierfür: Bärmann/*Wenzel*, § 46 WEG Rn 26; Riecke/Schmid/*Abramenko*, § 46 WEG Rn 5; Elzer, BeckOnline § 46 Rn 112; so schon zum alten Recht KG ZMR 2004, 460, 462; OLG Celle ZWE 2001, 34.
59 KG ZMR 2004, 460.

folgt aus seiner fortbestehenden rechtsgeschäftlichen Bindung an die Beschlussfassung.[60] Dagegen steht ihm eine Klagebefugnis bezüglich der nach seinem Ausscheiden gefassten Beschlüsse nicht zu, da derartige Beschlüsse ihn nicht mehr binden können.[61]

Jeder Bruchteilseigentümer ist für sich und unabhängig von anderen Bruchteilseigentümern klagebefugt, dies folgt aus § 1011 BGB.[62] Klagebefugt sind auch einzelne Miterben.[63] Einzelne Gesellschafter einer BGB-Gesellschaft, der das Wohnungseigentum zusteht, sind hingegen grundsätzlich nicht klagebefugt (709 Abs. 1 BGB).[64]

32   Die Gemeinschaft der Wohnungseigentümer (Verband Wohnungseigentümergemeinschaft) ist nach dem Wortlaut des § 46 Abs. 1 S. 1 WEG nicht klagebefugt. Auch eine analoge Anwendung von § 46 Abs. 1 S. 1 WEG hilft darüber nicht hinweg.[65] Klagebefugt ist aber der teilrechtsfähige Verband Wohnungseigentümergemeinschaft, soweit er zugleich Eigentümer von Wohnungs- bzw Teileigentum ist.[66] Praktisch relevant werden derartige Anfechtungsklagen des Verbands Wohnungseigentümergemeinschaft wohl kaum werden, da die Wohnungseigentümergemeinschaft gegen ihre eigene Willensbildung vorgehen müsste und hierzu zunächst einmal einen entsprechenden Anfechtungswillen bilden müsste. Es müsste also ein entsprechender Beschluss gefasst werden. Insoweit läge es jedoch auf der Hand, gleich den missliebigen Beschluss aufzuheben.

Zum Anfechtungsrecht des Verwalters vergleiche die Ausführungen unter Rn 185.

33   Eine Klagebefugnis Dritter besteht, soweit diese – wie etwa Zwangs- oder Insolvenzverwalter und Testamentsvollstrecker – die Verwaltungsrechte eines Eigentümers wahrnehmen.[67] Bei der Zwangsverwaltung bleibt der Wohnungseigentümer jedoch neben dem Zwangsverwalter zur Anfechtung berechtigt.[68] Anderes gilt dagegen für den Insolvenzschuldner, der bei Insolvenzeröffnung auch das Anfechtungsrecht verliert.

Nicht klagebefugt sind Mieter oder Vertragspartner einer Gemeinschaft.[69] Nicht klagebefugt sind ferner dinglich Berechtigte wie Grundpfandrechtsgläubiger oder Nießbraucher.[70]

ee) Passivlegitimation, Beklagtenseite

34   Die Anfechtungsklage ist gegen sämtliche übrigen Wohnungseigentümer in notwendiger Streitgenossenschaft zu richten.[71] Dies schließt jene ein, die gegen den Beschluss gestimmt, sich enthalten haben oder bei der Beschlussfassung nicht anwesend waren.[72] Klagt der Verwalter, muss er gegen alle Wohnungseigentümer klagen. Die Klage ist ferner gegen sämtliche Mitglieder der werdenden Wohnungseigentümergemeinschaft sowie gegen Verwalter von Amts wegen (Insolvenz- und Zwangsverwalter) zu richten. Mithin ist die Klage notwendigerweise gegen sämtliche Personen zu richten, die auch aus eigenem Recht anfechtungsbefugt wären.

---

60 Jennißen/*Suilmann*, § 46 WEG Rn 29.
61 Jennißen/*Suilmann*, § 46 WEG Rn 30.
62 Jennißen/*Suilmann*, § 46 WEG Rn 25.
63 BayObLG NZM 1999, 286; zu Ausnahmen vgl Jennißen/*Suilmann*, § 46 WEG Rn 27.
64 BayObLG NJW-RR 1991, 215.
65 Bonifacio, ZMR 2007, 592, 596 mit weiterer Begründung.
66 Riecke/Schmid/*Abramenko*, § 46 WEG Rn 2; Elzer, in: Hügel/Elzer, § 13 Rn 120 (Einzelheiten umstritten).
67 BayObLG NJW-RR 1991, 724; Riecke/Schmid/*Abramenko*, § 46 WEG Rn 4.
68 Häublein, ZfIR 2005, 337; KG ZMR 2007, 801, 802; AG Neukölln WE 2005, 261; Elzer, BeckOnline § 46 Rn 107; aA BayObLG NJW-RR 1991, 723; Bärmann/*Wenzel*, § 46 WEG Rn 35.
69 Jennißen/*Suilmann*, § 46 WEG Rn 19.
70 BayObLG NJW-RR 1999, 1536; OLG Düsseldorf ZMR 2005, 469; aA KG NJW-RR 1987, 973.
71 Elzer, in: Hügel/Elzer, § 13 Rn 125.
72 Elzer, in: Hügel/Elzer, § 13 Rn 125.

Dagegen ist eine Klage gegen Erwerber, die (noch) nicht Mitglied der werdenden Wohnungseigentümergemeinschaft sind, als hinsichtlich dieser Erwerber unzulässig abzuweisen. Eine gewillkürte Prozessstandschaft auf der Beklagtenseite ist nicht möglich.

Die Beklagten sind grundsätzlich namentlich unter Angabe ihrer ladungsfähigen Anschrift zu bezeichnen. Da es insbesondere in größeren Gemeinschaften Schwierigkeiten bereiten kann, bis zum Ablauf der Anfechtungsfrist sämtliche Namen und Anschriften der übrigen Mitglieder der Gemeinschaft zu erhalten, genügt in der Klageschrift nach § 44 Abs. 1 S. 1 WEG zunächst die bestimmte Angabe des gemeinschaftlichen Grundstücks (postalische Anschrift oder grundbuchmäßige Bezeichnung). Gleichwohl sollte klargestellt werden, dass sich die Klage nur gegen die übrigen Wohnungseigentümer richtet. Die namentliche Bezeichnung der Beklagten muss in diesem Falle spätestens bis zum Schluss der mündlichen Verhandlung nachgeholt werden (§ 44 Abs. 1 S. 2 WEG). Zu benennen sind diejenigen Personen, die im Zeitpunkt der Rechtshängigkeit der Klage (Zustellung der Klage an den Verwalter oder Ersatzzustellungsvertreter) eingetragene Eigentümer oder Mitglied der Gemeinschaft gewesen sind.[73] **35**

ff) Vertretung der Beklagten, Zustellungsvertretung

Die den Beschluss verteidigenden Wohnungseigentümer werden gem. § 27 Abs. 2 Nr. 2 WEG grundsätzlich vom Verwalter vertreten. Seine Vertretungsmacht für den Passivprozess folgt ohne besondere Ermächtigung direkt aus dem Gesetz.[74] Dennoch können sich die Wohnungseigentümer unter Beachtung von § 50 WEG auch für einen eigenen Prozessbevollmächtigten entscheiden.[75] Der Verwalter ist auch der primäre Zustellungsvertreter. Daher ordnet § 44 Abs. 1 S. 1 WEG an, dass der Verwalter in der Klageschrift zu benennen ist. Sofern ein Ersatzzustellungsvertreter benannt ist, ist auch dieser nach § 44 Abs. 1 S. 1 WEG zu benennen. **36**

Hinweis: Mängel bei der Angabe des Verwalters oder des Ersatzzustellungsvertreters können gegebenenfalls dazu führen, dass die einmonatige Anfechtungsfrist versäumt wird. Denn insoweit wird die Zustellung der Klageschrift mangels Bezeichnung des Verwalters an einem vom Gericht nach § 45 Abs. 3 WEG bestellten Zustellungsvertreter nicht mehr „demnächst" im Sinne des § 161 ZPO sein.[76]

Problematisch ist für den Kläger die Situation, wenn der Verwalter wegen zu befürchtender Interessenkollision als Zustellungsvertreter gem. § 45 Abs. 1 WEG ausscheidet und bislang kein Ersatzzustellungsvertreter bestellt wurde bzw eine Zustellung an diesen oder seinen Vertreter ebenfalls ausscheidet. Letzteres kann insbesondere der Fall sein, wenn der Ersatzzustellungsvertreter und dessen Vertreter selbst Kläger sind. In einem derartigen Fall empfiehlt es sich für den Kläger, die Beklagten namentlich unter Angabe der ladungsfähigen Anschriften bereits in der Klageschrift zu bezeichnen, um so eine Zustellung „demnächst" im Sinne des § 167 ZPO an die Beklagten zu ermöglichen. Sofern dies dem Kläger nicht möglich ist, sollte er die von ihm unternommenen Schritte zur Ermittlung der Namen und Anschriften der Beklagten darstellen, um so deutlich zu machen, dass die Verzögerung der Zustellung nicht von ihm zu verantworten ist. **37**

---

73 Jennißen/*Suilmann*, § 44 WEG Rn 15; Bärmann/*Wenzel*, § 44 WEG Rn 14.
74 Bergerhoff, NZM 2007, 425, 428 f; RegE, BT-Drucks. 16/887, S. 70; Müller, ZWE 2008, 226, 227; aA Merle, ZWE 2008, 109.
75 Elzer, in: Hügel/Elzer, § 13 Rn 126.
76 Bergerhoff, NZM 2007, 425; Bärmann/*Wenzel*, § 44 WEG Rn 8.

38 **Hinweis:** Nach dem Schrifttum kann sich der Kläger keiner Sammelbezeichnung bedienen, wenn ein Verwalter und ein Ersatzzustellungsvertreter fehlen.[77] Bis zu einer Klärung, sollte in diesen Fällen zurzeit jedenfalls versucht werden, sämtliche beklagten Wohnungseigentümer von Anfang an vollständig zu bezeichnen. Kann der Kläger die Wohnungseigentümer nicht von sich aus namentlich benennen, ist der Verwalter verpflichtet, ihm eine aktuelle und vollständige Eigentümerliste zur Verfügung zu stellen.[78] Sofern die zustellungsfähigen Anschriften anders nicht zu erlangen sind, kann das Gericht dem Verwalter in entsprechender Anwendung von § 142 Abs. 1 ZPO ggf auch aufgeben, eine Eigentümerliste vorzulegen.[79]

gg) Muster

39 ▶ **Muster: Anfechtungsklage ohne Begründung (Grundmuster)**

An das Amtsgericht [...]

– Abteilung für Wohnungseigentumssachen –

Klage gemäß § 43 Nr. 4 WEG

der Wohnungseigentümerin [...], [...]-Straße [...], [...] *[PLZ, Ort]*,

– Klägerin –

Prozessbevollmächtigte: RAe [...], [...]-Straße [...], [...] *[PLZ, Ort]*

gegen

die übrigen Eigentümer der Wohnungseigentümergemeinschaft [...]-Straße [...], [...] *[PLZ, Ort]* gemäß nachzureichender Liste,

– Beklagte –

Verwalterin: [...] Hausverwaltung & Immobilien GmbH, vertreten durch den Geschäftsführer [...], [...]-Straße [...], [...] *[PLZ, Ort]*,

– Beigeladene –

Ersatzzustellungsvertreter: [...], [...]-Straße [...], [...] *[PLZ, Ort]*,

vorläufiger Streitwert: 3.000 €

Namens und in Vollmacht der Klägerin erheben wir Klage gegen die übrigen Miteigentümer und beantragen:

Der Beschluss zu TOP 3 (Fassadensanierung nebst Sonderumlage) der Eigentümerversammlung vom [...] wird für ungültig erklärt.

Für den Fall der Durchführung des schriftlichen Vorverfahrens beantragen wir,

bei Vorliegen der Voraussetzung der §§ 331 Abs. 3, 276 Abs. 1 S. 1, Abs. 2 ZPO ein Versäumnisurteil ohne mündliche Verhandlung zu erlassen.[80]

Begründung:

Die Klägerin ist Eigentümerin der in der betroffenen Wohnungseigentümergemeinschaft befindlichen Wohnungen Nr. 19 und 22. Die Beklagten sind die übrigen Wohnungseigentümer.

---

77 Jenißen/*Suilmann*, § 44 WEG Rn 7; Riecke/Schmid/*Abramenko*, § 44 WEG Rn 2; Bärmann/*Wenzel*, § 44 WEG Rn 9.
78 OLG Saarbrücken ZMR 2007, 141.
79 LG Stuttgart ZMR 2009, 77, 78; Riecke/Schmid/*Abramenko*, § 44 WEG Rn 7; aA Bärmann/*Wenzel*, § 44 WEG Rn 11.
80 Auch wenn es ohne die Eigentümerliste noch am vollständigen Passivrubrum fehlt und das Gericht mangels Begründung der Klage deren Schlüssigkeit noch nicht prüfen und daher noch kein Versäumnisurteil erlassen kann, empfiehlt es sich, diesen Antrag schon jetzt zu stellen, damit er später, wenn die namentliche Bezeichnung der Beklagten und die Klagebegründung nachgeholt ist, nicht vergessen wird.

In der Eigentümerversammlung vom [...] wurde der angefochtene Beschluss gefasst.

Beweis: Protokoll der Versammlung vom [...] als Anlage K 1

Die Begründung der Anfechtungsklage erfolgt innerhalb der Zweimonatsfrist des § 46 Abs. 1 S. 2 WEG.

Der Streitwert bezüglich der Anfechtung des Beschlusses TOP 3 (Fassadensanierung nebst Sonderumlage) wird mit 3.000 € angegeben und entspricht dem fünffachen Interesse der Klägerin. Er übersteigt den (Regel-)Streitwert des § 49 a Abs. 1 S. 1 GKG nicht.

Beglaubigte und einfache Abschrift anbei.

Rechtsanwalt ◄

▶ **Muster: Anfechtungsklage in Prozessstandschaft (Erwerber)** 40

An das Amtsgericht [...]

– Abteilung für Wohnungseigentumssachen –

Klage gemäß § 43 Nr. 4 WEG

der Wohnungseigentümerin [...], [...]-Straße [...], [...] *[PLZ, Ort]*,

– Klägerin –

Prozessbevollmächtigte: RAe [...], [...]-Straße [...], [...] *[PLZ, Ort]*

gegen

die übrigen Eigentümer der Wohnungseigentümergemeinschaft [...]-Straße [...], [...] *[PLZ, Ort]* gemäß nachzureichender Liste,

– Beklagte –

Verwalterin: [...]-Hausverwaltung & Immobilien GmbH, vertreten durch den Geschäftsführer [...], [...]-Straße [...], [...] *[PLZ, Ort]*,

– Beigeladene –

Ersatzzustellungsvertreter: [...], [...]-Straße [...], [...] *[PLZ, Ort]*,

vorläufiger Streitwert: 3.000 €

Namens und in Vollmacht der Klägerin erheben wir Klage gegen die übrigen Miteigentümer und beantragen:

Der Beschluss zu TOP 3 (Fassadensanierung nebst Sonderumlage) der Eigentümerversammlung vom [...] wird für ungültig erklärt.

Für den Fall der Durchführung des schriftlichen Vorverfahrens beantragen wir,

bei Vorliegen der Voraussetzung der §§ 331 Abs. 3, 276 Abs. 1 S. 1, Abs. 2 ZPO ein Versäumnisurteil ohne mündliche Verhandlung zu erlassen.[81]

Begründung:

Die Klägerin klagt als Prozessstandschafterin (vgl. hierzu Jennißen/*Suilmann*, 2008, § 46 WEG Rn 94 ff). Die Klägerin ist als vormerkungsberechtigte Käuferin, der der Besitz an den Wohnungen Nr. 19 und 22 bereits vertraglich eingeräumt wurde, berechtigt, die Rechte eines Wohnungseigentümers im Hinblick auf die erworbenen Eigentumseinheiten auszuüben und auch ein Beschlussan-

---

81 Auch wenn es ohne die Eigentümerliste noch am vollständigen Passivrubrum fehlt und das Gericht mangels Begründung der Klage deren Schlüssigkeit noch nicht prüfen und daher noch kein Versäumnisurteil erlassen kann, empfiehlt es sich, diesen Antrag schon jetzt zu stellen, damit er später, wenn die namentliche Bezeichnung der Beklagten und die Klagebegründung nachgeholt ist, nicht vergessen wird.

fechtungsverfahren in Prozessstandschaft zu betreiben (vgl. KG ZMR 1994, 524 = NJW-RR 1995, 147; Jennißen/*Suilmann*, 2008, § 46 WEG Rn 28). Daneben ergibt sich die Ermächtigung hierzu auch aus dem Kaufvertrag zwischen ihr und dem Wohnungseigentümer [...], der daneben noch Eigentümer der Wohnungen Nr. 1 bis 12 ist.

Beweis:

Beiziehung der Grundakten von [...], Blätter [...] und [...]

Kaufvertrag vom [...], auszugsweise in Kopie als Anlage K 1

Die Beklagten sind die Wohnungseigentümer der betroffenen Wohnungseigentümergemeinschaft.

In der Eigentümerversammlung vom [...] wurde der angefochtene Beschluss gefasst.

Beweis: Protokoll der Versammlung vom [...] als Anlage K 2

Die Begründung der Anfechtungsklage erfolgt innerhalb der Zweimonatsfrist des § 46 Abs. 1 S. 2 WEG.

Der Streitwert bezüglich der Anfechtung des Beschlusses TOP 3 (Fassadensanierung nebst Sonderumlage) wird mit 3.000 € angegeben und entspricht dem fünffachen Interesse der Klägerin. Er übersteigt den (Regel-)Streitwert des § 49 a Abs. 1 S. 1 GKG nicht.

Beglaubigte und einfache Abschrift anbei.

Rechtsanwalt ◄

41 ► **Muster: Anfechtungsklage, keine Zustellung an Verwalter und Ersatzzustellungsvertreter möglich**

An das Amtsgericht [...]

– Abteilung für Wohnungseigentumssachen –

Klage gemäß § 43 Nr. 4 WEG

der Wohnungseigentümer

1) [...], [...]-Straße [...], [...] [*PLZ, Ort*],

2) [...], [...]-Straße [...], [...] [*PLZ, Ort*],

– Kläger –

Prozessbevollmächtigte: RAe [...], [...]-Straße [...], [...] [*PLZ, Ort*],

gegen

die übrigen Eigentümer der Wohnungseigentümergemeinschaft [...]-Straße [...], [...] [*PLZ, Ort*]:

1) [...], [...]-Straße [...], [...] [*PLZ, Ort*],

2) [...], [...]-Straße [...], [...] [*PLZ, Ort*],

3) [...]

4) [...]

– Beklagte –

Verwalter: Beklagter zu 1)

Ersatzzustellungsvertreter: Klägerin zu 1)

Vertreter: Kläger zu 2)

vorläufiger Streitwert: 12.759,90 €.

Namens und in Vollmacht der Kläger erheben wir Klage gegen die übrigen Miteigentümer und beantragen:

Die Beschlüsse zu TOP 2 (Verwalterbestellung) und TOP 3 (Verwaltervertrag) der Eigentümerversammlung vom [...] werden für ungültig erklärt.

Für den Fall der Durchführung des schriftlichen Vorverfahrens beantragen wir,

bei Vorliegen der Voraussetzung der §§ 331 Abs. 3, 276 Abs. 1 S. 1, Abs. 2 ZPO ein Versäumnisurteil ohne mündliche Verhandlung zu erlassen.

Begründung:

Die Kläger sind Eigentümer der in der betroffenen Wohnungseigentümergemeinschaft befindlichen Wohnungen Nr. 10, 19 und 22. Die Beklagten sind die übrigen Wohnungseigentümer.

In der Eigentümerversammlung vom [...] wurden die angefochtenen Beschlüsse gefasst.

Beweis: Protokoll der Versammlung vom [...] als Anlage K 1

Die Begründung der Anfechtungsklage erfolgt innerhalb der Zweimonatsfrist des § 46 Abs. 1 S. 2 WEG.

Eine Zustellung der Klage gemäß §§ 27 Abs. 2 Nr. 1, 45 Abs. 1 WEG an den Verwalter scheidet bereits deshalb aus, weil dessen Wiederbestellung angefochten ist (Bärmann/*Wenzel*, 10. Auflage 2008, § 45 WEG Rn 19; BayObLG WuM 1991, 131). Eine konkrete Interessenkollision liegt hier aber auch aufgrund der gesamten gerichtsbekannten Historie in dieser Anlage vor. In der Vergangenheit hat der Beklagte zu 1) seine Verwalterstellung vor allem dahin gehend genutzt, die Einleitung von gerichtlichen Inkassomaßnahmen gegen ihn wegen der Nichtzahlung von Beiträgen an die Gemeinschaft zu verhindern. Daneben manifestierten sich in dem angegriffenen Beschluss die Interessengegensätze zwischen dem Beklagten zu 1) und den übrigen Beklagten. Da der Beklagte zu 1) vor allem ein vehementes Eigeninteresse an dem angefochtenen Beschluss hat, während die übrigen Eigentümer die Wiederbestellung des Beklagten zu 1) ablehnten, besteht die Gefahr, dass der Beklagte zu 1) als Verwalter die übrigen Beklagten nicht sachgerecht informieren wird.

Als Ersatzzustellungsvertreter gemäß § 45 Abs. 2 WEG hat das erkennende Gericht mit Urteil vom [...] – Az [...] – die Klägerin zu 1) und zu deren Vertreter den Kläger zu 2) bestellt. Eine Zustellung der Klage an die Kläger scheidet wegen deren Parteistellung aus.

Eine Zustellung der Klage an einen vom Gericht nach § 45 Abs. 3 WEG zu bestellenden Ersatzzustellungsvertreter erscheint bei lediglich drei Zustellungsempfängern entbehrlich. Für den Fall, dass die Zustellung an die drei Beklagten wider Erwarten Schwierigkeiten bereitet, kann immer noch auf einen vom Gericht zu bestellenden Zustellungsvertreter zurückgegriffen werden.

Gemäß § 49 a Abs. 1 S. 1 GKG ist der (Regel-)Streitwert auf 50 % des Interesses der Parteien und aller Beigeladenen an der Entscheidung festzusetzen. Das Interesse aller Beteiligten bemisst sich folglich nach dem Verwalterhonorar für die beschlossene fünfjährige Bestellungszeit bzw Laufzeit des Verwaltervertrags. Die Beigeladene erhält jährlich ein Honorar von 5.103,96 €, mithin in fünf Jahren 25.519,80 €. Der (Regel-)Streitwert beträgt die Hälfte hiervon, also 12.759,90 €.

Er darf jedoch nach § 49 a Abs. 1 S. 2 GKG das Fünffache des Wertes des Interesses der Kläger an der Entscheidung nicht überschreiten. Das Interesse der Kläger ergibt sich hier aus der auf sie entfallenden Vergütung. Da die Kläger insgesamt 17.000/100.000 Miteigentumsanteile (= 17 %) auf sich vereinigen, ergibt sich als einfacher Wert 4.338,37 €. Der fünffache Wert ihres Interesses und damit die Streitwert-Obergrenze beträgt folglich 21.691,83 €.

Somit verbleibt es bei dem (Regel-)Streitwert von 12.759,90 €.

Beglaubigte und einfache Abschrift anbei.

Rechtsanwalt ◄

hh) Anfechtungsbegründung, Frist

42   Nach § 46 Abs. 1 S. 2 WEG muss der Kläger innerhalb von zwei Monaten seit Beschlussfassung seine Anfechtungsklage begründen. Der Kläger muss also konkret darlegen, warum seiner Meinung nach der angefochtene Beschluss mangelhaft ist und daher aufgehoben werden muss. Hierzu genügt es nicht, wenn er lediglich formelhaft vorträgt, der Beschluss „widerspricht ordnungsmäßiger Verwaltung", sei „nicht ordnungsgemäß" oder „rechtswidrig".[82] Der Kläger muss also auf den Einzelfall zugeschnitten all diejenigen tatsächlichen und rechtlichen Gründe benennen, aus denen der angegriffene Beschluss anfechtbar ist.[83] Er muss den wesentlichen Kern der Gründe darlegen, auf die er seine Anfechtungsklage stützt.[84]

43   Der Kläger kann auch nach Ablauf der Begründungsfrist seinen bisherigen Vortrag weiter substantiieren, jedenfalls soweit er den wesentlichen tatsächlichen Kern innerhalb der Begründungsfrist vorgetragen hat.[85] Weitere Gründe/Tatsachen können nach Fristablauf nicht nachgeschoben werden, auch wenn der Kläger seine Klage im Übrigen fristgerecht begründet hat.[86] Sofern also die Beklagten bzw deren Prozessbevollmächtigter feststellt, dass die Klagebegründung „etwas dünn ist" bzw es durchaus weitere Anfechtungsgründe für den Kläger gibt und er diese bisher nur nicht vorgetragen hat, empfiehlt es sich, dem Gericht im Erwiderungsschriftsatz sogleich die „richtige Richtung" zu weisen.

44   ► **Muster: Vorsorglicher Hinweis auf Präklusion nicht fristgerecht vorgetragene Anfechtungsgründe**

[...]

Hierfür hat der Kläger bislang jedoch nichts vorgetragen. Das Nachschieben von Anfechtungsgründen ist nach Ablauf der zweimonatigen Begründungsfrist aber auch gar nicht mehr möglich, denn derartig verfristete Anfechtungsgründe können nicht zur Grundlage einer Sachentscheidung gemacht werden (BGH NJW 2009, 999; BGH NJW 2009, 2132; AG Konstanz ZMR 2008, 494; LG Dessau-Roßlau ZMR 2008, 324; AG Charlottenburg ZMR 2008, 247; Bergerhoff, NZM 2007, 425, 428; Jennißen/*Suilmann*, 2008, § 46 WEG Rn 107 ff; Niedenführ/Kümmel/Vandenhouten/*Niedenführ*, 8. Auflage 2007, § 46 WEG Rn 47). ◄

45   Wie die Anfechtungsfrist, ist auch die Begründungsfrist eine materiellrechtliche Frist, die weder vom Gericht noch durch Vereinbarung der Wohnungseigentümer (Gemeinschaftsordnung) verlängert werden kann.[87] Allenfalls eine Wiedereinsetzung in den vorigen Stand kommt bei schuldloser Fristversäumung in Betracht.

---

82   Elzer, in: Hügel/Elzer, § 13 Rn 153; AG Bonn ZMR 2008, 245, 246; Briesemeister, ZMR 2008, 253, 254.
83   Dötsch, ZMR 2008, 433, 437.
84   Bergerhoff, NZM 2007, 425, 428.
85   BGH NJW 2009, 999; 2009, 2132; Bergerhoff, NZM 2007, 425, 428; Niedenführ/Kümmel/Vandenhouten/*Niedenführ*, § 46 WEG Rn 47; Jennißen/*Suilmann*, § 46 WEG Rn 107; Riecke/Schmid/*Abramenko*, § 46 WEG Rn 8; Bärmann/*Wenzel*, § 46 WEG Rn 55.
86   BGH NJW 2009, 999; 2009, 2132; AG Konstanz ZMR 2008, 494; LG Dessau-Roßlau ZMR 2008, 324; AG Charlottenburg ZMR 2008, 247 Bergerhoff, NZM 2007, 425, 428; Niedenführ/Kümmel/Vandenhouten/*Niedenführ*, § 46 WEG Rn 47; Jennißen/*Suilmann*, § 46 WEG Rn 107; Riecke/Schmid/*Abramenko*, § 46 WEG Rn 8; Bärmann/*Wenzel*, § 46 WEG Rn 56; aA Dötsch, ZMR 2008, 433, 439; Briesemeister, ZMR 2008, 253, 257; ders., AnwZert MietR 5/2008 Anm. 1; Elzer, BeckOnline § 46 Rn 184.
87   BGH NJW 2009, 999; 2009, 2132; Bärmann/*Wenzel*, § 46 WEG Rn 55 mwN.

b) Nichtigkeitsklage

Die Klage auf Feststellung der Nichtigkeit eines Beschlusses unterscheidet sich von der Anfechtungsklage dadurch, dass die Fristen nach § 46 Abs. 1 S. 2 WEG nicht einschlägig sind. Dies sollte jedoch nicht dazu verleiten, diese Fristen völlig zu ignorieren, denn die Abgrenzung zwischen der Nichtigkeit und der Anfechtbarkeit eines Beschlusses ist im Einzelfall nicht immer eindeutig. Insoweit ist es im Zweifel ratsam, auch die Nichtigkeitsklage innerhalb der Fristen des § 46 Abs. 1 S. 2 WEG zu erheben und zu begründen sowie hilfsweise einen fristgerechten Anfechtungsantrag zu stellen und auch diesen fristgerecht zu begründen (vgl. auch das nachfolgende Muster Rn 58). Auch wenn im Rahmen einer Anfechtungsklage das Gericht nach § 46 Abs. 2 WEG einen entsprechenden Hinweis auf Nichtigkeitsgründe geben muss, bedeutet dies im Umkehrschluss nicht, dass das Gericht auch im Falle einer Nichtigkeitsklage Anfechtungsgründe prüfen müsste. Zudem handelt es sich um unterschiedliche Rechtsschutzziele. Während die Anfechtungsklage auf eine Gestaltung des Rechtszustands gerichtet ist, wird mit der Nichtigkeitsklage lediglich eine deklaratorische Feststellung eines ohnehin bereits bestehenden Rechtszustands begehrt. 46

Hinweis: Lediglich in eindeutigen Fällen oder wenn die Anfechtungsfrist bereits verstrichen ist, kann man sich damit begnügen, nur den Antrag auf Feststellung der Nichtigkeit des Beschlusses zu stellen und zu begründen.

▶ **Muster: Nichtigkeitsklage** 47

An das Amtsgericht [...]

– Abteilung für Wohnungseigentumssachen –

Klage gemäß § 43 Nr. 4 WEG

der Wohnungseigentümerin

[...], [...]-Straße [...], [...] [*PLZ, Ort*],

– Klägerin –

Prozessbevollmächtigte: RAe [...], [...]-Straße [...], [...] [*PLZ, Ort*],

gegen

die übrigen Eigentümer der Wohnungseigentümergemeinschaft [...]-Straße 29, [...] [*PLZ, Ort*] gemäß nachzureichender Liste,

– Beklagte –

Verwalterin: [...] Hausverwaltung & Immobilien GmbH, vertreten durch den Geschäftsführer [...], [...]-Straße 2, [...] [*PLZ, Ort*],

– Beigeladene –

Ersatzzustellungsvertreter: [...], [...]-Straße [...], [...] [*PLZ, Ort*],

vorläufiger Streitwert: 3.000 €

Namens und in Vollmacht der Klägerin erheben wir Klage gegen die übrigen Miteigentümer und beantragen:

Es wird festgestellt, dass der Beschluss zu TOP 5 (Kostentragung für die Instandhaltung und Instandsetzung der Fenster) der Eigentümerversammlung vom [...] nichtig ist.

Für den Fall der Durchführung des schriftlichen Vorverfahrens beantragen wir,

bei Vorliegen der Voraussetzung der §§ 331 Abs. 3, 276 Abs. 1 S. 1, Abs. 2 ZPO ein Versäumnisurteil ohne mündliche Verhandlung zu erlassen.

Begründung:

Die Klägerin ist Eigentümerin der in der betroffenen Wohnungseigentümergemeinschaft befindlichen Wohnungen Nr. 19 und 22. Die Beklagten sind die übrigen Wohnungseigentümer.

In der Eigentümerversammlung vom [...] wurde zu TOP 5 folgender Beschluss gefasst:

„Jeder Wohnungseigentümer ist für die Fenster in seiner Wohnung selbst verantwortlich, insbesondere hat er die Kosten notwendiger Instandhaltungs- und Instandsetzungsmaßnahmen selbst zu tragen."

Beweis: Protokoll der Versammlung vom [...] als Anlage K 1

Der Beschluss zu TOP 5 (Kostentragung für die Instandhaltung und Instandsetzung der Fenster) der Eigentümerversammlung vom [...] ist nichtig, es besteht keine Beschlusskompetenz.

Nach § [...] der Teilungserklärung/Gemeinschaftsordnung sind in der betroffenen Wohnungseigentümergemeinschaft die Kosten der Instandhaltung und Instandsetzung des Gemeinschaftseigentums nach dem Verhältnis der Wohnflächen verteilt. Eine Öffnungsklausel enthält die Teilungserklärung/ Gemeinschaftsordnung nicht.

Beweis: Teilungserklärung nebst Gemeinschaftsordnung als Anlage K 2

Fenster – auch soweit sie sich im räumlichen Bereich des Sondereigentums befinden – stehen zwingend im Gemeinschaftseigentum (statt vieler: Bärmann/*Armbrüster*, 10. Auflage 2008, § 5 WEG Rn 71).

Nach § 16 Abs. 4 WEG besteht eine Beschlusskompetenz hinsichtlich der Änderung der Verteilung der Instandhaltungs- und Instandsetzungskosten nur für den Einzelfall. Nach dem insoweit eindeutigen verfahrensgegenständlichen Beschluss sollen jedoch die Kosten aller zukünftigen Fälle der Instandhaltung und Instandsetzung der Fenster demjenigen Eigentümer der Wohnung auferlegt werden, in dessen räumlichem Bereich sich die Fenster befinden. Das Einzelfallerfordernis ist nach dem Willen des Gesetzgebers Voraussetzung für das Bestehen der Beschlusskompetenz (BT-Drucks. 16/887, S. 24). Ein Beschluss, der wie der verfahrensgegenständliche den Verteilungsschlüssel für die Instandhaltungs- und Instandsetzungskosten auf Dauer und für eine Vielzahl von Fällen ändern will, ist daher – weil gesetzes- bzw vereinbarungsändernd – nichtig (Häublein, ZMR 2007, 409, 422; Riecke/Schmid/*Elzer*, 2. Auflage 2008, § 16 WEG Rn 99; Abramenko, Das neue WEG, 2007, S. 154).

Auch wenn der verfahrensgegenständliche Beschluss aufgrund seiner Nichtigkeit keinerlei Rechtswirkungen entfaltet, besteht ein berechtigtes Interesse an der deklaratorischen Feststellung seiner Nichtigkeit, um den durch den Beschluss gesetzten Rechtsschein durch gerichtliches Urteil beseitigen zu können.

Wie beantragt, ist festzustellen, dass der Beschluss TOP 5 der Eigentümerversammlung vom [...] nichtig ist.

Beglaubigte und einfache Abschrift anbei.

Rechtsanwalt ◄

c) Einstweiliger Rechtsschutz
aa) Durchführung des einstweiligen Verfügungsverfahrens

48   Antragsgegner sind die „übrigen Wohnungseigentümer" (§ 46 Abs. 1 S. 1 WEG), insoweit kann auf die Ausführungen zur Passivlegitimation bei der Anfechtungsklage verwiesen werden (vgl Rn 34 f). Der Verwalter ist entsprechend § 48 Abs. 1 WEG beizuladen. Der ausschließlich gegen den Verwalter gerichtete Antrag ist unzulässig, da dieser im Verhältnis zu den übrigen, nicht

am Verfahren beteiligten Wohnungseigentümern zur Beschlussausführung verpflichtet bliebe.[88]

Die §§ 44, 45 WEG finden im einstweiligen Rechtsschutzverfahren entsprechende Anwendung. Unter Umständen muss dem Antragsteller die Bezeichnung aller Antragsgegner aber nachgelassen werden, wenn das Erfordernis der genauen Bezeichnung seinen kurzfristigen Rechtsschutz unnötig erschweren würde.[89]

bb) Vorbeugender Unterlassungsantrag

Ein vorbeugender Unterlassungsantrag kommt in Betracht bei Unregelmäßigkeiten bei der Einberufung einer Versammlung, die dazu führen, dass dem Antragsteller die Teilnahme nicht zuzumuten ist (hinsichtlich Ort, Zeit oder der einberufenden Person[90]).[91] Ansonsten ist ein vorbeugender Unterlassungsantrag nur ausnahmsweise aussichtsreich, etwa wenn der Antragsteller durch die Durchführung eines Beschlusses in unerträglicher Weise in seinen Rechten verletzt würde und Rechtsschutz durch eine nachträgliche einstweilige Verfügung (vorläufige Beschlussaussetzung) nicht ausreichend erscheint.[92]   49

▶ **Muster: Vorbeugender Unterlassungsantrag**   50

An das Amtsgericht [...]   237

– Abteilung für Wohnungseigentumssachen –

EILT! Bitte sofort vorlegen!

Antrag auf Erlass einer einstweiliger Verfügung

der Wohnungseigentümerin

[...], [...]-Straße [...], [...] *[PLZ, Ort]*,

– Antragstellerin –

Prozessbevollmächtigte: RAe [...], [...]-Straße 30, [...]*[PLZ, Ort]*,

gegen

die übrigen Eigentümer der Wohnungseigentümergemeinschaft [...]-Straße 29, [...] *[PLZ, Ort]*,

1) [...], [...]-Straße 29, [...] *[PLZ, Ort]*,

2) [...], [...]-Straße 29, [...] *[PLZ, Ort]*,

3) [...]

4) [...]

– Antragsgegner –

Verwalterin: [...] Hausverwaltung & Immobilien GmbH, vertreten durch den Geschäftsführer [...], [...]-Straße [...], [...] *[PLZ, Ort]*

– Beigeladene –

Ersatzzustellungsvertreter: bisher nicht bestellt.

vorläufiger Streitwert: 4.000 €

Namens und in Vollmacht der Klägerin beantragen wir,

---

88 Jennißen/*Suilmann*, § 46 WEG Rn 183.
89 Jennißen/*Suilmann*, § 46 WEG Rn 185.
90 KG NJW 1987, 386, 387.
91 Jennißen/*Suilmann*, § 46 WEG Rn 181.
92 Jennißen/*Suilmann*, § 46 WEG Rn 182.

ohne mündliche Verhandlung folgende einstweilige Verfügung zu erlassen:

1. Die Antragsgegner haben es zu unterlassen, die vom Antragsgegner zu 1) zum 13.2.2009 einberufene Eigentümerversammlung durchzuführen, insbesondere Beschlüsse zu fassen.

2. Für den Fall der Zuwiderhandlung gegen die vorstehend beantragte Unterlassungsverpflichtung wird gegen die Antragsgegner ein Ordnungsgeld bis zu 25.000 €, ersatzweise Ordnungshaft, angedroht.

Begründung:

Die Antragstellerin ist Eigentümerin der in der betroffenen Wohnungseigentümergemeinschaft befindlichen Wohnungen Nr. 19 und 22. Die Antragsgegner sind die übrigen Wohnungseigentümer.

Durch Beschluss des angerufenen Gerichts vom 19.1.2009 (Az [...]) wurde die [...] Hausverwaltung & Immobilien GmbH im Wege einer einstweiligen Verfügung bis zum rechtskräftigen Abschluss des Anfechtungsverfahrens Az [...] zur Verwalterin der betroffenen Wohnungseigentümergemeinschaft bestellt. Der Antragsgegner zu 1) ist Mehrheitseigentümer und zudem der vormalige Verwalter, dessen angefochtener Wiederbestellungsbeschluss im vorgenannten einstweiligen Verfügungsverfahren einstweilen außer Kraft gesetzt wurde.

Der Antragsgegner zu 1) ist nicht bereit, sich dem Beschluss des angerufenen Gerichts vom 19.1.2009 (Az [...]) zu beugen, und hat zum 13.2.2009, 14.00 Uhr, eine Eigentümerversammlung einberufen. Er hat angekündigt, dass die Abberufung der [...] Hausverwaltung & Immobilien GmbH mit sofortiger Wirkung und seine erneute Verwalterbestellung beschlossen werden soll.

Beweis: Einladungsschreiben als Anlage K 1

Dem Antragsteller ist die Teilnahme an der Versammlung und die Durchführung derselben durch die Antragsgegner nicht zuzumuten. Zum einen ist der Antragsgegner zu 1) nicht berechtigt, zu einer Eigentümerversammlung einzuladen, denn amtierende Verwalterin ist die [...] Hausverwaltung & Immobilien GmbH. Allein dies rechtfertigt schon den Erlass der beantragten einstweiligen Verfügung (vgl. KG NJW 1987, 386, 387). Daneben ist die Versammlung zur Unzeit einberufen. Um 14.00 Uhr ist dem berufstätigen Antragsteller eine Teilnahme nicht zuzumuten.

Daneben wären die angekündigten Beschlüsse, sofern sie denn gefasst würden, nichtig. Die Wohnungseigentümer können sich durch Beschluss nicht über gerichtliche Entscheidungen hinwegsetzen. Zwar hindert eine gerichtliche Verwalterbestellung grundsätzlich nicht die Abberufung des vom Gericht bestellten Verwalters und die Bestellung eines anderen Verwalters durch Beschluss der Eigentümer, jedoch geht es vorliegend ausschließlich um eine beabsichtigte Negierung der einstweiligen Verfügung vom 19.1.2009. Mit den angekündigten Beschlüssen soll ausschließlich der vom angerufenen Gericht mit der einstweiligen Verfügung vom 19.1.2009 aufgehobene Rechtszustand wiederhergestellt werden. Damit würde die Rechtskraft der einstweiligen Verfügung missachtet werden, und das Gericht wäre gezwungen, auf entsprechenden Antrag erneut wie am 19.1.2009 zu entscheiden. Dies führt jedoch zur Nichtigkeit der für die Versammlung am 13.2.2009 angekündigten Beschlüsse (vgl. Jennißen/*Suilmann*, 2008, § 21 WEG Rn 133; Bärmann/*Merle*, 10. Auflage 2008, § 26 WEG Rn 273). Auch aus diesem Grund ist der Erlass der beantragten einstweiligen Verfügung geboten.

[...]

Rechtsanwalt ◄

cc) Einstweilige Beschlussaussetzung

(1) Allgemeines

Eine Anfechtungsklage entfaltet keinen Suspensiveffekt. Der Verwalter bleibt nach § 27 Abs. 1 **51**
Nr. 1 WEG verpflichtet, auch einen angefochtenen Beschluss auszuführen.[93] Hat ein Wohnungseigentümer beispielsweise den Beschluss über eine Jahresabrechnung angefochten und
macht der Verwalter in einem anderen Verfahren gegen diesen Wohnungseigentümer entsprechend dem angefochtenen Eigentümerbeschluss Ansprüche auf Zahlung rückständigen Wohngeldes geltend, so wird das Gericht das Verfahren auf Zahlung des Wohngeldes von Amts wegen
bis zur Entscheidung über die Anfechtung nicht gem. § 148 ZPO analog aussetzen. Vielmehr
wird der Wohngeldschuldner auf die Klage nach § 767 ZPO oder die Bereicherungsklage verwiesen werden.[94]

Ein Beschluss der Wohnungseigentümer kann im Wege der einstweiligen Verfügung nicht für **52**
ungültig erklärt werden, da hierdurch die Hauptsache unzulässig vorweggenommen würde.[95]
Einstweiliger Rechtsschutz ist deshalb über die einstweilige Verfügung (§§ 935 ff ZPO) zu suchen mit dem Ziel, den angefochtenen Beschluss einstweilen außer Kraft zu setzen. Es ist gem.
§ 937 Abs. 2 ZPO grundsätzlich mündlich zu verhandeln. Verfügungsgrund und Verfügungsanspruch sind vom Gericht nach § 936, 920 Abs. 2 ZPO zu überprüfen.

Das Gericht hat, falls noch keine Anfechtungsklage erhoben wurde, nach §§ 936, 926 Abs. 1 **53**
ZPO auf Antrag anzuordnen, dass der Antragsteller binnen einer bestimmten Frist Anfechtungsklage zu erheben hat. Wird dieser Anordnung nicht Folge geleistet, ist die einstweilige
Verfügung auf Antrag hin aufzuheben (§ 926 Abs. 2 ZPO). Die Frist zur Klageerhebung wird
hierbei mit dem Ablauf der einmonatigen Anfechtungsfrist korrespondieren.[96]

Hinweis: Die Antragsgegner bzw ihr Verfahrensbevollmächtigter sollten, sofern nicht bereits
Anfechtungsklage erhoben wurde, unverzüglich einen entsprechenden Antrag nach §§ 936, 926
Abs. 1 ZPO auf Fristsetzung zur Klageerhebung stellen, da andernfalls das Ergebnis des einstweiligen Rechtsschutzverfahrens (Beschlussaussetzung) zum Dauerzustand werden kann, wenn
keine Anfechtungsklage erhoben wird.[97]

Für den sich gegen den Beschluss wendenden Wohnungseigentümer erscheint es ratsam, den
Antrag auf vorläufige Außerkraftsetzung des Beschlusses sogleich in der Klageschrift zusammen
mit dem Anfechtungsantrag zu stellen. Zwar handelt es sich prozessual um zwei verschiedene
Verfahren – einstweiliges Verfügungsverfahren bzw Hauptsacheverfahren (Anfechtungsklage)
–, jedoch kann so ohne Weiteres deutlich gemacht werden, dass die Anfechtungsfrist nicht versäumt wurde. Da jedoch zwei verschiedene Verfahren eröffnet werden, sollte der entsprechende
Schriftsatz in doppelter Ausfertigung nebst der entsprechenden Zahl an Abschriften eingereicht
werden.

Nach Ablauf der Anfechtungsfrist ist auch das Erwirken einer einstweiligen Außerkraftsetzung **54**
des Beschlusses nicht mehr möglich, sofern nicht auch Wiedereinsetzung in den vorigen Stand
begehrt werden kann. Denn nach § 23 Abs. 4 WEG ist der Beschluss dann in Bestandskraft
erwachsen, und der Kläger kann keinen Anordnungsanspruch mehr geltend machen.

---

93 Jennißen/*Suilmann*, § 46 WEG Rn 173.
94 Elzer, in: Hügel/Elzer, § 13 Rn 167.
95 Bonifacio, ZMR 2007, 592, 596.
96 Zum Ganzen: Jennißen/*Suilmann*, § 46 WEG Rn 178.
97 Bonifacio, ZMR 2007, 592, 596.

(2) Einstweilige Verfügungen im Rahmen der Anfechtung der Verwalterbestellung

55 Von besonderer praktischer Relevanz ist die einstweilige Aussetzung bei Beschlüssen über die Wiederbestellung eines ungeeigneten Verwalters.[98] Hintergrund eines solchen ordnungsmäßiger Verwaltung widersprechenden Beschlusses ist zumeist, dass der unfähige oder ungeeignete Verwalter mit den Stimmen des Mehrheitseigentümers bestellt wird, da er mit ihm identisch oder familiär bzw wirtschaftlich verbunden ist. Daneben ist auch vorstellbar, dass die desinteressierte oder nicht genügend aufgeklärte Mehrheit der Eigentümer das Problem nicht als solches erkennt und „alles beim Alten bleiben soll". Der Bestellungsbeschluss wird bei erfolgreicher Anfechtungsklage zwar mit Wirkung *ex tunc* durch das Gericht für ungültig erklärt, dh der Beschluss ist von Anfang an unwirksam, und der Bestellte verliert mit rückwirkender Kraft seine Verwalterstellung.[99] Jedoch hat diese Rückwirkung weder praktische Folgen für das Innenverhältnis der Wohnungseigentümer/Wohnungseigentümergemeinschaft zum Verwalter noch für Handlungen des Verwalters im Außenverhältnis. Der Bestellungsbeschluss ist wie jeder andere angefochtene Beschluss trotz Anfechtung als wirksam zu behandeln und für die Beteiligten bindend.[100] Selbst bei offensichtlicher Rechtswidrigkeit des Bestellungsbeschlusses bleiben die vorgenommenen Rechtsgeschäfte nach den Grundsätzen der Duldungs- bzw Anscheinsvollmacht[101] und nach dem Rechtsgedanken des bis zum 31.8.2009 geltenden § 32 FGG[102] auch dann wirksam, wenn der Bestellungsbeschluss mit rückwirkender Kraft aufgehoben wird. Im Extremfall würde dies bedeuten, dass der nicht tragfähige Verwalter gegebenenfalls bis zum Abschluss der III. Instanz und damit Monate, wenn nicht sogar Jahre sein Amt weiter ausübt und der Gemeinschaft bzw den Wohnungseigentümern hierdurch möglicherweise (weiterer) Schaden entsteht.

56 Es liegt auf der Hand, daneben auch zu beantragen, dass das Gericht durch einstweilige Verfügung vorläufig einen „Notverwalter" bestellt. Der Anspruch des einzelnen Wohnungseigentümers folgt aus § 21 Abs. 4 WEG, da der Verwalter ein unabdingbar notwendiges Organ jeder Wohnungseigentümergemeinschaft ist. Dies war auch nach der bis zum 30.6.2007 geltenden Rechtslage so, weshalb der Gesetzgeber den § 26 Abs. 3 WEG aF trotz zahlreicher Gegenäußerungen, die auf die damit einhergehenden Probleme Dritter in Beziehung zur rechtsfähigen Gemeinschaft hinwiesen, ersatzlos gestrichen hat.

57 Materiellrechtliche Voraussetzung einer gerichtlichen Verwalterbestellung ist das Fehlen eines Verwalters.[103] Diese Voraussetzung ist nach richtiger Ansicht durch die vorläufige Aussetzung des Bestellungsbeschlusses erfüllt.[104] Die Notverwalterbestellung im Rahmen einer einstweiligen Verfügung sollte als uneigentlicher Hilfsantrag von dem Erlass der einstweiligen Beschlussaussetzung abhängig gemacht werden (vgl. auch nachstehendes Muster Rn 58). Die (vorläufige) Aussetzung des Bestellungsbeschlusses ist allerdings nicht nur ein dogmatisch gebotener Umweg. Die fehlende Aussetzung des Bestellungsbeschlusses hätte nämlich zur Folge, dass sowohl dem vorläufig durch das Gericht bestellten Verwalter als auch dem durch die Eigentümerver-

---

98 Vgl zu flankierenden einstweiligen Verfügungen im Rahmen der Anfechtung der Verwalterbestellung *Scheffler*, Anw-Zert MietR 1/2008, Anm. 4.
99 BayObLG NJW-RR 1991, 531, 532; Niedenführ/Kümmel/Vandenhouten/*Niedenführ*, § 26 WEG Rn 21.
100 BGH NJW 1997, 2106, 2107; KG ZMR 1991, 274.
101 BayObLG NJW-RR 1991, 531, 532.
102 So auch zum neuen Recht Niedenführ/Kümmel/Vandenhouten/*Niedenführ*, § 26 WEG Rn 21. Dem ist zuzustimmen, auch wenn das FGG nicht mehr auf Wohnungseigentumssachen anzuwenden ist. Denn letztlich geht es auch nicht um eine Anwendung des § 32 FGG, sondern nur um den darin zum Ausdruck gebrachten Rechtsgedanken.
103 Bärmann/*Merle*, § 26 WEG Rn 252.
104 Scheffler, AnwZert MietR 1/2008, Anm. 4 – dort auch zum Streitstand.

sammlung bestellten Verwalter wegen § 615 BGB die entsprechende Vergütung gezahlt werden müsste.[105] Ferner hat die einstweilige Aussetzung der Wirksamkeit des Bestellungsbeschlusses den Vorteil, dass der von der Eigentümerversammlung bestellte Verwalter mangels Wirksamkeit der Bestellung die Wohnungseigentümer rechtlich nicht binden kann. Demnach ist die Verknüpfung von Aussetzung des Bestellungsbeschlusses und Notverwalterbestellung im Rahmen einer einstweiligen Verfügung zu Recht als adäquates Mittel zur Sicherung ordnungsgemäßer Verwaltung und der Verhütung von Schäden für die Wohnungseigentümer anzusehen.[106]

▶ **Muster: Klage gegen Verwalterbestellung mit flankierenden einstweiligen Verfügungen mit Begründung**   58

An das Amtsgericht [...]

– Abteilung für Wohnungseigentumssachen –

E I L T! Bitte sofort vorlegen!

Klage

gemäß § 43 Nr. 4 WEG nebst

Antrag auf Erlass einer einstweiliger Verfügung

der Wohnungseigentümerin

[...], [...]-Straße [...], [...] *[PLZ, Ort]*,

– Klägerin/Antragstellerin –

Prozessbevollmächtigte: RAe [...], [...]-Straße [...], [...] *[PLZ, Ort]*,

gegen

die übrigen Eigentümer der Wohnungseigentümergemeinschaft [...]-Straße [...], [...] *[PLZ, Ort]*,

1) [...], [...]-Straße [...], [...] *[PLZ, Ort]*,

2) [...], [...]-Straße [...], [...] *[PLZ, Ort]*,

3) [...]

4) [...]

– Beklagte/Antragsgegner –

faktische Verwalterin: [...] Hausverwaltung & Immobilien GmbH, vertreten durch den Geschäftsführer [...], [...]-Straße [...], [...] *[PLZ, Ort]*

– Beigeladene –

Ersatzzustellungsvertreter: bisher nicht bestellt.

vorläufiger Streitwert:

- Klage: 12.759,90 €

- einstweilige Verfügung: 4.000 €

Namens und in Vollmacht der Klägerin erheben wir

1. Klage gegen die übrigen Miteigentümer und beantragen:

    Es wird festgestellt, dass die Beschlüsse zu TOP I.1 (Verwalterbestellung) und TOP I.2 (Verwaltervertrag) der Eigentümerversammlung vom 12.3.2008 nichtig sind.

---

105 Staudinger/*Bub*, § 26 WEG Rn 165 mwN.
106 So wohl auch KG Wohnungseigentümer 1987, 27.

Hilfsweise wird beantragt:

Die Beschlüsse zu TOP I.1 (Verwalterbestellung) und TOP I.2 (Verwaltervertrag) der Eigentümerversammlung vom 12.3.2008 werden für ungültig erklärt.

Für den Fall der Durchführung des schriftlichen Vorverfahrens beantragen wir,

bei Vorliegen der Voraussetzung der §§ 331 Abs. 3, 276 Abs. 1 S. 1, Abs. 2 ZPO ein Versäumnisurteil ohne mündliche Verhandlung zu erlassen.

Daneben beantragen wir,

2. ohne mündliche Verhandlung folgende einstweilige Verfügung zu erlassen:

   a) Die Wirksamkeit der Beschlüsse zu TOP I.1 (Verwalterbestellung) und TOP I.2 (Verwalterver-
      trag) der Eigentümerversammlung vom 12.3.2008 wird bis zum rechtskräftigen Abschluss des
      Anfechtungsverfahrens einstweilen ausgesetzt.

   b) Für den Fall, dass das Gericht die unter a) beantragte einstweilige Verfügung erlässt, bean-
      tragen wir – ebenfalls ohne mündliche Verhandlung – den Erlass der folgenden einstweiligen
      Verfügung:

      Die [...] Haus- und Vermögensverwaltung GmbH, vertreten durch die Geschäftsführerin [...],
      [...]-Straße [...], [...] *[PLZ, Ort]*, wird bis zum rechtskräftigen Abschluss des Anfechtungs-
      verfahrens zur Verwalterin der Wohnungseigentümergemeinschaft [...]-Straße [...], [...]
      [PLZ, Ort] bestellt.

Begründung:

Nachfolgend werden wir zunächst unter I. auf die Beteiligten an diesem WEG-Verfahren eingehen,
sodann unter II. die Klage begründen, unter III. die beiden Anträge auf Erlass der einstweiligen
Verfügungen begründen und unter IV. kurz auf den Streitwert eingehen.

I. Die Beteiligten – Verwalterin kein Zustellungsvertreter

Die Klägerin und die Beklagten sind die Wohnungs-/Teileigentümer der Wohnungs-/Teileigentums-
einheiten auf dem Grundstück [...]-Straße [...], [...] *[PLZ, Ort]*.

Die Beigeladene wurde durch den angegriffenen Beschluss zu TOP I.1 (erneut) zur WEG-Verwalterin
bestellt. Jedoch scheidet eine Zustellung der Klage und der damit verbundenen Anträge auf Erlass
einstweiliger Verfügungen gemäß §§ 27 Abs. 2 Nr. 1, 45 Abs. 1 WEG aus, da der Wiederbestellungsbeschluss nichtig ist (vgl. nachfolgend unter II.) und ihre Verwalterbestellung und die hiergegen
sprechenden, in ihrer Person liegenden wichtigen Gründe Gegenstand des Verfahrens sind. Aufgrund
der daraus resultierenden Interessenkollision scheidet die Beigeladene als Zustellungsvertreterin aus
(§ 45 Abs. 1 WEG letzter Halbsatz).

Ein Ersatzzustellungsvertreter gemäß § 45 Abs. 2 WEG ist bislang nicht bestellt.

II. Anfechtungsklage

In der Eigentümerversammlung vom 12.3.2008 ließ sich die Beigeladene unter TOP I.1 ab 12.3.2008
erneut zur Verwalterin bestellen und zugleich unter TOP I.2 einen Verwaltervertrag mit einer Laufzeit
von fünf Jahren beschließen.

Beweis: Protokoll der Versammlung vom 12.3.2008 als Anlage K 1

Dem ging Folgendes voraus:

In der Eigentümerversammlung vom 21.7.2005 wurde die Beigeladene unter TOP 3 für fünf Jahre zur
Verwalterin (wieder)bestellt. Neben weiteren Beschlüssen dieser Versammlung focht die hiesige Klä-

gerin auch den Wiederbestellungsbeschluss an. Mit Beschluss[107] vom 16.1.2008 (Az [...]) hat das Landgericht [...] dem Antrag der Klägerin stattgegeben und den Beschluss über die (Wieder-)Bestellung wegen besonders schwerwiegender Pflichtverstöße der Beigeladenen für ungültig erklärt.

Beweis: Beschluss des Landgerichts [...], Az [...], als Anlage K 2

Hinsichtlich der schwerwiegenden, gegen die Bestellung der Beigeladenen sprechenden Gründe verweisen wir vollinhaltlich auf den als Anlage K 2 überreichten Beschluss des Landgerichts [...]. Sollte das Gericht eine derartige Verweisung nicht für zulässig halten, wird um einen entsprechenden Hinweis gebeten. Wir werden dann noch einmal sämtliche Gründe schriftsätzlich darlegen.

Gegen den Beschluss des Landgerichts [...] (Anlage K 2) legte die von der Beigeladenen beauftragte Verfahrensbevollmächtigte der Antragsgegnerin (der hiesigen Beklagten) auf Weisung der Beigeladenen sofortige weitere Beschwerde[108] ein. Das Verfahren wird beim OLG [...] zur Geschäftsnummer [...] geführt.

Nach Veranlassung der weiteren Beschwerde lud die Beigeladene mit Schreiben vom 27.2.2008 zur Eigentümerversammlung am 12.3.2008 mit den beiden einzigen Tagesordnungspunkten „Wahl eines Verwalters" und „Abschluss des Verwaltervertrags", um sich erneut bestellen zu lassen, bevor das OLG [...] die Entscheidung des Landgerichts bestätigte.

Die Klägerin bemühte sich in der bis zur Versammlung zur Verfügung stehenden, recht kurzen Zeit um einen professionellen Gegenkandidaten zur Verwalterwahl und konnte hierfür die [...] Haus- und Vermögensverwaltung GmbH gewinnen. Die [...] Haus- und Vermögensverwaltung GmbH ist nach der persönlichen und fachlichen Qualifikation der Mitarbeiter bestens geeignet, die Verwaltung der betroffenen Wohnungseigentümergemeinschaft zu übernehmen. Die [...] Haus- und Vermögensverwaltung GmbH stellte sich mit dem als

Anlagenkonvolut K 3

beigefügten Schreiben vom 10.3.2008 nebst Anlagen gegenüber den Eigentümern vor, wobei es die Klägerin übernahm, die von der [...] Haus- und Vermögensverwaltung GmbH bereits beigefügten Kopien des Schreibens einschließlich der Anlagen den übrigen Eigentümern persönlich zu überreichen bzw in deren Briefkästen einzuwerfen.

Zudem erschien die Mitarbeiterin der [...] Haus- und Vermögensverwaltung GmbH, Frau [...] (Fachkauffrau für Wohnungseigentum), mit der Klägerin zur Eigentümerversammlung am 12.3.2008, um die [...] Haus- und Vermögensverwaltung GmbH als Kandidatin um das Verwalteramt in der Versammlung vorzustellen. Die Geschäftsführerin hatte zur selben Zeit in einer anderen Wohnungseigentümergemeinschaft eine Eigentümerversammlung zu leiten.

Die Mitarbeiterin der [...] Haus- und Vermögensverwaltung GmbH durfte sich kurz vor Beginn der Versammlung den Anwesenden vorstellen. Anwesend waren lediglich zwei Eigentümer: die Klägerin und der Beklagte zu 2). Daneben war auch der die Versammlung leitende Prokurist der Beigeladenen anwesend, der über die Absicht der Klägerin, die [...] Haus- und Vermögensverwaltung GmbH zur Verwalterin bestellen zu lassen, informiert war. Dieser komplementierte die Mitarbeiterin der [...] Haus- und Vermögensverwaltung GmbH noch vor Beginn der Versammlung aus dem Versammlungsraum.

Beweis: Zeugnis der Frau [...], zu laden über die [...] Haus- und Vermögensverwaltung GmbH, [...]-Straße [...], [...] [*PLZ, Ort*]

---

107 Für das Vorverfahren war noch das „alte" WEG anzuwenden, da das Vorverfahren vor dem 1.7.2007 anhängig war (§ 62 Abs. 1 WEG).
108 Siehe Rn 109.

Anschließend eröffnete der Prokurist der Beigeladenen die Versammlung und stellte ungeachtet der Tatsache, dass sich ein weiteres Unternehmen um das Verwalteramt bewarb, den Beschlussantrag mit dem Wortlaut:

„Mit Wirkung ab 12.3.2008 wird die [...] Hausverwaltung & Immobilien GmbH zur Verwalterin der Wohnanlage bestellt. Die Bestellung erfolgt auf unbestimmte Dauer mit der Maßgabe, dass eine Versammlung einzuberufen ist, sobald ein Verwalter zur Wahl steht."

Dieser Beschlussantrag der Beigeladenen wurde mit der aus den Stimmen der Beklagten zu 1) und 2) bestehenden Mehrheit von 65.900/100.000 Miteigentumsanteile = Stimmen angenommen. Der neben der Klägerin in der Versammlung anwesende Beklagte zu 2) hatte, wie auch in den vorangegangenen Versammlungen, Stimmrechtsvollmachten vom Beklagten zu 1).

Die Beklagten zu 1) und 2) haben ein vehementes und gegen die Gemeinschaft gerichtetes Eigeninteresse an der Wiederwahl der Beigeladenen: Die Beigeladene treibt die Hausgeldrückstände der beiden Mehrheitseigentümer schon seit Jahren nicht bei.

Beweis: Beschluss[109] des Landgerichts [...], Az [...], bereits überreicht als Anlage K 2

Ferner wurde von der Beigeladenen folgender Beschlussantrag gestellt:

„Der allen Eigentümern vorliegende bisherige Verwaltervertrag wird mit der Maßgabe beschlossen, dass er ab dem 12.3.2008 gilt. Er läuft jeweils ein Jahr und verlängert sich jeweils um ein weiteres Jahr, falls er nicht mit einer Frist von drei Monaten gekündigt wird. Er endet nach Ablauf von fünf Jahren."

Auch dieser Antrag wurde mit der gleichen Mehrheit angenommen. Durch die enthaltene Mindestlaufzeit kann sich die Beigeladene sicher sein, dass sie mindestens für ein Jahr ihre Verwaltervergütung erhält, der Vertrag hat sogar eine feste Laufzeit von fünf Jahren (!). Eine Interimslösung ist dies also nicht.

Es trifft also nicht zu, dass die Beigeladene nur übergangsweise bestellt wurde für die Zeit, bis „ein neuer Verwalter zur Wahl steht", wie es im Versammlungsprotokoll ausgeführt ist. Denn zum einen stand mit der [...] Haus- und Vermögensverwaltung GmbH „ein neuer Verwalter zur Wahl" und zum anderen zeigt die feste Laufzeit des Verwaltervertrags von fünf Jahren sowie insbesondere dessen Mindestlaufzeit von einem Jahr, dass die Beigeladene im Zusammenspiel mit den Mehrheitseigentümern gar nicht daran denkt, nur kurzzeitig, bis „ein neuer Verwalter zur Wahl steht", das Verwalteramt auszuüben. Dieser Hinweis hat offenbar nur zum Ziel, die übrigen Wohnungseigentümer, insbesondere die Beklagten zu 3) und 4), die sich zwar ablehnend, jedoch (gerichtlich) passiv verhalten, möglichst lange „an der Nase herumzuführen"; dieser Hinweis soll also die wahren Absichten verschleiern. Hierzu passt, dass auch die Stimmen der Klägerin nur als Enthaltung im Protokoll vermerkt wurden.

Als Fazit kann festgehalten werden, dass die Beigeladene die Wahl eines neuen Verwalters bereits dadurch verhinderte, dass sie keinen entsprechenden Beschlussantrag zuließ und die präsente Mitarbeiterin der [...] Haus- und Vermögensverwaltung GmbH hinaus komplimentierte.

Nachdem nun die angegriffenen Beschlüsse auf der eigens einberufenen Versammlung vom 12.3.2008 gefasst waren, ließ die Beigeladene die sofortige weitere Beschwerde beim OLG [...] zurücknehmen.

---

109 Siehe Rn 109.

Beweis: Schriftsatz vom 13.3.2008 als Anlage K 4

Damit ist die Entscheidung des Landgerichts rechtskräftig; die Wahl der Beigeladenen widerspricht ordnungsmäßiger Verwaltung, die Beigeladene ist ungeeignet.

Mit den Beschlüssen vom 12.3.2008 soll jedoch die Beigeladene weiterhin auf unbestimmte Zeit, mindestens jedoch für ein Jahr im Amt gehalten werden, obwohl der ursprüngliche Bestellungsbeschluss vom 21.7.2005 rechtskräftig für ungültig erklärt wurde. Dies stellt nach hiesiger Ansicht eine unzulässige Wiederholung der bereits rechtskräftig aufgehobenen Beschlüsse über die Bestellung der Beigeladenen und den Abschluss des Verwaltervertrags der Eigentümerversammlung vom 21.7.2005 dar. Deshalb sind die mit der Klage angegriffenen Beschlüsse nach hiesiger Ansicht sogar nichtig. (Daher wird die Beigeladene im Rubrum auch nur als faktische Verwalterin bezeichnet.)

Die Wohnungseigentümer besitzen keine Beschlusskompetenz, einen Beschluss, der bereits in einem Anfechtungsverfahren von einem Gericht rechtskräftig aufgehoben worden ist, inhaltsgleich zu wiederholen, wenn sich die tatsächlichen oder rechtlichen Umstände nicht geändert haben (Jennißen/ *Elzer*, 2008, Vor §§ 23 bis 25 WEG Rn 115; AG Neukölln v. 2.12.2004 – 70 II 113/04 = ZMR 2005, 235). Auch wenn die Wohnungseigentümer grundsätzlich berechtigt sind, über eine schon geregelte Angelegenheit erneut zu beschließen, verstößt jedenfalls die grundlose inhaltsgleiche Wiederholung früherer Eigentümerbeschlüsse, die bereits erfolgreich rechtskräftig angefochten worden sind, gegen den Kernbereich der Mitgliedschaft und ist wegen Rechtsmissbrauchs unzulässig. Wiederholende inhaltsgleiche Beschlüsse haben zwar – auch soweit sich die Umstände nicht geändert haben – nach herrschender Meinung nicht denselben Streitgegenstand, wenn sie zu unterschiedlichen Zeitpunkten gefällt werden. Bei einer anderen Sichtweise und bloßen Anfechtbarkeit solcher Beschlüsse käme es aber zu einer unnützen Vermehrung von Anfechtungsklagen und einer Erschwerung des Rechtsschutzes. Die in früheren Anfechtungsklagen obsiegenden Wohnungseigentümer wären stets und immer wieder gezwungen, einen inhaltsgleich gefassten Beschluss erneut innerhalb der kurzen Frist des § 46 Abs. 1 S. 2 WEG anzufechten. Eine solche Verschiebung der Risiken ist unbillig. Es ist zwar nicht zu verkennen, dass es im Einzelfall – nicht aber im Regelfall – schwierig sein kann, festzustellen, ob und wann eine wesentliche Änderung der tatsächlichen oder rechtlichen Umstände vorliegt. Diese Schwierigkeit kann aber nicht dazu führen, wiederholende Zweitbeschlüsse nur für nicht ordnungsmäßig zu halten.

Daher sind die mit dieser Klage angegriffenen Beschlüsse nach richtiger Auffassung nichtig und nicht bloß anfechtbar. Hieraus resultiert der Hauptantrag.

In jedem Fall sind die Beschlüsse für ungültig zu erklären (Hilfsantrag). Denn auch die Gegenmeinung, die davon ausgeht, dass derartige Beschlüsse, die bereits angefochtene Beschlüsse lediglich wiederholen bzw deren Rechtsfolgen inhaltsgleich wieder herbeiführen wollen, nicht von vornherein nichtig sind, erkennt an, dass bereits die inhaltsgleiche Wiederholung eines angefochtenen Beschlusses ordnungsmäßiger Verwaltung widerspricht (vgl. KG v. 20.7.1994 – 24 W 4748/93 = KGReport 1994, 169 = WuM 1994, 561).

Mithin steht fest, dass die Beschlüsse über die Wiederbestellung der Beigeladenen und den wiederholten Abschluss des Verwaltervertrags zumindest für ungültig zu erklären sind.

Aber selbst wenn allein die rechtskräftige Aufhebung der inhaltsgleichen Erstbeschlüsse vom 21.7.2005 noch kein ausreichender Grund für die Ungültigerklärung der mit der hiesigen Klage angegriffenen Beschlüsse wäre, so sprechen doch die gleichen Gründe, die bereits zur (rechtskräftigen) Entscheidung des Landgerichts [...] geführt hatten, gegen die erneute Wiederbestellung der Beigeladenen. Insoweit verweisen wir vollinhaltlich auf den als Anlage K 2 überreichten Beschluss des Landgerichts [...].

Diese wichtigen gegen die Wiederbestellung der Beigeladenen sprechenden Gründe stehen zwischen den Beteiligten durch die rechtskräftige Entscheidung des Landgerichts [...] auch fest, so dass ein eventueller Gegenvortrag hierzu gar nicht beachtlich wäre. Es steht also fest, dass die Beigeladene nicht als Verwalterin geeignet ist.

III. Einstweilige Verfügung

1. Vorläufige Außerkraftsetzung des Bestellungsbeschlusses

Wenn die Beschlüsse, wie diesseits angenommen, nichtig sind, bedarf es an sich keiner vorläufigen Außerkraftsetzung der Beschlüsse. Gleichwohl setzen auch nichtige Beschlüsse einen Rechtsschein, weshalb die vorläufige Außerkraftsetzung der Beschlüsse durch einstweilige Verfügung zur Klarstellung auch in diesem Fall geboten scheint. Zudem könnte eine eventuell nachfolgende Instanz auch der Meinung sein, dass die Beschlüsse nur anfechtbar sind, daher ist die vorläufige Außerkraftsetzung der Beschlüsse geboten (zum Verfügungsgrund vgl. nachfolgend). Wenn dagegen die Beschlüsse nur anfechtbar sein sollten gilt Folgendes:

Die Beschlüsse werden zwar mit Wirkung *ex tunc* durch das Gericht für ungültig erklärt werden, das heißt, die Beschlüsse sind von Anfang an unwirksam und der Bestellte verliert mit rückwirkender Kraft seine Verwalterstellung (BayObLG NJW-RR 1991, 531, 532; Niedenführ/Kümmel/Vandenhouten/*Niedenführ*, 8. Auflage 2007, § 26 WEG Rn 21), jedoch hat diese Rückwirkung weder praktische Folgen für das Innenverhältnis der Wohnungseigentümer/Wohnungseigentümergemeinschaft zum Verwalter noch für Handlungen des Verwalters im Außenverhältnis. Die Beschlüsse sind wie andere angefochtene Beschlüsse trotz Anfechtung als wirksam zu behandeln und für die Beteiligten bindend (BGH NJW 1997, 2106, 2107; KG ZMR 1991, 274). Selbst bei offensichtlicher Rechtswidrigkeit des Bestellungsbeschlusses bleiben die vorgenommenen Rechtsgeschäfte nach den Grundsätzen der Duldungs- bzw Anscheinsvollmacht auch dann wirksam, wenn der Bestellungsbeschluss mit rückwirkender Kraft aufgehoben wird (BayObLG, ebenda). Vorliegend würde dies bedeuten, dass die Beigeladene aufgrund der zu erwartenden Dauer des Verfahrens unter Umständen bis zum Ablauf der maximalen Bestellungszeit von fünf Jahren im Amt bliebe und das Verfahren dann für erledigt erklärt werden müsste. In der Zwischenzeit wäre also die Gemeinschaft einem ungeeigneten Verwalter ausgeliefert.

Dieses Problem kann nur durch eine vorläufige Außerkraftsetzung der Wirksamkeit der Bestellung des nicht tragfähigen Verwalters durch einstweilige Verfügung gelöst werden (jeweils zum alten Recht: Staudinger/*Bub*, 13. Bearb., § 26 WEG Rn 164 unter Hinweis auf Häublein/Scheffler, ZfIR 2002, 332 f.; KG NJW-RR 1991, 274; zum neuen Recht vgl. Jennißen/*Suilmann*, 2008, § 46 WEG Rn 174; Scheffler, AnwaltZertifikatOnline (juris) Miet- und Wohnungseigentumsrecht 1/2008, Anm. 4).

Der Verfügungsanspruch für die mit Antrag zu 2 a) begehrte vorläufige Aussetzung des Bestellungsbeschlusses ergibt sich aus den unter II. dargestellten Gründen, die auch die Beschlussanfechtung tragen.

Der Verfügungsgrund ergibt sich zum einen aus der ebenfalls bereits dargestellten Gefahr, dass die Beigeladene als offenbar absolut ungeeignete Person über die nicht unerheblichen Vermögenswerte der Gemeinschaft verfügt und hierdurch ein Schaden droht. Vor allem könnte die Beigeladene weiterhin die Mehrheitseigentümer in rechtswidriger Weise unterstützen, in dem sie die offenen Hausgeldforderungen weiterhin nicht beitreibt. Hier droht möglicherweise auch Verjährung. Zum anderen besteht die Gefahr, dass die Verwaltung der Gemeinschaft bis zur rechtskräftigen Entscheidung über die Beschlussanfechtung in den eindeutig ungeeigneten Händen der Beigeladenen liegt. Es kann der Klägerin aber nicht zugemutet werden, bis zur rechtskräftigen Entscheidung über die Anfechtungsklage abzuwarten. Die Verwirklichung des Anspruchs der Klägerin auf ordnungsmäßige Verwaltung würde in diesem Fall nicht nur gefährdet, sondern möglicherweise auch nicht durchsetzbar sein. Denn es besteht die Gefahr, dass sich das Hase-und-Igel-Spiel wiederholt und die Beigeladene sich kurz vor Ende des Hauptsacheverfahrens wieder von den Mehrheitseigentümern zur Verwalterin bestellen lässt. Dieses Spiel könnte sich alljährlich wiederholen, mit anderen Worten: eine Zwickmühle, welche sich nur durch die Außerkraftsetzung des wiederholten Bestellungsbeschlusses unterbrechen lässt.

2. Notverwalterbestellung (uneigentlicher Hilfsantrag)

Bei vorläufiger Außerkraftsetzung des Bestellungsbeschlusses stünde die Gemeinschaft ohne dringend benötigten Verwalter da, daher wird für den Fall, dass das Gericht die unter 2 a) beantragte einstweilige Verfügung erlässt, die Einsetzung eines Verwalters durch das Gericht für die Dauer des Anfechtungsverfahrens (Hauptsacheverfahren) als sog. uneigentlicher Hilfsantrag gestellt (zur Zulässigkeit vgl. Baumbach/Lauterbach/Albers/*Hartmann*, ZPO, 64. Auflage, § 260 Rn 8; BGH NJW 2001, 1286).

Der Verfügungsanspruch ist der Anspruch der Klägerin auf einen Verwalter nach § 26 WEG. Die Klägerin hatte bereits in der Versammlung am 12.3.2008 außergerichtlich versucht, einen anderen Verwalter anstelle der Beigeladenen zu bestellen. Insoweit verweisen wir auf die Ausführungen unter II. Die Mehrheitseigentümer – angeführt von den Beklagten zu 2) und unterstützt von der Beigeladenen – lehnten dies in der Versammlung vom 12.3.2008 jedoch ab und wählten stattdessen die Beigeladene.

Die Situation zwischen der Klägerin sowie den Beklagten zu 3) und 4) auf der einen und den Beklagten zu 1) und 2) auf der anderen Seite ist bereits derart festgefahren, dass eine außergerichtliche Einigung hier unmöglich scheint. Vielmehr ist es so, dass die Beklagten zu 3) und 4) schon völlig resigniert haben und weder zu den Versammlungen gehen noch aktiv ihre Ansprüche gegen die Mehrheitseigentümer verfolgen.

Der Verfügungsgrund ist darin zu sehen, dass die Gemeinschaft ohne Verwalter Gefahr laufen würde, erheblichen zusätzlichen Belastungen ausgesetzt zu sein. Daneben ist die ordnungsmäßige Verwaltung ohne Verwalter nicht aufrechtzuerhalten. Die Gemeinschaft leidet schon heute an finanziellen Engpässen, da die Mehrheitseigentümer ihren Zahlungsverpflichtungen nicht nachkommen. Daneben besteht auch ein erheblicher Instandhaltungsrückstau, weil die Finanzmittel knapp sind. Mit anderen Worten: Die Anlage verkommt. Daneben droht möglicherweise auch Verjährung hinsichtlich der Hausgeldrückstände der Beklagten zu 1) und 2), wenn die offenen Hausgeldforderungen weiterhin nicht (gerichtlich) beigetrieben werden.

Die [...] Haus- und Vermögensverwaltung GmbH ist nach der persönlichen und fachlichen Qualifikation gut geeignet, die Verwaltung der betroffenen Wohnungseigentümergemeinschaft zu übernehmen. Sie ist den Beteiligten aus ihrer schriftlichen Vorstellung vor und in der Eigentümerversammlung am 12.3.2008 bekannt. Die [...] Haus- und Vermögensverwaltung beschäftigt zehn hoch qualifizierte Mitarbeiter, hierunter einen Architekten, Fachwirte der Grundstücks- und Wohnungswirtschaft, Fachkaufleute für Wohnungseigentum etc., die ständig geschult werden. Die [...] Haus- und Vermögensverwaltung GmbH ist ein in [...] beheimatetes und zudem auch in Wohnungseigentumssachen geschätztes Unternehmen. Sie wurde bereits mehrfach gerichtlich zum Notverwalter bestellt (zuletzt am 14.12.2007 ebenfalls per einstweiliger Verfügung vom AG

[...], Az [...]). Im Übrigen verweisen wir auf die aussagekräftigen Bewerbungsunterlagen, welche bereits als Anlagenkonvolut K 3 beigefügt sind. Diesseits ist also kein Grund ersichtlich, dem Vorschlag nicht zu folgen.

Daher ist auch dem uneigentlichen Hilfsantrag zu 2 b) stattzugeben.

IV. Streitwert

Gemäß § 49 a Abs. 1 S. 1 GKG ist der (Regel-)Streitwert auf 50 % des Interesses der Parteien und aller Beigeladenen an der Entscheidung festzusetzen. Das Interesse aller Beteiligten bemisst sich folglich nach dem Verwalterhonorar der Beigeladenen für die unter TOP I.2 beschlossene fünfjährige Laufzeit des Verwaltervertrags. Die Beigeladene erhält jährlich ein Honorar von 5.103,96 €, mithin in fünf Jahren 25.519,80 €. Der (Regel-)Streitwert beträgt die Hälfte hiervon, also 12.759,90 €.

Er darf jedoch nach § 49 a Abs. 1 S. 2 GKG das Fünffache des Wertes des Interesses der Klägerin an der Entscheidung nicht überschreiten. Das Interesse der Klägerin ergibt sich hier aus der auf sie entfallenden Vergütung. Da die Klägerin insgesamt 17.000/100.000 Miteigentumsanteile (= 17 %) auf sich vereinigt, ergibt sich als einfacher Wert 4.338,37 €, der fünffache Wert ihres Interesses und damit die Streitwert-Obergrenze beträgt folglich 21.691,83 €.

Somit verbleibt es bei dem (Regel-)Streitwert von 12.759,90 €.

Für die beiden Anträge auf Erlass der flankierenden einstweiligen Verfügungen wird diesseits ein Betrag von 4.000 € für angemessen gehalten. Dies entspricht in etwa 1/3 des Streitwerts der Hauptsache.

Elf beglaubigte Abschriften anbei.

Rechtsanwalt ◄

d) Anfechtung eines Negativbeschlusses

59 Wird in der Eigentümerversammlung ein Beschlussantrag abgelehnt, so handelt es sich um einen Negativbeschluss. Auch ein solcher Beschluss ist grundsätzlich anfechtbar.[110] Allerdings fehlt in den meisten Fällen das Rechtsschutzbedürfnis für die (isolierte) Anfechtung des Negativbeschlusses. Denn der Negativbeschluss lässt die Rechtslage unberührt und entfaltet regelmäßig keine Sperrwirkung in Bezug auf eine erneute Beschlussfassung über denselben Gegenstand.[111]

Sofern der Kläger jedoch einen materiellrechtlichen Anspruch aus § 15 Abs. 3 WEG oder § 21 Abs. 4 WEG auf positive Beschlussfassung geltend macht, wird das Rechtsschutzbedürfnis für die Anfechtung des Negativbeschlusses bejaht.[112] Nicht erforderlich ist, dass der Kläger wegen seines Anspruchs auf positive Beschlussfassung zugleich Klage auf gerichtliche Ersetzung der abgelehnten Maßnahme nach § 21 Abs. 8 WEG erhebt.[113] Dennoch wird man im Regelfall die Anfechtung des Negativbeschlusses mit der Klage auf Beschlussersetzung verbinden (vgl. das nachfolgende Muster Rn 61).

Daneben besteht ein Rechtsschutzbedürfnis dann, wenn die vom Versammlungsleiter vorgenommene Feststellung der Beschlussablehnung fehlerhaft ist und in Wahrheit ein positiver Beschluss gefasst wurde. Der Anfechtungsantrag wird in einem solchen Fall stets mit dem Antrag

110 BGH ZMR 2002, 930.
111 BGH aaO; Wenzel, ZMR 2005, 413, 415; Jennißen/*Elzer*, Vor §§ 23 bis 25 WEG Rn 125; Jennißen/*Suilmann*, § 46 WEG Rn 130.
112 Bärmann/*Wenzel*, § 46 WEG Rn 14; Jennißen/*Suilmann*, § 46 WEG Rn 131.
113 Bärmann/*Wenzel*, § 46 WEG Rn 14; Jennißen/*Suilmann*, § 46 WEG Rn 131.

auf Feststellung des positiven Beschlussergebnisses verbunden werden (vgl. das nachfolgende Muster Rn 64).[114]

e) Beschlussersetzung

Zulässigkeitsvoraussetzung für die gerichtliche Ersetzung eines Eigentümerbeschlusses oder ei- **60** ner anderen Verwaltungsmaßnahme, mithin für die gerichtliche Durchsetzung des Anspruchs aus §§ 15 Abs. 3, 21 Abs. 4 WEG ist, dass der betreffende Wohnungseigentümer vorher erfolglos die Eigentümerversammlung in der vorgesehenen Form eingeschaltet hat, um eine Regelung entsprechend seinem Anliegen herbeizuführen.[115] Der Versuch, eine entsprechende Beschlussfassung in der Eigentümerversammlung zu erreichen, ist lediglich dann entbehrlich, wenn wegen der besonderen Verhältnisse von vornherein feststeht, dass ein entsprechender Beschlussantrag keine Mehrheit in der Eigentümerversammlung finden würde.[116]

Im Rahmen des § 21 Abs. 8 WEG steht dem Gericht ein weites Rechtsfolgeermessen zu. Das Gericht ist daher an die vom Kläger geäußerten Vorschläge und Anregungen (Anträge) nicht gebunden. Soweit – was stets empfehlenswert ist – bereits konkrete Maßnahmen beantragt werden, sollte daher stets klargestellt werden, dass es sich hierbei nur um Vorschläge handelt (vgl. nachstehendes Muster Rn 61).

▶ **Muster: Beschlussersetzungsklage** **61**

An das Amtsgericht [...]

– Abteilung für Wohnungseigentumssachen –

Klage gemäß § 43 Nr. 4 WEG

der Wohnungseigentümer

1) Frau E., [...]-Straße [...], [...] *[PLZ, Ort]*,

2) [...], [...]-Straße [...], [...] *[PLZ, Ort]*,

– Kläger –

Prozessbevollmächtigte: RAe [...], [...]-Straße [...], [...] *[PLZ, Ort]*

gegen

die übrigen Eigentümer der Wohnungseigentümergemeinschaft [...]-Straße [...], [...] *[PLZ, Ort]* gemäß nachzureichender Liste,

– Beklagte –

Verwalterin: [...] Hausverwaltung GmbH, vertreten durch den Geschäftsführer [...], [...]-Straße [...], [...] *[PLZ, Ort]*,

– Beigeladene –

Ersatzzustellungsvertreter: nicht bestellt.

---

114 BGH ZMR 2002, 930; OLG Düsseldorf ZMR 2007, 380; OLG Hamm ZMR 2007, 296.
115 KG ZMR 1999, 509, 510; OLG Hamm WE 1996, 33, 39; OLG Hamburg, NJW-RR 1994, 783; OLG Frankfurt OLGZ 1980, 418, 419 f; BayObLG NJW-RR 1986, 445, 446; Staudinger/*Wenzel*, Vorbem zu §§ 43 ff Rn 61; Niedenführ/Kümmel/Vandenhouten/*Niedenführ*, § 21 WEG Rn 37; Jennißen/*Suilmann*, § 21 WEG Rn 139.
116 KG ZMR 1999, 509, 510; BayObLG ZWE 2000, 580, 581; OLG Hamburg ZMR 2001, 448.

vorläufiger Streitwert: 1.000 €

Namens und in Vollmacht der Kläger erheben wir Klage gegen die übrigen Miteigentümer und beantragen:

1. Der (Negativ-)Beschluss zu TOP 8 (Ersatzzustellungsvertreterbestellung) der Eigentümerversammlung vom 12.3.2008 wird für ungültig erklärt.

2. Gemäß § 45 Abs. 2 WEG wird Frau M., [...]-Straße [...], [...] [*PLZ, Ort*] zur Ersatzzustellungsvertreterin und Frau E. zu deren Vertreterin bestellt.

Hilfsweise:

Das Gericht bestellt nach seinem Ermessen einen Ersatzzustellungsvertreter sowie dessen Vertreter.

Für den Fall der Durchführung des schriftlichen Vorverfahrens beantragen wir,

bei Vorliegen der Voraussetzung der §§ 331 Abs. 3, 276 Abs. 1 S. 1, Abs. 2 ZPO ein Versäumnisurteil ohne mündliche Verhandlung zu erlassen.

Begründung:

Die Kläger sind Eigentümer der in der betroffenen Wohnungseigentümergemeinschaft befindlichen Wohnungen Nr. 10, 19 und 22. Die Beklagten sind die übrigen Wohnungseigentümer. Die [...] GmbH ist Eigentümerin von 13 der insgesamt 22 Wohnungen.

Das Stimmrecht richtet sich gemäß § [...] der Teilungserklärung/Gemeinschaftsordnung in der betroffenen Wohnungseigentümergemeinschaft nach der Anzahl der Wohnungen (Objektprinzip).

Beweis: Teilungserklärung nebst Gemeinschaftsordnung als Anlage K 1

In der Eigentümerversammlung vom [...] sollte zu TOP 8 über die Bestellung eines Ersatzzustellungsvertreters sowie dessen Vertreter beschlossen werden. Frau M. und Frau E., die Klägerin zu 1), erklärten sich bereit, dieses Amt zu übernehmen. Die übrigen Wohnungseigentümer sind nicht bereit, ein derartiges Amt zu übernehmen. Die [...] GmbH lehnte es bereits im Vorfeld der Eigentümerversammlung ab, sich bei Zustellungen von jemand anderem als der bestellten Verwalterin vertreten zu lassen. Dementsprechend stimmte sie mit ihren 13 Stimmen gegen den Beschlussantrag. Die Verwalterinverkündete daraufhin die Ablehnung des Beschlussantrags (Negativbeschluss).

Beweis: Protokoll der Versammlung vom [...] als Anlage K 2

§ 45 Abs. 2 WEG verpflichtet die Wohnungseigentümer ausdrücklich, von der nach allgemeinem Zivil- und Verfahrensrecht schon bestehenden Möglichkeit Gebrauch zu machen und durch Bestellung eines Ersatzzustellungsvertreters Vorsorge für die Fälle zu treffen, in denen eine Zustellung an den Verwalter nicht möglich ist (so auch Jennißen/*Suilmann*, 2008, § 45 WEG Rn 28). Wenn das Gesetz die Wohnungseigentümer aber verpflichtet, einen Ersatzzustellungsvertreter zu bestellen, hat folglich jeder Wohnungseigentümer auch gegenüber den anderen Wohnungseigentümern einen Anspruch hierauf.

Die [...] GmbH lehnt grundsätzlich die vom Gesetz zur Pflicht erhobene Bestellung eines Ersatzzustellungsvertreters aus Gründen ab, welche sich bei näherem Hinsehen als völlig haltlos erweisen. Es ist nämlich festzustellen, dass prinzipiell der Verwalter Zustellungsvertreter ist, das heißt, die Klägerseite bekommt, wenn kein Fall der Interessenkollision des Verwalters vorliegt, ohnehin keine Zustellungen, diese erfolgen an den Verwalter (§ 45 Abs. 1 WEG). Auch wenn einmal eine solche Interessenkollision vorliegen sollte, würden Zustellungen des Gerichts an den Ersatzzustellungsvertreter für die Wohnungseigentümer, also auch für die [...] GmbH, nur erfolgen, wenn keine Interessenkollision zwischen dem Ersatzzustellungsvertreter und der Klägerseite zu befürchten ist, also wenn der Ersatzzustellungsvertreter und die [...] GmbH auf der selben Seite stehen.

Gegen die beiden im Antrag zu 2) genannten Kandidatinnen hatte keiner der Wohnungseigentümer etwas einzuwenden. Insbesondere hatte auch die [...] GmbH keine gegen die Person gerichteten Einwände. Die [...] GmbH kündigte an, auch jeden anderen Kandidaten abzulehnen. Sie selbst stehe als Ersatzzustellungsvertreter auch nicht zur Verfügung.

Beweis: Zeugnis des Mitarbeiters der Verwalterin Herrn [...], zu laden über die Verwalterin

Abschließend wird darauf hingewiesen, dass der „Hauptantrag" zu 2) ausdrücklich nur als Vorschlag für die zu treffende gerichtliche Ermessensentscheidung verstanden werden soll.

Einfache und beglaubigte Abschrift anbei.

Rechtsanwalt ◄

f) Beschlussfeststellung

aa) Fristgebundene Beschlussfeststellung

Wenn der Versammlungsleiter sich pflichtwidrig geweigert hat, das Beschlussergebnis festzu-   62
stellen und zu verkünden, oder sich wegen tatsächlicher oder rechtlicher Schwierigkeiten bei der Bewertung des Abstimmungsergebnisses dazu nicht in der Lage sieht, kann der Entstehungstatbestand durch das Gericht vollendet werden.[117] Die entsprechende Klage ist an keine Frist gebunden. Umstritten ist derzeit, ob das Gericht im Rahmen des Verfahrens auch zugleich abschließend über die Ordnungsmäßigkeit des Beschlusses befindet.[118] Hierfür spricht zum einen die Prozessökonomie und zum anderen, dass das Gericht ohnehin eventuelle Nichtigkeitsgründe von Amts wegen zu prüfen hat. Nichtigkeits- und Anfechtungsgründe bilden einen einheitlichen Streitgegenstand. Es ist auch wenig einsichtig, dass zunächst die Rechtskraft der den Beschluss feststellenden Entscheidung abgewartet werden soll, um sich erst dann mit den Anfechtungsgründen zu befassen. Die Gegenansicht verweist darauf, dass es vor Rechtskraft der Entscheidung keinen Beschluss gibt, der angefochten werden könnte. Letztlich geht es aber nicht um die Anfechtung eines Beschlusses, sondern um die Berücksichtigung der im Verfahren vorgetragenen Anfechtungsgründe.[119]

Hinweis: Im Rahmen der fristgebundenen Beschlussfeststellung sollten, solange der Streit noch nicht vom BGH entschieden ist, seitens der Beklagten sämtliche Anfechtungsgründe in der Klageerwiderung vorgetragen werden.

bb) Feststellung des „richtigen" Beschlussergebnisses

Dagegen ist die Klage auf Feststellung des „richtigen" Beschlussergebnisses innerhalb der An-   63
fechtungsfrist zu erheben und auch innerhalb der zweimonatigen Frist des § 46 Abs. 1 S. 2 WEG zu begründen.[120] Denn andernfalls würde das unrichtige Beschlussergebnis in Bestandskraft erwachsen.

---

117   BGH NJW 2001, 3339, 3342; Jennißen/*Elzer*, Vor §§ 23 bis 25 WEG Rn 66.
118   Hierfür: Jennißen/*Suilmann*, § 46 WEG Rn 138 ff; Bärmann/*Wenzel*, § 43 WEG Rn 110; Deckert, ZMR 2003, 153, 158; OLG München ZMR 2007, 221; Becker, ZWE 2006, 157, 161; Riecke/Schmid/*Abramenko*, § 43 WEG Rn 20; ders., ZMR 2004, 789, 792; Niedenführ/Kümmel/Vandenhouten/*Niedenführ*, § 43 WEG Rn 72; dagegen: AG Hamburg-Blankenese ZMR 2008, 1001, 1002; AG Neukölln ZMR 2005, 317, 318; *Bub*, FS Seuß, 2007, S. 53, 69; Jennißen/*Elzer*, Vor §§ 23 bis 25 WEG Rn 66.
119   Insbesondere hat das Gericht nicht von Amts wegen alle in Betracht kommenden Anfechtungsgründe zu prüfen, sondern nur diejenigen Gründe, auf die sich die Beklagten berufen.
120   BayObLG ZMR 2004, 125; KG ZMR 2002, 697; Becker, ZWE 2006, 157, 160 ff.

64 ▶ **Muster: Feststellung des „richtigen" Beschlussergebnisses**

An das Amtsgericht [...]
– Abteilung für Wohnungseigentumssachen –

Klage gemäß § 43 Nr. 4 WEG

der Wohnungseigentümerin

[...] GmbH, [...]-Straße [...], [...] [*PLZ, Ort*],

– Klägerin –

Prozessbevollmächtigte: RAe [...], [...]-Straße [...], [...] [*PLZ, Ort*],

gegen

die übrigen Eigentümer der Wohnungseigentümergemeinschaft [...]-Straße [...], [...] [*PLZ, Ort*] gemäß nachzureichender Liste,

– Beklagte –

Verwalter: der Wohnungseigentümer [...], [...]-Straße [...], [...] [*PLZ, Ort*]

Ersatzzustellungsvertreter: [...], [...]-Straße [...], [...] [*PLZ, Ort*],

vorläufiger Streitwert: 18.750 €

Namens und in Vollmacht der Klägerin erheben wir Klage gegen die übrigen Miteigentümer und beantragen:

1. Der (Negativ-)Beschluss zu TOP 3 (Verwalterbestellung) der Eigentümerversammlung vom [...] wird für ungültig erklärt.

2. Die [...] GmbH & Co. KG wird für die Zeit vom 1.1.[...] bis zum 31.12.[...] zum Verwalter bestellt.

Für den Fall der Durchführung des schriftlichen Vorverfahrens beantragen wir,

bei Vorliegen der Voraussetzung der §§ 331 Abs. 3, 276 Abs. 1 S. 1, Abs. 2 ZPO ein Versäumnisurteil ohne mündliche Verhandlung zu erlassen.

Begründung:

Die Klägerin ist seit dem 23. April dieses Jahres als Eigentümerin der in der betroffenen Wohnungseigentümergemeinschaft befindlichen Wohnungen Nr. 1 bis 20 im Grundbuch eingetragen. Die Beklagten sind Eigentümer der übrigen zehn Wohnungen.

Das Stimmrecht richtet sich gemäß § [...] der Teilungserklärung/Gemeinschaftsordnung in der betroffenen Wohnungseigentümergemeinschaft nach der Anzahl der Wohnungen (Objektprinzip).

Beweis: Teilungserklärung nebst Gemeinschaftsordnung als Anlage K 1

In der Vergangenheit hatte die Bauträgergesellschaft ihr Stimmrecht stets dahin gehend eingeschränkt, dass sie nur eine Stimme ausübte. Die übrigen Stimmen wurden entweder als Enthaltungen oder gar nicht gewertet. Auch nach Eröffnung des Insolvenzverfahrens konnten die übrigen zehn Eigentümer die Geschicke der Wohnungseigentümergemeinschaft allein bestimmen, denn der Insolvenzverwalter enthielt sich entweder der Stimme oder war erst gar nicht in der Eigentümerversammlung vertreten. Als die Klägerin Anfang dieses Jahres die Wohnungen der aufteilenden Eigentümerin vom Insolvenzverwalter erwarb und in der Folge als Eigentümerin im Grundbuch eingetragen wurde, verlangten die übrigen Wohnungseigentümer eine derartige Beschränkung des Stimmrechts auch von ihr. Zudem sind sie der Ansicht, dass die aufteilende Eigentümerin auf das vereinbarte Objektstimmrecht für ihre Wohnungen verzichtet habe und die Klägerin folglich keinerlei Rechte erwerben konnte, die über diejenigen der Voreigentümerin hinausgehen. Hierin wurden sie von dem Verwalter, der selbst Wohnungseigentümer ist, bestärkt.

In der Eigentümerversammlung vom [...] sollte zu TOP 3 über die Bestellung des Verwalters beschlossen werden. Die Bestellungsdauer des derzeitigen Verwalters läuft am 31.12.[...] ab. Aus Altersgründen stand dieser nicht für eine Wiederbestellung zur Verfügung. Um das Verwalteramt bewarb sich die [...] GmbH & Co. KG. Weitere Kandidaten gab es in Anbetracht der gerichtsbekannten Vorgeschichte und der besonderen Verhältnisse in der Wohnungseigentümergemeinschaft nicht (Insolvenz des Bauträgers, noch ausstehende erstmalige Herstellung des Gemeinschaftseigentums, Zerstrittenheit der Wohnungseigentümer usw).

Obwohl die Klägerin mit ihren 20 Stimmen für die Bestellung der [...] GmbH & Co. KG stimmte, stellte der Verwalter das Abstimmungsergebnis mit zwei Ja-Stimmen zu sieben Nein-Stimmen fest (zwei Wohnungseigentümer waren in der Versammlung nicht vertreten) und verkündete den Beschlussantrag als abgelehnt.

Beweis: Protokoll der Versammlung vom [...] als Anlage K 1

Richtigerweise hätte das Beschlussergebnis jedoch 21 Ja-Stimmen zu sieben Nein-Stimmen lauten müssen und damit wäre die [...] GmbH & Co. KG für die Zeit vom 1.1.[...] bis zum 31.12.[...] bestellt gewesen.

Das fünffache Interesse der Klägerin übersteigt den (Regel-)Streitwert des § 49 a Abs. 1 S. 1 GKG. Der Streitwert beläuft sich somit auf die Hälfte des Interesses der Parteien und aller Beigeladenen an der Entscheidung. Das Interesse aller Beteiligten bemisst sich folglich nach dem üblichen Verwalterhonorar für die unter TOP 3 beschlossene zweijährige Bestellungszeit. Der derzeitige Verwalter erhält eine Vergütung von brutto 25 € je Wohnung und Monat. Auch die [...] GmbH & Co. KG erklärte sich bereit, zu diesen Konditionen für die nächsten zwei Jahre tätig zu sein. Damit beläuft sich das Honorar für zwei Jahre auf 37.500 €. Der (Regel-)Streitwert beträgt die Hälfte hiervon, also 18.750 €.

Beglaubigte und einfache Abschrift anbei.

Rechtsanwalt ◄

2. Sonstige Klagen gegen andere Eigentümer

a) Unterlassungs- und Beseitigungsklagen gegen andere Eigentümer

Im Bereich der Klagen außerhalb der Willensbildung der Gemeinschaft haben Unterlassungs- und Beseitigungsklagen die praktisch größte Bedeutung. Sie kommen immer dann zum Einsatz, wenn sich der Mandant im Gebrauch seines Wohnungseigentums gestört fühlt. Oft geht es um Rückbauansprüche, etwa wenn ein anderer Eigentümer das Gemeinschaftseigentum (vgl § 22 Abs. 1 WEG) oder sein Sondereigentum (vgl § 14 Nr. 1 Alt. 2 WEG) baulich verändert hat. Viele Klagen beruhen aber auch auf Störungen des Mandanten, die von Immisionen eines anderen Eigentümers ausgehen. Praktisch besonders bedeutsam sind in diesem Bereich Klagen auf Unterlassung von Lärmbelästigungen. 65

Auch bei Unterlassungs- und Beseitigungsansprüchen ist die Berechtigung des Mandanten zur gerichtlichen Verfolgung zu prüfen. Stützt der Mandant seinen Anspruch auf die Beeinträchtigung seines Sondereigentums oder anderer persönlicher Rechte, etwa seiner Gesundheit (Immissionsfälle), ist diese stets zu bejahen. Allerdings kann der **Verband** Wohnungseigentümergemeinschaft gem. § 10 Abs. 6 S. 3 Alt. 2 WEG nach herrschender Meinung die **Befugnis zur Ausübung der Ansprüche der Eigentümer durch Beschluss an sich ziehen.**[121] Die Ausübungs- 66

---

121 BGH ZWE 2006, 285; BT-Drs. 16/887, S. 61; in Niedenführ/Kümmel/Vandenhouten/*Kümmel*, § 10 WEG Rn 63.

befugnis steht nicht schon nach § 10 Abs. 6 S. 3 Alt. 1 WEG kraft Gesetzes dem Verband zu.[122] Es handelt sich vielmehr um einen Fall der gekorenen Ausübungsbefugnis, die einen Beschluss der Eigentümer voraussetzt (zu § 10 Abs. 6 S. 3 WEG siehe Rn 144 ff und Rn 17 ff).[123] Inwieweit dies allerdings auch dann gilt, wenn die Beeinträchtigung sich auf das Eigentum einzelner Sondereigentümer beschränkt, ist ungeklärt. Die Literatur tendiert wohl auch hier zu einer Beschlusskompetenz, will dann aber Klage des Verbandes und des Eigentümers nebeneinander zulassen.[124]

67   Damit sind die **Rechtsfolgen** eines solchen Beschlusses angesprochen, die **noch nicht abschließend geklärt** sind. Teilweise wird angenommen, dass der Beschluss eine individuelle Rechtsverfolgung – unabhängig davon, ob nur das Gemeinschaftseigentum oder auch (einzelne) Sondereigentumseinheiten beeinträchtigt sind – durch die Eigentümer nicht ausschließt.[125] Man wird zwischen materiellrechtlicher und prozessualer Wirkung zu unterscheiden haben. Materiellrechtlich ordnet § 10 Abs. 6 S. 3 WEG keine *cessio legis* an, weil es sich nach dem Wortlaut nur um die Ausübung, nicht hingegen um die Übertragung der Rechte der Eigentümer handelt. Dies legt es nahe, die Regel als einen Fall der Einziehungsermächtigung[126] zu interpretieren. Hierunter versteht man das Recht, einen fremden Anspruch im eigenen Namen geltend zu machen; die Forderung selbst verbleibt beim Gläubiger (den einzelnen Eigentümern), das Forderungsrecht hingegen wird auf den Verband Wohnungseigentümergemeinschaft übertragen.[127] Bei der herkömmlichen Einziehungsermächtigung hat der Forderungsinhaber (hier: Eigentümer) weiterhin das Recht, den Anspruch selbst zu verfolgen.[128] Sieht man also in § 10 Abs. 6 S. 3 WEG einen gesetzlich angeordneten Fall der Einziehungsermächtigung, ist der einzelne Eigentümer weiterhin berechtigt, den Anspruch geltend zu machen. Materiellrechtlich ist dies etwa für Sekundäransprüche von Bedeutung (Beispiel: Eigentümer fordert nach Beschlussfassung durch den Verband Wohnungseigentümergemeinschaft zum Rückbau auf und beauftragt dann einen Rechtsanwalt. Hier entsteht ein Anspruch aus §§ 280, 286 BGB). Prozessual handelt es sich um einen Fall der Prozessstandschaft (näher dazu Rn 150).[129] Hier steht ab Rechtshängigkeit der Klage des Verbands Wohnungseigentümergemeinschaft der Einwand aus § 261 Abs. 3 Nr. 1 ZPO (doppelte Rechtshängigkeit) einer Klage des Eigentümers entgegen.[130]

Hinweis: In der Praxis ist der Mandant nach etwaigen Ausübungsbeschlüssen des Verbands Wohnungseigentümergemeinschaft zu fragen und auf das Risiko einer individuellen Rechtsverfolgung hinzuweisen, falls ein entsprechender Beschluss gefasst wurde.

68   Eine andere Frage ist die, ob der einzelne Eigentümer zur Verfolgung von Beseitigungs- und Unterlassungsansprüchen bei Beeinträchtigung des Gemeinschaftseigentums eines ermächtigenden Beschlusses der Gemeinschaft bedarf. Diese Auffassung vertritt der BGH für Ansprüche

---

122   AA wohl Riecke/Schmid/*Drabek*, § 21 Rn 215: Ausübungsbefugnis steht nach § 10 Abs. 6 S. 3 WEG ausschließlich dem Verband zu
123   J.-H. Schmid, ZMR 2009, 325/330.
124   J.-H. Schmid, ZMR 2009, 325/330.
125   OLG München ZMR 2008, 234; BT-Drucks. 16/887, S. 16 f. AA etwa *Becker*, ZWE 2007, 432; Bärmann/*Wenzel*, § 10 Rn 248; J.-H. Schmid, ZMR 2009, 325/331und auch BGH ZMR 2007, 627 für die Ausübung von Mängelrechten gegen den Bauträger.
126   Anders Bärmann/*Wenzel*, § 10 WEG Rn 240 und wohl auch Riecke/Schmid/*Elzer*, § 10 WEG Rn 417 (Verwaltungstreuhand).
127   Vgl Palandt/*Grüneberg*, § 398 BGB Rn 29.
128   MünchKomm-BGB/*Roth*, § 398 Rn 49.
129   Vgl BGH ZMR 2007, 627, 628; Wenzel, ZWE 2006, 109, 113.
130   Vgl BGHZ 123, 135; näher: Becker, ZWE 2007, 432.

wegen Beschädigung des Gemeinschaftseigentums.[131] Ob dies auch für Unterlassungsansprüche aus § 1004 BGB gilt, hat der BGH hingegen offengelassen.[132] In späteren Entscheidungen hat er die Frage nicht mehr aufgeworfen und eine Rechtsverfolgung durch den einzelnen Eigentümer ohne Weiteres akzeptiert.[133] Nach zutreffender Ansicht[134] bedarf es eines ermächtigenden Beschlusses nicht (näher dazu Rn 76).

▶ **Muster: Klage des Eigentümers gegen anderen Eigentümer auf Unterlassen eines Verhaltens (Lärmimmissionen)** 69

241

An das Amtsgericht [...]
– Abteilung für Wohnungseigentumssachen –

Klage

des Wohnungseigentümers
[...], [...]-Straße [...], [...] [*PLZ, Ort*],

– Klägers –

Prozessbevollmächtigte: RAe [...], [...]-Straße [...], [...] [*PLZ, Ort*]
gegen
den Wohnungseigentümer
[...], [...]-Straße [...], [...] [*PLZ, Ort*]

– Beklagter –

Verwalter: [...], [...]-Straße [...], [...] [*PLZ, Ort*]
wegen Unterlassung von Lärmbelästigungen.

Beizuladende: die übrigen Eigentümer gemäß beiliegender Liste.

Namens und in Vollmacht des Klägers erhebe ich Klage und beantrage,

1. den Beklagten zu verurteilen, es zu unterlassen, in der Wohnung im 1. OG links des Hauses [...] in der Zeit zwischen 22.00 Uhr und 7.00 Uhr bzw an Sonn- und Feiertagen bis 9.00 Uhr durch das Abspielen von Musik Lärm zu verursachen, der in unzumutbarer Weise die Nachtruhe des Klägers stört;

2. gegen den Beklagten für jeden Fall der Zuwiderhandlung gegen die unter Ziff. 1) beantragte Unterlassungsverpflichtung ein Ordnungsgeld bis zu 25.000 €, ersatzweise Ordnungshaft, anzudrohen.

Sofern das Gericht das schriftliche Vorverfahren anordnet, wird für den Fall der Fristversäumnis beantragt,

den Beklagten durch Versäumnisurteil ohne mündliche Verhandlung zu verurteilen.

Begründung:

Die Parteien sind Eigentümer und Bewohner der im Klageantrag genannten Wohnanlage. Der Kläger ist Eigentümer der im Aufteilungsplan mit Nr. 1 bezeichneten Wohnung im Erdgeschoss links, der

---

131 BGHZ 121, 22 (Schadensersatzanspruch gegen Mieter wegen Beseitigung von im Gemeinschaftseigentum stehenden Bäumen).
132 BGHZ 62, 388.
133 Etwa BGH NJW 2007, 2189 (Anspruch gegen Miteigentümer, die Installation von Mobilfunksendemasten auf dem Dach der Anlage zu unterlassen; dort hatten allerdings alle übrigen Miteigentümer gemeinsam das Gericht angerufen); BGH NJW 2007, 432.
134 Ebenso Bärmann/*Wenzel*, § 10 WEG Rn 254.

Beklagte ist Eigentümer der Einheit Nr. [...], der Wohnung über derjenigen des Klägers. Der Beklagte stört seit drei Monaten ständig die Nachtruhe des Klägers durch das Abspielen von Musik. Im Einzelnen kam es zu folgenden Ruhestörungen:

[*es folgt ein detailliertes Lärmprotokoll, welches nach Tagen aufgelistet die Zeiträume enthält, in denen lärmstörende Musik abgespielt wurde*]

- [...]
- [...]

Wie aus der Aufstellung ersichtlich ist, spielt der Beklagte die Musik während der Nachtzeit ab. Die Musik ist dabei in der Wohnung des Klägers deutlich, nämlich in Zimmerlautstärke zu vernehmen.

Beweis: Zeugnis der Lebensgefährtin des Klägers, Frau [...].

Aus diesem Sachverhalt folgt ein Unterlassungsanspruch des Klägers aus § 1004 Abs. 1 S. 2 BGB, § 15 Abs. 3 WEG. Gemäß der Hausordnung der Anlage ist ruhestörender Lärm zwischen 22.00 Uhr und 7.00 Uhr, an Sonn- und Feiertagen bis 9.00 Uhr, untersagt.

Beweis: Hausordnung vom 21.1.1998.

Diese Rechtsfolge ergibt sich aber auch aus dem Rücksichtnahmegebot der Eigentümer untereinander (dazu: Armbrüster, ZWE 2002, 233). Es ist anerkannt, dass die Überschreitung der öffentlich-rechtlichen Immissionsschutzregeln auch privatrechtlich einen Unterlassungsanspruch indiziert (BGHZ 121, 248). Nach § 10 Abs. 1 LImschG NRW dürfen Tonwiedergabegeräte nur in solcher Lautstärke benutzt werden, dass unbeteiligte Personen nicht erheblich belästigt werden. Dies ist bei der Störung der Nachtruhe durch den Beklagten der Fall.

Zum Streitwert: Dieser darf gemäß § 49 a Abs. 1 S. 2 GKG das Interesses des Klägers nicht unterschreiten. Da es hier um die für die Gesundheit besonders wichtige Nachtruhe auf der einen und den Gebrauch des Sondereigentums nach freiem Ermessen auf der anderen Seite geht, scheint ein Betrag von 2.000 € angemessen (vgl LG Bonn JurBüro 2001, 593).

Beglaubigte und einfache Abschrift anbei.

Rechtsanwalt ◄

70   Unterlassungsklagen wegen Lärmbelästigungen oder anderer Immissionen bzw Verhaltensweisen[135] stellen an den Berater zwei besondere Anforderungen: Zum einen muss der Klageantrag möglichst genau formuliert werden. Hier hilft indes die Rechtsprechung, nach der wegen der Besonderheiten der immissionsrechtlichen Unterlassungsklage Anträge mit dem Gebot zulässig sind, allgemein Störungen bestimmter Art, beispielsweise durch Geräusche und Gerüche, zu unterlassen.[136] Die zweite Schwierigkeit besteht darin, die Lärmbelästigungen dem Gericht substantiiert und unter Beweisantritt zu schildern. Dies erfolgt in der Praxis regelmäßig durch Führen eines Lärmprotokolls. Allgemeiner Sachvortrag („Der Beklagte stört immer wieder die Nachtruhe") reicht nicht aus. Welche Ruhezeiten einzuhalten sind, ergibt sich in erster Linie aus der Vereinbarung der Eigentümer, meist der Hausordnung.[137] Hier können die Eigentümer eine Ruhezeitenregelung unbeschadet der öffentlich-rechtlichen Lärmvorschriften treffen.[138] Fehlt eine solche Regel, gelten die öffentlich-rechtlichen Vorschriften als Richtlinien für die in

---

135 Zum Anspruch auf Unterlassen des Grillens in der Wohnanlage siehe etwa BayObLG NZM 1999, 575; zum Anspruch auf Unterlassen der Haltung eines Hundes OLG Düsseldorf ZMR 2006, 944; zum Anspruch auf Trittschallschutz Hogenschurz, MDR 2003, 201 sowie § 4 Rn 90.
136 BGHZ 121, 248. Zum hier vorgeschlagenen Antrag vgl AG Schöneberg WuM 2007, 638.
137 Allgemein zur Hausordnung Elzer, ZMR 2006, 733.
138 KG ZMR 1992, 68.

der Anlage geschuldeten Ruhezeiten.[139] Der Antrag auf Androhung eines Zwangsgeldes folgt aus § 890 Abs. 2 ZPO, weil die Vollstreckung über diese Vorschrift erfolgt. Der Antrag sollte, um Zeit zu sparen, schon in der Klageschrift gestellt werden. Verjährungsfragen stellen sich regelmäßig nicht, da jede beeinträchtigende Handlung einen neuen Anspruch begründet.[140]

▶ **Muster: Klage des Eigentümers gegen anderen Eigentümer auf Vornahme einer Handlung (Rückbau von baulichen Veränderungen)** 71

242

An das Amtsgericht [...]
– Abteilung für Wohnungseigentumssachen –

Klage

des Wohnungseigentümers
[...], [...]-Straße [...], [...] [*PLZ, Ort*],

– Klägers –

Prozessbevollmächtigte: RAe [...], [...]-Straße [...], [...] [*PLZ, Ort*]
gegen
den Wohnungseigentümer
[...], [...]-Straße [...], [...] [*PLZ, Ort*]

– Beklagter –

Verwalter: [...], [...]-Straße [...], [...] [*PLZ, Ort*]
wegen Rückbau eines Wintergartens.
Beizuladende: die übrigen Eigentümer gemäß beiliegender Liste.
Namens und in Vollmacht des Klägers erhebe ich Klage und beantrage,
den Beklagten zu verurteilen, den in der Anlage K1 eingezeichneten, vor dem Wohnzimmer der Wohnung im 1. OG links des Gebäudes [...] angebrachten Wintergarten-Anbau mit einer Größe von ca. 4 x 15 m² zu entfernen.
Sofern das Gericht das schriftliche Vorverfahren anordnet, wird für den Fall der Fristversäumnis beantragt,
den Beklagten durch Versäumnisurteil zu verurteilen.

Begründung:

Die Parteien sind Eigentümer und Bewohner der im Klageantrag genannten Wohnanlage. Der Kläger ist Eigentümer der im Aufteilungsplan mit Nr. 1 bezeichneten Wohnung im Erdgeschoss links, der Beklagte ist Eigentümer der Einheit Nr. 3 im 1. OG links. Vor der Wohnung des Beklagten liegt eine im Gemeinschaftseigentum stehende Dachfläche mit einer Größe von etwa 300 m². Auf der Dachfläche hat der Beklagte ohne Zustimmung der anderen Eigentümer im Mai 2007 den in der Anlage K1 eingezeichneten Wintergarten-Anbau angebracht. Dieser liegt vor dem Wohnzimmer seiner Einheit und hat eine Größe von etwa 4 x 15 m².

Beweis: Augenschein, anliegende Fotos.

Dem Kläger steht aus § 1004 Abs. 1 S. 1 BGB, § 15 Abs. 3 WEG ein Anspruch auf Rückbau zu. Der ohne Genehmigung des Klägers angebrachte Wintergarten beeinträchtigt das Gemeinschaftseigentum,

---

139 Vgl BGHZ 121, 248.
140 Vgl BGH NJW-RR 2006, 235. Siehe aber auch LG Saarbrücken, jurisPR-MietR 5/2009 Anm. 5 (Pfeilschifter), wonach bei gemeinschaftswidriger Vermietung durch Mieterwechsel der Lauf der Verjährungsfrist nicht neu beginnen soll.

welches nach §§ 1 Abs. 2, 10 Abs. 1 WEG den Wohnungseigentümern, also auch dem Kläger, zusteht. Beeinträchtigt wird das Eigentum durch jeden unberechtigten Eingriff in die Herrschaftsmacht des Eigentümers (Palandt/*Bassenge*, § 1004 BGB Rn 6). Der von dem Beklagten angebrachte Wintergarten beeinträchtigt zum einen das äußere Erscheinungsbild der Anlage. Zum anderen ist er durch Schrauben mit der Fassade fest verbunden; deshalb ist auch in die Substanz des Gemeinschaftseigentums eingegriffen worden. Zum Prüfungsmaßstab wird auf die Rechtsprechung des BVerfG verwiesen: Danach reicht für den Tatbestand der baulichen Veränderung jede nicht ganz unerhebliche Beeinträchtigung der anderen Eigentümer aus (BVerfG ZMR 2005, 634). Der Beklagte hat den Wintergarten installiert und ist deshalb Zustandsstörer.

Der Kläger ist mangels Zustimmung zur Duldung der baulichen Veränderung nicht verpflichtet (vgl § 22 Abs. 1 WEG).

Zum Streitwert: Dieser bemisst sich gemäß § 49a Abs. 1 S. 1 GKG nach 50 % des Interesses der Parteien. Der Kläger schätzt die Baukosten des Wintergartens auf 10.000 €, so dass ein Betrag von 5.000 € angemessen erscheint.

Beglaubigte und einfache Abschrift anbei.

Rechtsanwalt ◀

72   Ansprüche auf Rückbau von baulichen Veränderungen spielen in der Praxis eine erhebliche Rolle. Diese Ansprüche stehen, da es um eine Beeinträchtigung des Gemeinschaftseigentums geht, den einzelnen Eigentümern zu, nicht dem Verband Wohnungseigentümergemeinschaft. Auch hier gilt der Formulierung eines genauen Klageantrags besonderes Augenmerk. Es empfiehlt sich, zur Beschreibung der baulichen Veränderung wie im Muster Rn 71 auf Grundrisse o.Ä. Bezug zu nehmen. Bezüglich der materiellen Berechtigung muss der Berater vor Klageeinreichung prüfen, ob nicht der Verband Wohnungseigentümergemeinschaft die Beseitigungsansprüche durch Beschluss an sich gezogen hat. Ein solcher Beschluss steht nach Teilen der Literatur einer Rechtsverfolgung durch den einzelnen Eigentümer entgegen (vgl Rn 67) Eines ermächtigenden Beschlusses der Gemeinschaft zur Verfolgung seines Anspruches bedarf der Eigentümer nach hiesiger Ansicht hingegen nicht (dazu näher Rn 68 und 76).

73   Voraussetzung eines Beseitigungsanspruchs ist, dass der Kläger durch die Veränderung in seinen Rechten beeinträchtigt wird. Die Rechtsprechung ist hier eher großzügig, so dass die meisten Eingriffe in das Gemeinschaftseigentum einen Rückbauanspruch begründen. Ausreichend ist irgendein Nachteil, worunter „jede nicht ganz unerhebliche Beeinträchtigung" verstanden wird.[141] Augenmerk ist vor Klageeinreichung auch auf die Verjährung zu richten: Ansprüche auf Beseitigung von Störungen nach § 1004 Abs. 1 S. 1 BGB unterliegen der Regelverjährung von drei Jahren (§§ 195, 199 BGB) und fallen nicht unter § 902 Abs. 1 S. 1 BGB (danach unterliegen Ansprüche aus eingetragenen Rechten nicht der Verjährung).[142] Ist der Beseitigungsanspruch aus § 1004 BGB verjährt, kommt nur ein Anspruch auf Herausgabe der im Wege des Rückbaus in Besitz genommenen Flächen nach § 985 BGB in Betracht, der nach § 902 Abs. 1 S. 1 BGB nicht verjährt.[143]

74   Der Anspruch aus § 1004 BGB ist grds. auf Beseitigung gerichtet. Etwas anderes kann gelten, wenn der Eigentümer die bauliche Veränderung nicht selbst vorgenommen, sondern seine Ein-

---

141   BVerfG ZMR 2005, 634.
142   BGHZ 60, 235; BGH NJW 1994, 999; OLG Hamm ZMR 2009, 386; aA etwa MünchKomm-BGB/*Baldus*, 5. Aufl. 2009, § 1004 Rn 121. Mit Veräußerung des beeinträchtigten Eigentums beginnt keine neue Verjährungsfrist (BGHZ 125, 56).
143   Anschaulich der Fall OLG München ZMR 2008, 234 zur Herausgabe einer bebauten Dachfläche.

heit schon im veränderten Zustand erworben hat. Besteht der Beitrag des Störers dann nur darin, dass er sich kraft seiner Sachherrschaft der Beseitigung der Störung widersetzt, kann er (nur) auf Duldung der Beseitigung durch die übrigen Eigentümer in Anspruch genommen werden.[144] Der Antrag im Muster müsste dann dahin gehend lauten, „den Beklagten zu verurteilen, den Rückbau des … Wintergartens … zu dulden".

b) Klagen auf Herausgabe des Eigentums gegen andere Eigentümer

Eigentumsrechtliche Herausgabeklagen können sich zum einen auf das Sondereigentum beziehen (etwa Anspruch des Wohnungseigentümers auf Herausgabe seiner Wohnung gegen den Mieter nach Vertragsende). Diese werfen keine spezifisch wohnungseigentumsrechtlichen Probleme auf. Anders ist es hingegen mit Klagen auf Herausgabe des Gemeinschaftseigentums. Dieses steht nach § 10 Abs. 1 WEG den Eigentümern zu. Gemäß § 10 Abs. 1 WEG, § 1011 BGB kann daher jeder Wohnungseigentümer die Ansprüche aus dem Gemeinschaftseigentum in Ansehung der ganzen Sache geltend machen, den Anspruch auf Herausgabe jedoch nur gem. § 432 BGB. Die §§ 1011, 432 BGB geben dem einzelnen Wohnungseigentümer somit grundsätzlich nur die Befugnis, Herausgabe der Sache an sich und die übrigen Eigentümer zu verlangen.   **75**

Problematisch und noch ungeklärt ist, ob der einzelne Eigentümer nur dann klagebefugt ist, wenn ein ihn ermächtigender Beschluss der Gemeinschaft vorliegt. Diese Ansicht vertritt der BGH zum Anspruch wegen Beschädigung des Gemeinschaftseigentums sowie zum Anspruch auf Herausgabe von Verwaltungsunterlagen. Danach wird die Vorschrift des § 1011 BGB durch § 21 Abs. 1 WEG ausgeschlossen.[145] Zum Herausgabeanspruch aus § 985 BGB fehlt hingegen eine Entscheidung des BGH zum alten Recht. Zum Anspruch wegen Eigentumsbeeinträchtigung aus § 1004 BGB scheint der BGH hingegen einen Ermächtigungsbeschluss als Rechtsverfolgungsvoraussetzung nicht zu fordern (dazu Rn 67). Auch hinsichtlich des Anspruchs aus § 985 BGB ist nach hiesiger Ansicht ein Beschluss nicht erforderlich: § 1004 BGB flankiert § 985 BGB insoweit, als er alle Eigentumsbeeinträchtigungen erfasst, die nicht unter § 985 BGB fallen.[146] Die Verwandtschaft beider Ansprüche spricht dafür, ebenso wie bei § 1004 BGB auch bei § 985 BGB keinen Ermächtigungsbeschluss zu verlangen.   **76**

Hinweis: Der Berater muss den klagewilligen Mandanten ausdrücklich darauf hinweisen, dass eine Rechtsverfolgung ohne Beschluss der Gemeinschaft mit erheblichen Risiken behaftet ist. Der sicherste Weg ist stets der, einen Ermächtigungsbeschluss einzuholen.

Auch bei Herausgabeklagen ist zu prüfen, ob der Verband Wohnungseigentümergemeinschaft den Anspruch durch Beschluss an sich gezogen hat. Ist dies der Fall, entfällt nach Teilen der Literatur die Rechtsverfolgungsbefugnis des einzelnen Eigentümers (näher dazu Rn 67).

---

144 Vgl BGH NJW 2007, 432.
145 BGHZ 121, 22; BGH NJW 1997, 2106; vgl auch BGHZ 106, 222; Blackert, Die Wohnungseigentümergemeinschaft im Zivilprozess, S. 133.
146 Statt vieler: Palandt/*Bassenge*, § 1004 BGB Rn 5.

77 ▶ **Muster: Klage des Eigentümers gegen anderen Eigentümer auf Herausgabe von Gemein-**

schaftseigentum

An das Amtsgericht [...]

– Abteilung für Wohnungseigentumssachen –

Klage

des Wohnungseigentümers

[...], [...]-Straße [...], [...] [*PLZ, Ort*],

– Klägers –

Prozessbevollmächtigte: RAe [...], [...]-Straße [...], [...] [*PLZ, Ort*]

gegen

den Wohnungseigentümer

[...], [...]-Straße [...], [...] [*PLZ, Ort*]

– Beklagter –

Verwalter: [...], [...]-Straße [...], [...] [*PLZ, Ort*]

wegen Herausgabe von Gemeinschaftseigentum.

Beizuladende: die übrigen Eigentümer gemäß beiliegender Liste.

Namens und in Vollmacht des Klägers erhebe ich Klage und beantrage,

den Beklagten zu verurteilen, die in der Anlage K1 eingezeichnete, sich auf dem Grundstück [...]
befindliche Garage geräumt an den Kläger und die Herren [...] und die Damen [...] herauszugeben.

Sofern das Gericht das schriftliche Vorverfahren anordnet, wird für den Fall der Fristversäumnis beantragt,

den Beklagten durch Versäumnisurteil ohne mündliche Verhandlung zu verurteilen.

Begründung:

Die Parteien sind Wohnungseigentümer der im Antrag bezeichneten Anlage. In der Anlage befindet
sich lediglich eine Garage, die aus dem beigefügten Ausschnitt des Teilungsplans (Anlage K1) ersichtlich wird. Laut Teilungserklärung (Anlage K2) steht diese Garage im Gemeinschaftseigentum.

Der Beklagte hat sich vor einigen Wochen in den Besitz der Garage gesetzt. Hierfür beruft er sich auf
einen Beschluss vom 1.6.2009, der ihm das Sondernutzungsrecht an dieser Garage zuweist. An diesem
Beschluss haben indes nicht alle Eigentümer – u.a. nicht der Kläger – mitgewirkt, so dass der Beschluss mangels Beschlusskompetenz nichtig ist (vgl BGHZ 145, 158).

Dem Kläger steht daher ein Anspruch aus §§ 10 Abs. 1, Abs. 2 WEG, §§ 1011, 985 BGB auf Herausgabe
der Garage an die Wohnungseigentümer (§ 432 BGB) zu. Der Beklagte ist Besitzer der Garage; ein
Recht zum Besitz (§ 986 BGB) steht ihm mangels wirksam begründeten Sondernutzungsrechts nicht
zu.

Zum Streitwert: Dieser bemisst sich gemäß § 49a Abs. 1 S. 1 GKG nach 50 % des Interesses der Parteien. Nach § 6 ZPO wird der Streitwert grundsätzlich durch den Wert der herauszugebenden Sache
bestimmt; maßgebend ist insoweit der Verkehrswert, der vom Gericht nach freiem Ermessen zu
schätzen ist. Der Kläger schätzt den Wert der Garage auf 30.000 €, so dass ein Betrag von
15.000 € angemessen erscheint.

Beglaubigte und einfache Abschrift anbei.

Rechtsanwalt ◀

Das Muster Rn 77 betrifft den praktisch relevanten Fall, dass sich ein Eigentümer eines nicht 78
existierenden Sondernutzungsrechts berühmt. In diesem Fall steht den übrigen Eigentümern
nach § 985 BGB ein Herausgabeanspruch zu. Die Leistung kann nur an alle gefordert werden.
In der Zwangsvollstreckung führt dies dazu, dass der Gerichtsvollzieher die Besitzübergabe nur
auf übereinstimmende Weisung der Eigentümer an die von ihnen benannte Stelle vornehmen
darf;[147] dies wird in der Regel der Verwalter sein.

Häufig stellt sich erst nach jahrelanger Nutzung heraus, dass ein Sondernutzungsrecht nicht 79
wirksam begründet wurde oder aber mangels Grundbucheintragung (vgl § 10 Abs. 3 WEG)
nicht gegen einen Rechtsnachfolger wirkt. In solchen Fällen verteidigen sich die Beklagten üblicherweise mit der Einrede der Verjährung bzw dem Einwand der Verwirkung. Mit Ersterem
haben die Beklagten keinen Erfolg, weil der Anspruch aus § 985 BGB bei Grundstücken gem.
§ 902 Abs. 1 S. 1 BGB nicht verjährt.[148] Anders sieht es hingegen mit dem Einwand der Verwirkung aus: Diese setzt sowohl ein Zeit- als auch ein Umstandsmoment voraus,[149] welche im
Einzelfall durchaus erfüllt sein können.[150] Allerdings setzt die Verwirkung des Anspruchs aus
Herausgabe des in das Grundbuch eingetragenen Eigentums nach der Rechtsprechung des BGH
voraus, dass sich „die Verpflichtung zur Herausgabe für den Besitzer als schlechthin unerträglich darstellt".[151] Diese Voraussetzungen dürften nur selten erfüllt sein. Dennoch ist der Mandant vor Klageeinreichung hierüber aufzuklären, falls Anhaltspunkte für eine Verwirkung ersichtlich sind.

Bei der Berechnung des Streitwerts kommt für die Ermittlung des Interesses der Parteien auch 80
eine Analogie zu § 41 Abs. 2 S. 1 GKG in Betracht. Es wären dann 50 % der fiktiven Jahresmiete
der streitbefangenen Sache ausschlaggebend,[152] was im Vergleich zur hier vorgeschlagenen Berechnung zu einem deutlich niedrigeren Streitwert führt. Richtigerweise ist eine Analogie aber
nicht angezeigt, weil der von § 41 GKG beabsichtigte Schutz des Nutzers vor hohen Prozesskosten im WEG bereits über die Regel des § 49 a GKG erreicht wird.

c) Zahlungsklagen gegen andere Eigentümer

Die räumliche Nähe der Eigentümer erhöht die Gefahr schadensträchtiger Ereignisse. Praktisch 81
von besonderer Bedeutung sind dabei Fälle, in denen der in Anspruch genommene Eigentümer
das Sonder- oder Gemeinschaftseigentum beschädigt. Solche Schäden stehen meist im Zusammenhang mit Ausbauarbeiten am eigenen Sondereigentum; dieser Fall liegt daher auch den
folgenden Mustern (Rn 84 und 86) zugrunde.

Bei der Beratung des geschädigten Mandanten ist zuerst die Frage zu beantworten, ob der ins 82
Visier genommene Miteigentümer für den Schaden haftet. Anspruchsgrundlage ist hier § 280
BGB. Für das nach dieser Norm erforderliche Schuldverhältnis kann man auf die Verbindung
der Eigentümer zum teilrechtsfähigen Verband Wohnungseigentümergemeinschaft[153] oder auf

---

147 Vgl OLG Frankfurt MDR 1993, 799.
148 Vgl OLG München ZMR 2008, 234.
149 Vgl etwa BGHZ 43, 292; teilweise wird gefordert, dass der Beklagte Dispositionen im Vertrauen auf den Rechtsbestand
getroffen hat, OLG München ZMR 2008, 663.
150 Vgl BayObLG WuM 1997, 189, welches im konkreten Fall bei 20-jähriger Nutzung aber schon das Zeitmoment verneint; verneinend im konkreten Fall auch OLG Düsseldorf ZMR 2005, 802.
151 BGH NJW 2007, 2183.
152 So (außerhalb des WEG) OLG Karlsruhe WuM 1994, 338.
153 So BGH NJW 2007, 292 zur Rechtslage nach Anerkennung der Rechtsfähigkeit.

das Schuldverhältnis aus der Bruchteilsgemeinschaft am Gemeinschaftseigentum[154] zurückgreifen. Hat der verklagte Eigentümer den Schaden selbst herbeigeführt, ist die Haftung ohne
Weiteres zu bejahen, sein Verschulden wird nach § 280 Abs. 1 S. 2 BGB vermutet. Oft verursachen aber von ihm beauftragte Handwerker den Schaden; deren Verhalten wird dem Eigentümer nach § 278 BGB zugerechnet. Auch hier gilt die Vermutung des § 280 Abs. 1 S. 2 BGB,
diesmal für das Vertretenmüssen.[155] Scheidet ein Vertretenmüssen des Schädigers aus, ist an
einen verschuldensunabhängigen Ausgleichsanspruch analog § 906 Abs. 2 BGB zu denken,
dessen Anwendbarkeit im WEG indes noch nicht abschließend geklärt ist.[156]

83   Von diesen haftungsbegründenden Voraussetzungen ist die Frage des Schadens zu unterscheiden. Unproblematisch sind hier Schäden am *Sondereigentum* des Mandanten. Entsprechende
Ansprüche stehen ihm stets individuell zu. Anders ist die Situation bei einem Schaden am *Gemeinschaftseigentum*: Das Gemeinschaftseigentum gehört den Eigentümern (§ 10 Abs. 1
WEG), denen daher Schadensersatzansprüche gemeinschaftlich zustehen. Nach der – allerdings
umstrittenen – Rechtsprechung des BGH können die Wohnungseigentümer diese Ansprüche
auch nur gemeinschaftlich geltend machen. Die Vorschrift des § 1011 BGB wird danach durch
§ 21 Abs. 1 WEG ausgeschlossen. Nur wenn ein ermächtigender Beschluss der Wohnungseigentümer vorliegt, kann der einzelne Wohnungseigentümer den Schadensersatzanspruch in gewillkürter Prozessstandschaft mit dem Ziel der Leistung an die Gemeinschaft gerichtlich geltend
machen.[157] Überträgt man diese Grundsätze auf das neue Recht, so bedarf der Mandant eines
ermächtigenden Beschlusses der Eigentümer.

Hinweis: Der Berater muss den klagewilligen Mandanten ausdrücklich darauf hinweisen, dass
eine Verfolgung von Schäden am Gemeinschaftseigentum ohne Beschluss der Gemeinschaft mit
ganz erheblichen Risiken behaftet ist. Der sicherste Weg, zu dem ein Anwalt dem Mandanten
stets raten muss,[158] ist, einen Ermächtigungsbeschluss der Gemeinschaft herbeizuführen. Der
Klageantrag muss dabei auf Leistung an alle Eigentümer lauten (dazu Muster Rn 86).[159]

84   ▶ **Muster: Zahlungsklage gegen Miteigentümer wegen Beschädigung des Sondereigentums**

An das Amtsgericht [...]

– Abteilung für Wohnungseigentumssachen –

Klage

des Wohnungseigentümers

[...], [...]-Straße [...], [...] [*PLZ, Ort*],

– Klägers –

Prozessbevollmächtigte: RAe [...], [...]-Straße [...], [...] [*PLZ, Ort*]

gegen

---

154 Vgl BGHZ 141, 224 zur Rechtslage vor Anerkennung der Rechtsfähigkeit. Zum Streit um die „Doppelnatur" der
     Wohnungseigentümergemeinschaft vgl etwa Bärmann/*Wenzel*, § 10 WEG Rn 217 ff. mwN.
155 Näher zu diesen Problemen am Beispiel der fehlerhaften Ausführungen von Bauarbeiten in der Anlage: Lehmann-Rich-
     ter, ZWE 2006, 413.
156 Eine Analogie bejahen etwa OLG Stuttgart NZM 2006, 141 und Dötsch, NZM 2004, 177.
157 Etwa BGHZ 121, 22; aA zB Weitnauer/*Briesemeister*, Vor § 1 WEG Rn 80 ff.
158 Siehe zu dieser Pflicht etwa BGH WuM 2008, 946.
159 Vgl BGHZ 121, 22.

den Wohnungseigentümer

[…], […]-Straße […], […] *[PLZ, Ort]*

– Beklagter –

Verwalter: […], […]-Straße […], […] *[PLZ, Ort]*

auf Zahlung von Schadensersatz wegen Beschädigung des Sondereigentums.

Gegebenenfalls Beizuladende: die übrigen Eigentümer gemäß beiliegender Liste.

Namens und in Vollmacht des Klägers erhebe ich Klage und beantrage,

den Beklagten zu verurteilen, an den Kläger 2.300 € nebst Zinsen in Höhe von 5 Prozentpunkten über dem Basiszinssatz seit Rechtshängigkeit zu zahlen.

Sofern das Gericht das schriftliche Vorverfahren anordnet, wird für den Fall der Fristversäumnis beantragt,

den Beklagten durch Versäumnisurteil ohne mündliche Verhandlung zu verurteilen.

Begründung:

Die Parteien sind Wohnungseigentümer der im Antrag bezeichneten Anlage. Der Kläger ist Eigentümer der im Aufteilungsplan mit Nr. 1 bezeichneten Wohnung im Erdgeschoss links, der Beklagte ist Eigentümer der Einheit Nr. 3 im 1. OG links.

Am 3.5.2009 stellte der Beklagte in der Küche seiner Wohnung die Waschmaschine an und verließ das Haus. Der vom Beklagten nicht ordnungsgemäß befestigte Ablauf des Schmutzwassers – der Beklagte hatte den Ablauf unbefestigt in die Spüle eingehängt – löste sich, wodurch Wasser auf den Boden lief. Dieses Wasser lief durch den Boden hindurch in die Wohnung des Beklagten. Es beschädigte sowohl die Tapete in der Küche als auch die Einbauküche des Klägers.

Der Kläger ließ diese Schäden im Juni 2009 durch Fachfirmen beseitigen. Die Reparatur der Einbauküche kostete 2.000 €, die Beseitigung der Schäden an der Tapete 300 €, was die Klageforderung ergibt. Der Kläger hat die Rechnungen am 20.6.2009 beglichen.

Beweis: Rechnungen […]; Zeugnis […].

Der Klageanspruch folgt aus § 280 Abs. 1 BGB. Zwischen den Parteien besteht in Form ihrer Mitgliedschaft in der Eigentümergemeinschaft ein Schuldverhältnis (vgl BGHZ 141, 224). Der Beklagte hat die Pflicht aus diesem Schuldverhältnis verletzt, Eigentum der anderen Mitglieder der Gemeinschaft nicht zu beschädigen (§ 241 Abs. 2 BGB). Dies geschah auch schuldhaft, was nach § 280 Abs. 1 S. 2 BGB vermutet wird, hier wegen der deutlich fahrlässigen Art und Weise der Schlauchbefestigung aber auch feststeht. Da der Kläger die zur Schadensbeseitigung erforderlichen Arbeiten der Firmen vergütet hat, steht ihm auch ein Anspruch auf Zahlung zu.

Der eingetretene Schaden ist nicht durch die von der Wohnungseigentümergemeinschaft abgeschlossene Gebäudeversicherungen gedeckt, so dass sich der Kläger dort nicht schadlos halten kann (dazu BGH NJW 2007, 292).

Beglaubigte und einfache Abschrift anbei.

Rechtsanwalt ◄

Das Muster Rn 84 behandelt den Fall der Beschädigung des Sondereigentums durch einen anderen Eigentümer. Da sich der Anspruch direkt aus § 280 Abs. 1 BGB ergibt, ist er nach § 249 Abs. 2 BGB auf Geldersatz gerichtet. Dies bedeutet, dass der Mandant den Schädiger nicht erst fruchtlos zur Mängelbeseitigung auffordern muss. Einschränkend ist aber zu beachten, dass 85 wegen der zwischen den Eigentümern bestehenden Treuepflicht der Geschädigte den Schädiger nur in Anspruch nehmen kann, wenn kein Ersatz von einem Gebäudeversicherer erlangt werden kann.[160] Zum Grundsatz des Abzugs Neu-für-Alt bei der Schadensberechnung siehe Rn 88.

86 ▶ **Muster: Zahlungsklage gegen Miteigentümer wegen Beschädigung des Gemeinschaftseigentums**

An das Amtsgericht [...]

– Abteilung für Wohnungseigentumssachen –

Klage

des Wohnungseigentümers

[...], [...]-Straße [...], [...] [*PLZ, Ort*],

– Klägers –

Prozessbevollmächtigte: RAe [...], [...]-Straße [...], [...] [*PLZ, Ort*]

gegen

den Wohnungseigentümer

[...], [...]-Straße [...], [...] [*PLZ, Ort*]

– Beklagter –

Verwalter: [...], [...]-Straße [...], [...] [*PLZ, Ort*]

wegen Schadensersatz aufgrund der Beschädigung von Gemeinschaftseigentum.

Beizuladende: die übrigen Eigentümer gemäß beiliegender Liste.

Namens und in Vollmacht des Klägers erhebe ich Klage und beantrage,

den Beklagten zu verurteilen, an den Kläger sowie die Eigentümer [...] zur gesamten Hand 3.000 € nebst Zinsen in Höhe von 5 Prozentpunkten über dem Basiszinssatz seit Rechtshängigkeit zu zahlen.

Sofern das Gericht das schriftliche Vorverfahren anordnet, wird für den Fall der Fristversäumnis beantragt,

den Beklagten durch Versäumnisurteil ohne mündliche Verhandlung zu verurteilen.

Begründung:

Die Parteien sind Wohnungseigentümer der Wohnungseigentumsanlage [...]. Der Kläger ist Eigentümer der im Aufteilungsplan mit Nr. 1 bezeichneten Wohnung im Erdgeschoss links, der Beklagte ist Eigentümer der Einheit Nr. 8 im 3. OG links, die unter dem Dachgeschoss liegt. Gemäß beiliegender Teilungserklärung vom 20.5.2002 ist dem jeweiligen Eigentümer der Einheit Nr. 8 der Ausbau des über seiner Einheit liegenden Dachgeschosses gestattet, an dem zu seinen Gunsten gleichzeitig ein Sondernutzungsrecht begründet wurde.

Der Kläger machte im Juni 2009 von dieser Gestattung Gebrauch. Mit den Arbeiten beauftragte er Herrn [...]. Am 15.6.2009 stolperte Herr [...], als er einen Eimer Farbe die Treppe hinauftrug. Grund für den Sturz war, dass Herr [...] wegen der Hitze in Badeschlappen arbeitete, die sich im Kokosläufer der Treppe verfangen hatten.

Beweis: Zeugnis [...]

---

160   BGH NJW 2007, 292 zu einem Wasserschaden in der Eigentumsanlage.

Die Farbe ergoss sich über den erst im Mai 2009 neu im Treppenhaus ausliegenden Kokosläufer. Die Farbe hinterließ hat auf dem Absatz zum 1. OG einen ca. 2 x 2 Meter großen grünlichen Farbfleck auf dem Läufer. Laut Kostenvoranschlag der Firma [...] kann eine Reparatur nur durch Austausch erfolgen, was Kosten von 3.000,- € netto erfordert.

Beweis: beiliegende Rechnung, Sachverständigengutachten.

In der Versammlung vom 1.8.2009 wurde mehrheitlich beschlossen, dass der Kläger die Ansprüche der übrigen Eigentümer gegen den Beklagten im eigenen Namen verfolgen kann, weil die übrigen Eigentümer das hiermit verbundene Risiko scheuen.

Beweis: beiliegendes Protokoll der Eigentümerversammlung.

Der Klageanspruch folgt aus §§ 280 Abs. 1, 278 BGB. Ansprüche wegen Beschädigung des Gemeinschaftseigentums stehen allen Miteigentümern als Inhabern des Gemeinschaftseigentums zu (§ 10 Abs. 1 S. 1 WEG). Damit hat auch der Kläger einen eigenen Anspruch auf Schadensersatz, der auf Leistung an alle Miteigentümer gerichtet ist. Der nach der Rechtsprechung des BGH erforderliche Ermächtigungsbeschluss der Gemeinschaft (vgl BGHZ 141, 224) liegt vor.

Zwischen den Parteien besteht in Form ihrer Mitgliedschaft in der Eigentümergemeinschaft ein Schuldverhältnis (vgl BGHZ 141, 224). Der Erfüllungsgehilfe des Beklagten hat die Pflicht aus diesem Schuldverhältnis verletzt, Eigentum der anderen Mitglieder der Gemeinschaft nicht zu beschädigen (§ 241 Abs. 2 BGB). Diese Pflichtverletzung muss sich der Beklagte über § 278 BGB zurechnen lassen. Das Vertretenmüssen des Beklagten und damit das Verschulden des Erfüllungsgehilfen wird nach § 280 Abs. 1 S. 2 BGB vermutet. Die Fahrlässigkeit steht hier aber auch fest, weil der Erfüllungsgehilfe bei den Arbeiten festes Schuhwerk hätte tragen müssen, was den Sturz verhindert hätte.

Inhaltlich ist der Anspruch auf Zahlung der Kosten der Mängelbeseitigung gerichtet. Nach § 249 Abs. 2 S. 1 BGB können die Kosten der Schadensbeseitigung auch dann verlangt werden, wenn – wie hier – die Instandsetzung bisher unterlassen wurde (BGH NJW 1989, 3009). Lediglich die Umsatzsteuer kann nicht verlangt werden (§ 249 Abs. 2 S. 2 BGB), die hier aber nicht eingeklagt wird. Ein Abzug nach den Grundsätzen „neu für alt" ist nicht angezeigt, weil der Läufer neuwertig war.

Der eingetretene Schaden ist nicht durch eine von der Wohnungseigentümergemeinschaft abgeschlossene Gebäudeversicherungen gedeckt, so dass sich der Kläger dort nicht schadlos halten kann.

Beglaubigte und einfache Abschrift anbei.

Rechtsanwalt ◄

Das Muster Rn 86 behandelt den Fall der Beschädigung des Gemeinschaftseigentums durch   87
einen anderen Eigentümer. In diesem Fall bedarf der einzelne Eigentümer nach der Rechtsprechung des BGH eines Ermächtigungsbeschlusses (siehe Rn 83). Bei der Formulierung ist § 432 BGB zu beachten: Die Leistung kann nur an alle gefordert werden. In der Zwangsvollstreckung führt dies dazu, dass der Gerichtsvollzieher die Auskehr des Vollstreckungserlöses nur auf übereinstimmende Weisung der Eigentümer an die von ihnen benannte Zahlstelle vornehmen darf;[161] dies wird in der Regel ein Konto der Gemeinschaft sein.

Dem Kläger steht es frei, den Schädiger nach § 249 Abs. 1 BGB zur Schadensbeseitigung auf-   88
zufordern oder nach § 249 Abs. 2 BGB Geldersatz zu verlangen. Der Anspruch auf Geldersatz ist – wie im Muster – nicht davon abhängig, dass die Reparatur auch durchgeführt wird. Es ist dem Geschädigten überlassen, die beschädigte Sache instand setzen zu lassen oder den dazu

---

161 Vgl OLG Frankfurt MDR 1993, 799.

erforderlichen Geldbetrag anderweitig zu verwenden.[162] Beim Austausch der beschädigten Sache gegen eine neue muss er sich aber nach den Grundsätzen „neu für alt" den hieraus ergebenden Vorteil anrechnen lassen.[163]

III. Mandat für den Wohnungseigentümer gegen den Verband Wohnungseigentümergemeinschaft

89 Beim Mandat für den einzelnen Eigentümer gegen den Verband Wohnungseigentümergemeinschaft geht es regelmäßig um vermögensrechtliche Fragen. Oft verlangt der Eigentümer vom Verband Wohnungseigentümergemeinschaft die Zahlung eines Geldbetrags, den er in gemeinschaftlichen Angelegenheiten aufgewendet hat. Denkbar sind aber auch Fälle, in denen der Eigentümer den Verband Wohnungseigentümergemeinschaft auf Schadensersatz in Anspruch nimmt.

1. Rückgriffsklagen

90 Rückgriffsklagen werden herkömmlich vor allem für die Fälle der Notgeschäftsführung nach § 21 Abs. 2 WEG diskutiert. Neue Fragen wirft die WEG-Novelle auf: § 10 Abs. 8 S. 1 WEG ordnet eine *pro-rata*-Haftung der Eigentümer für Verbindlichkeiten des Verbands Wohnungseigentümergemeinschaft an. Erfüllt ein Eigentümer wegen dieser Norm eine Schuld des Verbands Wohnungseigentümergemeinschaft, stellt sich ebenfalls die Frage des Rückgriffs. Die folgenden Darstellungen unterscheiden zwischen beiden Sachverhalten, weil sich in Teilbereichen Unterschiede ergeben.

a) Aufwendungsersatzklage nach Notgeschäftsführung

91 Nach § 21 Abs. 2 WEG ist jeder Wohnungseigentümer ohne Zustimmung der anderen Eigentümer berechtigt, Maßnahmen zu treffen, die zur Abwehr eines dem gemeinschaftlichen Eigentum unmittelbar drohenden Schadens notwendig sind (Notgeschäftsführung). Grundlage eines Erstattungsanspruchs sind nach wohl herrschender Meinung die §§ 683, 670 BGB, da sich eine Maßnahme nach § 21 Abs. 2 WEG als berechtigte Geschäftsführung ohne Auftrag darstelle.[164] Die Gegenansicht weist überzeugend auf die Tatsache hin, dass aus § 21 Abs. 2 WEG die Berechtigung des Notgeschäftsführers folge, § 677 BGB also gerade nicht erfüllt sei.[165] Sie kommt indes zur selben Rechtsfolge (§ 670 BGB), weil sie von einem gesetzlichen Auftrag ausgeht.[166] Dies ist indes konstruktiv problematisch, weil sich dem Wortlaut des § 21 Abs. 2 WEG diese Rechtsfolge nicht entnehmen lässt. In der Literatur wird auch eine Analogie zu § 670 BGB erwogen.[167]

92 Als Schuldner des Erstattungsanspruch wird in Rechtsprechung und Literatur ohne Problematisierung einhellig allein der Verband Wohnungseigentümergemeinschaft genannt.[168] Sieht man mit der herrschenden Meinung als Grundlage des Anspruchs § 670 BGB (die Herleitung ist streitig, siehe Rn 91), so ist dieses Ergebnis nicht offensichtlich. Schuldner des Anspruchs aus § 670 BGB ist der Auftraggeber/Geschäftsherr. Wer dies ist entscheidet sich danach, in wessen

---

162 Vgl etwa BGH NJW 1989, 3009.
163 Vgl zu diesem Grundsatz etwa BGH ZMR 2007, 27.
164 BayObLG WuM 1986, 354; Weitnauer/*Lüke*, § 21 WEG Rn 5.
165 Etwa Staudinger/*Bub*, § 21 WEG Rn 38.
166 Staudinger/*Bub*, § 21 WEG Rn 38.
167 So Jennißen/*Heinemann*, § 21 WEG Rn 28.
168 OLG München ZMR 2008, 321; Becker, MietRB 2008, 143; Riecke/Schmid/*Drabek*, § 21 WEG Rn 86; Jennißen/*Heinemann*, § 21 WEG Rn 28.

Verantwortungsbereich die vom Notgeschäftsführer durchgeführte Maßnahme fällt. Nach § 21 Abs. 1 WEG steht die Verwaltung des gemeinschaftlichen Eigentums „den Wohnungseigentümern gemeinschaftlich" zu. Diese Formulierung spricht dafür, dass es um ein Geschäft der Eigentümer, nicht des Verbands Wohnungseigentümergemeinschaft geht.[169] Letztlich ist § 21 Abs. 1 WEG aber Teil der nur unvollständigen Umsetzung der Rechtsfähigkeit des Verbands Wohnungseigentümergemeinschaft: Die Instandhaltungspflicht müsste eigentlich originär den Verband Wohnungseigentümergemeinschaft treffen, was für eine entsprechende Interpretation des Gesetzes spricht. Wie sich die Rechtsprechung hierzu positionieren wird, ist offen.

Nimmt man § 21 Abs. 1 WEG beim Wort, so hat aber jedenfalls der Verband Wohnungseigentümergemeinschaft nach § 10 Abs. 6 S. 3 WEG die dann gemeinschaftsbezogenen Pflichten der Eigentümer inne. Wenn man dieser Ausübungsregel für den Bereich des § 21 Abs. 1 WEG keine verdrängende Funktion beimisst[170] (also als Berechtigten/Verpflichteten als nur noch den Verband Wohnungseigentümergemeinschaft ansieht), kommt man zu dem Ergebnis, dass der Notgeschäftsführer sowohl für die übrigen Eigentümer als auch den Verband Wohnungseigentümergemeinschaft tätig wird. Diese Personen würden dann als Gesamtschuldner haften.[171] Die Erstattungspflicht der Eigentümer wäre indes wiederum gemeinschaftsbezogen und daher nach § 10 Abs. 6 S. 3 WEG vom Verband Wohnungseigentümergemeinschaft zu erfüllen. Als Zwischenergebnis ist daher festzuhalten: Bei Heranziehung von § 670 BGB ist jedenfalls der Verband Wohnungseigentümergemeinschaft dafür verantwortlich, den Erstattungsanspruch des Notgeschäftsführers zu erfüllen.[172]   93

Fraglich ist, ob der Notgeschäftsführer daneben auch die einzelnen Eigentümer in Anspruch nehmen kann. Dies wird bisher nur unter dem Blickpunkt einer anteiligen Haftung für die Schuld des Verbands Wohnungseigentümergemeinschaft gem. § 10 Abs. 8 S. 1 WEG diskutiert. Teilweise wird hierzu vertreten, diese Regel betreffe nur die Haftung im Außenverhältnis gegenüber Dritten, weshalb ein Anspruch gegen die Miteigentümer ausscheide.[173] Das Problem ähnelt dem Streit im Personengesellschaftsrecht um die Anwendbarkeit von § 128 HGB auf Erstattungsansprüche des Gesellschafters aus § 110 HGB. Dort wird ein Regress aus § 128 HGB verneint.[174] Die Gesellschafter haften aber gem. § 426 Abs. 1 BGB pro rata ihrer Verlustbeteiligung.[175] Anders als § 128 HGB ordnet § 10 Abs. 8 S. 1 WEG indes gerade keine gesamtschuldnerische Haftung der Eigentümer an.[176] Die Norm führt nur zu einer Teilhaftung der Gesellschafter gem. § 420 BGB,[177] weshalb ein Regress über § 426 Abs. 1 BGB ausscheidet.   94

Eine andere, bislang nicht erörterte Frage lautet, ob die Eigentümer nicht deshalb gesamtschuldnerisch zum Ausgleich verpflichtet sind, weil der Notgeschäftsführer für die Eigentümer ein Geschäft geführt hat. Dies hängt zum einen von der Anwendung des § 670 BGB ab (dazu Rn 92). Entscheidend ist daneben, welche Rechtsfolgen man der Ausübungsbefugnis nach § 10 Abs. 6 S. 3 WEG beimisst: Führt die Tatsache, dass der Verband Wohnungseigentümergemein-   95

169 Vgl auch Jennißen/Grziwotz/Jennißen, § 10 WEG Rn 63: Für Instandhaltung und Bewirtschaftung des Gemeinschaftseigentums sind die Wohnungseigentümer zuständig.
170 So wohl Riecke/Schmid/Drabek, § 21 WEG Rn 201.
171 Zur GoA vgl Staudinger/Bergmann, Vorbem. § 677 BGB Rn 238.
172 So ohne Problematisierung die allg. Ansicht, OLG München ZMR 2008, 321; Becker, MietRB 2008, 143; Riecke/Schmid/Drabek, § 21 WEG Rn 86; Jennißen/Heinemann, § 21 WEG Rn 28.
173 OLG München ZMR 2008, 321; Becker, MietRB 2008, 143.
174 Vgl Koller/Roth/Morck/Koller, § 128 HGB Rn 8.
175 BGHZ 37, 299; OLG Koblenz DB 1995, 421; K. Schmidt, GesR, § 49 V 2.
176 So auch Boeck, Wohnungseigentumsrecht, Teil 3 § 5 Rn 12.
177 Vgl BGHZ 75, 26.

schaft die gemeinschaftsbezogene Pflicht der Eigentümer ausübt, zu einer „Enthaftung" der Eigentümer? Diese grundsätzliche Frage – sie wird etwa für die Verkehrssicherungspflicht diskutiert[178] – ist noch nicht abschließend beantwortet. Einiges spricht dafür, dass der Verband Wohnungseigentümergemeinschaft lediglich als weiterer Schuldner neben die weiterhin verpflichteten Eigentümer tritt.[179]

96   Nach hier vertretener Ansicht folgt der Erstattungsanspruch weder aus den Regeln über die GoA noch aus einem gesetzlichen Auftragsverhältnis (zu den Argumenten siehe Rn 91 f). Da das WEG keine Regel über die Erstattungsfähigkeit enthält, ist diese Lücke durch eine Analogie zu § 110 HGB zu schließen. § 713 BGB und § 110 HGB zeigen, dass es sich beim Regressanspruch gegen den Verband Wohnungseigentümergemeinschaft um einen allgemeinen verbandsrechtlichen Grundsatz handelt. Dieser hat daher auch im WEG Gültigkeit, wobei sich der Anspruch analog § 110 HGB direkt und allein gegen den Verband Wohnungseigentümergemeinschaft richtet.[180]

Wenn man hingegen einen Anspruch gegen die Eigentümern persönlich bejaht, wird man diesen davon abhängig machen müssen, dass Ersatz vom Verband Wohnungseigentümergemeinschaft nicht zu erlangen ist. Dieses Subsidiaritätsprinzip folgt aus der Treuepflicht der Eigentümer untereinander (vgl § 241 Abs. 2 BGB). Es ist erfüllt, wenn der Verband Wohnungseigentümergemeinschaft keine hinreichend liquiden Mittel besitzt.[181]

97   Bei einer Notgeschäftsführung dürfen in der Regel nur solche Maßnahmen veranlasst werden, die den Eintritt des unmittelbar drohenden Schadens verhindern und die Gefahrenlage beseitigen, da es grundsätzlich dem Verband Wohnungseigentümergemeinschaft obliegt, für Instandhaltung und Instandsetzung des Gemeinschaftseigentums zu sorgen.[182] Es muss sich also um eine wirkliche Notmaßnahme handeln, die keinen Aufschub duldet. Problematisch ist, ob der Eigentümer bei Fehlen der Voraussetzungen des § 21 Abs. 2 WEG Ersatz seiner Aufwendungen verlangen kann. Unabhängig von der Anspruchsgrundlage (GoA[183] bzw § 110 HGB analog, dazu Rn 91 ff) scheitern solche Ansprüche meist daran, dass der Geschäftsführer die Aufwendungen nicht für erforderlich halten durfte (§ 110 HGB) oder diese nicht dem Interesse des Verbands Wohnungseigentümergemeinschaft entsprachen (§ 683 BGB). Denn der Verband Wohnungseigentümergemeinschaft trifft die ihn betreffenden Entscheidungen in der Eigentümerversammlung. Das alleinige Vorgehen eines Eigentümers führt daher nur dann zu einem Erstattungsanspruch, wenn es die einzige in Betracht kommende Maßnahme ist.[184] Bei Ansprüchen aus den §§ 812 ff BGB gegen den Verband Wohnungseigentümergemeinschaft mit dem Argument, dieser sei durch die Geschäftsführung bereichert, wird es darauf ankommen, ob der Verband Wohnungseigentümergemeinschaft eigene Aufwendungen durch das Handeln des Eigentümers erspart hat.[185] Die Aufwendungen des Eigentümers sind mit einer etwaigen Bereicherung des Verbands Wohnungseigentümergemeinschaft indes nicht zwingend iden-

---

178   Eine „Enthaftung" der Eigentümer in diesem Fall bejahen wohl Jennißen/*Grziwotz/Jennißen*, § 10 WEG Rn 64; Fritsch, ZWE 2005, 384, 387; unklar etwa OLG München ZWE 2006, 41 (Verkehrssicherungspflicht obliege den „Wohnungseigentümern bzw der Wohnungseigentümergemeinschaft").
179   So Riecke/Schmid/*Elzer*, § 10 WEG Rn 422 ff.
180   Vgl Häublein, ZWE 2008, 410.
181   Vgl BGH NJW 1990, 340 (zum Personengesellschaftsrecht).
182   BayObLG ZWE 2001, 418.
183   So BayObLG WuM 1986, 354; Riecke/Schmid/*Drabek*, § 21 WEG Rn 91; Weitnauer/*Lüke*, § 21 WEG Rn 5.
184   BayObLG ZMR 2000, 187; KG ZMR 2005, 402; OLG Celle OLGR 2002, 94.
185   KG ZMR 2005, 402.

tisch.[186] Lassen sich ersparte Aufwendungen nicht feststellen, dürfte sich der bereicherungsrechtliche Erstattungsanspruch auf die – praktisch kaum festzustellende – Erhöhung des Verkehrswertes der Anlage richten.[187]

▶ **Muster: Klage des Eigentümers gegen den Verband Wohnungseigentümergemeinschaft auf Aufwendungsersatz nach Notgeschäftsführung**

98

246

An das Amtsgericht [...]

– Abteilung für Wohnungseigentumssachen –

Klage

des Wohnungseigentümers

[...], [...]-Straße [...], [...] *[PLZ, Ort]*,

– Klägers –

Prozessbevollmächtigte: RAe [...], [...]-Straße [...], [...] *[PLZ, Ort]*

gegen

die Wohnungseigentümergemeinschaft

[...], [...]-Straße [...], [...] *[PLZ, Ort]*, vertreten durch

den Verwalter [...], [...]-Straße [...], [...] *[PLZ, Ort]*

– Beklagte –

auf Zahlung von Aufwendungsersatz.

Streitwert: 2.300 €.

Namens und in Vollmacht des Klägers erhebe ich Klage und beantrage,

die Beklagten zu verurteilen, an den Kläger 2.300 € nebst Zinsen in Höhe von 5 Prozentpunkten über dem Basiszinssatz seit Rechtshängigkeit zu zahlen.

Sofern das Gericht das schriftliche Vorverfahren anordnet, wird für den Fall der Fristversäumnis beantragt,

die Beklagte durch Versäumnisurteil ohne mündliche Verhandlung zu verurteilen.

Begründung:

Der Kläger ist als Wohnungseigentümer Mitglied der Beklagten. Er ist Eigentümer der im Aufteilungsplan mit Nr. 1 bezeichneten Wohnung im Erdgeschoss links.

Am 18.7.2009, einem Samstag, entdeckte der Kläger einen Wasserrohrbruch im Keller der Anlage. Die Hauptwasserleitung hatte eine undichte Stelle, es trat Wasser aus, und zwar ca. 30 Liter in der Stunde.

Beweis: Zeugnis des Handwerkers [...].

Da der Verwalter der Anlage telefonisch nicht zu erreichen war, beauftragte der Kläger im eigenen Namen die Firma [...] mit der Reparatur. Diese stellte dem Kläger den Klagebetrag in Rechnung. Der Kläger zahlte diesen Betrag am 28.7.2009.

Mit Schreiben vom 5.8.2009 lehnte der Verwalter der Anlage eine Kostenerstattung mit dem Hinweis ab, die vorhandene Instandhaltungsrücklage sei für diese Maßnahme nicht vorgesehen.

---

186 Vgl zu diesem Problemkreis Lehmann-Richter, WuM 2005, 747, 750 f.
187 Vgl dazu allgemein etwa BGH MietRB 2009, 254.

Beweis: Schreiben vom 5.8.2009, Anlage K1.

Der Klageanspruch folgt nach herrschender Meinung aus § 670 BGB, § 21 Abs. 2 WEG (vgl etwa BayObLG WuM 1986, 354; Jennißen/*Heinemann*, § 21 Rn 28). Denn der Kläger hat durch die Notreparatur eine Maßnahme nach § 21 Abs. 2 WEG ausgeführt, die keinen Aufschub zuließ. Dies führt zu einem Aufwendungsersatzanspruch, für dessen Begleichung nach § 10 Abs. 6 S. 3 WEG die Beklagte verantwortlich ist (vgl OLG München ZMR 2008, 321).

Zum Streitwert: Dieser richtet sich nach der Klagesumme (§ 49 a Abs. 1 S. 2 WEG).

Beglaubigte und einfache Abschrift anbei.

Rechtsanwalt ◄

99 Der Mandant sollte vor Klageerhebung den Verwalter zur Zahlung auffordern. Erst wenn dieser die Auszahlung verweigert oder eine Auszahlung in der Eigentümerversammlung durch Beschluss verneint wird, ist Klage einzureichen. Anderenfalls droht ein sofortiges Anerkenntnis mit der Kostenfolge des § 93 ZPO. Eine vorherige Befassung der Eigentümerversammlung mit dem Zahlungsanspruch ist nach hiesiger Ansicht indes keine Zulässigkeitsvoraussetzung für die Zahlungsklage. Da der Anspruch fällig ist, kann ihn der Eigentümer auch einklagen; er riskiert (wie jeder andere Gläubiger auch) bei vorschnellem Handeln nicht etwa die Klageabweisung, sondern eben nur die Kostentragung.

Hinweis: Hat die Gemeinschaft in einem Negativbeschluss die Auszahlung an den Mandanten verweigert, muss dieser fristgemäß angefochten werden. Ob im Anfechtungsprozess gegen die übrigen Miteigentümer der Zahlungsanspruch gegen den Verband Wohnungseigentümergemeinschaft geltend gemacht werden kann, wird – soweit ersichtlich – bisher nicht diskutiert. Die Frage dürfte zu bejahen sein: Nach § 60 ZPO können mehrere Personen gemeinschaftlich verklagt werden, wenn auf einem im Wesentlichen gleichartigen tatsächlichen und rechtlichen Grund beruhende Verpflichtungen in Rede stehen. Das Auseinanderfallen der Beklagtenstellung liegt letztlich in der systemwidrigen[188] Anordnung des Gesetzes begründet, nach der sich die Beschlussanfechtungsklage gegen die Eigentümer und nicht den Verband Wohnungseigentümergemeinschaft zu richten hat (§ 46 Abs. 1 S. 1 WEG).

b) Regress wegen Tilgung einer Verbindlichkeit des Verbands Wohnungseigentümergemeinschaft

100 Klagen auf Ausgleich werden außer im Fall des § 21 Abs. 2 WEG (dazu das vorangegangene Muster Rn 98) praktisch, wenn ein Dritter, der eine Forderung gegen den Verband Wohnungseigentümergemeinschaft hat, den einzelnen Eigentümer in Anspruch genommen hat. Ein Zugriff auf einzelne Eigentümer kann sich etwa ergeben, wenn Landesrecht *neben* dem Verband Wohnungseigentümergemeinschaft auch die einzelnen Eigentümer zu Schuldnern erklärt, etwa für Kosten der Müllabfuhr oder der Be- und Entwässerung.[189] Daneben ist vor allem § 10 Abs. 8 S. 1 WEG von Bedeutung. Danach haften die Eigentümer für Verbindlichkeiten des Verbands Wohnungseigentümergemeinschaft nach außen in der Höhe ihres Miteigentumsanteils.[190] Ob die Norm damit eine Gesamtschuld zwischen Verband Wohnungseigentümergemeinschaft und Miteigentümern und/oder zwischen den Miteigentümern anordnet, ist derzeit ungeklärt.[191]

---

188 Zutreffend: Armbrüster, ZWE 2006, 474.
189 Dazu Riecke/Schmid/*Elzer*, § 10 WEG Rn 496 ff. Meist ordnet das Landesrecht indes nur eine gesamtschuldnerische Haftung der Eigentümer an, vgl Niedenführ/Kümmel/Vandenhouten/*Kümmel*, § 10 WEG Rn 87.
190 Siehe zur vergleichbaren Regelung bei der Partenreederei (§ 507 HGB) K. Schmidt, NJW 1997, 2201, 2205.
191 Vgl Derleder/Fauser, ZWE 2007, 2; Riecke/Schmid/*Elzer*, § 16 WEG Rn 7 f mwN; Niedenführ/Kümmel/Vandenhouten/*Kümmel*, § 10 WEG Rn 80, 91.

Richtigerweise besteht zwischen dem Verband Wohnungseigentümergemeinschaft und den Miteigentümern keine Gesamtschuld, weil die Eigentümer nur akzessorisch haften.[192] Eine Gesamtschuld besteht auch nicht unter den Eigentümern, diese sind Teilschuldner nach § 420 BGB.[193] Unabhängig von diesen Fragen kann nach wohl einhelliger Ansicht der Eigentümer den Verband Wohnungseigentümergemeinschaft in Regress nehmen, nur über die Anspruchsgrundlage besteht keine Einigkeit.[194]

Anders als das Personengesellschaftsrecht[195] kennt das WEG keine spezielle Regressnorm des einzelnen Eigentümers, der eine Verbindlichkeit des Verbands Wohnungseigentümergemeinschaft tilgt.[196] Die §§ 677, 670 BGB passen aus zwei Gründen nicht: Zum einen dürfte § 10 Abs. 8 S. 1 WEG eine Berechtigung nach § 677 BGB darstellen. Vor allem aber ist der Fremdgeschäftsführungswille zweifelhaft, weil sich der Eigentümer primär von seiner eigenen Schuld befreien will.[197] Die Lücke ist durch eine Analogie zu § 110 HGB zu schließen (dazu Rn 96). **101**

Zwar ist der Regressanspruch – wie dargestellt (Rn 100) – im Ergebnis unstreitig. Es wird allerdings teilweise vertreten, dass der Anspruch des Eigentümers erst im Rahmen der Jahresabrechnung geltend gemacht werden kann.[198] Nach anderer Ansicht muss sich der klagende Wohnungseigentümer einen seinem nach der Gemeinschaftsordnung bzw § 16 Abs. 2 WEG entsprechenden Anteil von der Forderung abziehen lassen.[199] Dies überzeugt nicht, weil die Umlage der Verwaltungskosten auf die einzelnen Eigentümer erst in der Jahresabrechnung erfolgt.

Hinweis: Die Modalitäten eines Rückgriffs beim Verband Wohnungseigentümergemeinschaft sind derzeit weitgehend ungeklärt. Hierauf ist der Mandant in der Beratung hinzuweisen. Gleiches gilt für einen Regress bei den Miteigentümern. Hier wird derzeit überwiegend ein Regress verneint.[200]

▶ **Muster: Regressklage des Eigentümers gegen den Verband Wohnungseigentümergemein- 102
schaft wegen Tilgung einer Verbandsschuld**

247

An das Amtsgericht [...]

– Abteilung für Wohnungseigentumssachen –

Klage

des Wohnungseigentümers

---

192 Boeckh, Wohnungseigentumsrecht, Teil 3 § 5 Rn 12. Zur Rechtslage nach § 128 HGB siehe BGHZ 104, 76; K. Schmidt, NJW 1997, 2201, 2205.
193 Vgl BGHZ 75, 26.
194 OLG Hamm ZMR 2008, 228 (GoA); Abramenko, Das neue WEG, § 6 Rn 26 (Bereicherungsanspruch); Jennißen/*Grziwotz/Jennißen*, § 10 WEG Rn 108 (§§ 426 und 812 BGB); Riecke/Schmid/*Elzer*, § 16 WEG Rn 7 f (§§ 268 Abs. 2, 774 Abs. 1 S. 1 BGB oder §§ 677 ff BGB bzw §§ 812 ff BGB, siehe auch § 110 HGB).
195 § 110 HGB für OHG und KG, §§ 713, 670 BGB für die GbR.
196 § 10 Abs. 2 S. 1 WEG iVm § 755 BGB passt nicht, weil § 755 BGB die Auflösung der Gemeinschaft verlangt, was nach § 11 WEG gerade ausgeschlossen ist.
197 OLG Hamm ZMR 2008, 228. Die Rechtsprechung hält in diesen Fällen einen Fremdgeschäftsführungswillen aber teilweise für möglich, vgl etwa BGHZ 143, 9; BGH WM 1968, 1201; BGH MDR 2002, 270; OLGR Saarbrücken 2005, 139.
198 Abramenko, Das neue WEG, § 6 Rn 26; aA OLG Hamm ZMR 2008, 228.
199 OLG Hamm ZMR 2008, 228.
200 Bejahend: BT-Drucks. 16/3843, S. 25; verneinend etwa: Abramenko, Das neue WEG, § 6 Rn 26; Niedenführ/Kümmel/Vandenhouten/*Kümmel*, § 10 WEG Rn 91; Riecke/Schmid/*Elzer*, § 16 WEG Rn 7; vermittelnd: K. Schmidt, NJW 1997, 2201, 2205 für den § 10 Abs. 8 S. 1 WEG vergleichbaren § 507 HGB (Partenreederei): Regress, wenn die anderen Mitglieder nicht in Anspruch genommen werden, weil der Rest der Forderung aus dem Verbandsvermögen beigetrieben wurde.

[…], […]-Straße […], […] [*PLZ, Ort*],

– Klägers –

Prozessbevollmächtigte: RAe […], […]-Straße […], […] [*PLZ, Ort*]

gegen

die Wohnungseigentümergemeinschaft

[…], […]-Straße […], […] [*PLZ, Ort*], vertreten durch

den Verwalter […], […]-Straße […], […] [*PLZ, Ort*]

– Beklagte –

auf Zahlung von Aufwendungsersatz.

Streitwert: 755 €.

Namens und in Vollmacht des Klägers erhebe ich Klage und beantrage,

die Beklagte zu verurteilen, an den Kläger 755 € nebst Zinsen in Höhe von 5 Prozentpunkten über dem Basiszinssatz seit Rechtshängigkeit zu zahlen.

Sofern das Gericht das schriftliche Vorverfahren anordnet, wird für den Fall der Fristversäumnis beantragt,

die Beklagte durch Versäumnisurteil ohne mündliche Verhandlung zu verurteilen.

Begründung:

Der Kläger ist als Wohnungseigentümer Mitglied der Beklagten. Bei der Wohnanlage handelt es sich um eine sog. Mehrhausanlage. Der Kläger ist Eigentümer der im Aufteilungsplan mit Nr. 1 bezeichneten Wohnung im Erdgeschoss links des Hauses 1 mit einem Miteigentumsanteil von 100/10.000tel. Der Kläger hat das laufende Wohngeld stets in voller Höhe gezahlt.

Die Beklagte beauftragte am 1.5.2009 die Firma […] mit Arbeiten an der Fassade des Hauses 2. Laut bestandskräftigem Beschluss vom 2.2.2009 (Anlage K1) sollen die Kosten dieser Maßnahme nur die Bewohner dieses Hauses tragen (vgl § 16 Abs. 4 S. 1 WEG). Die Arbeiten wurden in den Monaten Juni und Juli 2009 ausgeführt. Der Verwalter hat die mangelfreien Arbeiten abgenommen.

Beweis: Zeugnis des […].

Die Beklagte schuldet der Firma […] aus dem Werkvertrag einen Gesamtbetrag von 75.500 €. Da die Beklagte keine Zahlung leistete, forderte die Firma […] den Kläger zur Zahlung eines Teilbetrags von 755 € auf; dies entspricht der Miteigentumsquote des Klägers. Der Kläger hat diese Zahlung am 10.10.2009 erbracht.

Beweis: Quittung der Firma […], Anlage K2.

Die Klage ist begründet. Es entspricht einhelliger Ansicht, dass der nach § 10 Abs. 8 S. 1 WEG in Anspruch genommene Eigentümer vom Verband Wohnungseigentümergemeinschaft Regress verlangen kann, wenn er im Innenverhältnis nicht zahlungsverpflichtet ist (etwa Niedenführ/Kümmel/Vandenhouten/*Kümmel*, § 10 WEG Rn 89). Dem Kläger steht daher ein Anspruch auf Erstattung zu, weil er nach dem Beschluss vom 2.2.2009 an den Kosten der Maßnahme nicht zu beteiligen ist.

Zum Streitwert: Dieser richtet sich nach der Klagesumme (§ 49 a Abs. 1 S. 2 WEG).

Beglaubigte und einfache Abschrift anbei.

Rechtsanwalt ◄

2. Schadensersatzklagen

Die Mitgliedschaft im Verband Wohnungseigentümergemeinschaft begründet ein Schuldver- **103**
hältnis zwischen Eigentümer und Verband Wohnungseigentümergemeinschaft,[201] welches
Grundlage eines vertraglichen Schadensersatzanspruchs des einzelnen Eigentümers aus § 280
BGB sein kann. Daneben kommen deliktische Ansprüche in Betracht.

Ein Anspruch aus § 280 BGB setzt neben dem Schuldverhältnis eine Pflichtverletzung voraus,
die der Verband Wohnungseigentümergemeinschaft zu vertreten hat. Hierfür bedarf es einer
Zurechnung des Fehlverhaltens natürlicher Personen, deren sich der Verband Wohnungseigentümergemeinschaft bei der Erfüllung seiner Pflichten bedient. In der Regel wird es um ein Handeln des Verwalters gehen. Dessen Fehlverhalten wird dem Verband Wohnungseigentümergemeinschaft zugerechnet. Als Zurechnungsnorm wird in der Literatur – genau wie im Personengesellschaftsrecht[202] – § 31 BGB analog vorgeschlagen.[203] Daneben kommt auch die Zurechnung des Verhaltens Dritter in Betracht, insbesondere von Vertragspartnern des Verbands
Wohnungseigentümergemeinschaft (zB Handwerker). Deren Fehler werden dem Verband
Wohnungseigentümergemeinschaft nach § 278 BGB zugerechnet.[204]

Vor Klageerhebung ist indes stets sorgfältig zu prüfen, ob die verletzte Pflicht auch dem Verband **104**
Wohnungseigentümergemeinschaft zugeordnet ist. Antwort auf diese Frage gibt § 10 Abs. 6
S. 2 und S. 3 WEG. In der Praxis geht es oft um Versäumnisse im Rahmen von Instandsetzungsmaßnahmen. Diese Pflicht trifft nach dem Wortlaut von § 21 Abs. 1 WEG zunächst die
Eigentümer. Zu einer Pflicht des Verbands Wohnungseigentümergemeinschaft kommt man
nur, wenn man § 21 Abs. 6 S. 3 WEG für erfüllt hält und es nicht für erforderlich ansieht, dass
der Verband Wohnungseigentümergemeinschaft die Ausübung dieser Pflicht erst durch Beschluss an sich ziehen muss (vgl Rn 148).

Hinweis: Die Diskussion um die Abgrenzung des Pflichtenprogramms von Verband Wohnungseigentümergemeinschaft und Eigentümern steht erst am Anfang. Die hier bestehenden
Zweifelsfragen sind im Wesentlichen dem Umstand geschuldet, dass der Gesetzgeber die
Rechtsfähigkeit des Verbands Wohnungseigentümergemeinschaft nicht konsequent umgesetzt
hat. § 21 Abs. 1 WEG ist ein solches Beispiel. Die Instandhaltungspflicht müsste eigentlich originär nur den Verband Wohnungseigentümergemeinschaft treffen. Ob sich in der Praxis eine
entsprechende Interpretation durchsetzen wird, bleibt abzuwarten.

Nach der Rechtsprechung vor Anerkennung der Rechtsfähigkeit musste sich der geschädigte **105**
Eigentümer das Verschulden des Erfüllungsgehilfen nach den §§ 278, 254 BGB anteilig anrechnen lassen.[205] Diese Ansicht wird teilweise unkritisch auf das neue Recht übertragen.[206]
Die Rechtsprechung ist aber nur dann auf das neue Recht anwendbar, wenn die vom Verband
Wohnungseigentümergemeinschaft verletzte Pflicht eigentlich die Eigentümer trifft (nur dann
wäre § 278 BGB anwendbar) und der Verband Wohnungseigentümergemeinschaft die Pflicht
nach § 10 Abs. 6 S. 3 WEG nur ausübt. Indes passt die teilweise Zurechnung nicht mehr auf
die Konzeption der Rechtsfähigkeit des Verbands Wohnungseigentümergemeinschaft: Die vom
Verband Wohnungseigentümergemeinschaft eingesetzten Personen sind seine Hilfskräfte, nicht

---

201 Vgl Raiser, ZWE 2001, 173, 177; siehe auch BGHZ 90, 92/95 (zum Verein).
202 BGH NJW 2003, 1445 (zur GbR).
203 Jennißen/*Heinemann*, § 21 WEG Rn 48; Palandt/*Bassenge*, § 27 WEG Rn 1.
204 Vgl BGHZ 141, 224, 228; BayObLG NJW-RR 1992, 1102; Becker, ZWE 2000, 56, 59.
205 BGHZ 141, 224, 231; KG ZMR 1986, 318; ähnlich für den Aufwendungsersatzanspruch nach neuem Recht: OLG
    Hamm ZMR 2008, 228.
206 Jennißen/*Heinemann*, § 21 WEG Rn 48.

solche der Eigentümer. Nach hier vertretener Ansicht kann der geschädigte Eigentümer vollen Schadensersatz verlangen; die Umlage dieser Kosten im Rahmen der Jahresabrechnung ist eine hiervon zu trennende Frage.

106 ▶ **Muster: Klage des Eigentümers gegen den Verband Wohnungseigentümergemeinschaft auf**
248 **Schadensersatz (wegen eines Mietausfallschadens)**

An das Amtsgericht [...]

– Abteilung für Wohnungseigentumssachen –

Klage

des Teileigentümers

[...], [...]-Straße [...], [...] *[PLZ, Ort]*,

– Klägers –

Prozessbevollmächtigte: RAe [...], [...]-Straße [...], [...] *[PLZ, Ort]*

gegen

die Wohnungseigentümergemeinschaft

[...], [...]-Straße [...], [...] *[PLZ, Ort]*, vertreten durch

den Verwalter [...], [...]-Straße [...], [...] *[PLZ, Ort]*

– Beklagte –

wegen Ersatz eines Mietausfallschadens.

Streitwert: 3.000 €.

Namens und in Vollmacht des Klägers erhebe ich Klage und beantrage,

die Beklagte zu verurteilen, an den Kläger 3.000 € nebst Zinsen in Höhe von 5 Prozentpunkten über dem Basiszinssatz seit Rechtshängigkeit zu zahlen.

Sofern das Gericht das schriftliche Vorverfahren anordnet, wird für den Fall der Fristversäumnis beantragt,

die Beklagte durch Versäumnisurteil ohne mündliche Verhandlung zu verurteilen.

Begründung:

Der Kläger ist Eigentümer des im Aufteilungsplan mit Nr. [...] bezeichneten Lokals im Erdgeschoss links der Wohnungseigentumsanlage der Beklagten. Das Lokal ist an Herrn [...] vermietet, der dort ein Restaurant betreibt. Die Beklagte ist die Wohnungseigentümergemeinschaft der Anlage.

Am 5.5.2009 informierte der Mieter den Kläger über Rattenbefall in seinem Lokal. Nach Angaben des Mieters war ein im Hof des Gebäudes gelegener, ungenutzter Keller von Ratten befallen. Der Kläger informierte am selben Tag den Verwalter der Beklagten über diesen Umstand und erbat Abhilfe. Der Verwalter antwortete mit Schreiben vom 20.5.2009, in dem er jede Verantwortung der Beklagten ablehnte. Er behauptete, die Ratten kämen vom Nachbargrundstück und würden zudem durch mangelnde Hygiene des Restaurantmieters angezogen. Da sich der Verwalter auch auf Mahnung des Klägers vom 28.5.2009 nicht rührte, beauftragte der Kläger am 15.6.2009 einen Kammerjäger mit der Rattenbekämpfung. Diese wurde am 30.6.2009 von Herrn [...] durchgeführt. Der Kammerjäger bestätigte dem Kläger auch, dass der Grund für das Auftauchen von Ratten in seiner Einheit der Befall des Gemeinschaftskellers war.

Beweis: Zeugnis Herrn [...]

Der Mieter Herr [...] und der Kläger führten dann einen Prozess über die Berechtigung der Mietminderung (AG [...], Az [...]). In diesem Prozess verkündete der Kläger der Beklagten den Streit. Durch rechtskräftiges Urteil des Amtsgerichts [...] vom [...], Anlage K2, wurde der Kläger zur Erstattung überzahlter Miete in Höhe des Klagebetrags für den Monat Juni 2009 verurteilt. Der Kläger hat diesen Betrag an den Mieter am 30.1.2010 ausgezahlt.

Der Klageanspruch folgt aus § 280 Abs. 1 BGB. Zwischen den Parteien besteht ein gesetzliches Schuldverhältnis in Form der Mitgliedschaft des Klägers in der Beklagten (vgl zum Verein BGHZ 90, 92, 95). Nach §§ 21 Abs. 1, 10 Abs. 6 S. 3 WEG ist die Beklagte verpflichtet, die Instandhaltungsmaßnahmen am Gebäude auszuführen (vgl Jennißen/*Heinemann*, § 21 WEG Rn 48). Hierzu bedient sie sich ihres Verwalters als Organ. Sämtliche schuldhaften Pflichtverletzungen des Verwalters werden der Beklagten daher nach § 31 BGB analog zugerechnet (Palandt/*Bassenge*, § 27 WEG Rn 1). Der Verwalter hat hier in Erfüllung der Pflicht der Beklagten schuldhaft gehandelt, indem er ohne nähere Prüfung ein Einschreiten gegen den Rattenbefall ablehnte. Hätte der Verwalter sofort am 5.5.2009 reagiert, wäre der Rattenbefall im Mai 2009 beseitigt gewesen. Der Mietausfallschaden im Juni 2007, dessen Berechtigung zwischen den Parteien wegen des Prozesses AG [...], Az [...], feststeht, wäre dann nicht entstanden.

Zum Streitwert: Dieser richtet sich nach der Klagesumme (§ 49 a Abs. 1 S. 2 WEG).

Beglaubigte und einfache Abschrift anbei.

Rechtsanwalt ◄

Hinweis: In Fällen wie dem vorstehenden (Rn 106) gerät der Rechtsanwalt des Verbands Wohnungseigentümergemeinschaft oft in die Bredouille: Geht es nämlich im Kern um eine Pflichtverletzung des Verwalters, muss diesem im Prozess der Streit verkündet werden. Oft wird es aber der Verwalter sein, der den Rechtsanwalt im Namen des Verbands Wohnungseigentümergemeinschaft beauftragt hat. Hier ist dann taktisches Fingerspitzengefühl gefragt.   107

IV. Mandat für den Wohnungseigentümer gegen den Verwalter

Nicht selten wird der Rechtsanwalt von einem einzelnen Wohnungseigentümer gebeten, Klage gegen den Verwalter einzureichen. Hat der Verwalter etwa durch sein Verhalten beim Mandanten schuldhaft einen Schaden verursacht, kann der Mandant im Ergebnis Ersatz verlangen, wenn auch die rechtliche Begründung diffizil ist (dazu sogleich Rn 109). Deutliche Zurückhaltung ist indes geboten, wenn es darum geht, den Verwalter zu einem bestimmten Handeln zu zwingen. Hier wird in der Praxis häufig übersehen, dass regelmäßig nicht der einzelne Eigentümer, sondern nur der Verband Wohnungseigentümergemeinschaft als Vertragspartner des Verwalters diesem gegenüber weisungsbefugt ist. Eine entsprechende Klage hat daher nur in Ausnahmefällen Aussicht auf Erfolg (dazu Rn 112). Insbesondere wenn es um die Instandhaltung des Gemeinschaftseigentums geht, kommen in der Praxis meist mehrere Maßnahmen in Betracht, was eine Beschlussfassung durch die Gemeinschaft oder – wenn ein ordnungsgemäßer Verwaltung entsprechender Beschluss nicht gefasst wird – eine Beschlussersetzung durch das Gericht (§ 21 Abs. 8 WEG) erfordert. Eine Klage gegen den Verwalter scheidet in diesen Fällen von vornherein aus.   108

1. Klage des Eigentümers gegen den Verwalter auf Schadensersatz

Ist das Mandat auf die Verfolgung eines Schadensersatzanspruchs gerichtet, ist zuerst zu prüfen, welches Rechtsgut verletzt wurde. Handelt es sich um ein ausschließlich individuelles Rechtsgut   109 des Mandanten (insb. sein Sondereigentum), ist die Klagebefugnis unproblematisch. Will der Mandant hingegen einen Schaden am Gemeinschaftseigentum kompensiert wissen, so steht einer alleinigen Rechtsverfolgung nach der Rechtsprechung des BGH zum alten Recht unter dem Vorbehalt eines entsprechenden Ermächtigungsbeschlusses der Gemeinschaft (ausführlich dazu Rn 76). Geht es gar um einen Schaden des Verbands Wohnungseigentümergemeinschaft (etwa am Verwaltungsvermögen), ist eine Klagebefugnis in jedem Fall ausgeschlossen. Das folgende Muster behandelt daher einen individuellen Schaden des Eigentümers; will der Eigentümer einen Schaden am Gemeinschaftseigentum verfolgen, kann das Muster Rn 86 entsprechend angepasst werden.

110 Der Vertrag mit dem Verwalter kommt nach allg. Ansicht mit dem Verband Wohnungseigentümergemeinschaft zustande.[207] Dies bedeutet aber nicht, dass den einzelnen Eigentümer keine vertraglichen Ansprüche gegen den Verwalter zustehen können. Soweit es um Schäden geht ist anerkannt, dass der Eigentümer sich auf § 280 Abs. 1 BGB berufen kann. Die Begründungen gehen auseinander; teilweise wird der Verwaltervertrag als Vertrag zugunsten der Eigentümer,[208] teilweise als Vertrag mit Schutzwirkung zugunsten der Eigentümer eingestuft.[209] Für die Anwendung des § 280 BGB kann dieser Streit durchaus Bedeutung entfalten: Der geltend gemachte Schaden kann nämlich ein solcher sein, der bei eigenem Forderungsrecht der Eigentümer unter § 281 oder § 286 BGB fällt. Geht man von einem Vertrag zugunsten der Eigentümer aus, so müssten diese ggf vor Geltendmachung des Ersatzanspruchs die Voraussetzungen der § 281 BGB oder § 286 BGB schaffen.[210] Das folgende Muster ordnet den Vertrag als einen solchen mit Schutzwirkung ein, verzichtet also auf Ausführungen zu § 286 BGB.

Hinweis: Der Verband Wohnungseigentümergemeinschaft haftet für das Fehlverhalten des Verwalters.[211] Der Mandant sollte deshalb auf die Möglichkeit hingewiesen werden, neben dem Verwalter auch den Verband Wohnungseigentümergemeinschaft als Gesamtschuldner zu verklagen. Zu einer solchen Klage siehe Rn 106.

111 ▶ **Muster: Klage des Eigentümers gegen den Verwalter auf Schadensersatz (wegen eines Mietausfallschadens)**

249

An das Amtsgericht [...]

– Abteilung für Wohnungseigentumssachen –

Klage

des Teileigentümers

[...], [...]-Straße [...], [...] *[PLZ, Ort]*,

– Klägers –

Prozessbevollmächtigte: RAe [...], [...]-Straße [...], [...] *[PLZ, Ort]*

gegen

---

207 Siehe die im Muster zitierte Rspr sowie die Nachweise bei Häublein, ZWE 2008, 1, 2.
208 Etwa Abramenko, Das neue WEG, § 2 Rn 85; tendenziell auch OLG München NJW 2007, 227.
209 OLG Düsseldorf ZWE 2007, 92; Häublein, ZWE 2008, 1, 6 ff. Zu den Voraussetzungen eines Vertrags mit Schutzwirkung Lehmann-Richter, ZWE 2006, 413 am Beispiel des durch den Verband abgeschlossenen Vertrags über Bauarbeiten am Gemeinschaftseigentum.
210 Vgl Palandt/*Grüneberg*, § 328 BGB Rn 5. Zur Problematik siehe ergänzend unten das Muster Rn 186 f (Verband gegen Verwalter).
211 Palandt/*Bassenge*, § 27 WEG Rn 1 (§ 31 BGB analog).

den Verwalter der Anlage

[...], [...]-Straße [...], [...] [*PLZ, Ort*],

– Beklagter –

Ersatzzustellungsvertreter: Herr [...], [...]-Straße [...], [...] [*PLZ, Ort*],

Gegebenenfalls Beizuladende: Eigentümer gemäß beiliegender Liste

wegen Ersatz eines Mietausfallschadens.

Namens und in Vollmacht des Klägers erhebe ich Klage und beantrage,

den Beklagten zu verurteilen, an den Kläger 3.000 € nebst Zinsen in Höhe von 5 Prozentpunkten über dem Basiszinssatz seit Rechtshängigkeit zu zahlen.

Sofern das Gericht das schriftliche Vorverfahren anordnet, wird für den Fall der Fristversäumnis beantragt,

den Beklagten durch Versäumnisurteil ohne mündliche Verhandlung zu verurteilen.

Begründung:

Der Kläger ist Eigentümer des im Aufteilungsplan mit Nr. [...] bezeichneten Lokals im Erdgeschoss links der Wohnungseigentumsanlage [...]. Das Lokal ist an Herrn [...] vermietet, der dort ein Restaurant betreibt.

Der Mieter informierte den Kläger am 5.5.2009 über Rattenbefall in seinem Lokal. Nach Angaben des Mieters war ein im Hof des Gebäudes gelegener, ungenutzter Keller von Ratten befallen. Der Kläger informierte am selben Tag den Beklagten über diesen Umstand und erbat Abhilfe. Der Beklagte antwortete mit Schreiben vom 20.5.2009, in dem er jede Verantwortung der Gemeinschaft ablehnte. Er behauptete, die Ratten kämen vom Nachbargrundstück und würden zudem durch mangelnde Hygiene des Restaurantmieters angezogen. Laut § 11 des Verwaltervertrags (Anlage K1) ist der Beklagte verpflichtet, Maßnahmen zur Bekämpfung von Ungeziefer und Ratten unverzüglich zu ergreifen.

Da sich der Beklagte auch auf Mahnung des Klägers vom 28.5.2009 hin nicht rührte, beauftragte der Kläger am 15.6.2009 einen Kammerjäger mit der Rattenbekämpfung. Diese wurde am 30.6.2009 von Herrn [...] durchgeführt. Der Kammerjäger bestätigte dem Kläger auch, dass der Grund für das Auftauchen von Ratten in seiner Einheit der Befall des Gemeinschaftskellers war.

Beweis: Zeugnis Herrn [...]

Der Mieter Herr [...] und der Kläger führten dann einen Prozess über die Berechtigung der Mietminderung (AG [...], Az [...]). In diesem Prozess verkündete der Kläger dem Beklagten den Streit. Durch rechtskräftiges Urteil des Amtsgerichts [...] vom [...], Anlage K2, wurde der Kläger zur Erstattung überzahlter Miete in Höhe des Klagebetrags für den Monat Juni 2009 verurteilt. Der Kläger hat diesen Betrag an Herrn [...] am 30.1.2010 ausgezahlt.

Der Klageanspruch folgt aus §§ 280 Abs. 1 BGB.

Zwischen den Parteien besteht ein Schuldverhältnis in Form des Verwaltervertrags. Dieser Vertrag kommt zwar zwischen dem rechtsfähigen Verband Wohnungseigentümergemeinschaft und dem Verwalter zustande (vgl etwa OLG Düsseldorf NJW 2007, 161; OLG Hamm ZMR 2006, 633). Er entfaltet aber Schutzwirkung zugunsten der einzelnen Eigentümer (Häublein, ZWE 2008, 1, 7 f), weil die Eigentümer für den Verwalter erkennbar schutzbedürftig sind und der Verband Wohnungseigentümergemeinschaft natürlich ein Interesse daran hat, seine Mitglieder in den Schutzbereich des Vertrags einzubeziehen. Der Beklagte hat seine auch den Kläger schützende Pflicht schuldhaft verletzt, indem er ohne nähere Prüfung ein Einschreiten gegen den Rattenbefall entgegen seiner Pflicht aus § 11 des Verwaltervertrags ablehnte. Hätte der Beklagte sofort am 5.5.2009 reagiert, wäre der Rattenbefall im Mai 2009 beseitigt gewesen. Der Mietausfallschaden im Juni 2009, dessen Berechtigung zwischen den Parteien wegen des Prozesses AG [...], Az [...], feststeht, wäre dann nicht entstanden.

Beglaubigte und einfache Abschrift anbei.

Rechtsanwalt ◄

2. Klage des Eigentümers gegen den Verwalter auf Vertragserfüllung

112   Äußerst problematisch und derzeit weitgehend ungeklärt ist die Frage, inwieweit der Eigentümer den Verwalter auf Erfüllung seiner Verwalterpflichten in Anspruch nehmen kann. Hierfür kommt es zunächst darauf an, ob der Verwalter einzelnen Eigentümer zur Leistungserbringung verpflichtet ist. Diese Pflicht muss sich nicht zwingend aus dem Verwaltervertrag ergeben, sondern kann auch Ausfluss der Amtsstellung sein und so aus dem Gesetz folgen (§ 27 WEG).[212] Der Wortlaut des § 27 Abs. 1 WEG spricht zunächst dafür, in den dort genannten Fällen einen direkten Erfüllungsanspruch des einzelnen Eigentümers zu bejahen. Einzelheiten sind dennoch ungeklärt, weil einiges dafür spricht, dass § 27 Abs. 1 WEG ein Überbleibsel des alten Rechts ist, welches auf die Konzeption der Rechtsfähigkeit der Gemeinschaft, die Vertragspartnerin des Verwalters ist, nicht passt.[213] In der Literatur wird ein Erfüllungsanspruch meist recht unkritisch in Übertragung der früheren Rechtslage, bei der die Eigentümer selbst Vertragspartner des Verwalters waren, übernommen.[214] Gleichzeitig wird aber die Rechtsverfolgung durch einzelne Eigentümer oft von einem ermächtigenden Beschluss der Gemeinschaft abhängig gemacht.[215]

113   Ein Anspruch des einzelnen Eigentümers gegen den Verwalter wird etwa auf Belegeinsicht,[216] auf Erstellung des Wirtschaftsplans (§ 28 Abs. 1 WEG)[217] oder sogar auf Rechnungslegung (§ 28 Abs. 3 WEG)[218] bejaht, für die Pflicht auf Maßnahmen zur ordnungsmäßigen Verwaltung indes teilweise verneint.[219] Der einzelne Eigentümer dürfte aber jedenfalls einen Anspruch auf Ausführung einer Verwaltungsmaßnahme haben, wenn diese ausschließlich seinen Bereich betrifft (etwa: Gemeinschaft beschließt, dem Eigentümer die Kosten einer Notreparatur des Gemeinschaftseigentums zu erstatten).[220] Grundlage ist § 27 Abs. 1 WEG oder der Verwaltervertrag, der in diesem Fall zugunsten des Eigentümers wirkt.

114   Mit der Zuordnung von Erfüllungsansprüchen zu den Eigentümern ist indes noch nicht gesagt, dass diese die Ansprüche auch ohne ermächtigenden Beschluss geltend machen dürfen. Für den im folgenden Muster Rn 115 vorgestellten Anspruch auf Belegeinsicht wird ein solcher Beschluss wegen des elementaren Charakters des Kontrollrechts für entbehrlich gehalten.[221]

---

212 Häublein, ZWE 2008, 80 f.
213 Häublein, ZWE 2008, 80, 81 f.
214 Siehe die Nachweise in den folgenden Fußnoten.
215 Siehe zu diesem Problem Rn 121; für die hiesige Fragestellung allg.: Häublein, ZWE 2008, 80, 84; Weitnauer/*Gottschalg*, § 28 WEG Rn 34 (zum Anspruch auf Rechnungslegung: Ermächtigungsbeschluss wohl entbehrlich); Boeckh, Wohnungseigentumsrecht, Teil 3 § 6 Rn 79 (Anspruch auf Beschlussausführung: Ermächtigungsbeschluss entbehrlich); Staudinger/*Bub*, § 28 WEG Rn 586 (zum Auskunftsrecht: Ermächtigungsbeschluss grds. erforderlich) sowie Bärmann/*Wenzel*, § 10 Rn 250 (Klage auf Vertragserfüllung verlangt Ermächtigungsbeschluss).
216 Greiner, Wohnungseigentumsrecht, Rn 1402.
217 Boeckh, Wohnungseigentumsrecht, Teil 3 § 6 Rn 17.
218 Weitnauer/*Gottschalg*, § 28 WEG Rn 34.
219 Häublein, ZWE 2008, 80, 82; aA Boeckh, Wohnungseigentumsrecht, Teil 3 § 6 Rn 76 und wohl auch BT-Drucks. 16/887, S. 61.
220 Vgl OLG Celle OLGZ 1979, 133.
221 Häublein, ZWE 2008, 80, 84 unter Hinweis auf OLG Hamm NJW-RR 1988, 597, 598.

Hinweis: Eine Klage gegen den Verwalter auf Vertragserfüllung durch den einzelnen Eigentümer sind aus den eben (Rn 112 ff) dargestellten Gründen mit erheblichen Unsicherheiten behaftet. Hierauf ist der Mandant deutlich hinzuweisen.

▶ **Muster: Klage des Eigentümers gegen den Verwalter auf Belegeinsicht**   115

An das Amtsgericht [...]

– Abteilung für Wohnungseigentumssachen –

Klage

des Teileigentümers

[...], [...]-Straße [...], [...] [*PLZ, Ort*],

– Klägers –

Prozessbevollmächtigte: RAe [...], [...]-Straße [...], [...] [*PLZ, Ort*]

gegen

den Verwalter der Anlage

[...], [...]-Straße [...], [...] [*PLZ, Ort*],

– Beklagter –

Gegebenenfalls Beizuladende: Eigentümer gemäß beiliegender Liste

Ersatzzustellungsvertreter: Herr [...],

wegen Belegeinsicht.

Namens und in Vollmacht des Klägers erhebe ich Klage und beantrage,

den Beklagten zu verurteilen, dem Kläger den zwischen der Wohnungseigentümergemeinschaft [...] mit der Firma [...] im Juni 2007 geschlossenen Vertrag über die Sanierung der Fassade des Gebäudes [...] zur Einsicht vorzulegen.

Sofern das Gericht das schriftliche Vorverfahren anordnet, wird für den Fall der Fristversäumnis beantragt,

den Beklagten durch Versäumnisurteil ohne mündliche Verhandlung zu verurteilen.

Begründung:

Der Kläger ist Teileigentümer der im Antrag bezeichneten Wohnungseigentumsanlage, die vom Beklagten verwaltet wird. Am 13.5.2009 beschloss die Wohnungseigentümergemeinschaft, die Fassade des Gebäudes von der im Klageantrag genannten Firma sanieren zu lassen (Anlage K1). Der Beklagte schloss daraufhin im Juni 2009 – der genaue Tag ist dem Kläger unbekannt – einen entsprechenden Vertrag mit der Firma.

Beweis: Zeugnis des Geschäftsführers der Firma [...].

Um den Umfang der beauftragten Arbeiten mit den ausgeführten Tätigkeiten abgleichen zu können und um sich über das Honorar der Firma zu informieren, bat der Kläger den Beklagten mit Schreiben vom 20.10.2009 (Anlage K2) um Einsicht in den Vertrag. Der Beklagte lehnte dies mit Schreiben vom 10.11.2009 mit dem Hinweis ab, er sei dem Kläger (die Parteien sind persönlich zerstritten) „überhaupt nichts schuldig", Anlage K3.

Der Anspruch des Klägers folgt aus § 28 Abs. 4 WEG, der eine Pflicht des Verwalters gegenüber jedem Eigentümer auf Belegeinsicht bestimmt. Eine vorherige Beschlussfassung ist entgegen dem Wortlaut der Norm nicht erforderlich (Häublein, ZWE 2008, 80, 83; vgl auch OLG Hamm NJW-RR 1988, 597). Beglaubigte und einfache Abschrift anbei.

Rechtsanwalt ◀

116   Wird der Verwalter auf Belegeinsicht in Anspruch genommen, ist eine möglichst genaue Bezeichnung der Belege unerlässlich. Angaben wie „Vorlage der für die Erstellung der Jahresabrechnung erforderlichen Urkunden"[222] reichen nicht. Kann der Mandant den Beleg nicht hinreichend bezeichnen, ist diese Information im Wege der Stufenklage auf Auskunft und anschließende Belegeinsicht zu erlangen (zu einer Auskunftsklage siehe Rn 167 f). Das Urteil gegen den Verwalter wird nach § 888 ZPO, also durch Anordnung von Zwangsgeld oder Zwangshaft durch das Gericht auf Antrag des Klägers vollstreckt.[223] Ein Antrag auf Androhung dieser Maßnahmen ist nicht angezeigt (§ 888 Abs. 2 ZPO).

V. Streitigkeiten im Außenverhältnis

117   Unter Streitigkeiten im Außenverhältnis werden hier Klagen des Eigentümers gegen Personen verstanden, die weder Miteigentümer noch der Verwalter sind. In der Praxis haben Mängelklagen gegen den das Wohnungseigentum veräußernden Bauträger besondere Bedeutung. Diese haben durch die im Einzelnen sehr umstrittene Rechtsprechung des BGH eine ganz besondere wohnungseigentumsrechtliche Prägung erhalten;[224] sie werden sogleich unter Rn 125 behandelt. Prozessual zu beachten ist, dass diese Verfahren nicht unter § 43 WEG fallen; hier besteht also keine örtliche Sonderzuständigkeit des Gerichts im Bezirk der Wohnanlage. Die gerichtliche Zuständigkeit folgt vielmehr den allgemeinen Regeln.

Bei den Klagen, die nicht die Problematik der Ansprüche gegen den Bauträger betreffen, lassen sich im Wesentlichen Schadensersatz-, Unterlassungs- sowie Herausgabeklagen unterscheiden, die sich entweder auf das Gemeinschaftseigentum oder das Sondereigentum stützen.[225]

1. Klagen wegen Beeinträchtigung des Sondereigentums

118   Bei Klagen wegen Beeinträchtigung des Sondereigentums bedarf der Eigentümer keiner vorherige Erlaubnis des Verbands Wohnungseigentümergemeinschaft zur Rechtsverfolgung.[226] Wohnungseigentumsrechtliche Besonderheiten können sich im Einzelfall bei der Begründung von vertraglichen Schadensersatzansprüchen ergeben, wenn der Schädiger in Ausführung eines Werkvertrags am Gemeinschaftseigentum gehandelt hat. Werkverträge über die Instandhaltung des Gemeinschaftseigentums werden nämlich zwischen Werkunternehmer und Verband Wohnungseigentümergemeinschaft geschlossen. Der geschädigte Eigentümer ist also nicht Vertragspartner. Dies bedeutet indes nicht, dass vertragliche Ersatzansprüche des Eigentümers ausscheiden. Er ist nämlich in den Schutzbereich des Vertrags einbezogen.[227] Dies ist insbesondere

---

222   In Anlehnung an OLG München NJW-RR 1994, 724.
223   Zöller/*Stöber*, § 888 ZPO Rn 3.
224   Siehe etwa BGHZ 74, 258, 266; BGH NJW 2007, 1952, 1954; Baer, BTR 2006, 113; Schulze-Hagen, ZWE 2007, 113; Wenzel, ZWE 2006, 109.
225   Vgl zu Klagen aus § 1004 BGB: Kümmel, ZWE 2008, 273.
226   Der Eigentümer kann den Verband aber durch Erklärung zur Ausübung dieser Ansprüche ermächtigen, BGH NJW 2007, 1952, 1954.
227   Näher Lehmann-Richter, ZWE 2006, 413, auch unter Darstellung von Ansprüchen des Rechtsnachfolgers.

wegen § 278 BGB von Bedeutung, der anders als § 831 BGB eine Exkulpation für Fehlverhalten von Hilfspersonen nicht vorsieht. Zudem sind die in der Baubranche häufig eingeschalteten Subunternehmer keine Verrichtungsgehilfen nach § 831 BGB,[228] was ebenfalls den Rückgriff auf § 278 BGB erfordert, wenn der Hauptunternehmer (etwa bei Insolvenz des Subunternehmers) in Anspruch genommen werden soll.

▶ **Muster: Zahlungsklage des Eigentümers gegen Dritten wegen Beschädigung des Sondereigentums** 119

An das Amtsgericht [...]

Klage

des Wohnungseigentümers

[...], [...]-Straße [...], [...] *[PLZ, Ort]*,

– Klägers –

Prozessbevollmächtigte: RAe [...], [...]-Straße [...], [...] *[PLZ, Ort]*

gegen

[...], [...]-Straße [...], [...] *[PLZ, Ort]*

– Beklagter –

wegen Schadensersatz.

Namens und in Vollmacht des Klägers erhebe ich Klage und beantrage,

den Beklagten zu verurteilen, an den Kläger 2.000 € nebst Zinsen in Höhe von 5 Prozentpunkten über dem Basiszinssatz seit Rechtshängigkeit zu zahlen.

Sofern das Gericht das schriftliche Vorverfahren anordnet, wird für den Fall der Fristversäumnis beantragt,

den Beklagten durch Versäumnisurteil ohne mündliche Verhandlung zu verurteilen.

Begründung:

Der Kläger ist Eigentümer der im Aufteilungsplan mit Nr. 1 bezeichneten Wohnung im Erdgeschoss links der Wohnanlage [...]. Mit Vertrag vom 29.6.2008 beauftragte die Eigentümergemeinschaft dieser Anlage den Beklagten damit, die Fassade des Gebäudes im Bereich des Erdgeschosses neu zu streichen. Der Beklagte begann mit den Arbeiten am 10.7.2008. An diesem Tag beseitigte der Mitarbeiter des Klägers, Herr G., die schadhafte alte Farbe mit Hilfe eines Hochdruckreinigers. Allerdings versäumte es Herr G., die Fenster der Wohnung des Klägers ordnungsgemäß abzudichten. Infolgedessen drang eine erhebliche Menge Wasser in das Wohnzimmer des Klägers ein. Der Fußboden des Wohnzimmers ist mit Parkett ausgelegt, welches durch das eindringende Wasser beschädigt wurde. Das Parkett, das erst vor drei Monaten gelegt worden war, wurde in einem vor dem Fenster gelegenen Bereich von 2 m² völlig von Wasser aufgeweicht und irreparabel beschädigt. Dies steht zwischen den Parteien aufgrund des vor dem angerufenen Gericht durchgeführten selbständigen Beweisverfahrens fest.

Beweis: Beiziehung der Akten [...]; Gutachten des Sachverständigen [...], Anlage K1.

Der Beklagte hat mit Schreiben vom 30.10.2008 (Anlage K2) die ihm vom Kläger eingeräumte Möglichkeit der Schadensbeseitigung mit dem Hinweis abgelehnt, Herr G. arbeite seit 30 Jahren zuver-

---

228 BGH LM § 823 E Nr. 6.

lässig für ihn und es habe sich um ein von ihm nicht zu vertretendes Augenblicksversagen gehandelt. Der Kläger hat daraufhin den Schaden von der Firma [...] beseitigen lassen und hierfür an diese Firma den Klagebetrag gezahlt.

Beweis: Rechnung über die Arbeiten, Anlage K3.

Der Klageanspruch folgt aus §§ 280 Abs. 1, 278 BGB in Verbindung mit den Grundsätzen über den Vertrag mit Schutzwirkung zugunsten Dritter. Den Werkvertrag mit dem Beklagten hat der insoweit rechtsfähige Verband Wohnungseigentümergemeinschaft geschlossen (vgl § 10 Abs. 6 S. 1 WEG). Der Kläger ist allerdings in den Schutzbereich dieses Vertrags einbezogen (vgl Lehmann-Richter, ZWE 2006, 413): Die Einbeziehung eines Dritten in den Schutzbereich eines Vertrags setzt voraus, dass der Dritte mit der vertragsmäßigen Leistung bestimmungsgemäß in Berührung kommt und eine Vertragspartei ein Interesse an der Einbeziehung des Dritten in den Schutzbereich hat. Dieses Interesse muss für die andere Vertragspartei erkennbar gewesen sein; schließlich muss der Dritte schutzbedürftig sein (BGHZ 129, 168).

Der Kläger und die übrigen Wohnungseigentümer kamen hier zunächst mit den Leistungen des Beklagten bestimmungsgemäß in Berührung, da die Arbeiten an ihrem (vgl § 10 Abs. 1 WEG) Gemeinschaftseigentum durchgeführt wurden. An der Einbeziehung der Wohnungseigentümer in den Schutzbereich des Vertrags hat die teilrechtsfähige Gemeinschaft der Wohnungseigentümer auch naturgemäß ein Interesse, da sie aus denselben natürlichen Personen zusammengesetzt ist, denen das Gemeinschaftseigentum gehört. Dieses Interesse war für den Beklagten auch erkennbar, weil er wusste, dass das Gemeinschaftseigentum wirtschaftlich den einzelnen Wohnungseigentümern zusteht. Der Kläger ist zuletzt auch schutzbedürftig. Ein Anspruch gleichen Inhalts aus § 831 BGB dürfte hier nämlich wegen der vorprozessual vom Beklagten vorgetragenen Exkulpation für seinen Angestellten Herrn G. ausscheiden. Gelingt dem Beklagten die Exkulpation hingegen nicht, folgt der Klageanspruch jedenfalls aus §§ 831, 823 BGB.

Beglaubigte und einfache Abschrift anbei.

Rechtsanwalt ◄

120 Geht es dem Mandanten nicht um Schadensersatz, sondern um Unterlassung der Beeinträchtigung seines Sondereigentums durch Bewohner der Anlage, die keine Eigentümer sind, kann das Muster Rn 69 entsprechend verwendet werden. Für die rechtliche Bewertung ist es unerheblich, ob der Störer Eigentümer oder sonstiger Nutzer ist.

2. Klagen wegen Beeinträchtigung des Gemeinschaftseigentums mit Ausnahme der Bauträgerproblematik

121 Stützt sich die Klage auf die Entziehung oder Beeinträchtigung des Gemeinschaftseigentums, bedarf es auch hier stets der sorgfältigen Prüfung der Aktivlegitimation des Mandanten (dazu bereits Rn 66). Gemäß § 10 Abs. 1 WEG, § 1011 BGB kann zwar jeder Wohnungseigentümer die Ansprüche aus dem Gemeinschaftseigentum in Ansehung der ganzen Sache geltend machen. Nach der Rechtsprechung des BGH ist dieses Recht aber durch die Beschlusskompetenz der Eigentümer überlagert, weshalb der einzelne Eigentümer etwa bei Verfolgung eines Anspruchs wegen Beschädigung des Gemeinschaftseigentums eines ihn ermächtigenden Beschlusses der

Gemeinschaft bedarf.[229] Inwieweit dies auch für andere Ansprüche gilt, ist weitgehend offen.[230] Bei Ansprüchen, die sich auf das Gemeinschaftseigentum stützen, ist stets zu ermitteln, ob der Verband Wohnungseigentümergemeinschaft den Anspruch durch Beschluss an sich gezogen hat. Ist dies der Fall, entfällt nach Teilen der Literatur die Rechtsverfolgungsbefugnis des einzelnen Eigentümers (dazu näher Rn 67). Zur Höhe eines Schadensersatzanspruchs des einzelnen Eigentümer wegen Beschädigung des Gemeinschaftseigentums siehe Rn 87 ff.

Hinweis: Der Berater muss den klagewilligen Mandanten ausdrücklich darauf hinweisen, dass eine Rechtsverfolgung ohne einen ihn ermächtigenden Beschluss der Gemeinschaft mit ganz erheblichen Risiken behaftet ist. Der sicherste Weg ist stets der, einen Ermächtigungsbeschluss einzuholen.

▶ **Muster: Klage des Eigentümers gegen Dritte auf Herausgabe von Gemeinschaftseigentum** 122

252

An das Landgericht [...]

Klage

des Wohnungseigentümers

[...], [...]-Straße [...], [...] *[PLZ, Ort]*,

– Klägers –

Prozessbevollmächtigte: RAe [...], [...]-Straße [...], [...] *[PLZ, Ort]*

gegen

[...], [...]-Straße [...], [...] *[PLZ, Ort]*

– Beklagter –

wegen Herausgabe von Eigentum.

Namens und in Vollmacht des Klägers erhebe ich Klage und beantrage,

den Beklagten zu verurteilen, die in der Anlage K1 eingezeichnete, sich auf dem Grundstück [...] in [...] befindliche Garage geräumt an den Kläger und die Herren [...] und die Damen [...] herauszugeben.

Sofern das Gericht das schriftliche Vorverfahren anordnet, wird für den Fall der Fristversäumnis beantragt,

den Beklagten durch Versäumnisurteil ohne mündliche Verhandlung zu verurteilen.

Begründung:

Der Kläger ist Wohnungseigentümer der Wohnanlage [...]. Der Beklagte ist nicht Eigentümer, sondern Mieter der in diesem Haus gelegenen Wohnung im 3. OG rechts. In der Anlage befindet sich lediglich eine Garage, die aus dem beigefügten Ausschnitt des Teilungsplans (Anlage K1) ersichtlich ist. Laut Teilungserklärung (Anlage K2) steht diese Garage im Gemeinschaftseigentum.

Der Beklagte hat sich vor einigen Wochen in den Besitz der Garage gesetzt. Hierfür beruft er sich auf eine Vermietung durch Herrn S., der Eigentümer der Wohnung ist, die der Beklagte bewohnt. Herr S. ist indes weder Eigentümer der Garage, noch besteht zu seinen Gunsten ein den Kläger von der Nutzung ausschließendes Sondernutzungsrecht.

---

229 Etwa BGHZ 122, 22 zum Anspruch gegen einen Mieter wegen Fällens von im Gemeinschaftseigentum stehenden Bäumen.
230 Im Sachverhalt BGH NJW 2007, 432 etwa ging es um eine Klage eines Eigentümers gegen den Mieter eines anderen Eigentümers, die sich auf die Beseitigung einer Beeinträchtigung des Gemeinschaftseigentums stützte. Die Notwendigkeit eines den Kläger ermächtigenden Beschlusses problematisiert der BGH dort nicht.

Herrn S. wurde zwar durch Beschluss der Gemeinschaft vom 1.6.2007 ein Sondernutzungsrecht an der streitgegenständlichen Garage zugewiesen. An diesem Beschluss haben indes nicht alle Eigentümer – auch nicht der Kläger – mitgewirkt, so dass der Beschluss mangels Beschlusskompetenz nichtig ist (vgl BGHZ 145, 158).

Dem Kläger steht daher ein Anspruch aus §§ 10 Abs. 1, Abs. 2 WEG, §§ 1011, 985 BGB ein Anspruch auf Herausgabe der Garage an die Wohnungseigentümer (§ 432 BGB) zu. Der Beklagte ist Besitzer der Garage; ein Recht zum Besitz (§ 986 BGB) steht ihm nicht zu. Weder hat er ein originäres Besitzrecht gegenüber dem Kläger, noch kann er sich auf ein von Herrn S. abgeleitetes Besitzrecht berufen. Denn dieser ist mangels wirksam begründeten Sondernutzungsrechts nicht zum Besitz gegenüber dem Kläger berechtigt. Herr S. kann an den Beklagten aber nicht mehr Rechte übertragen, als ihm selber zustehen (vgl BGH NJW 2007, 432).

Die Eigentümergemeinschaft hat den Kläger mit Beschluss vom 13.11.2009 zur hiesigen Klage ermächtigt.

Beweis: Protokoll der Versammlung, Anlage K3.

Zum Streitwert: Nach § 6 ZPO wird der Streitwert grundsätzlich durch den Wert der herauszugebenden Sache bestimmt; maßgebend ist insoweit deren Verkehrswert, der vom Gericht nach freiem Ermessen zu schätzen ist. Der Kläger schätzt den Wert der Garage auf 30.000 €, so dass sich daraus der Zuständigkeitsstreitwert ergibt.

Beglaubigte und einfache Abschrift anbei.

Rechtsanwalt ◄

123 ▶ **Muster: Klage des Eigentümers gegen Dritten auf Beseitigung einer Beeinträchtigung am Gemeinschaftseigentum (Parabolantenne)**

253

An das Amtsgericht [...]

Klage

des Wohnungseigentümers

[...], [...]-Straße [...], [...] [*PLZ, Ort*],

– Klägers –

Prozessbevollmächtigte: RAe [...], [...]-Straße [...], [...] [*PLZ, Ort*]

gegen

[...], [...]-Straße [...], [...] [*PLZ, Ort*]

– Beklagter –

wegen Beseitigung einer Parabolantenne.

Streitwert: 2.500 €

Namens und in Vollmacht des Klägers erhebe ich Klage und beantrage,

den Beklagten zu verurteilen, die an der Hofseite der Fassade des Gebäudes [...] am Küchenfenster der Wohnung im Erdgeschoss links montierte Parabolantenne zu entfernen.

Sofern das Gericht das schriftliche Vorverfahren anordnet, wird für den Fall der Fristversäumnis beantragt,

durch Versäumnisurteil ohne mündliche Verhandlung zu verurteilen.

Begründung:

Der Kläger ist Eigentümer der Einheit Nr. 4, 1. OG links der Wohnanlage [...]. Der Beklagte ist Mieter der Wohnung im Erdgeschoss links in diesem Haus. Vermieter des Beklagten ist ein Wohnungseigentümer; der Kläger ist also *nicht* Vermieter.

Der Beklagte hat vor dem Küchenfenster seiner Wohnung, das zur Hofseite zeigt, eine Parabolantenne angebracht.

Beweis: Foto der Fassade, in Fotokopie als Anlage K1 beigefügt; Augenschein.

Eine Zustimmung der Wohnungseigentümer oder des Klägers hierzu besitzt der Beklagte nicht. Die Wohnanlage verfügt über einen Breitbandkabelanschluss, über den eine Vielzahl von ausländischen Fernseh- und Rundfunkprogrammen empfangen werden können. Der Beklagte ist türkischer Staatsangehöriger und kann über den Kabelanschluss acht türkische Sender empfangen.

In der Eigentümerversammlung am 24.5.2008 wurde das Problem der Parabolantennen besprochen. Um eine ausreichende Versorgung der Bewohner mit Informationen zu gewährleisten, fassten die Eigentümer folgenden Beschluss unter TOP 9 a:

„Die Versammlung weist die Verwalterin an, Bewohnern, für deren Nationalität keine ausreichende Informationsversorgung über das Kabelfernsehen besteht, die Installation einer Satellitenschüssel auf dem Dach des Hauses zu genehmigen."

Beweis: Protokoll der Versammlung, in Fotokopie in Auszügen als Anlage K2 beigefügt.

Die Eigentümergemeinschaft hat den Kläger mit Beschluss vom 13.8.2009 zur hiesigen Klage ermächtigt.

Beweis: Protokoll der Versammlung, Anlage K3.

Der Klageanspruch folgt aus § 1004 BGB, § 15 WEG. Bei der Fassade des Gebäudes handelt es sich um Gemeinschaftseigentum nach §§ 1 Abs. 5, 5 WEG. Dieses steht nach § 10 Abs. 1 WEG den einzelnen Eigentümern, also auch dem Kläger, zu.

Die ohne Genehmigung angebrachte Parabolantenne beeinträchtigt das Eigentum. Beeinträchtigt wird das Eigentum durch jeden unberechtigten Eingriff in die Herrschaftsmacht des Eigentümers (Palandt/*Bassenge*, § 1004 BGB Rn 6). Die vom Beklagten angebrachte Parabolantenne beeinträchtigt zum einen das äußere Erscheinungsbild der Fassade. Zum anderen ist die Antenne durch Schrauben mit der Fassade bzw dem Fenster fest verbunden; deshalb ist auch in die Substanz des Gemeinschaftseigentums eingegriffen worden.

Der Beklagte hat die Parabolantenne installiert und ist deshalb Zustandsstörer.

Der Kläger ist zur Duldung der Parabolantenne nicht verpflichtet. Zwar kann nach der Rechtsprechung ein ausländischer Mieter unter bestimmten Umständen wegen seines Rechts auf Informationsfreiheit berechtigt sein, eine Parabolantenne an der Fassade des Mietshauses anzubringen. Diese Voraussetzungen sind hier aber nicht erfüllt.

Zum einen kann sich der Beklagte über das Breitbandkabelnetz ausreichend informieren. Nach der Rechtsprechung des BVerfG kann es ausländischen Bürgern nämlich regelmäßig zugemutet werden, eine Kabelanlage statt einer Satellitenempfangsanlage zu nutzen, wenn auf diese Weise Zugang zu Programmen in ihrer Sprache besteht (etwa: BVerfG BayVBl. 2005, 691). Die für den Bezug der Programmpakete mit weiteren ausländischen Programmen aufzubringenden Kosten sind ihrerseits bei der Prüfung eines Rechts auf Anbringung einer Parabolantenne im Wege der Abwägung zu berücksichtigen. Es ist dabei nicht zu beanstanden, wenn die Abwägung zulasten des ausländischen Bürgers ausfällt, sofern die Zusatzkosten nicht so hoch sind, dass sie nutzungswillige Interessenten typischerweise davon abhalten, das Programmpaket zu beziehen (BVerfG BayVBl. 2005, 691). Der Beklagte kann sich hier für 800 € einen entsprechenden Dekoder kaufen.

Aber selbst wenn der Beklagte zwingend auf eine Parabolantenne zur Befriedigung seines Informationsbedürfnisses angewiesen wäre, wäre die Antenne an der konkreten Stelle vom Kläger nicht zu dulden. Die Eigentümer haben nämlich unter TOP 9 a der Eigentümerversammlung vom 24.5.2009 beschlossen, dass etwaige Parabolantennen nicht an der Fassade, sondern auf dem Dach der Anlage anzubringen sind. Der Beklagte könnte also eine Parabolantenne auf dem Dach installieren. Hierdurch wird seinem Recht auf Informationsfreiheit ausreichend Rechnung getragen. Ein Anspruch auf Anbringung der Parabolantenne an der Fassade, wo sie das äußere Erscheinungsbild der Anlage besonders beeinträchtigt, besteht daneben nicht.

Zum Streitwert: Für die Festsetzung ist auf das Interesse des Klägers an der Durchsetzung des Beseitigungsanspruches einerseits (vgl LG Bremen WuM 1997, 70: 5.000 DM) und andererseits auf das Interesse des Beklagten, mit der Satellitenschüssel zusätzliche TV-Programme zu empfangen, abzustellen (vgl LG Erfurt GE 2001, 1467: 5.000 DM), abzustellen. Dies rechtfertigt einen Streitwert von 2.500 €.

Beglaubigte und einfache Abschrift anbei.

Rechtsanwalt ◄

124   Ob die Beseitigung von Parabolantennen verlangt werden kann, ist stets eine Frage des Einzelfalls.[231] Hier kommt es im Rahmen der Prüfung der Duldungspflicht der Eigentümer zu einer Abwägung mit dem grundgesetzlich geschützten Recht des Nutzer der Antenne auf Informationsfreiheit (Art. 5 GG), welches über § 1004 Abs. 2 BGB in das Privatrecht einstrahlt. Nach der Rechtsprechung haben die Eigentümer jedenfalls das Recht, den Standort der Antenne (etwa: auf dem Dach) zu bestimmen.[232] Im Übrigen hängt ein vollständiges Verbot davon ab, ob der Nutzer der Antenne in zumutbarer Weise auf andere Informationsquellen verwiesen werden kann (etwa: Kabelfernsehen). Zur Verjährung ist zu beachten: Ansprüche aus § 1004 BGB unterliegen seit der Schuldrechtsreform der Regelverjährung von drei Jahren.[233] Die in der Rechtsprechung diskutierte Frage der Verwirkung[234] kann daher kaum mehr praktisch werden, weil das erforderliche Zeitmoment bei der Regelverjährung nur in Ausnahmefällen erfüllt ist.[235] Bei der Verjährung ist zu beachten, dass der Anspruch auf Beseitigung bei jeder störenden Handlung (Austausch der Antenne) neu beginnt.[236] Seine Entstehung kann zudem davon abhängen, dass für den Nutzer alternative Informationsmöglichkeiten (Kabelfernsehen) zur Verfügung stehen.[237]

3. Klagen gegen den Bauträger wegen Mängeln des Gemeinschaftseigentums

125   Insbesondere bei der Veräußerung neu errichteten Wohnungseigentums stellt der Mandant nach Erwerb häufig Mängel am Gemeinschaftseigentum fest. Es stellt sich dann die Frage, unter welchen Voraussetzungen er Mängelrechte gegen den Bauträger selbständig geltend machen

---

231 Ausführlich etwa Boeckh, Wohnungseigentumsrecht, Teil 3 § 3 Rn 42 ff.
232 BGH ZMR 2004, 438. Dies gilt auch dann, wenn die Installation mit Mehrkosten verbunden ist, vgl AG Frankfurt a.M. NZM 2002, 562.
233 OLG Köln OLGR Köln 2006, 752.
234 Vgl OLG München ZMR 2008, 663.
235 Palandt/*Heinrichs*, § 242 BGB Rn 97 mwN.
236 Vgl BGH NJW-RR 2006, 235.
237 Vgl OLG München IMR 2008, 206.

kann. Die Rechtsprechung des BGH zu dieser Frage ist äußerst differenziert und zudem in der Literatur zunehmend umstritten.[238] Bei allen Mängelrechten handelt es sich um originäre Rechte der einzelnen Erwerber aus den Erwerbsverträgen. Nach der Rechtsprechung des BGH überlagert aber die Beschlusskompetenz der Gemeinschaft bei der Verwaltung des Gemeinschaftseigentums die vertraglichen Mängelrechte. Der BGH unterscheidet aus diesem Grund gemeinschaftsbezogene Mängelrechte, die nur aufgrund eines ermächtigenden Beschlusses vom einzelnen Eigentümer geltend gemacht werden können, von individuellen Rechten, die der einzelne Erwerber stets selbstständig verfolgen kann.

Grundsätzlich *gemeinschaftsbezogen* sind die Ansprüche auf kleinen Schadensersatz und auf Minderung.[239] Grundsätzlich *nicht gemeinschaftsbezogen* sind die Ansprüche der Erwerber auf Nacherfüllung, der Anspruch auf Zahlung eines Vorschusses gem. § 637 Abs. 3 BGB, der Aufwendungsersatzanspruch nach § 637 Abs. 1 BGB, der Anspruch auf großen Schadensersatz sowie das Recht zum Rücktritt.[240] Diese Mängelrechte kann grundsätzlich jeder Erwerber eigenständig verfolgen, weil ihre Verfolgung durch den einzelnen die Interessen der Eigentümergemeinschaft nicht beeinträchtigt. Allerdings kann die Gemeinschaft den Nacherfüllungsanspruch gem. § 10 Abs. 6 S. 3 WEG an sich ziehen, wodurch der Eigentümer seine Aktivlegitimation verliert. Auch bei einem entsprechenden Beschluss bleibt der einzelne Erwerber aber berechtigt, von seinem Vertrag wegen Mängeln zurückzutreten.[241] 126

Hinweis: Vor Klageeinreichung ist in diesen Fällen stets nach Beschlüssen der Eigentümergemeinschaft zu fragen. Denn diese können unter Umständen auch das eigentlich stets beim Eigentümer verbleibende Rücktrittsrecht beeinträchtigen. Der Rücktritt setzt nämlich meist den Ablauf der Mängelbeseitigungsfristen voraus; die Zuständigkeit für die Fristsetzung kann aber die Gemeinschaft an sich ziehen, da sie Teil des Nacherfüllungsanspruchs sind.[242]

Macht der Mandant einen Schadensersatzanspruch wegen Beeinträchtigung des Gemeinschaftseigentums geltend, so ist sein Schaden nach der Rechtsprechung des Kaufrechtssenats des BGH auf seinen Anteil am Gemeinschaftseigentum beschränkt. Einen weitergehenden Schaden kann er nur geltend machen, wenn er gleichzeitig aufgrund Ermächtigungsbeschlusses die Ansprüche der übrigen Eigentümer verfolgt. Bestehen deren Ansprüche nicht oder sind sie nicht durchsetzbar (etwa wegen Verjährung), kann der Mandant mit Erfolg nur den seinem Miteigentumsanteil entsprechenden Bruchteil des Schadens einklagen.[243] Ob diese Rechtsprechung indes auf das Bauträgerrecht übertragbar ist, ist umstritten.[244] 127

---

238 Vgl etwa Baer, BTR 2006, 113 mwN.
239 Etwa BGHZ 74, 258, 266. Eine Ausnahme gilt bei unbehebbaren Mängeln, vgl BGHZ 108, 156; 148, 85.
240 BGH NJW 2007, 1954; 2006, 3275.
241 BGH NJW 2006, 3275.
242 Schulze-Hagen, ZWE 2007, 113, 118; Wenzel, ZWE 2006, 109, 113. Anders wohl, wenn man auch bei einem Ausübungsbeschluss den Eigentümer weiterhin für anspruchsberechtigt hält, dazu Rn 67.
243 BGHZ 106, 1456, 160.
244 Verneinend etwa Wenzel, ZWE 2006, 109, 113.

128 ▶ **Muster: Vorschussklage des Eigentümers gegen den Bauträger wegen Mängeln am Gemeinschaftseigentum**

254

An das Landgericht [...]

Klage

des Wohnungseigentümers

[...], [...]-Straße [...], [...] *[PLZ, Ort]*,

– Klägers –

Prozessbevollmächtigte: RAe [...], [...]-Straße [...], [...] *[PLZ, Ort]*

gegen

[...], [...]-Straße [...], [...] *[PLZ, Ort]*

– Beklagte –

wegen Vorschuss nach § 637 Abs. 3 BGB.

Namens und in Vollmacht des Klägers erhebe ich Klage und beantrage,

die Beklagte zu verurteilen, 13.000 € nebst Zinsen in Höhe von 5 Prozentpunkten über dem Basiszinssatz seit Rechtshängigkeit an die Wohnungseigentümer [...] zu zahlen.

Sofern das Gericht das schriftliche Vorverfahren anordnet, wird für den Fall der Fristversäumnis beantragt,

die Beklagte durch Versäumnisurteil ohne mündliche Verhandlung zu verurteilen.

Begründung:

Der Kläger erwarb von der Beklagten mit notariellem Vertrag (Anlage K1) vom 11.7.2007 die in der im Klageantrag beschriebenen Anlage gelegene, noch zu errichtende Wohnung Nr. 4. Im Vertrag verpflichtete sich die Beklagte, die Wohnung gemäß der dem Vertrag als Anlage beigefügten Baubeschreibung zu erstellen. In der Baubeschreibung heißt es unter Ziffer 2, der Trittschallschutz werde gemäß Beiblatt 2 zur DIN 4109 mit einem bewerteten Norm-Trittschallpegel von ≤ 46 dB hergestellt. Der Kläger hat die Wohnung am 1.2.2009 abgenommen und ist eingezogen.

Tatsächlich ist der vereinbarte Trittschallwert nicht erreicht. Der Trittschallpegel zwischen der Wohnung des Klägers und der darüber liegenden Wohnung im Dachgeschoss beträgt mehr als 46 dB.

Beweis: Sachverständigengutachten.

Der Kläger hat den Beklagten mit Schreiben vom 5.3.2009 aufgefordert, den Trittschall entsprechend dem Klageantrag herzustellen und ihm hierfür eine Frist von drei Monaten gesetzt. Diese Frist ist fruchtlos verstrichen, weshalb Klage geboten ist. Mit der Klage verlangt der Kläger die Zahlung eines Vorschusses für die Aufwendungen der Mängelbeseitigung. Diese belaufen sich auf 13.000 €, wie der Kläger vorprozessual durch Kostenvoranschlag einer Fachfirma ermittelt hat.

Beweis: Kostenvoranschlag der Firma [...]; Sachverständigengutachten.

Der Klageanspruch folgt aus § 637 Abs. 3 BGB, da sich beim Bauträgervertrag über die Errichtung eines Bauwerks die Mängelhaftung nach Werkvertragsrecht richtet (BGH NJW 1973, 1235). Die Beklagte hat hier ein mangelhaftes Werk hergestellt, weil es bezüglich des Trittschallschutzes nicht die vereinbarte Beschaffenheit aufweist und damit nach § 634 Abs. 1 S. 1 BGB mangelhaft ist. Die Beklagte hat auch die nach § 637 Abs. 1 BGB erforderliche angemessene Nachfrist zur Mängelbeseitigung verstreichen lassen.

Der Kläger ist zur selbständigen Verfolgung des Vorschussanspruchs berechtigt. Beim Erwerb von Wohnungseigentum hat jeder einzelne Erwerber aus dem jeweiligen Vertrag einen individuellen Anspruch auf mangelfreie Werkleistung auch in Bezug auf das Gemeinschaftseigentum, wozu auch die hier betroffenen Geschossdecken zählen (vgl §§ 1 Abs. 4, 5 WEG). Zu den selbständig von den Erwerbern zu verfolgenden Rechten gehört auch der Anspruch auf Vorschuss (vgl BGH ZWE 2007, 297, 210). Die Aktivlegitimation des Erwerbers entfällt erst, wenn die Gemeinschaft den Anspruch durch Beschluss an sich zieht (vgl § 10 Abs. 6 S. 3 WEG und BGH NJW 1981, 1841), was hier nicht geschehen ist. Der Kläger verlangt hier Zahlung an die Wohnungseigentümer, wozu er nach der Rechtsprechung des BGH berechtigt ist (BGH NZBau 2005, 585).

Beglaubigte und einfache Abschrift anbei.

Rechtsanwalt ◀

Die Vorschussklage nach § 637 Abs. 3 BGB ist das wirkungsvollste Mittel des Bestellers, weil er mit dem erstrittenen Betrag die Mängelbeseitigung selbst in Auftrag geben kann. Problematisch ist, an wen der einzelne Eigentümer die Zahlung verlangen kann. Vor Anerkennung der Rechtsfähigkeit konnte jedenfalls Leistung an alle Wohnungseigentümer (wie im Muster Rn 128 beantragt) verlangt werden.[245] Ob jetzt stattdessen zwingend Leistung an den Verband Wohnungseigentümergemeinschaft zu fordern ist, ist ungeklärt.[246] Hiergegen spricht, dass Inhaber des Anspruchs die einzelnen Eigentümer sind. Nach einer älteren Entscheidung des BGH kann der Eigentümer sogar Zahlung an sich persönlich verlangen.[247]   **129**

Die auch in Betracht zu ziehende Klage auf Mängelbeseitigung nach § 635 BGB hat den Nachteil, dass ein Urteil bei Nichterfüllung erst nach § 887 ZPO vollstreckt werden kann, der Mandant eine „Verurteilung" zum Vorschuss also erst noch erwirken muss (§ 887 Abs. 2 ZPO). Bei Klagen auf Mängelbeseitigung[248] ist davon abzuraten, eine bestimmte Art der Beseitigung im Klageantrag vorzugeben. Denn es ist Sache des Unternehmers, auf welche Art und Weise er den Mangel behebt. Die hier vorgestellte Vorschussklage (Rn 128) setzt ebenso wie andere Sekundärrechte des Bestellers grundsätzlich eine fruchtlose Nachfristsetzung gegenüber dem Unternehmer voraus (vgl § 634 BGB sowie die dort in Bezug genommenen Normen, insb. §§ 281, 323 und 637 Abs. 1 BGB).   **130**

C. Das Mandat für den Verband Wohnungseigentümergemeinschaft

I. Einführung

Gemäß § 10 Abs. 6 S. 1 WEG ist der Verband Wohnungseigentümergemeinschaft im Rahmen der Verwaltung des gemeinschaftlichen Eigentums (teil)rechtsfähig. Die gesetzliche Verankerung der Rechtsfähigkeit des Verbands Wohnungseigentümergemeinschaft geht auf die bahnbrechende Entscheidung des BGH vom 2.6.2005 zurück.[249] In diesem Beschluss erkannte der BGH die Teilrechtsfähigkeit des Verbands Wohnungseigentümergemeinschaft an und entschied damit eine lange geführte dogmatische Grundsatzdiskussion.[250]   **131**

Die Anerkennung der Rechtsfähigkeit beseitigt eine Reihe von praktischen Problemen. Insbesondere macht sie die frühere Diskussion überflüssig, wie sich ein Eigentümerwechsel auf Ver-   **132**

---

245   BGH NZBau 2005, 585.
246   Keine Erörterung der Frage etwa bei Wenzel, ZWE 2006, 109, 114.
247   BGHZ 68, 372; ablehnend: Wenzel, ZWE 2006, 109, 114.
248   Vgl etwa OLG Stuttgart NZM 2007, 848.
249   BGHZ 163, 154.
250   Statt vieler Häublein, FS Wenzel, 2005, PiG 71, S. 175 m. zahlr. Nachw.

mögen der Eigentümer auswirkt. Die jetzige Rechtslage schafft aber auch neue Probleme. Diese betreffen hauptsächlich die Abgrenzung zwischen Rechten und Pflichten der *Eigentümer* auf der einen und dem *Verband Wohnungseigentümergemeinschaft* auf der anderen Seite. Kern des Problems ist dabei der Umstand, dass der wesentliche Vermögenswert in einer Eigentumsanlage, nämlich das Gemeinschaftseigentum, nicht dem Verband Wohnungseigentümergemeinschaft, sondern den Eigentümern gehört (§ 10 Abs. 1 WEG).

133   Die problematische Bestimmung der Kompetenzen des Verbands Wohnungseigentümergemeinschaft zeigt sich an § 10 Abs. 6 WEG. Hinsichtlich der Rechte und Pflichten des Verbands Wohnungseigentümergemeinschaft unterscheidet das Gesetz nämlich wie folgt: Nach § 10 Abs. 6 S. 2 WEG ist der Verband Wohnungseigentümergemeinschaft zunächst originärer Inhaber von Rechten und Pflichten, die er rechtsgeschäftlich begründet hat oder die ihm gesetzlich zugewiesen sind. Von diesen originären Rechten und Pflichten sind nach § 10 Abs. 6 S. 3 WEG Rechte und Pflichten zu unterscheiden, die den einzelnen Eigentümern zugeordnet sind, aber vom Verband Wohnungseigentümergemeinschaft wahrgenommen werden (sog. Ausübungsbefugnis, dazu näher Rn 144 ff). In der Praxis stellt sich stets die Frage, welcher dieser Alternativen in § 10 Abs. 6 WEG ein bestimmter Sachverhalt zuzuordnen ist. Dies wird im Folgenden jeweils bei den Ausführungen zu den einzelnen Ansprüchen erörtert.

134   Die Darstellung zum Mandat für den Verband Wohnungseigentümergemeinschaft gliedert sich in Streitigkeiten im Innenverhältnis auf der einen und Streitigkeiten im Außenverhältnis auf der anderen Seite. Unter Innenverhältnis werden dabei angelehnt an § 43 Nr. 2 und 3 WEG die Beziehungen des Verbands Wohnungseigentümergemeinschaft zu den Miteigentümern (sogleich Rn 135 ff), sowie zum Verwalter (sogleich Rn 157 ff) verstanden.[251] Das Außenverhältnis hingegen betrifft die übrigen Rechtsbeziehungen des Verbands Wohnungseigentümergemeinschaft zu Dritten, insbesondere Bewohnern der Anlage, die nicht Eigentümer sind (dazu Rn 171 ff).

II. Mandat für den Verband Wohnungseigentümergemeinschaft gegen Wohnungseigentümer

1. Verfahren wegen Beitragsansprüchen

135   Inhaber der Ansprüche auf Zahlung der Beiträge zu den Kosten und Lasten des gemeinschaftlichen Eigentums ist die Gemeinschaft der Wohnungseigentümer (Verband Wohnungseigentümergemeinschaft; § 10 Abs. 7 S. 3 WEG). Insoweit besteht seit Anerkennung der Rechtsfähigkeit der Gemeinschaft kein Bedürfnis mehr dafür, dass der Verwalter die Beitragsansprüche als Prozessstandschafter für die Gemeinschaft geltend macht.

Vor Anerkennung der Rechtsfähigkeit war dies ein probates Mittel, um den wegen der Nichtzahlung von Beiträgen ohnehin meist angegriffenen Finanzhaushalt der Gemeinschaft zu schonen. Denn insoweit mussten nach der alten Rechtsansicht sämtliche Wohnungseigentümer – mit Ausnahme des Beitragsschuldners – als Kläger auftreten, was wiederum bei anwaltlicher Vertretung der Kläger eine Mehrvertretungsgebühr auslöste. Auch im Rahmen der Zwangsvollstreckung wurde erneut bei jedem Vollstreckungsversuch die Mehrvertretungsgebühr ausgelöst, so dass bei durchschnittlichen Anlagen jeder Vollstreckungsversuch nicht nur 0,3 Gebühren sondern 2,3 Gebühren auslöste. Häufig wurde daher der Verwalter ermächtigt, die Beitrags-

---

251 Nach "klassischem" Verbandsrecht wären die Rechtsbeziehungen zum Verwalter eigentlich dem Außenverhältnis zuzuordnen, weil er selbst nicht Mitglied des Verbands ist.

ansprüche in Verfahrensstandschaft geltend zu machen und so die Mehrvertretungsgebühren im Hauptsacheverfahren und vor allem auch in der Zwangsvollstreckung zu vermeiden.

Problematisch ist die Prozessstandschaft des Verwalters, wenn es nach Abschluss des Haupt- **136** sacheverfahrens oder während des Verfahrens zu einem Verwalterwechsels kommt. Ein Verwalterwechsel während des Verfahrens hat zur Folge, dass der alte Verwalter das Verfahren zu Ende führen muss. Dessen Motivation dürfte allerdings nach Beendigung seiner Verwalterstellung deutlich zurückgehen. Sofern jedoch bereits ein Titel erstritten ist, muss dieser auf den Verband Wohnungseigentümergemeinschaft umgeschrieben werden.[252] Auch im Rahmen der Immobiliarzwangsvollstreckung bereiten durch den Verwalter in Verfahrensstandschaft erstrittene Titel Schwierigkeiten. Denn nach § 10 Abs. 1 Nr. 2 S. 4 ZVG erfolgt die Anmeldung durch die Gemeinschaft der Wohnungseigentümer.

Hinweis: Nach zwar noch umstrittener, aber vordringender Ansicht besitzt ein Verwalter für eine gewillkürte Prozessstandschaft sogar kein eigenes schutzwürdiges Interesse, als Prozessstandschafter die Rechte geltend zu machen, die der Gemeinschaft der Wohnungseigentümer als Recht oder zur Ausführung zugeordnet sind.[253]

Auch wenn der neue, am 1.7.2008 in Kraft getretene § 79 ZPO den WEG-Verwalter nicht **137** ausdrücklich benennt, kann der Verwalter als „Organ" die Gemeinschaft vertreten.[254] Rechtlich betrachtet handelt nicht der Verwalter, sondern der Verband Wohnungseigentümergemeinschaft. Der Verwalter ist also nicht Bevollmächtigter, sondern Teil der Handlungsorganisation des Verbands Wohnungseigentümergemeinschaft.[255]

a) Klage auf Beitragszahlung („Hausgeldklage")

Sofern kein gerichtliches Mahnverfahren durchgeführt wird (dazu sogleich Rn 141 ff), was bei **138** uneinsichtigen Wohnungseigentümern regelmäßig nur einen Zeitverlust bedeutet, ist wegen der rückständigen Beiträge die Zahlungsklage des Verbands Wohnungseigentümergemeinschaft das Mittel der Wahl.

Hinweis: Sofern sich der säumige Wohnungseigentümer bereits in notarieller Urkunde wegen eines bestimmten Betrags der Zwangsvollstreckung unterworfen hat (vgl § 1 Rn 238 ff), fehlt einer Hausgeldklage in Höhe des (noch nicht verbrauchten) Unterwerfungsbetrags das Rechtsschutzbedürfnis und die Klage wäre insoweit als unzulässig abzuweisen. Denn die Gemeinschaft besitzt bereits einen Titel in dieser Höhe.

Klägerin ist die Gemeinschaft der Wohnungseigentümer. Diese wird im Regelfall durch den **139** Verwalter vertreten.[256] Allerdings besitzt der Verwalter zur Führung eines gerichtlichen Aktivverfahrens der Gemeinschaft keine gesetzliche Vertretungsmacht (vgl § 1 Rn 385). Es bedarf also nach § 27 Abs. 3 S. 1 Nr. 7 WEG stets einer Ermächtigung zur Führung eines Gerichtsverfahrens. Diese Ermächtigung kann in der Gemeinschaftsordnung (Vereinbarung der Wohnungseigentümer) oder durch Beschluss der Wohnungseigentümer (zum Beispiel im Rahmen eines Beschlusses über den Verwaltervertrag) erfolgen. Sofern der Verwalter ohne diese Er-

---

252 Eine Umschreibung des Titels auf den neuen Verwalter führt wieder zu den gleichen Problemen beim nächsten Verwalterwechsel, daher sollte der Titel sogleich auf den rechtsfähigen Verband umgeschrieben werden.

253 Elzer, ZAP 2007, 325, 335; Riecke/Schmid/*Elzer*, § 10 WEG Rn 438; Bärmann/*Wenzel*, § 43 WEG Rn 159; aA OLG München NZM 2008, 653; OLG Hamm ZWE 2008, 354; OLG Hamburg ZMR 2007, 59, 60; AG Wedding ZMR 2008, 751, 752; Wolicki, in: Köhler/Bassenge, Teil 16 Rn 192.

254 Zum Ganzen: Elzer, ZMR 2008, 772.

255 Elzer, ZMR 2008, 772, 774.

256 Sollte die Gemeinschaft keinen Verwalter haben, kann auch ein Wohnungseigentümer gem. § 27 Abs. 3 S. 3 WEG zur Vertretung der Gemeinschaft ermächtigt werden.

mächtigung im Namen der Gemeinschaft der Wohnungseigentümer ein Verfahren einleitet, handelt er als vollmachtloser Vertreter. Wenn er seine Vertretungsmacht (Ermächtigung nach § 27 Abs. 3 S. 1 Nr. 7 WEG) nicht nachweisen kann, ist die vom vollmachtlosen Verwalter erhobene Klage von Amts wegen als unzulässig abzuweisen[257] und ihm sind nach dem Veranlasserprinzip die Kosten aufzuerlegen (§ 49 Abs. 2 WEG).[258]

Anspruchsgrundlagen können sein:

- Beschlüsse über den Wirtschaftsplan
- Sonderumlagenbeschlüsse oder
- Beschlüsse über die Jahresabrechnung.
  Hinweis:
  Bei Zahlungsklagen aufgrund der Jahresabrechnung wird oft der gesamte Abrechnungsfehlbetrag eingeklagt[259] und dabei übersehen, dass unter Umständen Beitragsvorschüsse aufgrund des Wirtschaftsplanbeschlusses für das abgerechnete Jahr bereits gerichtlich geltend gemacht wurden. Die Klage wäre in Höhe der bereits gerichtlich geltend gemachten Wirtschaftsplanvorschüsse als unzulässig abzuweisen (doppelte Rechtshängigkeit). Die entsprechenden Verfahrenskosten sind nach § 49 Abs. 2 WEG regelmäßig dem Verwalter aufzuerlegen. Es empfiehlt sich daher regelmäßig, nur die (negative) Abrechnungsspitze aufgrund des Jahresabrechnungsbeschlusses geltend zu machen (vgl auch nachstehendes Muster Rn 140). Rückständige Wirtschaftsplanvorschüsse sind weiterhin aufgrund des Beschlusses über den Wirtschaftsplan zu fordern.

140 ▶ **Muster: „Hausgeldklage" (mit negativer Abrechnungsspitze, Wechsel des Wirtschaftsplans bei Vorfälligkeit und Sonderumlage)**

255

An das Amtsgericht [...]

– Abteilung für Wohnungseigentumssachen –

Klage gemäß § 43 Nr. 2 WEG

der Wohnungseigentümergemeinschaft

[...]-Straße [...], [...] [*PLZ, Ort*], vertreten durch die Verwalterin [...] Hausverwaltung GmbH, vertreten durch den Geschäftsführer [...], [...]-Straße [...], [...] [*PLZ, Ort*]

– Klägerin –

Prozessbevollmächtigte: RAe [...], [...]-Straße [...], [...] [*PLZ, Ort*]

gegen

den Wohnungseigentümer [...], [...]-Straße [...], [...] [*PLZ, Ort*]

– Beklagter –

wegen Beitragszahlung zu den Lasten und Kosten des Gemeinschaftseigentums

---

257 Vgl GemS OGB BGHZ 91, 111, 114; BayObLG NJW 1987, 136, 137; Musielak/*Weth*, § 88 ZPO Rn 11; Zöller/*Vollkommer*, § 88 ZPO Rn 6.

258 In derartigen Fällen wird man bei professionellen Verwaltern das in § 49 Abs. 2 WEG vorausgesetzte grobe Verschulden stets bejahen, Bärmann/*Wenzel*, § 49 WEG Rn 38; Jennißen/*Suilmann*, § 49 WEG Rn 23, der ausdrücklich die Geltendmachung von Beitragsrückständen für die Gemeinschaft ohne entsprechende Vollmacht nennt; ders., ZWE 2008, 113, 119; Riecke/Schmid/*Abramenko*, § 49 WEG Rn 4; so schon zum alten Recht: OLG Düsseldorf ZMR 2006, 941 f = NJW-RR 2007, 86 f.

259 Dies wird zum Teil für zulässig gehalten, vgl OLG Dresden ZMR 2006, 543; OLG Hamburg WuM 1998, 743; LG Köln WuM 1997, 184 m. zust. Anm. Drasdo; Hauger, FS Bärmann und Weitnauer, 1990, S. 353, 361 f; zu Recht aA: Schultzky, ZMR 2008, 757, 759 mit ausführlicher Begründung und weiteren Nachweisen.

Streitwert: 2.533,50 €

Namens und in Vollmacht der Klägerin erheben wir Klage und beantragen:

Der Beklagte wird verurteilt, an die Klägerin als Beiträge zu den Lasten und Kosten des gemeinschaftlichen Eigentums aus dem Jahr 2008 einen Betrag in Höhe von 2.533,50 € nebst Zinsen in Höhe von fünf Prozentpunkten über dem jeweiligen Basiszinssatz nach § 247 BGB auf

- 182,79 € seit 7.1.2008,
- 182,79 € seit 6.2.2008,
- 1.827,90 € seit 7.2.2008,
- 48,05 € seit 1.4.2008,
- 121,20 € seit 7.4.2008 sowie auf
- 218,82 € seit 11.7.2008

zu zahlen.

Für den Fall der Durchführung des schriftlichen Vorverfahrens beantragen wir,

bei Vorliegen der Voraussetzung der §§ 331 Abs. 3, 276 Abs. 1 S. 1, Abs. 2 ZPO ein Versäumnisurteil ohne mündliche Verhandlung zu erlassen.

Begründung:

I. Vorbemerkung

Der Beklagte ist Eigentümer der in der betroffenen Wohnungseigentümergemeinschaft befindlichen Wohnung Nr. 38.

Die Ermächtigung der Verwalterin zur gerichtlichen Geltendmachung von Forderungen der Wohnungseigentümergemeinschaft gegen einzelne Eigentümer ergibt sich aus § [...] Teilungserklärung/Gemeinschaftsordnung [*alternativ*: dem Verwaltervertrag vom 2.9.2007 sowie aus dem Beschluss über den Verwaltervertrag zu TOP 7 der Versammlung vom 10.9.2007 /*alternativ*: dem Beschluss zu TOP 7 der Versammlung vom 2.3.2008].

Beweis: Teilungserklärung/Gemeinschaftsordnung, auszugsweise als Anlage K 1

II. Zahlungsantrag

1. Jahresabrechnung 2007
   Die Wohnungseigentümer genehmigten in der Eigentümerversammlung vom 2.3.2008 zu TOP 2 die Gesamtjahresabrechnung 2007 nebst den Einzelabrechnungen. Es wurde ferner beschlossen, dass Nachzahlungsbeträge zum 31.3.2008 fällig werden.
   Für die Wohnung Nr. 38 des Beklagten ergab sich aus der Einzelabrechnung eine negative Abrechnungsspitze von 48,05 € (auf die Wohnung Nr. 38 entfallender Kostenanteil lt. JA 2007 von 2.241,53 € abzüglich Sollvorschüsse aufgrund Wirtschaftsplan von 2.193,48 €).
   Beweis: Protokoll der Versammlung vom 3.3.2008 als Anlage K 2
   Einzelabrechnung 2007 für die Wohnung Nr. 38 als Anlage K 3
   Ein Ausgleich der negativen Abrechnungsspitze von 48,05 € fand nicht statt. Seit dem 1.4.2008 befindet sich der Beklagte mit der Begleichung dieser Forderung in Verzug.
   Rein informativ wird Folgendes mitgeteilt:
   Die neben der negativen Abrechnungsspitze im Abrechnungsfehlbetrag enthaltenen offenen Wirtschaftsplanvorschüsse für 2007 wurden bereits im Verfahren Az [...] tituliert.

2. Wirtschaftsplanvorschüsse für 2008

   2.1 Gemäß Wirtschaftsplan 2007

      Durch Beschluss zu TOP 8 der Eigentümerversammlung vom 12.3.2007 genehmigten die Wohnungseigentümer den Gesamtwirtschaftsplan 2007 sowie die Einzelwirtschaftspläne 2007. Ferner wurde beschlossen, dass der Wirtschaftsplan 2007 bis zum Beschluss über einen neuen Wirtschaftsplan auch für 2008 fortgelten soll. In dem vorgenannten Beschluss ist weiterhin geregelt, dass das monatlich zu zahlende Hausgeld jeweils zum 5. Tag eines Monats im Voraus fällig wird. Zahlungssäumige Eigentümer geraten damit am Folgetag in Verzug. Ebenfalls ist dort bestimmt, dass das für das jeweils laufende Jahr verbleibende Hausgeld insgesamt fällig wird, wenn ein Eigentümer mit zwei Hausgeldraten in Verzug gerät.

      Der Beklagte hat ausweislich seines Einzelwirtschaftsplans 2007 für die Wohnung Nr. 38 monatlich 182,79 € zu zahlen.

      Beweis:

      Protokoll der Versammlung vom 12.3.2007 als Anlage K 4

      Einzelwirtschaftsplan 2007 für die Wohnung Nr. 38 als Anlage K 5

   2.2 Gemäß Wirtschaftsplan 2008

      Mit Beschluss zu TOP 6 der Versammlung vom 3.3.2008 genehmigten die Eigentümer den Gesamtwirtschaftsplan nebst Einzelwirtschaftsplänen für 2008. In dem vorgenannten Beschluss ist weiterhin geregelt, dass mit der Hausgeldzahlung April der Ausgleich der Differenzbeträge zu den bisher fälligen Hausgeldzahlungen für die Monate Januar bis März des Jahres 2008 fällig ist. Ferner wurde beschlossen, dass das monatlich zu zahlende Hausgeld jeweils zum 5. Tag eines Monats im Voraus fällig wird. Zahlungssäumige Eigentümer geraten damit am Folgetag in Verzug. Ebenfalls ist dort bestimmt, dass das für das jeweils laufende Jahr verbleibende Hausgeld insgesamt fällig wird, wenn ein Eigentümer mit zwei Hausgeldraten in Verzug gerät.

      Der Beklagte hat ausweislich seines Einzelwirtschaftsplans 2008 für die Wohnung Nr. 38 monatlich 192,89 € zu zahlen.

      Beweis:

      Protokoll der Versammlung vom 3.3.2008 bereits als Anlage K 2

      Einzelwirtschaftsplan 2008 für die Wohnung Nr. 38 als Anlage K 6

   2.3 Offene Wirtschaftsplanvorschüsse 2008

      Der Beklagte hat im Jahre 2008 keinerlei Hausgeldzahlungen geleistet. Mit Eintritt des Verzugs hinsichtlich der Hausgeldforderung für Februar 2008 am 6.2.2008 wurde somit neben den bis dahin fällig gewordenen Hausgeldern für Januar und Februar 2008 von jeweils 182,79 € am 8.1.2008 und 6.2.2008 das gesamte restliche für 2008 auf Grund des Wirtschaftsplans 2007 (Anlage K 5) zu zahlende Hausgeld in Höhe von 1.827,90 € am 6.2.2008 fällig.

      Mit Inkrafttreten des Wirtschaftsplans 2008 (Anlage K 6) zum Zeitpunkt der Fälligkeit des Hausgeldes für April 2008 am 5.4.2008 erhöht sich das Hausgeld um monatlich 10,10 €. Da jedoch zu diesem Zeitpunkt aufgrund der Vorfälligkeit bereits das für das gesamte Jahr 2008 zu zahlende Hausgeld fällig war, beläuft sich der Differenzbetrag auf 121,20 € (12 x 10,10 €).

3. Sonderumlage

In der Versammlung vom 9.6.2008 beschlossen die Wohnungseigentümer zu TOP 2 die Erhebung einer Sonderumlage. Die nach Miteigentumsanteilen auf die einzelnen Wohnungseigentümer entfallenden Beträge wurden mit diesem Beschluss zum 10.7.2008 fällig gestellt.

Aus der Anteilsberechnung für das Sondereigentum 38 des Beklagten ergibt sich eine Forderung von 218,82 €.

Beweis:

Protokoll der Versammlung vom 9.6.2008 als Anlage K 7

Anteilsberechnung für die Wohnung Nr. 38 als Anlage K 8

Auch diese Forderung wurde vom Beklagten nicht beglichen. Seit dem 11.7.2008 befindet sich der Beklagte diesbezüglich in Verzug.

4. Zahlungsanspruch insgesamt

Zusammengefasst schuldet der Beklagte folgende Zahlungen für die in seinem Eigentum stehende Wohnung Nr. 38:

Forderung	Fälligkeit	Verzug	Betrag €
Abrechnungsspitze JA 07	31.3.2008	1.4.2008	48,05
Hausgeld Januar 2008 gem. WP 07	5.1.2008	6.1.2008	182,79
Hausgeld Februar 2008 gem. WP 07	5.2.2008	5.2.2008	182,79
Hausgeld März bis Dez. 08 gem. WP 07	6.2.2008	6.2.2008	1.827,90
Differenzbetrag WP 07 / WP 08	5.4.2008	5.4.2008	121,20
Sonderumlage	10.7.2008	11.7.2008	218,82
Summe			2.533,50

III. Zinsanspruch

Der Zinsanspruch folgt aus §§ 288 Abs. 1, 286 Abs. 1 und Abs. 2 Nr. 1 BGB. Zur Fälligkeit und zum Verzug der Forderungen aus der Jahresabrechnung, den Wirtschaftsplänen und der Sonderumlage wurde unter den entsprechenden Überschriften bereits vorgetragen.

IV. Erleichterung der Immobiliarvollstreckung

Der Einschub „... als Beiträge zu den Lasten und Kosten des gemeinschaftlichen Eigentums aus dem Jahr 2008 ..." im Antrag zu 1) scheint vor dem Hintergrund des ab 1.7.2007 geltenden § 10 ZVG insbesondere seines Abs. 3 S. 2 geboten. Wir bitten, dies mit zu tenorieren und damit eine eventuelle Vollstreckung nach ZVG zu erleichtern.[260]

Beglaubigte und einfache Abschrift anbei.

Rechtsanwalt ◄

b) Mahnverfahren

Auch für gerichtliche Mahnanträge der Gemeinschaft ist das Gericht zuständig, in dem das   141 gemeinschaftliche Eigentum belegen ist (§ 43 Nr. 6 WEG). Soweit jedoch die Bundesländer von

---

260   Auch wenn das Gericht nicht gezwungen ist, diesen Einschub im Tenor aufzunehmen, empfiehlt sich dieser Zusatz. Denn aus der vollstreckbaren Ausfertigung des Urteils ist selbst nicht erkennbar, dass es sich überhaupt um Ansprüche nach § 10 Abs. 1 Nr. 2 ZVG und um welchen Beitragszeitraum es sich handelt. Die Gerichte kommen diesem Wunsch häufig nach.

der in § 689 Abs. 3 ZPO enthaltenen Ermächtigung Gebrauch gemacht haben, bleibt die Zuständigkeit des zentralen Mahngerichts unberührt.

Soweit der Verwalter den Mahnantrag als „Organ" der Gemeinschaft selbst stellen will, ist dies problemlos im Barcodeverfahren möglich. Der Verwalter kann den Antrag für den Mahnbescheid auf der Website (https://www.online-mahnantrag.de) des zentralen Mahngerichts ausfüllen. Dort ist zunächst zu beachten, dass er sich nicht als Prozessbevollmächtigter einträgt. Es ist „Ich bin Antragsteller" zu wählen. Die Wohnungseigentümergemeinschaft kann man dann unter „Sonstige" als Antragsteller auswählen. Beitragsansprüche der Gemeinschaft fallen unter die Katalognummer 90 und hängen nicht von einer Gegenleistung ab. Die einzelnen Ansprüche sollten auch einzeln aufgeführt und nicht saldiert werden. Auf diese Art und Weise können auch die Verzugszinsen geltend gemacht werden.[261]

142   Im Übrigen gelten für das Mahnverfahren der Gemeinschaft der Wohnungseigentümer keine Besonderheiten. Dies gilt auch für die Überleitung in das streitige Verfahren. Der Antrag ist entsprechend dem vorstehenden Muster „Hausgeldklage" zu begründen. Soweit bereits ein Vollstreckungsbescheid erlassen wurde und der Beklagte hiergegen Einspruch eingelegt hat, ist abweichend vom Klagemuster die Aufrechterhaltung des Vollstreckungsbescheides zu beantragen.[262]

143   ▶ **Muster: Anspruchsbegründung nach Einspruch gegen Vollstreckungsbescheid**

An das Amtsgericht [...]

– Abteilung für Wohnungseigentumssachen –

In der Wohnungseigentumssache

Az [...]

　　　　　　　Wohnungseigentümergemeinschaft [...]-Straße [...], [...]./. [...]

beantragen wir:

Der Vollstreckungsbescheid des Amtsgerichts [...], Az [...], vom [...] wird aufrechterhalten.

Begründung:

[*wie Muster „Hausgeldklage", siehe Rn 140*]

Rechtsanwalt ◀

2. Sonstige Klagen

a) Klagen in Prozessstandschaft

144   Unter Prozessstandschaft wird die prozessuale Geltendmachung eines fremden Rechts im eigenen Namen verstanden. Man unterscheidet die gesetzliche von der gewillkürten Prozessstandschaft. Bei Ersterer folgt die Ermächtigung aus dem Gesetz. Die gewillkürte Prozessstandschaft hingegen bedarf einer rechtsgeschäftlichen Ermächtigung des Inhabers des geltend zu machenden Rechts.[263]

---

261 Auf die Zinsen kann der Verwalter ohne Eigentümerbeschluss ohnehin nicht verzichten.
262 Nach Einspruch gegen einen Vollstreckungsbescheid und Versäumung einer im schriftlichen Vorverfahren gesetzten Frist zur Verteidigungsanzeige darf gegen den Beklagten ein auf § 331 Abs. 3 ZPO gestütztes (zweites) Versäumnisurteil wegen § 700 Abs. 4 S. 2 ZPO nicht ergehen. Daher muss kein entsprechender Antrag für den Fall der Durchführung des schriftlichen Vorverfahrens gestellt werden.
263 Näher etwa Zöller/*Vollkommer*, Vor § 50 ZPO Rn 20 ff.

Der Prozessstandschaft kommt im Wohnungseigentumsrecht besondere praktische Bedeutung zu. Denn der Verband Wohnungseigentümergemeinschaft kann nicht nur die ihm nach § 10 Abs. 6 S. 2 WEG originär zugewiesenen Rechte geltend machen. Vielmehr übt er nach § 10 Abs. 6 S. 3 WEG auch Rechte aus, die den einzelnen Eigentümern zugeordnet sind (sog. Ausübungsbefugnis).

Die wohl herrschende Meinung differenziert bei Rechten, die unter § 10 Abs. 6 S. 3 WEG fallen, **145** wie folgt: Die in § 10 Abs. 6 S. 3 Alt. 1 WEG genannten „gemeinschaftsbezogenen" Rechte stehen kraft Gesetzes dem Verband Wohnungseigentümergemeinschaft zur Ausübung zu (sog. *geborene* Ausübungsbefugnis). Etwas anderes gilt hingegen für die in Alt. 2 genannten Rechte, die „gemeinschaftlich geltend gemacht" werden können. Hier bedarf die Ausübungsbefugnis eines entsprechenden Beschlusses der Eigentümer (sog. *gekorene* Ausübungsbefugnis).[264]

Diese Unterscheidung legt es nahe, nur die geborene Ausübungsbefugnis als gesetzliche Prozessstandschaft einzuordnen.[265] Hierfür spricht die Nähe der gekorenen Ausübungsbefugnis zur materiell-rechtlichen Ermächtigung (dazu Rn 67). Nach der Rechtsprechung des BGH handelt der Verband Wohnungseigentümergemeinschaft hingegen in gesetzlicher Prozessstandschaft, soweit das Gesetz ihm die Befugnis verleiht, Rechte durchzusetzen *oder* die Durchsetzung der Rechte zur gemeinschaftlichen Angelegenheit zu machen.[266]

Im Ergebnis kommt es nach beiden Lesarten darauf an, ob die von der Literatur vorgeschlagene **146** Differenzierung zwischen geborener und gekorener Ausübungsbefugnis zutrifft. Denn nur dann bedarf der Verband Wohnungseigentümergemeinschaft zur Verfolgung gemeinschaftsbezogener Rechte keines Beschlusses der Eigentümer, während für die Verfolgung gemeinschaftlich geltend zu machender Rechte ein solcher Beschluss erforderlich ist. Rechtsprechung zu dieser Frage ist bisher nicht bekannt. Zu den Rechtsfolgen eines Ausübungsbeschlusses siehe im Übrigen Rn 67 f und 126.

Hinweis: Ob der Verband Wohnungseigentümergemeinschaft Rechte der Wohnungseigentümer auch ohne ermächtigenden Beschluss ausüben darf, ist derzeit trotz der dargestellten herrschenden Meinung nicht abschließend geklärt. Der sicherste Weg ist daher, stets einen entsprechenden Beschluss der Eigentümer herbeizuführen. Hier ist auf eine klare Formulierung zu achten (Bezeichnung des Anspruchs, Übertragung der Ausübungsbefugnis auf den Verband Wohnungseigentümergemeinschaft, ggf Bevollmächtigung des Verwalters mit der Prozessführung bzw Mandatierung eines Rechtsanwalts).

Ebenfalls noch ungeklärt ist, was passiert, wenn einzelne Eigentümer den später vom Verband **147** Wohnungseigentümergemeinschaft geltend gemachten Anspruch schon rechtshängig gemacht haben. Hier dürfte einer Klage des Verbands Wohnungseigentümergemeinschaft in Prozessstandschaft der Einwand aus § 261 Abs. 3 Nr. 1 ZPO (doppelte Rechtshängigkeit)[267] nur dann entgegenstehen, wenn alle Eigentümer ihren Anspruch bereits gerichtlich geltend gemacht haben. Dann wird ein entsprechender Ermächtigungsbeschluss indes kaum zustande kommen.

An folgenden Stellen in § 3 dieses Werks finden sich Ausführungen zum Problem der Aus- **148** übungsbefugnis des Verbands Wohnungseigentümergemeinschaft:

---

264 Armbrüster, GE 2007, 420, 430, 432; Riecke/Schmid/*Elzer*, § 10 WEG Rn 415; Wenzel, ZWE 2006, 462, 467; vgl auch BT-Drucks. 16/887, S. 14; aA wohl Niedenführ/Kümmel/Vandenhouten/*Kümmel*, § 10 WEG Rn 59 (auch die Ausübung gemeinschaftsbezogener Rechte bedarf eines Mehrheitsbeschlusses); ähnlich wohl Jennißen/*Grziwotz/Jennißen*, § 10 WEG Rn 73.

265 *Becker*, ZWE 2007, 432, 434; aA Bärmann/Wenzel, § 10 Rn 241.

266 BGH NJW 2007, 1952.

267 Vgl BGHZ 123, 135; näher Becker, ZWE 2007, 432.

■ Klagen wegen Beeinträchtigung des Gemeinschaftseigentums: Rn 65 ff,

■ Klagen auf Herausgabe des Gemeinschaftseigentums: Rn 75 ff

■ Zahlungsklagen wegen Beschädigung des Gemeinschaftseigentums: Rn 86 ff

■ Klagen gegen den Bauträger wegen Mängeln des Gemeinschaftseigentums: Rn 125 ff

Hinweis:

Vor Klageeinreichung im Namen des Verbands Wohnungseigentümergemeinschaft ist folgenden Fragen nachzugehen:

■ Handelt es sich um einen originär dem Verband Wohnungseigentümergemeinschaft zustehenden Anspruch oder geht es um die Ausübung von Rechten der Wohnungseigentümer?[268]

■ Haben die Eigentümer ggf einen hinreichend bestimmten und bestandskräftigen[269] Beschluss zur Übertragung des Ausübungsrechts gefasst?

■ Haben einzelne Eigentümer den Anspruch bereits gerichtlich geltend gemacht?

149 ▶ **Muster: Klage des Verbands Wohnungseigentümergemeinschaft in Prozessstandschaft auf**

Beseitigung einer Beeinträchtigung des Gemeinschaftseigentums (Rückbau von baulichen Veränderungen)

An das Amtsgericht [...]

– Abteilung für Wohnungseigentumssachen –

Klage

der Wohnungseigentümergemeinschaft

[...]-Straße [...], [...] [*PLZ, Ort*], vertreten durch den Verwalter [...], [...]-Straße [...], [...] [*PLZ, Ort*]

– Klägerin –

Prozessbevollmächtigte: RAe [...], [...]-Straße [...], [...] [*PLZ, Ort*]

gegen

den Wohnungseigentümer [...], [...]-Straße [...], [...] [*PLZ, Ort*]

– Beklagter –

wegen Rückbau eines Wintergartens.

Namens und in Vollmacht der Klägerin erhebe ich Klage und beantrage,

den Beklagten zu verurteilen, den in der Anlage K1 eingezeichneten, vor dem Wohnzimmer der Wohnung im 1. OG links des Gebäudes [...] angebrachten Wintergarten-Anbau mit einer Größe von ca. 4 x 15 m² zu entfernen.

Sofern das Gericht das schriftliche Vorverfahren anordnet, wird für den Fall der Fristversäumnis beantragt,

den Beklagten durch Versäumnisurteil zu verurteilen.

Streitwert: 5.000 €

---

268 Vgl zur Abgrenzung etwa die Darstellung Riecke/Schmid/*Elzer*, § 10 WEG Rn 408 ff.

269 Der Beschluss – es sei denn, er ist nichtig – ermächtigt natürlich schon vor Bestandskraft zur Ausübung (§ 24 Abs. 4 S. 2 WEG); es droht bei einer Aufhebung dann aber die Abweisung der Klage wegen Wegfalls der Aktivlegitimation.

Begründung:

Die Klägerin, eine Wohnungseigentümergemeinschaft, verlangt vom Beklagten, einem ihrer Mitglieder, die Beseitigung einer baulichen Veränderung. Der Beklagte ist Eigentümer der Einheit Nr. 3 im 1. OG links. Vor der Wohnung des Beklagten liegt eine im Gemeinschaftseigentum stehende Dachfläche mit einer Größe von etwa 300 m². Auf der Dachfläche hat der Beklagte ohne Zustimmung der anderen Eigentümer im Mai 2009 den in der Anlage K1 eingezeichneten Wintergarten-Anbau angebracht. Dieser liegt vor dem Wohnzimmer seiner Einheit und hat eine Größe von etwa 4 x 15 m².

Beweis: Augenschein, Fotos (Anlage K1).

Die Wohnungseigentümer haben in der Eigentümerversammlung vom 10.6.2009 zu TOP 3 beschlossen, dass der Beklagte vom Verwalter aufgefordert werden soll, den Anbau zu entfernen. In diesem Beschluss haben die Eigentümer auch entschieden, dass die Klägerin den Rückbau gegenüber dem Beklagten gerichtlich durchsetzen soll und der Verwalter hierzu einen Rechtsanwalt beauftragen darf.

Beweis: Protokoll der Versammlung, Anlage K2.

Der Beklagte wurde in der Folgezeit vergeblich durch Schreiben vom 19.7.2009 (Anlage K3) zur Beseitigung aufgefordert. Die Klägerin ist hier berechtigt, den begründeten Klageanspruch im Wege der Prozessstandschaft für die Eigentümer der Anlage geltend zu machen.

Zur Zulässigkeit der Klage:

Die Klägerin ist parteifähig. Nach § 10 Abs. 6 S. 1 WEG ist der Verband Wohnungseigentümergemeinschaft rechts- und damit auch parteifähig, soweit sie bei der Verwaltung des gemeinschaftlichen Eigentums am Rechtsverkehr teilnimmt (vgl BGHZ 163, 154). Um einen eben solchen Fall handelt es sich hier. Die Klägerin verfolgt mit der Klage die Beseitigung eines unbefugt am gemeinschaftlichen Eigentum angebrachten Anbaus. Hierbei handelt es sich um eine Verwaltungsmaßnahme, weil sie eine Regelung in Bezug auf das Gemeinschaftseigentum – nämlich dessen äußerliche Gestaltung – darstellt (vgl Bärmann/ /Merle, § 20 WEG Rn 6). Durch die Rechtsverfolgung gegenüber dem Beklagten nimmt die Klägerin zudem am Rechtsverkehr teil (vgl BGHZ 163, 154 unter Ziffer 12). Die Klägerin wird im Prozess von ihrem Verwalter vertreten (§ 27 Abs. 3 Nr. 7 WEG), weil ein entsprechender Beschluss der Gemeinschaft zur Rechtsverfolgung vorliegt. Der Verwalter wiederum hat dem Unterzeichner Prozessvollmacht erteilt.

Zur Begründetheit der Klage:

Durch das Verhalten des Beklagten wird das Eigentum am Grundstück in Form der Dachfläche beeinträchtigt. Bei der Dachfläche handelt es sich um Gemeinschaftseigentum nach §§ 1 Abs. 5, 5 WEG. Das Gemeinschaftseigentum steht allerdings nicht im Eigentum der Klägerin, sondern im gemeinschaftlichen Eigentum der einzelnen Wohnungseigentümer (§ 1 Abs. 2 WEG). Die Klägerin ist aber berechtigt, den Beseitigungsanspruch der Eigentümer in Prozessstandschaft im eigenen Namen geltend zu machen (§ 10 Abs. 6 S. 3 WEG). Dies folgt zum einen daraus, dass die Klägerin nach dieser Vorschrift die Rechte der Eigentümer ausübt. Hierdurch wird eine gesetzliche Prozessstandschaft angeordnet. Zum anderen haben die Eigentümer die Klägerin durch TOP 3 der Eigentümerversammlung vom 10.6.2007 zur Rechtsverfolgung ermächtigt. Damit haben die Eigentümer beschlossen, dass die Klägerin das vorliegende Verfahren führen soll (dazu BGH ZMR 2006, 457; Wenzel, ZMR 2006, 245).

Den Eigentümern steht aus § 1004 Abs. 1 S. 1 BGB, § 15 Abs. 3 WEG ein Anspruch auf Rückbau zu. Der ohne Genehmigung des Klägers angebrachte Wintergarten beeinträchtigt das Gemeinschaftseigentum, welches nach §§ 1 Abs. 2, 10 Abs. 1 WEG den Wohnungseigentümern zusteht. Beeinträchtigt wird das Eigentum durch jeden unberechtigten Eingriff in die Herrschaftsmacht des Eigentümers

(Palandt/*Bassenge*, § 1004 BGB Rn 6). Der von dem Beklagten angebrachte Wintergarten beeinträchtigt zum einen das äußere Erscheinungsbild der Anlage. Zum anderen ist er durch Schrauben mit der Fassade fest verbunden; deshalb ist auch in die Substanz des Gemeinschaftseigentums eingegriffen worden. Zum Prüfungsmaßstab wird auf die Rechtsprechung des BVerfG verwiesen. Danach reicht für den Tatbestand der baulichen Veränderung jede nicht ganz unerhebliche Beeinträchtigung der anderen Eigentümer aus (BVerfG ZMR 2005, 634). Der Beklagte hat den Wintergarten installiert und ist deshalb Zustandsstörer.

Zum Streitwert: Dieser bemisst sich gem. § 49 a Abs. 1 S. 1 GKG nach 50 % des Interesses der Parteien. Der Kläger schätzt die Baukosten des Wintergartens auf 10.000 €, so dass ein Betrag von 5.000 € angemessen erscheint.

Beglaubigte und einfache Abschrift anbei.

Rechtsanwalt ◄

150 **Hinweis:** Zum Anspruch auf Rückbau baulicher Veränderungen siehe ergänzend Rn 71. In der Praxis werden nicht nur diese Ansprüche vom Verband Wohnungseigentümergemeinschaft in Prozessstandschaft geltend gemacht, sondern etwa auch Zahlungs- oder Unterlassungsansprüche wegen Beeinträchtigung des Gemeinschaftseigentums. Entsprechende Muster finden sich – allerdings ohne den Gesichtspunkt der Prozessstandschaft – bei Rn 69 ff und Rn 86 ff. Diese Muster können unter Anpassung des Rubrums (Klägerin: Wohnungseigentümergemeinschaft) entsprechend verwendet werden. Dabei ist der Sachverhalt um die Voraussetzungen der Prozessstandschaft (Eigentümerbeschluss bzw gesetzliche Prozessstandschaft) zu ergänzen. Außerdem empfiehlt sich die Übernahme der Rechtsausführungen aus dem obigen Muster.

b) Entziehungsklage

151 Nach § 18 Abs. 1 S. 1 WEG können die übrigen Wohnungseigentümer von einem Eigentümer die Veräußerung seines Wohnungseigentums verlangen, wenn dieser eine ihm den anderen Wohnungseigentümern gegenüber obliegenden Verpflichtung in einer so schweren Weise verletzt hat, dass diesen die Fortsetzung der Gemeinschaft mit ihm nicht mehr zugemutet werden kann. § 18 Abs. 2 WEG führt zwei Regelbeispiele an: zum einen wiederholt gröbliche Verstöße gegen die ihm nach § 14 WEG obliegenden Pflichten trotz Abmahnung[270] und zum anderen einen Verzug mit den Beitragszahlungen von über 3 % des Einheitswertes seines Wohnungseigentums und länger als drei Monate.

152 Das Verlangen auf Veräußerung setzt einen Mehrheitsbeschluss nach § 18 Abs. 3 WEG voraus. Erforderlich ist hier ausnahmsweise die absolute Mehrheit von mehr als der Hälfte aller stimmberechtigten Wohnungseigentümer – nicht nur der in der Versammlung vertretenen – nach Köpfen. Kommt der Störer dem absoluter Mehrheit beschlossenen Veräußerungsverlangen nicht nach, indem er seine Wohnung „freiwillig" veräußert muss der Anspruch aus § 18 Abs. 1 WEG im Klagewege durchgesetzt werden. Der Klageantrag lautet auf Verurteilung des Beklagten zur Veräußerung seines Wohnungseigentum (vgl § 19 Abs. 1 S. 1 WEG).

Hinweis: Im Falle des Zahlungsverzuges ist es einfacher und kostenschonender einen Zahlungstitel zu erwirken („Hausgeldklage") und aus diesem die nach § 10 Abs. 1 Nr. 2 ZVG privilegierte Zwangsversteigerung zu betreiben. Denn regelmäßig wird der Entziehungsbeschluss angefochten, so dass im Rahmen der Entziehung häufig zwei Prozesse zu führen sind. Auch wenn der Streitwert der Anfechtungsklage nur einen Bruchteil des Streitwerts der Veräuße-

---

270 Zu den Einzelfällen vgl die Übersicht von Jennißen/*Heinemann*, § 18 WEG Rn 16.

rungsklage[271] von ca. 20 % ausmacht,[272] ist zu bedenken, dass im Anfechtungsverfahren auf der Beklagtenseite regelmäßig eine anwaltliche Mehrvertretungsgebühr von bis zu 2,0 Gebühren anfällt. Dagegen bemisst sich der Gebührenstreitwert der Hausgeldklage nur nach dem geltend gemachten Betrag; eine Mehrvertretungsgebühr fällt wie auch bei der Veräußerungsklage nicht an.

Klagebefugt ist die Gemeinschaft der Wohnungseigentümer (Verband Wohnungseigentümergemeinschaft) als gesetzlicher Prozessstandschafter, soweit es sich nicht nur um eine aus zwei Wohnungseigentümern bestehende Gemeinschaft handelt (§ 18 Abs. 1 S. 2 WEG). Nach § 43 Nr. 2 WEG, § 23 Nr. 2 c GVG ist das Amtsgericht, in dessen Bezirk das Grundstück liegt, unabhängig vom Wert des Streitgegenstands ausschließlich zuständig.

153

Sofern der Entziehungsbeschluss angefochten wird, kann das Verfahren über die Veräußerungsklage nach § 148 ZPO ausgesetzt werden.[273] Im Rahmen der Anfechtungsklage ist nur zu prüfen, ob der Beschluss formal ordnungsgemäß zustande gekommen ist, nicht hingegen, ob das Entziehungsverlangen inhaltlich gerechtfertigt ist.[274] Dies ist allein im Rahmen der Veräußerungsklage zu prüfen. Ein bestandskräftiger Beschluss genügt allein nicht. Es sind also bei einer Veräußerungsklage stets auch die die Entziehung rechtfertigenden Gründe unter Beweisantritt substantiiert vorzutragen.

154

▶ **Muster: Entziehungsklage**

155

258

An das Amtsgericht [...]

– Abteilung für Wohnungseigentumssachen –

Klage gemäß § 43 Nr. 2 WEG

der Wohnungseigentümergemeinschaft

[...]-Straße [...], [...] [*PLZ, Ort*], vertreten durch die Verwalterin [...] Hausverwaltung GmbH, vertreten durch den Geschäftsführer [...], [...]-Straße [...], [...] [*PLZ, Ort*],

– Klägerin –

Prozessbevollmächtigte: RAe [...], [...]-Straße [...], [...] [*PLZ, Ort*],

gegen

den Wohnungseigentümer [...], [...]-Straße [...], [...] [*PLZ, Ort*],

– Beklagter –

wegen Entziehung des Wohnungseigentums

vorläufiger Streitwert: 15.000 €

Namens und in Vollmacht der Klägerin erheben wir Klage und beantragen:

Der Beklagte wird als Eigentümer der im Grundbuch des Amtsgerichts [...] von [...] Blatt [...] verzeichneten Wohnung Nr. 38 verurteilt, diese zu veräußern.

Für den Fall der Durchführung des schriftlichen Vorverfahrens beantragen wir,

bei Vorliegen der Voraussetzung der §§ 331 Abs. 3, 276 Abs. 1 S. 1, Abs. 2 ZPO ein Versäumnisurteil ohne mündliche Verhandlung zu erlassen.

---

271   Wert der Wohnung, BGH ZMR 2007, 791; vgl aber auch die differenzierte Darstellung bei Riecke/Schmid/*Riecke*, § 18 WEG Rn 56 f und bei Jennißen/*Heinemann*, § 19 WEG Rn 18, die im Ergebnis für einen geringeren Wert plädieren.

272   Jennißen/*Heinemann*, § 18 WEG Rn 38.

273   OLG Hamburg WuM 1991, 310; Staudinger/*Kreuzer*, § 18 WEG Rn 38; Niedenführ/Kümmel/Vandenhouten/*Vandenhouten*, § 18 WEG Rn 21; Jennißen/*Heinemann*, § 19 WEG Rn 12 schlägt dagegen vor, die Anfechtungsklage und die Veräußerungsklage nach § 147 ZPO als Klage und Widerklage zu verbinden.

274   Jennißen/*Heinemann*, § 18 WEG Rn 35 mwN.

Begründung:

I. Vorbemerkung

Der Beklagte ist Eigentümer der in der betroffenen Wohnungseigentümergemeinschaft befindlichen Wohnung Nr. 38.

Zu TOP 1 der Eigentümerversammlung vom [...] wurde der Beklagte wegen ausländerfeindlichen und gewalttätigen Verhaltens sowie diversen Beleidigungen anderer Bewohner der Wohnanlage abgemahnt.

Beweis: Protokoll der Versammlung vom [...] als Anlage K 1

Dem gingen folgende, zum Teil auch strafrechtlich verfolgte Handlungen des Beklagten voraus:

Am [...] hat der Beklagte die Wohnungseigentümer Ö. auf dem Hoffest mit den Worten: „Wenn ich Euch Kanaken hier immer sehe, könnte ich kotzen" beleidigt.

Beweis: Zeugnis des Herrn [...]
                               Zeugnis des Herrn [...]
                               Zeugnis der Frau [...]
                               Zeugnis des Herrn [...]
                               sämtlich [...]-Straße [...], [...] *[PLZ, Ort]*

Am 2.1.2008 hat der Beklagte in der Tiefgarage des Anwesens den Verwaltungsbeiratsvorsitzenden tätlich angegriffen und verletzt. Im anschließenden Strafverfahren wurde er zu 20 Tagessätzen verurteilt.

Beweis: Beiziehung der strafrechtlichen Verfahrensakte zum Az [...]

Am [...] ist der Beklagte mit seinem Kfz auf die Kinder von Familie [...] zugerast und hat erst kurz vorher abgebremst.

Beweis: Zeugnis [...]

Aber auch nach der Abmahnung gingen die Gewalttätigkeiten, Beleidigungen und Bedrohungen gegenüber dem Bewohnern der Wohnanlage weiter.

So hat der Beklagte am [...] und am [...] *[Aufzählung der nach Abmahnung erfolgten gröblichen Verstöße gegen § 14 WEG, mindestens zwei[275]]*

Zu TOP 2 der Eigentümerversammlung vom [...] wurde daher beschlossen, vom Beklagten nach § 18 Abs. 1 WEG die Veräußerung seines Wohnungseigentums zu verlangen. Der Verwalter wurde bevollmächtigt, im Namen der Gemeinschaft einen Anwalt mit der Durchführung des Entziehungsverfahrens zu beauftragen.

Beweis: Protokoll der Versammlung vom [...] als Anlage K 2

Die Voraussetzungen für die Entziehung des Wohnungseigentums liegen vor. Den übrigen Wohnungseigentümern kann die Fortsetzung der Gemeinschaft mit dem Beklagten, der wiederholt gröblichen Verstöße gegen die ihm nach § 14 WEG obliegenden Pflichten begangen hat, nicht mehr zugemutet werden. Trotz Abmahnung beging der Beklagte weitere Pflichtverletzungen und Straftaten gegen die übrigen Wohnungseigentümer. Letztlich kann man sich des Eindrucks nicht erwehren, dass das gemeinschaftswidrige Verhalten an Häufigkeit und Intensität zunahm. Die übrigen Wohnungseigentümer können nunmehr nur noch die Veräußerung des Wohnungseigentum verlangen, denn ein geordnetes Zusammenleben mit dem Beklagten ist unmöglich.

---

275 Vgl BGH NJW 2007, 1353, 1355; Jennißen/*Heinemann*, § 18 WEG Rn 20 mwN.

Nach alledem ist der Beklagte antragsgemäß zu verurteilen.

Beglaubigte und einfache Abschrift anbei.

Rechtsanwalt ◀

Die Vollstreckung des Urteils erfolgt durch die Zwangsversteigerung der Wohnung. Auch hier   156
ist die Gemeinschaft der Wohnungseigentümer antragsbefugt (§ 19 Abs. 1 S. 2 WEG). Ohnehin
ist ihr, da sie nach § 18 Abs. 1 S. 2 WEG Klägerin ist, die Vollstreckungsklausel zu erteilen
(§§ 724, 725 ZPO). Die Versteigerung erfolgt aus Rangklasse 5 und genießt anders als eine
Versteigerung wegen rückständiger Beitragsansprüche keinen Vorrang gegenüber den regelmäßig vorhandenen Grundpfandrechtsgläubigern.[276] Aus diesem Grund dürfte die praktische
Bedeutung des Entziehungsverfahrens auch nach der WEG-Novelle eher gering sein.[277]

III. Mandat für den Verband Wohnungseigentümergemeinschaft gegen den Verwalter

Nach allgemeiner Ansicht ist bei den Rechtsbeziehungen zwischen Verwalter und Verband   157
Wohnungseigentümergemeinschaft zwischen dem Verwalteramt (Amtsrechtsverhältnis) und
dem Verwaltervertrag zu differenzieren. Der entgeltliche Verwaltervertrag ist ein Geschäftsbesorgungsvertrag, während das Verwalteramt aus der organschaftlichen Stellung des Verwalters
folgt.[278] Sowohl der Verwaltervertrag als auch das Verwalteramt sind Schuldverhältnisse, die
Primär- und Sekundäransprüche begründen können.[279] Der Vertrag mit dem Verwalter kommt
nach allg. Ansicht mit dem Verband Wohnungseigentümergemeinschaft zustande.[280] Dementsprechend stehen insbesondere die Primäransprüche (Erfüllungsansprüche) dem Verband Wohnungseigentümergemeinschaft zu. Hier geht es in der Praxis meist um Rechnungslegung oder
Herausgabe von Verwaltungsunterlagen, insbesondere nach Vertragsbeendigung. Nach § 27
Abs. 1 Nr. 1 WEG ist eine weitere Hauptaufgabe des Verwalters die Beschlussausführung. Klagen des Verbands Wohnungseigentümergemeinschaft[281] gegen den Verwalter auf Erfüllung
dieser Pflicht sind aber kaum praktisch, denn sie setzen einen Beschluss der Gemeinschaft über
die Klageeinreichung voraus. In einer solchen Situation ist es einfacher, wenn die Gemeinschaft
beschließt, dass eine andere Person als der Verwalter direkt mit der Ausführung der Maßnahme
(etwa: Beauftragung der Sanierung von Gemeinschaftseigentum) betraut wird.

Da der Verband Wohnungseigentümergemeinschaft üblicherweise vom Verwalter vertreten   158
wird, bedarf es bei einer Klage gegen den amtierenden Verwalter eines entsprechenden Ersatzes.[282] Hier ist § 27 Abs. 3 S. 2 und 3 WEG einschlägig, wonach die Gemeinschaft entweder
durch alle Eigentümer (Gesamtvertretung) oder durch einen per Beschluss ermächtigten Eigen-

---

276 Riecke/Schmid/*Riecke*, § 19 WEG Rn 11 a; *Hügel*, in: Hügel/Elzer, § 6 Rn 16 ff; Bärmann/Pick/*Pick*, § 19 WEG Rn 4.
      Soweit Niedenführ/Kümmel/Vandenhouten/*Vandenhouten*, § 18 WEG Rn 7 offenbar der Auffassung ist, es käme auch
      eine Versteigerung aus Rangklasse 2 in Betracht, wenn die Entziehung auf einem Zahlungsverzug beruht, übersieht sie,
      dass die Veräußerungsklage keinen Zahlungstitel schafft. Zwar kann die Gemeinschaft die rückständigen Beitragsan-
      sprüche auch ohne Titel in Rangklasse 2 anmelden, jedoch benötigt auch die Gemeinschaft einen auf Beitragszahlung
      lautenden Titel um das Verfahren aus Rangklasse 2 zu betreiben. Im Falle der Versteigerung aufgrund eines Entzie-
      hungsurteils fallen stets die Ansprüche der vorgehenden Rangklassen 1–4, insbesondere also auch die Ansprüche der
      Grundpfandrechtsgläubiger, in das geringste Gebot.
277 Vom „Schattendasein" spricht auch Riecke/Schmid/*Riecke*, § 19 WEG Rn 11 a.
278 Riecke/Schmid/*Abramenko*, § 26 WEG Rn 5; Häublein, ZWE 2008, 1 mwN. Bei unentgeltlicher Verwaltung handelt
      es sich um einen Auftrag. Zum Abschluss des Verwaltervertrags vgl. etwa Jacoby, AnwZert MietR 2008, Anm. 1.
279 Näher zum Amtsrechtsverhältnis Häublein, ZWE 2008, 80.
280 Armbrüster, ZWE 2006, 470, 475; Elzer, MietRB 2007, 45; OLG Hamm ZMR 2006, 633; OLG Düsseldorf ZMR
      2007, 56; teilweise aA: H. Müller, FS Seuß, 2007, S. 211.
281 Zu Klagen einzelner Eigentümer siehe Rn 112 ff.
282 Vgl Jennißen/*Heinemann*, § 27 WEG Rn 130.

tümer (Einzelvertretung) vertreten wird.[283] Führt der Eigentümer bei Einzelvertretung den Prozess selbst, so muss die Vollmacht dem Gericht in Schriftform nachgewiesen werden (§ 80 Abs. 1 ZPO; bei Beauftragung eines Rechtsanwalts ist dies nur bei Rüge des Verwalters erforderlich, § 88 Abs. 2 ZPO). Der Nachweis der Vertretungsmacht des einzelnen Eigentümers erfolgt durch Übersendung des Protokolls der Versammlung, in der er zur Rechtsverfolgung ermächtigt wurde. Bei Gesamtvertretung ergibt sich dieses Problem nicht, weil die Vertretungsmacht aus dem Gesetz folgt. Ob die Eigentümerstellung aber durch Vorlage eines Grundbuchauszugs nachzuweisen ist, hängt von der Auslegung des § 80 ZPO ab: Versteht man unter dem dortigen Begriff „Bevollmächtigter" den rechtsgeschäftlich Bevollmächtigten, ist dies nicht erforderlich. Richtigerweise ist indes auch bei gesetzlicher Vertretung ein Nachweis durch Registerauszug zu verlangen (vgl Rn 3).[284]

159   Klagen gegen den Verwalter setzen – wenn nicht alle Eigentümer die Gemeinschaft vertreten – einen entsprechenden Beschluss voraus. Dies folgt daraus, dass es sich bei der Rechtsverfolgung um eine Verwaltungsmaßnahme handelt.[285] In dem Beschluss muss auch geregelt werden, wer die Gemeinschaft – falls nicht lediglich der ehemalige Verwalter in Anspruch genommen wird – im Verfahren vertreten soll, da es anderenfalls an einer wirksamen Prozessvollmacht mangeln kann (dazu Rn 158).

Zuständig für Klagen des Verbands Wohnungseigentümergemeinschaft gegen den Verwalter ist nach § 43 Nr. 3 WEG, § 23 Nr. 2 Buchst. c) GVG ausschließlich das Amtsgericht, in dessen Bezirk die Anlage liegt.

1. Klage des Verbands Wohnungseigentümergemeinschaft gegen den Verwalter auf Herausgabe von Verwaltungsunterlagen

160   Nach Ablauf seiner Amtszeit hat der Verwalter alles, was er zur Ausführung seiner Verwaltertätigkeit erlangt hat, herauszugeben, insbesondere alle Verwaltungsunterlagen (§§ 675, 667 BGB).[286] Die Herausgabepflicht trifft dabei auch den abberufenen oder den ohne wirksame Bestellung tätig gewordenen Verwalter (§ 681 S. 2 BGB).[287] Ein Zurückbehaltungsrecht, etwa wegen ausstehender Vergütung, steht dem Verwalter nach der Rechtsprechung nicht zu, weil sich aus dem Rechtsverhältnis „etwas anderes ergibt" (§ 273 Abs. 1 BGB).[288]

161   Gibt der ehemalige Verwalter Unterlagen nicht heraus, so ist schnelles Handeln gefragt, da der neue Verwalter seine Tätigkeit anderenfalls nicht oder nur eingeschränkt verrichten kann. Es ist daher auch an eine Klage im einstweiligen Verfügungsverfahren zu denken (dazu Rn 208). Da eine solche Klage indes die Hauptsache vorwegnimmt, ist es erforderlich, dass die Gemeinschaft auf eine sofortige Erfüllung zwingend angewiesen ist.[289] Dies wird bei den für die tägliche Verwaltungsarbeit erforderlichen Unterlagen regelmäßig der Fall sein.[290]

162   In der Praxis wird die Gemeinschaft oft nicht genau wissen, welche Unterlagen der Verwalter zurückhält. Möglich ist dann eine Stufenklage nach § 254 ZPO, gerichtet auf Auskunft und

---

283   Dazu Drabek, ZWE 2008, 75. § 45 Abs. 2 WEG (Ersatzzustellungsvertreter) ist zum einen nicht einschlägig, weil die Norm die Vertretung der Wohnungseigentümer und nicht des Verbands betrifft und zudem nur die Zustellung, nicht aber die Klageerhebung.
284   Zur Stellung des Verwalters im Prozess: Lehmann-Richter, ZWE 2009, 298.
285   Siehe etwa Jennißen/*Heinemann*, § 21 WEG Rn 17.
286   OLG Frankfurt ZWE 2006, 409.
287   BayObLG WuM 1994, 44.
288   OLG Hamm ZMR 2007, 982.
289   Vgl in anderem Zusammenhang (Herausgabe von Unterlagen einer Anwaltskanzlei) OLG Köln OLGR Köln 2007, 422.
290   Staudinger/*Bub*, § 26 WEG Rn 403 b.

anschließende Herausgabe unter Bezeichnung der konkreten Unterlagen. Ein solcher Titel wird nach § 883 Abs. 1 ZPO im Wege der Wegnahme durch den Gerichtsvollzieher vollstreckt. Nach der Rechtsprechung kann dieser umständliche Weg indes umgangen werden. Zulässig soll nämlich auch eine Klage gerichtet auf Herausgabe „aller Verwaltungsunterlagen betreffend die Wohnungseigentumsanlage" sein.[291] Ein solcher Titel wird dann nicht nach § 883 Abs. 1 ZPO vollstreckt (der Gerichtsvollzieher wüsste ja gar nicht, welche Unterlagen er mitnehmen muss). Die Vollstreckung erfolgt vielmehr nach § 888 ZPO, also durch die Anordnung von Zwangsgeld oder Zwangshaft durch das Gericht.[292] Ein Antrag auf Androhung dieser Maßnahmen in der Klage ist entbehrlich (§ 888 Abs. 2 ZPO). Nach Vorlage der Unterlagen oder einer Fehlanzeige können etwaige Zweifel an der Vollständigkeit im Wege einer Erzwingung der eidesstattlichen Versicherung nach §§ 259, 260 BGB, § 889 ZPO ausgeräumt werden.[293]

▶ **Muster: Klage des Verbands Wohnungseigentümergemeinschaft gegen den Verwalter auf Herausgabe von Verwaltungsunterlagen** 163

An das Amtsgericht [...]
– Abteilung für Wohnungseigentumssachen –

Klage

der Wohnungseigentümergemeinschaft
[...]-Straße [...], [...] [*PLZ, Ort*], vertreten durch die Verwalterin [...] Hausverwaltung GmbH, vertreten durch den Geschäftsführer [...], [...]-Straße [...], [...] [*PLZ, Ort*],

– Klägerin –

Prozessbevollmächtigte: RAe [...], [...]-Straße [...], [...] [*PLZ, Ort*],

gegen

Herrn [...], [...]-Straße [...], [...] [*PLZ, Ort*],

– Beklagter –

wegen Herausgabe von Verwaltungsunterlagen.

Streitwert: 2.000 €.

Namens und in Vollmacht der Klägerin erhebe ich Klage und beantrage,

den Beklagten zu verurteilen, an die Klägerin folgende Unterlagen betreffend die Wohnungseigentumsanlage [...]-Straße [...], [...] [*PLZ, Ort*] herauszugeben:

1. sämtliche Originale der Kontoauszüge des Bankkontos bei der Stadtsparkasse [...] mit der Kontonummer [...],

2. das mit Unterschriften versehene Original-Protokoll der am 1.6.2007 durchgeführten Eigentümerversammlung,

3. die Unterlagen über die für die Eigentümergemeinschaft geführten Gerichtsverfahren, und zwar
   – Amtsgericht [...], Az [...],
   – Landgericht [...], Az [...],

4. den Schriftverkehr mit den Wohnungseigentümern Herrn [...] und Frau [...],

5. die Teilungserklärung vom 30.5.1968.

---

291 OLG Hamburg ZMR 2008, 148; ebenso, in anderem Zusammenhang: OLG Köln OLGR Köln 2007, 422. Zurückhaltender aber (in anderem Zusammenhang): OLG Rostock OLGR Rostock 1999, 271; OLG Köln MDR 1993, 83.
292 Vgl KG KGReport Berlin 1998, 122.
293 KG KGReport Berlin 1998, 122.

Sofern das Gericht das schriftliche Vorverfahren anordnet, wird für den Fall der Fristversäumnisses beantragt,

den Beklagten durch Versäumnisurteil zu verurteilen.

Begründung:

Die klagende Wohnungseigentümergemeinschaft verlangt von dem Beklagten, ihrem früheren Verwalter, die Herausgabe von Verwaltungsunterlagen.

Mit Beschluss zu TOP 1 der Eigentümerversammlung vom 30.11.2007 wurde der Beklagte zum Verwalter der Klägerin für das Kalenderjahr 2008 bestellt. Gleichzeitig beschloss die Gemeinschaft den Abschluss des Verwaltervertrags gemäß Angebot des Beklagten vom 10.11.2007 und bevollmächtigte den Verwaltungsbeirat Herrn [...] mit der Unterzeichnung.

Beweis: Protokoll der Eigentümerversammlung vom 30.11.2007, Anlage K1.

Der Verwaltervertrag wurde entsprechend für ein Jahr geschlossen.

Beweis: Verwaltervertrag, Anlage K2.

Nach Ablauf des Jahres 2008 wurde das Verwalteramt nicht verlängert. Der neue Verwalter ist im Rubrum bezeichnet. Er forderte den Beklagten mit Schreiben vom 12.1.2009 auf, die im Klageantrag bezeichneten Unterlagen herauszugeben. Eine Reaktion erfolgte nicht.

Die Klägerin beschloss in einer Eigentümerversammlung am 2.2.2009, den Beklagten gerichtlich auf Herausgabe der Unterlagen in Anspruch zu nehmen.

Beweis: Protokoll der Eigentümerversammlung vom 2.2.2009, Anlage K2.

Der Anspruch der Klägerin folgt aus §§ 675, 667 BGB. Zwischen den Parteien bestand ein Verwaltervertrag in Form eines Geschäftsbesorgungsvertrags, da der Vertrag zwischen Verwalter und teilrechtsfähigem Verband Wohnungseigentümergemeinschaft geschlossen wird (vgl Armbrüster, ZWE 2006, 470, 475). § 667 BGB verpflichtet den Beklagten, nach Beendigung seiner Tätigkeit alle Unterlagen herauszugeben (vgl BayObLG WuM 1988, 323).

Zum Streitwert: Das Interesse der Klägerin (§ 49 a Abs. 1 S. 2 GKG) an der Herausgabe ist frei zu schätzen (vgl § 3 ZPO). Ein Betrag von 2.000 € erscheint angemessen, da ohne die Herausgabe eine ordnungsgemäße Verwaltungsarbeit nicht möglich ist (vgl Jennißen/*Suilmann*, 2008, § 49 a GKG).

Beglaubigte und einfache Abschrift anbei.

Rechtsanwalt ◄

2. Klage des Verbands Wohnungseigentümergemeinschaft gegen den Verwalter auf Rechnungslegung

164   Die Jahresabrechnung muss eine geordnete, übersichtliche und inhaltlich zutreffende Aufstellung der Einnahmen und Ausgaben in dem betreffenden Kalenderjahr enthalten.[294] Sie ist eine schlichte Einnahmen- und Ausgabenberechnung, welche die tatsächlich angefallenen Beträge im Abrechnungszeitraum einander gegenüberzustellen hat. Außerdem muss sie Angaben über die Höhe der gebildeten Rücklagen und die Kontostände der Gemeinschaftskonten am Anfang und am Ende des Kalenderjahres enthalten.[295] Solange der Verwalter diese Pflicht nicht erfüllt,

---

294   Etwa BayObLG WuM 1993, 485; OLG Düsseldorf WM 1991, 619. Allgemein: *Bub*, Das Finanz- und Rechnungswesen der Wohnungseigentümergemeinschaft, passim.
295   Etwa OLG Düsseldorf NZM 2003, 907.

kann ihn die Gemeinschaft gerichtlich in Anspruch nehmen.[296] Die Pflicht des Verwalters zur Abrechnung bleibt auch nach Beendigung des Amtes bestehen.[297] Sie betrifft aber nur den Zeitraum, in dem der Verwalter auch im Amt war.[298] Die Art und Weise der Vollstreckung des Urteils ist umstritten: Die wohl überwiegende Meinung sieht in der Rechnungslegungspflicht eine vertretbare Handlung, die nach § 887 ZPO im Wege der Ersatzvornahme vollstreckt wird.[299]

▶ **Muster: Klage des Verbands Wohnungseigentümergemeinschaft gegen den Verwalter auf Rechnungslegung**

165

An das Amtsgericht [...]

– Abteilung für Wohnungseigentumssachen –

Klage

der Wohnungseigentümergemeinschaft

[...]-Straße [...], [...] *[PLZ, Ort]*, vertreten durch den Verwalter [...], [...]-Straße [...], [...] *[PLZ, Ort]*,

– Klägerin –

Prozessbevollmächtigte: RAe [...], [...]-Straße [...], [...] *[PLZ, Ort]*,

gegen

Herrn [...], [...]-Straße [...], [...] *[PLZ, Ort]*,

– Beklagter –

wegen Rechnungslegung.

Streitwert: 3.000 €.

Namens und in Vollmacht der Klägerin erhebe ich Klage und beantrage,

den Beklagten zu verurteilen, über die Einnahmen und Ausgaben der Wohnungseigentümergemeinschaft [...]-Straße [...], [...] *[PLZ, Ort]* im Zeitraum vom 1.1.2006 bis zum 31.12.2006 unter Beifügung der Belege Rechnung zu legen.

Sofern das Gericht das schriftliche Vorverfahren anordnet, wird für den Fall der Fristversäumnis beantragt,

den Beklagten durch Versäumnisurteil ohne mündliche Verhandlung zu verurteilen.

Begründung:

Die klagende Wohnungseigentümergemeinschaft verlangt vom Beklagten, ihrem früheren Verwalter, Rechnungslegung.

Mit Beschluss zu TOP 1 der Eigentümerversammlung vom 30.11.2005 wurde der Beklagte zum Verwalter der Klägerin für das Kalenderjahr 2006 bestellt. Gleichzeitig beschloss die Gemeinschaft den Abschluss des Verwaltervertrags gemäß Angebot des Beklagten vom 10.11.2005 und bevollmächtigte den Verwaltungsbeirat Herrn [...] mit der Unterzeichnung.

Beweis: Protokoll der Eigentümerversammlung vom 30.11.2005, Anlage K1.

Der Verwaltervertrag wurde entsprechend für ein Jahr geschlossen.

---

296 Vgl zu einem Fall der Schlechterfüllung OLG Hamm ZMR 1997, 251.
297 BayObLG WuM 1994, 44.
298 Boeckh, Wohnungseigentumsrecht, Teil 3 § 6 Rn 28.
299 OLG Düsseldorf NZM 1999, 842; Weitnauer/*Gottschalg*, § 28 WEG Rn 38 (jeweils mwN).

Beweis: Verwaltervertrag, Anlage K2.

Nach Ablauf des Jahres 2006 wurde das Verwalteramt nicht verlängert. Der neue Verwalter ist im Rubrum bezeichnet. Da der Beklagte keine Abrechnung erteilte, forderte ihn der neue Verwalter mit Schreiben vom 12.1.2007 hierzu vergeblich auf.

Die Klägerin beschloss dann in einer Eigentümerversammlung am 2.2.2007, den Beklagten gerichtlich auf Rechnungslegung in Anspruch zu nehmen.

Beweis: Protokoll der Eigentümerversammlung vom 2.2.2007, Anlage K2.

Der Anspruch der Klägerin folgt aus §§ 675, 666, 259 BGB sowie aus § 28 Abs. 3 WEG. Zwischen den Parteien bestand ein Verwaltervertrag in Form eines Geschäftsbesorgungsvertrags, da dieser zwischen Verwalter und teilrechtsfähigem Verband Wohnungseigentümergemeinschaft geschlossen wird (vgl Armbrüster, ZWE 2006, 470, 475). § 666 BGB verpflichtet den Beklagten, nach Beendigung seiner Tätigkeit Rechnung zu legen. Die Pflicht zur Erteilung einer jährlichen Abrechnung folgt auch aus § 28 Abs. 3 WEG.

Zum Streitwert: Dieser bemisst sich gemäß § 3 ZPO nach dem zeitlichen und finanziellen Aufwand der Rechnungslegung (vgl OLG Köln JurBüro 2007, 488). Für die Erstellung der Abrechnung für eine Anlage der hier in Rede stehenden Größe ist ein Honorar von 3.000 € marktüblich. Nach § 49 a Abs. 1 S. 2 GKG ist dies der Streitwert.

Beglaubigte und einfache Abschrift anbei.

Rechtsanwalt ◄

3. Auskunftsklage

166   Die §§ 675, 666 BGB verpflichten den Verwalter, dem Verband Wohnungseigentümergemeinschaft Auskunft über seine Tätigkeit zu erteilen. Diese Pflicht erstreckt sich auf die gesamten mit dem Verwalteramt zusammenhängenden Handlungen des Verwalters.[300]

167   ▶ **Muster: Klage des Verbands Wohnungseigentümergemeinschaft gegen den Verwalter auf Auskunft**

An das Amtsgericht [...]

– Abteilung für Wohnungseigentumssachen –

Klage

der Wohnungseigentümergemeinschaft

[...]-Straße [...], [...] [*PLZ, Ort*], vertreten durch den Verwalter [...], [...]-Straße [...], [...] [*PLZ, Ort*],

– Klägerin –

Prozessbevollmächtigte: RAe [...], [...]-Straße [...], [...] [*PLZ, Ort*],

gegen

Herrn [...], [...]-Straße [...], [...] [*PLZ, Ort*],

– Beklagter –

wegen Auskunft.

Streitwert: 2.500 €.

---

300   Vgl Palandt/*Sprau*, § 666 BGB Rn 3.

Namens und in Vollmacht der Klägerin erhebe ich Klage und beantrage,

den Beklagten zu der Auskunft zu verurteilen, zu welchen Zwecken er den am 30.11.2008 von ihm vom Konto der Klägerin mit der Nr. [...] bei der Sparkasse [...], BLZ [...] abgehobenen Betrag von 5.000 € verwendet hat.

Sofern das Gericht das schriftliche Vorverfahren anordnet, wird für den Fall der Fristversäumnis beantragt,

den Beklagten durch Versäumnisurteil ohne mündliche Verhandlung zu verurteilen.

Begründung:

Die klagende Wohnungseigentümergemeinschaft verlangt von dem Beklagten, ihrem früheren Verwalter, Auskunft über eine Kontobewegung.

Mit Beschluss zu TOP 1 der Eigentümerversammlung vom 30.11.2007 wurde der Beklagte zum Verwalter der Klägerin für das Kalenderjahr 2008 bestellt. Gleichzeitig beschloss die Gemeinschaft den Abschluss des Verwaltervertrags gemäß Angebot des Beklagten vom 10.11.2007 und bevollmächtigte den Verwaltungsbeirat Herrn [...] mit der Unterzeichnung.

Beweis: Protokoll der Eigentümerversammlung vom 30.11.2007, Anlage K1.

Der Verwaltervertrag wurde entsprechend für ein Jahr geschlossen.

Beweis: Verwaltervertrag, Anlage K2.

Dem Beklagten wurde unter anderem Vollmacht über das auf den Namen der Klägerin geführte, im Rubrum beschriebene Konto erteilt. Nach Ablauf des Jahres 2008 wurde das Verwalteramt nicht verlängert. Der neue Verwalter ist im Rubrum bezeichnet. Der Beklagte hat dem neuen Verwalter am 5.1.2009 sämtliche Verwaltungsunterlagen übergeben, darunter auch die Unterlagen über das im Rubrum bezeichnete Konto. Dort findet sich die im Rubrum bezeichnete Kontobewegung mit dem Hinweis „Barabhebung".

Der neue Verwalter forderte den Beklagten mit Schreiben vom 12.1.2009 auf, mitzuteilen, was es mit dieser Abhebung auf sich habe. Eine Antwort des Beklagten erfolgte nicht. Die Klägerin kann nicht ausschließen, dass dieser Betrag im Zusammenhang mit einer im November 2008 durchgeführten Fassadensanierung verwendet wurde. Gewissheit hat sie aber nicht, weshalb sie auf die Auskunft angewiesen ist.

Die Klägerin beschloss in einer Eigentümerversammlung am 2.2.2009, den Beklagten gerichtlich auf Auskunft in Anspruch zu nehmen.

Beweis: Protokoll der Eigentümerversammlung vom 2.2.2009, Anlage K2.

Der Anspruch der Klägerin folgt aus §§ 675, 666 BGB. Zwischen den Parteien bestand ein Verwaltervertrag in Form eines Geschäftsbesorgungsvertrags, da dieser zwischen Verwalter und teilrechtsfähigem Verband Wohnungseigentümergemeinschaft geschlossen wird (vgl Armbrüster, ZWE 2006, 470, 475). § 666 BGB verpflichtet den Beklagten, über den Stand seiner Tätigkeit Auskunft zu erteilen (Staudinger/*Bub*, § 28 WEG Rn 581).

Zum Streitwert: Dieser bemisst sich gemäß § 49 a Abs. 1 S. 1 GKG nach der Hälfte des Interesses der Kläger an der Auskunft. Da die Auskunft klären soll, ob der Klägerin ein Erstattungsanspruch gegen den Beklagten zusteht, ist ein Streitwert von 2.500 € angemessen.

Beglaubigte und einfache Abschrift anbei.

Rechtsanwalt ◄

4. Schadensersatzklage

168   Grundlage von Schadensersatzansprüchen gegen den Verwalter ist § 280 Abs. 1 BGB. Das hierfür erforderliche Schuldverhältnisse wird meist der Verwaltervertrag sein; bei Fehlen eines solchen kann aber auch auf die Amtsstellung zurückgegriffen werden (vgl Rn 157). Ob neben § 280 Abs. 1 BGB nach Abs. 2 und 3 der Norm noch weitere Voraussetzungen erfüllt sein müssen, insbesondere von § 281 BGB oder § 286 BGB, hängt von der Art des Schadens ab. Schadensersatz statt oder wegen Verzögerung der Leistung setzt neben der Pflichtverletzung weitere Merkmale voraus. Dies ist regelmäßig die Aufforderung des Schuldners zur Leistung, entweder durch Setzung einer Nachfrist (§ 281 BGB) oder durch Mahnung (§ 286 BGB).

169   Beruht der Anspruch auf der Nicht- oder Schlechterfüllung einer Vertragspflicht, wird es sich regelmäßig um einen Fall des § 281 BGB handeln. Dies ist etwa bei Nichterstellung der Jahresabrechnung gegeben. Hier muss vor Klageeinreichung genau geprüft werden, ob die Nachfrist gesetzt wurde, dies beweisbar ist oder eine Nachfrist entbehrlich war (dazu § 281 Abs. 2 BGB). Häufig beruhen Ersatzansprüche darauf, dass der Verwalter Beschlüsse nicht oder nicht ordnungsgemäß ausführt. Wendet man hier § 286 BGB an,[301] wird ein Ersatzanspruch oft daran scheitern, dass der Verwalter von der Gemeinschaft nicht per Mahnung zur Ausführung aufgefordert wurde.[302] Dies ist praktisch auch kaum möglich, weil hierfür entweder ein Beschluss oder das Handeln aller Eigentümer erforderlich ist (vgl § 27 Abs. 3 S. 2 WEG). Dem einzelnen Eigentümer wird regelmäßig die Vertretungsmacht fehlen, für den Verband Wohnungseigentümergemeinschaft zu handeln. Dies spricht dafür, eine Mahnung für den Verzugseintritt für entbehrlich zu halten, weil auch der Verwalter um die Schwerfälligkeit der Entscheidungsfindung in der Gemeinschaft weiß und deshalb – im Gegensatz zu anderen Schuldnern – nicht darauf vertrauen darf, er werde vor der Eintritt seine Schadensersatzpflicht noch eine „Warnung" erhalten. Als Lösung bietet sich § 286 Abs. 2 Nr. 4 BGB an (Entbehrlichkeit wegen beidseitiger Interessenabwägung).

170   ▶ **Muster: Klage des Verbands Wohnungseigentümergemeinschaft gegen den Verwalter auf Schadensersatz**

An das Amtsgericht [...]

- Abteilung für Wohnungseigentumssachen -

Klage

der Wohnungseigentümergemeinschaft

[...]-Straße [...], [...] *[PLZ, Ort]*, vertreten durch den Verwalter [...], [...]-Straße [...], [...] *[PLZ, Ort]*,

– Klägerin –

Prozessbevollmächtigte: RAe [...], [...]-Straße [...], [...] *[PLZ, Ort]*,

gegen

Herrn [...], [...]-Straße [...], [...] *[PLZ, Ort]*,

– Beklagter –

---

301   So wohl BayObLG NZM 2000, 501 zum alten Schuldrecht.
302   Beispiel: Verwalter versäumt die Beauftragung der beschlossenen Dachsanierung, weshalb der Dachstuhl durch Regenwasser beschädigt wird. Unter Geltung des alten WEG konnte jeder Eigentümer als Vertragspartner den Verwalter noch allein mahnen, vgl BayObLG NZM 2000, 501.

auf Schadensersatz wegen Verletzung des Verwaltervertrags.

Streitwert: 3.000 €.

Namens und in Vollmacht der Klägerin erhebe ich Klage und beantrage,

den Beklagten zu verurteilen, an die Klägerin 3.000 € nebst Zinsen in Höhe von 5 Prozentpunkten über dem Basiszinssatz seit Rechtshängigkeit zu zahlen.

Sofern das Gericht das schriftliche Vorverfahren anordnet, wird für den Fall der Fristversäumnis beantragt,

den Beklagten durch Versäumnisurteil ohne mündliche Verhandlung zu verurteilen.

Begründung:

Die klagende Wohnungseigentümergemeinschaft verlangt von dem Beklagten, ihrem früheren Verwalter, Schadensersatz, weil dieser seine Pflicht zur Erstellung der Jahresabrechnung 2008 nicht erfüllt hat.

Mit Beschluss zu TOP 1 der Eigentümerversammlung vom 30.11.2007 wurde der Beklagte zum Verwalter der Klägerin für das Kalenderjahr 2008 bestellt. Gleichzeitig beschloss die Gemeinschaft den Abschluss des Verwaltervertrags gemäß Angebot des Beklagten vom 10.11.2007 und bevollmächtigte den Verwaltungsbeirat Herrn [...] mit der Unterzeichnung.

Beweis: Protokoll der Eigentümerversammlung vom 30.11.2007, Anlage K1.

Der Verwaltervertrag wurde entsprechend für ein Jahr geschlossen.

Beweis: Verwaltervertrag, Anlage K2.

Ab dem 1.1.2009 wurde die im Rubrum bezeichnete Firma [...] zum Verwalter bestellt. Sie forderte den Beklagten am 12.1.2007 im Namen der Klägerin auf, die Jahresabrechnung 2008 gemäß § 28 Abs. 3 WEG zu erstellen. In diesem Schreiben setzte sie eine Frist von sechs Wochen.

Beweis: Schreiben vom 12.1.2009, Anlage K2.

Eine Antwort des Beklagten erfolgte nicht. Die Klägerin beauftragte daraufhin am 15.2.2009 ihren jetzigen Verwalter mit der Erstellung der Abrechnung 2008. Hierfür stellte dieser ein Honorar in Höhe der Klageforderung in Rechnung.

Beweis: Auftrag vom 15.2.2009, Anlage K3; Rechnung der Firma [...] vom 3.3.2009, Anlage K4.

Das Honorar ist ortsüblich und angemessen.

Beweis: Sachverständigengutachten

Die Klägerin hat das Honorar am 6.3.2009 gezahlt. Eine außergerichtliche Zahlungsaufforderung an den Beklagten vom 18.5.2009 blieb fruchtlos.

Die Klägerin beschloss in einer Eigentümerversammlung am 2.4.2009, den Beklagten gerichtlich auf Zahlung in Anspruch zu nehmen.

Beweis: Protokoll der Eigentümerversammlung vom 2.4.2009, Anlage K5.

Der Anspruch der Klägerin folgt aus §§ 280, 675 BGB. Zwischen den Parteien bestand ein Verwaltervertrag in Form einer Geschäftsbesorgung, da dieser zwischen Verwalter und teilrechtsfähigem Verband Wohnungseigentümergemeinschaft geschlossen wird (vgl Armbrüster, ZWE 2006, 470, 475). § 666 BGB verpflichtet den Beklagten, nach Beendigung seiner Tätigkeit Rechnung zu legen. Die Pflicht zur Erteilung einer jährlichen Abrechnung folgt auch aus § 28 Abs. 3 WEG. Der Beklagte hat diese Pflicht trotz angemessener Nachfristsetzung (vgl § 281 Abs. 1 S. 1 BGB) nicht erfüllt. Er ist der Klägerin daher zum Schadensersatz statt der Leistung verpflichtet. Dieser umfasst die Kosten einer

Ersatzvornahme, da diese Kosten den Wert der eigentlich vom Beklagten geschuldeten Leistung repräsentieren.

Beglaubigte und einfache Abschrift anbei.

Rechtsanwalt ◄

IV. Mandat für den Verband Wohnungseigentümergemeinschaft im Außenverhältnis

1. Einführung

171 Beim Mandat für den Verband Wohnungseigentümergemeinschaft im Außenverhältnis geht es um Ansprüche gegen Personen, die außerhalb der Gemeinschaft stehen. Dies können Bewohnern der Anlage sein, die nicht Eigentümer sind, oder aber Vertragspartner des Verbands Wohnungseigentümergemeinschaft, etwa Handwerker. Zu Streitigkeiten mit dem Verwalter, die ebenfalls dem Außenverhältnis zuzuordnen sind, weil der Verwalter nicht Mitglied des Verbands Wohnungseigentümergemeinschaft ist (siehe Rn 157 ff).

Hinweis: Bei Klagen des Verbands Wohnungseigentümergemeinschaft gegen Dritte handelt es sich nicht um Wohnungseigentumssachen nach § 43 WEG. Die gerichtlichen Zuständigkeiten folgen also allgemeinen Regeln.

172 Gemäß § 10 Abs. 6 S. 1 WEG ist der Verband Wohnungseigentümergemeinschaft im Rahmen der Verwaltung des gemeinschaftlichen Eigentums rechtsfähig. Hinsichtlich der Rechte und Pflichten des Verbands Wohnungseigentümergemeinschaft unterscheidet das Gesetz wie folgt: Nach § 10 Abs. 6 S. 2 WEG ist der Verband Wohnungseigentümergemeinschaft zunächst originärer Inhaber von Rechte und Pflichten, die er rechtsgeschäftlich begründet hat oder die ihm gesetzlich zugewiesen sind. Von diesen originären Rechten und Pflichten sind nach § 10 Abs. 6 S. 3 WEG Rechte und Pflichten zu unterscheiden, die den einzelnen Eigentümern zugeordnet sind, aber vom Verband Wohnungseigentümergemeinschaft wahrgenommen werden (sog. Ausübungsbefugnis). Die Unterscheidung zwischen diesen beiden Bereichen ist von großer praktischer Bedeutung. Denn insbesondere bei Rechten der Eigentümer, welche dem Verband Wohnungseigentümergemeinschaft nach § 10 Abs. 6 S. 3 WEG nur zur Ausübung zugewiesen sind, ist stets die Aktivlegitimation des Verbands Wohnungseigentümergemeinschaft zu hinterfragen.

173 Die wohl herrschende Meinung differenziert bei Rechten, die unter § 10 Abs. 6 S. 3 WEG fallen, wie folgt: Die in § 10 Abs. 6 S. 3 Alt. 1 WEG genannten „gemeinschaftsbezogenen" Rechte stehen kraft Gesetzes dem Verband Wohnungseigentümergemeinschaft zur Ausübung zu (sog. *geborene* Ausübungsbefugnis). Anders hingegen die in Alt. 2 genannten Rechte, die „gemeinschaftlich geltend gemacht" werden können. Hier bedarf die Ausübungsbefugnis eines entsprechenden Beschlusses der Eigentümer (sog. *gekorene* Ausübungsbefugnis).[303] Folgt man dieser Ansicht, wird für „gemeinschaftsbezogene" Pflichten sowie für Pflichten, die „gemeinschaftlich zu erfüllen" sind, wohl dieselbe Differenzierung gelten. Zu den Rechtsfolgen eines Ausübungsbeschlusses siehe Rn 67.

174 Für die Praxis kommt es darauf an, ob die von der Literatur vorgeschlagene Differenzierung zwischen geborener und gekorener Ausübungsbefugnis von der Rechtsprechung geteilt wird.

---

[303] Armbrüster, GE 2007, 420, 430, 432; Riecke/Schmid/*Elzer*, § 10 WEG Rn 415; Wenzel, ZWE 2006, 462, 467; vgl auch BT-Drucks. 16/887, S. 14; aA wohl Niederführ/Kümmel/Vandenhouten/*Kümmel*, § 10 WEG Rn 59 (auch die Ausübung gemeinschaftsbezogener Rechte bedarf eines Mehrheitsbeschlusses); ähnlich wohl Jennißen/*Grziwotz/Jennißen*, § 10 WEG Rn 73.

Denn nur dann bedarf der Verband Wohnungseigentümergemeinschaft zur Verfolgung gemeinschaftsbezogener Rechte keines Ermächtigungsbeschlusses, während für die Verfolgung gemeinschaftlich geltend zu machender Rechte ein solcher Beschluss erforderlich ist. Rechtsprechung zu dieser Frage ist bisher nicht bekannt.

Hinweis: Ob der Verband Wohnungseigentümergemeinschaft Rechte der Wohnungseigentümer auch ohne ermächtigenden Beschluss ausüben darf, ist derzeit nicht geklärt. Der sicherste Weg ist daher, stets einen entsprechenden Beschluss der Eigentümer herbeizuführen. Hier ist auf eine klare Formulierung zu achten (Bezeichnung des Anspruchs, Übertragung der Ausübungsbefugnis auf den Verband Wohnungseigentümergemeinschaft, ggf Bevollmächtigung des Verwalters mit der Prozessführung bzw Mandatierung eines Rechtsanwalts, vgl das Muster § 2 Rn 339).

2. Klagen in Prozessstandschaft

Im Außenverhältnis sind Aktiv- und Passivprozesse zu unterscheiden. Von besonderer Bedeutung sind dabei Aktivprozesse, bei denen der Verband Wohnungseigentümergemeinschaft als Kläger handelt. Bei diesen Verfahren werfen nur Klagen in Prozessstandschaft (also solche, bei denen der Verband Wohnungseigentümergemeinschaft Rechte der Wohnungseigentümer ausübt) WEG-spezifische Probleme auf. Hier ist derzeit ungeklärt, was passiert, wenn einzelne Eigentümer den später vom Verband Wohnungseigentümergemeinschaft geltend gemachten Anspruch schon rechtshängig gemacht haben. Hier dürfte einer Klage des Verbands Wohnungseigentümergemeinschaft in Prozessstandschaft der Einwand aus § 261 Abs. 3 Nr. 1 ZPO (doppelte Rechtshängigkeit)[304] nur dann entgegenstehen, wenn alle Eigentümer ihren Anspruch bereits gerichtlich geltend gemacht haben.   175

An folgenden Stellen in § 3 dieses Werks finden sich Ausführungen zum Problem der Ausübungsbefugnis des Verbands Wohnungseigentümergemeinschaft: 176

- Klagen wegen Beeinträchtigung des Gemeinschaftseigentums: Rn 65 ff
- Klagen auf Herausgabe des Gemeinschaftseigentums: Rn 75 ff
- Zahlungsklagen wegen Beschädigung des Gemeinschaftseigentums: Rn 86 ff
- Klagen gegen den Bauträger wegen Mängeln des Gemeinschaftseigentums: Rn 125 ff

Hinweis: Vor Klageeinreichung im Namen des Verbands Wohnungseigentümergemeinschaft ist folgenden Fragen nachzugehen:

- Handelt es sich um einen originär dem Verband Wohnungseigentümergemeinschaft zustehenden Anspruch, oder geht es um die Ausübung von Rechten der Wohnungseigentümer?[305]
- Haben die Eigentümer ggf einen hinreichend bestimmten und bestandskräftigen[306] Beschluss zur Übertragung des Ausübungsrechts gefasst?
- Haben einzelne Eigentümer den Anspruch bereits gerichtlich geltend gemacht?

---

304 Vgl BGHZ 123, 135; näher: Becker, ZWE 2007, 432.
305 Vgl zur Abgrenzung etwa die Darstellung Riecke/Schmid/*Elzer*, § 10 WEG Rn 408 ff.
306 Der Beschluss – es sei denn, er ist nichtig – ermächtigt natürlich schon vor Bestandskraft zur Ausübung (§ 24 Abs. 4 S. 2 WEG); es droht bei einer Aufhebung dann aber die Abweisung der Klage wegen Wegfalls der Aktivlegitimation.

177 ▶ **Muster: Klage des Verbands Wohnungseigentümergemeinschaft in Prozessstandschaft auf**
263 **Beseitigung einer Beeinträchtigung des Gemeinschaftseigentums (Rückbau von baulichen Ver-**
     änderungen)[307]

An das Amtsgericht [...]

– Abteilung für Wohnungseigentumssachen –

Klage

der Wohnungseigentümergemeinschaft

[...]-Straße [...], [...] [*PLZ, Ort*], vertreten durch den Verwalter [...], [...]-Straße [...], [...] [*PLZ, Ort*],

– Klägerin –

Prozessbevollmächtigte: RAe [...], [...]-Straße [...], [...] [*PLZ, Ort*],

gegen

Herrn [...], [...]-Straße [...], [...] [*PLZ, Ort*],

– Beklagter –

wegen Rückbau eines Wintergartens.

Streitwert: 3.000 €

Namens und in Vollmacht der Klägerin erhebe ich Klage und beantrage,

den Beklagten zu verurteilen, den in der Anlage K1 eingezeichneten, vor dem Wohnzimmer der Wohnung im 1. OG links des Gebäudes [...] angebrachten Wintergarten-Anbau mit einer Größe von ca. 4 x 15 m² zu entfernen.

Sofern das Gericht das schriftliche Vorverfahren anordnet, wird für den Fall der Fristversäumnis beantragt,

den Beklagten durch Versäumnisurteil zu verurteilen.

Begründung:

Die Klägerin, eine Wohnungseigentümergemeinschaft, verlangt vom Beklagten, einem Bewohner der Anlage, die Beseitigung einer baulichen Veränderung. Der Beklagte ist Mieter der Einheit Nr. 3 im 1. OG links. Vor der Wohnung des Beklagten liegt eine im Gemeinschaftseigentum stehende Dachfläche mit einer Größe von etwa 300 m². Auf der Dachfläche hat der Beklagte ohne Zustimmung der anderen Eigentümer im Mai 2009 den in der Anlage K1 eingezeichneten Wintergarten-Anbau angebracht. Dieser liegt vor dem Wohnzimmer seiner Einheit und hat eine Größe von etwa 4 x 15 m².

Beweis: Augenschein, Fotos (Anlage K1).

Der Beklagte mietet die Wohnung von dem Eigentümer Herrn [...], der dem Beklagten den Anbau ebenfalls nicht gestattet hat. Die Wohnungseigentümer haben in der Eigentümerversammlung vom 10.6.2009 zu TOP 3 beschlossen, dass der Beklagte vom Verwalter aufgefordert werden soll, den Anbau zu entfernen. In diesem Beschluss haben die Eigentümer auch entschieden, dass die Klägerin den Rückbau gegenüber dem Beklagten gerichtlich durchsetzen soll und der Verwalter hierzu einen Rechtsanwalt beauftragen darf.

Beweis: Protokoll der Versammlung, Anlage K2.

---

307 Vgl auch Muster Rn 149 zur entsprechenden Klage gegen einen anderen Eigentümer.

Der Beklagte wurde in der Folgezeit vergeblich durch Schreiben vom 19.7.2009 (Anlage K3) zur Beseitigung aufgefordert. Die Klägerin ist hier berechtigt, den begründeten Klageanspruch im Wege der Prozessstandschaft für die Eigentümer der Anlage geltend zu machen.

Zur Zulässigkeit der Klage:

Die Klägerin ist parteifähig. Nach § 10 Abs. 6 S. 1 WEG ist die Wohnungseigentümergemeinschaft rechts- und damit auch parteifähig, soweit sie bei der Verwaltung des gemeinschaftlichen Eigentums am Rechtsverkehr teilnimmt (vgl BGHZ 163, 154). Um eben einen solchen Fall handelt es sich hier. Die Klägerin verfolgt mit der Klage die Beseitigung eines unbefugt am gemeinschaftlichen Eigentum angebrachten Anbaus. Hierbei handelt es sich um eine Verwaltungsmaßnahme, weil sie eine Regelung in Bezug auf das Gemeinschaftseigentum – nämlich dessen äußerliche Gestaltung – darstellt (vgl Bärmann/*Merle*, § 20 WEG Rn 6). Durch die Rechtsverfolgung gegenüber dem Beklagten nimmt die Klägerin zudem am Rechtsverkehr teil (vgl BGHZ 163, 154 unter Ziffer 12). Die Klägerin wird im Prozess von ihrem Verwalter vertreten (§ 27 Abs. 3 Nr. 7 WEG), weil ein entsprechender Beschluss der Gemeinschaft zur Rechtsverfolgung vorliegt. Der Verwalter wiederum hat dem Unterzeichner Prozessvollmacht erteilt.

Zur Begründetheit der Klage:

Durch das Verhalten des Beklagten wird das Eigentum am Grundstück in Form der Dachfläche beeinträchtigt. Bei der Dachfläche handelt es sich um Gemeinschaftseigentum nach §§ 1 Abs. 5, 5 WEG. Das Gemeinschaftseigentum steht allerdings nicht im Eigentum der Klägerin, sondern im gemeinschaftlichen Eigentum der einzelnen Wohnungseigentümer (§ 1 Abs. 2 WEG). Die Klägerin ist aber berechtigt, den Beseitigungsanspruch der Eigentümer in Prozessstandschaft im eigenen Namen geltend zu machen (§ 10 Abs. 6 S. 3 WEG). Dies folgt zum einen daraus, dass die Klägerin nach dieser Vorschrift die Rechte der Eigentümer ausübt. Hierdurch wird eine gesetzliche Prozessstandschaft angeordnet. Zum anderen haben die Eigentümer die Klägerin durch TOP 3 der Eigentümerversammlung vom 10.6.2009 zur Rechtsverfolgung ermächtigt. Damit haben die Eigentümer beschlossen, dass die Klägerin das vorliegende Verfahren führen soll (dazu BGH ZMR 2006, 457; Wenzel ZMR 2006, 245).

Den Eigentümern steht aus § 1004 Abs. 1 S. 1 BGB ein Anspruch auf Rückbau zu. Der ohne Genehmigung des Klägers angebrachte Wintergarten beeinträchtigt das Gemeinschaftseigentum, welches nach § 1 Abs. 2, 10 Abs. 1 WEG den Wohnungseigentümern zusteht. Beeinträchtigt wird das Eigentum durch jeden unberechtigten Eingriff in die Herrschaftsmacht des Eigentümers (Palandt/*Bassenge*, BGB, § 1004 Rn 6). Der von dem Beklagten angebrachte Wintergarten beeinträchtigt zum einen das äußere Erscheinungsbild der Anlage. Zum anderen ist er durch Schrauben mit der Fassade fest verbunden; deshalb ist auch in die Substanz des Gemeinschaftseigentums eingegriffen worden. Zum Prüfungsmaßstab wird auf die Rechtsprechung des BVerfG verwiesen: Danach reicht für den Tatbestand der baulichen Veränderung jede nicht ganz unerhebliche Beeinträchtigung der anderen Eigentümer aus (BVerfG ZMR 2005, 634). Der Beklagte hat den Wintergarten installiert und ist deshalb Zustandsstörer.

Zum Streitwert: Dieser bemisst sich mangels einer Wohnungseigentumssache im Sinne des § 43 WEG nicht nach § 49 a Abs. 1 GKG, sondern nach § 3 ZPO. Angemessen erscheint eine Orientierung an den Beseitigungskosten, die die Klägerin auf 3.000 € schätzt.

Beglaubigte und einfache Abschrift anbei.

Rechtsanwalt ◄

3. Überblick über die sonstigen Klagen des Verbands Wohnungseigentümergemeinschaft

178   Zum Anspruch auf Rückbau baulicher Veränderungen siehe ergänzend Rn 123. In der Praxis werden nicht nur diese Ansprüche vom Verband Wohnungseigentümergemeinschaft in Prozessstandschaft geltend gemacht, sondern etwa auch Zahlungs- oder Unterlassungsansprüche wegen Beeinträchtigung des Gemeinschaftseigentums. Entsprechende Muster finden sich – allerdings ohne den Gesichtspunkt der Prozessstandschaft – bei Rn 69 und Rn 121. Von Bedeutung sind auch Klagen in Prozessstandschaft gegen den Verwalter. Auch hier sei auf Muster (ohne die Problematik der Prozessstandschaft) an anderer Stelle in diesem Buch (Rn 108) verwiesen. Diese Muster können unter Anpassung des Rubrums (Klägerin: Wohnungseigentümergemeinschaft) entsprechend verwendet werden. Dabei ist der Sachverhalt um die Voraussetzungen der Prozessstandschaft (Eigentümerbeschluss) zu ergänzen. Außerdem empfiehlt sich die Übernahme der Rechtsausführungen aus dem obigen Muster (Rn 177).

Praxisrelevant sind auch Klagen des Verbands Wohnungseigentümergemeinschaft gegen den Bauträger. Hierzu existiert eine differenzierte und im einzelnen umstrittene Rechtsprechung des BGH (siehe dazu Rn 125).

179   Geht es nicht um Klagen in Prozessstandschaft, sondern um die Verfolgung originär dem Verband Wohnungseigentümergemeinschaft zustehender Rechte, ergeben sich keine Besonderheiten. Beispiele sind etwa Klagen des Verbands Wohnungseigentümergemeinschaft gegen einen von ihm beauftragten Handwerker auf Vertragserfüllung. Solche Klagen sind keine WEG-Sachen nach § 43 Nr. 5 WEG. Bei der Formulierung kann das Rubrum des obigen Musters (Rn 177) entsprechend verwendet werden.

D. Das Mandat für den Verwalter

I. Einführung

180   Das WEG statuiert in § 27 Abs. 1 Rechte und Pflichten des Verwalters sowohl gegenüber dem Verband Wohnungseigentümergemeinschaft als auch gegenüber den Eigentümern. Mit dieser Regelung will der Gesetzgeber der „Zwitterstellung" des Verwalters Rechnung tragen,[308] die sich auch aus seiner Stellung als Vertreter ablesen lässt: Der Verwalter ist nach dem Gesetz zugleich Organ des Verbands Wohnungseigentümergemeinschaft (§ 27 Abs. 3 WEG) als auch Vertreter der Eigentümer (§ 27 Abs. 2 WEG).

181   Der Verwaltervertrag kommt nach herrschender Meinung nur zwischen dem Verwalter und dem Verband Wohnungseigentümergemeinschaft zustande.[309] Er entfaltet aber Schutzwirkungen zugunsten der Wohnungseigentümer.[310] Der Verwaltervertrag bildet also neben dem gesetzlichen Schuldverhältnis aus § 27 Abs. 1 WEG[311] die Grundlage für Schadensersatzansprüche aus § 280 Abs. 1 BGB. Dies gilt unabhängig davon, ob diese zwischen dem Verband Wohnungseigentümergemeinschaft und dem Verwalter oder zwischen Verwalter und Eigentümer geltend gemacht werden und wer von diesen Parteien Gläubiger ist.

182   Erfüllungsansprüche, insbesondere auf Zahlung der Vergütung, stehen dem Verwalter in der Regel nur gegen den Verband Wohnungseigentümergemeinschaft als Vertragspartner zu. Die Wohnungseigentümer haften lediglich anteilig für die Verbindlichkeiten des Verbands Woh-

---

308   Häublein, ZWE 2008, 80, 81.
309   OLG Düsseldorf NJW 2007, 161; OLG Hamm ZMR 2006, 633.
310   Häublein, ZWE 2008, 1, 7 f.
311   Vgl Elzer, in: Hügel/Elzer, § 11 Rn 25.

nungseigentümergemeinschaft (§ 10 Abs. 8 S. 1 WEG). Der Verband Wohnungseigentümergemeinschaft kann seinerseits den Verwalter auf Erfüllung seiner vertraglichen Pflichten in Anspruch nehmen. Inwieweit dies auch für die einzelnen Eigentümer gilt, ist umstritten (dazu
Rn 112).

Die Darstellung zum Mandat für den Verwalter gliedert sich in Streitigkeiten mit einzelnen   **183**
Wohnungseigentümer (sogleich Rn 184 ff), das Mandat gegen den Verband Wohnungseigentümergemeinschaft (dazu Rn 192 ff) sowie Streitigkeiten gegen Dritte (Rn 201 ff).

II. Mandat für den Verwalter gegen den Wohnungseigentümer

Die Verwaltung einer Eigentumsanlage bringt es gelegentlich mit sich, dass Spannungen zwi-   **184**
schen Verwalter und (einzelnen) Eigentümern entstehen. Oft geht es um unterschiedliche Auffassungen, wie die Anlage am besten zu bewirtschaften ist. Im Regelfall lassen sich Uneinigkei-
ten ohne Tätigwerden des Gerichts klären. Gelegentlich kann sich aber für den Verwalter die
Notwendigkeit ergeben, sich gerichtlich gegen Maßnahmen der Eigentümer zur Wehr zu setzen.

1. Anfechtungsklage

In besonderen Konstellationen kann sich der Verwalter durch Anfechtungsklage gegen Be-   **185**
schlüsse der Eigentümer wehren. Die Anfechtungsklage des Verwalters ist nach § 46 Abs. 1
S. 1 Alt. 2 WEG gegen die Wohnungseigentümer zu richten. Der Wortlaut der Norm scheint
eine unbeschränkte Klagebefugnis des Verwalters zuzulassen.[312] Teile der Literatur interpretieren die Regel hingegen zutreffend im historischen Kontext: Zweck sei es nur, die von der
Rechtsprechung anerkannte Klagebefugnis des Verwalters in besonderen Fällen nicht auszuschließen.[313] Mit anderen Worten: Es ist derzeit umstritten, ob der Verwalter jeden Beschluss
anfechten kann oder nur solche, die ihn rechtlich berühren.

Hinweis: Der Streit sollte pragmatisch gelöst werden. Der Verwalter sollte, schon um keine
überflüssigen Prozesse zu führen, nur anfechten, wenn er sich hiervon einen rechtlichen Vorteil
verspricht.

Weithin anerkannt, insbesondere von der Rechtsprechung des BGH,[314] ist das Recht des Ver-   **186**
walters, den Beschluss über seine Abberufung anzufechten. Der Verwalter soll so die Möglichkeit erhalten, seine durch die Abberufung ggf zu Unrecht entzogene Rechtsstellung zurückzu-
erhalten.[315] Diesen in der Praxis nicht ganz seltenen Klagen liegt das folgende Muster (Rn 188)
zugrunde. Will der Verwalter andere Beschlüsse anfechten, kann auf die Muster zur Anfechtung
durch einzelne Eigentümer (Rn 39 ff) zurückgegriffen werden. Ein Anfechtungsinteresse kann
sich im Einzelfall bei Unsicherheiten über die Rechtmäßigkeit eines Beschlusses ergeben. Denn
der Verwalter ist zur Ausführung der Beschlüsse der Eigentümer verpflichtet (vgl. § 27 Abs. 1
Nr. 1 WEG), was bei ihm das Bedürfnis nach Klarheit über die Rechtmäßigkeit der Beschlüsse
entstehen lässt.[316]

Dem zu Unrecht abberufenen Verwalter dürfte es regelmäßig darum gehen, seine Vergütungs-   **187**
ansprüche nicht zu verlieren. Grundlage für diese Ansprüche ist aber nicht das Verwalteramt,

---

312   So etwa *Suilmann* in: Jenißen, § 46 Rn 44.
313   So Bärmann/*Wenzel*, § 46 Rn 32.
314   BGHZ 106, 113; Z 151, 164; Bärmann/*Wenzel*, § 46 Rn 33 mwN.
315   BGHZ 151, 164/169 ff.
316   Vgl *Suilmann* in: Jenißen, § 46 Rn 36.

sondern der Verwaltervertrag.[317] Eine zu Unrecht erfolgte Abberufung führt also nicht *per se* zum Verlust der Vergütung. Hierfür bedarf es der Kündigung des Verwaltervertrags, deren Begründetheit wiederum – ebenso wie die vorfristige Abberufung – einen wichtigen Grund voraussetzt. Nach hier vertretener Ansicht ist es daher ausreichend, wenn nach unberechtigter Abberufung und Kündigung des Verwaltervertrags eine Zahlungsklage erhoben wird (dazu Rn 198 ff). Wegen der unterschiedlichen Rechtsverhältnisse (Amtsstellung und Verwaltervertrag) bedeutet die Bestandskraft des Abberufungsbeschlusses nicht, dass der wichtige Grund für die Kündigung feststeht.

Hinweis: Der Berater sollte dem zu Unrecht abberufenen Verwalter wegen des Gesichtspunkts des sichersten Rechtsrats dennoch zu einer Klage gegen den Abberufungsbeschluss raten. Derzeit ist nämlich nicht geklärt, ob die Bestandskraft des Abberufungsbeschlusses Auswirkungen auf den Vergütungsanspruch hat.

188 ▶ **Muster: Anfechtungsklage des Verwalters gegen Beschluss über seine Abberufung**

An das Amtsgericht [...]

– Abteilung für Wohnungseigentumssachen –

Klage

des [...], [...]-Straße [...], [...] *[PLZ, Ort]*,

– Kläger –

Prozessbevollmächtigte: RAe [...], [...]-Straße [...], [...] *[PLZ, Ort]*,

gegen

die Eigentümer der Wohnungseigentümergemeinschaft [...]-Straße [...], [...] *[PLZ, Ort]* gemäß nachzureichender Liste,

– Beklagte –

Ersatzzustellungsvertreter: [...],

vorläufiger Streitwert: 12.000 €

Namens und in Vollmacht des Klägers erheben wir Klage und beantragen:

Der Beschluss zu TOP 1 (Abberufung des Verwalters) der Eigentümerversammlung vom [...] wird für ungültig erklärt.

Sofern das Gericht das schriftliche Vorverfahren anordnet, wird für den Fall der Fristversäumnis beantragt,

den Beklagten durch Versäumnisurteil ohne mündliche Verhandlung zu verurteilen.

Begründung:

Der Kläger ist Verwalter der Wohnungseigentümergemeinschaft [...], deren Mitglieder die Beklagten sind. Laut § 6 der Gemeinschaftsordnung vom [...] ist die Abberufung eines Verwalters vor Ablauf seiner Amtszeit nur aus wichtigem Grund zulässig.

Beweis: Gemeinschaftsordnung, Anlage K1.

Mit Beschluss zu TOP 1 der Eigentümerversammlung vom 30.11.2008 wurde der Kläger zum Verwalter der Beklagten für das Kalenderjahr 2009 bestellt.

Beweis: Protokoll der Eigentümerversammlung vom 30.11.2008, Anlage K2.

---

317   BayOLGZ 1974, 275; *Niedenführ* in: Niedenführ/Kümmel/Vandenhouten, § 26 Rn 101.

Am 20.6.2009 fand eine außerordentliche Eigentümerversammlung statt. In dieser wurde der Kläger unter TOP 1 als Verwalter abberufen. Hintergrund ist, dass die Eigentümer die Verwaltung der Firma [...] übertragen wollen, welche eine geringere Vergütung als der Kläger verlangt. Einen in der Person des Klägers liegenden Grund für die Abberufung gab es nicht.

Die Klage ist zulässig. Es ist anerkannt, dass ein Verwalter den Beschluss über seine eigene Abberufung anfechten kann, vgl. § 46 Abs. 1 WEG (BGHZ 106, 113).

Die Klage ist auch begründet. Die Gemeinschaftsordnung beschränkt die Abberufungsmöglichkeit auf Fälle, in denen ein wichtiger Grund vorliegt. Dies bedeutet, dass in anderen Fällen eine Abberufung nicht ordnungsmäßiger Verwaltung entspricht (vgl. BGH NJW 2002, 3240). Ein solcher wichtiger Grund erfordert, dass den Eigentümern bei einer Abwägung aller Interessen eine Zusammenarbeit mit dem Verwalter nicht mehr zugemutet werden kann (BGH NJW 2002, 3240). Soweit die Beklagten sich auf die Tatsache berufen, dass die Firma [...] preisgünstiger arbeite als der Kläger, ist dies kein wichtiger Grund. Denn die Beklagten haben sich bei der Wahl des Klägers dazu entschieden, die vereinbarte Vergütung zu zahlen; hieran müssen sie sich festhalten lassen.

Zum Streitwert: Dieser beträgt gemäß § 49 a Abs. 1 S. 2 GKG mindestens das Interesse des Klägers. Der Kläger erhält eine monatliche Vergütung von 2.000 €. Bei einer von der Beklagten durch die Abberufung verkürzten Amtszeit von sechs Monaten beläuft sich der Streitwert also auf 12.000 €.

Beglaubigte und einfache Abschrift anbei.

Rechtsanwalt ◄

2. Sonstige Klagen: Verteidigung gegen Beschlussausführungsklage

Es kommt gelegentlich vor, dass der Verwalter von einzelnen Eigentümern im Klagewege aufgefordert wird, bestimmte Verwaltungsmaßnahmen zu ergreifen. Ob und unter welchen Voraussetzungen ein Eigentümer einen Individualanspruch gegen den Verwalter auf Tätigwerden hat, ist derzeit ungeklärt. Hintergrund ist, dass – anders als zum alten Recht – nicht die Eigentümer, sondern der Verband Wohnungseigentümergemeinschaft Vertragspartner des Verwalters und deshalb zunächst einmal diesem gegenüber weisungsbefugt ist (näher Rn 112 ff). 189

Die Verteidigung des Verwalters gegen Klagen einzelner Eigentümer kann sich auf zwei Argumente stützen: Zunächst sollte vorgebracht werden, dass der Verwalter nur seinem Vertragspartner – dem Verband Wohnungseigentümergemeinschaft – weisungsunterworfen ist. Hilfsweise sollte argumentiert werden, dass selbst bei Annahme eines Individualanspruchs der einzelne Eigentümer vor einer Klage einen legitimierenden Beschluss der Eigentümerversammlung benötigt (näher Rn 112). 190

▶ **Muster: Verteidigung des Verwalters gegen Beschlussausführungsklage einzelner Eigentümer** 191

An das Amtsgericht [...]

– Abteilung für Wohnungseigentumssachen –

Az: [...]

In dem Rechtsstreit

[...] ./. [...]

zeige ich die Vertretung des Beklagten an und beantrage,

die Klage abzuweisen.

Lehmann-Richter

Begründung:

Die Klägerin verlangt vom Beklagten, dem Verwalter der Eigentümergemeinschaft [...], die Sanierung des Kellers der Anlage. Dies begründet sie wie folgt: Der Keller weise Feuchtigkeitsschäden auf und sei deshalb sanierungsbedürftig. Es bestehe Handlungsbedarf, weshalb der Beklagte hier tätig werden müsse.

Die Klage ist unbegründet. Zunächst ist der Beklagte nicht der Klägerin als einzelner Eigentümerin, sondern nur gegenüber dem Verband Wohnungseigentümergemeinschaft als seinem Vertragspartner weisungsgebunden (vgl. Häublein, ZWE 2008, 80, 81 f). Jedenfalls stünde eine Klage einer einzelnen Eigentümerin aber unter dem Vorbehalt eines Ermächtigungsbeschlusses der Gemeinschaft (vgl. BayObLG ZMR 2003, 692; Bärmann/*Wenzel*, § 10 WEG Rn 250), an dem es hier fehlt.

Hinzu kommt Folgendes: Wenn es – wie hier – um die Instandhaltung des Gemeinschaftseigentums geht, kommen in der Praxis meist mehrere Maßnahmen in Betracht, was eine Beschlussfassung durch die Gemeinschaft oder – wenn ein ordnungsgemäßer Verwaltung entsprechender Beschluss nicht gefasst wird – eine Beschlussersetzung durch das Gericht (§ 21 Abs. 8 WEG) erfordert. Eine Klage gegen den Verwalter scheidet in diesen Fällen von vornherein aus. Genau so liegt der Fall hier [...]

Beglaubigte und einfache Abschrift anbei.

Rechtsanwalt ◄

III. Mandat für den Verwalter gegen den Verband Wohnungseigentümergemeinschaft

192   Gemäß § 10 Abs. 6 S. 1 WEG ist der Verband Wohnungseigentümergemeinschaft im Rahmen der Verwaltung des gemeinschaftlichen Eigentums rechtsfähig. Praktisch wichtig ist der Abschluss des Verwaltervertrags, der nach herrschender Meinung zwischen Verband Wohnungseigentümergemeinschaft und Verwalter zustande kommt.[318] Dieser Vertrag ist die primäre Grundlage für Ansprüche des Verwalters gegen den Verband Wohnungseigentümergemeinschaft. Die Rechte und Pflichten aus dem Verwaltervertrag sind nach § 10 Abs. 6 S. 2 WEG originär dem Verband Wohnungseigentümergemeinschaft zugeordnet. Wo ein Verwaltervertrag fehlt, kann der Verwalter auf das Amtsrechtsverhältnis zum Verband Wohnungseigentümergemeinschaft zurückgreifen: Dieses ist ein gesetzliches Schuldverhältnis[319] und damit Grundlage etwa für Schadensersatzansprüche aus § 280 BGB.

193   Neben den originär dem Verband Wohnungseigentümergemeinschaft nach § 10 Abs. 6 S. 2 WEG zugeordneten Pflichten aus dem Verwaltervertrag nennt § 10 Abs. 6 S. 3 WEG Pflichten, die die einzelnen Eigentümer treffen, aber vom Verband Wohnungseigentümergemeinschaft zu erfüllen sind. Diese Pflichten der Eigentümer (zB Verkehrssicherung)[320] werden bei Klagen des Verwalters gegen den Verband Wohnungseigentümergemeinschaft kaum eine Rolle spielen.

194   Klagen des Verwalters gegen den Verband Wohnungseigentümergemeinschaft sind nach § 43 Nr. 3 WEG Wohnungseigentumssachen. Da der Verband Wohnungseigentümergemeinschaft üblicherweise vom Verwalter vertreten wird, bedarf es bei einer Klage des amtierenden Verwalters gegen den Verband Wohnungseigentümergemeinschaft eines entsprechenden Ersatzes. Der Verwalter ist nämlich als Zustellungsvertreter ausgeschlossen, wenn er Prozessgegner ist.[321] Die Regel über den Ersatzzustellungsvertreter nach § 45 Abs. 2 WEG gilt hier nicht, weil

---

318   OLG Düsseldorf NJW 2007, 161; OLG Hamm ZMR 2006, 633.
319   Häublein, ZWE 2008, 80.
320   Dazu Riecke/Schmid/*Elzer*, § 10 WEG Rn 421.
321   Vgl BGH NJW 2007, 2776.

diese Norm nur den Fall der Vertretung der Wohnungseigentümer regelt.[322] Hier sind § 27 Abs. 3 S. 2 und 3 WEG einschlägig, wonach der Verband Wohnungseigentümergemeinschaft entweder durch alle Eigentümer (Gesamtvertretung) oder durch einen per Beschluss ermächtigten Eigentümer (Einzelvertretung) vertreten wird.[323]

1. Feststellungsklage bei Unwirksamkeit einer Kündigung des Verwaltervertrags

Die Kündigung des Verwaltervertrags geht meist einher mit der Abberufung des Verwalters. **195** Beide Akte sind rechtlich zu trennen, weil beim Verwalter zwischen dem Amt und dem schuldrechtlichen Verwaltervertrag unterschieden wird.[324] Der Verwalter hat auch das Recht, den Beschluss über seine Abberufung anzufechten (dazu Rn 186).[325] Beide Rechtsakte, vorfristige Kündigung und Abberufung, sind nur bei Vorliegen eines wichtigen Grundes rechtmäßig.[326]

Als Alternative zur Feststellungsklage kommt auch die Klage nach § 259 ZPO auf zukünftige **196** Leistung des Honorars in Betracht (siehe das Muster Rn 200). Der Vorteil dieses Vorgehens ist, dass der Mandant bereits einen vollstreckbaren Titel über sein Honorar erhält. Indes sind die Voraussetzungen des § 259 ZPO sorgfältig zu prüfen.

Hinweis: Haben die Eigentümer die Abberufung des Verwalters beschlossen, die Kündigung des Verwaltervertrags erklärt und die Zahlung der Vergütung verweigert, kommt folgendes Vorgehen in Betracht: Im Anfechtungsprozess gegen die Eigentümer könnte entweder die Feststellungsklage oder der Zahlungsanspruch, gerichtet auf künftige Leistung, (dazu die Muster Rn 197 und 200) gegen den Verband Wohnungseigentümergemeinschaft geltend gemacht werden. Diese Möglichkeit wird – soweit ersichtlich – bisher nicht diskutiert, dürfte aber zu bejahen sein: Nach § 60 ZPO können mehrere Personen gemeinschaftlich verklagt werden, wenn auf einem im Wesentlichen gleichartigen tatsächlichen und rechtlichen Grund beruhende Verpflichtungen in Rede stehen. Das Auseinanderfallen der Beklagtenstellung liegt letztlich in der systemwidrigen[327] Anordnung des Gesetzes begründet, nach der sich die Beschlussanfechtungsklage gegen die Eigentümer und nicht den Verband Wohnungseigentümergemeinschaft zu richten hat (§ 46 Abs. 1 S. 1 WEG).

▶ **Muster: Klage des Verwalters gegen den Verband Wohnungseigentümergemeinschaft auf** **197** **Feststellung der Unwirksamkeit der Kündigung des Verwaltervertrags**

An das Amtsgericht [...]

– Abteilung für Wohnungseigentumssachen –

Klage

des [...], [...]-Straße [...], [...] *[PLZ, Ort]*,

– Kläger –

Prozessbevollmächtigte: RAe [...], [...]-Straße [...], [...] *[PLZ, Ort]*,

---

322 Vgl Riecke/Schmid/*Abramenko*, § 45 WEG Rn 4.
323 Dazu Drabek, ZWE 2008, 75.
324 Vgl BGH NJW 1997, 2107.
325 Vgl BGH NJW 2007, 2776.
326 Vgl BayObLG ZMR 1999, 575 sowie die Darstellung der wichtigen Gründe bei Riecke/Schmid/*Abramenko*, § 26 WEG Rn 12 f.
327 Zutreffend: Armbrüster, ZWE 2006, 470, 474.

gegen

die Wohnungseigentümergemeinschaft [...], [...]-Straße [...], [...] [*PLZ, Ort*], vertreten durch die Eigentümer [...]

– Beklagte –

auf Feststellung der Unwirksamkeit einer Kündigung.

Streitwert: 12.000 €

Namens und in Vollmacht des Klägers erhebe ich Klage und beantrage,

festzustellen, dass die Kündigung der Beklagten vom [...] den zwischen den Parteien bestehenden Vertrag über die Verwaltung der Wohnungseigentumsanlage [...] nicht zum [...] beendet hat, sondern der Vertrag bis zum [...] fortbesteht.

Sofern das Gericht das schriftliche Vorverfahren anordnet, wird für den Fall der Fristversäumnis beantragt,

die Beklagte durch Versäumnisurteil ohne mündliche Verhandlung zu verurteilen.

Begründung:

Der Kläger ist Verwalter der beklagten Wohnungseigentümergemeinschaft. Mit Beschluss zu TOP 1 der Eigentümerversammlung vom 30.11.2008 wurde der Kläger zum Verwalter der Beklagten für das Kalenderjahr 2009 bestellt. Gleichzeitig beschloss die Gemeinschaft den Abschluss des Verwaltervertrags gemäß Angebot des Beklagten vom 10.11.2008 und bevollmächtigte den Verwaltungsbeirat Herrn [...] mit der Unterzeichnung.

Beweis: Protokoll der Eigentümerversammlung vom 30.11.2008, Anlage K1.

Der Verwaltervertrag wurde entsprechend für ein Jahr vom 1.1.2009 bis zum 31.12.2009 geschlossen.

Beweis: Verwaltervertrag, Anlage K2.

Am 20.6.2009 fand eine außerordentliche Eigentümerversammlung statt. In dieser wurde der Kläger als Verwalter abberufen. Hintergrund ist, dass die Eigentümer die Verwaltung der Firma [...] übertragen wollen, welche eine geringere Vergütung als der Kläger verlangt. Mit von allen Eigentümern unterzeichneter Erklärung vom 20.6.2009 kündigte die Beklagte das Vertragsverhältnis mit dem Kläger zum 30.6.2009.

Beweis: Schreiben der Beklagten, Anlage K3.

Der Kläger forderte die Beklagte zu Händen sämtlicher Eigentümer auf, die Unwirksamkeit der Kündigung zum 30.6.2009 zu erklären. Eine Antwort erfolgte nicht.

Beweis: Schreiben vom 5.8.2009, Anlage K4.

Die Klage ist zulässig. Die Beklagte wird nach § 27 Abs. 3 S. 2 WEG hier von den Eigentümern vertreten. Das Feststellungsinteresse nach § 256 Abs. 1 ZPO liegt vor, da der Kläger zur Klärung seiner vertraglichen Vergütungsansprüche darauf angewiesen ist, die Unwirksamkeit der Vertragsbeendigung gerichtlich überprüfen zu lassen (vgl LG Düsseldorf ZMR 2005, 741). Die Klage ist auch begründet. Der Verwaltervertrag zwischen den Parteien ist nicht durch die Kündigung vom 20.6.2009 zum 30.6.2009 beendet worden. Der Vertrag ist auf bestimmte Zeit, nämlich bis Ende 2006, geschlossen. Er ist daher nur außerordentlich vorfristig kündbar (Wenzel, ZWE 2001, 514). Dies erfordert aber einen wichtigen Grund, der hier nicht ersichtlich ist.

Zum Streitwert: Dieser bemisst sich gemäß § 49 a Abs. 1 S. 2 GKG dem Interesse des Klägers. Der Kläger erhält eine monatliche Vergütung von 2.000 €. Bei einer von der Beklagten bestrittenen Restlaufzeit von sechs Monaten beläuft sich der Streitwert also auf 12.000 €.

Beglaubigte und einfache Abschrift anbei.

Rechtsanwalt ◄

2. Zahlungsklage Verwalterhonorar gegen den Verband Wohnungseigentümergemeinschaft und die Eigentümer

Der Anspruch auf die Verwaltervergütung folgt aus dem Verwaltervertrag. Schuldner ist damit **198** der Verband Wohnungseigentümergemeinschaft als Vertragspartner des Verwalters.[328] Fehlt ein Vertrag, kann sich ein Anspruch auf Vergütung des Verwalters aus §§ 677, 683, 670 GB (GoA) ergeben.[329] In der Praxis sind Fälle nicht selten, in denen der Vertrag des Verwalters grundlos fristlos gekündigt wird. Hier steht dem Verwalter nach §§ 675, 615 S. 1 BGB weiterhin ein Anspruch auf Vergütung zu. Er muss sich aber nach § 615 S. 2 BGB seine ersparten Aufwendungen anrechnen lassen.[330]

Hinweis: Dem Mandanten sollte zu einer Klage sowohl gegen den Verband Wohnungseigen- **199** tümergemeinschaft als auch gegen die Wohnungseigentümer entsprechend ihrer Haftungsquote geraten werden. Dies vermeidet Folgeprozesse, falls beim Verband Wohnungseigentümergemeinschaft keine Befriedigung erreicht werden kann. Die bloße pro-rata-Haftung der Eigentümer nach § 10 Abs. 8 S. 1 WEG erfordert bei der Formulierung der Klage besonderes Augenmerk. Es bietet sich an, den Antrag so zu strukturieren, dass in den Antrag zu 1) der kleinste gemeinsame Nenner der Haftung aller Parteien aufgenommen wird. Damit ist der Antrag zumindest hinsichtlich eines Eigentümers vollständig. Die Höhe des Betrags im Antrag zu 2) richtet sich dann nach der Haftungshöhe des noch verbliebenen geringsten haftenden Eigentümers usw. Der Klageantrag schließt mit dem Restbetrag, den nur der Verband Wohnungseigentümergemeinschaft schuldet.[331]

► **Muster: Klage des Verwalters gegen den Verband Wohnungseigentümergemeinschaft und die** **200** **Eigentümer auf Zahlung des Verwalterhonorars**

An das Amtsgericht [...]

– Abteilung für Wohnungseigentumssachen –

Klage

des [...], [...]-Straße [...], [...] *[PLZ, Ort]*,

– Kläger –

Prozessbevollmächtigte: RAe [...], [...]-Straße [...], [...] *[PLZ, Ort]*,

gegen

1. die Wohnungseigentümergemeinschaft [...], vertreten durch die Beklagten zu 2) und 3),

---

328 Zu den Parteien des Verwaltervertrags siehe etwa OLG Düsseldorf NJW 2007, 161; OLG Hamm ZMR 2006, 633.
329 KG KGReport Berlin 2004, 443.
330 OLG Hamm ZMR 1997, 94, 96; Staudinger/*Bub*, § 26 WEG Rn 389.
331 Vgl Boeckh, Wohnungseigentumsrecht, Teil 3 § 5 Rn 18 und das folgende Muster.

2. Herrn [...], [...]-Straße [...], [...] [*PLZ, Ort*],
3. Frau [...], [...]-Straße [...], [...] [*PLZ, Ort*],

– Beklagte –

auf Zahlung von Verwalterhonorar.

Streitwert: 600 €

Namens und in Vollmacht des Klägers erhebe ich Klage und beantrage,

1. die Beklagten wie Gesamtschuldner zu verurteilen, an den Kläger
   a) 50 € nebst Zinsen in Höhe von 5 Prozentpunkten über dem Basiszinssatz seit dem 2.7.2008 zu zahlen;
   b) jeweils 50 € am 4.8.2008, 1.9.2008, 1.10.2008, 1.11.2008 und 1.12.2008 zu zahlen;
2. die Beklagte zu 1) darüber hinaus zu verurteilen, an den Kläger
   a) 50 € nebst Zinsen in Höhe von 5 Prozentpunkten über dem Basiszinssatz seit dem 2.7.2008 zu zahlen;
   b) jeweils 50 € am 4.8.2008, 1.9.2008, 1.10.2008, 3.11.2008 und 1.12.2008 zu zahlen.

Sofern das Gericht das schriftliche Vorverfahren anordnet, wird für den Fall der Fristversäumnis beantragt,

den Beklagten durch Versäumnisurteil ohne mündliche Verhandlung zu verurteilen.

Begründung:

Der Kläger ist der Verwalter der zu 1) beklagten Wohnungseigentümergemeinschaft. Die Beklagten zu 2) und 3) sind die Eigentümer der Anlage. Der Miteigentumsanteil der Beklagten zu 2) und 3) beträgt je 50/100stel. Mit Beschluss zu TOP 1 der Eigentümerversammlung vom 30.11.2007 wurde der Kläger zum Verwalter der Beklagten für das Kalenderjahr 2008 bestellt. Gleichzeitig beschloss die Gemeinschaft den Abschluss des Verwaltervertrags gemäß Angebot des Beklagten vom 10.11.2007.

Beweis: Protokoll der Eigentümerversammlung vom 30.11.2007, Anlage K1.

Der Verwaltervertrag wurde entsprechend für ein Jahr vom 1.1.2008 bis zum 31.12.2008 geschlossen. Als Honorar wurden 100 € im Monat vereinbart; das Honorar ist jeweils am ersten des Monats fällig.

Beweis: Verwaltervertrag, Anlage K2.

Am 20.6.2008 fand eine außerordentliche Eigentümerversammlung statt. In dieser beschlossen die Beklagten, dem Kläger sein Honorar für die verbleibende Laufzeit nicht mehr zu zahlen. Mit von den Beklagten zu 2) und 3) unterzeichneter Erklärung vom 20.6.2008 teilte die Beklagte zu 1) dies dem Kläger mit. Als Grund gab sie eine Überhöhung des Honorars und Schlechtleistungen des Klägers an. Sie werde „unter keinen Umständen einen weiteren Pfennig" an den Kläger leisten.

Beweis: Schreiben der Beklagten zu 1), Anlage K3.

Der Kläger führt weiter die Verwaltung aus und wird dies bis zum Ende seiner Laufzeit auch fortsetzen. Er hat daher Anspruch auf seine Vergütung.

Der Kläger verlangt mit seiner Klage zum einen sein schon fälliges Honorar für den Monat Juli 2008. Der Verzugsanspruch folgt aus §§ 280 Abs. 1, Abs. 2, 286 Abs. 2 Nr. 1 BGB. Für die Folgemonate erhebt er Klage auf zukünftige Leistung nach § 259 ZPO. Freiwillige Zahlungen der Beklagten sind angesichts des Schreibens Anlage K3 nicht zu erwarten. Ein ernsthaftes Bestreiten des Schuldners reicht für den Tatbestand des § 259 ZPO aus (vgl BGH NJW 1999, 954). Die Beklagte zu 1) haftet dem Kläger als Vertragspartnerin auf die volle Vergütung. Die anteilige Haftung der Beklagten zu 2) und 3) folgt aus § 10 Abs. 8 S. 1 WEG. Die Höhe der Haftung richtet sich nach dem angegeben Miteigentumsanteil.

Die Beklagten sind keine Gesamtschuldner, weil § 10 Abs. 8 S. 1 WEG nur die anteilige Haftung der Wohnungseigentümer anordnet. Wegen der wechselseitigen Tilgungswirkung sind sie aber wie Gesamtschuldner zu verurteilen (vgl Boeckh, Wohnungseigentumsrecht, 2007, Teil 3 § 5 Rn 12 ff).

Der Kläger weist vorsorglich darauf hin, dass das zum Zeitpunkt der Entscheidung des Gerichts fällig gewordene Honorar durch unbedingte Verurteilung zuzusprechen ist, ohne dass es dazu einer Änderung des Klageantrags bedarf (vgl OLG Dresden NZM 1999, 174). Dies kann etwa für eine Versäumnisentscheidung im schriftlichen Vorverfahren von Bedeutung sein.

Zum Streitwert: Dieser bemisst sich gemäß § 49 a Abs. 1 S. 2 GKG nach dem Interesse des Klägers, hier also der Klageforderung.

Beglaubigte und einfache Abschrift anbei.

Rechtsanwalt ◄

IV. Streitigkeiten im Außenverhältnis: Mandat für den Verwalter gegen Dritte

Im Folgenden geht es um Passivprozesse des Verwalters, der von Dritten verklagt wird. Solche   201
Ansprüche gegen den Verwalter, die von Dritten (also weder den Eigentümern noch dem Verband Wohnungseigentümergemeinschaft) geltend gemacht werden, beruhen in der Regel auf der Stellung des Verwalters als Repräsentant der Gemeinschaft. Meist geht es um Ansprüche auf Schadensersatz, die auf einem mutmaßlichen Fehlverhalten des Verwalters beruhen. Wohnungseigentumsrechtliche Besonderheiten ergeben sich hier weder in prozessualer noch in materieller Hinsicht. Insbesondere folgt die gerichtliche Zuständigkeit allgemeinen Regeln.

▶ **Muster: Erwiderung des Verwalters gegen Klage auf Schadensersatz wegen Vertretung ohne**   202
Vertretungsmacht

An das Amtsgericht [...]

Az: [...]

In dem Rechtsstreit

[...] ./. [...]

zeige ich die Vertretung des Beklagten an und beantrage,

die Klage abzuweisen.

Begründung:

Die Klägerin verlangt vom Beklagten, dem Verwalter der Eigentümergemeinschaft [...]-Straße [...] in [...], die Zahlung von Schadensersatz. Dies begründet sie damit, der Beklagte habe sie am 5.5.2009 im Namen der Eigentümergemeinschaft mit der Sanierung der Fassade der Wohnanlage beauftragt. Hierzu habe er keine Vertretungsmacht besessen.

Dieser Sachvortrag der Klägerin ist in einem entscheidenden Punkt ergänzungsbedürftig: Für den Beklagten hat seine Mitarbeiterin Frau [...] die Gespräche mit der Klägerin geführt. Dabei hat sie die Klägerin in einem Gespräch mit dessen Geschäftsführer am 4.5.2009 ausdrücklich darauf hingewiesen, dass der Vertrag über die Bauleistungen noch der Zustimmung durch die Eigentümergemeinschaft bedürfe, die hierüber am 15.5.2009 beschließen wolle.

Beweis: Zeugnis Frau [...]

Es fehlt daher an den Voraussetzungen des § 179 BGB. Denn nach § 179 Abs. 3 S. 1 BGB haftet der Vertreter nicht, wenn der andere Teil den Mangel der Vertretungsmacht kannte oder kennen musste. So liegt der Fall hier, weshalb die Klage abzuweisen ist.

Beglaubigte und einfache Abschrift anbei.

Rechtsanwalt ◀

203 ▶ **Muster: Erwiderung des Verwalters gegen Klage auf Schadensersatz wegen Verletzung der Verkehrssicherungspflicht**

269

An das Amtsgericht [...]

Az: [...]

In dem Rechtsstreit

[...] ./. [...]

zeige ich die Vertretung des Beklagten an und beantrage,

die Klage abzuweisen.

Begründung:

Die Klägerin verlangt vom Beklagten, dem Verwalter der Eigentümergemeinschaft [...]-Straße [...] in [...], Schadensersatz wegen Verletzung der Verkehrssicherungspflicht. Dies begründet sie damit, der Beklagte habe es versäumt, in der Nacht des 5.1.2009 auf den 6.1.2009 vor der Wohnanlage nach Schneefall zu streuen. Als sie um 5.00 Uhr dieses Tages den Gehweg vor der Anlage passiert habe, sei sie ausgerutscht und habe sich das Handgelenk gebrochen.

Der Beklagte bestreitet zunächst mit Nichtwissen, dass die Klägerin vor der Wohnanlage [...]-Straße [...] in [...] gestürzt ist und sich dabei das Handgelenk gebrochen hat. Ebenso wird bestritten, dass zum angeblichen Unfallzeitpunkt der Gehweg dort nicht von Schnee geräumt war. Unabhängig von dieser Tatsachenfrage hat die Klage aber aus Rechtsgründen keine Erfolgsaussicht: Ob die Verkehrssicherungspflicht originär die einzelnen Eigentümer oder den rechtsfähigen Verband Wohnungseigentümergemeinschaft (vgl § 10 Abs. Abs. 6 WEG) trifft, ist derzeit zwar ungeklärt (vgl Riecke/Schmid/*Elzer*, § 10 WEG Rn 421 mwN). Unabhängig von dieser Streitfrage ist aber anerkannt, dass der WEG-Verwalter auch ohne besondere Übertragung wegen seiner Stellung als Organ der Gemeinschaft verkehrssicherungspflichtig ist (siehe etwa Palandt/*Bassenge*, § 27 BGB Rn 6). Der Beklagte hat hier aber mit der Schneeräumung die Firma [...] beauftragt. Diese Firma führt die erforderlichen Arbeiten bereits seit dem 1.1.2004 und damit seit über fünf Jahren ohne Beanstandungen aus.

Beweis: Vorlage der Werkverträge, Anlage B1 und B 2; Zeugnis des Geschäftsführers der Firma [...]

Der Beklagte hat zuletzt am morgen des 22.12.2008 nach einer schneereichen Nacht gemeinsam mit dem Hausmeister der Anlage, Herrn [...], die Streuarbeiten überprüft. Diese waren ordentlich ausgeführt.

Beweis: Zeugnis [...]

Damit hat der Beklagte seine Verkehrssicherungspflicht erfüllt, die sich mit der Beauftragung der Firma [...] auf eine Überwachung reduzierte, wobei die Rechtsprechung bei jahrelanger anstandsloser Tätigkeit keine laufenden Kontrollen verlangt (vgl BayObLG NJW-RR 2005, 100). Im Übrigen traf hier nach der Rechtsprechung niemanden die Pflicht, schon um 5.00 Uhr morgens den Gehweg zu streuen (vgl OLG Hamm MDR 2003, 333: Gehwege müssen erst gegen 7.00 Uhr geräumt sein).

Beglaubigte und einfache Abschrift anbei.

Rechtsanwalt ◀

E. Sonstige prozessuale Muster

I. Allgemeine zivilprozessuale Muster

Der Zivilprozess kennt eine Vielzahl unterschiedlicher Anträge und Schriftsätze, deren Dar- 204
stellung den Rahmen dieses Buches sprengen würde. Im Folgenden werden daher lediglich die
gebräuchlichsten Muster unter Berücksichtigung wohnungseigentumsrechtlicher Besonderheiten dargestellt.

1. Streitverkündung

Die Streitverkündung (§§ 72 ff ZPO) ist die Benachrichtigung eines nicht am Prozess beteiligten 205
Dritten mit dem Ziel, sich selbst einen späteren Rückgriffsprozess gegen den Dritten zu erleichtern. Nach § 68 ZPO entfaltet die Streitverkündung nämlich eine rechtskraftähnliche Bindungswirkung im Folgeprozess an das im Hauptprozess ergangene Urteil.[332]

Im Wohnungseigentumsrecht ist wegen der Existenz verschiedener rechtsfähiger Personen (Eigentümer auf der einen, Verband Wohnungseigentümergemeinschaft auf der anderen Seite)
sicherzustellen, dass der richtigen Person der Streit verkündet wird. Dafür ist die genaue Prüfung
erforderlich, wer in einem Regressprozess passiv legitimiert ist. Die Frage ist nicht immer einfach
zu beantworten. Kommt etwa ein Regress wegen fehlerhafter oder unterbliebener Instandsetzung des Gemeinschaftseigentums in Betracht, ist der Streit demjenigen zu verkünden, der hierfür verantwortlich ist. Ob die Instandsetzungspflicht nach § 10 Abs. 6 S. 3 WEG nur den Verband Wohnungseigentümergemeinschaft oder aber Verband Wohnungseigentümergemeinschaft
und Eigentümer gleichzeitig trifft, ist noch nicht geklärt.[333]

Hinweis: In Zweifelsfällen sollte der Rechtsanwalt beiden Personen, also Verband Wohnungseigentümergemeinschaft und den/dem Eigentümer(n), den Streit erklären.

Die Zulässigkeit der Streitverkündung wird nach herrschender Meinung erst im Regressprozess
unter dem Gesichtspunkt geprüft, ob die beabsichtigte Bindungswirkung eingetreten ist.[334] Für
die Verkündung im Ausgangsprozess reicht es nach § 73 ZPO aus, dass ein entsprechender
Schriftsatz eingereicht wird, der den Grund der Streitverkündung und die Lage des Rechtsstreits
mitteilt.

Eine Erstattung der Kosten des Streitverkündeten findet nur statt, wenn dieser dem Rechtsstreit 206
beitritt. Er hat dann die Stellung eines Nebenintervenienten (§ 74 Abs. 1 ZPO). Nach § 101
ZPO werden die Kosten des Nebenintervenienten dem Gegner der Hauptpartei auferlegt, soweit
er nach §§ 91 ff ZPO die Kosten des Rechtsstreits zu tragen hat; im Übrigen fallen sie dem
Nebenintervenienten zur Last. Eine Beteiligung des beigetretenen Streitverkündeten an den
Kosten der von ihm unterstützten Partei oder des Gegners der Hauptpartei findet nicht statt,
weil er nicht Partei iSd. §§ 91 ff ZPO ist.[335]

▶ **Muster: Streitverkündung**   207

An das Amtsgericht [...]

Az: [...]

In dem Rechtsstreit

[...] ./. [...]

---

332 Vgl Zöller/*Vollkommer*, § 68 ZPO Rn 1.
333 Vgl Riecke/Schmid/*Elzer*, § 10 WEG Rn 421 ff.
334 BGHZ 100, 259; 116, 98.
335 Vgl Musielak/*Wolst*, § 101 ZPO Rn 2.

verkünden wir Herrn [...] im Namen des Klägers den Streit mit der Aufforderung, dem Rechtsstreit auf Seiten des Klägers beizutreten.

Begründung:

Der Kläger ist Eigentümer und Vermieter, der Beklagte ist Mieter der Gaststätte im Erdgeschoss in der Eigentumsanlage [...]. Der Kläger verlangt vom Beklagten die Zahlung von Miete für den Monat Mai 2009. Der Beklagte wendet Minderung ein, weil die Mietsache in diesem Monat mangelhaft gewesen sei. Hintergrund dieses Arguments ist, dass der Streitverkündete, der Eigentümer der Einheit über der Gaststätte ist, im Mai 2009 sein Badezimmer saniert hat. Dabei kam es zu einem Wasserschaden, der die Gaststätte in Mitleidenschaft gezogen hat.

Sollte der Kläger den vorliegenden Prozess wegen dieses Einwands verlieren, kommt ein Regressanspruch gegen den Streitverkündeten in Betracht. Denn der Wasserschaden wurde vom Streitverkündeten verursacht. Der Kläger und der Streitverkündete sind durch das Schuldverhältnis Wohnungseigentümergemeinschaft miteinander verbunden, was zu einem Regressanspruch aus § 280 Abs. 1 BGB führt.

Zur Information des Streitverkündeten über den Verfahrensstand fügen wir in beglaubigter Abschrift bei:

- Klageschrift vom [...]
- Klageerwiderung vom [...]
- Terminladung zum [...]

Beglaubigte und einfache Abschrift anbei.

Rechtsanwalt ◄

2. Einstweilige Verfügung

208   Einstweilige Verfügungen sind im WEG insbesondere im Bereich der Willensbildung der Gemeinschaft bedeutsam (siehe ergänzend Rn 48 ff). Beschlüsse der Gemeinschaft sind, auch wenn sie ordnungsmäßiger Verwaltung widersprechen, so lange gültig, bis sie von einem Gericht rechtskräftig für ungültig erklärt werden (§ 23 Abs. 4 S. 2 WEG). Wegen der Dauer des Anfechtungsverfahrens ist es gelegentlich angezeigt, der Ausführung des Beschlusses und damit dem Schaffen vollendeter Tatsachen durch einstweilige Verfügung zu begegnen.

209   Der Erlass einer einstweiligen Verfügung setzt neben dem Anspruch auf die begehrte Rechtsfolge (Verfügungsanspruch) einen Verfügungsgrund voraus (vgl §§ 936, 920 Abs. 1 ZPO). Damit ist die besondere Eilbedürftigkeit beschrieben. Diese bedarf stets einer sorgfältigen Prüfung. Bei der im Fall der vorläufigen Suspendierung eines Beschlusses einschlägigen Regelungsverfügung nach § 940 ZPO ist dafür die Abwendung „wesentlicher Nachteile" erforderlich. Wo die Entscheidung des Gerichts die Hauptsache vorwegnimmt (etwa beim Anspruch gegen den ausgeschiedenen Verwalter auf Herausgabe von Verwaltungsunterlagen) sind wesentlich strengere Maßstäbe zu beachten: Hier ist erforderlich, dass ein Zuwarten auf die Entscheidung in der Hauptsache wegen der damit einhergehenden Nachteile dem Kläger unzumutbar ist.[336]

210   Verfahrensrecht: Zuständig ist das Gericht der Hauptsache (§ 937 ZPO), in WEG-Sachen also meist das Amtsgericht im Bezirk der Eigentumsanlage (§ 43 WEG, § 23 Nr. 2 Buchst. c GVG). Die Entscheidung kann in besonderen Eilfällen ohne mündliche Verhandlung durch Beschluss

---

336   Vgl etwa KG ZMR 2005, 47; Zöller/*Vollkommer*, § 940 ZPO Rn 6.

ergehen (§ 937 Abs. 2 ZPO; ggf allein durch den Vorsitzenden, § 944 ZPO). Die Rechtsmittel gegen den Beschluss richten sich nach §§ 936, 924 ZPO oder § 567 Abs. 1 ZPO (Beschwerde bei Erlass, Widerspruch bei Ablehnung der begehrten Entscheidung).[337] Entscheidet das Gericht durch Urteil, ist die Berufung zulässig.

Verfügungsanspruch und Verfügungsgrund sind glaubhaft zu machen (§§ 936, 920 Abs. 2 ZPO). Dies bedeutet, dass sich der Kläger ergänzend der Versicherung an Eides statt bedienen kann (§ 294 ZPO). In der Praxis ist dazu zu raten, sämtliche Antragsvoraussetzungen durch eidesstattliche Versicherung des Mandanten bestätigen zu lassen. Besonderheiten sind auch bei der Vollstreckung zu beachten: Nach herrschender Meinung muss gem. §§ 936, 929 ZPO die Zustellung der Entscheidung des Gerichts im Parteibetrieb binnen der Vollziehungsfrist von einem Monat erfolgen.[338] Dies ist Ausfluss des Eilcharakters dieses Verfahrens. **211**

Hinweis: Ist Gegenstand des Verfahrens eine unvertretbare Handlung (etwa Unterlassen von Lärmbelästigungen), ist es ratsam, schon im Antrag selbst den Vollstreckungsantrag nach § 888 Abs. 1 ZPO zu stellen: **212**

„Der Antragsgegnerin wird bei Meidung eines für jeden Fall der Zuwiderhandlung festzusetzenden Ordnungsgeldes von bis zu 100.000 € oder bei Meidung von Ordnungshaft von bis zu sechs Monaten aufgegeben, …"

▶ **Muster: Einstweilige Verfügung auf Suspendierung der Wirkungen eines Beschlusses** **213**

An das Amtsgericht […]

– Abteilung für Wohnungseigentumssachen –

Antrag auf Erlass einer einstweiligen Verfügung

der Wohnungseigentümerin […], […]-Straße […], […] *[PLZ, Ort]*

– Antragstellerin –

Verfahrensbevollmächtigte: RAe […], […]-Straße […], […] *[PLZ, Ort]*

gegen

die übrigen Wohnungseigentümer der

Wohnungseigentümergemeinschaft […], […]-Straße […], […] *[PLZ, Ort]*, gemäß beiliegender Liste,

– Antragsgegnerin –,

vertreten durch den Ersatzzustellungsvertreter, Herrn […], […]-Straße […], […] *[PLZ, Ort]*

Beizuladende:

1) Firma C. GmbH, vertreten durch den Geschäftsführer, […], […]-Straße […], […] *[PLZ, Ort]*

2) Firma K. KG, vertreten durch den persönlich haftenden Gesellschafter […], […]-Straße […], […] *[PLZ, Ort]*

wegen Suspendierung der Wirkungen eines Eigentümerbeschlusses.

Streitwert: 16..000 €.

Namens und in Vollmacht des Antragstellers beantrage ich – wegen Dringlichkeit des Falles ohne vorherige mündliche Verhandlung – den Erlass folgender einstweiliger Verfügung gegen die Antragsgegner:

---

337 Zu Ausnahmen vgl Zöller/*Vollkommer*, § 937 ZPO Rn 3 a.
338 Vgl BGHZ 120, 78; Baumbach/Lauterbach/Albers/*Hartmann*, § 929 ZPO Rn 12 mwN.

Die Beschlüsse der Eigentümerversammlung der Wohnungseigentümergemeinschaft [...] zu TOP 1 (Abwahl der Verwalterin C. GmbH) und TOP 2 (Neuwahl der Verwalterin K. KG) vom [...] werden bis zur rechtskräftigen Entscheidung im Anfechtungsverfahren vor dem Amtsgericht [...] zum Aktenzeichen [...] einstweilen außer Kraft gesetzt.

Begründung:

Die Antragstellerin ist Eigentümerin der in der betroffenen Wohnanlage befindlichen Wohnungen Nr. 7 bis 15. Die Antragsgegner sind Eigentümer der anderen Wohnungen. Die Beizuladende zu 1) wurde am 11.12.2006 unter TOP 2 für die Zeit vom 1.1.2007 bis 31.12.2008 zur WEG-Verwalterin bestellt.

Glaubhaftmachung: Protokoll der Versammlung vom 11.12.2006, Anlage A1; eidesstattliche Versicherung der Antragstellerin, Anlage A2.

Am 21.2.2007 fand eine Eigentümerversammlung statt. In dieser Versammlung wurde die Beizuladende zu 1) mit sofortiger Wirkung abberufen (Beschluss zu TOP1) und die Beizuladende zu 2) zur neuen Verwalterin bestellt (TOP 2).

Glaubhaftmachung: Protokoll der Versammlung vom 21.2.2007, Anlage A3; eidesstattliche Versicherung der Antragstellerin, Anlage A2.

Die Antragstellerin hat diese Beschlüsse am 22.2.2007 beim Amtsgericht angefochten. Dieses Verfahren trägt das Aktenzeichen [...].

Glaubhaftmachung: Beiziehung der Akten Amtsgericht [...]; eidesstattliche Versicherung der Antragstellerin, Anlage A2.

Zu der Versammlung am 21.2.2007 hatte nicht die Verwalterin, sondern der Eigentümer Herr A. geladen.

Glaubhaftmachung: Ladung vom 10.2.2007, Anlage A 4; eidesstattliche Versicherung der Antragstellerin, Anlage A2.

Hintergrund der Ladung ist, dass der Eigentümer Herr A. die ihm genehme Beizuladende zu 2) als Verwalterin installieren wollte und deshalb eigenmächtig zu der Versammlung geladen hat.

Die Abberufung der bisherigen Verwalterin, der Beizuladenden zu 1), wird im Beschluss zu TOP 1 der Versammlung mit einer Auseinandersetzung zwischen deren Geschäftsführer und dem Eigentümer Herrn A. begründet. Es wird pauschal ohne nähere Schilderung der Umstände behauptet, der Geschäftsführer der bisherigen Verwalterin habe Herrn A. am 8.2.2007 „gedroht". Dies ist nicht zutreffend.

Glaubhaftmachung: eidesstattliche Versicherung des Geschäftsführers der bisherigen Verwalterin, Anlage A6

Es handelt sich um einen vorgeschobenen Grund, damit Herr A. einen ihm nahe stehenden Verwalter installieren kann.

Die gefassten Beschlüsse sind aus formellen und materiellen Gründen rechtswidrig. Ein Eigentümer kann eine Eigentümerversammlung nicht wirksam einberufen, weil er nicht zum Kreis der hierzu Berufenen gehört (vgl § 24 Abs. 1 und Abs. 2 WEG). Die auf einer solchen Versammlung gefassten Beschlüsse sind für unwirksam zu erklären, wenn sie auf dem Einberufungsmangel beruhen. Dies wird vermutet (vgl Weitnauer/*Lüke*, § 23 WEG Rn 14 mit Nachweisen aus der Rechtsprechung), steht hier aber auch fest: Die Antragstellerin, die mit insgesamt 3.200/10.000 der Miteigentumsanteile hält, hat an der Versammlung nicht teilgenommen, weil sie der Einladung des Herrn A. nicht Folge leisten wollte (und auch nicht musste).

Glaubhaftmachung: eidesstattliche Versicherung der Antragstellerin, Anlage A2.

Die Stimmen der Antragstellerin hätten der Entscheidung eine andere Richtung gegeben, weil in der Gemeinschaft nach Miteigentumsanteilen abgestimmt wird und die Stimmen der Antragstellerin zur Ablehnung des Beschlusses geführt hätten.

Glaubhaftmachung: Protokoll der Versammlung vom 21.2.2007, Anlage A3; eidesstattliche Versicherung der Antragstellerin, Anlage A2.

Daneben bestand auch kein wichtiger Grund zur Abberufung der Beizuladenden zu 1), da die nicht näher substantiierte Bedrohung des Herrn A. nicht stattgefunden hat. In Anbetracht der offensichtlichen Rechtswidrigkeit der Beschlüsse droht eine doppelte Zahlungsverpflichtung der Gemeinschaft, falls neben der am 11.12.2006 zur Verwalterin bestellten Beigeladenen zu 1) ein weiterer Verwalter tätig wird.

Bei gerichtlicher Außerkraftsetzung des Beschlusses zu TOP 2) ist die Gemeinschaft keinen (Ersatz-)Ansprüchen der Beizuladenden zu 2) ausgesetzt. Der bei Suspendierung des Beschlusses entstehende Schaden ist folglich deutlich geringer als die drohende doppelte Zahlungsverpflichtung im Falle einer späteren rechtskräftigen Beschlussaufhebung, was den Erlass der beantragten Verfügung rechtfertigt (vgl hierzu Häublein/Scheffler, ZfIR 2002, 332).

Die Suspendierung des Beschlusses zu TOP 1 (Abwahl der Beizuladenden zu 1) rechtfertigt sich aus der sonst drohenden Handlungsunfähigkeit der Wohnungseigentümergemeinschaft. Als der Geschäftsführer der Beizuladenden zu 1) am 22.2.2007 die fällige Rechnung der Wasserwerke durch Überweisungen vom Wohnungseigentümergemeinschaft-Konto bei der [...]-Bank vornehmen wollte, wurde ihm von dem Bankmitarbeiter [...] mitgeteilt, dass der Bank ein notariell beglaubigtes Protokoll der Versammlung vom 21.2.2007 vorliege, aus dem sich ergebe, dass die Beigeladene zu 1) keine Verfügungsmacht mehr über das Konto habe.

Glaubhaftmachung: eidesstattliche Versicherung des Geschäftsführers der bisherigen Verwalterin, Anlage A6

Rein vorsorglich wird an dieser Stelle darauf hingewiesen, dass es durch die nur vorläufige Suspendierung der Beschlüsse nicht zu einer Vorwegnahme der Hauptsache kommt.

Zum Streitwert: Er beträgt regelmäßig rund 1/3 des Wertes des Hauptsacheverfahrens. Streitgegenständlich ist hier die Position des Verwalters, weshalb es in der Sache um das Verwalterentgelt geht (vgl BayObLG NZM 1998, 668). Der Beigeladene zu 1) würde bis zum Ablauf seines Bestellungszeitraums ein Entgelt von 32.000 € erhalten. Nach § 49 a Abs. 1 S. 2 GKG beträgt der Wert des Hauptsacheverfahrens 32.000 € was hier einen Streitwert von 16.000 € rechtfertigt.

Da das hiesige Verfahren auch den Beizuladenden zu 1) als bisherigen Verwalter berührt, ist seine Beiladung analog § 48 Abs. 1 S. 2 WEG angezeigt, der nach dem Wortlaut nur die Beiladung des amtierenden Verwalters vorschreibt.

Beglaubigte und einfache Abschrift anbei.

Rechtsanwalt ◀

3. Tatbestandsberichtigung

Der Antrag auf Tatbestandsberichtigung[339] hat im Falle der Berufung besondere Bedeutung, weil das Berufungsgericht nach § 529 Abs. 1 Nr. 1 ZPO im Zweifel an den in erster Instanz   214

---

339 Zur Zweckmäßigkeit eines solchen Antrags Stackmann, NJW 2009, 1537.

festgestellten Tatbestand gebunden ist. Zudem liefert der Tatbestand nach § 314 ZPO Beweis für das mündliche Vorbringen der Parteien. Der Antrag ist binnen einer Frist von zwei Wochen ab Zustellung des vollständig abgefassten Urteils zu stellen, spätestens binnen drei Monaten ab Verkündung (§ 320 Abs. 1 ZPO).[340] Der Antrag kann sich auch gegen in den Entscheidungsgründen enthaltene Tatbestandsfeststellungen richten.[341]

215 ▶ **Muster: Antrag auf Tatbestandsberichtigung**

An das Amtsgericht [...]

– Abteilung für Wohnungseigentumssachen –

Az: [...]

In dem Rechtsstreit

[...] ./. [...]

stelle ich nach § 320 ZPO folgenden

Antrag auf Tatbestandsberichtigung:

Auf Seite 3 des Urteils muss es anstelle „Am 2.2.2009 schlossen die Parteien einen Verwaltervertrag zu einer monatlichen Vergütung von 30 € pro Einheit" lauten: „Am 2.2.2009 schlossen die Parteien einen Verwaltervertrag zu einer monatlichen Vergütung von 35 € pro Einheit". Diesen Tatbestand haben Kläger (Seite 2 der Klageschrift) und Beklagter (Seite 5 der Klageerwiderung) übereinstimmend vorgetragen.

Beglaubigte und einfache Abschrift anbei.

Rechtsanwalt ◀

4. Urteilsergänzung

216 Der Antrag auf Urteilsergänzung ist binnen einer Frist von zwei Wochen ab Zustellung des Urteils zu stellen (§ 321 Abs. 2 ZPO). Der Anspruch ist nur zulässig, wenn über einen Hauptanspruch versehentlich, also nicht rechtsirrig oder bewusst, nicht entschieden wurde.[342]

217 ▶ **Muster: Urteilsergänzung**

An das Amtsgericht [...]

– Abteilung für Wohnungseigentumssachen –

Az: [...]

In dem Rechtsstreit

[...] ./. [...]

beantrage ich im Wege der Urteilsergänzung,

über den in der Klageschrift vom 2.3.2009 gestellten Zinsantrag zu entscheiden.

Begründung:

Der Kläger hat die Zahlung von Schadensersatz in Höhe von 1.300 € nebst Zinsen in Höhe von 5 Prozentpunkten über dem Basiszinssatz seit Rechtshängigkeit begehrt. Das Urteil vom 10.6.2009 hat

---

340 Ohne abgefassten Tatbestand kann eine Berichtigung regelmäßig nicht erfolgen. Eine Verlängerung der Frist oder eine Wiedereinsetzung ist nach hM ausgeschlossen. Die Fehlerhaftigkeit des Tatbestands bildet dann einen Berufungs- bzw Revisonsgrund, Zöller/*Vollkommer*, § 320 ZPO Rn 8.
341 BGH NJW 1993, 1852.
342 Zöller/*Vollkommer*, § 321 ZPO Rn 2.

den Beklagten zur Zahlung der Hauptforderung verurteilt, die Klage im Übrigen aber nicht abgewiesen. Eine Ausurteilung des Zinsanspruchs, der auch in den Entscheidungsgründen nicht erwähnt wird, steht daher noch aus.

Beglaubigte und einfache Abschrift anbei.

Rechtsanwalt ◄

5. Prozesskostenhilfe

Prozesskostenhilfe wird gewährt, wenn die Partei die Kosten der Prozessführung nicht, nur zum   218
Teil oder nur in Raten aufbringen kann und die Rechtsverfolgung oder Rechtsverteidigung
hinreichende Aussicht auf Erfolg bietet (§ 114 ZPO). Beide Voraussetzungen müssen im Antrag
dem Gericht mitgeteilt werden. Die Offenlegung der persönlichen und wirtschaftlichen Verhältnisse erfolgt durch Einreichung eines Vordrucks, dessen Verwendung vorgeschrieben ist
(§ 117 Abs. 4 ZPO). Die Art der Darstellung der Erfolgsaussichten der Rechtsposition des Antragstellers ist ihm überlassen. Zweckmäßig erfolgt diese durch Einreichung des Schriftsatzes
im Hauptsacheverfahren (Klageentwurf oder Klageabweisungsbegründung). Wird – wie im
Muster Rn 220 – Prozesskostenhilfe für eine Klage beantragt, hat der Antragsteller zwei Möglichkeiten: Er kann die Klage bereits unbedingt einreichen und daneben Prozesskostenhilfe beantragen. Wird diese verwehrt, hat der Kläger alle Prozesskosten persönlich aufzubringen. Oder
er reicht die Klage als Entwurf ein und lässt diese nur zustellen, wenn Prozesskostenhilfe bewilligt wird. Wählt der Antragsteller die zweite Variante und ist etwa die Klagefrist nach § 46
Abs. 1 S. 2 WEG zum Zeitpunkt der Bewilligung der Prozesskostenhilfe bereits abgelaufen,
muss Wiedereinsetzung in die Frist beantragt werden.[343] Gleiches gilt etwa bei Einlegung der
Berufung und der Berufungsfrist. Der Antrag zu 2) im vorgeschlagenen Muster Rn 220 sorgt
dafür, dass die Klage nach Bewilligung der Prozesskostenhilfe sofort zugestellt wird; die entsprechende beglaubigte Abschrift ist als für diesen Zweck beigefügt kenntlich zu machen.

Zuständig für den Antrag ist das Gericht, bei dem das Verfahren, für welches Prozesskostenhilfe   219
begehrt wird, anhängig ist oder anhängig zu machen wäre (§ 117 Abs. 1 S. 1 ZPO). In WEG-
Sachen ist dies meist das Amtsgericht im Bezirk der Eigentumsanlage (§ 43 WEG, § 23 Nr. 2
Buchst. c GVG). Rechtsfolge der Prozesskostenhilfe ist, dass die Anwalts- und Gerichtskosten
von der Staatskasse im Umfang der Bewilligung übernommen werden. Eine Erstattung der
Kosten der Gegenseite im Falle des Unterliegens findet hingegen nicht statt (§ 122 ZPO).

► **Muster: Antrag auf Prozesskostenhilfe**   220

An das Amtsgericht [...]

– Abteilung für Wohnungseigentumssachen –

Antrag auf Prozesskostenhilfe

der Wohnungseigentümerin [...], [...]-Straße [...], [...] *[PLZ, Ort]*

– Antragstellerin –

Verfahrensbevollmächtigte: RAe [...], [...]-Straße [...], [...] *[PLZ, Ort]*

Gegner: die übrigen Wohnungseigentümer der Wohnungseigentümergemeinschaft [...], [...]-Straße
[...], [...] *[PLZ, Ort]*, gemäß beiliegender Liste.

---

343   Siehe dazu das folgende Muster Rn 225.

Namens und in Vollmacht der Antragstellerin beantrage ich,

1. der Antragstellerin Prozesskostenhilfe für ihre beabsichtigte Anfechtungsklage gegen den Beschluss zu TOP 1 der Versammlung der Wohnungseigentümergemeinschaft [...] vom [...] zu gewähren und ihr den Unterzeichner als Prozessbevollmächtigten beizuordnen;

2. die beigefügte beglaubigte Abschrift der Klage für den Fall der Bewilligung der Prozesskostenhilfe als erhoben anzusehen und den Beklagten zuzustellen.

Begründung:

Die Antragstellerin ist Wohnungseigentümerin der im Antrag erwähnten Anlage. Die Gemeinschaft hat am [...] zu TOP 1 die Jahresabrechnung 2008 beschlossen. Die Antragstellerin beabsichtigt, diesen Beschluss, der an einer Reihe von Mängeln leidet, anzufechten. Hierzu begehrt sie Prozesskostenhilfe. Die Beiordnung eines Rechtsanwalts ist wegen der komplexen Rechtsprobleme angezeigt (§ 121 Abs. 2 ZPO).

Die Erklärung über die persönlichen und wirtschaftlichen Verhältnisse liegt bei. Die Erfolgsaussichten der Rechtsverfolgung ergeben sich aus der beiliegenden Klage.

Wegen der in Kürze ablaufenden Anfechtungsfrist nach § 46 Abs. 1 S. 2 WEG wird um zeitnahe Entscheidung gebeten.

Beglaubigte und einfache Abschrift dieses Schriftsatzes sowie der Klage anbei.

Rechtsanwalt ◀

6. Wiedereinsetzung

221 Wiedereinsetzung kann nach § 233 ZPO insbesondere in versäumte Notfristen und die Berufungsbegründungsfrist beantragt werden. In WEG-Sachen besonders praktisch ist die Wiedereinsetzung in die Fristen aus § 46 Abs. 1 S. 2 WEG. Danach muss die Anfechtungsklage gegen einen Beschluss innerhalb eines Monats nach Beschlussfassung erhoben und innerhalb zweier Monate begründet werden. Gegen die Versäumung beider Fristen ist nach § 46 Abs. 1 S. 3 WEG die Wiedereinsetzung möglich. Die unverschuldete Versäumung der Begründungsfrist kommt etwa bei verspätetem Empfang des Versammlungsprotokolls in Betracht.[344]

222 Die Wiedereinsetzung setzt voraus, dass

- die Fristversäumnis unverschuldet war;
- die Wiedereinsetzung binnen der Frist des § 234 ZPO (regelmäßig zwei Wochen) beantragt wird und die Gründe für die unverschuldete Fristversäumnis glaubhaft gemacht werden (§ 236 ZPO);
- die versäumte Prozesshandlung binnen der Frist des § 234 ZPO nachgeholt wird; in diesem Fall kann Wiedereinsetzung auch ohne Antrag gewährt werden (§ 236 Abs. 2 ZPO).

Zuständig für die Wiedereinsetzung ist das Gericht, dem die Entscheidung über die versäumte Prozesshandlung obliegt (§ 237 ZPO). Die Wiedereinsetzung ist unanfechtbar. Da über die Wiedereinsetzung grds. nach mündlicher Verhandlung entschieden wird, ist gegen ablehnende Entscheidungen in erster Instanz regelmäßig die Berufung eröffnet (§ 238 Abs. 2 S. 1 ZPO).[345]

223 Praktisch besonders bedeutsam ist die Fristversäumnis aus wirtschaftlichen Gründen, die auch dem obigen Muster Rn 220 zugrunde liegt. Nach der Rechtsprechung des BGH ist einer be-

---

344 Riecke/Schmid//*Abramenko*, § 46 WEG Rn 9.
345 Vgl Musielak/*Grandel*, § 238 ZPO Rn 7.

dürftigen Partei Wiedereinsetzung in versäumte (Rechtsmittel-)fristen zu gewähren, wenn sie vor Ablauf der Frist Prozesskostenhilfe beantragt hat und sie vernünftigerweise nicht mit der Verweigerung der Prozesskostenhilfe wegen nicht hinreichend nachgewiesener Bedürftigkeit rechnen musste. Das ist der Fall, wenn dem Antrag innerhalb der Frist eine vollständig ausgefüllte Erklärung über die persönlichen und wirtschaftlichen Verhältnisse nebst den erforderlichen Anlagen beigefügt war.[346]

Bei Abfassung des Antrags auf Wiedereinsetzung ist auf die Begründung besonderes Augenmerk zu richten. Diese muss innerhalb der Wiedereinsetzungsfrist vollständig erfolgen. Dem Gericht müssen alle Tatsachen mitgeteilt werden, die es zur Rechtsanwendung benötigt; dazu gehört etwa auch die Mitteilung des Tages, an dem das Hindernis behoben war. Lediglich die Mittel zur Glaubhaftmachung (insbesondere eidesstattliche Versicherungen, §§ 234 Abs. 2 S. 1, 294 ZPO) können nachgereicht werden.[347] 224

▶ **Muster: Antrag auf Wiedereinsetzung** 225

An das Amtsgericht [...]

– Abteilung für Wohnungseigentumssachen –

Aktenzeichen des Gerichts: [...]

Antrag auf Wiedereinsetzung in den vorigen Stand

der Wohnungseigentümerin [...], [...]-Straße [...], [...] *[PLZ, Ort]*

– Klägerin –

Prozessbevollmächtigte: RAe [...], [...]-Straße [...], [...] *[PLZ, Ort]*

Namens und in Vollmacht der Klägerin beantrage ich,

der Klägerin Wiedereinsetzung in die Frist zur Anfechtung des Beschlusses zu TOP 1 der Versammlung am [...] der Wohnungseigentümergemeinschaft [...] zu gewähren.

Begründung:

Die Klägerin ist Wohnungseigentümerin der im Antrag erwähnten Anlage. Die Gemeinschaft hat am [...] zu TOP 1 die Jahresabrechnung 2008 beschlossen. Die Klägerin hat mit Schriftsatz vom [...] Prozesskostenhilfe für die beabsichtigte Anfechtung dieses Beschlusses beantragt. Diesem Antrag ist durch Beschluss vom [...] entsprochen worden.

Glaubhaftmachung: Akten des Amtsgerichts [...]

Die Klägerin hat vor zwei Tagen die Anfechtungsschrift gegen den Beschluss zu TOP1 der Versammlung vom [...] eingereicht.

Der Klägerin ist wegen Versäumnis der Frist aus § 46 Abs. 1 S. 2 WEG Wiedereinsetzung in den vorigen Stand zu gewähren. Nach § 46 Abs. 1 S. 3 WEG sind die Vorschriften über die Wiedereinsetzung hier anwendbar. Die Klägerin hat die Frist aus § 46 Abs. 1 S. 2 WEG unverschuldet versäumt (§ 233 ZPO). Denn sie war wirtschaftlich nicht in der Lage, die Prozesskosten aufzubringen. Dieses Hindernis ist erst durch den PKH-Beschluss vom [...] behoben worden. Der heutige Antrag erfolgt daher innerhalb

---

346 Etwa BGH MDR 2008, 581.
347 BGH FamRZ 1989, 373; Baumbach/Lauterbach/Albers/*Hartmann*, § 236 ZPO Rn 7.

der Zweiwochenfrist aus § 234 Abs. 2 ZPO. Die Klägerin hat die versäumte Prozesshandlung bereits vor zwei Tagen vorgenommen, damit ist auch § 236 Abs. 2 ZPO erfüllt.

Beglaubigte und einfache Abschrift anbei.

Rechtsanwalt ◄

7. Selbständiges Beweisverfahren

226 Nach § 485 ZPO kann sowohl während als auch außerhalb eines Prozesses die selbständige Beweisaufnahme durch das Gericht beantragt werden. Der Antrag setzt in beiden Fällen ein rechtliches Interesse des Antragstellers voraus, welches § 485 ZPO je nach Art des Beweismittels unterschiedlich ausgestaltet.

In WEG-Sachen praktisch besonders bedeutsam ist die Begutachtung des Zustands einer Sache, meist des Gemeinschaftseigentums, durch einen Sachverständigen vor Anhängigkeit eines Rechtsstreits. Dieser Fall liegt auch dem Muster Rn 228 zugrunde. Ein solcher Antrag ist nach § 485 Abs. 2 S. 1 ZPO zulässig, wenn der Antragsteller ein rechtliches Interesse an der Begutachtung hat. Die Rechtsprechung ist hier sehr großzügig: Für ein entsprechendes Interesse reicht es aus, wenn die festzustellende Tatsache die Grundlage eines Anspruchs bilden kann. Dies ist nur dann nicht der Fall, wenn von vornherein ein Anspruch nicht erkennbar ist.[348] In WEG-Sachen kann ein Anspruch zwischen den Parteien des Beweisverfahrens etwa ausscheiden, wenn die falsche Person Antragsteller oder Antragsgegner ist.

Hinweis: Diese Fälle sind seit Anerkennung der Rechtsfähigkeit nicht selten, weil die Praxis oft nicht hinreichend kritisch prüft, wer eigentlich Inhaber oder Gegner des hinter dem selbständigen Beweisverfahrens stehenden Anspruchs ist. Vor Einreichung des Antrags ist daher sorgfältig zu prüfen, ob die einzelnen Eigentümer oder der Verband Wohnungseigentümergemeinschaft aktiv- bzw passivlegitimiert sind (zu diesem Problem siehe Rn 4 und 15).

227 Im selbständigen Beweisverfahren reicht die Glaubhaftmachung der Tatsachen aus, welche die Zulässigkeit des Verfahrens begründen (§ 487 Nr. 4 ZPO). Zuständig ist das Gericht, bei dem der hinter dem Beweisverfahren stehende Anspruch anhängig ist oder anhängig zu machen wäre (§ 486 ZPO). Dies ist regelmäßig das Amtsgericht im Bezirk der Eigentumsanlage (§ 43 WEG, § 23 Nr. 2 Buchst. c GVG). Rechtsfolge des selbständigen Beweisverfahrens ist zunächst, dass die Beweiserhebung im Prozess wie ein dort erhobener Beweis verwertbar ist (§ 493 ZPO). Ein Kostenausgleich findet in diesem Verfahren grds. nicht statt. Die Kosten des selbständigen Beweisverfahrens fließen in das Hauptsachverfahren ein, zu diesem kann der Antragsgegner den Antragsteller durch das Gericht anweisen lassen. Kommt er der Weisung nicht nach, verurteilt ihn das Gericht in die Kosten (§ 495 a Abs. 2 S. 1 ZPO).[349]

228 ► **Muster: Antrag auf Einleitung eines selbständigen Beweisverfahren**

An das Amtsgericht [...]

– Abteilung für Wohnungseigentumssachen –

Antrag im selbständigen Beweisverfahren

der Wohnungseigentümergemeinschaft [...], [...]-Straße [...], [...] [*PLZ, Ort*],

---

348 BGH NJW 2004, 3488.
349 Ob außerhalb dieses Falls eine Kostenerstattung in Betracht kommt, etwa bei unzulässigem oder zurückgenommenem Antrag, ist umstritten, vgl Baumbach/Lauterbach/Albers/*Hartmann*, § 91 ZPO Rn 193.

vertreten durch den Verwalter [...], [...]-Straße [...], [...] [*PLZ, Ort*],

– Antragstellerin –

Verfahrensbevollmächtigte: RAe [...], [...]-Straße [...], [...] [*PLZ, Ort*]

gegen

die Wohnungseigentümerin [...], [...]-Straße [...], [...] [*PLZ, Ort*],

– Antragsgegnerin –

Namens und in Vollmacht der Antragstellerin beantrage ich,

durch Einholung eines Sachverständigengutachtens Beweis über folgende Tatsachen einzuholen:

1. Der auf dem Balkon im 2. OG links des Gebäudes [...] installierte Pflanzentrog ist undicht,
2. die undichte Stelle im Pflanzentrog führt dazu, dass Wasser aus dem Pflanzentrog in die gemauerte Balkonbrüstung unterhalb des Pflanzentroges eindringt. Das eindringende Wasser hat zu einem Schaden am Mauerwerk geführt.

Streitwert: 1.000 €

Begründung:

Die Antragsgegnerin ist Wohnungseigentümerin der im Antrag erwähnten Wohnung; die Antragstellerin ist die Wohnungseigentümergemeinschaft. Am [...] hat die Antragstellerin auf ihrem Balkon ohne Genehmigung der übrigen Eigentümer einen Pflanzentrog aus Beton installiert. Dieser Pflanzentrog ist undicht, was zu dem im Antrag beschriebenen Zustand geführt hat.

Die Gemeinschaft hat am [...] zu TOP 3 beschlossen, dass die Antragstellerin sämtliche Rechte gegen die Antragsgegnerin wegen dieses Sachverhalts geltend machen soll. Dazu gehört insbesondere die Beauftragung eines Rechtsanwalts und die Einleitung eines Verfahrens nach § 485 ZPO.

Glaubhaftmachung: Versammlungsprotokoll, Anlage A1.

Der Antrag ist zulässig. Die Antragstellerin ist von den Eigentümern, denen das hier beschädigte Gemeinschaftseigentum gehört (§ 10 Abs. 1 WEG) ermächtigt worden, das vorliegende Verfahren im eigenen Namen zu führen (§ 10 Abs. 6 S. 3 WEG). Die Antragstellerin hat auch ein rechtliches Interesse an der begehrten Feststellung (§ 485 Abs. 2 ZPO). Denn die Antragsgegnerin hat vorprozessual behauptet, der Pflanzentrog sei dicht und eine Beeinträchtigung der Fassade daher nicht zu befürchten.

Glaubhaftmachung: Schreiben der Antragsgegnerin, Anlage A2.

Wird die Antragsgegnerin durch das Sachverständigengutachten widerlegt, so ist zu hoffen, dass sie ohne weiteren Prozess Abhilfe schafft. Zudem befürchtet die Antragstellerin, dass die Antragsgegnerin den Pflanzentrog beiseite schaffen könnte, was den Nachweis der Schadensursache vereiteln würde. Das rechtliche Interesse folgt zuletzt daraus, dass die Antragsgegnerin sich durch die Installation des Pflanzentrogs und die dadurch verursachte Beschädigung des Gemeinschaftseigentums nach § 280 Abs. 1 BGB gegenüber den anderen Eigentümern ersatzpflichtig gemacht hat. Zwischen den Eigentümern besteht in Form ihrer Mitgliedschaft in der Eigentümergemeinschaft ein Schuldverhältnis (vgl BGHZ 141, 224). Die Antragsgegnerin hat die Pflicht aus diesem Schuldverhältnis verletzt, das Gemeinschaftseigentum nicht zu beschädigen (§ 241 Abs. 2 BGB). Dies geschah auch schuldhaft, was nach § 280 Abs. 1 S. 2 BGB vermutet wird. Diesen Anspruch kann die Antragstellerin wegen des Ermächtigungsbeschlusses (Anlage A1) im eigenen Namen verfolgen.

Zum Streitwert: Dieser entspricht dem Hauptsachewert (BGH NJW 2004, 3488). Die Antragstellerin schätzt die Kosten der Beseitigung der Schäden an der Fassade auf 1.000 €; nach § 49 a Abs. 1 S. 2 GKG ist dies der Streitwert.

Beglaubigte und einfache Abschrift anbei.

Rechtsanwalt ◀

II. Rechtsmittel

229 Das Rechtsmittelverfahren in WEG-Sachen weist einige Besonderheiten, insbesondere beim Instanzenzug auf (siehe dazu Rn 12). Diese sind vor Einlegung eines Rechtsmittels zu prüfen, um Fehler zu vermeiden.

1. Berufung

230 Die Berufung muss binnen einen Monats nach Zustellung des in vollständiger Form abgefassten Urteils, spätestens aber fünf Monate nach Verkündung der Entscheidung eingelegt werden (§ 517 ZPO). Berufungsgericht ist in WEG-Sachen regelmäßig das Landgericht, wobei die Zuständigkeit besonderen Regeln folgt (dazu Rn 12). Die Berufungsschrift muss nach § 519 ZPO beim Berufungsgericht eingereicht werden und folgende Angaben enthalten:

- die Bezeichnung des Urteils, gegen das die Berufung gerichtet wird;
- die Erklärung, dass gegen dieses Urteil Berufung eingelegt wird.

Außerdem soll eine beglaubigte Abschrift des angefochtenen Urteils beigefügt werden.

231 Die Berufung ist nur zulässig, wenn der Wert des Beschwerdegegenstands 600 € übersteigt oder die Berufung zugelassen wurde (§ 511 Abs. 2 ZPO). Der Berufungskläger hat den Wert seiner Beschwer nach § 511 Abs. 3 ZPO glaubhaft zu machen, wobei die Versicherung an Eides statt ausscheidet. Zu beachten ist, dass sich der Beschwerdewert nicht nach § 49 a GKG bestimmt, weil diese Vorschrift nur den Gebührenstreitwert regelt.[350] Die Beschwer ist vielmehr nach allgemeinen Grundsätzen zu bestimmen. Dafür ist zu fragen, welches wirtschaftliche Interesse der Berufungskläger an der Abänderung der angefochtene Entscheidung hat.[351]

232 ▶ **Muster: Berufungsschrift**

An das Landgericht [...]

– Kammer für Wohnungseigentumssachen –

Berufung

des Wohnungseigentümers [...], [...]-Straße [...], [...] [*PLZ, Ort*],

                   – Beklagter und Berufungskläger –

Prozessbevollmächtigter: RAe [...], [...]-Straße [...], [...] [*PLZ, Ort*],

gegen

die Wohnungseigentümergemeinschaft [...], [...]-Straße [...], [...] [*PLZ, Ort*], vertreten durch den Verwalter [...], [...]-Straße [...], [...] [*PLZ, Ort*],

                   – Klägerin und Berufungsbeklagte –

Prozessbevollmächtigte I. Instanz: RAe [...], [...]-Straße [...], [...] [*PLZ, Ort*],

---

350 Vgl BVerfG AnwBl. 1996, 643 zu § 16 GKG aF (jetzt: § 41 GKG).
351 Vgl etwa Baumbach/Lauterbach/Albers//*Hartmann*, Anh. § 511 ZPO.

Aktenzeichen der I. Instanz: [...] des Amtsgerichts [...]

Namens und im Auftrag des Beklagten und Berufungsklägers wird gegen das am [...] verkündete und am [...] zugestellte Urteil des Amtsgerichts [...], Aktenzeichen [...],

Berufung

eingelegt.

Eine beglaubigte Abschrift des angefochtenen Urteils wird beigefügt. Berufungsanträge und Berufungsbegründung bleiben einem gesonderten Schriftsatz vorbehalten.

Beglaubigte und einfache Abschrift anbei.

Rechtsanwalt ◄

2. Berufungsbegründung

Die Berufungsbegründung muss binnen zwei Monaten nach Zustellung des in vollständiger 233
Form abgefassten Urteils, spätestens aber fünf Monate nach Verkündung der Entscheidung
eingereicht werden (§ 520 Abs. 1 S. 1 ZPO). Anders als die Frist für die Einlegung der Berufung
kann die Begründungsfrist verlängert werden (§ 520 Abs. 1 S. 2 ZPO). Die Berufungsbegründung muss nach § 520 Abs. 3 ZPO folgende Angaben enthalten:

- den Berufungsantrag;
- die Bezeichnung der Umstände, aus denen sich die Rechtsverletzung und deren Erheblichkeit für die angefochtene Entscheidung ergibt;
- die Bezeichnung konkreter Anhaltspunkte, die Zweifel an der Richtigkeit oder Vollständigkeit der Tatsachenfeststellungen gebieten;
- die Bezeichnung der neuen Angriffs- und Verteidigungsmittel sowie der Tatsachen, aufgrund deren die neuen Angriffs- und Verteidigungsmittel nach § 531 Abs. 2 zuzulassen sind.

▶ **Muster: Berufungsbegründung** 234

An das Landgericht [...] 278

– Kammer für Wohnungseigentumssachen –

Az: [...]

In dem Rechtsstreit

[...] ./. [...]

wird die Berufung im Folgenden begründet.

Ich beantrage,

die Klage unter Aufhebung des Urteils des Amtsgerichts [...] vom [...], Az [...] abzuweisen.

Begründung:

I. Sachverhalt und Entscheidung des Amtsgerichts

Die Parteien streiten um die Frage, ob der Beklagte einen Hund in der Eigentumsanlage halten darf.
Auf die Klage hin hat das Amtsgericht den Beklagten verurteilt, die Haltung seines Schäferhundes
in seiner Wohnung zu unterlassen. Begründet hat das Gericht dies damit, dass die Eigentümer am
[...] mehrheitlich und bestandskräftig beschlossen hätten, dass die Haltung sämtlicher Tiere in der
Anlage nicht mehr erlaubt sei. Die Tatsache, dass die Hausordnung die Haltung von Hunden erlaube
und der Kläger das Tier als Blindenhund benötige, sei wegen des Beschlusses unbeachtlich. Hiergegen
wendet sich die Berufung des Beklagten.

II. Rechtliche Würdigung

Die Berufung ist zunächst zulässig. Das Amtsgericht hat den Gebührenstreitwert nach § 49 a GKG auf 1.000 € festgesetzt. Der Wert des Beschwerdegegenstands liegt jedenfalls nicht darunter. Denn der Kläger ist auf seinen Hund angewiesen, da er ihm als Blindenhund dient.

Glaubhaftmachung: Attest des Hausarztes des Beklagten, Anlage B1.

Der Fall liegt daher anders als bei der Tierhaltung aus Liebhaberei, bei der die Rechtsprechung teilweise die Beschwer unterhalb der Grenze des § 511 Abs. 2 Nr. 1 ZPO ansetzt (vgl BGH NJW 2008, 218).

Die vom Amtsgericht festgestellten Tatsachen rechtfertigen die Verurteilung nicht (§ 513 Abs. 1 Alt. 2 ZPO. Denn zum einen ist die Hausordnung, welche die Hundehaltung erlaubt, Teil der Gemeinschaftsordnung. Dort heißt es in Ziffer 28, dass die Hausordnung nur durch Vereinbarung der Eigentümer abgeändert werden kann. Der Beschluss vom [...] ist daher mangels Beschlusskompetenz nichtig (vgl Riecke/Schmid/*Abramenko*, § 15 WEG Rn 21; allg. zur Beschlusskompetenz: BGHZ 145, 158). Jedenfalls könnte sich die Klägerin auf ein Hundehaltungsverbot gegenüber dem Beklagten nicht berufen. Dies folgt aus § 241 Abs. 2 BGB, wonach die Parteien eines Schuldverhältnisses einander zur Rücksichtnahme verpflichtet sind. Zwischen den Eigentümern einer Eigentumsanlage besteht ebenso wie zwischen dem rechtsfähigen Verband Wohnungseigentümergemeinschaft und den einzelnen Eigentümern ein Schuldverhältnis (vgl BGHZ 141, 224). Es verstößt gegen die Rücksichtnahmepflicht, dem Kläger, der auf seinen Hund als Hilfsmittel angewiesenen ist, die Haltung zu versagen (vgl AG Hamburg-Blankenese WuM 1985, 256 zum Mietrecht).

Beglaubigte und einfache Abschrift anbei.

Rechtsanwalt ◄

3. Gehörsrüge

235 Die Gehörsrüge dient der Beseitigung von Verfahrensunrecht und soll zur Entlastung des BVerfG beitragen, indem sie eine Selbstkorrektur der Gerichte bei unanfechtbaren Entscheidungen erster Instanz ermöglicht.[352] Wegen dieses Zwecks ist § 321 a ZPO auf die Verletzung des Anspruchs auf rechtliches Gehör (Art. 103 Abs. 1 GG) beschränkt. Eine solche Verletzung ergibt sich in der Praxis oft aus einer Missachtung der Hinweispflicht nach § 139 ZPO. Der Richter hat mit entsprechenden Hinweisen darauf hinzuwirken, dass die Parteien ungenügende Angaben zu den geltend gemachten Tatsachen ergänzen und die dazu anzubietenden Beweismittel bezeichnen.[353] Dazu muss er die Parteien zB auffordern, unklare Aussagen zu präzisieren, zu allgemein gehaltene Darstellungen oder zu allgemeines Bestreiten zu substantiieren, einen lückenhaften Vortrag zu konkretisieren. § 139 Abs. 2 ZPO enthält damit auch ein Verbot von Überraschungsentscheidungen: Ein unterlassener Hinweis auf ungenügende Substantiierung des Vortrags ist ein Verfahrensfehler, der das Recht aus Art. 103 Abs. 1 GG verletzt.[354]

Die Gehörsrüge ist binnen einer Frist von zwei Wochen nach Kenntnis von der Verletzung des Anspruchs auf rechtliches Gehör zu erheben; sie ist zu begründen (§ 321 a Abs. 2 ZPO).

---

352 BT-Drucks. 40/4722, S. 61 ff.
353 BGH NJW 2005, 2624. Siehe aber auch BGH NJW-RR 2008, 581: Keine Hinweispflicht des Gerichts, wenn Gegenpartei durch eingehenden Vortrag auf Sach- und Rechtslage hingewiesen hat.
354 Thomas/Putzo/*Reichold*, § 139 ZPO Rn 4 f.

▶ **Muster: Gehörsrüge**   236

An das Amtsgericht [...]

– Abteilung für Wohnungseigentumssachen –

Az: [...]

In dem Rechtsstreit

[...] ./. [...]

erhebe ich im Namen des Klägers Gehörsrüge nach § 321 a ZPO und beantrage,

das Verfahren fortzuführen und unter Aufhebung des am 20.6.2009 verkündeten Urteils die Klage abzuweisen.

Begründung:

Der Kläger verlangt von der Beklagten, einer Wohnungseigentümergemeinschaft, die Zahlung eines Anwaltshonorars. Der Kläger hat dazu vorgetragen, er sei vom Verwalter mit der Erstellung eines Gutachtens zu einem Pauschalhonorar von 300 € beauftragt worden. Die Beklagten haben diesen Vortrag unter Beweisantritt bestritten. Dennoch hat das Gericht der Klage ohne Vernehmung der von der Beklagten benannten Zeugen stattgegeben.

Die Gehörsrüge ist zulässig, weil gegen das Urteil die Berufung nicht statthaft ist. Die Rüge ist auch begründet. Das Gericht hat den Anspruch der Beklagten auf rechtliches Gehör in entscheidungserheblicher Weise verletzt, indem es den Beweisantritt der Beklagten übergangen hat.

Beglaubigte und einfache Abschrift anbei.

Rechtsanwalt ◀

4. Beschwerden

Die sofortige Beschwerde ist das Rechtsmittel gegen Entscheidungen erster Instanz, wenn dies   237
im Gesetz ausdrücklich bestimmt ist oder es sich um solche eine mündliche Verhandlung nicht erfordernde Entscheidungen handelt, durch die ein das Verfahren betreffendes Gesuch zurückgewiesen worden ist. Die Frist zur Einlegung der sofortigen Beschwerde beträgt zwei Wochen; die Beschwerdeschrift muss die angefochtene Entscheidung nennen sowie den Umstand, dass diese Entscheidung angefochten wird (§ 569 Abs. 2 ZPO). Eine Begründung ist nach § 571 Abs. 2 ZPO nicht zwingend erforderlich. Die Beschwerdeschrift kann entweder beim Gericht, dessen Entscheidung angefochten wird, oder beim Beschwerdegericht eingelegt werden (§ 569 Abs. 1 S. 1 ZPO). Das Muster Rn 239 wählt die erste Variante, weil so Fehler bei der Bestimmung des Beschwerdegerichts (dazu Rn 12) nicht zur Fristversäumnis führen.

Die in §§ 574 ff ZPO geregelte Rechtsbeschwerde richtet sich insbesondere gegen Nebenent-   238
scheidungen zweiter Instanz, in WEG-Sachen also meist des Landgerichts. Solche Rechtsbeschwerden zum BGH sind in Fällen eröffnet, in denen dies im Gesetz ausdrücklich bestimmt ist oder die Rechtsbeschwerde von einem der in § 574 Abs. 1 Nr. 2 ZPO genannten Gerichte zugelassen wurde. Die Rechtsbeschwerde kann allerdings nur von einem beim BGH zugelassenen Rechtsanwalt eingelegt werden (§ 78 Abs. 1 ZPO).[355] Auf ein Muster für eine Rechtsbeschwerde wird daher verzichtet.

---

355 BGH NJW 2003, 70.

239 ▶ **Muster: Sofortige Beschwerde**

An das Amtsgericht [...]

– Abteilung für Wohnungseigentumssachen –

Az: [...]

In dem Rechtsstreit

[...] ./. [...]

erhebe ich Namens und in Vollmacht der Verwalterin, der Firma [...]

sofortige Beschwerde

nach § 567 ZPO und beantrage,

1. die Kostenentscheidung im Urteil des AG [...] vom [...], Az [...], der Beschwerdeführerin zuge-stellt am [...], abzuändern und die Kosten des Rechtsstreits nach §§ 91, 92 ZPO der unterlie-genden Partei aufzuerlegen;

2. die Vollziehung der angefochtenen Entscheidung nach § 570 Abs. 3 ZPO auszusetzen.

Begründung:

Mit der angefochtenen Kostenentscheidung wurden der Beschwerdeführerin, die am Verfahren nicht als Partei beteiligt ist, gemäß § 49 Abs. 2 WEG die Kosten des Rechtsstreits auferlegt. Gegenstand des Rechtsstreits ist eine Anfechtungsklage nach § 46 Abs. 1 WEG gegen den Beschluss zu TOP 2 der Versammlung vom 1.3.2009. Dieser Beschluss betrifft die Jahresabrechnung 2008, die nach Ansicht des Amtsgerichts an dem Mangel leidet, dass die Heizkostenabrechnung zum Zeitpunkt der Be-schlussfassung nicht vorgelegen hat. Nach Auffassung des Amtsgerichts hat die Beschwerdeführerin die fehlerhafte Beschlussfassung zu vertreten und damit die Prozesskosten zu tragen. Hiergegen wehrt sich die Beschwerdeführerin mit der sofortigen Beschwerde.

Die sofortige Beschwerde ist zunächst zulässig. § 49 Abs. 2 WEG enthält keine Regelung zur Anfech-tung der Kostenentscheidung. Diese Gesetzeslücke ist im Wege einer Analogie zu § 99 Abs. 2 ZPO zu schließen (Bärmann/*Wenzel*, 10. Auflage 2008, § 49 WEG Rn 52). Der sofortigen Beschwerde steht insbesondere nicht § 99 Abs. 1 ZPO entgegen. Ist nämlich ein nicht am Verfahren beteiligter Dritter erstmals durch eine Kostenentscheidung beschwert, so findet diese Vorschrift keine Anwendung; der Dritte ist beschwerdebefugt (BGH NJW 1988, 50 mwN).

Die sofortige Beschwerde ist auch begründet. Das Amtsgericht hat nämlich die Voraussetzungen des groben Verschuldens aus § 49 Abs. 2 WEG falsch gewürdigt. Grobes Verschulden setzt voraus, dass der Verwalter die im Verkehr erforderliche Sorgfalt in ungewöhnlich hohem Maße verletzt hat. In der obergerichtlichen Rechtsprechung (OLG München ZMR 2008, 660) wird aber etwa die Ansicht ver-treten, dass bei einer Unvollständigkeit der Jahresabrechnung eine Anfechtung ausscheidet, wenn die Unvollständigkeit sich nicht auf andere Positionen auswirkt. Diese Voraussetzungen liegen hier vor. Man kann aber der Beschwerdeführerin nicht den Vorwurf groben Verschuldens machen, wenn selbst nach der Rechtsprechung des OLG München die von der Verwalterin zur Abstimmung gebrachte Jahresabrechnung nicht erfolgreich angefochten werden kann.

Die Kostenentscheidung ist aus diesem Grund aufzuheben, und die Kosten sind nach §§ 91, 92 ZPO der unterliegenden Partei aufzuerlegen.

Beglaubigte und einfache Abschrift anbei.

Rechtsanwalt ◀

Nach § 99 Abs. 1 ZPO ist die Anfechtung einer Kostenentscheidung unzulässig, wenn nicht **240** gegen die Entscheidung in der Hauptsache ein Rechtsmittel eingelegt wird. Werden dem Verwalter als Partei Kosten auferlegt, so kann er sich gegen die Kostenentscheidung durch ein Rechtsmittel in der Hauptsache zur Wehr setzen. Anders liegt der Fall, wenn dem Verwalter nach § 49 Abs. 2 WEG Kosten auferlegt werden, obwohl er nicht Partei des Rechtsstreits ist. Dem Wortlaut nach verbietet § 99 Abs. 1 ZPO die isolierte Anfechtung der Kostenentscheidung. Von diesem Verbot enthält § 49 Abs. 2 WEG keine Ausnahme. Diese Rechtsschutzlücke ist durch eine Gesamtanalogie zu den Vorschriften zu schließen, welche die isolierte Anfechtung einer Kostenentscheidung mit der sofortigen Beschwerde zulassen (etwa §§ 91a Abs. 2, 99 Abs. 2 ZPO).[356]

Die Zulässigkeit der sofortigen Beschwerde ist daran geknüpft, dass in der Hauptsache die **241** Berufungssumme nach § 511 Abs. 2 Nr. 1 ZPO (600 €) überschritten ist (vgl § 99 Abs. 2 ZPO).[357] Die Zulässigkeit wird nicht dadurch beeinträchtigt, dass die Parteien in der Hauptsache Berufung eingelegt haben.[358] Hat die sofortige Beschwerde Erfolg, hat das Beschwerdegericht eine Neuverteilung der außergerichtlichen Kosten zwischen den Parteien vorzunehmen.[359]

III. Übergangsrecht

Die Anerkennung der Rechtsfähigkeit des Verbands Wohnungseigentümergemeinschaft (§ 10 **242** Abs. 6 S. 1 WEG)[360] bringt es mit sich, dass in der Vergangenheit ergangene Entscheidungen nach jetzigem Rechtsverständnis die „falschen" Personen bezeichnen. Vor Anerkennung der Rechtsfähigkeit standen etwa Hausgeldforderungen den Eigentümern gemeinschaftlich zu; nun ist Gläubiger der Verband Wohnungseigentümergemeinschaft (§ 10 Abs. 7 S. 3 WEG). In solchen Fällen kann es angezeigt sein, eine Rubrumsberichtigung zu beantragen. Die Frage stellt sich in der Praxis vor allem dahin gehend, ob ein auf die Wohnungseigentümer lautender Titel auf den Verband Wohnungseigentümergemeinschaft umgeschrieben werden kann.

Eine von Amts wegen und jederzeit vorzunehmende Rubrumsberichtigung nach § 319 Abs. 1 **243** ZPO setzt voraus, dass das Rubrum offensichtlich unrichtig ist. Sie ist nur zulässig, wenn die Identität der Partei, mit der das Prozessrechtsverhältnis begründet worden ist, gewahrt bleibt. Nach der Rechtsprechung ist die Bezeichnung einer Partei allein für die Parteistellung nicht ausschlaggebend. Entscheidend ist, welcher Sinn der Parteibezeichnung bei objektiver Würdigung des Erklärungsinhalts aus der Sicht der Empfänger (Gericht und Gegenpartei) zukommt. Ist unter diesen Voraussetzungen eine offenbare Unrichtigkeit des Rubrums festzustellen, so dient die Berichtigung des Rubrums dazu, die Identität der vom Rechtsstreit betroffenen Partei zweifelsfrei zu stellen.[361] Der BGH hat diese Grundsätze auf das WEG angewandt und eine Rubrumsberichtigung in einem Fall abgelehnt, in dem die Eigentümer verurteilt wurden, ein Abrutschen von Erdreich auf das Nachbargrundstück zu verhindern. Das Grundstück gehört

---

356 LG Frankfurt a.M., Beschl. v. 3.11.2008 – 2/13 T 33/08; Bärmann/*Wenzel*, § 49 WEG Rn 27.
357 Lehmann-Richter, ZWE 2009, 74.
358 Lehmann-Richter, ZWE 2009, 74.
359 Vgl OLG Düsseldorf NJW-RR 1993, 828.
360 Zuvor bereits BGHZ 163, 154.
361 BGHReport 2003, 1168.

nämlich auch nach der WEG-Reform den Eigentümern, die daher für dessen Zustand verantwortlich seien; mithin sei das Rubrum nicht unrichtig.[362]

244   Umstritten ist, was in den übrigen Fällen gilt, in denen nämlich nach neuem Recht die Aktivlegitimation eindeutig beim Verband Wohnungseigentümergemeinschaft liegt (wichtigster Fall: Wohngeldansprüche). Teilweise wird hier eine Rubrumsberichtigung (entweder analog § 319 ZPO oder § 727 ZPO) für möglich gehalten.[363] Gegenstimmen lehnen eine Korrektur ab.[364] Entsprechende Anträge sind also derzeit mit erheblichem Risiko behaftet; besondere Kosten entstehen indes nicht, weil der Antrag Teil des Verfahrens ist.[365] Hält man eine Rubrumsberichtigung für möglich, so scheidet eine Titelumschreibung nach § 727 ZPO aus, weil es sich bei der Anerkennung der Teilrechtsfähigkeit des Verbands Wohnungseigentümergemeinschaft nicht um einen Fall der Rechtsnachfolge handelt. Entsprechende Anträge wären abzuweisen.[366]

245   ▶ **Muster: Antrag auf Titelberichtigung**

An das Amtsgericht [...]

– Abteilung für Wohnungseigentumssachen –

Az: [...]

In dem Rechtsstreit

[...] ./. [...]

beantragen wir im Namen der Kläger *analog § 319 ZPO*, das Rubrum des Urteils vom 1.7.2004 wegen offenbarer Unrichtigkeit dahin gehend zu berichtigen,

dass Kläger nicht die Wohnungseigentümer [...] sind, sondern die Wohnungseigentümergemeinschaft [...], [...]-Straße [...], [...] *[PLZ, Ort]*, vertreten durch den Verwalter [...], [...]-Straße [...], [...] *[PLZ, Ort]*.

Begründung:

Mit Entscheidung vom 2.6.2005 (BGHZ 163, 154) hat der BGH die (Teil-)Rechtsfähigkeit des Verbands Wohnungseigentümergemeinschaft festgestellt. Diese Rechtsprechung ist jetzt auch ausdrücklich im Gesetz verankert (§ 10 Abs. 6 S. 1 WEG). Danach steht die in der zu berichtigenden Entscheidung tenorierte Forderung auf Zahlung des Saldos aus der Jahresabrechnung dem Verband Wohnungseigentümergemeinschaft zu (§ 10 Abs. 7 S. 3 WEG). Der Titel ist daher analog § 319 ZPO zu korrigieren. Bei Stellung des Zahlungsantrags war die Rechtsfähigkeit des Verbands Wohnungseigentümergemeinschaft noch nicht bekannt. Dennoch ergibt eine Auslegung des Antrags, dass Antragsteller der Verband Wohnungseigentümergemeinschaft ist, weil die Anerkennung der Rechtsfähigkeit durch den BGH auch für die Vergangenheit gilt (vgl Wenzel, ZWE 2006, 62, 67).

Beglaubigte und einfache Abschrift anbei.

Rechtsanwalt ◀

---

362   BGH ZMR 2007, 286.
363   Etwa Wenzel, NZM 206, 62, 67 unter Hinweis auf OLG München ZMR 2005, 729 (betraf Rubrumsberichtigung im laufenden Verfahren); Böhringer, Rpfleger 2006, 53, 55; ähnlich im Ergebnis: Riecke/Schmid/*Schneider*, § 1 WEG Rn 169.
364   Etwa Jennißen/*Jennißen/Grziwotz*, § 10 WEG Rn 83 ff.
365   Vgl Musielak/*Musielak*, § 320 ZPO Rn 12.
366   Vgl LG Gießen JurBüro 1982, 1093.

Der Antrag nach § 319 ZPO ist nicht fristgebunden; er kann – wie im Muster Rn 245 – auch   **246**
noch nach Beendigung des Verfahrens erfolgen.[367] Der Antrag ist bei dem Gericht zu stellen,
welches die zu korrigierende Entscheidung erlassen hat. Ein Rechtsmittel ist gegen eine die
Berichtigung abweisende Entscheidung nicht eröffnet (§ 319 Abs. 3 ZPO).

---

367 Etwa OLG Hamm NJW-RR 1987, 188.

§ 4 Die Wohnungseigentümergemeinschaft vor Gericht

Literatur *Abramenko* Das neue Verfahrensrecht im WEG, AnwBl 2007, 403; *Abramenko*, Der Anspruch auf Abänderung von Beschlüssen, ZWE 2007, 336; *Allf/Hintzen*, Hausgelder in der Zwangsversteigerung und Zwangsverwaltung, Rpfleger 2008, 165; *Armbrüster*, Sicherung für Bauleistungen im Wohnungseigentumsrecht, ZWE 2008, 167; *Becker*, Der Rechtsschutz des Verwalters gegen Abberufung und Kündigung des Verwaltervertrages, ZWE 2002, 567; *Becker*, Die Anfechtung des Abberufungsbeschlusses durch den abberufenen Verwalter, ZWE 2002, 211 und 2003, 162; *Becker*, Die Anfechtungsklage des Mitberechtigten am Wohnungseigentum, ZWE 2008, 405; *Becker*, Die Bestellung des Verwalters, WE 1997, 303; *Bergerhoff*, Die wohnungseigentumsrechtliche Anfechtungsklage im ZPO-Verfahren NZM 2007, 25; *Bergerhoff*, Übergangsrechtliche Probleme in wohnungseigentumsrechtlichen „Altverfahren", NZM 2007, 553; *Bergerhoff*, Umfassende Prozessvollmacht des Verwalters bei Beschlussanfechtungsklage, GE 2008, 653; *Bonifacio*, Die Einsetzung eines Notverwalters nach der WEG-Reform, MDR 2007, 869 = MietRB 2007, 869; *Bonifacio*, Die neue Anfechtungsklage im Wohnungseigentumsrecht, ZMR 2007, 592; *Bräuer/Oppitz*, Hausgeldforderungen in der Zwangsversteigerung, ZWE 2007, 339; *Briesemeister*, Der Instanzenzug für Zwangsvollstreckungsverfahren bei Titeln aus alten und neuen Erkenntnisverfahren nach § 43 WEG, ZMR 2009, 91; *Briesemeister*, Das Anfechtungsrecht des WEG-Verwalters in eigener Sache, ZWE 2008, 416 = AnwZert MietR 11/2008, Anm. 1; *Briesemeister*, Das Nachschieben von Anfechtungsgründen nach Ablauf der Begründungsfrist des § 46 Abs. 1 Satz 2 WEG im Beschlussanfechtungsprozess des Wohnungseigentümers, ZMR 2008, 253; *Briesemeister*, Die Überleitung von Wohnungseigentumssachen in Verfahren nach der Zivilprozessordnung, GE 2007, 1363; *Deckert*, Die Verteilung der Prozesskosten in der Jahresabrechnung, ZWE 2009, 63; *Dötsch*, Gesamtschuldnerische Kostenhaftung im Beschlussanfechtungsverfahren?, ZMR 2009, 183; *Dötsch*, Anfechtungsbegründungsfrist i.S.d. § 46 Abs. 1 Satz 2 WEG – Gebot einschränkender Auslegung?, ZMR 2008, 433; *Dötsch*, Genügt ein Prozesskostenhilfeantrag zur Wahrung der Anfechtungsfrist nach WEG?, NZM 2008, 309; *Drabek*, Die Bestellung zum Ersatzzustellungsvertreter der Wohnungseigentümer – § 45 Abs. 2 WEG, ZWE 2008, 22; *Drasdo*, Die Kostenerstattungsbegrenzung gemäß § 50 WEG, ZMR 2008, 266; *Drasdo*, Die Zwangsvollstreckung gegen die Wohnungseigentümergemeinschaft, JurBüro 2008, 119; *Drasdo*, Neues vom wohnungseigentumsrechtlichen Entziehungsverfahren, NJW-Spezial, 2007, 433; *Einsiedler*, Der Gebührenstreitwert in Wohnungseigentumssachen, ZMR 2008, 765; *Elzer*, Das neue Verfahrensrecht in WEG-Sachen, ZAP 2007, Fach 7, S. 325; *Elzer*, Die gerichtliche Bestellung eines Notverwalters nach §§ 26 Abs. 3, 43 Abs. 1 Nr. 3 WEG, ZMR 2004, 229; *Elzer*, Die Zuständigkeit für Rechtsmittel in Wohnungseigentumssachen, MietRB 2008, 156; *Elzer*, Verfahrensverbindung im Übergangsrecht der WEG-Novelle und Geschäftswertbestimmung analog § 49 a GKG – Korrektur der Geschäftswertbestimmung über den Justizgewährungsanspruch, NZM 2008, 432; *Elzer*, Zur gerichtlichen Entscheidung über die Wiederwahl eines WEG-Verwalters, ZMR 2001, 418; *Gräve*, Die Wohnungseigentümergemeinschaft im Mahnverfahren, MietRB 2007, 304; *Greiner*, Wirtschaftsplan und Hausgeld – einige praktische Fragen, ZMR 2002, 647; *Häublein/Scheffler*, Anregung einstweiliger Anordnungen im Rahmen der Anfechtung der Verwalterbestellung, ZfIR 2002, 332; *Jennißen*, Verfahrenskostenverteilung im Innenverhältnis der Wohnungseigentümer – Ein (vorsichtiger) Blick auf die WEG-Novelle 2007, NZM 2007, 510; *Köhler*, WEG-Reform – Einzelne Verfahren des § 43 WEG, MietRB 2007, 185; *Lehmann-Richter*, Rechtsmittel des Verwalters gegen die Kostenentscheidung nach § 49 Abs. 2 WEG, ZWE 2009, 74; *Löke*, Divergierende Entscheidungen im Beschlußanfechtungsverfahren, ZMR 2003, 722; *Lüke*, Streitigkeiten in Wohnungseigentumssachen nach der WEG-Reform, ZfIR 2007, 657; *Meffert*, Das Verfahrensrecht nach der WEG-Novelle, GE 2007, 884; *Merle*, Ermessensentscheidungen des Gerichts nach § 21 Abs. 8 WEG, ZWE 2008, 9; *Merle*, Ermessensentscheidungen nach § 21 Abs. 8 WEG, ZWE 2008, 9; *Merle*, Zur Vertretung der beklagten Wohnungseigentümer im Beschlussanfechtungsverfahren, ZWE 2008, 109; *Müller*, Die Prozessvertretung der Beklagten durch den Verwalter im Anfechtungsstreit, ZWE 2008, 226; *Niedenführ*, Die Auferlegung der Prozesskosten an den Verwalter nach § 49 Abs. 2 WEG, ZWE 2009, 69; *Niedenführ*, Die WEG-Novelle 2007, NJW 2007, 1841; *Niedenführ*, Erste Erfahrungen mit dem neuen WEG-Verfahrensrecht, NJW 2008, 1768; *Nies*, Vollstreckung der Rechnungslegungsverpflichtung des abberufenen Verwalters, NZM 1999, 832; *Rau*, Zur Vollstreckung der Verpflichtung des Verwalters eine Jahresabrechnung einer Wohnungseigentümergemeinschaft zu erstellen, WuM 1997, 127; *Sauren*, Fallstricke (insbesondere für Rechtsanwälte) des neuen WEG-Verfahrensrechts – Überblick auch zur „konzentrierten" Berufungszuständigkeit beim LG, NZM 2007, 857; *Scheffler*, Einstweilige Verfügungen im Rahmen der Anfechtung der Verwalterbestellung, AnwZert MietR 1/2008, Anm. 4; *Schmid*, Der gerichtlich bestellte Ersatzzustellungsvertreter nach § 45 Abs. 3 WEG, MDR 2009,

297; *Schmid*, Der Ersatzzustellungsvertreter der Wohnungseigentümer, MietRB 2008, 254; *Schmid*, Die Kosten des im Beschlussanfechtungsprozess erfolgreichen Wohnungseigentümers, NZM 2008, 385; *Schmid*, Ersatzzustellungsvertreter im WEG-Recht, MDR 2008, 662; *Schmid*, Prozessvertretung durch den WEG-Verwalter und materiell-rechtliche Erklärungen, MDR 2009, 12; *J.-H. Schmidt*, Anfechtungsprozess – Prozesskostenverteilung vor rechtskräftiger gerichtlicher Entscheidung, MietRB 2009, 151; *Schmidt/Riecke*, Anspruchsbegründung und Anspruchsvernichtung durch Mehrheitsbeschluss - kann die Wohnungseigentümergemeinschaft mit Miteigentümern „kurzen Prozess" machen?, ZMR 2005, 252; *Schneider*, Ausgewählte Fragestellungen zur Immobiliarvollstreckung nach der WEG-Novelle 2007, ZfIR 2008, 161; *Schultz*, Verfahrensrecht im Wohnungseigentumsverfahren, DWE 2007, 43; *Suilmann*, Die Beiladung von Wohnungseigentümern nach § 48 WEG, MietRB 2008, 219; *Tank/Rauh*, Beschlussanfechtungsverfahren – Erste Erfahrungen nach der WEG-Reform, MietRB 2009, 28; *Wenzel*, Der vereinbarungsersetzende, vereinbarungswidrige und vereinbarungsändernde Mehrheitsbeschluss, NZM 2000, 257; *Wenzel*, Die Entscheidung des Bundesgerichtshofs zur Beschlusskompetenz der Wohnungseigentümerversammlung und ihre Folgen, ZWE 2001, 226; *Wenzel*, Öffnungsklauseln und Grundrechtspublizität, ZWE 2004, 130; *Witt*, Arrest und einstweilige Verfügung in WEG-Streitigkeiten, ZMR 2005, 493.

A. Verfügungen nach Akteneingang

Nach Vorlage einer neuen Klageschrift durch die Geschäftsstelle kann sich die Situation ergeben, dass einer sofortigen Terminierung oder einer sofortigen Anordnung des schriftlichen Vorverfahrens Hindernisse entgegenstehen. Im Folgenden sollen zunächst einige hierauf zugeschnittene Verfügungen behandelt werden.   **1**

I. Zuständigkeitsfragen

Wenn ein mit Wohnungseigentumsverfahren befasster Richter ein neues Verfahren vorgelegt bekommt, wird er sich – wie auch seine mit anderen Materien beschäftigten Kollegen – zunächst fragen, ob er für dieses zuständig ist. Hier müssen zwei Fragenkreise auseinandergehalten werden, nämlich zum einen die Frage, ob es sich bei der vorgelegten Sache um ein Wohnungseigentumsverfahren nach § 43 WEG handelt, und zum anderen die Frage, welches Gericht örtlich und sachlich zuständig ist.   **2**

1. Funktionelle Zuständigkeit

Die Unterscheidung zwischen Wohnungseigentumsverfahren und „normalen" Zivilprozessverfahren ist bedeutsam nicht nur für die Entscheidung, ob auf das Verfahren die Sondervorschriften der §§ 44 bis 50 WEG und die Sondervorschriften hinsichtlich der örtlichen und sachlichen Zuständigkeit für Wohnungseigentumssachen Anwendung finden, sondern, falls – was häufig der Fall sein dürfte – nach dem Geschäftsverteilungsplan des Gerichts besondere **Abteilungen**[1] **für Wohnungseigentumssachen** bestehen, auch dafür, welche Abteilung des Gerichts für die Bearbeitung zuständig ist. Die Abgrenzung zwischen der Zuständigkeit der Abteilung für Wohnungseigentumssachen und der allgemeinen Zivilprozessabteilung ist eine Frage der funktionellen Zuständigkeit innerhalb des Gerichts, nicht aber eine Frage des Rechtswegs mit der Folge, dass § 17 a GVG hierauf nicht anwendbar ist.[2]   **3**

Wenn nach dem Geschäftsverteilungsplan eines Gerichts besondere Abteilungen für Wohnungseigentumssachen gebildet werden und der nicht mit allgemeinen Zivilprozesssachen befasste Richter einer Abteilung für Wohnungseigentumssachen eine für seine Abteilung eingetragene allgemeine Zivilprozesssache vorgelegt bekommt, muss er diese von Amts wegen an die   **4**

---

[1] Dies betrifft die Amtsgerichte. Entsprechendes gilt natürlich für Spruchkörper von Kollegialgerichten.
[2] Musielak/*Wittschier*, § 17 GVG Rn 3; Elzer, in: Hügel/Elzer, § 13 Rn 31.

zuständige Abteilung im Haus abgeben (Gleiches gilt im umgekehrten Fall). Eine derartige **Abgabe innerhalb eines Gerichts** stellt keine Verweisung nach § 281 ZPO dar und ist auch nicht analog dieser Vorschrift zu behandeln. Die Abgabe kann, wenn noch keinem Beteiligten das zunächst vergebene Aktenzeichen der unzuständigen Abteilung mitgeteilt worden ist, mit der nachfolgenden Verfügung in Muster Rn 6 (ohne die Verfügungen zu 2. und 3.) erfolgen; andernfalls sollten die Beteiligten mit den nachstehenden Verfügung zu 2. und 3. in Muster Rn 6 von der beabsichtigten Verfahrensweise in Kenntnis gesetzt werden. In letzterem Fall sollte allerdings dann, wenn die Sachlage nicht eindeutig ist, den Beteiligten vor der internen Abgabe Gelegenheit zur Stellungnahme gegeben werden.

5   Hält der Richter der Abteilung, für welche das Verfahren nach interner Abgabe neu eingetragen wird, seine Zuständigkeit nach dem Geschäftsverteilungsplan nicht für gegeben, muss das für interne Abgabestreitigkeiten innerhalb des Gerichts zuständige Organ, regelmäßig das Präsidium, entscheiden, welche Abteilung zuständig ist.

6   ▶ **Muster: Verfügung bei Eintragung einer allgemeinen Zivilsache für eine WEG-Abteilung**

 Amtsgericht [...]

Geschäftsnummer: [...]

Verfügung

1. Vermerk: Bei der vorliegenden Sache handelt es sich um keine in den Katalog des § 43 WEG fallende Wohnungseigentumssache, sondern um eine allgemeine Zivilprozesssache. [...] *[kurze Begründung anhand des konkreten Falles]*

2. Schreiben an Kläger bzw Vertreter
   in pp.
   wird auf Folgendes hingewiesen: Bei der von Ihnen eingereichten Klage handelt es sich um keine in den Katalog des § 43 WEG fallende Wohnungseigentumssache, sondern um eine allgemeine Zivilprozesssache, weil [...] *[kurze Begründung anhand des konkreten Falles]*. Die hiesige Abteilung des Gerichts ist nach dem Geschäftsverteilungsplan aber nicht für derartige Verfahren zuständig. Die Akte wird daher der Eingangsregistratur mit der Bitte um Vergabe eines Aktenzeichens für die nach dem Geschäftsverteilungsplan für allgemeine Zivilprozesssachen zuständige Abteilung zugeleitet. Diese wird Ihnen alsbald das neue Aktenzeichen der Sache mitteilen.

3. Abschrift von 2. an [...] *[vom Kläger vorgesehener Beklagter]* zur Kenntnisnahme. [...] *[kurze Begründung anhand des konkreten Falles]*

4. Urschriftlich mit Akte an die Eingangsregistratur mit der Bitte um Neueintragung der Sache für die mit allgemeinen Zivilprozesssachen befasste zuständige Abteilung. Auf den Vermerk zu 1. wird Bezug genommen.

[...]

Richter am Amtsgericht ◀

2. Örtliche und sachliche Zuständigkeit

7   Die örtliche Zuständigkeit ist in **§ 43 WEG** dahin gehend geregelt, dass für Wohnungseigentumssachen **ausschließlich** das Gericht zuständig ist, in dessen Bezirk das Grundstück der Wohnanlage liegt. Da die örtliche Zuständigkeit nach § 43 WEG eine ausschließliche ist, können weder die Parteien durch eine Gerichtsstandsvereinbarung (= Prorogation, § 38 ZPO) die örtliche Zuständigkeit eines anderen Gerichts begründen (§ 40 Abs. 2 S. 1 Nr. 2 ZPO), noch

kann die Beklagtenseite dies durch eine rügelose Einlassung (§ 39 ZPO) bewirken (§ 40 Abs. 2 S. 2 ZPO).

Hinsichtlich der **sachlichen Zuständigkeit** muss danach unterschieden werden, ob es sich bei 8 der Wohnungseigentumssache um eine sog. Binnenstreitigkeit nach § 43 Nr. 1–4, Nr. 6 WEG handelt oder um eine Klage eines Dritten nach § 43 Nr. 5 WEG. Für **Binnenstreitigkeiten,** also Streitigkeiten der Wohnungseigentümer, des Verbands Wohnungseigentümergemeinschaft, des Verwalters und des Beirats untereinander und ohne Beteiligung Dritter, sind nach § 23 Nr. 2 c GVG erstinstanzlich ausschließlich die Amtsgerichte zuständig, und zwar ohne Rücksicht auf die Höhe des Streitwerts. Insoweit kann weder eine Gerichtsstandsvereinbarung noch eine rügelose Einlassung zu einer anderweitigen sachlichen Zuständigkeit führen (§ 40 Abs. 2 S. 1 Nr. 2, S. 2 ZPO). Für **Klagen Dritter,** die sich gegen die Wohnungseigentümergemeinschaft als Verband oder gegen Wohnungseigentümer richten und sich auf das gemeinschaftliche Eigentum, seine Verwaltung oder das Sondereigentum beziehen, verbleibt es bei den allgemeinen Vorschriften über die sachliche Zuständigkeit nach §§ 23 Nr. 1, 71 Abs. 1 GVG mit der Folge, dass für Streitigkeiten über Ansprüche, deren Gegenstand an Geld oder Geldeswert maximal 5.000 € beträgt, die Amtsgerichte und für Streitigkeiten über einen Wert von mindestens 5.000,01 € die Landgerichte zuständig sind. Hinsichtlich Klagen Dritter nach § 43 Nr. 5 WEG kann eine anderweitige sachliche (nicht örtliche!) Zuständigkeit durch Gerichtsstandsvereinbarung oder rügelose Einlassung herbeigeführt werden.

Wird ein Wohnungseigentumsverfahren bei einem örtlich und oder sachlich unzuständigen 9 Gericht anhängig gemacht, muss das Verfahren an das zuständige Gericht „weitergereicht" werden. Dies geschieht, je nach Verfahrensstand, durch **formlose Abgabe** oder durch **Verweisungsbeschluss.** Mit Zustellung der Klageschrift wird eine Sache rechtshängig (§§ 253 Abs. 1, 261 Abs. 1 ZPO). Nur eine rechtshängige Sache kann nach § 281 Abs. 1 ZPO verwiesen werden; vor Rechtshängigkeit kann eine Sache nur formlos an ein anderes Gericht abgegeben werden.[3] Eine bloße Abgabe hat keine Bindungswirkung; ein **Verweisungsbeschluss** ist grundsätzlich unanfechtbar und bindend (§ 281 Abs. 2 S. 2, S. 4 ZPO). Während ein Gericht, an welches eine Sache zu Unrecht abgegeben worden ist, seinerseits einen bindenden Verweisungsbeschluss (erstmals) erlassen kann, steht dieser Weg einem Gericht, an welches eine Sache zu Unrecht förmlich verwiesen worden ist, grundsätzlich nicht offen.[4]

Eine **Musterverfügung** betreffend die Hinweise an die Beteiligten vor einer beabsichtigten Ver- 10 weisung findet sich unter Rn 11; eine Musterverfügung betreffend die Möglichkeit eines Gerichts, an welches eine Sache zu Unrecht verwiesen worden ist, ist unter Rn 14 zu finden. Muster für Verweisungsbeschlüsse sowie ein Muster für einen Vorlagebeschluss nach § 36 Abs. 1 Nr. 6 ZPO sind in Rn 18–20 enthalten.

▶ **Muster: Verfügung – Hinweis auf örtliche/sachliche Unzuständigkeit** 11

Amtsgericht [...]

Geschäftsnummer: [...]

Verfügung

1. Schreiben an Kläger bzw Vertreter mit Abschrift von 2.
   in pp.

---

3 Zöller/*Greger,* § 281 ZPO Rn 7.
4 BGH NJW-RR 1994, 126, Rn 7 nach juris.

wird auf Folgendes hingewiesen:

☐ Es bestehen Bedenken hinsichtlich der örtlichen Zuständigkeit des Amtsgerichts [...]. Nach § 43 WEG ist für Wohnungseigentumssachen dasjenige Gericht örtlich zuständig, in dessen Bezirk das den Gegenstand des gemeinschaftlichen Eigentums der Wohnungseigentümergemeinschaft bildende Grundstück liegt. Da vorliegend das betreffende Grundstück im Bezirk des Amtsgerichts [...] liegt, dürfte dieses örtlich zuständig sein.

Vorsorglich wird darauf hingewiesen, dass es sich bei der Zuständigkeit nach § 43 WEG um eine ausschließliche Zuständigkeit handelt. Daher kann weder durch Gerichtsstandsvereinbarung der Parteien noch durch rügelose Einlassung der Beklagtenpartei ein anderes Gericht als das nach § 43 WEG bestimmte örtlich zuständig werden.

Es wird anheimgestellt, innerhalb von zwei Wochen die Verweisung an das genannte örtlich zuständige Gericht zu beantragen.

☐ Es bestehen Bedenken hinsichtlich der sachlichen Zuständigkeit des Amtsgerichts [...]. Wenn – wie vorliegend – ein Dritter

☐ die Wohnungseigentümergemeinschaft als Verband

☐ Wohnungseigentümer

verklagt und sich die Klage auf das gemeinschaftliche Eigentum, seine Verwaltung oder das Sondereigentum bezieht, richtet sich die sachliche Zuständigkeit nach den allgemeinen Vorschriften, somit nach §§ 23 Nr. 1, 71 Abs. 1 GVG, mit der Folge, dass für Streitigkeiten über Ansprüche, deren Gegenstand an Geld oder Geldeswert die Summe von 5.000 € nicht übersteigt (also maximal 5.000 € beträgt) die Amtsgerichte erstinstanzlich zuständig sind, während für Streitigkeiten über Ansprüche, deren Gegenstand an Geld oder Geldeswert die Summe von 5.000 € übersteigt (also mindestens 5.000,01 € beträgt) die Landgerichte erstinstanzlich zuständig sind. Da vorliegend der Wert des geltend gemachten Anspruchs 5.000 € übersteigt, ist die sachliche Zuständigkeit der Landgerichte gegeben.

Es wird anheimgestellt, innerhalb von zwei Wochen die Verweisung an das Landgericht [...], in dessen Bezirk das den Gegenstand des gemeinschaftlichen Eigentums der Wohnungseigentümergemeinschaft bildende Grundstück liegt, zu beantragen.

2. Abschrift der Klageschrift und Abschrift von 1. mit folgendem Schreiben mit Zustellungsurkunde[5] an

☐ Beklagte(n) persönlich

☐ den Verwalter [...] mit Adresszusatz „als Zustellungsvertreter des/der [...]"[6]

in pp.

besteht Gelegenheit, innerhalb von zwei Wochen zur Frage der Zuständigkeit sowie zu dem zu erwartenden Verweisungsantrag Stellung zu nehmen.

3. Wiedervorlage: drei Wochen

[...]

Richterin am Amtsgericht ◄

---

5 Erst durch die Zustellung der Klageschrift wird die Sache rechtshängig (§§ 253 Abs. 1, 261 Abs. 1 ZPO), was Voraussetzung einer (bindenden) Verweisung ist.

6 Im Falle des § 45 Abs. 1 S. 1 Hs 1 WEG ist der Verwalter Zustellungsvertreter der Wohnungseigentümer, wenn diese Beklagte oder nach § 48 Abs. 1 S. 1 WEG beizuladen sind (für Ausnahmen siehe unten Rn 23 ff). Wenn ihm in dieser Eigenschaft zugestellt werden soll, muss sich die Bezeichnung „als Zustellungsvertreter" aus der Adressierung ergeben (Jennißen/*Suilmann*, § 45 WEG Rn 5).

3. Sonderproblem: falsche Verweisung

Die gesetzlich angeordnete Verbindlichkeit eines Verweisungsbeschlusses wird noch nicht dadurch in Frage gestellt, dass er auf einem Rechtsirrtum des verweisenden Gerichts beruht oder sonst fehlerhaft ist; ein **Verweisungsbeschluss** ist indes dann **ausnahmsweise nicht bindend**, wenn ihm jede rechtliche Grundlage fehlt, so dass er als objektiv willkürlich erscheint.[7] In diesem Fall kann sich das zu Unrecht angegangene Gericht – von Amts wegen und ohne Antrag einer Partei[8] – ebenfalls für unzuständig erklären und die Sache nach § 36 Abs. 1 Nr. 6 ZPO (sog. **negativer Kompetenzkonflikt**) dem nach § 36 Abs. 1, 2 ZPO zuständigen Gericht zur Zuständigkeitsbestimmung vorlegen.   12

Einem **Verweisungsbeschluss fehlt dann jede rechtliche Grundlage**, wenn das verweisende Gericht irrig annimmt, der für die Zuständigkeitsbestimmung maßgebliche Ort gehöre zum Bezirk des Gerichts, gegenüber dem es die Verweisung vornimmt.[9] Derartiges ist in der gerichtlichen Praxis gar nicht so selten. In einigen größeren Städten gibt es nicht nur ein Amtsgericht, sondern mehrere. So gibt es etwa in Berlin zwölf Amtsgerichte.[10] Dies ist auswärtigen Parteien, Anwälten und auch Gerichten oft nicht bekannt mit der Folge, dass Verweisungen nicht selten beantragt und beschlossen werden an das so nicht existente „Amtsgericht Berlin" oder an das Amtsgericht Charlottenburg, welches unter den Berliner Amtsgerichten alphabetisch an erster Stelle steht und durch die Führung des Handelsregisters für ganz Berlin im Bundesgebiet möglicherweise bekannter ist als andere Berliner Amtsgerichte. Jedenfalls dann, wenn ein bestimmtes (existierendes) Gericht als angewiesenes im Verweisungsbeschluss benannt ist, dürfte eine Berichtigung des auch für das verweisende Gericht bindenden Verweisungsbeschlusses durch dieses nach § 319 Abs. 1 ZPO analog ausscheiden.[11] Unabhängig davon, ob in solch einem Fall eine Zurück- oder Weiterverweisung für zulässig gehalten wird,[12] erscheint es im Sinne einer raschen und eindeutigen Klärung der Zuständigkeit und zur Vermeidung von „Verweisungsketten" sinnvoll, den negativen Kompetenzkonflikt im Verfahren nach § 36 ZPO zu klären. Mit nachstehender Verfügung kann den Beteiligten vor einer Vorlage im Verfahren nach dieser Vorschrift rechtliches Gehör gewährt werden. Ein Vorlagebeschluss nach § 36 Abs. 1 Nr. 6 ZPO ist in Rn 20 zu finden.   13

▶ **Muster: Verfügung – Hinweis auf Unzuständigkeit nach erfolgter Verweisung**   14

Amtsgericht [...]

Geschäftsnummer: [...]

Verfügung

1. Schreiben an Parteien/Beigeladene bzw Vertreter
   in pp.
   ist nach Verweisung durch Beschluss des Amtsgerichts [...] vom [...] zum dortigen Geschäftszeichen [...] die Akte hier eingegangen. Entgegen der Begründung des Verweisungsbeschlusses ist das hiesige Amtsgericht nicht örtlich zuständig, weil das den Gegenstand des gemeinschaft-

---

7   BGH NJW 1993, 1273, Rn 4 nach juris; BAG NJW 1997, 1091, Rn 9 nach juris. Zöller/*Greger*, § 281 ZPO Rn 19 will für diesen Fall eine Zurück- oder Weiterverweisung zulassen.

8   Zöller/*Vollkommer*, § 37 ZPO Rn 2 und § 36 ZPO Rn 25.

9   BAG NJW 1997, 1091, Rn 9 nach juris.

10   Mehrere Amtsgerichte gibt es auch in Hamburg, Stuttgart, Bremen, Essen, Duisburg, Gelsenkirchen, Karlsruhe, Mönchengladbach und Herne.

11   BGH NJW-RR 1993, 700, Rn 5 nach juris; BAG NJW 1997, 1091, Rn 9 nach juris; aA Zöller/*Greger*, § 281 ZPO Rn 17.

12   Siehe hierzu BayObLGR 2001, 79, Rn 10, 11 nach juris; Musielak/*Foerste*, § 281 ZPO Rn 17.

lichen Eigentums der Wohnungseigentümergemeinschaft bildende Grundstück (§ 43 Abs. 1 WEG) nicht im hiesigen Gerichtsbezirk belegen ist, sondern vielmehr im Bezirk des Amtsgerichts [...]. Zwar ist ein Verweisungsbeschluss nach § 281 Abs. 2 S. 4 ZPO grundsätzlich für das angewiesene Gericht – wie auch für das verweisende Gericht – bindend. Anders ist es jedoch dann, wenn der Verweisung jede rechtliche Grundlage fehlt, so dass sie als objektiv willkürlich erscheint (BGH NJW 1993, 1273, Rn 4 nach juris; BAG NJW 1997, 1091, Rn 9 nach juris). So sind Beschlüsse, durch die ein Rechtsstreit wegen örtlicher Unzuständigkeit verwiesen wird, ausnahmsweise dann nicht bindend, wenn sich das verweisende Gericht über die Zuordnung des von ihm für maßgeblich gehaltenen Ortes (Wohnsitz, Sitz, Erfüllungsort, Begehungsort usw) zu dem Bezirk des Gerichts, an das verwiesen worden ist, offensichtlich geirrt hat. Gleiches gilt, wenn sich das verweisende Gericht offensichtlich über den Wohnsitz, Sitz, Erfüllungsort, Begehungsort usw. geirrt hat. Das gilt auch dann, wenn der Irrtum des Gerichts auf falschen Angaben des Klägers beruht (BAG, aaO).

Vorliegend hat sich das verweisende Gericht offensichtlich über die Zuordnung des von ihm für maßgeblich gehaltenen Ortes geirrt, nämlich über die Belegenheit des den Gegenstand des gemeinschaftlichen Eigentums der Wohnungseigentümergemeinschaft bildenden Grundstücks.

Das hiesige Gericht beabsichtigt daher, sich ebenfalls für unzuständig zu erklären und die Sache nach § 36 Abs. 1 Nr. 6 ZPO dem zur Klärung des Zuständigkeitsstreits zuständigen Gericht vorzulegen.[13] Diese Vorlage ist von Amts wegen möglich und erfordert keinen Antrag der Parteien; die fehlende Bindungswirkung des ersten Verweisungsbeschlusses steht einer gerichtlichen Zuständigkeitsbestimmung auch nicht entgegen (Zöller/*Vollkommer*, ZPO, 27. Auflage 2009, § 37 Rn 2, § 36 Rn 25).

Es besteht Gelegenheit zur Stellungnahme hierzu innerhalb von zwei Wochen.

2. Wiedervorlage: drei Wochen

[...]

Richterin am Amtsgericht ◀

4. Entscheidungen zur Zuständigkeit

15　Die nachfolgenden Muster betreffen Fälle, in welchen ein örtlich oder sachlich unzuständiges Gericht mit einer wohnungseigentumsrechtlichen Klage angegangen worden ist und – nach vorangegangenem Hinweis auf die Unzuständigkeit und Zustellung der Klageschrift – den Rechtsstreit an das zuständige Gericht **verweisen** will.

16　Nicht gemeint ist hier der Fall, dass nach dem Geschäftsverteilungsplan des Gerichts besondere Abteilungen für Wohnungseigentumssachen bestehen, aber gleichwohl ein nicht mit allgemeinen Zivilprozesssachen befasster Richter einer Abteilung für Wohnungseigentumssachen eine für seine Abteilung eingetragene allgemeine Zivilprozesssache vorgelegt bekommt oder in einer nicht mit Wohnungseigentumssachen befassten Abteilung ein Wohnungseigentumsrechtsstreit

---

13　Zuständig für die Gerichtsstandsbestimmung ist nach § 36 Abs. 1 ZPO das im Rechtszug zunächst höhere Gericht, und zwar – wie sich aus § 36 Abs. 2 ZPO ergibt – das im Rechtszug zunächst höhere *gemeinsame* Gericht. Besteht der Kompetenzkonflikt also zwischen zwei Amtsgerichten, welche im Bezirk eines Landgerichts liegen, so ist dieses Landgericht zur Gerichtsstandsbestimmung berufen. Liegen die beiden über die Zuständigkeit streitenden Amtsgerichte nicht im Bezirk eines (einzigen) Landgerichts, wohl aber im Bezirk eines Oberlandesgerichts, so ist dieses schon nach § 36 Abs. 1 ZPO zur Entscheidung berufen. Gleiches gilt, wenn zwei im Bezirk eines Oberlandesgerichts belegene Landgerichte über die Zuständigkeit streiten. Wäre indes der BGH das alleinige gemeinschaftliche höhere Gericht, so hat nach § 36 Abs. 2 ZPO dasjenige Oberlandesgericht die Gerichtsstandsbestimmung zu treffen, zu dessen Bezirk das zuerst mit der Sache befasste Gericht gehört.

　　　　　　　　　　　　　　　　　Einsiedler

eingetragen wird. Der so mit einer Sache angegangene Richter muss diese vielmehr von Amts wegen an die zuständige Abteilung im Haus abgeben (siehe das entsprechende Muster unter Rn 6).

Eine mündliche Verhandlung ist nach § 128 Abs. 4 ZPO zur Entscheidung über einen Verweisungsantrag nicht erforderlich. Eine Verweisung im Falle örtlicher Unzuständigkeit kann im streitigen Verfahren **nur auf Antrag des Klägers** erfolgen; ferner ist dem Beklagten vor einer Verweisung rechtliches Gehör zu gewähren. Stellt der Kläger keinen Verweisungsantrag, muss terminiert werden und – falls der Verweisungsantrag bis zum Schluss der mündlichen Verhandlung nicht nachgeholt wird – die Klage als unzulässig abgewiesen werden. Entsprechendes gilt grundsätzlich auch im Falle sachlicher Unzuständigkeit. Eine Ausnahme gilt insoweit aber bei erst nachträglich eintretender sachlicher Unzuständigkeit infolge Klageerweiterung oder Erhebung einer zur Zuständigkeit des Landgerichts gehörenden Widerklage; in diesen Fällen kann jede Partei die Verweisung beantragen (§ 506 Abs. 1 ZPO), und es ist dem Gegner des die Verweisung Beantragenden rechtliches Gehör zu gewähren. **17**

▶ **Muster: Verweisung einer Wohnungseigentumssache wegen örtlicher Unzuständigkeit** **18**

Amtsgericht [...]

Geschäftszeichen: [...]

In dem Wohnungseigentumsrechtsstreit [...]

hat das Amtsgericht [...] durch die Richterin am Amtsgericht [...] am [...] beschlossen:

Das Amtsgericht [...] erklärt sich auf Antrag der klägerischen Partei und nach Anhörung der beklagten Partei für örtlich unzuständig und verweist den Rechtsstreit an das örtlich zuständige Amtsgericht [...].

Gründe

Die Parteien sind Mitglieder der Wohnungseigentümergemeinschaft [...]. Der Kläger begehrt mit seiner beim hiesigen Gericht erhobenen Klage vom Beklagten die Unterlassung einer gewerblichen Nutzung der im Sondereigentum des Beklagten stehenden Eigentumseinheit. Hierbei handelt es sich um eine Streitigkeit über die sich aus der Gemeinschaft der Wohnungseigentümer und aus der Verwaltung des gemeinschaftlichen Eigentums ergebenden Rechte und Pflichten der Wohnungseigentümer untereinander nach § 43 Nr. 1 WEG.

Nach § 43 WEG ist für Wohnungseigentumssachen dasjenige Gericht örtlich ausschließlich zuständig, in dessen Bezirk das den Gegenstand des gemeinschaftlichen Eigentums der Wohnungseigentümergemeinschaft bildende Grundstück liegt. Da vorliegend das betreffende Grundstück im Bezirk des Amtsgerichts [...] liegt, ist dieses örtlich zuständig, nicht aber das angegangene Gericht. Der Kläger hat mit Schriftsatz vom [...] die Verweisung des Rechtsstreits an das zuständige Gericht beantragt. Das Amtsgericht [...] hatte sich daher – nach erfolgter Anhörung des Beklagten – gemäß § 281 Abs. 1 S. 1 ZPO für örtlich unzuständig zu erklären und den Rechtsstreit an das oben genannte örtlich zuständige Gericht zu verweisen.

[...]

Richterin am Amtsgericht

Verfügung:

1. Ausfertigung des obigen Beschlusses an
   a) klägerische Partei bzw Klägervertreter
   b) beklagte Partei bzw Beklagtenvertreter
   ☐ mit Abschrift des den Verweisungsantrag enthaltenden Schriftsatzes der klägerischen Partei vom [...].[14]
2. Hier austragen.
3. Urschriftlich mit Akte an das Amtsgericht [...] unter Hinweis auf obigen Beschluss mit der Bitte um kurze Bestätigung des Eingangs der Akte.

[...]

Richterin am Amtsgericht ◄

19   ▶ **Muster: Verweisung einer Wohnungseigentumssache wegen sachlicher Unzuständigkeit**

Amtsgericht [...]

Geschäftszeichen: [...]

In dem Wohnungseigentumsrechtsstreit [...]

hat das Amtsgericht [...] durch den Richter am Amtsgericht [...] am [...] beschlossen:

Das Amtsgericht [...] erklärt sich auf Antrag der klägerischen Partei und nach Anhörung der beklagten Partei für sachlich unzuständig und verweist den Rechtsstreit an das sachlich zuständige Landgericht [...].

Gründe

Die nicht der Wohnungseigentümergemeinschaft [...] angehörige Klägerin begehrt mit ihrer beim hiesigen Gericht erhobenen Klage von der beklagten Wohnungseigentümergemeinschaft Zahlung von 7.000 € mit der Begründung, gegenüber der Beklagten einen Anspruch auf Zahlung von Werklohn in dieser Höhe für im Auftrag der Beklagten durchgeführte Sanierungsarbeiten am Dach der Wohnanlage zu haben. Hierbei handelt es sich nach dem für die Bestimmung der gerichtlichen Zuständigkeit maßgeblichen Klägervortrag um eine Klage Dritter, die sich gegen die Gemeinschaft der Wohnungseigentümer richtet und sich auf das gemeinschaftliche Eigentum bezieht (§ 43 Nr. 5 WEG).

Sie sachliche Zuständigkeit für wohnungseigentumsrechtliche Klagen Dritter richtet sich – da § 43 Nr. 5 WEG in § 23 Nr. 2 c GVG nicht genannt ist – nach den allgemeinen Vorschriften, somit nach §§ 23 Nr. 1, 71 Abs. 1 GVG, mit der Folge, dass für Streitigkeiten über Ansprüche, deren Gegenstand an Geld oder Geldeswert die Summe von 5.000 € nicht übersteigt (also maximal 5.000 € beträgt) die Amtsgerichte erstinstanzlich zuständig sind, während für Streitigkeiten über Ansprüche, deren Gegenstand an Geld oder Geldeswert die Summe von 5.000 € übersteigt (also mindestens 5.000,01 € beträgt) die Landgerichte erstinstanzlich zuständig sind. Da vorliegend der Wert des geltend gemachten Anspruchs 5.000 € übersteigt, ist die sachliche Zuständigkeit der Landgerichte gegeben.

Örtlich ist nicht das dem angegangenen Gericht im Rechtszug übergeordnete Landgericht [...] zuständig, sondern das Landgericht [...]. Denn nach § 43 WEG ist für Wohnungseigentumssachen dasjenige Gericht örtlich ausschließlich zuständig, in dessen Bezirk das den Gegenstand des gemeinschaftlichen Eigentums der Wohnungseigentümergemeinschaft bildende Grundstück liegt. Da vor-

---

14 Falls dies nicht schon geschehen ist.

liegend das betreffende Grundstück im Bezirk des Landgerichts [...] liegt, ist dieses örtlich zuständig.[15]

Die Klägerin hat mit Schriftsatz vom [...] die Verweisung des Rechtsstreits an das zuständige Gericht beantragt.

Das Amtsgericht [...] hatte sich daher – nach erfolgter Anhörung der Beklagten – gemäß § 281 Abs. 1 S. 1 ZPO für sachlich unzuständig zu erklären und den Rechtsstreit an das oben genannte sachlich zuständige Gericht zu verweisen.[16]

[...]

Richter am Amtsgericht

Verfügung:

1. Ausfertigung des obigen Beschlusses an
   a) klägerische Partei bzw Klägervertreter
   b) beklagte Partei bzw Beklagtenvertreter
   ☐ mit Abschrift des den Verweisungsantrag enthaltenden Schriftsatzes der klägerischen Partei vom [...].[17]
2. Hier austragen.
3. Urschriftlich mit Akte an das Landgericht [...] unter Hinweis auf obigen Beschluss mit der Bitte um kurze Bestätigung des Eingangs der Akte.

[...]

Richter am Amtsgericht ◄

▶ **Muster: Vorlagebeschluss nach § 36 Abs. 1 Nr. 6 ZPO**

20

Amtsgericht [...]

Geschäftszeichen: [...]

In dem Wohnungseigentumsrechtsstreit [...]

hat das Amtsgericht [...] durch den Richter am Amtsgericht [...] am [...] beschlossen:

I. Das Amtsgericht [...] erklärt sich für örtlich unzuständig.

II. Die Sache wird dem Landgericht/Oberlandesgericht [...] [*das nach § 36 Abs. 1, Abs. 2 ZPO zuständige Gericht einsetzen*] zur Zuständigkeitsbestimmung nach § 36 Abs. 1 Nr. 6 ZPO vorgelegt.

Gründe

Mit Beschluss vom [...], auf welchen Bezug genommen wird, hat sich das Amtsgericht [...] für örtlich unzuständig erklärt.

---

15 Ein Verweisungsbeschluss ist nicht nur hinsichtlich derjenigen Zuständigkeitsfrage möglich und bindend, derentwegen verwiesen worden ist (soweit also verweisendes und angewiesenes Gericht in der Zuständigkeitsfrage direkt konkurrieren), sondern auch hinsichtlich sonstiger Zuständigkeitsfragen, soweit das verweisende Gericht die Zuständigkeit auch in dieser Hinsicht geprüft und bejaht hat. Dies beruht nicht zuletzt auf der prozesswirtschaftlichen Erwägung, dass eine weitere Zuständigkeitsprüfung mit der möglichen Folge einer erneuten Verweisung dann nicht gerechtfertigt ist, wenn die betreffende Zuständigkeitsfrage bereits von einem anderen Gericht entschieden und die Sache schon einmal von einem Gericht an ein anderes verwiesen wurde (BGH NJW-RR 1998, 1219, Rn 11 nach juris).
16 Auch wenn im vorliegenden Beispiel nicht an das dem angegangenen Gericht übergeordnete Landgericht verwiesen wird, sondern an ein anderes, handelt es sich um eine Verweisung wegen sachlicher Unzuständigkeit und nicht um eine solche wegen örtlicher Unzuständigkeit, weil das verweisende und das angewiesene Gericht in der Zuständigkeitsfrage nur in sachlicher Hinsicht konkurrieren und lediglich aus Anlass der sachlich erforderlich werdenden Verweisung auch die örtliche Zuständigkeit mitbedacht wird.
17 Falls dies nicht schon geschehen ist.

Nach hiesiger Auffassung ist die Unzuständigerklärung und Verweisung durch das Amtsgericht [...] ausnahmsweise nicht nach § 281 Abs. 2 S. 4 ZPO bindend, weil ihr jede rechtliche Grundlage fehlt, so dass sie als objektiv willkürlich erscheint (BGH NJW 1993, 1273, Rn 4 nach juris; BAG NJW 1997, 1091, Rn 9 nach juris). So sind Beschlüsse, durch die ein Rechtsstreit wegen örtlicher Unzuständigkeit verwiesen wird, ausnahmsweise dann nicht bindend, wenn sich das verweisende Gericht über die Zuordnung des von ihm für maßgeblich gehaltenen Ortes (Wohnsitz, Sitz, Erfüllungsort, Begehungsort usw.) zu dem Bezirk des Gerichts, an das verwiesen worden ist, offensichtlich geirrt hat. Gleiches gilt, wenn sich das verweisende Gericht offensichtlich über den Wohnsitz, Sitz, Erfüllungsort, Begehungsort usw. geirrt hat. Das gilt auch dann, wenn der Irrtum des Gerichts auf falschen Angaben des Klägers beruht (BAG, aaO).

Vorliegend hat sich das verweisende Gericht offensichtlich über die Zuordnung des von ihm für maßgeblich gehaltenen Ortes, nämlich über die Belegenheit des den Gegenstand des gemeinschaftlichen Eigentums der Wohnungseigentümergemeinschaft bildenden Grundstücks (§ 43 Abs. 1 WEG), geirrt, welches nicht im hiesigen Gerichtsbezirk belegen ist, sondern vielmehr im Bezirk des Amtsgerichts [...]. Aus diesem Grund erklärt sich auch das Amtsgericht [...] für örtlich unzuständig.

Die Sache wird zur gerichtlichen Zuständigkeitsbestimmung nach § 36 Abs. 1 Nr. 6 ZPO dem

☐ Landgericht/Oberlandesgericht [...] als dem gemeinschaftlichen höheren Gericht

☐ Oberlandesgericht [...], welches nach § 36 Abs. 2 ZPO anstelle des Bundesgerichtshofs, der alleiniges gemeinschaftliches höheres Gericht der im Kompetenzstreit befangenen Gerichte ist, zur Gerichtsstandsbestimmung berufen ist,

vorgelegt. Diese Vorlage ist von Amts wegen möglich und erforderte keinen Antrag der Parteien; die fehlende Bindungswirkung des ersten Verweisungsbeschlusses steht einer gerichtlichen Zuständigkeitsbestimmung auch nicht entgegen (Zöller/Vollkommer, ZPO, 27. Auflage 2009, § 37 Rn 2, § 36 Rn 25).

[...]

Richter am Amtsgericht

Verfügung:

1. Ausfertigung des obigen Beschlusses an Parteien bzw Parteienvertreter
2. Urschriftlich mit Akten dem Landgericht/Oberlandesgericht [...] unter Hinweis auf obigen Beschluss mit der Bitte um gerichtliche Zuständigkeitsbestimmung.

[...]

Richter am Amtsgericht ◄

II. Falsche Beklagtenpartei bei der Beschlussanfechtung

21   Nach § 46 Abs. 1 S. 1 WEG ist eine auf Erklärung der Ungültigkeit eines Beschlusses gerichtete Anfechtungsklage gegen die (übrigen) Wohnungseigentümer zu richten, nicht aber gegen die Wohnungseigentümergemeinschaft als Verband. Wird gleichwohl eine Anfechtungsklage gegenüber dem Verband Wohnungseigentümergemeinschaft anhängig gemacht, kann das Gericht mit folgender Verfügung darauf reagieren:[18]

---

18   Auch bei anderen Klagen kann es vorkommen, dass der Kläger die falsche Partei in Anspruch nimmt. Die Besonderheit bei Beschlussanfechtungsklagen ist aber, dass diese nur innerhalb der materiellen Ausschlussfrist des § 46 Abs. 1 S. 2 WEG erhoben werden können.

▶ **Muster: Hinweis auf falsche Beklagtenpartei bei Beschlussanfechtung** 22

Amtsgericht [...]

Geschäftsnummer: [...]

EILT![19]

Verfügung

1. Schreiben an Kläger bzw Vertreter

in pp.

wird auf Folgendes hingewiesen: Eine auf Erklärung der Ungültigkeit eines Beschlusses gerichtete Anfechtungsklage ist nach § 46 Abs. 1 S. 1 WEG gegen die (übrigen) Wohnungseigentümer zu richten. Die von Ihnen in der eingereichten Klageschrift als Beklagte bezeichnete Wohnungseigentümergemeinschaft, also der eine eigene Rechtspersönlichkeit aufweisende Verband Wohnungseigentümergemeinschaft, ist somit die falsche Partei. Das Gericht folgt insoweit der Auffassung, dass jedenfalls seit Inkrafttreten der WEG-Novelle zum 1.7.2007 eine bloße Rubrumsberichtigung ausscheidet.[20] Es wird um Mitteilung innerhalb von zwei Wochen gebeten, ob die – noch nicht an die Beklagtenpartei zugestellte – Klage zurückgenommen[21] wird.[22]

Sofern die Beschlussanfechtung weiter betrieben werden soll, muss eine neue Klageschrift gegen die (übrigen) Wohnungseigentümer beim Gericht eingereicht werden; auf die Frist zur Klageerhebung innerhalb eines Monats nach der Beschlussfassung (§ 46 Abs. 1 S. 2 WEG) wird hingewiesen.[23]

2. Wiedervorlage: drei Wochen

[...]

Richter am Amtsgericht ◀

III. Fehlen eines Zustellungsvertreters

Nach § 45 Abs. 1 S. 1 Hs 1 WEG ist der Verwalter grundsätzlich Zustellungsvertreter der Wohnungseigentümer, wenn sämtliche[24] Wohnungseigentümer Beklagte sind oder wenn einzelne Wohnungseigentümer gem. § 48 Abs. 1 S. 1 WEG beizuladen sind. Diese Vorschrift ist für das Gericht nicht verpflichtend; eine Zustellung kann somit auch im Anwendungsbereich des § 45 Abs. 1 S. 1 WEG direkt an die Beklagten bzw Beigeladenen vorgenommen werden, was dann, wenn es sich nur um wenige Personen handelt, als der schnellere Weg vorzugswürdig sein kann. Wenn dem **Verwalter als Zustellungsvertreter** zugestellt werden soll, muss sich die Bezeichnung

---

19 Da die Anfechtungsklage innerhalb eines Monats seit Beschlussfassung erhoben werden muss, sollte der Hinweis unter „Eilt" verfügt werden, damit der Kläger – soweit dies noch möglich ist – noch rechtzeitig eine Klage gegenüber der richtigen Partei erheben bzw dieser gegenüber die Klage zumindest rechtzeitig anhängig machen und so über § 167 ZPO die Anfechtungsfrist wahren kann.

20 AA zum alten Recht OLG München NJW-RR 2006, 1674, Rn 10 nach juris.

21 Wie sich aus § 269 Abs. 4 S. 3 ZPO ergibt, kann auch eine noch nicht zugestellte Klage zurückgenommen werden.

22 Der Weg über eine Beklagtenauswechslung, welche – um zulässig zu sein – Zusätzliches voraussetzt (vgl die Darstellung bei Thomas/Putzo/*Hüßtege*, vor § 50 ZPO Rn 15 ff), indes kostenmäßig hinsichtlich des alten Beklagten wie eine Klagerücknahme wirkt (BGH NJW 2006, 1351, Rn 24 nach juris), ist trotz des sich möglicherweise für den Kläger als vorteilhaft erweisenden Umstands, dass dann nur einmal Gerichtskosten anfallen, wegen seiner ggf problematischen Zulässigkeit häufig nicht ratsam. Rechtshängigkeit gegenüber dem neuen Beklagten tritt auch erst mit Zustellung des Änderungsschriftsatzes an diesen ein (Zöller/*Greger*, § 263 ZPO Rn 25).

23 Diesen Hinweis gebietet die Fürsorgepflicht des Gerichts. Andernfalls besteht die Gefahr, dass der Kläger in dem Versuch, mit dem Gericht über dessen Hinweis zu diskutieren, die Anfechtungsfrist gegenüber der richtigen Partei versäumt.

24 Riecke/Schmid/*Abramenko*, § 45 WEG Rn 2; Elzer, in: Hügel/Elzer, § 13 Rn 90.

„als Zustellungsvertreter" aus der Adressierung ergeben.[25] Eine Zustellung darf indes dann nicht an den Verwalter als Zustellungsbevollmächtigten vorgenommen werden, wenn er als Gegner der Wohnungseigentümer an dem Verfahren beteiligt ist, also etwa in den Fällen des § 43 Nr. 3 WEG oder wenn der Verwalter das Beschlussanfechtungsverfahren betreibt. In diesem Fall wird eine **Interessenskollision** unwiderleglich angenommen; der Verwalter scheidet ohne weitere Prüfung einer Interessenskollision als Zustellungsvertreter aus. Eine Zustellung darf ferner dann nicht an den Verwalter als Zustellungsbevollmächtigten vorgenommen werden, wenn aufgrund des Streitgegenstands die Gefahr besteht, er werde die Wohnungseigentümer nicht sachgerecht unterrichten (§ 45 Abs. 1 S. 1 Hs 2 WEG), wenn also aufgrund konkreter Umstände ein Interessenkonflikt des Verwalters vorliegt.

24   Darf an den Verwalter hiernach nicht als Zustellungsvertreter zugestellt werden, muss die Zustellung – wenn sie nicht gegenüber den einzelnen Beklagten bzw Beigeladenen direkt bewirkt werden soll – an einen **Ersatzzustellungsvertreter** bzw dessen Vertreter erfolgen; diese Personen haben die Wohnungseigentümer nicht erst während der Anhängigkeit eines Rechtsstreits, sondern bereits im Hinblick auf mögliche Rechtsstreitigkeiten gewissermaßen auf Vorrat zu bestellen (§ 45 Abs. 2 WEG). Falls die Wohnungseigentümer dem nicht nachgekommen sind oder eine Zustellung an den bestellten Ersatzzustellungsvertreter oder dessen etwa auch bestellten Vertreter nicht durchführbar ist – insbesondere wegen Nichterreichbarkeit oder einer Interessenskollision dieser Personen –, hat das Gericht einen Ersatzzustellungsvertreter zu bestellen und die Zustellung an ihn vorzunehmen (§ 45 Abs. 3 WEG). Auch bei einer Zustellung an einen von den Wohnungseigentümern oder dem Gericht bestellten Ersatzzustellungsvertreter muss dies in der Adressierung kenntlich gemacht werden.

25   Mit dem Muster unter Rn 26 wird der Verwalter in einem von ihm als Kläger betriebenen Beschlussanfechtungsverfahren darüber in Kenntnis gesetzt, dass er als Zustellungsvertreter ausscheidet; gleichzeitig wird er um Benennung eines Ersatzzustellungsvertreters gebeten. Das Muster unter Rn 27 enthält einen Beschluss über eine Ersatzzustellungsvertreterbestellung nach § 45 Abs. 3 WEG nebst Begleitverfügung.

26 ▶ **Muster: Verfügung – Hinweis auf das Fehlen eines Zustellungsvertreters**

Amtsgericht [...]

Geschäftsnummer: [...]

Verfügung

1. Schreiben an Kläger bzw Vertreter
    in pp.
    wird auf Folgendes hingewiesen:
    Da vorliegend der Verwalter als Gegner der Wohnungseigentümer am Verfahren beteiligt ist, nämlich als Kläger eines Beschlussanfechtungsverfahrens, kann er nicht – wie an sich vom Gesetz (§ 45 Abs. 1 Hs 1 WEG) vorgesehen – Zustellungsvertreter der beklagten Wohnungseigentümer sein. Sie werden daher gebeten, innerhalb von zwei Wochen gegenüber dem Gericht einen etwa von den Wohnungseigentümern schon bestellten Ersatzzustellungsbevollmächtigten sowie einen etwa schon bestellten Vertreter des Ersatzzustellungsbevollmächtigten zu benennen und eine

---

25 Jennißen/*Suilmann*, § 45 WEG Rn 5.

Ablichtung des betreffenden Bestellungsbeschlusses einzureichen.[26] Es wird darauf hingewiesen, dass das Gericht gemäß § 45 Abs. 3 WEG einen Ersatzzustellungsbevollmächtigten bestellen kann, falls ein solcher nicht durch die Wohnungseigentümer bestellt ist oder falls aus anderen Gründen keine Zustellung an den von den Wohnungseigentümern bestellten Ersatzzustellungsbevollmächtigten oder dessen Vertreter erfolgen kann.

2. Wiedervorlage: drei Wochen

[...]

Richter am Amtsgericht ◄

▶ **Muster: Gerichtliche Bestellung eines Ersatzzustellungsvertreters** 27

Amtsgericht [...]

Geschäftszeichen: [...]

Beschluss

In dem Wohnungseigentumsrechtsstreit [...]

hat das Amtsgericht [...] durch den Richter am Amtsgericht [...] am [...] beschlossen:

I. Für den beim Amtsgericht [...] zum Geschäftszeichen [...] geführten Rechtsstreit wird

[...]

als Ersatzzustellungsvertreter folgender

☐ beklagter

☐ beigeladener

Wohnungseigentümer [...] bestellt:

II. Die Wohnungseigentümergemeinschaft [...] hat dem Ersatzzustellungsvertreter die für die Ersatzzustellungsvertretung im hiesigen Verfahren entstehenden Kosten zu erstatten.[27]

Gründe

Zwar ist im Rahmen eines Rechtsstreits in Wohnungseigentumssachen gemäß § 45 Abs. 1 S. 1 WEG grundsätzlich der Verwalter Zustellungsvertreter der beklagten und der beigeladenen Wohnungseigentümer. Abweichend hiervon ist aber vorliegend die Zustellung nicht an den Verwalter als Zustellungsbevollmächtigten zu bewirken, weil

☐ der Verwalter als Gegner der Wohnungseigentümer am Rechtsstreit beteiligt ist.

☐ aufgrund des Streitgegenstands die Gefahr besteht, der Verwalter werde die Wohnungseigentümer nicht sachgerecht unterrichten. Denn im Rechtsstreits geht es um [...] [*kurz begründen, warum die Gefahr der Nichtunterrichtung angenommen wird*].

Eine gemäß § 45 Abs. 2 WEG an sich vorgesehene Zustellung an einen von den Wohnungseigentümern bestellten Ersatzzustellungsvertreter oder dessen Vertreter kann nicht erfolgen, weil

☐ eine derartige Bestellung nach den dem Gericht zur Verfügung stehenden Informationen nicht erfolgt ist.

☐ diese nicht ausführbar ist. Denn der Rechtsstreit betrifft [...] [*kurz begründen, weshalb eine Zustellung an den bestellten Ersatzzustellungsvertreter und dessen Vertreter nicht ausführbar ist*].

---

26 Es gilt § 171 S. 2 ZPO: Der rechtsgeschäftlich bestellte Vertreter muss eine schriftliche Vollmacht vorlegen (Schmid MDR 2008, 662, 663). Es dürfte nicht dagegen sprechen, bereits den Verwalter um Einreichung dieser zu bitten.
27 Vgl Elzer, in: Hügel/Elzer, § 13 Rn 116; Riecke/Schmid/*Abramenko*, § 45 WEG Rn 8.

Eine Zustellung an die einzelnen beklagten bzw beigeladenen Wohnungseigentümer kommt angesichts der Größe der Wohnungseigentümergemeinschaft nicht in Betracht. In einem solchen Fall muss das Gericht trotz der in § 45 Abs. 3 WEG verwendeten Formulierung („kann") einen Ersatzzustellungsvertreter bestellen, um eine Zustellung zu ermöglichen (Elzer, in: Hügel/Elzer, Das neue WEG-Recht, 2007, § 13 Rn 114).

☐ Da das Gericht trotz Anfrage bei mehreren Wohnungseigentümern der hiesigen Wohnungseigentümergemeinschaft aus deren Kreis keine Person finden konnte, welche geeignet und bereit war, sich zum Ersatzzustellungsvertreter bestellen zu lassen, und da eine derartige Bestellung nicht gegen den Willen des Betroffenen möglich ist,[28] musste das Gericht einen hierzu bereiten Außenstehenden kostenpflichtig mit dem Amt des Ersatzzustellungsvertreters betrauen.[29]

[...]

Richter am Amtsgericht

Verfügung:

1. Ausfertigung des obigen Beschlusses an
   a) klägerische Partei bzw Vertreter mit ZU bzw EB
   b) den gemäß obigem Beschluss bestellten Ersatzzustellungsvertreter mit ZU
   c) den Verwalter mit ZU
      ☐ mit Zusatz: als Zustellungsvertreter der beklagten Partei[30]
      ☐ mit Zusatz: als Zustellungsvertreter des/der Beigeladenen[31]
   d) den gewählten Ersatzzustellungsvertreter mit ZU
   e) den Vertreter des gewählten Ersatzzustellungsvertreters mit ZU
2. Weitere Verfügung gesondert.[32]

[...]

Richter am Amtsgericht ◀

IV. Vorbereitung der Anordnung des schriftlichen Vorverfahrens

28   Im WEG-Verfahren kann – infolge der Geltung der ZPO-Vorschriften – nunmehr auch ein schriftliches Vorverfahren (§ 276 ZPO) durchgeführt und in diesem ein **Versäumnisurteil gegen die beklagte Partei** erlassen werden, wenn diese keine Verteidigungsbereitschaft anzeigt (§ 331 Abs. 3 S. 1 Hs 1 ZPO). Dies kann etwa bei (vom Verband Wohnungseigentümergemeinschaft als Kläger geltend zu machenden) Wohngeldforderungen sinnvoll sein, wenn die Klage zumindest hinsichtlich der Hauptforderung schlüssig ist (vgl § 331 Abs. 3 S. 3 ZPO) und nicht schon der Akte zu entnehmen ist, dass sich die Beklagtenseite wehren wird. Im Übrigen dürfte das schriftliche Vorverfahren in Wohnungseigentumssachen häufig keine geeignete Maßnahme sein. In jedem Fall ist zu beachten, dass ein Versäumnisurteil nur dann erlassen werden darf,

---

28   Elzer, in: Hügel/Elzer, § 13 Rn 116; Jennißen/*Suilmann*, § 45 WEG Rn 54; Riecke/Schmid/*Abramenko*, § 45 WEG Rn 8; Schmid, MDR 2008, 662, 664.
29   Riecke/Schmid/*Abramenko*, § 45 WEG Rn 8; Elzer, in: Hügel/Elzer, § 13 Rn 116; aA Schmid, MDR 2008, 662, 664.
30   Sofern der Verwalter nur als Zustellungsvertreter der Beigeladenen ausscheidet.
31   Sofern der Verwalter nur als Zustellungsvertreter der Beklagtenseite ausscheidet.
32   Dies kann etwa eine Terminanberaumung sein. Aus Gründen der Übersichtlichkeit sollte die den Beschluss zur Bestellung eines Ersatzzustellers betreffende Verfügung bei diesem Beschluss getroffen werden.

wenn eine (sorgfältige) Prüfung ergeben hat, dass die Klage in Bezug auf die Hauptforderung schlüssig ist.[33]

Auch im Falle der Anordnung des schriftlichen Vorverfahrens ist die Vorschrift des § **44 WEG**   29
zu beachten. Nach § 44 Abs. 1 S. 1 Hs 1 WEG genügt dann, wenn die Klage durch[34] oder gegen alle Wohnungseigentümer mit Ausnahme des Gegners erhoben wird, für ihre nähere Bezeichnung in der Klageschrift zunächst die bestimmte Angabe des gemeinschaftlichen Grundstücks.[35] Die namentliche Bezeichnung der Wohnungseigentümer hat nach § 44 Abs. 1 S. 2 WEG spätestens bis zum Schluss der mündlichen Verhandlung zu erfolgen; erfolgt sie nicht bis zu diesem Zeitpunkt, ist die Klage als unzulässig abzuweisen.[36] Im schriftlichen Vorverfahren ist eine (Teil-)Klageabweisung nur hinsichtlich Nebenforderungen und nach vorherigem Hinweis an den Kläger möglich (§ 331 Abs. 3 S. 3 ZPO); eine Klageabweisung als unzulässig wegen fehlender Bezeichnung der Wohnungseigentümer kann daher im schriftlichen Vorverfahren nicht erfolgen. Sind an dem Rechtsstreit nicht alle Wohnungseigentümer als Partei beteiligt, so sind die übrigen Wohnungseigentümer nach § 44 Abs. 2 S. 1, Abs. 1 S. 2 WEG vom Kläger spätestens bis zum Schluss der mündlichen Verhandlung zu bezeichnen; ob auch in diesem Fall eine Unterlassung der rechtzeitigen Benennung der übrigen Wohnungseigentümer (nach Durchführung der mündlichen Verhandlung) die Abweisung der Klage als unzulässig zur Folge hat, ist umstritten.[37] Der namentlichen Bezeichnung der übrigen Wohnungseigentümer im Fall des § 44 Abs. 2 S. 1 WEG bedarf es nach S. 2 dieser Vorschrift allerdings nicht, wenn das Gericht von ihrer Beiladung gem. § 48 Abs. 1 S. 1 WEG absieht. Da im Falle einer Wohngeldklage der Wohnungseigentümergemeinschaft gegen einzelne Wohnungseigentümer gem. § 43 Nr. 2 WEG schon nach dem Gesetz weder die übrigen Wohnungseigentümer noch der Verwalter beizuladen sind (§ 48 Abs. 1 S. 1 und 2 WEG), ist auch in diesem Fall die namentliche Bezeichnung der übrigen Wohnungseigentümer unnötig; ihre Unterlassung hindert damit auch nicht den Erlass eines Versäumnisurteils im schriftlichen Vorverfahren.

Die nachfolgende Musterverfügung (Rn 31) betrifft den Fall, dass sich die schlüssige Klage ge-   30
gen alle Wohnungseigentümer mit Ausnahme des Klägers richtet (§ 44 Abs. 1 S. 1 Hs 1 WEG) oder dass sie sich zwar nicht gegen alle übrigen Wohnungseigentümer richtet, die übrigen Wohnungseigentümer aber nach § 48 Abs. 1 WEG beizuladen sind, und dass der Kläger in der anhängig gemachten Klageschrift die übrigen – verklagten oder beizuladenden – Wohnungseigentümer nur durch die bestimmte Angabe des gemeinschaftlichen Grundstücks bezeichnet hat (§ 44 Abs. 1 S. 1, Abs. 2 S. 1 WEG) und das Gericht das schriftliche Vorverfahren anordnen möchte.

---

33 Man denke nur an Beschlussanfechtungsverfahren.
34 Klagen durch alle Wohnungseigentümer dürfte es nur noch selten geben, vgl Riecke/Schmid/*Abramenko*, § 44 WEG Rn 8.
35 Wenn die Wohnungseigentümer Beklagte sind, sind in der Klageschrift außerdem der Verwalter (= Zustellungsvertreter) und der gem. § 45 Abs. 2 S. 1 WEG bestellte Ersatzzustellungsvertreter zu bezeichnen.
36 Jennißen/*Suilmann*, § 44 WEG Rn 27.
37 Bejahend: Jennißen/*Suilmann*, § 44 WEG Rn 28; verneinend: Riecke/Schmid/*Abramenko*, § 44 WEG Rn 9.

31 ▶ **Muster: Aufforderung zur Bezeichnung der Wohnungseigentümer**

Amtsgericht [...]

Geschäftsnummer: [...]

Verfügung

1. Schreiben an Kläger bzw Vertreter

   in pp.

   wird darauf hingewiesen, dass nach

   ☐ § 44 Abs. 1 S. 1 und 2 WEG bei Klagen durch oder gegen alle Wohnungseigentümer mit Ausnahme des Gegners

   ☐ § 44 Abs. 2 S. 1, Abs. 1 S. 2 WEG bei Klagen, bei denen – wie hier – nicht alle Wohnungseigentümer als Partei beteiligt sind, die übrigen Wohnungseigentümer aber nach § 48 Abs. 1 WEG beizuladen sind,

   für die Bezeichnung der (übrigen) Wohnungseigentümer zwar zunächst die bestimmte Angabe des gemeinschaftlichen Grundstücks als Kurzbezeichnung ausreicht und die namentliche Bezeichnung dieser Wohnungseigentümer erst zum Schluss der mündlichen Verhandlung vorliegen muss. Das Gericht beabsichtigt jedoch, das schriftliche Vorverfahren durchzuführen und bittet daher um **Mitteilung der Namen und der Anschriften der übrigen Wohnungseigentümer innerhalb von zwei Wochen**. Der im schriftlichen Vorverfahren bei Vorliegen der – vom Gericht allerdings erst noch zu prüfenden[38] – Voraussetzungen nach § 331 Abs. 2, Abs. 3 ZPO mögliche Erlass eines Versäumnisurteils gegen die beklagte Partei setzt indes voraus, dass die Parteien einschließlich der Beklagtenseite im Urteil vollständig bezeichnet werden können und dass auch die weiteren Beteiligten, auf welche sich die Rechtskraft erstreckt, im Urteil vollständig bezeichnet werden können.

   ☐ Bereits jetzt wird folgender Antrag anheim gestellt:

   Wenn die beklagte Partei nicht innerhalb von zwei Wochen dem Gericht anzeigt, dass sie sich gegen die Klage verteidigen will, kann das Gericht auf Antrag der klagenden Partei ohne mündliche Verhandlung ein Versäumnisurteil gegen die beklagte Partei erlassen.

2. Wiedervorlage: drei Wochen

[...]

Richter am Amtsgericht ◀

B. Anberaumung des frühen ersten Termins

32 Nach der Konzeption der ZPO geht der mündlichen Verhandlung eine **Güteverhandlung** zum Zwecke der gütlichen Streitbeilegung voraus (§ 278 Abs. 2 S. 1 ZPO). Bleibt diese erfolglos, so soll sich die mündliche Verhandlung unmittelbar anschließen. In der Praxis empfiehlt es sich daher, einen „Termin zur Güteverhandlung und zur mündlichen Verhandlung (früher erster Termin)" anzuberaumen. Da der erste „richtige" Verhandlungstermin, der **frühe erste Termin** (§ 275 ZPO), ein vollwertiger Verhandlungstermin ist, bei dessen Schluss der Rechtsstreit im Idealfall entscheidungsreif ist (vgl § 275 Abs. 2 Hs 1 ZPO), sollte er umfassend vorbereitet werden. Hierbei ist neben der Aufforderung gegenüber der Beklagtenseite, auf die Klage zu

---

38 Zwar dient diese Verfügung der Vorbereitung der Anordnung des schriftlichen Vorverfahrens mit dem Ziel, in diesem ein Versäumnisurteil zu erlassen; man sollte aber vermeiden, den Eindruck zu erwecken, bereits jetzt werde der Erlass eines Versäumnisurteils zugesagt.

erwidern (§ 275 Abs. 1 S. 1 ZPO), insbesondere an das Instrumentarium des § 273 ZPO zu denken sowie daran, möglichst frühzeitig etwa erforderliche Hinweise nach § 139 Abs. 1–3 ZPO zu erteilen (§ 139 Abs. 4 S. 1 und 2 ZPO). Ferner empfiehlt sich, wenn der Kläger beklagte oder beizuladende Wohnungseigentümer mit der Kurzbezeichnung nach § 44 Abs. 1 S. 1, Abs. 2 S. 1 WEG bezeichnet hat, schon jetzt ein Hinweis darauf, dass die namentliche Bezeichnung der Betreffenden bis zum Schluss der mündlichen Verhandlung erfolgt sein muss (§ 44 Abs. 1 S. 2, Abs. 2 S. 1 WEG).

Hinsichtlich der erforderlichen Ladungen und Zustellungen ist Folgendes zu beachten: Nach 33 § 168 Abs. 1 S. 1 ZPO führt die Geschäftsstelle **Zustellungen** nach §§ 173 bis 175 ZPO aus, und zwar in eigener Verantwortung. An – gleichwohl zulässige – Weisungen des Richters ist die Geschäftsstelle allerdings gebunden.[39] Der Richter sollte hier mit Augenmaß vorgehen: Eine auf Zweifelsfälle beschränkte **Anweisung gegenüber der Geschäftsstelle**, auf welche Weise die Übermittlung von Schriftstücken an Beteiligte vorzunehmen ist, wird – da der Arbeitserleichterung der Geschäftsstelle dienend – meist auf Wohlwollen stoßen; der Richter sollte aber vermeiden, bei der Geschäftsstelle den Eindruck der Bevormundung entstehen zu lassen. Hier ist meist ein Gespräch mit dem Geschäftsstellenbeamten hilfreich.

Ladungen müssen Parteien entweder zugestellt werden (§ 329 Abs. 2 S. 2 ZPO) oder durch eine 34 verkündete Entscheidung ergehen (§ 218 ZPO). Beim frühen ersten Termin oder bei dem Termin, auf den der frühe erste Termin verlegt worden ist, reicht es indes nach § 497 Abs. 1 S. 1 ZPO aus, dem Kläger die Ladung formlos mitzuteilen. Empfehlenswert ist dies allerdings nicht, da der nur formlos geladene Kläger, wenn er nicht erscheint und gegen ihn Versäumnisurteil (§ 330 ZPO) ergeht, im Rahmen seines Einspruchs gegen das Versäumnisurteil den Nichtempfang der formlosen Ladung behaupten kann mit der Folge, dass die Gerichtskosten niederzuschlagen sind, wenn – wie meist bei formloser Ladung – ein Zugang nicht nachzuweisen ist.[40] Dem Beklagten muss die Ladung – außerhalb verkündeter Entscheidungen – stets förmlich zugestellt werden.

Ist bereits ein **Prozessbevollmächtigter auf Beklagtenseite** bestellt, was in diesem Stadium der 35 erstmaligen Terminierung zwar nur selten der Fall ist, aber eben doch gelegentlich vorkommt, muss die Klageschrift an diesen zugestellt und dieser geladen werden (§ 172 Abs. 1 S. 1 ZPO).[41] Diese Vorschrift ist gegenüber § 45 WEG vorrangig.[42] Bestellt ist ein Prozessbevollmächtigter dann, wenn er oder der Mandant eine Prozessvollmacht (§ 80 ZPO) mitteilt, und zwar grundsätzlich gegenüber dem Gericht.[43] Nach Auffassung des VIII. Zivilsenats des BGH kann allerdings auch durch eine Anzeige des Prozessgegners ein Bevollmächtigter „bestellt" werden, wenn die vertretene Partei oder ihr Vertreter dem Gegner von dem Bestehen einer Prozessvollmacht Kenntnis gegeben hat.[44] Diese Auffassung ist aber nicht unumstritten.[45] Es empfiehlt sich in einem solchen Fall, beim Beklagten und bei dem vom Gegner benannten „Prozessbevollmächtigten" – bei Letzterem unter stichwortartiger Angabe des Klagegegenstands – nachzufragen, ob ein Mandat für die Sache besteht. In eiligen Fällen sollte an den Beklagten

---

39 BGH NJW-RR 1993, 1213, Rn 14 nach juris.
40 Zöller/*Herget*, § 497 ZPO Rn 3.
41 Zöller/*Greger*, § 271 ZPO Rn 4.
42 Elzer, in: Hügel/Elzer, § 13 Rn 103.
43 Zöller/*Stöber*, § 172 ZPO Rn 6.
44 BGH NJW-RR 2000, 444, Rn 11 nach juris.
45 Vgl die Nachweise bei Zöller/*Stöber*, § 172 ZPO Rn 7.

und zusätzlich den vom Gegner als dessen Prozessbevollmächtigten Benannten zugestellt werden.

36 Nach § 215 Abs. 1 ZPO ist in der Ladung zur mündlichen Verhandlung über die **Folgen einer Versäumung des Termins** gem. §§ 330 bis 331 a ZPO einschließlich der Rechtsfolgen der §§ 91, 708 Nr. 2 ZPO zu **belehren**. Fehlen diese Hinweise, liegt keine ordnungsgemäße Ladung vor und darf gegen eine nicht erschienene Partei kein Versäumnisurteil erlassen werden (§ 335 Abs. 1 Nr. 2 ZPO). Die Geschäftsstelle, an welche sich die im nachfolgenden Ladungsformular (Rn 37; siehe dort Ziffer 2 aE) enthaltene diesbezügliche Aufforderung richtet, hat normalerweise entsprechende Hinweisformulare; es empfiehlt sich, sich einmal ein solches Formular anzusehen. Die entsprechenden Hinweise können natürlich auch in das richterliche Ladungsformular selbst aufgenommen werden. Ein Formulierungsvorschlag findet sich im Formular zur Anordnung des schriftlichen Vorverfahrens (Rn 39, dort Ziffer 3); für eine Terminladung müsste er freilich dahin gehend umformuliert werden, dass die genannten Folgen – für jede Partei – bei Terminversäumnis eintreten können.

Hinweis: Das nachfolgende umfassende Muster einer Terminanberaumung sollte als Anregung und „Checkliste" verstanden werden. In der Praxis wird regelmäßig nur ein Teil der vorgestellten Maßnahmen erforderlich sein.

37 ▶ **Muster: Umfassende Verfügung zur Anberaumung des frühen ersten Termins**

292

Amtsgericht [...]

Geschäftsnummer: [...]

Verfügung

1. In der Wohnungseigentumssache [...] ./. [...]
    wird Termin zur Güteverhandlung und zur mündlichen Verhandlung (früher erster Termin) anberaumt auf
    [...], den [...], [...] Uhr, Saal [...].
    Erscheint eine Partei nicht oder bleibt die Güteverhandlung erfolglos, wird sich die mündliche Verhandlung unmittelbar anschließen.

2. Es sind zu laden:
    a) auf Klägerseite:
        ☐ Kläger(in)[46]   mit ☐ ZU ☐ formlos[47]
        ☐ Klägervertreter   mit ☐ ZU ☐ EB
    b) auf Beklagtenseite
        ☐ Beklagte(r)   mit ZU

        ☐ persönlich[48]
        ☐ über folgende Person mit Adresszusatz „als Zustellungsvertreter"[49]
        ☐ den Verwalter [...]

---

46 Hier geht es um die Frage, wer auf Klägerseite zum Termin zu laden ist; davon zu unterscheiden ist die Frage, ob hinsichtlich des Klägers – welcher sich im Termin vertreten lassen kann – das persönliche Erscheinen angeordnet wird. Zu Letzterem siehe Ziffer 3. dieser Verfügung.

47 Vgl § 497 Abs. 1 S. 1 ZPO; aus den unter Rn 34 genannten Gründen ist indes eine förmliche Zustellung vorzuziehen.

48 Zwar ist der Verwalter Zustellungsbevollmächtigter der Wohnungseigentümer, wenn diese Beklagte (oder Beizuladende) sind (§ 45 Abs. 1 S. 1 Hs 1 WEG). Dies verbietet indes nicht die Zustellung gegenüber den Beklagten direkt, welche jedenfalls dann als der schnellere Weg vorzugswürdig ist, wenn es sich nur um wenige Beklagte handelt.

49 Jennißen/*Suilmann*, § 45 WEG Rn 5.

☐ den von den Wohnungseigentümern bestellten Ersatzzustellungsvertreter [...]

☐ den von den Wohnungseigentümern bestellten Vertreter des Ersatzzustellungsvertreters [...]

☐ den vom Gericht gemäß

☐ gesondertem Beschluss vom heutigen Tage

☐ Beschluss vom [...]

bestellten Ersatzzustellungsvertreter

mit beglaubigter und einfacher Abschrift der Klageschrift/Anspruchsbegründung nebst deren Anlagen[50] mit ☐ ZU ☐ EB

☐ Beklagtenvertreter mit ☐ ZU ☐ EB

mit beglaubigter und einfacher Abschrift der Klageschrift/Anspruchsbegründung nebst deren Anlagen

Jede zu ladende Partei ist über die Folgen ihres Ausbleibens zu belehren.[51]

3. Das persönliche Erscheinen

☐ der klägerischen Partei

☐ eines umfassend bevollmächtigten und sachkundigen Vertreters der klägerischen Partei

☐ der beklagten Partei

☐ eines umfassend bevollmächtigten und sachkundigen Vertreters der beklagten Partei

☐ zur Sachaufklärung gemäß § 141 ZPO

☐ zur Durchführung der Güteverhandlung

wird angeordnet.

Es wird darauf hingewiesen, dass gemäß § 141 Abs. 3 ZPO das Erscheinen eines zwecks Aufklärung des Sachverhalts informierten und zum Vergleichsabschluss ermächtigten Vertreters dem persönlichen Erscheinen genügt.

4. Auflagen/Hinweise an die klägerische Partei gemäß § 273 ZPO

☐ Der klägerischen Partei wird aufgegeben,

☐ innerhalb von zwei Wochen seit Zustellung der Ladung

☐ bis zum [...]

einen bestimmten Antrag zu formulieren und in einer der Klageschrift (§ 253 ZPO) entsprechenden Form unter Beweisantritt zu begründen. Dies erfordert die Angabe des Gegenstands und des Grundes des geltend gemachten Anspruchs.[52]

☐ Der klägerischen Partei wird aufgegeben,

☐ innerhalb von zwei Wochen seit Zustellung der Ladung

☐ bis zum [...]

folgende weitere Unterlagen in Ablichtung einzureichen:

☐ die Teilungserklärung/Gemeinschaftsordnung

☐ das Protokoll der Eigentümerersammlung vom [...] nebst Einladungsschreiben

---

50 Bei Zustellung an den Verwalter als Zustellungsvertreter auch mehrerer Wohnungseigentümer dürfte mangels anderweitiger gesetzlicher Regelung wie schon nach altem Recht die Zustellung einer Ausfertigung bzw Abschrift genügen (Jennißen/*Suilmann,* § 45 WEG Rn 4; vgl auch BGH NJW 1981, 282, Rn 15 nach juris).

51 Vgl § 215 Abs. 1 ZPO.

52 Die Formulierung eines – ansonsten wegen § 253 Abs. 2 Nr. 2 ZPO erforderlichen – bestimmten Antrags kann allerdings gem. § 21 Abs. 8 WEG nicht verlangt werden, wenn die Wohnungseigentümer eine nach dem Gesetz erforderliche Maßnahme – beispielsweise einen Beschluss über eine Jahresabrechnung, eine Gebrauchsregelung oder eine Ersatzzustellungsvertreterbestellung – nicht getroffen haben und ein Wohnungseigentümer eine die fehlende Entscheidung der Wohnungseigentümer ersetzende Entscheidung des Gerichts nach billigem Ermessen begehrt (vgl Elzer, in: Hügel/Elzer, § 13 Rn 84, 227).

☐ Die klägerische Partei wird auf Folgendes hingewiesen:

☐ Die – bislang noch nicht erfolgte – namentliche Bezeichnung aller Wohnungseigentümer muss spätestens bis zum Schluss der mündlichen Verhandlung erfolgen (§ 44 Abs. 1 S. 2, Abs. 2 S. 1 WEG).

☐ In einem Beschlussanfechtungsverfahren hat das Gericht auch dann, wenn nicht ausdrücklich die Nichtigkeit eines angefochtenen Eigentümerbeschlusses geltend gemacht wird, zu prüfen, ob Nichtigkeitsgründe vorliegen. Das Gericht hat hierbei aber nicht von sich aus den Sachverhalt aufzuklären, sondern darf seiner Entscheidung nur diejenigen Tatsachen zugrunde legen, welche ihm vorgetragen werden. Darlegungs- und beweispflichtig hinsichtlich der tatsächlichen Voraussetzungen einer Nichtigkeit angefochtener Beschlüsse ist die die Anfechtung betreibende klägerische Partei. Diese wird gemäß § 46 Abs. 2 WEG darauf hingewiesen, dass eine Nichtigkeit des angefochtenen Beschlusses zu [...] unter folgendem Gesichtspunkt in Betracht kommt: [...]. Hierzu fehlt es indes bislang an ausreichendem Tatsachenvortrag. Es besteht Gelegenheit zu ergänzendem Vortrag innerhalb von zwei Wochen/bis zum [...].[53]

☐ Der Zinsantrag wird dahin gehend ausgelegt, dass Zinsen in Höhe von 5 Prozentpunkten über dem jeweiligen Basiszinssatz beantragt werden.[54]

☐ [...][55]

Wichtiger Hinweis für die klägerische Partei:

Das Gericht hat Sie aufgefordert, Ihren Klageanspruch durch weitere Erläuterungen oder Vorlage von Beweismitteln aufzuklären. Ihr Schriftsatz muss alles enthalten, was Sie zur Durchsetzung Ihres Anspruchs vorbringen können, und spätestens am letzten Tag der dafür gesetzten Frist beim Gericht eingehen. Wenn Sie der Aufforderung nicht fristgerecht nachkommen und keinen wichtigen Grund zur Entschuldigung dafür vorbringen, laufen Sie Gefahr, dass etwaiger späterer diesbezüglicher Vortrag nicht mehr berücksichtigt wird. Sie riskieren damit, allein wegen dieser Fristversäumnis den Prozess zu verlieren.

5. Die beklagte Partei wird – falls eine Verteidigung gegen die Klage beabsichtigt ist – aufgefordert,

☐ innerhalb von zwei Wochen ab Zustellung der Klageschrift (Anspruchsbegründung)

☐ bis zum [...]

schriftsätzlich und unter Beweisantritt auf diese zu erwidern.

Die beklagte Partei kann den Prozess selbst führen oder sich durch einen Rechtsanwalt vertreten lassen. Sie kann sich auch durch eine andere prozessfähige (volljährige) Person vertreten lassen, welche eine schriftliche Vollmacht für das Verfahren (Prozessvollmacht) oder für die jeweils wahrgenommene Prozesshandlung (zB Terminvollmacht) vorzulegen hat.

---

53 Da der Streitgegenstand einer Anfechtungsklage mit demjenigen einer Nichtigkeitsklage übereinstimmt und im Falle der Abweisung einer Anfechtungsklage als unbegründet die Nichtigkeit des betreffenden Beschlusses nicht mehr geltend gemacht werden kann (§ 48 Abs. 4 WEG), hat das Gericht dann, wenn der Kläger einer Anfechtungsklage erkennbar eine Tatsache übersehen hat, aus der sich ergibt, dass der angefochtene Beschluss nichtig ist, nach § 46 Abs. 2 WEG hierauf hinzuweisen. Diese Norm ist aber nur ein spezieller Ausfluss der allgemeinen zivilprozessualen Hinweis- und Aufklärungspflichten (§ 139 ZPO); nur wenn diese hinreichenden Anlass bieten, hat ein Hinweis nach § 46 Abs. 2 WEG zu erfolgen (BT-Drucks. 16/887, S. 37 f). Das Gericht muss und darf also nicht auf alle theoretisch möglichen Nichtigkeitsgründe hinweisen, sondern nur auf diejenigen, die nach dem bereits vorgetragenen Sachverhalt ernsthaft in Betracht kommen. Ferner hat das Gericht auch nicht dem Kläger die Klage schlüssig zu machen, indem es ihm in den Mund legt, was er behaupten muss, um Nichtigkeitsgründe schlüssig vorzutragen. Der Hinweis nach § 46 Abs. 2 WEG muss an alle Beteiligten ergehen bzw, wenn er an den Kläger ergeht, den anderen Beteiligten – wie in Ziffer 7 der Verfügung – zur Kenntnis gebracht werden.

54 Falls Zinsen in Höhe von 5 % über dem Basiszinssatz verlangt werden, was – wörtlich genommen – etwas anderes ist als Zinsen in Höhe von 5 *Prozentpunkten* über dem Basiszinssatz.

55 Soweit ein Fall konkrete Hinweise nach § 139 ZPO erforderlich macht, sind diese so früh wie möglich zu erteilen und aktenkundig zu machen (§ 139 Abs. 4 S. 1 ZPO).

☐ Die beklagte Partei wird ferner darauf hingewiesen, [...]

Wichtiger Hinweis für die beklagte Partei:

Wenn Sie schriftlich anzeigen, die Klageforderung anzuerkennen, kann das Gericht ohne mündliche Verhandlung Anerkenntnisurteil gegen Sie erlassen; in diesem Fall würden nicht drei Gerichtsgebühren, sondern nur eine Gerichtsgebühr anfallen. Dies gilt auch für den Fall, dass gegen einen Mahnbescheid bereits Widerspruch erhoben wurde. Im Falle einer auf die Erklärung oder Feststellung der Ungültigkeit eines Beschlusses der Wohnungseigentümer gerichteten Klage kann allerdings nur dann Anerkenntnisurteil ergehen, wenn alle beklagten Wohnungseigentümer den Anspruch anerkennen.

Falls Sie sich gegen die Klage verteidigen wollen, muss die Klageerwiderung spätestens am letzten Tag der Ihnen dafür gesetzten Frist schriftlich beim Gericht eingehen und alles enthalten, was Sie zu Ihrer Verteidigung vorbringen können. Wenn Sie die Frist zur Klageerwiderung versäumen und keinen wichtigen Grund zur Entschuldigung dafür vorbringen, laufen Sie Gefahr, mit jeder weiteren Verteidigung gegen die Klage ausgeschlossen zu sein. Sie riskieren damit, allein wegen dieser Fristversäumung den Prozess zu verlieren.

6. Einfache Abschrift der Klageschrift/Anspruchsbegründung nebst Anlagen mit Terminnachricht und den weiteren Verfügungen[56] an folgende Beigeladene:

   a) den Verwalter

    ☐ als selbst Beigeladenen   mit ZU

    ☐ mit Adresszusatz „als Zustellungsvertreter" folgender Beigeladener: mit ZU

    [...]

    [...]

   b) mit Adresszusatz „als Zustellungsvertreter"

    ☐ den von den Wohnungseigentümern bestellten Ersatzzustellungsvertreter [...]   mit ZU

    ☐ den Vertreter des Ersatzzustellungsvertreters [...]   mit ZU

    ☐ den vom Gericht gemäß

    ☐ gesondertem Beschluss vom heutigen Tage

    ☐ Beschluss vom [...]

    bestellten Ersatzzustellungsvertreter   mit ZU

    als Zustellungsvertreter folgender Beigeladener:

    [...]

    [...]

   c) folgende(r) Beigeladene(r) persönlich: mit ZU

    [...]

    [...]

   d) Beigeladenenvertreter   mit ☐ ZU ☐ EB

Der/die Beigeladene/Die Beigeladenen wird/werden auf Folgendes hingewiesen:

Sie sind nach § 48 Abs. 1 WEG vom Gericht von Amts wegen zu dem hiesigen Rechtsstreit beizuladen, dessen Gegenstand sich aus der beigefügten Klageschrift ergibt. Sie können der einen oder der anderen Partei zu deren Unterstützung beitreten, müssen dies aber nicht. Falls Sie dem

---

56 Vgl § 48 Abs. 2 S. 1 WEG. Trotz der Bezeichnung „Bei*geladene*" ist deren förmliche Ladung zum Termin – solange sie dem Rechtsstreit nicht nach § 48 Abs. 2 S. 2 WEG beitreten – nicht erforderlich.

Rechtsstreit auf der einen oder auf der anderen Seite beitreten wollen, werden Sie gebeten, dies durch Einreichung eines Schriftsatzes

☐ innerhalb von zwei Wochen

☐ bis zum [...]

gegenüber dem Gericht zu erklären. Unabhängig davon, ob Sie dem Rechtsstreit beitreten, wirkt ein im hiesigen Rechtsstreit eventuell ergehendes Urteil auch für und gegen Sie.

7. Den Parteien bzw Vertretern/Zustellungsbevollmächtigten sind Ausfertigungen der Hinweise zur Kenntnisnahme zu übersenden, die der jeweils anderen Partei und den Beigeladenen erteilt werden.

8. Alle Beteiligten werden auf Folgendes hingewiesen:
Die Parteien und gegebenenfalls die weiteren Beteiligten sollen den Schriftsätzen die für die Zustellung an die anderen Beteiligten erforderliche Zahl von Abschriften und deren Anlagen beifügen, es sei denn, die Anlagen liegen diesen im Original oder in Abschrift bereits vor.
☐ Das Gericht beabsichtigt, das Verfahren [...] dem Verfahren [...], welches führt, zur gemeinsamen Verhandlung und Entscheidung hinzuzuverbinden. Gemäß § 47 S. 1 WEG müssen Prozesse, in denen Klagen auf Erklärung oder Feststellung der Ungültigkeit desselben Beschlusses der Wohnungseigentümer erhoben werden, verbunden werden.[57] Es besteht Gelegenheit zur Stellungnahme innerhalb von zwei Wochen.

9. Folgende Akten sind gemäß § 273 Abs. 2 Nr. 2 ZPO beizuziehen: [...].
Mitteilung hiervon an Parteien/Beigeladene bzw Vertreter.

10. Folgende Zeugen sind gemäß § 273 Abs. 2 Nr. 4 ZPO zu laden:
[...] mit Zusatz: Es ist beabsichtigt, Sie zu folgendem Beweisthema zu vernehmen: [...]
Mitteilung hiervon an Parteien/Beigeladene bzw Vertreter.

11. Wiedervorlage
☐ zum [...]
☐ zum Termin

[...][58]

Richter am Amtsgericht ◄

C. Anordnung des schriftlichen Vorverfahrens

38 Wenn – gegebenenfalls nach Aufforderung an den Kläger entsprechend dem Muster unter Rn 31 – die Voraussetzungen für die Durchführung eines schriftlichen Vorverfahrens nach § 276 ZPO vorliegen, kann das Gericht in geeigneten Fällen ein solches anordnen.

---

57 Gleiches gilt, wenn Klagen, die auf die Feststellung der Gültigkeit oder des Inhalts eines Beschlusses gerichtet sind, zusammentreffen oder wenn derartige Klagen mit Anfechtungsklagen zusammentreffen. Nicht geregelt ist, wie zu verfahren ist, wenn ein Kläger einen Eigentümerbeschluss anficht, ein anderer Kläger aber diesen Beschluss und weitere Beschlüsse anficht. Denkbar ist, aus dem Verfahren, in welchem mehrere Beschlüsse angefochten sind, den auch im anderen Verfahren angefochtenen Beschluss herauszutrennen und die verschiedenen Verfahren nur insoweit zu verbinden, wie sich die Streitgegenstände decken. Denkbar ist auch, die verschiedenen Verfahren trotz nur teilweise bestehender Identität der Streitgegenstände vollständig miteinander zu verbinden. Für letztere Lösung spricht die Prozessökonomie; gegen sie spricht der Umstand, dass dann ein Wohnungseigentümer in einem Rechtsstreit zugleich Kläger und Beklagter – Letzteres nämlich insoweit, als er von anderen angefochtene Beschlüsse nicht anficht – sein könnte, was nicht nur bei der Kostenentscheidung Schwierigkeiten bereitet.

58 Gemäß §§ 329 Abs. 1 S. 2, 317 Abs. 2 S. 1 ZPO muss die Verfügung unterzeichnet werden, und zwar mit voller Unterschrift, nicht nur mit einer Paraphe (BGH MDR 1980, 572, Rn 24 nach juris).

Das nachfolgende Muster dient der Anordnung des schriftlichen Vorverfahrens nach Eingang einer auf Zahlung rückständigen Wohngeldes gerichteten Klage.

▶ **Muster: Verfügung der Anordnung des schriftlichen Vorverfahrens** 39

Amtsgericht [...]

Geschäftsnummer: [...]

Verfügung

1. Mitteilung an Parteien bzw Vertreter,[59] dass der Rechtsstreit zunächst im schriftlichen Vorverfahren gemäß § 276 ZPO behandelt wird.

2. Der klägerischen Partei wird folgender Antrag anheimgestellt:
   Wenn die beklagte Partei nicht innerhalb von zwei Wochen dem Gericht anzeigt, dass sie sich gegen die Klage verteidigen will, kann das Gericht auf Antrag der klagenden Partei ohne mündliche Verhandlung ein Versäumnisurteil gegen die beklagte Partei erlassen.
   ☐ Im Übrigen wird gemäß § 273 ZPO aufgegeben, innerhalb von zwei Wochen [...]
   ☐ Die klägerische Partei wird darauf hingewiesen, dass über Nebenforderungen auch zu ihren Lasten ohne mündliche Verhandlung entschieden werden kann.[60] Insoweit wird darauf hingewiesen, dass Bedenken gegen die Schlüssigkeit folgender Nebenforderungen bestehen: [...].
   ☐ Es wird darauf hingewiesen, dass der Zinsantrag dahin gehend ausgelegt wird, dass Zinsen in Höhe von 5 Prozentpunkten über dem jeweiligen Basiszinssatz beantragt werden.[61]
   Wichtiger Hinweis für die klägerische Partei:
   Das Gericht hat Sie aufgefordert, Ihren Klageanspruch durch weitere Erläuterungen oder Vorlage von Beweismitteln aufzuklären. Ihr Schriftsatz muss alles enthalten, was Sie zur Durchsetzung Ihres Anspruchs vorbringen können, und spätestens am letzten Tag der dafür gesetzten Frist beim Gericht eingehen. Wenn Sie der Aufforderung nicht fristgerecht nachkommen und keinen wichtigen Grund zur Entschuldigung dafür vorbringen, laufen Sie Gefahr, dass etwaiger späterer diesbezüglicher Vortrag nicht mehr berücksichtigt wird. Sie riskieren damit, allein wegen dieser Fristversäumnis den Prozess zu verlieren.

3. Die **beklagte Partei** wird — falls eine Verteidigung gegen die Klage beabsichtigt ist — aufgefordert, dies innerhalb einer **Notfrist von zwei Wochen** nach Zustellung der Klageschrift (Anspruchsbegründung) schriftlich anzuzeigen.
   Die beklagte Partei kann den Prozess selbst führen oder sich durch einen Rechtsanwalt vertreten lassen. Sie kann sich auch durch eine andere prozessfähige (volljährige) Person vertreten lassen, welche eine schriftliche Vollmacht für das Verfahren (Prozessvollmacht) oder für die jeweils wahrgenommene Prozesshandlung (z.B. Terminvollmacht) vorzulegen hat.
   Der beklagten Partei wird für den Fall einer rechtzeitig angezeigten Verteidigungsabsicht ferner aufgegeben, innerhalb von weiteren zwei Wochen unter Beweisantritt schriftsätzlich auf die Klage zu erwidern.

---

59 Im Falle einer Wohngeldklage der Wohnungseigentümergemeinschaft gegen einzelne Wohnungseigentümer gem. § 43 Nr. 2 WEG sind weder die übrigen Wohnungseigentümer noch der Verwalter beizuladen (§ 48 Abs. 1 S. 1 und 2 WEG). Diesen Personen sind daher auch nicht die Mitteilungen gem. § 48 Abs. 2 WEG zu machen. Soweit in anderen Fällen von der Möglichkeit des schriftlichen Vorverfahrens Gebrauch gemacht wird, müssten den Beigeladenen – gegebenenfalls über Zustellungsbevollmächtigte – die Klageschrift nebst der Verfügung über die Anordnung des schriftlichen Vorverfahrens und den weiteren gerichtlichen Verfügungen zugestellt werden.

60 Vgl § 331 Abs. 3 S. 3 ZPO.

61 Falls Zinsen in Höhe von 5 % über dem Basiszinssatz verlangt werden, was – wörtlich genommen – etwas anderes ist als Zinsen in Höhe von 5 Prozent*punkten* über dem Basiszinssatz.

☐ Die beklagte Partei wird gemäß § 139 ZPO darauf hingewiesen, dass [...]

Wichtige Hinweise für die beklagte Partei:

Wenn Sie nicht innerhalb der Ihnen gesetzten Frist anzeigen, dass Sie sich gegen die Klage verteidigen wollen, kann das Gericht auf Antrag des Klägers ohne mündliche Verhandlung Versäumnisurteil gegen Sie erlassen; in diesem Fall haben Sie auch die Gerichtskosten und die notwendigen Kosten der Gegenseite zu tragen (§ 91 ZPO). Aus dem Versäumnisurteil kann der Kläger gegen Sie die Zwangsvollstreckung ohne vorherige Sicherheitsleistung (§ 708 Nr. 2 ZPO) betreiben.

Wenn Sie schriftlich anzeigen, die Klageforderung anzuerkennen, kann das Gericht ohne mündliche Verhandlung Anerkenntnisurteil gegen Sie erlassen; in diesem Fall würden nicht drei Gerichtsgebühren, sondern nur eine Gerichtsgebühr anfallen. Dies gilt auch für den Fall, dass gegen einen Mahnbescheid bereits Widerspruch erhoben wurde.

Falls Sie sich gegen die Klage verteidigen wollen, muss die Klageerwiderung spätestens am letzten Tag der Ihnen dafür gesetzten Frist schriftlich beim Gericht eingehen und alles enthalten, was Sie zu Ihrer Verteidigung vorbringen können. Wenn Sie die Frist zur Klageerwiderung versäumen und keinen wichtigen Grund zur Entschuldigung dafür vorbringen, laufen Sie Gefahr, mit jeder weiteren Verteidigung gegen die Klage ausgeschlossen zu sein. Sie riskieren damit, allein wegen dieser Fristversäumung den Prozess zu verlieren.

4. Den Parteien bzw Vertretern sind Ausfertigungen der der jeweils anderen Partei erteilten Hinweise zur Kenntnisnahme zu übersenden.

5. Beide Parteien werden auf Folgendes hingewiesen:
Die Parteien sollen den Schriftsätzen die für die Zustellung an den Gegner erforderliche Zahl von Abschriften und deren Anlagen beifügen, es sei denn, die Anlagen liegen dem Gegner im Original oder in Abschrift bereits vor.

6. Folgende Akten sind gemäß § 273 Abs. 2 Nr.2 ZPO beizuziehen: [...]
Mitteilung hiervon an Parteien bzw Vertreter.

7. Wiedervorlage: drei Wochen

[...]⁶²

Richter am Amtsgericht ◄

D. Einholung eines Sachverständigengutachtens und weitere diesbezügliche Korrespondenz und Entscheidungen

40   Zwar hatte auch unter der Geltung der FGG-Vorschriften das WEG-Gericht dann, wenn seine eigene Sachkunde und die Mittel des Freibeweises nicht ausreichten, in einem entscheidungserheblichen Punkt den Sachverhalt ausreichend aufklären zu können, ein Sachverständigengutachten einzuholen. Da die ZPO grundsätzlich vom Strengbeweisverfahren ausgeht und den Freibeweis nur mit Zustimmung der Parteien zulässt (vgl § 284 S. 1 und 2 ZPO) und da dies zur weiteren Folge haben dürfte, dass verstärkt Beweisanträge gestellt werden, dürfte es künftig häufiger als bisher zur Einholung eines gerichtlichen Sachverständigengutachtens kommen. Daher sollen im Folgenden Muster für Verfügungen und Beschlüsse im Rahmen einer Beweiserhebung durch Einholung eines Sachverständigengutachtens vorgestellt werden.

---

62   Gemäß §§ 329 Abs. 1 S. 2, 317 Abs. 2 S. 1 ZPO muss die Verfügung unterzeichnet werden, und zwar mit voller Unterschrift, nicht nur mit einer Paraphe (BGH MDR 1980, 572, Rn 24 nach juris).

I. Beweiserhebung und Bekanntgabe ihres Ergebnisses

Wenn eine zwischen den Parteien streitige Sachfrage für die Entscheidung des Rechtsstreits   41
erforderlich ist, muss das Gericht versuchen, diese im Wege der Beweisaufnahme zu klären, falls
die beweisbelastete Partei Beweis angeboten hat. Wenn es sich bei der umstrittenen Sachfrage
um eine solche handelt, deren Entscheidung besondere Sachkunde erfordert, welche das Gericht
nicht hat, muss es versuchen, die Klärung mithilfe eines Sachverständigen herbeizuführen; insoweit ist nicht einmal erforderlich, dass die beweisbelastete Partei Beweis anbietet.[63] Die Beweiserhebung mittels Sachverständigen geschieht regelmäßig durch Einholung eines schriftlichen Sachverständigengutachtens (§ 411 ZPO). Besondere Sorgfalt muss das Gericht dabei auf
die Formulierung der zu begutachtenden Punkte im Beweisbeschluss verwenden, damit der
Sachverständige nicht „am Thema vorbei" schreibt. Mehr als im Falle des Zeugenbeweises, wo
die beweispflichtige Partei angeben muss, was der Zeuge bekunden werde, obliegt beim Sach-
verständigenbeweis, für dessen Antritt es genügt, die zu begutachtenden Punkte zu bezeichnen
(§ 403 ZPO), dem Gericht die Formulierung des Beweisthemas. Dass das Gericht bei der Formulierung des Beweisthemas hier freier ist, ergibt sich auch aus der Überlegung, dass es, wenn
eine umstrittene entscheidungserhebliche Sachfrage besteht, deren Entscheidung besondere,
beim Gericht nicht vorhandene Sachkunde erfordert, auch ohne Beweisantrag Sachverständi-
genbeweis erheben muss.

Die nachfolgenden Muster enthalten Vorschläge für die Formulierung   42

- eines Beweisbeschlusses über die Einholung eines Sachverständigengutachtens,

- eines Schreibens, mit welchem ein Sachverständiger im Anschluss an einen Beweisbeschluss
  einschließlich seiner Bestellung sowie nach Eingang des Kostenvorschusses mit der Gutachtenerstellung beauftragt wird, sowie

- eines Schreibens, mit welchem nach Eingang des schriftlichen Sachverständigengutachtens
  bei Gericht dieses den Parteien zur Kenntnis gegeben wird unter gleichzeitiger Anberaumung
  eines Termins zur Fortsetzung der mündlichen Verhandlung.

▶ **Muster: Beweisbeschluss über die Einholung eines Sachverständigengutachtens**   43

Amtsgericht [...]

Geschäftszeichen: [...]

Beschluss

In dem Wohnungseigentumsrechtsstreit [...]

hat das Amtsgericht [...] durch den Richter am Amtsgericht [...] am [...] beschlossen:

I. Es soll Beweis erhoben werden über die Behauptung[64] der [...] Partei, [...] [*konkrete Beweisbe-
hauptung einfügen*], durch Einholung eines gerichtlichen Sachverständigengutachtens.

II. Zum Sachverständigen wird bestimmt: [...]

III. Die Einholung des Gutachtens wird davon abhängig gemacht, dass die unter I. genannte beweispflichtige Partei innerhalb von vier Wochen einen Vorschuss in Höhe von [...] € bei der Gerichtskasse einzahlt und dem Gericht die Einzahlung nachweist (§§ 379, 402 ZPO).

---

63 Thomas/Putzo/*Reichold*, vor § 402 ZPO Rn 3.
64 Beweis wird stets über bestimmte Behauptungen, nämlich streitige Tatsachen, erhoben (§ 359 Nr. 1 ZPO). Man sollte
    vermeiden zu schreiben, es solle Beweis über „Fragen" erhoben werden, weil dies die Gefahr birgt, die Anordnung der
    Beweisaufnahme terminologisch in die Nähe eines (unzulässigen) Ausforschungsbeweises zu rücken.

IV. Weitere Verfügung(en) von Amts wegen nach Eingang des Gutachtens.

[...]

Richter am Amtsgericht ◄

44 ▶ **Muster: Beauftragung eines Sachverständigen nach vorangegangenem Beweisbeschluss**

Amtsgericht [...]

Geschäftsnummer [...]

Verfügung

1. Schreiben an Sachverständigen [...]

    In dem Wohnungseigentumsrechtsstreit [...]

    werden Sie gebeten, aufgrund des Beweisbeschlusses vom [...], Bd. [...], Blatt [...] der Akten,
    ein **schriftliches Sachverständigengutachten** zu erstatten zu folgender Beweisbehauptung/fol-
    genden Beweisbehauptungen der [...] Partei.

    [...] [*Beweisbehauptung(en) möglichst durch wörtliches Zitat aus dem Beweisbeschluss einrücken*]

    Als Anlage(n) erhalten Sie [...] [*Akten unter Angabe der Anzahl ihrer Bände nennen, desgleichen
    ggf Beiakten oder sonstige zur Gutachtenerstellung erforderliche Gegenstände*]

    Ablieferungstermin:

    ☐ baldmöglichst

    ☐ innerhalb von [...] Monaten

    ☐ bis zum [...]

    Stückzahl: [...]

    Kostengrenze: [...]

    Bitte beachten Sie die folgenden Hinweise betreffend die Pflichten eines Sachverständigen (vgl
    insbesondere § 407 a ZPO):

    Fachgebiet: Bitte prüfen Sie unverzüglich, ob der Auftrag in Ihr Fachgebiet fällt und von Ihnen
    ohne die Hinzuziehung weiterer Sachverständiger erledigt werden kann. Ist dies nicht der Fall,
    benachrichtigen Sie bitte unverzüglich das Gericht.

    Mitarbeiter: Sie sind nicht befugt, den Auftrag auf andere Personen zu übertragen. Soweit Sie
    sich der Mitarbeit anderer Personen bedienen, sind diese zu benennen und der Umfang ihrer
    Tätigkeit im Gutachten anzugeben, wenn und soweit es sich nicht nur um Hilfsdienste von un-
    tergeordneter Bedeutung handelt.

    Zweifelsfragen: Sollten Sie hinsichtlich des Inhalts und des Umfangs des Auftrags Zweifel haben,
    wenden Sie sich bitte unverzüglich an das Gericht.

    Kosten: Sie können für Ihre Tätigkeit Entschädigung nach dem Justizvergütungs- und -entschä-
    digungsgesetz (JVEG) verlangen. Erwachsen für Ihre Tätigkeit voraussichtlich Kosten, die er-
    kennbar außer Verhältnis zum Wert des Streitgegenstands stehen oder die oben angegebene
    Kostengrenze bzw einen angeforderten Kostenvorschuss übersteigen, müssen Sie das Gericht
    rechtzeitig darauf hinweisen. Prüfen Sie daher bitte *vor Beginn* Ihrer Tätigkeit, in welcher Höhe
    voraussichtlich Kosten entstehen werden. Sollte sich erst während Ihrer Tätigkeit herausstellen,
    dass die Kostengrenze nicht eingehalten werden kann, teilen Sie dies sowie den erforderlichen
    Mehrbetrag bitte umgehend dem Gericht mit. Nehmen Sie in diesem Fall bis zu einer Erklärung
    des Gerichts bitte keine weiteren Kosten auslösenden Tätigkeiten vor.

    Vorarbeiten, Unterlagen: Teilen Sie dem Gericht bitte unverzüglich mit, falls vor Ihrem Gut-
    achten vorbereitend anderweitige Beweiserhebungen erforderlich sein sollten; diese können nur

durch das Gericht angeordnet werden. Sofern Sie zur Erstellung Ihres Gutachtens Unterlagen oder Gegenstände benötigen, die sich im Besitz einer Partei, eines Beigeladenen oder eines Dritten befinden, werden Sie gebeten, dies *dem Gericht* umgehend mitzuteilen; bitte benennen Sie hierbei die Unterlagen oder Gegenstände möglichst exakt.

Unparteilichkeit: Sie müssen Ihr Gutachten unparteilich und nach bestem Wissen und Gewissen erstatten. Bitte vermeiden sie alles, was Zweifel an der unparteilichen Erstattung des Gutachtens begründen könnte. Falls Sie mit den Parteien/Beigeladenen oder deren Verfahrensbevollmächtigten (Rechtsanwälten) in Kontakt treten wollen, teilen Sie dies bitte *vorher* dem Gericht mit. Falls Sie einen Ortstermins durchführen müssen, sind hiervon neben dem Gericht *alle Parteien/Beigeladenen* (bzw bei anwaltlicher Vertretung die entsprechenden Rechtsanwälte) rechtzeitig zu benachrichtigen. Ein Sachverständiger, der Zweifel an seiner Unparteilichkeit bietet, kann wegen der *Besorgnis der Befangenheit* abgelehnt werden. Wird er erfolgreich abgelehnt, verliert er in der Regel seinen Anspruch auf Vergütung.

Einreichung des Gutachtens: Sie werden gebeten, das Gutachten innerhalb der oben genannten Frist und in der oben genannten Stückzahl einzureichen. Sollte dies nicht fristgerecht möglich sein, teilen Sie bitte umgehend dem Gericht mit, bis wann Sie das Gutachten einreichen können. Sollte sich während Ihrer Tätigkeit herausstellen, dass Sie die Frist nicht einhalten können, teilen Sie dies unter Angabe von Gründen sowie unter Benennung eines neuen Abgabetermins bitte umgehend dem Gericht mit.

Mit freundlichen Grüßen

2. Dem Schreiben zu 1. die eingangs in ihm genannten Anlagen beifügen.

3. Je eine Ausfertigung des Schreibens zu 1. an die Parteien/Beigeladenen bzw Prozessbevollmächtigten formlos übersenden.

4. Im Retent verbleiben:
   Diese Verfügung, eine Abschrift des Beweisbeschlusses vom [...]

5. Wiedervorlage des Retents: Nach [...] Monaten

[...]

Richter am Amtsgericht ◀

▶ **Muster: Verfügung nach Eingang eines Gutachtens bei Gericht**   45

Amtsgericht [...]

Geschäftsnummer [...]

Verfügung

1. Termin zu mündlichen Verhandlung wird anberaumt auf
   [...], den [...], [...] Uhr, Saal [...]

2. Schreiben an Parteien/Beigeladene bzw Vertreter nebst Doppel des Gutachtens vom [...] und Ladung gemäß Ziffer 1. gegen EB/ZU
   In pp.
   wird den Beteiligten aufgegeben, etwaige Einwendungen gegen das anliegend übersandte Gutachten vom [...] binnen zwei Wochen schriftlich mitzuteilen und gegebenenfalls einen Antrag auf Ladung des Sachverständigen innerhalb dieser Frist zu stellen. Falls die Ladung beantragt werden sollte, bittet das Gericht, die beabsichtigten Vorhalte und Fragen an den Sachverständigen vorab schriftlich mitzuteilen.

3. Schreiben an Sachverständigen [...]

In pp.

ist nach Eingang Ihres Gutachtens Termin zur mündlichen Verhandlung auf den <Termin gemäß Ziffer 1 einrücken> anberaumt worden. Ich teile Ihnen diesen Termin vorsorglich mit, weil es möglich ist, dass Sie zur Erläuterung oder Ergänzung des Gutachtens geladen werden. Falls Ihr Erscheinen erforderlich werden sollte, erhalten Sie noch eine gesonderte Ladung.

4. Der Sachverständige ist bestimmungsgemäß zu entschädigen.

5. Zum Termin.

[...]

Richter am Amtsgericht ◄

II. Pflichtverletzungen des Sachverständigen

46   Nicht selten überschreitet ein gerichtlich bestellter Sachverständiger die Frist, die ihm nach § 411 Abs. 1 ZPO für die Erstellung des schriftlichen Gutachtens gesetzt werden „soll". Nach § 411 Abs. 2 S. 1–3 ZPO kann das Gericht, wenn ein (zur Gutachtenerstellung verpflichteter, vgl §§ 407, 408 ZPO) Sachverständiger diese **Frist versäumt**, gegen ihn nach vorangegangener Nachfristsetzung und Ordnungsgeldandrohung ein **Ordnungsgeld** festsetzen. Die Höhe des Ordnungsgeldes ist nach dem auch insoweit anwendbaren Art. 6 Abs. 1 S. 1 EGStGB[65] auf zwischen 5 und 1.000 € festzusetzen. Die Androhung muss nicht bereits die Verhängung eines bestimmten Ordnungsgeldbetrags ankündigen,[66] sollte sicherheitshalber aber die gesetzliche Obergrenze von bis zu 1.000 € nennen.[67] Nach einer verbreiteten Ansicht soll bereits die Ordnungsmittelandrohung anfechtbar sein.[68] Die Festsetzung eines Ordnungsgeldes ist – bei erneuter Nachfristsetzung – auch wiederholt möglich. In der Regel wird das Gericht dem Sachverständigen aber bei erstmaliger Fristüberschreitung nicht sogleich eine Nachfrist mit Ordnungsgeldandrohung setzen, sondern ihn zunächst schlicht unter Setzung einer weiteren Frist auffordern, das Gutachten zu erstellen. Führt dies indes nicht zum Erfolg, sollte vom Instrumentarium des § 411 Abs. 2 ZPO Gebrauch gemacht werden. Erstellt der Sachverständige auch innerhalb der zweiten Nachfrist sein Gutachten nicht, kann von einer **unberechtigten Weigerung** zur Erstellung des Gutachtens ausgegangen werden mit der Folge, dass dem Sachverständigen die durch seine Weigerung verursachten Kosten auferlegt (§ 409 Abs. 1 S. 1 ZPO) und gegen ihn – diesmal wegen Verweigerung – wiederholt Ordnungsgelder festgesetzt werden können (§ 409 Abs. 1 S. 2 und 3 ZPO). Auf die Frage, ob § 411 Abs. 2 S. 3 ZPO zur Festsetzung eines dritten Ordnungsgeldes (und weiterer Ordnungsgelder) berechtigt,[69] kommt es dann nicht an. Unabhängig davon erscheint die Verhängung eines dritten Ordnungsgeldes wegen Säumnis gegen einen Sachverständigen auch nicht zweckmäßig. Das Gericht sollte vielmehr auf die Förderung des Rechtsstreits der Parteien bedacht sein. Bereits nach zweimaliger Festsetzung eines Ordnungsgeldes wegen Fristversäumung dürfte daher – nach vorheriger Androhung, die zweckmäßigerweise schon bei der ersten Androhung eines Ordnungsgeldes, spätestens aber im ersten

---

65   MünchKomm-ZPO/*Zimmermann*, § 411 Rn 7; OLG Bamberg Der Sachverständige 2004, 101, 102.
66   Baumbach/Lauterbach/Albers/*Hartmann*, § 411 ZPO Rn 6.
67   MünchKomm-ZPO/*Zimmermann*, § 411 Rn 6; vgl auch OLG Köln VersR 2003, 1281, Rn 8 nach juris.
68   Vgl OLG München VersR 1980, 1078; OLG Köln VersR 2003, 1281, Rn 13 nach juris; MünchKomm-ZPO/*Zimmermann*, § 411 Rn 9; aA Zöller/*Greger*, § 411 ZPO Rn 8.
69   Verneinend: OLG Koblenz OLGR 2001, 369, Rn 8 ff nach juris.

Ordnungsgeldbeschluss erfolgen sollte – eine **entschädigungslose Entziehung des Auftrags** zur Erstellung des Gutachtens im Wege der Änderung des Beweisbeschlusses angebracht sein.[70]

Das nachstehende Muster (Rn 47) enthält einen Vorschlag für eine gerichtliche Nachfristsetzung gegenüber einem säumigen Sachverständigen; das Muster Rn 48 beinhaltet einen Ordnungsgeldbeschluss.

▶ **Muster: Nachfristsetzung an den Sachverständigen**　　　　　　47

Amtsgericht [...]

Geschäftsnummer [...]

Beschluss[71]

In dem Wohnungseigentumsrechtsstreit [...]

hat das Amtsgericht [...] durch den Richter am Amtsgericht [...] am [...] beschlossen:

I. Dem Sachverständigen [...] wird zur Einreichung des gemäß Beweisbeschlusses vom [...] von ihm zu erstellenden schriftlichen Gutachtens eine Nachfrist bis zum [...] gesetzt.

II. Falls der Sachverständige das Gutachten nicht innerhalb der unter I. genannten Frist bei Gericht einreicht, wird angedroht, gegen ihn ein Ordnungsgeld festzusetzen, welches bis zu 1.000 € betragen kann.

Gründe

Der Sachverständige ist aufgrund Beweisbeschlusses vom [...] mit Schreiben vom [...] mit der Erstellung eines schriftlichen Gutachtens beauftragt worden. Er hat das Gutachten weder innerhalb der ihm ursprünglich gesetzten Frist zum [...] noch innerhalb der ihm mit Schreiben vom [...] gesetzten weiteren Frist bis zum [...] eingereicht. Eine ausreichende Entschuldigung für seine Säumnis hat der Sachverständige nicht vorgetragen.[72] Daher wird ihm nunmehr gemäß § 411 Abs. 2 S. 2 ZPO eine Nachfrist zur Erstellung des Gutachtens verbunden mit der Androhung eines Ordnungsgeldes gesetzt, welches nach Art. 6 Abs. 1 S. 1 EGStGB bis zu 1.000 € betragen kann.

Vorsorglich wird schon jetzt darauf hingewiesen, dass gegen einen säumigen Sachverständigen Ordnungsgeld auch wiederholt festgesetzt werden kann und dass im Falle einer unberechtigten Weigerung zur Erstellung des Gutachtens nicht nur weitere Ordnungsgelder festgesetzt und dem Sachverständigen die durch die Verweigerung verursachten Kosten auferlegt werden können, sondern dass gegebenenfalls auch eine entschädigungslose Entziehung des Auftrags zur Erstellung des Gutachtens in Betracht zu ziehen sein wird.

70　Zöller/*Greger,* § 411 ZPO Rn 7 und § 409 Rn 4; OLG Koblenz OLGR 2001, 369, Rn 10 nach juris.

71　Es ist umstritten, ob zur Nachfristsetzung mit Ordnungsmittelandrohung ein Beschluss erforderlich ist oder ob auch eine Verfügung ausreicht (für Verfügung: Zöller/*Greger,* § 411 ZPO Rn 7; für Beschluss: Musielak/*Huber,* § 411 ZPO Rn 5; OLG Köln OLGR 1996, 182; wohl auch OLG München VersR 1980, 1078). Es empfiehlt sich daher, den sichereren Weg des Beschlusses zu wählen.

72　Dies wäre näher zu begründen, falls der Sachverständige (unzureichende) Entschuldigungsgründe vorgebracht hat. Das Verschulden des Sachverständigen an der Säumnis kann mit dem bloßen Hinweis auf Arbeitsüberlastung nicht ausgeräumt werden (Musielak/*Huber,* § 411 ZPO Rn 6).

Verfügung:

1. Ausfertigung des obigen Beschlusses an
    a) Sachverständigen mit ZU[73]
    b) Parteien und Beigeladene bzw Vertreter formlos.
2. Wiedervorlage: [...]

[...]

Richter am Amtsgericht ◀

48 ▶ **Muster: Ordnungsgeldbeschluss**

Amtsgericht [...]

Geschäftsnummer [...]

Beschluss

In dem Wohnungseigentumsrechtsstreit [...]

hat das Amtsgericht [...] durch den Richter am Amtsgericht [...] am [...] beschlossen:

I. Gegen den Sachverständigen [...] wird ein Ordnungsgeld in Höhe von [...] € festgesetzt.

II. Dem Sachverständigen wird zur Einreichung des gemäß Beweisbeschlusses vom [...] von ihm zu erstellenden schriftlichen Gutachtens eine weitere Nachfrist bis zum [...] gesetzt.

III. Falls der Sachverständige das Gutachten nicht innerhalb der unter II. genannten Frist bei Gericht einreicht, wird angedroht, gegen ihn ein weiteres Ordnungsgeld von bis zu 1.000 € festzusetzen.

Gründe

Der aufgrund Beweisbeschlusses vom [...] mit Schreiben vom [...] mit der Erstellung eines schriftlichen Gutachtens beauftragte Sachverständige hat dieses weder innerhalb der ihm ursprünglich gesetzten Frist bis zum [...] noch innerhalb der angemessenen Nachfrist bis zum [...] eingereicht, die ihm mit dem am [...] zugestellten Beschluss vom [...] gesetzt wurde. Eine ausreichende Entschuldigung für seine Säumnis hat der Sachverständige nicht vorgetragen. Daher wird nunmehr gegen ihn ein – in dem letztgenannten Beschluss angedrohtes – Ordnungsgeld festgesetzt; gleichzeitig wird dem Sachverständigen eine weitere Frist zur Einreichung des schriftlichen Gutachtens gesetzt und für den Fall erneuter Fristversäumnis die Festsetzung eines weiteren Ordnungsgeldes angedroht (§ 411 Abs. 2 S. 3 ZPO).

Vorsorglich wird darauf hingewiesen, dass im Falle einer unberechtigten Weigerung zur Erstellung des Gutachtens nicht nur weitere Ordnungsgelder festgesetzt und dem Sachverständigen die durch die Verweigerung verursachten Kosten auferlegt werden können, sondern dass gegebenenfalls auch eine entschädigungslose Entziehung des Auftrags zur Erstellung des Gutachtens in Betracht zu ziehen sein wird.

---

73 Da der Beschluss gegenüber dem Sachverständigen eine Frist in Lauf setzt, ist er ihm jedenfalls in entsprechender Anwendung von § 329 Abs. 2 S. 2 ZPO zuzustellen.

Verfügung:

1. Ausfertigung des obigen Beschlusses an
   a) Sachverständigen mit ZU
   b) Parteien und Beigeladene bzw Vertreter formlos.
2. Wiedervorlage: [...]

[...]

Richter am Amtsgericht ◄

III. Befangenheit und Vergütungsverlust des Sachverständigen

Nach § 406 Abs. 1 S. 1 ZPO kann ein Sachverständiger aus denselben Gründen, die zur Ab-   49
lehnung eines Richters berechtigen, abgelehnt werden (vgl das nachstehende Muster unter
Rn 52). Der Ablehnungsantrag ist bei dem Gericht, das den Sachverständigen ernannt hat, vor
seiner Vernehmung zu stellen, spätestens jedoch binnen zwei Wochen nach Verkündung oder
Zustellung des Beschlusses über die Ernennung; zu einem späteren Zeitpunkt ist die Ablehnung
nur zulässig, wenn der Antragsteller glaubhaft macht, dass er ohne sein Verschulden verhindert
war, den Ablehnungsgrund früher geltend zu machen (§ 406 Abs. 2 S. 1 und 2 ZPO). Der erforderliche **Ablegungsgrund ist glaubhaft zu machen**, wobei sich der Ablehnende nicht des
Mittels der Versicherung an Eides statt bedienen kann (§ 406 Abs. 3 ZPO). Über das Ablehnungsgesuch entscheidet das Gericht, welches den Sachverständigen bestellt hat, durch Beschluss (§ 406 Abs. 4 ZPO).

Vor der Entscheidung über das Ablehnungsgesuch ist denjenigen Personen **rechtliches Gehör**   50
zu gewähren, deren Rechte durch die vom Gericht zu treffende Entscheidung berührt werden
können. Der Gegner der ablehnenden Partei ist daher anzuhören, wenn das Gericht beabsichtigt, der Ablehnung stattzugeben. Dem Ablehnenden ist Gelegenheit zur Stellungnahme zu geben, wenn das Gericht nach Erklärungen des Gegners oder des Sachverständigen das Ablehnungsgesuch zurückweisen will. Der Sachverständige ist anzuhören, wenn dies zur sachlichen
Prüfung des Ablehnungsgesuchs erforderlich ist. Darüber hinaus ist er anzuhören, wenn er
durch eine begründete Ablehnung in seiner Rechtsstellung betroffen ist, insbesondere sein Honoraranspruch in Frage gestellt ist.[74] Vor Stattgabe eines Befangenheitsgesuchs sollte der Sachverständige daher regelmäßig angehört werden. Der Honoraranspruch des Sachverständigen
entfällt allerdings nicht automatisch mit einer erfolgreichen Ablehnung (vgl hierzu das nachstehende Muster Rn 53).

Ein Beschluss, durch den die Ablehnung für begründet erklärt wird, kann nicht angefochten   51
werden; gegen den Beschluss, durch den sie für unbegründet erklärt wird, ist die sofortige Beschwerde statthaft (§ 406 Abs. 5 ZPO). Gegen einen Beschluss, durch den dem Sachverständigen die Vergütung versagt wird, kann dieser Beschwerde nach § 4 Abs. 3 JVEG einlegen, wenn
der Wert des Beschwerdegegenstands 200 € übersteigt oder wenn sie das Gericht, das die angefochtene Entscheidung erlassen hat, wegen der grundsätzlichen Bedeutung der zur Entscheidung stehenden Frage in dem Beschluss zugelassen hat.

Im Falle einer erfolgreichen Ablehnung des Sachverständigen darf das etwa schon erstellte
Gutachten nicht verwertet werden, und zwar auch nicht zugunsten der ablehnenden Partei.[75]

---

74 Zöller/*Greger,* § 406 ZPO Rn 12 a.
75 Zöller/*Greger,* § 407 a ZPO Rn 15.

52 ▶ **Muster: Erfolgreiche Ablehnung eines Sachverständigen**

Amtsgericht [...]

Geschäftszeichen: [...]

Beschluss

In dem Wohnungseigentumsrechtsstreit [...]

hat das Amtsgericht [...] durch die Richterin am Amtsgericht [...] am [...] beschlossen:

Das Befangenheitsgesuch des Klägers vom [...] gegenüber dem Sachverständigen [...] wird für begründet erklärt.

Gründe

I.

Der Kläger, ein Bauunternehmer, nimmt die beklagte Wohnungseigentümergemeinschaft auf Zahlung von Restwerklohn für Abdichtungsarbeiten in Anspruch, welche er aufgrund eines am [...] zwischen den Parteien geschlossenen Vertrags am Gebäude der Wohnanlage der Beklagten vorgenommen hat. Nachdem die Beklagte – vom Kläger bestritten – Mängel der Werkleistung behauptet hatte, hat das Gericht mit Beschluss vom [...] die Einholung eines schriftlichen Sachverständigengutachtens über die Behauptung der Beklagten angeordnet, der Kläger habe die Ursachen der Durchfeuchtung nur in unzureichendem Ausmaß und mittels ungeeigneter Maßnahmen bekämpft, und [...] zum Sachverständigen bestimmt.

Am [...] hat der Sachverständige den Prozessbevollmächtigten der Beklagten um einen Besichtigungstermin hinsichtlich des Gebäudes der Wohnanlage gebeten; am [...] hat der Sachverständige – ohne den Kläger oder dessen Prozessbevollmächtigten vorab hiervon in Kenntnis zu setzen – die Örtlichkeit in Gegenwart des Prozessbevollmächtigten der Beklagten besichtigt.

Das Gericht hat das in der Folge erstellte Gutachten des Sachverständigen am [...] dem Prozessbevollmächtigten des Klägers zugestellt. Mit einem am selben Tag bei Gericht eingegangenen Schriftsatz hat der Kläger erklärt, den Sachverständigen wegen der Besorgnis der Befangenheit abzulehnen, und dies damit begründet, erstmals aus dem Gutachten von der Durchführung des Besichtigungstermins erfahren zu haben. Das Gericht hat der Beklagten und dem Sachverständigen Gelegenheit zur Stellungnahme gegeben.

II.

Das Befangenheitsgesuch des Klägers hat Erfolg.

1. Das Befangenheitsgesuch ist zulässig; es ist insbesondere rechtzeitig erfolgt.
   Nach § 406 Abs. 2 S. 1 ZPO ist der Ablehnungsantrag bei dem Gericht oder Richter, von dem der Sachverständige ernannt ist, vor seiner Vernehmung zu stellen, spätestens jedoch binnen zwei Wochen nach Verkündung oder Zustellung des Beschlusses über die Ernennung. Gemäß Satz 2 dieser Vorschrift ist die Ablehnung zu einem späteren Zeitpunkt nur zulässig, wenn der Antragsteller glaubhaft macht, dass er ohne sein Verschulden verhindert war, den Ablehnungsgrund früher geltend zu machen. Vorliegend trägt der Kläger vor, erst aus dem schriftlichen Gutachten den Grund erfahren zu haben, auf welchen er sein Befangenheitsgesuch stützt. Da Gegenteiliges weder von der Beklagten oder dem Sachverständigen vorgetragen noch sonst ersichtlich ist, ist der Entscheidung zugrunde zu legen, dass der Kläger erst aus dem Gutachten den Grund erfahren hat, auf den er seine Ablehnung stützt, nämlich die Durchführung eines Ortstermins ohne seine (= des Klägers) vorherige Information. Für derartige Fälle ist allgemein anerkannt, dass der Ab-

lehnungsantrag unverzüglich im Sinne des § 121 Abs. 1 BGB, das heißt ohne schuldhaftes Zögern, nach Kenntnis von dem Ablehnungsgrund anzubringen ist (Zöller/*Greger*, ZPO, 27. Auflage 2009, § 406 Rn 10). Vorliegend hat der Kläger sein Ablehnungsgesuch noch am selben Tag, an dem seinem Prozessbevollmächtigten das Gutachten zugestellt worden ist, bei Gericht eingereicht. Das Gesuch ist somit rechtzeitig angebracht worden.

2. Das Befangenheitsgesuch ist auch begründet.

Nach § 406 Abs. 1 S. 1 ZPO kann ein Sachverständiger aus denselben Gründen, die zur Ablehnung eines Richters berechtigen, abgelehnt werden. Ein Richter kann gemäß § 42 Abs. 1 und 2 ZPO wegen der Besorgnis der Befangenheit abgelehnt werden, wenn ein Grund vorliegt, der geeignet ist, Misstrauen in seine Unparteilichkeit zu rechtfertigen. Es müssen – bezogen auf einen Sachverständigen – für ein erfolgreiches Ablehnungsgesuch somit Umstände vorliegen, die vom Standpunkt des Ablehnenden aus bei vernünftiger Betrachtung die Befürchtung wecken können, der Sachverständige stehe der Sache nicht unvoreingenommen und damit nicht unparteiisch gegenüber. Eine solche Befürchtung fehlender Unparteilichkeit kann insbesondere dann vorliegen, wenn der Sachverständige selbst den Anschein einer Verletzung des prozessualen Gleichbehandlungsgebots gesetzt hat, dem er in gleicher Weise wie der Richter unterworfen ist (OLG Nürnberg VersR 2001, 391 Rn 18 nach juris). Diese Voraussetzungen sind bei einem Sachverständigen gegeben, der – wie vorliegend der Sachverständige [...] – einen Ortstermin in Anwesenheit nur einer Partei bzw ihres Prozessbevollmächtigten und ohne vorherige Benachrichtigung der anderen Partei durchführt (vgl Zöller/*Greger*, aaO, Rn 8; OLG München MDR 1998, 1123, Rn 5 ff nach juris mwN).

Der Sachverständige kann demgegenüber nicht mit dem Einwand gehört werden, er habe sich lediglich „objektiv über die Situation vor Ort" informieren wollen und er habe sich dabei nicht vom Prozessbevollmächtigten der Beklagten beeinflussen lassen. Denn unabhängig von dem Umstand, dass der Kläger, hätte er die Möglichkeit der Teilnahme an dem Besichtigungstermin gehabt, den Sachverständigen auf die seiner Meinung nach bedeutsamen tatsächlichen Gegebenheiten hätte aufmerksam machen können, liegen bereits in dem Umstand, dass ein Sachverständiger unter Ungleichbehandlung der Parteien einen Ortstermin nur mit einer Seite durchführt, Tatsachen vor, die aus der Sicht der am Ortstermin nicht beteiligten Partei berechtigte Zweifel an der gebotenen Unparteilichkeit des Sachverständigen begründen können.

3. Eine Kostenentscheidung ist nicht veranlasst, da entstandene Kosten solche des Rechtsstreits sind.[76] Es wird vorsorglich darauf hingewiesen, dass dieser Beschluss gemäß § 406 Abs. 5 Hs 1 ZPO nicht anfechtbar ist.

[...]

Richterin am Amtsgericht

Verfügung:

Obigen Beschluss formlos versenden an

---

76 Vgl OLG Nürnberg VersR 2001, 391, Rn 25 nach juris für ein in der Beschwerdeinstanz erfolgreiches Ablehnungsgesuch; bei erfolgloser Beschwerde wären für die Beschwerdeinstanz § 97 Abs. 1 ZPO und GKG-KV 1812 anwendbar, vgl Zöller/ *Vollkommer*, § 46 ZPO Rn 20.

1. Parteien und Beigeladene bzw deren Prozessbevollmächtigte

2. Sachverständigen [...][77]

[...]

Richterin am Amtsgericht ◄

53 ► **Muster: Versagung des Vergütungsanspruchs eines Sachverständigen**

Amtsgericht [...]

Geschäftszeichen: [...]

Beschluss

In dem Wohnungseigentumsrechtsstreit [...]

hat das Amtsgericht [...] durch die Richterin am Amtsgericht [...] am [...] beschlossen:

Der Sachverständige [...] erhält für das von ihm im hiesigen Rechtsstreit erstattete Gutachten vom [...] keine Vergütung.

Das Verfahren ist gebührenfrei. Kosten werden nicht erstattet.

Gründe

I. Wegen des Sachverhalts wird zunächst Bezug genommen auf den Beschluss des Gerichts vom [...] zum hiesigen Geschäftszeichen, mit welchem das Befangenheitsgesuch des Klägers vom [...] gegenüber dem Sachverständigen für begründet erklärt worden ist.[78] In der Folge hat das Gericht mit Beschluss vom [...] einen anderen Sachverständigen, nämlich [...], mit der Erstellung eines Gutachtens beauftragt. Dieser hat unter dem [...] ein Gutachten erstellt, welches Gegenstand der Beweiswürdigung durch das Gericht im rechtskräftigen Urteil vom [...] war.

II. Dem abgelehnten Sachverständigen steht für sein im hiesigen Rechtsstreit erstelltes Gutachten kein Vergütungsanspruch nach den Vorschriften des JVEG, dort insbesondere § 8, zu.

Eine erfolgreiche Ablehnung des Sachverständigen, durch die sein Gutachten im Prozess unverwertbar wird, rechtfertigt allein noch nicht, dem Sachverständigen von vornherein eine Entschädigung zu versagen. Die verfahrensrechtliche Rolle als Gehilfe des Gerichts bedingt notwendig das Bedürfnis auf Wahrung einer gewissen inneren Unabhängigkeit des Sachverständigen. Daraus wird zu Recht abgeleitet, dass der Sachverständige seinen Entschädigungsanspruch nur dann verliert, wenn die Unverwertbarkeit seines Gutachtens auf Vorsatz oder grober Fahrlässigkeit beruht (OLG des Landes Sachsen-Anhalt, Beschluss vom 21.11.2001 – 13 W 604/01, Rn 3 nach juris mwN; OLG München MDR 1998, 1123, Rn 4 ff nach juris mwN). Grobe Fahrlässigkeit liegt vor, wenn die im Verkehr erforderliche Sorgfalt in besonders schwerem Maße verletzt wird und dasjenige außer Acht gelassen wird, was im gegebenen Fall jedem einleuchten musste, wobei auch subjektive, in der Person des Handelnden begründete Umstände zu berücksichtigen sind (Palandt/*Heinrichs*, BGB, 68. Auflage 2009, § 277 BGB Rn 5). Darüber hinaus verliert der Sachverständige seinen Vergütungsanspruch – trotz von ihm mindestens grob fahrlässig herbeigeführter erfolgreicher Ablehnung – ausnahmsweise nicht oder teilweise nicht, soweit sich die Parteien das Gutachten – etwa für den Abschluss eines Vergleichs – zunutze machen oder soweit der vom Gericht bestellte neue Sachverständige kostensparend auf das Gutachten des abgelehnten Sachverständigen aufbaut (Zöller/*Greger*, ZPO, 27. Auflage 2009,

---

77   Da gegen einen Beschluss, mit dem die Ablehnung für begründet erklärt wird, nach § 406 Abs. 5 ZPO kein Rechtsmittel statthaft ist, bedarf es in diesem Fall keiner förmlichen Zustellung. Anders wäre es im Falle eines Beschlusses, der ein Ablehnungsgesuch zurückweist. Dieser müsste dem Ablehnenden bzw dessen Prozessbevollmächtigten zugestellt werden.

78   Gemeint ist hier ein Beschluss wie das Muster unter Rn 52.

§ 413 Rn 7). Hierbei handelt es sich aber gewissermaßen um eine vom Sachverständigen zu belegende Einwendung. Zweifel gehen daher zu seinen Lasten (OLG des Landes Sachsen-Anhalt, aaO, Rn 5 nach juris; OLG München, aaO, Rn 12 nach juris).

Danach kann der abgelehnte Sachverständige vorliegend keine Vergütung beanspruchen. Der Sachverständige hat nach vorheriger Terminabsprache allein mit dem Prozessbevollmächtigten der Beklagten die Örtlichkeit, welche Gegenstand des Gutachtens war, in Gegenwart des Prozessbevollmächtigten der Beklagten besichtigt, ohne den Kläger oder dessen Prozessbevollmächtigten vorab davon in Kenntnis zu setzen.

Hiernach muss sich der Sachverständige den Schuldvorwurf der groben Fahrlässigkeit gefallen lassen. Denn nicht nur wird seit längerer Zeit in Rechtsprechung und Literatur ganz überwiegend angenommen, dass die Durchführung eines Ortstermins in Anwesenheit nur einer Partei ohne vorherige Benachrichtigung der anderen Partei ein Grund für die Ablehnung des betreffenden Sachverständigen ist (vgl die Nachweise bei der bereits im Jahre 1998 veröffentlichten Entscheidung des OLG München, aaO, Rn 5 nach juris) und ist von dem öffentlich bestellten und vereidigten Sachverständigen zu erwarten, dass er derartige elementare Grundsätze seiner Berufsausübung kennt, sondern ist der Sachverständige im Schreiben des Gerichts vom [...],[79] mit welchem er mit der Erstellung des Gutachtens beauftragt worden ist, ausdrücklich darauf hingewiesen worden, dass er vor Durchführung eines Ortstermins alle Parteien/Beigeladenen bzw deren Rechtsanwälte rechtzeitig zu benachrichtigen hat und dass er, wenn er Zweifel an seiner Unparteilichkeit bietet, wegen der Besorgnis der Befangenheit abgelehnt werden kann, was zum Verlust des Vergütungsanspruchs führen kann.

Der Sachverständige kann auch nicht ausnahmsweise trotz der von ihm grob fahrlässig verursachten erfolgreichen Ablehnung eine Vergütung (teilweise) verlangen. Denn weder haben die Parteien sich sein Gutachten zunutze gemacht, noch hat der vom Gericht bestellte neue Sachverständige kostensparend auf dem Gutachten des abgelehnten Sachverständigen aufgebaut. Der neu bestellte Sachverständige hat vielmehr selbst einen Ortstermin durchgeführt, dort Messungen und eigene Sachverhaltsfeststellungen getroffen und sich für sein Gutachten auf diese gestützt.

III. Die Kostenentscheidung beruht auf § 4 Abs. 8 JVEG.

[...]

Richterin am Amtsgericht

Verfügung:

Obigen Beschluss formlos[80] versenden an

1. Parteien und Beigeladene bzw deren Prozessbevollmächtigte

2. Sachverständigen [...]

[...]

Richterin am Amtsgericht ◀

E. Erstinstanzliche Entscheidungen

I. Einführung

Infolge der Geltung der ZPO-Vorschriften für Wohnungseigentumssachen der §§ 43 ff WEG 54
haben die Gerichte **Entscheidungen in der Hauptsache** durch **Urteil** zu treffen. Hiernach ist auch

---

79 Vgl hier das Muster unter Rn 44.
80 Auch gegenüber dem Sachverständigen genügt die formlose Versendung, da die Beschwerde nach § 4 Abs. 3 JVEG nicht fristgebunden ist (§ 329 Abs. 3 ZPO; vgl auch Hartmann, KostG, § 4 JVEG Rn 25).

der Erlass von Versäumnis- oder Anerkenntnisurteilen möglich. Auch wenn Urteile in Wohnungseigentumssachen den Formvorschriften[81] ganz normaler Zivilurteile gehorchen müssen, dürfte es nicht zu beanstanden sein, im Rubrum deutlich zu machen, dass es sich um einen Rechtsstreit aus dem Bereich des Wohnungseigentumsrechts handelt, und in diesem Zuge auch sogleich die verfahrensgegenständliche Wohnanlage zu bezeichnen. Dies kann ohne Überfrachtung des Rubrums in der Weise geschehen, dass anstelle der üblichen Einleitung „in dem Rechtsstreit" die **Eingangsformulierung** „in dem Wohnungseigentumsrechtsstreit betreffend die Wohnanlage …" gewählt wird. Hierdurch kann – etwa in erfolgreichen Beschlussanfechtungsverfahren – der Tenor entlastet werden.

55   Auch nach der Eingliederung der Streitigkeiten nach dem WEG in das ZPO-Verfahren kann es sinnvoll sein, die am Rechtsstreit Beteiligten in ihrer Gesamtheit weiterhin als **„Beteiligte"** zu bezeichnen. Die dem normalen ZPO-Verfahren unbekannte Vorschrift des § 48 Abs. 1 WEG verpflichtet das Gericht, unter den dort genannten Umständen weitere Personen zum Rechtsstreit beizuladen. Die Beigeladenen können zwar nach § 48 Abs. 2 S. 2 WEG der einen oder der anderen Partei zu deren Unterstützung beitreten, sind selbst aber nicht Partei des Rechtsstreits. Es kann aber durchaus nützlich sein, für die Gesamtheit der am Verfahren Beteiligten eine Sammelbezeichnung zu haben und diese gleich im Rubrum einzuführen. Anders als im Falle nicht beigetretener Streitverkündeter sollte die vom Gesetz angeordnete Beiladung im Urteil auch dann Ausdruck finden, wenn kein Beitritt erfolgt, damit die von § 48 Abs. 3 WEG angeordnete Rechtskrafterstreckung aus dem Urteil selbst zu ersehen ist.

56   Bei größeren Wohnungseigentümergemeinschaften besteht eine Partei oftmals aus vielen Einzelpersonen (oder es sind viele Einzelpersonen beizuladen). In einem solchen Fall dürfte es wie bisher zulässig sein, auf eine dem Urteil anliegende **Liste** Bezug zu nehmen, um das Rubrum nicht zu überfrachten. Bei dieser Vorgehensweise muss freilich darauf geachtet werden, dass nicht durch eine Bezugnahme auf eine alle Wohnungseigentümer umfassende Liste einzelne Wohnungseigentümer im Urteilsrubrum in eine unzutreffende Verfahrensstellung gebracht werden. Eine **Rechtsmittelbelehrung muss das Urteil nicht enthalten.** Die Anfügung einer (zutreffenden) Rechtsmittelbelehrung ist indes selbstverständlich zulässig.

57   Auf folgende weitere, nicht allein Urteile in WEG-Verfahren betreffende Punkte soll noch hingewiesen werden:
      Es empfiehlt sich, die einzelnen **Aussprüche des Tenors** zu **nummerieren.** Falls in einem Ausspruch des Tenors auf einen anderen Ausspruch desselben Tenors Bezug genommen wird oder falls später eine Berichtigung nach § 319 ZPO erforderlich werden sollte, stellt es eine Arbeitserleichterung dar und dient es der Klarheit, wenn auf die entsprechenden Ziffern des Tenors zurückgegriffen werden kann.

58   Zwar schreibt § 313 ZPO für das „normale" erstinstanzliche Urteil[82] – anders als § 313 b Abs. 1 S. 2 ZPO (für das Versäumnis-, Anerkenntnis- oder Verzichtsurteil) – nicht vor, das Urteil auch als solches zu bezeichnen. Es ist indes stets geboten, den von einer gerichtlichen Entscheidung Betroffenen mitzuteilen, um was für eine Entscheidung es sich handelt.[83] Aus dem Fehlen einer positiven Anordnung lässt sich nicht mit einem Gegenschluss auf die Unzulässigkeit der **Bezeichnung eines Urteils als „Urteil"** schließen. § 313 ZPO regelt nur, welche Bestandteile ein Urteil enthalten muss, ist aber nicht im Umkehrschluss dahin gehend zu verstehen, dass nur das

---

81   Vgl insb. §§ 313, 313 a, 313 b ZPO.
82   Entsprechendes gilt für das „normale" zweitinstanzliche Urteil nach § 540 ZPO.
83   So auch Zöller/*Vollkommer*, § 313 ZPO Rn 3.

in dieser Vorschrift Genannte im Urteil stehen darf. So bestehen in der Praxis auch keine Bedenken, die lediglich in der die Urteilsverkündung betreffenden Vorschrift des § 311 Abs. 1 ZPO, nicht aber in § 313 ZPO genannte Formel „Im Namen des Volkes" in den Urteilseingang aufzunehmen. Auch der BGH überschreibt seine Urteile mit der Bezeichnung „Urteil".

Im Folgenden sollen erstinstanzliche Urteile dargestellt werden. Dabei sind bewusst verschiedene Darstellungsweisen gewählt worden. Während hinsichtlich Wohngeldforderungen (Rn 60 ff) sowie Entscheidungen gem. § 21 Abs. 8 WEG (Rn 76 ff) die sich hier stellenden Probleme außerhalb der eigentlichen gerichtlichen Entscheidung erörtert werden und die Entscheidungen selbst schlank gehalten sind, wird bei den Musterurteilen zur Beschlussanfechtung (Rn 85, 87) und zu Abwehransprüchen (Rn 89, 90) versucht, die gängigen prozessualen und materiellrechtlichen Probleme innerhalb der Entscheidungen zu behandeln. **59**

II. Klage des Verbands Wohnungseigentümergemeinschaft auf Wohngeld

1. Einführung

Soweit sich die Wohnungseigentümer an den **Kosten und Lasten** des gemeinschaftlichen Eigentums iSv § 16 Abs. 2 WEG durch **Zahlung** zu beteiligen haben, spricht man von **Wohngeld im weiteren Sinne**.[84] Eine solche Wohngeldforderung beruht – anders als zB bei der Gemeinschaft nach §§ 741 ff BGB – nicht unmittelbar auf dem Gesetz. Der Zahlungsanspruch des Verbands Wohnungseigentümergemeinschaft gegen einen einzelnen Eigentümer wegen der Lasten und Kosten folgt nämlich nicht unmittelbar aus § 16 Abs. 2 WEG, sondern erst aus einem auf §§ 16 Abs. 2, 28 Abs. 5 WEG beruhenden Beschluss der Wohnungseigentümer.[85] Ist ein Wohnungseigentümer nicht bereit, bei Fälligkeit die auf Grundlage des Beschlusses geforderten Zahlungen zu leisten, stellt der Beschluss also keinen nach § 794 ZPO anerkannten Titel dar. Für eine **Zwangsvollstreckung** und zur Verhinderung des **Ablaufs der Verjährung** muss der Verband Wohnungseigentümergemeinschaft vielmehr – sofern sich der Wohngeldschuldner nicht der Zwangsvollstreckung freiwillig unterworfen hat – gegen einen säumigen Hausgeldschuldner einen Vollstreckungsbescheid erwirken oder eine Klage erheben und ein Urteil erstreiten. **60**

2. Einzelheiten zur Wohngeldklage

Die Klage auf Zahlung von Wohngeld ist nach § 43 Nr. 2 WEG iVm § 23 Nr. 2 Buchst. c) GVG bei dem **Amtsgericht** zu erheben, in dessen Bezirk das Grundstück liegt. Richtiger Kläger ist – sofern nicht der Verwalter oder ein Dritter ausnahmsweise gewillkürter Prozessstandschafter ist – der Verband Wohnungseigentümergemeinschaft. Der nach § 10 Abs. 6 S. 5 WEG **parteifähige Verband Wohnungseigentümergemeinschaft** wird im Verfahren vom Verwalter vertreten, sofern die Wohnungseigentümer die Vertretungsmacht des Verwalters, für den Verband Wohnungseigentümergemeinschaft zu handeln, nach § 27 Abs. 3 S. 1 Nr. 7 WEG durch Beschluss oder Vereinbarung entsprechend erweitert haben. Fehlt es an diesen Ermächtigungen oder fehlt ein Verwalter oder ist er an einer Vertretung des Verbands Wohnungseigentümergemeinschaft gehindert, ist er zB Eigentümerverwalter und selbst der Beklagte, wird der Verband Wohnungseigentümergemeinschaft nach § 27 Abs. 3 S. 2 WEG von sämtlichen Woh- **61**

---

84 Riecke/Schmid/*Elzer*, § 16 WEG Rn 186.
85 BGHZ 142, 290, 295 = ZMR 1999, 834, 835 = NZM 1999, 1101; BGHZ 131, 228, 230 = ZMR 1996, 215, 216 = NJW 1996, 725; BGHZ 104, 197, 202 = MDR 1988, 765 = NJW 1988, 1910; Riecke/Schmid/*Elzer*, § 16 WEG Rn 163 mwN.

nungseigentümern als Gesamtvertretern vertreten.[86] Beklagter ist der säumige Wohngeld-schuldner, ggf vertreten durch andere Personen wie zB einen Insolvenz- oder Zwangsverwalter.

62   ▶ **Checkliste: Parteien einer Wohngeldklage**

– **Richtiger Kläger:** Verband Wohnungseigentümergemeinschaft, meist vertreten durch den Verwal-ter

– **Richtiger Beklagter:** ein säumiger Wohngeldschuldner
  – bei Miteigentum (zB Ehegatten): die Miteigentümer als Gesamtschuldner
  – ggf. ein Insolvenzverwalter (der Insolvenzverwalter schuldet als Masseschulden das laufende Wohngeld, die Abrechnungsspitze und eine Teilnahme an Sonderumlagen)[87]
  – ggf. ein Zwangsverwalter (jedenfalls laufendes Wohngeld, ggf. auch Saldo gemäß Jahresab-rechnung und Sonderumlagen) ◀

3. Mögliche Verteidigung des Wohngeldschuldners

a) Allgemeines

63   Der Beklagte einer Wohngeldklage ist häufig säumig – vertritt also seine Interessen prozessual nicht und zeigt seine Bereitschaft zur Verteidigung nicht an oder verhandelt jedenfalls nicht. Dann kann, wenn die Klage im Übrigen ordnungsgemäß erhoben wurde, gegen ihn auf Antrag ein **Versäumnisurteil** ergehen, auch im schriftlichen Vorverfahren. Ist der Wohngeldschuldner hingegen nicht säumig, werden in der Praxis in der Regel die immer wieder gleichen Einreden erhoben.

64   ▶ **Checkliste: Mögliche Einreden und Einwände eines Wohngeldschuldners**

– Anfechtbarkeit des Wohngeldbeschlusses (Rn 65)
– Nichtigkeit des Wohngeldbeschlusses (Rn 66)
– Erfüllung der Wohngeldforderung; höhere Zahlungen als die verbuchten (Rn 67)
– Aufrechnung gegen die Wohngeldforderung (Rn 68)
– Zurückbehaltungsrecht gegenüber der Wohngeldforderung (Rn 70)
– Verjährung der Wohngeldforderung (Rn 71) ◀

b) Ordnungsmäßigkeit des Wohngeldbeschlusses

65   Gegen den Anspruch auf Zahlung von Wohngeld wird von einem beklagten Wohnungseigen-tümer häufig geltend gemacht, dass der entsprechende Beschluss angefochten wurde oder an-fechtbar bzw nicht ordnungsmäßig sei.[88] Diese Einwände sind erfolglos. Einwendungen gegen das formelle Zustandekommen und den sachlichen Inhalt des zugrunde liegenden Eigentümer-beschlusses sind nämlich grundsätzlich unerheblich.[89] Etwas anderes gilt nur für nichtige Be-schlüsse (Rn 66) oder für sog. Nichtbeschlüsse.

c) Nichtigkeit

66   Der Beklagte kann gegen eine Wohngeldklage einwenden, der die Forderung gegen ihn be-gründende Beschluss sei **nichtig**. Trifft das zu, liegt also ein Nichtigkeitsgrund vor, fehlt es an

---

86   Haben die Wohnungseigentümer von der Möglichkeit des § 27 Abs. 3 S. 3 WEG Gebrauch gemacht, vertreten nur einige von ihnen oder ggf ein Dritter den Verband Wohnungseigentümergemeinschaft.
87   Siehe dazu und zum Umfang der Haftung des Insolvenzverwalters etwa OLG Köln v. 15.11.2007 – 16 Wx 100/07.
88   OLG Frankfurt ZMR 2007, 291, 292; 2006, 873, 874; KG NZM 2005, 425.
89   BayObLG ZWE 2001, 593, 594; 2000, 128.

einer Anspruchsgrundlage für die Durchsetzung der Forderung. Die Forderungsklage ist in diesem Falle abzuweisen, wenn nicht während des Prozesses die Forderung zulässigerweise „nachbeschlossen" wird.

d) Erfüllung

Der Beklagte kann einwenden, die eingeklagten Forderungen bereits iSv § 362 BGB erfüllt zu haben. Soweit dies zutrifft, ist die Klage abzuweisen. Ein **Problem** besteht dabei manchmal darin, dass es an einer **Tilgungszweckbestimmung** fehlt. Im Zweifel gilt § 367 Abs. 1 BGB. Streitig ist, ob die Beschlussfassung über die Jahresabrechnung auch die Höhe der **Vorauszahlungen** erfasst. Dies ist nach herrschender Meinung der Fall.[90] Nach Eintritt der Bestandskraft des Genehmigungsbeschlusses seien gegen die Höhe geleisteter Zahlungen keine Einwendungen mehr möglich. Einwendungen, die die Höhe geleisteter Vorauszahlungen beträfen, müssten im Verfahren der Anfechtung der Jahresabrechnung geltend gemacht werden. Die Bestandskraft der Jahresabrechnung bezwecke nämlich, die wirtschaftliche Situation der Gemeinschaft endgültig festzuschreiben. Die Bestandskraft der Jahresabrechnung gebe der Gemeinschaft außerdem Rechts- und Planungssicherheit. Jeder Wohnungseigentümer habe zudem die Möglichkeit, innerhalb der Anfechtungsfrist zu prüfen, ob die Verwaltung seine Zahlungen richtig und vollständig berücksichtigt habe, und könne die Jahresabrechnung insoweit gegebenenfalls anfechten. Die herrschende Meinung kommt allerdings bei „Soll-Vorauszahlungen" in Probleme.[91] Außerdem kann es bei der Höhe der Vorauszahlungen bei Zugrundelegung der herrschenden Meinung zu einem Gerechtigkeitsdefizit kommen. Die Wohnungseigentümer haben schließlich grundsätzlich keine Kompetenz, Zahlungen durch Beschluss zu vernichten. Die Erfüllungswirkung einer Zahlung tritt ferner gegebenenfalls bereits zum Zeitpunkt des Zahlungseingangs ein.[92]

67

e) Aufrechnung

Ein Wohnungseigentümer kann gegenüber Wohngeldansprüchen des Verbands Wohnungseigentümergemeinschaft grundsätzlich **nicht aufrechnen**.[93] Im Wohnungseigentumsrecht wird aus der Zweckbestimmung der monatlichen Beitragsvorschüsse abgeleitet, dass eine Aufrechnung **unzulässig** ist, weil die außergerichtliche und gerichtliche Verfolgung der Wohngeldansprüche von Streitigkeiten über Gegenforderungen freigehalten werden sollen und es für die Wohnungseigentümer zumutbar ist, ihre Gegenforderungen gegen den Verband Wohnungseigentümergemeinschaft außerhalb des Wohngeldverfahrens zu verfolgen.

68

In Anlehnung an § 309 Nr. 3 BGB werden **Ausnahmen** einerseits für anerkannte oder unbestrittene oder rechtskräftig festgestellte Gegenforderungen des Wohngeldschuldners gegen den Verband Wohnungseigentümergemeinschaft gemacht.[94] Diesen Gegenforderungen werden Ansprüche aus Notgeschäftsführung gem. § 21 Abs. 2 WEG, insbesondere unstreitige Erstattungsansprüche wegen der Bezahlung von Verbandsverbindlichkeiten gegenüber Versorgungsunter-

69

---

90 BayObLG ZMR 2005, 65, 66; 2003, 587; LG Köln ZMR 2008, 830; aA LG Hamburg ZMR 2006, 77, 78; AG Kerpen ZMR 2008, 84.
91 LG Hamburg ZMR 2006, 77, 78.
92 Vgl weiter Schmidt/Riecke, ZMR 2005, 252, 264, die Bereicherungsansprüche nach §§ 812 ff BGB befürworten, und KG GE 2009, 59 zum Verhältnis unbenannter Zahlungen und Jahresabrechnung.
93 OLG Hamm ZfIR 2009, 611; OLG Brandenburg ZMR 2008, 386 = IMR 2008, 59; OLG München NJW-RR 2007, 735; OLG Frankfurt NZM 2007, 367, 368.
94 OLG Hamburg ZMR 2006, 791, 794; OLG Köln OLGReport Köln 2004, 322.

nehmen[95] sowie Ansprüche aus §§ 670, 680, 683, 812 ff BGB (Geschäftsführung ohne Auftrag) gleichgestellt.[96]

f) Zurückbehaltungsrechte

70 Gegenüber dem Anspruch des Verbands Wohnungseigentümergemeinschaft auf Zahlung von Wohngeld oder eines Saldos aus einer Abrechnung oder einer Sonderumlage ist nach herrschender Meinung jedes Zurückbehaltungsrecht ausgeschlossen.[97] Ein Wohngeldschuldner kann ein Zurückbehaltungsrecht auch nicht darauf stützen, dass der gesetzliche oder vereinbarte Kostenverteilungsschlüssel grob unbillig sei und deshalb gegen die übrigen Wohnungseigentümer ein Anspruch auf Abänderung des Kostenverteilungsschlüssels bestehe.

g) Verjährung

71 Der Beklagte kann **einredeweise** geltend machen, dass die **Klageforderung verjährt** sei.[98] Insoweit steht jedem Wohnungseigentümer nach § 214 Abs. 1 BGB ein Leistungsverweigerungsrecht zur Seite. Die Ansprüche des Verbands Wohnungseigentümergemeinschaft auf Zahlung von Wohngeldern, Sonderumlagen und Fehlbeträgen verjähren dabei in drei Jahren (§ 195 BGB). Die Verjährung beginnt nach § 199 Abs. 1 BGB mit dem Schluss des Jahres, in dem der Anspruch entstanden ist und der Verband Wohnungseigentümergemeinschaft durch seinen Verwalter – oder wenn dieser nicht existiert oder eine Zurechnung seines Wissens untunlich ist, durch die Wohnungseigentümer – von dem Entstehen des Anspruchs **Kenntnis erlangt** oder ohne grobe Fahrlässigkeit erlangen müsste. Unter dem Zeitpunkt der erstmaligen Entstehung ist der Zeitpunkt zu verstehen, in welchem der Anspruch erstmalig geltend gemacht und notfalls im Wege der Klage durchgesetzt werden kann. Ein Wohnungseigentümer kann sich nach § 242 BGB im Einzelfall allerdings nicht auf die Einrede der Verjährung berufen. Es ist ankannt, dass die Einrede nicht erhoben werden kann, wenn der Wohngeldschuldner mit dem Verwalter bewusst zum Nachteil der Wohnungseigentümergemeinschaft zusammenwirkt.[99] Das ist außerdem der Fall, wenn es für den Beginn der Verjährung auf die Kenntnis des Wohnungseigentümers ankommt.[100] Die unter den Wohnungseigentümern bestehende Treuepflicht kann es umgekehrt gebieten, den Einwand der Verjährung nicht geltend zu machen.[101]

72 Ein **Abrechnungsbeschluss** stellt in Bezug auf die Verjährung – ungeachtet des Wirtschaftsplans – für den gesamten von ihm festgestellten Saldo einen **neuen Rechtsgrund** dar.[102] Der Abrechnungsbeschluss hat hinsichtlich der noch **offenen Vorschussforderungen** zwar nur eine bestätigende oder – vergleichbar einem Abrechnungsvertrag nach § 782 BGB – rechtsverstärkende Wirkung und begründet nur hinsichtlich des Betrags, der die nach dem Wirtschaftsplan beschlossenen Vorschüsse übersteigt, einen neuen (originären) Anspruchsgrund. Der Abrech-

---

95 KG ZMR 2004, 618, 619; 2002, 861 = KGReport 2002, 208.
96 OLG München NJW-RR 2007, 735 = ZMR 2007, 397, 398.
97 OLG München ZMR 2006, 881, 882; 2006, 647; OLG Köln OLGReport Köln 2004, 322; 1997, 91 = WE 1997, 427, 428; BayObLG ZWE 2001, 157.
98 OLG Hamm MietRB 2009, 264.
99 OLG München OLGReport München 2007, 296 = NJW-RR 2007, 1097; allgemein: BGH MDR 2000, 631 = NJW 2000, 1405.
100 OLG Hamm MietRB 2009, 264.
101 OLG Düsseldorf ZMR 2009, 303 = MietRB 2009, 76.
102 OLG Hamm ZMR 2009, 467 = ZWE 2009, 216 = MietRB 2009, 202; OLG Dresden ZMR 2006, 543, 544; Elzer, MietRB 2006, 168, 169.

nungsbeschluss stellt aber ungeachtet dessen für den gesamten Saldo einen neuen Rechtsgrund dar.[103]

4. Einzelheiten zur gerichtlichen Entscheidung über eine Wohngeldklage

Die Klage auf Wohngeld hat Erfolg, wenn sie iSv § 253 ZPO ordnungsmäßig erhoben wurde **73** und die Wohnungseigentümer die eingeklagten Beträge (Wohngeld, Salden aus einer Jahresabrechnung, Betrag aus Sonderumlage) beschlossen haben. Bereits zur Darlegung des Anspruchs wird dem Gericht bislang meist die **Niederschrift** eingereicht, in der der Beschluss, auf den sich die Klage stützt, beurkundet ist.[104] Ferner werden je nachdem der **Gesamt- und der Einzelwirtschaftsplan** oder die **Gesamt- und die Einzeljahresabrechnung** der Klage beigefügt.

Hinweis: Häufig verkannt wird, dass die Darlegung jeweils **beider Beschlüsse** notwendig ist. Die Einzelabrechnungen sind aus der Gesamtabrechnung abzuleiten; ohne beschlossene Gesamtabrechnung können die Einzelabrechnungen **keinen Bestand** haben.[105] Die Genehmigung eines Wirtschaftsplans ohne Einzelwirtschaftsplan ist auf Antrag für ungültig zu erklären.[106]

Für die Prüfung des Grundes und der Höhe verlangter Zinsen bedarf es Unterlagen darüber, **74** wann die geltend gemachte Forderung **fällig geworden** ist und ob die Wohnungseigentümer abweichend vom gesetzlichen Zinssatz etwas anderes nach § 21 Abs. 7 WEG wirksam bestimmt haben.

Hinweis: Wann eine Forderung aus einem Wirtschaftsplan, einer Sonderumlage oder einer Jahresabrechnung fällig ist, haben primär die Wohnungseigentümer durch einen auf § 21 Abs. 7 WEG gestützten Beschluss oder durch eine Vereinbarung allgemein und abstrakt zu bestimmen. Fehlt es an einer Bestimmung der Wohnungseigentümer, werden Zahlungsansprüche nach § 28 Abs. 2 WEG subsidiär durch Abruf des Verwalters fällig, der § 271 Abs. 1 BGB verdrängt. Ansprüche aus der Jahresabrechnung und einer Sonderumlage werden – soweit es an einer gewillkürten Bestimmung fehlt – hingegen nach § 271 Abs. 1 BGB fällig.

▶ **Muster: Urteil in einem Wohngeldverfahren**   **75**

Amtsgericht [...]

Az: [...].WEG

Im Namen des Volkes

Urteil

In dem Wohnungseigentumsrechtsstreit

Wohnungseigentümergemeinschaft [...]-Straße [...], [...] *[PLZ, Ort]*, vertreten durch die Verwalterin, die [...] GmbH, diese vertreten durch den Geschäftsführer [...],[...]-Straße [...], [...] *[PLZ, Ort]*,

– Klägerin –

Prozessbevollmächtigter: RAe [...]

103   OLG Dresden ZMR 2006, 543, 544; Elzer, MietRB 2006, 168.
104   Alternativ bietet sich ein „Auszug" aus der Beschluss-Sammlung an.
105   BayObLG WuM 1994, 569.
106   BGH NJW 2005, 2061; LG Konstanz NJW 2008, 593, 594.

gegen

die [...] Grundbesitz GmbH, vertreten durch den Geschäftsführer [...], [...]-Straße [...],[...] [PLZ, Ort],

– Beklagte –

hat das Amtsgericht [...], Abteilung [...], durch den Richter am Amtsgericht [...] auf die mündliche Verhandlung vom [...] für R e c h t erkannt:

1. Die Beklagte wird verurteilt, an die Klägerin 3.300 € nebst Zinsen in Höhe von 5 Prozentpunkten über dem jeweiligen Basiszinssatz seit dem 11. März 2010 zu zahlen.
2. Die Beklagte hat die Kosten des Rechtsstreits zu tragen.
3. Das Urteil ist vorläufig vollstreckbar. Die Beklagte darf die Vollstreckung durch Sicherheitsleistung oder Hinterlegung in Höhe von 110 % des aufgrund des Urteils vollstreckbaren Betrags abwenden, wenn nicht die Klägerin vor der Vollstreckung Sicherheit in Höhe von 110 % in Höhe des jeweils zu vollstreckenden Betrags leistet.

Tatbestand

In der Eigentümerversammlung vom [...] beschlossen die Wohnungseigentümer zum Tagesordnungspunkt (im Folgenden: TOP) 1 den Gesamtwirtschaftsplan und die Einzelwirtschaftspläne für 2009. Aus dem Wirtschaftsplan ergab sich für die im Eigentum der Beklagten stehende Wohnung Nr. 30 ein monatliches Wohngeld in Höhe von 300 €. Die Beklagte glich die Wohngelder in den Monaten Februar bis Dezember 2009(insgesamt 3.300 €) nicht aus.

Die Klägerin beantragt mit am 10. März 2010 zugestellter Klage,

die Beklagte zu verpflichten, an sie 3.300 € nebst Zinsen in Höhe von 5 Prozentpunkten über dem jeweiligen Basiszinssatz seit Klagezustellung zu zahlen.

Die Beklagte beantragt,

die Klage abzuweisen.

Sie ist der Ansicht, die Klageforderung sei durch Aufrechnung mit dem ihr aus der Abrechnung für 2006 zustehenden Guthaben in Höhe von 800 € erloschen. Wegen des diese Summe übersteigenden Betrags stehe ihr ein Zurückbehaltungsrecht zu.

Entscheidungsgründe

Die zulässige Klage ist begründet. Die Beklagte ist gem. §§ 16 Abs. 2, 28 Abs. 5 WEG aufgrund der Beschlüsse über den Wirtschaftsplan bzw der Einzelwirtschaftspläne vom [...] verpflichtet, für die Monate Februar bis Dezember 2009 einen Betrag von 3.300 € zu zahlen.

Die Klageforderung ist nicht in Höhe von 800 € gem. § 389 BGB erloschen. Gegenüber Wohngeldansprüchen kann grundsätzlich nicht aufgerechnet werden. Im Wohnungseigentumsrecht wird aus der Zweckbestimmung der monatlichen Beitragsvorschüsse abgeleitet, dass eine Aufrechnung unzulässig ist, weil die außergerichtliche und gerichtliche Verfolgung der Wohngeldansprüche von Streitigkeiten über Gegenforderungen freigehalten werden sollen und es für die Wohnungseigentümer zumutbar ist, ihre Gegenforderungen gegen den Verband Wohnungseigentümergemeinschaft außerhalb des Wohngeldverfahrens zu verfolgen. Das Aufrechnungsverbot gegenüber Beitragsansprüchen des Verbands Wohnungseigentümergemeinschaft folgt ferner aus den zwischen den Wohnungseigentümern bestehenden besonderen Schutz- und Treuepflichten. Da der Verband Wohnungseigentümergemeinschaft zur Erhaltung seiner Liquidität auf die pünktliche Zahlung der fälligen Beiträge angewiesen ist, darf diese durch die Auseinandersetzung mit Gegenansprüchen nicht gefährdet werden. Anerkannte oder unbestrittene oder rechtskräftig festgestellte Gegenforderungen des Wohngeldschuldners erlaubten zwar eine Aufrechnung. Eine solche Forderung liegt aber nicht vor.

Gegenüber dem Anspruch des Verbands Wohnungseigentümergemeinschaft auf Zahlung von Wohngeld ist aus denselben Gründen jedes Zurückbehaltungsrecht ausgeschlossen.

Die Beklagte ist gem. §§ 280, 286, 288 BGB verpflichtet, an die Klägerin auf die rückständigen Forderungen Verzugszinsen in der zugesprochenen Höhe zu leisten.

Die Entscheidung über die Kosten beruht auf § 91 Abs. 1 S. 1 ZPO. Die Entscheidung über die vorläufige Vollstreckbarkeit folgt aus §§ 708 Nr. 11, 711, 709 ZPO.

[...]

Richter am Amtsgericht ◄

III. Urteil nach § 21 Abs. 8 WEG (Regelungsstreitigkeit/Regelungsstreit)

1. Einführung

a) Allgemeines

Sind über die gesetzlichen Bestimmungen hinaus Regelungen zum Gemeinschaftsverhältnis der   76
Wohnungseigentümer erforderlich und können sich die Wohnungseigentümer darüber nicht im
Wege einer Vereinbarung oder durch Beschluss einigen, kann nach § 21 Abs. 8 WEG ein Gericht
über diese Frage eine Entscheidung nach billigem Ermessen treffen (**Regelungsstreit**). Richtige
Klageart ist eine Gestaltungsklage. Nach § 21 Abs. 8 WEG kann vom Kläger – wie bei der Klage
auf Schmerzensgeld – abweichend von § 253 Abs. 2 WEG ein unbestimmter Antrag gestellt
werden.

b) Überblick zu den Regelungsstreitigkeiten

Inhalt eines Urteils nach § 21 Abs. 8 WEG können ganz unterschiedliche Angelegenheiten sein.   77
Mögliche Streitigkeiten eines Regelungsstreits nach § 21 Abs. 8 WEG sind zB die folgenden:

- ein Beschluss über Wirtschaftsplan und Jahresabrechnung[107]
- ein Beschluss über eine Gebrauchs-[108] und /oder Nutzungsregelung,[109] zB Regelung der Stellplatzvergabe[110]
- ein Beschluss über eine Vollmacht oder eine Prozessstandschaft
- ein Beschluss zur Hausordnung[111]
- ein Beschluss zur Markierung von Parkflächen[112]
- ein Beschluss zur Erzwingung eines Verwalters (siehe dazu Rn 133)

2. Voraussetzungen des Urteils

§ 21 Abs. 8 WEG nennt für eine Entscheidung des Wohnungseigentumsgerichts anstelle der an   78
sich zuständigen Wohnungseigentümer **drei Voraussetzungen**:

1. Die Wohnungseigentümer haben eine Entscheidung nicht selbst durch eine Vereinbarung
   oder einen Beschluss getroffen.

---

107 KG NJW-RR 1992, 1298; 1991, 463.
108 OLG Hamburg ZMR 2004, 933, 934.
109 BayObLG NJW-RR 1987, 1490, 1491.
110 KG ZMR 1994, 379 = NJW-RR 1994, 912.
111 OLG Hamm OLGZ 1969, 278 = NJW 1969, 884.
112 BayObLG NJW-RR 1987, 1490, 1491.

2. Diese Entscheidung muss nach dem Gesetz erforderlich sein.

3. Die notwendige Entscheidung darf sich nicht bereits aus dem Gesetz, einer Vereinbarung oder einem Beschluss der Wohnungseigentümer ergeben.

3. Subsidiarität der gerichtlichen Entscheidung

79   Für eine gerichtliche Geltendmachung besteht kein **Rechtsschutzbedürfnis**, solange die Eigentümer mit der Maßnahme nicht befasst waren.[113] Der Kläger muss also zuvor im Rahmen des Möglichen und Zumutbaren alles versucht haben, eine Entscheidung der Wohnungseigentümer zu erreichen. Eine Ausnahme gilt dort, wo eine Befassung der Eigentümer aussichtslos und unzumutbar und damit eine unnötige Förmelei wäre.[114] Die Durchführung eines Vorschaltverfahrens ist dann entbehrlich, wenn aufgrund besonderer Umstände feststeht, dass das Begehren des Klägers in einer Eigentümerversammlung mit Sicherheit keine Mehrheit gefunden hätte.[115]

4. Besonderheiten von Klage und Urteil

80   **Kläger** in einem Regelungsstreit kann nur ein Wohnungseigentümer sein. **Beklagte** sind stets die anderen Wohnungseigentümer, nicht der Verband Wohnungseigentümergemeinschaft und auch nicht der Verwalter der Wohnungseigentumsanlage. Dass auch ein anderer, jetzt beklagter Wohnungseigentümer für die beantragte Maßnahme gestimmt hat, ist unerheblich. Teilt er das Anliegen des Klägers, muss auch er klagen. Für die Erhebung der Klage genügt es nach § 44 Abs. 1 S. 1 Hs 1 WEG zunächst, die Beklagten durch die bestimmte Angabe des gemeinschaftlichen Grundstücks zu bezeichnen. In der Klageschrift sind wegen der Zustellung gem. § 44 Abs. 1 S. 1 Hs 2 WEG der Verwalter und der gem. § 45 Abs. 2 S. 1 WEG bestellte Ersatzzustellungsvertreter zu bezeichnen. Die namentliche Bezeichnung der Wohnungseigentümer muss nach § 44 Abs. 1 S. 2 WEG spätestens bis zum Schluss der mündlichen Verhandlung nachgeholt werden.

81   Bei der **Kostenentscheidung** über einen Regelungsstreit ist die Regelung des § 49 Abs. 1 WEG zu beachten. Nach dieser Bestimmung können auch die Kosten des Rechtsstreits in einer Regelungssache nach § 21 Abs. 8 WEG nach billigem Ermessen verteilt werden. Diese Möglichkeit hat ihren Grund darin, dass sich bei den Regelungsstreitigkeiten im Einzelfall kaum genau feststellen lässt, welche Partei in welchem Verhältnis obsiegt hat oder unterlegen ist. § 49 Abs. 1 WEG nennt keine Voraussetzungen für die Ermessensentscheidung des Wohnungseigentumsgerichts im Einzelfall. Nach allgemeinen Grundsätzen wird sich diese daher daran auszurichten haben, wer ein Verfahren veranlasst und die Tätigkeit des Gerichts herausgerufen hat.

---

113 OLG Hamm WE 1996, 33; LG Köln ZMR 2005, 311.
114 OLG München ZMR 2006, 962 = OLGReport München 2007, 10; OLG Schleswig ZMR 2006, 889, 890; OLG Düsseldorf WE 1991, 242.
115 BayObLG NJW-RR 1986, 445; OLG Stuttgart OLGZ 1977, 433.

▶ **Muster: Urteil nach § 21 Abs. 8 WEG (Regelungsstreit)**   82

304

Amtsgericht [...]

Az: [...].WEG

Im Namen des Volkes

Urteil

In Rechtsstreit der Wohnungseigentumssache

der Wohnungseigentümerin [...], [...]-Straße [...], [...] *[PLZ, Ort]*,

– Klägerin –

gegen

den Wohnungseigentümern

1) [...],[...]-Straße [...],[...] *[PLZ, Ort]*,

2) [...][116]

– Beklagte –

[...] Verwalter-GmbH, [...]-Straße [...],[...] *[PLZ, Ort]*,

– Beigeladene –[117]

hat das Amtsgericht [...], Abteilung [...], durch den Richter am Amtsgericht [...] auf die mündliche Verhandlung vom [...] für R e c h t erkannt:

1. Die Wohnungseigentümer der Wohnanlage [...] sind verpflichtet, über die Benutzung der Stellplätze jährlich unter den an einem Stellplatz interessierten Wohnungseigentümern zu losen.

2. Bis nicht jeder interessierte Wohnungseigentümer einmal gewonnen hat, sind die Stellplätze in weiteren Jahren nur unter den Wohnungseigentümern, die bisher nicht zum Zuge gekommen sind, zu verlosen. Den Wohnungseigentümern bleibt unbenommen, für die Nutzung nach § 21 Abs. 7 WEG ein angemessenes Entgelt zu beschließen.[118]

3. Die Kosten des Rechtsstreits werden den Beklagten auferlegt.

4. Das Urteil ist vorläufig vollstreckbar. Die Beklagten dürfen die Vollstreckung durch Sicherheitsleistung oder Hinterlegung in Höhe von 110 % des aufgrund des Urteils vollstreckbaren Betrags abwenden, wenn nicht die Klägerin vor der Vollstreckung Sicherheit in Höhe von 110 % in Höhe des jeweils zu vollstreckenden Betrags leistet.

Tatbestand

Die Wohnanlage besteht aus 56 Wohneinheiten. Insgesamt sind 14 Pkw-Stellplätze vorhanden. Die Wohnungseigentümer haben für die Stellplätze bisher keine Benutzungsregelung getroffen. Einzelne Wohnungseigentümer nehmen gleichzeitig mehrere Stellplätze in Anspruch. Dauerparker oder früh am Tage zurückkehrende Nutzer haben einen ständigen Vorteil bei der Parkplatzsuche. Die Klägerin kehrt von ihrer täglichen Arbeit als Fotoredakteurin nicht vor 22.00 Uhr zurück. Zu diesem Zeitpunkt sind stets sämtliche Parkplätze belegt, so dass die Klägerin gezwungen ist, auf der Straße zu parken. Ein Vorschlag der Klägerin, für die Benutzung der Stellplätze durch Beschluss ein Rotationssystem

---

116   Hier sind im Rubrum sämtliche anderen Wohnungseigentümer aufzuführen. Auf die Beifügung der früher üblichen „Eigentümerliste" sollte aus Gründen der Klarheit und Rechtssicherheit verzichtet werden.

117   Von Gesetzes wegen ist der Verwalter gem. § 48 Abs. 1 S. 2 WEG nur in Verfahren nach § 43 Nr. 3 und Nr. 4 WEG beizuladen. Auch in einem Regelungsstreit scheint es aber sinnvoll, diesen beizuladen und die Rechtskraft wie bei einer Anfechtungsklage auf ihn zu erstrecken.

118   Der letzte Satz ist offensichtlich nur hinweisend und kann auch ersatzlos entfallen.

einzuführen, wonach die Parkplätze für jeweils ein Jahr per Los gegen eine monatliche Gebühr vergeben werden, ist in einer Eigentümerversammlung vom [...] mehrheitlich ohne Beschlussfassung abgelehnt worden.

Die Klägerin beantragt,

nach billigem Ermessen des Gerichts, eine Regelung über die Benutzung der Stellplätze zu treffen.

Die Beklagten beantragen,

die Klage abzuweisen.

Sie sind der Ansicht, sie müssten über eine Vergabe der Stellplätze keine Regelung treffen. Die Wohnanlage sei 30 Jahre lang ohne Stellplatzregelung ausgekommen.

Entscheidungsgründe

Die zulässige Klage ist begründet. Die Klägerin besitzt nach § 21 Abs. 8, Abs. 4 WEG einen Anspruch auf Regelung der Stellplatzvergabe durch das Gericht. Die Voraussetzungen des § 21 Abs. 8 WEG liegen vor.

Die Wohnungseigentümer haben über die Stellplatzvergabe keine Regelung getroffen. Eine Regelung ist indes erforderlich, weil es mehr an einer Nutzung der Stellplätze interessierte Wohnungseigentümer als Stellplätze gibt. Angesichts des Missverhältnisses zwischen 14 vorhandenen Stellplätzen (die wegen der baulichen Situation nicht erweitert werden können) und 56 Wohneinheiten ist es nach einer ordnungsmäßigen Verwaltung iSv § 21 Abs. 4 WEG geboten, dass eine Gebrauchsregelung hinsichtlich der Stellplatznutzung getroffen und damit der tägliche Kampf um die Parkplätze durch eine organisatorische Maßnahme beendet wird (vgl KG v. 27.4.1994 – 24 W 7352/93, ZMR 1994, 379, 380).

Nach billigem Ermessen erscheint es angemessen, für die Benutzung der Stellplätze jährlich unter den an einem Stellplatz interessierten Wohnungseigentümern zu losen. Um keinen Wohnungseigentümer zu benachteiligen, sind die Stellplätze, bis nicht jeder interessierte Wohnungseigentümer gewonnen hat, in weiteren Jahren nur noch unter den Wohnungseigentümern zu verlosen, die bisher nicht zum Zuge gekommen sind. Den Wohnungseigentümern bleibt unbenommen, für die Nutzung nach § 21 Abs. 7 WEG ein angemessenes Entgelt zu beschließen. Dass die Wohnanlage 30 Jahre lang ohne Stellplatzregelung ausgekommen ist, ist unerheblich, zumal der Grad der Motorisierung in diesen Jahren erheblich gestiegen ist.

Die Entscheidung über die Kosten beruht auf § 49 Abs. 1 WEG iVm § 91 Abs. 1 S. 1 ZPO. Die Entscheidung über die vorläufige Vollstreckbarkeit folgt aus §§ 708 Nr. 11, 711, 709 ZPO.

Der Geschäftswert wird auf 1.000 € festgesetzt.[119]

[...]

Richter am Amtsgericht ◄

IV. Urteile zur Beschlussanfechtung

83   Nachdem vorstehend der Urteilsaufbau bereits dargestellt worden ist, soll bei den folgenden beiden, sich mit Beschlussanfechtungen befassenden Musterurteilen versucht werden, die gängigen prozessualen und materiellrechtlichen Probleme innerhalb der Entscheidungen zu behandeln.

---

119   In der Praxis ist es zT üblich – wie hier –, vor den Unterschriften der Richter den Gebührenstreitwert festzusetzen.

So enthält das Urteil in Muster Rn 85 Ausführungen zu folgenden Problemen:

- Rechtsschutzbedürfnis hinsichtlich einer Beschlussanfechtung
- Anfechtungs- und Begründungsfrist
- Verwalterentlastung
- Kostenentscheidung hinsichtlich eines Beigetretenen

Das Urteil in Muster Rn 87 beinhaltet Ausführungen zu folgenden Problemen:

- Unterscheidung Nichtigkeit – Ungültigkeit eines Eigentümerbeschlusses
- Geltendmachung der Nichtigkeit trotz Versäumung der Anfechtungsfrist
- Beschlusskompetenz der Wohnungseigentümer

Hinweis: Es ist bei dieser Art der Darstellung bewusst in Kauf genommen worden, dass die **84** Urteile relativ umfangreich geworden sind. Indes ist es zum einen so, dass, wenngleich es natürlich in der ersten Instanz auch einfacher gelagerte Fälle gibt, eine erstinstanzliche Entscheidung je nach geltend gemachtem Anspruch dieselben Probleme aufwerfen kann wie eine Entscheidung einer höheren – und selbst höchsten – Instanz. Zum anderen haben auch in der ersten Instanz die Parteien – und insbesondere die unterliegende Seite – Anspruch darauf, dass sie mit ihrem Vorbringen gehört werden und sich das Gericht damit auseinandersetzt. Auch sollte nicht vergessen werden, dass eine Entscheidung, die sorgfältig und ausführlich begründet ist und sich mit allen Argumenten der unterlegenen Partei auseinandersetzt, zumindest die Chance hat, auf höhere Akzeptanz zu treffen und so vielleicht ein Rechtsmittel zu vermeiden.

Um ein leichteres Auffinden bestimmter Passagen zu ermöglichen, sind Schlagworte hervorgehoben worden, in einem „echten" Urteil ist dies unüblich; gerade bei längeren Urteilen oder sog. Punktesachen kann sich eine – sparsam gehandhabte – Hervorhebung einzelner Schlagworte aber empfehlen.

▶ **Muster: Urteil – Beschlussanfechtung (betreffend Verwalterentlastung)** **85**

Amtsgericht [...] **305**

Im Namen des Volkes

Urteil

Geschäftsnummer: [...]

verkündet am [...]

In dem Wohnungseigentumsrechtsstreit

betreffend die Wohnungseigentumsanlage [...]

Beteiligte:

I. die Wohnungseigentümer

1. [...]

2. [...]

beide ansässig: [...]

– Kläger –,

Prozessbevollmächtigter: RAe [...]

gegen

II. die übrigen Wohnungseigentümer

der oben genannten Wohnanlage, gemäß der diesem Urteil beiliegenden Liste,

vertreten durch

die amtierende Verwalterin[120] [...]

– Beklagte –,

Prozessbevollmächtigte: RAe [...]

III. die amtierende Verwalterin [...]

– Beigeladene und Streithelferin der Beklagten –,[121]

Prozessbevollmächtigte: RAe [...]

hat das Amtsgericht [...], Abteilung [...], auf die mündliche Verhandlung vom [...] durch den Richter am Amtsgericht [...] für Recht erkannt:

1. Der in der Wohnungseigentümerversammlung vom 11.8.2007 zu TOP 8 gefasste Beschluss wird für ungültig erklärt.[122]

2. Die Beklagten tragen die Kosten des Rechtsstreits. Die durch den Beitritt der Beigeladenen zu III. verursachten Kosten trägt diese.

3. Das Urteil ist vorläufig vollstreckbar. Die Beklagten dürfen die Vollstreckung durch Sicherheitsleistung oder Hinterlegung in Höhe von 110 % des zu vollstreckenden Betrags abwenden, wenn nicht die Kläger vor der Vollstreckung Sicherheit in entsprechender Höhe leisten.

Tatbestand

Die Kläger begehren die gerichtliche Ungültigerklärung des Beschlusses zu TOP 8 der Eigentümerversammlung vom 11.8.2007 betreffend eine Verwalterentlastung.

Die Kläger und die Beklagten waren am 17.8.2007 bei Einleitung des vorliegenden Beschlussanfechtungsverfahrens die Wohnungseigentümer der oben genannten Wohnanlage, welche seit dem 1.2.2006 von der Beigeladenen zu III. verwaltet wird. Auf einer Eigentümerversammlung vom 15.2.2006 beschlossen die Wohnungseigentümer zu TOP 3 mehrheitlich, Sanierungsarbeiten am Dach der Wohnungseigentumsanlage ausführen zu lassen, wobei die Auswahl des zu beauftragenden Werkunternehmers der Beigeladenen zu III. überlassen blieb. Wegen der weiteren Einzelheiten des nicht angefochtenen Beschlusses zu TOP 3 der Eigentümerversammlung vom 15.2.2006 wird auf diesen Bezug genommen (Bd. [...], Bl. [...] d.A.). In der Folge beauftragte die Beigeladene zu III. das in der 250 km von der Wohnanlage entfernten Stadt [...] ansässige Unternehmen [...] mit der Dachsanierung und beglich dessen eine Abrechnung nach Zeitaufwand für Tätigkeiten an zwölf Tagen sowie eine Anfahrtspauschale von 1.000 € enthaltende Rechnung vom 16.11.2006 über 6.120 € noch im Jahre 2006 vollständig. Auf einer Eigentümerversammlung am 11.8.2007 genehmigten die Wohnungseigentümer zu TOP 5 mehrheitlich die von der Beigeladenen zu III. erstellte Jahresabrechnung für 2006. Ferner fassten sie auf dieser Eigentümerversammlung – mehrheitlich und mit der Stimme des Klägers zu I. – unter anderem folgenden Beschluss:

---

120 Bei Anfechtungsklagen von Wohnungseigentümern ist der Verwalter nach §§ 27 Abs. 2 Nr. 2, 43 Nr. 4 WEG grundsätzlich Vertreter der übrigen Wohnungseigentümer (vgl BT-Drucks. 16/3843, S. 52, 53).

121 Nach der Vorstellung des Gesetzgebers werden Beigeladene durch Beitritt zu Nebenintervenienten (= Streithelfer), BT-Drucks. 16/887; zweifelnd: Riecke/Schmid/*Abramenko*, § 48 WEG Rn 4. Vorsorglich sollten daher beigetretene Beigeladene mit beiden Begriffen bezeichnet werden.

122 Zur Individualisierung des für ungültig erklärten Beschlusses reicht es grundsätzlich aus, diesen nach Datum und TOP zu benennen. Im Falle der Nichtigkeitsfeststellung gilt Entsprechendes. Anders ist es dann, wenn ein Beschluss nur teilweise für ungültig oder nichtig erklärt wird (vgl etwa BGH ZMR 2003, 943, Absatz 2 des Tenors).

„TOP 8: Der Hausverwaltung wird Entlastung für das Wirtschaftsjahr 2006 erteilt."

Mit Klageschrift vom 16.8.2007, bei Gericht eingegangen am Folgetag[123] und den Beklagten sowie der Beigeladenen zugestellt am 30.8.2007, haben die Kläger beantragt, den Beschluss der Eigentümerversammlung vom 11.8.2007 zu TOP 8 für ungültig zu erklären.

Die Kläger behaupten, die Beigeladene zu III. habe bei der Vergabe der Arbeiten am Dach der Wohnanlage vermeidbare Mehrkosten zulasten der Wohnungseigentümer verursacht, weil sie anstelle eines ortsansässigen Unternehmens die Firma [...] ausgewählt habe und weil sie den von dieser in Rechnung gestellten Zeitaufwand nicht ausreichend überprüft habe. Sie sind der Auffassung, die Eigentümerversammlung vom 11.8.2007 hätte der Beigeladenen zu III. deshalb keine Entlastung erteilen dürfen.

Wegen der weiteren Einzelheiten wird auf die Klageschrift sowie den Schriftsatz vom [...] (Bd. [...], Bl. [...] und Bl. [...] d.A.) d.A.) Bezug genommen.

Die Kläger beantragen,

den Beschluss der Eigentümerversammlung vom 11.8.2007 zu TOP 8 für ungültig zu erklären.

Die Beklagten beantragen,

die Klage abzuweisen.

Die Beteiligte zu III. beantragt,

die Klage abzuweisen.

Die Beklagten behaupten, ein ortsansässiges Unternehmen hätte die Dachsanierung im Ergebnis auch nicht günstiger ausführen können. Sie sind der Auffassung, schon aufgrund der – nicht angefochtenen – Beschlussfassung über die Jahresabrechnung für 2006 habe der Beigeladenen zu III. Entlastung erteilt werden müssen.

Wegen der weiteren Einzelheiten wird auf die Klageerwiderung vom [...] (Bd. [...], Bl. [...] d.A.) Bezug genommen.

Die Beteiligte zu III. ist dem Rechtsstreit auf Seiten der Beklagten beigetreten und hat sich deren Vortrag angeschlossen. Sie trägt weiter vor, eine Begehung der Wohnanlage Anfang September 2006 habe ergeben, dass mehrere Mitarbeiter der Firma [...] mit Arbeiten am Dach beschäftigt gewesen seien.

Wegen der weiteren Einzelheiten wird auf den Schriftsatz vom [...] (Bd. [...], Bl. [...] d.A.) Bezug genommen.

Entscheidungsgründe

Die Klage hat vollumfänglich Erfolg.

I. Die auf die Erklärung der Ungültigkeit des Beschlusses zu TOP 8 der Eigentümerversammlung vom 11.8.2007 gerichtete Anfechtungsklage ist zulässig.

Der Klage fehlt nicht das **Rechtsschutzbedürfnis**. Im Beschlussanfechtungsverfahren ist ein Rechtsschutzbedürfnis der Wohnungseigentümer im Regelfall nicht zu prüfen. Da das Anfechtungsrecht nicht nur dem persönlichen Interesse des anfechtenden Wohnungseigentümers oder dem Minder-

---

123 Nach § 62 Abs. 1 WEG sind auf die bis zum 1.7.2007 bei Gericht (= erste Instanz) anhängig gewordenen Verfahren noch die alten Verfahrensvorschriften anzuwenden; das neue Verfahrensrecht gilt für die ab dem 2.7.2007 anhängig gewordenen Verfahren, vgl – auch zu Zweifelsfällen im Zusammenhang mit Mahnverfahren – Riecke/Schmid/*Schmid*/*Riecke*, § 62 WEG Anm. a.

heitenschutz dient, sondern dem Interesse der Gemeinschaft an einer ordnungsmäßigen[124] Verwaltung, genügt für die Anfechtung grundsätzlich das Interesse eines Wohnungseigentümers, eine ordnungsmäßige Verwaltung zu erreichen (BGH NZM 2003, 764, Rn 11 nach juris mwN). Es ist demnach nicht erforderlich, dass der anfechtende Wohnungseigentümer durch den Beschluss persönlich betroffen ist oder sonst Nachteile erleidet; der Anfechtung können somit auch gleichsam altruistische Motive zugrunde liegen.

Das **Rechtsschutzbedürfnis** besteht **grundsätzlich auch für den Eigentümer, der** – wie hier der Kläger zu I. – dem angefochtenen Beschluss **zugestimmt hat**. Denn auch insoweit gilt, dass das Anfechtungsrecht nicht allein dem persönlichen Interesse des anfechtenden Wohnungseigentümers oder dem Minderheitenschutz dient, sondern auch dem Interesse der Gemeinschaft an einer ordnungsmäßigen Verwaltung (OLG Karlsruhe WuM 2003, 46, Rn 10 nach juris mwN). Anders verhält es sich dann, wenn die Gültigkeit des Beschlusses nur wegen eines Verfahrensmangels infrage gestellt wird und der Anfechtende dem Beschluss zugestimmt hatte, obwohl ihm der Verfahrensmangel schon in der Versammlung bekannt war. Ficht der Wohnungseigentümer in einem solchen Fall den Beschluss an, setzt er sich mit seinem früheren Verhalten in Widerspruch. Die Geltendmachung des Anfechtungsrechts ist dann als rechtsmissbräuchlich und damit als unzulässig anzusehen (OLG Karlsruhe, aaO, Rn 11 nach juris mwN). Ein derartiger Ausnahmefall ist vorliegend indes nicht gegeben.

II. Die Anfechtungsklage ist begründet.

Der Beschluss der Eigentümerversammlung vom 11.8.2007 zu TOP 8 betreffend die Entlastung der Beigeladenen zu III. für das Wirtschaftsjahr 2006 war für ungültig zu erklären, weil er den **Grundsätzen ordnungsmäßiger Verwaltung** (§ 21 Abs. 4 WEG) widerspricht.

1. Die Anfechtungsklage wahrt die **materiellrechtliche Ausschlussfrist** des § 46 Abs. 1 S. 2 Hs 1 WEG,[125] da sie infolge Klagezustellung am 30.8.2007 innerhalb eines Monats nach Beschlussfassung erhoben worden ist (§ 253 Abs. 1 ZPO);[126] sie wahrt infolge der bereits in der Klageschrift enthaltenen Begründung auch die ab Beschlussfassung laufende zweimonatige **Begründungsfrist** des § 46 Abs. 1 S. 2 Hs 2 WEG, bei welcher es sich ebenfalls um eine materiellrechtliche Ausschlussfrist handelt.[127]

2. Der angefochtene Eigentümerbeschluss widerspricht den Grundsätzen ordnungsmäßiger Verwaltung.

    a) Allerdings steht die **Entlastung eines Verwalters** nicht schon grundsätzlich im Widerspruch zu einer ordnungsmäßigen Verwaltung (BGH, aaO, Rn 17 nach juris). Richtig ist zwar, dass mit der Entlastung eines Verwalters regelmäßig die Folge eines **negativen Schuldanerkenntnisses** (§ 397 Abs. 2 BGB) der Wohnungseigentümer verbunden wird. Dieses erfasst vor allem etwaige – nicht aus einer Straftat herrührende – Ersatzansprüche gegen den Verwalter,

---

124 Da das WEG von „ordnungsmäßiger" Verwaltung (vgl § 21 Abs. 3, 5 WEG) und „ordnungsmäßigem" Gebrauch (vgl § 15 Abs. 2 WEG) spricht und nicht von ordnungsgemäßer Verwaltung und ordnungsgemäßem Gebrauch, sollte die Terminologie des Gesetzes verwendet werden.

125 Auch wenn die Klagefrist in den Verfahrensvorschriften des III. Teils des WEG steht, handelt es sich – wie bei der Anfechtungsfrist nach altem Recht – um eine materiellrechtliche Ausschlussfrist mit der Folge, dass bei Fristversäumung die Klage als unbegründet (und nicht als unzulässig) abzuweisen ist, vgl. BGH, Urteil v. 16.1.2009 – V ZR 74/08 – LS 2 und Rn 8 nach juris; wird die Begründungsfrist versäumt, ist die Klage mangels schlüssiger Begründung ebenfalls als unbegründet zurückzuweisen, vgl Riecke/Schmid/*Abramenko*, § 46 WEG Rn 6 und 8, vgl. auch BGH, aaO, LS 2 und Rn 7 ff nach juris. Hinsichtlich Letzterem aA Elzer, in: Hügel/Elzer, § 13 Rn 154, welcher die Begründungsfrist als besondere Sachurteilsvoraussetzung ansieht mit der Folge, dass bei ihrer Versäumung die Klage als unzulässig abzuweisen wäre.

126 Im Falle der Zustellung der Klageschrift erst nach Ablauf der Monatsfrist des § 46 Abs. 1 S. 2 Hs 1 WEG wäre die Rückwirkungsfiktion nach § 167 ZPO zu beachten.

127 Vgl. BGH, Urteil v. 16.1.2009 – V ZR 74/08 – LS 2 und Rn 7 ff nach juris.

soweit sie den Wohnungseigentümern bekannt oder für sie bei sorgfältiger Prüfung erkennbar waren; ferner kann eine Entlastung auch vertraglichen Ansprüchen aus der Geschäftsbesorgung sowie einer Abberufung oder Kündigung aus den präkludierten Gründen entgegenstehen (vgl die Nachweise bei BGH, aaO). Die tatsächliche Bedeutung einer Verwalterentlastung erschöpft sich aber nicht in diesen Folgen und darf auch nicht allein unter deren Blickwinkel gesehen werden. Im Regelfall billigen die Wohnungseigentümer mit dem Beschluss über die Entlastung des Verwalters dessen zurückliegende Amtsführung im jeweils genannten Zeitraum als dem Gesetz, der Gemeinschaftsordnung und seinen vertraglichen Pflichten entsprechend und als zweckmäßig; sie sprechen ihm auf diese Weise gleichzeitig für die künftige Verwaltertätigkeit ihr Vertrauen aus. Da der Entlastungsbeschluss typischerweise in der Annahme gefasst wird, dass Ansprüche gegen den Verwalter nicht bestehen, zielt er nicht auf die Wirkungen eines negativen Schuldanerkenntnisses, diese sind vielmehr lediglich Folge der geschilderten Vertrauenskundgabe (BGH, aaO, Rn 19 nach juris).

Kann demnach die Bedeutung der Entlastung des Verwalters nicht auf die Wirkungen eines negativen Schuldanerkenntnisses reduziert werden, so verbietet es sich auch, die Folge der Präklusion von Ansprüchen als alleiniges Kriterium für die Prüfung einer ordnungsmäßigen Verwaltung zu wählen. Die Aufgaben des Verwalters sind vielfältig und anspruchsvoll, und es sind ihm beträchtliche Vermögenswerte anderer anvertraut. Er hat insbesondere für eine ordnungsmäßige Verwaltung, Instandsetzung und Instandhaltung des gemeinschaftlichen Eigentums Sorge zu tragen; seine persönliche und fachliche Qualifikation ist somit entscheidend für den Erhalt des Wertes der Wohnanlage. Die Wohnungseigentümer müssen dem Verwalter ein hohes Maß an persönlichem Vertrauen in dessen Redlichkeit, Leistungsfähigkeit und Leistungsbereitschaft entgegenbringen. Die Entlastung stellt für die Wohnungseigentümer eine Möglichkeit dar, gegenüber dem Verwalter kundzutun, dass ihm das notwendige Vertrauen entgegengebracht wird. Hiermit wird die Grundlage für eine weitere vertrauensvolle Zusammenarbeit in der Zukunft geschaffen. Eine solche liegt im Interesse der Wohnungseigentümer, weil ihre Rechtsbeziehungen zu dem Verwalter auf längere Zeit angelegt und als Dauerschuldverhältnis zu charakterisieren sind. Selbst wenn sie hierzu – mangels anderweitiger Regelung im Verwaltervertrag – keine Verpflichtung trifft, können die Wohnungseigentümer ein vernünftiges Interesse daran haben, aus freien Stücken durch die Entlastung eine weitere vertrauensvolle Zusammenarbeit mit dem Verwalter zu sichern (BGH, aaO, Rn 20 nach juris).

b) An der Vereinbarkeit eines Entlastungsbeschlusses mit den Grundsätzen ordnungsmäßiger Verwaltung fehlt es jedoch dann, wenn Ansprüche gegen den Verwalter erkennbar in Betracht kommen und nicht aus besonderen Gründen Anlass besteht, auf die hiernach möglichen Ansprüche zu verzichten (BGH, aaO, Rn 23 nach juris). Danach entsprach vorliegend die Entlastung der Beigeladenen zu III. für das Wirtschaftsjahr 2006 nicht ordnungsmäßiger Verwaltung, weil Ansprüche der Gemeinschaft ihr gegenüber für diesen Wirtschaftszeitraum erkennbar in Betracht kommen. Insoweit kann daher auch nicht allein auf den – mangels Anfechtung bestandskräftig gewordenen – Mehrheitsbeschluss über die Billigung der von der Beigeladenen zu III. erstellten Jahresabrechnung für 2006 abgestellt werden.

Unstreitig hat die Beigeladene zu III. auf der Grundlage des – mangels Anfechtung bestandskräftig gewordenen – Beschlusses zu TOP 3 der Eigentümerversammlung vom 15.2.2006 das in der 250 km entfernten Stadt [...] ansässige Unternehmen [...] mit Sanierungsarbeiten am Dach der Wohnanlage beauftragt und in der Folge die eine Abrechnung nach Zeitaufwand sowie eine Anfahrtspauschale von 1.000 € enthaltende Rechnung der genannten Firma vom 16.11.2006 über 6.120 € beglichen. Die Kläger haben hierzu behauptet, die Beigeladene zu III. habe bei der Vergabe der Arbeiten am Dach der Wohnanlage vermeidbare Mehrkosten zulasten der Wohnungseigentümer verursacht, weil sie anstelle eines ortsansässigen Unternehmens die Firma [...] ausgewählt habe und weil sie den von der Firma [...] in Rechnung gestellten Zeitaufwand nicht ausreichend überprüft habe. Dem Vorwurf der Verursachung von Mehrkosten durch die Beigeladene zu III. sind die Beklagten und die Beigeladene zu III. angesichts der im Verhältnis zum Gesamtaufwand nicht unerheblichen Fahrtkosten mit ihrem pauschalen Vortrag, ein ortsansässiges Unternehmen hätte die Dachsanierung im Ergebnis auch nicht günstiger ausführen können, nicht hinreichend entgegengetreten. Gleiches gilt – auch in Ansehung des unwidersprochen gebliebenen Vortrags der Beigeladenen zu III., eine Begehung der Wohnanlage Anfang September 2006 habe ergeben, dass mehrere Mitarbeiter der Firma [...] mit Arbeiten am Dach beschäftigt gewesen seien – hinsichtlich des klägerischen Vorbringens, die Beigeladene zu III. habe den in Rechnung gestellten Zeitaufwand nicht ausreichend überprüft. Denn der Verwalter hat, bevor er für die Wohnungseigentümer Zahlungen leistet, sorgfältig zu prüfen, ob die in Rechnung gestellten Leistungen tatsächlich erbracht worden sind; das gilt insbesondere dann, wenn Arbeiten nach Zeitaufwand abgerechnet werden (BayObLG ZMR 2003, 319, Rn 25 nach juris). Dem genügt die von der Beigeladenen zu III. lediglich für einen Tag als getroffen behauptete Feststellung der Anwesenheit mehrerer Arbeiter der von ihr beauftragten Firma angesichts der in der Rechnung behaupteten Arbeitsleistung an zwölf Tagen nicht. Im Hinblick hierauf muss die strittige Frage, ob ein Vortrag eines beigetretenen Beigeladenen nur dann zu berücksichtigen ist, wenn die Parteien ihn sich zu eigen machen (so Riecke/Schmid/*Abramenko*, WEG, 2. Auflage 2008, § 48 Rn 3) oder ob das Gericht den Vortrag Beigetretener generell „zur Kenntnis zu nehmen und bei seiner Entscheidung in Erwägung zu ziehen" hat (so – etwas undeutlich – BT-Drucks. 16/887, S. 74), nicht entschieden zu werden. Da somit Schadensersatzansprüche aus § 280 Abs. 1 S. 1 BGB gegen die Beigeladene zu III. wegen einer möglichen Verletzung ihrer Verwalterpflichten im Jahre 2006 erkennbar in Betracht kommen (ohne dass das erkennende Gericht freilich derartige Ansprüche abschließend feststellen müsste; vgl insoweit auch BayObLG, aaO, wonach es ausreicht, wenn Ansprüche nicht von vornherein gänzlich auszuschließen sind), entsprach die Entlastung der Beigeladenen zu III. für das Wirtschaftsjahr 2006 nicht den Grundsätzen ordnungsmäßiger Verwaltung. Der gleichwohl die Verwalterentlastung für 2006 aussprechende Beschluss der Eigentümerversammlung vom 11.8.2007 zu TOP 8 war daher für ungültig zu erklären.

III. Die **Kostenentscheidung** zu Satz 1 des Tenors zu III. betreffend die Kosten des Rechtsstreits beruht auf § 91 Abs. 1 S.1 ZPO. Die Entscheidung hinsichtlich **der durch den Beitritt der Beigeladenen zu III. verursachten Kosten** folgt aus § 101 Abs. 1 Hs 2 ZPO (Jennißen/*Suilmann*, WEG, 2008, § 48 Rn 34, 35). Nach Auffassung des Gesetzgebers werden Beigeladene durch Beitritt zu Nebenintervenienten, also Streithelfern (BT-Drucks. 16/887, S. 40). Falls man diese Auffassung nicht teilt, müsste § 101 Abs. 1 Hs 2 ZPO zumindest entsprechend angewandt werden. Das Wohnungseigentumsgesetz selbst trifft keine Regelung hinsichtlich der durch den Beitritt von Beigeladenen entstehenden Kosten; eine dem § 162 Abs. 3 S. 2 VwGO entsprechende Regelung fehlt. Da indes das Instrument der Beiladung nach § 48 WEG eine strukturelle Ähnlichkeit zur Streitverkündung (§ 72 ZPO) aufweist, insbesondere was die Interventionswirkung (§§ 74 Abs. 1, 68 ZPO) einerseits und die Beiladungswirkung (§ 48 Abs. 3 WEG) andererseits betrifft sowie die Möglichkeit des Streitverkündeten wie auch des Beigeladenen, selbst zu bestimmen, ob und, wenn ja, auf welcher Seite er dem Rechtsstreit beitritt (§ 74 Abs. 1, 2 ZPO, § 48 Abs. 2 S. 2 WEG), und da infolge der sprachlich eng an § 66 Abs. 1 ZPO angelehnten Vorschrift des § 48 Abs. 2 S. 2 WEG die Beigeladenen der einen oder anderen Partei

„zu deren Unterstützung beitreten" können, ist im Falle des Beitritts eines Beigeladenen die für einen beigetretenen Streitverkündeten geltende Kostenregelung des § 101 Abs. 1 ZPO zumindest entsprechend anwendbar (Elzer, in: Hügel/Elzer, Das neue WEG-Recht, 2007, § 13 Rn 209).

IV. Der Ausspruch zur vorläufigen Vollstreckbarkeit folgt aus §§ 708 Nr. 11, 711 ZPO.

[...]

Richter am Amtsgericht ◄

Das Urteil in folgendem Muster Rn 87 enthält Ausführungen zu folgenden Problemen: 86

- Unterscheidung Nichtigkeit – Ungültigkeit eines Eigentümerbeschlusses
- Geltendmachung der Nichtigkeit trotz Versäumung der Anfechtungsfrist
- Beschlusskompetenz der Wohnungseigentümer

▶ **Muster: Urteil – Beschlussanfechtung (betreffend Fortgeltung Wirtschaftsplan)**   87

Amtsgericht [...]

306

Im Namen des Volkes

Urteil

Geschäftsnummer: [...]

verkündet am [...]

In dem Wohnungseigentumsrechtsstreit

betreffend die Wohnungseigentumsanlage [...]

Beteiligte:

I. die Wohnungseigentümer

1. [...]

2. [...]

beide ansässig: [...]

– Kläger –,

Prozessbevollmächtigter: RAe [...]

gegen

II. die übrigen Wohnungseigentümer

der oben genannten Wohnanlage, gemäß der diesem Urteil beiliegenden Liste,

vertreten durch

die amtierende Verwalterin[128] [...]

– Beklagte –,

Prozessbevollmächtigte: RAe [...]

III. die amtierende Verwalterin [...]

– Beigeladene –,[129]

---

128 Bei Anfechtungsklagen von Wohnungseigentümern ist der Verwalter nach §§ 27 Abs. 2 Nr. 2, 43 Nr. 4 WEG grundsätzlich Vertreter der übrigen Wohnungseigentümer (vgl BT-Drucks. 16/3843, S. 52, 53).
129 Anders als im Falle nicht beigetretener Streitverkündeter sollte die vom Gesetz angeordnete Beiladung im Urteil auch dann Ausdruck finden, wenn kein Beitritt erfolgt, damit die von § 48 Abs. 3 WEG angeordnete Rechtskrafterstreckung aus dem Urteil selbst zu ersehen ist.

Prozessbevollmächtigte: RAe [...]

hat das Amtsgericht [...], Abteilung [...], auf die mündliche Verhandlung vom [...] durch die Richterin am Amtsgericht [...] für Recht erkannt:

1. Es wird festgestellt, dass der in der Wohnungseigentümerversammlung vom 18.9.2007 zu TOP 14 gefasste Beschluss nichtig ist.[130]

2. Die Beklagten tragen die Kosten des Rechtsstreits.

3. Das Urteil ist vorläufig vollstreckbar. Die Beklagten dürfen die Vollstreckung durch Sicherheitsleistung oder Hinterlegung in Höhe von 110 % des zu vollstreckenden Betrags abwenden, wenn nicht die Kläger vor der Vollstreckung Sicherheit in entsprechender Höhe leisten.

Tatbestand

Die Kläger begehren die gerichtliche Ungültigerklärung des Beschlusses zu TOP 14 der Eigentümerversammlung vom 18.9.2007 betreffend die Fortgeltung von Wirtschaftsplänen.

Die Kläger und die Beklagten waren am 1.11.2007 bei Einleitung des vorliegenden Beschlussanfechtungsverfahrens die Wohnungseigentümer der oben genannten Wohnanlage, welche seit dem 1.5.2006 von der Beigeladenen zu III. verwaltet wird.

Auf einer Eigentümerversammlung vom 18.9.2007 fassten die Wohnungseigentümer mehrheitlich unter anderem folgenden Beschluss:

„TOP 14: Der jeweilige Wirtschaftsplan hat Gültigkeit bis zur Verabschiedung eines neuen Wirtschaftsplans."

Mit Klageschrift vom 1.11.2007, bei Gericht eingegangen am selben Tag[131] und den Beklagten sowie der Beigeladenen zugestellt am 29.11.2007, haben die Kläger beantragt, den Beschluss der Eigentümerversammlung vom 18.9.2007 zu TOP 14 für ungültig zu erklären.

Die Kläger sind der Auffassung, der Wohnungseigentümergemeinschaft habe hinsichtlich des Beschlusses zu TOP 14 die Beschlusskompetenz gefehlt.

Wegen der weiteren Einzelheiten wird auf die Klageschrift (Bd. [...], Bl. [...] d.A.) Bezug genommen.

Die Kläger beantragen,

den Beschluss der Eigentümerversammlung vom 18.9.2007 zu TOP 14 für ungültig zu erklären.

Die Beklagten beantragen,

die Klage abzuweisen.

Die Beklagten sind der Auffassung, infolge Versäumung der Anfechtungsfrist sei der Beschluss zu TOP 14 jedenfalls bestandskräftig geworden.

Wegen der weiteren Einzelheiten wird auf die Klageerwiderung vom [...] (Bd. [...], Bl. [...] d.A.) Bezug genommen.

Die Beteiligte zu III. ist dem Rechtsstreit nicht beigetreten.

Entscheidungsgründe

Die Klage hat vollumfänglich Erfolg.

---

130 Zur Individualisierung des für nichtig erklärten Beschlusses reicht es grundsätzlich aus, diesen nach Datum und TOP zu benennen. Im Falle einer Ungültigerklärung gilt Entsprechendes. Anders ist es dann, wenn ein Beschluss nur teilweise für nichtig oder ungültig erklärt wird (vgl etwa BGH ZMR 2003, 943, Absatz 2 des Tenors).

131 Nach § 62 Abs. 1 WEG sind auf die bis zum 1.7.2007 bei Gericht (= erste Instanz) anhängig gewordenen Verfahren noch die alten Verfahrensvorschriften anzuwenden; das neue Verfahrensrecht gilt für die ab dem 2.7.2007 anhängig gewordenen Verfahren, vgl – auch zu Zweifelsfällen im Zusammenhang mit Mahnverfahren – Riecke/Schmid/*Schmid*/*Riecke*, § 62 WEG Anm. a.

I. Die auf die Erklärung der Ungültigkeit des Beschlusses TOP 14 der Eigentümerversammlung vom 18.9.2007 gerichtete zulässige Anfechtungsklage ist auch begründet.

1. Zwar wahrt die Klage nicht die **Anfechtungsfrist** des § 46 Abs. 2 S. 1 Alt. 2 WEG, da sie nicht innerhalb eines Monats nach Beschlussfassung erhoben worden ist und – mangels Einreichung der Klageschrift innerhalb der Anfechtungsfrist bei Gericht – den Klägern auch die **Rückwirkungsfiktion nach § 167 ZPO** nicht zugute kommt. Gleichwohl ist die Klage nicht wegen Versäumung der materiellrechtlichen Ausschlussfrist zur Anfechtung als unbegründet zurückzuweisen (vgl Riecke/Schmid/*Abramenko*, WEG, 2. Auflage 2008, § 46 Rn 6; vgl auch BGH, Urteil v. 16.1.2009 – V ZR 74/08 – LS 2), weil auch nach neuem Recht im Falle einer – hier vorliegenden und sogleich aufzuzeigenden – Nichtigkeit des Eigentümerbeschlusses die Einhaltung der Anfechtungsfrist nicht erforderlich ist; die Nichtigkeit eines Beschlusses ist vielmehr auch auf einen nach Ablauf dieser Frist gestellten Antrag hin festzustellen (Elzer, in: Hügel/Elzer, Das neue WEG-Recht, 2007, § 13 Rn 130; vgl auch BGH, aaO Rn 7 nach juris, zum gleich gelagerten Problem bei der Versäumung der Begründungsfrist).

2. Der Beschluss der Eigentümerversammlung vom 18.9.2007 zu TOP 14 betreffend die generelle Fortgeltung von Wirtschaftsplänen ist mangels **Beschlusskompetenz** der Wohnungseigentümer nichtig.

a) Das Wohnungseigentumsgesetz unterscheidet zwischen Angelegenheiten, die die Wohnungseigentümer durch (Mehrheits-)Beschluss, und solchen, die sie durch Vereinbarung regeln können. Gemäß § 23 Abs. 1 WEG können durch Beschlussfassung solche Angelegenheiten geordnet werden, über die nach dem Wohnungseigentumsgesetz oder nach einer Vereinbarung die Wohnungseigentümer durch Beschluss entscheiden können. Andernfalls bedarf es einer Vereinbarung (§ 10 Abs. 2 S. 1 WEG). Die Mehrheitsherrschaft bedarf damit der Legitimation durch Kompetenzzuweisung. Sie ist nach dem Willen des Gesetzgebers nicht die Regel, sondern die Ausnahme und wird vom Gesetz nur dort zugelassen, wo es um das der Gemeinschaftsgrundordnung nachrangige Verhältnis der Wohnungseigentümer untereinander, namentlich um die Ausgestaltung des ordnungsmäßigen Gebrauchs und um die ordnungsmäßige Verwaltung des gemeinschaftlichen Eigentums (§§ 15 Abs. 2, 21 Abs. 1 und 3 WEG) geht (vgl den Grundlagenbeschluss des BGH vom 20.9.2000, NJW 2000, 3500, Rn 13 nach juris).

Hinsichtlich der Möglichkeit der Wohnungseigentümer, über wohnungseigentumsrechtliche Angelegenheiten durch Beschluss zu entscheiden, gilt seit der die herrschende Meinung bestimmenden Entscheidung des Bundesgerichtshofs vom 20.9.2000 (aaO) Folgendes, wobei hinsichtlich der (Un-)Wirksamkeit von Beschlüssen insbesondere zwischen **gesetzes- oder vereinbarungsändernden Beschlüssen, vereinbarungsersetzenden Beschlüssen und gesetzes- oder vereinbarungswidrigen Beschlüssen zu unterscheiden** ist:

aa) Die Wohnungseigentümer können ihre Angelegenheiten nur durch eine Vereinbarung vertraglich regeln und also nicht bloß beschließen, wenn eine **dispositive gesetzliche Bestimmung oder eine Vereinbarung abgeändert** werden soll. Ein Mehrheitsbeschluss **(Zitterbeschluss**, Pseudovereinbarung), der anstelle einer Vereinbarung das dispositive Gesetz oder eine Vereinbarung der Wohnungseigentümer für ihr Verhältnis untereinander als Regelung auf Dauer ändern oder aufheben will (gesetzes- oder vereinbarungsändernder Beschluss), ist nach den Strukturen des Wohnungseigentumsgesetzes mangels Beschlusskompetenz nichtig (BGH, aaO, Rn 15 nach juris; Riecke/Schmid/*Elzer*, aaO, § 10 Rn 110). Ist nämlich eine Angelegenheit weder durch das Wohnungseigentumsgesetz noch durch Vereinbarung dem Mehrheitsprinzip unterworfen, kann eine Regelung durch Mehrheitsbeschluss nicht erfolgen: Der Mehrheit fehlt von vornherein jede Beschlusskompetenz, die Wohnungseigentümerversammlung ist für eine Beschlussfassung absolut unzuständig (BGH, aaO, Rn 13 nach juris). Dass die Vorschriften des Gesetzes gemäß § 10 Abs. 2 S. 2 WEG abdingbar sind, ist unerheblich. Entscheidend ist, dass dies nur im Wege der Vereinbarung möglich ist. Was zu vereinbaren ist, kann nicht beschlossen werden, solange nicht vereinbart ist, dass dies auch beschlossen werden darf (BGH, aaO). Die Beschlusskompetenz wächst der Mehrheit auch nicht dadurch zu, dass ein in angemaßter Kompetenz gefasster Beschluss bestandskräftig wird und der Beschlussgegenstand damit zukünftig dem Mehrheitsprinzip unterfällt. Aus § 23 Abs. 4 WEG ergibt sich nichts anderes. Die Bestimmung erlaubt keine Durchbrechung des Vertragsprinzips, sondern ist systematisch und teleologisch dem Geltungsbereich des Mehrheitsprinzips verhaftet (BGH, aaO).

bb) Anders verhält es sich dagegen in den Angelegenheiten, welche die **Regelung des Gebrauchs (§ 15 WEG), der Verwaltung (§ 21 WEG) und der Instandhaltung oder Instandsetzung des gemeinschaftlichen Eigentums (§ 22 WEG)** betreffen. Hier räumt das Gesetz den Wohnungseigentümern ausdrücklich die Möglichkeit einer Mehrheitsentscheidung ein, sofern es um eine „ordnungsmäßige" Maßnahme geht. Die Wohnungseigentümerversammlung ist also nicht von vornherein für eine Beschlussfassung absolut unzuständig. Sie darf nur keine Beschlüsse fassen, die über die „Ordnungsmäßigkeit" des Gebrauchs, der Verwaltung und der Instandhaltung hinausgehen. Da dies aber von den Umständen des Einzelfalls abhängt und die Frage der Abgrenzung vielfach nicht leicht zu entscheiden ist, kann die Beschlusszuständigkeit nicht davon abhängen, ob eine Maßnahme ordnungsmäßig ist. Die Ordnungsmäßigkeit ist aus Gründen der Rechtssicherheit nicht kompetenzbegründend, so dass für Gebrauchs-, Verwaltungs- und Instandhaltungsregelungen bestandskräftige Mehrheitsbeschlüsse gültig sind, auch wenn der Regelungsgegenstand den Abschluss einer Vereinbarung oder Einstimmigkeit erfordert hätte (vereinbarungsersetzende Beschlüsse). Ein **vereinbarungsersetzender Beschluss** ist daher nicht nichtig, sondern als nicht ordnungsmäßig nur anfechtbar (BGH, aaO, Rn 16 nach juris; Riecke/Schmid/*Elzer*, aaO, Rn 113 f).

cc) Werden das dispositive Gesetz oder eine Vereinbarung im Einzelfall lediglich falsch angewandt und verstößt also ein Beschluss gegen das Gesetz oder eine Vereinbarung (**gesetzes- oder vereinbarungswidriger Beschluss**), bezweckt die Maßnahme aber keine Regelung, die Grundlage mehrerer Entscheidungen bzw Legitimation mehrfachen Handelns ist, ist ein Beschluss zwar nicht ordnungsgemäß; es besteht in diesen Fällen aber eine Beschlusskompetenz, weil die Wohnungseigentümerversammlung nicht von vornherein für eine Beschlussfassung absolut unzuständig ist. Der Beschluss erschöpft sich nämlich in seinem Vollzug; er hat keine Änderung des Grundverhältnisses zum Inhalt und Ziel. Nach dem Gesetz ist eine Vereinbarung hierfür nicht erforderlich. Ein gesetzes- oder vereinbarungswidriger Beschluss ist somit nicht nichtig, sondern nur anfechtbar (BGH, aaO, Rn 10 nach juris; Riecke/Schmid/*Elzer*, aaO, Rn 116).

dd) Der **Maßstab für die Prüfung**, wann ein Beschluss gesetzes- oder vereinbarungsändernd – und damit nichtig – und wann er bloß gesetzes- oder vereinbarungswidrig – und damit lediglich anfechtbar – ist, ist § 10 Abs. 3 WEG zu entnehmen. Danach kommt es allein darauf an, ob die Wohnungseigentümer

1. für ihr **Verhältnis untereinander**
2. eine **Regelung** treffen
3. in **Änderung oder Ergänzung verbindlicher Normen,** nämlich gesetzlicher Bestimmungen oder bestehender Vereinbarungen (Riecke/Schmid/*Elzer,* aaO, Rn 118; Wenzel, ZWE 2001, 226, 233).

Sind alle drei Kriterien erfüllt, ist die Angelegenheit einer Beschlussfassung nicht zugänglich, sondern erfordert eine Vereinbarung.

(1) Die Beschlusskompetenz der Eigentümerversammlung kann überhaupt nur dann zweifelhaft sein, wenn die in Rede stehende Regelung (auch) das **Verhältnis der Wohnungseigentümer** untereinander betrifft. Ist dagegen allein das Verhältnis der Wohnungseigentümer zu außenstehenden Dritten – etwa zum Verwalter – Inhalt der fraglichen Regelung, besteht hierfür eine Beschlusskompetenz, etwa aus § 21 Abs. 3 WEG oder § 26 Abs. 1 WEG. Denn Rechtsakte, etwa Verträge, die allein das Verhältnis zu Dritten betreffen, dienen nicht wie eine Satzung der Regelung des Innenverhältnisses der Wohnungseigentümer (Wenzel, aaO; Riecke/Schmid/*Elzer,* aaO, Rn 119; Letzterer zugleich zum – vorliegend unerheblichen – Problem der Rückwirkung für das Innenverhältnis).

(2) Weiter kommt es darauf an, ob der fragliche Rechtsakt eine **„Regelung"** im Sinne von § 10 Abs. 3 WEG oder eine bloße Einzelfallmaßnahme enthält. Bedeutsamstes Unterscheidungskriterium ist, ob sich die Maßnahme in ihrem Vollzug erschöpft oder ob sie weitere, künftige Entscheidungen legitimieren soll, also Recht setzen und in das Grundordnungsverhältnis der Eigentümer eingreifen will (Wenzel, aaO, 234; ders., ZWE 2004, 130, 131; Riecke/Schmid/*Elzer,* aaO, Rn 121). Kriterium kann weiter sein, ob es sich bei einer Angelegenheit um das andauernde Verhältnis der Wohnungseigentümer untereinander oder um einen konkreten Einzelfall handelt, ob eine Angelegenheit dauerhaft geregelt oder nur im Einzelfall entschieden wird oder ob eine Angelegenheit dauerhaft abweichend vom Gesetz bzw einer Vereinbarung gehandhabt werden soll oder ob nur im Einzelfall von einer an sich geltenden Bestimmung abgewichen werden soll (Riecke/Schmid/*Elzer,* aaO).

(3) Eine **„Änderung oder Ergänzung" verbindlicher Normen** liegt dann vor, wenn hinsichtlich einer zu regelnden Angelegenheit von einer hierfür bereits bestehenden gesetzlichen Bestimmung oder Vereinbarung abgewichen werden soll oder wenn eine in einer bestimmten Angelegenheit bereits bestehende gesetzliche oder vereinbarte Bestimmung um abstrakt-generelle Regelungen erweitert werden soll (Riecke/Schmid/*Elzer,* aaO; Wenzel, ZWE 2001, 226, 234 f).

ee) Ist ein auf Gesetzes- oder Vereinbarungsänderung gerichteter Beschluss mangels Beschlusskompetenz nichtig, kann er nicht durch Nichtanfechtung oder durch nicht fristgemäße Anfechtung bestandskräftig werden (BGH, aaO, Rn 10, 13 nach juris). Ist ein Beschluss indes weder infolge mangelnder Beschlusskompetenz noch aufgrund sonstiger Nichtigkeitsgründe – etwa wegen eines materiellrechtlichen Eingriffs in den unentziehbaren Kernbereich des Wohnungseigentums, beispielsweise dessen sachenrechtliche Grundlagen (vgl BGH, aaO, Rn 12 aE nach juris; Wenzel, NZM 2000, 257, 260) – nichtig, wird er, wenn er nicht mit einem die Frist des § 46 Abs. 1 S. 2 WEG wahrenden Anfechtungsantrag erfolgreich gerichtlich angefochten wird, bestandskräftig. Auch ein über die Ordnungsmäßigkeit des Gebrauchs, der Verwaltung und der Instandhaltung hinausgehender Beschluss wird daher bestandskräftig und ist somit gültig, wenn er nicht (rechtzeitig) angefochten wird (BGH, aaO, Rn 16 nach juris).

b) Hiernach ist vorliegend der Beschluss zu TOP 14 der Eigentümerversammlung vom 18.9.2007, mit dem die Wohnungseigentümer beschlossen haben, dass der jeweilige Wirtschaftsplan bis zur Verabschiedung eines neuen Wirtschaftsplanes gültig sein soll, nichtig. Ein solcher Beschluss, der unabhängig von einem konkreten Wirtschaftsplan generell die **Fortgeltung** eines jeden **Wirtschaftsplans** bis zur Verabschiedung eines neuen zum Gegenstand hat, überschreitet die Beschlusskompetenz der Wohnungseigentümer und ist deshalb nichtig (OLG Düsseldorf WuM 2003, 590, Rn 24 nach juris; KG ZMR 2005, 221, Rn 11 nach juris). Denn es handelt sich hierbei nicht um eine Regelung, die sich in ihrem Vollzug erschöpft oder nur Grundlage für eine einzige spätere, sich allein auf diese Regelung stützende Handlung sein soll. Der verfahrensgegenständliche Beschluss beinhaltet vielmehr eine Regelung, die auf Abänderung der Vorschrift des § 28 Abs. 1 S. 1 WEG abzielt, wonach die Geltungsdauer eines Wirtschaftsplans *ein* Kalenderjahr beträgt, und die als Legitimationsgrundlage für weitere, künftige Entscheidungen dienen soll, also Recht setzen und in das Grundverhältnis der Eigentümer eingreifen will. Derartiges bedarf indes einer Vereinbarung (Bärmann/*Merle*, WEG, 10. Auflage 2009, § 28 Rn 49).

Rechtlich möglich wäre es lediglich, bei Beschlussfassung über einen konkreten Wirtschaftsplan dessen Fortgeltung bis zur Beschlussfassung über den nächsten Wirtschaftsplan zu bestimmen; nur ein solcher Beschluss übersteigt nicht die Beschlusskompetenz der Wohnungseigentümergemeinschaft (OLG Düsseldorf, aaO; KG, aaO; *Merle*, aaO). Der verfahrensgegenständliche Beschluss hat indes nicht eine derartige Bestimmung zum Inhalt. Angesichts seines eindeutigen Wortlauts, wonach der „jeweilige Wirtschaftsplan" Gültigkeit bis zur Verabschiedung eines neuen Wirtschaftsplanes haben soll, verbietet sich auch eine Auslegung dahin gehend, dass nur eine Fortdauer für das folgende Jahr gemeint sei.

c) Wegen seiner danach feststehenden **Nichtigkeit** kann der Beschluss zu TOP 14 der Eigentümerversammlung vom 18.9.2007 über die generelle Fortgeltung von Wirtschaftsplänen zwar nicht, wie beantragt, für ungültig erklärt werden. Dass der Antrag auf Ungültigkeitserklärung gerichtet ist, steht jedoch einer Feststellung der Nichtigkeit des Eigentümerbeschlusses nicht entgegen (vgl BGH ZMR 2003, 943, Rn 26 nach juris mwN). Im Verfahren nach § 43 Nr. 4 WEG sind alle in Betracht kommenden Anfechtungs- und Nichtigkeitsgründe zu prüfen. Es handelt sich insoweit nicht um unterschiedliche Verfahrensgegenstände (Bärmann/*Wenzel*, 10. Auflage 2009, § 46 Rn 77; BGH, aaO). Ein Beschlussanfechtungsantrag ist daher immer auch auf die Feststellung der Nichtigkeit des angefochtenen Eigentümerbeschlusses gerichtet, falls dieser an einem als Nichtigkeitsgrund einzuordnenden Mangel leiden sollte. In diesem Fall entspricht die – auch in dem Verfahren nach §§ 43 Nr. 4, 46 WEG mögliche – Feststellung der Nichtigkeit dem mit der Beschlussanfechtung zum Ausdruck gebrachten Rechtsschutzziel, eine verbindliche Klärung der Gültigkeit des zur Überprüfung gestellten Eigentümerbeschlusses herbeizuführen (BGH, aaO). Vorliegend war daher die Nichtigkeit des Beschlusses zu TOP 14 der Eigentümerversammlung vom 18.9.2007 festzustellen.

II. Die Kostenentscheidung beruht auf § 91 Abs. 1 S. 1 ZPO.

III. Der Ausspruch zur vorläufigen Vollstreckbarkeit folgt aus §§ 708 Nr. 11, 711 ZPO.

[...]

Richterin am Amtsgericht ◄

V. Urteile zu Abwehransprüchen

Auch im Folgenden sollen die sich stellenden prozessualen und materiellrechtlichen Probleme   88
innerhalb der Musterurteile dargestellt werden.

Das Urteil in Muster Rn 89 befasst sich mit folgenden Fragen:

- Auslegung einer Teilungserklärung
- Zweckbestimmung „Laden"
- typisierende Betrachtungsweise bei teilungserklärungswidriger Nutzung
- (keine) „Aufrechnung" unzulässiger Nutzungen

Das Urteil in Muster Rn 90 enthält Ausführungen zu folgenden Problemen:

- Nachteil im Sinne von § 14 Nr. 1 WEG
- Trittschallimmissionen
- Unterscheidung Handlungsstörerhaftung/Zustandsstörerhaftung nach Voraussetzungen und Rechtsfolgen

▶ **Muster: Urteil zu Abwehranspruch (betreffend unzulässige Nutzung)**   89

Amtsgericht [...]   **307**

Im Namen des Volkes

Urteil

Geschäftsnummer: [...]

verkündet am [...]

In dem Wohnungseigentumsrechtsstreit

betreffend die Wohnungseigentumsanlage [...]

Beteiligte:

I. der Wohnungseigentümer [...]

– Kläger –,

Prozessbevollmächtigter: RAe [...]

gegen

II. den Wohnungseigentümer [...]

– Beklagter –,

Prozessbevollmächtigte: RAe [...]

III. die übrigen Wohnungseigentümer[132]

der oben genannten Wohnanlage, gemäß der diesem Urteil beiliegenden Liste,

---

132 Wenn ein (oder mehrere) Wohnungseigentümer einen Individualanspruch gegen einen (oder mehrere) Wohnungseigentümer (oder gegen den Verwalter) geltend machen, sind die übrigen Wohnungseigentümer beizuladen, es sei denn, dass ihre rechtlichen Interessen erkennbar nicht betroffen sind (§ 48 Abs. 1 S. 1 WEG).

Zustellbevollmächtigte: der amtierende Verwalter [...]

– Beigeladene –,[133]

hat das Amtsgericht [...], Abteilung [...], im schriftlichen Verfahren nach § 128 Abs. 2 ZPO, in welchem Schriftsätze eingereicht werden konnten bis zum [...],[134] durch die Richterin am Amtsgericht [...] für Recht erkannt:

1. Der Beklagte wird verurteilt, es zu unterlassen, die im Erdgeschoss der Wohnanlage [...] belegenen, in seinem Eigentum befindlichen Sondereigentumsräume, die in der Teilungserklärung vom [...] mit Nummer 1 und als Laden bezeichnet sind, an einen Mieter zum Betreiben einer „Begegnungsstätte für Menschen" zu überlassen.
2. Für jeden Fall der Zuwiderhandlung gegen die Verurteilung zu Ziffer 1. wird dem Beklagten ein Ordnungsgeld bis zu 250.000 €, ersatzweise Ordnungshaft, oder Ordnungshaft bis zu sechs Monaten angedroht.
3. Der Beklagte trägt die Kosten des Rechtsstreits.
4. Das Urteil ist gegen Sicherheitsleistung in Höhe von [...] € vorläufig vollstreckbar.[135]

Tatbestand

Der Kläger begehrt, den Beklagten – strafbewehrt – zu verurteilen, es zu unterlassen, seine in der oben genannten Wohnanlage belegene Teileigentumseinheit (Sondereigentumseinheit Nr. 1) an einen Mieter zum Betreiben einer „Begegnungsstätte für Menschen" zu überlassen.[136]

Die Beteiligten bilden die Wohnungseigentümergemeinschaft der oben genannten Wohnanlage. Der Beklagte ist Eigentümer der im Erdgeschoss der Wohnanlage belegenen Teileigentumseinheit Nr. 1, die in § 4 der Teilungserklärung als „Laden" bezeichnet ist. Eigentümer der oberhalb dieser Sondereigentumseinheit im 1. Obergeschoss belegenen Wohnung Nr. 4 ist der Kläger. Die Teileigentumseinheit Nr. 1 war bis zum [...] an ein Taxiunternehmen und ist – nach etwa zweieinhalbjährigem Leerstand – seit dem [...] an den Verein [...] vermietet, der dort eine „Begegnungsstätte für Menschen" betreibt. Die Begegnungsstätte wird als Vereinslokal des Vereins, bei dem kulturelle und soziale Aspekte im Vordergrund stehen, betrieben und steht Vereinsmitgliedern und deren Freunden offen. Die Mieter sympathisieren mit dem Fußballverein [...], und die Besucher verfolgen auch gemeinsam Fußballübertragungen im Fernsehen. Es findet ein Ausschank von Getränken statt. Der Kläger hat in derselben Wohnanlage belegene Räume, welche in seinem Sondereigentum stehen und die in der Teilungserklärung ebenfalls als „Laden" bezeichnet sind, an die [...]- kirchliche Gemeinde e.V. zum Betrieb eines „Begegnungstreffs" vermietet.

Der Kläger behauptet, er sei in seiner Wohnung erheblichen Geräuschbelästigungen aus der „Begegnungsstätte" ausgesetzt. Diese öffne erst abends und werde überwiegend nachts betrieben, häufig bis 4:00 Uhr oder später. Es seien regelmäßig 20 bis 50 Personen in den Räumen anwesend, welche – häufig alkoholisiert – ihn durch lautes Singen von Liedern, Abspielen von Musik, Schlagen von Türen, lautes Rufen und Lachen sowie gelegentlich auch lautstarke Streitgespräche in seiner Nachtruhe störten.

---

133 Anders als im Falle nicht beigetretener Streitverkündeter sollte die vom Gesetz angeordnete Beiladung im Urteil auch dann Ausdruck finden, wenn kein Beitritt erfolgt, damit die von § 48 Abs. 3 WEG angeordnete Rechtskrafterstreckung für alle Beteiligten aus dem Urteil selbst zu ersehen ist.
134 Von der Möglichkeit des schriftlichen Verfahrens mit Zustimmung der Parteien nach § 128 Abs. 2 ZPO kann auch im WEG-Verfahren Gebrauch gemacht werden.
135 § 708 Nr. 9 ZPO ist nicht einschlägig.
136 Die Entscheidung ist dem Beschluss des KG vom 22.12.2006 – 24 W 126/05 = ZWE 2007, 201 nachgebildet.

Wegen der weiteren Einzelheiten wird auf die Klageschrift sowie den Schriftsatz vom [...] (Bd. [...], Bl. [...] und Bl. [...] d.A.) Bezug genommen.

Der Kläger beantragt:

1. Der Beklagte wird verurteilt, es zu unterlassen, die im Erdgeschoss der Wohnanlage [...] belegenen, in seinem Eigentum befindlichen Sondereigentumsräume, die in der Teilungserklärung vom [...] mit Nummer 1 und als Laden bezeichnet sind, an einen Mieter zum Betreiben einer „Begegnungsstätte für Menschen" zu überlassen.

2. Für jeden Fall der Zuwiderhandlung der unter 1. genannten Verpflichtung wird dem Beklagten ein Ordnungsgeld bis zu 250.000 €, ersatzweise Ordnungshaft, oder Ordnungshaft bis zu sechs Monaten angedroht.

Der Beklagte beantragt,

die Klage abzuweisen.

Der Beklagte behauptet, die „Begegnungsstätte" sei täglich längstens bis 24:00 Uhr geöffnet und es seien dort maximal 20 Personen anwesend, welche sich überwiegend ruhig verhielten. Alkoholische Getränke würden nur gelegentlich ausgeschenkt und von den Besuchern konsumiert. Das vormals in der Teileigentumseinheit befindliche Taxiunternehmen habe dort abends Schulungsveranstaltungen durchgeführt. Der Beklagte ist der Auffassung, der Kläger verhalte sich im Hinblick auf die Überlassung von Räumen an die [...]-kirchliche Gemeinde e.V. zum Betrieb eines „Begegnungstreffs" treuwidrig; jedenfalls sei ihm aufgrund der vormaligen Nutzung seiner Teileigentumseinheit durch ein Taxiunternehmen Vertrauensschutz zuzubilligen.

Wegen der weiteren Einzelheiten wird auf die Klageerwiderung vom [...] (Bd. [...], Bl. [...] d.A.) Bezug genommen.

Die Beteiligten zu III. sind dem Rechtsstreit nicht beigetreten.

Entscheidungsgründe

Die Klage hat vollumfänglich Erfolg.

I. Der Kläger hat gegenüber dem Beklagten aus § 1004 Abs. 1 BGB in Verbindung mit §§ 14 Nr. 1, 15 Abs. 3 WEG einen **Anspruch auf Unterlassung der Überlassung seiner Teileigentumseinheit** an einen Mieter zum Betreiben der verfahrensgegenständlichen „Begegnungsstätte für Menschen", weil die Teilungserklärung der Wohnanlage eine **Nutzung der Teileigentumseinheit** des Beklagten **als Laden** vorschreibt, der Betrieb der vorliegenden Begegnungsstätte nicht mehr unter den Begriff der Ladennutzung gerechnet werden kann, von der Begegnungsstätte nach einer anzustellenden typisierten Betrachtungsweise stärkere Beeinträchtigungen der übrigen Wohnungseigentümer – somit auch des Klägers – ausgehen als von einem Laden und dem Unterlassungsanspruch kein sonstiger Einwand entgegensteht. Für den Fall der Zuwiderhandlung waren dem Beklagten Ordnungsmittel anzudrohen.

1. Das Teileigentum des Beklagten ist in § 4 der Teilungserklärung als „Laden" bezeichnet. In dieser Bezeichnung liegt eine **Zweckbestimmung** mit Vereinbarungscharakter, nämlich eine Gebrauchsregelung nach § 15 Abs. 1 WEG, die dem Recht des Teileigentümers vorgeht, die Räume im Rahmen der §§ 13 Abs. 1, 14 Nr. 1 WEG zu nutzen (KG NJW-RR 1987, 1073, Rn 5 nach juris; KG, Beschluss vom 3.12.2007 – 24 U 71/07, Rn 8 nach juris).[137] Die Beschreibung des Teileigentums des Beklagten in der Teilungserklärung ist gemäß §§ 5 Abs. 4 S. 1, 10 Abs. 3 WEG als Inhalt des

---

137 So die hM; aA u.a. Riecke/Schmid/*Elzer*, § 8 WEG Rn 14 und § 3 WEG Rn 20–22 mwN zum Streitstand.

Sondereigentums im Grundbuch eingetragen. Bei der **Auslegung der Grundbucheintragung** ist vorrangig auf den Wortlaut und den Sinn der Eintragung sowie der darin in Bezug genommenen Eintragungsbewilligung abzustellen, wie sie sich für einen unbefangenen Betrachter als nächstliegende Bedeutung des Eingetragenen ergeben. Umstände außerhalb dieser Urkunden dürfen zur Ermittlung von Inhalt und Umfang eines Grundstücksrechts nur insoweit mit herangezogen werden, als sie nach den besonderen Verhältnissen des Einzelfalls für jedermann ohne Weiteres erkennbar sind (Riecke/Schmid/*Elzer*, WEG, 2. Auflage 2008, § 8 Rn 42; BGHZ 130, 159, Rn 18 nach juris). Als nächstliegende Bedeutung der Bezeichnung „Laden" kann nicht angesehen werden, dass die Räume uneingeschränkt gewerblich genutzt werden dürfen. Nächstliegend ist vielmehr, dass diese Bezeichnung eine Zweckbestimmung darstellt, auf die sich der einzelne Erwerber von Wohnungseigentum oder Teileigentum jedenfalls insoweit verlassen kann, als keine gewerbliche Nutzung zugelassen wird, die mehr als ein Laden stört oder sonst beeinträchtigt (KG, aaO; Hanseatisches OLG Hamburg ZMR 2003, 770, Rn 16 nach juris; BayObLG NJW-RR 1986, 317, 318). Nach allgemeinem Sprachgebrauch wird unter einem Laden eine Verkaufsstätte zum Vertrieb von Waren an jedermann verstanden.

Die Rechtsprechung geht indes **beispielsweise in folgenden Fällen nicht mehr** von dem **Betrieb eines Ladens** aus:

- wenn nicht nur Getränke und Speisen zum Verkauf angeboten werden, sondern sich die Besucher auch zum Verzehr dieser Lebensmittel in den dafür eingerichteten Räumen aufhalten (KG, aaO),
- wenn ein „Office- und Partyservice" mit regelmäßiger Zubereitung und Verabreichung warmer Mittagsmahlzeiten sowie warmer Speisen betrieben wird (Hanseatisches OLG Hamburg, aaO, Rn 15 ff nach juris),
- wenn – ohne Festlegung bestimmter Nutzungsbeschränkungen – der Betrieb einer Kindertagesstätte oder eines „Schülerladens" bei Betreuung von bis zu 13 Kindern im Alter von sechs bis zwölf Jahren und in der Zeit von Montag bis Freitag zwischen 8:00 Uhr und 17:00 Uhr ausgeübt wird (KG NJW-RR 1992, 1102, Leitsatz sowie Rn 9 nach juris) oder
- wenn in den Räumen ein Sportstudio betrieben wird (Schleswig-Holsteinisches OLG NZM 2003, 483, Rn 5 nach juris).

Vorliegend ist zwischen den Parteien unstreitig, dass eine Nutzung der Räume der Teileigentumseinheit des Antragsgegners als „Begegnungsstätte für Menschen" stattfindet, wobei die Begegnungsstätte als Vereinslokal eines Vereins, bei dem kulturelle und soziale Aspekte im Vordergrund stehen, betrieben wird und Vereinsmitgliedern und deren Freunden offen steht. Die Mieter sympathisieren mit dem Fußballverein [...], und die Besucher verfolgen auch gemeinsam Fußballübertragungen im Fernsehen. Es findet ein Ausschank nichtalkoholischer, zumindest gelegentlich aber auch alkoholischer Getränke statt. Hinsichtlich der Öffnungszeiten und der Zahl der regelmäßigen Besucher haben die Parteien unterschiedliche Angaben gemacht; auch nach dem Vortrag des Beklagten ist die Begegnungsstätte aber bis in die Nacht hinein, jedoch längstens bis 24:00 Uhr, geöffnet und es sind dort bis zu 20 Personen anwesend.

Die Nutzung der streitgegenständlichen Räume durch den Mieter des Beklagten in ihrer konkreten Ausgestaltung kann daher nicht mehr unter den Begriff der Nutzung als Laden, nämlich als Verkaufsstelle zum Vertrieb von Waren, gerechnet werden. Dies gilt auch für den Fall, dass der Vortrag des Beklagten hinsichtlich der Öffnungszeiten und der Zahl der regelmäßigen Besucher zutrifft. Das Gericht brauchte daher hinsichtlich dieser Umstände keinen – angebotenen – Beweis zu erheben.

2. Die ausgeübte Nutzung ist auch nicht gleichwohl zulässig. Voraussetzung eines Unterlassungsanspruchs ist, dass durch die teilungserklärungswidrige Nutzung die anderen Wohnungseigentümer in stärkerem Maße beeinträchtigt werden als durch eine der Zweckbestimmung entsprechende Nutzung (BayObLG FGPrax 1997, 220, Rn 7 nach juris; OLG Düsseldorf FGPrax 2003, 153, Rn 17 nach juris). Dabei ist neben dem Charakter der Wohnanlage und ihrer nähere Umgebung insbesondere auf den Vergleich der Beeinträchtigung der übrigen Wohnungseigentümer bei zweckbestimmungswidriger und zweckbestimmungsgemäßer Nutzung abzustellen.

Bei der Beurteilung dieser Frage ist eine **typisierende**, das heißt **verallgemeinernde Betrachtungsweise** geboten. Deshalb ist es nicht erforderlich, dass konkrete Beeinträchtigungen vorgetragen oder erwiesen sind. Es genügt, dass mit solchen nach dem gewöhnlichen Gang der Dinge zu rechnen ist (BayObLG ZWE 2000, 122, Rn 14 nach juris; KG NJW-RR 1992, Rn 10 nach juris; Hanseatisches OLG Hamburg, aaO, Rn 16 nach juris; Schleswig-Holsteinisches OLG, aaO). Das Gericht brauchte auch hierzu keinen Beweis – etwa über die vom Kläger im Einzelnen behaupteten konkreten Belästigungen – zu erheben, sondern hatte auf eine typisierende Betrachtungsweise abstellen.

Bei einer typisierenden, verallgemeinernden Betrachtungsweise ist aber davon auszugehen, dass durch die vorliegend ausgeübte Nutzung der Teileigentumseinheit des Beklagten die anderen Wohnungseigentümer in stärkerem Maße beeinträchtigt werden als durch eine der Zweckbestimmung entsprechende Nutzung als Laden. Hierbei kann in Übereinstimmung mit der zitierten Rechtsprechung (KG NJW-RR 1987, 1073, Rn 6 nach juris; Hanseatisches OLG Hamburg, aaO, Rn 16 nach juris; Schleswig-Holsteinisches OLG, aaO; BayObLG NJW-RR 1986, 317, 318; KG NJW-RR 1992, 1102, Rn 10 nach juris; sowie weiter BayObLG WuM 2003, 514, Rn 14, 25 nach juris) maßgeblich auf die Beeinträchtigung der übrigen Wohnungseigentümer durch Geräusche abgestellt werden. Zwar kann es auch bei einem Laden, welcher, wie ausgeführt, eine Verkaufsstätte zum Vertrieb von Waren darstellt, gelegentlich – und im Zuge der Ausweitung der Ladenöffnungszeiten unter Umständen auch nachts – zu in der Regel kurzen Gesprächen zwischen mehreren Menschen kommen. Derartiges stellt indes lediglich eine Randerscheinung der Ladennutzung dar, welche anders als die in Rede stehende Begegnungsstätte nicht darauf gerichtet ist, die Kommunikation einer nicht unbedeutenden Anzahl von Menschen über einen auch längeren Zeitabschnitt zu fördern. Nach der Lebenserfahrung kommt es darüber hinaus gerade beim gemeinsamen Verfolgen von Fußballübertragungen im Fernsehen zu lauten Rufen, Ge- oder Missfallensbekundungen und Anfeuerungen. Hinzu kommt, dass der Genuss von Alkohol – welchen der Beklagte als gelegentlich vorkommend ausdrücklich eingeräumt hat – im Zusammenhang mit Unterhaltungen und Fußballübertragungen in der Regel zu einem Ansteigen des Geräuschpegels führt.

Der Beklagte kann sich hiergegen auch nicht mit Erfolg auf die Entscheidung des Kammergerichts vom 18.11.1998 (NZM 1999, 425) stützen, in welcher der Betrieb einer montags bis freitags von 15:00 Uhr bis 20:00 Uhr und freitags zusätzlich von 12:00 Uhr bis 14:00 Uhr geöffneten Drogenberatungsstelle in einer in der Teilungserklärung als „Ladenwohnung" bezeichneten Einheit für zulässig erachtet worden ist. Diese Drogenberatungsstelle war auf eine – während der Öffnungszeiten auch ausgenutzte – Kapazität von 50 bis 60 Besuchern eingerichtet, und dort erhielten drogengefährdete und -abhängige Personen Getränke sowie kleine kalte oder warme Gerichte, sie konnten sich duschen, gebrauchte Spritzbestecke in neue umtauschen und medizinische Versorgung durch einen Arzt oder rechtliche Beratung in Anspruch nehmen. Im dortigen Verfahren war die Zulässigkeit der Nutzung als Drogenberatungsstelle auch nicht unter dem Gesichtspunkt der Lärmbelästigung geprüft worden. Denn eine Drogenberatungsstelle verursacht gewöhnlich keine gegenüber einer Ladennutzung erhöhte Geräuschbelästigung. Dies gilt im Fall der damals in Rede stehenden Drogenberatungsstelle insbesondere im Hinblick darauf, dass infolge der Anwesenheit von ärztlichem und rechtsberatend tätigem Personal eine gewisse, der Geräuscheindämmung erfahrungsgemäß förderliche Überwachung der Besucher gegeben war.

Eine typisierende, verallgemeinernde Betrachtungsweise führt daher in der Zusammenschau zu dem Ergebnis, dass durch die vorliegend konkret ausgeübte Nutzung der verfahrensgegenständlichen Räumlichkeiten als Begegnungsstätte für Menschen die anderen Wohnungseigentümer insbesondere im Hinblick auf die von einer Begegnungsstätte erfahrungsgemäß ausgehenden Geräuschemissionen in stärkerem Maße beeinträchtigt werden, als es bei einer Nutzung dieser Räume als Laden der Fall wäre. Das Gericht befindet sich hierbei in Übereinstimmung mit dem Bayerischen Obersten Landesgericht, welches in einer Entscheidung vom 3.4.2003 (WuM 2003, 514, Rn 18, 25 nach juris) die Nutzung von Räumlichkeiten als mit der genannten Zweckbestimmung nicht zu vereinbaren angesehen hat, die in der Gemeinschaftsordnung nicht nur als Verkaufsraum, sondern sogar als Ausstellungsraum zweckbestimmt waren durch einen Verein zum Betrieb von Versammlungsräumen und Verwaltungsbüros, welcher unter anderem eine Satellitenschüssel zum Empfang von Fernsehsendungen angebracht hatte. Das Bayerische Obersten Landesgericht führte zur Begründung aus, bei einer typisierenden Betrachtungsweise habe das dortige Landgericht rechtsfehlerfrei eine stärkere Beeinträchtigung der übrigen Wohnungseigentümer bejahen können.

3. Dem Unterlassungsanspruch stehen auch keine sonstigen Einwendungen entgegen, insbesondere nicht der aus § 242 BGB herzuleitende **Einwand unzulässiger Rechtsausübung.** Soweit der Beklagte auf den in derselben Wohnanlage in Räumen des Klägers, die in der Teilungserklärung ebenfalls als „Laden" bezeichnet sind, von der [...]-kirchlichen Gemeinde e.V. betriebenen „Begegnungstreff" verweist, verhilft ihm dies nicht zum Erfolg. Allein der Umstand, dass auch diese Räume möglicherweise zweckbestimmungswidrig genutzt werden (was hier offenbleiben kann), ohne dass ein Wohnungseigentümer dagegen etwas unternimmt, kann nach den Grundsätzen von Treu und Glauben nicht dazu führen, dass im Hinblick darauf jede zweckbestimmungswidrige Nutzung irgendeines anderen Wohnungs- oder Teileigentums der Wohnanlage hingenommen werden müsste. Denn es gibt keinen allgemeinen Grundsatz, dass nur derjenige Rechte geltend machen kann, der sich selbst rechtstreu verhalten hat (BayObLG NZM 1999, 85, Rn 11 nach juris; 2001, 137, Rn 9 nach juris), nicht aber derjenige, der – auf den vorliegenden Fall bezogen – entweder selbst Ladenräume möglicherweise zweckordnungswidrig nutzt oder diese solchermaßen nutzen lässt. Insoweit steht es nämlich den anderen Wohnungseigentümern frei, gegen teilungserklärungswidrige Nutzungen vorzugehen; eine **„Aufrechnung" unzulässiger Nutzungen findet nicht statt** (vgl BayObLG WuM 1992, 563, Rn 18 nach juris zum gleich gelagerten Problem unzulässiger baulicher Veränderungen). Lediglich abrundend weist das Gericht darauf hin, dass der Beklagte auch unter Berücksichtigung einer typisierenden Betrachtungsweise nicht ausreichend dargetan hat, welche gegenüber einer Ladennutzung stärkeren Störungen von dem „Begegnungstreff" der [...]-kirchlichen Gemeinde e.V. ausgehen sollen.

Der Beklagte kann sich auch nicht mit Erfolg darauf berufen, dass seine Teileigentumseinheit vor einem zwischenzeitlich etwa zweieinhalbjährigen Leerstand an ein Taxiunternehmen vermietet war. Zum einen ist, selbst für den Fall, dass das Taxiunternehmen abends Schulungsveranstaltungen durchgeführt haben sollte, bei typisierender Betrachtungsweise nicht zu greifen, dass die von dem Taxiunternehmen ausgehenden Beeinträchtigungen auch nur annähernd das Ausmaß der von einer Begegnungsstätte ausgehenden Beeinträchtigungen erreicht haben. Zum anderen steht einer Berufung auf **Vertrauensschutz** durch den Beklagten entgegen, dass der nach Ende der Mietzeit des Taxiunternehmens eingetretene etwa zweieinhalbjährige Leerstand der Teileigentumseinheit des Beklagten jedenfalls zu einer Beendigung eines etwaigen Vertrauens in den Fortbestand einer zweckbestimmungswidrigen Nutzung geführt hat.

Der Kläger kann daher vom Beklagten verlangen, es zu unterlassen, seine Teileigentumseinheit Nr. 1 an einen Mieter zum Betreiben einer „Begegnungsstätte für Menschen" zu überlassen. Da es insoweit nicht lediglich um die Unterlassung oder Beseitigung einer Störung im Zusammenhang mit einer grundsätzlich zulässigen Art der Nutzung des Sondereigentums geht, konnte es nicht lediglich dem **Störer** überlassen werden, auf welche Weise diese Beseitigung zu geschehen hat; es war vielmehr die bereits der Art nach unzulässige Nutzung zu untersagen.

4. Dem Beklagten waren für den Fall der Zuwiderhandlung ein **Ordnungsgeld** bis zu 250.000 €, ersatzweise Ordnungshaft, oder **Ordnungshaft** bis zu sechs Monaten anzudrohen. Die Zwangsvollstreckung von Unterlassungsansprüchen erfolgt nach § 890 ZPO. Diese Vorschrift schreibt in ihrem Absatz 1 vor, dass der Unterlassungsschuldner wegen jeder Zuwiderhandlung gegen den titulierten Unterlassungsanspruch auf Antrag des Gläubigers vom Gericht mit Ordnungsgeld – welches für den einzelnen Verstoß 250.000 € nicht übersteigen darf – und für den Fall, dass es nicht beigetrieben werden kann, mit Ordnungshaft oder – sogleich – mit Ordnungshaft bis zu sechs Monaten zu belegen ist. Nach Absatz 2 dieser Vorschrift muss der **Anordnung von Ordnungsmitteln** deren Androhung vorausgehen, welche indes bereits in dem zur Unterlassung verpflichtenden Titel enthalten sein kann.

II. Die Kostenentscheidung beruht auf § 91 Abs. 1 S. 1 ZPO.

III. Der Ausspruch zur vorläufigen Vollstreckbarkeit folgt aus § 709 S. 1 ZPO.

[...]

Richterin am Amtsgericht ◄

Das Urteil in folgendem Muster enthält Ausführungen zu folgenden Problemen: 90

■ Nachteil im Sinne von § 14 Nr. 1 WEG

■ Trittschallimmissionen

■ Unterscheidung Handlungsstörerhaftung – Zustandsstörerhaftung nach Voraussetzungen und Rechtsfolgen

▶ **Muster: Urteil zu Abwehranspruch (betreffend Immissionen)**

Amtsgericht [...]

Im Namen des Volkes

Urteil

Geschäftsnummer: [...]

verkündet am [...]

In dem Wohnungseigentumsrechtsstreit

betreffend die Wohnungseigentumsanlage [...]

Beteiligte:

I. der Wohnungseigentümer [...]

– Kläger –,

Prozessbevollmächtigter: RAe [...]

gegen

II. den Wohnungseigentümer [...]

– Beklagter –,

Prozessbevollmächtigte: RAe [...]

III. die übrigen Wohnungseigentümer[138]

der oben genannten Wohnanlage, gemäß der diesem Urteil beiliegenden Liste,

Zustellbevollmächtigte: der amtierende Verwalter [...]

– Beigeladene –,[139]

hat das Amtsgericht [...], Abteilung [...], auf die mündliche Verhandlung vom [...] durch die Richterin am Amtsgericht [...] für Recht erkannt:

1. Die Klage wird abgewiesen.
2. Der Kläger trägt die Kosten des Rechtsstreits.
3. Das Urteil ist vorläufig vollstreckbar. Der Kläger kann die Vollstreckung durch Sicherheitsleistung oder Hinterlegung in Höhe von 110 % des zu vollstreckenden Betrags abwenden, wenn nicht der Beklagte vor der Vollstreckung Sicherheit in gleicher Höhe leistet.

Tatbestand

Der Kläger begehrt, den Beklagten zu verurteilen, den Boden seiner Wohnung vollständig mit einem weichfedernden Bodenbelag zu versehen.[140]

Die Beteiligten bilden die Wohnungseigentümergemeinschaft der oben genannten Wohnanlage. Der Kläger ist Eigentümer der im 1. Obergeschoss belegenen Wohnung Nr. 4. Eigentümer der direkt oberhalb dieser Wohnung im 2. Obergeschoss belegenen Wohnung Nr. 9 ist der Beklagte. Der Fußbodenaufbau in der Wohnung des Beklagten stammt – unverändert – aus der Zeit der Jahrzehnte vor der Teilung durch die teilende Eigentümerin [...] erfolgten Errichtung des Gebäudes. Der in der Wohnung Nr. 9 vorhandene Laminatbelag wurde von den Eheleuten [...] verlegt, von welchen der Beklagte diese Wohnung aufgrund notariellen Kaufvertrags vom [...] zur UR-Nr. [...] des Notars [...] erworben hatte. In § 10 dieses Kaufvertrags war vereinbart, dass ein Teil des Kaufpreises in Höhe von [...] € für die Übernahme des Laminats geschuldet war. Nach § 5 Abs. 3 Nr. 7 der Teilungserklärung gehört der Fußbodenbelag zum Sondereigentum.

Der Kläger behauptet, er sei in seiner Wohnung erheblichen Geräuschbelästigungen aus der Wohnung des Beklagten ausgesetzt. Aus dieser drängen sowohl tagsüber wie nachts erhebliche Trittschallgeräusche in seine Wohnung, die ihre Ursache darin hätten, dass sowohl der Fußbodenaufbau in der

---

138 Wenn ein (oder mehrere) Wohnungseigentümer einen Individualanspruch gegen einen (oder mehrere) Wohnungseigentümer (oder gegen den Verwalter) geltend machen, sind die übrigen Wohnungseigentümer beizuladen, es sei denn, dass ihre rechtlichen Interessen erkennbar nicht betroffen sind (§ 48 Abs. 1 S. 1 WEG). Letzteres dürfte vorliegend nicht der Fall sein.

139 Anders als im Falle nicht beigetretener Streitverkündeter sollte die vom Gesetz angeordnete Beiladung im Urteil auch dann Ausdruck finden, wenn kein Beitritt erfolgt, damit die von § 48 Abs. 3 WEG angeordnete Rechtskrafterstreckung für alle Beteiligten aus dem Urteil selbst zu ersehen ist.

140 Die Entscheidung ist dem Beschluss des KG vom 19.3.2007 – 24 W 317/06 = ZMR 2007, 639 nachgebildet.

Wohnung Nr. 9 mangelhaft sei als auch das Laminat in dieser Wohnung unsachgemäß verlegt sei. Der Kläger ist der Auffassung, der Fußbodenbelag müsse den zur Zeit der letzten Renovierungsmaßnahme – also vorliegend des Einbaus des Laminatbelags durch die Eheleute [...] – maßgeblichen DIN-Vorschriften entsprechen.

Wegen der weiteren Einzelheiten wird auf die Klageschrift sowie den Schriftsatz vom [...] (Bd. [...] Bl. [...] und Bl. [...] d.A.) Bezug genommen.

Der Kläger beantragt,

den Beklagten zu verurteilen, den Boden seiner Wohnung (Sondereigentumseinheit Nr. 9) vollständig mit einem weichfedernden Bodenbelag (textiler Bodenbelag oder anderer) zu versehen.

Der Beklagte beantragt,

die Klage abzuweisen.

Der Beklagte behauptet, er habe in den Laminatbelag seiner Wohnung keinen Eingriff vorgenommen.[141] Die Aufbringung eines weichfedernden Bodenbelags könne einen – etwaigen, indes gar nicht vorliegenden – Mangel des Fußbodenaufbaus nicht ausgleichen.

Wegen der weiteren Einzelheiten wird auf die Klageerwiderung vom [...] (Bd. [...], Bl. [...] d.A.) Bezug genommen.

Die Beteiligten zu III. sind dem Rechtsstreit nicht beigetreten.

Das Gericht hat mit Verfügung vom [...] auf Bedenken hinsichtlich der Zielrichtung des Klageantrags und seiner Geltendmachung durch den Kläger hingewiesen. Wegen der Einzelheiten wird auf die genannte Verfügung Bezug genommen (Bd. [...], Bl. [...] d.A.).

Entscheidungsgründe

Die Klage hat keinen Erfolg.

I. Der Kläger kann vom Beklagten nicht verlangen, den Boden seiner direkt oberhalb der Wohnung des Klägers gelegenen Wohnung – ganz oder auch nur teilweise – mit einem weichfedernden Bodenbelag zu versehen. Ein entsprechender Anspruch ergibt sich insbesondere nicht aus § 1004 Abs. 1 BGB in Verbindung mit §§ 14 Nr. 1, 15 Abs. 3 WEG.

1. Gemäß § 14 Nr. 1 WEG ist jeder Wohnungseigentümer verpflichtet, von den im Sondereigentum und den im gemeinschaftlichen Eigentum stehenden Gebäudeteilen nur in solcher Weise Gebrauch zu machen, dass dadurch keinem anderen Wohnungseigentümer über das bei einem geordneten Zusammenleben unvermeidliche Maß hinaus ein **Nachteil** erwächst. Als Nachteil im Sinne von § 14 Nr. 1 WEG wird jede nicht ganz unerhebliche Beeinträchtigung verstanden (BVerfG

---

141 Dieser Vortrag des Beklagten ist – wie sich aus den Entscheidungsgründen ergeben wird – vorliegend unstreitig geblieben. Es ist *umstritten*, wo einseitiger Vortrag einer Partei, zu dem sich die andere Partei nicht geäußert hat und der daher nach § 138 Abs. 3 ZPO als zugestanden anzusehen ist, im Tatbestand unterzubringen ist. Während die (wohl) hM (vgl Zöller/*Vollkommer*, § 313 ZPO Rn 13) derartigen Vortrag als in den unstreitigen Tatbestand gehörend ansieht, ist die Gegenauffassung der Meinung, derartiger Vortrag gehöre in den streitigen Tatbestand. Letzteres erscheint vorzugswürdig. Denn die Entscheidung, ob ein bestimmter Vortrag mangels Bestreitens als zugestanden anzusehen ist, ist stets eine Frage der richterlichen Wertung. Auch ist die Entscheidung nicht immer leicht zu treffen, ob ein bestimmter Vortrag einer Partei von der sich hierzu nicht ausdrücklich äußernden anderen Partei unbestritten ist oder ob sich aus dem Kontext des letztgenannten Partei doch ein konkludentes Bestreiten ergibt. Wertungen haben aber in den Entscheidungsgründen zu erfolgen und im Tatbestand zu unterbleiben. Der zivilrechtliche Urteilstatbestand enthält – anders als der am Anfang der Gründe eines Strafurteils stehende Sachverhalt – nicht die Zusammenfassung derjenigen Tatsachen, von deren Vorliegen das Gericht nach Abschluss des Verfahrens überzeugt ist. Daher wird im zivilrechtlichen Tatbestand auch nur objektiv zu berichten, welche unterschiedlichen Sachverhalte die Parteien vorgetragen haben und ob gegebenenfalls das Gericht Beweis erhoben hat; die Wertung, ob ein – vielleicht sogar ausdrücklich erfolgtes – Bestreiten oder Vorbringen unzureichend ist oder ob eine durchgeführte Beweisaufnahme ergeben hat, dass ein Vortrag oder ein Bestreiten richtig oder falsch war, ist dagegen in den Entscheidungsgründen vorzunehmen.

NZM 2005, 182, Rn 15 nach juris mwN). Die Generalklausel des § 14 Nr. 1 WEG gibt hierbei Raum für eine die betroffenen Grundrechte berücksichtigende Auslegung. Bei sich gegenüberstehenden Grundrechten der Wohnungseigentümer ist eine fallbezogene Abwägung der beiderseits grundrechtlich geschützten Interessen erforderlich (BVerfG, aaO). Im Bereich behaupteter Störungen – etwa auch durch **(Tritt-) Schallimmissionen** – muss hierbei danach differenziert werden, ob eine **Handlungsstörerhaftung** oder eine **Zustandsstörerhaftung** in Rede steht.

Überschreitet ein Wohnungseigentümer den zulässigen Gebrauch, indem er – etwa durch Vornahme baulicher oder sonstiger Veränderungen – eine die Grenze des § 14 Nr. 1 WEG übersteigende Beeinträchtigung anderer Wohnungseigentümer verursacht, setzt er sich als **Handlungsstörer** Ansprüchen gemäß § 15 Abs. 3 WEG, § 1004 Abs. 1 BGB aus, die auf Unterlassung oder Beseitigung der baulichen oder sonstigen Veränderung gerichtet sein können, die die Einhaltung der von § 14 Nr. 1 WEG auferlegten Verpflichtung verhindert (BayObLG NJW-RR 2002, 660, Rn 10 nach juris; BayObLG, Beschluss vom 27.3.2003, WuM 2003, 481, Rn 14 nach juris; OLG Düsseldorf ZMR 2002, 69, Rn 16 nach juris; OLG Köln WuM 2001, 37, Rn 5 nach juris; OLG Köln ZMR 2003, 704, Rn 6 nach juris; OLG Stuttgart WuM 1994, 390, Rn 9 nach juris). Haftet ein Wohnungseigentümer hiernach auf **Unterlassung oder Beseitigung der Störung**, so muss die Auswahl unter den geeigneten Abwehrmaßnahmen grundsätzlich ihm überlassen bleiben (BGH MDR 1996, 579, Rn 7 nach juris).

Hat der Wohnungseigentümer indes nicht selbst zumindest mittelbar (§ 14 Nr. 2 WEG; vgl OLG Düsseldorf NZM 2001, 136, Rn 27 ff nach juris) die von einer in seinem Sondereigentum stehenden Einrichtung oder die von einer im Bereich seines Sondereigentums befindlichen Einrichtung des gemeinschaftlichen Eigentums ausgehende Beeinträchtigung verursacht, kann er nicht als Handlungsstörer in Anspruch genommen werden. Eine Rechtsnachfolge in Wiederherstellungsansprüche aus Handlungsstörung ist nicht anzuerkennen, weil es an einer gesetzlichen Überleitung von Verbindlichkeiten aus Rechtsverstößen des Rechtsvorgängers auf den Nachfolger im Wohnungseigentum fehlt. Der betreffende Wohnungseigentümer hat sein Wohnungseigentum in einer bestimmten Gestalt erworben; vor dem Erwerb bestand kein eine Haftung auslösendes Rechtsverhältnis zu den übrigen Wohnungseigentümern (KG WuM 1991, 516, Rn 5 nach juris; OLG Köln NZM 1998, 1015, Rn 31, 32 nach juris). Er kann daher allenfalls **Zustandsstörer** sein (KG, aaO; OLG Köln, aaO; BayObLG NJW-RR 2002, 660, Rn 10 nach juris; BayObLG WuM 2003, 481, Rn 14 nach juris; KG WuM 1997, 241, Rn 7 nach juris).

Als Zustandsstörer haftet ein Wohnungseigentümer indes nicht auf Beseitigung einer störenden Einrichtung, sondern allenfalls auf **Duldung der Beseitigung durch die Gemeinschaft** (KG ZMR 1986, 210, Rn 5 nach juris; KG WuM 1991, 516, Rn 5 nach juris; 1997, 241, Rn 7 nach juris; BayObLG WuM 2003, 481, Rn 14 nach juris; BayObLG NJW-RR 2002, 660, Rn 10 nach juris). Bei dem Anspruch auf Duldung handelt es sich um einen von einem Beseitigungsanspruch zu unterscheidenden Verfahrensgegenstand (BayObLG WuM 2003, 481, Rn 15 nach juris; KG WuM 1991, 516, Rn 5 nach juris); dieser steht grundsätzlich allein der Wohnungseigentümergemeinschaft zu (KG ZMR 1986, 210 Rn 5 nach juris; KG WuM 1997, 241, Rn 7 nach juris). Die einzelnen beeinträchtigten Wohnungseigentümer können in diesem Fall nur nach § 21 Abs. 4 WEG von der Gemeinschaft eine ordnungsmäßige, dem Interesse der Gesamtheit der Wohnungseigentümer entsprechende Verwaltung verlangen, die sich unter anderem auf die ordnungsmäßige Instandhaltung und Instandsetzung des gemeinschaftlichen Eigentums richtet (§ 21 Abs. 5 Nr. 2 WEG; KG ZMR 1986, 210, Rn 5 nach juris; OLG Köln NZM 1998, 1015, Rn 33 nach juris).

Unter Berücksichtigung dieser Grundsätze ist vorliegend der Beklagte nicht verpflichtet, den Boden seiner direkt oberhalb der Wohnung des Klägers gelegenen Wohnung – ganz oder auch nur teilweise – mit einem weichfedernden Bodenbelag zu versehen.

2. Der Beklagte ist in Bezug auf die vom Kläger vorgetragene Trittschallbeeinträchtigung nicht Handlungsstörer. Dies gilt sowohl in Bezug auf den nach § 5 Abs. 3 Nr. 7 der Teilungserklärung in Übereinstimmung mit den gesetzlichen Vorschriften (§ 5 Abs. 1, 2 WEG) in seinem Sondereigentum stehenden Bodenbelag (vgl insoweit Riecke/Schmid/*Förth*, aaO, § 5 Rn 29; OLG Düsseldorf ZMR 2002, 69, Rn 16 nach juris; BayObLG WuM 1994, 151, Rn 10 nach juris) aus Laminat als auch im Hinblick auf den darunter liegenden Fußbodenaufbau einschließlich des Estrichs, welcher nach § 5 Abs. 2 WEG insgesamt zum gemeinschaftlichen Eigentum gehört (vgl BayObLG, aaO). Der Beklagte hat keinen Eingriff in den von ihm übernommenen Fußboden vorgenommen. Nach dem übereinstimmenden Vortrag der Parteien hat der Beklagte den in seiner Wohnung befindlichen Fußbodenbelag aus Laminat nicht selbst verlegt oder verlegen lassen; der Laminatboden ist vielmehr noch von den Rechtsvorgängern des Beklagten als Sondereigentümern, den Eheleuten [...], verlegt worden. Weiter hat der Beklagte behauptet, auch keinen Eingriff in das Laminat vorgenommen zu haben. Der Kläger hat diese Behauptung nicht bestritten; sie ist daher nach § 138 Abs. 3 ZPO als zugestanden anzusehen. Es ist dem Rechtsstreit daher zugrunde zu legen, dass der Beklagte weder in den von ihm beim Wohnungserwerb übernommenen Fußbodenaufbau noch in den ebenfalls übernommenen Laminatbelag eingegriffen hat. Da indes nach dem zu 1. Gesagten eine Rechtsnachfolge in Wiederherstellungsansprüche aus Handlungsstörung nicht anzuerkennen ist, scheidet schon deshalb eine Handlungsstörerhaftung des Beklagten aus. Im Hinblick auf den Laminatboden ist hierbei unerheblich, dass der bereits verlegte Bodenbelag Anlass für den Beklagten war, einen höheren Kaufpreis für die Wohnung zu bezahlen. Dieser Umstand führt nicht dazu, dass der Beklagte als mittelbarer Handlungsstörer anzusehen wäre. Denn selbst in dem – hier nicht gegebenen – Fall, dass der Veräußerer einer Wohnung auf Wunsch des noch nicht als Eigentümer eingetragenen Erwerbers diejenige Maßnahme vornimmt, welche sodann Ursache der Beeinträchtigung anderer Wohnungseigentümer wird, wäre allein der Veräußerer für die von ihm vorgenommene Maßnahme rechtlich verantwortlich und es fände keine Rechtsnachfolge in Beseitigungsansprüche aus Handlungsstörung statt (KG WuM 1991, 516, Rn 5 nach juris). Es kann daher an dieser Stelle dahinstehen, ob der Laminatbelag und/oder der Fußbodenaufbau mangelhaft und Ursache der behaupteten Trittschallimmissionen sind.

Der Kläger kann sich nicht mit Erfolg auf die im Leitsatz zu 3. des Beschlusses des OLG Düsseldorf vom 4.7.2001 (ZMR 2002, 69) wiedergegebene Auffassung stützen, wonach sich der Störer dann, wenn die Störung durch eine Wiederherstellung des früheren Bodenbelags oder durch Verlegung von Teppichboden beseitigt werden kann, nicht dadurch entlasten kann, dass er auf eine möglicherweise gegebene Mangelhaftigkeit des zum Gemeinschaftseigentum gehörenden Estrichs verweist, wenn die Untersuchung und eventuelle Instandsetzung des Estrichs ein Mehrfaches an Kosten verursachen würde. Der genannte Beschluss des OLG Düsseldorf ist zu einer vom vorliegenden Sachverhalt entscheidend abweichenden Tatsachengrundlage ergangen. Denn im dortigen Verfahren hatte der in Anspruch genommene Wohnungseigentümer selbst den ursprünglich in seiner Wohnung befindlichen Teppichboden gegen Keramikfliesen ausgetauscht (aaO, Rn 2 nach juris), wodurch er als Handlungsstörer in Betracht kam. Lediglich am Rande wird darauf hingewiesen, dass auch das OLG Düsseldorf hervorgehoben hat, dass im Falle einer Verpflichtung zur Beseitigung der Störung es dem Störer überlassen bleiben muss, auf welche Weise dies geschieht (aaO, Rn 17 nach juris).

3. Der Kläger kann den Beklagten auch nicht unter dem Gesichtspunkt der Zustandsstörerhaftung auf die begehrte Maßnahme in Anspruch nehmen.

Sowohl hinsichtlich des im Sondereigentum des Beklagten stehenden Laminatbodens als auch hinsichtlich des im gemeinschaftlichen Eigentum stehenden Fußbodens kann dahinstehen, ob diese mangelhaft sind. Denn der Beklagte kann als – etwaiger – Zustandsstörer nach dem zu 1. Gesagten nicht auf die vom Kläger begehrte Störungsbeseitigung in Anspruch genommen werden, sondern allenfalls auf Duldung der Beseitigung durch die Gemeinschaft. Daher ist für die Entscheidung des vorliegenden Verfahrens auch unerheblich, in welchem Umfang ein weichfedernder Bodenbelag einen – etwaigen – Mangel des Fußbodenaufbaus ausgleichen kann. Bei dem Anspruch auf Duldung handelt es sich – wie dargestellt – um einen von dem geltend gemachten Beseitigungsanspruch zu unterscheidenden Verfahrensgegenstand, der grundsätzlich nur der Wohnungseigentümergemeinschaft zusteht, welche wiederum – gegebenenfalls – von einzelnen beeinträchtigten Wohnungseigentümern auf die ordnungsmäßige Instandhaltung und Instandsetzung des gemeinschaftlichen Eigentums, hier etwa des Fußbodenaufbaus, in Anspruch genommen werden kann. Hierauf hatte das Gericht bereits mit Verfügung vom [...] hingewiesen. Die Frage, welchem Standard der Fußboden der Wohnung des Beklagten entsprechen muss, und die weiteren Fragen, ob der Kläger gegenüber der Wohnungseigentümergemeinschaft die Ergreifung von schallschutzverbessernden Maßnahmen hinsichtlich des in gemeinschaftlichem Eigentum stehenden Fußbodens der Wohnung des Beklagten verlangen kann und ob der Beklagte insoweit tatsächlich zur Duldung verpflichtet ist, brauchen daher vom Gericht auch nicht beantwortet zu werden. Lediglich am Rande wird darauf hingewiesen, dass der bei Begründung des Wohnungseigentums (hier durch Aufteilung der Wohnanlage) bestehende Zustand den Standard bestimmt und von den Wohnungseigentümern hinzunehmen ist (OLG Köln ZMR 2003, 704, Rn 3 nach juris; KG, Beschluss vom 28.4.2003 – 24 W 10140/99 – S. 8, 9; KG, Beschluss vom 21.12.2006 – 24 W 202/06 – S. 3, 4).

II. Die Kostenentscheidung beruht auf § 91 Abs. 1 S. 1 ZPO.

III. Der Ausspruch zur vorläufigen Vollstreckbarkeit folgt aus §§ 708 Nr. 11, 711 ZPO.

[...]

Richterin am Amtsgericht ◄

F. Einstweilige Verfügungen in WEG-Sachen

I. Einführung

91   Die Parteien eines Verfahrens nach § 43 WEG können neben der Hauptsache auch den Erlass einer **einstweiligen Verfügung** nach §§ 935, 940 ZPO beantragen. Vorstellbar, aber selten – und hier nicht vertieft – sind auch Arreste nach §§ 916 ff ZPO. Arreste kommen vor allem gegen Wohngeldschuldner in Betracht. In der Regel dürften die Voraussetzungen für den Erlass eines dinglichen oder persönlichen Arrests aber **nicht vorliegen**.

II. Mögliche Verfahren

Als **Gegenstand** einer einstweiligen Verfügung kommen vor allem in Betracht, 92

- die vorläufige Aufhebung der Bindungswirkung eines Beschlusses (Rn 94);[142]
- die vorläufige Bestellung eines Verwalters („Notverwalter", Rn 133),[143] sofern kein Verwalter bestellt ist;[144]
- die Herausgabe von Verwaltungsunterlagen und die befristete Einsichtnahme in die Verwalterunterlagen[145] oder in die Beschluss-Sammlung;
- Herausgabe einer Eigentümerliste, wenn sich der Verwalter erkennbar einer Herausgabe widersetzt;[146]
- das zeitlich begrenzte Verbot, Eigentümerversammlungen in einem bestimmten Zeitraum, etwa für die Dauer eines Jahres, zu leiten;
- die Einberufung einer Eigentümerversammlung;
- die Verhinderung einer Eigentümerversammlung, zB wenn die Einberufung durch einen Unberechtigten droht;[147]
- die Entziehung der Verwalterrechte;[148]
- droht eine unbillige Stimmrechtsausübung, ist ein das Unterlassungsbegehren flankierender vorbeugender Rechtsschutz vorstellbar;[149] eine drohende Majorisierung kann aber nur repressiv durch Anfechtung abgewendet, aber nicht präventiv durch eine Klage verhindert werden. Der gegen die Durchführung mangelhafter Beschlüsse gerichtete einstweilige Rechtsschutz besitzt gegenüber dem einstweiligen Rechtsschutz zur Verhinderung mangelhafter Beschlüsse einen Vorrang;
- Sicherung oder Regelung des Gebrauchs nach § 15 WEG;
- eine vorläufige Regelung, wenn die Wohnungseigentümer ihr Selbstorganisationsrecht nicht wahrgenommen haben (Regelungsstreit), eine Regelung aber sehr dringlich ist;
- nicht regelbar ist grundsätzlich die Abberufung der Verwaltung.[150]

III. Prozessuales

Antragsgegner (mit mündlicher Verhandlung: Beklagte) eines Verfahrens auf Erlass einer einst- 93
weiligen Verfügung nach § 43 WEG können der Verband Wohnungseigentümergemeinschaft,
der Verwalter oder andere Wohnungseigentümer sein. Zuständig ist das Gericht der Hauptsache. Die örtliche **Zuständigkeit** des Gerichts bestimmt sich nach § 43 WEG, die sachliche Zuständigkeit nach §§ 23 Nr. 2 Buchst. c), 71 Abs. 1 GVG. Das Gericht entscheidet ohne mündliche Verhandlung durch Beschluss, sonst durch Urteil. Die Klage hat Erfolg, wenn die allge-

---

142 BayObLG WE 1991, 167; KG DWE 1987, 27 = GE 1985, 997; LG München I GE 2008, 1501 und GE 2008, 1503 (dort jeweils zu streng, weil das Vollziehungsinteresse der Wohnungseigentümer überbewertet wird); AG Wangen ZWE 2008, 146; AG Wernigerode ZMR 2008, 88.
143 LG Stuttgart ZWE 2008, 357 = IMR 2008, 313; AG Landsberg am Lech ZMR 2009, 486, 487; Suilmann, MietRB 2008, 49, 50; Bonifacio, MietRB 2007, 216, 219.
144 LG Hamburg ZMR 2009, 69, 70.
145 AG Kelheim ZMR 2008, 82, 83.
146 LG Stuttgart ZMR 2009, 77.
147 AG Niebüll ZMR 2009, 82.
148 KG GE 1989, 887; KG OLGZ 1989, 430, 431 = MDR 1989, 997.
149 Elzer, ZMR 2006, 957; s.a.Kort, NZG 2007, 169, 17.
150 AG Hamburg-Blankenese ZMR 2008, 918.

meinen Sachurteilsvoraussetzungen vorliegen, ein Rechtsschutzbedürfnis besteht und der oder die Kläger einen **Verfügungsgrund** und einen **Verfügungsanspruch** geltend machen können.

IV. Muster zu Verfahren nach §§ 935 ff ZPO

94 ▶ **Muster: Urteilsverfügung – Untersagung einer Beschlussdurchführung**[151]

Amtsgericht [...]

Az: [...]

Im Namen des Volkes

Urteil[152]

In dem Verfahren auf Erlass einer einstweiligen Verfügung

Wohnungseigentümerin [...], [...]-Straße [...], [...] *[PLZ, Ort]*,

– Verfügungsklägerin –

Prozessbevollmächtigter: RAe [...]

gegen

Wohnungseigentümer

1) [...], [...]-Straße [...],[...] *[PLZ, Ort]*,

2) [...]

– Verfügungsbeklagte –

Prozessbevollmächtigter: RAe [...]

[...] Verwaltungs-GmbH, [...]-Straße [...], [...] *[PLZ, Ort]*,

– Beigeladene –[153]

hat das Amtsgericht [...], Abteilung [...], durch den Richter am Amtsgericht [...] auf die mündliche Verhandlung vom [...] für R e c h t erkannt:

1. Der Beschluss zu TOP 1 (Balkonsanierung) der Eigentümerversammlung vom [...] *[Datum]* im [...] *[Ort]* – Nr. [...] der Beschluss-Sammlung der Wohnungseigentümergemeinschaft [...] – wird bis zu einer rechtskräftigen Entscheidung über die Anfechtungsklage im Verfahren [...] *[Aktenzeichen]* einstweilen außer Kraft gesetzt.

2. Den Antragsgegnern werden die Kosten des Rechtsstreits auferlegt.

3. Der Streitwert wird auf [...] € festgesetzt.[154]

Tatbestand

In der Eigentümerversammlung vom [...] beschlossen die Wohnungseigentümer der Wohnungseigentumsanlage [...] zum Tagesordnungspunkt (im Folgenden: TOP) 1 – Nr. [...] der Beschluss-Sammlung der Wohnungseigentümergemeinschaft [...] –, die Balkone der Südseite iHv 60.000 € zu sanieren und mit den Arbeiten die [...] GmbH zu beauftragen. Wegen des genauen Umfangs der geplanten Sanierungsmaßnahmen wird auf die Anlage Nr. [...] zur Antragsschrift verwiesen. Über die

---

151 Siehe auch Boeckh, Wohnungseigentumsrecht, Teil 3 § 7 Rn 27 ff zur gleichen Problematik.
152 Im vorläufigen Rechtsschutz ist eine bloße Beschlussverfügung die gesetzliche Ausnahme.
153 Nach § 48 Abs. 1 S. 2 WEG wäre der Verwalter nicht beizuladen. Eine Beiladung empfiehlt sich indes, weil der Verwalter nach § 27 Abs. 1 S. 1 WEG die Beschlüsse ausführen muss.
154 Der Streitwert wird gem. § 53 GKG und § 3 ZPO festgesetzt. Meist 1/3 bis 1/4 der Hauptsache. Für diese ist die Sondervorschrift des § 49 a GKG zu beachten.

Frage, welches Unternehmen die Arbeiten durchführen soll, holte die Beigeladene nur ein Angebot der [...] GmbH ein. Die Verfügungsklägerin hat den Beschluss zu TOP 1 im Verfahren [...] [Aktenzeichen] aus diesem Grunde angefochten. Sie hat außerdem die Beigeladene erfolglos gebeten, den Auftrag noch nicht an die [...] GmbH zu vergeben. Die Beigeladene hat zur Begründung ihrer ablehnenden Haltung auf § 27 Abs. 1 S. 1 WEG verwiesen und will noch in der nächsten Woche einen Vertrag mit der [...] GmbH schließen.

Die Verfügungsklägerin ist der Ansicht,

die Entscheidung, die [...] GmbH zu beauftragen, sei ermessensfehlerhaft. Vor einer Auftragsvergabe hätten mehrere Angebote eingeholt werden müssen. Würde der Vertrag an die [...] GmbH vergeben, bevor über die Anfechtung der Entscheidung entschieden worden sei, gehe ihr Rechtsschutz ins Leere; jedenfalls könne es zu vermeidbaren Schadensersatzansprüchen kommen.

Die Verfügungsklägerin beantragt,

den Beschluss zu TOP 1 (Balkonsanierung) der Eigentümerversammlung vom [...] [Datum] im [...] [Ort] – Nr. [...] der Beschluss-Sammlung der Wohnungseigentümergemeinschaft [...] – und die Auftragsvergabe an die [...] GmbH bis zur Entscheidung über die Anfechtungsklage im Verfahren [...] [Aktenzeichen] einstweilen außer Kraft zu setzen.

Die Verfügungsbeklagten beantragen

den Antrag abzuweisen.

Sie meinen, das vorliegende Angebot sei überzeugend. Weitere Angebote anderer Anbieter bräuchten sie nicht. Auch wenn weitere Angebote eingeholt werden würden, würden sie nicht anders entscheiden.

[...][155]

Entscheidungsgründe

Der nach §§ 935, 936, 920 ZPO zulässige Antrag auf Erlass einer einstweiligen Verfügung ist begründet.

Verfügungsanspruch ist der Anspruch auf eine ordnungsmäßige Verwaltung nach § 21 Abs. 4 WEG. Dieser Anspruch ist hier verletzt. Vor Beauftragung einer Werkleistung größeren Umfangs müssen die Wohnungseigentümer zur Ausübung des ihnen gesetzlich zuerkannten Ermessens mehrere Angebote einholen (OLG Köln v. 2.4.2003 – 16 Wx 50/03, ZMR 2004, 148; BayObLG v. 11.4.2002 – 2Z BR 85/01, ZWE 2002, 466, 467; v. 27.7.1989 – BReg. 2Z 68/89, NJW-RR 1989, 1293, 1294; siehe auch KG v. 5.5.1993 – 24 W 1146/93, OLGZ 1994, 149; LG München I v. 28.6.2007 – 1 T 2063/07, ZMR 2008, 487, 488). Hieran fehlt es unstreitig. Gegen eine Verpflichtung, mehrere Angebote einzuholen, spricht nicht, dass ungewiss war, ob sich ein günstigerer oder besserer Bieter hätte finden lassen. Die Maßnahme dient nämlich gerade dazu, dies festzustellen, und bildet einen entscheidenden Gesichtspunkt ordnungsmäßiger Verwaltung.

Der Verfügungsgrund besteht in der Dringlichkeit der Entscheidung. Nach objektiver Beurteilung eines verständigen, gewissenhaft prüfenden Menschen ist die Vollziehbarkeit des Beschlusses bereits vor seiner zu erwartenden Aufhebung im Verfahren [...] [Aktenzeichen] einstweilen außer Kraft zu setzen. Eine sofortige Regelung erscheint zur Abwendung wesentlicher Nachteile und vor Abschluss der Werkverträge dringend notwendig.

---

155 Eine hier nicht berichtete, § 313 Abs. 2 ZPO gemäße Klausel ist in der Praxis immer noch verbreitet; ihre Verwendung ist aber umstritten und fragwürdig. Wer dennoch pauschal verweisen will, muss so verweisen, dass keine Missverständnisse entstehen können.

Die Entscheidung über die Kosten beruht auf § 91 Abs. 1 S. 1 ZPO.

[...]

Richter am Amtsgericht ◄

95 ► Muster: Einstweilige Verfügung mit Verbot, zu einer Eigentümerversammlung zu laden

Amtsgericht [...]

Az: [...]

Beschluss

In dem Verfahren auf Erlass einer einstweiligen Verfügung

Wohnungseigentümerin [...], [...]-Straße [...], [...] [*PLZ, Ort*],

– Antragstellerin –

Verfahrensbevollmächtigter: RAe [...]

gegen

Wohnungseigentümer [...], [...]-Straße [...], [...] [*PLZ, Ort*],

– Antragsgegner –

Verfahrensbevollmächtigter: RAe [...]

1) Wohnungseigentümer [...], [...]-Straße [...], [...] [*PLZ, Ort*],

2) Wohnungseigentümer [...],

– Beigeladene zu 1) bis [...]) –

[...] Verwalter-GmbH, [...]-Straße [...], [...] [*PLZ, Ort*],

– Beigeladene zu [...]) –

hat das Amtsgericht [...], Abteilung [...], durch den Richter am Amtsgericht [...] am [...] beschlossen:

1. Dem Antragsgegner wird im Wege einstweiliger Verfügung untersagt, am [...], [...] Uhr (oder später), im Hotel [...], [...]-Straße [...], [...] [*PLZ, Ort*], eine Versammlung der Eigentümer der Wohnanlage [...] in [...] zu leiten oder durchführen zu lassen.

2. Dem Antragsgegner wird für jeden Fall der Zuwiderhandlung gegen Ziffer 1 ein Ordnungsgeld bis zum Betrag von 250.000 € und für den Fall, dass dieses nicht beigetrieben werden kann, Ordnungshaft oder Ordnungshaft bis zu sechs Monaten angedroht.

3. Dem Antragsgegner werden die Kosten des Rechtsstreits auferlegt.

4. Der Streitwert wird auf 3.000 € festgesetzt.

Gründe

I.

Die Parteien streiten um die Frage, ob der Antragsgegner als Beiratsvorsitzender befugt ist, für die Wohnungseigentumsanlage [...] am [...] zu einer Eigentümerversammlung zu laden.

Der Antragsgegner forderte die Beigeladene zu [...]) mit Schreiben vom [...] auf, am [...] zu einer Eigentümerversammlung zu laden. Die Beigeladene, die einen Monat zuvor im Verfahren [...] [*Aktenzeichen*] vom Gericht zur Verwalterin der Wohnungseigentumsanlage [...] bestellt worden war, lehnte dies ab. Zur Begründung gab sie an, sie wolle noch die Übergabe der Verwaltungsunterlagen von der vormaligen Verwalterin abwarten und müsse sich außerdem in die Anlage „einarbeiten". Sie werde am [...] – sechs Wochen nach dem vom Antragsgegner verlangten Zeitpunkt – zu einer Versammlung zu laden. Der Antragsgegner hielt diesen Zeitpunkt für zu spät. Er kündigte daher an, am [...] zu einer Eigentümerversammlung zu laden. Auf dieser Versammlung soll u.a. darüber beschlossen werden, die Beigeladene wieder abzubestellen.

Der Antragsteller ist der Ansicht,

der Antragsgegner seit zum jetzigen Zeitpunkt noch nicht befugt, als Beiratsvorsitzender zu einer Eigentümerversammlung zu laden.

Der Antragsteller beantragt,

1. dem Antragsgegner zu untersagen, am [...], [...] Uhr (oder später), im Hotel [...], [...]-Straße [...], [...] [*PLZ, Ort*], eine Versammlung der Eigentümer der Wohnanlage [...] in [...] zu leiten oder durchführen zu lassen und

2. dem Antragsgegner für jeden Fall der Zuwiderhandlung gegen Ziffer 1 ein Ordnungsgeld bis zum Betrag von 250.000 € und für den Fall, dass dieses nicht beigetrieben werden kann, Ordnungshaft oder Ordnungshaft bis zu sechs Monaten anzudrohen.

Der Antragsgegner beantragt,

den Antrag zurückzuweisen.

Er meint, die Verwalterin weigere sich pflichtwidrig, zu einer Eigentümerversammlung zu laden. Es gebe aktuell einige Fragen zu klären, die einen Aufschub nicht duldeten, u.a. eine Neuwahl der Verwalterin. Er sei deshalb nach § 24 Abs. 3 WEG berechtigt, zu einer Eigentümerversammlung zu laden.

II.

Der zulässige Antrag ist begründet. Die Antragstellerin besitzt aus § 21 Abs. 4 WEG einen Anspruch gegen den Antragsgegner, diesem die Einberufung einer Eigentümerversammlung zu untersagen. Der Antragsgegner ist zurzeit noch nicht berechtigt, als Beiratsvorsitzender gem. § 24 Abs. 3 WEG zu einer Eigentümerversammlung am [...] zu laden.

Die Voraussetzungen des § 24 Abs. 3 WEG sind nicht erfüllt. Der Beiratsvorsitzende ist nach § 24 Abs. 3 WEG nur dann berechtigt, anstelle des originär dazu berufenen Verwalters (OLG Düsseldorf v. 30.5.2006 – I-3 Wx 51/06, ZMR 2006, 870, 871; OLG Köln v. 4.9.2002 – 16 Wx 114/02, ZMR 2003, 380, 381) zu einer Eigentümerversammlung zu laden, wenn ein Verwalter fehlt oder er sich pflichtwidrig weigert. Ein Verwalter fehlt unstreitig nicht. Der Verwalter weigert sich auch nicht pflichtwidrig, eine Eigentümerversammlung einzuberufen. Ein Verwalter weigert sich pflichtwidrig, wenn er einem ihm bekannten Einberufungsverlangen iSv § 24 Abs. 2 Var. 2 WEG nicht nachkommt (OLG Hamm v. 2.9.1996 – 15 W 138/96, ZMR 1997, 49, 50). Ein Verwalter handelt dabei pflichtwidrig, wenn er schuldhaft einem Einberufungsverlangen nicht oder erst zu „spät" nachkommt. Ferner dann, wenn sein Ermessen, eine Eigentümerversammlung einzuberufen, auf Null reduziert war, weil dies die Interessen der Wohnungseigentümer oder die des Verbands Wohnungseigentümergemeinschaft erforderten.

Diese Voraussetzungen liegen nicht vor. Ob eine Eigentümerversammlung stattfinden soll, ist – soweit nichts anderes bestimmt ist – ebenso wie ihr Zeitpunkt, ihr Ort und ihre Dauer vom Verwalter festzusetzen. Bei allen diesen Bestimmungen steht dem Verwalter Ermessen zu (OLG Düsseldorf v. 25.8.2003 – I-3 Wx 217/02, OLGReport Düsseldorf 2004, 61, 62 = NZM 2004, 110 = ZMR 2004, 692). Dass die Beigeladene erst in vier Wochen zu einer Eigentümerversammlung laden will, ist nicht ermessensfehlerhaft. Die Beigeladene will unstreitig die Übergabe der Verwaltungsunterlagen und das Einarbeiten in die Anlage abwarten, um dann am [...] zu einer Versammlung zu laden. Dies erscheint jedenfalls nicht ermessensfehlerhaft und ist vertretbar. Vielmehr ist es naheliegend, dass sich ein Verwalter vor Abhaltung einer Eigentümerversammlung – in einer angemessenen Zeit – in die Unterlagen einer Anlage einarbeitet. Das Verwalteramt und die Funktionen des Verwalters sind nur erfüllbar, wenn der Verwalter mit den konkreten Gegebenheiten einer Anlage vertraut ist.

Der Verfügungsgrund besteht in der Notwendigkeit einer Regelung zur Abwehr von Nachteilen. Sollte der Antragsgegner die Eigentümerversammlung einberufen, könnte es zu Beschlüssen kommen, die wegen der Unzuständigkeit des Antragsgegners, zu einer Eigentümerversammlung zu laden, nicht ordnungsmäßig und jedenfalls anfechtbar wären.

Das Gericht verkennt nicht, dass durch seine Entscheidung die Hauptsache, zumindest teilweise, vorweggenommen wurde. Effektiver Rechtsschutz war jedoch ansonsten nicht gewährleistet.

Die Nebenentscheidungen beruhen auf §§ 91 Abs. 1 S. 1 und 890 ZPO.

[...]

Richter am Amtsgericht ◄

G. Zweitinstanzliche Verfügungen

I. Einführung

96 Gegenüber einem „normalen" ZPO-Verfahren besitzt ein **WEG-Verfahren** auch in zweiter Instanz zum einen wegen der Sondervorschriften der §§ 43 ff WEG einige **Besonderheiten**. Als verfahrensrechtliche Besonderheiten zu nennen sind vor allem die Zustellvertretung des Verwalters oder eines Ersatzzustellungsvertreters nach § 45 WEG, die Besonderheiten des § 46 Abs. 1 S. 2 WEG, die Beiladung nach § 48 WEG und die besonderen Kostenvorschriften in §§ 49 und 50 WEG. Zum anderen kann ein WEG-Verfahren aus Sicht des zweitinstanzlich tätigen Richters wegen der Vielzahl der Parteien Schwierigkeiten bereiten.

97 Ferner sind **Unterlagen** zu sichten und ggf. nach § 273 Abs. 2 ZPO anzufordern, die jedenfalls einer „normalen" Zivilkammer oder einem Zivilsenat zunächst unbekannt sind. Diese sind:

- Teilungserklärung oder Teilungsvertrag
- Gemeinschaftsordnung
- nicht verdinglichte Vereinbarungen der Wohnungseigentümer
- Beschlüsse der Wohnungseigentümer
- Niederschriften einer oder mehrerer Eigentümerversammlungen
- Beschluss-Sammlung (ggf ein Ausdruck)
- Verwaltungsunterlagen, zB der Verwaltervertrag oder der Aufteilungsplan
- Hausordnung einer Anlage
- Bauunterlagen (Baupläne etc.)
- Kontounterlagen
- Grundakten

II. Muster zweitinstanzlicher Verfügungen

▶ **Muster: Eingangsverfügung (II. Instanz)** 98

Landgericht [...]

311

Verfügung

1. Vermerk:
   Urteil vom [...] (Amtsgericht [...]), zugestellt am [...], Berufung eingegangen am [...], also rechtzeitig.
2. Dem Prozessbevollmächtigten der Berufungsklägerin ist obige Geschäftsnummer mitzuteilen.
3. Eingereichtes Urteil zurücksenden. Zusatz: [...]
4. Zusatz im Schreiben an die Berufungsbeklagten (§ 521 ZPO): [...]
5. Wieder vorlegen nach Eingang der Akten oder der Berufungsbegründung; sonst am [...]

Zivilkammer 11

[...], den [...]

Die Vorsitzende [*Unterschrift*] ◀

▶ **Muster: Verfügung – Verlängerung der Berufungsbegründungsfrist** 99

Landgericht [...]

312

Verfügung

1. Auf Antrag des Berufungsklägers wird die Frist für die Berufungsbegründung bis zum Landgericht [...] verlängert.
   ☐ Der Rechtsstreit wird durch die Verlängerung nicht verzögert.
   ☐ Der Berufungskläger hat erhebliche Gründe für eine Verlängerung dargelegt.
2. Mitteilung von Ziffer 1 an Parteienvertreter
3. Wieder vorlegen nach Eingang der Berufungsbegründung; sonst am [...]

Zivilkammer 11

[...], den [...]

Die Vorsitzende [*Unterschrift*] ◀

▶ **Muster: Beschluss – Übertragung auf den Einzelrichter** 100

Landgericht [...]

313

Az. [...]

Beschluss

In Sachen [...]

hat das Landgericht [...] durch den Vorsitzenden Richter am Landgericht [...], die Richterin am Landgericht [...] und den Richter [...] beschlossen:

Der Rechtsstreit wird gemäß § 526 Abs. 1 ZPO dem Berichterstatter [...] zur Entscheidung übertragen, weil die angefochtene Entscheidung von einem Einzelrichter erlassen wurde, die Sache keine besonderen Schwierigkeiten tatsächlicher und rechtlicher Art aufweist und die Rechtssache keine grundsätzliche Bedeutung hat.

[*Unterschriften*] ◀

101 ▶ **Muster: Beschluss nach Klagerücknahme**

Landgericht [...] Az: [...]

Amtsgericht [...] Az: [...]

Beschluss

In Sachen [...]

hat das Landgericht [...] durch den Vorsitzenden Richter am Landgericht [...], die Richterin am Landgericht [...] und den Richter [...]beschlossen:

1. Der Kläger hat die Kosten der Berufung zu tragen; die Zurücknahme der Berufung hat den Verlust des Rechtsmittels zur Folge (§ 516 Abs. 3 S. 1 ZPO).
2. Der Streitwert für die II. Instanz wird auf [...] € festgesetzt.

[Unterschriften] ◀

102 ▶ **Muster: Hinweisbeschluss nach § 522 Abs. 2 S. 2 ZPO**

Landgericht [...] Az: [...]

Amtsgericht [...] Az: [...]

Beschluss

In Sachen [...]

erwägt die Kammer, die Berufung der Klägerin gegen das am [...] verkündete Urteil des Amtsgerichts [...] – [...] *[Aktenzeichen]* – durch einstimmigen Beschluss nach § 522 Abs. 2 S. 1 ZPO als unbegründet zurückzuweisen. Die Berufung ist zwar zulässig, insbesondere an sich statthaft sowie form- und fristgerecht eingelegt und begründet worden. Sie bietet aber keine Aussicht auf Erfolg. Die Rechtssache hat auch weder grundsätzliche Bedeutung noch erfordert die Fortbildung des Rechts oder die Sicherung einer einheitlichen Rechtsprechung eine Entscheidung des Berufungsgerichts. Die mit der Berufung bezeichneten Umstände lassen keine für die angefochtene Entscheidung erheblich gewordene Rechtsverletzung erkennen.

I. [...] *[Begründung, warum der Berufung kein Erfolg beschieden sein kann]*

II. Den Parteien wird Gelegenheit zur Stellungnahme binnen drei Wochen seit Zugang dieses Hinweisbeschlusses gegeben. Es wird darauf hingewiesen, dass bei Rücknahme der Berufung Gerichtsgebühren gespart werden können (Ermäßigung der Gebühr für das Verfahren im Allgemeinen von 4,0 auf 2,0 gem. Nr. 1222 KV).

Landgericht [...], Zivilkammer [...]

[...], den [...]

[Unterschriften]

Begleitverfügung

1) Beschluss an Parteienvertreter

2) Vier Wochen (Beschluss?)

[Unterschrift] ◀

▶ **Muster: Beschluss nach § 522 Abs. 2 S. 1 ZPO**   103

⬤ 316

Landgericht [...] Az: [...]

Amtsgericht [...] Az: [...]

Beschluss

In Sachen [...]

hat das Landgericht [...] durch den Vorsitzenden Richter am Landgericht [...], die Richterin am Landgericht [...] und den Richter [...] am [...] beschlossen:

1. Die Berufung der Beklagten gegen das am [...] verkündete Urteil des Amtsgerichts [...] – [...] [*Aktenzeichen*] – wird zurückgewiesen.
2. Die Beklagte hat die Kosten des Berufungsverfahrens zu tragen.

Gründe

Die Kammer ist im Sinne von § 522 Abs. 2 S. 1 ZPO einstimmig der Überzeugung, dass die Berufung keine Aussicht auf Erfolg hat, die Rechtssache keine grundsätzliche Bedeutung hat und die Fortbildung des Rechts oder die Sicherung einer einheitlichen Rechtsprechung eine Entscheidung des Berufungsgerichts nicht erfordert.

Zur Begründung nimmt das Gericht gem. § 522 Abs. 2 S. 3 und S. 2 ZPO auf den Hinweisbeschluss vom [...] Bezug. Die Beklagte hat von der Möglichkeit, auf die dort gegebenen Hinweise weiter vorzutragen, keinen Gebrauch gemacht. Neue Gesichtspunkte, die die Berufung stützen könnten, sind nicht bekannt geworden.

Die Kosten der erfolglosen Berufung hat gem. § 97 Abs. 1 ZPO die Beklagte zu tragen.

[*Unterschriften*] ◀

▶ **Muster: Verfügung – Anforderung von Unterlagen von einer Prozesspartei (II. Instanz)**   104

⬤ 317

Landgericht [...]

Az: [...]

Verfügung

1. Schreiben an Klägervertreter
    In pp.
    Das Gericht benötigt noch folgende Unterlagen:
    ☐ eine Kopie der Teilungserklärung
    ☐ eine Kopie der Gemeinschaftsordnung
    ☐ die Gesamtjahresabrechnung und Einzeljahresabrechnungen für [...]
    ☐ den Gesamtwirtschaftsplan und die Einzelwirtschaftspläne für [...]
    ☐ eine Kopie der Niederschrift der Eigentümerversammlung vom [...]
    ☐ eine Kopie der Beschluss-Sammlung, Zeitraum [...]
    ☐ eine aktuelle Eigentümerliste
    ☐ den Verwaltervertrag
    ☐ den Aufteilungsplan
    ☐ die Hausordnung
    ☐ Kontounterlagen, und zwar [...]

Es wird gebeten, diese binnen zwei Wochen nach Eingang dieser Verfügung für Gericht und Gegenseite einzureichen.
Hochachtungsvoll

2. ☐ geschlossene Grundakte der Anlage <Bl. [...]> vom Grundbuchamt nebst Wohnungsgrundbuchakten der Einheiten Nr. [...] dieser Anlage erfordern
☐ Wohnungsgrundbuchauszug der Einheit Nr. [...] vom Grundbuchamt anfordern

3. drei Wochen

[*Unterschrift*] ◄

105 ▶ **Muster: Terminblatt für II. Instanz**

318

Landgericht [...] Az: [...]   Aktenstand: Bl. [...] Band [...]

Amtsgericht [...] Az: [...]

Termin am [...], [...] Uhr, Saal [...]

[...] (Partei)   ./.   [...] (Partei)

Beklagter und Berufungskläger   Klägerin und Berufungsbeklagte

Prozessbevollmächtigte: Prozessbevollmächtigte:
Rechtsanwalt [...]   Rechtsanwälte [...]

                                 Sachbearbeiter: Rechtsanwalt [...]

1. Rubrum	Bl. [...] Band [...]; in Ordnung
2. Ladungen	Bl. [...] und [...] Band [...]
3. Fristen	Urteil verkündet am [...]
	Urteil dem Beklagtenvertreter zugestellt am [...] (Bl. [...])
	Eingang der Berufungsschrift per Fax am [...] (Bl. [...])
	Verlängerung der Berufungsbegründungsfrist auf Antrag bis zum [...] (Bl. [...])
	Eingang der Berufungsbegründungsschrift am [...] (Bl. [...])
4. Anträge	Schriftsatz vom [...] (Bl. [...])
	Der Beklagte beantragt, unter Abänderung des am [...] verkündeten Urteils des Amtsgerichts [...] – [...] [*Aktenzeichen*] – die Klage abzuweisen.
	Schriftsatz vom [...] (Bl. [...])
	Die Klägerin beantragt, die Berufung zurückzuweisen.
5. Streitwert	[...] €
6. Beiakten	---
7. Vergleich	Ein Vergleich könnte darin bestehen, dass der Beklagte an die Klägerin [...] € zahlt.

H. Zweitinstanzliche Entscheidungen

I. Allgemeines

Die Zivilprozessordnung **entlastet die Berufungsgerichte** bei der Urteilsabfassung gegenüber 106
den erstinstanzlichen Gerichten. Ein Berufungsurteil bedarf nämlich weder eines Tatbestands
noch verlangt es Entscheidungsgründe. Nach § 540 Abs. 1 S. 1 Nr. 1 und 2 ZPO enthält das
Berufungsurteil anstelle von Tatbestand und Entscheidungsgründen vielmehr die **Bezugnahme
auf die tatsächlichen Feststellungen** im angefochtenen Urteil mit Darstellung etwaiger Änderungen oder Ergänzungen sowie eine kurze Begründung für die Abänderung, Aufhebung oder
Bestätigung der angefochtenen Entscheidung. Die tatsächlichen Grundlagen der Entscheidung
müssen sich so erschließen, dass eine **revisionsrechtliche Nachprüfung möglich ist.**[156] In einem
Berufungsurteil dürfen daher weder tatbestandliche Darstellungen völlig fehlen, noch dürfen
sie derart widersprüchlich, unklar oder lückenhaft sein, dass sich die tatsächlichen Grundlagen
der Entscheidung des Berufungsgerichts nicht mehr zweifelsfrei erkennen lassen.[157]

Wie jedes Urteil, muss auch das Urteil eines Berufungsgerichts die Angaben nach § 313 Abs. 1 107
Nr. 1 bis Nr. 4 ZPO enthalten.[158] Für die Einleitung der Gründe eines Berufungsurteils kann es
sich empfehlen, mit einem Satz kurz den **wesentlichen Streitgegenstand** zu umschreiben. Aus
dem Berufungsurteil selbst muss alles Wichtige zu ersehen sein.[159] Das Berufungsurteil muss
dazu seine **tatsächlichen Grundlagen** klarstellen. Im Berufungsurteil ist durch Verweisungen auf
die tatsächlichen „Feststellungen" des angefochtenen Urteils (= alter Sach- und Streitstand) Bezug zu nehmen (§ 540 Abs. 1 S. 1 Nr. 1 ZPO). Neben dem Sach- und Streitstand I. Instanz sind
im Berufungsurteil Änderungen oder Ergänzungen der dem Berufungsurteil zugrunde zu legen-
den Tatsachen im Einzelnen darzustellen. Die Darstellung der neuen und alten Tatsachen darf
dabei nicht zu knapp erfolgen. Es ist nicht Aufgabe des Revisionsgerichts, den Sachverhalt anhand der Akten selbst zu ermitteln und festzustellen.[160] Das Berufungsurteil muss die **Berufungsanträge** zumindest sinngemäß, besser wörtlich wiedergeben. Auch hier empfiehlt sich eine
Einrückung.

▶ **Muster: Berufungsurteil des gemeinsamen Berufungsgerichts** 108

Landgericht [...] Az: [...]

Amtsgericht [...] Az: [...]

Urteil

In dem Wohnungseigentumsrechtsstreit

der Wohnungseigentümerin [...], [...]-Straße [...], [...] *[PLZ, Ort]*,

– Klägerin und Berufungsklägerin –

gegen

die Wohnungseigentümer

1) [...], [...]-Straße [...], [...] *[PLZ, Ort]*,

---

156 BGH NJW-RR 2007, 781; BGH NJW 2006, 1523.
157 BGH MDR 2003, 1170, 1171 = NJW-RR 2003, 1290, 1291.
158 BGH MDR 2004, 827.
159 BGH MDR 2004, 289, 290.
160 BGH MDR 2004, 704, 705; 2004, 289, 290.

2) [...]¹⁶¹

– Beklagte und Berufungsbeklagte –

[...] Verwalter-GmbH, [...]-Straße [...], [...] [*PLZ, Ort*],

– Beigeladene –

hat das Landgericht [...], [...]. Zivilkammer, durch den Richter am Landgericht [...] als Einzelrichter auf die mündliche Verhandlung vom [...] für R e c h t erkannt:

1. Die Berufung der Klägerin gegen das am [...] verkündete Urteil des Amtsgerichts [...] ‑ [...] [*Aktenzeichen*] ‑ wird zurückgewiesen.

2. Die Klägerin hat die Kosten der Berufung zu tragen.

3. Das Urteil ist vorläufig vollstreckbar. Die Klägerin darf die Vollstreckung durch Sicherheitsleistung in Höhe des zu vollstreckenden Betrags zuzüglich 10 Prozent abwenden, wenn nicht die Beklagten vor der Vollstreckung Sicherheit in Höhe des jeweils beizutreibenden Betrags zuzüglich 10 Prozent leisten.

4. Die Revision wird nicht zugelassen.

Gründe

A.

Die Klägerin verlangt von den Beklagten die Änderung des geltenden Kostenverteilungsschlüssels für die Beseitigung des im Gemeinschaftseigentum anfallenden Mülls. Auf die tatsächlichen Feststellungen im angefochtenen Urteil wird Bezug genommen.

Durch das der Klägerin am [...] zugestellte Urteil hat das Amtsgericht [...] die Klage abgewiesen. Die Klägerin habe die Voraussetzungen für eine Ermessensreduktion auf Null und für eine zwingende Änderung des geltenden Kostenverteilungsschlüssels für die Beseitigung des im Gemeinschaftseigentum anfallenden Mülls nicht dargetan.

Hiergegen wendet sich die Klägerin. Ihre Berufung ist am [...] eingegangen. Nachdem das Gericht die Berufungsbegründungsfrist bis einschließlich [...] verlängert hatte, begründete die Klägerin die Berufung mit dem am [...] per Fax eingegangenen Schriftsatz.

Mit der Berufung vertiefen die Parteien ihr erstinstanzliches Vorbringen. Insbesondere legt die Klägerin nochmals dar, warum der geltende Kostenverteilungsschlüssel für die Beseitigung des im Gemeinschaftseigentum anfallenden Mülls ungerecht ist und sie unbillig benachteiligt.

Die Klägerin beantragt unter Abänderung des am [...] verkündeten Urteils des Amtsgerichts [...] – [...] [*Aktenzeichen*] –,

die Beklagten zu verpflichten, ihre Zustimmung zur Änderung des Kostenverteilungsschlüssels dergestalt zu erteilen, dass die Kosten für die Beseitigung des im Gemeinschaftseigentum anfallenden Mülls künftig nach Verursachung abgerechnet wird.

Die Klägerin beantragt,

die Berufung zurückzuweisen.

B.

Die Berufung ist statthaft und zulässig, insbesondere form- und fristgerecht eingelegt worden. Sie ist indes unbegründet. Die Klägerin hat gegen die Beklagten weder nach §§ 21 Abs. 4, Abs. 8, 16

---

161 Hier sind im Rubrum sämtliche anderen Wohnungseigentümer aufzuführen. Auf die Beifügung der früher üblichen „Eigentümerliste" sollte aus Gründen der Klarheit und Rechtssicherheit verzichtet werden.

Abs. 3 WEG noch gem. § 10 Abs. 2 S. 3 WEG einen Anspruch auf Änderung des geltenden Kostenverteilungsschlüssels für den im Gemeinschaftseigentum anfallenden Müll.

I. Die Kosten für die Beseitigung des im Gemeinschaftseigentum anfallenden Mülls sind von Gesetzes wegen gem. § 16 Abs. 2 WEG unter den Wohnungseigentümern nach Höhe der jeweiligen Miteigentumsanteile zu verteilen. Die Wohnungseigentümer sind berechtigt, diesen Schlüssel im Wege der Vereinbarung oder im Wege des Beschlusses oder durch eine Vereinbarung zu ändern.

1. Die Beklagten haben von der Möglichkeit, den gesetzlichen Kostenverteilungsschlüssel für die Beseitigung des im Gemeinschaftseigentum anfallenden Mülls gem. § 16 Abs. 3 WEG im Wege des Beschlusses zu ändern, keinen Gebrauch gemacht. Dies ist von Rechts wegen nicht zu beanstanden. Die Wohnungseigentümer besitzen für die Frage, nach welchem Schlüssel sie die Kosten für die Beseitigung des im Gemeinschaftseigentum anfallenden Mülls verteilen wollen, Ermessen. Die Entscheidung, am gesetzlichen Schlüssel des § 16 Abs. 2 WEG festzuhalten und keinen Beschluss nach § 16 Abs. 3 WEG zu fassen, ist nach dem Sachstand, den die Parteien der Kammer mitgeteilt haben, nicht zu beanstanden und außerdem ermessensfehlerfrei. Die beklagten Wohnungseigentümer haben sich auf Antrag der Klägerin mit der Frage, den Kostenverteilungsschlüssel zu ändern, auf mehreren Eigentümerversammlungen unstreitig intensiv beschäftigt. Anträge auf Änderung fanden jeweils keine Mehrheit, weil die beklagten Wohnungseigentümer nach Abwägung aller Umstände im Ergebnis letztlich keinen Anlass sahen, vom Grundsatz einer Kostenverteilung nach Miteigentumsanteilen abzuweichen. Das ist im Ergebnis nicht zu beanstanden. Denn die Klägerin hat keine Gesichtspunkte mitgeteilt, nach denen eine Verteilung der Kosten nach Miteigentumsanteilen unbillig wäre. Die Haltung der Mehrheit der Wohnungseigentümer wäre nur dann zu beanstanden, wenn sich das Ermessen auf eine Änderung des gesetzlichen – oder eines vereinbarten oder beschlossenen – Kostenverteilungsschlüssels reduziert hätte und also nur eine Änderung ordnungsmäßiger Verwaltung entspräche. Das ist mit Blick auf § 10 Abs. 2 S. 3 WEG – dessen Anforderungen nicht unterlaufen werden können und die einen Gleichlauf verlangen – jedenfalls dann der Fall, wenn ein Festhalten an der geltenden Regelung aus schwerwiegenden Gründen unter Berücksichtigung aller Umstände des Einzelfalls, insbesondere der Rechte und Interessen der anderen Wohnungseigentümer, unbillig erscheint (OLG Hamm v. 10.9.2007 – 15 W 358/06, ZMR 2008, 156, 158). Das Festhalten an der geltenden Regelung ist hier nicht unbillig. Die Klägerin hat keine Umstände vorgetragen, aus denen sich eine „Unbilligkeit" ergäbe. Die Klägerin legt nur dar, Kostennachteile dadurch zu haben, dass Sie fast ganzjährig ihr Ferienhaus auf Sylt bewohnt und also kaum Müll im Gemeinschaftseigentum verursache. Diese Behauptungen reichen bereits für einen notwendigen Vortrag nicht aus. Die Beklagten haben diese Behauptung ferner bestritten, so dass die Klägerin darüber hinaus beweisfällig geblieben ist.

Im Übrigen kann die Höhe der Kostenmehrbelastung des benachteiligten Wohnungseigentümers zwar ausreichend sein (Riecke/Schmid/*Elzer*, WEG, 2. Auflage 2008, § 16 Rn 43 f). Ein Änderungsanspruch ist bereits ab einer 25-prozentigen Mehrbelastung zu bejahen (KG v. 14.6.2004 – 24 W 32/04, ZMR 2004, 705, 706 = NZM 2004, 549; BT-Drucks. 16/887, S. 19). Solche Umstände sind hier aber nicht erkennbar.

2. Aus den vorstehenden Gründen kommt auch kein Anspruch aus § 10 Abs. 2 S. 3 WEG in Betracht. Dabei kann offen bleiben, ob diese Vorschrift neben dem Anspruch auf ordnungsmäßige Verwaltung überhaupt anwendbar ist. Jedenfalls sind die Tatbestandsvoraussetzungen mit dem Anspruch aus §§ 21 Abs. 4, 16 Abs. 3 WEG identisch.

II. Die prozessualen Nebenentscheidungen beruhen auf §§ 97 Abs. 1, 708 Nr. 10 und 713 ZPO. Die Revision ist in Ermangelung der Voraussetzungen des § 543 Abs. 2 ZPO nicht zuzulassen. Die Rechtssache hat keine grundsätzliche Bedeutung, noch erfordert die Fortbildung des Rechts oder die Sicherung einer einheitlichen Rechtsprechung eine Entscheidung des Revisionsgerichts.

[Unterschrift] ◄

II. Muster von Beschlüssen des gemeinsamen Beschwerdegerichts

109 ▶ **Muster: Ablehnender Beschluss in einem einstweiligen Verfügungsverfahren:**[162] **Zurückweisung einer Beschwerde (II. Instanz)**

320

Landgericht [...] Az: [...]

Amtsgericht [...] Az: [...]

Beschluss

In dem Verfahren auf Erlass einer einstweiligen Verfügung

Wohnungseigentümergemeinschaft [...], [...]-Straße [...], [...] *[PLZ, Ort]*,

– Antragstellerin und Beschwerdeführerin –

Prozessbevollmächtigter: RAe [...]

gegen

den Verwalter [...], [...]-Straße [...], [...] *[PLZ, Ort]*,

– Antragsgegner und Beschwerdegegner –

Prozessbevollmächtigter: RAe [...]

hat das Landgericht [...], Zivilkammer [...], durch den Richter am Landgericht [...] als Einzelrichter am [...] beschlossen:

1. Die Beschwerde wird zurückgewiesen.
2. Die Beschwerdeführerin hat die Kosten der Beschwerde zu tragen.

Gründe

I.

Die Beschwerdeführerin begehrt vom Beschwerdegegner im Wege einstweiliger Verfügung die Herausgabe ihrer Verwaltungsunterlagen.

Der Beschwerdegegner war vom [...] bis zum [...] Verwalter der Wohnungseigentumsanlage [...]. Er weigert sich seit seiner Abbestellung unter Berufung auf ein angebliches Zurückbehaltungsrecht wegen ausstehenden Honorars, die Verwaltungsunterlagen der Wohnungseigentumsanlage herauszugeben.

Das Amtsgericht [...] lehnte mit Beschluss vom [...] – [...] *[Aktenzeichen]* – den Antrag auf Erlass einer einstweiligen Verfügung ab. Es fehle jedenfalls an einem Verfügungsgrund. Die Beschwerdeführerin sei vielmehr auf das Hauptsacheverfahren zu verweisen. Eine Selbstwiderlegung der Eilbedürftigkeit ergebe sich bereits daraus, dass die Beschwerdeführerin nach der Abbestellung sechs Wochen nur mit anwaltlichem Mahnschreiben vorgegangen sei und nach fruchtlosem Fristablauf zunächst lediglich das Hauptsacheverfahren eingeleitet habe.

---

162 Zum Thema „Herausgabe von Verwaltungsunterlagen" siehe auch Boeckh, Wohnungseigentumsrecht, Teil 3 § 7 Rn 28.

Die Beschwerdeführerin hat gegen den ihr am [...] zugestellten Beschluss mit bei Gericht am [...] eingegangenem Schriftsatz vom [...] sofortige Beschwerde eingelegt. Das Amtsgericht hat der Beschwerde mit Beschluss vom [...] unter Hinweis auf seine Begründung im angegriffenen Beschluss nicht abgeholfen.

Die Beschwerdeführerin beantragt unter Abänderung des Beschlusses des Amtsgerichts [...] – [...] [*Aktenzeichen*] – 1,

den Beschwerdegegner zu verpflichten, an sie im Wege einstweiliger Verfügung die Verwaltungsunterlagen der Wohnungseigentumsanlage [...] herauszugeben.

Der Beschwerdegegner beantragt,

die Beschwerde zurückzuweisen.

Ergänzend wird wegen der Einzelheiten des wechselseitigen Vorbringens und des Verfahrens auf den Akteninhalt Bezug genommen.

II.

Die nach §§ 922 Abs. 3, 567 Abs. 1 ZPO statthafte, form- und fristgerecht eingelegte sofortige Beschwerde ist unbegründet. Das Amtsgericht hat zutreffend erkannt und überzeugend begründet, dass kein Verfügungsgrund iSv §§ 935, 940 ZPO vorliegt. Das Beschwerdevorbringen rechtfertigt keine abweichende Beurteilung.

Die Beschwerdeführerin ist Eigentümerin der Verwaltungsunterlagen. Als Eigentümerin steht ihr gegen den Verwalter aus dem sie verbindenden Verwaltervertrag und nach § 667 BGB ein Anspruch auf Herausgabe der Verwaltungsunterlagen zu. Gegen den Herausgabeanspruch kann der Verwalter nach § 273 Abs. 1 BGB kein Zurückbehaltungsrecht geltend machen (OLG Hamm v. 22.2.2007 – 15 W 181/06, WuM 2007, 478 = ZMR 2007, 982). Aus dem Inhalt des die Beschwerdeführerin und den Beschwerdegegner verbindenden Rechtsverhältnisses ergibt sich für den Beschwerdegegner die Verpflichtung, die Unterlagen jederzeit zur Verfügung der Gemeinschaft der Wohnungseigentümer zu halten. Er kann daher nicht als Druckmittel zur Begleichung seiner Honoraransprüche die Geschäftsunterlagen des Verbandes Wohnungseigentümergemeinschaft wegen des damit verbundenen Eingriffs in deren Verwaltungstätigkeit verwenden.

Die Beschwerdeführerin kann die Erfüllung des Herausgabeanspruchs indes nicht im Eilverfahren durchsetzen. Die Voraussetzungen, unter denen ausnahmsweise eine Leistungsverfügung erlassen werden kann, sind nicht dargetan. Die Beschwerdeführerin trägt keine Umstände vor, wonach sie der Verwaltungsunterlagen sofort bedarf. Der Beschwerdeführerin sind die Forderungen und die Forderungshöhe der Verbandsgläubiger bekannt. Sie ist Ansprüchen aus der Zeit der Verwaltung des Beschwerdegegners offenbar nicht ausgesetzt, jedenfalls trägt sie hierzu auch nach Hinweis des Gerichts nichts vor. Dies und der weitere Umstand, dass das Amtsgericht [...] bereits in zwei Wochen im Hauptsacheverfahren über den Herausgabeanspruch verhandeln wird, führen dazu, eine Leistungsverfügung nicht zu erlassen.

Die Kostenentscheidung beruht auf § 97 Abs. 1 ZPO. Die Festsetzung des Beschwerdewerts folgt aus § 48 GKG, § 3 ZPO.

Die Rechtsbeschwerde wird nicht zugelassen. Die Voraussetzungen des § 574 Abs. 1 ZPO liegen nicht vor. Die Sache hat keine grundsätzliche Bedeutung. Grundsätzliche Bedeutung hat eine Sache dann, wenn eine klärungsbedürftige Frage zu entscheiden ist, deren Auftreten in einer unbestimmten Vielzahl von Fällen zu erwarten ist und deshalb das abstrakte Interesse der Allgemeinheit an einheitlicher

Entwicklung und Handhabung des Rechts berührt. Dies ist hier nicht der Fall, weil es sich um einen Einzelfall handelt. Die Entscheidung weicht auch nicht von der bisherigen Rechtsprechung ab.

Richter am Landgericht ◄

110 ► **Muster: Ablehnender Beschluss in einem einstweiligen Verfügungsverfahren: Zurückweisung einer sofortigen Beschwerde (II. Instanz)**

321

Landgericht [...]

Az: [...]

Beschluss

In dem Verfahren auf Erlass einer einstweiligen Verfügung

der Wohnungseigentümerin [...], [...]-Straße [...], [...] *[PLZ, Ort]*,

– Antragstellerin und Beschwerdeführerin –

Verfahrensbevollmächtigter: RAe [...]

gegen

den Wohnungseigentümer [...], [...]-Straße [...], [...] *[PLZ, Ort]*,

– Antragsgegner und Beschwerdegegner –

Verfahrensbevollmächtigter: RAe [...]

hat das Landgericht [...], Zivilkammer [...], durch den Richter am Landgericht [...] als Einzelrichter am [...] beschlossen:

1. Die sofortige Beschwerde der Antragstellerin gegen den Beschluss des Amtsgerichts [...] vom [...] wird aus den Gründen der angefochtenen Entscheidung auf ihre Kosten zurückgewiesen.

2. Der Beschwerdewert wird auf [...] € festgesetzt.

Gründe

I.

Die sofortige Beschwerde ist gem. §§ 567 Abs. 1, 569 ZPO zulässig. Sie ist form- und fristgerecht eingelegt worden. Die sofortige Beschwerde ist jedoch unbegründet.

Zu Recht hat das Amtsgericht den Antrag auf Erlass einer einstweiligen Verfügung zurückgewiesen, da die Antragstellerin einen Verfügungsgrund (§§ 935, 949 ZPO) nicht dargetan hat. Insofern kann auf die zutreffenden amtsgerichtlichen Ausführungen Bezug genommen werden.

Da es nach dem eigenen Vortrag der Antragstellerin bereits seit dem Frühjahr des Jahres [...] sowie im Jahr [...] zu erheblichen Lärmbelästigungen (überlaute Musik, Hammerschläge, und Klopfen etc.) durch den Antragsgegner gekommen sein soll, ist eine besondere Eilbedürftigkeit, mithin ein Verfügungsgrund, nicht ersichtlich. Ein Verfügungsgrund fehlt, wenn – wie hier – der Antragsteller trotz ursprünglich bestehenden Regelungsbedürfnisses lange zugewartet hat, bevor er die einstweilige Verfügung beantragt (KG v. 9.2.2001 – 5 U 9667/00, NJW-RR 2001, 1201, 1202; OLG Hamm v. 9.31990 – 7 U 142/89, NJW-RR 1990, 1236). Hat die antragstellende Partei den Rechtsverstoß schon längere Zeit positiv gekannt und dadurch zum Ausdruck gebracht, dass es ihr mit der gerichtlichen Maßnahme nicht so eilig ist, so fehlt es an der erforderlichen Eilbedürftigkeit (OLG Frankfurt v. 6.9.1984 – 6 U 49/84, NJW 1985, 1295). Ein längeres Zuwarten dokumentiert die fehlende Dringlichkeit eines Antrags. Dem steht auch nicht entgegen, dass es nach dem Vorbringen der Antragstellerin über einen längeren Zeitraum, nämlich von [...] bis [...] *[Daten]*, nicht mehr zu Lärmbelästigungen seitens des Antragsgegners gekommen sein soll und diese erst wieder ab dem [...] aufgetreten seien. Hätte angesichts dieser erneuten Ruhestörungen tatsächlich eine besondere Dringlichkeit bestanden, hätte die Antragstellerin nicht mit der Einreichung ihres Antrags auf Erlass einer einstweiligen Verfügung am [...] noch mehrere Monate zugewartet.

II.

Die Kostenentscheidung beruht auf § 97 Abs. 1 ZPO. Die Festsetzung des Beschwerdewerts folgt aus § 48 GKG, § 3 ZPO.

Die Rechtsbeschwerde wird nicht zugelassen. Die Voraussetzungen des § 574 Abs. 1 ZPO liegen nicht vor. Die Sache hat keine grundsätzliche Bedeutung. Grundsätzliche Bedeutung hat eine Sache dann, wenn eine klärungsbedürftige Frage zu entscheiden ist, deren Auftreten in einer unbestimmten Vielzahl von Fällen zu erwarten ist und deshalb das abstrakte Interesse der Allgemeinheit an einheitlicher Entwicklung und Handhabung des Rechts berührt. Dies ist hier nicht der Fall, weil es sich um einen Einzelfall handelt. Die Entscheidung weicht auch nicht von der bisherigen Rechtsprechung ab.

Richter am Landgericht ◄

I. Streitwert

Der Streitwert des WEG-Verfahrens und seine Festsetzung richten sich nach dem **Gerichtskostengesetz**. Nach § 63 Abs. 2 GKG setzt das Prozessgericht, soweit nicht schon eine auch für die Berechnung der Gebühren bindende Entscheidung nach § 62 S. 1 GKG (betreffend die Wertfestsetzung für die Zuständigkeit des Prozessgerichts oder die Zulässigkeit des Rechtsmittels) ergangen ist, den Wert für die zu erhebenden Gebühren durch Beschluss fest, sobald eine Entscheidung über den gesamten Streitgegenstand ergeht oder sich das Verfahren anderweitig erledigt.[163] Die Höhe des Streitwerts bestimmt sich nach § 49 a GKG. Hintergrund dieser Vorschrift ist, dass sich nach altem Recht die Gerichtsgebühren nach § 48 WEG aF und der – wesentlich geringere Gebührensätze als das Gerichtskostengesetz aufweisenden – Kostenordnung bestimmten. Die Anwendung des Gerichtskostengesetzes würde bei unveränderter Streitwerthöhe zu einer erheblichen Kostenmehrbelastung führen, insbesondere beim Unterliegenden, der grundsätzlich nach § 91 Abs. 1 ZPO die außergerichtlichen Kosten der Gegenseite zu tragen hat. Unter anderem um dem entgegenzuwirken, hat der Gesetzgeber in das Gerichtskostengesetz die Regelung des § 49 a GKG aufgenommen. Diese – durchaus komplizierte – Vorschrift hat folgenden Wortlaut:

GKG § 49 a Wohnungseigentumssachen

(1) Der Streitwert ist auf 50 Prozent des Interesses der Parteien und aller Beigeladenen an der Entscheidung festzusetzen. Er darf das Interesse des Klägers und der auf seiner Seite Beigetretenen an der Entscheidung nicht unterschreiten und das Fünffache des Wertes ihres Interesses nicht überschreiten. Der Wert darf in keinem Fall den Verkehrswert des Wohnungseigentums des Klägers und der auf seiner Seite Beigetretenen übersteigen.

(2) Richtet sich eine Klage gegen einzelne Wohnungseigentümer, darf der Streitwert das Fünffache des Wertes ihres Interesses sowie des Interesses der auf ihrer Seite Beigetretenen nicht übersteigen. Absatz 1 Satz 3 gilt entsprechend.

Hinweis: Es empfiehlt sich, den Streitwertbeschluss mit einem theoretischen Vorspann zu beginnen und in diesem Struktur und Grundsätze des § 49 a GKG darzulegen. Damit hat man

111

112

---

163 Hinsichtlich der Einzelheiten des Verfahrens siehe Einsiedler, ZMR 2008, 765, 771.

zugleich ein Gerüst für die zu treffende Entscheidung, welches es erleichtert, bei der konkreten Subsumtion auf die einzelnen Regelungen zurückzugreifen und verhindern soll, dass einzelne Regelungen übersehen werden.

113 ▸ **Muster: Streitwertbeschluss**

Amtsgericht [...]

Geschäftszeichen: [...]

In dem Wohnungseigentumsrechtsstreit [...]

hat das Amtsgericht [...] durch die Richterin am Amtsgericht [...] am [...] beschlossen:

Der Streitwert wird auf 60.000 € festgesetzt.

Gründe

A. Die Streitwertfestsetzung in Wohnungseigentumsverfahren[164] richtet sich nach § 49 a GKG. Nach Abs. 1 S. 1 dieser Vorschrift bemisst sich der Streitwert grundsätzlich nach dem Interesse der Parteien und aller Beigeladenen an der Entscheidung, wobei der Streitwert auf 50 % dieses Interesses festzusetzen ist. Sodann ist zu prüfen, ob der so ermittelte Wert sich innerhalb der Grenzen des § 49 Abs. 1 S. 2 GKG befindet. Der Streitwert darf weder das Interesse des Klägers und der auf seiner Seite Beigetretenen an der Entscheidung unterschreiten (Untergrenze, § 49 Abs. 1 S. 2 Alt. 1 GKG) – was zur Folge hat, dass bei bezifferten Klagen die Klageforderung ohne Abzug für den Streitwert maßgeblich ist, weil sie dem Interesse des Klägers entspricht und 50 % des Interesses aller Parteien und Beigeladenen regelmäßig keinen höheren Wert ergeben werden als den Wert der Klageforderung[165] –, noch darf er das Fünffache des Wertes ihres Interesses überschreiten (Obergrenze, § 49 Abs. 1 S. 2 Alt. 2 GKG). In einem dritten Schritt ist die Einhaltung der den bisherigen Wertgrenzen gegenüber vorrangigen absoluten Obergrenze nach § 49 Abs. 1 S. 3 GKG zu überprüfen. Denn der der Streitwert darf „in keinem Fall" den Verkehrswert[166] des Wohnungseigentums des Klägers und der auf seiner Seite Beigetretenen[167] übersteigen.

Falls sich die Klage gegen einzelne Wohnungseigentümer richtet,[168] ist zunächst ebenfalls der Grundsatz des § 49 a Abs. 1 S. 1 GKG maßgeblich, so dass in einem ersten Schritt von einem Streitwert in Höhe von 50 % des Interesses der Parteien und aller Beigeladenen an der Entscheidung auszugehen ist. Auch hier muss sodann geprüft werden, ob der so ermittelte Streitwert die Grenzen des § 49 a Abs. 1 S. 2 und 3 GKG wahrt, also weder das Interesse des Klägers und der auf seiner Seite Beigetretenen an der Entscheidung unterschreitet noch das Fünffache des Wertes ihres Interesses überschreitet noch den Verkehrswert des Wohnungseigentums des Klägers und der auf seiner Seite Bei-

---

164 Strittig ist, ob § 49 a GKG nur auf Binnenstreitigkeiten anwendbar ist oder ob er auch auf Streitigkeiten mit Drittbeteiligung, insb. Klagen Dritter nach § 43 Nr. 5 WEG, Anwendung findet (Letzteres bejahend etwa Riecke/Schmid/*Abramenko*, Anhang zu § 50 WEG Rn 13; aA etwa Jennißen/*Suilmann*, § 49 a GKG Rn 1).

165 Vgl Einsiedler, ZMR 2008, 765, 766. Andere leiten dasselbe Ergebnis aus §§ 48 Abs. 1 GKG, § 3 ZPO ab und halten § 49 a GKG bei bezifferten Klage für gar nicht anwendbar (vgl Elzer, in: Hügel/Elzer, § 13 Rn 257).

166 Der Verkehrswert kann vom Gericht nach dem am Markt erzielbaren Verkaufspreis geschätzt werden; die Einholung eines Wertgutachtens sollte als unverhältnismäßig unterbleiben (Jennißen/*Suilmann*, § 49 a GKG Rn 7).

167 Im Falle mehrerer Kläger und/oder des Beitritts eines oder mehrerer Beteiligter auf Klägerseite ist nur der Wert einer Wohnung, und zwar derjenigen mit dem geringsten Verkehrswert, maßgeblich. Ist einer der Kläger oder einer der auf Klägerseite Beigetretenen Eigentümer mehrerer Wohnungen, so sind deren Werte zu addieren (Jennißen/*Suilmann*, § 49 a GKG Rn 6).

168 An dieser Stelle soll nur darauf hingewiesen werden, dass die wohl hM § 49 a Abs. 2 GKG nur für anwendbar hält, wenn nicht alle Wohnungseigentümer am Prozess beteiligt sind (vgl Elzer, in: Hügel/Elzer, § 13 Rn 269; Jennißen/*Suilmann*, § 49 a GKG Rn 9). Dies erscheint indes nicht zwingend. Mögliche Konfliktfälle können dadurch gelöst werden, dass § 49 a Abs. 2 GKG als speziellerer Norm der Vorrang vor § 49 a Abs. 1 S. 2 und S. 3 GKG eingeräumt wird, vgl Einsiedler, ZMR 2008, 765, 767.

getretenen übersteigt. Ferner darf bei Klagen gegen einzelne Wohnungseigentümer der Streitwert das Fünffache des Wertes des Interesses der Beklagten sowie des Interesses der auf ihrer Seite Beigetretenen nicht übersteigen (weitere Obergrenze, § 49 Abs. 2 S. 1 GKG); auch hier gilt wieder eine absolute Obergrenze dahin gehend, dass der Streitwert den Verkehrswert des Wohnungseigentums der Beklagten und der auf ihrer Seite Beigetretenen[169] auf keinen Fall übersteigen darf (§ 49 Abs. 2 S. 2, Abs. 1 S. 3 GKG).

B. Hiernach war der Streitwert für die Klage, mit welcher der Kläger zum einen den Beschluss der Eigentümerversammlung vom [...] zu TOP [...] über die Billigung der Jahresabrechnung für das Jahr [...] und zum anderen den Beschluss derselben Eigentümerversammlung zu TOP [...], betreffend die Billigung einer Sonderumlage, angefochten hat, wie geschehen festzusetzen.

I. Die beschlossene Jahresabrechnung hat ein Volumen von 200.000 €. Der Kläger hat die Abrechnung insgesamt als „vollständig intransparent und in allen Positionen überteuert" angefochten. Der auf den Kläger entfallende Kostenanteil beträgt vorliegend, ausgehend vom maßgeblichen Kostenverteilungsschlüssel, 30.000 €. Bei einer Anfechtung der gesamten Jahresabrechnung beträgt – auch nach neuem Recht – das Interesse aller Beteiligten grundsätzlich 20 bis 25 % des Volumens der Jahresabrechnung (Jennißen/*Suilmann*, WEG, 2008, § 49 a GKG Rn 16; Einsiedler, ZMR 2008, 765, 769).[170] Ausgehend hiervon ergäbe dies nach dem Grundsatz des § 49 a Abs. 1 S. 1 GKG einen Wert von 20.000 bis 25.000 €. Da indes der auf den Kläger entfallende Anteil an den Kosten der angegriffenen Jahresabrechnung bereits 30.000 € beträgt, ist dieser Betrag nach § 49 Abs. 1 S. 2 Alt. 1 GKG maßgeblich; damit ist zugleich die Begrenzung nach § 49 Abs. 1 S. 2 Alt. 2 GKG gewahrt. Dass der bei der Streitwertfestsetzung „in keinem Fall" zu überschreitende Verkehrswert des Wohnungseigentums des Klägers (§ 49 Abs. 1 S. 3 GKG) oder eines der Beklagten (§ 49 Abs. 2 S. 2, Abs. 1 S. 3 GKG)[171] weniger als 30.000 € beträgt, ist weder vorgetragen noch bei der gebotenen Schätzung (Jennißen/*Suilmann*, aaO, Rn 7) durch das Gericht zu ersehen. Diese Summe übersteigt auch nicht das Fünffache des Wertes des Interesses der Beklagten. Daher ist ein Streitwert von 30.000 € anzusetzen.

II. Die weiterhin angegriffene Sonderumlage hat einen Umfang von 60.000 €; der auf den Kläger entfallende Anteil hieran beträgt 9.000 €. Nach dem Grundsatz des § 49 a Abs. 1 S. 1 GKG beträgt der Wert insoweit 30.000 €. Dieser erfährt keine Änderung durch § 49 Abs. 1 S. 2 Alt. 1 und Alt. 2 GKG, welcher für den vorliegenden Fall lediglich eine Unterschreitung des Interesses des Klägers von 9.000 € und eine Überschreitung des fünffachen Interesses des Klägers von 5 x 9.000 € = 45.000 € verbietet. Hinsichtlich des keinesfalls zu überschreitenden Verkehrswerts des Wohnungseigentums des Klägers und der Beklagten wird auf das oben Gesagte verwiesen. 30.000 € übersteigen auch nicht das Fünffache des Wertes des Interesses der Beklagten. Auch für diese Anfechtungsklage ist daher ein Streitwert von 30.000 € zugrunde zu legen.

Richterin am Amtsgericht ◄

J. Beschluss nach § 91 a ZPO

I. Einführung

Wie jedes Verfahren unter Geltung der ZPO, können sich auch Verfahren iSv § 43 WEG ganz oder teilweise in der **Hauptsache erledigen**. Ein Streitgegenstand ist idS erledigt, wenn die Klage

114

---

169 Hier gilt das in Fn 167 Gesagte entsprechend.
170 Bei einer Anfechtung nur einzelner Positionen kann ein zusätzlicher Abschlag gemacht werden; auch bei einer Anfechtung wegen lediglich formeller Mängel wird dies vertreten (vgl Jennißen/*Suilmann*, § 49 a GKG Rn 16).
171 Vgl Einsiedler, ZMR 2008, 765, 766.

im Zeitpunkt des nach ihrer Zustellung eingetretenen erledigenden Ereignisses zulässig und begründet war und durch das behauptete Ereignis entweder unzulässig oder unbegründet wurde.[172] Ein Beschluss nach § 91 a Abs. 1 S. 1 ZPO ist allerdings nur dann geboten, wenn die Parteien des Rechtsstreits die Hauptsache **übereinstimmend für erledigt erklären**. Kommt es hingegen nur zu einer einseitigen Erklärung oder nur zu teilweisen Erklärungen, ergeht die Entscheidung als (Feststellungs-)Urteil. Der Fragenkreis der Erledigung ist dann nur im Rahmen der Kostenentscheidung des Urteils anzusprechen; die Kostenentscheidung ist in diesem Falle aber zu begründen.

II. Nicht verbundene Anfechtungsklagen

115   Wird ein Eigentümerbeschluss von mehreren Wohnungseigentümern angefochten (oder liegen parallel Feststellungs- und Gestaltungsklagen vor) und nimmt das Amtsgericht dennoch die nach § 47 WEG gebotene Verfahrensverbindung nicht vor, tritt in den weiteren Anfechtungsverfahren eine Erledigung der Hauptsache ein, wenn nur in einem Verfahren der Antrag auf Ungültigerklärung des Beschlusses rechtskräftig zurückgewiesen wird.[173] Sind **zwei divergierende Entscheidungen rechtskräftig** geworden, ist die spätere Entscheidung auf Antrag im Wege des Restitutionsverfahrens gem. § 580 Nr. 7 a ZPO aufzuheben.[174]

III. Prozessuales

116   Parteien eines Beschlusses nach § 91 a ZPO können der Verband Wohnungseigentümergemeinschaft, die Wohnungseigentümer, Dritte (in einem Verfahren nach § 43 Nr. 5 WEG) und der Verwalter sein. Der Tenor kann auf zwei Arten formuliert werden. Entweder tenoriert man

„Der Beklagte hat die Kosten des Rechtsstreits zu tragen"

oder es heißt

„Die Parteien haben den Rechtsstreit in der Hauptsache für erledigt erklärt. Der Beklagte hat die Kosten des Rechtsstreits zu tragen."

Eine Entscheidung zur Hauptsache und zur vorläufigen Vollstreckbarkeit ist – wie auch bei anderen Beschlüssen – nicht zu treffen. Der Kostenbeschluss nach § 91 a ZPO führt ein vollständiges Rubrum, weil er als Vollstreckungstitel Außenwirkung besitzt und auch verfahrensbeendend ist. Als Beschluss enthält er einheitliche „Gründe" und besitzt also weder einen Tatbestand noch Entscheidungsgründe.

117   Grundlage der Kostenentscheidung ist eine lediglich **summarische Prüfung**, bei der das Gericht grundsätzlich davon absehen kann, in einer rechtlich schwierigen Sache nur wegen der Verteilung der Kosten alle für den Ausgang bedeutsamen Rechtsfragen abzuhandeln.[175] Maßgeblich für die Kostenentscheidung ist der ohne Eintritt des (tatsächlich oder vermeintlich) erledigenden Ereignisses zu erwartende Verfahrensausgang mit den sich aus den §§ 91 ff ZPO ergebenden Kostenerstattungspflichten. Grundsätzlich hat diejenige Partei die Kosten des Rechtsstreits zu tragen, die ohne den Eintritt des erledigenden Ereignisses voraussichtlich unterlegen wäre. In der Praxis legen die Gerichte demjenigen die Kosten auf, der unterlegen wäre und die Kosten nach §§ 91 ff ZPO zu tragen gehabt hätte, wenn das erledigende Ereignis nicht eingetreten wäre.

---

172   BGH NJW 2003, 3134; 1996, 2729.
173   OLG München ZMR 2007, 395 = MietRB 2007, 99; BayObLG ZMR 2003, 590.
174   Löke, ZMR 2003, 722, 727; Elzer, in: Hügel/Elzer, § 13 Rn 191.
175   BGH NJW-RR 2003, 1075 mwN.

▶ **Muster: Beschluss nach § 91 a Abs. 1 ZPO**

Amtsgericht [...]

Az: [...]

Beschluss

In dem Wohnungseigentumsrechtsstreit

Wohnungseigentümergemeinschaft [...]-Straße [...], [...] [*PLZ, Ort*], vertreten durch die Hausverwaltung [...] GmbH Hausverwaltung und Immobilien, diese vertreten durch den Geschäftsführer [...], [...]-Straße [...], [...] [*PLZ, Ort*],

– Klägerin –

Prozessbevollmächtigter: RAe [...]

gegen

Wohnungseigentümer [...], [...]-Straße [...], [...] [*PLZ, Ort*],

– Beklagter –

hat das Amtsgericht [...], Abteilung [...], durch den Richter am Amtsgericht [...] auf die mündliche Verhandlung vom [...] beschlossen:

Der Beklagte hat die Kosten des Rechtsstreits zu tragen.[176]

Gründe

Gem. § 91 a Abs. 1 S. 1 ZPO ist über die Kosten des Verfahrens nach billigem Ermessen unter Berücksichtigung des Sach- und Streitstands im Zeitpunkt der Erledigung zu entscheiden, nachdem die Parteien das Verfahren in der Hauptsache übereinstimmend für erledigt erklärt haben.

Danach waren die Gerichtskosten dem Beklagten aufzuerlegen. Nach der allein gebotenen summarischen Prüfung war die Klage auf Zahlung von Wohngeld nach dem Wirtschaftsplan 2008 iHv 720 € zulässig und auch begründet. Der Beklagte wäre verpflichtet gewesen, die eingeklagten Wohngelder für Januar bis Dezember 2008 zu zahlen. Seine Einwendung, der Beschluss über den Wirtschaftsplan sei nicht ordnungsmäßig, war unerheblich. Diese Einwendung wäre vom Gericht in Rahmen einer Wohngeldklage nicht zu prüfen gewesen.[177]

Richter am Amtsgericht ◀

K. Beschlüsse in der Zwangsvollstreckung

I. Einführung

1. Allgemeines

Hat die Gemeinschaft der Wohnungseigentümer (Verband Wohnungseigentümergemeinschaft) oder haben die Wohnungseigentümer einen „Titel" erstritten (vgl dazu § 794 ZPO), muss dieser im Einzelfall **gegen den Willen** des Schuldners unter Zuhilfenahme eines Vollstreckungsorgans[178] durchgesetzt werden. Zu unterscheiden ist grob zwischen: 118

- der Vollstreckung wegen Geldforderungen in das bewegliche Vermögen;
- der Vollstreckung ins unbewegliche Vermögen (Zwangshypothek, Zwangsverwaltung, Zwangsversteigerung);

---

176 Weitere Entscheidungen sind nicht veranlasst.
177 Siehe dazu Rn 65.
178 Das sind das Prozess- und das Vollstreckungsgericht, der Gerichtsvollzieher und das Grundbuchamt.

- der Herausgabevollstreckung);

- der Vollstreckung zur Erwirkung von Handlungen und Unterlassungen.

119 Besonderheiten aus wohnungseigentumsrechtlicher Sicht ergeben sich **grundsätzlich nicht.** Wie stets, so müssen auch im Wohnungseigentumsrecht

- die allgemeinen und besonderen Sachurteilsvoraussetzungen vorliegen,

- die allgemeinen und besonderen Voraussetzungen der Zwangsvollstreckung erfüllt sein, und

- es dürfen keine Vollstreckungshindernisse oder

- die Vollstreckung hindernde Vollstreckungsverträge vorliegen.

Vor allem die früher problematischen Fragen, wer beispielsweise Inhaber einer Zwangshypothek wird oder ob der Verband Wohnungseigentümergemeinschaft als (Titel-)Gläubiger auftreten kann, sind **im Wesentlichen** durch § 10 Abs. 6 WEG geregelt. Die Frage, ob der Verband Wohnungseigentümergemeinschaft insolvenzfähig ist, beantwortet § 11 Abs. 3 WEG negativ. Eine Besonderheit besteht indes darin, dass für einen gegen den Verband Wohnungseigentümergemeinschaft vollstreckenden Unternehmer eine **Sicherungshypothek** an sämtlichen Wohnungseigentumseinheiten eingetragen werden kann.[179] Der Anspruch auf Einräumung der Sicherungshypothek besteht im Prinzip am **Hausgrundstück**. Aufgrund der in § 10 Abs. 8 S. 1 Hs 1 WEG angeordneten nur anteiligen Haftung steht dem Sicherungsberechtigten aber nur gegen jeden einzelnen Wohnungseigentümer ein Sicherungsanspruch in Höhe des auf diesen entfallenden Anteils an der Gesamtforderung zu; eine **Gesamthypothek** ist nicht möglich.[180]

120 **Hinweis:** Im Einzelfall können Fragen im Zusammenhang mit „Alttiteln" auftauchen. Das sind solche Titel, die die Wohnungseigentümer erstritten haben, bei denen nach heutiger Ansicht aber „richtiger" Titelinhaber der Verband Wohnungseigentümergemeinschaft sein müsste. Umgekehrt mögen Titel im Umlauf sein, die eigentlich gegen den Verband Wohnungseigentümergemeinschaft gerichtet sein müssten, aber gegen die Wohnungseigentümer lauten. Solche Titel können grundsätzlich nicht nach § 319 ZPO berichtigt oder nach § 724 ff ZPO umgeschrieben werden.[181]

121 Besonderheiten für die Zwangsvollstreckung ergeben sich insoweit, als **bestimmte Vollstreckungssituationen** vor allem zur Erwirkung von Handlungen und Unterlassungen im übrigen Recht unbekannt sind bzw spezifische wohnungseigentumsrechtliche Fragen aufwerfen.

2. Typische Vollstreckungssituationen

a) Vollstreckungen nach § 885 ZPO (Herausgabe)

122 Hat der Schuldner eine **unbewegliche Sache** herauszugeben, zu überlassen oder zu räumen, so hat der Gerichtsvollzieher den Schuldner aus dem Besitz zu setzen und den Gläubiger in den Besitz einzuweisen. Hierher gehören zB

- Herausgabe von Räumen[182]

- Herausgabe von Flächen

- Herausgabe von Bestandteilen

---

179   Siehe dazu Armbrüster, ZWE 2008, 167, 168; Elzer, in: Riecke/Schmid, § 10 Rn 520.
180   Elzer, in: Riecke/Schmid, § 10 Rn 521.
181   BGH NJW 2007, 518.
182   OLG Köln ZWE 2000, 491.

b) Vollstreckungen nach § 887 ZPO (vertretbare Handlungen)

Erfüllt der Schuldner die Verpflichtung nicht, eine **Handlung vorzunehmen**, deren Vornahme 123
durch einen Dritten erfolgen kann, kann der Gläubiger von dem Prozessgericht des ersten
Rechtszugs auf Antrag ermächtigt werden, auf Kosten des Schuldners die Handlung vornehmen
zu lassen. Der Gläubiger kann zugleich beantragen, den Schuldner zur Vorauszahlung der Kosten zu verurteilen, die durch die Vornahme der Handlung entstehen werden, unbeschadet des
Rechts auf eine Nachforderung, wenn die Vornahme der Handlung einen größeren Kostenaufwand verursacht. Hierher gehören zB:

- Erzwingung von baulichen Veränderungen (zB Einbau von Trittschallschutz)
- Erzwingung von Arbeiten zugunsten des Gemeinschaftseigentums[183]
- Erzwingung einer Rückbauverpflichtung,[184] sofern die Einheit nicht vermietet ist oder der Mieter einverstanden ist (sonst § 888 ZPO)
- Erstellung der Jahresabrechnung[185]
- Erstellung des Wirtschaftsplans[186]

Hinweis: Ein Antrag auf Ermächtigung zur Ersatzvornahme nach § 887 ZPO kann nicht in
einen solchen auf Anordnung von Zwangsmitteln nach § 888 ZPO umgedeutet werden und
umgekehrt, sofern keine Anhaltspunkte dafür vorhanden sind, dass der Gläubiger nicht hilfsweise den anderen Antrag gestellt wissen möchte.[187]

c) Vollstreckungen nach § 888 ZPO (unvertretbare Handlungen)

Kann eine Handlung durch einen Dritten nicht vorgenommen werden, kann, wenn sie aus- 124
schließlich von dem Willen des Schuldners abhängt, auf Antrag vom Prozessgericht des ersten
Rechtszugs erkannt werden, dass der Schuldner zur Vornahme der Handlung durch Zwangsgeld und für den Fall, dass dieses nicht beigetrieben werden kann, durch Zwangshaft oder durch
Zwangshaft anzuhalten sei. Das einzelne Zwangsgeld darf den Betrag von 25.000 € nicht übersteigen. Hierzu gehören zB:

- Erzwingung von Zugang zu einem Sondereigentum
- Erzwingung einer Abrechnung nach § 28 Abs. 4 WEG[188]
- Rechnungslegung[189]
- Erzwingung einer Einwirkung eines Wohnungseigentümers gegen seinen unwilligen Mie-ter[190]
- Gewährung von Einsicht in die Verwaltungsunterlagen[191]

---

183 OLG Köln OLGReport Köln 1999, 62.
184 OLG Frankfurt NZM 2008, 210; BayObLG ZfIR 2000, 404.
185 BayObLG ZWE 2002, 585, 587; OLG Düsseldorf NZM 1999, 842; BayObLG WE 1989, 220; OLG Hamm OLGZ 1975, 157, 160; Rau, WuM 1997, 127; aA OLG Köln WuM 1997, 245; KG NJW 1972, 2093: § 888 ZPO.
186 BayObLG WE 1989, 220; aA KG NJW 1972, 2093.
187 OLG Hamm NJW 1985, 274..
188 . OLG Hamburg ZMR 2005, 396; BayObLG ZWE 2002, 585; OLG Köln WuM 1997, 245; OLG Stuttgart Rpfleger 1973, 311; KG NJW 1972, 2093; aA OLG Düsseldorf ZMR 1999, 425; OLG Hamm OLGZ 1975, 157, 160.
189 BayObLG ZWE 2002, 585, 587; KG NJW 1972, 2093; Nies, NZM 1999, 832; aA OLG Düsseldorf NZM 1999, 842; OLG Hamm OLGZ 1975, 157, 160.
190 BayObLG ZWE 2000, 303 = NZM 2000, 303; BayObLGZ 1988, 440, 441 = NJW-RR 1989, 462; LG Hamburg ZMR 2005, 79.
191 BayObLG WE 1997, 432.

- Herausgabe von Verwaltungsunterlagen;[192] die Verwaltungsunterlagen müssen nicht zwingend im Einzelnen bezeichnet werden
- Auskunftserteilung

d) Vollstreckungen nach § 890 ZPO (Unterlassungen und Duldungen)

125 Handelt der Schuldner der Verpflichtung zuwider, eine Handlung zu unterlassen oder die Vornahme einer Handlung zu dulden, kann er wegen einer jeden Zuwiderhandlung auf Antrag des Gläubigers vom Prozessgericht des ersten Rechtszugs zu einem Ordnungsgeld und für den Fall, dass dieses nicht beigetrieben werden kann, zur Ordnungshaft oder zu Ordnungshaft bis zu sechs Monaten verurteilt werden. Hierher gehören zB:

- Unterlassung einer Störung;[193] ist nicht klar, ob es sich um einen Unterlassungsanspruch oder eine unvertretbare Handlung handelt, ist ggf ein Hilfsantrag nach § 888 ZPO zu stellen
- Duldung[194]

II. Muster

126 ▶ **Muster: Gerichtsbeschluss nach § 887 ZPO**

Amtsgericht [...]

Az: [...]

Beschluss

In der Zwangsvollstreckungssache

Wohnungseigentümergemeinschaft [...]-Straße [...], [...] [*PLZ, Ort*], vertreten durch die Verwalterin, die [...] GmbH, diese vertreten durch den Geschäftsführer [...],[...]-Straße [...], [...] [*PLZ, Ort*],

– Gläubigerin –

Verfahrensbevollmächtigter: RAe [...]

gegen

die Wohnungseigentümer

1) [...], [...]-Straße [...], [...] [*PLZ, Ort*],

2) [...], [...]-Straße [...], [...] [*PLZ, Ort*],

– Schuldner –

Verfahrensbevollmächtigter: RAe [...]

hat das Amtsgericht [...], Abteilung [...], durch den Richter am Amtsgericht [...] nach schriftlicher Anhörung der Schuldner am [...] beschlossen:

1. Die Gläubigerin wird ermächtigt, die den Schuldnern in dem vollstreckbaren Urteil des Amtsgerichts [...] vom [...] auferlegte Handlung, nämlich die auf dem Balkon der Wohnung [...], Erd-

---

192 OLG Frankfurt WuM 1999, 61; OLG Hamburg OLGZ 1987, 188; BayObLGZ 1975, 327, 329; KG NJW 1972, 2093. Steht fest, dass der frühere Wohnungseigentumsverwalter bestimmte Unterlagen in Besitz hatte, so kann er sich gegenüber einem Herausgabeverlangen nicht dadurch erfolgreich verteidigen, dass er den fortbestehenden Besitz pauschal in Abrede stellt in Verbindung mit der Erklärung, weitere Angaben über den Verbleib der Unterlagen nicht machen zu können. Gegenüber dem Anspruch auf Herausgabe von Verwaltungsunterlagen steht dem früheren Verwalter auch kein Zurückbehaltungsrecht wegen Vergütungsansprüchen zu, OLG Hamm ZMR 2007, 982.
193 BGH ZMR 1996, 147, 148 = NJW 1996, 714; OLG Düsseldorf ZMR 2003, 349; BayObLG ZMR 2001, 51, 53; aA OLG Köln OLGReport Köln 2000, 438 = ZMR 2001, 65, 66: § 888 ZPO.
194 OLG Köln ZMR 2003, 706, 707.

geschoss rechts, [...] [*PLZ, Ort*], dauerhaft installierte Satellitenantenne (Parabolantenne) zu entfernen, auf Kosten der Schuldner durch einen Gerichtsvollzieher vornehmen zu lassen.

2. Die Schuldner haben die Vornahme der Handlung zu dulden.
3. Die Schuldner haben die Kosten des Verfahrens zu tragen.
4. Der Streitwert wird auf [...] € festgesetzt.

Gründe

Das Amtsgericht [...] verurteilte die Schuldner auf Antrag der Gläubigerin rechtskräftig, die auf dem Balkon seiner Eigentumswohnung [...], Erdgeschoss rechts, [...] [*PLZ, Ort*], dauerhaft installierte Satellitenantenne (Parabolantenne) bis zum [...] zu entfernen.[195]

Dieser Verpflichtung kamen die Schuldner ungeachtet zweier Aufforderungen der Gläubigerin unstreitig nicht nach.

Die Gläubigerin hat mit Schriftsatz vom [...] einen Antrag auf Ermächtigung nach § 887 Abs. 1 ZPO gestellt.

Diesem war stattzugeben, nachdem die gem. § 891 S. 1 ZPO gehörten Schuldner wegen der von der Gläubigerin beantragten Ermächtigung keine Einwendungen erhoben haben. Ihr Hinweis, sie empfänden das Urteil als ungerecht und könnten nicht einsehen, warum die Antenne zu entfernen sei, ist unerheblich. Dieser Einwand ist ungeeignet, den Anspruch der Gläubigerin zu Fall zu bringen, weil er im Wege des Rechtsmittels gegen das Urteil, nicht aber im Rahmen der Zwangsvollstreckung vorzubringen war.

Die Kostenentscheidung folgt aus § 91 Abs. 1 S. 1 ZPO.

Richter am Amtsgericht ◄

▶ **Muster: Gerichtsbeschluss nach § 888 ZPO** 127

Amtsgericht [...]

Az: [...]

Beschluss

In der Zwangsvollstreckungssache

1) Wohnungseigentümer [...], [...]-Straße [...], [...] [*PLZ, Ort*],

2) [...]

3) [...]

– Gläubiger –

Verfahrensbevollmächtigter: RAe [...]

gegen

Verwalterin [...], [...]-Straße [...], [...] [*PLZ, Ort*],

– Schuldnerin –

Verfahrensbevollmächtigter: RAe [...]

hat das Amtsgericht [...], Abteilung [...], durch den Richter am Amtsgericht [...] nach schriftlicher Anhörung der Schuldnerin am [...] beschlossen:

1. Gegen die Schuldnerin wird zur Erzwingung der im vollstreckbaren Urteil des Amtsgerichts [...] vom [...] erfolgten Verurteilung, für die Kalenderjahre [...] und [...] bis zum [...] Rechnung zu

---

195 Zur Parabolantenne im WEG siehe zB OLG München NZM 2008, 91 = MietRB 2008, 15.

legen, ein Zwangsgeld in Höhe von 5.000 €, ersatzweise für den Fall, dass dieses nicht beige-trieben werden kann, für je 1.000 € ein Tag Zwangshaft verhängt.

2. Die Vollstreckung Ziffer 1. entfällt, sobald die Schuldnerin der dort genannten Verpflichtung nachgekommen ist.

3. Der Schuldnerin werden die Kosten des Verfahrens auferlegt.

4. Der Streitwert wird auf [...] € festgesetzt.

Gründe

I.

Das Amtsgericht [...] verurteilte die Schuldnerin mit rechtskräftigem Urteil vom [...], für die Kalen-derjahre [...] und [...] bis zum [...] gemäß § 259 BGB Rechnung zu legen.

Nachdem diese Frist fruchtlos verstrichen ist, beantragten die Gläubiger, gegen die Schuldnerin Zwangsgeld und für den Fall, dass dieses nicht beigetrieben werden kann, Zwangshaft oder Zwangs-haft anzuordnen.

Die Schuldnerin hält den Antrag für unberechtigt und beantragt Abweisung, da sie den Gläubigern verschiedene Abrechnungen und Aufstellungen zukommen ließ.

II.

Der zulässige Antrag ist begründet. Der Anspruch auf Rechnungslegung nach § 28 Abs. 4 WEG ist eine nicht vertretbare Handlung, die nach § 888 ZPO vollstreckt wird (BayObLG v. 18.4.2002 – 2Z BR 9/02 = ZWE 2002, 585, 586). Der Verwalter ist unabhängig vom Verwaltervertrag jedenfalls als Amtswalter des „Amtes Verwalter" auch den Wohnungseigentümern gegenüber verpflichtet, über die Einzelheiten der Auftragsausführung in verkehrsüblicher Form zu informieren und ihnen die notwendige Übersicht über das Besorgte zu verschaffen; das gilt selbst dann, wenn eine Pflicht zur Herausgabe nach § 667 BGB nicht besteht (BGH v. 30.11.1989 – III ZR 112/88 = BGHZ 109, 260, 266 = MDR 1990, 315 = NJW 1990, 510). Die Erfüllung der Rechnungslegungspflicht erfordert im Allgemeinen Kenntnisse, die nur der Verwalter selbst, nicht jedoch auch ein Dritter haben kann.

Im Verfahren nach § 887 ZPO ist der Einwand der Erfüllung zu berücksichtigen (BGH v. 5.11.2004 – IXa ZB 32/04 = BGHZ 161, 67 = MDR 2005, 351). Gleiches hat für das Verfahren nach § 888 ZPO zu gelten (KG v. 6.12.2007 – 2 W 185/07 = MDR 2008, 349; OLG Celle v. 1.4.2003 – 6 W 25/03 = OLG-Report Celle 2003, 294). Die wesentlichen Argumente, die für eine Berücksichtigungsfähigkeit des Erfüllungseinwands im Verfahren nach § 887 ZPO sprechen, treffen auch für das Verfahren nach § 888 ZPO zu. Zum einen ist die Berücksichtigung des Erfüllungseinwands in beiden Verfahren deut-lich verfahrensökonomischer als die alternativ in Betracht zu ziehende Durchführung eines geson-derten Vollstreckungsabwehrklageverfahrens nach § 767 ZPO, zumal dieses Verfahren schwerfälliger ist als die Verfahren nach §§ 887 und 888 ZPO. Zum anderen ist das Prozessgericht, das zur Ent-scheidung in den Verfahren nach §§ 887 und 888 ZPO gleichermaßen berufen ist, anders als andere Vollstreckungsorgane (wie etwa der Gerichtsvollzieher oder das Grundbuchamt), personell und ver-fahrensmäßig ohne Weiteres in der Lage, die mit dem Erfüllungseinwand etwaig einhergehenden Streitfragen zu klären. Ferner spricht für die Berücksichtigung des Erfüllungseinwands im Verfahren nach § 888 ZPO die Ähnlichkeit dieser Vorschrift mit § 890 ZPO, nach dessen Wortlaut („handelt der Schuldner der Verpflichtung zuwider") eine Berücksichtigung der „Erfüllung" – dh dort der Unterlas-sung bzw Duldung – unzweifelhaft erforderlich ist.

Der Einwand der Schuldnerin, sie habe mit der unstreitigen Überlassung von verschiedenen Unter-lagen ihre Verpflichtung zur Rechnungslegung erfüllt, greift aber nicht durch. Die Schuldnerin hat ihre Pflicht, eine Schlussabrechnung zum [...] zu erstellen, nicht, jedenfalls nicht vollständig erfüllt. Die vorgelegte Abrechnung ist unstreitig unvollständig. Bei unvollständiger Abrechnung hat der Gläubiger einen Anspruch auf Ergänzung (BGH v. 29.6.1983 – IVb ZR 391/81 = NJW 1983, 2243, 2244 = MDR 1984, 34; OLG Oldenburg v. 18.2.1992 – 5 U 102/91 = NJW-RR 1992, 778), der seinem Wesen nach nichts anderes als der ursprüngliche und bereits titulierte Erfüllungsanspruch ist. Durchsetzen kann der Gläubiger die Ergänzung im Wege der Zwangsvollstreckung, hier also durch Festsetzung von Zwangsgeld oder Zwangshaft. Der Schuldnerin steht es frei, die Vollstreckung der Zwangsmittel jederzeit durch Erfüllung, nämlich vollständige Rechnungslegung, abzuwenden.

Die Kostenentscheidung folgt aus § 91 Abs. 1 S. 1 ZPO.

Richter am Amtsgericht ◄

▶ **Muster: Ablehnender Gerichtsbeschluss nach § 888 ZPO** 128

326

Amtsgericht [...]

Az: [...]

Beschluss

In der Zwangsvollstreckungssache

1) [...], [...]-Straße [...], [...] [*PLZ, Ort*],

2) [...]

– Gläubiger –

Verfahrensbevollmächtigter: RAe [...]

gegen

[...] GmbH Hausverwaltung und Immobilien, vertreten durch den Geschäftsführer [...], [...]-Straße, [...] [*PLZ, Ort*],

– Schuldnerin –

Verfahrensbevollmächtigter: RAe [...]

hat das Amtsgericht [...], Abteilung [...], durch den Richter am Amtsgericht [...] nach schriftlicher Anhörung der Schuldnerin am [...] beschlossen:

1. Der Antrag wird als zurzeit unbegründet zurückgewiesen.
2. Die Kosten des Rechtsstreits werden den Antragstellern als Gesamtschuldnern auferlegt.
3. Der Geschäftswert wird auf 5.000 € festgesetzt.

Gründe

I.

Das Amtsgericht [...] verpflichtete die Schuldnerin am [...], den Gläubigern in ihren Geschäftsräumen während der üblichen Geschäftszeiten Einsicht in sämtliche Verwaltungsunterlagen der Wohnungseigentümergemeinschaft [...] – insbesondere die Bankbelege und Rechnungen – zu gewähren. Diese Entscheidung ist seit dem [...] rechtskräftig.

Die Schuldnerin versuchte nach Erlass des Beschlusses noch im [...] [*Datum*] und dann im [...] [*Datum*] zunächst erfolglos, einen Termin für eine Einsichtnahme zu vereinbaren. Ob ihr Geschäftsführer zur Vereinbarung eines Termins bei [...] anrief, ist streitig. Die Schuldnerin gewährte die verlangte Akteneinsicht jedenfalls am [...], konnte an diesem Tag aber nicht alle Unterlagen vorlegen, die der Gläubiger zu 1) wünschte. Der Fortsetzung der Akteneinsicht am [...] widersprach die

Schuldnerin, weil sie wegen der Erkrankung eines Lehrlings keine Aufsichtsperson während der Akteneinsicht stellen konnte.

Mit Schreiben vom [...] verlangte der Gläubiger zu 1) weitere Termine zur Einsichtnahme. Die Schuldnerin faxte dem Gläubiger zu 1) daraufhin am [...] zwei weitere mögliche Termine. Zwischen den Parteien ist insoweit streitig, ob das Fax den Gläubiger zu 1) ordnungsmäßig erreicht hat. Unstreitig sind dem Gläubiger zu 1) die Termine aber später bekannt geworden. Mit Fax vom [...] bot die Schuldnerin dem Gläubiger zu 1) außerdem zwei weitere Termine zur Einsichtnahme an. Diese Termine lehnte der Antragsteller zu 1) wegen Terminkollisionen – von denen er behauptet, dass die Schuldnerin sie kannte – abermals ab. Auch ein von der Schuldnerin mit Schreiben [...] angebotenes Einsichtsrecht lehnte der Gläubiger zu 1) wegen einer (angeblichen) Terminkollision ab.

Die Gläubiger beantragen,

gegen die Schuldnerin wegen Nichtgewährung der Akteneinsicht in die Verwaltungsunterlagen der Wohnungseigentümergemeinschaft [...] gemäß rechtskräftigem Urteil des Amtsgerichts [...] vom [...] im Verfahren [...] [*Aktenzeichen*], ein Zwangsgeld festzusetzen und für den Fall, dass dieses nicht beigetrieben werden kann, Zwangshaft oder Zwangshaft anzuordnen.

Die Schuldnerin beantragt,

den Antrag zurückzuweisen.

II.

Der zulässige Antrag ist unbegründet. Die Festsetzung eines Zwangsgeldes gem. § 888 Abs. 1 ZPO kommt zurzeit nicht in Betracht. Nach Sinn und Zweck des § 888 ZPO soll der Wille des Schuldners dahin gehend beeinflusst werden, dass er sich dem Titel beugt und die geschuldete Handlung vornimmt. Zwangsgeld nach § 888 ZPO ist damit ein Beugemittel, das den Schuldner zu der begehrten Leistung der unvertretbaren Handlung anhalten soll. Das Zwangsgeld unterscheidet sich insoweit von Ordnungsgeldern, die als Ahndung für Zuwiderhandlungen und damit als strafähnliche Maßnahmen verhängt werden (BGH v. 2.3.1983 – IVb ARZ 49/82 = MDR 1983, 739). Ein Zwangsgeld nach § 888 ZPO kann nur festgesetzt werden, wenn feststeht, dass der Schuldner die von ihm geschuldete Leistung im Zeitpunkt der Verhängung des Zwangsgeldes erbringen kann. Muss an der Handlung notwendig ein Dritter mitwirken, muss der Schuldner alles ihm Zumutbare unternehmen, um die Mitwirkung des Dritten herbeizuführen. Muss – wie hier – der Gläubiger an der geschuldeten Handlung mitwirken, muss der Schuldner alle Teilhandlungen durchführen, die ihm ohne Mitwirkung des Gläubigers möglich sind. Muss ein Verwalter dulden, dass ein Wohnungseigentümer in sämtliche Verwaltungsunterlagen der Wohnungseigentümergemeinschaft Einsicht nimmt, muss er diesem Termine zur Einsichtnahme anbieten und in seinen Geschäftsräumen die Einsicht ermöglichen.

Diese Teilhandlungen hat die Schuldnerin unstreitig erfüllt. Sie hat über den Gläubiger zu 1) sämtlichen Gläubigern bislang über zehn Termine zur Einsichtnahme angeboten. Sie hat – als der Gläubiger zu 1) von diesen Terminen einen nutzte – diesem auch in ihren Räumen eine Einsichtnahme ermöglicht.

Zwar ist es möglich, dass der Gläubiger zu 1) bislang weitere Termine wegen Terminkollisionen nicht wahrnehmen konnte. Weiter ist möglich, dass den Gläubiger zu 1) nicht alle von der Schuldnerin angebotenen Termine erreicht haben. Darauf kommt es aber nicht an. Unstreitig beugt sich die Schuldnerin zurzeit dem Beschluss vom [...] und will den Gläubigern die verlangte Einsichtnahme ermöglichen. Bei der geschuldeten Handlung müssen die Gläubiger aber mitwirken. Wenn diese die angebotenen Termine nicht wahrnehmen können, muss die Schuldnerin weitere Termine anbieten. Solange sie dies tut, gibt es aber keinen Anlass, ihren Willen zu beugen.

Etwas anderes würde dann gelten, wenn die Schuldnerin bewusst nur solche Termine anbieten würde, von denen sie sicher weiß, dass sie sämtliche Antragsteller nicht nutzen können. Ein derartiges Verhalten ist zurzeit aber nicht zu erkennen und wird auch nicht vorgetragen.

Die Kostenentscheidung folgt aus § 91 Abs. 1 S. 1 ZPO.

Richter am Amtsgericht ◄

▶ **Muster: Gerichtsbeschluss nach § 890 ZPO** 129

Amtsgericht [...]

Az: [...]

Beschluss

In der Zwangsvollstreckungssache

1) [...], [...]-Straße [...], [...] [*PLZ, Ort*],

2) [...]

– Gläubiger –

Verfahrensbevollmächtigter: RAe [...]

gegen

[...] GmbH, vertreten durch den Geschäftsführer [...], [...]-Straße [...], [...] [*PLZ, Ort*],

– Schuldnerin –

Verfahrensbevollmächtigter: RAe [...]

hat das Amtsgericht [...], Abteilung [...], durch den Richter am Amtsgericht [...] nach schriftlicher Anhörung der Schuldnerin am [...] beschlossen:

1. Gegen die Schuldnerin wird wegen fortgesetzter Zuwiderhandlung gegen die Unterlassungsverpflichtung, das tägliche Backen in der im Aufteilungsplan mit Nr. 2 bezeichneten, im Erdgeschoss Mitte und links gelegenen Gewerbeeinheit in der Zeit von 22.00 Uhr bis 04.00 Uhr zu unterlassen, gem. § 890 Abs. 1 ZPO ein Ordnungsgeld von 5.000 €, ersatzweise für den Fall, dass dieses nicht beigetrieben werden kann, für je 500 € ein Tag Ordnungshaft verhängt.

2. Das Ordnungsgeld ist bis zum [...] an die Gerichtskasse zu zahlen.

3. Die Kosten des Verfahrens werden der Schuldnerin auferlegt.

4. Der Geschäftswert wird auf 20.000 € festgesetzt.

Gründe

Das verhängte Ordnungsgeld ist nach § 890 Abs. 1 S. 1 ZPO gerechtfertigt. Die Schuldnerin hat gegen die ihr mit rechtskräftigen Urteil des Amtsgerichts [...] vom [...] auferlegten Unterlassungsverpflichtungen fortgesetzt zuwidergehandelt.

Die Schuldnerin traf nach dem Urteil des Amtsgerichts [...] die Pflicht, in der Zeit von 22.00 Uhr bis 04.00 Uhr das tägliche Backen zu unterlassen. Nach dem übereinstimmenden Vortrag der Parteien muss davon ausgegangen werden, dass die Schuldnerin hiergegen schuldhaft verstoßen hat. Die Schuldnerin räumt selbst ein, dass täglich nach Mitternacht mit der Arbeit in der Bäckerei begonnen wird. Die Bäckerei wird nach ihrem Vorbringen gereinigt, und es wird gebackene Ware eingepackt. Gegen 03.30 Uhr wird dann der Ofen angewärmt, nachdem (kurz) vorher weitere vorbereitende Maßnahmen, die nicht mit Maschinen verbunden sind, veranlasst worden sind. Damit verstößt die Schuldnerin nach ihrem eigenen Vortrag gegen die Verpflichtung, vor 04.00 Uhr das Backen zu unterlassen. Die Schuldnerin hat auch schuldhaft gehandelt. Nach ihrem eigenen Vortrag unternimmt sie nichts gegen das Backen vor 04.00 Uhr.

Das Gericht hat das beantragte Ordnungsgeld auf 5.000 € festgesetzt. Es hat hierbei sowohl die Schwere der fortgesetzten Zuwiderhandlung berücksichtigt als auch dem Umstand Rechnung getragen, dass der Schuldnerin durch ein empfindliches Übel zur künftigen Einhaltung des gerichtlichen Verbots angehalten wird. Entsprechend der obergerichtlichen Rechtsprechung (OLG Frankfurt v. 2.1.1990 – 22 W 57/89 = NJW-RR 1990, 639, 640; OLG Hamburg v. 23.10.1986 – 3 W 87/86 = NJW-RR 1987, 1024) wäre bei einem ersten Verstoß allerdings eine Höhe des Ordnungsgeldes von 1/20 des Wertes des Unterlassungsanspruchs angemessen gewesen. Dieser betrug laut Geschäftswertfestsetzung des Gerichts 20.000 €. Daraus würde ein Ordnungsgeld in Höhe von 1.000 € folgen. In Anbetracht der von der Schuldnerin nicht bestrittenen Verstöße erschien ein Ordnungsgeld in dieser Größenordnung allerdings zu niedrig, um sie künftig dazu anzuhalten, der Unterlassungsverfügung zu folgen. Das Gericht hielt es daher für notwendig, aber auch ausreichend, in Fällen, in denen der Geschäftswert wie hier gering ist, den Betrag für einen ersten Verstoß gegen die einstweilige Verfügung in Höhe von ¼ des Wertes des Unterlassungsanspruchs anzusetzen.

Die Nebenentscheidungen beruhen auf § 91 Abs. 1 S. 1 ZPO iVm §§ 6 Abs. 1 S. 1, 7 Abs. 1 S. 1 und 2 EGStGB.

Richter am Amtsgericht ◄

L. Erstinstanzliche gerichtliche Entscheidungen zum Verwalter

I. Einführung

1. Allgemeines

130   Die Wohnungseigentümer, aber auch der Verband Wohnungseigentümergemeinschaft können das Gericht nach § 43 Nr. 3 WEG in unterschiedlichen Belangen wegen des Verwalters anrufen. Im **Vordergrund** stehen Verfahren, die sich um die Überprüfung der **ordnungsmäßigen Bestellung des Verwalters** ranken. Daneben stehen Verfahren, mit denen Pflichtverletzungen des Verwalters geltend gemacht oder Vergütungsfragen zum Gegenstand gerichtlicher Überprüfung gemacht werden. Schließlich kommen Verfahren zur Frage der Reichweite der Rechte und Pflichten des Verwalters in Betracht sowie solche, mit denen ein Verwalter erst gerichtlich bestellt werden soll („Notverwalter", Rn 133).

2. Überblick zu den möglichen „Verwalterverfahren" nach § 43 Nr. 3 WEG

131   Das Gericht, in dessen Bezirk das Grundstück liegt, ist dabei **ausschließlich zuständig** für Streitigkeiten über die Rechte und Pflichten des Verwalters bei der Verwaltung des gemeinschaftlichen Eigentums. Hierher gehören zB:

- Abschluss und der Beendigung des Verwaltervertrags;
- Bestellung und Abberufung des Verwalters;[196]

---

196   BGH ZMR 2002, 941, 943.

- Ansprüche aus dem Verwaltervertrag (zB Vergütungs- und Aufwendungsersatzansprüche,[197] sofern diese nicht nach Ablauf der Bestellungszeit auf Bitten des neuen Verwalters getätigt wurden);[198]
- Schadenersatzsprüche, auch wenn sich diese zugleich aus unerlaubter Handlung herleiten lassen;[199]
- Fragen ordnungsmäßiger Verwaltung iSv § 21 Abs. 4 WEG durch den Verwalter, etwa die Durchführung von Beschlüssen oder die Sorgetragung für die Einhaltung der Hausordnung nach § 27 Abs. 1 Nr. 1 WEG, die Einberufung der Eigentümerversammlung nach § 24 Abs. 1 WEG,[200] eine Berichtigung der Niederschrift,[201] Herausgabe von Unterlagen,[202] die Einsichtsgewährung in Verwaltungsunterlagen,[203] eine Auskunftserteilung,[204] eine Rechnungslegung, Erteilung oder Versagung der Zustimmung zur baulichen Veränderung oder zur Veräußerung nach § 12 WEG, ggf eine Gewerbeausübung, Tierhaltung[205] oder Veräußerung des Wohnungseigentums;
- Ansprüche auf Erstellung von Wirtschaftsplan und Jahresabrechnung;
- Ansprüche des Verwalters wegen ehrverletzender Äußerungen von Wohnungseigentümern[206] und ebenso eines Wohnungseigentümers wegen entsprechender Äußerungen des Verwalters, sofern jeweils ein Zusammenhang mit der Verwaltung besteht;
- Streitigkeiten über Ansprüche „aus dem Verwaltervertrag",[207] wegen des Umfangs und des Inhalts der Verwalteraufgaben, wegen des Bestehens eines Verwaltervertrags oder der Wirksamkeit der Verwalterbestellung, sofern es sich nicht um eine Beschlussanfechtung nach § 43 Nr. 4 WEG handelt.

II. Muster

▶ **Muster: Anfechtungsklage gegen Verwalterbestellung[208]**

132

328

Amtsgericht [...]

Az: [...]

Urteil

In dem Wohnungseigentumsrechtsstreit

Wohnungseigentümer [...], [...]-Straße [...], [...] *[PLZ, Ort]*,

– Kläger –

Prozessbevollmächtigter: RAe [...]

---

197 BayObLG WE 1997, 76.
198 OLG Köln OLGReport Köln 2003, 19 = NZM 2002, 749.
199 BGHZ 59, 58, 61 = MDR 1972, 772 = NJW 1972, 1318.
200 BayObLG WuM 1992, 450.
201 BayObLGZ 1982, 447.
202 OLG München NJW-RR 2006, 1024; BayObLGZ 1969, 211.
203 OLG Frankfurt OLGZ 1979, 138.
204 BayObLGZ 1972, 166 = NJW 1972, 1377.
205 OLG Saarbrücken NZM 1999, 622.
206 BayObLG ZWE 2001, 319; aA OLG Düsseldorf ZWE 2001, 165; Bassenge, in: Köhler/Bassenge, Teil 17 Rn 9.
207 BGHZ 59, 58, 60 = MDR 1972, 772 = NJW 1972, 1318.
208 Siehe dazu auch Boeckh, Wohnungseigentumsrecht, Teil 3 § 6 Rn 104 ff.

gegen

1) Wohnungseigentümer [...], [...]-Straße [...], [...] [*PLZ, Ort*],

2) Wohnungseigentümerin [...], [...]-Straße [...], [...] [*PLZ, Ort*],

– Beklagte –

[...] Verwaltungs-GmbH, [...]-Straße [...], [...] [*PLZ, Ort*],

– Beigeladene –

hat das Amtsgericht [...], Abteilung [...], durch den Richter am Amtsgericht [...] am [...] für R e c h t erkannt:

1. Der Beschluss zu TOP 1 der Eigentümerversammlung vom [...] wird für ungültig erklärt.
2. Die Beklagten haben die Kosten des Rechtsstreits samtverbindlich zu tragen.
3. Das Urteil ist vorläufig vollstreckbar. Die Beklagten dürfen die Vollstreckung durch Sicherheitsleistung in Höhe des aufgrund des Urteils vollstreckbaren Betrags zuzüglich 10 % abwenden, wenn nicht der Kläger vor der Vollstreckung Sicherheit in Höhe des jeweils zu vollstreckenden Betrags zuzüglich 10 % leistet.

Tatbestand

Der Beklagte zu 1) begründete an der Anlage durch Teilungserklärung Wohnungseigentum. In der Teilungserklärung bestimmte er die [...] GmbH als erste Verwalterin für drei Jahre. Weil er mit der Verwaltung durch diese Verwalterin unzufrieden war, beantragte der Kläger zunächst, die [...] GmbH abzuberufen und ihn zu ermächtigen, eine Eigentümerversammlung vor allem zu dem Zweck einzuberufen, einen neuen (anderen) Verwalter zu bestellen. Nach Erörterung der Sach- und Rechtslage im Termin am [...] lud die [...] GmbH selbst zu einer entsprechenden Eigentümerversammlung am [...] ein. In der Eigentümerversammlung am [...] bestellten die Wohnungseigentümer zu TOP 1 die [...] GmbH ab. Zugleich bestellten sie allein mit den Stimmen der Beklagten zu 1) und zu 2) – der Ehefrau des Beklagten zu 1) – als neuen Verwalter die [...] Verwaltungs-GmbH – die Beigeladene. Die Beigeladene hatte der Beklagte zu 1) in der Versammlung vorgeschlagen und unmittelbar zur Abstimmung gestellt. Die Beigeladene stellte sich in der Eigentümerversammlung vor der Abstimmung nicht vor. Sie erläuterte nicht, zu welchen Konditionen sie die Verwaltung übernehmen würde und war jedenfalls dem Kläger nicht bekannt. Die Beigeladene hat bislang kein Wohneigentum verwaltet.

Der Kläger ist der Ansicht, die Entscheidung, die Beigeladene zur Verwalterin zu bestellen, sei nicht ordnungsmäßig. Die Entscheidung leide jedenfalls unter einem Ermessensmangel.

Der Kläger beantragt mit Schriftsatz vom [...] unter Änderung seiner ursprünglichen Anträge zuletzt, den Beschluss der Eigentümerversammlung vom [...] zu TOP 1 für ungültig zu erklären.

Die Beklagten zu 1) und 2) beantragen,

die Klage abzuweisen.

Der Kläger hat die Klage mit Schriftsatz vom [...] begründet.

Ergänzend wird wegen der Einzelheiten des wechselseitigen Vorbringens und des Verfahrens auf den Akteninhalt Bezug genommen.

Entscheidungsgründe

Die Anfechtungsklage ist statthaft. Die Klage richtet sich auf Erklärung der Ungültigkeit eines Beschlusses von Wohnungseigentümern.

I.

Die Anfechtungsklage ist zulässig. Der Kläger hat die Anfechtungsklage insbesondere fristgemäß erhoben und rechtzeitig begründet.

Eine Anfechtungsklage muss nach § 46 Abs. 1 S. 2 Var. 1 WEG innerhalb eines Monats nach der Beschlussfassung erhoben werden. Die Anfechtungsklage ging am [...] bei Gericht ein. Der angefochtene Beschluss wurde in der Versammlung am [...] gefasst. Der Kläger hat die Klage auch fristgemäß begründet. Nach § 46 Abs. 1 S. 2 Var. 2 WEG muss eine Anfechtungsklage innerhalb zweier Monate nach der Beschlussfassung begründet werden. Der Kläger hat die Klage mit Schriftsatz vom [...] begründet.

II.

Die Klage ist begründet. Die Bestellung der Beigeladenen entspricht nicht ordnungsmäßiger Verwaltung iSv § 21 Abs. 4 WEG.

Die Wahl eines Verwalters setzt grundsätzlich voraus, dass die Wohnungseigentümer wissen, wen sie zum Verwalter bestellen und warum sie ihn bestellen. Sofern ein Verwalter erstmalig bestellt wird, kann seine persönliche und fachliche Eignung im Hinblick auf eventuelle Vorverwaltungen und allgemeine Ausbildungsnachweise hin geprüft werden. Dabei ist zu erforschen, über welche praktische Verwaltungserfahrung, welche Rechtskenntnisse, welche berufliche Bildung und welche betriebliche Ausstattung (Personalbestand etc.) der zu Wählende verfügt. Maßstab muss ferner sein, welche nach Art und Güte mit der zu beurteilenden Wohnanlage vergleichbaren Objekte der Verwalter bislang verwaltet hat. Dazu sind zum Beispiel Erkundigungen bei dem Verwaltungsbeirat dieser Anlagen, bei dem jeweils zuständigen Wohnungseigentumsgericht, aber auch solche bei Fachverbänden möglich und anzustreben. Eine „Wahl" in völliger Unkenntnis des zu Wählenden bzw seiner persönlichen und fachlichen Qualifikation kann hingegen unter Einbeziehung aller weiteren Umstände des Einzelfalls nur als rechtsmissbräuchlich und gegen Treu und Glauben im Sinne von § 242 BGB verstoßend angesehen werden.

Im Übrigen liegt gegen die Wahl der Beigeladenen auch ein wichtiger Grund vor. Ein Eigentümerbeschluss, mit dem jemand zum Verwalter bestellt wird, ist für ungültig zu erklären, wenn gegen die Wahlentscheidung ein „wichtiger Grund" vorliegt, insbesondere wenn das Vertrauensverhältnis zwischen den Wohnungseigentümern und dem Gewählten zerstört ist (OLG Köln v. 6.3.1998 – 16 Wx 8/98 = NJW-RR 1998, 1622; BayObLG v. 7.5.1997 – 2Z BR 135/96 = FGPrax 1997, 176, 177 = MDR 1997, 727 = GE 1997, 969). Ein wichtiger Grund liegt u.a. vor, wenn unter Berücksichtigung aller, auch unverschuldeter Umstände eine Zusammenarbeit mit dem gewählten Verwalter unzumutbar und das erforderliche Vertrauensverhältnis von vornherein nicht zu erwarten ist (OLG Köln v. 6.3.1998 – 16 Wx 8/98 = NJW-RR 1998, 1622; BayObLG v. 6.8.1985 – BReg.2 Z 45/85 = ZMR 1985, 390, 391).

Gemessen an diesen Grundsätzen, liegt gegen die Wahl der Beigeladenen auch ein wichtiger Grund vor. Es liegt auf der Hand, dass das erforderliche Vertrauensverhältnis zwischen der Wohnungseigentümerminderheit und einem ihr völlig unbekannten und aufoktroyierten Verwalter von vornherein nicht zu erwarten ist.

III.

Die Kostenentscheidung beruht auf § 91 Abs. 1 S. 1 ZPO. Die Entscheidung über die vorläufige Vollstreckbarkeit folgt aus §§ 708 Nr. 11, 711, 709 ZPO.

Richter am Amtsgericht ◄

133 ▶ **Muster: Bestellung eines „Notverwalters"[209]**

Amtsgericht [...]

Az: [...]

Beschluss

In dem Verfahren auf Erlass einer einstweiligen Verfügung

1) [...], [...]-Straße [...], [...] [*PLZ, Ort*],

2) [...], [...]-Straße [...], [...] [*PLZ, Ort*],

– Antragsteller –

Verfahrensbevollmächtigter: RAe [...]

gegen

1) [...], [...]-Straße [...], [...] [*PLZ, Ort*],

2) [...], [...]-Straße [...], [...] [*PLZ, Ort*],

– Antragsgegner –[210]

Verfahrensbevollmächtigter: RAe [...]

hat das Amtsgericht [...], Abteilung [...], durch den Richter am Amtsgericht [...] am [...] beschlossen:

1. Im Wege einstweiliger Verfügung wird die [...] Verwalter-GmbH, [...]-Straße [...], [...] [*PLZ, Ort*], zur Verwalterin der Wohnungseigentumsanlage [...] bestellt.[211]

2. Die Kosten des Rechtsstreits werden gegeneinander aufgehoben.

3. Der Streitwert wird auf 700 € festgesetzt.

Gründe

I.

Die Parteien streiten um die Frage, ob für die Wohnungseigentumsanlage [...] durch das Gericht ein Verwalter zu bestellen ist.

Die Gemeinschaft der Wohnungseigentümer der Wohnungseigentumsanlage [...] besteht aus den Antragstellern und den Antragsgegnern. Diese haben sich auf mehreren Eigentümerversammlungen (Universalversammlungen) nicht auf einen Verwalter verständigen können. Seit Jahren gibt es weder einen Wirtschaftsplan noch Abrechnungen.

Die Antragsteller sind der Ansicht, die bisherige verwalterlose Zeit könne nicht länger hingenommen werden. Sie würden zurzeit in Ermangelung eines Verwaltungsvermögens sämtliche Gläubiger des Verbands Wohnungseigentümergemeinschaft persönlich befriedigen.

Die Antragsteller beantragen,

dass das Gericht nach billigem Ermessen für die Wohnungseigentumsanlage [...] einen Verwalter bestellt.[212]

---

209 Siehe auch Boeckh, Wohnungseigentumsrecht, Teil 3 § 7 Rn 26 ff zur gleichen Problematik.

210 Die Möglichkeit einer Sammelbezeichnung nach § 44 Abs. 1 S. 1 WEG besteht für den Beschluss nach § 935 ZPO nicht.

211 Nach hM sind die Gerichte auch befugt, das Verwalterhonorar zu bestimmen. Ferner wird häufig angeordnet, dass der gerichtlich bestimmte Verwalter verpflichtet ist, alsbald eine Eigentümerversammlung mit dem Ziel der Neuwahl eines ordentlichen Verwalters abzuhalten. Beide Anordnungen empfehlen sich nicht, siehe dazu Elzer, ZMR 2004, 229, 233, 234.

212 Boeckh, Wohnungseigentumsrecht, Teil 3 § 7 Rn 26 empfiehlt, beim Antrag einen konkreten Verwalter abzugeben. § 21 Abs. 8 WEG verlangt das indes nicht.

Die Antragsgegner beantragen,

den Antrag abzuweisen.[213]

Die Antragsgegner meinen, die Wohnungseigentumsanlage bedürfe keines Verwalters. Die Wohnungseigentümer seien in der Lage, ihre Angelegenheiten selbst zu regeln.

Ergänzend wird wegen der Einzelheiten des wechselseitigen Vorbringens und des Verfahrens auf den Akteninhalt Bezug genommen.

II.

Der zulässige Antrag ist nach §§ 935, 940 ZPO als Regelungsverfügung begründet. Die Antragsteller haben gemäß § 21 Abs. 4, Abs. 8 WEG einen Anspruch auf Bestellung eines Verwalters.

Die Parteien haben eine nach dem Gesetz erforderliche Maßnahme nicht getroffen. Eine erforderliche Maßnahme besteht auch darin, dass das Gericht nach § 21 Abs. 4, Abs. 8 WEG anstelle der Wohnungseigentümer in einem Rechtsstreit gemäß § 43 nach billigem Ermessen einen Verwalter bestimmt (OLG Düsseldorf v. 31.8.2007 – I-3 Wx 85/07 = ZMR 2007, 878, 880; AG Wedding v. 17.1.2008 – 22 a C 259/07 = GE 2008, 615; Elzer, in: Hügel/Elzer, Das neue WEG-Recht, 2007, § 10 Rn 11). Eine Erforderlichkeit liegt vor, wenn die Wohnungseigentümer nicht selbst durch die Bestellung eines Verwalters Abhilfe schaffen können oder wollen und durch die gerichtliche Bestellung die Gemeinschaft der Wohnungseigentümer, ein Wohnungseigentümer oder der Verband Wohnungseigentümergemeinschaft vor Schaden bewahrt werden können. Die bloße Zerstrittenheit der Wohnungseigentümer als solche reicht für die Bestellung eines Verwalters durch das Gericht zwar nicht aus. Jedoch ist eine Zerstrittenheit für die Annahme eines dringenden sachlichen Bedürfnisses nur dann unzureichend, wenn trotz der Zerstrittenheit konkret ernstlich damit zu rechnen ist, dass in einer Eigentümerversammlung, die ggf von einem hierzu durch vorangegangene gerichtliche Entscheidung entsprechend § 37 Abs. 2 BGB ermächtigten Eigentümer einberufen worden ist, ein Verwalter ordnungsgemäß bestellt werden kann (BayObLG v. 30.6.2004 – 2Z BR 113/04 = ZMR 2005, 559, 561; OLG Düsseldorf v. 19.4.2000 – 3 Wx 51/00 = ZMR 2000, 554, 555).

Nach diesen Grundsätzen bedurfte es keines vorangehenden Versuchs der Bestellung eines Verwalters durch Beschluss auf einer im Wege der Ermächtigung eines einzelnen Wohnungseigentümers einberufenen Eigentümerversammlung. Die Gemeinschaft der Wohnungseigentümer besteht nur aus den Antragstellern und den Antragsgegnern, zwei Ehepaaren, die miteinander seit Jahren verfeindet sind. Trotz mehrfacher Versuche, ist es ihnen bislang nicht gelungen, die Bestellung eines Verwalters herbeizuführen. Die finanzielle Situation des Verbands Wohnungseigentümergemeinschaft ist desolat, da Jahresabrechnungen und Wirtschaftspläne für mehrere Jahre bislang nicht beschlossen worden sind. Die Wahl eines Verwalters ist mehrfach gescheitert, da mehrere Eigentümerversammlungen nicht beschlussfähig waren.

Zur Verwalterin war mit ihrem Einverständnis die [...] Verwalter-GmbH, [...]-Straße [...], [...] [PLZ, Ort], zu bestellen. Diese war nach billigem Ermessen des Gerichts nach ihrem Angebot und ihren Leistungen den anderen Bewerbern deutlich überlegen.[214]

Das Gericht verkennt nicht, dass durch seine Entscheidung die Hauptsache vorweggenommen wird. Effektiver Rechtsschutz war jedoch ansonsten angesichts des Terminstands des Gerichts und des Laufs des zu erwartenden Rechtsmittelverfahrens nicht gewährleistet. Zudem sind die Wohnungseigentümer trotz der gerichtlichen Verwalterbestellung nicht gehindert, selbst durch Beschluss einen Ver-

---

213 Ein Antrag wird meist nicht vorliegen. Anders ist es, wenn es eine Schutzschrift gibt. Diese wird hier als vorliegend angenommen.

214 Zur Ermessensausübung des Gerichts siehe OLG Düsseldorf ZMR 2007, 878, 880; 2000, 554, 555.

walter ihres Vertrauens zu bestimmen. Denn diese Möglichkeit ist ihnen durch den gerichtlichen Bestellungsbeschluss nicht abgeschnitten (BayObLG v. 30.6.2004 – 2Z BR 113/04 = ZMR 2005, 559, 561).

Die Kostenscheidung beruht auf § 91 Abs. 1 S. 1 ZPO iVm § 49 Abs. 1 WEG.

Richter am Amtsgericht ◄

M. Weitere Aufgaben des Gerichts

I. Terminprotokoll mit Vergleich

134   ▶   **Muster: Terminprotokoll mit Vergleich**

Öffentliche Sitzung des Amtsgerichts [...]

[...], den [...]

Geschäftszeichen: [...]

Gegenwärtig:

[...] Richter am Amtsgericht

als Vorsitzender

[...]

als Urkundsbeamter der Geschäftsstelle.[215]

In dem Rechtsstreit

betreffend die Wohnanlage [...]

[...],[216]

– Kläger –

Prozessbevollmächtigte: RAe [...]

[...],

– Beigeladener und Streithelfer des Klägers –

gegen

[...],

– Beklagter –

Prozessbevollmächtigte: RAe [...]

erschienen bei Aufruf:

- der Kläger in Person und für ihn Rechtsanwältin [...],

- der Streithelfer des Klägers in Person,

- der Beklagte in Person und für ihn Rechtsanwalt [...].

Die Güteverhandlung blieb zunächst erfolglos.

Die Prozessbevollmächtigte des Klägers beantragte,

---

215   Sofern nach § 159 Abs. 1 S. 2 ZPO hinzugezogen.

216   Wenn ein Terminprotokoll einen Vergleich enthält, welcher Vollstreckungstitel nach § 794 Abs. 1 Nr. 1 ZPO ist, muss es ein volles Rubrum enthalten.

den Beklagten zu verurteilen, es zu unterlassen, in seiner in der Wohnanlage der Wohnungseigentümergemeinschaft [...] im [...] OG belegenen Wohnung zu musizieren, insbesondere dort Klavier zu spielen.

Vorgelesen und genehmigt.[217]

Der Streithelfer des Klägers erklärte: „Ich schließe mich dem Antrag des Klägers an."

Vorgelesen und genehmigt.[218]

Der Prozessbevollmächtigte des Beklagten nahm Bezug auf den Antrag aus dem Schriftsatz vom [...], Blatt [...] der Akten.

Die Sach- und Rechtslage wurde eingehend erörtert.

Nunmehr schlossen die Parteien zur Beendigung des Rechtsstreits unter Zustimmung des Streithelfers des Klägers[219] auf Vorschlag des Gerichts folgenden Vergleich:

1. Dem Beklagten ist es nicht gestattet, in seiner in der Wohnanlage der Wohnungseigentümergemeinschaft [...] im [...] OG belegenen Wohnung zu anderen Zeiten als montags, dienstags und donnerstags von 09:00 bis 12:00 Uhr zu musizieren, insbesondere Klavier zu spielen. Er hat während des Musizierens die Fenster geschlossen zu halten.

2. Von den Kosten des Rechtsstreits tragen der Kläger 2/3 und der Beklagte 1/3. Der Streithelfer trägt die Kosten der Streithilfe.[220]

Vorgelesen und genehmigt.[221]

Nunmehr erklärte der Streithelfer des Klägers: „Ich stimme dem oben stehenden Vergleich nicht nur – wie bereits geschehen – für mich selbst zu, sondern auch namens der übrigen Mitglieder der Wohnungseigentümergemeinschaft [...], nämlich [...], [...] und [...]. Ich trete hierbei ausdrücklich als vollmachtloser Vertreter auf und behalte mir in dieser Eigenschaft den Widerruf der namens der übrigen Wohnungseigentümer erklärten Zustimmung zum Vergleich durch einfache schriftliche Anzeige gegenüber dem Gericht bis zum [...] für den Fall vor, dass ich die erforderlichen Vollmachten der übrigen Wohnungseigentümer nicht erhalte."[222]

---

217 Vgl § 162 Abs. 1 S. 1 ZPO.
218 Vgl § 162 Abs. 1 S. 1 ZPO.
219 Der Streithelfer muss am Vergleich nicht beteiligt werden, weil die Parteien als Herren des Verfahrens dieses auch ohne seine Zustimmung beenden können. Falls aber die Parteien den dem Streithelfer nach § 101 Abs. 1 Alt. 1 ZPO zustehenden Kostenerstattungsanspruch (hier: in Höhe von 1/3 seiner außergerichtlichen Kosten gegenüber dem Beklagten) beschränken oder ausschließen wollen, muss der Streithelfer – auch in einem nicht einen WEG-Streit betreffenden Zivilprozess – in den Vergleich einbezogen werden, weil die Parteien auch durch Prozessvergleich keinen Vertrag zulasten Dritter treffen dürfen (hM, vgl OLG Hamm RuS 2001, 304, Rn 5, 6 nach juris zugleich zum Streitstand). Darüber hinaus bedarf es im WEG-Verfahren des Einbezugs beigetretener Beigeladener regelmäßig aus den in Fn 213 erörterten Gründen.
220 Auch wenn mangels anwaltlicher Vertretung keine außergerichtlichen Kosten des Streithelfers des Klägers ersichtlich sind, sollte über diese eine Regelung herbeigeführt werden. Zum einen dürften Zustellkosten angefallen sein. Zum anderen darf – hier wie auch sonst – die Frage der Kostengrundentscheidung nicht mit der Frage vermischt werden, ob auf der Grundlage einer bestimmten Kostengrundentscheidung tatsächlich Kosten festzusetzen sind.
221 Vgl §§ 162 Abs. 1 S. 1, 160 Abs. 3 Nr. 1 ZPO.
222 Ein Prozessvergleich besitzt eine „Doppelnatur"; er beendet als Prozesshandlung unmittelbar den Rechtsstreit und ist gleichzeitig materiellrechtlicher Vertrag nach § 779 BGB (BGH NJW 2000, 1943, Rn 19 nach juris). Als materiellrechtlicher Vertrag regelt er aber nur die Rechtsverhältnisse der an ihm Beteiligten, also derjenigen, die ihn als Vertragsparteien schließen. Ein Vergleich in WEG-Verfahren wird aber häufig nur dann wirklich Sinn haben, wenn nicht nur die jeweiligen Parteien des Verfahrens an ihn gebunden sind, sondern weitere Personen, nämlich die Beigeladenen sowie ggf auch weitere, nicht am Verfahren beteiligte Wohnungseigentümer und etwaige Sondernachfolger aller Genannten. Eine derartige Bindung kann erreicht werden, indem die Wohnungseigentümer in Angelegenheiten, in welchen sie Beschlusskompetenz besitzen, nachträglich einen Beschluss (der auch ohne Eintragung ins Grundbuch Sondernachfolger bindet, § 10 Abs. 4 WEG) mit demselben Inhalt wie der Vergleich treffen. Soweit eine Vereinbarung der Wohnungseigentümer (durch die durch Verdinglichung gem. § 10 Abs. 3 WEG eine Bindung der Sondernachfolger erzielt

Vorgelesen und genehmigt.[223]

Am Schluss der Sitzung beschlossen und verkündet:

Für den Fall des Widerrufs der Zustimmung des Streithelfers des Klägers als vollmachtloser Vertreter zum Vergleich wird Termin zur Verkündung einer Entscheidung anberaumt auf

[...], den [...], Saal [...], [...] Uhr.

Zu diesem Verkündungstermin ist ein Erscheinen nicht erforderlich.

Richter am Amtsgericht ◀

II. Beschluss über Wiedereinsetzung (§ 46 Abs. 1 S. 3 WEG)

135   § 46 WEG enthält besondere Regelungen für die **Beschlussanfechtungsklage**, also die Klage, mit der ein Wohnungseigentümer oder mehrere Wohnungseigentümer[224] oder der Verwalter gegen die restlichen Wohnungseigentümer (im Falle der Anfechtung durch den Verwalter gegen alle Wohnungseigentümer) die gerichtliche Ungültigerklärung eines oder mehrerer Eigentümerbeschlüsse erstreben.

Die Anfechtungsklage muss nach § 46 Abs. 1 S. 2 WEG innerhalb eines Monats nach der Beschlussfassung erhoben und innerhalb zweier Monate nach der Beschlussfassung begründet werden. Die Klageerhebung wird nach § 253 Abs. 1 ZPO durch die Zustellung der Klageschrift bewirkt. Bei der **Klagefrist** handelt es sich um eine materiellrechtliche Ausschlussfrist.[225] Dies hat zur Folge, dass bei ihrer Versäumung die Klage als unbegründet zurückgewiesen werden muss, nicht aber als unzulässig. Wird die Begründungsfrist versäumt, ist die Klage ebenfalls als unbegründet zurückzuweisen, weil auch die **Begründungsfrist** eine materiellrechtliche Ausschlussfrist darstellt.[226] Zur Vermeidung eines materiellrechtlichen Ausschlusses ist es im Rahmen der wohnungseigentumsrechtlichen Anfechtungsklage notwendig, innerhalb der zweimonatigen Frist die Gründe vorzutragen, auf die die Anfechtung gestützt wird. Ein Nachschieben von neuen Gründen ist ausgeschlossen. Dabei muss sich der Lebenssachverhalt, aus dem sich Anfechtungsgründe ergeben sollen, zumindest in seinem wesentlichen Kern aus den innerhalb der Frist eingegangenen Schriftsätzen selbst, und nicht nur aus den Anlagen ergeben.[227] Versagt das Gericht wegen Versäumung der Anfechtungs- oder Begründungsfrist einer Klage den Erfolg, so darf nicht offengelassen werden, ob die Klage als unzulässig oder unbegründet abgewiesen wird.[228]

---

werden kann) erforderlich ist, kann diese am einfachsten dann geschlossen werden, wenn alle Wohnungseigentümer im Verhandlungstermin anwesend sind und dem Vergleich zustimmen oder wenn für sie ein nach § 27 Abs. 2 Nr. 2 oder Nr. 3 WEG ermächtigter Verwalter (oder ein von den weiteren Wohnungseigentümern oder einem nach § 27 Abs. 2 Nr. 2 oder Nr. 3 WEG ermächtigten Verwalter beauftragter Rechtsanwalt) zustimmt. Fehlt es hieran, kann – wie im Muster – ein Vertreter ohne Vertretungsmacht (§ 179 BGB) die Zustimmung für die abwesenden Wohnungseigentümer erklären und sich anschließend um deren Genehmigung bemühen. Der Vertreter sollte hierbei – zur Vermeidung einer eigenen Haftung – bei seiner Zustimmung zum Vergleich offenlegen, dass er (noch) keine Vollmacht hat (§ 179 Abs. 3 ZPO).

223   Vorsorglich analog §§ 162 Abs. 1 S. 1, 160 Abs. 3 Nr. 1 ZPO.

224   Ob auch die in § 46 WEG nicht genannte Wohnungseigentümergemeinschaft als Verband Wohnungseigentümergemeinschaft klagebefugt ist, ist umstritten (bejahend, soweit eigene Rechte betroffen sind: Elzer, in: Hügel/Elzer, § 13 Rn 123; verneinend: Riecke/Schmid/*Abramenko*, § 46 WEG Rn 4 aE).

225   HM, vgl Elzer, in: Hügel/Elzer, § 13 Rn 131; BT-Drucks. 16/887, S. 38; vgl BGH, Urteil v. 16.1.2009 – V ZR 74/08 – LS 2 und Rn 8 nach juris.

226   Riecke/Schmid/*Abramenko*, § 46 WEG Rn 8; vgl. BGH, Urteil v. 16.1.2009 – V ZR 74/08 – LS 2 und Rn 7 ff nach juris; aA Elzer, in: Hügel/Elzer, § 13 Rn 154, welcher die Begründungsfrist als besondere Sachurteilsvoraussetzung ansieht mit der Folge, dass bei ihrer Versäumung die Klage als unzulässig abzuweisen wäre.

227   BGH, Urteil v. 16.1.2009 – V ZR 74/08 – LS 3 und Rn 19, 20 nach juris.

228   BGH, Urteil v. 16.1.2009 – V ZR 74/08 – LS 1 und Rn 6 nach juris.

Nach § 46 Abs. 1 S. 3 WEG gelten die Regelungen über die **Wiedereinsetzung in den vorigen**   136
Stand (§§ 233 bis 238 ZPO) für beide Fristen des § 46 Abs. 1 S. 2 WEG entsprechend. Danach ist einem Wohnungseigentümer, der ohne sein Verschulden verhindert war, die Anfechtungsrist einzuhalten (§ 233 ZPO), auf – gegebenenfalls in der Anfechtung konkludent enthaltenen – Antrag Wiedereinsetzung in den vorigen Stand gegen die Fristversäumung zu gewähren, wenn er den Anfechtungsantrag binnen zwei Wochen seit Beseitigung des Hindernisses (zB Kenntniserlangung vom Beschluss) stellt (§ 234 Abs. 1 S. 1 ZPO) und die Tatsachen, die die Wiedereinsetzung begründen, glaubhaft macht (§ 236 Abs. 2 S.1 ZPO). Entsprechendes gilt für die Versäumung der Begründungsfrist.

Über die Wiedereinsetzung kann sowohl durch **Beschluss oder Zwischenurteil** vorab als auch   137
erst im Rahmen der **Endentscheidung** entschieden werden. Auch bei einer Entscheidung über die Wiedereinsetzung empfiehlt es sich, mit einem theoretischen Vorspann zu beginnen und in diesem die Grundsätze der §§ 233 bis 236 ZPO aufzuzeigen. Die so erstellte „Checkliste" hilft zu verhindern, dass einzelne Voraussetzungen für die Wiedereinsetzung übersehen werden, und liefert die Anknüpfungspunkte für die konkrete Subsumtion.

Bevor man sich im Falle einer erst nach Ablauf der Klagefrist erfolgten Zustellung der Klage-   138
schrift in die Voraussetzungen einer Wiedereinsetzung vertieft, muss geprüft werden, ob die an sich versäumte Frist nicht über eine **fingierte Rückwirkung** nach der auf die Anfechtungsfrist anwendbaren Vorschrift des **§ 167 ZPO**[229] gewahrt ist. Hiernach genügt zur Fristwahrung die Einreichung der Anfechtungsklage bei Gericht innerhalb der Monatsfrist, wenn deren Zustellung – und damit die Erhebung der Klage – „demnächst" im Sinne von § 167 ZPO erfolgt.[230] Bei einer über § 167 ZPO erfolgten Fristwahrung bedarf es daher keiner Wiedereinsetzung in den vorigen Stand und ist für eine solche auch kein Raum. Entsprechendes muss auch in Bezug auf die Einreichung der Anfechtungsbegründung gelten.

▶ **Muster: Wiedereinsetzungsbeschluss**   139

Amtsgericht [...]

Geschäftszeichen: [...]

In dem Wohnungseigentumsrechtsstreit [...]

hat das Amtsgericht [...] durch den Richter am Amtsgericht [...] am [...] beschlossen:

Dem Kläger wird Wiedereinsetzung in den vorigen Stand gegen die Versäumung der Frist zur Anfechtung des Beschlusses zu TOP 10 der Eigentümerversammlung vom [...] gewährt.

Gründe

Der Kläger ficht im vorliegenden Verfahren den Beschluss zu TOP 10 der Eigentümerversammlung vom [...] an, durch welchen die Wohnungseigentümer mehrheitlich die Abberufung des Verwalters beschlossen haben. Der Anfechtungsantrag ist allerdings erst am [...], somit nach Ablauf der materiellrechtlichen Ausschlussfrist zur Erhebung einer Anfechtungsklage nach § 46 Abs. 1 S. 2 WEG bei Gericht eingegangen (und somit erst recht erst nach Ablauf dieser Frist zugestellt und damit erhoben worden)[231] mit der Folge, dass die Anfechtungsklage wegen Versäumung der Anfechtungsfrist als unbegründet abgewiesen werden müsste (vgl Riecke/Schmid/*Abramenko*, WEG, 2. Auflage 2008,

229 Elzer, in: Hügel/Elzer, § 13 Rn 129; Riecke/Schmid/*Abramenko*, § 46 WEG Rn 7; BT-Drucks. 16/887, S. 37.
230 Hinsichtlich der Auslegung des Begriffs „demnächst" vgl Zöller/*Greger*, § 167 ZPO Rn 16 ff.
231 Nach § 46 Abs. 1 S. 2 WEG muss die Anfechtungsklage innerhalb der Monatsfrist „erhoben" werden; die Klageerhebung wird nach § 253 Abs. 1 ZPO durch die Zustellung der Klageschrift bewirkt.

§ 46 Rn 6; Bärmann/*Wenzel*, WEG,10. Auflage 2009, § 46 Rn 47; vgl weiter Elzer, in: Hügel/Elzer, Das neue WEG-Recht, 2007, § 13 Rn 131). Dem Kläger ist jedoch Wiedereinsetzung in den vorigen Stand gegen die Versäumung der Anfechtungsfrist zu gewähren.

Nach § 46 Abs. 1 S. 3 WEG gelten die §§ 233 bis 238 ZPO in Bezug auf die Fristen des § 46 Abs. 1 S. 2 WEG zur Erhebung und zur Begründung der Anfechtungsklage entsprechend. Danach ist einem Wohnungseigentümer, der ohne sein Verschulden verhindert war, die Anfechtungsfrist einzuhalten (§ 233 ZPO), auf – gegebenenfalls in der Anfechtung konkludent enthaltenen – Antrag Wiedereinsetzung in den vorigen Stand gegen die Fristversäumung zu gewähren, wenn er den Anfechtungsantrag binnen zwei Wochen seit Beseitigung des Hindernisses (zB Kenntniserlangung vom Beschluss) stellt (§ 234 Abs. 1 S. 1 ZPO) und die Tatsachen, die die Wiedereinsetzung begründen, glaubhaft macht (§ 236 Abs. 2 S. 1 ZPO). Während die Tatsachen, die den Wiedereinsetzungsantrag begründen, nur innerhalb der Zweiwochenfrist vorgebracht werden können, somit ein Nachholen dieser Angaben – mit Ausnahme bloßer Ergänzungen – oder ein Nachschieben einer neuen Begründung nach Ablauf dieser Frist nicht möglich ist (vgl Zöller/*Greger*, ZPO, 27. Auflage 2009, § 236 Rn 6 a), kann die erforderliche Glaubhaftmachung noch bis zur Entscheidung über das Gesuch erfolgen (Zöller/*Greger*, aaO, Rn 7). Nach Ablauf eines Jahres, von dem Ende der versäumten Frist an gerechnet, kann die Wiedereinsetzung nicht mehr erfolgreich begehrt werden (§ 234 Abs. 3 ZPO).

Unverschuldet ist die Versäumung der Anfechtungsfrist dann, wenn ein an einer Eigentümerversammlung nicht teilnehmender Wohnungseigentümer weder durch eine ausreichende Ankündigung in der Einladung noch durch die rechtzeitige Übersendung eines Versammlungsprotokolls[232] spätestens eine Woche vor Ablauf der Anfechtungsfrist über eine Beschlussfassung, mit der er nicht zu rechnen brauchte, unterrichtet wird (vgl KG NJW-RR 1997, 776, Rn 16 nach juris); in Abgrenzung hiervon kann die Versäumung der Anfechtungsfrist aber dann nicht als unverschuldet angesehen werden, wenn der Gegenstand des später angefochtenen Eigentümerbeschlusses bereits in der Einladung ausreichend bezeichnet worden ist, weil ein Wohnungseigentümer, der trotz ordnungsgemäßer Einladung an der Eigentümerversammlung nicht teilgenommen hat, sich rechtzeitig vor Ablauf der Anfechtungsfrist danach erkundigen muss, welche Beschlüsse gefasst worden sind, wozu ihm die Einsichtsrechte nach § 24 Abs. 6 S. 3 und Abs. 7 S. 8 WEG eine rechtliche Handhabe bieten (vgl KG, aaO).

Hiernach ist dem Kläger Wiedereinsetzung in den vorigen Stand gegen die Versäumung der Frist zur Anfechtung des Beschlusses zu TOP 10 der Eigentümerversammlung vom [...] zu gewähren, weil er mit einem bei Gericht am [...], somit innerhalb zweier Wochen nach dem von ihm für den [...] behaupteten und durch eidesstattliche Versicherung (§ 294 Abs. 1 ZPO) glaubhaft gemachten Erhalt des Versammlungsprotokolls eingegangenen Schreiben erklärt hat, den verfahrensgegenständlichen Eigentümerbeschluss anzufechten und hierfür Wiedereinsetzung zu beantragen. Den Kläger trifft an der Versäumung der Anfechtungsfrist kein Verschulden. Wie sich aus dem Protokoll der Eigentümerversammlung vom [...] ergibt, hat der Kläger an dieser nicht teilgenommen. Er ist auch nicht durch eine ausreichende Ankündigung in der Einladung über die Beschlussfassung zu TOP 10, mit der er nicht zu rechnen brauchte, unterrichtet worden. In dem Einladungsschreiben vom [...] zu der Ei-

---

232 Zu beachten ist aber, dass der Verwalter nach dem WEG und vorbehaltlich besonderer Regelungen grundsätzlich nicht zur unaufgeforderten Übersendung eines Protokolls der Eigentümerversammlung verpflichtet ist (Bärmann/*Merle*, § 24 WEG Rn 123). Falls ein Versammlungsprotokoll nicht rechtzeitig vor Ablauf der Anfechtungsfrist erstellt ist, liegt regelmäßig eine unverschuldete Fristversäumnis des auf der Versammlung nicht anwesenden und nicht durch eine ordnungsgemäße Ladung ausreichend informierten, verspätet anfechtenden Wohnungseigentümers vor (vgl Bärmann/*Merle*, § 24 WEG Rn 112; Elzer, in: Hügel/Elzer, § 13 Rn 141; aA offenbar Blankenstein, WEG-Reforn, S. 235.).

gentümerversammlung vom [...] findet sich weder unter den Ankündigungen zu TOP 1 bis 9 noch unter der mit „Sonstiges" überschriebenen Ankündigung zu TOP 10 ein Hinweis darauf, dass auf der in Rede stehenden Eigentümerversammlung eine Beschlussfassung über die Abberufung des Verwalters erfolgen sollte. Da unter dem Tagesordnungspunkt „Sonstiges" nur über Angelegenheiten von ganz untergeordneter Bedeutung Beschluss gefasst werden kann und eine Verwalterabberufung nicht lediglich von untergeordneter Bedeutung ist, liegt insoweit keine ausreichende Ankündigung der Beschlussfassung über die Verwalterabberufung vor. Sonstige Gründe, derentwegen der Kläger mit einer Beschlussfassung hierüber hätte rechnen müssen, sind weder vorgetragen noch sonst ersichtlich. Ebenso ist weder vorgetragen noch ersichtlich, dass der verfahrensgegenständliche Beschluss rechtzeitig vor Ablauf der Anfechtungsfrist in die gemäß § 24 Abs. 7, Abs. 8 WEG vom Verwalter zu führende Beschlusssammlung aufgenommen worden wäre; es kann daher dahinstehen, welche Rechtsfolgen im Hinblick auf die Wiedereinsetzung eine etwaige rechtzeitige Aufnahme des Beschlusses in die Beschlusssammlung hätte.[233]

Dem Kläger ist daher Wiedereinsetzung in den vorigen Stand gegen die Versäumung der Frist zur Anfechtung des Beschlusses zu TOP 10 der Eigentümerversammlung vom [...] zu gewähren.

Über die Kosten des Wiedereinsetzungsverfahrens ist erst in der Endentscheidung über die Hauptsache zu erkennen (vgl Zöller/*Greger*, aaO, § 238 Rn 11; BGH NJW 2000, 3284 Rn 11 nach juris).

Richter am Amtsgericht

Verfügung:

1. Ausfertigung des obigen Beschlusses formlos[234] an Parteien bzw Parteienvertreter.

2. [...] [*prozessleitende Verfügung(en)*]

[...]

Richter am Amtsgericht ◀

---

233 M.E. wäre die bloße rechtzeitige Aufnahme des betreffenden Beschlusses in die Beschlusssammlung nicht ausreichend, Wiedereinsetzung zu versagen, wenn der anfechtende Wohnungseigentümer nicht mit der Fassung dieses Beschlusses rechnen musste.

234 Der die Wiedereinsetzung gewährende Beschluss ist unanfechtbar (§ 238 Abs. 3 ZPO). Wegen Rechtsmitteln im Übrigen vgl Zöller/*Greger*, § 238 ZPO Rn 7.

Literatur *Alff*, Klauselprobleme in der Immobiliarvollstreckungspraxis, Rpfleger 2001, 385; *Alff/Hintzen*, Hausgelder in der Zwangsversteigerung und Zwangsverwaltung, Rpfleger 2008, 165; *Armbrüster*, Sanktionsmöglichkeiten bei Zahlungsverzug von Wohnungseigentümern, WE 1999, 14; *Bank*, Die Haftung des Zwangsverwalters, ZfIR 2007, 526; *Bank*, Entwicklungen zur Haftung des Zwangsverwalters unter besonderer Berücksichtigung aktueller ober- und höchstrichterlicher Rechtsprechung, ZfIR 2008, 781; *Böhringer*, Die Wohnungseigentümergemeinschaft als Gläubiger einer Zwangshypothek für Wohngeldrückstände, BWNotZ 1988, 1; *Böhringer/Hintzen*, WEG-Novelle 2007 – Auswirkungen auf Grundbuch- und Zwangsversteigerungsverfahren, Rpfleger 2007, 353; *Commans*, Die Zwangsversteigerung von Wohnungseigentum wegen Wohngeldrückständen und die Problematik des Einheitswertbescheids, ZfIR 2009, 489; *Clemente*, Neuerungen im Immobiliendarlehen und Sicherungsrecht, ZfIR 2008, 589; *Clemente/Lenk*, Planmäßige Übersicherung durch Grundschuldzinsen, ZfIR 2002, 337; *Depré*, Haftungsverwirklichung für den dinglichen Gläubiger versus Mieterschutz, ZfIR 2006, 313; *Depré*, Die Auswahl der Person des Zwangsverwalters – Grundrechtsschutz auf Kosten der Gläubiger?, ZfIR 2006, 565; *Depré*, Eine Antragsrücknahme im Zwangsversteigerungs- oder Zwangsverwaltungsverfahren erfordert eine konstitutive Entscheidung des Vollstreckungsgerichts, ZfIR 2008, 841; *Drasdo*, Das Verhältnis von InsO und WEG – Zahlungspflichten des Insolvenzverwalters, NZI 2005, 489; *Ebeling*, Befriedigungsfiktion des § 114 a ZVG in der Vollstreckungspraxis – Anwendungsfälle und Prüfungspflicht des Vollstreckungsgerichts, Rpfleger 1985, 279; *Frege/Keller*, „Schornsteinhypothek" und Lästigkeitsprämie bei Verwertung von Immobiliarvermögen in der Insolvenz, NZI 2009, 11; *Gottschlag*, Typische Haftungsrisiken des WEG-Verwalters, NZM 2003, 457; *Hawelka*, Die problematische Inbesitznahme bei der Zwangsverwaltung, ZfIR 2005, 14; *Hintzen*, Insolvenz und Immobiliarzwangsvollstreckung – Vollstreckungshindernisse und neues Einstellungsrecht des Insolvenzverwalters, Rpfleger 1999, 256; *Hintzen*, Beschlagnahmewirkung nach Antragsrücknahme in der Zwangsverwaltung, Rpfleger 2009, 68; *Horst/Fritsch*, Forderungsmanagement Miete und WEG, 2005; *Keller*, Amtswiderspruch nach § 53 GBO, RpflStud 1992, 161; *Keller*, Der Löschungsanspruch in der Zwangsversteigerung, RpflJB 1993, 213; *Keller*, Die Umsetzung der Rückschlagsperre des § 88 InsO im Grundbuchverfahren, ZIP 2000, 1324; *Keller*, Berührungspunkte zwischen Insolvenzrecht und Grundbuch – Der Einfluss der Insolvenzeröffnung auf das Grundbuchverfahren, RpflStud 2002, 1; *Keller*, Aktuelle Fragen zur Vergütung des Zwangsverwalters, ZfIR 2005, 225; *Keller*, Die Entwicklung der Rechtsprechung zu Fragen der Zwangsverwaltung in den Jahren 2004 und 2005, ZfIR 2006, 445; *Keller*, Der Nachweis der Tatbestandsvoraussetzungen des § 88 InsO im Grundbuchverfahren, ZfIR 2006, 499; *Keller*, Die Wirkungen der Rückschlagsperre des § 88 InsO auf die Sicherungshypothek nach §§ 866, 867 ZPO, ZIP 2006, 1174; *Keller*, Die Rechtsprechung zu Fragen der Zwangsverwaltung im Jahre 2006, ZfIR 2007, 377; *Keller*, Aktuelle Rechtsprechung zur Zwangsverwaltung im Jahre 2007, ZfIR 2008, 349; *Keller*, Die Erhaltung der „5/10-Grenze" bei ergebnisloser Zwangsversteigerung und die Rechte des insolventen Schuldners, ZfIR 2008, 134; *Keller*, Schuldnerschutz oder Schutz des Rechtsverkehrs? – Zur Unwirksamkeit eines Gebots zur Beseitigung der 5/10-Grenze, ZfIR 2008, 671; *Keller*, Aktuelle Rechtsprechung zur Zwangsverwaltung im Jahre 2008, ZfIR 2009, 385; *Knees*, Die Bank als Grundpfandrechtsgläubiger in der Unternehmensinsolvenz, ZIP 2001, 1568; *Mayer*, Grundsteuern im Insolvenzverfahren, in der Zwangsversteigerung und Zwangsverwaltung, Rpfleger 2000, 260; *Mayer*, Die Beschlagnahme in der Zwangsverwaltung, Rpfleger 2009, 287; *Mönning/Zimmermann*, Die Einstellungsanträge des Insolvenzverwalters gemäß §§ 30 d Abs. 1, 153 b Abs. 1 ZVG im eröffneten Insolvenzverfahren, NZI 2008, 134; *Muth*, Zur Zuschlagserteilung nach § 85 a Abs. 3 ZVG, Rpfleger 1985, 45; *Muth*, Hinweis- und Belehrungspflicht bei Zuschlagserteilung nach § 85 a Abs. 3 ZVG?, Rpfleger 1986, 417; *Muth*, Alte und neue Fragen zur Befriedigungsfiktion des § 114 a ZVG, Rpfleger 1987, 89; *Muth*, Die Zwangsversteigerung auf Antrag des Insolvenzverwalters, ZIP 1999, 945; *Schneider*, Ausgewählte Fragestellungen zur Immobiliarvollstreckung nach der WEG-Novelle 2007, ZfIR 2008, 161; *Schneider*, Der dingliche Charakter von Hausgeldansprüchen gemäß § 10 Abs. 1 Nr. 2 ZVG, ZMR 2009, 165; *Scholz*, Versorgungssperre bei vermietetem Sondereigentum, NZM 2008, 387; *Schoppmeyer*, § 133 Abs. 1 InsO versus §§ 130, 131 InsO: Ist die Deckungsanfechtung nur ein Unterfall der Vorsatzanfechtung?, ZIP 2009, 600; *Steiner*, ZVG, 9. Auflage 1986 (zitiert: Steiner/*Bearbeiter*); *Stöber*, Ist § 765 a ZPO bei der Zwangsversteigerung zur Aufhebung einer Gemeinschaft anwendbar?, Rpfleger 1960, 237; *Stöber*, Insolvenzverfahren und Vollstreckungs-Zwangsversteigerung, NZI 1998, 105; *Stöber*, Aufhebung der auf Antrag des Insolvenzverwalters eingestellten Zwangsversteigerung, NZI 1999, 439; *Stöber*, Verjährte, rückständige und laufende Grundschuldzinsen in der Zwangsversteigerung, MittBayNot 1999, 441; *Tetzlaff*, Rechtsprobleme der „kalten

Zwangsverwaltung", ZfIR 2005, 179; *Teufel*, § 765 a ZPO in der Teilungsversteigerung, Rpfleger 1976, 86; *Vallender*, Wohnungseigentum in der Insolvenz, NZI 2004, 401; *Wedekind*, Zur Schlecherstellung der Wohnungseigentümergemeinschaft im Zwangsverwaltungsverfahren durch die WEG-Reform, ZfIR 2007, 704; *Wedekind*, Auswirkungen der WEG-Reform auf Zwangsverwaltungen, ZfIR 2008, 600; *Wedekind/ Wedekind*, Zwangsverwaltung und abhandengekommene Mietkaution – Steht dem Mieter bis zur Auffüllung der Kaution ein Zurückbehaltungsrecht zu?, ZfIR 2009, 271; *Wedekind/Wedekind*, Wohnraummietvertrag – Schuldner nicht in der Insolvenz: Zwangsverwalter muss vom Schuldner nicht ausgefolgte Kautionen neu anlegen, ZfIR 2009, 315; *Weis*, Änderungen des ZVG und WEG und die Auswirkungen auf die Zwangsversteigerungs- und Zwangsverwaltungspraxis, ZfIR 2007, 477; *Wenzel*, Die Zahlungspflichten des Zwangsverwalters gegenüber der Wohnungseigentümergemeinschaft, ZInsO 2005, 115; *Wieser*, Die zwecklose Zwangsversteigerung, Rpfleger 1985, 96; *Zeiser*, Zwangssicherungshypothek wegen Wohngeldansprüchen nach der WEG-Reform, Rpfleger 2008, 58; *Zipperer*, Die Pfändung von Miet- und Pachtzinsforderungen aus dinglichen Titeln – die ewig junge „Pfändungsbeschlagnahme", ZfIR 2006, 395.

A. Grundlagen

Die Durchsetzung der in wohnungseigentumsgerichtlichen Verfahren erwirkten Titel nimmt in der Verwaltungs- und Anwaltspraxis breiten Raum ein. Die Zwangsvollstreckung erfolgt nach den allgemeinen zivilprozessualen Vorschriften. Gleichwohl ergeben sich für das Wohnungseigentum typische Konstellationen, auf deren Besonderheiten näher einzugehen ist. **1**

I. Klärung der Vollstreckungsmöglichkeiten

Vor der Einleitung einer jeden Vollstreckungshandlung muss überprüft werden, welcher konkrete Anspruch durchgesetzt werden soll. Dabei ist zwischen folgenden Zwangsvollstreckungsformen zu unterscheiden: **2**

- Vollstreckung zur Erzwingung der Herausgabe von Sachen,
- Vollstreckung zur Erzwingung der Vornahme einer Handlung oder Unterlassung,
- Vollstreckung von Geldforderungen.

Die beiden erstgenannten Vollstreckungsarten finden im Wohnungseigentum regelmäßig dann Anwendung, wenn es um Abwicklungspflichten im Streit mit dem ausgeschiedenen Verwalter sowie um die Beseitigung von Störungen im Verhältnis der Wohnungseigentümer untereinander oder durch Dritte geht.

Die Vollstreckung zur **Durchsetzung von Herausgabeansprüchen** erfolgt **3**

- bei beweglichen Sachen im Wege der Wegnahme durch den Gerichtsvollzieher und Übergabe an den Gläubiger (§ 883 ZPO),
- bei Grundstücken durch Außerbesitzsetzung des Schuldners durch den Gerichtsvollzieher und Besitzeinweisung des Gläubigers (§ 885 ZPO).

Die Vollstreckung zur **Erzwingung der Vornahme einer Handlung bzw Unterlassung** erfolgt **4**

- bei der Verpflichtung des Schuldners zur Vornahme einer vertretbaren Handlung durch Ermächtigung des Gläubigers zur Ersatzvornahme nebst Vorschussanspruch durch das Prozessgericht (§ 887 ZPO),
- bei der Verpflichtung des Schuldners zur Vornahme einer nicht vertretbaren Handlung durch Verhängung von Zwangsgeld oder Anordnung der Zwangshaft durch das Prozessgericht (§ 888 ZPO),
- bei der Verpflichtung des Schuldners zu einer Unterlassung oder Duldung durch Verhängung eines Ordnungsgeldes oder Anordnung der Ordnungshaft durch das Prozessgericht (§ 890 ZPO).

Fritsch

5   Die **Realisierung von Geldforderungen** der Wohnungseigentümergemeinschaft (regelmäßig Beitragsforderungen gegen Wohnungseigentümer) beansprucht den weitaus größten Teil der Vollstreckungstätigkeit des Verwalters bzw des Rechtsanwalts. Die Vollstreckung von Geldforderungen ist nach dem Gegenstand des Gläubigerzugriffs weiter zu differenzieren. So ist zwischen der

- Forderungsvollstreckung in das bewegliche Vermögen des Schuldners (Mobiliarvollstreckung) und der
- Forderungsvollstreckung in das unbewegliche Vermögen des Schuldners (Immobiliarvollstreckung)

zu unterscheiden.

6   Die **Mobiliarvollstreckung** erfolgt durch

- Sachpfändung, dh die vom Gerichtsvollzieher vorzunehmende Pfändung und Versteigerung körperlicher Sachen des Schuldners (§§ 808 ff ZPO), sowie
- Forderungspfändung, dh die vom Vollstreckungsgericht vorzunehmende Pfändung und Überweisung von Geldforderungen sowie Pfändung sonstiger Forderungen und anderer Vermögenswerte des Schuldners (§§ 828 ff ZPO).

7   Die **Immobiliarvollstreckung** durch

- Eintragung einer Sicherungshypothek (§§ 866 bis 868 BGB),
- Anordnung der Zwangsversteigerung (§ 869 BGB, §§ 15 ff ZVG),
- Anordnung der Zwangsverwaltung (§ 869 BGB, §§ 146 ff ZVG)

nimmt wegen des sich anbietenden Vollstreckungsgegenstands bei der Verwaltung des Wohnungseigentums besonders breiten Raum ein. Aufgrund der besonderen Bedeutung sowie der umfangreichen Rechtsänderungen im Zuge der WEG-Novelle wird der umfassenden Darstellung dieser Vollstreckungsform im Weiteren ein entsprechender Vorrang eingeräumt (vgl Rn 115 ff).

II. Informationsbeschaffung

8   Vor der Einleitung von Zwangsvollstreckungsmaßnahmen zur Beitreibung von Geldforderungen sollte sich der Gläubigervertreter, sinnvollerweise schon bei der Übernahme des Beitreibungsmandats, über die sich anbietenden Vollstreckungsmöglichkeiten Klarheit verschaffen. Eine zielgerichtete Zwangsvollstreckung führt schneller und kostengünstiger zum Erfolg als eine nach dem „Schrotschussprinzip" eingeleitete Vollstreckung, die regelmäßig fruchtlos verläuft.

9   Günstig im Falle der Durchsetzung von Beitragsforderungen der Wohnungseigentümergemeinschaft ist, dass ein wesentlicher Gegenstand zur Befriedigung des Gläubigers, nämlich das Wohnungseigentum, bekannt ist und zudem im Rahmen der Verwaltung des Gemeinschaftseigentums oftmals Informationen über weitere Vollstreckungsmöglichkeiten vorhanden sind (Bankverbindung, Arbeitgeber etc.).

▶ **Muster: Schreiben an Verwalter zur Informationsbeschaffung**   **10**

Sehr geehrte Damen und Herren,

in obiger Angelegenheit bedanken wir uns für den erteilten Auftrag und bestätigen gerne die Übernahme des Mandats für die durch Sie vertretene Wohnungseigentümergemeinschaft.

Wir haben die Angelegenheit bereits in Bearbeitung genommen und werden Sie über den weiteren Verlauf sowie die wesentliche Korrespondenz stets unterrichtet halten.

Soweit eine Besprechung oder eine schriftliche Stellungnahme Ihrerseits erforderlich wird, erhalten Sie von uns entsprechende Nachricht.

Bitte beachten Sie folgende Hinweise:

1. Sofern uns die nachbenannten Unterlagen beziehungsweise Informationen nicht bereits übermittelt wurden, bitten wir um deren Zurverfügungstellung, da diese im zivilprozessualen Verfahren als Beweismittel vorzulegen sein können:
   - Gemeinschaftsordnung,
   - Auszug aus dem Personenkonto des Schuldners,
   - Mahnschreiben,
   - Wirtschaftsplan, Jahresabrechnung beziehungsweise Berechnung der Sonderumlage,
   - Protokolle der zugrunde liegenden Versammlungsbeschlüsse (Beschluss-Sammlung),
   - Verwaltervertrag.

   Wir bitten insbesondere zu beachten, uns etwa vereinbarte Sondervergütungen, die als Sonderhonorar des Verwalters für das Betreiben oder Begleiten von Beitreibungsmaßnahmen mit der Wohnungseigentümergemeinschaft vereinbart sind und die als zusätzlicher Verzugsschaden geltend gemacht werden sollen, mitzuteilen und entsprechende Rechnungen in Kopie zu übermitteln.

2. Ferner bitten wir für den Fall der Beitreibung rückständiger Beträge aus dem Wirtschaftsplan, sofern aus den oben genannten Unterlagen nicht bereits hervorgehend, um Übermittlung etwa gefasster Vorrats-Beschlüsse hinsichtlich etwaiger Sonderregelungen zu Art und Weise der Beitragszahlungen, Fälligkeit sowie Folgen des Verzugs (§ 21 Abs. 7 WEG; zum Beispiel Vorfälligkeitsregelungen etc.).
   Erhalten wir keine entsprechende Nachricht, so gehen wir davon aus, dass aufgrund des Zahlungsverhaltens des Schuldners ein Antrag auf zukünftige Zahlung auch der noch nicht fälligen Hausgeldraten zu stellen ist.

3. Über etwaige zwischenzeitliche Zahlungen des Schuldners bitten wir zeitnah informiert zu werden. Dabei bitten wir insbesondere um Bekanntgabe der Höhe, des Zeitpunkts des Zahlungseingangs sowie um Mitteilung etwaiger Tilgungsbestimmungen seitens des Schuldners.

4. Auftragsgemäß veranlassen wir die außergerichtliche beziehungsweise auch die gerichtliche Beitreibung der uns bekannt gegebenen Forderungen gegenüber dem/den uns angegebenen Schuldner/Schuldnern, wobei wir davon ausgehen, dass es sich hierbei tatsächlich um den/die Eigentümer der betreffenden Sondereigentumseinheit/en handelt.
   Die genaue Feststellung der tatsächlichen Eigentumsverhältnisse auf der Schuldnerseite ist von besonderer Bedeutung, da die Inanspruchnahme nur vermeintlicher Eigentümer ebenso wie die Nicht-Inanspruchnahme tatsächlich neben dem bekannten Schuldner im Grundbuch eingetragener weiterer Eigentümer zur Vermeidung wirtschaftlicher und rechtlicher Nachteile unterbleiben sollte. Dies kann im Rahmen einer aktuellen Einsichtnahme in das betreffende Grundbuch geklärt

werden. Sofern Sie also Zweifel an den Ihnen mitgeteilten Eigentumsverhältnissen auf Schuldnerseite haben, über keinen aktuellen Grundbuchauszug verfügen oder Ihnen die grundbuchliche Bezeichnung des Sondereigentums des Schuldners nicht bekannt ist, bitten wir um entsprechende Mitteilung *binnen 14 Tagen*, ob Sie entsprechende Grundbucheinsicht nehmen und uns eine Ablichtung des Grundbuchauszugs übermitteln wollen oder ob wir einen Auszug aus dem Grundbuch anfordern sollen. Bitte berücksichtigen Sie, dass wir für den besonderen Arbeitsaufwand für die Beschaffung aktueller grundbuchlicher Informationen neben den anfallenden gerichtlichen Gebühren eine Bearbeitungspauschale in Höhe von 50 € zzgl jeweiliger gesetzlicher Mehrwertsteuer in Rechnung stellen.

Hören wir diesbezüglich nichts weiter von Ihnen, so gehen wir davon aus, dass wir zur Vermeidung der vorbeschriebenen Risiken interessewahrend einen unbeglaubigten Grundbuchauszug anfordern sollen.

5. Zur Vorbereitung und Beschleunigung von Zwangsvollstreckungsmaßnahmen, die zu einem späteren Zeitpunkt einzuleiten sind, bitten wir Sie in Ihrer Eigenschaft als Verwalter der Wohnungseigentümergemeinschaft bereits jetzt, uns über die Ihnen beziehungsweise den übrigen Wohnungseigentümern gegebenenfalls bekannten Vermögenswerte des Schuldners beziehungsweise besondere Vollstreckungsmöglichkeiten zu unterrichten.

Sind Ihnen die grundbuchlichen Daten des Sondereigentums des Schuldners in der Anlage bekannt, so bitten wir um Bekanntgabe (Registergericht, Grundbuch, Grundbuchblattnummer).

Oftmals sind Ihnen aber auch weitere Daten bekannt, die uns helfen, zielführende Vollstreckungsmaßnahmen einzuleiten:

– im Falle vermieteten Sondereigentums die Personendaten der Mieter,
– etwaiges weiteres Immobilienvermögen,
– die durch Überweisung oder Lastschrifteinzug bekannte Bankverbindung,
– der Arbeitgeber,
– etwaige selbständige oder freiberufliche Tätigkeit,
– etwaiges Eigentum an Kraftfahrzeugen,
– sonstige Vermögenswerte der Schuldner.

Wir bitten um entsprechende Mitteilung *binnen 14 Tagen*.

Hören wir diesbezüglich nichts weiter von Ihnen, so gehen wir davon aus, dass Ihnen derartige Daten nicht bekannt sind, und werden für den Fall des Vorliegens eines Vollstreckungstitels interessewahrend zunächst die Eintragung einer Zwangssicherungshypothek sowie sodann die Durchführung der Mobiliar-/Forderungsvollstreckung über den Gerichtsvollzieher veranlassen.

6. Wir gehen ferner davon aus, dass Sie in Ihrer Eigenschaft als Verwalter nach dem WEG im Verhältnis zur Wohnungseigentümergemeinschaft durch Vereinbarung, gesonderten Beschluss oder entsprechende Regelung im gültigen Verwaltervertrag bevollmächtigt sind, die Ansprüche der Wohnungseigentümergemeinschaft außergerichtlich und/oder gerichtlich geltend zu machen und uns als Prozessbevollmächtigte zu beauftragen.

Zum Zwecke der Nachweisführung im außergerichtlichen und gerichtlichen Verfahren benötigen wir, sofern uns nicht bereits zur Verfügung gestellt, die entsprechenden Unterlagen in Ablichtung (Gemeinschaftsordnung, separates Beschlussprotokoll oder Verwaltervertrag).

Wir bedanken uns bereits jetzt für Ihre freundliche Mitwirkung.

Für etwaige Rückfragen steht Ihnen der hiesige Sachbearbeiter gerne zur Verfügung.

Mit freundlichen Grüßen

Rechtsanwalt ◄

III. Außergerichtliche Beitreibungsmaßnahmen

Mit Blick auf die Tatsache, dass die klassischen Zwangsvollstreckungsmaßnahmen entweder   11
fruchtlos verlaufen (so regelmäßig die Mobiliar- bzw Forderungsvollstreckung) oder nicht unerhebliche Zeit sowie weitere Aufwendungen des Gläubigers beanspruchen (Zwangsverwaltung bzw Zwangsversteigerung), scheint es in jedem Fall geraten, die Anwendbarkeit der nachfolgend dargestellten alternativen Beitreibungsmaßnahmen zu prüfen.

1. Forderungsmanagement

Möglichst unmittelbar nach dem Ausbleiben fälliger Beitragsforderungen, spätestens aber nach   12
der Einleitung der Titulierungsmaßnahmen sollte ein ausdrückliches persönliches Gesprächs-
angebot dem Schuldner zugehen. Hier sollte im Idealfall persönlich oder telefonisch nachgefasst
werden, da ein persönliches Gespräch mit dem Schuldner relativ genauen Aufschluss über die
konkreten Gründe des Zahlungsausfalls und dessen wirtschaftliche Lage gibt.

Der Kontakt kann auch (unter Wohnungseigentümern kein Datenschutz) über andere Woh-   13
nungseigentümer oder Mitglieder des Beirats vermittelt werden. Kommt ein Kontakt zustande,
so kann geprüft werden, ob dem Schuldner (auch im Interesse des Gläubigers) Hilfestellung bei
der Bewältigung seines Liquiditätsproblems geleistet werden kann.

Hierzu gehören besonders folgende Hilfestellungen:

- Vermittlung professioneller Hilfsangebote (Wohnungs-/Sozialamt),
- Unterstützung von Verkaufsbemühungen,
- Unterstützung eines Wohnungswechsels bei selbst genutztem Wohnungseigentum mit nach-
  folgender Vermietung oder Veräußerung,
- Vermittlung sachverständiger finanzieller Hilfe (Hausbank).

Sofern das ausdrückliche Hilfsangebot oder die persönliche Kontaktaufnahme erfolglos bleiben, sollte allerdings kein weiterer Aufwand betrieben werden.

► **Muster: Schreiben an Beitragsschuldner**   14

Sehr geehrte Dame,

sehr geehrter Herr,

bedauerlicherweise haben Sie auf die hiesigen Zahlungsaufforderungen nicht reagiert, weshalb wir
für die Wohnungseigentümergemeinschaft das gerichtliche Verfahren/Mahnverfahren gegen Sie ein-
leiten mussten.

Wir gehen davon aus, dass nur besondere Umstände Sie veranlassen konnten, Ihren Zahlungsverpflichtungen gegenüber Ihrer Wohnungseigentümergemeinschaft nicht nachzukommen.

Wir bieten Ihnen daher ungeachtet der nun laufenden Beitreibungsmaßnahmen ausdrücklich ein
persönliches Gespräch in unseren Geschäftsräumen mit Ihrem zuständigen Objektbetreuer, Frau/
Herrn [...], an, damit geklärt werden kann, ob wir oder die Wohnungseigentümergemeinschaft Sie
bei der Lösung etwaiger finanzieller Probleme unterstützen können.

Wir gehen davon aus, dass Sie sich diesbezüglich telefonisch mit uns bis zum [...] in Verbindung setzen werden.

Mit freundlichen Grüßen

Rechtsanwalt ◀

2. Ratenzahlungsvereinbarungen

15   Beim Abschluss von Ratenzahlungsvereinbarungen ist Vorsicht geboten, da die vereinbarte Stundungswirkung im Falle der Nichteinhaltung nicht ohne Weiteres entfällt. Hier ist neben anderen juristischen Sicherungen eine sog. Vorfälligkeitsklausel für den Fall der Nichtzahlung aufzunehmen. Zu berücksichtigen ist, dass dem Verwalter keine Kompetenz zur Gewährung von Zahlungserleichterungen ohne Beschluss zukommt. Nur im Ausnahmefall kann es ordnungsmäßiger Verwaltung entsprechen, Derartiges ohne ermächtigenden Beschluss der Eigentümerversammlung zu gewähren.[1]

16   ▶ **Musterbeispiel: Teilzahlungsvereinbarung mit Schuldner**

(334)

Teilzahlungsvereinbarung

in der Forderungssache

Wohnungseigentümergemeinschaft (rechtsfähiger Verband) [...] [*Anschrift*], vertreten durch Fa. [...] [*Name, Anschrift*],

vertreten durch Anwaltskanzlei [...] [*Name, Anschrift*],

Konto: [...]

– Gläubiger –

gegen

Frau/Herrn Musterschuldner, Musterstr. 10, 00000 Musterstadt

– Schuldner –

wegen

Sonderumlage gemäß Beschluss der Eigentümerversammlung (ETV) vom 20.6.2007 zu TOP 7

Abrechnungssollsaldo 2007 gemäß Beschluss der ETV vom 24.4.08 zu TOP 3

Forderungsstand inkl. Zinsen und Kosten: 6.398,41 €:

1. Der Schuldner erkennt an, dem Gläubiger den vorgenannten Forderungsbetrag gemäß beigefügtem Forderungskonto zuzüglich weiterer Zinsen zu schulden.

2. Der Schuldner verpflichtet sich – mehrere als Gesamtschuldner – zur Zahlung dieser Gesamtschuld, sowie der in Ziffer 7 übernommenen Kosten wie folgt:

    erstmalig am 1.7.2009   500 €

    am 1.8.2009 weitere   350 €

    Rest in Monatsraten von jeweils   350 €

3. Der Schuldner verzichtet auf Einwendungen jeglicher Art hinsichtlich des Grundes und der Höhe der Schuld. Soweit bereits ein Schuldtitel vorliegt, verzichtet er darüber hinaus auf die Erhebung einer Vollstreckungsgegen-, Nichtigkeits- oder Restitutionsklage. Der Schuldner erklärt, dass er bei gleichbleibenden wirtschaftlichen Verhältnissen zur Zahlung der vereinbarten Beträge in der

---

1 BayObLG v. 20.11.2003 – 2Z BR 168/03 = ZMR 2005, 134.

Lage ist und seinen hier übernommenen Verpflichtungen pünktlich nachkommen wird. Er beabsichtigt deshalb auch nicht, gerichtlichen Vollstreckungsschutz in Anspruch zu nehmen.

4. Die Zahlungen sind an den oben genannten Gläubigervertreter zu leisten.

5. Der Gläubiger verpflichtet sich, falls der Schuldner die Raten pünktlich zahlt, keine Vollstreckungen einzuleiten. Ausgebrachte Vollstreckungen bleiben jedoch bestehen und ruhen, solange die Vereinbarungen eingehalten werden.

6. Die jeweilige Restforderung ist zur Zahlung sofort fällig, wenn der Schuldner mit einer Rate ganz oder teilweise länger als zehn Tage im Rückstand ist, spätestens jedoch mit Ablauf von zwei Wochen, sofern dem Schuldner nicht ausdrücklich eine weitere Stundung gewährt wird. Die Neufestsetzung der Raten wird außerdem erforderlich, wenn sich die wirtschaftlichen Verhältnisse des Schuldners seit Abschluss dieses Vergleichs wesentlich verbessert haben.

7. Der Schuldner übernimmt außer den bereits entstandenen Kosten die Kosten dieser Teilzahlungsvereinbarung gemäß unten stehender Aufstellung.

8. Alle Zahlungen werden zunächst auf die Kosten dieses Vergleichs, dann auf die bisher entstandenen Kosten, auf die Zinsen und schließlich auf die Hauptforderung verrechnet.

9. Zur Absicherung der obigen Forderung tritt der Schuldner hiermit den pfändbaren Teil seines Lohn- oder Gehaltsanspruchs gegen seinen jeweiligen Arbeitgeber oder die Vergütungsansprüche einschließlich etwaiger Provisionsansprüche, Tantiemen und Gewinnbeteiligungen aus sonstiger Dienstleistungsverträgen, zum Beispiel Handelsvertretervertrag, gegen seinen jeweiligen Dienstvertragspartner an den Gläubiger ab. Bei Veränderungen gibt der Schuldner umgehend die genaue Anschrift des neuen Arbeitgebers beziehungsweise Dienstvertragspartners dem Gläubigervertreter bekannt. Diese lautet derzeit: [...]
Es liegen zurzeit keine Pfändungen beziehungsweise Abtretungen vor.

Diese Abtretung wird dem Arbeitgeber beziehungsweise Dienstvertragspartner des Schuldners nur dann vorgelegt, wenn der Schuldner seinen Ratenzahlungsverpflichtungen nicht oder nicht vollständig nachkommt.

[*Unterschriften*]

(Gläubigervertreter) (Schuldner) ◄

3. Versagung der Veräußerungszustimmung gemäß § 12 WEG

Ist eine Veräußerungszustimmung iSd § 12 WEG vereinbart, so wird deren Erteilung gerade bei der Veräußerung des Wohnungseigentums von Beitragsschuldnern häufig zum Zankapfel zwischen dem Veräußerer und der Gemeinschaft bzw deren Verwalter. Oftmals wird nämlich der Zustimmungsvorbehalt unter Verkennung des erheblichen Haftungsrisikos als unzulässiges Druckmittel zur Beitreibung rückständiger Forderungen missverstanden. **17**

Von entscheidender Bedeutung ist dabei, dass nach herrschender Meinung die Veräußerungszustimmung gem. § 12 WEG nur aus wichtigem Grunde versagt werden kann, der Veräußerer ansonsten einen Anspruch auf Zustimmung hat. Ein solcher wichtiger Grund liegt nur vor, wenn konkret zu befürchten steht, dass durch die Veräußerung die Solvenz oder Zusammensetzung der Wohnungseigentümergemeinschaft nachteilig betroffen wird. Nur die allein in der Person des Erwerbers durch konkrete Anhaltspunkte begründete Befürchtung, dass dieser aufgrund seiner wirtschaftlichen oder persönlichen Verhältnisse nicht willens oder in der Lage ist, **18** seinen wesentlichen Pflichten als Wohnungseigentümer nachzukommen, kann die Versagung der Zustimmung rechtfertigen.[2] Auf ein Verschulden kommt es dabei nicht an.[3]

19   Ergeben sich keine Anhaltspunkte für einen Versagungsgrund, ist der Berechtigte zur Erteilung der Zustimmung verpflichtet. Außerhalb der Person des Erwerbers liegende Umstände haben demnach unberücksichtigt zu bleiben,[4] insbesondere etwaige Hausgeldrückstände des Veräußerers.[5] Im Falle rechtswidriger Verzögerung oder Versagung der Zustimmungserklärung haftet der Verwalter dem Veräußerer aus Verwaltervertrag unter dem Gesichtspunkt des Verzugs bzw der Pflichtverletzung auf Schadens- bzw Aufwendungsersatz.[6]

4. Entziehung des Wohnungseigentums gemäß §§ 18, 19 WEG

20   Entgegen der etwas martialischen Bezeichnung ist das Verfahren zur Entziehung des Wohnungseigentums ein stumpfes Schwert in den Händen der Wohnungseigentümer, da zunächst (anfechtbarer) Beschluss gefasst, geklagt und alsdann das gerichtliche Versteigerungsverfahren betrieben werden muss, was viel Zeit und vor allem Geld kostet.

21   ▶ **Muster: Beschluss über die Entziehung des Wohnungseigentums**

Die Wohnungseigentümergemeinschaft beschließt:

1. von dem Wohnungseigentümer [...], Eigentümer der Sondereigentumseinheit im Hause [...], in [...], Einheit Nr. [...] gemäß Aufteilungsplan als Anlage zur Teilungserklärung, eingetragen im Grundbuch von [...], Grundbuch-Blatt-Nr. [...], die Veräußerung dessen Wohnungseigentums zu verlangen,

2. den Verwalter zu ermächtigen und zu beauftragen, namens und in Vollmacht sowie auf Kosten der Wohnungseigentümergemeinschaft unter Beauftragung eines Rechtsanwalts gegen den oben genannten Sondereigentümer die Entziehungsklage gemäß den §§ 18, 19 WEG zu erheben,

3. den Verwalter bereits jetzt für den Fall des Vorliegens einer entsprechenden gerichtlichen Entscheidung zu ermächtigten, namens und im Auftrage sowie auf Kosten der Wohnungseigentümergemeinschaft das Verfahren über die Versteigerung des Wohnungseigentums des oben genannten Sondereigentümers unter Beauftragung eines Rechtsanwalts durchzuführen. ◀

5. Ausfrieren

22   Nach herrschender Meinung können die Wohnungseigentümer in Ausübung des ihnen gem. § 273 BGB zustehenden **Zurückbehaltungsrechts** gegen den zahlungssäumigen Miteigentümer eine Sperre für Versorgungsleistungen der Gemeinschaft beschließen.[7] Diese Auffassung hat der BGH jüngst als richtig bestätigt.[8] Ein Betretungsrecht der betreffenden Sondereigentumseinheit kann indes besitzberechtigten Dritten (Mietern o.a.) gegenüber allerdings nicht erzwungen

---

2 BayObLG v. 4.1.1995 – 2Z BR 114/94 = DRsp Nr. 1995/3342; BayObLG v. 14.3.1990 – BReg 1 b Z 7/89 = NJW-RR 1990, 657; BayObLG v. 1.2.1990 – BReg 2 Z 141/89 = BayObLGZ 1990, 24 = DRsp Nr. 1998/13546.
3 BayObLG v. 22.10.1993 – 2 Z BR 80/92 = NJW-RR 1993, 280, 281; OLG Frankfurt v. 15.10.1982 – 20 W 360/82 = DWE 1983, 61.
4 BayObLG v. 22.10.1992 – 2 Z BR 80/92 = NJW-RR 1993, 280, 281; OLG Hamm v. 29.9.1992 – 15 W 199/92 = NJW-RR 1993, 279, 280.
5 BayObLG v. 29.12.1983 – BReg 2 Z 18/83 = DWE 1984, 60; LG Frankfurt v. 14.10.1987 – 2/9 T 651/87 = NJW-RR 1988, 598, 599.
6 BayObLG v. 22.10.1993 – 2 Z BR 80/92 = NJW-RR 1993, 280, 281; LG Frankfurt v. 15.6.1988 – 2/9 T 207/88 = NJW-RR 1989, 15.
7 OLG Celle v. 9.11.1990 – 4 W 211/90 = NJW-RR 1991, 1118.
8 BGH v. 10.6.2005 – V ZR 235/04 = ZMR 2005, 880.

werden.[9] Diese Vorgehensweise stellt zudem die Ultima Ratio der Maßnahmen der Wohnungseigentümer dar, die das Prinzip der Verhältnismäßigkeit und Interessenabwägung in besonderer
Weise zu beachten hat.[10]

Sie ist nur zulässig, wenn   23

- erhebliche Beitragsrückstände zu verzeichnen sind (idR sechs Monatszahlungen),
- diese tituliert sind und fruchtlos vollstreckt wurde,
- die Maßnahme fruchtlos unter Fristsetzung angedroht wurde,
- eine konkrete Höchstdauer der Maßnahme festgelegt ist,
- bestimmt ist, unter welchen Voraussetzungen die Maßnahme aufzuheben ist
  (Zahlung eines nicht unerheblichen Teils der Rückstände).[11]

Umstritten ist, ob nur Zahlungsverzug oder schon titulierte Forderungen sowie das fruchtlose
Verlaufen der Zwangsvollstreckung zusätzlich erforderlich sind, was aber zu fordern ist.[12]

Eine Ausnahme soll für die „große Versorgungssperre" gelten, bei der aufgrund Illiquidität des   24
Großteils der Eigentümer sämtliche Versorgungsleistungen eingestellt werden.[13]

Abzulehnen dürfte auch die Auffassung sein, wonach sogar eine Absperrung von der Versorgung im Eigenbezug erfolgen darf (Zurückbehaltungsrecht in Ansehung der Nutzung gemeinschaftlicher Rohre und Leitungen).[14]

Vorsicht ist auch wegen des damit verbundenen rechtswidrigen Eingriffs in den eingerichteten
und ausgeübten Gewerbebetrieb bei gewerblich genutztem vermietetem Sondereigentum geboten.[15]

▶ **Muster: Ausfrierbeschluss**   25

Die Eigentümerversammlung beschließt:

1. Aufgrund des Zahlungsverzugs des Sondereigentümers [...] hinsichtlich der folgenden Beitragsforderungen der Wohnungseigentümergemeinschaft [...] (rechtskräftig tituliert und fruchtlos
   vollstreckt) in Höhe von derzeit [...] € bezogen auf die Sondereigentumseinheit gemäß Aufteilungsplan zur Teilungserklärung, bezeichnet mit der Nr. [...], wird die Verwaltung beauftragt, im
   Falle des fruchtlosen Verstreichens einer zu setzenden letzten Frist von [...] Tagen unter Androhung dieser Maßnahme das vorgenannte Sondereigentum unverzüglich abzutrennen von der
   Heiz-, Warmwasser- und Kaltwasserversorgung sowie der Allgemeinstromversorgung und dem
   Radio- und TV-Empfang (soweit von der Wohnungseigentümergemeinschaft zur Verfügung gestellt) durch Einbau entsprechend verplombter und wieder entfernbarer Sperrvorrichtungen durch
   ein Fachunternehmen, befristet bis zum Ausgleich von mindestens 70 % der Rückstände inkl.
   Kosten und Zinsen.

2. Die unter Ziff. 1. beschlossene Maßnahme wird jedoch längstens bis zum Eigentumswechsel auf
   einen Nachfolger, im Falle der Zwangsversteigerung bis zur Erteilung des Zuschlags aufrechterhalten.

---

9   KG v. 26.11.2001 – 24 W 7/01 = ZWE 2002, 182; Scholz, NZM 2008, 387 ff
10 Armbrüster, WE 1999, 14 ff
11 Die Wiederaufnahme der laufenden Zahlungen reicht nicht: OLG Dresden v. 12.6.2007 – 3 W 0082/07 = ZMR 2008,
    140, 141.
12 Jennißen/*Jennißen*, § 28 WEG Rn 221.
13 AG Gladbeck v. 18.9.2006 – 18 II 89/05 = ZMR 2007, 734.
14 So aber Bärmann/*Merle*, § 28 WEG Rn 165.
15 Wolicki in: Köhler/Bassenge, Teil 16, Rn 462 ff

3. Die Kosten für die erforderlichen Sperreinrichtungen werden aus [...] in Höhe von [...] vorfinanziert und nachfolgend auf dem Schadensersatzwege ebenfalls gegen den Schuldner, notfalls gerichtlich, unter Zuhilfenahme eines Rechtsanwalts eingefordert.

4. Sollten die gem. Ziff. 1. erforderlichen Sperreinrichtungen nur unter Inanspruchnahme des Sondereigentums des oben genannten Schuldners herzustellen sein und sollte der oben genannte Schuldner oder ein Dritter der Fachfirma und/oder dem Verwalter das Betreten der Sondereigentumseinheit zum Zwecke der Herstellung der Absperreinrichtungen verweigern, beauftragt die Gemeinschaft die Verwaltung bereits jetzt damit, unverzüglich das Betretungsrecht gerichtlich unter anwaltlicher Hilfe zu erzwingen. ◄

6. Anprangerung

26 Dringend abzuraten ist dagegen von Maßnahmen der Anprangerung des säumigen Wohnungseigentümers, etwa durch öffentlichen Aushang, Rundschreiben oder sonstige Verlautbarungen außerhalb der Wohnungseigentümergemeinschaft, die geeignet sind, den Schuldner herabzuwürdigen.[16]

Im Kreise der Wohnungseigentümer hingegen bestehen keine Bedenken, die übrigen Wohnungseigentümer unter Nennung von Namen und Betrag über einen Beitragsschuldner zu informieren. Der hierdurch erzeugte „soziale Druck" kann vor allem in Fällen nur zahlungsunwilliger, aber zahlungsfähiger Schuldner einiges bewirken.

B. Die Vollstreckung von Herausgabe-, Handlungs- und Unterlassungsansprüchen

27 Ansprüche, die zur Beseitigung von Störungen im Kreise der Wohnungseigentümergemeinschaft sowie zur Durchsetzung von Störungsbeseitigungsansprüchen gegenüber Dritten (ehemaligem Verwalter sowie Mietern) tituliert werden, sind regelmäßig auf die Vollstreckung von Herausgabeansprüchen bzw auf die Erzwingung von Handlungen oder Unterlassungen gerichtet.

I. Vollstreckung gegen den ehemaligen Verwalter

28 Im Falle der Beendigung des Verwaltungsverhältnisses zwischen Wohnungseigentümergemeinschaften und nicht professionellen Verwaltern müssen die Abwicklungsansprüche (Herausgabe der Verwaltungsunterlagen bzw Abrechnung) oftmals tituliert und sodann vollstreckt werden.

29 ▶ **Muster: Vollstreckungsauftrag zwecks Durchsetzung von Herausgabeansprüchen**

An [...] [*Gerichtsvollzieher*]

Az: [...]

In der Zwangsvollstreckungssache

[...]

– Gläubiger–

gegen

[...]

– Schuldner–

überreichen wir anliegenden vollstreckbaren Titel mit dem Auftrag zur Zwangsvollstreckung im Wege der Wegnahme der vom Schuldner herauszugebenden und im Titel näher bezeichneten Sachen nebst

---

16   Horst/Fritsch, Forderungsmanagement Miete und WEG, Teil 2, Rn 185.

Vollstreckung der titulierten Kosten nebst Kosten der Zwangsvollstreckung (Mobiliarvollstreckung) wegen folgender Beträge:

[…] €,

[…] €,

[…[€,

insgesamt […] €.

Wir bitten darum, sich vor Durchführung der Zwangsvollstreckung mit der Verwalterin der Gläubigerin, Fa. […], […]-str., in […], Telefon: […], in Verbindung zu setzen, da deren Hinzuziehung als Gläubigervertreterin zwecks Übergabe und Abtransport der herauszugebenden Sachen vor Ort angezeigt ist.

Rechtsanwalt ◀

▶ **Muster: Antrag zur Erzwingung von Abwicklungshandlungen** 30

An das Amtsgericht […]

– Vollstreckungsgericht –

Az: […]

In der Zwangsvollstreckungssache

[…]

– Gläubiger –

gegen

[…]

– Schuldner –

überreichen wir anliegenden vollstreckbaren zugestellten Titel und beantragen, wie folgt zu beschließen:

1. Die Gläubigerin wird ermächtigt, die nach dem Urteil des Amtsgerichts […] vom […], Az: […], dem Schuldner obliegende Verpflichtung, die Jahresgesamt- und Einzelabrechnung für die Wohnungseigentümergemeinschaft […]-str. in […] für den Wirtschaftszeitraum […] zu fertigen, durch die Fa. […]-Hausverwaltung GmbH in […] im Wege der Ersatzvornahme ausführen zu lassen.

2. Der Schuldner wird verpflichtet, die für die Durchführung der Ersatzvornahme der Handlung zu Ziff. 1 voraussichtlich entstehenden Kosten in Höhe von […] € an die Gläubigerin zu zahlen.

Begründung:

Ausweislich des beigefügten oben in Bezug genommenen vollstreckbaren Titels ist der Schuldner zu der aus dem Antrag zu Ziff. 1 hervorgehenden Handlung verurteilt worden.

Trotz entsprechender Aufforderung nebst Fristsetzung ist der Schuldner obiger Verpflichtung bis zum heutigen Tage nicht nachgekommen. Ausweislich des Beschlusses der Eigentümerversammlung der Gläubigerin vom […] zu TOP […] ist die im Antrag zu Ziff. 1 benannte neue Verwalterin nach WEG der Gläubigerin damit beauftragt worden, die Ersatzvornahme durchzuführen. Ausweislich des beigefügten Kostenangebots vom […] entstehen hierfür voraussichtlich Kosten in Höhe von […] €. Hieraus rechtfertigt sich der zu Ziff. 2 gestellte Antrag.

Beweis: Vorlage des zugestellten vollstreckbaren Titels im Original,

                  Vorlage des Aufforderungsschreibens vom [...],

                  Vorlage des Beschlussprotokolls vom [...],

                  Vorlage des Kostenangebots vom [...],

                  beigefügt als Anlagen.

Wir beantragen die Erteilung einer vollstreckbaren Ausfertigung des Beschlusses.

Rechtsanwalt ◀

II. Vollstreckung von Ansprüchen gegen Wohnungseigentümer oder Dritte

31   Ansprüche gegen einzelne Wohnungseigentümer auf Vornahme von Handlungen, Duldungen oder Unterlassungen sind bei Störungen im Verhältnis der Wohnungseigentümer oftmals bei der Durchführung baulicher Maßnahmen oder der Beseitigung ungenehmigter baulicher Veränderungen zu vollstrecken. Entsprechendes gilt für die Durchsetzung von Störungsbeseitigungsansprüchen gegen Mieter oder sonstige Nutzungsberechtigte in der WEG-Anlage.

32   ▶ **Muster: Ersatzvornahmeantrag zur Beseitigung einer baulichen Veränderung**

An das Amtsgericht [...]

– Vollstreckungsgericht –

Az: [...]

In der Zwangsvollstreckungssache

[...]

                                                – Gläubigerin –

gegen

[...]

                                               – Schuldner –

überreichen wir anliegenden vollstreckbaren zugestellten Titel und beantragen, wie folgt zu beschließen:

1. Die Gläubigerin wird ermächtigt, die nach dem Urteil des Amtsgerichts [...] vom [...], Az: [...], dem Schuldner obliegende Verpflichtung, die auf dem Balkon vor dem Wohnzimmer der Wohnung des Schuldners angebrachte Markise, Wohnungseigentumseinheit Nr. [...], [...]-Geschoss links, im Hause [...]-str. [...] in [...] gelegen, zu entfernen und den vorherigen Zustand durch Verschließen der vorhandenen Dübellöcher nebst Wiederherstellung des Farbanstrichs der Fassade wieder herzustellen, durch die Fa. [...]-Maler GmbH in [...], im Wege der Ersatzvornahme ausführen zu lassen.

2. Der Schuldner wird verpflichtet, es zu dulden, dass zur Ausführung der Handlungen unter Ziff. 1 seine Wohnung nebst Balkon von den Mitarbeitern des oben genannten Unternehmens betreten wird, und hat diesen Zutritt zu verschaffen.

3. Der Schuldner wird verpflichtet, die für die Durchführung der Ersatzvornahme der Handlung zu Ziff. 1 voraussichtlich entstehenden Kosten in Höhe von [...] € an die Gläubigerin zu zahlen.

Begründung:

Ausweislich des beigefügten oben in Bezug genommenen vollstreckbaren Titels ist der Schuldner zu der aus dem Antrag zu Ziff. 1 hervorgehenden Handlung verurteilt worden.

Trotz entsprechender Aufforderung nebst Fristsetzung ist der Schuldner obiger Verpflichtung bis zum heutigen Tage nicht nachgekommen. Ausweislich des Beschlusses der Eigentümerversammlung der Gläubigerin vom […] zu TOP […] ist die im Antrag zu Ziff. 1 benannte Firma damit beauftragt worden, die Ersatzvornahme durchzuführen. Ausweislich des beigefügten Kostenangebots vom […] entstehen hierfür voraussichtlich Kosten in Höhe von […] €, wodurch sich der zu Ziff. 3 gestellte Antrag rechtfertigt. Ausweislich des Schreibens des Schuldners vom […], in welchem er sich die Durchführung der Ersatzvornahme endgültig und ernsthaft verbeten hat, ist zu befürchten, dass der Schuldner diese nicht dulden wird, woraus sich der zu Ziff. 2 gestellte Antrag rechtfertigt.

Beweis: Vorlage des zugestellten vollstreckbaren Titels im Original,

          Vorlage des Aufforderungsschreibens vom […],

          Vorlage des Beschlussprotokolls vom […],

          Vorlage des Kostenangebots vom […],

          Vorlage des Schreibens des Schuldners vom […],

          beigefügt als Anlagen.

Wir beantragen die Erteilung einer vollstreckbaren Ausfertigung des Beschlusses.

Rechtsanwalt ◄

▶ **Muster: Antrag auf Festsetzung von Ordnungsgeld/-haft bei Unterlassungstitel**   33

An das Amtsgericht […]

– Vollstreckungsgericht –

Az: […]

In der Zwangsvollstreckungssache

[…]

                                                                – Gläubiger –

gegen

[…]

                                                                – Schuldner –

überreichen wir anliegenden vollstreckbaren zugestellten Titel und beantragen, wie folgt zu beschließen:

Gegen den Schuldner wird ein Ordnungsgeld und für den Fall dessen Nichtbeitreibbarkeit Ordnungshaft wegen des Verstoßes des Schuldners gegen das Verbot, auf der im Sondernutzungsrecht des Schuldners stehenden Terrasse vor dessen Wohnung im Erdgeschoss des Hauses […]-str. […] in […] einen Holzkohlengrill zu betreiben, festgesetzt.

Begründung:

Ausweislich des beigefügten oben in Bezug genommenen vollstreckbaren Titels ist der Schuldner zu der aus dem Antrag hervorgehenden Unterlassung unter der Androhung von Ordnungsgeld bzw Ordnungshaft verurteilt worden. Ausweislich der beigefügten Lichtbilder sowie der beigefügten eidesstattlichen Versicherungen des Hausmeisters der oben genannten Wohnanlage hat der Schuldner nach Zustellung der oben genannten Entscheidung fortlaufend seinen dort aufgebauten Grill weiter betrieben, und zwar an folgenden Tagen: […].

Wegen dieser mehrfachen Verstöße des Schuldners gegen die ihm obliegende Verpflichtung ist der Schuldner nunmehr durch ein empfindliches Ordnungsgeld, ersatzweise Ordnungshaft, zur Beachtung der gerichtlichen Entscheidung gezwungen werden.

Beweis: Vorlage des zugestellten vollstreckbaren Titels im Original,
Vorlage der Lichtbilder vom [...],
Vorlage der eidesstattlichen Versicherung vom [...],
beigefügt als Anlagen.

Wir beantragen die Erteilung einer vollstreckbaren Ausfertigung des Beschlusses.

Rechtsanwalt ◄

C. Die Mobiliarvollstreckung in Wohnungseigentum

34   Der Realisierung von Beitragsforderungen der Wohnungseigentümergemeinschaft gegenüber ihren Mitgliedern, insbesondere der effektiven Beitreibung erwirkter Zahlungstitel durch Vollstreckung in das bewegliche Schuldnervermögen, kommt in der Verwaltungspraxis besondere Bedeutung zu.

I. Verwalterpflichten und Haftungspotenzial

35   Eines der tragenden Prinzipien des Wohnungseigentums ist die solidarische Aufbringung der für die Verwaltung des gemeinschaftlichen Eigentums erforderlichen finanziellen Mittel durch sämtliche Wohnungseigentümer. Ist das wirtschaftliche Leistungsvermögen eines oder gar mehrerer Wohnungseigentümer dauerhaft gemindert oder gar aufgehoben, ist die ordnungsgemäße Verwaltung der Wohnungseigentumsanlage bedroht. Da der Erwerb von Wohnungseigentum zu einem hohen Anteil kreditfinanziert erfolgt, ist in wirtschaftlich schwierigen Zeiten gerade bei Wohnungseigentümern eine erhöhte Insolvenzanfälligkeit festzustellen. In den letzten Jahren musste neben der steigenden Zahl von gerichtlichen Beitreibungsverfahren eine eklatante Zunahme von Zwangsversteigerungs- und Zwangsverwaltungsverfahren sowie von (Verbraucher-)Insolvenzverfahren verzeichnet werden (vgl dazu Rn 115 ff und Rn 322 ff).

36   Gemäß §§ 27 Abs. 2 Nr. 4, 27 Abs. 3 Nr. 4, 28 Abs. 2 WEG ist der Verwalter berechtigt und verpflichtet die Beitragsforderungen der Wohnungseigentümergemeinschaft bei den einzelnen Wohnungseigentümern anzufordern und auch ohne besondere Vollmacht außergerichtlich geltend zu machen.[17]

Regelmäßig wird der Verwalter sinnvollerweise zusätzlich durch Vereinbarung, Vorratsbeschluss bzw entsprechende Regelung im Verwaltervertrag auch ermächtigt und verpflichtet, für die gerichtliche Durchsetzung, also insbesondere auch Vollstreckung von Zahlungsansprüchen der Wohnungseigentümergemeinschaft zu sorgen (vgl § 27 Abs. 3 Nr. 7 WEG).

37   Dabei haftet der Verwalter bei der Ausübung dieser Tätigkeit gem. §§ 280 ff, 276, 675, 611 BGB für jede schuldhafte Verletzung der ihm gesetzlich oder aus dem konkret geschlossenen Verwaltervertrag obliegenden Pflichten dem Grunde nach auf Schadensersatz und Ersatz vergeblicher Aufwendungen. Die Anforderungen an die Wahrnehmung seiner Pflichten im Zusammenhang mit der Forderungsüberwachung sowie Veranlassung der Beitreibung sind dabei hoch, der Verschuldensmaßstab dagegen gering, da diese Tätigkeiten zur Erfüllung kardinaler Vertragspflichten gerechnet werden. Dem Umfang nach haftet der Verwalter für jeden auf seiner konkreten Pflichtverletzung adäquat kausal beruhenden Schaden der Wohnungseigentümer, also gegebenenfalls für die gesamte ausgefallene Forderung nebst Zinsen und Kosten. Das Ver-

---

17   BGH v. 20.4.1990 – V ZB 1/90 = NJW 1990, 2386; BayObLG v. 6.9.2001 – 2Z BR 107/01 = ZWE 2001, 593; Bärmann/*Merle*, § 27 WEG Rn 65.

schulden des Verwalters wird gem. § 280 Abs. 1 S. 2 BGB vermutet; die Beweislast für Haftungsgrund und Haftungshöhe liegt im Streitfall jedoch bei den Wohnungseigentümern.
Hinweis: Dieses Haftungsrisiko ist tunlichst durch den Abschluss einer ausreichenden Vermögensschadenversicherung abzudecken. Ferner ist auf eine möglichst lückenlose Dokumentation wesentlicher Geschäftsvorgänge zu achten.[18]

II. Sachpfändung

Durch die Pfändung beweglicher Gegenstände des Schuldners durch den Gerichtsvollzieher 38 gem. §§ 808 ff ZPO werden diese der Verfügungsgewalt des Schuldners entzogen und im Wege der öffentlichen Versteigerung verwertet. Aus dem Versteigerungserlös nach Abzug der Kosten soll die Befriedigung des Gläubigers erfolgen. Vollstreckungsversuche durch Pfändung beweglicher Gegenstände gem. §§ 808 ff ZPO verlaufen, wenn nicht entbehrliche Gegenstände von beträchtlichem Wert vorgefunden werden, in der Regel fruchtlos, da zur üblichen Haushaltsausstattung gehörige Gegenstände von Wert (TV, PKW, Computer, Musikanlagen etc.) entweder Pfändungsverboten unterliegen,[19] der Berufsausübung dienen oder, da fremdfinanziert, regelmäßig unter dem Eigentumsvorbehalt Dritter stehen. Auch ist das Verwertungsverfahren (Einlagerung und öffentliche Versteigerung) so kostenintensiv, dass ein nennenswerter Erlös oftmals kaum zu erzielen ist.

III. Forderungspfändung

Größere Bedeutung kommt der Pfändung von Forderungen und sonstigen Vermögenswerten 39 gem. §§ 888 ff ZPO zu, da hier (im Rahmen der Pfändungsfreigrenzen gem. §§ 850 ff ZPO) auf Einkünfte des Schuldners aus Arbeitslohn oder selbständiger Tätigkeit zugegriffen werden und der Gläubiger sich die Forderungen des Schuldners gegen Dritte zur Einziehung überweisen lassen kann.

Als Vollstreckungsmöglichkeiten bieten sich (oftmals dem Verwalter bekannte) Bankkonten, 40 Depots, Bauspar- und Versicherungsguthaben, Geschäfts- und Genossenschaftsanteile oder Rentenansprüche an, die im Wege des sofortigen Zahlungsverbots gem. § 845 ZPO schon vor Erlass des Pfändungs- und Überweisungsbeschlusses durch das Gericht für längstens einen Monat beschlagnahmt werden können.

Beim Wohnungseigentum drängt es sich auf, Zahlungsansprüche aus der Vermietung des Woh- 41 nungseigentums zu pfänden und sich zur Einziehung überweisen zu lassen. Wegen des bei Pfändungen zu beachtenden Vorrangs der zeitlich vorgehenden Verfügung oder Pfändung verlaufen jedoch diese Vollstreckungsmaßnahmen oftmals fruchtlos, denn häufig sind Mietzahlungsansprüche des Schuldner im Rahmen der Finanzierung des Immobilienerwerbs bereits vorrangig an Kreditinstitute abgetreten oder bereits vorrangig gepfändet.

Zu bedenken ist auch, dass im Falle der Belastung des jeweiligen Wohnungseigentums mit äl- 42 teren Grundpfandrechten (idR Finanzierungsgrundschulden zugunsten von Kreditinstituten, Versicherungen oder Bausparkassen) diese oftmals nur noch zu einem Teil valutieren, da durch die vorhergehende regelmäßige Leistung der Annuitäten durch den Schuldner die zugrunde liegende Forderung ganz oder teilweise getilgt ist. Der dadurch entstandene Anspruch des Schuldners gegen den Kreditgeber/Grundschuldgläubiger auf Rückgewähr der Sicherheit kann ge-

---

18 Gottschlag, NZM 2003, 457, 462.
19 Ausweg: Austauschpfändung gem. § 811 a ZPO.

pfändet werden. Allerdings ist zu beachten, dass die Pfändung wegen des gem. § 1179 a BGB im Falle gleich- oder nachrangiger Grundpfandrechte bestehenden Löschungsanspruchs ins Leere geht. Entsprechendes gilt für den Fall, dass aufgrund einer entsprechenden Abrede zwischen Grundpfandrechtsgläubiger und Schuldner frei werdende Sicherungsteile der Besicherung anderweitiger Darlehen dienen und auch hier eine Pfändung keinen Erfolg verspricht.

IV. Abgabe der eidesstattlichen Versicherung

43   Da die Vollstreckung in das bewegliche Vermögen von Beitragsschuldnern oft genug ergebnislos ausfällt, wird mit dem Vollstreckungsantrag regelmäßig gem. § 899 ZPO das Verfahren auf Abgabe der sog. eidesstattlichen Vermögensversicherung gegen den Schuldner einzuleiten sein, was vorsorglich beantragt werden kann.

V. Beschaffung weiterer vollstreckbarer Ausfertigungen

44   Zur zielgerichteten und beschleunigten Vollstreckung ist es zudem geraten, bei Gericht die Erteilung weiterer vollstreckbarer Ausfertigungen eines vorliegenden Titels zu beantragen.

45   ▶ **Muster: Antrag auf Erteilung weiterer vollstreckbarer Ausfertigungen**

An das Amtsgericht [...]

– Vollstreckungsgericht –

Az: [...]

In der Zwangsvollstreckungssache

[...]

– Gläubiger –

gegen

[...]

– Schuldner –

beantragen wir,

dem Gläubiger eine zweite und dritte vollstreckbare Ausfertigung des [...] des [...] Amtsgerichts [...] vom [...], Az: [...], zu erteilen.

Begründung:

Da es sich vorliegend um einen im wohnungseigentumsgerichtlichen Verfahren erwirkten Titel handelt, ist für den Gläubiger die Vollstreckung in das Vermögen des Schuldners dadurch zu besorgen, dass schnellstmöglich im Grundbuch der im Eigentum des Schuldners stehenden Sondereigentumseinheit in der Wohnungseigentumsanlage der Gläubigerin rangwahrend eine Sicherungshypothek eingetragen wird, wobei zudem die Beitreibungsvollstreckung in das bewegliche Vermögen des Schuldners sowie die Forderungspfändung durchzuführen sind.

Liegt dem Gläubiger nur eine vollstreckbare Ausfertigung des Titels vor, können die oben genannten verschiedenen Vollstreckungsmaßnahmen nicht durchgeführt werden, solange die betreffende einzelne Vollstreckungsmaßnahme nicht beendet ist, weshalb der Gläubiger zwei weitere vollstreckbare Ausfertigungen benötigt.

Rechtsanwalt ◀

VI. Muster für die Mobiliarvollstreckung

▶ **Muster: Kombinierter Zwangsvollstreckungsauftrag**   46

An [...] [*Gerichtsvollzieher*]

342

Neuer Zwangsvollstreckungsauftrag

iVm Antrag auf Abgabe der eidesstattlichen Versicherung

In der Zwangsvollstreckungssache

[...]

– Gläubiger –

gegen

[...]

– Schuldner –

werden in der Anlage die Zwangsvollstreckungsunterlagen überreicht mit dem Auftrag, wegen der nachstehend berechneten Gesamtforderung zuzüglich weiterer Zinsen und Kosten die Zwangsvollstreckung durchzuführen. Erforderlichenfalls soll der Titel zugestellt werden.

1. Es wird gebeten, die Taschenpfändung und die Ermittlung der Arbeitsstelle zu versuchen, ein vollständiges Pfändungsprotokoll zu übersenden und eingezogene Beträge hierher zu überweisen.

2. Mit der Einziehung von Teilbeträgen ist der Gläubiger [nicht] einverstanden.

3. Für den Fall der fruchtlosen Pfändung oder bei Vorliegen einer anderen Voraussetzung des § 807 Abs. 1 ZPO wird beantragt, kurzfristig einen Termin gemäß §§ 807 Abs. 1, 900 ZPO zur Abgabe eines Vermögensverzeichnisses und der eidesstattlichen Versicherung des Schuldners zu bestimmen. Der Antrag wird auch für den Fall gestellt, dass gegen den Schuldner bereits Haft zur Erzwingung der Abgabe der eidesstattlichen Versicherung angeordnet ist. Es wird gebeten, umgehend nach dem Termin Protokoll und Vermögensverzeichnis zu übersenden.

4. Soweit der Schuldner in den letzten drei Jahren die eidesstattliche Versicherung nach § 807 ZPO oder § 284 AO abgegeben hat, wird um Übersendung von Abschriften des Terminprotokolls und des Vermögensverzeichnisses jener Versicherung oder um Mitteilung des Amtsgerichts, Datums und Geschäftszeichens der bereits abgegebenen eidesstattlichen Versicherung gebeten. Der Gerichtsvollzieher wird beauftragt, diesen Antrag an das Vollstreckungsgericht weiterzuleiten.

5. Der sofortigen Abnahme der eidesstattlichen Versicherung gemäß § 900 Abs. 2 S. 1 ZPO wird nicht widersprochen, mit dem Antrag, gemäß § 900 Abs. 2 S. 3–5 ZPO zu verfahren.
   Auf Teilnahme am Termin zur Abnahme der eidesstattlichen Versicherung wird verzichtet.

6. Es wird gebeten, dem Schuldner über die Fragen des Vordrucks ZP 325 hinaus noch folgende Fragen zu stellen:
   a) Wo arbeitet der Schuldner? Bitte genaue, zustellungsfähige Anschrift des Arbeitgebers im Protokoll erfassen.
   b) Ist der Schuldner arbeitslos? Von welchem Arbeitsamt bezieht er in welcher Höhe und in welchen Auszahlungszeiträumen Leistungen?
   c) Bezieht der Schuldner Krankengeld? Von welcher Krankenkasse bezieht er in welcher Höhe und in welchen Auszahlungszeiträumen Leistung?
   d) Ist der Schuldner Rentner? Durch welchen Leistungsträger und in welcher Höhe wird die monatliche Rente gezahlt? Für den Fall, dass bisher nur Rentenanwartschaften erworben

wurden, und der Schuldner das 35. Lebensjahr überschritten hat, wird gebeten, nach dem Rentenversicherungsträger und nach der Höhe der Anwartschaften zu fragen. Gemäß § 54 Abs. 4 SGB I ist die zukünftige Rente wie Arbeitseinkommen pfändbar.

e) Hat der Schuldner ein Bank-/Post- oder Depotkonto? Bitte Kontonummer, Guthabenstand/ Depotkontobestand und genaue Anschrift der Bank im Protokoll erfassen.

f) Der Schuldner sollte zur Angabe aller Sparguthaben sowie Lebensversicherungen und deren Versicherungsnummern angehalten werden. Es wird beantragt, Versicherungspolicen oder Sparbücher im Wege der Hilfspfändung zu beschlagnahmen (§ 156 GVGA).

7. Sofern das Verfahren zur Abnahme der eidesstattlichen Versicherung zur Durchführung kommt, wird gebeten, für diesen Antrag die nachstehend mitgeteilten Auftragskosten zu berücksichtigen.

8. Hinweise auf besondere Vollstreckungsmöglichkeiten oder Vermögenswerte:

a) Das Kraftfahrzeug des Schuldners, PKW Marke [...], Typ [...], Kennzeichen [...], wird nach hiesiger Kenntnis auf dem zur Wohnung des Schuldners gehörigen Tiefgaragenstellplatz Nr. [...]/auf dem Außenstellplatz [...] regelmäßig abgestellt. Den Zugang zur Tiefgarage ermöglicht die Hausverwaltung [...], Telefon: [...]/der Hausmeister des Objekts, [...], Telefon: [...], nach vorheriger Terminabsprache.

b) Nach hier vorliegenden Erkenntnissen befinden sich in der Schuldnerwohnung angabegemäß im Eigentum des Schuldners stehende folgende Gegenstände von besonderem Wert: [...]
Für den Fall der Notwendigkeit einer Austauschpfändung bitten wir gem. § 811 b ZPO zu verfahren sowie um entsprechende Benachrichtigung, damit gem. § 811 a ZPO entsprechender Antrag gestellt werden kann.

c) [...]

Rechtsanwaltsvergütungsrechnung

Gegenstandswert: 1.500 €

Verfahrensgebühr, §§ 2 Abs. 2, 13 Nr. 3309 VV RVG	0,3	31,50 €
Zwischensumme der Gebührenpositionen		31,50 €
Post- und Telekommunikationsentgelt, Nr. 7002 VV RVG		6,30 €
Zwischensumme netto		37,80 €
19 % Mehrwertsteuer, Nr. 7008 VV RVG		7,18 €
Gesamtbetrag		**44,98 €**

Die Abnahme der eidesstattlichen Versicherung soll wegen der GESAMTFORDERUNG von 6.556,09 € nebst den Kosten dieser Maßnahme erfolgen.

Für den Fall, dass der Schuldner in dem zur Abgabe der eidesstattlichen Versicherung bestimmten Termin nicht erscheint oder die Abgabe der eidesstattlichen Versicherung ohne Grund verweigert, wird gebeten dies zu protokollieren und die Sache dem Vollstreckungsgericht zur Entscheidung über den Erlass eines Haftbefehls gemäß § 901 ZPO vorzulegen.

Der Einziehung der Gerichtsvollzieherkosten im Lastschriftverfahren wird zugestimmt.

Rechtsanwalt

Rechtsanwaltsvergütungsrechnung

Gegenstandswert: 6.398,41 €

Verfahrensgebühr, §§ 2 Abs. 2, 13 Nr. 3309 VV RVG	0,3	112,50 €
Zwischensumme der Gebührenpositionen		112,50 €
Post- und Telekommunikationsentgelt, Nr. 7002 VV RVG		20,00 €
Zwischensumme netto		132,50 €
19 % Mehrwertsteuer, Nr. 7008 VV RVG		25,18 €
Gesamtbetrag		**157,68 €**

Der Gläubiger ist nicht zum Vorsteuerabzug berechtigt.

Rechtsanwalt ◀

▶ **Muster: Antrag auf Erlass eines Pfändungs- und Überweisungsbeschlusses**   47

An das Amtsgericht [...]

– Vollstreckungsgericht –

Az: [...]

[...]

Es wird beantragt, den nachstehend entworfenen Beschluss zu erlassen und die Zustellung zu vermitteln, an den Drittschuldner mit der Aufforderung nach § 840 ZPO.

Vollstreckungsunterlagen und Gerichtskosten anbei.

Rechtsanwalt

– – –

AMTSGERICHT [...]

Geschäfts.-Nr.: [...]

PFÄNDUNGS- und ÜBERWEISUNGSBESCHLUSS

In der Zwangsvollstreckungssache

[...]

– Gläubiger –

gegen

[...]

– Schuldner –

wird wegen der in nachstehendem Forderungskonto näher bezeichneten und berechneten Forderung(en) in Höhe von insgesamt

[...] € zuzüglich

1. etwaiger weiterer Zinsen gemäß nachstehendem Forderungskonto
2. der Zustellkosten dieses Beschlusses
   die Forderung des Schuldners auf / betreffend:
   a) Miete
      Mietzahlungsforderung (Miete und Betriebskosten) aus dem Mietvertrag über die Wohnung [...] im Hause [...] in [...] vom [...].

b) Kontoguthaben

Zahlungen und Leistungen jeglicher Art aus der laufenden Geschäftsverbindung, insbesondere gegenwärtig und zukünftig entstehende Guthaben beziehungsweise gegenwärtig und zukünftig zu seinen Gunsten entstehende Salden sowie die Auszahlung des bei einem Rechnungsabschluss sich zu seinen Gunsten ergebenden Guthabens.

c) Lebensversicherung

aa) den mit der Drittschuldnerin abgeschlossenen Lebensversicherungsverträgen, deren Nummern dem Gläubiger nicht bekannt sind, insbesondere die sich aus diesen Verträgen ergebenden Ansprüche auf Zahlung der Versicherungssumme, oder des bei Aufhebung auf die Versicherung entfallenden Betrags der Prämienreserve;

bb) das Recht auf Kündigung und Umwandlung der Versicherung sowie auf Bestimmung, Änderung oder Widerruf der Bezugsberechtigung.

d) Bausparvertrag

den mit der Drittschuldnerin abgeschlossenen Bausparvertrag sowie die sich hieraus ergebenden Ansprüche und Rechte, insbesondere der Anspruch auf

aa) Bereitstellung und Auszahlung der Bausparsumme nach Zuteilung

bb) Auszahlung der Sparverträge, sobald diese zur vollen Bausparsumme angewachsen sind

cc) Rückzahlung des Sparguthabens im Falle der Kündigung des Vertrages

dd) das Kündigungsrecht selbst und

ee) das Recht auf Änderung des Vertrages

e) Arbeitseinkommen

aa) Zahlung des gesamten gegenwärtigen und künftigen Arbeitseinkommens (einschließlich des Geldwertes von Sachbezügen) so lange, bis der Gläubigeranspruch gedeckt ist. Berechnung des pfändbaren Arbeitseinkommens: [...].

Von der Pfändung ausgenommen sind Steuern, Beiträge zur Sozialversicherung, Beiträge in üblicher Höhe, die der Schuldner laufend an eine Ersatzkasse, eine private Krankenversicherung oder zur Weiterversicherung zahlt, und die in den §§ 850 ff ZPO, § 54 SGB I genannten Bezüge. Von dem errechneten Nettoeinkommen ergibt sich der pfändbare Betrag unter Berücksichtigung von Unterhaltspflichten des Schuldners aus der Tabelle zu § 850 c Abs. 3 ZPO in der jeweils gültigen Fassung.

bb) Auszahlung von Steuererstattungsansprüchen für das abgelaufene Kalenderjahr, sofern diese durch den Arbeitgeber infolge Vornahme des Lohnsteuerjahresausgleichs ausgezahlt oder verrechnet werden.

cc) Endet das Beschäftigungsverhältnis und begründen Schuldner und Drittschuldner innerhalb von neun Monaten ein solches neu, so erstreckt sich die Pfändung auf die Forderungen aus dem neuen Beschäftigungsverhältnis.

f) Steuererstattungsansprüche

Einkommensteuer-, Lohnsteuer- und Kirchensteuererstattungsansprüche für die Jahre 20.. und 20.. an / gegen den Drittschuldner: [...]

einschließlich etwaiger künftig fällig werdender Ansprüche aus dem gleichen Rechtsgrund hiermit gepfändet und dem Gläubiger zur Einziehung überwiesen.

Der Drittschuldner darf, soweit die Forderung gepfändet ist, an den Schuldner nicht mehr leisten.

Der Schuldner darf insoweit über die Forderung nicht verfügen, insbesondere sie nicht einziehen.

Der Drittschuldner hat die gepfändete Forderung an den Gläubiger zu leisten. ◀

▶ **Muster: Beschluss zur Pfändung und Überweisung von Rückübertragungsansprüchen** 48

AMTSGERICHT [...]

Geschäfts.-Nr.: [...]

PFÄNDUNGS- und ÜBERWEISUNGSBESCHLUSS

In der Zwangsvollstreckungssache

[...]

– Gläubiger–

gegen

[...]

– Schuldner –

wird wegen der in nachstehendem Forderungskonto näher bezeichneten und berechneten Forderung(en) in Höhe von insgesamt

[...] € zuzüglich

1. etwaiger weiterer Zinsen gemäß nachstehendem Forderungskonto
2. der Zustellkosten dieses Beschlusses
   die Ansprüche des Schuldners auf / betreffend:
   a) Rückgewähr der Grundschuld oder eines Teils der Grundschuld, eingetragen auf dem Grundstück des Schuldners [...] in [...], eingetragen im Grundbuch des Amtsgerichts [...] von [...], Grundbuchblatt-Nr. [...], einschließlich des Anspruchs auf den Mehrerlös gegenüber den gesicherten Ansprüchen, der aus einer Verwertung der Grundschuld, insbesondere durch Zwangsversteigerung entsteht,
   b) Berichtigung des Grundbuchs durch Umschreibung der oben genannten Grundschuld in eine Eigentümergrundschuld,
   c) Herausgabe eines gegebenenfalls erteilten Grundschuldbriefs beziehungsweise Aufhebung der Gemeinschaft am Grundschuldbrief,
   d) die dem Schuldner jetzt oder künftig zustehende Eigentümergrundschuld,

an / gegen den Drittschuldner: [...]

einschließlich etwaiger künftig fällig werdender Ansprüche aus dem gleichen Rechtsgrund hiermit gepfändet und dem Gläubiger zur Einziehung überwiesen.

Der Drittschuldner darf, soweit die Forderung gepfändet ist, an den Schuldner nicht mehr leisten.

Der Schuldner darf insoweit über die Forderung nicht verfügen, insbesondere sie nicht einziehen.

Der Drittschuldner hat die gepfändete Forderung an den Gläubiger zu leisten. ◀

▶ **Muster: Vorpfändung** 49

Vorläufiges Zahlungsverbot (§ 845 ZPO)

In der Zwangsvollstreckungssache

[...]

– Gläubiger –

gegen

[...]

– Schuldner –

hat der Gläubiger gegen den Schuldner einen Anspruch aus

[...]

wie folgt:

Hauptforderung	[...] €
Titulierte Zinsen aus Hauptforderung bis [...]	[...] €
Festgesetzte Kosten – Kosten des Mahnverfahrens und bisherige Kosten der Zwangsvollstreckung	[...] €
Zinsen aus festgesetzten Kosten bis [...]	[...] €
Gesamtforderung	[...] €

zuzüglich weiter entstehender Zinsen sowie Gerichts- und Zustellkosten.

Wegen dieser Ansprüche steht die Pfändung der angeblichen Forderung des Schuldners gegen

[...]

(Drittschuldner)

auf

[...]

bevor.

Gemäß § 845 ZPO benachrichtigen wir als Bevollmächtigte des Gläubigers hiermit Drittschuldner und Schuldner von der bevorstehenden Pfändung der Ansprüche des Schuldners gegen den Drittschuldner.

Der beantragte Pfändungs- und Überweisungsbeschluss wird dem Drittschuldner in Kürze zugestellt werden.

Diese Benachrichtigung hat die Wirkung eines Arrestes (§§ 845, 930 ZPO).

Der Drittschuldner wird aufgefordert, nicht an den Schuldner zu leisten.

Der Schuldner wird aufgefordert, jegliche Verfügung über die zu pfändende Forderung zu unterlassen, diese insbesondere nicht einzuziehen.

Der Drittschuldner wird im Interesse einer raschen und vereinfachten Abwicklung gebeten, binnen zwei Wochen hierher zu erklären, ob er die gepfändete Forderung anerkennt und zur Leistung bereit ist.

Rechtsanwalt

Zustellung an:

1. Drittschuldner: [...]

2. Schuldner: [...] ◄

50 ▶ **Muster: Forderungsaufstellung**

Forderungsaufstellung

Stand: 19.6.2009

Aktenzeichen / Objektnummer: [...]

Gläubiger:

Wohnungseigentümergemeinschaft (rechtsfähiger Verband) [...] [*Anschrift*],

vertreten durch Fa. [...] [*Name, Anschrift*],

diese vertreten durch Anwaltskanzlei [...] [*Name, Anschrift*],

Bankverbindung: Konto-Nr.: [...] / BLZ: [...] / Kreditinstitut: [...]

Schuldner:

Frau/Herrn [...] [*Name, Anschrift*]

Titel/Forderung:

Sonderumlage gemäß Beschluss der Eigentümerversammlung (ETV) v. 20.6.2007 zu TOP 7

Abrechnungssollsaldo 2007 gemäß Beschluss der ETV v. 24.4.2008 zu TOP 3

Nr.	Datum	Betrag in €	Buchungstext	K.Zinsen in €	Kosten in €	H.Zinsen in €	H.Forde-rung in €
1	10.8.2007	402,82	RA-Geb. Nr. 2300 VV RVG	0,00	402,82	0,00	0,00
2	2.6.2008	3.876,00	Sonderumlage gem. Beschl. d. ETV v. 20.6.07 zu TOP 7	0,00	402,82	0,00	3.876,00
3	2.6.2008	616,70	Mehrbetrag aus Abrechnungs-saldo 2007, Be-schl. d. ETV v. 24.4.08 zu TOP 3	0,00	402,82	0,00	4.492,70
4	19.6.2009	1.150,02	RA-Geb. Nr. 2300, 1000 VV RVG	0,00	1.552,84	352,87	4.492,70

Basiszins 19.6.2009: 1,62 %

Kumulierte Beträge

Gesamtkosten	1.552,84 € unverzinsliche Kosten	1.552,84 €
Anfängliche Hauptforderung	4.492,70 € Hauptforderungszinsen	352,87 €

Gesamtforderung: 6.398,41 € per 19.6.2009 zzgl Tageszinsen 0,82 € ab dem 19.6.2009

Unverzinsliche Kosten	1.552,84 €
Verzinsliche Kosten	0,00 €
Mehrbetrag aus	616,70 € nebst Zinsen 5 Prozentpunkte über Basiszins
Abrechnungssaldo:	
Sonderumlage gem. Beschluss	3.876,00 € nebst Zinsen 5 Prozentpunkte über Basiszins

Summe ohne Zinsen	6.045,54 €
Zinsen auf Kosten	0,00 €
Tageszinsen	0,00 €

Zinsen auf Hauptforderungen	352,87 €
Tageszinsen	0,82 € ◄

D. Die Immobiliarvollstreckung in Wohnungseigentum

I. Eintragung einer Sicherungshypothek

1. Grundlagen der Sicherungshypothek nach den §§ 866, 867 ZPO

a) Sicherungshypothek neben anderen Vollstreckungsmaßnahmen

51   Neben Zwangsversteigerung und Zwangsverwaltung stellt die Sicherungshypothek nach § 866 Abs. 1 ZPO eine selbständige Vollstreckungsmaßnahme in das unbewegliche Vermögen dar. Die Vollstreckungsmaßnahmen können nebeneinander durchgeführt werden (§ 866 Abs. 2 ZPO). Es besteht **keine Reihenfolge** der Maßnahmen; der Gläubiger muss nicht etwa zunächst eine Sicherungshypothek in das Grundbuch eintragen lassen, um dann das Objekt zur Zwangsversteigerung bringen zu können. Auch besteht kein Gebot der Verhältnismäßigkeit.[20] Die Zulässigkeit der Sicherungshypothek, aber auch der Zwangsversteigerung hängt nicht von einem bestimmten Wert der Gläubigerforderung ab, der Mindestbetrag des § 866 Abs. 3 ZPO schützt nicht den Schuldner der Zwangsvollstreckung, sondern die Übersichtlichkeit des Grundbuchs. Das Verbot der Überpfändung des § 803 Abs. 1 S. 2 ZPO gilt nach dem Standort der Norm nur für die Vollstreckung in bewegliches Vermögen, es ist im Übrigen nicht verletzt, weil die Sicherungshypothek keine Befriedigung, sondern nur eine Sicherung des Gläubigeranspruchs bewirkt.[21]

52   Die oft als Zwangshypothek bezeichnete, im Gesetz aber nicht so benannte Sicherungshypothek ist sachenrechtlich eine Sicherungshypothek nach § 1184 BGB. Sie unterscheidet sich von dieser im Entstehungstatbestand und in einigen Besonderheiten betreffend den Mindestbetrag nach § 866 Abs. 3 ZPO, das Verbot der anfänglichen Gesamthypothek nach § 867 Abs. 2 ZPO und bei der Umwandlung in eine Eigentümergrundschuld nach § 868 ZPO.[22] Diese Beschränkungen gelten im Übrigen nicht für die Sicherungshypothek nach § 848 Abs. 2 ZPO nach Pfändung des Eigentumsverschaffungsanspruchs oder des Anwartschaftsrechts und Eigentumserwerb des Schuldners[23] und nicht für die sog. Bauhandwerkersicherungshypothek, für welche § 648 BGB einen Anspruch begründet, die aber stets rechtsgeschäftlich bestellt wird, auch wenn ihre Sicherung durch Vormerkung nach den §§ 883, 885 BGB im Wege der einstweiligen Verfügung nach den §§ 935 ff ZPO und damit durch Zwangsvollstreckung erfolgt.[24]

b) Vorteile der Sicherungshypothek gegenüber sofortiger Verwertung

53   Zweck der Sicherungshypothek ist die Sicherung des Gläubigeranspruchs, erst in zweiter Linie folgt die Befriedigung der Forderung durch Zwangsversteigerung oder Zwangsverwaltung. Der Gläubiger kann eine einstweilige Sicherung seiner bisher nicht gesicherten Forderung anstreben, wenn eine sofortige Beitreibung der Forderung nicht notwendig ist, wenn eine sofortige Ver-

---

20   Zutreffend: MünchKomm-ZPO/*Eickmann*, § 866 Rn 9.
21   Zöller/*Stöber*, § 866 ZPO Rn 4; zum Rechtsschutzbedürfnis auf Zwangsversteigerung wegen geringer Forderung vgl Stöber, ZVG, Einl. Rn 48.4; zur Zwangsverwaltung: BGHZ 151, 384.
22   Zöller/*Stöber*, ZPO, § 866 Rn 3; Stöber, ZVG, Einl. Rn 62.1.
23   Dazu Zöller/*Stöber*, § 848 ZPO Rn 7, 8, 13; Stöber, Forderungspfändung, Rn 2034 ff, 2046 ff; Keller, Grundstücke in Vollstreckung und Insolvenz, Rn 322 ff
24   BGHZ 144, 138; OLG Frankfurt Rpfleger 1995, 500 (je zur Unanwendbarkeit von § 867 Abs. 2 ZPO); Stein/Jonas/*Münzberg*, § 867 ZPO Rn 52; Schuschke/Walker/*Walker*, § 866 ZPO Rn 7; Palandt/*Sprau*, § 648 BGB Rn 5; MünchKomm-BGB/*Busche*, § 648 Rn 1, 34 ff; Schöner/Stöber, Grundbuchrecht, Rn 2102.

steigerung des Grundstücks wegen der schlechten Marktlage oder zu hoher vorrangiger Belastungen nicht erfolgversprechend erscheint, wenn zu befürchten ist, dass der Schuldner sein Grundstück veräußern möchte, oder wenn durch einen anderen – auch vorrangigen – Gläubiger die Zwangsversteigerung des Grundstücks droht.

Die Sicherungshypothek gewährt dem Gläubiger ein dingliches Recht am Grundstück zur Sicherung der bisher nicht gesicherten Forderung. Sie verschafft ihm den Anspruch, aus dem Grundstück Befriedigung wegen der Forderung zu suchen (§§ 1113, 1147 BGB). Der Duldungsanspruch berechtigt zur Zwangsversteigerung aus der Sicherungshypothek in der Rangklasse des § 10 Abs. 1 Nr. 4 ZVG, wohingegen aus der persönlichen Forderung nur in der Rangklasse des § 10 Abs. 1 Nr. 5 ZVG vollstreckt werden kann.   54

Auch wenn der Gläubiger der Sicherungshypothek nicht selbst die Versteigerung betreibt, gewährt die Sicherungshypothek einige **Vorteile**, die in jedem Fall ihre Eintragung nahelegen:[25]   55

- Der Gläubiger ist kraft Gesetzes Beteiligter des Verfahrens (§ 9 Nr. 1 ZVG), wenn die Sicherungshypothek vor dem Zwangsversteigerungsvermerk im Grundbuch eingetragen ist; bei späterer Eintragung hat der Gläubiger sein Recht zum Verfahren anzumelden (§ 37 Nr. 4 ZVG).
- Der Gläubiger erhält auf seine durch den Zuschlag erlöschende Hypothek die Zuteilung aus dem Versteigerungserlös, soweit dieser reicht (§§ 52 Abs. 1 S. 2, 91 Abs. 1 ZVG).
- Der Gläubiger kann einen ihm im Range vorgehenden und die Versteigerung betreibenden Gläubiger ablösen und dessen Recht erwerben (§§ 268, 1150 BGB); dies gilt auch, wenn wegen öffentlicher Lasten in der Rangklasse des § 10 Abs. 1 Nr. 3 ZVG die Versteigerung betrieben wird.
- Der Gläubiger kann gegenüber vorrangigen Eigentümerrechten den gesetzlichen Löschungsanspruch nach § 1179 a BGB geltend machen und so die eigene Zuteilung erhöhen.

Außerhalb der Zwangsvollstreckung kann der Gläubiger der Sicherungshypothek Einfluss auf den Schuldner nehmen, wenn dieser das Objekt veräußern möchte. Im Hinblick auf den lastenfreien Übergang auf einen Käufer kann der Hypothekengläubiger die Erteilung einer sog. Löschungsbewilligung nach den §§ 19, 29 GBO zur Aufhebung seines Rechts nach § 875 BGB von der Zahlung eines Geldbetrags – oft „Lästigkeitsprämie" genannt – abhängig machen. Dies ist grundsätzlich nicht rechtsmissbräuchlich.[26] Daher ist die Eintragung einer Sicherungshypothek auch dann zu empfehlen, wenn sie an scheinbar aussichtsloser Rangstelle im Grundbuch steht oder wenn sie nur an einem Bruchteil nach § 1114 BGB eingetragen werden kann, weil der Schuldner lediglich Miteigentümer ist.[27]   56

c) Voraussetzungen der Sicherungshypothek

Die Eintragung der Sicherungshypothek durch das Amtsgericht (Grundbuchamt) ist sowohl Vollstreckungsmaßnahme als auch Grundbuchgeschäft. Es müssen sowohl die allgemeinen und besonderen Voraussetzungen der Zwangsvollstreckung als auch die grundbuchverfahrensrechtlichen Voraussetzungen einer Eintragung gegeben sein.   57

---

25 Stöber, ZVG, Einl. Rn 62.1; Musielak/*Becker*, § 866 ZPO Rn 2.
26 Zum Rechtsmissbrauch bei freihändiger Verwertung durch den Insolvenzverwalter s. BGH NZI 2008, 365 m. Anm. Rein; dazu kritisch Frege/Keller, NZI 2009, 11.
27 BGHZ 90, 207 = NJW 1984, 1968 (Vollstreckung in hälftigen Miteigentumsanteil); Stöber, Forderungspfändung, Rn 1542; Stöber, § 180 ZVG Rn 11.2 b.

aa) Allgemeine Voraussetzungen der Zwangsvollstreckung

58   Voraussetzung der Zwangsvollstreckung zur Eintragung der Sicherungshypothek ist ein Vollstreckungstitel als sog. Zahlungstitel (§§ 704, 794 ZPO). Gegen Ehegatten in Gütergemeinschaft bedarf es zur Vollstreckung in das zum Gesamtgut gehörenden Grundstück eines Titels gegen den das Gesamtgut verwaltenden Ehegatten (§ 740 ZPO), bei gemeinschaftlicher Verwaltung (§§ 1450 ff BGB) muss der Titel gegen beide Ehegatten lauten.[28]

59   Der Vollstreckungstitel bedarf einer gegen den Schuldner gerichteten Vollstreckungsklausel (§ 724 ZPO, Ausnahme: § 796 Abs. 1 ZPO). Der Vollstreckungstitel muss dem Schuldner zugestellt sein (§ 750 ZPO). Daneben sind besondere Voraussetzungen der Zwangsvollstreckung nach den §§ 751, 756 ZPO zu beachten.

60   Ist der Vollstreckungstitel nur gegen Sicherheitsleistung vorläufig vollstreckbar (§ 708 Nr. 11 ZPO), muss keine Sicherheit nach § 751 Abs. 2 ZPO geleistet werden, da die Eintragung der Sicherungshypothek nach § 720 a ZPO als Sicherungsvollstreckung zulässig ist. Es ist die **Wartefrist** von zwei Wochen nach Zustellung des Titels und im Falle des § 750 Abs. 2 ZPO auch der vollstreckbaren Ausfertigung zu beachten (§ 750 Abs. 3 ZPO).[29]

bb) Mindestbetrag der Sicherungshypothek nach § 866 Abs. 3 ZPO

61   Nach § 866 Abs. 3 ZPO muss der Geldbetrag der Forderung 750 € übersteigen, also **mindestens 750,01 €** betragen. Damit soll das Grundbuch von Kleinbeträgen freigehalten werden. Der Mindestbetrag dient nicht dem Schuldnerschutz, sondern der Übersichtlichkeit des Grundbuchs.[30] Es können mehrere Forderungen verschiedener Vollstreckungstitel zusammengefasst werden (§ 866 Abs. 3 S. 2 ZPO). Eine unter dem Betrag von 750,01 € eingetragene Sicherungshypothek ist nichtig, die Sicherungshypothek ist als inhaltlich unzulässig von Amts wegen zu löschen (§ 53 Abs. 1 S. 2 GBO).[31]

cc) Zinsen und sonstige Nebenforderungen

62   Zinsen der Hauptforderung oder der titulierten Kosten bis zum Zeitpunkt der Antragstellung können als rückständige Zinsen kapitalisiert werden und zum Kapitalbetrag der Sicherungshypothek gerechnet werden; § 866 Abs. 3 S. 1 Hs 2 ZPO steht dem nicht entgegen. Der Gläubiger kann, insbesondere wenn der Geldbetrag der Hauptforderung die Grenze des § 866 Abs. 3 ZPO nicht erreicht, die bereits angefallenen Zinsen als Kapitalbetrag der Sicherungshypothek geltend machen, um den Mindestbetrag zu erreichen.[32] Die Kapitalisierung von Zinsen ist auch dann möglich, wenn nur für diese eine Sicherungshypothek eingetragen werden soll und die Grenze des § 866 Abs. 3 ZPO erreicht ist.[33]

63   Ein entscheidender Vorteil der Kapitalisierung von rückständigen Zinsen besteht im Zwangsversteigerungsverfahren in der Rangklasse des § 10 Abs. 1 Nr. 4 ZVG. Der Hauptsachebetrag, zu dem auch kapitalisierte Zinsen zählen, ist stets in dieser Rangklasse zu befriedigen. Zinsen als Nebenforderung sind wiederkehrende Leistungen; sie genießen diese Rangklasse nur für laufende Beträge (§ 13 ZVG) und Rückstände der letzten zwei Jahre, ältere Rückstände haben

---

28   BayObLGZ Rpfleger 1983, 407; Zöller/*Stöber*, § 740 ZPO Rn 5.
29   Zustellung der einfachen vollstreckbaren Ausfertigung ist nicht erforderlich, BGH Rpfleger 2005, 547; Zöller/*Stöber*, § 750 ZPO Rn 23; zum früheren Meinungsstreit: Stein/Jonas/*Münzberg*, § 750 ZPO Rn 5, 43.
30   Zöller/*Stöber*, § 866 ZPO Rn 5.
31   Schöner/Stöber, Grundbuchrecht, Rn 2200; Demharter, § 53 GBO Rn 42.
32   Zöller/*Stöber*, § 866 ZPO Rn 5; Stöber, ZVG, Einl. Rn 66.2; MünchKomm-ZPO/*Eickmann*, § 866 Rn 10; Schöner/Stöber, Grundbuchrecht, Rn 2189; anders: Stein/Jonas/*Münzberg*, § 866 ZPO Rn 6.
33   LG Bonn Rpfleger 1982, 7; Zöller/*Stöber*, § 866 ZPO Rn 5; Schuschke/Walker/*Walker*, § 866 ZPO Rn 6; Musielak/*Becker*, § 866 ZPO Rn 4; anders OLG Schleswig Rpfleger 1982, 301 m. Anm. Hellmig.

einen Rang nach § 10 Abs. 1 Nr. 8 ZVG oder nach § 10 Abs. 1 Nr. 5 ZVG, wenn der Gläubiger aus diesen älteren Zinsen als persönliche Forderung die Zwangsversteigerung betreibt.

Sonstige Nebenforderungen des Hauptanspruchs sind wesentlich Kosten der früheren Rechts-   64
verfolgung. Sie können vollstreckt werden, wenn sie durch Vollstreckungstitel festgesetzt sind (insbesondere durch Kostenfestsetzungsbeschluss nach § 794 Abs. 1 Nr. 2 ZPO). Sie können zusammen mit dem Hauptanspruch zum Kapitalbetrag der Sicherungshypothek gerechnet wer-den.[34] Kosten vorangegangener Vollstreckungsmaßnahmen können nach § 788 ZPO mit dem Hauptanspruch vollstreckt werden. Die früheren Zwangsvollstreckungskosten zählen als ein-maliger Geldbetrag bei Eintragung der Sicherungshypothek zur Hauptsache. Zinsen können zu den vorangegangenen Vollstreckungskosten nur geltend gemacht werden, wenn die Kosten durch Kostenfestsetzung nach § 788 Abs. 2 ZPO tituliert sind.[35]

Für die Kosten der gegenwärtigen Rechtsverfolgung haftet das Grundstück kraft Gesetzes   65
(§ 867 Abs. 1 S. 3 ZPO), sie werden bei der Eintragung nicht erwähnt.[36] Hierzu zählen die gerichtlichen Kosten der Eintragung in das Grundbuch, sowie die Kosten des beauftragten Rechtsanwalts. Im Zwangsversteigerungsverfahren sind diese Kosten anzumelden, da sie nicht grundbuchersichtlich iSd § 37 Nr. 4 ZVG sind.

Die seit dem Antrag auf Eintragung der Sicherungshypothek laufenden titulierten Zinsen sowie   66
die titulierten Zinsen aus festgesetzten Kosten werden als laufende Nebenleistung eingetragen. Sie sind in der Höhe einzutragen, wie sie tituliert sind. Bei Angabe eines gleitenden Zinssatzes ist die Angabe eines Höchstzinssatzes im Grundbuch nicht erforderlich.[37]

Der Antrag auf Eintragung der Sicherungshypothek soll die Forderung nach Hauptsache, Zin-   67
sen und Kosten ausweisen. Da rückständige Zinsen und Kostenbeträge zum Hauptsachebetrag der Hypothek zu rechnen sind, ist dies anzugeben. Nicht titulierte Zwangsvollstreckungskosten (§ 788 Abs. 1 ZPO) sind durch Belege glaubhaft zu machen. Streitig ist, ob frühere Teilzahlun-gen des Schuldners in die Forderungsberechnung Eingang finden müssen und der Gläubiger die Verrechnung nach § 367 BGB darlegen muss.[38]

dd) Verbot der Gesamthypothek nach § 867 Abs. 2 ZPO

Nach § 867 Abs. 2 ZPO darf für dieselbe Forderung eine Sicherungshypothek nicht an mehre-   68
ren Grundstücken eingetragen werden. Ist der Schuldner Eigentümer von Wohnungs- und von Teileigentum, gilt jedes Wohnungs- und Teileigentumsgrundbuch als eigenes Grundstück. Ty-pisch ist dies bei Wohnungseigentum und Eigentum an einem Tiefgaragenstellplatz.

Der Gläubiger muss seine Forderung auf die verschiedenen Grundstücke verteilen, damit auf   69
jedem Grundstück eine eigene Sicherungshypothek für den Teilbetrag der Forderung eingetra-gen werden kann. Die **Verteilungserklärung** selbst ist eine verfahrensrechtliche Erklärung und sollte möglichst schon im Antrag auf Eintragung der Sicherungshypothek erklärt werden. Bei erst nachträglicher Verteilungserklärung auf Verfügung des Grundbuchamts hin, besteht die Gefahr eines Rangverlustes, weil hinsichtlich fehlender Verteilung nach § 867 Abs. 2 ZPO ein vollstreckungsrechtlicher Mangel der Eintragung vorliegt, für welchen keine Rangwahrung

---

34 Stöber, ZVG, Einl. Rn 67.3 aE, Rn 70.4.
35 Die Kosten der Eintragung der Sicherungshypothek sind nicht durch das Grundbuchamt, sondern durch das Vollstre-ckungsgericht desselben Amtsgerichts festzusetzen; Zöller/Stöber, § 788 ZPO Rn 19 a.
36 Stöber, ZVG, Einl. Rn 70.2; Schöner/Stöber, Grundbuchrecht, Rn 2192.
37 Allgemein für Grundpfandrechte: BGH NJW 2006, 1341 = Rpfleger 2006, 313; etwas einschränkend: Schöner/Stöber, Grundbuchrecht, Rn 1960, 1962, 2293; zur Sicherungshypothek: Zöller/Stöber, § 867 ZPO Rn 3; MünchKomm-ZPO/ Eickmann, § 867 Rn 44.
38 Eingehend: Stöber, Forderungspfändung, Rn 464 ff

nach den §§ 17, 45 GBO erfolgen kann.[39] Bei Verteilung der Vollstreckungsforderung gilt die Mindestgrenze von 750,01 € nach § 866 Abs. 3 ZPO für jedes einzelne Grundstück.[40] Wurde unter Verstoß gegen § 867 Abs. 2 ZPO eine Gesamthypothek eingetragen und ist dies aus dem Grundbuch ersichtlich, ist die Eintragung als inhaltlich unzulässig von Amts wegen zu löschen (§ 53 Abs. 1 S. 2 GBO). Bei zeitlich nachfolgender Eintragung in verschiedenen Grundbuchblättern wird nur die zweite Sicherungshypothek als unzulässig angesehen.[41]

70   Es dürfen für denselben Forderungsbetrag nicht mehrere Sicherungshypotheken am selben oder an verschiedenen Grundstücken eingetragen werden. Dagegen ist die Eintragung einer Sicherungshypothek nach den §§ 866, 867 ZPO zulässig, wenn die Forderung bereits durch eine rechtsgeschäftlich bestellte Hypothek und erst recht durch eine Grundschuld an einem anderen Grundstück bereits gesichert ist.[42] Die Eintragung einer Sicherungshypothek als Ausfallhypothek für eine am selben Grundstück durch rechtsgeschäftlich bestellte Hypothek gesicherte Forderung ist nicht zulässig.[43]

71   Eine Sicherungshypothek als Gesamtrecht ist zulässig gegen mehrere Schuldner, die für dieselbe Forderung **gesamtschuldnerisch haften** (§ 421 BGB).[44] Dies ist insbesondere der Fall, wenn das Grundstück Eheleuten in Miteigentum je zur Hälfte gehört und beide gesamtschuldnerisch verurteilt sind. Die Sicherungshypothek ist wegen § 1114 BGB streng genommen eine Gesamthypothek am ganzen Grundstück.

72   Eine zulässige Gesamthypothek kann nachträglich entstehen, wenn das belastete Grundstück geteilt wird, die Hypothek lastet dann als Gesamtrecht an den Teilgrundstücken fort, Gleiches gilt bei Teilung eines Grundstücks in Wohnungseigentum nach den §§ 3, 8 WEG.

ee) Grundbuchverfahrensrechtliche Voraussetzungen

73   Die Eintragung der Sicherungshypothek erfordert einen **Antrag** des Gläubigers nach § 13 GBO iVm § 867 Abs. 1 ZPO. Der Nachweis der Bevollmächtigung eines Anwalts erfolgt aber nach den §§ 80 ff ZPO, er kann sich mithin aus dem Vollstreckungstitel ergeben.[45]

74   Das betroffene Grundstück ist gemäß § 28 GBO zu bezeichnen. Gibt der Antragsteller nur die Nummer des Grundbuchblattes an, ist davon auszugehen, dass alle in dem Grundbuchblatt gebuchten Grundstücke von der Eintragung betroffen sein sollen,[46] es besteht dann die Gefahr, dass wegen § 867 Abs. 2 ZPO eine nicht rangwahrende Zwischenverfügung des Grundbuchamts ergehen muss, durch welche letztlich die Eintragung verzögert wird. Das Erfordernis der Eintragungsbewilligung nach § 19 GBO wird durch das Vorliegen der allgemeinen und besonderen Vollstreckungsvoraussetzungen ersetzt.

75   Der aus dem Titel ausgewiesene Schuldner muss als Eigentümer nach § 39 GBO voreingetragen sein. Dies kann Probleme bereiten, wenn der Schuldner Erbe des noch im Grundbuch einge-

---

39 RGZ 84, 265; Stöber, ZVG, Einl. Rn 68.1; Schöner/Stöber, Grundbuchrecht, Rn 2179, 2194.

40 Zöller/*Stöber*, § 867 ZPO Rn 15; bis 1.1.1999 galt diese Beschränkung nicht, ältere Sicherungshypotheken können daher zulässig noch mit geringeren Beträgen verteilt sein; Änderung des § 866 Abs. 3 ZPO durch Zweite Zwangsvollstreckungsnovelle vom 17.12.1997 (BGBl. I S. 3039); Übergangsregelung § 22 Abs. 7 EGZPO.

41 OLG Stuttgart NJW 1971, 898 = Rpfleger 1971, 191; BayObLG Rpfleger 1986, 372; OLG Düsseldorf Rpfleger 1990, 60; LG Mannheim Rpfleger 1981, 406; LG München II Rpfleger 1989, 96; Stöber, ZVG, Einl. Rn 68.4.

42 BayObLG Rpfleger 1991, 53; Zöller/*Stöber*, § 867 ZPO Rn 17; allgemein: Palandt/*Bassenge*, § 1113 BGB Rn 10; sehr kritisch: Staudinger/*Wolfsteiner*, Neubearb. 2002, § 1113 BGB Rn 36 ff

43 OLG Stuttgart NJW 1971, 898 = Rpfleger 1971, 191; LG Hechingen Rpfleger 1993, 169; Schuschke/Walker/*Walker*, § 867 ZPO Rn 22; Zöller/*Stöber*, § 867 ZPO Rn 17; Stöber, ZVG, Einl. Rn 68.9.

44 BGH NJW 1961, 1352 = Rpfleger 1961, 353; Zöller/*Stöber*, § 803 ZPO Rn 7; Stöber, ZVG, Einl. Rn 68.6, 68.7.

45 Zöller/*Stöber*, § 867 ZPO Rn 2.

46 Allg. Ansicht: Demharter, § 28 GBO Rn 13; Meikel/*Böhringer*, § 28 GBO Rn 63.

tragenen Eigentümers ist. Der Gläubiger hat über § 14 GBO die Möglichkeit, die notwendige Berichtigung des Grundbuchs zu beantragen (§§ 22, 35 GBO). Die Nachweise zur Grundbuchberichtigung – insbesondere einen Erbschein – kann der Gläubiger über § 792 ZPO erlangen. Er kann auch bei dem Schuldner den an sich unpfändbaren Grundbuchberichtigungsanspruch aus § 894 BGB pfänden und gegen die weiteren Erben auf Grundbuchberichtigung klagen.[47] Erfolgversprechender erscheint in diesem Fall aber die Pfändung des Miterbenanteils mit anschließender Auseinandersetzung und Teilungsversteigerung nach den §§ 180 ff ZVG.[48]

2. Sicherungshypothek bei Wohnungs- und Teileigentum

a) Sicherung trotz der Rangklasse des § 10 Abs. 1 Nr. 2 ZVG

Die Ansprüche der Wohnungseigentümergemeinschaft genießen in der Zwangsversteigerung den Vorrang des § 10 Abs. 1 Nr. 2 ZVG.[49] Wegen dieser besonderen Rangklasse ist fraglich, ob hinsichtlich der Forderungen, die diesen Vorrang genießen, eine Sicherungshypothek nach §§ 866, 867 ZPO zulässig ist. Die Eintragung einer Hypothek für Forderungen, die gleichzeitig im Range des § 10 Abs. 1 Nr. 2 ZVG zu befriedigen sind, käme einer unzulässigen Doppelsicherung einer Forderung am selben Grundstück gleich.   76

Die Problematik ist ähnlich derjenigen bei Eintragung einer Sicherungshypothek für öffentliche Lasten, die das Vorrecht des § 10 Abs. 1 Nr. 3 ZVG innehaben. Hier schreibt § 322 Abs. 5 AO vor, dass die Eintragung der Hypothek unter der aufschiebenden Bedingung erfolgen solle, dass das Vorrecht wegfalle. Bei wiederkehrenden Leistungen betrifft dies ältere Rückstände, die sonst in der Rangklasse des § 10 Abs. 1 Nr. 7 ZVG zu berücksichtigen wären.[50]   77

In gleicher Weise wie bei § 322 Abs. 5 AO kann die Eintragung der Sicherungshypothek für Ansprüche der Wohnungseigentümergemeinschaft aufschiebend bedingt für den Fall erfolgen, dass diese Ansprüche nicht das Vorrecht des § 10 Abs. 1 Nr. 2 ZVG genießen; sei es, weil sie als älter als zwei Jahre nicht mehr berücksichtigungsfähig sind, sei es, weil sie die Wertgrenze von drei Prozent des Einheitswertes nicht erreichen oder fünf Prozent des nach § 74a Abs. 5 ZVG festgesetzten Verkehrswerts übersteigen (§ 10 Abs. 1 Nr. 2 S. 3, Abs. 3 mit § 18 Abs. 2 Nr. 2 WEG und § 180 Abs. 1 Nr. 1 AO).[51] Diese Bedingung ergibt sich mithin unmittelbar aus dem Gesetz und muss nicht gesondert beantragt oder erwähnt werden. Es empfiehlt sich jedoch, im Antrag hierauf hinzuweisen, damit auch in einem späteren Zwangsversteigerungsverfahren eine Abgrenzung zu § 10 Abs. 1 Nr. 2 ZVG erfolgen kann.   78

b) Die Wohnungseigentümergemeinschaft als Gläubigerin

Die Frage der Bezeichnung der Wohnungs- und Teileigentümer oder der Eigentümergemeinschaft als Berechtigte der Hypothek war bis zum Inkrafttreten des § 10 Abs. 6 und 7 WEG sehr streitig.[52] Mit Anwendung insbesondere des § 10 Abs. 6 S. 4 und des Abs. 7 S. 3 WEG und der   79

---

47 BGHZ 33, 76 = NJW 1960, 2093 (Pfändung des Anspruchs auf Zustimmung zur Veräußerung eines Erbbaurechts); MünchKomm-BGB/*Wacke*, § 894 Rn 24; Stöber, Forderungspfändung, Rn 1512 ff.

48 Hierzu Stöber, Forderungspfändung, Rn 1664 ff.

49 Allgemein: BT-Drucks. 16/887, S. 43; Dassler/Schiffhauer/Hintzen/Engels/Rellermeyer/ *Rellermeyer*, § 10 ZVG Rn 19 ff, 80 ff.

50 Allgemein: Stöber, ZVG, Einl. Rn 75.7.

51 Ähnlich, jedoch ohne Bezug zu § 322 Abs. 5 AO, sondern nur mit Bezug auf § 54 GBO: Zeiser, Rpfleger 2008, 58; allgemein: Dassler/Schiffhauer/Hintzen/Engels/Rellermeyer/ *Rellermeyer*, § 10 ZVG Rn 19 ff, 80.

52 Für namentliche Eintragung aller Wohnungseigentümer: BayObLG Rpfleger 1985, 102; KG Rpfleger 1985, 435; zur namentlichen Bezeichnung des WEG-Verwalters als Prozessstandschafter: BGHZ 104, 197, 199 = NJW 1988, 1910; LG Bochum Rpfleger 1985, 438; LG Lübeck Rpfleger 1992, 343; Stöber, ZVG, 18. Aufl. 2006, Einl. Rn 67.2; für eine Eintragung der Gemeinschaft als solcher: LG Kempten Rpfleger 1986, 93; eingehend: Böhringer, BWNotZ 1988, 1.

Anerkennung der Rechtsfähigkeit der Eigentümergemeinschaft[53] ist klargestellt, dass die Eigentümergemeinschaft als rechtsfähiger Verband Gläubigerin der Sicherungshypothek ist und als solche in das Grundbuch eingetragen werden soll. Die Eintragung soll nach § 10 Abs. 6 S. 4 WEG unter der Bezeichnung „Wohnungseigentümergemeinschaft", gefolgt von der bestimmten Bezeichnung des Grundstücks, erfolgen.[54] Die Bezeichnung des Grundstücks kann auch durch Nennung aller sonstigen Wohnungs- und Teileigentumsgrundbuchblätter erfolgen, da sie in ihrer Gesamtheit das Grundstück als solches grundbuchmäßig bezeichnen. Der Verwalter des Wohnungs- oder Teileigentums wird nicht in das Grundbuch eingetragen. Als Prozessstandschafter ist er dann Gläubiger, wenn er als solcher im Vollstreckungstitel ausgewiesen ist.[55] Dies dürfte wegen § 10 Abs. 6 WEG künftig aber nicht mehr erforderlich sein.

80   Die Bezeichnung der Wohnungseigentümergemeinschaft hat sich im Übrigen aus dem Vollstreckungstitel zu ergeben.[56] Das Grundbuchamt ist weder berechtigt noch verpflichtet, über die Bezeichnung im Vollstreckungstitel hinaus die Eigentümergemeinschaft ermitteln.

81   Besteht für Forderungen der Eigentümergemeinschaft ein Vollstreckungstitel aus der Zeit vor dem 1.7.2007, mithin vor Inkrafttreten des § 10 Abs. 6 WEG, ist streitig, ob dieser für die Bezeichnung der Eigentümergemeinschaft geeignet ist. Der BGH verneint dies.[57] Nach seiner Ansicht berechtigt der Titel nur die namentlich bezeichneten Eigentümer zur Vollstreckung, nicht die Gemeinschaft als solche. Nach anderer Ansicht soll eine Richtigstellung des Titels auf die Gemeinschaft als Gläubigerin durch das Prozessgericht möglich sein.[58]

82   ▶ **Muster: Antrag auf Eintragung einer Sicherungshypothek**

An das Amtsgericht [...]

– Grundbuchamt –

In der Zwangsvollstreckungssache

Wohnungseigentümergemeinschaft Grundstück [...] [*Bezeichnung entsprechend Vollstreckungstitel*]

– Gläubiger –

gegen

[...] [*Name des Schuldners entsprechend Vollstreckungstitel*]

– Schuldner –

zeige ich die anwaltliche Vertretung des Gläubigers an.

Namens des Gläubigers wird beantragt,

nach der beigefügten vollstreckbaren Ausfertigung des Vollstreckungsbescheides/Urteils [...] [*Angabe des Vollstreckungstitels*] des Amts-/Landgerichts [...] [*Ort*] vom [...] [*Datum*] wegen nachstehend aufgeführter Forderung an dem nachfolgend aufgeführten Grundbesitz des Schuldners zugunsten der Wohnungseigentümergemeinschaft Grundstück zu Gunsten [*Straße und Hausnummer*], Wohnungsgrundbücher Nr. [...] bis [...] [*Bezeichnung der Grundbuchblätter*] eine Sicherungshypothek zu folgendem Betrag einzutragen:

53 BGHZ 163, 154 = NJW 2005, 2061; eingehend: Meikel/*Böhringer*, GBO, § 47 Rn 137 mit umfangreichen Nachw.
54 Zöller/*Stöber*, § 867 ZPO Rn 8 a; Stöber, ZVG, Einl. Rn 67.2 b; MünchKomm-ZPO/*Eickmann*, § 867 Rn 40; Schöner/Stöber, Grundbuchrecht, Rn 2162 c.
55 BGHZ 148, 392; Musielak/*Becker*, § 867 ZPO Rn 6.
56 Zöller/*Stöber*, § 867 ZPO Rn 8 a.
57 BGH Rpfleger 2007, 479 m. Anm. Demharter.
58 Zöller/*Stöber*, § 750 ZPO Rn 4 b.

[...] €	Titulierter Hauptsachebetrag
[...] €	Kapitalisierte Zinsen seit [...] [*Tag der Titulierung*] bis [...] [*Tag vor Antragstellung*] aus der Hauptsacheforderung
[...] €	Kapitalisierte Zinsen seit [...] [*Tag der Titulierung*] bis [...] [*Tag vor Antragstellung*] aus der titulierten Kostenforderung
[...] €	Bisherige Kosten der Zwangsvollstreckung [*nachgewiesen durch beiliegende Belege*]
= [...] €	Kapitalbetrag der Sicherungshypothek nebst 5 Prozentpunkten über Basiszins seit dem [...] [*Tag der Antragstellung*] aus dem titulierten Hauptsachebetrag sowie der titulierten Kostenforderung von gesamt [...] €

Der Hauptsachebetrag beinhaltet entsprechend der Angabe im Vollstreckungstitel (§ 10 Abs. 3 S. 2 ZVG) Ansprüche auf Zahlung rückständigen Hausgeldes für die Zeit vom [...] bis [...].

Bezeichnung des zu belastenden Grundbesitzes gemäß § 28 GBO:

Wohnungsgrundbuch von [...] [*Grundbuchbezirk*] Blatt [...].

Den Vollstreckungstitel erbitte ich nach Eintragung zurück.

Anlagen:

Vollstreckungstitel mit Vollstreckungsklausel und Zustellungsnachweis

Nachweise bisheriger Vollstreckungskosten

Rechtsanwalt ◄

▶ **Muster: Antrag auf Eintragung einer Sicherungshypothek mit Verteilung nach § 867 Abs. 2** 83
ZPO

348

An das Amtsgericht [...]

– Grundbuchamt –

In der Zwangsvollstreckungssache

Wohnungseigentümergemeinschaft Grundstück [...] [*Bezeichnung entsprechend Vollstreckungstitel*]

– Gläubiger –

gegen

[...] [*Namen des Schuldners entsprechend Vollstreckungstitel*]

– Schuldner –

zeige ich die anwaltliche Vertretung des Gläubigers an.

Namens des Gläubigers wird beantragt,

nach der beigefügten vollstreckbaren Ausfertigung des Vollstreckungsbescheides/Urteils [...] [*Angabe des Vollstreckungstitels*] des Amts-/Landgerichts [...] [*Ort*] vom [...] [*Datum*] wegen nachstehend aufgeführter Forderung an dem nachfolgend aufgeführten Grundbesitz des Schuldners zugunsten der Wohnungseigentümergemeinschaft Grundstück [...] [*Straße und Hausnummer*], Wohnungsgrundbücher Nr. [...] bis [...] [*Bezeichnung der Grundbuchblätter*] eine Sicherungshypothek zu folgendem Betrag einzutragen:

[...] €	Titulierter Hauptsachebetrag
[...] €	Kapitalisierte Zinsen seit [...] *[Tag der Titulierung]* bis [...] *[Tag vor Antragstellung]* aus der Hauptsacheforderung
[...] €	Kapitalisierte Zinsen seit [...] *[Tag der Titulierung]* bis [...] *[Tag vor Antragstellung]* aus der titulierten Kostenforderung
[...] €	Bisherige Kosten der Zwangsvollstreckung *[nachgewiesen durch beiliegende Belege]*
= [...] €	Kapitalbetrag der Sicherungshypothek nebst 5 Prozentpunkten über Basiszins seit dem [...] *[Tag der Antragstellung]* aus dem titulierten Hauptsachebetrag sowie der titulierten Kostenforderung von gesamt [...] €

Der Hauptsachebetrag beinhaltet entsprechend der Angabe im Vollstreckungstitel (§ 10 Abs. 3 S. 2 ZVG) Ansprüche auf Zahlung rückständigen Hausgeldes für die Zeit vom [...] bis [...].

Bezeichnung des zu belastenden Grundbesitzes gemäß § 28 GBO:

1. Wohnungsgrundbuch von [...] *[Grundbuchbezirk]* Blatt [...].

2. Wohnungsgrundbuch von [...] *[Grundbuchbezirk]* Blatt [...].

3. Teileigentumsgrundbuch von [...] *[Grundbuchbezirk]* Blatt [...].

Verteilung gemäß § 867 Abs. 2 ZPO:

Grundbesitz zu 1.:

[...] €	Teilbetrag des vorstehend berechneten Gesamtkapitalbetrags nebst 5 Prozentpunkten über Basiszins seit dem [...] *[Tag der Antragstellung]* aus dem Hauptsachebetrag sowie der titulierten Kostenforderung von gesamt [...] €

[in gleicher Weise zu Grundbesitz 2. und 3.]

[Hinweis: Bei der Verteilung der Vollstreckungsforderung auf mehrere Grundstücke müssen kapitalisierte Zinsen nicht anteilig auf die Grundstücke verteilt werden; da sie als Kapitalbetrag Teil der Gesamtforderung sind, genügt die Verteilung des berechneten Gesamtkapitalbetrags]

Den Vollstreckungstitel erbitte ich nach Eintragung zurück.

Anlagen:

Vollstreckungstitel mit Vollstreckungsklausel und Zustellungsnachweis

Nachweise bisheriger Vollstreckungskosten

Rechtsanwalt ◄

3. Kosten der Eintragung der Sicherungshypothek

a) Gerichtsgebühren

84   Für die Eintragung der Sicherungshypothek entsteht bei Gericht eine Gebühr nach § 62 KostO; es ist dies eine sog. volle (1/1-)Gebühr nach der Gebührentabelle des § 32 KostO.[59] Geschäftswert ist der Kapitalbetrag, für welchen die Hypothek eingetragen werden soll. Kostenschuldner

---

59   Eingehend: Stöber, ZVG, Einl. Rn 70; Löscher, JurBüro 1982, 979.

sind der antragstellende Gläubiger, aber auch der Grundstückseigentümer, beide haften als Gesamtschuldner (§ 5 Abs. 1 S. 1 KostO). Die Kostenhaftung des Grundstückseigentümers wird in Anspruch genommen, wenn dem Gläubiger Prozesskostenhilfe gewährt ist oder er persönliche Gebührenfreiheit genießt (§ 11 KostO).

Die Kosten sind notwendige Kosten der Zwangsvollstreckung nach § 788 ZPO. Für sie haftet   85
das Grundstück kraft Gesetzes im Rang der Sicherungshypothek (§ 867 Abs. 1 S. 3 ZPO). Im Zwangsversteigerungsverfahren sind sie vom Gläubiger anzumelden.

b) Rechtsanwaltsgebühren

Für den Antrag auf Eintragung der Sicherungshypothek als besondere Angelegenheit iSd § 18   86
Nr. 13 RVG erhält der Anwalt eine Gebühr von 0,3 des Gebührensatzes des § 13 RVG nach Nr. 3309 VV RVG. Gegenstandswert ist der Betrag der Vollstreckungsforderung einschließlich Nebenforderungen nach § 25 Abs. 1 Nr. 1 RVG. Die Gebühr der Nr. 3309 VV RVG gilt nur den Antrag auf Eintragung der Sicherungshypothek einschließlich einer notwendigen Verteilung nach § 867 Abs. 2 ZPO ab. Weitere Tätigkeiten des Anwalts, wie Antrag auf Grundbuchberichtigung nach § 14 GBO, Beschaffung hierzu notwendiger Urkunden nach § 792 ZPO oder Grundbuchbeschwerde nach den §§ 71 ff GBO, werden besonders vergütet.[60]

Für die anwaltlichen Kosten des Gläubigers haftet das Grundstück nach § 867 Abs. 1 S. 3 ZPO.   87
Im Zwangsversteigerungsverfahren sind sie vom Gläubiger anzumelden.

4. Eintragung einer Arresthypothek nach den §§ 916 ff, 932 ZPO

a) Anordnung und Vollziehung eines Arrests

Im Wege des einstweiligen Rechtsschutzes nach den §§ 916 ff ZPO kann der Gläubiger die   88
Sicherung seiner Forderung in das unbewegliche Vermögen durch Eintragung einer Sicherungshypothek nach § 932 ZPO erlangen.[61]

Der Erlass des entsprechenden Arrestbefehls als Vollstreckungstitel erfordert nach den allge-   89
meinen Vorschriften der §§ 916 ff ZPO die Glaubhaftmachung des Arrestanspruchs und eines Arrestgrundes iSd § 917 ZPO.[62] Zuständig für die Anordnung eines Arrestes ist nach § 919 ZPO das Gericht der Hauptsache nach den allgemeinen Vorschriften. Zuständig ist aber auch das Amtsgericht, in dessen Bezirk sich die mit dem Arrest zu belegende Sache befindet, mithin das Amtsgericht, in dessen Bezirk das mit der Arresthypothek zu belastende Grundstück belegen ist. Die Zuständigkeit des belegenen Amtsgerichts besteht auch nach Rechtshängigkeit des Hauptsacheanspruchs.[63]

Das Arrestgesuch kann schriftlich oder zu Protokoll der Geschäftsstelle angebracht werden   90
(§ 920 Abs. 3 ZPO), es besteht daher auch vor den Landgerichten kein Anwaltszwang für die Stellung des Arrestgesuchs, wohl aber für das spätere Verfahren.[64] Die wesentlichen Voraussetzungen der Begründetheit, Arrestanspruch und Arrestgrund, sind glaubhaft zu machen.

Dem Gericht steht es frei, zu dem Verfahren eine **mündliche Verhandlung** anzuberaumen oder   91
nicht (§ 921 Abs. 1 ZPO). Ergeht die Entscheidung ohne mündliche Verhandlung, ergeht sie

---

60 Hartmann, Kostengesetze, § 18 RVG Rn 44.
61 Eingehend: Zöller/*Vollkommer*, § 932 ZPO Rn 3 ff; Schuschke/Walker/*Schuschke*, § 932 ZPO Rn 2 ff; Heiderhoff in: Berger, Einstweiliger Rechtsschutz im Zivilrecht, Kap. 9.
62 Eingehend: Schuschke/Walker/*Walker*, § 917 ZPO Rn 2 ff; Skamel in: Berger, Einstweiliger Rechtsschutz im Zivilrecht, Kap. 4.
63 Stein/Jonas/*Grunsky*, § 919 ZPO Rn 12; Zöller/*Vollkommer*, § 919 ZPO Rn 10; MünchKomm-ZPO/*Drescher*, § 919 Rn 8; kritisch: Schuschke/Walker/*Walker*, § 919 ZPO Rn 10.
64 Schuschke/Walker/*Walker*, § 920 ZPO Rn 2.

Beschlussform (§ 922 Abs. 1 ZPO), nach mündlicher Verhandlung ergeht sie durch Urteil. Die Entscheidung hat die Anordnung des dinglichen Arrestes zu enthalten. Gemäß § 923 ZPO hat die Entscheidung eine Lösungssumme zu enthalten. Der Schuldner kann diesen Betrag hinterlegen und dadurch die Vollziehung des Arrestes abwenden und die Aufhebung des Arrestes verlangen.[65]

92　Die **Vollziehung des Arrestes** erfolgt als Zwangsvollstreckung (§ 928 ZPO). Vollstreckungstitel für die Vollziehung des Arrestes ist der Arrestbefehl selbst (§ 928 ZPO). Der Arrestbefehl ist grundsätzlich vorläufig vollstreckbar ohne Sicherheitsleistung. Das Gericht kann nach § 921 S. 2 ZPO eine Sicherheitsleistung des Gläubigers anordnen; der Nachweis der Sicherheitsleistung hat dann nach § 751 Abs. 2 ZPO zu erfolgen. Eine Vollstreckungsklausel ist nur nach § 929 Abs. 1 ZPO notwendig. Der Arrestbefehl muss bei Vollziehung noch nicht zugestellt sein, die Zustellung muss aber spätestens innerhalb einer Woche nach Vollziehung nachfolgen (§ 929 Abs. 3 ZPO). Erfolgt die Zustellung nicht rechtzeitig, wird die vorgenommene Maßnahme ohne Weiteres unwirksam. Die Wochenfrist beginnt mit Antragstellung auf Vollziehung beim Vollstreckungsorgan.[66]

93　Von größter Bedeutung für die Wirksamkeit der Arrestvollziehung ist die Vollziehungsfrist des § 929 Abs. 2 ZPO. Die Vollziehung muss der Anordnung des Arrestes innerhalb eines Monats seit der von Amts wegen erfolgten Zustellung des Arrestbeschlusses an den Antragsteller oder der Verkündung des Arresturteils nachfolgen.[67] Eine nach Ablauf der Frist durchgeführte Vollziehung ist nichtig und entfaltet keinerlei Rechtswirkungen.[68] Die Frist ist vom Vollstreckungsorgan von Amts wegen zu berücksichtigen. Die Frist gilt als eingehalten mit rechtzeitiger Antragstellung durch den Gläubiger beim Vollstreckungsorgan (§ 932 Abs. 3 ZPO).[69]

b) Besonderheiten der Arresthypothek nach § 932 ZPO

94　Die Vollziehung erfolgt als Art der Zwangsvollstreckung in Grundstücke durch Eintragung einer Arresthypothek in das Grundbuch (§ 932 ZPO). Die Hypothek ist als Höchstbetragshypothek iSd § 1190 BGB einzutragen, Höchstbetrag ist die im Arrestbefehl ausgewiesene Lösungssumme, Zinsen sind in die Höchstbetragshypothek einberechnet.[70] Die Hypothek entsteht mit Eintragung durch das Grundbuchamt. Dieses hat die Vollstreckungsvoraussetzungen und insbesondere § 929 Abs. 2 ZPO zu beachten. Die Vollziehungsfrist ist mit rechtzeitiger Antragstellung nach § 932 Abs. 3 ZPO gewahrt. Der BGH verlangt als rechtzeitige Antragstellung nicht diejenige beim Grundbuchamt nach § 13 GBO; es genügt vielmehr der Eingang beim zuständigen Amtsgericht.[71] Soweit der Antrag erst später zum Grundbuchamt gelangt, kann aber ein Rangverlust gegenüber zwischenzeitlich ordnungsgemäß beim Grundbuchamt beantragten Eintragungen eintreten, da die §§ 13, 17, 45 GBO als rechtzeitigen Antrag nur denjenigen an das Grundbuchamt selbst zulassen.[72]

95　Liegt später für die Arrestforderung ein rechtskräftiges Urteil vor, kann der Gläubiger die Eintragung einer Sicherungshypothek nach den §§ 866, 867 ZPO beantragen. Die Sicherungshy-

65　Eingehend: Schuschke/Walker/*Walker*, § 923 ZPO Rn 5, 6; Zöller/*Vollkommer*, § 923 ZPO Rn 2.
66　Zöller/*Vollkommer*, § 929 ZPO Rn 24; eingehend: Schuschke/Walker/*Schuschke*, § 929 ZPO Rn 43 ff
67　Grundlegend: BGHZ 120, 73, 86, 87; umfassend: Schuschke/Walker/*Schuschke*, § 929 ZPO Rn 6 ff
68　Schuschke/Walker/*Schuschke*, § 929 ZPO Rn 35 mit umfangreichen Nachw.; Stein/Jonas/*Grunsky*, § 929 ZPO Rn 17; Zöller/*Vollkommer*, § 929 ZPO Rn 20.
69　Allgemein: Schuschke/Walker/*Schuschke*, § 929 ZPO Rn 20.
70　Allgemein: Staudinger/*Wolfsteiner*, Neubearb. 2002, § 1190 BGB Rn 38; Palandt/*Bassenge*, § 1190 BGB Rn 3.
71　Entgegen bis dato einhelliger Auffassung: BGHZ 146, 361 = NJW 2001, 1134; Schuschke/Walker/*Schuschke*, § 932 ZPO Rn 6; Zöller/*Vollkommer*, § 932 ZPO Rn 7; anders: Baur/Stürner/Bruns, Rn 52.19.
72　Zugestanden von BGHZ 146, 361, 364, 365.

pothek wird als neue Vollstreckungsmaßnahme eingetragen, sie erhält den Rang der Arresthypothek.[73]

▶ **Muster: Antrag auf Eintragung einer Arresthypothek**   96

An das Amtsgericht [...]

– Grundbuchamt –

In dem Arrestverfahren

Wohnungseigentümergemeinschaft Grundstück [...] *[Bezeichnung entsprechend Vollstreckungstitel]*

– Gläubiger –

gegen

[...] *[Namen des Schuldners entsprechend Vollstreckungstitel]*

– Schuldner –

zeige ich die anwaltliche Vertretung des Gläubigers an.

Namens des Gläubigers wird beantragt,

nach der beigefügten Ausfertigung des Arrestbeschlusses/Arresturteils des Amts-/Landgerichts [...] *[Ort]* vom [...] *[Datum]* wegen nachstehend aufgeführter Forderung an dem nachfolgend aufgeführten Grundbesitz des Schuldners zugunsten der Wohnungseigentümergemeinschaft Grundstück [...] *[Straße und Hausnummer]*, Wohnungsgrundbücher Nr. [...] bis [...] *[Bezeichnung der Grundbuchblätter]* eine Arresthypothek nach § 932 ZPO zu folgendem Betrag einzutragen:

[...] € Hauptsachebetrag als Höchstbetrag (§§ 932, 923 ZPO, § 1190 BGB).

Bezeichnung des zu belastenden Grundbesitzes gemäß § 28 GBO:

Wohnungsgrundbuch von [...] *[Grundbuchbezirk]* Blatt [...].

Arrestbeschluss/Arresturteil erbitte ich nach Eintragung zurück.

Anlagen: Arrestbeschluss/Arresturteil mit Zustellungsnachweis (§ 169 Abs. 2 ZPO)

Rechtsanwalt ◀

5. Behandlung der Sicherungshypothek in der Zwangsversteigerung

Eine Befriedigung der Gläubigerforderung ist mit der Sicherungshypothek nicht verbunden.   97
Gleichwohl besteht das Interesse des Gläubigers auf Befriedigung seiner Forderung. Im Hinblick
auf eine Sicherungshypothek nach den §§ 866, 867 ZPO ist zu unterscheiden, ob der Gläubiger
die Zwangsversteigerung selbst betreiben will oder ob ein anderer Gläubiger die Zwangsversteigerung betreibt. In diesem Fall ist weiter zu unterscheiden, ob die Sicherungshypothek dem
betreibenden Gläubiger im Range vorgeht oder nachfolgt.

a) Zwangsversteigerung durch den Gläubiger der Sicherungshypothek

Mit dem Vollstreckungstitel, mit welchem der Gläubiger die Eintragung der Sicherungshypo-   98
thek erwirkt hat, kann er die Zwangsversteigerung des Grundstücks beantragen. Er steht mit
diesem persönlichen Anspruch in der Rangklasse des § 10 Abs. 1 Nr. 5 ZVG und kann hieraus
die Versteigerung auch dann betreiben, wenn ihm vorrangig eine Sicherungshypothek zu-

---

73 Schuschke/Walker/*Schuschke*, § 932 ZPO Rn 16; Stein/Jonas/*Grunsky*, § 932 ZPO Rn 14; Zöller/*Vollkommer*, § 932 ZPO Rn 4.

steht.[74] Die Sicherungshypothek gibt ihm den Anspruch auf Duldung der Zwangsvollstreckung aus den §§ 1113, 1147 BGB. Mit diesem Anspruch kann er die Zwangsversteigerung in der Rangklasse des § 10 Abs. 1 Nr. 4 ZVG betreiben.

99   Zur Zwangsversteigerung aus der Sicherungshypothek im Range des § 10 Abs. 1 Nr. 4 ZVG musste bis zum Inkrafttreten der Zweiten Zwangsvollstreckungsnovelle am 1.1.1999[75] der Gläubiger den Schuldner auf Duldung der Zwangsvollstreckung aus der Sicherungshypothek verklagen.[76] Der seit 1999 geltende § 867 Abs. 3 ZPO gestattet es nun, mit dem Zahlungstitel und dem mit ihm verbundenen Eintragungsnachweis der Sicherungshypothek (§ 867 Abs. 1 S. 1 Hs 2 ZPO) den dinglichen Anspruch aus der Sicherungshypothek durchzusetzen.[77] § 867 Abs. 3 ZPO gilt auch gegenüber Gesamtrechtsnachfolgern des Grundstückseigentümers, gegen welche eine vollstreckbare Ausfertigung des Titels nach § 727 ZPO erteilt werden kann.[78] Er gilt nicht gegenüber einem Einzelrechtsnachfolger am Grundstück, dieser muss auf Duldung der Zwangsvollstreckung verklagt werden, da er nicht Rechtsnachfolger des Schuldners hinsichtlich der titulierten persönlichen Forderung ist. Gegen ihn muss durch Klage ein Urteil auf Duldung der Zwangsvollstreckung erwirkt werden, sofern er sich nicht durch notarielle Urkunde nach § 794 Abs. 1 Nr. 5 ZPO der Zwangsvollstreckung unterwirft.

100 ▶ **Muster: Klage auf Duldung der Zwangsvollstreckung**

An das Amtsgericht/Landgericht [...]

– Abteilung/Kammer für Wohnungseigentumssachen –

Klage

der

Wohnungseigentümergemeinschaft Grundstück

[...]-Straße [...], [...] [*PLZ, Ort*], vertreten durch die Verwalterin [...] Hausverwaltung GmbH, vertreten durch den Geschäftsführer [...], [...]-Straße [...], [...] [*PLZ, Ort*]

– Klägerin –

Prozessbevollmächtigte: RAe [...], [...]-Straße [...], [...] [*PLZ, Ort*]

gegen

[...] [*Name des Eigentümers*]

– Beklagter –

wegen Duldung der Zwangsvollstreckung aus Sicherungshypothek.

Namens und in Vollmacht der Klägerin erhebe ich Klage gegen den Beklagten und beantrage:

Der Beklagte wird verurteilt, wegen der in Abt. III Nr. [...] des Grundbuchs vom [...] [*Amtsgericht*], Gemarkung [...], Band [...], Blatt [...], eingetragenen Sicherungshypothek in Höhe von [...] € nebst Zinsen in Höhe von fünf Prozentpunkten über Basiszins seit dem [...] die Zwangsvollstreckung in das Grundstück zu dulden.

---

74   Stöber, ZVG, Einl. Rn 69.2, § 44 Rn 4.5; zu den Handlungsalternativen: Keller, Grundstücke in Vollstreckung und Insolvenz, Rn 193.

75   Zweite Zwangsvollstreckungsnovelle vom 17.12.1997 (BGBl. I S. 3039); Begründung zum Gesetzentwurf des Bundesrats vom 27.1.1995, BT-Drucks. 13/341.

76   Für alle: Zeller/*Stöber*, ZVG, 15. Aufl. 1996, Einl. Rn 69 mwN

77   BT-Drucks. 13/341, S. 36 ff; dazu Keller, Grundstücke in Vollstreckung und Insolvenz, Rn 192 a.

78   Zöller/*Stöber*, § 867 ZPO Rn 20; Alff, Rpfleger 2001, 385, 394.

Für den Fall der Anberaumung des schriftlichen Vorverfahrens wird der Erlass eines Versäumnisurteils oder eines Anerkenntnisurteils beantragt, sofern die Beklagte sich gegen die Klage nicht verteidigt oder den Klageanspruch anerkennt.

Begründung:

In dem im Klageantrag bezeichneten Grundbuch ist zugunsten der Klägerin eine Sicherungshypothek im Wege der Zwangsvollstreckung eingetragen.

Beweis: Beglaubigte Abschrift/amtlicher Ausdruck des Grundbuchs vom […] [*Amtsgericht*], Gemarkung […], Band […], Blatt […]; Bestandsverzeichnis, Abteilungen I und III.

Die Eintragung erfolgte gegen den seinerzeitigen Grundstückseigentümer als Schuldner der Zwangsvollstreckung. Der Beklagte als neuer Eigentümerin ist am […] [*Datum der Eintragung in Abteilung I*] eingetragen worden.

Wegen der eingetragenen Sicherungshypothek kann die Klägerin von dem jeweiligen Grundstückseigentümer die Duldung der Zwangsvollstreckung verlangen.

Der Anspruch ist gegen den Beklagten durch Schreiben vom […] geltend gemacht worden. Der Beklagte hat den Zugang des Schreibens mit Schreiben vom […] zugestanden. Er hat die Erfüllung des Anspruchs abgelehnt und es insbesondere abgelehnt, sich zu notarieller Urkunde der Zwangsvollstreckung zu unterwerfen.

Beweis: Im Original beigefügtes Schreiben an den Beklagten vom… und Schreiben des Beklagten vom […]

[…]

Rechtsanwalt ◄

b) Zwangsversteigerung durch einen anderen Gläubiger

Wird die Zwangsversteigerung durch einen anderen Gläubiger betrieben, ist der Gläubiger der   101
Sicherungshypothek Beteiligter des Zwangsversteigerungsverfahrens nach § 9 Nr. 1 ZVG, wenn diese vor dem Versteigerungsvermerk in das Grundbuch eingetragen worden ist.

Betreibt ein persönlicher Gläubiger die Zwangsversteigerung, geht die Sicherungshypothek ihm   102
im Range vor. Nach dem sog. Deckungsgrundsatz des § 44 Abs. 1 ZVG bei Aufstellung des geringsten Gebots bei der Versteigerung bleibt sie bei der Zwangsversteigerung des Grundstücks bestehen. Der Ersteher hat das Recht zu übernehmen, die Forderung geht gegen ihn über (§ 53 ZVG mit Schuldübernahme nach §§ 415, 416 BGB). Die Zinsen des Rechts bis zum Zuschlag werden durch den bar zu zahlenden Teil des geringsten Gebots gedeckt (§ 49 Abs. 1 ZVG).

Betreibt ein Gläubiger die Zwangsversteigerung aus einem dinglichen Recht, hängt die Frage   103
des Bestehenbleibens der Sicherungshypothek von dem Rangverhältnis nach §§ 10 Abs. 1 Nr. 4, 11 Abs. 1 ZVG, § 879 BGB ab. Geht die Sicherungshypothek dem betreibenden Gläubiger im Range nach, erlischt sie durch den Zuschlag (§§ 52 Abs. 1 S. 2, 91 Abs. 1 ZVG) und wird wegen ihres Betrags auf den Versteigerungserlös gesetzt. Die im Grundbuch eingetragene Sicherungshypothek wird von Amts wegen bei der Erlösverteilung berücksichtigt (§§ 45 Abs. 1, 114 Abs. 1 ZVG). Die laufenden Beträge wiederkehrender Leistungen werden von Amts wegen, die rückständigen nur auf Anmeldung berücksichtigt. Rückständige wiederkehrende Leistungen der Hypothek werden für höchstens zwei Jahre berücksichtigt (§ 10 Abs. 1 Nr. 4

ZVG), die Berechnung erfolgt bei der Sicherungshypothek regelmäßig nach § 13 Abs. 3 ZVG.[79] Erfolgt die Anmeldung nicht bis zur Aufforderung zur Abgabe von Geboten im Versteigerungstermin, erleiden die Ansprüche einen Rangverlust und werden an letzter Rangstelle befriedigt (§§ 37 Nr. 4, 110 ZVG). Kosten der Rechtsverfolgung können mit dem Recht geltend gemacht werden (§ 10 Abs. 2 ZVG). Hierzu gehören bei der Sicherungshypothek auch die Kosten ihrer Eintragung nach § 867 Abs. 1 S. 3 ZPO, die in jedem Fall zum Versteigerungsverfahren anzumelden sind. Erhält der Gläubiger der Sicherungshypothek aus dem Versteigerungserlös keine vollständige Zuteilung, bleibt seine persönliche Forderung gegen den vormaligen Eigentümer freilich bestehen, die Zwangsversteigerung führt nicht per se zu einer Schuldbefreiung.

104   Nach § 1179 a BGB steht dem Inhaber eines Grundpfandrechts gegen den Grundstückseigentümer ein Anspruch auf Aufhebung eines vorrangigen oder gleichrangigen Grundpfandrechts zu, wenn sich dieses mit dem Eigentümer in einer Person vereinigt.[80] Der gesetzliche Löschungsanspruch hat letztlich nur in der Zwangsversteigerung Bedeutung. Seine Geltendmachung ist sinnvoll, wenn im Falle der Zwangsversteigerung des Grundstücks das nachrangige Grundpfandrecht auszufallen droht, jedoch vorrangig eine (verdeckte) Eigentümergrundschuld am Grundstück lastet, welche die Zuteilung an den nachrangigen Gläubiger schmälert.[81] Der gesetzliche Löschungsanspruch steht auch dem Gläubiger der Sicherungshypothek nach §§ 866, 867 ZPO zu. Der Arresthypothek steht wegen ihres vorläufigen Sicherungscharakters kein gesetzlicher Löschungsanspruch nach § 1179 a BGB zu (§ 932 Abs. 1 S. 2 ZPO).

105   Sind der Sicherungshypothek Grundschulden vorrangig, ist die Geltung des § 1179 a BGB fraglich, da aus einer Grundschuld nicht ohne Weiteres kraft Gesetzes eine Eigentümergrundschuld entsteht. Hier ist stets empfehlenswert, auch den möglichen Rückgewähranspruch des Eigentümers gegen eine vorrangige nicht mehr voll valutierte Grundschuld pfänden und sich zur Überweisung einziehen zu lassen (§§ 857, 828, 829, 835 ZPO).[82]

106   ▶ **Muster: Anmeldung der Sicherungshypothek zur Zwangsversteigerung**

An das Amtsgericht [...]

– Vollstreckungsgericht –

Az: [...]

In der Zwangsversteigerungssache

Wohnungseigentümergemeinschaft Grundstück [...]

– Gläubiger –

gegen

[...] *[Name des Schuldners]*

– Schuldner –

zeige ich die anwaltliche Vertretung des Gläubigers an.

Aus der im Grundbuch von [...] *[Amtsgericht]*, Band [...], Blatt [...] eingetragenen Sicherungshypothek zu [...] € werden zum Zwangsversteigerungstermin am [...] *[Datum]* folgende Ansprüche angemeldet:

79   Stöber, § 13 ZVG Rn 2.4; Böttcher, § 13 ZVG Rn 25.
80   Umfassend zur Behandlung des Löschungsanspruchs in der Zwangsversteigerung: Stöber, § 114 ZVG Rn 9; Böttcher, § 114 ZVG Rn 30 ff; Dassler/Schiffhauer/Hintzen/Engels/Rellermeyer/*Hintzen*, § 114 ZVG Rn 92 ff; Eickmann, Zwangsversteigerungs- und Zwangsverwaltungsrecht, § 21; Keller, RpflJB 1993, 213.
81   Zur Berücksichtigung sog. Zwischenrechte grundlegend BGHZ 39, 242 = Rpfleger 1963, 234 m. Anm. Stöber.
82   Dazu Stöber, Forderungspfändung, Rn 1887 ff

[...] €	Kapitalbetrag der Sicherungshypothek [*von Amts wegen zu berücksichtigen, soweit die Hypothek im Zeitpunkt der Eintragung des Zwangsversteigerungsvermerks eingetragen war*]
[...] €	Rückständige Nebenleistungen für die Zeit vom [...] bis [...] [*nach § 13 Abs. 3 ZVG vom Tag der Beschlagnahme nach § 22 ZVG zwei Jahre zurück bis zwei Wochen nach Abhaltung des Versteigerungstermins nach § 47 ZVG*]
[...] €	Kosten der Eintragung der Sicherungshypothek nach § 867 Abs. 1 S. 3 ZPO [*Eintragungsgebühren und anwaltliche Kosten*]
[...] €	Bisherige Kosten der Zwangsvollstreckung [*soweit nicht bereits im Kapitalbetrag der Sicherungshypothek enthalten*]
[...] €	Kosten der gegenwärtigen Rechtsverfolgung

Weiterhin wird der gesetzliche Löschungsanspruch bezüglich aller vor- und gleichrangigen Grundpfandrechte angemeldet.

Rechtsanwalt ◀

6. Die Sicherungshypothek in der Insolvenz des Eigentümers

Im Insolvenzverfahren über das Vermögen des Grundstückseigentümers unterliegt die Sicherungshypothek als Vollstreckungsmaßnahme den insolvenzrechtlichen Beschränkungen der Zwangsvollstreckung im Interesse der gleichmäßigen Befriedigung der Insolvenzgläubiger. Ferner unterliegt sie der Gefahr der Rückschlagsperre des § 88 InsO. Darüber hinaus kann sie als Rechtshandlung nach den §§ 131, 141 InsO der Insolvenzanfechtung unterliegen. 107

a) Vollstreckungsverbote im Insolvenzeröffnungsverfahren

Während des Insolvenzeröffnungsverfahrens kann das Insolvenzgericht zur Sicherung der künftigen Insolvenzmasse ein Vollstreckungsverbot nach § 21 Abs. 2 Nr. 3 InsO erlassen.[83] Von diesem ist die Sicherungshypothek als Zwangsvollstreckung in das unbewegliche Vermögen nicht erfasst.[84] Wird das Insolvenzverfahren tatsächlich eröffnet, fällt die Sicherungshypothek aber in jedem Fall unter die Rückschlagsperre des § 88 InsO. 108

b) Vollstreckungsverbot im Insolvenzverfahren

Die Eintragung einer Sicherungshypothek für einen Insolvenzgläubiger ist nach Eröffnung des Insolvenzverfahrens nicht mehr zulässig (§ 89 Abs. 1 InsO). Auf eine rechtzeitige Antragstellung auf Eintragung der Sicherungshypothek beim Grundbuchamt kommt es nicht an. Der Antrag an das Grundbuchamt wahrt keinen Rang.[85] Das Grundbuchamt beachtet das Vollstreckungsverbot von Amts wegen, meist ist es wegen des Insolvenzvermerks nach § 32 Abs. 1 Nr. 1 InsO grundbuchersichtlich. 109

Die unter Verstoß gegen § 89 Abs. 1 InsO eingetragene Sicherungshypothek ist wirksam, aber anfechtbar. Der Insolvenzverwalter hat gegen den Gläubiger einen Anspruch auf Grundbuchberichtigung nach § 894 BGB mit dem Ziel der Löschung der Sicherungshypothek.[86] Das 110

---

83 Eingehend: Jaeger/Henckel/*Gerhardt*, § 21 InsO Rn 30 ff; Uhlenbruck/*Uhlenbruck*, § 21 InsO Rn 26 ff; Keller, Insolvenzrecht, Rn 609 ff
84 Keller, Insolvenzrecht, Rn 631, 632.
85 Uhlenbruck/*Uhlenbruck*, § 89 InsO Rn 4.
86 Stöber, ZVG, Einl. Rn 71.3.

Grundbuchamt wird hierbei nicht von Amts wegen tätig. Ein Amtswiderspruch nach § 53 Abs. 1 S. 1 GBO ist nur dann möglich, wenn das Grundbuchamt trotz Kenntnis von der Insolvenzeröffnung die Sicherungshypothek eingetragen hat.[87]

c) Unwirksamkeit durch Rückschlagsperre

111   Die Rückschlagsperre des § 88 InsO ist gerade gegenüber der Sicherungshypothek nach den §§ 866, 867 ZPO ein häufig auftretendes Problem der Insolvenzpraxis.[88] Durch die Rückschlagsperre als vereinfachte Form einer Insolvenzanfechtung werden durch Zwangsvollstreckung erlangte Sicherungen des letzten Monats vor dem Insolvenzantrag kraft Gesetzes unwirksam. Der betreffende Gläubiger verliert damit das durch die Zwangsvollstreckung eigentlich erlangte Pfandrecht als Absonderungsrecht (§§ 49, 50 Abs. 1 InsO) und ist wieder gewöhnlicher Insolvenzgläubiger. Die Sicherungshypothek fällt als Vollstreckungsmaßnahme uneingeschränkt unter § 88 InsO. Sie entsteht nach § 867 Abs. 1 S. 2 ZPO mit Eintragung in das Grundbuch. Für die Anwendung des § 88 InsO auf die Sicherungshypothek nach § 867 ZPO ist allein die Eintragung in das Grundbuch maßgebend.[89] Die Sicherungshypothek unterliegt der Rückschlagsperre, wenn sie innerhalb der Monatsfrist des § 88 InsO oder der Dreimonatsfrist des § 312 Abs. 1 S. 3 InsO in das Grundbuch eingetragen worden ist.

112   Streitig ist, wie die **Unwirksamkeit iSd § 88 InsO** zu verstehen ist. Der BGH versteht die Unwirksamkeit als eine absolute, zeitlich und sachlich auf das Insolvenzverfahren beschränkt:[90] Mit Insolvenzeröffnung soll die Sicherungshypothek erlöschen, dem Insolvenzverwalter steht dann ein Berichtigungsanspruch nach § 894 BGB zu. Soweit aber das betroffene Grundstück aus der Insolvenzmasse freigegeben wird oder das Insolvenzverfahren ohne Verwertung des Grundstücks endet und die Sicherungshypothek noch im Grundbuch eingetragen ist, soll sie mit Wirkung *ex nunc* wieder aufleben. Das BayObLG sieht dagegen eine Analogie zu § 868 ZPO und nimmt eine Umwandlung der Sicherungshypothek in eine Eigentümergrundschuld an.[91] Dem ist zuzustimmen. Der BGH berücksichtigt nicht das im BGB bestehende Wechselspiel zwischen Hypothek und Grundschuld.[92] Unwirksam wird nicht das Grundpfandrecht als solches,[93] sondern die für den Gläubiger erlangte Sicherung, das Grundpfandrecht bleibt als Eigentümergrundschuld bestehen und gehört als Vermögenswert zur Insolvenzmasse. Die sachlich und zeitlich bedingte absolute Unwirksamkeit der Sicherungshypothek führt zudem zur Ungleichbehandlung der Gläubiger, da der Sicherungshypothekengläubiger nach Freigabe des Grundstücks außerhalb des Insolvenzverfahren gegen den Schuldner wieder vollstrecken kann.

113   Mit Anwendung des § 868 ZPO wird das Grundbuch dahin gehend unrichtig, dass aus der Sicherungshypothek eine Grundschuld für den Schuldner als Grundstückseigentümer entstanden ist. Der Insolvenzverwalter hat zur Grundbuchberichtigung sämtliche Voraussetzungen des

---

87   Schöner/Stöber, Grundbuchrecht, Rn 401 aE; Keller, RpflStud 1992, 161; zu allgemein: Uhlenbruck/*Uhlenbruck*, § 89 InsO Rn 25.
88   Umfassend: Keller, ZIP 2000, 1324; ders., ZIP 2006, 1174.
89   LG Nürnberg-Fürth Rpfleger 2001, 410; LG Berlin ZIP 2001, 2293; LG Bonn ZIP 2004, 1374; Jaeger/Henckel/Gerhardt/ *Eckardt*, § 88 InsO Rn 47; MünchKomm-InsO/*Breuer*, § 88 Rn 21; anders (Antragstellung beim Grundbuchamt): Kübler/Prütting/Bork/*Lüke*, § 88 InsO Rn 17; Stein/Jonas/*Münzberg*, § 867 ZPO Rn 9; Stein/Jonas/*Grunsky*, § 932 ZPO Rn 8.
90   BGHZ 166, 74 = ZIP 2006, 479; HeidKomm-InsO/Kayser, § 88 Rn 35, 36 ff; Jaeger/Henckel/*Eckardt*, § 88 InsO Rn 63 ff; eingehend: Keller, ZIP 2006, 1174.
91   BayObLG ZIP 2000, 1263; zur Sicherungshypothek an Bruchteilen: OLG Düsseldorf NZI 2004, 93 und 94 = Rpfleger 2004, 39 m. Anm. Deimann; Uhlenbruck/*Uhlenbruck*, § 88 InsO Rn 11 ff; Demharter, Anhang § 44 GBO Rn 66; Stein/Jonas/*Münzberg*, § 867 ZPO Rn 9; Keller, Insolvenzrecht, Rn 1035 ff.
92   Eingehend: Keller, ZIP 2000, 1324.
93   So aber HeidKomm-InsO/Kayser, § 88 Rn 36; Zöller/*Stöber*, § 868 ZPO Rn 2.

§ 88 InsO in der Form des § 29 Abs. 1 S. 2 GBO nachzuweisen.[94] Er kann vom eingetragenen Hypothekengläubiger die Abgabe einer entsprechenden Berichtigungsbewilligung verlangen (§ 894 BGB). Lässt der Insolvenzverwalter die Sicherungshypothek im Grundbuch löschen, weil er das Grundstück lastenfrei verwerten möchte, ist diese Löschung keine Grundbuchberichtigung, sondern eine konstitutive Aufhebung der Eigentümergrundschuld durch Aufhebungserklärung und Löschung im Grundbuch (§ 875 BGB).[95]

d) Anfechtbarkeit der Sicherungshypothek

Wurde die Sicherungshypothek innerhalb des zweiten oder dritten Monats vor dem Insolvenzantrag in das Grundbuch eingetragen, greift in der Regelinsolvenz die Rückschlagsperre des § 88 InsO nicht mehr. Die Sicherungshypothek kann dann als Vollstreckungsmaßnahme nach § 141 InsO der Insolvenzanfechtung des § 131 Abs. 1 Nr. 2 oder 3 InsO unterliegen.[96] Für den Insolvenzverwalter anfechtbar ist sie, wenn der Schuldner bei der Grundbucheintragung bereits zahlungsunfähig war (§ 131 Abs. 1 Nr. 2 InsO) oder der Gläubiger wusste, dass durch die Vollstreckungsmaßnahme die übrigen Gläubiger benachteiligt werden (§ 131 Abs. 1 Nr. 3 InsO).[97] Der Anspruch aus Insolvenzanfechtung nach § 143 Abs. 1 S. 1 InsO kann gerichtet sein auf Aufhebung oder Übertragung der Sicherungshypothek an die Insolvenzmasse.[98] 114

II. Zwangsversteigerung von Wohnungs- oder Teileigentum

1. Forderungsversteigerung, Teilungsversteigerung und Zwangsveräußerung

Wohnungs- und Teileigentum sind echtes Grundstückseigentum und unterliegen der Immobiliarvollstreckung unmittelbar nach den §§ 864 ff ZPO. Die Zwangsversteigerung von Wohnungs- oder Teileigentum kann erfolgen als Forderungsversteigerung auf Betreiben eines sog. dinglichen oder persönlichen Gläubigers. Besonderheiten des Wohnungseigentumsrechts können hier insoweit gelten, als die Zuschlagserteilung von der Genehmigung der Miteigentümer oder des WEG-Verwalters nach § 12 WEG abhängen kann (§ 12 Abs. 3 S. 2 WEG). Bei der Forderungsversteigerung von Wohnungs- oder Teileigentum sind die Miteigentümer, vertreten durch den Verwalter, Beteiligte des Verfahrens nach § 9 Nr. 1 ZVG.[99] 115

Für die Versteigerung zum Zwecke der Aufhebung der Gemeinschaft nach den §§ 180 ff ZVG gelten außer den genannten keine Besonderheiten des Wohnungseigentumsrechts. 116

Die zwangsweise Veräußerung von Wohnungs- oder Teileigentum nach den §§ 18 ff WEG soll nach § 19 Abs. 1 WEG in der seit dem 1.7.2007 geltenden Fassung durch Versteigerung nach dem ZVG erfolgen.[100] Das Gesetz regelt nicht, aus welcher Rangklasse des § 10 Abs. 1 ZVG diese Versteigerung erfolgen soll, in jedem Fall dürfen die im Grundbuch eingetragenen Berechtigten durch die Versteigerung nicht beeinträchtigt werden. 117

---

94 Dazu Keller, ZfIR 2006, 499.
95 Umfassend zum Grundbuchverfahren: Keller, ZIP 2000, 1324.
96 Allgemein: Jaeger/Henckel/Gerhardt/*Henckel*, § 131 InsO Rn 49 ff; HeidKomm-InsO/Kreft, § 131 Rn 17; Keller, Insolvenzrecht, Rn 1538, 1545, 1598 ff
97 HeidKomm-InsO/Kreft, § 131 Rn 23, 24.
98 HeidKomm-InsO/Kreft, § 143 Rn 14 mwN
99 OLG Stuttgart NJW 1966, 1036 = Rpfleger 1966, 113 m. Anm. Diester; Steiner/*Hagemann*, § 9 ZVG Rn 30.
100 BT-Drucks. 16/887, S. 26.

2. Grundsätze der Rangfolge bei der Zwangsversteigerung

118   Das Verfahren nach dem ZVG ist formstreng, aber auch logisch durchdacht geregelt.[101] Allgemeine Ursache jeder Zwangsvollstreckung ist das Unvermögen oder auch der Unwille des Schuldners, seine Verbindlichkeiten gegenüber einem oder mehreren Gläubigern zu tilgen. Im Zwangsversteigerungsverfahren werden die Gläubiger in dingliche und persönliche Gläubiger eingeteilt. Es wird unterschieden zwischen Gläubigern, die zur Sicherung ihrer Forderungen gegen den Schuldner bereits ein Grundpfandrecht besitzen, und solchen, die bisher nicht am Grundstück abgesichert sind. Diese durch die Rangfolge des § 10 Abs. 1 ZVG bestimmte Systematik ist entscheidend für den Erfolg einer Zwangsversteigerung als Vollstreckungsmaßnahme. Die Unterteilung des Gesetzes in dingliche (§ 10 Abs. 1 Nr. 4 ZVG) und persönliche Forderungen (§ 10 Abs. 1 Nr. 5 ZVG) und die damit verbundene Rangfolge der Gläubiger hat Bedeutung für die Bestimmung des geringsten Gebots nach den §§ 44, 45 ZVG, des rechtlichen Mindestpreises für das Grundstück; selbstverständlich hat die Rangfolge auch Bedeutung für die Befriedigung der im geringsten Gebot nicht berücksichtigten Gläubiger bei Erlösverteilung nach den §§ 107 ff ZVG.

119   Das Zwangsversteigerungsverfahren ist **Einzelvollstreckungsverfahren**, nicht Gesamtvollstreckung. Es wird nur als Gläubiger berücksichtigt, wer ein Recht auf Befriedigung aus dem Grundstück nach § 10 Abs. 1 ZVG hat. Zunächst ist dies der Gläubiger, zu dessen Gunsten ein Recht im Grundbuch eingetragen ist (dinglicher Gläubiger). Ferner ist auch der persönliche Gläubiger, der zunächst einen Zahlungsanspruch gegen den Schuldner hat, in § 10 Abs. 1 ZVG berücksichtigt, wenn er als solcher die Zwangsversteigerung betreibt. Gläubiger persönlicher Forderungen bleiben, wenn sie die Zwangsversteigerung nicht betreiben, unberücksichtigt. Die Rangfolge der Gläubiger und ihrer Ansprüche nach den §§ 10 bis 12 ZVG hat Bedeutung für die Feststellung des geringsten Gebots und für die Verteilung des Versteigerungserlöses.

120   § 10 Abs. 1 ZVG unterteilt die Ansprüche in **Rangklassen**.[102] Ansprüche einer höheren Rangklasse werden erst dann berücksichtigt, wenn alle Ansprüche der vorhergehenden Rangklasse befriedigt sind. Innerhalb einer Rangklasse bestimmt § 11 ZVG das Verhältnis mehrerer Gläubiger zueinander.

- Die **gerichtlichen Kosten des Verfahrens** genießen stets Vorrang, dies folgt aus § 109 ZVG. Ihre Berücksichtigung wird auch als Rangklasse **§ 10 Abs. 1 Nr. „0" ZVG** bezeichnet. Zu den gerichtlichen Kosten gehören neben den Gebühren nach dem Gerichtskostengesetz (Nr. 2210 ff KV GKG)[103] auch Zustellungs- und Sachverständigenauslagen.

- In der Rangklasse **§ 10 Abs. 1 Nr. 1 ZVG** werden Kosten zur Erhaltung und Verbesserung des Grundstücks aus einer zuvor erwirkten Zwangsverwaltung berücksichtigt, welche vom Gläubiger betrieben wird.[104] Die Zwangsverwaltung muss bis zur Erteilung des Zuschlags andauern. Berücksichtigungsfähig sind nur solche Kosten, die unmittelbar der Erhaltung und Verbesserung des Zwangsversteigerungsobjekts dienen, Kosten der Verwaltung gehören nicht hierzu. Insbesondere für Wohnungs- oder Teileigentum bedeutet dies, dass aus dem vom Gläubiger im Zwangsverwaltungsverfahren gezahlten Hausgeld die Anteile für Ver-

---

101   Zu Verfahrensgrundsätzen: Stöber, ZVG-Handbuch, Rn 1 ff; Eickmann, Zwangsversteigerungs- und Zwangsverwaltungsrecht, §§ 1 bis 3.

102   Eingehend: Morvilius in: Dierck/Morvilius/Vollkommer, Handbuch des Zwangsvollstreckungsrechts, Rn 59 ff

103   Eingehend: Stöber, ZVG, Einl. Rn 76.

104   Allgemein: Steiner/*Hagemann*, § 10 ZVG Rn 22 ff; Stöber, § 10 ZVG Rn 2.1 ff; Dassler/Schiffhauer/Hintzen/Engels/Rellermeyer/*Rellermeyer*, § 10 ZVG Rn 6 ff

waltung, Gebäudehaftpflichtversicherung sowie die Instandhaltungsrücklage nicht berücksichtigungsfähig sind.[105]

■ Die Rangklasse des § **10 Abs. 1 Nr. 1 a ZVG** wurde mit Inkrafttreten der Insolvenzordnung am 1.1.1999 eingefügt (Art. 20 Nr. 1 EGInsO). Sie beinhaltet einen pauschalen Feststellungskostenanteil für die Insolvenzmasse des insolventen Grundstückseigentümers für das mitversteigerte Zubehör. Der Feststellungskostenanteil beträgt pauschal vier vom Hundert des nach § 74 a Abs. 5 S. 2 ZVG für diese Gegenstände gesondert festzusetzenden Verkehrswerts.[106] In der Zwangsversteigerung auf Betreiben eines Absonderungsberechtigten (§ 49 InsO) soll der Insolvenzmasse damit betreffend das Zubehör ein gleicher Betrag zufließen, wie es bei freihändiger Veräußerung durch den Insolvenzverwalter nach den §§ 166, 170, 171 Abs. 1 InsO der Fall ist. Die hier anfallenden Verwertungskosten nach § 171 Abs. 2 InsO sind bei der Zwangsversteigerung in den Gerichtskosten des Verfahrens enthalten und können daher nicht zusätzlich durch § 10 Abs. 1 Nr. 1 a ZVG geltend gemacht werden.

■ In der zweiten Rangklasse nach § **10 Abs. 1 Nr. 2 ZVG** waren bis zum Inkrafttreten der WEG-Reform zum 1.7.2007 sog. Litlohnansprüche landwirtschaftlicher Arbeitnehmer und Hilfskräfte geregelt;[107] sie hatten seit langem keine praktische Bedeutung mehr. Nunmehr sind hier die Ansprüche der Wohnungseigentümergemeinschaft auf Zahlung der Beiträge zu den Lasten und Kosten des gemeinschaftlichen Eigentums oder des Sondereigentums (§§ 16 Abs. 2, 28 Abs. 2 und 5 WEG) einschließlich der Vorschüsse und Rückstellungen, Sonderumlagen sowie der Rückgriffsansprüche einzelner Wohnungseigentümer eingestellt.[108] Das Vorrecht erfasst die laufenden und die rückständigen Beträge aus dem Jahr der Beschlagnahme und den letzten zwei Jahren. Die Berechnung sollte nach überwiegender Ansicht nach § 13 ZVG erfolgen;[109] es wird aber auch vertreten, abweichend von dieser Berechnung die laufenden Beträge nach Geschäftsjahr der Eigentümergemeinschaft unabhängig von Beschlagnahme und letzter Fälligkeit vor Beschlagnahme – so § 13 ZVG – zu rechnen.[110] Insgesamt ist das Vorrecht einschließlich aller Nebenleistungen begrenzt auf Beträge in Höhe von nicht mehr als fünf vom Hundert des nach § 74 a Abs. 5 ZVG festgesetzten Verkehrswerts. Für die Versteigerung aus der Rangklasse des § 10 Abs. 1 Nr. 2 ZVG ist § 10 Abs. 3 ZVG besonders zu beachten. Danach müssen die Ansprüche entsprechend § 18 Abs. 2 Nr. 2 WEG mindestens drei vom Hundert des Einheitswertes des betreffenden Wohnungseigentums umfassen.

■ Ansprüche auf Entrichtung öffentlicher Lasten gehen nach § **10 Abs. 1 Nr. 3 ZVG** allen anderen dinglichen Ansprüchen im Range vor. Öffentliche Lasten können auf Bundes- oder Landesrecht beruhen (Gesetz, Verordnung oder Satzung auf entsprechender Rechtsgrundlage). Praktische Bedeutung haben vor allem Erschließungsbeiträge als einmalige öffentliche

---

105 Allgemein: RGZ 73, 397; insb. für Wohnungseigentum: BGHZ 154, 387, 394; einschränkend auch LG Hamburg ZMR 2001, 395, 396; LG Augsburg RPfleger 2001, 92; LG Mönchengladbach RPfleger 2000, 80; anders: LG Aachen NZM 2002, 141, 142; LG Frankfurt am Main NZM 1998, 635.

106 Stöber, § 10 ZVG Rn 3.1 ff; Dassler/Schiffhauer/Hintzen/Engels/Rellermeyer/*Rellermeyer*, § 10 ZVG Rn 13 ff; Münch-Komm-InsO/Lwowski/Tetzlaff, § 165 Rn 220 ff

107 Dazu noch Steiner/*Hagemann*, § 10 ZVG Rn 40 ff; Jaeckel/Güthe, ZVG, 6. Aufl. 1929, § 10 Rn 8 ff

108 BT-Drucks. 16/887, S. 44 ff; Dassler/Schiffhauer/Hintzen/Engels/Rellermeyer/*Rellermeyer*, § 10 ZVG Rn 19 ff; Stöber, ZVG-Handbuch, Rn 399 ff; Schneider, ZMR 2009, 165.

109 BT-Drucks. 16/887, S. 44; Stöber, § 10 ZVG Rn 4.5; Dassler/Schiffhauer/Hintzen/Engels/Rellermeyer/*Rellermeyer*, § 10 ZVG Rn 25; Stöber, ZVG-Handbuch, Rn 399 c; zur Zwangsverwaltung: Stöber, § 156 ZVG Rn 3.2; Dassler/Schiffhauer/Hintzen/Engels/Rellermeyer/*Engels*, § 156 ZVG Rn 3; Wedekind, ZfIR 2007, 704; ders., ZfIR 2008, 600, 603.

110 Alff/Hintzen, Rpfleger 2008, 165.

Last (§§ 127 ff, 134 Abs. 2 BauGB; zur Verrentung, § 135 Abs. 3 BauGB) oder Grundsteuern als wiederkehrende öffentliche Last (§ 12 GrdStG).[111] Einmalige öffentliche Lasten können für rückständige Beträge der letzten vier Jahre geltend gemacht werden.[112] Wiederkehrende Leistungen genießen das Vorrecht für laufende und rückständige Beträge der letzten zwei Jahre, die Berechnung erfolgt nach § 13 ZVG. Öffentliche Lasten sind vom Berechtigten stets zum Versteigerungsverfahren anzumelden. In **Sondergesetzen** sind Ansprüche geregelt, die in der Rangfolge des § 10 Abs. 1 ZVG eingeordnet werden: Ansprüche der Schornsteinfeger wegen ausstehender Kehrgebühren genießen nach § 25 SchfG den Rang öffentlicher Lasten nach § 10 Abs. 1 Nr. 3 ZVG; für Ansprüche aus Lieferung von Düngemitteln besteht nach § 1 Düngemittelsicherungsgesetz für den Lieferanten an den Früchten des landwirtschaftlichen Grundstücks ein gesetzliches Früchtepfandrecht, in der Zwangsversteigerung genießen Ansprüche hieraus einen Rang vor allen dinglichen Rechten (§ 2 Abs. 4 DüMSichG), sie haben innerhalb des § 10 Abs. 1 ZVG gleichsam die Rangklasse nach Nr. 3 und vor Nr. 4.[113]

- Im Grundbuch eingetragene dingliche Rechte stehen nach § **10 Abs. 1 Nr. 4 ZVG** an vierter Rangstelle.[114] Zu berücksichtigen sind alle eingetragenen Grundstücksrechte. Rechte, die keine Grundpfandrechte sind, werden mit einem Ersatzwert befriedigt (§ 92 ZVG).[115] Laufende Leistungen aus einem Recht, insbesondere die Zinsen eines Grundpfandrechts werden mit den laufenden Beträgen und Rückständen der letzten zwei Jahre berücksichtigt; die Berechnung erfolgt nach § 13 ZVG. Untereinander haben die im Grundbuch eingetragenen Rechte den Rang, der ihnen nach den §§ 879 ff BGB aus dem Grundbuch zukommt (§ 11 Abs. 1 ZVG).

- Der sog. persönliche Gläubiger hat den Rang nach § **10 Abs. 1 Nr. 5 ZVG**. Er muss stets als Gläubiger das Zwangsversteigerungsverfahren betreiben, damit er berücksichtigt werden kann.[116] Mit Betreiben des Verfahrens wird der persönliche Gläubiger gleichsam dinglicher Gläubiger in der Rangklasse des § 10 Abs. 1 Nr. 5 ZVG, für ihn gilt die Beschlagnahme des § 20 Abs. 1 ZVG als Erlangung des Rechts auf Befriedigung aus dem Grundstück. Mehrere betreibende Gläubiger haben den Rang nach dem Zeitpunkt des Wirksamwerdens ihrer Beschlagnahme (§ 11 Abs. 2 ZVG).[117]

- Rechte, die dem betreibenden Gläubiger gegenüber infolge des mit der Beschlagnahme bewirkten Veräußerungsverbots des § 23 ZVG unwirksam sind, haben den Rang nach § **10 Abs. 1 Nr. 6 ZVG**.[118]

- Die Rangklassen § **10 Abs. 1 Nr. 7 und Nr. 8 ZVG** betreffen Rückstände laufender Leistungen aus den Rangklassen § 10 Abs. 1 Nr. 3 und 4 ZVG, die älter als zwei Jahre sind.

---

111   Umfassend: Steiner/*Hagemann*, § 10 ZVG Rn 61 ff, insb. Zusammenstellung Rn 69; Stöber, § 10 ZVG Rn 6.1 ff; Böttcher, § 10 ZVG Rn 25 ff; Dassler/Schiffhauer/Hintzen/Engels/Rellermeyer/*Rellermeyer*, § 10 ZVG Rn 30 ff, insb. Zusammenstellung landesrechtlicher Rechtsgrundlagen Rn 37; Meikel/*Morvilius*, § 54 GBO Rn 12 bis 49.

112   Zu rechnen ab dem Eintritt der Fälligkeit nach BGH Rpfleger 2008, 213; zur Berechnung des Vierjahreszeitraums ab dem Zuschlag rückwärts s. Stöber, § 10 ZVG Rn 6.17; Böttcher, § 10 ZVG Rn 45; die Versteigerungspraxis rechnet meist ab dem Zeitpunkt der Beschlagnahme entsprechend § 13 ZVG, so auch Rellermeyer Dassler/Schiffhauer/Hintzen/Engels/Rellermeyer/*Rellermeyer*, § 10 ZVG Rn 45.

113   Stöber, § 10 ZVG Rn 7.

114   Allgemein: Steiner/*Hagemann*, § 10 ZVG Rn 107 ff; Stöber, § 10 ZVG Rn 8.1 ff; Dassler/Schiffhauer/Hintzen/Engels/Rellermeyer/*Rellermeyer*, § 10 ZVG Rn 49 ff; Hock/Mayer/Hilbert/Deimann, Immobiliarvollstreckung, Rn 322 ff

115   Eingehend: Steiner/*Eickmann*, § 92 ZVG Rn 5 ff; Stöber, § 92 ZVG Rn 2.1 ff

116   Eingehend: Steiner/Hagemann, § 10 ZVG Rn 143 ff; Stöber, § 10 ZVG Rn 9.1 ff; Dassler/Schiffhauer/Hintzen/Engels/Rellermeyer/*Rellermeyer*, § 10 ZVG Rn 56 ff

117   Allgemein: Stöber, § 11 ZVG Rn 4.1 ff

118   Zu Rangfragen: Stöber, § 10 ZVG Rn 10.1 ff; § 11 Rn 3.1 ff

Mit dem Hauptanspruch können **Kosten der Kündigung von Grundpfandrechten** und **Kosten**   121
der bisherigen und gegenwärtigen Rechtsverfolgung geltend gemacht werden (§ 10 Abs. 2
ZVG). Die Gebühren des Anwalts für die Vertretung eines Gläubigers im Zwangsversteigerungsverfahren richten sich nach Nr. 3311 ff VV RVG. Sie betragen 0,4 des Gebührensatzes
nach § 13 RVG für jede der genannten Tätigkeiten innerhalb des Versteigerungsverfahrens.[119] Der Gebührenwert bestimmt sich nach § 26 RVG.

Genügt der Versteigerungserlös nicht zur vollen Befriedigung eines Gläubigers, ist sein An-   122
spruch in der Reihenfolge des § 12 ZVG nach Kosten – Zinsen – Hauptsache zu befriedigen
(§ 367 BGB).

3. Der die Zwangsversteigerung betreibende Gläubiger

a) Vollstreckung durch einen sog. dinglichen Gläubiger

Der Gläubiger, der durch Hypothek oder Grundschuld am Grundstück gesichert ist, kann aus   123
dem Recht selbst die Zwangsversteigerung betreiben. Der Anspruch, dessentwegen die Versteigerung betrieben wird, besteht in der Duldung der Zwangsvollstreckung nach § 1147 BGB.
Dies ist insbesondere bei der sog. Sicherungsgrundschuld bedeutsam, bei welcher deshalb das
Bestehen der durch sie gesicherten Forderung innerhalb des Versteigerungsverfahrens keine
Bedeutung hat.[120] Soweit die Grundschuld durch die persönliche Forderung nicht vollständig
valutiert ist, steht dem Eigentümer gegen den Grundschuldgläubiger der Rückgewähranspruch
zu, der als schuldrechtlicher Anspruch nur das Innenverhältnis bestimmt.[121]

Innerhalb der Rangfolge des § 10 Abs. 1 ZVG steht der dingliche Gläubiger unter Nr. 4 im   124
Range vor allen persönlichen Gläubigern; im Verhältnis zu den übrigen Grundpfandrechtsgläubigern und Berechtigten am Grundstück kommt ihm der Rang nach § 11 Abs. 1 ZVG,
§§ 879 ff BGB zu.

b) Vollstreckung durch einen persönlichen Gläubiger

Der persönliche Gläubiger kann wegen seiner titulierten Forderung auf das Grundstück, Woh-   125
nungs- oder Teileigentum wie auf jeden anderen Vermögenswert des Schuldners Zugriff nehmen. Er muss alle Grundpfandrechtsgläubiger und dinglich Berechtigten aus dem Grundbuch
vorgehen lassen, gleichgültig, ob auch sie die Zwangsvollstreckung gegen den Schuldner betreiben oder nicht. Betreibt daher ein persönlicher Gläubiger die Zwangsversteigerung, steht er
im Range des § 10 Abs. 1 Nr. 5 ZVG und muss alle Grundstücksrechte in Nr. 4 der Vorschrift
vorgehen lassen. Das bedeutet wesentlich, dass diese vorrangigen Gläubiger in das geringste
Gebot – den Mindestpreis für das Grundstück nach § 44 ZVG – einbezogen und vom Ersteher
übernommen werden müssen. Das kann die praktische Versteigerbarkeit erschweren, ist aber
letztlich Folge des Realkredits und seiner Sicherung im Grundbuch.

Es ist auch denkbar, dass ein dinglich gesicherter Gläubiger wegen seines persönlichen An-   126
spruchs in der Rangklasse § 10 Abs. 1 Nr. 5 ZVG die Zwangsversteigerung betreibt, sein im

---

119 Eingehend: Stöber, ZVG, Einl. Rn 90 ff

120 Zur Abstraktheit der Grundschuld bei der Bestellung Staudinger/*Wolfsteiner*, Neubearb. 2002, Vorbem zu §§ 1191 ff
     BGB Rn 19 ff, 85 ff; Schöner/Stöber, Grundbuchrecht, Rn 2274 ff; allg. zur Vollstreckung aus Duldungstiteln: Stöber,
     § 15 ZVG Rn 9.1 ff; zur Titulierung des Duldungsanspruchs sowie eines abstrakten Schuldversprechens neben der
     Grundschuld s. BGHZ 99, 274; zur persönlichen Haftungsübernahme bei Drittsicherung BGHZ 114, 9; allgemein:
     Schöner/Stöber, Grundbuchrecht, Rn 2289; Clemente, Recht der Sicherungsgrundschuld, Rn 223 ff; Clemente, ZfIR
     2008, 589.

121 Staudinger/*Wolfsteiner*, Neubearb. 2002, Vorbem zu §§ 1191 ff BGB Rn 112 ff, 85 ff; Clemente, Recht der Sicherungs-
     grundschuld, Rn 514 ff; Schöner/Stöber, Grundbuchrecht, Rn 2304 ff; zum Rückgewähranspruch in der Zwangsver-
     steigerung: Stöber, § 114 ZVG Rn 7.7 ff

Grundbuch eingetragenes Recht bleibt dann in § 10 Abs. 1 Nr. 4 ZVG bestehen. Dies ist insbesondere beim Gläubiger der Sicherungshypothek nach den §§ 866, 867 ZPO denkbar. Nach Zuschlagserteilung kann der Gläubiger wählen, ob er eine Zuteilung auf die persönliche Forderung haben möchte. Unter den Voraussetzungen des § 53 ZVG tritt zwischen Schuldner und Ersteher eine gesetzliche Schuldübernahme ein. Genehmigt der Gläubiger diese Schuldübernahme, bleibt sein dingliches Recht bestehen und der Ersteher wird Schuldner des durch die Hypothek oder im Falle des § 53 Abs. 2 ZVG durch die Grundschuld gesicherten Anspruchs, eine Zuteilung auf die persönliche Forderung kann er dann nicht verlangen.[122] Wählt er dagegen die Zuteilung auf die Forderung in der Rangklasse des § 10 Abs. 1 Nr. 5 ZVG, ist der Ersteher im Innenverhältnis dem Schuldner nach § 415 Abs. 3 BGB verpflichtet.[123] Das bei der Versteigerung bestehen bleibende Grundpfandrecht geht nach § 1164 BGB auf den Schuldner über.[124]

4. Voraussetzungen der Zwangsversteigerung

a) Allgemeine Voraussetzungen

127 Das Zwangsversteigerungsverfahren wird von dem Amtsgericht durchgeführt, in dessen Bezirk das Grundstück belegen ist (§ 1 Abs. 1 ZVG). Funktionell ist der Rechtspfleger zuständig (§ 3 Nr. 1 lit. i RPflG).

128 Der Gläubiger, der die Zwangsversteigerung betreiben will, muss die allgemeinen Voraussetzungen der Zwangsvollstreckung erfüllen (§§ 704 ff ZPO). Für die Zwangsversteigerung kommen die besonderen Voraussetzungen der §§ 15 ff ZVG hinzu. Für die Vollstreckung des dinglichen Gläubigers ist ein Titel erforderlich, in welchem der Schuldner zur Duldung der Zwangsvollstreckung verurteilt worden ist (§ 1147 BGB). Vollstreckungstitel ist bei der Zwangsversteigerung **meist die notarielle Urkunde,** in welcher sich der Schuldner zur Duldung der Vollstreckung aus einem Grundpfandrecht verpflichtet und der Zwangsvollstreckung unterworfen hat (§ 794 Abs. 1 Nr. 5 ZPO).[125] Der Vollstreckungstitel muss mit einer Vollstreckungsklausel nach den §§ 724 ff ZPO versehen sein. Der Vollstreckungstitel muss an den Schuldner zugestellt sein (§ 750 ZPO). Zu diesen Voraussetzungen der Zwangsvollstreckung können weitere hinzutreten (§§ 751, 756, 765 ZPO); für die Vollstreckung aus notarieller Urkunde gilt insbesondere eine Wartefrist nach § 798 ZPO.

129 Die Zwangsversteigerung wird auf Antrag eines Gläubigers angeordnet (§ 15 ZVG). Er muss die allgemeinen Voraussetzungen der Zwangsvollstreckung dem Vollstreckungsgericht nachweisen. Der Antrag soll das Grundstück, dessen Eigentümer und den Anspruch des Gläubigers mit dem Vollstreckungstitel bezeichnen (§ 16 ZVG).[126]

130 Der Vollstreckungsschuldner muss als Eigentümer des zu versteigernden Objekts im Grundbuch eingetragen sein (§ 17 Abs. 1 ZVG). Die Eintragung wird durch ein Zeugnis des Grundbuchamts oder durch Bezugnahme auf das Grundbuch nachgewiesen (§ 17 Abs. 2 ZVG).

---

122   Zur Personenidentität zwischen Ersteher und Hypothekengläubiger: BGHZ 133, 51.

123   Stöber, § 53 ZVG Rn 2.4 ff; Stöber, ZVG-Handbuch, Rn 277.

124   Allgemein: Staudinger/*Wolfsteiner*, Neubearb. 2002, § 1164 ff BGB Rn 17; zur grundsätzlichen Unanwendbarkeit des § 1164 BGB auf die Grundschuld ebenda Rn 36; zu den Tilgungsfolgen bei Anwendung des § 53 Abs. 2 ZVG s. Steiner/*Eickmann*, § 53 ZVG Rn 34 ff, 40; zur entsprechenden Anwendung des § 401 BGB bei Leistung eines Gesamtschuldners und Forderungsübergang nach § 426 Abs. 2 BGB auf die Grundschuld s. BGHZ 80, 228.

125   Stein/Jonas/*Münzberg*, § 794 ZPO Rn 109; Zöller/*Stöber*, § 794 ZPO Rn 31; zur Unterwerfungserklärung durch Bevollmächtigten s. BGH NJW-RR 2004, 1718 = Rpfleger 2005, 612; BGH NJW-RR 2007, 358 = Rpfleger 2007, 37 m. Anm. Alff; Zöller/*Stöber*, § 794 ZPO Rn 33.

126   Allgemein: Stöber, § 16 ZVG Rn 3.1 ff

In der Terminologie des Zwangsversteigerungsverfahrens wird zwischen **Anordnung** und **Bei-** 131
tritt zu einem bereits angeordneten Verfahren unterschieden. Für den sog. Beitrittsgläubiger
nach § 27 ZVG gelten die Regeln zur Anordnung, mit dem Unterschied, dass kein neuer
Zwangsversteigerungsvermerk in das Grundbuch eingetragen wird. Zugunsten des Beitritts-
gläubigers wirkt die Zustellung des Beitrittsbeschlusses an den Schuldner als Beschlagnahme
des Zwangsversteigerungsobjekts.[127] Die Verfahren für Anordnungs- und Beitrittsgläubiger
sind getrennt voneinander zu betrachten, auch wenn am Ende das Zwangsversteigerungsobjekt
nur einmal für alle Gläubiger versteigert werden kann.

b) Zwangsversteigerung aus der Rangklasse des § 10 Abs. 1 Nr. 2 ZVG
aa) Beitritt zu anhängigen Verfahren

Für die Zwangsversteigerung wegen Ansprüchen aus der Rangklasse § 10 Abs. 1 Nr. 2 ZVG 132
beinhaltet § 10 Abs. 3 ZVG Sonderregelungen. Da zunächst die Rangklasse erst mit Inkrafttreten der WEG-Reform zum 1.7.2007 neu geschaffen worden ist und nach der – diesbezüglich
wenig glücklich formulierten – Übergangsregelung des § 62 Abs. 1 WEG in den bis dato anhängigen Verfahren das bisherige Recht Anwendung findet, kann bei Versteigerungsverfahren,
die zu diesem Zeitpunkt anhängig waren, mithin vor diesem Zeitpunkt der Anordnungsbeschluss erlassen worden ist, ein Beitritt wegen Ansprüchen aus der neuen Rangklasse § 10
Abs. 1 Nr. 2 ZVG nicht erfolgen.[128]

Soweit das Zwangsversteigerungsverfahren nach dem 1.7.2007 beantragt worden ist, kann aus 133
§ 10 Abs. 1 Nr. 2 ZVG betrieben und auch einem bereits laufenden Verfahren nach § 27 ZVG
beigetreten werden.

bb) Wertgrenzen des Anspruchs

Der Anspruch, dessentwegen betrieben werden kann, unterliegt einer Mindest- und einer 134
Höchstgrenze:

- **Mindestens** muss der Hausgeldanspruch, um aus ihm betreiben zu können, drei vom Hundert
  des Einheitswertes des betreffenden Wohnungs- oder Teileigentums betragen (§ 10 Abs. 3
  ZVG iVm § 18 Abs. 2 Nr. 2 WEG, § 180 Abs. 1 Nr. 1 AO, §§ 19 ff BewG). Damit soll in
  gleicher Weise wie bei der Entziehung von Wohnungseigentum nach § 18 WEG eine zwangsweise Veräußerung wegen zu geringer Rückstände vermieden werden. Andernfalls könnte
  die Eigentümergemeinschaft über den schnelleren Weg des § 10 Abs. 1 Nr. 2 ZVG die Voraussetzungen des § 18 WEG umgehen.[129] Wird die Versteigerung aus § 10 Abs. 1 Nr. 2 ZVG
  nicht betrieben, sondern werden in einem anhängigen Verfahren die Ansprüche nur als vorrangige angemeldet (§ 45 Abs. 3 ZVG), gilt die Mindestgrenze nicht.[130]
- **Höchstens** kann das Vorrecht nach § 10 Abs. 1 Nr. 2 S. 2 ZVG insgesamt für fünf vom Hundert des nach § 74 a Abs. 5 ZVG festgesetzten Verkehrswerts in Anspruch genommen werden. Diese Grenze gilt auch dann, wenn aus dieser Rangklasse die Versteigerung nicht betrieben wird. Sie besteht im Interesse nachrangiger Gläubiger.[131] Übersteigen die Ansprüche
  diese Grenze, kann mit dem Mehrbetrag nur in Rangklasse § 10 Abs. 1 Nr. 5 ZVG betrieben
  werden.

---

127 Steiner/*Teufel*, § 27 ZVG Rn 42; Stöber, § 27 ZVG Rn 8.1; Dassler/Schiffhauer/Hintzen/Engels/Rellermeyer/*Hintzen*,
  § 27 ZVG Rn 9, 10.
128 BGH Rpfleger 2008, 321; Dassler/Schiffhauer/Hintzen/Engels/Rellermeyer/*Rellermeyer*, § 10 ZVG Rn 80.
129 BT-Drucks. 16/887, S. 45, 46.
130 BT-Drucks. 16/887, S. 45 rechts unten.
131 BT-Drucks. 16/887, S. 45.

135　Nach Inkrafttreten der WEG-Novelle am 1.7.2007 war nicht geklärt, auf welche Weise die Eigentümergemeinschaft den **Einheitswert des Wohnungseigentums nachweisen** kann. Nach Ansicht des BGH sollte wegen § 54 Abs. 1 S. 4 GKG das Vollstreckungsgericht die Möglichkeit haben, selbständig den Einheitswert beim Finanzamt einzuholen.[132] Bis dahin sollte die Möglichkeit bestehen, zunächst aus der Rangklasse des § 10 Abs. 1 Nr. 5 ZVG zu betreiben und dann in der Rangklasse Nr. 2 dem eigenen Verfahren beizutreten. Diese Ansicht wurde kritisiert,[133] da die Vorschrift des § 54 Abs. 1 S. 4 GKG, die dem Gericht die Einholung des Einheitswertes erlaubt, nur zur Ermittlung des Gegenstandswertes für die Kostenberechnung im Fall des Abs. 1 S. 2 der Vorschrift dient. Sie für die Bestimmung des Gläubigeranspruchs zu verwenden, widerspreche dem Zweck der Norm und verstoße damit gegen § 30 AO.[134] Die entscheidende Frage ist, ob die Eigentümergemeinschaft als Gläubigerin gegenüber dem Finanzamt einen Anspruch auf Mitteilung des Einheitswertes hat oder § 30 AO entgegensteht. Der Gesetzgeber löste das Problem durch Ergänzung des § 10 Abs. 3 ZVG – parallel auch § 18 Abs. 2 Nr. 2 WEG – mit Art. 8 des Gesetzes vom 10.7.2009, das am 11.7.2009 in Kraft getreten ist.[135] Danach steht § 30 AO der Mitteilung des Einheitswertes ausdrücklich nicht entgegen. Ergibt sich schon aus dem nach § 74 a Abs. 5 ZVG festgesetzten Verkehrswert rechnerisch, dass die notwendigen drei Prozent des regelmäßig niedrigeren Einheitswertes überschritten sind, ist eine Vorlage des Einheitswertbescheides nicht weiter erforderlich.[136] In diesem Fall kann der Gläubiger einem bereits angeordneten Verfahren ohne Weiteres in Rangklasse Nr. 2 beitreten.

cc) Titulierung der Ansprüche und Nachweis der Forderungsqualität

136　Die rückständigen Hausgeldforderungen, Nachzahlungsansprüche, Sonderumlagen oder Rückgriffsansprüche einzelner Miteigentümer müssen tituliert sein, um aus ihnen die Zwangsversteigerung betreiben zu können. Als Vollstreckungstitel sind alle Zahlungstitel iSd §§ 704, 794 ZPO geeignet, die allgemeinen Voraussetzungen der Zwangsvollstreckung müssen vorliegen.[137] Ein Duldungstitel ist nicht erforderlich.[138]

137　Wesentlich sollte sich die Art des Anspruchs aus dem Titel ergeben; soweit dies nicht der Fall ist, genügt Glaubhaftmachung (§ 10 Abs. 3 S. 2 und 3 ZVG). Die Rechtslage ist insoweit nicht vergleichbar mit dem Fall des § 850 f Abs. 2 ZPO, bei welchem nach der Rechtsprechung des BGH die Rechtsqualität einer deliktischen Forderung festgestellt sein muss.[139]

138　Bei Urteilen können sich die Art des Anspruchs, Bezugszeitraum und Fälligkeit aus dem Tenor oder auch aus den Entscheidungsgründen ergeben. Bei Versäumnis- oder Anerkenntnisurteil (§ 313 b ZPO) kann als Mittel der Glaubhaftmachung die Klageschrift vorgelegt werden, aus

---

132　BGH Rpfleger 2008, 375 m. Anm. Hintzen/Alff.

133　Insbesondere gegen die Beitrittslösung: Hintzen/Alff in Anm. Rpfleger 2008, 375.

134　FG Düsseldorf Rpfleger 2009, 258; LG Stuttgart, Beschl. v. 17.3.2009 – 19 T 486/08 (n.v.).

135　Gesetz zur Reform des Kontopfändungsschutzes vom 10.7.2009 (BGBl. I S. 1707); Gesetzentwurf vom 19.12.2007 (BT-Drucks. 16/7615); die Ergänzung des § 10 Abs. 3 ZVG fand Eingang durch den Rechtsausschuss des Deutschen Bundestages (Beschlussempfehlung BT-Drucks. 16/12714); die Ergänzung des § 10 Abs. 3 ZVG ist ohne Übergangsregelung für bereits angeordnete Verfahren in Kraft getreten (Art. 10 Abs. 2 des Gesetzes); kritisch dazu Commans, ZfIR 2009, 489.

136　BGH Rpfleger 2009, 399.

137　BT-Drucks. 16/887, S. 46.

138　Dassler/Schiffhauer/Hintzen/Engels/Rellermeyer/*Rellermeyer*, § 10 ZVG Rn 85; Stöber, ZVG-Handbuch, Rn 399 h.

139　Grundlegend zu § 850 f Abs. 2 ZPO: BGHZ 152, 166 = NJW 2003, 515 = Rpfleger 2003, 91.

welcher sich die notwendigen Angaben ergeben.[140] Beim Vollstreckungsbescheid (§ 794 Abs. 1 Nr. 4 ZPO) genügt die Angabe der Forderungsbezeichnung als Glaubhaftmachung.[141]

dd) Zeitpunkt des Nachweises des Anspruchs

Fraglich ist, wann die Eigentümergemeinschaft als betreibende Gläubigerin die Rechtsnatur 139 ihres Anspruchs aus § 10 Abs. 1 Nr. 2 ZVG nachzuweisen hat, da sie andernfalls nur in Rangklasse § 10 Abs. 1 Nr. 5 ZVG vollstrecken kann. Eine Ansicht fordert eine Bestimmung bereits im Versteigerungs- oder Beitrittsantrag (§ 16 Abs. 1 ZVG),[142] eine andere Ansicht lässt den Zeitpunkt der Mitteilung nach § 41 Abs. 2 ZVG vier Wochen vor dem Versteigerungstermin genügen.[143] Dem kann nicht gefolgt werden, da der Zweck des § 41 Abs. 2 ZVG nicht darin besteht, für einen betreibenden Gläubiger bis vier Wochen vor dem Versteigerungstermin die Unklarheit über die Natur seines Anspruchs aufrechterhalten zu können. § 41 Abs. 2 ZVG soll den Beteiligten lediglich die Vorbereitung auf den Termin erleichtern. Es ist mithin erforderlich, dass ein betreibender Gläubiger schon in seinem Antrag klarstellt, wegen welchen Anspruchs er die Versteigerung betreibt. Dies dient gerade bei Ansprüchen aus § 10 Abs. 1 Nr. 2 oder 3 ZVG auch dazu, dass nachrangige Gläubiger frühzeitig eine Ablösung nach § 268 BGB in Erwägung ziehen können.

Bei der Vollstreckung aus § 10 Abs. 1 Nr. 2 ZVG kann das dazu führen, dass wegen Zahlungen 140 des Schuldners oder teilweiser Ablösung die Mindestgrenze des § 10 Abs. 3 S. 2 ZVG unterschritten wird und der Anspruch nachträglich in die Rangklasse § 10 Abs. 1 Nr. 5 ZVG fällt.[144]

▶ **Muster: Antrag auf Anordnung der Zwangsversteigerung aus der Rangklasse des § 10 Abs. 1** 141
Nr. 2 ZVG

An das Amtsgericht [...]

– Vollstreckungsgericht –

In der Zwangsvollstreckungssache

Wohnungseigentümergemeinschaft Grundstück [...] *[Bezeichnung entsprechend Vollstreckungstitel]*

– Gläubiger –

gegen

[...] *[Name des Schuldners entsprechend Vollstreckungstitel]*

– Schuldner –

zeige ich die anwaltliche Vertretung des Gläubigers an.

Namens der Gläubigerin wird die Anordnung der Zwangsversteigerung des im Wohnungs-/Teileigentumsgrundbuch von [...] *[Grundbuchbezirk]*, Blatt [...], auf den Namen des Schuldners eingetragenen Grundbesitzes wegen folgender Forderungen aus der Rangklasse des § 10 Abs. 1 Nr. 2 ZVG beantragt:

---

140 BT-Drucks. 16/887, S. 46; Dassler/Schiffhauer/Hintzen/Engels/Rellermeyer/*Rellermeyer*, § 10 ZVG Rn 86.
141 Anders für § 850f Abs. 2 ZPO und § 174 Abs. 2 InsO: BGH NJW 2006, 1663; BGH NZI 2006, 536 = ZIP 2006, 1700 = ZVI 2006, 311; BGH NZI 2006, 593; kritisch hiergegen: Zöller/*Stöber*, § 850f ZPO Rn 9.
142 *Stöber*, ZVG-Handbuch, Rn 399 k.
143 Dassler/Schiffhauer/Hintzen/Engels/Rellermeyer/*Rellermeyer*, § 10 ZVG Rn 87; Böhringer/Hintzen, Rpfleger 2007, 353, 359.
144 *Stöber*, ZVG-Handbuch, Rn 399 k.

[...] €	Rückständige Hausgeldforderungen für die Zeit vom [...] bis [...]
[...] €	Nachzahlungsforderung aus Betriebskostenabrechnung für das Geschäftsjahr der Eigentümergemeinschaft [...] [*Jahr*]
[...] €	Sonderumlage gemäß Beschlussfassung der Eigentümergemeinschaft vom [...] [*Datum*]
= [...] €	Gesamtbetrag des geltend gemachten Anspruchs

Als Vollstreckungstitel sowie als Mittel der Glaubhaftmachung der jeweiligen Rechtsnatur der Ansprüche werden überreicht:

- Vollstreckbare Ausfertigung des Versäumnisurteils des Amtsgerichts [...] [*Ort*] vom [...] [*Datum*], aus welchem sich die Höhe der geltend gemachten Forderungen ergibt.
- Klageschrift vom [...] [*Datum*], aus welcher sich durch Bezugnahme des Urteils auf diese die Rechtsnatur der Forderungen als solche in der Rangklasse des § 10 Abs. 1 Nr. 2 ZVG ergibt.

Zum Nachweis, dass der Gesamtbetrag der Forderung drei vom Hundert des Einheitswertes des zu versteigernden Wohnungseigentums übersteigt, wird auf § 54 Abs. 1 S. 4 GKG sowie auf die Rechtsprechung des BGH vom 17.4.2008 – V ZB 14/08, Rpfleger 2008, 375 verwiesen.

Rechtsanwalt ◄

c) Zwangsversteigerung bei Verurteilung zur Veräußerung nach § 19 Abs. 1 WEG

142   Im Verfahren zur Entziehung des Wohnungseigentums nach den §§ 18 ff WEG erfolgt die zwangsweise Veräußerung nach § 19 WEG durch Zwangsversteigerung auf Antrag der Eigentümergemeinschaft nach entsprechender Verurteilung des Miteigentümers.[145] Die Versteigerung soll aus der Rangklasse des § 10 Abs. 1 Nr. 5 ZVG erfolgen.[146]

143   Notwendiger Vollstreckungstitel der Zwangsversteigerung ist das Urteil, in welchem der Wohnungseigentümer zur Veräußerung seines Wohnungseigentums verurteilt worden ist (§ 43 Nr. 2 WEG).[147] Das Urteil ergeht aufgrund wirksamer Beschlussfassung nach § 18 Abs. 3 WEG.[148] Für die Versteigerung nach § 19 WEG genügt die vorläufige Vollstreckbarkeit des Urteils (§§ 708 ff ZPO),[149] damit der störende Wohnungseigentümer nicht durch Rechtsmittel das Verfahren vereiteln kann. Zu bedenken sind freilich wie bei jeder vorläufigen Vollstreckung mögliche Schadensersatzansprüche nach § 717 Abs. 2 ZPO.

5. Anordnung der Zwangsversteigerung und ihre Wirkungen

a) Anordnung durch das Vollstreckungsgericht

144   Die Zwangsversteigerung wird durch Beschluss angeordnet (§ 20 Abs. 1 ZVG). Hierin ist das betroffene Grundstück mit Eigentümer genau zu bezeichnen, ebenso der Anspruch, dessentwegen die Zwangsversteigerung erfolgt mit Angabe der Rangklasse, aus welcher der Gläubiger die Versteigerung betreibt.[150] Der Schuldner wird vor Erlass des Beschlusses nicht gehört, ihm wird der Anordnungsbeschluss zugestellt (§ 22 Abs. 1 ZVG). Er kann gegen eine fehlerhafte

---

145   Zur früheren Zuweisung an den Notar: Staudinger/*Kreuzer*, Neubearb. 2006, § 53 WEG Rn 3 ff
146   BT-Drucks. 16/887, S. 26.
147   NK-BGB/*Heinemann*, § 43 WEG Rn 6.
148   NK-BGB/*Heinemann*, § 18 WEG Rn 16.
149   Palandt/*Bassenge*, § 19 WEG Rn 1; anders wohl NK-BGB/*Heinemann*, § 19 WEG Rn 1.
150   Stöber, ZVG-Handbuch, Rn 116.

Zwangsvollstreckung die entsprechenden Rechtsbehelfe ergreifen (§§ 766, 767 ZPO) oder eine Einstellung des Verfahrens nach § 30 a ZVG beantragen.

Die Anordnung der Zwangsversteigerung wird dem zuständigen Grundbuchamt mit dem Ersuchen um Eintragung des Zwangsversteigerungsvermerks mitgeteilt (§ 19 ZVG). Die Eintragung des Zwangsversteigerungsvermerks in das Grundbuch hat entscheidende Bedeutung, insbesondere müssen Gläubiger ihre Rechte und Ansprüche stets anmelden, wenn sie im Zeitpunkt der Eintragung des Vermerks aus dem Grundbuch nicht ersichtlich waren (§§ 37 Nr. 4, 45 Abs. 1 ZVG).

b) Beschlagnahme des Zwangsversteigerungsobjekts mit Zubehör

Mit der Anordnung der Zwangsversteigerung wird das Grundstück zugunsten des Gläubigers beschlagnahmt (§ 20 Abs. 1 ZVG). Die Beschlagnahme wird nach den in § 22 Abs. 1 ZVG genannten alternativen Zeitpunkten wirksam.[151] Die Beschlagnahme umfasst das Grundstück mit seinen wesentlichen Bestandteilen. Die Beschlagnahme umfasst auch Zubehör (§ 97 BGB), soweit es im Eigentum des Grundstückseigentümers steht (§ 20 Abs. 2 ZVG, § 1120 BGB). Dies gilt auch bei der Versteigerung zugunsten eines persönlich betreibenden Gläubigers.

Bei der Versteigerung von Wohnungs- und Teileigentum umfasst die Beschlagnahme auch wirksam begründete Sondernutzungsrechte; auf das gemeinschaftliche Vermögen der Eigentümergemeinschaft erstreckt sie sich nicht.[152] Soweit sich bei Anordnung und Beschlagnahme der Zwangsversteigerung herausstellt, dass die tatsächliche Bauausführung erheblich von der Teilungserklärung und dem Aufteilungsplan abweicht – oft bemerkt dies der nach § 74 a Abs. 5 ZVG bestellte Sachverständige –, ist im Zweifel kein Sondereigentum entstanden, sondern isoliertes Miteigentum am Grundstück.[153] Es ist dann dieser isolierte Miteigentumsanteil Gegenstand der Versteigerung.

Die Beschlagnahme hat die Wirkung eines Veräußerungsverbots (§ 23 Abs. 1 S. 1 ZVG iVm §§ 135, 136 BGB). Entgegenstehende Verfügungen des Schuldners sind dem Anordnungs- oder auch dem Beitrittsgläubiger, zu dessen Gunsten vorher die Beschlagnahme mit § 27 ZVG wirkte, gegenüber unwirksam.[154] Ein vom Eigentümer nach Beschlagnahme bestelltes Recht am Grundstück geht dem betreibenden Gläubiger im Range nach (§ 10 Abs. 1 Nr. 6 ZVG). Ein wirksamer Rechtserwerb kann gleichwohl über § 878 BGB oder § 892 Abs. 1 S. 2 BGB erfolgen, soweit im letzteren Fall der Zwangsversteigerungsvermerk nicht im Grundbuch eingetragen war.[155]

Veräußert der Schuldner nach Beschlagnahme das Grundstück, kann für den dinglichen Gläubiger das Verfahren ohne Änderung fortgeführt werden, denn sein Anspruch ist durch ein im Grundbuch eingetragenes Grundpfandrecht gesichert und wirkt auch gegen den neuen Eigentümer (§ 26 ZVG).[156] Gegenüber dem persönlich betreibenden Gläubiger ist der Eigentumswechsel wegen § 23 ZVG iVm §§ 135, 136 BGB grundsätzlich ebenfalls unwirksam. Seinen

145

146

147

148

149

---

151 Eingehend: Stöber, § 22 ZVG Rn 2.1 ff; mit zahlreichen Beispielen: Hock/Mayer/Hilbert/Deimann, Immobiliarvollstreckung, Rn 92 ff; Morvilius in: Dierck/Morvilius/Vollkommer, Handbuch des Zwangsvollstreckungsrecht, Rn 121 ff, 132.
152 Stöber, § 15 ZVG Rn 45.3.
153 BGHZ 130, 159; BGH NJW 2004, 1798 = Rpfleger 2004, 207; eingehend hierzu Schöner/Stöber, Grundbuchrecht, Rn 2875 ff
154 Stöber, § 23 ZVG Rn 2.1 ff
155 Allgemein: Steiner/Hagemann, § 10 ZVG Rn 154 ff; eingehend: Steiner/Teufel, ZVG, § 23 Rn 22 ff; Stöber, § 23 ZVG Rn 2.3, 4.
156 Steiner/Teufel, § 26 ZVG Rn 17; Stöber, § 26 ZVG Rn 2.1 ff

wirksamen Rechtserwerb (§§ 878, 892 BGB) muss der Erwerber mit einer Klage nach § 771 ZPO geltend machen.[157]

6. Einstweilige Einstellung oder Aufhebung des Verfahrens

150   Nicht zwingend muss die Anordnung der Zwangsversteigerung auch zur Versteigerung des Grundstücks führen. Häufig wird das Verfahren von Gläubigern auch als Druckmittel genutzt. Die Anordnung der Zwangsversteigerung ist insbesondere auch für Forderungen von geringer Höhe zulässig.[158] Häufig ist das Zwangsversteigerungsverfahren auch Auslöser für eine freihändige Veräußerung des Grundstücks durch den Schuldner.

151   Wegen der besonderen Bedeutung des Grundeigentums bedarf im Zwangsversteigerungsverfahren der Schuldner auch besonderes Schutzes vor voreiliger Versteigerung des Grundstücks. Hierfür beinhalten die §§ 30 a ff ZVG einen besonderen Schuldnerschutz. Darüber hinaus kann der betreibende Gläubiger durch Bewilligung der Einstellung des Verfahrens nach § 30 ZVG dessen Fortgang steuern. Wird das Verfahren von mehreren Gläubigern betrieben, gilt § 30 ZVG für den Anordnungs- und jeden Beitrittsgläubiger gesondert.

152   Unabhängig von den Einstellungsmöglichkeiten der §§ 30, 30 a ZVG kann das Zwangsversteigerungsverfahren als Vollstreckungsmaßnahme durch das **Prozessgericht** nach den §§ 707, 719, 769 ZPO eingestellt werden. Der Einstellungsbeschluss ist Vollstreckungshindernis nach § 775 Nr. 2 ZPO und setzt die Einlegung eines zulässigen Rechtsbehelfs, Rechtsmittels oder Klage gegen die Vollstreckung voraus.[159]

153   Die **Insolvenz** des Grundstückseigentümers kann die Zwangsversteigerung wesentlich beeinflussen.[160] Wesentlich ist zu unterscheiden, ob der betreibende Gläubiger dinglicher Gläubiger nach § 10 Abs. 1 Nr. 4 ZVG oder persönlicher Gläubiger ist. Fällt die Beschlagnahme des persönlich betreibenden Gläubigers in den Zeitraum der Rückschlagsperre des § 88 InsO, ist das Verfahren aufzuheben. Ist die Beschlagnahme des persönlich betreibenden Gläubigers auch unter dem Gesichtspunkt der Insolvenzanfechtung nach den §§ 129, 131 InsO insolvenzfest, ist auch er Absonderungsberechtigter nach § 49 InsO, das Zwangsversteigerungsverfahren wird unverändert fortgeführt.[161] Der dinglich betreibende Gläubiger ist bereits durch das Grundpfandrecht absonderungsberechtigt. Nach Insolvenzeröffnung kann nach § 89 Abs. 1 InsO durch einen persönlich betreibenden Gläubigers keine Zwangsversteigerung angeordnet und kein Beitritt zugelassen werden. Im Übrigen kann ein Verfahren unter den Voraussetzungen des § 30 d ZVG einstweilen eingestellt werden.[162]

a) Einstellung auf Bewilligung des Gläubigers nach § 30 ZVG

154   Nach § 30 ZVG kann der Gläubiger in jedem Stadium die Einstellung des Verfahrens bewilligen. Das Gericht hat dem ohne sachliche Prüfung zu entsprechen. Das kann zur Folge haben, dass ein anberaumter Versteigerungstermin aufgehoben werden muss (§ 30 Abs. 2 ZVG) oder bei Einstellung nach dem Schluss der Versteigerung der Zuschlag zu versagen ist (§ 33 ZVG). Die einstweilige Einstellung kann dem Gläubiger nur zweimal gewährt werden. Die dritte Ein-

---

157   Steiner/*Teufel*, § 26 ZVG Rn 14, 15, 16.
158   Allgemein: Stöber, ZVG, Einl. Rn 48.
159   Stöber, ZVG-Handbuch, Rn 191 ff; eingehend: Keller in: Berger, Einstweiliger Rechtsschutz im Zivilrecht, Kap. 15 Rn 29 ff, 56 ff
160   Eingehend: Morvilius in: Dierck/Morvilius/Vollkommer, Handbuch des Zwangsvollstreckungsrecht, Rn 22 ff; Keller, Insolvenzrecht, Rn 1102 ff
161   Keller, Insolvenzrecht, Rn 1104; allgemein: Stöber, § 15 ZVG Rn 23.
162   Eingehend: Stöber, § 30 d ZVG Rn 2; Keller, Insolvenzrecht, Rn 1106 ff

stellungsbewilligung bewirkt die Aufhebung des Zwangsversteigerungsverfahrens, der Antrag des Gläubigers gilt als zurückgenommen (§ 30 Abs. 1 S. 2 ZVG).

Das eingestellte Verfahren wird nur auf Antrag des Gläubigers fortgesetzt (§ 31 Abs. 1 ZVG). **155** Ruht das Verfahren länger als sechs Monate, wird es von Amts wegen aufgehoben (§ 31 Abs. 1 S. 2 ZVG).

b) Einstellung auf Antrag des Schuldners nach § 30 a ZVG

Nach Anordnung der Zwangsversteigerung kann der Schuldner innerhalb von zwei Wochen **156** nach Zustellung des Anordnungsbeschlusses die einstweilige Einstellung des Verfahrens beantragen (§ 30 b Abs. 1 ZVG). Die Einstellung setzt voraus, dass eine Zwangsversteigerung des Grundstücks auf Dauer vermieden werden kann (§ 30 a ZVG).[163]

Wesentlich muss die Aussicht bestehen, dass durch die Einstellung die Versteigerung des Grund- **157** stücks vermieden werden kann. Die Einstellung muss nach den persönlichen und wirtschaftlichen Verhältnissen des Schuldners und unter Berücksichtigung der Art der Schuld der Billigkeit entsprechen. Beispielsweise kann eine Einstellung möglich sein, wenn der Schuldner durch bevorstehende Umschuldung in der Lage sein wird, die Forderung des Gläubigers zu tilgen, oder wenn er nur eine vorübergehende Zahlungsstockung nachweist. Die allgemein schlechte wirtschaftliche Situation des Schuldners kann kein Einstellungsgrund sein. Bei der Entscheidung über die einstweilige Einstellung hat das Gericht auch die Belange des Gläubigers zu würdigen (§ 30 a Abs. 2 ZVG). Beispielsweise kann eine Einstellung erhebliche Nachteile bringen. Besonders ist zu berücksichtigen, dass möglicherweise in einem späteren Versteigerungstermin ein wesentlich geringerer Erlös erzielt wird.[164] Insgesamt soll § 30 a ZVG eine Zwangsversteigerung auf Dauer vermeiden und nicht ein ohnehin notwendiges Verfahren nur verzögern.

Das Gericht kann die Einstellung für längstens sechs Monate anordnen (§ 30 a Abs. 1 ZVG). **158** Es kann die Einstellung von Zahlungen des Schuldners oder sonstigen Auflagen abhängig machen (§ 30 a Abs. 3, 4, 5 ZVG).[165] Eine Einstellung auf Antrag des Schuldners nach § 30 a ZVG kann zweimal erfolgen (§ 30 d ZVG). Der Schuldner kann sich dann auch nicht mehr auf § 765 a ZPO berufen.

▶ **Muster: Antrag auf einstweilige Einstellung der Zwangsversteigerung nach § 30 a ZVG** **159**

An das Amtsgericht [...]

– Vollstreckungsgericht –

In der Zwangsvollstreckungssache

des [...] [*Bezeichnung entsprechend Vollstreckungstitel*]

– Gläubiger –

gegen

[...] [*Name entsprechend Vollstreckungstitel*]

– Schuldner –

Az: [...]

---

163 Eingehend: Steiner/*Storz*, § 30 a ZVG Rn 35 ff; Stöber, ZVG, § 30 a Rn 3.1 ff
164 Einzelfälle bei Steiner/*Storz*, § 30 a ZVG Rn 35, 38 ff; Stöber, § 30 a ZVG Rn 3.3, 5.2.
165 Eingehend: Steiner/*Storz*, § 30 a ZVG Rn 51 ff; Stöber, § 30 a ZVG Rn 6.1 ff

zeige ich die anwaltliche Vertretung des Schuldners an und beantrage die

einstweilige Einstellung des Verfahrens gemäß § 30 a ZVG für die Dauer von sechs Monaten ohne Auflagen.

Begründung:

Der Gläubiger betreibt die Zwangsversteigerung aus der im Grundbuch eingetragenen Grundschuld Abt. III Nr. 1; diese sichert eine Forderung in Höhe von [...] €. Wegen eingetretener Arbeitslosigkeit konnte mein Mandant die fälligen Zins- und Tilgungsleistungen für die vergangenen neun Monate nicht erbringen. Bemühungen mit dem Gläubiger über eine Stundung scheiterten. Mein Mandant steht mit der D-Bank in Verhandlung über eine Umschuldung. Durch diese wird es ihm möglich sein, die gesicherte Forderung des Gläubigers vollständig zu befriedigen. Die Beschaffung der notwendigen Darlehensunterlagen und die Auszahlung der Darlehenssumme werden noch einige Zeit in Anspruch nehmen, Letzteres wird jedoch seitens der D-Bank konkret in Aussicht gestellt. Nach der Art der Schuld und nach den persönlichen und wirtschaftlichen Verhältnissen des Schuldners entspricht die Einstellung der Billigkeit. Durch sie kann die Versteigerung auf Dauer vermieden werden.

Anlagen: Schreiben der D-Bank, in welchem sie die Gewährung eines Umschuldungsdarlehens konkret in Aussicht stellt.

Rechtsanwalt ◄

c) Sittenwidrige Zwangsvollstreckung nach § 765 a ZPO

160　Einen besonderen Schutz stellt der Vollstreckungsschutz nach § 765 a ZPO dar. Durch diese Vorschrift soll besonderen Umständen Rechnung getragen werden, ohne dass die Vollstreckung an einem verfahrens- oder materiellrechtlichen Mangel leidet. Zweck der Norm ist der Schuldnerschutz zur Milderung einer untragbaren, dem allgemeinen Rechtsgefühl widersprechenden Härte.[166] Der Antrag auf Vollstreckungsschutz ist begründet, wenn die Zwangsvollstreckung für den Schuldner wegen ganz besonderer Umstände unter voller Würdigung der Belange des Gläubigers eine sittenwidrige Härte darstellt. Der besondere Vollstreckungsschutz des § 765 a ZPO findet bei jeder Zwangsvollstreckung, insbesondere in der Zwangsversteigerung, Anwendung.[167]

161　Die Anwendung des § 765 a ZPO kann zu einer einstweiligen Einstellung des Verfahrens oder auch zur Aufhebung des Verfahrens führen.[168] In Betracht kommen vor allem die Fälle ernsthafter gesundheitliche Beeinträchtigung des Schuldners, insbesondere die Gefahr starker psychischer Störungen oder der Selbsttötung.

162　§ 765 a ZPO fordert für den konkreten Fall ganz besondere Umstände, nach welchen die Zwangsvollstreckung mit dem guten Sitten nicht zu vereinbaren ist.[169] Hierbei sind die schutzwürdigen Belange des Gläubigers an der Zwangsvollstreckung voll zu würdigen.[170] Allgemeine Erwägungen oder Interessenabwägungen rechtfertigen eine Anwendung des § 765 a ZPO nicht.[171] Die Härten, die eine Zwangsvollstreckung als solche mit sich bringt, muss der Schuld-

---

166　Stein/Jonas/*Münzberg*, § 765 a ZPO Rn 5.
167　BVerfGE 49, 220; BGHZ 44, 138; Stöber, ZVG, Einl. Rn 52.2; zur Teilungsversteigerung: Stöber, Rpfleger 1960, 237; Teufel, Rpfleger 1976, 86; zur Zwangsverwaltung: Stöber, ZVG, Einl. Rn 52.3.
168　Stöber, ZVG, Einl. Rn 56.3.
169　Die Voraussetzungen sind eng auszulegen: BGHZ 44, 138, 143.
170　Ausdrücklich: Stein/Jonas/*Münzberg*, § 765 a ZPO Rn 7.
171　BGH Rpfleger 2003, 604; 2004, 302; 2004, 722; 2006, 147; 2006, 149.

ner hinnehmen.[172] Im Falle der Zwangsversteigerung betrifft dies auch die Räumung nach Erteilung des Zuschlags. Gleiches trifft ihn auch in der Folge eines freihändigen Verkaufs der Immobilie zur Schuldentilgung.[173] Auch ist es dem Vollstreckungsgläubiger nicht zuzumuten, die Aufgaben des Sozialbehörden wahrzunehmen.[174]

Sittenwidrige Härte kann vorliegen, wenn die Zwangsvollstreckung für den Gläubiger völlig   163
sinnlos ist und sie dem Schuldner nur schadet.[175] Betreibt der Gläubiger die Zwangsvollstreckung an **aussichtsloser Rangstelle**, kann ein Fall des § 765 a ZPO gegeben sein.[176] Dabei ist aber zu bedenken, dass die Anordnung der Zwangsversteigerung gegenüber dem Schuldner eine zulässige Drucksituation herstellt, die ihn zur Zahlung gegenüber dem Gläubiger bewegen kann. Auch sind Änderungen der Befriedigungsreihenfolge denkbar.[177] Daher ist die Anordnung der Zwangsversteigerung wegen einer geringen Forderung nicht sittenwidrig.[178] Hat der Gläubiger nicht ansatzweise eine Zuteilung aus dem Versteigerungserlös zu erwarten, soll § 765 a ZPO aber anwendbar sein.[179]

Die Verschleuderung des Grundbesitzes durch Zuschlagserteilung an ein **unverhältnismäßig**   164
geringes Meistgebot ist nur ganz ausnahmsweise als sittenwidrig anzusehen, es kommt stets auf die Umstände des Einzelfalls an.[180] Die Erteilung des Zuschlags an ein **unangemessen niedriges Meistgebot** ist auch nur dann sittenwidrig, wenn zum Zeitpunkt der Erteilung des Zuschlags konkrete Umstände vorliegen, die mit Wahrscheinlichkeit ein wesentlich höheres Gebot in einem späteren Termin erwarten lassen.[181] In jedem Fall sollte der Zuschlag in einem besonderen Termin verkündet werden (§ 87 ZVG), um dem Schuldner Gelegenheit zu geben, § 765 a ZPO zu prüfen.[182]

Ein häufiger Fall des § 765 a ZPO in der Immobiliarvollstreckung ist die **ernsthafte Suizidge-**   165
fahr des Schuldners.[183] Dies ist durch ärztliche Gutachten nachzuweisen. Dabei hat der Schuldner selbst die Pflicht, konkrete gesundheitliche Beeinträchtigungen durch geeignete Maßnahmen abzuwehren.[184] Er kann insbesondere aufgefordert sein, sich freiwillig einer stationären psychiatrischen Behandlung zu unterziehen.[185]

Im Versteigerungsverfahren kann der Schuldner die Einstellung oder Aufhebung des Verfahrens   166
nach § 765 a ZPO grundsätzlich **bis zur Erteilung des Zuschlags** beantragen. Erteilt das Gericht trotzdem den Zuschlag und führt es somit das Verfahren fort, wird der Antrag damit abgewie-

---

172 Stöber, ZVG, Einl. Rn 54.2.
173 Stöber, ZVG, Einl. Rn 54.2.
174 Brox/Walker, Zwangsvollstreckungsrecht, Rn 1483.
175 LG Lüneburg MDR 1976, 1027; Stöber, ZVG, Einl. Rn 54.4.
176 Stöber, ZVG, Einl. Rn 55.2.
177 LG Freiburg Rpfleger 1989, 470; anders: LG Oldenburg Rpfleger 1982, 303; LG Augsburg Rpfleger 1986, 146; LG Düsseldorf Rpfleger 1987, 210; LG Bielefeld Rpfleger 1987, 424; zur zwecklosen Zwangsversteigerung eingehend Wieser, Rpfleger 1985, 96.
178 BGH Rpfleger 2004, 722; Stöber, ZVG, Einl. Rn 48.4; ferner zulassend: LG Bochum Rpfleger 1994, 117; ablehnend bei Zinsen, die zwischen Überweisung und Gutschrift entstanden sind: OLG Düsseldorf NJW 1980, 1171.
179 OLG Düsseldorf Rpfleger 1989, 470 (im Sachverhalt der Entscheidung betrug das geringste Gebot zusammen 181 Prozent des Verkehrswerts der zu versteigernden Eigentumswohnung).
180 Grundlegend: BGHZ 44, 138; teilweise aufgegeben durch BGH Rpfleger 2006, 147; Stöber, ZVG, Einl. Rn 54.3; zur Grundstücksverschleuderung: OLG Düsseldorf Rpfleger 1989, 36 m. Anm. Meyer-Stolte; Stöber, ZVG, Einl. Rn 55.3 mwN; sehr weitgehend: LG Neubrandenburg Rpfleger 2005, 42 m. Anm. Alff.
181 So BGH Rpfleger 2003, 604; OLG Hamm NJW 1976, 1754; OLG Frankfurt Rpfleger 1979, 391; OLG Celle ZIP 1981, 1005,1006; OLG Koblenz JurBüro 1986, 1587.
182 BGH ZfIR 2005, 295 m. Anm. Dümig.
183 BVerfGE 52, 214; BVerfG NJW 1994, 1720; umfangreiche Nachweise bei Stein/Jonas/*Münzberg*, § 765 a ZPO Rn 5 Fn 25 und Rn 6 Fn 40.
184 BVerfG NJW 2004, 49; BGH Rpfleger 2005, 454; 2006, 147.
185 BGH Rpfleger 2006, 147, Begr. II 2. a dritter Absatz.

sen; der Zuschlagsbeschluss hat die Abweisung zu begründen.[186] Mit der Zuschlagsbeschwerde kann der Schuldner aber auch neue Tatsachen zu § 765 a ZPO vorbringen, wenn sie sich erst nach Verkündung des Zuschlagsbeschlusses aufgrund neuer Umstände ergeben.[187] Einen ganz besonderen Fall betrifft die Situation, dass der **Schuldner wegen psychischer Erkrankung prozessunfähig** ist und es insoweit an einer von Amts wegen zu prüfenden allgemeinen Prozessvoraussetzung fehlt.[188] Hier könnte der Zuschlagsbeschluss unter den Voraussetzungen der §§ 569 Abs. 1 S. 3 ZPO, 579 Abs. 1 Nr. 4 und 586 Abs. 3 ZPO auch mit Nichtigkeitsbeschwerde angefochten werden.[189]

7. Versteigerung des Objekts

a) Festsetzung des Verkehrswerts des Grundstücks

167   Der Verkehrswert des Zwangsversteigerungsobjekts wird vom Vollstreckungsgericht von Amts wegen festgesetzt (§ 74 a Abs. 5 ZVG). Der Wert wird regelmäßig mit Hilfe eines Sachverständigen ermittelt (§ 74 a Abs. 5 S. 1 ZVG). Der Beschluss ist selbständig mit sofortiger Beschwerde anfechtbar (§ 74 a Abs. 5 S. 3 ZVG).[190] Der Verkehrswert hat Bedeutung für die Ermittlung der sog. 5/10- und 7/10-Grenze bei der Entscheidung über die Erteilung des Zuschlags nach den §§ 85 a, 74 a ZVG. Er ist Maßstab bei der Verteilung von Gesamtrechten nach § 64 ZVG oder der Verteilung des Erlöses bei Gesamtausgebot nach § 112 ZVG. Er ist nicht zuletzt Grundlage der Kostenberechnung des Gerichts (§ 29 GKG).

b) Festsetzung des Versteigerungstermins

168   Das Gericht setzt von Amts wegen den Versteigerungstermin fest (§§ 35, 36 Abs. 1 ZVG). Voraussetzung ist, dass über Schuldneranträge nach § 30 a ZVG rechtskräftig entschieden ist (§ 30 b Abs. 4 ZVG). Der Verkehrswert muss nicht rechtskräftig festgesetzt sein, zumeist wird aber auch die Rechtskraft des Beschlusses nach § 74 a Abs. 5 ZVG abgewartet. Die Terminbestimmung muss die nach den §§ 37, 38 ZVG notwendigen Angaben enthalten und öffentlich bekannt gemacht werden.

169   Bei der Terminbestimmung ist das zu versteigernde Grundstück mit seiner grundbuchmäßigen Bezeichnung entsprechend § 28 GBO anzugeben. Zeit und Ort der Versteigerung sind anzugeben. Besonders hervorzuheben sind die Aufforderungen nach § 37 Nr. 4, 5 ZVG:

- Rechte, die im Zeitpunkt der Eintragung des Versteigerungsvermerks nicht aus dem Grundbuch ersichtlich waren, müssen spätestens im Versteigerungstermin vor der Aufforderung zur Abgabe von Geboten angemeldet werden (§ 37 Nr. 4 ZVG). Andernfalls können sie nur nachrangig nach allen anderen Rechten berücksichtigt werden (§ 110 ZVG).

- Rechte, die der Zwangsversteigerung entgegenstehen können, sind bis zur Erteilung des Zuschlags geltend zu machen (§ 37 Nr. 5 ZVG). Die Vorschrift ist insbesondere für den Eigentümer von Zubehörstücken bedeutsam. Zubehör, das nicht im Eigentum des Schuldners steht, wird zwar von der Beschlagnahme nach § 20 Abs. 2 ZVG, § 1120 BGB nicht erfasst,

---

186 BGHZ 44, 138.
187 BGH Rpfleger 2006, 147; BGH, Beschl. v. 5.11.2004 – IXa ZB 76/04 (n.v.).
188 BGH, Beschl. v. 5.11.2004 – IXa ZB 76/04 (n.v.).
189 Dazu auch Stöber, § 96 ZVG Rn 3.7.
190 Zur nachträglichen Änderung der Verkehrswertfestsetzung BGH NJW-RR 2004, 302 = Rpfleger 2004, 172 = ZfIR 2004, 167; Steiner/*Storz*, § 74 a ZVG Rn 110 ff; Stöber, § 74 a ZVG Rn 7.20; Dassler/Schiffhauer/Hintzen/Engels/Rellermeyer/*Hintzen*, § 74 a ZVG Rn 60.

wenn es sich aber im Zeitpunkt der Versteigerung noch auf dem Grundstück im Besitz des Schuldners befindet, wird es dennoch mitversteigert (§ 55 Abs. 2 ZVG).[191]

Die Terminbestimmung muss öffentlich bekannt gemacht werden (§ 39 Abs. 1 ZVG). Das Gericht kann andere und weitere Veröffentlichungen, beispielsweise in einschlägigen Branchenblättern anordnen (§ 40 Abs. 2 ZVG). Die Terminbestimmung muss allen Beteiligten zugestellt werden, damit sie sich auf diese einstellen können (§§ 41, 43 ZVG). Der Schuldner muss wissen, wegen welchen Anspruchs die Versteigerung erfolgt. Gläubiger müssen Gelegenheit haben, ihre Ansprüche zu berechnen und bei Gericht anzumelden.   170

c) Feststellung des geringsten Gebots
aa) Deckungsgrundsatz und Übernahmegrundsatz

Das geringste Gebot selbst ist für den Bieter und potenziellen Ersteher des Grundstücks von   171 überragender Bedeutung. Es ist der gesetzlich festgelegte Mindestkaufpreis, der geboten werden muss, um den Zuschlag zu erhalten. Gebote, die das geringste Gebot nicht decken, sind vom Gericht im Versteigerungstermin zurückzuweisen (§§ 44 Abs. 1, 49 Abs. 1, 71 Abs. 1 ZVG). Die §§ 44 ff ZVG regeln neben dem geringsten Gebot als Mindestkaufpreis den Umfang des Versteigerungsgegenstands mit Zubehör (§ 55 ZVG), den Zeitpunkt des Gefahrübergangs (§ 56 ZVG) und die Auswirkungen der Versteigerung auf Mieter des Grundstücks (§§ 57 ff ZVG).

Das sog. geringste Gebot ist von **zwei Prinzipien** geprägt, denen die Rangfolge des § 10 Abs. 1   172 ZVG zugrunde liegt. Grundsatz ist, dass durch die Versteigerung diejenigen Rechte nicht beeinträchtigt werden dürfen, die dem betreibenden Gläubiger im Range vorgehen (§ 44 Abs. 1 ZVG). Daher ist ein solches Recht als bestehen bleibend zu berücksichtigen und vom Ersteher zu übernehmen (§ 52 Abs. 1 S. 1 ZVG). Hieraus folgen der Deckungsgrundsatz und der Übernahmegrundsatz:[192]

- **Deckungsgrundsatz**: Alle dem betreibenden Gläubiger im Range vorgehenden Gläubiger müssen mit ihren wiederkehrenden Leistungen durch das bare Gebot des Erstehers gedeckt sein.

- **Übernahmegrundsatz**: Die vorrangigen im Grundbuch eingetragenen Rechte bleiben mit ihrem Kapitalbetrag bestehen und müssen vom Ersteher übernommen werden.

Das geringste Gebot als Mindestpreis des Grundstücks besteht damit aus dem bestehen blei-   173 benden Teil und dem bar zu zahlenden Teil:

- In den **bestehen bleibenden Teil** sind die dem betreibenden Gläubiger im Range vorgehenden Grundstücksrechte aufzunehmen; sie bleiben bei der Versteigerung bestehen und sind vom Ersteher zu übernehmen (§ 52 Abs. 1 ZVG). Bei Grundpfandrechten ist der eingetragene Kapitalbetrag entscheidend; bei der Grundschuld kommt es nicht auf den valutierten Betrag der Forderung an.[193] Das Recht des betreibenden Gläubigers selbst sowie nachrangige Rechte erlöschen durch den Zuschlag und werden aus dem Erlös befriedigt.

- Der **bar zu zahlende Teil** besteht aus den gerichtlichen Kosten des Verfahrens und den wiederkehrenden Beträgen der vorrangigen Gläubiger (§ 49 Abs. 1 ZVG). Das sind insbesondere

---

191 Lesenswert: Stöber, § 55 ZVG Rn 3.2 ff
192 Steiner/*Eickmann*, § 44 ZVG Rn 6 ff; Stöber, § 44 ZVG Rn 4.1 ff; Böttcher, §§ 44, 45 ZVG Rn 2 ff, mit Beispiel in Rn 74; eingehend: Stöber, ZVG-Handbuch, Rn 239 ff; Eickmann, Zwangsversteigerungs- und Zwangsverwaltungsverfahren, § 10; Morvilius in: Dierck/Morvilius/Vollkommer, Handbuch des Zwangsvollstreckungsrecht, Rn 230 ff; mit zahlreichen Beispielen: Hock/Mayer/Hilbert/Deimann, Immobiliarvollstreckung, Rn 340 ff, Fallbeispiel 1104.
193 Steiner/*Eickmann*, § 44 ZVG Rn 109; Stöber, § 44 ZVG Rn 5.24; Böttcher, §§ 44, 45 ZVG Rn 65.

Beträge aus öffentlichen Lasten (§ 10 Abs. 1 Nr. 3 ZVG) und wiederkehrende Leistungen vorgehender Gläubiger aus § 10 Abs. 1 Nr. 4 ZVG.[194]

Bei Versteigerung und Gebotsabgabe wird nur das sog. Bargebot abgegeben (§ 49 Abs. 1 ZVG). Der Ersteher muss die zu übernehmenden bestehen bleibenden Rechte in seine Berechnung einbeziehen.

bb) Anmeldung vorrangiger Ansprüche

174   Zur Berücksichtigung der wiederkehrenden Leistungen vorrangiger Rechte im geringsten Gebot bedarf es einer Anmeldung des betreffenden Berechtigten spätestens bis zur Aufforderung zur Abgabe von Geboten im Versteigerungstermin (§ 37 Abs. 1 Nr. 4 ZVG). Die Anmeldung hat schriftlich zu erfolgen. Eine Glaubhaftmachung der angemeldeten Ansprüche ist nach § 45 Abs. 1 ZVG nur erforderlich, wenn ein betreibender Gläubiger widerspricht. Die anzumeldenden wiederkehrenden Leistungen müssen daher nicht tituliert sein. Dem liegt die Überlegung zugrunde, dass mit Ausnahme der in der Versteigerungspraxis relevanten Ansprüche nach § 10 Abs. 1 Nr. 2 und 3 ZVG die dem betreibenden Gläubiger vorgehenden Rechte aus dem Grundbuch ersichtlich sind und insoweit keines Nachweises bedürfen.

175   Die laufenden Leistungen der vorrangigen Gläubiger werden bis zum Tag des Zuschlags aus dem Erlös befriedigt; mit dem Zuschlag wird der Ersteher Eigentümer des Grundstücks und hat die Lasten zu tragen (§ 56 S. 2 ZVG). Rechnerisch werden bei Bildung des geringsten Gebots zum Versteigerungstermin nach § 47 ZVG die laufenden Leistungen bis zwei Wochen über den Versteigerungstermin hinaus berechnet.

cc) Anmeldung und Glaubhaftmachung vorrangiger Ansprüche nach § 10 Abs. 1 Nr. 2 ZVG

176   Für die Anmeldung vorrangiger Ansprüche auf Zahlung rückständigen Hausgeldes aus § 10 Abs. 1 Nr. 2 ZVG gilt § 45 Abs. 3 ZVG. Dieser bestimmt eine Ausnahme von Absatz 1 der Vorschrift, Ansprüche der Wohnungseigentümergemeinschaft sind grundsätzlich glaubhaft zu machen.[195] Die Glaubhaftmachung hat entweder durch Vorlage eines entsprechenden Vollstreckungstitels, der die Qualifikation der Ansprüche als Hausgeld ausweisen muss, zu erfolgen oder durch Vorlage der Beschlüsse der Wohnungseigentümergemeinschaft, aus welchen sich die Zahlungspflicht ergibt.[196] Für die Beschlüsse gilt die Formvorschrift des § 24 Abs. 6 WEG, eine öffentliche Beglaubigung der Unterschriften kann nicht gefordert werden.[197] Aus der Anmeldung müssen sich Zahlungspflicht, Art, Bezugszeitraum und Fälligkeit des Anspruchs ergeben.

177   Werden in einem anhängigen Verfahren die Ansprüche als vorrangige angemeldet (§ 45 Abs. 3 ZVG), kann wegen der Berücksichtigung der laufenden wiederkehrenden Leistungen im geringsten Gebot dies dazu führen, dass das Gericht eine Kappung der Ansprüche vornehmen muss. Bis zu einem späten Versteigerungstermin fallen nämlich ständig neu zu berücksichtigende Hausgelder an; sie können aber insgesamt nur bis fünf vom Hundert im geringsten Gebot berücksichtigt werden (§ 10 Abs. 1 Nr. 2 S. 2 ZVG).

---

194   Übersichten bei Steiner/*Eickmann*, § 49 ZVG Rn 2; Stöber, ZVG-Handbuch, Rn 239 ff
195   Dassler/Schiffhauer/Hintzen/Engels/Rellermeyer/*Hintzen*, § 45 ZVG Rn 18; Böhringer/Hintzen Rpfleger 2007, 353, 359.
196   Stöber, ZVG-Handbuch, Rn 399 e.
197   Dassler/Schiffhauer/Hintzen/Engels/Rellermeyer/*Hintzen*, § 45 ZVG Rn 19.

▶ **Muster: Anmeldung rückständiger Hausgeldforderungen zur Versteigerung** 178

An das Amtsgericht [...]

– Vollstreckungsgericht –

In der Zwangsvollstreckungssache

des [...] *[Bezeichnung entsprechend Vollstreckungstitel]*

– Gläubiger –

gegen

[...] *[Name entsprechend Vollstreckungstitel]*

– Schuldner –

Az: [...]

melde ich als Verwalter der Wohnungseigentümergemeinschaft Grundstück [...] *[Straße, Hausnummer]* in der Rangklasse des § 10 Abs. 1 Nr. 2 ZVG folgende Ansprüche zum Versteigerungsverfahren an:

[...] €	Monatliche Hausgeldforderungen für die Zeit ab [...] *[Datum]*, jeweils fällig am Dritten eines Monats für den laufenden Monat
= [...] €	Betrag der Hausgeldforderungen bis zum Zeitpunkt der Anmeldung Die weiteren Hausgeldforderungen als laufende Beträge wiederkehrender Leistungen werden ausdrücklich mit angemeldet
[...] €	Nachzahlungsforderung aus Betriebskostenabrechnung für das Geschäftsjahr der Eigentümergemeinschaft [...] *[Jahr]*, fällig gemäß Beschlussfassung

Die angemeldeten Beträge sind nicht tituliert: Zur Glaubhaftmachung übergebe ich in Abschrift Niederschriften der Beschlüsse der Eigentümergemeinschaft vom [...] *[Datum]* (Beschluss über Hausgeldzahlungen) und vom [...] *[Datum]* (Beschluss über Nachzahlung aus Betriebskostenabrechnung).

WEG-Verwalter ◀

dd) Geringstes Gebot bei mehreren betreibenden Gläubigern

Wird das Verfahren von mehreren Gläubigern betrieben (Anordnungs- und Beitrittsgläubiger), 179 wird das geringste Gebot nach dem betreibenden Gläubiger berechnet, welcher innerhalb des § 10 Abs. 1 ZVG die beste Rangstelle besitzt (bestbetreibender Gläubiger). Er kann dem geringsten Gebot nur zugrunde gelegt werden, wenn die Fristen der §§ 43 und 44 Abs. 2 ZVG eingehalten sind; § 43 ZVG gilt im Übrigen für jeden betreibenden Gläubiger.[198] Soweit diese maßgeblichen Fristen für den bestimmten Versteigerungstermin für mehrere Gläubiger erfüllt sind, wird das geringste Gebot zwar für den bestbetreibenden Gläubiger berechnet, es kann aber der nachrangig betreibende ohne Weiteres nachrücken. Dies ist insbesondere für den Schuldner bedeutsam, der die Versteigerung verhindern will. Bewilligt beispielsweise der bestbetreibende Gläubiger kurz vor dem Versteigerungstermin die Einstellung seines Verfahrens (§ 30 ZVG), kann die Versteigerung aber auch für den nächstbetreibenden Gläubiger erfolgen, wenn für ihn die §§ 43, 44 ZVG eingehalten sind. Das geringste Gebot erhöht sich entsprechend durch die jetzt notwendige Berücksichtigung des oder der vorrangigen Gläubiger.

Beispiel eines geringsten Gebots bei Versteigerung von Wohnungseigentum: Mit Beschuss vom 180 12.12.2008 ordnet das AG Charlottenburg die Zwangsversteigerung des Wohnungseigentums auf An-

---

198 Steiner/*Teufel*, § 43 ZVG Rn 4; Stöber, § 43 ZVG Rn 6.1.

trag des persönlichen Gläubigers C wegen einer titulierten Forderung von 2.800 € an. Mit Beschluss vom 4.5.2009 setzt es den Verkehrswert des Objekts auf 170.000 € fest (§ 74 a Abs. 5 ZVG). Den Versteigerungstermin bestimmt das Gericht auf den 15.6.2009.

Das zu versteigernde Wohnungseigentum ist mit zwei Grundpfandrechten belastet:

1. Grundschuld zu 75.000 € für A nebst 15 % Zinsen, jeweils am Ersten eines Kalenderjahres für das vorangegangene Jahr fällig; eingetragen 2001.

2. Sicherungshypothek nach den §§ 866, 867 ZPO zu 10.000 € für B nebst 8 % Zinsen; eingetragen 2003.

Zum Versteigerungstermin gehen folgende Anmeldungen ein:

1. Verwalter des Wohnungseigentums: Hausgeldforderungen von 250 € monatlich seit dem 1.1.2008 sowie Nachzahlungsanspruch aus der Betriebskostenabrechnung für das Jahr 2008 von 750 €; zur Glaubhaftmachung werden Niederschriften der Beschlüsse der Eigentümergemeinschaft vom 10.12.2007 (Beschluss über Hausgeldzahlungen für 2008) und vom 5.2.2009 (Beschluss über Nachzahlung aus Betriebskostenabrechnung) vorgelegt (§ 24 Abs. 6 WEG); zu berücksichtigen sind 4.500 € (Hausgeld vom 1.1.2008 bis 30.6.2009; § 47 ZVG) und 750 €; soweit dieser Gesamtbetrag fünf vom Hundert des festgesetzten Verkehrswerts nicht übersteigt; dieser beträgt 170.000 €; die Kappungsgrenze liegt bei 8.500 €.

2. Bezirksfinanzamt Charlottenburg: Grundsteuern von 85 € pro Quartal für die Zeit ab 1.1.2008; Grundsteuern sind entsprechend ihrer Fälligkeit nach § 28 Abs. 1 GrdStG für das Kalenderquartal zu entrichten; in der Rangklasse des § 10 Abs. 1 Nr. 3 ZVG sind sie nach § 13 ZVG mit Rückständen seit dem 1.10.2007 berücksichtigungsfähig, angemeldet sind sie seit dem 1.1.2008; sie sind nach § 47 ZVG bis 31.6.2009 zu berechnen; sie betragen insgesamt 510 €.

3. Grundschuldgläubiger A: Rückständige und laufende Zinsen für die Zeit ab 1.1.2005; in der Rangklasse des § 10 Abs. 1 Nr. 4 ZVG sind die Zinsen der Grundschuld mit der Berechnung nach § 13 ZVG für diesen Zeitraum berücksichtigungsfähig; die kalenderjährliche Fälligkeit der Grundschuldzinsen hat gerade den Zweck, den maximal berücksichtigungsfähigen Zeitraum möglichst weit auszudehnen;[199] zu berücksichtigen sind die Zinsen vom 1.1.2005 bis 31.6.2009 (§ 47 ZVG) mit insgesamt 50.625 €.

4. Hypothekengläubiger B: Rückständige und laufende Zinsen für die Zeit ab 1.7.2008; in der Rangklasse des § 10 Abs. 1 Nr. 4 ZVG sind die Zinsen der Sicherungshypothek mit der Berechnung nach § 13 Abs. 3 ZVG[200] berücksichtigungsfähig seit dem 12.12.2006, angemeldet sind sie seit dem 1.7.2008; zu berücksichtigen sind die Zinsen bis 31.6.2009 (§ 47 ZVG) mit insgesamt 800 €.

Die Kosten des Verfahrens betragen 3.300 €.

Das geringste Gebot besteht zunächst aus den bestehen bleibenden Rechten im Grundbuch. Der Ersteher hat hier zusammen 85.000 € zu übernehmen.

Der bar zu zahlende Teil des geringsten Gebots besteht aus:

Kosten	3.300 €
Forderungen der WEG-Gemeinschaft (§ 10 Abs. 1 Nr. 2 ZVG)	5.250 €
Öffentlichen Lasten (§ 10 Abs. 1 Nr. 3 ZVG)	510 €
Leistungen vorrangiger Gläubiger (§ 10 Abs. 1 Nr. 4 ZVG):	

---

199 Schöner/Stöber, Grundbuchrecht, Rn 2292 ff; Clemente, Recht der Sicherungsgrundschuld, Rn 62, 63; zur Problematik der Geltendmachung dinglicher Zinsen auch Stöber, MittBayNot 1999, 441; Clemente/Lenk, ZfIR 2002, 337.
200 Stöber, § 13 ZVG Rn 2.4; Böttcher, § 13 ZVG Rn 25.

Grundschuld A	50.625 €
Sicherungshypothek B	800 €
Gesamt	**60.485 €**

Insgesamt beträgt das geringste Gebot 145.485 €.

Tritt dem Verfahren Grundschuldgläubiger A aus seinem dinglichen Anspruch bei (§ 27 ZVG) und kann für ihn am 15.6.2009 der Versteigerungstermin abgehalten werden (§§ 43, 44 ZVG), bleiben keine Rechte im geringsten Gebot bestehen, das Bargebot besteht dann nur aus den Kosten des Verfahrens und den vorgehenden Ansprüchen aus § 10 Abs. 1 Nr. 2 und 3 ZVG, mithin beträgt es 9.060 €.

Wird das Verfahren wegen der Ansprüche aus § 10 Abs. 1 Nr. 2 ZVG betrieben, beträgt das geringste Gebot nurmehr bare 3.300 €. Wegen der Gefahr des eigenen Rechtsverlustes könnte ein nachrangiger Gläubiger den betreibenden Gläubiger ablösen (§ 268 BGB) und so die Versteigerung verhindern.[201] Dies ist nicht selten das berechtigte Kalkül des Gläubigers aus den Rangklassen § 10 Abs. 1 Nr. 2 oder 3 ZVG.[202]

ee) Geringstes Gebot bei Versteigerung aus § 19 WEG

181 Die Zwangsversteigerung als Verfahren der zwangsweisen Veräußerung nach den §§ 18 ff WEG soll aufgrund des Urteils auf Veräußerung (§ 43 Nr. 2 WEG) aus der Rangklasse des § 10 Abs. 1 Nr. 5 ZVG erfolgen.[203] Das ist zutreffend, denn die von der Eigentümergemeinschaft betriebene Veräußerung kann nicht zum Nachteil der dinglichen Gläubiger erfolgen. Ähnlich wie bei der Versteigerung durch einen Insolvenzverwalter nach den §§ 172 ff ZVG wäre sogar zu überlegen, auch nachrangige wiederkehrende Ansprüche des § 10 Abs. 1 Nr. 7 und 8 ZVG in das geringste Gebot aufzunehmen.[204]

182 In das geringste Gebot sind bei der Versteigerung aus § 10 Abs. 1 Nr. 5 ZVG wie im Beispielsfall (Rn 180) ersichtlich sämtliche Ansprüche der dinglichen Gläubiger aufzunehmen. Das kann zu einem hohen und oft unwirtschaftlichen geringsten Gebot führen. Im Zusammenhang mit dem Verfahren nach § 19 WEG stellt sich dann die Frage, ob dieses Verfahren als Zwangsversteigerungsverfahren singulär steht oder ob es mit einem gewöhnlichen Verfahren der **Forderungsversteigerung** verbunden werden kann. Dies ist möglich, der Zweck des § 19 WEG steht nicht entgegen. Denn Ziel einer jeden Versteigerung ist die zwangsweise Veräußerung des Wohnungseigentums. Ob dies zum Zweck der Forderungsbeitreibung oder zur Hinausdrängung eines störenden Eigentümers erfolgt, ist nicht erheblich. Der Unterschied besteht allein darin, dass bei der Versteigerung nach § 19 WEG keine Erlösverteilung an die Eigentümergemeinschaft als betreibende Gläubigerin stattfindet, sondern nach Befriedigung der durch das geringste Gebot bar zu deckenden Ansprüche der Übererlös dem Schuldner gebührt.

183 Das bedeutet, dass einem bereits anhängigen Forderungsversteigerungsverfahren die Eigentümergemeinschaft mit ihrem Anspruch aus § 19 WEG beitreten kann (§ 27 ZVG). Einem dinglich betreibenden Gläubiger ist sie ohnehin nachrangig, einem bereits persönlich betreibenden Gläubiger ist sie es nach § 11 Abs. 2 ZVG. Umgekehrt kann aber auch ein dinglicher Gläubiger dem nach § 19 WEG angeordneten Verfahren beitreten. Das geringste Gebot berechnet sich

---

201 Stöber, ZVG-Handbuch, Rn 399 m.
202 Allgemein zur Ablösung als Gläubigertaktik: Storz/Kiderlen, Praxis des Zwangsversteigerungsverfahrens, B 7.1.
203 BT-Drucks. 16/887, S. 26.
204 Dassler/Schiffhauer/Hintzen/Engels/Rellermeyer/*Rellermeyer*, § 10 ZVG Rn 71; zum vergleichbaren Fall der §§ 172 ff ZVG eingehend Keller, Insolvenzrecht, Rn 1114 ff

dann unter der Voraussetzung des § 44 Abs. 2 ZVG nach seinem Anspruch. Tritt ein persönlicher Gläubiger bei, ist er der Eigentümergemeinschaft gegenüber nachrangig (§ 11 Abs. 2 ZVG).

d) Abhaltung des Versteigerungstermins

184   Der Versteigerungstermin ist eine öffentliche Verhandlung des Gerichts iSd §§ 169 ff GVG. Der Termin ist in drei Abschnitte gegliedert:

- **Bekanntmachungsteil:** Hier werden das geringste Gebot und seine Zusammensetzung sowie sonstige Versteigerungsbedingungen bekannt gegeben (§ 66 ZVG; siehe Rn 185 ff).
- **Bietzeit:** Nach Aufforderung zur Abgabe von Geboten (§ 66 Abs. 2 ZVG) müssen mindestens dreißig Minuten liegen, innerhalb welcher die Bieter ihre Gebote abgeben können (§ 73 ZVG; siehe Rn 190 ff).
- **Verhandlung über den Zuschlag:** Nach Ablauf der mindestens dreißig Minuten dauernden Bietzeit fordert das Gericht weiter zur Abgabe von Geboten auf. Wenn kein weiteres Gebot mehr abgegeben wird, wird die Versteigerung geschlossen und es erfolgt die Verhandlung über die Erteilung des Zuschlags (§§ 74, 81 ZVG; siehe Rn 198 ff).

aa) Bekanntmachungsteil

185   Das Gericht teilt zunächst die für die Versteigerung und für die Festsetzung des geringsten Gebots maßgeblichen Angaben mit (§ 66 Abs. 1 ZVG). Bekannt zu geben sind der betreibende Gläubiger und sein Anspruch, die Zeit der Beschlagnahme des Grundstücks, die von den übrigen Gläubigern angemeldeten Ansprüche und der Verkehrswert des Grundstücks. Das Gericht soll auch letztmalig auf die Anmeldung von Ansprüchen nach § 37 Nr. 4 ZVG und die Folgen der Nichtanmeldung hinweisen.

186   Bekannt zu geben sind auch die nach § 52 Abs. 1 ZVG bestehen bleibenden Rechte, bei Rechten ohne Kapitalbetrag die Festsetzung des Zuzahlungsbetrags nach den §§ 51 Abs. 2, 50 ZVG für den Fall, dass das Recht nicht besteht oder durch Bedingungseintritt wegfällt,[205] die Feststellung nach § 55 ZVG mithaftender Gegenstände oder die Angabe der Mieter des Grundstücks nach den §§ 57 ff ZVG.

bb) Abgeänderte Versteigerungsbedingung nach § 59 ZVG

187   Versteigerungsbedingungen können auf Antrag der Beteiligten geändert werden, soweit sie nicht zu den zwingenden gesetzlichen Vorschriften gehören (§ 59 ZVG). Beispielsweise kann beantragt werden, dass ein erlöschendes Recht – weil es dem Gläubiger im Range nachgeht – entgegen § 52 Abs. 1 S. 2 ZVG bestehen bleiben soll. Es kann auch beantragt werden, ein an sich bestehen bleibendes Recht erlöschen zu lassen, es ist dann mit seinem vollen Kapitalbetrag in den bar zu zahlenden Teil des geringsten Gebots einzustellen.[206] Einer abweichenden Versteigerungsbedingung muss derjenige zustimmen, der durch sie beeinträchtigt ist (§ 59 Abs. 1 S. 2 ZVG). Soweit die Beeinträchtigung noch nicht feststeht, weil sie von der Höhe des Meistgebots nach Ablauf der Versteigerung abhängt, muss das Gericht ein sog. Doppelausgebot erstellen (§ 59 Abs. 2 ZVG). Das Grundstück wird dann unter zwei Möglichkeiten zur Verstei-

---

205   Allgemein zur Zuzahlung nach §§ 50, 51 ZVG: Steiner/*Eickmann*, § 50 ZVG Rn 3 ff, § 51 Rn 22 ff; Stöber, § 50 ZVG Rn 2.1 ff; Böttcher, §§ 50, 51 ZVG Rn 3 ff; Stöber, ZVG-Handbuch, Rn 510 ff; Hock/Mayer/Hilbert/Deimann, Immobiliarvollstreckung, Rn 400 ff

206   Steiner/*Storz*, § 59 ZVG Rn 6 ff; Stöber, § 59 ZVG Rn 2.1 ff, 5.1 ff; Böttcher, § 59 ZVG Rn 8 ff; Dassler/Schiffhauer/Hintzen/Engels/Rellermeyer/*Hintzen*, § 59 ZVG Rn 23 ff

gerung angeboten: ohne die beantragte Abweichung und mit dieser.[207] Nach dem Schluss der Versteigerung kann bei Abgabe entsprechender Gebote auf beide Ausgebotsarten festgestellt werden, welche Beteiligten von der abgeänderten Versteigerungsbedingung tatsächlich betroffen sind und ihr zustimmen müssen. Erteilen sie ihre Zustimmung, erfolgt der Zuschlag auf dieses Gebot.

Bei der Versteigerung von Wohnungs- oder Teileigentum stellt sich eine besondere Problematik,   188
wenn das ganze Grundstück mit einer Dienstbarkeit in Abteilung II des Grundbuchs belastet ist. Sie ist dann zwingend an allen Grundbuchblättern einzutragen.[208] Lastet diese Dienstbarkeit am zu versteigernden Wohnungseigentum dem betreibenden Gläubiger gegenüber nachrangig, würde sie nach gesetzlicher Versteigerungsbedingung hier erlöschen. Da die Dienstbarkeit dann nicht mehr auf allen Wohnungsgrundbüchern lastet, wäre sie an den übrigen als inhaltlich unzulässige Eintragung nach § 53 Abs. 1 S. 2 GBO zu löschen.[209] Um dies verhindern, muss nach § 59 ZVG das Bestehenbleiben des Rechts bei der Versteigerung beantragt werden. Antragsberechtigt ist jeder Beteiligte, auch der WEG-Verwalter für die Wohnungseigentümergemeinschaft. Rechtlich betroffen ist der betreibende Gläubiger, dessen Zustimmung vorab eingeholt werden sollte.

▶ **Muster: Antrag auf abgeänderte Versteigerungsbedingung**   189

An das Amtsgericht [...]

– Vollstreckungsgericht –

Az: [...]

In dem Zwangsversteigerungsverfahren

[...] [*Bezeichnung entsprechend Vollstreckungstitel*]

– Gläubiger –

gegen

[...] [*Name entsprechend Vollstreckungstitel*]

– Schuldner –

beantrage ich als Verwalter des gemeinschaftlichen Wohnungseigentums das Bestehenbleiben der in Abteilung II Nr. 2 eingetragenen Dienstbarkeit zugunsten der Städtischen Wasserwerke in Abweichung der gesetzlichen Versteigerungsbedingungen (§ 59 ZVG).

Bei der Versteigerung zugunsten des betreibenden Gläubigers ist die Dienstbarkeit nachrangig und würde als solche mit Erteilung des Zuschlags erlöschen. Da die Dienstbarkeit die Sicherung der Wasserversorgung des ganzen Grundstücks und damit aller Wohnungseigentumseinheiten zum Zweck hat, würde sie an den übrigen Wohnungsgrundbüchern, bei welchen sie eingetragen ist, inhaltlich unzulässig. Es müsste dann eine Neueintragung bei allen Wohnungsgrundbüchern veranlasst werden. Um dies zu vermeiden wird das Bestehenbleiben des Rechts beantragt.

Mit freundlichen Grüßen

[Unterschrift] ◄

---

207 Entgegen oft geübter Praxis hat ein Doppelausgebot zu unterbleiben und ist die abweichende Versteigerungsbedingung zurückzuweisen, wenn bereits vor der Versteigerung die rechtliche Beeinträchtigung eines Beteiligten feststeht und dieser nicht zustimmt, Steiner/*Storz*, § 59 ZVG Rn 46 ff; Stöber, ZVG, § 59 Rn 4.1.
208 Staudinger/*Mayer*, Neubearb. 2009, § 1018 BGB Rn 59.
209 BayObLG Rpfleger 1995, 455; Meikel/*Böttcher*, § 4 WGV Rn 6, 10.

cc) Bietzeit und Abgabe von Geboten

190 Nach Bekanntmachung der Versteigerungsbedingungen fordert das Gericht zur Abgabe von Geboten auf (§ 66 Abs. 2 ZVG). Ein Gebot ist mündlich abzugeben und zu protokollieren (§ 78 ZVG). Das Bargebot muss die Höhe des geringsten Gebots (bar zu zahlender Teil unter stillschweigender Einrechnung bestehen bleibender Rechte) nach § 49 Abs. 1 ZVG erreichen, andernfalls ist es sofort zurückzuweisen (§ 71 Abs. 1 ZVG). Gebotsabgabe durch einen Bevollmächtigten ist zulässig. Die Vertretungsmacht ist durch öffentlich beglaubigte Urkunde nachzuweisen (§ 71 Abs. 2 ZVG). Möglich ist auch eine sog. verdeckte Vertretung, der Meistbietende hat hier nach dem Schluss der Versteigerung seine Vertretung offenzulegen (§ 81 Abs. 3 ZVG). Das Gebot erlischt, wenn ein höheres Gebot abgegeben wird (§ 72 Abs. 1 ZVG).

191 Die Versteigerung wird aber so lange fortgesetzt, bis keine Gebote mehr abgegeben werden (§ 73 Abs. 1 S. 2 ZVG). Das letzte Gebot soll dreimal ausgerufen werden (§ 73 Abs. 2 ZVG). Wird kein Gebot mehr abgegeben, ist der Schluss der Versteigerung zu verkünden (§ 73 Abs. 2 S. 1 ZVG).

dd) Sicherheitsleistung des Bieters

192 Unmittelbar nach Abgabe eines Gebots kann ein Beteiligter des Verfahrens verlangen, dass der Bieter für sein Gebot Sicherheit leiste (§ 67 Abs. 1 ZVG). Die Sicherheitsleistung wird durch das Gericht sofort angeordnet (§ 70 ZVG). Das Erfordernis der Sicherheitsleistung gilt auch für alle späteren Gebote des Bieters (§ 67 Abs. 1 S. 2 ZVG).

193 Sicherheit ist zu leisten in **Höhe** von 1/10 des festgesetzten Verkehrswerts (§ 68 Abs. 1 ZVG). Ein Berechtigter eines nach § 52 ZVG bestehen bleibenden Rechts kann Sicherheit bis zur Höhe seines durch das Bargebot zu deckenden Anspruchs verlangen (§ 68 Abs. 2 ZVG).[210] Bietet der Schuldner selbst, kann der betreibende Gläubiger Sicherheitsleistung bis zur Höhe der Deckung seines Anspruchs verlangen (§ 68 Abs. 3 ZVG).

194 Die **Art** der Sicherheitsleistung bestimmt § 69 ZVG.[211] Sie kann erfolgen durch bestätigten Scheck der Bundesbank oder Verrechnungsscheck eines geeigneten Kreditinstituts, durch Bürgschaft oder durch Überweisung auf ein Konto der Gerichtskasse. Sicherheitsleistung durch Barzahlung ist ausgeschlossen (§ 69 Abs. 1 ZVG).[212]

195 Ein von der Bundesbank bestätigter **Scheck** oder ein von einem nach § 69 Abs. 2 ZVG geeigneten Kreditinstitut ausgestellter Scheck muss den als Sicherheit zu leistenden Betrag ausweisen. Er muss den nach § 23 BundesbankG erforderlichen Bestätigungsvermerk enthalten. In diesem verpflichtet sich die Bundesbank, den Scheck in bar einzulösen. Die Vorlegungsfrist muss mindestens vier Tage ab dem Versteigerungstermin betragen. Der Verrechnungsscheck des Kreditinstituts muss von diesem ausgestellt sein und auf die Gerichtskasse als Begünstigten lauten; lediglich die Bestätigung eines vom Bieter ausgestellten Schecks durch das Institut genügt nicht.[213]

196 Sicherheit kann auch durch Vorlage einer **Bürgschaftserklärung** eines zugelassenen Instituts erfolgen (§ 69 Abs. 3 ZVG). Die Bürgschaft ist selbstschuldnerisch zu erklären (§§ 239 Abs. 2, 773 Abs. 1 Nr. 1 BGB). Die Erklärung bedarf grundsätzlich der Schriftform (§ 766 BGB); eine nach den §§ 349, 350 HGB im Termin mündlich erklärte Bürgschaft ist zu protokollieren.

210 Eingehend: Stöber, § 68 ZVG Rn 3.1 ff; Dassler/Schiffhauer/Hintzen/Engels/Rellermeyer/*Hintzen*, § 68 ZVG Rn 7 ff
211 Zu den mehrfachen Änderungen der Vorschrift s. Dassler/Schiffhauer/Hintzen/Engels/Rellermeyer/*Hintzen*, § 69 ZVG Rn 1.
212 Eingehend: Dassler/Schiffhauer/Hintzen/Engels/Rellermeyer/*Hintzen*, § 69 ZVG Rn 6 ff
213 Eingehend: Stöber, § 69 ZVG Rn 2.1, 2.6; Dassler/Schiffhauer/Hintzen/Engels/Rellermeyer/*Hintzen*, § 69 ZVG Rn 6, 7.

Bei Sicherheitsleistung durch **Überweisung** ist sicherzustellen, dass dem Vollstreckungsgericht 197 rechtzeitig zum Termin der Beleg der Kasse über die Gutschrift zu dem bestimmten Aktenzeichen vorliegt.[214]

e) Entscheidung über den Zuschlag
aa) Erteilung des Zuschlags an den Meistbietenden

Nach dem Schluss der Versteigerung ist über die Erteilung des Zuschlags zu verhandeln (§ 74 198 ZVG). Der betreibende Gläubiger kann auch jetzt noch die Einstellung des Verfahrens bewilligen, der Zuschlag muss versagt werden (§§ 30, 33 ZVG). Werden im Termin keine Gebote abgegeben, wird das Verfahren eingestellt (§ 77 ZVG).

Der Zuschlag ist an den Meistbietenden zu erteilen (§ 81 Abs. 1 ZVG); dieser kann sein Recht 199 hierauf abtreten, der Zuschlag ist dann dem Zessionar zu erteilen (§ 81 Abs. 2 ZVG).[215] Die Abtretung des Meistgebots stellt grunderwerbsteuerrechtlich einen eigenen Erwerbsvorgang dar.[216] Für die Zahlung des Meistgebots haften Meistbietender und Ersteher gesamtschuldnerisch (§ 81 Abs. 4 ZVG).

Bei Wohnungs- und Teileigentum kann auch die Veräußerung im Wege der Zwangsversteige- 200 rung von der Genehmigung nach § 12 WEG abhängig gemacht werden (§ 12 Abs. 3 S. 2 WEG).[217] Der Zuschlag darf dann erst nach Vorliegen der Genehmigung erteilt werden, die Genehmigung bedarf nicht der öffentlichen Beglaubigung, Schriftform mit Nachweis der Verwaltereigenschaft genügt.[218]

Die Erteilung des Zuschlags muss nicht im Versteigerungstermin erfolgen, sie kann auch auf 201 einen späteren Verkündungstermin vertagt werden. Der Zuschlag wird durch Beschluss erteilt (§ 82 ZVG). Der Zuschlagsbeschluss ist mit sofortiger Beschwerde anfechtbar, er hat eine Rechtsmittelbelehrung zu enthalten. Unterbleibt diese, ist die Zuschlagserteilung zwar wirksam, für die Wiedereinsetzung in den vorigen Stand bezüglich der Beschwerdefrist wird aber unwiderleglich fehlendes Verschulden vermutet.[219]

▶ **Muster: Zuschlagsbeschluss** 202

Amtsgericht [...]

– Vollstreckungsgericht –

Az:...

Zuschlagsbeschluss

In dem Zwangsversteigerungsverfahren des im Grundbuch des Amtsgerichts [...]

von [...] [*Grundbuchbezirk*] Blatt [...]

auf den Namen [...] [*Schuldner*]

eingetragenen Wohnungs-/Teileigentums

wird für den vorgenannten Grundbesitz Zuschlag erteilt an

[...] [*Name und Anschrift Ersteher*]

---

214 Eingehend: Dassler/Schiffhauer/Hintzen/Engels/Rellermeyer/*Hintzen*, § 69 ZVG Rn 12, 13.
215 Eingehend: Steiner/*Storz*, § 81 ZVG Rn 47 ff; Stöber, § 81 ZVG Rn 4.1 ff
216 Stöber, § 81 ZVG Rn 7.3.
217 Allgemein: Staudinger/*Kreuzer*, Neubearb. 2006, § 12 WEG Rn 70.
218 Stöber, § 15 ZVG Rn 45.5, 45.7; Dassler/Schiffhauer/Hintzen/Engels/Rellermeyer/*Hintzen*, § 81 ZVG Rn 47 ff
219 BGH Rpfleger 2009, 405 = ZfIR 2009, 523 m.Anm. Keller.

für den bar zu zahlenden Betrag des Meistgebots von [...] € (in Worten: [...] €o).

Die Zuschlagserteilung erfolgt unter folgenden Bedingungen:

1. Das Bargebot in Höhe von [...] € ist von heute ab bis zum Tag vor dem Verteilungstermin mit 4 vom Hundert zu verzinsen und mit den Zinsen im Verteilungstermin zu zahlen.

2. Der Ersteher trägt die Kosten dieses Beschlusses.

3. Als Teil des geringsten Gebots bleiben folgende im Grundbuch eingetragenen Rechte bestehen:
[...] *[Bezeichnung Abteilung und lfd. Nr. im Grundbuch, Art des Rechts, ggf Kapitalbetrag]*
[...]

4. Es gelten die sonstigen gesetzlichen Versteigerungsbedingungen.

Der Beschluss ist mit sofortiger Beschwerde anfechtbar. Die Beschwerdefrist beträgt zwei Wochen. Sie beginnt gegenüber den im Versteigerungstermin oder im Verkündungstermin anwesenden Beteiligten mit Verkündung des Beschlusses, andernfalls mit dessen Zustellung (§ 98 ZVG). Die Beschwerde ist schriftlich oder zu Protokoll der Geschäftsstelle einzulegen beim Vollstreckungsgericht oder dem Landgericht [...] *[Ort]* als Beschwerdegericht.

Rechtspfleger ◄

bb) Versagung des Zuschlags wegen Nichterreichen der sog. 5/10-Grenze

203　Der Zuschlag ist zu versagen, wenn das abgegebene Meistgebot einschließlich der nach den Versteigerungsbedingungen bestehen bleibenden Rechte die Hälfte des festgesetzten Verkehrswerts nicht erreicht (5/10-Grenze nach § 85 a Abs. 1 ZVG).

204　Die sog. 5/10-Grenze ist von Amts wegen zu beachten. Wird der Zuschlag versagt, muss von Amts wegen ein neuer Versteigerungstermin anberaumt werden, in welchem die 5/10-Grenze nicht mehr gilt (§§ 85 a Abs. 2, 74 a Abs. 3 ZVG).

205　Ist der Bieter selbst Berechtigter am Grundstück, gilt nach § 85 a Abs. 3 ZVG die 5/10-Grenze nicht, wenn das bare Meistgebot einschließlich der bestehen bleibenden Rechte und des Ausfalls des Gläubigers die Hälfte des Verkehrswerts erreicht. Der Gläubiger wird wirtschaftlich so gestellt, als habe er mindestens die Hälfte des Verkehrswerts geboten.[220]

cc) Versagung des Zuschlags wegen Nichterreichen der sog. 7/10-Grenze

206　Neben der von Amts wegen zu beachtenden 5/10-Grenze gilt im ersten Versteigerungstermin, in welchem Gebote abgegeben werden, noch eine weitere Grenze für die Höhe des Meistgebots. Erreicht dieses zusammen mit den bestehen bleibenden Rechten nicht 7/10 des Verkehrswerts des Grundstücks, ist der Zuschlag auf Antrag eines betroffenen Gläubigers zu versagen (§ 74 a Abs. 1 ZVG).

207　Antragsberechtigt ist nur ein Gläubiger, der bei dem abgegebenen Meistgebot nicht gedeckt ist, bei einem Gebot von 7/10 des Verkehrswerts aber zumindest teilweise gedeckt sein würde. Wer ohnehin bereits voll gedeckt ist, darf kein Interesse an der Zuschlagsversagung haben. Gleiches gilt für den Gläubiger, der auch bei einem Gebot von 7/10 des Verkehrswerts keine Zuteilung erhält. Bei der Berechnung der Deckung des Gläubigers ist von einer fiktiven Verteilung des Versteigerungserlöses auszugehen.[221] Der Antrag kann nur bis zum Schluss der Verhandlung

---

220　Zur Gefahr der Grundstücksverschleuderung: BVerfG Rpfleger 1976, 389 m. Anm. Stöber u. Vollkommer; Steiner/*Storz*, § 85 a ZVG Rn. 9, 17; Stöber, § 85 a ZVG Rn 2, 4; Stöber, ZVG-Handbuch, Rn 344 a ff; Muth, Rpfleger 1985, 45; ders., Rpfleger 1986, 417.

221　Steiner/*Storz*, § 74 a ZVG Rn 34, 35; Stöber, § 74 a ZVG Rn 3.1 ff; Stöber, ZVG-Handbuch, Rn 338 ff; Hock/Mayer/Hilbert/Deimann, Immobiliarvollstreckung, Rn 505 ff

über den Zuschlag gestellt werden (§ 74 a Abs. 2 ZVG). Die 7/10-Grenze gilt wie auch die 5/10-Grenze nur im ersten Versteigerungstermin, in welchem Gebote abgegeben worden sind.[222] In weiteren Versteigerungsterminen kann das Objekt auch unterhalb des festgesetzten Verkehrswerts zugeschlagen werden; oft zeigt sich in der Rechtspraxis aber auch, dass nach Wegfall der Grenzen noch höhere Gebote erzielt werden.[223]

Kann der der Meistbietende selbst aus dem Grundstück Befriedigung verlangen, gelten zum Schutz des Schuldners Besonderheiten: Ersteigert beispielsweise der betreibende Gläubiger das Grundstück selbst (sog. **Rettungserwerb**),[224] wird er regelmäßig nur so hoch bieten, wie es unbedingt notwendig ist, um sein eigenes Recht zu erreichen, er bietet an die untere Grenze seines eigenen Rechts heran.[225] Daher stellt § 114 a ZVG gegen den Gläubiger und zugunsten des Grundstückseigentümers eine materiellrechtliche Befriedigungsfiktion auf:[226] Wurde der Zuschlag an einen aus dem Grundstück Berechtigten erteilt und liegt das Meistgebot einschließlich der bestehen bleibenden Rechte unter 7/10 des Grundstückswerts, gilt der Gläubiger insoweit als befriedigt, als das Meistgebot die 7/10-Grenze erreicht hätte. Er wird damit so gestellt, als habe er 7/10 des Grundstückswerts geboten.

▶ **Muster: Zuschlagsversagung wegen Nichterreichens der 7/10-Grenze**

Amtsgericht [...]

– Vollstreckungsgericht –

Az: [...]

Beschluss

In dem Zwangsversteigerungsverfahren des im Grundbuch des Amtsgerichts [...]

von [...] *[Grundbuchbezirk]* Blatt [...]

auf den Namen [...] *[Schuldner]*

eingetragenen Wohnungs-/Teileigentums

auf Betreiben von [...] *[Nennung aller betreibenden Gläubiger]*

wird dem nach dem Versteigerungstermin vom [...] *[Datum]* mit einem baren Meistgebot von [...] € Meistbietenden

[...] *[Name]*

gemäß § 74 a Abs. 1 ZVG die Erteilung des Zuschlags versagt.

Neuer Versteigerungstermin wird bestimmt auf [...] *[Tag, Stunde]* (§ 74 a Abs. 3 ZVG).

---

222 Steiner/*Storz*, § 74 a ZVG Rn 34 ff; Stöber, § 74 a ZVG Rn 3 ff; Eickmann, Zwangsversteigerungs- und Zwangsverwaltungsrecht, § 17 III.

223 Zur Unwirksamkeit der „taktischen" Gebotsabgabe des Terminsvertreters eines betreibenden Gläubigers zwecks Beseitigung der Wertgrenzen: BGH NJW 2006, 1355 = Rpfleger 2006, 144 m. Anm. Hintzen = ZflR 2006, 652 m. Anm. Eickmann; BGHZ 172, 218 = Rpfleger 2007, 483; BGH Rpfleger 2007, 617 m. Anm. Alff; BGH, Beschl. v. 19.7.2007 – V ZB 15/07 (n.v.); BGH ZflR 2008, 150; 2008, 684; zustimmend: LG Dessau Rpfleger 2006, 557; anders: LG Detmold Rpfleger 2006, 491; AG Stade Rpfleger 2006, 275; kritisch: Eickmann in Anm. ZflR 2006, 652; eingehend: Stöber, § 85 a ZVG Rn 4; Stöber, ZVG-Handbuch, Rn 344 b; Keller, ZflR 2008, 134.; ders., ZflR 2008, 671; ders., ZflR 2008, 349.

224 Dazu eingehend Storz/Kiderlen, Praxis des Zwangsversteigerungsverfahrens, E 6.1.3.

225 Stöber, § 74 b ZVG Rn 2.

226 Eingehend mit Beispielen: Steiner/*Eickmann*, § 114 a ZVG Rn 17 ff; Stöber, § 114 a ZVG Rn 2, 3; Ebeling, Rpfleger 1985, 279; Muth, Rpfleger 1987, 89; die Befriedigungsfiktion gilt auch, wenn der Meistbietende seine Rechte an einen Dritten abtritt (§ 81 Abs. 2 ZVG): BGH NJW 1989, 2396; Stöber, ZVG-Handbuch, Rn 344 k, 575 a ff

Gründe:

In dem Versteigerungstermin vom [...] [*Datum*] blieb [...] [*Name*] Meistbietender mit einem baren Meistgebot von [...] €. Einschließlich der nach den Versteigerungsbedingungen bestehen bleibenden Rechte beträgt das Meistgebot [...] €. Der am Grundstück mit der in Abteilung III Nr. 3 eingetragenen Grundschuld zu [...] € Berechtigte beantragte im Versteigerungstermin die Versagung des Zuschlags nach § 74 a Abs. 1 ZVG.

Die Erteilung des Zuschlags ist auf Antrag eines Berechtigten zu versagen, wenn das Meistgebot einschließlich der bestehen bleibenden Rechte 7/10 des nach § 74 a Abs. 5 ZVG festgesetzten Verkehrswerts nicht erreicht und der Berechtigte hierdurch keine Deckung erlangt, bei einem Gebot in dieser Höhe aber Deckung erlangen würde. Dies ist vorliegend gegeben. Der festgesetzte Verkehrswert beträgt [...] €; das bare Meistgebot einschließlich der bestehen bleibenden Rechte beträgt [...] €. Der Berechtigte ist mit der Grundschuld Abteilung III Nr. 3 zum Betrag von [...] € innerhalb von 7/10 des Verkehrswerts. Er wird aus dem abgegebenen Meistgebot nicht vollständig befriedigt werden, erhielte bei einem Gebot von 7/10 des Verkehrswerts aber mindestens [...] € Befriedigung mehr. Damit ist auf seinen Antrag der Zuschlag zu versagen.

Die Bestimmung eines neuen Versteigerungstermins erfolgt von Amts wegen. In diesem Termin gelten die Grenzen des § 74 a Abs. 1 und des § 85 a ZVG nicht mehr (§ 74 a Abs. 2 ZVG).

Rechtspfleger ◀

f) Wirkungen des Zuschlags

210   Mit dem Zuschlag erwirbt der Ersteher das Eigentum am Grundstück (§ 90 ZVG). Der **Eigentumserwerb** tritt mit Verkündung des Zuschlags ein. Der Eigentumserwerb bezieht sich auch auf die Gegenstände, die gemäß § 55 ZVG von der Zwangsversteigerung erfasst worden sind (§ 90 Abs. 2 ZVG). Der Zuschlagsbeschluss kann mit sofortiger Beschwerde angefochten werden (§§ 95 ff ZVG). Im Falle der späteren Aufhebung des Zuschlagsbeschlusses nach eingelegter Beschwerde verliert der Ersteher rückwirkend wieder das Eigentum am Grundstück.

211   Bei **Wohnungs- und Teileigentum** tritt der Ersteher mit Erteilung des Zuschlags als **Sonderrechtsnachfolger** des Schuldners in die Eigentümergemeinschaft ein. Vereinbarungen und Beschlüsse wirken gegen ihn nach Maßgabe des § 10 Abs. 3 und 4 WEG. Er erwirbt Sondernutzungsrechte, auch wenn sie im Zuschlagsbeschluss nicht ausdrücklich erwähnt sind, auch dann, wenn sie im Grundbuch nur durch Bezugnahme auf die Bewilligung eingetragen sind (§ 7 Abs. 3 WEG).[227]

212   Die Verpflichtung zur **Hausgeldzahlung** trifft den Ersteher ab dem Zeitpunkt der Zuschlagserteilung. Maßgeblich ist die Fälligkeit des Hausgeldes, eine zeitanteilige Aufteilung eines laufenden Monats erfolgt nicht. Für eine Sonderumlage haftet der Ersteher dann, wenn im Zeitpunkt ihrer Fälligkeit der Zuschlag bereits erteilt war. Eine Haftung für rückständige Leistungen kann dem Ersteher nicht auferlegt werden, eine entsprechende Beschlussfassung der Eigentümerversammlung ist nichtig.[228]

213   Rechte am Grundstück, die nicht durch das geringste Gebot gedeckt werden, erlöschen mit Erteilung des Zuschlags (§§ 44, 52, 91 Abs. 1 ZVG). Die Rechte setzen sich am Versteigerungserlös fort. Dieser tritt an die Stelle des Grundstücks.[229]

---

227   OLG Stuttgart Rpfleger 2002, 576; zu Sondernutzungsrechten eingehend Stöber, § 15 ZVG Rn 45.3.
228   BGHZ 142, 290; BayObLGZ 1984, 198; Staudinger/*Bub*, Neubearb. 2005, § 28 WEG Rn 72, 178 ff
229   Allgemein: Eickmann, Zwangsversteigerungs- und Zwangsverwaltungsrecht, § 7 III.

g) Rechte des Erstehers gegen Schuldner und Mieter

Der Ersteher kann gegen jeden Besitzer des Versteigerungsobjekts die Herausgabe verlangen.   214
Vollstreckungstitel für eine **Räumung** ist der Zuschlagsbeschluss (§ 93 ZVG). Er muss mit einer
Vollstreckungsklausel nach § 724 ZPO versehen und vor der Räumungsvollstreckung dem
Schuldner zugestellt werden (§ 750 ZPO).[230]

Durch den Eigentumserwerb werden bestehende **Miet- und Pachtverträge nicht berührt** (§ 57   215
ZVG). Der Ersteher kann aber ungeachtet vertraglicher Regelungen das Mietverhältnis zum
nächstmöglichen Termin unter Einhaltung der gesetzlichen Kündigungsfrist kündigen (§ 57 a
S. 1 ZVG). Das **Sonderkündigungsrecht** gilt nur für den nächstmöglichen Termin (§ 57 a S. 2
ZVG) und kann bei Wohnraum nur unter den sachlichen Voraussetzungen des § 573 Abs. 2
BGB ausgeübt werden.[231]

8. Die Verteilung des Versteigerungserlöses

Aus dem Versteigerungserlös sind die Gläubiger in der Rangfolge des § 10 Abs. 1 ZVG zu be-   216
friedigen. Das Gericht setzt von Amts wegen einen Verteilungstermin fest (§ 105 Abs. 1 ZVG).
Im Verteilungstermin ist der **Teilungsplan des Gerichts** festzustellen (§ 113 ZVG). Aus ihm
haben sich die Teilungsmasse und die Schuldenmasse zu ergeben. Teilungsmasse ist das nach
§ 49 Abs. 2 ZVG zu verzinsende Meistgebot des Erstehers (§ 107 ZVG). Schuldenmasse ist die
Gesamtheit aller Forderungen der nach § 10 Abs. 1 ZVG zu berücksichtigenden Gläubiger. Die
Gläubiger der bestehen bleibenden Rechte werden nur mit ihren wiederkehrenden Leistungen
berücksichtigt, die Gläubiger der erloschenen Rechte auch mit dem jeweiligen Kapitalbetrag.
Die wiederkehrenden Leistungen der bestehen bleibenden Rechte werden bis zum Tage vor dem
Zuschlag berechnet (§ 56 S. 2 ZVG). Für alle übrigen Forderungen werden wiederkehrende
Leistungen bis zum Tage vor dem Verteilungstermin berücksichtigt.

Nach Ausführung des Teilungsplans hat das Vollstreckungsgericht das **Grundbuchamt** um   217
Eintragung der durch das Versteigerungsverfahren eingetretenen Änderungen zu ersuchen
(§ 130 ZVG). Der Ersteher ist als neuer Eigentümer in das Grundbuch einzutragen, der Versteigerungsvermerk ist zu löschen, ebenso sind die durch den Zuschlag kraft Gesetzes erloschenen Rechte im Grundbuch zu löschen.

III. Zwangsverwaltung von Wohnungs- oder Teileigentum

1. Zweck der Zwangsverwaltung

a) Zwangsverwaltung neben der Zwangsversteigerung

Die Zwangsverwaltung eines Grundstücks und damit auch von Wohnungs- oder Teileigentum   218
ist ein selbständiges Vollstreckungsverfahren neben der Zwangsversteigerung. Sie kann neben
dem Zwangsversteigerungsverfahren durchgeführt werden (§ 866 Abs. 2 ZPO). Die Verfahren
sind selbständig zu führen, bedingen sich aber insoweit, als Zuteilungen an Gläubiger während
des Zwangsverwaltungsverfahrens bei einer Verteilung im Versteigerungsverfahren zu berücksichtigen sind und das Zwangsverwaltungsverfahren mit Erteilung des Zuschlags in der
Zwangsversteigerung notwendig endet. Gerade bei vermieteten Objekten ist es ratsam, neben
der Zwangsversteigerung auch die Zwangsverwaltung zu beantragen, um während der oft lan-

---

230 Stöber, § 93 ZVG Rn 2.2 ff
231 Stöber, § 57 a ZVG Rn 4 ff

gen Dauer des Versteigerungsverfahrens die laufenden Nutzungen des Grundstücks vereinnahmen zu können.[232]

219   Die Zwangsverwaltung wird häufig mit der Insolvenzverwaltung verglichen, auch der BGH unterliegt dieser Analogie, beispielsweise bei der Haftung des Zwangsverwalters nach § 154 ZVG[233] oder insbesondere seiner Vergütung nach den §§ 17 ff ZwVwV. Dies ist trügerisch. Die Zwangsverwaltung ist wie die Zwangsversteigerung eine Maßnahme der Einzelvollstreckung. Dass mehrere Gläubiger das Verfahren betreiben können – ein Beitritt nach § 27 ZVG ist auch hier möglich – und mehrere Gläubiger befriedigt werden, liegt allein an der Rangfolge des § 10 Abs. 1 ZVG, die mit den Besonderheiten des § 155 Abs. 2 ZVG auch im Zwangsverwaltungsverfahren gilt. Betreibt aber beispielsweise nur ein Gläubiger die Zwangsverwaltung, liegt es allein in seiner Hand, das Verfahren durch Antragsrücknahme nach § 29 ZVG jederzeit und ohne Begründung zu beenden. Dies ist insbesondere dann häufig der Fall, wenn die Ausgaben der Zwangsverwaltung nach § 155 Abs. 1 ZVG, für welche der Gläubiger nach § 161 Abs. 3 ZVG vorschusspflichtig ist, zu hoch werden.

b) Einziehung der Nutzungen für den betreibenden Gläubiger

220   Im Unterschied zur Zwangsversteigerung wird bei der Zwangsverwaltung das Eigentumsrecht des Schuldners als solches nicht angetastet, er wird nicht etwa enteignet. Durch zwangsweise Bewirtschaftung und Ziehung der Nutzungen soll aber die Substanz für die Gläubiger erhalten und bestmöglich genutzt werden.

221   Mit Anordnung der Zwangsverwaltung und Beschlagnahme des Zwangsverwaltungsobjekts übt der vom Vollstreckungsgericht bestellte Zwangsverwalter die Rechte des Eigentümers hinsichtlich der Bewirtschaftung und Nutzung aus (§§ 146, 148, 150, 152 ZVG, § 5 ZwVwV).[234] Erster Zweck der Zwangsverwaltung ist demnach die Ziehung von Nutzungen aus Vermietung und Verpachtung und deren Verteilung auf die laufenden wiederkehrenden Leistungen der Gläubiger beziehungsweise den Anspruch des betreibenden Gläubigers. Der Zwangsverwalter soll auch berechtigt sein, einen mit dem Grundstück verbundenen und damit beschlagnahmten Gewerbebetrieb fortzuführen[235] oder Bauvorhaben fertigzustellen (dazu § 5 Abs. 3 ZwVwV). Zu einer wesentlichen baulichen Umgestaltung ist er nicht berechtigt.[236]

c) Abwendung konkreter Gefahren für das Zwangsverwaltungsobjekt

222   Die Zwangsverwaltung soll stets auf die Erzielung von Nutzungen ausgerichtet sein, doch ist dies nicht alleiniger Zweck des Verfahrens. Es ist für den Gläubiger nicht rechtsmissbräuchlich, die Zwangsverwaltung an scheinbar aussichtsloser Rangstelle zu betreiben oder zu betreiben, obwohl kurzfristig keine Nutzungen und keine Befriedigung zu erwarten sind. Das Verbot der zwecklosen Pfändung des § 803 Abs. 2 ZPO gilt nicht.[237]

223   Daher kann die Zwangsverwaltung auch zweckmäßig sein, wenn der Schuldner das Objekt schlecht bewirtschaftet oder dieses gar zu verwahrlosen droht. Auch wenn der Schuldner das Objekt selbst bewohnt, ist eine Zwangsverwaltung denkbar. Dies wird nicht zuletzt aus § 149

---

232   Allgemein: Stöber, § 146 ZVG Rn 3.5, 3.6; Depré/Mayer, Die Praxis der Zwangsverwaltung, Rn 706 ff

233   Zum Begriff des Beteiligten iSd § 154 ZVG: BGH Rpfleger 2009, 331 = ZIP 2009, 536; BGH Rpfleger 2009, 406.

234   Zwangsverwalterverordnung vom 19. Dezember 2003 (BGBl. I S. 2804); Begründung des Verordnungsentwurfs vom 6. November 2003, BR-Drucks. 842/03; in Kraft getreten am 1.1.2004; vorher Verordnung über die Geschäftsführung und die Vergütung des Zwangsverwalters vom 16.2.1970 (BGBl. I S. 185); zuletzt geändert durch Gesetz vom 13.12.2001 (BGBl. I S. 3574).

235   BGHZ 163, 9 = Rpfleger 2005, 557 = ZfIR 2005, 560 m. Anm. Weber.

236   BGHZ 161, 336 = Rpfleger 2005, 210 = ZfIR 2005, 886 m. Anm. Hawelka.

237   Grundlegend: BGHZ 151, 384; zu verfahrensfremden Zwecken des Gläubigers s. RGZ 155, 72, 75.

ZVG deutlich, der die Möglichkeit bietet, den Schuldner aus dem Objekt zu räumen, wenn er das Grundstück oder die Verwaltung gefährdet.

Der betreibende Gläubiger kann über den Zwangsverwalter Wertverbesserungen oder zumin- 224 dest werterhaltende Maßnahmen durchführen lassen. Er kann seine Aufwendungen hierfür nach § 10 Abs. 1 Nr. 1 ZVG bevorrechtigt in der Zwangsversteigerung erhalten. Damit dient die Zwangsverwaltung auch der Vorbereitung der Zwangsversteigerung und der Erzielung optimaler Ergebnisse hierbei.

d) Fragestellungen bei Zwangsverwaltung von Wohnungs- oder Teileigentum

Zwangsverwaltung ist sowohl bei vermietetem als auch bei selbstgenutztem Wohnungseigen- 225 tum und selbstverständlich bei Teileigentum zulässig. A priori ist sie bei selbstgenutztem Eigentum nicht rechtsmissbräuchlich.

Während des Zwangsverwaltungsverfahrens übt der Zwangsverwalter die Rechte des Schuld- 226 ners innerhalb der Eigentümergemeinschaft aus, in der Eigentümerversammlung hat er ein Stimmrecht. Dies gilt auch dann, wenn der Schuldner als Eigentümer zur Veräußerung seines Eigentums verurteilt worden ist.[238]

Die Zwangsverwaltung ist für jedes Wohnungs- oder Teileigentum vom Zwangsverwalter ge- 227 trennt zu führen, auch wenn die Verfahren nach § 18 ZVG verbunden sein sollten. Der Zwangsverwalter darf insbesondere nicht Einnahmen und Ausgaben verschiedener Wohnungs- oder Teileigentumseinheiten miteinander vermischen; es besteht keine wirtschaftliche Zusammengehörigkeit.[239]

Bei der Zwangsverwaltung von Wohnungs- oder Teileigentum erfasst die Beschlagnahme nicht 228 das **gemeinschaftliche Eigentum**, wozu auch das von der WEG-Verwaltung verwaltete Vermögen gehört. Auf dieses kann der Zwangsverwalter nur insoweit Zugriff nehmen, als die Eigentümerversammlung wirksam Beschluss über Auszahlungen fasst.[240] Die Verwaltung des gemeinschaftlichen Eigentums als WEG-Verwalter geht auf den Zwangsverwalter faktisch nur dann über, wenn über sämtliche Wohnungs- und Teileigentumseinheiten das Zwangsverwaltungsverfahren angeordnet ist und dieselbe Person zum Zwangsverwalter bestellt ist.[241] Ein noch amtierender WEG-Verwalter ist mit Anordnung der Zwangsverwaltung aber nicht automatisch seines Amtes enthoben, er muss wirksam abberufen werden.

Bei **Zwangsverwaltung auf Betreiben der Eigentümergemeinschaft** als Gläubigerin ist der prak- 229 tische Nutzen allerdings teils durch den Gesetzgeber, teils durch die Rechtsprechung des BGH stark eingeschränkt. Die Rechtsprechung schränkt insbesondere den Anwendungsbereich des § 149 Abs. 2 ZVG stark ein und mindert so den Erfolg der Zwangsverwaltung selbstgenutzten Eigentums. Der Gesetzgeber verbesserte durch die Neuregelung des § 10 Abs. 1 Nr. 2 ZVG und damit zusammenhängend des § 156 Abs. 1 S. 2 ZVG die Rechtsstellung der Eigentümergemeinschaft nicht unbedingt. Das Vorrecht des § 10 Abs. 1 Nr. 2 ZVG für rückständige Hausgeldforderungen oder Sonderumlagen gilt zwar auch in der Zwangsverwaltung. Da in der Zwangsverwaltung aber nur laufende Ansprüche bedient werden, muss beispielsweise die Eigentümergemeinschaft wegen rückständiger Ansprüche die Zwangsverwaltung nach § 155

---

238 BayObLG Rpfleger 1999, 190; Stöber, § 152 ZVG Rn 19.1.
239 Zur Mindestvergütung nach § 20 ZwVwV s. BGH Rpfleger 2007, 274 = ZfIR 2007, 249 m. Anm. Keller.
240 Dassler/Schiffhauer/Hintzen/Engels/Rellermeyer/*Engels*, § 152 ZVG Rn 189.
241 AG Strausberg Rpfleger 2004, 115; Dassler/Schiffhauer/Hintzen/Engels/Rellermeyer/*Engels*, § 152 ZVG Rn 192.

Abs. 2 ZVG in der Rangklasse des § 10 Abs. 1 Nr. 5 ZVG betreiben, ebenso wie der dinglich gesicherte Grundpfandrechtsgläubiger.[242]

230   In der **Zwangsverwaltung auf Betreiben eines anderen Gläubigers** werden laufende Leistungen an die Wohnungseigentümergemeinschaft wie öffentliche Lasten ohne Teilungsplan durch den Zwangsverwalter entrichtet (§ 156 Abs. 1 S. 2 ZVG); sie gehören anders als nach der Rechtslage vor dem 1.7.2007[243] nicht mehr zu den Ausgaben der Zwangsverwaltung nach § 155 Abs. 1 ZVG.[244] Ob auch Sonderumlagen oder im Zusammenhang mit den Jahresabrechnungen beschlossene Abrechnungsspitzen zu den laufenden Leistungen gehören, ist sehr fraglich.[245] Der Gesetzgeber versuchte mit der Schaffung der Rangklasse des § 10 Abs. 1 Nr. 2 ZVG und der Regelung des § 156 Abs. 1 S. 2 ZVG die Stellung der Eigentümergemeinschaft zu verbessern. Dies ist nur teilweise gelungen.

2. Rangfolge der Gläubiger bei der Zwangsverwaltung

231   Das Zwangsverwaltungsverfahren ist wie die Zwangsversteigerung ein Verfahren der Einzelvollstreckung, auch wenn mehrere Gläubiger (Anordnungs- und Beitrittsgläubiger) sie betreiben. Der betreibende Gläubiger bestimmt Beginn, Umfang und Ende des Verfahrens. Aus den Nutzungen des Zwangsverwaltungsobjekts werden neben dem oder den betreibenden Gläubigern weitere Gläubiger entsprechend der Rangfolge des § 10 ZVG befriedigt. Diese Rangfolge erfährt durch § 155 ZVG weitreichende Modifikationen.

a) Ausgaben der Zwangsverwaltung nach § 155 Abs. 1 ZVG

232   Aus den Einnahmen der Zwangsverwaltung werden die Ausgaben derselben vorrangig befriedigt (§ 155 Abs. 1 ZVG). Sie sind gleichsam Masseverbindlichkeiten des Verfahrens, ähnlich den Ansprüchen des § 55 Abs. 1 InsO im Insolvenzverfahren. Reichen die Einnahmen nicht zur Deckung der Ausgaben der Zwangsverwaltung, ist der betreibende Gläubiger in vollem Umfang für sie vorschusspflichtig (§ 161 Abs. 3 ZVG).[246] Der Zwangsverwalter hat in seinem Inbesitznahmebericht die voraussichtlichen Ausgaben der Verwaltung darzulegen (§ 3 Abs. 1 S. 2 Nr. 7 ZwVwV), damit das Gericht den betreibenden Gläubiger zur **Vorschusszahlung** auffordern kann. Dieser kann den Antrag auf Zwangsverwaltung jederzeit zurücknehmen, gerade auch wenn er zur Vorschusszahlung nicht willens ist. Für bereits entstandene und aus den Einnahmen nicht gedeckte Ausgaben bleibt er zahlungspflichtig (§ 12 Abs. 3 S. 2 ZwVwV).

233   Zu den Ausgaben der Zwangsverwaltung gehören die gerichtlichen Kosten des Verfahrens.[247] Sie betragen nach Nr. 2221 KV GKG je angefangenes Jahr seit Beschlagnahme 0,5 des Gebührensatzes nach § 34 GKG aus den Einkünften (§ 55 GKG). Die Anordnungsgebühr der Nr. 2220 KV GKG von 50 € schuldet der betreibende Gläubiger (§ 26 Abs. 1 GKG); sie gehört zu den notwendigen Kosten der Zwangsvollstreckung nach § 788 ZPO (§ 10 Abs. 2 ZVG).

234   Zu den Ausgaben der Zwangsverwaltung gehört auch die **Vergütung des Zwangsverwalters** nach den §§ 17 ff ZwVwV.[248] Sie beträgt grundsätzlich zehn vom Hundert der jährlichen Ein-

---

242   Allgemein: Stöber, § 155 ZVG Rn 7.1.
243   § 10 Abs. 1 Nr. 2 und § 156 Abs. 1 S. 2 ZVG, eingefügt durch Gesetz zur Änderung des Wohnungseigentumsgesetzes und anderer Gesetze vom 26.3.2007 (BGBl. I S. 370); BT-Drucks. 16/887, S. 43 ff
244   Dazu noch Stöber, 18. Aufl. 2006, § 152 ZVG Rn 19.3.
245   So aber Stöber, § 156 ZVG Rn 3.4.
246   Für die Vergütung des Zwangsverwalters: BGH Rpfleger 2004, 579 = ZfIR 2004, 924.
247   Dassler/Schiffhauer/Hintzen/Engels/Rellermeyer/*Engels*, § 146 ZVG Rn 46 ff
248   Allgemein: Stöber, § 152 a ZVG Rn 3 ff; Dassler/Schiffhauer/Hintzen/Engels/Rellermeyer/*Engels*, § 152 a ZVG Rn 2 ff; Depré/Mayer, Die Praxis der Zwangsverwaltung, Rn 652 ff

nahmen nach § 18 Abs. 1 ZwVwV. Bringt das konkrete Verfahren für den Zwangsverwalter erhebliche Erschwernisse, kann die Vergütung auf 15 vom Hundert erhöht werden (§ 18 Abs. 2 ZwVwV).[249] Der Zwangsverwalter kann auch eine Vergütung nach Zeitaufwand geltend machen (§ 19 ZwVwV). Dies ist insbesondere dann der Fall, wenn keine Mieteinnahmen erzielt werden oder wenn die vergleichbare Vergütung nach Stundenaufwand gegenüber der nach § 18 ZwVwV um 25 vom Hundert höher ist.[250] Besteht die Tätigkeit des Zwangsverwalters nur in der Inbesitznahme, wird insbesondere kurze Zeit später das Verfahren aufgehoben, erhält er eine Mindestgebühr von 600 € (§ 20 Abs. 1 ZwVwV).[251] Diese Mindestgebühr fällt für jedes Zwangsverwaltungsobjekt gesondert an; bei Wohnungs- und Teileigentum insbesondere für jede Einheit.[252]

Ausgaben der Zwangsverwaltung sind schließlich die **Ausgaben für die Bewirtschaftung** des 235 Zwangsverwaltungsobjekts.[253] Hierunter zählen beispielsweise Hausmeisterkosten, Versicherungsprämien, Wasserver- und Abwasserentsorgung, Heizung, laufende Instandhaltungskosten oder Prozesskosten des Zwangsverwalters. Die Hausgelder oder Forderungen auf Zahlung einer Abrechnungsspitze oder einer Sonderumlage gehörten nach der bis zum 1.7.2007 geltenden Rechtslage zu den Ausgaben der Zwangsverwaltung.[254] Mit der Bestimmung des Vorrechts aus § 10 Abs. 1 Nr. 2 und § 156 Abs. 1 S. 2 ZVG kann dies nicht mehr angenommen werden.

Im Hinblick auf eine Haftung des betreibenden Gläubigers für diese Kosten und eine mögliche 236 persönliche Haftung des Zwangsverwalters (§ 154 S. 1 ZVG) bei pflichtwidriger Begründung ist oft fraglich, unter welchem **Sorgfaltsmaßstab der Zwangsverwalter** Ausgaben begründen darf oder er haftet, wenn er pflichtwidrig Ausgaben nicht tätigt.[255] Der BGH bejahte eine weite Auslegung des Beteiligtenbegriffs in § 154 S. 1 ZVG und sah den Zwangsverwalter in Sachverhalten des Jahres 2001 haftbar, weil er Hausgelder pflichtwidrig nicht an die Eigentümergemeinschaft geleistet[256] oder Kosten für Energie und Wasser nicht entrichtet hatte.[257] Allgemein darf der Zwangsverwalter Ausgaben nur insoweit tätigen, als ihm tatsächlich Mittel zur Verfügung stehen, aus Einnahmen oder aus einem Gläubigervorschuss.[258] Der Zwangsverwalter handelt pflichtgemäß, wenn er dem Vollstreckungsgericht berichtet und die Einforderung eines entsprechenden Vorschusses anregt.[259] Bei unverzüglich notwendigen Sicherungsmaßnahmen kann ein Anspruch gegen den betreibenden Gläubiger aus den §§ 677, 683 BGB gegeben sein. Ob eine unmittelbare Haftung des betreibenden Gläubigers auf sonstige Ausgaben der Zwangsverwaltung ausgedehnt werden kann, ist fraglich. Die Regelung des § 12 Abs. 3 S. 2 ZwVwV kann nur als Auslegungshilfe dienen. Zu bejahen ist eine Haftung des Gläubigers, wenn der Zwangsverwalter Ausgaben tätigt, für die durch den betreibenden Gläubiger eine Deckung zugesagt wird.[260]

---

249 BGH Rpfleger 2008, 216 = ZfIR 2008, 201 m. Anm. Wedekind; zu Erhöhungen s. auch BGHZ 152, 18; eingehend: Keller, ZfIR 2005, 225.
250 BGH Rpfleger 2007, 414 = ZfIR 2008, 71; dazu Depré, ZfIR 2008, 49; Stöber, § 152 a ZVG Rn 5.1; eingehend: Keller, ZfIR 2006, 445; ders. ZfIR, 2008, 349.
251 Eingehend: Keller, ZfIR 2007, 377, 384.
252 BGH Rpfleger 2007, 274 = ZfIR 2007, 249 m. Anm. Keller.
253 Stöber, § 155 ZVG Rn 4.2; Depré/Mayer, Die Praxis der Zwangsverwaltung, Rn 203 ff.
254 So noch BayObLG Rpfleger 1999, 408; Stöber, 18. Aufl. 2006, § 152 ZVG Rn 19.3 a, 19.3 c.
255 Eingehend zur Haftung: Blank, ZfIR 2007, 526; ders., ZfIR 2008, 781.
256 BGH ZIP 2009, 536.
257 BGH Rpfleger 2009, 406.
258 Stöber, § 155 ZVG Rn 4.4; Depré/Mayer, Die Praxis der Zwangsverwaltung, Rn 224 ff, sehr anschaulich: Rn 298 ff.
259 Dassler/Schiffhauer/Hintzen/Engels/Rellermeyer/*Engels*, § 154 ZVG Rn 12; der aber mit Hinweis auf OLG Düsseldorf ZInsO 2007, 157 eine generelle Gläubigerhaftung annimmt.
260 OLG Frankfurt ZfIR 2008, 804.

b) Rangfolge des § 155 Abs. 2 ZVG

237   Aus den Nutzungen sind die Gläubiger der Rangklassen des § 10 Abs. 1 ZVG zu bedienen.
Diese Rangklassen erfahren durch § 155 Abs. 2 ZVG eine erhebliche Veränderung. Grundsätzlich werden nur die laufenden Beträge wiederkehrender Leistungen bedient, keine Rückstände und keine Hauptsacheforderungen. Dies entspricht dem Zweck der Zwangsverwaltung
als substanzerhaltender Vollstreckung in laufende Nutzungen des Grundstücks. Will ein Gläubiger die Befriedigung rückständiger Leistungen oder seiner Hauptforderung, muss er die
Zwangsverwaltung in Rangklasse § 10 Abs. 1 Nr. 5 ZVG oder eben gleich die Zwangsversteigerung betreiben.[261] Im Einzelnen gilt folgende Rangfolge:[262]

- **§ 10 Abs. 1 Nr. 1 ZVG:** Vorschüsse des betreibenden Gläubigers zur Erhaltung oder notwendigen Verbesserung des Zwangsverwaltungsobjekts werden in voller Höhe berücksichtigt, auch als Hauptsachebetrag. Die sachlichen Voraussetzungen der Rangklasse sind eng
  zu definieren, die Vorschüsse des Gläubigers müssen unmittelbar der Werterhaltung oder
  -verbesserung dienen.[263] In Betracht kommen beispielsweise vorgeschossene Kosten für Re-
  novierungen oder die Fertigstellung notwendiger Baumaßnahmen. Ob der Gläubiger die
  Vorschüsse freiwillig oder auf Anforderung des Gerichts (§ 161 Abs. 3 ZVG) geleistet hat,
  ist nicht maßgebend.

- **§ 10 Abs. 1 Nr. 1 a ZVG:** Diese Rangklasse findet nur bei der Zwangsversteigerung Anwendung.

- **§ 10 Abs. 1 Nr. 2 ZVG:** Für Hausgeldforderungen und Ansprüche auf Zahlung von Sonderumlagen werden nur die laufenden Ansprüche bedient. Laufend sind die zuletzt vor der Beschlagnahme fällig gewordenen und später fällig werdenden Ansprüche (§ 13 ZVG).[264] Ob
  auch der Zahlungsanspruch auf eine Abrechnungsspitze oder eine wirksam beschlossene
  Sonderumlage als wiederkehrende Leistung anzusehen ist, ist höchst fraglich. Teilweise wird
  dies bejaht, da der Begriff „wiederkehrend" nicht gleichbedeutend sein muss mit „regelmäßig
  wiederkehrend".[265] Das ist grundsätzlich richtig, für das Wohnungseigentumsrecht aber
  gleichwohl unzutreffend. Allein bei der Abrechnungsspitze könnte eine wiederkehrende Leistung angenommen werden, da sie mit Ablauf eines jeden Geschäftsjahres nach Abrechnung
  der Betriebs- und Verwaltungskosten gegen den einzelnen Miteigentümer entstehen kann.
  Die Sonderumlage nach § 28 Abs. 1 Nr. 1 WEG[266] als grundsätzlich wiederkehrende Leistung anzusehen, ist nicht denkbar. Sie ist je nach Einzelfall der Verwaltung des Wohnungseigentums notwendig, sei es, weil beispielsweise besondere Baumaßnahmen durchgeführt
  werden müssen, die von der Instandhaltungsrücklage nicht gedeckt werden können oder
  sollen,[267] sei es, um die Liquidität der Gemeinschaft aufrechtzuerhalten. In keinem Fall
  wohnt der Sonderumlage aber die Qualität einer Wiederkehr inne, zumal sie stets im Einzelfall einer wirksamen Beschlussfassung der Eigentümergemeinschaft bedarf und nicht etwa
  wie bei einer Jahresabrechnung jährlich zu erwarten ist, dass sie beschlossen wird. Zuzugeben
  ist aber, dass es im Ermessen der Eigentümergemeinschaft steht, notwendige Zahlungen als

---

261 Stöber, § 155 ZVG Rn 6.2 b.
262 Sehr anschaulich: Morvilius in: Dierck/Morvilius/Vollkommer, Handbuch des Zwangsvollstreckungsrecht, Rn 849 ff
263 RGZ 73, 397; insb. für Wohnungseigentum: BGHZ 154, 387, 394; eingehend: Steiner/*Hagemann*, § 10 ZVG Rn 22 ff;
     Stöber, § 10 ZVG Rn 2.1 ff
264 Etwas undeutlich zur Fälligkeit: Stöber, § 156 ZVG Rn 3.2.
265 Stöber, § 156 ZVG Rn 3.4.
266 NK-BGB/*Schultzky*, § 28 WEG Rn 12.
267 OLG Köln NZM 1998, 878.

einmalige Sonderumlage zu beschließen oder als wiederkehrend zu zahlende Hausgeldforderungen.

■ **§ 10 Abs. 1 Nr. 3 ZVG:** Als laufende Leistungen wiederkehrender Ansprüche aus öffentlichen Lasten gelten insbesondere Grundsteuern, die damit nicht zu den Ausgaben der Zwangsverwaltung nach § 155 Abs. 1 ZVG gehören. Erschließungskosten gehören nur dann zu den wiederkehrenden Ansprüchen, wenn sie ausnahmsweise nach § 135 Abs. 3 BauGB verrentet sind.

■ **§ 10 Abs. 1 Nr. 4 ZVG:** Die laufenden Leistungen eines Grundpfandrechts sind dessen Zinsen. Sie sind bei der Grundschuld in Höhe des dinglichen Zinses der Grundschuld zu berücksichtigen; dies ist nicht anders als bei der Zwangsversteigerung.[268] Zinsen erhält auch die Eigentümergrundschuld ab Beschlagnahmewirkung (§ 1197 Abs. 2 BGB).

■ **§ 10 Abs. 1 Nr. 5 ZVG:** In der Zwangsverwaltung sind in dieser Rangklasse nicht nur die Ansprüche des persönlich betreibenden Gläubigers zu berücksichtigen sondern auch die rückständigen wiederkehrenden Leistungen und die Hauptsacheansprüche der sonst vorrangigen Gläubiger der Rangklassen Nr. 2 bis 4. Als Voraussetzung müssen aber auch sie wegen dieser Beträge die Zwangsverwaltung betreiben. Mehrere betreibende Gläubiger haben unter sich den Rang nach § 11 Abs. 2 ZVG, mithin nach dem Zeitpunkt der jeweiligen Beschlagnahme,[269] der Rang einzelner Ansprüche in § 10 Abs. 1 Nr. 4 ZVG nach § 879 BGB hat keine Bedeutung. Damit kann theoretisch ein persönlicher Gläubiger wegen seiner Forderung einem Grundschuldgläubiger wegen dessen Hauptsacheanspruch vorrangig sein, wenn er eine frühere Beschlagnahme erwirkt hat.

Die Rangklassen der Nr. 6 bis 8 des § 10 Abs. 1 ZVG sind in der Zwangsverwaltung nicht vorgesehen. Theoretisch ist eine Rangklasse § 10 Abs. 1 Nr. 6 ZVG denkbar, wenn ein Recht nach Beschlagnahme zugunsten eines persönlichen Gläubigers in das Grundbuch eingetragen wird, ihm wegen § 23 ZVG gegenüber unwirksam ist und später ein weiterer persönlicher Gläubiger die Zwangsverwaltung betreibt, dem gegenüber das Recht in § 10 Abs. 1 Nr. 4 ZVG voll wirksam ist. Es entsteht dann ein relatives Rangverhältnis zwischen § 10 Abs. 1 Nr. 4/6 ZVG.[270] Dieser Fall ist praktisch nicht relevant. **238**

c) Befriedigung der Gläubiger nach den §§ 156, 158 ZVG

Die Zuteilung der erwirtschafteten Nutzungen an die Gläubiger kann erst nach Aufstellung eines entsprechenden Teilungsplans seitens des Vollstreckungsgerichts erfolgen (§§ 156 Abs. 2, 158 ZVG).[271] Ein solcher muss nicht in jedem Fall aufgestellt werden, sondern nur dann, wenn nach den Ausgaben der Zwangsverwaltung und der Bildung notwendiger Rückstellungen Überschüsse verteilt werden können (§ 156 Abs. 2 ZVG). Dies hat der Zwangsverwalter zu prüfen und dem Gericht mitzuteilen.[272] **239**

Die Gläubiger haben ihre Ansprüche zum Verfahren anzumelden, soweit diese nicht bei Eintragung des Zwangsverwaltungsvermerks aus dem Grundbuch ersichtlich sind; grundbucher- **240**

---

268 Stöber, § 155 ZVG Rn 6.7 e; Stöber, MittBayNot 1999, 441; Clemente/Lenk, ZfIR 2002, 337.
269 Eingehend: Stöber, § 155 ZVG Rn 7.2; Dassler/Schiffhauer/Hintzen/Engels/Rellermeyer/*Engels*, § 155 ZVG Rn 74; anders: Steiner/*Hagemann*, § 155 ZVG Rn 89, 90.
270 Eingehend: Stöber, § 155 ZVG Rn 6.8; Morvilius in: Dierck/Morvilius/Vollkommer, Handbuch des Zwangsvollstreckungsrecht, Rn 851 ff
271 Muster bei Stöber, § 156 ZVG Rn 7; Morvilius in: Dierck/Morvilius/Vollkommer, Handbuch des Zwangsvollstreckungsrecht, Rn 883 ff; Stöber, ZVG-Handbuch, Rn 642 ff
272 Sehr praxisnah: Depré/Mayer, Die Praxis der Zwangsverwaltung, Rn 294 ff

sichtlich sind praktisch nur die laufenden Leistungen der Ansprüche aus § 10 Abs. 1 Nr. 4 ZVG. Anzumelden sind mithin:

- Ansprüche aus § 10 Abs. 1 Nr. 1 ZVG,

- Ansprüche auf laufende Leistungen aus § 10 Abs. 1 Nr. 2 ZVG; gegebenenfalls auch Rechtsverfolgungskosten wegen dieser Ansprüche,

- Ansprüche auf laufende Leistungen aus § 10 Abs. 1 Nr. 3 ZVG,

- Rechtsverfolgungskosten bezüglich laufender Leistungen für Ansprüche aus § 10 Abs. 1 Nr. 4, Abs. 2 ZVG.

Ansprüche, derentwegen die Zwangsverwaltung betrieben wird, müssen nicht gesondert angemeldet werden. Bekannt zu geben sind die Rechtsverfolgungskosten.

241　Die Ansprüche aus § 10 Abs. 1 Nr. 2 und 3 ZVG können nach § 156 Abs. 1 ZVG ohne Aufstellung eines Teilungsplans bedient werden.[273] Auch sie dürfen aber erst bedient werden, wenn die Ausgaben der Zwangsverwaltung gezahlt sind oder für sie ausreichend Rückstellungen gebildet sind. Innerhalb der Ansprüche sind die laufenden Hausgelder nach § 10 Abs. 1 Nr. 2 ZVG vorrangig vor den öffentlichen Lasten zu bedienen. Ein Gläubigervorschuss für diese Ansprüche darf nicht gefordert werden.

d) Ansprüche der Wohnungseigentümergemeinschaft im Besonderen

242　Die Behandlung der Ansprüche der Wohnungseigentümergemeinschaft in der Zwangsverwaltung ist nach Inkrafttreten der WEG-Novelle am 1.7.2007 mit den Änderungen des § 10 Abs. 1 Nr. 2 und § 156 Abs. 1 S. 2 ZVG nicht abschließend geklärt.[274] Festgehalten werden kann, dass nur die laufenden Ansprüche auf Zahlung von Hausgeld vorweg zu befriedigen sind. Abzulehnen ist die Ansicht, die Hausgeldansprüche, in gleicher Weise, wie dies bei öffentlichen Lasten (§ 10 Abs. 1 Nr. 3 ZVG) vertreten wird, durch § 156 Abs. 1 ZVG aus der rangmäßigen Befriedigung des § 10 Abs. 1 ZVG als herausgenommen sieht.[275] Auch wenn die laufenden Ansprüche aus § 10 Abs. 1 Nr. 2 ZVG ohne Teilungsplan bedient werden dürfen, gehören sie nicht zu den Ausgaben der Verwaltung oder den Kosten des Verfahrens.[276] Der die Zwangsverwaltung betreibende Gläubiger ist dafür nicht vorschusspflichtig.

243　Der Anspruch auf Zahlung einer **Abrechnungsspitze** nach Abrechnung des Geschäftsjahres und entsprechender Beschlussfassung durch die Wohnungseigentümergemeinschaft zählt nicht zu den nach § 156 Abs. 1 S. 2 ZVG vom Zwangsverwalter zu erfüllenden Ansprüchen.[277] Freilich war hier die Rechtslage vor Inkrafttreten der WEG-Novelle günstiger, da die Abrechnungsspitze als Ausgabe der Verwaltung iSd § 155 Abs. 1 ZVG angesehen wurde.[278] Dennoch ist es sachlich richtig, die Abrechnungsspitze nicht unter § 156 Abs. 1 S. 2 ZVG zu subsumieren, auch wenn man ihr die Qualität einer wiederkehrenden Leistungen zubilligen würde.[279] Im Übrigen würde allein das Abstellen auf die Fälligkeit mit wirksamer Beschlussfassung dazu führen, dass die

---

273　Stöber, § 156 ZVG Rn 3.

274　Böhringer/Hintzen, Rpfleger 2007, 353; Weis, ZfIR 2007, 477; Wedekind, ZfIR 2007, 704; Schneider, ZfIR 2008, 161; Wedekind, ZfIR 2008, 600; Alff/Hintzen, Rpfleger 2008, 165.

275　LG Frankenthal Rpfleger 2008, 519; kritisch: Wedekind, ZfIR 2008, 600, 601; zu diesem Problem auch Mayer, Rpfleger 2000, 260, 262; Depré/Mayer, Die Praxis der Zwangsverwaltung, Rn 246.

276　Dassler/Schiffhauer/Hintzen/Engels/Rellermeyer/*Engels*, § 156 ZVG Rn 3; grundlegend anders hierzu Depré/Mayer, Die Praxis der Zwangsverwaltung, Rn 244, 246.

277　Kritisch: Alff/Hintzen, Rpfleger 2008, 165, 173; allgemein zur Beschlussfassung: BGHZ 104, 197; 120, 261, 266; 131, 228; umfassend: Staudinger/*Bub*, Neubearb. 2005, § 28 WEG Rn 252 ff.

278　Dazu noch OLG München ZfIR 2007, 647 m. Anm. Bergsdorf; BayObLG ZfIR 1999, 848 = FGPrax 1999, 138; eingehend: Wedekind, ZfIR 2007, 704; eher allgemein: Weis, ZfIR 2007, 477.

279　So Stöber, § 156 ZVG Rn 3.4.

Eigentümergemeinschaft durch den Zeitpunkt der Beschlussfassung steuern könnte, ob eine Abrechnungsspitze durch den Zwangsverwalter zu zahlen ist oder nicht.[280] Deshalb können auch Rückstände aus früheren Wirtschaftsjahren, die der Schuldner seinerzeit nicht beglichen hatte, nicht durch bekräftigende Beschlussfassung der Genehmigung der Jahresrechnung zu wiederkehrenden Leistungen für das laufende Wirtschaftsjahr und die Zeit der Zwangsverwaltung gemacht werden.[281]

Gleiches gilt für Sonderumlagen, die durch die Eigentümergemeinschaft während der Dauer des 244 Zwangsverwaltungsverfahrens beschlossen werden. Sie nunmehr als wiederkehrende Leistungen zu betrachten, ist nicht denkbar.[282] Denkbar wäre eine sachliche Differenzierung dahin gehend, dass Sonderumlagen zum Zwecke der Finanzierung von Instandhaltungsmaßnahmen zu den Ausgaben der Zwangsverwaltung zählen können, da auch der Zwangsverwalter zur ordnungsgemäßen Instandhaltung verpflichtet ist.[283]

▶ **Muster: Anmeldung laufender Hausgeldforderungen zur Zwangsverwaltung** 245

An das Amtsgericht [...]

– Vollstreckungsgericht –

Az: [...]

In dem Zwangsverwaltungsverfahren

Wohnungseigentümergemeinschaft Grundstück [...] *[Bezeichnung entsprechend Vollstreckungstitel]*

– Gläubiger –

gegen

[...] *[Name des Schuldners entsprechend Vollstreckungstitel]*

– Schuldner –

zeige ich die anwaltliche Vertretung des Gläubigers an.

Es werden zu dem Verteilungstermin am [...] *[Datum]* folgende Ansprüche angemeldet:

[...] €	Laufende Hausgeldforderungen für die Zeit ab [...] *[Datum; letzte Fälligkeit vor Beschlagnahme]*
[...] €	Nachzahlungsforderung aus Betriebskostenabrechnung für das Geschäftsjahr der Eigentümergemeinschaft [...] *[Jahr]*.
= [...] €	Gesamtbetrag des geltend gemachten Anspruchs

---

280 Dassler/Schiffhauer/Hintzen/Engels/Rellermeyer/*Engels*, § 152 ZVG Rn 207, 208; eingehend: Wenzel, ZInsO 2005, 115.
281 Zur Haftung des ausgeschiedenen Eigentümers: BGHZ 131, 228; zur Zwangsverwaltung: BayObLG Rpfleger 1999, 408; LG Rostock Rpfleger 2003, 680.
282 So aber Stöber, § 156 ZVG Rn 3.4.
283 So Dassler/Schiffhauer/Hintzen/Engels/Rellermeyer/*Engels*, § 152 ZVG Rn 214.

An Rechtsverfolgungskosten hierfür werden angemeldet:

[...] €	Verfahrensgebühr gemäß Nr. 3311 VV RVG
[...] €	Auslagen gemäß Nr. 7002 VV RVG
[...] €	Umsatzsteuer gemäß Nr. 7008 VV RVG
= [...] €	Gesamtbetrag der Rechtsverfolgungskosten

Rechtsanwalt ◄

3. Anordnung der Zwangsverwaltung

a) Voraussetzungen der Anordnung der Zwangsverwaltung

246   Die Vorschriften der §§ 146 ff ZVG verweisen bezüglich der Anordnung der Zwangsverwaltung wesentlich auf die Regelungen der §§ 15 ff ZVG zur Zwangsversteigerung. Selbstverständlich benötigt der die Zwangsverwaltung betreibende Gläubiger einen Vollstreckungstitel gegen den Schuldner, die weiteren allgemeinen und besonderen Voraussetzungen der Zwangsvollstreckung müssen vorliegen. Der Schuldner muss grundsätzlich als Eigentümer des Zwangsverwaltungsobjekts im Grundbuch eingetragen sein (§ 17 ZVG).[284]

247   Wie auch bei der Zwangsversteigerung wird zwischen dem dinglich betreibenden und dem persönlich betreibenden Gläubiger unterschieden. Der **dinglich betreibende Gläubiger** betreibt die Zwangsverwaltung wegen seiner wiederkehrenden Ansprüche aus einem im Grundbuch eingetragenen Recht nach § 10 Abs. 1 Nr. 4 ZVG (Grundpfandrecht, Reallast), der **persönlich betreibende Gläubiger** betreibt wegen seiner titulierten Forderung aus der Rangklasse des § 10 Abs. 1 Nr. 5 ZVG. Noch mehr als in der Zwangsversteigerung hängt aber der wirtschaftliche Erfolg der Zwangsverwaltung gerade für den persönlich betreibenden Gläubiger vom Umfang vorrangiger Rechte ab, da in der Zwangsverwaltung keine Substanzverwertung erfolgt, sondern nur die laufenden Nutzungen verteilt werden.

b) Zwangsverwaltung wegen Ansprüchen der WEG-Gemeinschaft

248   Die Eigentümergemeinschaft kann wegen rückständiger und titulierter Ansprüche auf Hausgeld oder Sonderumlagen die Zwangsverwaltung betreiben. Da in der Zwangsverwaltung in der Rangklasse des § 10 Abs. 1 Nr. 2 ZVG nach § 155 Abs. 2 ZVG nur laufende Leistungen bedient werden, kann wegen Rückständen nur aus der Rangklasse § 10 Abs. 1 Nr. 5 ZVG betrieben werden. Bei eingetragenen Grundpfandrechten, deren laufende Leistungen in der Zwangsverwaltung vorrangig bedient werden, ist Zwangsverwaltung wegen Hausgeldrückständen daher eher nicht empfehlenswert. Dies ist aber nicht Folge der Neuregelung des § 10 Abs. 1 Nr. 2 ZVG sondern galt auch im vor dem 1. Juli 2007 geltenden Recht. Die mit § 10 Abs. 1 Nr. 2 verbundene Neuregelung des § 156 Abs. 1 S. 2 ZVG soll lediglich dazu führen, laufende Leistungen vorrangig zu befriedigen, nicht aber Rückstände vorrangig zu tilgen.

249   Die Mindest- und Höchstgrenzen des § 10 Abs. 1 Nr. 2 und Abs. 3 ZVG gelten in der Zwangsverwaltung nicht. Der Zweck der Mindestgrenze des § 10 Abs. 3 ZVG iVm § 18 Abs. 2 Nr. 2 WEG (drei vom Hundert des Einheitswertes) liegt darin, den Schuldner vor unverhältnismäßiger Enteignung unter Umgehung der §§ 18, 19 WEG zu schützen. Dieses Schutzes bedarf er bei der Zwangsverwaltung nicht. Die Höchstgrenze des § 10 Abs. 1 Nr. 2 ZVG (fünf vom Hundert

---

284   Allgemein: Morvilius in: Dierck/Morvilius/Vollkommer, Handbuch des Zwangsvollstreckungsrecht, Rn 684 ff; Depré/Mayer, Die Praxis der Zwangsverwaltung, Rn 10 ff

des Verkehrswertes) gilt nur für die rückständigen Forderungen der Eigentümergemeinschaft in der Zwangsversteigerung oder in der Zwangsverwaltung, wenn hieraus betrieben wird (§ 156 Abs. 1 S. 3 ZVG).

▶ **Muster: Antrag auf Anordnung der Zwangsverwaltung**   250

An das Amtsgericht [...]

– Vollstreckungsgericht –

In der Zwangsvollstreckungssache

Wohnungseigentümergemeinschaft Grundstück [...] *[Bezeichnung entsprechend Vollstreckungstitel]*

– Gläubiger –

gegen

[...] *[Namen des Schuldners entsprechend Vollstreckungstitel]*

– Schuldner –

zeige ich die anwaltliche Vertretung des Gläubigers an.

Namens der Gläubigerin wird die Anordnung der Zwangsverwaltung des im Wohnungs-/Teileigentumsgrundbuch von [...] *[Grundbuchbezirk]*, Blatt [...], auf den Namen des Schuldners eingetragenen Grundbesitzes wegen folgender Forderungen aus der Rangklasse des § 155 Abs. 2 iVm § 10 Abs. 1 Nr. 5 ZVG beantragt:

[...] €	Rückständige Hausgeldforderungen für die Zeit vom [...] bis [...].
[...] €	Nachzahlungsforderung aus Betriebskostenabrechnung für das Geschäftsjahr der Eigentümergemeinschaft [...] *[Jahr]*.
[...] €	Sonderumlage gemäß Beschlussfassung der Eigentümergemeinschaft vom [...] *[Datum]*.
= [...] €	Gesamtbetrag des geltend gemachten Anspruchs

Als Vollstreckungstitel sowie als Mittel der Glaubhaftmachung der jeweiligen Rechtsnatur der Ansprüche werden überreicht:

– Vollstreckbare Ausfertigung des Versäumnisurteils des Amtsgerichts [...] *[Ort]* vom [...] *[Datum]*, aus welchem sich die Höhe der geltend gemachten Forderungen ergibt.

– Klageschrift vom [...] *[Datum]*, aus welcher sich durch Bezugnahme des Urteils auf diese die Rechtsnatur der Forderungen aus solcher in der Rangklasse des § 10 Abs. 1 Nr. 2 ZVG ergibt.

Rechtsanwalt ◀

4. Inbesitznahme des Zwangsverwaltungsobjekts

a) Anordnung und Beschlagnahme der Zwangsverwaltung

Das Vollstreckungsgericht ordnet die Zwangsverwaltung durch Beschluss an, der Schuldner   251
wird nicht gehört. Mit der Anordnung wird ein Zwangsverwalter benannt, der die Vermietung oder Verpachtung des Objekts zu bewerkstelligen hat (§ 152 ZVG). Als Zwangsverwalter ist

eine geschäftskundige natürliche Person iSd § 1 ZwVwV zu bestellen.[285] Unter den Voraussetzungen des § 150 a ZVG kann auch ein sog. Instituts-Zwangsverwalter bestellt werden.[286]

252   Die Beschlagnahme der Zwangsverwaltung tritt wie bei der Zwangsversteigerung durch Zustellung des Anordnungsbeschlusses an den Schuldner oder durch Eingang des Ersuchens um Eintragung des Zwangsverwaltungsvermerks beim Grundbuchamt ein (§ 22 ZVG). Zusätzlich tritt die Beschlagnahme auch dann ein, wenn der Zwangsverwalter das Objekt in Besitz nimmt (§§ 148 Abs. 2, 150 Abs. 2 und 151 Abs. 1 ZVG). Maßgeblich ist der jeweils erste Zeitpunkt.[287] Die Beschlagnahme der Zwangsverwaltung ist auch für eine Zwangsversteigerung maßgebend, wenn bei deren Anordnung eine Zwangsverwaltung – nicht notwendig für denselben betreibenden Gläubiger – anhängig war (§ 13 Abs. 4 S. 2 ZVG).

253   Der **Inbesitznahme** kommt wegen ihrer möglichen Beschlagnahmewirkung zentrale Bedeutung zu. Die Inbesitznahme stellt sich als hoheitliche Maßnahme dar, die der Zwangsverwalter persönlich oder durch besonders qualifizierte Mitarbeiter zu bewirken hat.[288] Er hat über die Inbesitznahme detailliert zu berichten (§ 3 ZwVwV).[289] Nicht selten versucht der Schuldner, die Inbesitznahme des Zwangsverwalters zu vereiteln, indem beispielsweise der Besitz am Zwangsverwaltungsobjekt auf einen Dritten übertragen wird. Dies gilt insbesondere bei Wohnungs- oder Teileigentum, wenn dem Zwangsverwalter etwa mitgeteilt wird, das Objekt sei kurzfristig verkauft worden und der Käufer habe bereits rechtmäßig Besitz an ihm erlangt.

254   Gegen den Schuldner, der Eigenbesitzer iSd § 872 BGB, nicht aber Eigentümer des Grundstücks ist, kann die Zwangsverwaltung nach § 147 Abs. 1 ZVG nur aus einem eingetragenen Recht (Hypothek, Grundschuld, Reallast) aufgrund eines dinglichen Titels erfolgen.[290] Ein gegen den Grundstückseigentümer gerichteter dinglicher **Vollstreckungstitel** kann nach § 727 ZPO umgeschrieben werden.[291] Zur Titelumschreibung hat der Gläubiger die Rechtsnachfolge durch öffentliche oder öffentlich beglaubigte Urkunde nachzuweisen, wenn der Fremdbesitzer diese nicht ausdrücklich zugesteht.[292] Im Übrigen hat er gegen den Fremdbesitzer Klage auf Erteilung der Vollstreckungsklauseln nach § 731 ZPO zu erheben. Der dingliche Gläubiger kann unmittelbar auch gegen den Besitzer auf Duldung der Zwangsvollstreckung klagen.[293]

---

285   Umfassend zur Bestellung des Zwangsverwalters und zu den verfassungsrechtlichen Vorgaben betreffend die vergleichbare Frage der Auswahl des Insolvenzverwalters entsprechend: BVerfG NJW 2004, 2725 = NZI 2004, 574 = ZIP 2004, 1649, dazu EWiR 2005, 437 (Wieland); BVerfG NZI 2006, 453 = ZIP 2006, 1355; OLG Koblenz Rpfleger 2005, 618 m. Anm. Kirsch; OLG Frankfurt Rpfleger 2009, 102 (Ablehnung § 23 EGGVG); Stöber, § 150 ZVG Rn 9; Dassler/Schiffhauer/Hintzen/Engels/Rellermeyer/*Engels*, § 150 ZVG Rn 2 ff; Morvilius in: Dierck/Morvilius/Vollkommer, Handbuch des Zwangsvollstreckungsrecht, Rn 786 ff; Depré/Mayer, Die Praxis der Zwangsverwaltung, Rn 68 ff; Depré, ZfIR 2006, 565; weiterführende Rechtsprechung und Literatur bei Graf-Schlicker/*Graf-Schlicker*, § 56 InsO Rn 2 bis 26; HambKomm/*Frind*, § 56 InsO Rn 4 ff und 29 ff

286   BGH NJW-RR 2005, 1299 = Rpfleger 2005, 457 m. Anm. Erler; LG Koblenz Rpfleger 2004, 114; Stöber, § 150 a ZVG Rn 2, 3.

287   Stöber, § 151 ZVG Rn 2; Morvilius in: Dierck/Morvilius/Vollkommer, Handbuch des Zwangsvollstreckungsrecht, Rn 727 ff

288   Zur Höchstpersönlichkeit: LG Potsdam ZfIR 2009, 105 m. Anm. Hawelka; Keller, ZfIR 2009, 385.

289   Eingehend: Dassler/Schiffhauer/Hintzen/Engels/Rellermeyer/*Engels*, § 150 ZVG Rn 47 ff; Muster eines Inbesitznahmeberichtes bei Depré/Mayer, Die Praxis der Zwangsverwaltung, Rn 872.

290   Steiner/*Hagemann*, § 147 ZVG Rn 7, 10; Stöber, § 147 ZVG Rn 2.4, 2.5.

291   BGHZ 96, 61, 67; Stöber, § 147 ZVG Rn 2.7.

292   Allgemein: Stein/Jonas/*Münzberg*, ZPO, § 727 Rn 41 ff; die Geständnisfiktion des § 138 Abs. 3 ZPO findet keine Anwendung, BGH Rpfleger 2005, 611.

293   BGH Rpfleger 2004, 510 = ZfIR 2004, 746; BGH NJW 2003, 2164 = Rpfleger 2003, 378; Stöber, § 146 ZVG Rn 11.2; Eickmann, Zwangsversteigerungs- und Zwangsverwaltungsrecht, § 37 II. 1. a).

b) Anordnung der Zwangsverwaltung bei Fremdbesitz eines Dritten
aa) Formale Prüfung der Anordnungsvoraussetzungen

Das Vollstreckungsgericht prüft vor der Anordnung der Zwangsverwaltung nur die formalen   **255** Anordnungsvoraussetzungen.[294] Das Vollstreckungsgericht prüft nicht, ob der Grundstückseigentümer und Vollstreckungsschuldner tatsächlich unmittelbarer oder mittelbare Besitzer des Zwangsverwaltungsobjekts ist.[295] Nur wenn dem Vollstreckungsgericht der Besitz eines Dritten sicher bekannt ist, kann und muss es die Anordnung der Zwangsverwaltung mangels Rechtsschutzbedürfnisses des Gläubigers ablehnen.[296] Das Gericht prüft nicht, ob das Zwangsverwaltungsobjekt vermietet oder verpachtet ist oder als solches vermietet oder verpachtet werden kann. Dies zu prüfen, ist Aufgabe des Zwangsverwalters.[297]

bb) Eigenbesitz des Schuldners und Fremdbesitz eines Dritten

Problematisch ist die Inbesitznahme, wenn der Schuldner und Eigentümer des Grundstücks   **256** weder unmittelbarer noch mittelbarer Besitzer ist. Der BGH verneinte die Zulässigkeit der Zwangsverwaltung, wenn das Grundstück allein im Besitz eines nicht zur Herausgabe bereiten Dritten steht, als rechtlich undurchführbar.[298] Bei Fremdbesitz muss der Gläubiger den Fremdbesitzer zum Schuldner der Zwangsvollstreckung machen.[299] Als dinglicher Gläubiger kann er über § 147 ZVG unmittelbar gegen den Besitzer die Zwangsverwaltung betreiben. Als persönlicher Gläubiger (§ 10 Abs. 1 Nr. 5 ZVG) kann er den Herausgabeanspruch des Eigentümers gegen den Besitzer pfänden und sich zur Einziehung überweisen lassen (§ 846 iVm §§ 829 ff ZPO).[300] Hierauf kann er gegen den Besitzer auf Herausgabe klagen. Die rechtlichen Voraussetzungen einer solchen Zwangsverwaltung hat der Gläubiger zu schaffen, der Zwangsverwalter ist hierzu nicht berechtigt und auch nicht verpflichtet.[301] Ist beispielsweise im Grundbuch bereits eine Auflassungsvormerkung für einen Käufer eingetragen und wurde diesem vertragsgemäß der Besitz am Grundstück bereits eingeräumt, liegt berechtigter Fremdbesitz eines Dritten vor, der die Inbesitznahme und Durchführung der Zwangsverwaltung unmöglich werden lässt. Die Auflassungsvormerkung selbst ist aber kein entgegenstehendes Recht iSd § 28 ZVG.[302]

Ist der Eigenbesitz des Schuldners oder der Fremdbesitz des Dritten streitig, hindert dies die   **257** Anordnung der Zwangsverwaltung nicht. Der Dritte hat im Wege der **Drittwiderspruchsklage** des § 771 ZPO gegen die Zwangsverwaltung vorzugehen.[303] Wegen der rechtlichen Undurchführbarkeit einer Zwangsverwaltung bei Fremdbesitz eines Dritten wird dieser praktisch kaum genötigt sein, Drittwiderspruchsklage zu erheben. Wenn aber bei Fremdbesitz eines Dritten eine Zwangsverwaltung zunächst zwar angeordnet, aber nicht durchgeführt werden kann, fehlt es für den Dritten an der Notwendigkeit, gegen eine Zwangsvollstreckung vorzugehen.

294 Steiner/*Hagemann*, § 146 ZVG Rn 57 ff; zur Rechtslage vor Inkrafttreten des ZVG: RGZ 38, 397, 398; ausführlich auch bereits Jaeckel/Güthe, ZVG, 4. Aufl. 1912, §§ 15, 16 Rn 2 ff, § 146 Rn 4 ff; Nußbaum, Die Zwangsversteigerung und Zwangsverwaltung, 1916, § 5 I.
295 Stöber, § 146 ZVG Rn 10.4.
296 Steiner/*Hagemann*, § 147 ZVG Rn 14; Stöber, § 146 ZVG Rn 10.5.
297 RGZ 155, 72, 75; BGHZ 151, 384.
298 BGHZ 96, 61, 66; Stöber, § 146 ZVG Rn 10.2.
299 BGHZ 96, 61, 67.
300 Zur hilfsweisen Pfändung des Anspruchs aus § 985 BGB: Stöber, § 146 ZVG Rn 10.7; allgemein: Staudinger/*Gursky*, Neubearb. 2006, § 985 BGB Rn 3; Stöber, Forderungspfändung, Rn 2012, 2034 ff
301 BGHZ 96, 61, 67; Stöber, § 146 ZVG Rn 10.7.
302 Stöber, § 28 ZVG Rn 5.1; Böttcher, § 28 ZVG Rn 4 ff
303 BGH ZfIR 2004, 746 = Rpfleger 2004, 510; dazu auch Hawelka, ZfIR 2005, 14.

258 Zeigt sich bei der unmittelbaren Inbesitznahme der Fremdbesitz eines Dritten, kann eine Inbesitznahme im eigentlichen Sinne nicht erfolgen. Dies ist nur möglich, wenn der Fremdbesitzer der Zwangsvollstreckung zustimmt, auch unter dem Vorbehalt einer Drittwiderspruchsklage. In jedem Fall hat der Zwangsverwalter dem Vollstreckungsgericht ausführlich über die Sachlage zu berichten (§ 3 ZwVwV). Es ist Sache des Gläubigers, entweder gegen den Fremdbesitzer die Voraussetzungen der Zwangsverwaltung zu schaffen oder den Antrag auf Zwangsverwaltung zurückzunehmen.

cc) Berechtigter Besitz des Nießbrauchers

259 Ist im Grundbuch ein Nießbrauch eingetragen (§ 1030 BGB), übt der Nießbraucher die Sachherrschaft über das Zwangsverwaltungsobjekt aus. Die Zwangsverwaltung kann nur angeordnet und durchgeführt werden, wenn gegen ihn ein Titel auf Duldung der Zwangsvollstreckung vorliegt.[304] Der BGH verlangt dies selbst dann, wenn der Nießbrauch dem betreibenden Gläubiger im Range des § 879 BGB nachgeht, da unabhängig vom Rangverhältnis der Nießbraucher berechtigter Besitzer des Objekts ist.[305] Der dingliche Gläubiger kann einen bestehenden Vollstreckungstitel gegen den im Grundbuch nachrangigen Nießbraucher nach § 727 ZPO umschreiben lassen.[306] Geht der Nießbrauch dem Grundpfandrecht im Range vor, kann eine Titelumschreibung nicht erfolgen. Hier muss der Nießbraucher auf Duldung der Zwangsvollstreckung aus § 1147 BGB verklagt werden, was nur möglich ist, wenn der Nießbrauch in anfechtbarer Weise nach den §§ 3, 4 AnfG erlangt worden ist.[307]

260 Der persönlich betreibende Gläubiger kann gegen den im Grundbuch eingetragenen Nießbrauch praktisch nicht vorgehen. Hier ist nur eine sog. beschränkte Zwangsverwaltung möglich, bei welcher der Zwangsverwalter gegenüber dem Nießbraucher die Rechte des Schuldners und Eigentümers einnimmt.[308]

c) Umfang der Beschlagnahme nach den §§ 20, 21, 148 ZVG
aa) Grundstück und Zubehör

261 Für den Umfang der Beschlagnahme in der Zwangsverwaltung verweisen die §§ 146 und 148 ZVG zunächst auf die allgemeine Regelung des § 20 ZVG. Danach umfasst die Beschlagnahme das Grundstück mit seinen wesentlichen Bestandteilen (§ 95 BGB). Hierzu gehören auch mit dem Boden noch verbundene Erzeugnisse („Getreide auf dem Halm") oder durch Ausbeute entnehmbarer Bodenbestandteile (Kies, Lehm).

262 Über § 20 Abs. 2 ZVG ist auch **Zubehör** von der Beschlagnahme erfasst, soweit es im Eigentum des Grundstückseigentümers steht (§ 1120 BGB).[309] Bei der Beschlagnahme von Zubehör ist zu beachten, dass der Zwangsverwalter über dieses nur im Rahmen ordnungsmäßiger Wirtschaft verfügen darf. Da die Zwangsverwaltung nicht der Substanzverwertung dient, darf Zubehör auch nicht verwertet werden.[310] Veräußert der Zwangsverwalter etwa eine landwirtschaftliche Zugmaschine oder legt er sie still, hat er im Rahmen ordnungsmäßiger Wirtschaft – soweit erforderlich – eine gleichwertige Zugmaschine anzuschaffen. Ein Verwertungserlös

---

304　Allgemein: Stöber, § 146 ZVG Rn 11; Morvilius in: Dierck/Morvilius/Vollkommer, Handbuch des Zwangsvollstreckungsrecht, Rn 755 ff

305　BGH Rpfleger 2004, 510 = ZfIR 2004, 746; BGH NJW 2003, 2164 = Rpfleger 2003, 378; Stöber, § 146 ZVG Rn 11.2.

306　OLG Dresden Rpfleger 2006, 92.

307　Morvilius in: Dierck/Morvilius/Vollkommer, Handbuch des Zwangsvollstreckungsrecht, Rn 758.

308　Allgemein: Stöber, § 146 ZVG Rn 11.8.

309　Eingehend: Steiner/*Hagemann*, § 148 ZVG Rn 5 ff; Stöber, § 148 ZVG Rn 2; Depré/Mayer, Die Praxis der Zwangsverwaltung, Rn 131 ff

310　Stöber, § 152 ZVG Rn 13.3; Depré/Mayer, Die Praxis der Zwangsverwaltung, Rn 134 ff

darf nicht als Einnahme der Zwangsverwaltung an die Gläubiger verteilt werden, sondern gebührt dem Schuldner.[311]

bb) Miet- und Pachtforderungen

Die Beschlagnahme der Zwangsverwaltung erfasst nach § 148 Abs. 1 S. 1 ZVG „auch" die in § 21 Abs. 1 und 2 ZVG bezeichneten Gegenstände; im Unterschied zur Zwangsversteigerung sollte es besser „erst recht" heißen.[312] Den Umfang der Beschlagnahme regeln materiellrechtlich die §§ 1123 ff BGB. Von der Beschlagnahme der Miet- und Pachtforderungen sind auch die Nebenkosten erfasst, damit auch Betriebskostenvorauszahlungen und Nachforderungen des Schuldners gegen den Mieter aus Betriebskostenabrechnungen für abgelaufene Abrechnungszeiträume (§ 556 Abs. 3 BGB).[313] Betriebskostenvorauszahlungen des Mieters werden nicht neben der Miete treuhänderisch an den Vermieter geleistet, sie sind Bestandteil der Miete selbst. 263

Eine nach § 551 BGB gestellte **Kaution** ist von der Beschlagnahme der Zwangsverwaltung erfasst.[314] Die Kaution des § 551 BGB ist eine vertraglich vereinbarte Sicherheitsleistung für den Vermieter, sie ist kein gesetzlich zwingender Bestandteil des Mietvertrags.[315] Die Kommentarliteratur sieht daher die Kaution als von der Beschlagnahme erfasst an, ohne dies näher zu begründen.[316] Problematisch ist die Beschlagnahme, wenn die Kaution durch einen Gläubiger des Mieters gepfändet ist (§§ 829 ff ZPO).[317] Der Anspruch auf Rückzahlung der Kaution entsteht bereits mit Abschluss des Mietvertrags aufschiebend bedingt durch die Beendigung desselben.[318] Die Regelung des § 1124 BGB, welche die Wirksamkeit von Verfügungen[319] über Miete oder Pacht für die Zeit nach der Beschlagnahme regelt, ist nicht passend. Es gilt der Prioritätsgrundsatz des § 804 Abs. 3 ZPO im Verhältnis zwischen dem Pfändungsgläubiger des Mieters und dem Beschlagnahmegläubiger des Vermieters. Der Zwangsverwalter kann die Mietkaution nicht erlangen, wenn der Anspruch auf Rückzahlung wirksam vor Beschlagnahme der Zwangsverwaltung gepfändet worden ist. 264

Ein häufiges Problem der Praxis ist die Frage, auf welche Weise der Zwangsverwalter die Kaution beim Schuldner erlangen kann, wenn dieser sie nicht freiwillig herausgibt. Nach Ansicht des BGH kann der Zwangsverwalter aufgrund des Anordnungsbeschlusses gegen den Schuldner die Herausgabevollstreckung nach § 883 ZPO betreiben.[320] Die Barkaution, die der Vermieter nach § 551 Abs. 3 BGB anzulegen hat, ist vom Zwangsverwalter im Wege der Forderungspfändung einzuholen. Dies gilt auch bei der Kaution durch Verpfändung eines Sparkontos, das Sparbuch ist eine nach § 836 Abs. 3 S. 1 ZPO herauszugebende Urkunde, die Vollstreckung nach § 836 Abs. 3 S. 3 iVm § 883 ZPO und § 156 S. 1 GVGA ist lediglich Hilfsvollstreckung.[321] 265

---

311 Depré/Mayer, Die Praxis der Zwangsverwaltung, Rn 137.
312 Allgemein: Stöber, § 21 ZVG Rn 3; § 148 ZVG Rn 2.3; Staudinger/*Wolfsteiner*, Neubearb. 2002, § 1123 BGB Rn 13, 18 ff
313 BGH Rpfleger 2003, 456 = ZfIR 2003, 528; Stöber, § 148 ZVG Rn 2.3; § 152 Rn 12.9.
314 Eher beiläufig: BGH NJW-RR 2005, 1032 = Rpfleger 2005, 463 m. Anm. Schmidtberger.
315 Emmerich/Sonnenschein/*Emmerich*, § 551 BGB Rn 3; MünchKomm-BGB/*Bieber*, § 551 Rn 5.
316 Stöber, § 152 ZVG Rn 12.13 c; Staudinger/Wolfsteiner, Neubearb. 2002, § 1123 BGB Rn 27.
317 Stöber, Forderungspfändung, Rn 265.
318 BGHZ 101, 244, 250; Emmerich/Sonnenschein/*Emmerich*, § 551 BGB Rn 22 ff
319 Hierzu zählen auch Verfügungen im Wege der Zwangsvollstreckung: Staudinger/*Wolfsteiner*, Neubearb. 2002, § 1124 BGB Rn 9; Palandt/*Bassenge*, § 1124 BGB Rn 5.
320 BGH NJW-RR 2005, 1032 = Rpfleger 2005, 463 m. Anm. Schmidtberger.
321 Umfassend: Stöber, Forderungspfändung, Rn 331 ff

cc) Beschlagnahme von Ansprüchen aus Untermietverträgen

266 Ansprüche aus Untermietverträgen sind von der Beschlagnahme grundsätzlich nicht erfasst.[322] Dies bedeutet freilich nicht, dass § 1123 Abs. 1 BGB stets eine Vermietung durch den Vollstreckungsschuldner als Grundstückseigentümer fordert. Mietansprüche haften unabhängig davon, wer das Grundstück vermietet hat, es kommt allein auf die Wirksamkeit des entsprechenden Mietvertrags, vermittelt durch den Grundstückseigentümer, an.[323] Es können sich Probleme ergeben, wenn Untermietverhältnisse nur zum Schein geschlossen werden, insbesondere um eine Zwangsvollstreckung zu vereiteln.[324] Ist der Hauptmietvertrag wegen Gläubigerschädigung nach § 138 BGB nichtig, erfasst die Beschlagnahme auch Ansprüche aus einem Untermietvertrag.[325] Der BGH differenziert danach, wem die jeweilige Forderung gebührt:[326] Grundsätzlich sind Ansprüche aus einem Untermietvertrag von der Beschlagnahme des Grundstücks nicht erfasst, wenn der Mieter vertraglich zur Untervermietung berechtigt ist und ihm die hieraus entstehenden Ansprüche rechtlich und wirtschaftlich zustehen. Ist diese Zuordnung nur eine formelle, sollen die wirtschaftlich dem Grundstückseigentümer zuzuordnenden Untermieteransprüche auch von der Beschlagnahme der Zwangsverwaltung erfasst sein.[327]

dd) Enthaftung von Forderungen nach § 1123 Abs. 2 BGB

267 Forderungen werden von der Haftung frei, wenn seit ihrer Fälligkeit mehr als ein Jahr vergangen ist (§ 1123 Abs. 2 BGB). Sie werden nicht von der Zwangsverwaltung beschlagnahmt. Freilich darf hierbei der Schuldner als Vermieter die Miete über ein Jahr hinweg auch nicht eingefordert haben.

268 Die Enthaftung des § 1123 Abs. 2 S. 1 BGB ist für Nachforderungen aus Betriebskostenabrechnungen ab deren Fälligkeit mit Zugang einer nachprüfbaren Nebenkostenabrechnung[328] an den Mieter zu berechnen.[329] Hinsichtlich der Betriebskostenabrechnung hat der Zwangsverwalter insbesondere § 556 Abs. 3 S. 3 BGB zu beachten.

ee) Vorausverfügungen des Schuldners nach § 1124 BGB

269 Hat der Schuldner die Miete im Voraus beim Mieter bereits eingezogen oder sonst über sie verfügt, sie insbesondere abgetreten, hat eine solche Verfügung nach § 1124 Abs. 2 BGB nur für den bei Beschlagnahme laufenden Kalendermonat Wirksamkeit; bei Beschlagnahme nach dem Fünfzehnten des Monats auch für den Folgemonat. Der Mieter, der für mehrere Monate im Voraus die Miete entrichtet, geht damit das Risiko ein, bei angeordneter Zwangsverwaltung nochmals zahlen zu müssen. Die Leistung eines Baukostenzuschusses oder die Zahlung der Miete durch Einmalabgeltung soll dagegen nicht unter § 1124 BGB und auch dem Zwangsverwalter gegenüber wirksam sein.[330]

270 Die **Abtretung der Miete** ist auch dann nach § 1124 Abs. 2 BGB unwirksam, wenn sie an einen Grundpfandrechtsgläubiger erfolgt.[331] Unter § 1124 Abs. 2 BGB fällt auch die **Pfändung der**

---

322 BGHZ 161, 289 = Rpfleger 2005, 271 = ZfIR 2005, 890 m. Anm. Eckert.
323 Staudinger/*Wolfsteiner*, Neubearb. 2002, § 1123 BGB Rn 8 mwN; MünchKomm-BGB/*Eickmann*, § 1123 Rn 10.
324 Staudinger/*Wolfsteiner*, Neubearb. 2002, § 1123 BGB Rn 8 aE.
325 BGH Rpfleger 2005, 323 = ZfIR 2005, 737 m. Anm. Fetsch.
326 BGH Rpfleger 2005, 323 = ZfIR 2005, 737 m. Anm. Fetsch, Begr. II. 2. c) erster Absatz.
327 BGH Rpfleger 2005, 323 = ZfIR 2005, 737 m. Anm. Fetsch, Begr. II. 2 c) zweiter Absatz.
328 BGHZ 113, 188; Emmerich/Sonnenschein/*Weitemeyer*, § 556 BGB Rn 74 ff
329 Stöber, § 148 ZVG Rn 2.3 c.
330 BGH NJW 1959, 380; BGHZ 37, 346; Palandt/*Bassenge*, § 1124 BGB Rn 4. kritisch: Staudinger/*Wolfsteiner*, Neubearb. 2002, § 1124 BGB Rn 25 ff
331 BGHZ 163, 201.

Miete durch einen Gläubiger des Schuldners im Wege der Forderungspfändung. Eine Pfändung der Miete kann durch einen Grundpfandrechtsgläubiger, aber auch aus seinem dinglichen Titel mit dem Anspruch aus § 1147 BGB erfolgen, auch sie ist eine Beschlagnahme iSd § 1124 BGB.[332] In Konkurrenz zur Pfändung der Miete nach den §§ 828 ff ZPO durch einen gewöhnlichen Gläubiger wegen einer Geldforderung steht dem dinglichen Gläubiger das Vorrecht aus § 10 Abs. 1 Nr. 4 ZVG zu, § 804 Abs. 3 ZPO gilt insoweit nicht. Mehrere aus dem dinglichen Recht pfändende Gläubiger haben untereinander den Rang nach § 11 Abs. 1 ZVG iVm § 879 BGB.[333] Die Abtretung oder Pfändung der Miete steht im Übrigen in Konkurrenz zur Insolvenz des Grundstückseigentümers und Vermieters mit der Regelung des § 110 InsO, die § 1124 Abs. 2 BGB nachgebildet ist.[334] Hat daher ein dinglicher Gläubiger wegen seines Duldungsanspruchs die Miete gepfändet, bleibt diese Pfändung auch dem Zwangsverwalter gegenüber wirksam, wenn die Zwangsverwaltung später wegen eines nachrangigen Anspruchs angeordnet wird.

Relevant ist schließlich die Frage, ob ein nach § 49 InsO Absonderungsberechtigter nach Insolvenzeröffnung wegen seines dinglichen Anspruchs den Mietzins noch pfänden kann.[335] Der BGH hat gegen die Möglichkeit der dinglichen Mietzinspfändung nach Insolvenzeröffnung entschieden.[336]   271

▶ **Muster: Schreiben des Zwangsverwalters an die WEG-Verwaltung zwecks Unterrichtung über**   272
angeordnete Zwangsverwaltung   360

Rechtsanwalt

als Zwangsverwalter

über das Wohnungseigentum [...]

An

[...] *[WEG-Verwaltung]*

Wohnungseigentum [...] *[Straße Hausnummer, Ort]*

Wohnung Aufteilungsplan Nr. [...], Grundbuch Amtsgericht [...] *[Ort]*, Blatt [...]

Sehr geehrte Damen und Herren,

durch Beschluss des Amtsgerichts [...] *[Ort]* vom [...] *[Datum]* wurde über das genannte Wohnungs-/Teileigentum die Zwangsverwaltung angeordnet. Zum Verwalter wurde der Unterzeichner bestellt. Diesem Schreiben ist eine Kopie der Bestallungsurkunde beigefügt.

Mit Anordnung der Zwangsverwaltung wurde dem Eigentümer und Schuldner der Zwangsverwaltung die Verwaltung des Wohnungs-/Teileigentums entzogen. Dies umfasst insbesondere das Recht, Mieten einzuziehen. Diese Befugnis steht nunmehr mir als Zwangsverwalter zu.

---

332 OLG Saarbrücken Rpfleger 1993, 80; Staudinger/*Wolfsteiner*, Neubearb. 2002, § 1123 BGB Rn 13, 18 ff mit Hinw. auf reichsgerichtliche Rspr; MünchKomm-BGB/*Eickmann*, § 1123 Rn 22; Stöber, Forderungspfändung, Rn 233; Zipperer, ZfIR 2006, 395; Tetzlaff, ZInsO 2004, 521; ders., ZfIR 2005, 179; Knees, ZIP 2001, 1568.
333 BGHZ 163, 201, 208 = ZfIR 2005, 655; Stöber, Forderungspfändung, Rn 233.
334 MünchKomm-InsO/*Eckert*, § 110 Rn 5; eingehend zu § 110 InsO: Keller, Insolvenzrecht, Rn 1359 ff; zu § 1124 BGB: Staudinger/*Wolfsteiner*, Neubearb. 2002, § 1124 BGB Rn 23 ff
335 LG Traunstein NZI 2000, 438; LG Chemnitz Rpfleger 2004, 234; LG Münster ZIP 2005, 2331; LG Stendal ZIP 2005, 1800; AG Hamburg ZIP 2005, 1801, dazu EWiR 2006, 209 (Gundlach/Frenzel); AG Kaiserslautern NZI 2005, 636; Staudinger/*Wolfsteiner*, Neubearb. 2002, § 1123 BGB Rn 20; HambKomm-InsO/*Büchler*, § 49 BGB Rn 23; eingehend zum Streitstand: Keller, Insolvenzrecht, Rn 1053.
336 BGHZ 168, 339 = NZI 2006, 577 m. Anm. Stapper/Schädlich = ZfIR 2007, 208 m. Anm. Eckert.

Die ab dem Zeitpunkt der Beschlagnahme laufenden Hausgelder des betreffenden Wohnungs-/Teileigentums werden durch den Zwangsverwalter aus den Nutzungen des Objekts gezahlt. Für Rückstände bleibt weiterhin der Schuldner selbst verantwortlich.

Bitte teilen Sie mit, mit welcher Fälligkeit und in welcher Höhe die laufenden Hausgelder auf welches Konto überwiesen werden sollen.

Sofern während der Zwangsverwaltung eine Jahresabrechnung erstellt und von der Eigentümerversammlung genehmigt wird, unterliegen hieraus resultierende Guthaben ebenfalls der Beschlagnahme.

Abschließend wird um Übersendung nachfolgend genannter Unterlagen gebeten, soweit diese Ihnen zur Verfügung stehen: Mietverträge, Aufteilungsplan, Nachweis Gebäudeversicherung, Wirtschaftsplan, Protokoll der Beschlussfassung hierüber.

Zwangsverwalter ◄

273 ► **Muster: Schreiben des Zwangsverwalters an die Mieter zwecks Unterrichtung über angeordnete Zwangsverwaltung**

361

Rechtsanwalt

als Zwangsverwalter

über das Wohnungseigentum [...]

An

[...] [*Mieter*]

Wohnungseigentum/Teileigentum [...] [*Straße Hausnummer, Ort*]

Wohnung Aufteilungsplan Nr. [...], Grundbuch Amtsgericht [...] [*Ort*], Blatt [...]

Sehr geehrte Damen und Herren,

durch Beschluss des Amtsgerichts [...] wurde der Unterzeichner zum Zwangsverwalter der von Ihnen bewohnten Wohnung/des von Ihnen angemieteten Gewerberaums bestellt. Eine Kopie der gerichtlichen Bestallungsurkunde ist beigefügt. Hiermit zeige ich Ihnen an, dass ich die Inbesitznahme bei Ihnen am [...] [*Datum*] zwischen [...] Uhr und [...] Uhr durchführen werde. Mit dieser wird dem Eigentümer die rechtliche und tatsächliche Verfügungsgewalt des Objekts entzogen und auf den Zwangsverwalter übertragen.

Der Zwangsverwalter tritt in alle Rechte und Pflichten des mit Ihnen bestehenden Mietvertrags ein. Änderungen des Mietverhältnisses (Mängel, Kündigung o.Ä.) sind gegenüber dem Zwangsverwalter anzuzeigen. Die Miete mit Nebenkostenvorauszahlungen ist mit sofortiger Wirkung nur an den Zwangsverwalter zahlbar. Gleiches gilt für Garagenstellplatzgebühren oder vereinbarte Kautionen, soweit diese noch nicht geleistet sind. Die Kontoverbindung des Zwangsverwalters lautet:

Konto Nr. [...], Kreditinstitut [...], BLZ [...].

Bitte übersenden Sei eine Kopie des Mietvertrags nebst allen Anlagen. Soweit die Miete durch einen Gläubiger des Vermieters gepfändet ist, bitte ich um Aushändigung des Pfändungs- und Überweisungsbeschlusses.

Zwangsverwalter ◄

5. Wohnrecht des Schuldners nach § 149 ZVG und Gefährdung des Zwangsverwaltungsobjekts

a) Wohnrecht des Schuldners und Räumung

Nach § 149 Abs. 1 ZVG genießt der Schuldner das unentgeltliche Wohnrecht am Zwangsverwaltungsobjekt.[337] Die Betriebskosten hat er zu tragen.[338] § 149 ZVG ist insbesondere bei der Zwangsverwaltung von Wohnungseigentum von Bedeutung, bei welcher der Schuldner das Wohnungseigentum selbst nutzt, er ist nicht von der Zahlung des Wohn- oder Hausgeldes an die Wohnungseigentümergemeinschaft befreit. § 149 ZVG gewährt nur dem Schuldner als natürlicher Person das Wohnrecht, nicht auch einer juristischen Person. Der Schuldner ist zudem auf das Wohnen beschränkt. Betreibt er im Zwangsverwaltungsobjekt ein Gewerbe, hat er hierfür eine angemessene Nutzungsentschädigung an den Zwangsverwalter zu zahlen.[339]

Gefährdet der Schuldner oder ein Mitglied eines Hausstands das Grundstück oder die Verwaltung durch den Zwangsverwalter, kann das Gericht die **Räumung** beschließen (§ 149 Abs. 2 ZVG). Denkbar ist dies bei Verwahrlosung[340] oder zweckwidriger Nutzung.[341] In jedem Fall muss das Verhalten des Schuldners aktuell die Verwaltung gefährden; dies gilt gerade für Verhalten des Schuldners vor Anordnung der Zwangsverwaltung, das insofern die aktuelle Zwangsverwaltung negativ beeinflussen muss.[342] Eine Räumung des Schuldners nach § 149 Abs. 2 ZVG soll nach bisher einhelliger Meinung auch dann erfolgen, wenn der Schuldner die Betriebskosten dauerhaft nicht entrichtet.[343] Insbesondere bei der Zwangsverwaltung von Wohnungseigentum ist dies relevant, da der Schuldner durch Nichtzahlung von Hausgeld auch der WEG-Gemeinschaft Schaden zufügt. Das AG Heilbronn nahm einen Fall des § 149 Abs. 2 ZVG an, weil sich der Schuldner beharrlich weigerte, bei Wohnungseigentum die von ihm zu tragenden Betriebskosten zu zahlen.[344]

Anderer Ansicht ist der BGH.[345] Nach seiner Ansicht habe der Zwangsverwalter die Pflicht, das Hausgeld an die Wohnungseigentümergemeinschaft zu entrichten. Kann er die entsprechenden Beträge vom Schuldner nicht erlangen, habe er sie durch das Vollstreckungsgericht als Vorschuss beim betreibenden Gläubiger einfordern zu lassen (§ 161 Abs. 3 ZVG). Im Übrigen verweist der BGH auf § 18 Abs. 2 Nr. 2 und § 19 WEG.[346] Die Entscheidung betraf einen Sachverhalt aus der Zeit vor Inkrafttreten der WEG-Novelle, bei welchem das laufende Hausgeld zu den Ausgaben der Zwangsverwaltung zählte und damit von der Vorschusspflicht des Gläubigers gedeckt war. Die Ansicht des BGH ist aber höchst problematisch. Das Argument, die Gefährdung des Zwangsverwaltungsobjekts könne durch Zahlung seitens des Zwangsverwalters abgewendet werden, missachtet die Tatsache, dass die Gefährdung gerade durch den Schuldner selbst herbeigeführt wird. Die Gefährdung kann eben auch beseitigt werden, wenn der Schuldner aus dem Objekt geräumt wird und dieses ordnungsgemäß vermietet wird. Auch

274

275

276

---

337 Allgemein: Steiner/*Hagemann*, § 149 ZVG Rn 10; Stöber, § 149 ZVG Rn 2.1.
338 Stöber, § 149 ZVG Rn 2.3.
339 Stöber, § 149 ZVG Rn 2.10.
340 Steiner/*Hagemann*, § 149 ZVG Rn 24.
341 Steiner/*Hagemann*, § 149 ZVG Rn 24; zur mangelnden Beaufsichtigung und Fürsorge über die zum Hausstand gehörenden Personen: Jaeckel/Güthe, ZVG, 6. Aufl. 1929, § 149 Rn 4.
342 BVerfG Rpfleger 2009, 329.
343 Stöber, § 149 ZVG Rn 2.3; Böttcher, § 149 ZVG Rn 7; Dassler/Schiffhauer/Hintzen/Engels/Rellermeyer/*Engels*, § 149 ZVG Rn 11, 20.
344 AG Heilbronn Rpfleger 2004, 236 m. Anm. Schmidtberger; LG Zwickau Rpfleger 2004, 646; LG Leipzig Rpfleger 2009, 337; Stöber, § 149 ZVG Rn 2.3.
345 BGH ZfIR 2008, 342 m. Anm. Bergsdorf.
346 Zur Rechtslage vor dem 1.7.2007: Staudinger/*Kreuzer*, Neubearb. 2005, § 18 WEG Rn 23; zur Neuregelung: Bärmann/Pick, § 18 WEG Rn 11, 12 ff

kann § 149 Abs. 2 ZVG mit § 18 Abs. 2 Nr. 2 WEG nicht gleichgesetzt werden, da mit der Räumung des Schuldners nach § 149 Abs. 2 ZVG dieser gerade nicht zur Veräußerung gezwungen wird; § 149 Abs. 2 ZVG beinhaltet keine Enteignung. Ganz praktisch gedacht ist es einem Gläubiger auch nicht mehr zu vermitteln, dass er durch Vorschusszahlung das Wohnrecht seines Schuldners auch noch sichern soll.

277 In gleicher Weise verneinte der BGH die Möglichkeit der Räumung des Schuldners und sprach zugleich dem Gläubiger ein Rechtsschutzbedürfnis für die Zwangsverwaltung ab, wenn dauerhaft keine Nutzungen erzielt werden können.[347] Im Hinblick auf das Wohnrecht nach § 149 ZVG zweifelt der BGH daran, dass der Zwangsverwalter berechtigt sei, vom Schuldner einen monatlichen Vorschuss auf die Nebenkosten zu verlangen.[348] Der Sachverhalt der Entscheidung betraf kein Wohnungseigentum. Im Ergebnis kann damit die Zwangsverwaltung bei den vom Schuldner selbst bewohnten Objekt praktisch abgeschafft werden. Welcher Schuldner sollte noch Hausgeld oder Nebenkosten zahlen, wenn er vom Zwangsverwalter nichts mehr zu befürchten hat?

278 Das Vollstreckungsgericht kann bei Anordnung der Zwangsverwaltung die Voraussetzungen des § 149 ZVG nicht prüfen. Der Zwangsverwalter hat bei Inbesitznahme des Objekts die Tatbestände festzustellen und dem Vollstreckungsgericht zu berichten (§ 3 Abs. 1 ZwVwV).

279 ▶ **Muster: Antrag auf Erlass einer Räumungsanordnung gegen den Schuldner**

Rechtsanwalt

als Zwangsverwalter

über das Wohnungseigentum [...]

An das Amtsgericht [...]

– Vollstreckungsgericht –

Zwangsverwaltung [...] [*Aktenzeichen*]

Sehr geehrte Damen und Herren,

in vorbezeichnetem Zwangsverwaltungsverfahren wurde bereits im Inbesitznahmebericht vom [...] [*Datum*] mitgeteilt, dass der Schuldner mit seiner Familie die im vorbezeichneten Grundbesitz belegenen Räume [...] mit einer Gesamtfläche von [...] m² bewohnt.

Begründung:

Der Schuldner ist nach § 149 Abs. 1 ZVG verpflichtet, für die Nebenkosten, die für die von ihm bewohnten Räume anfallen, eine monatliche Vorauszahlung zu leisten. Dies wurde dem Schuldner schriftlich unter Angabe von Höhe und Kontoverbindung mitgeteilt.

Glaubhaftmachung: Schreiben vom [...]

Der Schuldner hat keine Vorauszahlungen geleistet. Er wurde deshalb mit Schreiben vom [...] und vom [...] sowie vom [...] gemahnt.

Glaubhaftmachung: Schreiben vom [...]

Durch die Nichtzahlung der Betriebskosten ist eine ordnungsgemäße Bewirtschaftung des Objekts nicht gewährleistet, da die monatlich an die Versorgungsträger zu leistenden Kosten von [...] € nicht aufgebracht werden können.

---

347 BGH Rpfleger 2009, 252 = ZfIR 2009, 147 m. Anm. Schmidberger.
348 BGH ZfIR 2009, 147, Begr. Rn 18.

Der Schuldner gefährdet daher die ordnungsgemäße Bewirtschaftung des Objekts und ist deshalb aus dem Objekt zu räumen.

Daher wird die Anordnung der Räumung des Schuldners aus den vorbezeichneten überlassenen Räume beantragt.

[Alternative] **Begründung:**

Der Schuldner beeinträchtigt die ordnungsgemäße Bewirtschaftung des Objekts nachhaltig. Er beeinträchtigt durch dauernden Lärm und durch Verschmutzung die Vermietung der sonstigen Wohnungen des Objekts. Insbesondere stellt er das Treppenhaus mit übelriechenden Säcken voll und hört weit über Zimmerlautstärke bis ca. 2.00 Uhr morgens Heavy-Metal-Musik. Der Schuldner versuchte auch, durch Anzünden von Müllsäcken im Hof des Anwesens die Mitbewohner in Panik zu versetzen.

Glaubhaftmachung: Schreiben der Mitbewohner an den Zwangsverwalter vom [...]

Der Schuldner wurde mehrfach aufgefordert, dies alles zu unterlassen. Er wurde seitens des Zwangsverwalters auch persönlich besucht, ließ jedoch nicht mit sich reden und öffnete nicht einmal die Wohnungstür.

Der Schuldner gefährdet daher die ordnungsgemäße Bewirtschaftung des Objekts und ist deshalb aus dem Objekt zu räumen. Es wird die Anordnung der Räumung des Schuldners aus den vorbezeichneten überlassenen Räume beantragt.

Zwangsverwalter ◄

b) Handlungsoptionen bei Gefährdung des Zwangsverwaltungsobjekts

Besteht die konkrete Gefährdung des Zwangsverwaltungsobjekts seitens eines Mieters, besteht 280 für den Zwangsverwalter schon wegen eigener Haftungsgefahr Handlungsbedarf.[349] Über § 152 ZVG und § 5 ZwVwV haftet der Zwangsverwalter den Verfahrensbeteiligten gegenüber insbesondere für die ordnungsgemäße Erfüllung der ihm zukommenden Verpflichtungen aus Miet- und Pachtverhältnissen. Dies umfasst auch die Pflicht, eine konkrete Gefährdung des Zwangsverwaltungsobjekts abzuwenden.[350] Er kommt seiner Pflicht ausreichend nach, wenn er bei einem Verdacht, beispielsweise einer Verwahrlosung, den Sachverhalt unverzüglich aufklärt und erforderliche Maßnahmen der Gefahrenabwehr trifft.[351] Der Zwangsverwalter hat eine Feststellungspflicht gegenüber dem Schuldner und Eigentümer. Daher haftet er, wenn sich nicht mehr aufklären lässt, ob ein eingetretener Schaden vermieden worden wäre, wenn er rechtzeitig in der gebotenen Weise tätig geworden wäre.[352] Kann der Zwangsverwalter nachweisen, dass trotz ausreichender Tätigkeit beispielsweise eine Verwahrlosung nicht zu verhindern war, trifft in keine Haftung.

6. Nutzung des Zwangsverwaltungsobjekts im Allgemeinen

a) § 152 ZVG als Grundnorm der Rechte und Pflichten des Zwangsverwalters

Der Zwangsverwalter hat nach § 152 Abs. 1 ZVG das Zwangsverwaltungsobjekt in seinem 281 wirtschaftlichen Bestand zu erhalten und alle Maßnahmen zu treffen, die hierfür erforderlich sind.[353] Er hat insbesondere den baulichen Zustand des Objekts zu prüfen, notwendige Instandhaltungsmaßnahmen durchzuführen und das Objekt ordnungsgemäß zu versichern (§ 9

---

349 Steiner/*Hagemann*, § 154 ZVG Rn 10 ff; Stöber, § 154 ZVG Rn 2.6.
350 BGH Rpfleger 2005, 616.
351 BGH Rpfleger 2005, 616, Begr. Abschn. II. 1.
352 BGH Rpfleger 2005, 616, Begr. Abschn. II. 3 b) aE.
353 Stöber, § 152 ZVG Rn 4.1.

ZwVwV).[354] Bei Wohnungs- und Teileigentum gehört die Feuerversicherung des gemeinschaftlichen Eigentums zur Verwaltung desselben. Der Zwangsverwalter hat hier zu klären, ob durch die Eigentümerversammlung und die WEG-Verwaltung ausreichend für Versicherungsschutz gesorgt ist.[355]

282   Nicht selten erweist sich die Anordnung der Zwangsverwaltung für Mieter des Objekts oder für die Eigentümergemeinschaft bei Wohnungseigentum als positiv. Aus deren Sicht ist der Zwangsverwalter zumeist nicht als Gegner zu begreifen. Vielmehr zeigen sich gerade Mieter aufgeschlossen, da durch den Zwangsverwalter oft lange rückständige Reparaturen erledigt werden, eine ordnungsgemäße Hausreinigung installiert wird oder überfällige Betriebskostenabrechnungen erstellt werden.

283   Der Maßstab der Tätigkeit des Zwangsverwalters ist die Verwirklichung der Beschlagnahme der Mietansprüche im Umfang der §§ 148, 21 Abs. 2 ZVG iVm §§ 1123 ff BGB. Insoweit ist er auch zur Prozessführung und Vollstreckung gegen Mieter berechtigt und verpflichtet (§ 7 ZwVwV). Der betreibende Gläubiger kann auf die Rechtsverfolgung von Rückständen verzichten (§ 8 ZwVwV).

284   Der Zwangsverwalter ist auch berechtigt, mit gerichtlicher Genehmigung und in Absprache mit dem betreibenden und letztlich finanzierenden Gläubiger, begonnene Bauvorhaben fertigzustellen oder Baumaßnahmen durchzuführen, um einen verkehrsgefährdenden Zustand zu beseitigen (§§ 5 Abs. 3, 10 Abs. 1 Nr. 1 ZwVwV).[356] Zu einer originären Entfaltung von Bautätigkeit oder einer wesentlichen Umgestaltung des Objekts ist er nicht berechtigt.[357]

b) Vermietung und Verpachtung nach den §§ 5 ff ZwVwV
aa) Übernahme bestehender Mietverhältnisse

285   Bei der Beschlagnahme des Zwangsverwaltungsobjekts bestehende Mietverhältnisse werden vom Zwangsverwalter übernommen (§ 152 Abs. 2 ZVG); er tritt insoweit in die Stellung des Schuldners als Vermieter ein.[358]

286   In andere Vertragsverhältnisse als Miete und Pacht tritt der Zwangsverwalter nach § 152 Abs. 2 ZVG nicht ein. Sie zu übernehmen oder weiterzuführen, ist oft eine Frage praktischen Handelns, insbesondere gegenüber den Energieversorgern.[359] Auch Hausmeisterverträge können vom Zwangsverwalter fortgeführt werden. Ob eine beauftragte Hausverwaltung weiter beauftragt bleiben soll oder diese vom Büro des Zwangsverwalters übernommen werden muss, ist eine Frage, die nicht allgemein beantwortet werden kann. Dies ist unter Berücksichtigung der Zahl und des jeweiligen Umfangs der Mietverhältnisse zu beantworten. Grundsätzlich freilich ist es Sache des Zwangsverwalters und seines Büros, die Hausverwaltung zu führen. Die Delegation an einen Dienstleister ist dann gerechtfertigt, wenn ein vernünftig handelnder Eigentümer dies tun würde; dabei ist aber besonders zu berücksichtigen, dass der Zwangsverwalter nach § 1 ZwVwV auch über Geschäftskunde verfügen muss.

bb) Vermietungspflicht und bewusster Leerstand

287   Nicht selten steht das Zwangsverwaltungsobjekt leer. Dieser bewusste Leerstand ist angesichts des parallel laufenden Zwangsversteigerungsverfahrens vom jeweils betreibenden Gläubiger oft

---

354   Stöber, § 152 ZVG Rn 16; Dassler/Schiffhauer/Hintzen/Engels/Rellermeyer/*Engels*, § 152 ZVG Rn 73 ff
355   Stöber, § 152 ZVG Rn 16.4; Dassler/Schiffhauer/Hintzen/Engels/Rellermeyer/*Engels*, § 152 a ZVG Rn 84.
356   RGZ 73, 397; BGHZ 5, 378, 382; Stöber, § 152 ZVG Rn 4.2.
357   BGHZ 161, 336.
358   Steiner/*Hagemann*, § 152 ZVG Rn 144 ff; Stöber, § 152 ZVG Rn 12; Depré/Mayer, Die Praxis der Zwangsverwaltung, Rn 484 ff
359   Zur Bindung an sonstige Vertragsverhältnisse: Steiner/*Hagemann*, § 152 ZVG Rn 122 ff; Stöber, § 152 ZVG Rn 7, 8.

gewünscht. Gerade bei Wohnungseigentum, das zur Eigennutzung geeignet ist und verwertet werden soll, ist ein Leerstand oft günstig für die Zwangsversteigerung. Dem Zweck des Zwangsverwaltungsverfahrens entspricht dies insoweit, als es auch eine erfolgreiche Zwangsversteigerung vorbereiten soll, aber gleichwohl immer auf eine laufende Nutzung abzielt.

Hier kann für den Zwangsverwalter eine doppelte Haftungsgefahr bestehen: Eine persönliche   288 Haftung des Zwangsverwalters kommt gegenüber dem Schuldner in Betracht, der geltend machen kann, dass der Zwangsverwalter die Möglichkeit gehabt hätte, das Objekt zu vermieten. Gegenüber einem Gläubiger besteht eine Haftungsgefahr, wenn wegen mangelnder Objektkontrolle eine Nutzung durch den Eigentümer oder gar eine Vermietung durch diesen nicht erkannt oder unterbunden wird.[360]

cc) Nutzung land- und forstwirtschaftlichen Grundbesitzes

Bei der Zwangsverwaltung land- und forstwirtschaftlichen Grundbesitzes ist der Schuldner   289 selbst zum Verwalter zu bestellen (§ 150 b Abs. 1 S. 1 ZVG). Ihm ist eine Aufsichtsperson nach § 150 c ZVG zur Seite zu stellen. Verfügungen sind nur mit deren Zustimmung zulässig (§ 150 d ZVG).

dd) Nutzung gewerblich genutzten Grundbesitzes

Auch bei gewerblich genutzten Objekten hat die Zwangsverwaltung grundsätzlich durch Ver-   290 mietung und Verpachtung zu erfolgen. Fraglich ist, ob der Zwangsverwalter selbst befugt ist, einen Gewerbebetrieb zumindest zeitweise fortzuführen.[361] der BGH bejahte dies.[362] Voraussetzung ist, dass die Wirkungen der Beschlagnahme des Grundstücks und mithaftender Gegenstände nach § 20 Abs. 2 ZVG iVm §§ 1120 ff BGB sich auch auf den Gewerbebetrieb als solchen erstrecken.[363] Hinsichtlich eines Hotels oder Restaurants werden Küche, Geschirr, Wäsche und Vorräte sicher beschlagnahmt.[364] Gegenstände, die der Grundstückseigentümer unter Eigentumsvorbehalt erworben hat, unterfallen im Hinblick auf das damit verbundene Anwartschaftsrecht dem § 1120 BGB.[365] Als weitere Voraussetzung der Erstreckung der Beschlagnahme auf den Gewerbebetrieb verlangt der BGH dessen untrennbare Verbindung mit dem Grundstück. Ist der Gewerbebetrieb vom Grundbesitz „ablösbar", erstreckt sich die Beschlagnahme nicht auf diesen.[366] In den Fällen, bei welchen das Grundstück praktisch nicht anders genutzt werden kann – Hotel, Gaststätte, Freizeitpark, Kurklinik oder Tankstelle[367] –, soll die Beschlagnahme auch den Gewerbebetrieb umfassen.[368]

Die Führung eines Gewerbebetriebs durch den Zwangsverwalter sollte in der Praxis die Ausnahme sein, auch weil zahlreiche Einzelfragen, etwa zur Steuerpflicht oder zur Arbeitgebereigenschaft des Zwangsverwalters, ungeklärt sind.

---

360 OLG Köln ZfIR 2008, 73 m. Anm. Bergsdorf.
361 Umfangreich nachgewiesen bei Stöber, § 152 ZVG Rn 9.1; Dassler/Schiffhauer/Hintzen/Engels/Rellermeyer/*Engels*, § 152 ZVG Rn 33.
362 BGHZ 163, 9 = Rpfleger 2005, 557 = ZfIR 2005, 560 m. Anm. Weber.
363 BGHZ 163, 9, 14.
364 BGHZ 163, 9, 14; 85, 234, 237 (Fuhrpark des Speditionsunternehmens nicht Zubehör); weitere Beispiele bei Stöber, § 20 ZVG Rn 3.4 a.
365 Staudinger/*Wolfsteiner*, Neubearb. 2002, § 1120 BGB Rn 40 ff
366 BGHZ 163, 9, 15; OLG Celle Rpfleger 1989, 519, 520 (Sportanlage mit Gaststätte); OLG Dresden Rpfleger 1999, 410 (Tankstelle); Stöber, § 152 ZVG Rn 9.7.
367 OLG Dresden Rpfleger 1999, 410.
368 BGHZ 163, 9, 15, 16.

7. Fragen des Mietrechts in der Zwangsverwaltung

a) Bindungswirkung von Miet- und Pachtverträgen

291   Der Zwangsverwalter übernimmt die bei Anordnung der Zwangsverwaltung bestehenden Mietverträge. Er ist nicht berechtigt, einseitig allein wegen der Zwangsverwaltung in bestehende Vertragsverhältnisse einzugreifen; ihm steht nicht etwa wie dem Insolvenzverwalter ein Wahlrecht oder ein Sonderkündigungsrecht nach § 109 InsO zu.

292   Damit treffen ihn alle mietrechtlichen Pflichten, aber auch Rechte des allgemeinen bürgerlichen Rechts gegenüber den Mietern. Der für Mietrechtssachen zuständige VIII. Zivilsenat des BGH bezieht sich in seiner Rechtsprechung stets auf § 152 Abs. 2 ZVG und sieht den Zwangsverwalter vollwertig als Vermieter. Dies führt zu zahlreichen Einzelproblemen und einseitigen Ergebnissen zugunsten der Mieter.[369] Der BGH übersieht dabei, dass Handlungsmaßstab des Zwangsverwalters immer die Beschlagnahme nach den §§ 1123 ff BGB ist und dort keineswegs eine ausnahmslose Bevorzugung der Mieterinteressen gegenüber denen eines Gläubigers geregelt ist.

aa) Forderungssicherung gegenüber Mietschuldnern

293   Gegenüber säumigen Mietern hat der Zwangsverwalter wie ein verantwortungsvoll handelnder Eigentümer rückständige Mieten einzufordern, sofern sie nach § 1123 BGB noch der Beschlagnahme unterliegen (§ 8 ZwVwV). Er ist berechtigt, Klage zu erheben und gegen Mieter die Zwangsvollstreckung zu betreiben. Ein bereits bestehender Vollstreckungstitel kann gemäß § 727 ZPO auf ihn umgeschrieben werden.[370]

294   Die Prozessführungsbefugnis des Zwangsverwalters endet, wenn das Zwangsverwaltungsverfahren beendet wird. Nimmt der betreibende Gläubiger seinen Antrag nach § 29 ZVG zurück, kann er einzelne streitbefangene Ansprüche hiervon ausnehmen, für die der Zwangsverwalter weiter zuständig bleibt. Das Vollstreckungsgericht hat ihn dann nach § 12 Abs. 2 ZwVwV zu ermächtigen, seine Tätigkeit in Einzelbereichen fortzuführen.[371]

bb) Geltendmachung von Mietänderungen und Kündigung von Mietverträgen

295   Der Zwangsverwalter ist berechtigt und verpflichtet, Mietänderungen gegenüber Mietern geltend zu machen und insbesondere Mietanpassungen nach § 557 Abs. 3, §§ 558 ff BGB durchzusetzen. Zur Kündigung von Mietverhältnissen ist er insbesondere in den Fällen des § 543 BGB berechtigt.

cc) Instandhaltung und Instandsetzung

296   Den Zwangsverwalter trifft als Vermieter die Pflicht zur Instandhaltung des vermieteten Objekts. Nicht selten ist gerade bei der Wohnraumvermietung in der Zwangsverwaltung ein erheblicher Reparaturstau gegeben. Ihn hat der Zwangsverwalter zu beseitigen, wobei freilich keine überzogenen Anforderungen seitens der Mieter gestellt werden dürfen. Die Kosten notwendiger Maßnahmen hat der betreibende Gläubiger nach § 161 Abs. 3 ZVG vorzuschießen, soweit sie nicht aus den Einnahmen gedeckt werden können. Stets hat der Gläubiger aber die Möglichkeit, durch Antragsrücknahme das Verfahren zu beenden.

---

369   Sehr deutlich hierzu Wedekind/Wedekind, ZfIR 2009, 271.
370   Steiner/*Hagemann*, § 152 ZVG Rn 184.
371   Zur Verfahrensaufhebung nach Antragsrücknahme s. Hintzen, Rpfleger 2009, 68; Keller, ZfIR 2009, 385.

b) Pflicht zur Betriebskostenabrechnung

aa) Umfang der Abrechnungspflicht gegenüber Mietern

An der Pflicht des Zwangsverwalters zur Erstellung von Betriebskostenabrechnungen gegen- 297
über dem Mieter zeigt sich sehr gut der Wechsel der Rechtsprechung des BGH vom haftungs-
rechtlichen Ansatz zur mietrechtlichen Begründung. Während früher zutreffend die Verpflichtung des Zwangsverwalters zur Betriebskostenabrechnung aus der möglichen Haftung von
Nachforderungsansprüchen nach § 1123 BGB begründet wurde, sieht der BGH heute pauschal
die Abrechnungspflicht als Verpflichtung aus § 152 Abs. 2 ZVG. Er stellt letztlich den Mieterschutz apodiktisch über sämtliche sonstigen berechtigten Interessen.

Im Urteil vom 26.3.2003[372] begründete der BGH die Abrechnungspflicht noch mit der Haftung 298
der Bruttomiete nach § 1123 BGB[373] und beschränkte die Abrechnungspflicht damit auf Zeiträume, für welche rechnerisch eine Haftung möglicher Nachzahlungsansprüche gegen den
Mieter in Betracht kommt.[374] Für Abrechnungszeiträume, aus welchen nach § 556 Abs. 3 S. 3
BGB gegen den Mieter keine Ansprüche mehr geltend gemacht werden können, braucht danach
nicht abgerechnet zu werden.[375] Im Urteil vom 3.5.2006[376] erweitert der BGH seine frühere
Rechtsprechung und sieht die Abrechnungspflicht nunmehr unabhängig von einem Nachfor-
derungsrecht aus § 556 Abs. 3 S. 3 BGB. Der BGH stützt die Abrechnungspflicht allein auf
§ 152 Abs. 2 ZVG, die er explizit als Mieterschutzvorschrift ansieht.[377] Deshalb soll der
Zwangsverwalter unbegrenzt für zurückliegende Zeiträume abrechnungspflichtig sein.[378]

Diese Rechtsprechung des Mietrechtssenats des BGH ist abzulehnen. Seine Auslegung des 299
§ 152 Abs. 2 ZVG ist unzutreffend, die praktischen Folgen der Entscheidung sind nicht annähernd bedacht worden. Es wird nicht begründet, weshalb § 152 Abs. 2 ZVG eine Mieterschutzvorschrift sei und nicht vielmehr unter der Prämisse der Gläubigerbefriedigung steht.[379] Es wird
bewusst nicht mehr auf die Beschlagnahme nach § 148 iVm § 21 Abs. 2 ZVG und § 1123
Abs. 2 BGB abgestellt.[380] Systematisch richtig wird die Regelung des § 152 Abs. 2 ZVG durch
den Umfang der Beschlagnahme nach § 148 ZVG definiert und auch begrenzt. Wo keine Rechte
und Ansprüche für die Zwangsverwaltungsmasse geltend gemacht werden können und wo auch
kein Schaden für den Mieter zu besorgen ist – gerade wegen § 556 Abs. 3 S. 3 BGB –, besteht
auch kein Bedürfnis für eine Verpflichtung des Zwangsverwalters.

Praktisch wird der Zwangsverwalter gezwungen, Pflichten zu erfüllen, die der Schuldner als 300
Eigentümer und eigentlicher Vermieter vormals nicht erfüllt hat. Der Mieter ist gut gestellt, bei
dessen zahlungsunwilligen und möglicherweise zahlungsunfähigen Vermieter die Zwangsverwaltung angeordnet wird. Auch im Vergleich zu einer rechtsgeschäftlichen Veräußerung wird
der Mieter besser gestellt. Der Erwerber tritt nach § 566 Abs. 1 BGB nur in die sich während
der Dauer seines Eigentums ergebenden Rechte und Pflichten ein.[381] Für zurückliegende Ab-

---

372 BGH NJW 2003, 2320 = Rpfleger 2003, 456 = ZfIR 2003, 528.
373 Stöber, § 148 ZVG Rn 2.3; § 152 ZVG Rn 12.9.
374 BGHZ 113, 188; Dassler/Schiffhauer/Hintzen/Engels/Rellermeyer/*Engels*, § 152 ZVG Rn 150; Emmerich/Sonnen-
    schein/*Weitemeyer*, § 556 BGB Rn 74 ff
375 Zur Frage nach dem Zurückbehaltungsrecht des Mieters: Depré, ZfIR 2006, 313.
376 BGH Rpfleger 2006, 488 = ZfIR 2006, 689 m. Anm. Zipperer.
377 BGH Rpfleger 2006, 488 = ZfIR 2006, 689, Begr. Rn 11.
378 Eingehend: Dassler/Schiffhauer/Hintzen/Engels/Rellermeyer/*Engels*, § 152 ZVG Rn 156 ff
379 BGH Rpfleger 2006, 488 = ZfIR 2006, 689, Begr. Rn 11.
380 BGH Rpfleger 2006, 488 = ZfIR 2006, 689, Begr. Rn 7.
381 Palandt/*Weidenkaff*, § 566 BGB Rn 15 ff

rechnungszeiträume haftet er aus § 566 Abs. 1 BGB nicht.[382] Dagegen soll nach Ansicht des BGH der Zwangsverwalter und letztlich der betreibende Gläubiger haften.

bb) Abrechnungspflicht gegenüber einem Ersteher

301   Das Zwangsverwaltungsverfahren endet mit Erteilung des Zuschlags in einer Zwangsversteigerung. Ab diesem Zeitpunkt gehen Nutzungen und Lasten des Grundstücks auf den Ersteher über (§ 56 S. 2 ZVG). Die Aufhebung des Zwangsverwaltungsverfahrens und die Abrechnung des Zwangsverwalters kann indessen noch Zeit in Anspruch nehmen. Während dieser Zeit verwaltet der Zwangsverwalter das Objekt für den Ersteher. Gegenüber einem Ersteher ist der Zwangsverwalter daher abrechnungspflichtig. Der Anspruch auf Herausgabe von Nebenkostenvorauszahlungen soll aus § 56 ZVG iVm § 667 BGB und einer besonderen Rechtsbeziehung mit treuhänderischem Charakter bestehen.[383] Der Anspruch auf Herausgabe besteht aber nur dann, soweit dem Ersteher als Erwerber die Abrechnungspflicht gegenüber dem Mieter obliegt. Maßgebend hierfür ist der Ablauf eines mietvertraglichen Abrechnungszeitraums im Zeitpunkt der Zuschlagserteilung.[384]

302   Der Zwangsverwalter soll auch verpflichtet sein, nicht verbrauchte Nebenkosten, die der Mieter gezahlt hat, an den Ersteher herauszugeben.[385] Dies ist schwer zu begründen. Denn die vor Zuschlagserteilung gezogenen Nutzungen unterliegen auch nach Zuschlagserteilung weiter der Beschlagnahme.[386] An den Vermieter gezahlte Nebenkosten stellen bei diesem kein treuhänderisch gebundenes Sondervermögen dar.[387] Der Zwangsverwalter kann wegen §§ 146, 148 Abs. 1, 20, 21 ZVG, § 1123 BGB die Bruttomiete verlangen,[388] dem Ersteher steht ein solcher Anspruch gegenüber dem Schuldner aber nicht zu.

c) Pflicht zur Rückzahlung einer Mietkaution
aa) Abstrakte Pflicht zur Anlegung einer Mietkaution

303   Der Vermieter von Wohnraum ist verpflichtet, eine geleistete Kaution nach § 551 Abs. 3 BGB anzulegen und dies dem Mieter auf Verlangen nachzuweisen.[389] Streitig ist, ob diese Pflicht auch den Zwangsverwalter trifft oder ob er lediglich bei Beendigung des Mietverhältnisses eine geleistete Kaution zurückzuzahlen hat. Problematisch ist dies dann, wenn der Schuldner als Vermieter die Mietkaution nicht ordnungsgemäß angelegt hat oder sie nicht an den Zwangsverwalter herausgibt und auch eine Vollstreckung gegen ihn scheitert.[390] Bejaht man eine abstrakte Pflicht zur Rücklagenbildung, fällt dies dann wieder auf die Vorschusspflicht des Gläubigers nach § 161 Abs. 3 ZVG zurück.

304   Sehr überzeugend wies *Depré*[391] nach, dass bei laufender Zwangsverwaltung keine Veranlassung besteht, vom Vollstreckungsgläubiger nach § 161 Abs. 3 ZVG Vorschüsse für den Fall der möglichen Rückzahlungspflicht einzufordern oder aus den Einnahmen entsprechende Rück-

382 BGH Rpfleger 2007, 415.
383 BGH Rpfleger 2008, 89 = ZfIR 2008, 25, Begr. Rn 15, 22; dazu Mayer, Rpfleger 2009, 287.
384 Stöber, § 152 ZVG Rn 12.9 aE.
385 BGH ZfIR 2008, 25, Begr. Rn 15, 22.
386 Stöber, § 161 ZVG Rn 6.2 mwN; sehr praxisnah: Depré/Mayer, Die Praxis der Zwangsverwaltung, Rn 352 ff, 372 ff
387 Emmerich/Sonnenschein/*Weitemeyer*, § 556 BGB Rn 47 mwN
388 Ganz allgemeine Meinung, beispielhaft: Staudinger/*Wolfsteiner*, Neubearb. 2002, § 1123 BGB Rn 27; Stöber, § 148 ZVG Rn 2.3; § 152 Rn 12.9.
389 BayObLG NJW 1988, 1796; LG Mannheim NJW-RR 1991, 79; Emmerich/Sonnenschein/*Emmerich*, § 551 BGB Rn 15; MünchKomm-BGB/*Bieber*, § 551 Rn 24.
390 Bei Abgabe der eidesstattlichen Versicherung nach § 883 Abs. 2 ZPO ist der Schuldner lediglich zu der Angabe verpflichtet, dass er die Kaution nicht mehr habe und auch nicht wisse, wo sie sich befinde, BGH ZfIR 2008, 583.
391 Depré, ZfIR 2006, 313; Wedekind/Wedekind, ZfIR 2009, 271.

stellungen zu bilden. Dies ist erst notwendig, wenn ein Mietverhältnis während der Zwangsverwaltung endet und der Rückzahlungsanspruch während der Zwangsverwaltung fällig
wird.[392]

Der BGH sieht dagegen mit Urteil vom 11.3.2009[393] eine Pflicht des Zwangsverwalters zur   305
Anlage einer Mietkaution auch dann, wenn eine solche vom Schuldner nicht erlangt werden
konnte. Dies führt praktisch zur abstrakten Rücklagenbildung aus erzielten Einnahmen oder
aus Vorschüssen des betreibenden Gläubigers. Der BGH verweist für seine Ansicht nur auf
§ 152 Abs. 2 ZVG und macht sich nicht einmal mehr die Mühe, dies systematisch zu begründen
oder die praktischen Folgen seiner Entscheidung abzuschätzen. Er sieht explizit das Zwangsverwaltungsverfahren als Verfahren des Mieterschutzes. Das kommt einem Bankrott juristischer Methodik gleich.[394] Nicht nur, dass der BGH sich mit keinem Wort zur Frage der Beschlagnahmewirkung nach den §§ 1123 BGB äußert und den darin durchaus eingeschränkten
Mieterschutz berücksichtigt, er vergisst zudem, dass die Zwangsverwaltung ein Einzelvollstreckungsverfahren ist und der betreibende Gläubiger gerade wegen seiner Vorschusspflicht das
Verfahren auch jederzeit beenden kann. Die abstrakte Rücklagenbildung schmälert allein die
Befriedigung des Gläubigers, ohne dem Mieter Nutzen zu bringen. Wird das Verfahren etwa
nach Antragsrücknahme des Gläubigers aufgehoben, müssen ihm die vorgeschossenen oder aus
den Einnahmen erzielten Kautionen zurückgegeben werden. Andernfalls blieben sie für den
Mieter angelegt und dieser hätte gerade nur deshalb einen Vorteil, weil eine Zwangsverwaltung
angeordnet war. Wäre keine Zwangsverwaltung angeordnet oder aber nimmt der Gläubiger
rechtzeitig seinen Zwangsverwaltungsantrag wieder zurück, ist keine Kaution angelegt. Wodurch soll dann die abstrakte Pflicht zur Kautionsbildung durch den Zwangsverwalter gerechtfertigt sein? Weil das Zwangsverwaltungsverfahren explizit Verfahren des Mieterschutzes sein
soll? Die Rechtsprechung des BGH zur Mietkaution, aber auch zur Betriebskostenabrechnung
macht das Zwangsverwaltungsverfahren zumindest bei Wohnraum für einen Gläubiger sinnlos.
Bevorteilt ist der Mieter des Schuldners, letztlich auch der Schuldner selbst, der munter Betriebskostenabrechnungen unterlässt oder Kautionen veruntreut. Der BGH betreibt mit seiner
Rechtsprechung geradezu Anstiftung zur Vollstreckungsvereitelung.

bb) Kautionsrückzahlung bei Beendigung des Mietverhältnisses

Zu einer Rückzahlung der Kaution an den Mieter ist der Zwangsverwalter verpflichtet, wenn   306
das Mietverhältnis während der Zwangsverwaltung endet. Mit Blick auf die seit dem 1.9.2001
geltende Vorschrift des § 566 a BGB mit uneingeschränkter Rückzahlungspflicht des Vermieters
wird hier allerdings unterschieden: Anfangs nahm der BGH umfassend die Rückzahlungspflicht
einer Kaution für den Zwangsverwalter an.[395] Später schränkte er dies für den Fall ein, dass
der Schuldner das Grundstück vor dem 1.9.2001 erworben hat und nach dem früheren § 572
S. 2 BGB zu einer Rückzahlung nicht verpflichtet gewesen wäre.[396] Der für das Gewerbemiet-
recht zuständige XII. Zivilsenat des BGH verneint in gleicher Weise eine rückwirkende Geltung
des § 566 a BGB.[397]

---

392 Allgemein: Palandt/*Weidenkaff*,, Einf. v. § 535 BGB Rn 126, § 551 Rn 15; MünchKomm-BGB/*Bieber*, § 551 Rn 30.
393 BGH ZfIR 2009, 332.
394 Lesenswert die Kritik von Wedekind/Wedekind, ZfIR 2009, 315.
395 BGH NJW 2003, 3342 = Rpfleger 2003, 678 m. Anm. Alff/Hintzen = ZfIR 2003, 1012; BGH ZfIR 2005, 769 m. Anm.
     Wedekind.
396 BGH Rpfleger 2005, 459 = WuM 2005, 404.
397 BGH NZM 2006, 179 = Rpfleger 2006, 214 = ZfIR 2006, 472 m. Anm. Hamdorf.

307   Unter Berücksichtigung des Inkrafttretens des § 566 a BGB lassen sich die verschiedenen Fallgestaltungen wie folgt darstellen:

- Das Mietverhältnis war vor dem 1.9.2001 vom Vollstreckungsschuldner begründet worden: Der Zwangsverwalter ist bei Beendigung des Mietverhältnisses zur Rückzahlung der Kaution verpflichtet. Den Schuldner träfe die Rückzahlungspflicht des geltenden § 566 a BGB uneingeschränkt.[398]

- Das Mietverhältnis war vor dem 1.9.2001 begründet worden, der Vollstreckungsschuldner hat das Objekt vor diesem Zeitpunkt erworben, die Kaution ist ihm vom damaligen Veräußerer nicht ausgehändigt worden: Der Zwangsverwalter ist zur Rückzahlung der Kaution nur verpflichtet, wenn nach § 572 S. 2 BGB aF auch der Schuldner hierzu verpflichtet wäre.[399]

- Das Mietverhältnis war vor dem 1.9.2001 begründet worden, der Vollstreckungsschuldner hat das Objekt nach diesem Zeitpunkt erworben: Der Zwangsverwalter ist zur Rückzahlung der Kaution verpflichtet, da § 566 a BGB auch für den Schuldner gilt.

- Das Mietverhältnis war nach dem 1.9.2001 begründet worden: Der Zwangsverwalter ist zur Rückzahlung der Kaution verpflichtet.[400]

308   Im Prozess auf Rückzahlung einer Kaution ist der Mieter darlegungs- und beweispflichtig dafür, dass der Erwerber oder der Zwangsverwalter die Kaution vom Veräußerer oder Schuldner erhalten hat.[401] Soweit der Zwangsverwalter unmittelbar nach § 566 a BGB zur Rückzahlung verpflichtet ist, besteht diese Pflicht unabhängig von der Frage, ob die Kaution vom Veräußerer oder Schuldner ausgehändigt worden ist.[402]

309   Der Zwangsverwalter ist nicht prozessführungsbefugt, wenn das Zwangsverwaltungsverfahren aufgehoben wird, bevor die Streitsache überhaupt rechtshängig wird.[403] Es besteht auch keine Prozessführungsbefugnis, wenn das Mietverhältnis beendet und das Objekt vom Mieter geräumt ist, bevor die Beschlagnahme der Zwangsverwaltung wirksam wird. § 152 Abs. 2 ZVG kann nicht greifen, wenn ein Mietverhältnis vor Beschlagnahme bereits beendet ist.[404] Zutreffend wird auf die Räumung der Wohnung abgestellt und nicht auf die Fälligkeit des Kautionsrückzahlungsanspruchs.[405]

310   ▶ **Muster: Zwischenbericht des Zwangsverwalters**

Rechtsanwalt

als Zwangsverwalter

über das Wohnungseigentum [...]

An das Amtsgericht [...]

– Zwangsversteigerungsabteilung –

---

398 Die Vorschrift gilt seit ihrem Inkrafttreten ohne Übergangsregelung für zu diesem Zeitpunkt bestehende Mietverhältnisse, Palandt/*Weidenkaff*, § 566 a BGB Rn 1.
399 BGH Rpfleger 2005, 459 = WuM 2005, 404; BGH NZM 2006, 179 = Rpfleger 2006, 214 = ZfIR 2006, 472 m. Anm. Hamdorf.
400 BGH NJW 2003, 3342 = Rpfleger 2003, 678 m. Anm. Alff/Hintzen = ZfIR 2003, 1012; BGH ZfIR 2005, 769 m. Anm. Wedekind.
401 BGH Rpfleger 2006, 30; BGH NZM 2006, 179 = Rpfleger 2006, 214 = ZfIR 2006, 472 m. Anm. Hamdorf.
402 Palandt/*Weidenkaff*, § 566 a BGB Rn 5.
403 BGH ZfIR 2006, 484 m. Anm. Hawelka.
404 BGH Rpfleger 2006, 489.
405 BGHZ 101, 244, 250, 251; allgemein: Palandt/*Weidenkaff,*, § 551 BGB Rn 15; Emmerich/Sonnenschein/*Emmerich*, § 551 BGB Rn 22 ff

Az: [...]

Zwangsverwaltungsverfahren über das Wohnungs-Teileigentum Grundbuch von [...] [*Ort*] Blatt [...]; Eigentümer und Schuldner [...] [*Name*]

Sehr geehrte Damen und Herren,

in vorbezeichnetem Verfahren berichte ich für das Jahr 2008 gemäß § 16 ZwVwV wie folgt:

1. Mieteinheiten

   In der Zwangsverwaltung befinden sich drei Wohnungseigentumseinheiten, die sämtlich vermietet sind. Im Jahr 2008 gelang es, alle Einheiten zu vermieten. Die Mietverhältnisse sind in der Anlage 1 aufgeführt.

   Mit Ausnahme von zwei Mietparteien, die Mietparteien [...] und [...], leisteten die Mieter die Mieten ordnungsgemäß. Die säumigen Mieter sind gemahnt worden, in einem Fall wurde auch der Erlass eines Mahnbescheids beantragt; ein Vollstreckungsbescheid ist noch nicht erlassen. Die rückständige Miete wird weiter beigetrieben.

2. Versicherungsverhältnisse

   Das Objekt ist wie folgt versichert:

Versicherungsart	Versicherungsgesellschaft	jährliche Prämie
Gebäudeversicherung (Feuer, Sturm, Leitungswasser, Hagel)	[...] [*Name*]	[...] €
Gebäudehaftpflichtversicherung	[...] [*Name*]	[...] €

3. Abrechnung der Nebenkosten

   Die Abrechnung der Nebenkosten gegenüber den Mietern nach Vorlage und Genehmigung der Jahresrechnung der WEG-Verwaltung ist durch das eigene Büro erfolgt.

4. Kleinreparaturen und Instandhaltung

   Am Objekt kam es im vergangenen Verwaltungsjahr zu Graffitischmiererein an der Fassade. In Zusammenarbeit mit dem WEG-Verwalter wurde Anzeige gegen Unbekannt bei dem zuständigen Polizeirevier gestellt. Die Beseitigung der Beschädigung wurde durch die WEG-Verwaltung veranlasst und aus dem laufenden Etat der WEG-Verwaltung bestritten.

   An Instandhaltungsmaßnahmen mussten an Wohnungseigentum Nr. [...] defekte Heizkörper erneuert werden Die Reparaturen wurden wie folgt veranlasst:

   Reparatur der Heizkörper Wohnzimmer 1.800 €

5. Stand des Anderkontos

   Auf dem Anderkonto ist per 3.1.2009 ein Guthaben in Höhe von 35.000 € verbucht. Aus dem laufenden Guthaben werden die Bewirtschaftungskosten gedeckt. Derzeit werden Überschüsse in Höhe von 9.000 € erwirtschaftet. Auszahlungen an Gläubiger gemäß dem gerichtlichen Teilungsplan können derzeit nicht erfolgen, da für nicht angelegte Mietkautionen Rückstellungen zu bilden sind.

Anbei darf ich meinen Antrag auf Festsetzung der Zwangsverwaltungsvergütung für das Zwangsverwaltungsjahr 2008 übergeben.

Zwangsverwalter ◀

311 ▶ **Muster: Kontenplan einer Einnahmenüberschussrechnung**

§ 15 Abs. 1 ZwVwV	Soll- und Isteinnahmen
	1. Konto der Miet- und Pachteinnahmen nach Verwaltungseinheiten.
	2. Konto der anderen Einnahmen.
§ 15 Abs. 3 ZwVwV	Ausgaben
	1. Aufwendungen zur Unterhaltung des Objekts
	2. Öffentliche Lasten
	3. Zahlungen an Gläubiger
	4. Gerichtskosten der Verwaltung
	5. Vergütung des Verwalters
	6. andere Ausgaben
§ 15 Abs. 4 ZwVwV	Umsatzsteuer

[Muster einer Jahresrechnung]

Zweite Jahresrechnung

Anordnung der Zwangsverwaltung:	30.12.2006
Jahresrechnung zum:	31.12.2008

I. Saldovortrag

Erste Jahresrechnung vom 31.12.2007

	Solleinnahmen	Isteinnahmen
	29.795,60 €	26.192,00 €
Saldo:		- 3.603,60 €

II. Einnahmen

1. Vermietung des Objekts

	Solleinnahmen	Isteinnahmen
Whg. 01	8.978,76 €	8.978,76 €
	2.802,72 €	2.802,72 €
Whg. 02	6.519,24 €	6.519,24 €
	1.505,40 €	1.505,40 €
Whg. 03	7.890,96 €	0,00 €
	1.746,72 €	0,00 €
Gesamt:	29.443,80 €	19.806,12 €

2. Andere Einnahmen

	Solleinnahmen	Isteinnahmen
	0,00 €	0,00 €
Gesamt:	0,00 €	0,00 €

III. Ausgaben

1. Aufwendungen zur Unterhaltung des Objekts

	Ausgaben
Hausmeister	736,00 €
Müllgebühren	180,00 €
Gärtner	224,00 €
Gesamt:	1.140,00 €

2. Öffentliche Lasten

	Ausgaben
Grundsteuer	800,00 €
Gesamt:	800,00 €

3. Zahlungen an Gläubiger

	Ausgaben
Zahlung gemäß Teilungsplan an Berliner Bank	0,00 €
Gesamt:	0,00 €

4. Gerichtskosten

	Ausgaben
Gebühr KV GKG 2221	0,00 €
Gesamt:	0,00 €

5. Vergütung des Verwalters

	Ausgaben
Vergütung § 18 ZwVwV	0,00 €
Gesamt:	0,00 €

6. Andere Ausgaben

	Ausgaben
	0,00 €
Gesamt:	0,00 €

IV. Saldo

1. Summe Einnahmen

	Solleinnahmen	Isteinnahmen
Gesamt:	29.443,80 €	19.806,12 €

2. Summe Ausgaben

	Ausgaben
Abschn. III. Nr. 1	1.140,00 €
Abschn. III. Nr. 2	800,00 €
Gesamt:	1.940,00 €

3. Saldo

	Sollbestand	Istbestand
Gesamt:	27.503,80 €	17.866,12 €
Saldo:		- 9.637,68 €

4. Kumulierter Bestand

	Solleinnahmen	Isteinnahmen
31.12.2007	29.795,60 €	26.192,00 €
31.12.2008	27.503,80 €	17.866,12 €
Gesamt	58.299,40 €	44.058,12 €

5. Bankbestand

Guthaben C-Bank Berlin Konto [...]:

Jahresrechnung zum 31.12.2008

	44.058,12 €

8. Beendigung des Zwangsverwaltungsverfahrens

a) Gründe für eine Verfahrensbeendigung
aa) Gläubigerbefriedigung oder Insolvenz des Schuldners

312   Die Aufhebung des Zwangsverwaltungsverfahrens kann verschiedene Gründe haben. Unwahrscheinlichster Grund ist die vollständige Befriedigung des betreibenden Gläubigers (§ 161 Abs. 2 ZVG, § 12 Abs. 4 ZwVwV). Daneben kann es aufzuheben sein, wenn Rechte dem Verfahrensfortgang dauerhaft entgegenstehen (§§ 28, 161 Abs. 4 ZVG). Dies ist beispielsweise bei berechtigtem Fremdbesitz der Fall, wenn der Gläubiger keinen Vollstreckungstitel gegen den Besitzer erlangen kann.

313   Die Insolvenz des Grundstückseigentümers ist kein eigentlicher Aufhebungsgrund.[406] Allerdings können sich die vollstreckungsrechtlichen Beschränkungen des Insolvenzrechts dergestalt auf die Zwangsverwaltung auswirken, dass eine Aufhebung erfolgen muss. Fällt beispielsweise die Beschlagnahme des persönlich betreibenden Gläubigers in den Zeitraum der Rückschlagsperre des § 88 InsO, ist das Verfahren aufzuheben, da mit Insolvenzeröffnung die Beschlagnahme wegfällt. Anders ist es freilich beim dinglich betreibenden Gläubiger, der schon durch das Grundpfandrecht absonderungsberechtigt ist.[407] Nach Insolvenzeröffnung kann wegen des

---

406   Eingehend: Morvilius in: Dierck/Morvilius/Vollkommer, Handbuch des Zwangsvollstreckungsrecht, Rn 766 ff
407   Eingehend zur Immobiliarvollstreckung in der Insolvenz: Keller, Insolvenzrecht, Rn 1102 ff

Vollstreckungsverbots des § 89 Abs. 1 InsO seitens eines persönlichen Gläubigers keine Zwangsverwaltung betrieben werden. Im Übrigen kann ein Zwangsverwaltungsverfahren unter den Voraussetzungen des § 153 b ZVG einstweilen eingestellt werden.[408]

bb) Antragsrücknahme oder fehlende Vorschusszahlung

Der betreibende Gläubiger kann seinen Zwangsverwaltungsantrag jederzeit ohne Angabe von   314
Gründen zurücknehmen (§ 29 ZVG). Wird das Verfahren von mehreren Gläubigern betrieben,
ist es insgesamt erst nach Rücknahme sämtlicher Gläubigeranträge beendet. Das Gericht hat
unverzüglich nach Eingang der Rücknahmeerklärung das Verfahren aufzuheben, eine sachliche
Prüfung erfolgt nicht. Die Beschlagnahme endet erst mit Zustellung des Aufhebungsbeschlusses
an den Schuldner, nicht bereits mit Eingang der Antragsrücknahme bei Gericht.[409]

Das Verfahren ist auch dann aufzuheben, wenn der Gläubiger einen vom Gericht zur Deckung   315
der Ausgaben der Verwaltung notwendigen Vorschuss nicht entrichtet (§ 161 Abs. 3 ZVG). Die
Vorschussanforderung erfolgt stets seitens des Gerichts, nicht seitens des Zwangsverwalters.
Bei erheblichen Ausgaben, etwa für Baumaßnahmen oder auch zur notwendigen Bildung von
Kautionsrücklagen, wird regelmäßig mit dem betreibenden Gläubiger Rücksprache genommen,
so dass er seinen Zwangsverwaltungsantrag auch zurücknehmen kann, um einer Vorschusszahlung zu entgehen.

cc) Zuschlagserteilung in der Zwangsversteigerung

Das Zwangsverwaltungsverfahren ist aufzuheben, wenn im Zwangsversteigerungsverfahren   316
der Zuschlag erteilt wird. Zum einen ist dann der Schuldner nicht mehr Eigentümer des
Zwangsverwaltungsobjekts (§ 17 ZVG), zum anderen gebühren ab dem Zuschlag dem Ersteher
die Nutzungen und Lasten des Grundstücks (§ 56 S. 2 ZVG). Das Verfahren der Aufhebung bei
Zuschlagserteilung ist im ZVG nicht geregelt, die Zwangsverwalterverordnung bietet in § 12
nur grobe Anhaltspunkte.

Bereits mit Wirksamwerden des Zuschlags (§§ 90, 56 ZVG) endet die Beschlagnahme zuguns-   317
ten des Gläubigers, vor Erteilung des Zuschlags entstandene Ansprüche bleiben weiter beschlagnahmt und sind vom Zwangsverwalter zu verfolgen.[410] Der Zwangsverwalter hat deshalb
noch beschlagnahmte Forderungen einzuziehen und gemäß Teilungsplan zu verteilen.

Das Vollstreckungsgericht beschließt die Aufhebung der Zwangsverwaltung erst nach Rechts-   318
kraft des Zuschlagsbeschlusses. Bis zu diesem Zeitpunkt verwaltet der Zwangsverwalter das
Objekt für den Ersteher und ist auch diesem gegenüber abrechnungspflichtig.[411] Nutzungen
vom Zuschlag bis zur Aufhebung des Verfahrens hat er an den Ersteher herauszugeben.

---

408 Stöber, § 153 b ZVG Rn 2.
409 Grundlegend und mit umfangreichen Nachweisen: BGH NJW 2008, 3067 = Rpfleger 2008, 586 = ZfIR 2008, 876;
     dazu Depré, ZfIR 2008, 841; Hintzen, Rpfleger 2009, 68; anders noch Steiner/Hagemann, § 161 ZVG Rn 27; Stöber,
     18. Aufl. 2006, § 161 ZVG Rn 2.3.
410 Zur Prozessführung: BGHZ 39, 235; dagegen ausdrücklich für den Fall der Antragsrücknahme BGHZ 155, 38.
411 BGHZ 39, 235.

319 ▶ **Muster: Abrechnung gegenüber Ersteher für die Zeit nach Zuschlagserteilung bis Verfahrensaufhebung**

Rechtsanwalt

als Zwangsverwalter

über das Wohnungseigentum [...]

An

[...] *[Ersteher]*

Wohnungseigentum/Teileigentum [...] *[Straße Hausnummer, Ort]*

Wohnung Aufteilungsplan Nr. [...], Grundbuch Amtsgericht [...] *[Ort]*, Blatt [...]

Sehr geehrte Damen und Herren,

durch Beschluss des Amtsgerichts [...] vom [...] im Zwangsversteigerungsverfahren zu Az [...] wurde Ihnen für das oben benannte Objekt der Zuschlag erteilt. Nach § 56 S. 2 ZVG stehen Ihnen ab diesem Zeitpunkt sämtliche Nutzungen des Objekts zu, insbesondere Mieteinnahmen. Ebenso sind seit diesem Zeitpunkt von Ihnen die anfallenden Lasten zu tragen. Mit Beschluss vom [...] wurde durch das Amtsgericht das Zwangsverwaltungsverfahren aufgehoben. Damit ergibt sich für den Zeitraum vom [...] (Tag des Zuschlags) bis zum [...] (Tag der Aufhebung der Zwangsverwaltung) die nachstehende Abrechnung:

Eingenommene Miete (Einzelbeträge siehe Anlage 1)	[...] €
Gezahlte Kosten (Einzelbeträge siehe Anlage 2)	[...] €
Saldo	[...] €

Die Überweisung des positiven Saldos erfolgt auf das von Ihnen angegebene Konto bei der [...] *[Bank]*, BLZ [...], Konto-Nr. [...].

Sie erhalten Mieterkonten für den Zeitraum vom [...] bis [...] sowie die Kopien der Zahlungen für angefallene Lasten.

Mit freundlichen Grüßen

Zwangsverwalter ◀

b) Verfahren bei Aufhebung der Zwangsverwaltung

320 Nach Aufhebung der Zwangsverwaltung hat der Zwangsverwalter bereits verursachte Verbindlichkeiten aus der vorhandenen Masse zu begleichen, gegebenenfalls besteht eine Nachschusspflicht des Gläubigers (§ 12 Abs. 3 ZwVwV). Bereits fällige Ansprüche an die Gläubiger sind gemäß Teilungsplan des Gerichts (§ 158 ZVG) auszuzahlen. Der Zwangsverwalter hat eine Schlussrechnung zu legen nach § 14 Abs. 3 ZwVwV.

321 Mieter und Pächter sowie Gläubiger öffentlicher Lasten und Steuergläubiger sind zu informieren. Vom Zwangsverwalter abgeschlossene Miet- und Pachtverträge bleiben für den Schuldner bindend. Das Zwangsverwaltungsobjekt ist an den Schuldner herauszugeben.[412]

E. Wohnungs- und Teileigentum in der Insolvenz

I. Ursachen der Insolvenz des Wohnungseigentümers

322 Wohnungs- oder Teileigentum ist besonders in der Insolvenz natürlicher Personen keine Seltenheit. Nicht selten ist auch der Fall, dass das Wohnungseigentum als Vermögensanlage dienen

---

412   BGHZ 71, 216; LG Heilbronn Rpfleger 1996, 37.

und durch Verlustabzüge die Steuerlast des Eigentümers mindern sollte. In der Insolvenz der juristischen Person ist Wohnungs- und Teileigentum insbesondere anzutreffen, wenn über das Vermögen eines Bauträgers das Insolvenzverfahren eröffnet wird und Bauvorhaben unvollendet sind, obwohl Wohnungseigentum im Grundbuch bereits angelegt und teilweise auch bereits veräußert ist.

Wirtschaftlich kommt dem Grundbesitz und damit auch dem Wohnungs- und Teileigentum im Insolvenzverfahren erhebliche Bedeutung zu. Als erste Grundlage des Realkredits gibt es dem Gläubiger des Grundpfandrechts ein Absonderungsrecht im Insolvenzverfahren nach § 49 InsO und damit ein bevorzugtes Befriedigungsrecht am Grundstück. Bei wertausschöpfender Belastung wird bei Insolvenzeröffnung mit Erstellung des Masseverzeichnisses (§ 151 InsO) der Grundbesitz des Schuldners daher oft niedrig oder mit null bewertet.[413] Trotzdem hat gerade in der Unternehmensinsolvenz der Grundbesitz erhebliche Bedeutung, wenn der Insolvenzverwalter das Unternehmen im Wege sog. übertragender Sanierung oder durch Einzelveräußerung aller Vermögenswerte veräußern will. 323

II. Systematische Erfassung der Ansprüche der Eigentümergemeinschaft

1. Ansprüche auf rückständige Leistungen als Insolvenzforderungen

Vermögensansprüche, die im Zeitpunkt der Eröffnung des Insolvenzverfahrens begründet sind, sind als Insolvenzforderungen iSd § 38 InsO zu qualifizieren.[414] Ihrer gemeinschaftlichen Befriedigung dient das Insolvenzverfahren. § 38 InsO stellt auf die Begründung eines Anspruchs ab, nicht auf die Fälligkeit. Nicht fällige Ansprüche gelten mit Insolvenzeröffnung als fällig (§ 41 InsO). 324

Ansprüche der Wohnungseigentümergemeinschaft auf Zahlung von Hausgeld, Zahlung einer Abrechnungsspitze oder einer Sonderumlage sind damit Insolvenzforderungen, wenn sie vor Insolvenzeröffnung entstanden sind. Der Anspruch auf Hausgeldzahlung entsteht monatlich wiederkehrend in dem mit wirksamer Beschlussfassung festgelegten Zeitpunkt. Eine zeitanteilige Aufteilung des bei Insolvenzeröffnung laufenden Kalendermonats ist gesetzlich nicht geregelt, wird aber als geboten angezeigt.[415] Der Anspruch auf Zahlung einer Abrechnungsspitze oder einer Sonderumlage entsteht mit wirksamer Beschlussfassung, auf eine Fälligkeit kommt es nicht an. 325

Insolvenzforderungen können nur nach den Vorschriften der Insolvenzordnung verfolgt werden (§ 87 InsO). Sie sind beim Insolvenzverwalter unter Berücksichtigung des § 174 InsO zur Insolvenztabelle anzumelden. Anzumelden ist die Forderung nebst möglicher Nebenforderungen; Zinsen sind bis zum Zeitpunkt der Insolvenzeröffnung zu berechnen, weiter laufende Zinsen sind nachrangig nach § 39 Abs. 1 Nr. 1 InsO und können grundsätzlich nicht angemeldet werden (§ 174 Abs. 3 InsO). Urkundliche Nachweise sind beizufügen (§ 174 Abs. 1 S. 2 InsO). Hierzu gehören insbesondere Protokolle über Beschlussfassungen oder auch bereits erwirkte Vollstreckungstitel.[416] Mit Feststellung der Forderung zur Insolvenztabelle gilt sie als rechts- 326

---

413 Allgemein: MünchKomm-InsO/*Füchsl/Weishäupl*, § 151 Rn 9 ff; Kübler/Prütting/Bork/*Holzer*, § 151 InsO Rn 19 ff; Frege/Keller/Riedel, Insolvenzrecht, Rn 1345 ff

414 Allgemein: Jaeger/Henckel/Gerhardt/*Henckel*, § 38 InsO Rn 7 ff; MünchKomm-InsO/*Ehricke*, § 38 Rn 10; Uhlenbruck/*Uhlenruck*, § 38 InsO Rn 4 ff; HeidKomm-InsO/*Eickmann*, § 38 Rn 5 ff; Frege/Keller/Riedel, Insolvenzrecht, Rn 901 ff

415 Jaeger/Henckel/Gerhardt/*Henckel*, § 55 InsO Rn 30; anders: KG ZIP 2000, 2029, dazu EWiR 2000, 283 (Eckert).

416 Zur Vorlage eines Vollstreckungstitels BGH NZI 2006, 173 = Rpfleger 2006, 217 = ZIP 2006, 192, dazu EWiR 2006, 177 (Köster); allgemein: Kübler/Prütting/Bork/*Pape*, § 174 InsO Rn 28; MünchKomm-InsO/*Nowak*, § 174 Rn 23; Uhlenbruck/*Uhlenbruck*, § 174 InsO Rn 20; umfassend: Frege/Keller/Riedel, Insolvenzrecht, Rn 1524 ff

kräftig tituliert (§ 178 Abs. 3 InsO). Wird die angemeldete Forderung bestritten, ist im ordentlichen Prozess Klage auf Feststellung zu erheben (§§ 179 ff InsO).[417] Nach Zuteilung einer Quote im Rahmen einer Verteilung nach den §§ 187 ff InsO hat jeder Wohnungs- oder Teileigentümer Anspruch auf anteilige Auskehr.[418]

327 ▶ **Muster: Anmeldung Insolvenzforderung gegenüber dem Insolvenzverwalter**

An [...] *[Name und Anschrift Insolvenzverwalter]*

Az: [...]

In dem Insolvenzverfahren über das Vermögen des [...] *[Name/Firma des Schuldners]*

zeige ich die anwaltliche Vertretung der Wohnungseigentümergemeinschaft Grundstück [...]

als Gläubigerin an. Der Schuldner ist Eigentümer des im Wohnungsgrundbuch des Amtsgerichts [...] *[Ort]* für [...] *[Grundbuchbezirk]* Blatt [...] eingetragenen Wohnungseigentums.

Zur Insolvenztabelle werden folgende Ansprüche angemeldet:

[...] €	Summe Hausgeldforderungen vom [...] bis [...] *[Insolvenzeröffnung]* gemäß Beschlussfassung der Eigentümergemeinschaft vom [...]
[...] €	Abrechnungsspitze aus Beschluss der Eigentümergemeinschaft über Genehmigung der Jahresrechnung vom [...]
[...] €	Sonderumlage gemäß Beschluss der Eigentümergemeinschaft vom [...]
[...] €	Bisherige Kosten der Zwangsvollstreckung

Zur Glaubhaftmachung der Ansprüche werden vorgelegt Abschriften der Protokolle der Eigentümerversammlungen vom [...] und vom [...] *[ggf auch Vollstreckungstitel]*.

Hinsichtlich der Ansprüche wird abgesonderte Befriedigung aus § 10 Abs. 1 Nr. 2 ZVG iVm § 49 InsO beansprucht.

Rechtsanwalt ◀

2. Ansprüche nach Eröffnung des Insolvenzverfahrens

328 Der Anspruch auf Zahlung des nach Insolvenzeröffnung entstehenden und fällig werdenden Hausgeldes ist Masseverbindlichkeit des Verfahrens nach § 55 Abs. 1 Nr. 1 InsO, soweit das Wohnungs- oder Teileigentum zur Insolvenzmasse gehört. Gibt der Insolvenzverwalter dieses aus der Insolvenzmasse frei, trifft der Anspruch den Schuldner persönlich. Dieser hat ihn dann aus seinem insolvenzfreien Vermögen zu bedienen.[419]

329 Fraglich ist, ob das **Hausgeld** für die Zeit des Insolvenzeröffnungsverfahrens bereits als Masseverbindlichkeiten angesehen werden kann. Dies kann nur in Anwendung des § 55 Abs. 2 S. 2 InsO erfolgen, der aber zwingend die Bestellung eines sog. starken vorläufigen Insolvenzverwalters voraussetzt, auf den sog. schwachen vorläufigen Insolvenzverwalter ist die Vorschrift nicht anzuwenden.[420] Doch selbst bei – in der Rechtspraxis seltener – Bestellung eines starken vorläufigen Insolvenzverwalters ist die Anwendung fraglich, da sie immanent voraus-

417   Umfassend: Frege/Keller/Riedel, Insolvenzrecht, Rn 1608 ff; Keller, Insolvenzrecht, Rn 709 ff
418   KG NJW-RR 1999, 92 = NZM 1998, 579.
419   Schneider, ZMR 2009, 165, 171, 172.
420   BGHZ 151, 353 = NJW 2002, 3326 = ZIP 2002, 1625; BGH NZI 2007, 231 m. Anm. Gundlach/Frenzel; Jaeger/Henckel/Gerhardt/*Gerhardt*, § 22 InsO Rn 131; Jaeger/Henckel/Gerhardt/*Henckel*, §§ 55 InsO Rn 88; MünchKomm-InsO/*Hefermehl*, § 55 Rn 213; Kübler/Prütting/Bork/*Pape*, § 22 InsO Rn 89.

setzt, dass der vorläufige Insolvenzverwalter bei Dauerschuldverhältnissen den Entscheidungsspielraum hat, sich von der Verbindlichkeit zu lösen und die Gegenleistung nicht in Anspruch
zu nehmen. Das ist bei der Hausgeldzahlung nicht der Fall, so dass nach dem Normzweck eine
Anwendung auf Hausgeldansprüche wohl ausscheidet.

Der Anspruch auf Zahlung einer **Abrechnungsspitze** und insbesondere einer **Sonderumlage**   330
entsteht mit wirksamer Beschlussfassung und trifft grundsätzlich denjenigen, der zum Zeitpunkt der Fälligkeit Eigentümer des Wohnungs- oder Teileigentums ist.[421] Demgemäß sieht der
V. Zivilsenat des BGH den nach Insolvenzeröffnung entstehenden Anspruch als Masseverbindlichkeit an.[422] Der für das Insolvenzrecht zuständige IX. Zivilsenat zweifelt in einem *obiter
dictum* hieran.[423] Zutreffend merkt er an, dass dann durch geschickte Beschlussfassung es in
der Macht der Eigentümergemeinschaft stünde, eine Sonderumlage zur Masseverbindlichkeit
werden zu lassen. Nach welchem sachlichen Unterscheidungskriterium eine Sonderumlage
dann aber als Insolvenzforderung oder als Masseverbindlichkeit anzusehen ist, lässt der IX.
Zivilsenat aber offen. Denkbar wäre wie bei der Zwangsverwaltung eine sachliche Differenzierung dahin gehend, ob die Sonderumlage zum Zwecke der Finanzierung bereits abgeschlos-
sener Maßnahmen erfolgt, zur Deckung von Liquiditätslücken oder zur Finanzierung künftiger
Maßnahmen. Einer solchen Differenzierung steht aber auch die sachenrechtliche Beurteilung
entgegen, dass der Schuldner als Mitglied einer unauflöslichen Bruchteilsgemeinschaft die gemeinschaftlichen Lasten eben anteilig zu tragen hat und den Insolvenzverwalter diese Pflichten
in vollem Umfang treffen. Er kann sich allenfalls durch Freigabe des Wohnungseigentums hiervon lösen.

3. Anspruch auf abgesonderte Befriedigung

Praktische Bedeutung hat die Frage insoweit nicht mehr, als durch die seit dem 1.7.2007 gel-   331
tende Rangklasse des § 10 Abs. 1 Nr. 2 ZVG für Ansprüche der Wohnungseigentümergemeinschaft ein Absonderungsrecht nach § 49 InsO geschaffen ist, das eine bevorzugte Befriedigung
aus dem Wohnungs- oder Teileigentum zur Folge hat.[424] Die Vorschrift des § 49 InsO nimmt
die Formulierung des § 10 Abs. 1 ZVG auf, der für das Zwangsversteigerungsverfahren die zu
berücksichtigenden Rechte und ihre Befriedigungsreihenfolge regelt.[425] Absonderungsberechtigte sind daher die Gläubiger in den Rangklassen des § 10 Abs. 1 Nr. 1 bis 5 ZVG.[426] Auch
der die Zwangsversteigerung persönlich betreibende Gläubiger (§ 10 Abs. 1 Nr. 5 ZVG) kann
Absonderungsberechtigter iSd § 49 InsO sein. Voraussetzung ist, dass er das Recht auf Befriedigung aus dem Grundstück mit Wirksamwerden der Beschlagnahme nach den §§ 20 ff ZVG
vor Eröffnung des Insolvenzverfahrens erlangt hat und dass dieses Recht nicht etwa durch die
Rückschlagsperre des § 88 InsO weggefallen ist oder dass es nicht als Fall inkongruenter Deckung nach § 131 InsO anfechtbar ist.[427] Der Absonderungsberechtigte an einem unbeweglichen Gegenstand kann selbständig die Zwangsversteigerung oder Zwangsverwaltung betreiben
und ist bei freihändiger Veräußerung durch den Insolvenzverwalter aus dem Erlös zu befriedigen.

---

421 Allgemein: Staudinger/*Bub*, Neubearb. 2005, § 28 WEG Rn 252 ff
422 BGHZ 104,1 97; 108, 44.
423 BGHZ 150, 305, 317; dazu Drasdo, NZI 2005, 489.
424 Im Ansatz ebenso: Schneider, ZMR 2009, 165, 170.
425 Grundlegend zum Recht auf Befriedigung: Steiner/Hagemann, ZVG, 9. Aufl. 1986, § 10 Rn 1, 3.
426 Meist nur recht allgemein auf § 10 ZVG verweisend: MünchKomm-InsO/*Ganter*, § 49 Rn 46 ff; Kübler/Prütting/Bork/
     Prütting, § 49 InsO Rn 13; Braun/*Bäuerle*, § 49 InsO Rn 13.
427 Ausführlich: Keller, Insolvenzrecht, Rn 404, 1104.

332 Die Ansprüche des § 10 Abs. 1 Nr. 2 ZVG genießen das Vorrecht bis 5 % des nach § 74 a ZVG festgesetzten Verkehrswerts. Bis zu dieser Höhe sind sie absonderungsberechtigt, auch wenn kein Zwangsversteigerungsverfahren anhängig ist.[428] Wie auch ein Gläubiger öffentlicher Lasten kann aber die Wohnungseigentümergemeinschaft aus ihrem Vorrecht wegen § 49 InsO unmittelbar gegen den Insolvenzverwalter die Zwangsversteigerung betreiben.[429]

333 Zu berücksichtigen ist freilich, dass im Insolvenzverfahren keine Verkehrswertfestsetzung erfolgt. Die Wertgrenze ist daher auf den allgemeinen Verkehrswert des Wohnungs- oder Teileigentums begrenzt, dessen Bestimmung kann freilich streitig sein. Hinsichtlich der zeitlichen Grenze der wiederkehrenden Leistungen in § 10 Abs. 1 Nr. 2 ZVG ist zu bedenken, dass diese ab dem Zeitpunkt einer Beschlagnahme nach § 22 ZVG berechnet wird und nicht ab dem Zeitpunkt der Insolvenzeröffnung. Insoweit muss der Gläubiger wie auch im Fall des § 10 Abs. 1 Nr. 3 ZVG bedenken, dass nach Ablauf von zwei Jahren seit Fälligkeit der ersten Leistung ein Rangverlust innerhalb des § 10 Abs. 1 ZVG eintreten kann und das Absonderungsrecht verloren geht. Veräußert aber der Insolvenzverwalter das Wohnungs- oder Teileigentum freihändig, hat er Rückstände der letzten zwei Jahre bis zur Höhe von 5 % des Verkehrswerts, der dann wohl dem Veräußerungserlös entspricht, als Absonderungsrecht zu berücksichtigen.

4. Insolvenzanfechtung von Leistungen vor Insolvenzeröffnung

334 Rechtshandlungen vor Insolvenzeröffnung, durch welche die Gesamtheit der Insolvenzgläubiger benachteiligt wird, können durch den Insolvenzverwalter angefochten werden, er hat dann Anspruch auf Rückgewähr des aus der Insolvenzmasse Geleisteten (§§ 129 ff, 143 InsO).[430] Als anfechtbare Rechtshandlungen kommen vor allem Zahlungen während der sog. Krise innerhalb der letzten drei Monate vor dem Insolvenzantrag oder Vollstreckungsmaßnahmen in diesem Zeitraum in Betracht. Zahlungen sind unter den besonderen Voraussetzungen des § 130 InsO anfechtbar; der Gläubiger einer solchen kongruenten Deckung muss wesentlich Kenntnis von der Zahlungsunfähigkeit des Schuldners gehabt haben. Vollstreckungsmaßnahmen sind als inkongruente Deckung nach § 131 InsO anfechtbar,[431] diese Vorschrift verzichtet in ihren Voraussetzungen weitgehend auf subjektive Tatbestandsmerkmale.[432] Darüber hinaus kann eine sog. Absichtsanfechtung nach § 133 InsO in Betracht kommen, wenn die Rechtshandlung des Schuldners in der zumindest bedingt vorsätzlichen Absicht erfolgt, die übrigen Gläubiger zu benachteiligen. Dem Empfänger der Leistung muss diese Absicht bekannt sein.[433]

335 Eine Gläubigerbenachteiligung als allgemeine Voraussetzung der Insolvenzanfechtung scheidet aus, wenn der Gläubiger als Empfänger der Leistung Absonderungsberechtigter ist und wegen

---

428 MünchKomm-InsO/*Ganter*, § 49 Rn 99.

429 Ausführlich zu § 10 Abs. 1 Nr. 3 ZVG: Glotzbach/Mayer, Immobiliarvollstreckung aus der Sicht kommunaler Vollstreckungsbehörden, 1997, Rn 252 ff; unzutreffend: OLG Hamm NJW-RR 1994, 469, wonach das Absonderungsrecht daran geknüpft sei, dass ein dinglicher Gläubiger der Rangklasse § 10 Abs. 1 Nr. 4 ZVG die Versteigerung betreibe; dazu auch Schneider, ZMR 2009, 165, 171 linke Spalte unten.

430 Jaeger/Henckel/*Gerhardt/Henckel*, § 129 InsO Rn 2 ff, 10 ff; Zeuner, Die Anfechtung in der Insolvenz, Rn 15 ff; Keller, Insolvenzrecht, Rn 1428 ff

431 Grundlegend: BGHZ 34, 254; 128, 196; 135, 140; 136, 309; Jaeger/Henckel/*Gerhardt/Henckel*, § 131 InsO Rn 49 ff; MünchKomm-InsO/*Kirchhof*, § 131 Rn 26 ff, § 141 Rn 8, 9; Uhlenbruck/*Hirte*, § 141 InsO Rn 6.

432 Allgemein: Jaeger/Henckel/*Gerhardt/Henckel*, § 131 InsO Rn 75; HeidKomm-InsO/*Kreft*, § 131 Rn 1; Keller, Insolvenzrecht, Rn 1545.

433 Exemplarische Sachverhalte bei BGHZ 167, 190; 174, 314; BGH ZIP 2009, 189; eingehend zur Problematik: Schoppmeyer, ZIP 2009, 600.

dieser Rechtsposition aus einem Gegenstand bevorzugte Befriedigung verlangen kann.[434] Dies ist bei Ansprüchen der Wohnungseigentümergemeinschaft im Umfang des § 10 Abs. 1 Nr. 2 ZVG der Fall. Leistungen an diese können mangels Gläubigerbenachteiligung nicht angefochten werden, weil durch das Absonderungsrecht am Wohnungseigentum die Eigentümergemeinschaft ohnehin Anspruch auf Befriedigung hat.

III. Verfügungsberechtigung und Hausgeldzahlung im Insolvenzeröffnungsverfahren

1. Anordnung vorläufiger Sicherungsmaßnahmen

Allein die Stellung des Insolvenzantrags bewirkt keine Verfügungsbeeinträchtigung oder kein Zahlungsverbot gegenüber dem Schuldner und kein Vollstreckungsverbot gegen einen Gläubiger. Das Insolvenzgericht hat dies in jedem Fall besonders anzuordnen (§ 21 Abs. 1 InsO).[435]   336

Bei Anordnung sog. vorläufiger Insolvenzverwaltung ist zu unterscheiden, ob dem Schuldner nach § 21 Abs. 2 Nr. 2 InsO ein allgemeines Verfügungsverbot auferlegt wird oder ein Zustimmungsvorbehalt angeordnet wird.[436] Im ersteren Fall geht die Verfügungsbefugnis des Schuldners vollständig auf den vorläufigen Insolvenzverwalter über, der allgemein als starker vorläufiger Insolvenzverwalter bezeichnet wird (§ 21 Abs. 2 Nr. 1 iVm § 22 Abs. 1 InsO). Dieser kann kraft der auf ihn übergegangenen Verfügungsbefugnis ohne Mitwirkung des Schuldners über dessen Vermögen verfügen. Verbindlichkeiten, die er begründet, sind im später eröffneten Insolvenzverfahren als Masseverbindlichkeiten zu befriedigen (§ 55 Abs. 2 InsO).[437] Bei Anordnung eines Zustimmungsvorbehalts (§ 21 Abs. 2 Nr. 2 Alt. 2 InsO) bestimmt das Insolvenzgericht die Befugnisse des dann schwachen vorläufigen Insolvenzverwalters (§ 22 Abs. 2 InsO).[438] In der Regel wird er ermächtigt, Forderungen gegen Drittschuldner einzuziehen.[439] Über das Vermögen des Schuldners kann er selbständig nicht verfügen. Bei vermietetem Wohnungs- oder Teileigentum ist der vorläufige Insolvenzverwalter damit berechtigt, die Mieten einzuziehen.   337

Verfügungen des Schuldners über sein Vermögen sind in beiden Varianten der Verfügungsbeschränkungen des § 21 Abs. 2 Nr. 2 InsO absolut unwirksam (§ 24 Abs. 1 InsO). Verfügungen über unbewegliches Vermögen können nur noch in Anwendung des § 878 BGB oder sonst nach § 892 BGB wirksam werden (§ 24 Abs. 2 iVm § 81 Abs. 1 S. 2 und ergänzend § 91 Abs. 2 InsO).[440]   338

Die Anordnung der Einstellung von Zwangsvollstreckungsmaßnahmen betrifft nach dem Wortlaut des § 21 Abs. 2 Nr. 3 InsO nur die Zwangsvollstreckung in das bewegliche Vermögen, obgleich das Gericht nach der Generalklausel des § 21 Abs. 1 InsO auch ein Vollstreckungsverbot betreffend das unbewegliche Vermögen anordnen könnte. Wird das Insolvenzverfahren später eröffnet, fällt jedoch auch die Vollstreckung in das unbewegliche Vermögen unter die   339

---

434   RGZ 90, 69, 72; explizit zum Grundpfandrecht RGZ 126, 304; BGH ZIP 1985, 816; 1995, 630; 1991, 737; BGH NJW-RR 2006, 1134 = NZI 2006, 403; Jaeger/Henckel/Gerhardt/*Henckel*, § 130 InsO Rn 26; Zeuner, Die Anfechtung in der Insolvenz, Rn 42.
435   Umfassend: Frege/Keller/Riedel, Insolvenzrecht, Rn 583 ff
436   Mit umfangreichen Nachw.: Keller, Insolvenzrecht, Rn 579 ff
437   Jaeger/Henckel/Gerhardt/*Gerhardt*, § 24 InsO Rn 4 ff; Uhlenbruck/*Uhlenbruck*, § 21 InsO Rn 17; zu § 55 Abs. 2 InsO s. MünchKomm-InsO/*Hefermehl*, § 55 Rn 213 ff
438   BGHZ 151, 353; 154, 72; Kübler/Prütting/Bork/*Pape*, § 22 InsO Rn 87 ff
439   Kübler/Prütting/Bork/*Pape*, § 22 InsO Rn 21; Frege/Keller/Riedel, Insolvenzrecht, Rn 657 ff
440   Umfassend: Keller, Insolvenzrecht, Rn 579 ff, 831 ff, 849 ff, 860 ff, 879 ff

Rückschlagsperre des § 88 InsO, soweit der Gläubiger nicht aus einem bereits bestehenden Absonderungsrecht die Vollstreckung betreibt.[441]

2. Zahlung von Hausgeld oder sonst fälliger Ansprüche

340   Der Anspruch auf Zahlung des laufenden Hausgeldes ist bei späterer Insolvenzeröffnung Insolvenzforderung iSd § 38 InsO. Durch den Schuldner mit Zustimmung des schwachen vorläufigen Insolvenzverwalters oder durch den starken vorläufigen Insolvenzverwalter können Zahlungen insoweit erbracht werden, als sie im später eröffneten Verfahren nicht der Insolvenzanfechtung nach den §§ 129 ff InsO unterliegen. Die Zahlung des laufend geschuldeten Hausgeldes ist wegen des Rechts auf abgesonderte Befriedigung aus § 49 InsO iVm § 10 Abs. 1 Nr. 2 ZVG für diese Ansprüche nicht gläubigerbenachteiligend iSd § 129 Abs. 1 InsO. Darüber hinaus kann die Zahlung als sog. Bargeschäft anzusehen sein, das nach § 142 InsO nicht der Anfechtung unterliegt. Gleichwertige Gegenleistung im Sinne dieser Vorschrift sind die Verwaltung des gemeinschaftlichen Eigentums oder die Energie- oder Wasserversorgung, sofern diese zentral geliefert werden und Vorauszahlungen im Rahmen des Hausgeldes erbracht werden.

341   Für rückständige Ansprüche, insbesondere für eine Abrechnungsspitze nach Beschlussfassung über die Jahresrechnung, besteht in den Grenzen des § 10 Abs. 1 Nr. 2 S. 2 ZVG im eröffneten Insolvenzverfahren ebenfalls ein Recht auf abgesonderte Befriedigung nach § 49 InsO. Auch diese Ansprüche können im Eröffnungsverfahren befriedigt werden. Gleiches gilt für die Zahlung einer während des Eröffnungsverfahrens fälligen Sonderumlage, die innerhalb der Grenzen des § 10 Abs. 1 Nr. 2 ZVG ein Absonderungsrecht genießt.

IV. Verwertung von Wohnungs- und Teileigentum im eröffneten Insolvenzverfahren

1. Wohnungs- und Teileigentum als Bestandteil der Insolvenzmasse

342   Wohnungs- oder Teileigentum ist als unbewegliches Vermögen uneingeschränkt Bestandteil der Insolvenzmasse nach § 35 InsO.[442] Weil nach dieser Vorschrift auch der sog. Neuerwerb des Schuldners zur Insolvenzmasse gehört, würde auch Wohnungseigentum, das der Schuldner während des Verfahrens zum Eigentum erwirbt, zur Insolvenzmasse gehören.[443] Unbewegliches Vermögen als unpfändbares Schonvermögen ist in der Insolvenz wie auch in der allgemeinen Zwangsvollstreckung ausgeschlossen.

343   Die Insolvenz des Wohnungseigentümers umfasst nur sein Sondereigentum, nicht das gemeinschaftliche Eigentum des Gebäudes und auch nicht das Verwaltungsvermögen als gemeinschaftliches Eigentum. Der Insolvenzverwalter kann nach § 11 Abs. 2 WEG die Aufhebung der Gemeinschaft nicht verlangen. Er tritt innerhalb der Eigentümergemeinschaft voll in die Stellung des Schuldners ein und kann dessen Stimmrecht uneingeschränkt ausüben.[444] An wirksam gefasste Beschlüsse der Eigentümergemeinschaft ist er gebunden, er kann sie nicht unter Berufung auf insolvenzrechtliche Besonderheiten anfechten.

---

441   Dies gilt insbesondere für die Sicherungshypothek nach §§ 866, 867 ZPO als Maßnahme der Zwangsvollstreckung in das unbewegliche Vermögen, Keller, Insolvenzrecht, Rn 632.
442   MünchKomm-InsO/*Lwowski/Peters*, § 35 Rn 164 ff; Frege/Keller/Riedel, Insolvenzrecht, Rn 1325.
443   Praktischer Fall mit Erläuterungen zu grundbuchrechtlichen Besonderheiten bei Keller, RpflStud 2002, 1; allgemein zum Neuerwerb: MünchKomm-InsO/*Lwowski/Peters*, § 35 Rn 45 ff; Kübler/Prütting/Bork/*Holzer*, § 35 InsO Rn 34 ff; wenig überzeugend: BT-Drucks. 12/2443, S. 122.
444   Vallender, NZI 2004, 401, 403.

Die Insolvenzeröffnung ist in das Grundbuch einzutragen, um gutgläubigen Erwerb aus der 344
Insolvenzmasse zu verhindern (§§ 32, 81 Abs. 1 S. 2, 91 Abs. 2 InsO, § 892 Abs. 1 S. 2 BGB).[445]

2. Erfüllung schwebender Verträge über den Grundbesitz

Soweit Grundbesitz bereits vor Insolvenzeröffnung veräußert worden ist, der Eigentumsüber- 345
gang durch Eintragung des Erwerbers aber noch nicht stattgefunden hat, gilt für den Insolvenzverwalter grundsätzlich § 103 InsO.[446] § 103 InsO findet auch und gerade auf Grundstückskaufverträge Anwendung, insbesondere dann, wenn der Käufer den Kaufpreis bereits
gezahlt hat, aber noch keine Auflassung erklärt worden ist.[447] Der Insolvenzverwalter muss
nicht vollständig abgewickelte Grundstückskaufverträge grundsätzlich nicht erfüllen, er kann
sich auf die Nichterfüllung des Vertrags nach § 103 InsO berufen und den Käufer auf Schadenersatz nach § 103 Abs. 2 S. 1 InsO verweisen.

War bei Insolvenzeröffnung für den Käufer wirksam eine Vormerkung zur Sicherung des Über- 346
eignungsanspruchs in das Grundbuch eingetragen (Auflassungsvormerkung, § 883 BGB), muss
der Insolvenzverwalter den Übereignungsanspruch und damit den Kaufvertrag erfüllen (§ 106
InsO).[448] Zu bedenken ist aber, dass die Bestellung der Vormerkung selbst als kongruente Deckung nach § 130 InsO der Insolvenzanfechtung unterliegen kann.[449]

3. Freihändige Verwertung durch den Insolvenzverwalter

Der Insolvenzverwalter kann Grundbesitz und Wohnungseigentum freihändig veräußern (§ 80 347
Abs. 1 InsO).[450] Die Veräußerung von Grundbesitz bedarf im Innenverhältnis der Genehmigung des Gläubigerausschusses oder der Gläubigerversammlung nach § 160 Abs. 2 Nr. 1 InsO.
Der Insolvenzverwalter kann Schadensersatzansprüchen ausgesetzt sein, wenn er bei Vornahme
des Rechtsgeschäfts nicht um entsprechende Genehmigung nachsucht und durch das Rechtsgeschäft der Insolvenzmasse ein Schaden entsteht.[451]

Die Veräußerung von Wohnungs- oder Teileigentum kann auch für den Insolvenzverwalter der 348
Zustimmung der Miteigentümer oder der WEG-Verwaltung nach § 12 WEG bedürfen (§ 12
Abs. 3 S. 2 WEG). Als Inhalt des Wohnungseigentums kann eine Veräußerung durch den In-
solvenzverwalter auch als zustimmungsfrei von § 12 WEG ausgenommen werden.[452]

Verwertet der Insolvenzverwalter Grundbesitz im Wege freihändig, kann er dies nur unter voller 349
Berücksichtigung aller Absonderungsberechtigten.[453] Hierzu wird eine sog. **Verwertungsver-
einbarung**[454] mit den Absonderungsberechtigten geschlossen mit dem Inhalt, dass aus dem
Verwertungserlös die Absonderungsberechtigten befriedigt werden, der Insolvenzmasse fließt
ein Prozentsatz des Verwertungserlöses, gleichsam als Kostenbeitrag oder als Provision, zu. Im
Gegenzug nehmen die Absonderungsberechtigten von der zwangsweisen Verwertung des

---

445 Eingehend: Frege/Keller/Riedel, Insolvenzrecht, Rn 796 ff
446 Zum Verständnis der Vorschrift: BGHZ 103, 250; 106, 236; 116, 156; 129, 336; 147, 28; 150, 353; MünchKomm-
    InsO/*Kreft*, § 103 Rn 8 ff; Keller in: Gottwald/Riedel, Praxishandbuch Insolvenzrecht, Teil 6/7.3.1.
447 RGZ 113, 403; BGHZ 58, 246.
448 Allgemein: MünchKomm-InsO/*Ott*, § 106 Rn 3 ff; Keller, Insolvenzrecht, Rn 1273 ff; die Vormerkung schützt aus-
    drücklich auch den bedingten oder künftigen Anspruch, auch wenn die Bedingung erst nach Insolvenzeröffnung eintritt
    oder der Anspruch erst nach Insolvenzeröffnung entsteht, BGHZ 149, 1 = NZI 2002, 30.
449 Keller, Insolvenzrecht, Rn 1609, 1610.
450 MünchKomm-InsO/*Ott*, § 80 Rn 43 ff; Frege/Keller/Riedel, Insolvenzrecht, Rn 830 ff
451 BT-Drucks. 12/2443, S. 175; Kübler/Prütting/Bork/*Onusseit*, § 164 InsO Rn 2 ff
452 NK-BGB/*Schultzky*, § 12 WEG Rn 3.
453 BGHZ, 47, 181.
454 MünchKomm-InsO/*Lwowski/Tetzlaff*, § 165 Rn 178, 220 ff

Grundbesitzes durch Betreiben der Zwangsversteigerung Abstand. Absonderungsberechtigt nach § 49 InsO sind auch die Wohnungseigentümergemeinschaft mit ihren Ansprüchen nach § 10 Abs. 1 Nr. 2 ZVG sowie die Gläubiger öffentlicher Lasten, soweit diese im Range des § 10 Abs. 1 Nr. 3 ZVG zu befriedigen sind. Auch die Gläubiger dieser Rangklassen sind bei der freihändigen Verwertung zu berücksichtigen, was in der Insolvenzpraxis oft nicht bedacht wird.

350   Der BGH nimmt an, dass nachrangige Grundpfandrechtsgläubiger, die aus einem Veräußerungserlös keinerlei Befriedigung erlangen können, zur Aufhebung ihrer Rechte gegenüber dem Insolvenzverwalter verpflichtet seien. Die in der Praxis oft übliche Zahlung einer sog. **Lästigkeitsprämie** zur Löschung dieser Rechte sieht er als insolvenzzweckwidrig an.[455] Dem ist nicht zuzustimmen. Der BGH bedenkt nicht, dass die Rechte auch nachrangiger Grundpfandrechtsgläubiger absolut wirkende Rechte sind, er nennt auch keine Anspruchsgrundlage für einen Aufhebungsanspruch. Zudem wird nicht bedacht, dass es für die Verwertung des Grundbesitzes nicht selten opportun ist, durch Zahlung einer Lästigkeitsprämie einen möglicherweise langwierigen Prozess zu vermeiden.[456]

4. „Kalte Zwangsverwaltung"

351   Soweit Grundbesitz vermietet ist, kann der Insolvenzverwalter mit den Grundpfandrechtsgläubigern eine Vereinbarung über eine sog. kalte Zwangsverwaltung treffen.[457] Bei dieser zieht der Insolvenzverwalter für die Grundpfandrechtsgläubiger die Miete ein. Diese „kalte Zwangsverwaltung" hat den Vorteil, dass der Insolvenzverwalter flexibel bleibt und keine Zwangsverwaltung nach den §§ 146 ff ZVG angeordnet wird.

V. Zwangsweise Verwertung von Grundbesitz im Insolvenzverfahren

1. Zwangsversteigerung durch den Insolvenzverwalter oder durch Absonderungsberechtigte

352   Unbewegliches Vermögen der Insolvenzmasse kann sowohl durch den Insolvenzverwalter als auch durch einen Absonderungsberechtigten zwangsweise verwertet werden (§ 165 InsO). Nach § 49 ZVG haben die Absonderungsberechtigten am unbeweglichen Gegenstand unabhängig vom Insolvenzverwalter das Recht, die zwangsweise Verwertung des Grundbesitzes durch Zwangsversteigerung oder Zwangsverwaltung zu betreiben.

2. Einstellung der Zwangsversteigerung nach § 30 d ZVG

353   Nach § 30 d ZVG hat der Insolvenzverwalter die Möglichkeit, Zwangsversteigerungsverfahren einstweilen einstellen zu lassen. Eine Aufhebung der Zwangsversteigerung kann er nur dann bewirken, wenn das Grundpfandrecht eines dinglich betreibenden Gläubigers nach den §§ 130 ff InsO anfechtbar wäre oder die Beschlagnahme zugunsten des persönlich betreibenden Gläubigers unter die Rückschlagsperre des § 88 InsO fällt.

354   Bereits während des Insolvenzeröffnungsverfahrens kann der vorläufige Insolvenzverwalter die einstweilige Einstellung einer Zwangsversteigerung beantragen, wenn dies zur Abwehr nachteiliger Veränderungen der künftigen Insolvenzmasse erforderlich erscheint (§ 30 d Abs. 4 ZVG).[458] Dies hat der vorläufige Insolvenzverwalter glaubhaft zu machen. Vor der einstweili-

---

455   BGH NZI 2008, 365 m. Anm. Rein.
456   Eingehend: Frege/Keller, NZI 2009, 11.
457   Braun/*Gerbers*, § 166 InsO Rn 23.
458   Stöber, § 30 d ZVG Rn 6.1 ff; Stöber, NZI 1998, 105.

gen Einstellung hat das Vollstreckungsgericht den betreibenden Gläubiger zu hören, eine Berücksichtigung seiner wirtschaftlichen Verhältnisse oder eine Interessenabwägung findet wohl nicht statt.[459]

Im eröffneten Insolvenzverfahren kann der Insolvenzverwalter aus den Gründen des § 30 d Abs. 1 ZVG die einstweilige Einstellung der Zwangsversteigerung beantragen.[460] Insbesondere nach § 30 d Abs. 1 Nr. 4 ZVG ist die Zwangsversteigerung einstweilen einzustellen, wenn dadurch die angemessene Verwertung der Insolvenzmasse wesentlich erschwert würde.[461] Der Insolvenzverwalter hat den Einstellungsgrund glaubhaft zu machen, das Vollstreckungsgericht hat den betreibenden Gläubiger zu hören. Die Einstellung unterbleibt, wenn sie den betreibenden Gläubiger unter Berücksichtigung seiner wirtschaftlichen Interessen nicht zuzumuten ist. Wird die Zwangsversteigerung von mehreren Gläubigern betrieben, ist das Verfahren für jeden einzelnen Gläubiger gesondert einzustellen.

Der Insolvenzverwalter unterliegt mit seinem Antrag keiner Frist, die einstweilige Einstellung kann zeitlich unbegrenzt erfolgen. Erst nach Wegfall der Einstellungsvoraussetzungen beginnt gegenüber dem die Zwangsversteigerung betreibenden Gläubiger eine sechsmonatige Frist zur Fortsetzung des Verfahrens (§§ 30 f Abs. 1, 31 Abs. 1 ZVG).[462]

Nach § 30 e ZVG hat der Insolvenzverwalter für die Dauer der Einstellung des Zwangsversteigerungsverfahrens dem betreibenden Gläubiger die laufend geschuldeten Zinsen zu zahlen.[463] Als „geschuldete Zinsen" sind bei dem persönlich betreibenden Gläubiger (§ 10 Abs. 1 Nr. 5 ZVG) die im vollstreckbaren Schuldtitel genannten Zinsen der Forderung anzusehen. Bei den dinglich betreibenden Gläubigern (§ 10 Abs. 1 Nr. 4 ZVG) ist streitig, ob „geschuldete Zinsen" diejenigen des dinglichen Rechts sind oder diejenigen der persönlichen Forderung des Gläubigers.[464] Nach richtiger Ansicht sind als geschuldete Zinsen iSd § 30 e ZVG bei dem in Rangklasse § 10 Abs. 1 Nr. 4 ZVG betreibenden Gläubiger die Zinsen des im Grundbuch eingetragenen Rechts anzusehen.[465]

▶ **Muster: Antrag auf einstweilige Einstellung der Zwangsversteigerung nach § 30 d ZVG** 358

An das Amtsgericht [...]

– Vollstreckungsgericht –

In der Zwangsvollstreckungssache

des [...] [*Bezeichnung entsprechend Vollstreckungstitel*]

– Gläubiger –

gegen

[...] [*Name entsprechend Vollstreckungstitel*]

– Schuldner –

Az: [...]

---

459   AA MünchKomm-InsO/*Haarmeyer*, § 21 Rn 81; Stöber, § 30 d ZVG Rn 6.2.
460   Allgemein: Stöber, § 30 d ZVG Rn 2.3.
461   BT-Drucks. 12/2443, S. 176 rechts; Stöber, § 30 d ZVG Rn 2.3 d.
462   Dazu eingehend Stöber, NZI 1999, 439.
463   Allgemein: Stöber, § 30 d ZVG Rn 2.2 ff
464   Stöber, § 30 e ZVG Rn 2.2.
465   Stöber, § 30 e ZVG Rn 2.2; Böttcher, § 30 e ZVG Rn 4; in Dassler/Schiffhauer/Hintzen/Engels/Rellermeyer/*Hintzen*, § 30 e ZVG Rn 7; Keller, Insolvenzrecht, Rn 1111 ff; Hintzen, Rpfleger 1999, 256; anders: LG Göttingen Rpfleger 2000, 288 m. abl. Anm. Alff; MünchKomm-InsO/*Lwowski/Tetzlaff*, § 165 Rn 104 ff; Kübler/Prütting/Bork/*Kemper*, § 165 InsO Rn 38; Mönning/Zimmermann, NZI 2008, 134.

zeige ich an, dass mit Beschluss des Amtsgerichts [...] [*Ort*] vom [...] [*Datum*] über das Vermögen des Schuldners das Insolvenzverfahren eröffnet worden ist und ich zum Insolvenzverwalter bestellt worden bin. Eine Kopie der Bestallungsurkunde ist beigefügt.

Ich beantrage die einstweilige Einstellung des Zwangsversteigerungsverfahrens gemäß § 30 d Nr. 4 ZVG.

Begründung:

Der Gläubiger betreibt die Zwangsversteigerung aus der im Grundbuch eingetragenen Grundschuld Abteilung III Nr. 4; diese sichert eine Forderung in Höhe von [...] €. Der Gläubiger betreibt die Zwangsversteigerung als Absonderungsberechtigter nach § 49 InsO. Er unterliegt daher keinem Vollstreckungsverbot im Insolvenzverfahren. Gleichwohl gefährdet sein Betreiben des Verfahrens den Erfolg des Insolvenzverfahrens. Für das verfahrensgegenständliche Wohnungseigentum ist im Zwangsversteigerungsverfahren ein Verkehrswert von [...] € festgesetzt worden. Es ist nicht zu erwarten, dass im bereits anberaumten Versteigerungstermin dieser Verkehrswert auch nur annähernd erreicht werden wird. Es besteht daher die Gefahr einer Verwertung des Objekts unter Wert, insbesondere weil in dem anstehenden Versteigerungstermin die Wertgrenzen der §§ 85 a, 74 a ZVG nicht mehr gelten. Ich versuche seit längerer Zeit, mit dem die Versteigerung betreibenden Gläubiger über eine freihändige Verwertung des Wohnungseigentums zu verhandeln. Eine solche wäre erfolgversprechender als eine Zwangsversteigerung. Bei der Zwangsversteigerung bleiben die im Grundbuch eingetragenen Grundpfandrechte Abteilung III Nr. 1 bis 3 bestehen. Mit diesen Berechtigten besteht Einvernehmen über eine freihändige Veräußerung. Es wurden bereits mehrere Interessenten vorstellig, die das Objekt lastenfrei erwerben möchten. Allein an dem obstruktiven Verhalten des betreibenden Gläubigers scheitert dies. Es ist deshalb durch die Zwangsversteigerung eine angemessene Verwertung der Insolvenzmasse bezüglich des Verfahrensgegenstands nicht möglich. Das Zwangsversteigerungsverfahren ist daher einstweilen einzustellen.

Rechtsanwalt ◄

3. Konkurrenz von Forderungsversteigerung und Insolvenzversteigerung

359   Der Insolvenzverwalter kann selbst die Zwangsversteigerung eines zur Insolvenzmasse gehörenden Grundstücks oder Wohnungs- oder Teileigentums nach den §§ 172 ff ZVG betreiben.[466] Das Verfahren nach den §§ 172 ff ZVG läuft unabhängig von möglichen Versteigerungsverfahren, die seitens der Gläubiger betrieben werden.[467] Die Insolvenzverwalterversteigerung nach den §§ 172 ff ZVG kann nur unter Wahrung der Ansprüche aller am Grundstück Absonderungsberechtigten erfolgen. Damit müssen sämtliche Ansprüche aus § 10 Abs. 1 ZVG im geringsten Gebot berücksichtigt werden.[468] Dies lässt das geringste Gebot im Verhältnis zum tatsächlichen Grundstückswert unangemessen hoch werden.

360   Der Insolvenzverwalter kann nach § 174 a ZVG beantragen, dass sein Feststellungskostenanspruch aus § 10 Abs. 1 Nr. 1 a ZVG dem geringsten Gebot zugrunde gelegt wird.[469] Mit diesem Kostenbeitrag ist der Insolvenzverwalter gleichsam betreibender Gläubiger.[470] Damit besteht

---

466   Allgemein: Stöber, § 172 ZVG Rn 3.1; MünchKomm-InsO/*Lwowski/Tetzlaff*, § 165 Rn 119 ff; Keller, Insolvenzrecht, Rn 1114 ff; Frege/Keller/Riedel, Insolvenzrecht, Rn 1510 ff; eingehend auch Muth, ZIP 1999, 945.

467   Ausführlich: Stöber, § 172 ZVG Rn 7.1 ff

468   Stöber, § 172 ZVG Rn 2.2; zu allgemein: Steiner/*Eickmann*, ZVG, 9. Aufl. 1986, § 174 Rn 3, 4; MünchKomm-InsO/*Lwowski/Tetzlaff*, § 165 Rn 145.

469   Eingehend: Stöber, § 174 a ZVG Rn 2.6; MünchKomm-InsO/*Lwowski/Tetzlaff*, § 165 Rn 163; Muth, ZIP 1999, 945.

470   Stöber, § 174 a ZVG Rn 2.4; MünchKomm-InsO/*Lwowski/Tetzlaff*, § 165 Rn 158.

das geringste Gebot praktisch nur aus den gerichtlichen Kosten der Zwangsversteigerung, alle anderen Ansprüche und Rechte, darunter auch Ansprüche der Wohnungseigentümer nach § 10 Abs. 1 Nr. 2 ZVG und öffentliche Lasten im Range des § 10 Abs. 1 Nr. 3 ZVG und insbesondere sämtliche Grundpfandrechte, erlöschen mit dem Zuschlag in der Zwangsversteigerung und werden aus dem Erlös befriedigt, soweit dieser reicht. Die Gesetzesbegründung zur Insolvenzordnung schlägt den Gläubigern hier vor, den Kostenanspruch des Insolvenzverwalters durch Zahlung abzulösen.[471] Damit könnte zumindest eine Verschleuderung des Grundstücks aufgrund des niedrigen geringsten Gebots vermieden werden.

VI. Freigabe nicht verwertbaren Grundbesitzes durch den Insolvenzverwalter

Mit der Freigabe gibt der Insolvenzverwalter dem Schuldner die durch die Insolvenzeröffnung mit § 80 Abs. 1 InsO entzogene Verfügungsbefugnis wieder zurück. Die Freigabe ist kein eigentliches Rechtsgeschäft im Sinne des bürgerlichen Rechts, sie ist nur verfahrensrechtliche Handlung mit bürgerlichrechtlichen Folgen hinsichtlich der wiedererlangten Verfügungsbefugnis durch den Schuldner. Sie ist in der Insolvenzordnung nicht ausdrücklich geregelt, lediglich § 32 Abs. 3 S. 1 InsO erwähnt sie im Zusammenhang mit der Löschung des Insolvenzvermerks im Grundbuch.[472] **361**

Die Freigabe erfolgt durch empfangsbedürftige Willenserklärung seitens des Insolvenzverwalters.[473] Der Schuldner muss der Freigabe nicht zustimmen, er kann die Freigabe nicht verhindern. Eine Freigabe ist auch an die juristische Person als Schuldner zulässig.[474] Ebenso wie die Veräußerung von Grundbesitz kann auch die Freigabe als zustimmungspflichtiges Geschäft nach § 160 Abs. 2 Nr. 1 InsO angesehen werden.[475] **362**

Grund einer Freigabe ist stets eine mangelnde Verwertungsaussicht für den Insolvenzverwalter. Diese kann beruhen auf einer übermäßigen Belastung des Grundstücks mit Grundpfandrechten und mangelnder Kooperation der Grundpfandrechtsgläubiger, auf schlichter wirtschaftlicher Wertlosigkeit des Grundstücks oder auf Kontaminierung des Grundstücks mit Altlasten.[476] **363**

---

471 BT-Drucks. 12/3803, S. 70.
472 Umfassend dazu MünchKomm-InsO/*Lwowski/Peters*, § 35 Rn 84 ff; Kübler/Prütting/Bork/*Holzer*, § 35 InsO Rn 21 ff
473 RGZ 94, 55; MünchKomm-InsO/*Lwowski/Peters*, § 35 Rn 100.
474 BGHZ 148, 252, 258; 150, 305, 318.
475 MünchKomm-InsO/*Lwowski/Peters*, § 35 Rn 102; Frege/Keller/Riedel, Insolvenzrecht, Rn 1337.
476 Hierzu überzeugend Braun/*Gerbers*, § 148 InsO Rn 12; eingehend: MünchKomm-InsO/*Lwowski/Tetzlaff*, § 165 Rn 191 ff; umfassend: Lwowski/Tetzlaff, Umweltrisiken und Altlasten in der Insolvenz, 2002.

Stichwortverzeichnis

Fette Zahlen verweisen auf Buchparagrafen, magere Zahlen auf Randnummern innerhalb des Buchparagrafen.

- § 522 Abs. 2 S. 1 ZPO   4 103
- § 887 ZPO   4 126
- § 888 ZPO   4 127 f
- § 890 ZPO   4 129
- § 91a ZPO   4 114

Beschlussanfechtung   *siehe* Anfechtungsklage

Beschlussaussetzung   3 51 ff
- Anfechtungsfrist   3 53 f
- Anfechtungsklage   3 53
- Frist   3 53 f
- Gründe für B.   3 51
- Muster   3 58
- Verwalterbestellung   3 55
- Wiedereinsetzung in den vorigen Stand   3 54

Beschlussergebnis, gerichtliche Festellung   *siehe* Beschlussfeststellungsklage

Beschlussersetzung   3 60 f
- Klage, Muster   3 61

Beschlussfeststellungsklage   3 62 ff
- Beschlussergebnis   3 63 f
- Fristen   3 63
- Muster   3 64

Beschlusskompetenz der Wohnungseigentümer   1 62, 4 86 f

Beschluss-Sammlung   1 155, 311, 317 ff, 448 ff, 2 242 ff
- Art und Weise   1 323 ff
- Einsicht   1 330 ff
- Form   1 320 ff
- Führer   1 333 ff
- Gegenstände   1 325 f
- konkrete Öffnungsklausel   1 337
- Muster   2 262
- Zeitpunkt der Eintragung   1 327 ff

Beschwerde   3 12, 4 109
- einstweilige Verfügung   4 108 f
- Zurückweisung   4 109

Besichtigungsrecht   1 125
- Muster   1 126

Bestandteil   1 4 f
- Checkliste   1 42

- Zuweisung von B.en, Prüfungsschema   1 49
- Zuweisung zum Sondereigentum   1 5

Bestehenbleibende Rechte (Zwangsversteigerung)
- abgeänderte Versteigerungsbedingungen   5 187 f
- geringstes Gebot   5 171

Betriebskosten   *siehe auch* Kostentragung
- Zwangsverwaltung   5 237, 275, 297 ff

Betriebskostenabrechnung
- Zwangsverwaltung   5 297 ff

Betriebskostennachforderungen
- Beschlagnahme Zwangsverwaltung   5 263, 298

Betriebskostenvorauszahlungen
- Beschlagnahme Zwangsverwaltung   5 263

Binnenstreitigkeit   *siehe* Zuständigkeit (Gericht)

Blitzableiter
- Sondereigentumsfähigkeit   1 10

Blockstimmrecht   1 410; *siehe auch* Mehrhausanlage

Bodenbelag
- Sondereigentumsfähigkeit   1 10

Bodenplatten
- Sondereigentumsfähigkeit   1 10

Brandmauer
- Sondereigentumsfähigkeit   1 10

Broschüre WEG   2 7

Bürgschaft
- Sicherheitsleistung Zwangsversteigerung   5 196

Büro   1 512

Dach
- Sondereigentumsfähigkeit   1 10

Dachgeschossrohling
- Ausbaurecht   1 33 f
- Ermächtigung, Muster   1 34
- Kostenfreistellung, Muster   1 195

Sondereigentumsrecht
- Gegenstandsloswerden *siehe*
  Gegenstandsloswerden der
  Sondereigentumsrechte
- Vereinigung aller Sondereigentumsrechte
  siehe dort

Sondernutzungsrecht 1 76 ff
- Aufhebung 1 497 ff; *siehe auch*
  Aufhebung der Sondereigentumsrechte
- Aufhebung Wohnungseigentum 1 93
- aufschiebend bedingtes S. 1 112 ff
- aufschiebend bedingtes S., Muster 1 114
- Aufteilungsplan 1 98
- Balkonanbringung, Muster 1 264
- Begriff 1 78 f
- Begründung 1 96 ff
- bei Unterteilung 1 39
- bei Unterteilung, Muster 1 44
- Beschlagnahme, Zwangsversteigerung
  5 147
- Beschluss 1 119
- Bestimmtheit 1 98
- Eintragungsbewilligung 1 81 f
- Erlöschen 1 92 ff, 110
- Fahrradstellplätze, Muster 1 114
- fehlende Grundbucheintragung 1 91
- Flexibilität 1 105
- Garten 1 99
- Garten, Muster 1 104
- Gemeinschaftsordnung 1 97
- Gleichwertigkeit 1 88
- Globalrechte 1 86
- Grenzen 1 100
- Grundbucheintragung 1 79 ff
- Grundbuchvermerk 1 82 f
- gutgläubiger Erwerb 1 89 f
- Heizungsanlage 1 18 ff
- Heizungsraum 1 18 ff
- Inhalt 1 99 ff
- jahrelange Praxis 1 118
- konkludente Begründung 1 118
- Kosten 1 102, 116
- Kostentragung, Muster 1 103
- Mitwirkung anderer
  Wohnungseigentümer 1 106, 109, 113
- nachträgliche Begründung 1 105 ff
- Nutzung 1 101, 117
- öffentlicher Glaube 1 90
- Öffnungsklausel 1 119
- Parken 1 106 ff
- persönliches S. 1 109 ff
- persönliches S., Muster 1 111
- Plan 1 98
- Rechtsfolgen der mangelhaften
  Begründung 3 78
- Sondereigentumsfähigkeit 1 10
- Sondernachfolger 1 92
- Stellplatz 1 99
- Stellplatz, Muster 1 111
- stillschweigende Begründung 1 118
- Streitigkeiten 1 95
- Teilungserklärung 1 97
- Terrassen 1 99
- Übertragung 1 106
- Verdinglichung 1 91
- Vereinbarung 1 79, 96
- Vereinigung von
  Wohnungseigentumeinheiten 1 94
- Verwaltung 1 101
- Verwaltungsregel, Muster 1 103
- Verzicht 1 92
- Vormerkung 1 84
- Wegfall der berechtigten Einheit 1 94
- Werbeflächen 1 99
- Zustimmung dinglich Berechtigter
  1 85 ff, 108, 110, 113
- Zustimmungsfreiheit 1 87 f

Sonderumlage *siehe auch* Hausgeldklage;
  siehe auch Jahresabrechnung
- Insolvenzverfahren 5 330
- Zwangsverwaltung 5 244

Spitzboden
- Sondereigentumsfähigkeit 1 10

Steckengebliebener Bau 1 433

Stellplatz 1 121
- Sondereigentumsfähigkeit 1 10

Stimmrecht
- bei Unterteilung 1 40 ff